永州年鉴

（2016）

中共永州市委　永州市人民政府　主办
永 州 年 鉴 编 纂 委 员 会　　编

方志出版社
Publishing House of Local Records

图书在版编目（CIP）数据

永州年鉴．2016/永州年鉴编纂委员会编．—北京：方志出版社，2016.10

ISBN 978-7-5144-2159-0

Ⅰ.①永… Ⅱ.①永… Ⅲ.①永州—2016—年鉴
Ⅳ.①Z526.43

中国版本图书馆 CIP 数据核字（2016）第 259649 号

永州年鉴（2016）

编　　者：永州年鉴编纂委员会
责任编辑：陈　菁

出 版 人：冀祥德
出 版 者：方志出版社
地址　北京市朝阳区潘家园东里 9 号（国家方志馆 4 层）
邮编　100021
网址　http://www.fzph.org
发　　行：方志出版社发行中心
电话（010）67110500
经　　销：各地新华书店
印　　刷：衡阳顺地印务有限公司

开　　本：889×1194　1/16
印　　张：31.5
字　　数：927 千字
版　　次：2016 年 10 月第 1 版　2016 年 10 月第 1 次印刷
印　　数：0001~2000 册

ISBN 978-7-5144-2159-0　**定价**：300.00 元

编 辑 说 明

一、《永州年鉴》是由中共永州市委、市人民政府主办，永州年鉴编纂委员会编纂的综合性资料工具书，自2002年起，逐年编辑出版。

二、《永州年鉴（2016）》主要记载2015年1月1日至12月31日永州市自然、政治、经济、文化、社会等方面的基本面貌和发展情况，为各级领导、决策者和管理者提供准确的情况，为社会各界了解、研究永州提供基本信息，并为编修地方志书积累资料。

三、《永州年鉴（2016）》按分类编辑法，分为特载、大事记、永州概貌、政治建设、经济建设、文化建设、社会建设、县区概况、人物九大部类，下设类目、分目、条目三个层次，部分分目下设副分目，以字体、字号、色彩等版式设计区别不同层次。条目为记述的基本单位，其标题用色彩加■表示。

四、《永州年鉴（2016）》的稿件和图片由各单位撰稿人提供，供稿单位负责人审核，最后由编委会定稿。统计资料由统计部门提供，气象、水文资料分别由气象、水文部门提供。有些地方性、部门性数据由于统计口径不同等原因，与统计部门公布的数据不尽一致，请读者在查阅和引用时注意。

五、“新任市级领导”收录2015年被任命为永州市市级领导的人员；“先进人物”原则上收录永州在2015年受到国家部、委、办、局，中共湖南省委、湖南省人民政府表彰的人物；“新闻人物”收录2015年度有特殊影响的人物；“逝世人物”收录2015年逝世的、曾在永州市担任过副厅级以上的干部。

六、《永州年鉴（2016）》所录市直各部门、各单位、中央、省驻永州各单位和各县区（管理区）领导干部名单，原则上以2015年12月31日在职者为准。

七、为方便读者查阅，《永州年鉴》配备双重检索系统：书前刊有详细的中英文目录，书后配有主题分析索引。

永州年鉴编纂委员会

李农妹	市民族宗教事务委员会主任
刁兰富	市公安局副局长
肖余胜	市民政局局长
雷廷玉	市司法局局长
杨军元	市财政局局长
唐树成	市委组织部副部长、市人力资源和社会保障局局长
黄海淞	市国土资源局局长
彭晓东	市住房和城乡规划建设局局长
秦功智	市交通运输局局长
周善生	市农业委员会主任
廖荣良	市水利局局长
艾艳君	市林业局局长
邓　群	市商务和粮食局局长
李小星	市文体广电新闻出版局局长
周长光	市卫生和计划生育委员会党委书记
蒋明清	市人民防空办公室主任
龚跃林	市审计局局长
李旦梅	市统计局局长
唐海涌	市旅游外事侨务局局长
陈小平	市人民政府副秘书长、市信访局局长
张建坤	市城市管理执法局局长
张国政	市工商行政管理局局长
肖东民	市食品药品监督管理局局长
段灵利	市安全生产监督管理局局长
高守凯	市质量技术监督局局长
吴红燕	市总工会党组书记、第一副主席
龙　亮	团市委书记
黄玉芳	市妇联主席
李俊江	市史志办主任
蒋刚生	市档案局局长

刘玲军　　市委组织部副部长、市委老干局局长
蒋三秋　　市广播电视台台长
刘　波　　永州日报社社长
高　武　　市房产局局长
蒋南林　　市畜牧水产局局长
杨小明　　市公路局局长
周智亮　　市移民开发局局长
顾晓娇　　市残疾人联合会理事长
胡　曦　　市贸促会会长
李祥红　　湖南涔天河工程建设投资有限公司党委书记、董事长、总经理
黎世民　　涔天河水库管理局党委书记
李世旺　　市城市建设投资集团公司党委书记、董事长
柏　菁　　市经济建设投资集团公司党委书记、董事长
曾宝成　　湖南科技学院院长
翟惠根　　永州职业技术学院院长
唐海君　　湖南潇湘技师学院院长
曾立春　　市国税局局长
毛东庆　　市地税局局长
幸　勤　　市烟草专卖局党组副书记、副局长、副经理（主持工作）
王　中　　市电信公司总经理
甘军宏　　市移动公司总经理
刘　鲲　　市联通公司总经理
谭　远　　市邮政分公司副总经理（主持工作）
袁曙光　　中国人民银行永州市中心支行行长
邓建华　　永州银监分局局长
徐彦杰　　中国工商银行永州分行行长
陈敏祥　　中国银行永州分行行长
张重九　　中国农业银行永州分行行长
孟德军　　中国农业发展银行永州市分行行长

胡永峰　　中国邮政储蓄银行永州市分行
马炳瑜　　交通银行永州分行行长
蔡富强　　冷水滩区区委常委、区人民政府常务副区长
龙　军　　零陵区区委常委、区人民政府常务副区长
唐晓波　　祁阳县县委常委、县人民政府常务副县长
蒋　华　　东安县县委常委、县人民政府常务副县长
秦小国　　双牌县县委常委、县人民政府常务副县长
李　林　　道县县委常委、县人民政府常务副县长
蒋俊善　　江永县县委常委、县人民政府常务副县长
胡勇刚　　江华瑶族自治县县委常委、县人民政府常务副县长
黄永英　　宁远县县委常委、县人民政府常务副县长
王名扬　　新田县县委常委、县人民政府常务副县长
聂朝飞　　蓝山县县委常委、县人民政府常务副县长
何永明　　金洞管理区党委副书记、管委会主任
李社光　　回龙圩管理区党委副书记、管委会主任
李　瑛　　永州经济技术开发区党委副书记、管委会主任

主　　编　李俊江
副 主 编　高　波　高爱国　郑经纬　冯祥定
编　　辑　蒋文婧　王劲梅　王　晶　刘兰姣　丁余兰
唐嘉婕　周美凤　周　静　文非子　黄三元
郑积林
部分摄影　蒋新国　蒋文婧
翻　　译　唐嘉婕

目　录

特　载 Special Issue

大　事　记 Chronological Event

永 州 概 貌 A General Survey of Yongzhou

政 治 建 设
Political Construction

经 济 建 设
Economic Construction

文化建设
Cultural Advancement Building

社会建设
Social Construction

县 区 概 况
Counties and Districts

人　　物 Figures

附　　录 Appendix

三、市委、市政府文件目录

四、经济社会主要统计资料

彩版顺序
Color Inserts

第一帖

第二帖

第三帖

永州市公路局
中国人民财产保险股份有限公司永州市分公司
中国电信永州分公司
中国移动通信集团湖南有限公司永州分公司
永州市邮政分公司
中国邮政储蓄银行永州市分行
永州市国家税务局
永州市地方税务局
中国人民银行永州市中心支行

第四帖

永州银监分局
中国工商银行永州分行
中国银行股份有限公司永州分行
中国农业银行股份有限公司永州分行
中国农业发展银行永州市分行
交通银行永州分行
永州市商务和粮食局
中国国际贸易促进委员会永州市支会
永州市烟草专卖局（公司）
中石化永州销售分公司
永州市地震局
永州市教育局
湖南科技学院
永州职业技术学院
国立公办湖南潇湘技师学院（湖南九嶷职业技术学院）
永州市卫生和计划生育委员会
永州市中心医院
永州市疾病预防控制中心
永州市中医院
永州市民政局
永州市广播电视台
永州市军队离退休干部休养所
永州市人力资源和社会保障局
永州市残疾人联合会
永州市红十字会

第五帖

永州市第四中学
冷水滩区
零陵区
祁阳县
东安县
双牌县
道县
江永县
江华瑶族自治县
宁远县
新田县
蓝山县
金洞管理区
回龙圩管理区
永州经济技术开发区
新田县方达实业有限总公司
永州市“市花”“市树”

永州市行政区划图

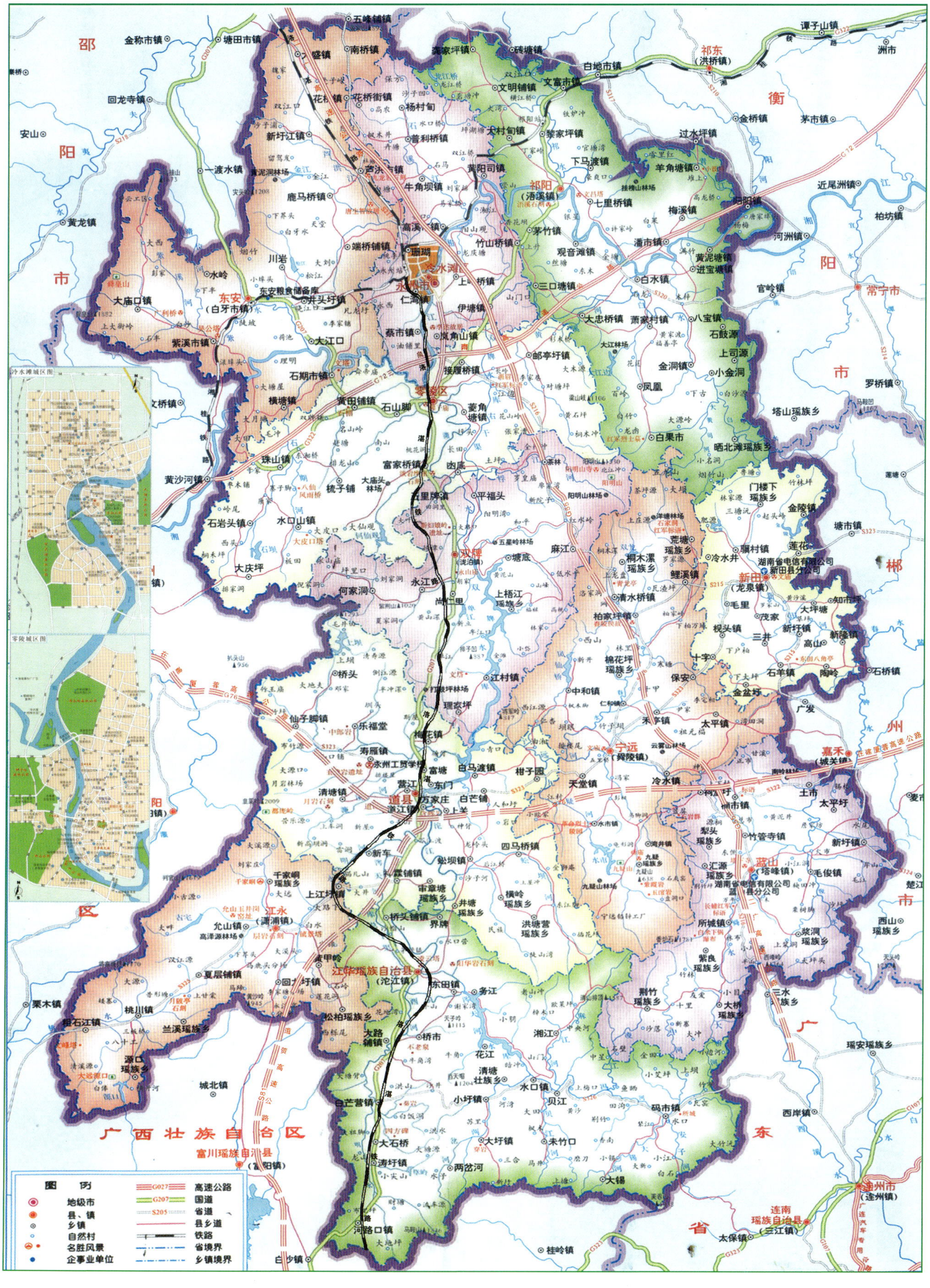

邵阳市
衡阳市
常宁市
郴州市
广西壮族自治区
广东省
富川瑶族自治县
连南瑶族自治县
连州市
嘉禾
新田
宁远
蓝山
江永
道县
双牌
祁阳
东安
冷水滩区
零陵区
江华瑶族自治县
祁东
冷水滩城区图
零陵城区图
图例
地级市
县、镇
乡镇
自然村
名胜风景
企事业单位
高速公路
国道
省道
县乡道
铁路
省境界
乡镇境界

数　　　字

2015年永州市经济社会发展主要数据

地区生产总值
1418.17亿元

公共财政总收入
131.14亿元

居民人均可支配收入
15292元

粮食产量
321.9万吨

出口总额
7.69亿美元

社会消费品零售总额
527.83亿元

2015年地区生产总值构成

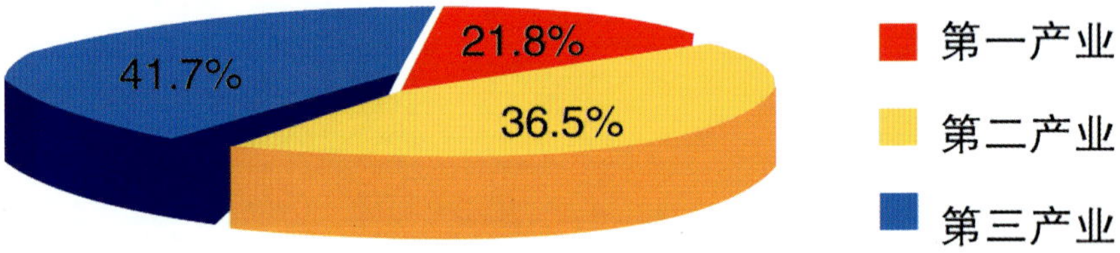

地区生产总值

单位：亿元

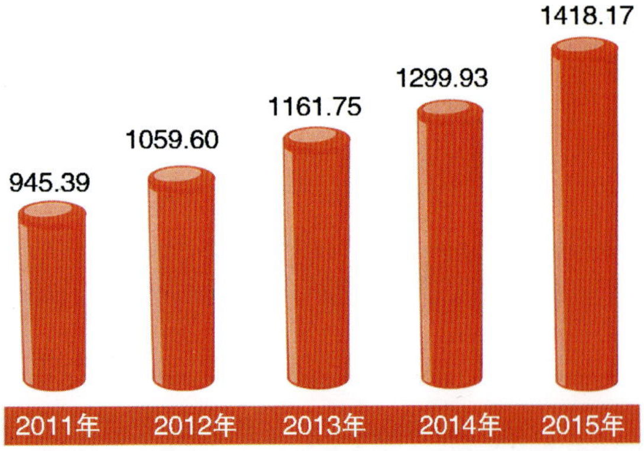

年末常住人口

单位：万人

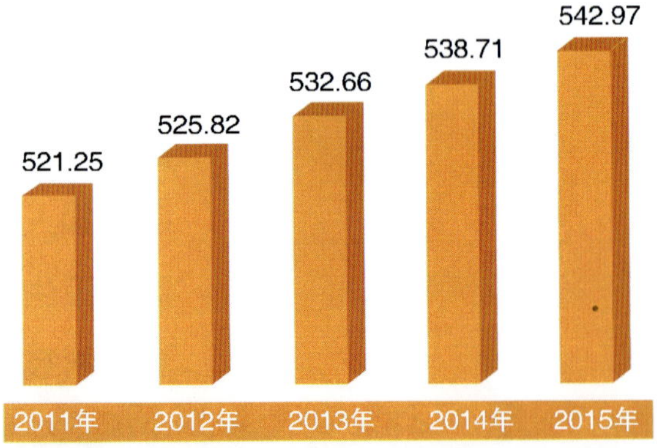

永　　州

规模以上工业增加值
单位：亿元

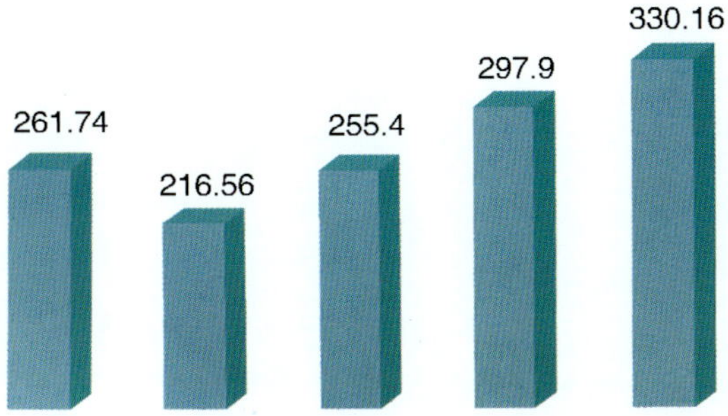

全社会固定资产投资总额
单位：亿元

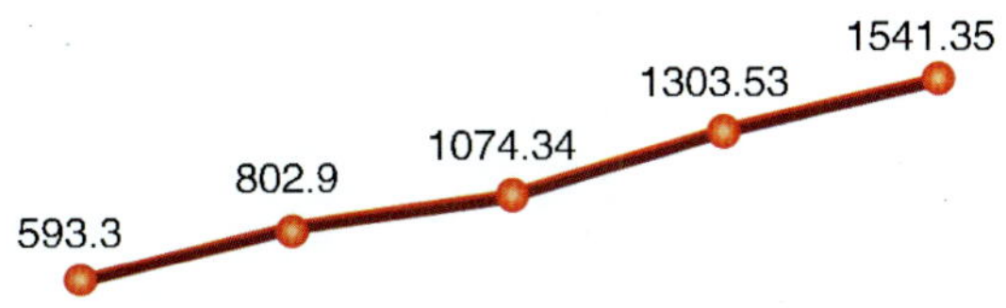

财政收入
单位：亿元

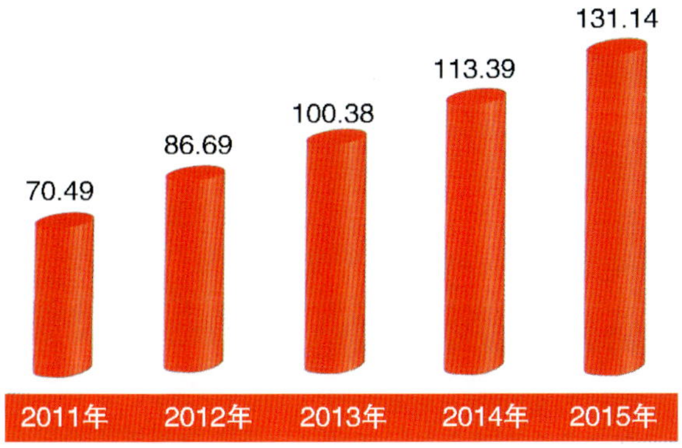

出口总额
单位：亿美元

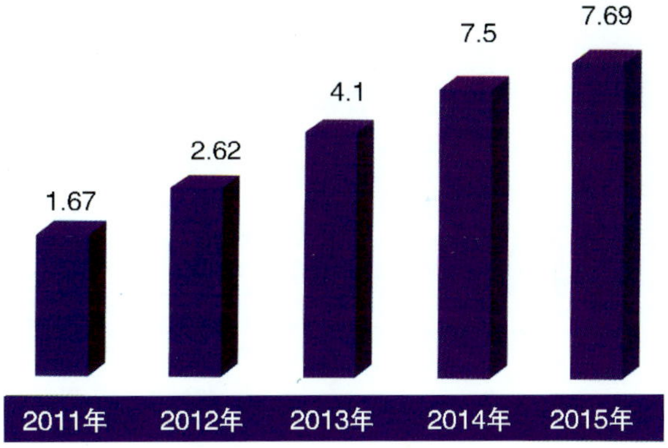

社会消费品零售总额
单位：亿元

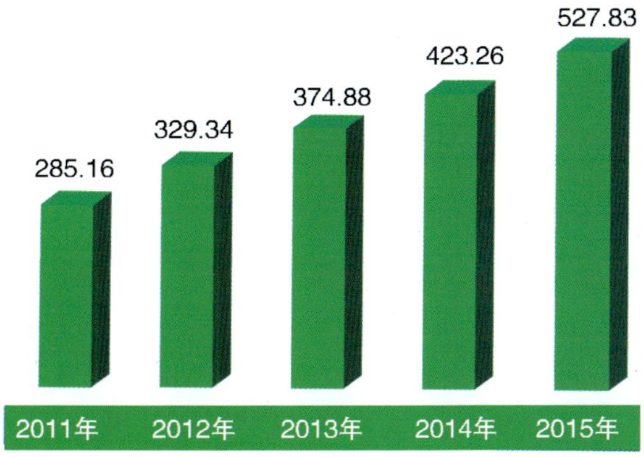

城镇居民人均可支配收入与农村居民人均纯收入
单位：元

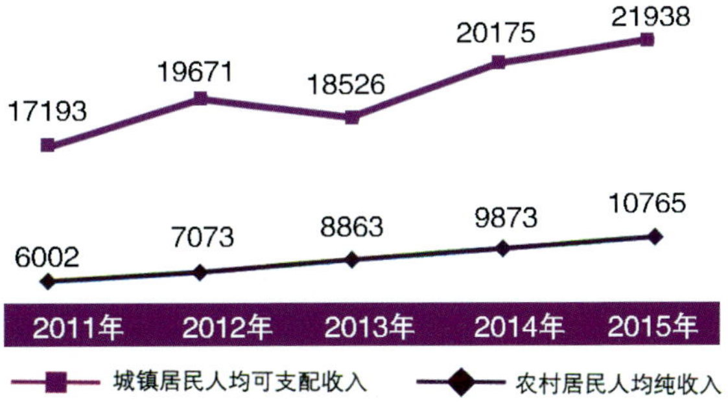

注：2014年起为一体化调查新口径数据

领　导

省委书记、省人大常委会主任徐守盛（中）在东安县井头圩镇八字门村看望慰问困难群众

省委常委、省委组织部部长郭开朗（前左一）视察江华瑶族自治县

省委常委、省委秘书长许又声（右三）视察江华瑶族自治县

省委常委、常务副省长陈向群（右三）在零陵区走访调研

省人大常委会副主任刘莲玉（右三）视察江华瑶族自治县

省人大常委会副主任谢勇（左三）到东安县调研

副省长蔡振红（中）在蓝山县调研经济发展和民生保障

视　　察

省委副书记、省长杜家毫（右二）考察江永农业产业化建设情况

省委常委、省委宣传部部长张文雄（右二）视察江华瑶族自治县

省政协主席李微微（前排左二）视察“智慧新田”社会治理创新云平台

省委常委、省委统战部部长黄兰香（前排右二）视察江华瑶族自治县

副省长张硕辅（右一）参观双牌县城沿江风光带

副省长戴道晋（前排左二）视察江华瑶族自治县

副省长张剑飞（前排中）视察江华瑶族自治县

中　共　永　州

市委书记　陈文浩

市委副书记、市长　易佳良

市委常委、常务副市长　唐湘林

市委常委、副市长　蒋善生

市委常委、市委宣传部部长　石艳萍

2015年，永州市辖9县2区，2个管理区，1个经济开发区，211个乡镇（街道办事处），5060个行政村，311个社区（居委会）。有基层党组织13667个，其中基层党委456个，党总支408个，党支部12803个，有党员270143名。

2015年，中共永州市委始终保持战略定力，持续推进“四个三”，大力实施“八大计划”，奋力破解“五大难题”，着力提升发展软实力，全市主要经济指标在全省位次前移，多数指标增速居全省第一方阵，实现“十二五”完美收官。

专题教育取得实效。推进“三严三实”专题教育深入有序健康开展。市委将提高干部执行力作为践行“三严三实”专题教育的着力点，从5月起，分5期组织400余名处级领导干部到北京大学、复旦大学和浙江大学等高等院校参加“三严三实”和干部执行力提升研修班，10月9日，中国组织人事报以《湖南永州市学习研讨突出“执行力”》为题进行推介。坚持把发现问题、解决问题作为搞好专题教育的重点，坚持不懈向问题“叫板”，持续发力55项专项整治任务，市委常委会明确“四风”突出问题专项整治督查工作由市纪委专抓，明确全市55项专项整治任务责任单位、责任领导，确定27个市直部门46项市县两级联动整改任务清单，推动“四风”集中整治向常态治理转变。先后查处“四风”问题135个，查处151人。查处基层干部违纪违法问题309个，给予党纪政纪处分358人，其中移送司法机关处理10人。

科学编制“十三五”规划。把科学谋划“十三五”经济社会发展摆在十分重要的位置，突出项目

市委员会

市委副书记　张严

引领，提前部署，主动对接，高标准编制《十三五规划纲要》。“纲要”提出到2020年：综合实力更加雄厚，地区生产总值达到2500亿元左右，财政总收入实现翻番，确保经济发展速度快于全省平均水平、城乡居民收入增速快于经济增速，着力打造区域铁路枢纽城市、生态文明城市和全国文明城市。基础设施更加完善，兴永郴赣铁路、邵永客运专线、衡永高速、零陵机场迁建、神华电厂、涔天河灌区工程、毛俊水库、智慧永州、北斗导航（湖南）数据中心及华为数据中心等重大基础设施项目相继开工或竣工。城乡环境更加优美，生态优势进一步放大，绿色发展理念深入人心，城乡基础设施、环境保护治理、资源利用“无缝对接”，美丽乡村建设、城市扩容提质实现质的变化，潇湘城市群基本成型，经济社会发展与生态环境保护更趋协调。人民生活更加殷实，公共服务体系不断完善，就业难、上学难、看病难、住房难等民生难题得到有效破解，贫困人口全部脱贫，小康社会全面建成，人民群众幸福感大幅提升。

市委常委、市委政法委书记　唐能武

市委常委、市委组织部部长、市委统战部部长　董石桂

市委常委、纪委书记　朱映红

市委常委、市委秘书长　颜海林

市委常委、永州军分区司令员　王守海

永州市人民代表

2015年11月17日，全国、省人大代表在蓝山县视察湘江流域生态环境治理和保护工作

2015年6月2日上午，市人大常委会组织常委会组成人员及部分市人大代表分组对中心城区创森工作进行集中视察

2015年8月3日，市人大常委会组织视察闲置土地清理工作

2015年6月2日下午，市人大常委会召开关于《加快创建国家森林城市的议案》督办工作会议

2015年10月23日，在市四届人大常委会第33次会议上，市人大常委会新任命的4位国家工作人员面向国徽向宪法庄严宣誓。这是中共十八届四中全会提出建立宪法宣誓制度后，永州市首次举行国家工作人员就职宣誓仪式

大会常务委员会

2015年8月5日，省人大常委会副主任谢勇（右一）在市人大常委会副主任袁火林的陪同下赴零陵区开展石期河流域综合整治工作调研

2015年11月17日，全国、省人大代表视察冷水滩区宋家洲网箱养鱼情况

2015年10月23日，市四届人大常委会第33次会议上，针对103个小区综合整治开展专题询问

2015年6月11日，全市学习宣传贯彻实施新《中华人民共和国预算法》动员大会召开

2015年10月15日，市住建局人大建议办理集中见面会现场

2015年11月23日，市四届人大常委会召开第34次会议对重点督办建议承办单位办理情况进行测评

永　州　市

市委副书记、市长　易佳良

市委常委、副市长　蒋善生

副市长　罗双全

副市长、市公安局局长　刘新良

2015年，永州市地区生产总值达1413亿元，增长9%，增速排全省第六位，同比前移3位；完成规模以上工业增加值330亿元，增长10.2%，增速排全省第一位；财政收入达131.1亿元，增长15.65%，增速排全省前列；社会消费品零售总额527亿元，增长12.1%，增速排全省第七位。国家卫生城市和国家森林城市成功挂牌，长丰猎豹汽车新车型CS10量产3.8万台，销售收入达40亿元，湘江纸业公司关停并转，涔天河水库大坝比国家批复工期提前153天封顶，中心城区23条断头路全部通车，19个安置小区建设实现质的突破，“零陵古城”保护项目开工建设，在全国地级市率先实现县区同步推进农村淘宝项目，农村产权制度和社会治理机制改革经验在全省推广，全面小康实现程度提升4个百分点，安全生产和综治工作考评分别跃居全省第二位、第三位。

重大基础设施建设全面加快。全市固定资产投资完成1535亿元，增长17.8%。神华电厂一期加快建设，带动相关产业快速发展。涔天河灌区工程开工，库区移民统一迁建签约率达97.5%。风电项目获批装机规模51.4万千瓦，占全省年度建设规模29%。交通基础设施完成投资23.28亿元，厦蓉高速道县至永安关段、G207改建双牌至道县段竣工通车，零双一级公路及冷东快速通道开工建设。长沙海关驻永州办事处正式开关，湘南农副产品集中验放场封关运行。百亿工业园区建设成效明显。内联引资196亿元，实际利用外资8亿美元，承接产业转移项目542个。永州经济技术开发区和祁阳经开区规模工业总产值突破100亿元，江华瑶族自治县、宁远县、道县、零陵区工业园区建设来势较好。“135”工程新建标准厂房220万平方米，引进“双创”企业150家，均居全省前列。规模企业加速转型升级。规模工业总产值突破千亿大关，增

人　民　政　府

市委常委、常务副市长　唐湘林

长19.5%。零烟技改完成，产值达到67亿元。重点产业和新兴产业发展提速，生物医药、先进装备制造、电子信息产业产值分别增长25%、38.6%、44.2%。中心城区扩容提质取得新突破。实施重点项目148个，完成投资80亿元。15条主次干道、40条背街小巷提质改造和梅湾路等建筑立面整体改造完工，城市品位大幅提升。智慧城市创建高位破题。市云计算中心投入试运行，六大基础数据库有序采录相关数据，综合应用平台的社会治理子系统上线运行，4G等通讯基础设施建设进展较快。国字号品牌创建有序实施。国家历史文化名城申报和交通管理模范城市创建工作扎实推进，阳明山国家级生态旅游示范区和海峡两岸交流基地正式挂牌，东安成功创建首个“中国德文化之乡”，被列入全国农产品质量安全示范县，新田县、道县、江永县获批国家出口食品农产品质量安全示范区。创新创业成绩突出。全市新增各类市场主体3.1万户，其中，新设立私营企业4486家，新培育小微企业1600家，新增城镇就业5.87万人，新增农村劳动力转移就业6.84万人。全面小康建设加速推进。农村居民人均可支配收入增长9.5%，快于城镇居民1个百分点。蓝山县整合资金2亿元推进农村“五大革命”，宁远县、江永县、回龙圩管理区等美丽乡村建设取得突破，农村面貌明显改观。举全市之力推进精准扶贫，全年减少贫困人口12万余人，贫困村出列59个。保障性住房和各类棚户区改造开工建设4.65万套。森林覆盖率达到61.89%，湘江干流出境水质保持二类标准，各项环保约束性指标全面完成，金洞猛江河国家湿地公园挂牌，“名师名校名校长”工程和科技、卫计、文广新体、食药安全等社会事业取得新成绩，社会大局和谐稳定。

副市长　刘尤碧

副市长　张常明

副市长、零陵区区委书记　严兴德

政　协　永　州

2015年3月17日至19日，省政协副主席张大方（右二）在市政协主席唐定（右三）陪同下视察永州新兴产业发展情况

2015年4月17日，市政协主席唐定（左二）视察创建国家森林城市工作

2015年6月10日上午，市政协主席唐定（右四）一行视察东安县川岩乡榴星村建整扶贫工作，深入该村瑶族组与当地群众亲切交谈

2015年11月23日上午，组织驻永州省政协委员视察“零陵古城”项目建设

市　委　员　会

政协永州市第四届委员会第五次会议

专题协商会

2015年5月5日上午，市政协召开闲置土地处置和小区整治专题协商会

2015年7月，市政协副主席张建亮（右一）在市建行视察金融工作

2015年9月，市政协副主席周秀英（左三）组织医卫界委员在川岩乡榴星村开展义诊进村活动

市政协提案委组织部分委员开展全市农业产业化情况调研

中　共　永　州

2015年3月10日，举行春季学期开学典礼。市委常委、市委组织部部长、市委统战部部长、市委党校第一校长董石桂（中）出席并作《领导干部要带头讲党性》的专题报告

2015年9月22日，副市长罗双全在学校给主体班学员作题为“新形势下统一战线工作”的专题辅导

中共永州市委党校始终坚持正确的办学方向，坚持党校姓党的校魂、实事求是的校训、从严治校的校规，紧紧围绕党的路线方针政策和市委的中心工作，在加强干部教育培训、推动理论武装，加强思想引领、推进决策咨询等方面发挥十分重要的作用。2015年，举办各类主体班27期，培训总人数2411人，同比增长11.3%。其中党校主体班14期，培训679人；各类警训班13期，培训1732人。在职研究生教育毕业77人，录取新生45人，在校学员266人。完成市委重大委托课题1项；完成市委重大决策咨询项目2项；出版学术专著1部；在省级以上刊物公开发表论文31篇，其中《湖南日报》理论文章2篇、《永州日报》理论文章3篇；参加各类理论研讨会获奖论文44篇；全省党校系统课题结题3项、立项5项，省社会主义学院课题立项1项；获永州市第六届哲学社会科学优秀成果特别奖1项、二等奖1项、三等奖2项。获全市“2015年度党风廉政建设和反腐败工作先进单位”“2015年度党建工作考核优秀单位”“2015年度综治工作先进单位”称号。

主体班学员每周一上午课前重温入党誓词

市　委　党　校

2015年9月11日下午，市委副书记、市委党校校长张严在市委党校调研

2015年5月30日，常务副校长许洋名给全体干部职工作题为“践行‘三严三实’新要求　推动党校事业新发展”的专题党课

2015年4月21日下午，组织党员志愿者及春季主体班学员开展“献血有量，爱心无价”学雷锋志愿者义务献血活动

2015年9月24日，常务副校长许洋名（右）带领20余名教职员工到扶贫点宁远县禾亭镇石城村开展“一进二访”结对帮扶活动

2015年11月6日，市委党校代表队获全省党校行政学院系统第二届乒乓球比赛团体第四名

永州军分区

2015年10月19日，省委常委、省军区司令员黄跃进（前）在永州检查指导工作

2015年9月8日，省军区政治委员马必强（前中）在军分区检查指导工作

2015年9月8日，召开市委议军会

2015年2月10日，军分区召开党委全会，表彰先进

2015年7月1日，军分区召开“七一”表彰电视电话会议

2015年9月22日，召开永州市全民国防教育委员会例会

2015年3月26日，召开永州市民兵应急营点验大会

2015年10月13日，召开湘江-2015演习动员部署会

特　　载

做好结合文章　打赢扶贫硬战
永州精准扶贫列上“第一菜单”

陈文浩

永州市现有5个扶贫工作重点县、931个贫困村和58万多的贫困人口。为确保贫困人口到2020年如期脱贫，全市将精准扶贫作为重大政治任务列上工作“第一菜单”，在各项重点建设和全面建成小康社会的结合点上精准发力，深度用力，确保打赢扶贫攻坚战役。

把精准扶贫作为“十三五”规划的第一重点。贫困人口整体脱贫是“十三五”期间的重要任务。在制定“十三五”规划时，优先布局好精准扶贫工作。一是同步推进做规划。全面建成小康是不分地域的全面小康，是不让一个人掉队的全面小康。扶贫攻坚与全面小康如同一体两面，必须同步安排部署、同步督促推进、同步考核评比，列出具体的时间表、路线图、任务书。二是单列章节做规划。贫困地区是全面小康的“薄弱环节”，贫困人口是全面小康的“关键少数”，必须将贫困人口的整体脱贫与“十三五”规划有机结合，在“十三五”规划单列章节，形成精准扶贫五年规划，并明确技术、资金、项目、智力等方面的保障措施。三是围绕项目做规划。实行“精准制导”“定点清除”“喷灌滴灌”式的精准扶贫方式，全面分析贫困地区的实际情况，因地制宜、合理布局、科学规划，把扶贫规划落实到一个个具体的项目上，以项目建设带动和推进扶贫攻坚。

把精准扶贫作为改革创新的第一动力。要牢牢抓住全面深化改革机遇，通过改革创新，破解扶贫攻坚难题。一是改革领导机制。坚持扶贫以政府保障为主，社会保障为辅。市里牵头统筹协调，加强对贫困县、重点地区的扶贫力度，重点做好检查、督促和考核工作。县乡发挥主体主抓作用，具体做好进度安排、项目落地、资金使用、人力调配、推进实施等工作。部门发挥特殊作用，代表党委、政府对相关政策进行精准把关、精准审核；根据各自职责和优势，做好结合文章，指导县区、乡镇用足用好中央和省里的各项政策；充分发挥精准扶贫后盾单位作用，做好帮扶结对工作，认真为联系对象做好事、实事，帮助加快脱贫步伐；对各项工作落实落地情况，强化督查和考核。二是创新管理机制。按照精准帮扶，精准调度的要求，认真识别扶贫对象，摸清贫困对象家底，核准致贫原因，建立扶贫电子数据库和信息化平台，建立扶贫退出机制，实现扶贫脱贫动态管理。全市建立931个贫困村村主干和所有扶贫工作队员的台

账，全程跟踪，及时问效。三是创新扶贫措施。根据不同原因、不同类型的贫困，采取不同的脱贫措施，从“输血式扶贫”转到“造血式扶贫”。发挥财政资金的杠杆作用，完善财政扶贫资金管理机制，整合扶贫资金，形成扶贫工作的整体合力。充分利用农村产权制度改革成果，盘活农村土地资源，让更多的贫困人员“以地生财”。不断完善金融扶贫机制，积极发展普惠金融，引导更多金融资源流向农村和贫困地区。

把精准扶贫作为推进“三个优先”的第一载体。推进精准扶贫，需要大力发展教育，离不开科学利用生态，更有待于进一步扩大就业。一是“教育优先”要首先帮扶贫困学生。发挥教育在扶贫攻坚中具有基础性、先导性作用，努力构建到村、到户、到人的教育精准扶贫体系，不让一个贫困家庭孩子输在起跑线上。加大义务教育薄弱学校改造投入力度，合理布局贫困村教学点。实施城区优秀教师到贫困乡村学校支教计划，提高贫困乡村教师津贴标准，提升贫困乡村师资水平，使贫困家庭子女能够获得有质量的基础教育。建立贫困学生资助平台，对各阶段教育的贫困学生建档立卡，在政府给予就学补助的同时，动员社会力量援助，构建政府保障、社会支援的立体助学网络。二是“生态优先”要首先倾向贫困地区。在保护生态环境的前提下，科学合理利用森林资源，促进林业增效、农民增收和扶贫攻坚。坚持以市场为导向，大力推进农民林业专业合作组织和市场流通体系建设，着力加强科技服务、政策扶持、产业引导，促进林下经济向规模化、集约化、标准化和产业化发展，努力实现绿色增长、林农增收、产业发展。进一步加大生态公益林建设项目、退耕还林、自然保护区等重点生态工程建设对贫困村的倾斜力度，提高造林补贴、公益林补助等政策标准。三是“就业优先”要首先安排贫困人口。整合扶贫、农业、统战、人社、群团组织和党校等部门的培训资源，免费对贫困劳动力开展精准培训，对具备一定技能的带头人开展创业培训，使每户扶贫对象至少掌握一项就业技能或实用技术。通过园区企业招工、发展现代家庭农场、建立村级电商平台等途径，提高农村劳动力就近转移就业率，帮助贫困人口实现家门口就业，确保有劳动能力的贫困家庭至少有一人能够就业。高度重视劳务经济，加强信息引导和服务，为农民工免费提供公共就业服务。

把精准扶贫作为加强基层党建的第一抓手。推进精准扶贫与基层党建深度融合，大力整顿软弱涣散基层党组织，进一步巩固和做强基层“堡垒”。一是落实责任。进一步落实基层党建工作责任制，抓好村居班子建设、队伍建设、组织建设、制度机制建设、活动场所建设，选好配强村居领导班子，把基层党组织建设成精准识贫、精准扶贫、精准脱贫的战斗堡垒。二是选准主干。选好用好管好带头人，把公道正派、敢抓敢管的干部用起来。加大从优秀外出务工经商人员、乡土能人、复退军人和大学生村官中选拔村支两委主官的力度，对重点贫困村、矛盾复杂村、基础薄弱村，着力选优配强第一支部书记，切实提升基层党组织的凝聚力和战斗力。三是建好队伍。注重从基层选派优秀干部加入扶贫工作队，驻村驻户，点对点帮扶贫困村，零距离服务贫困户，做到脱贫不达标，工作队伍不撤出。

把精准扶贫作为检验执行力的第一标尺。把干部队伍执行力建设阵地及时延伸到扶贫攻坚主战场，以实际成效提升和检验执行力。一是增强主动性。各级党政“一把手”切实担负起扶贫开发工作第一责任人的责任，认真履行领导职责，深入开展调查研究，因地制宜制定措施办法，亲自部署和协调落实。贫困地区的干部自觉全面、系统、深入地学习中央、省、市关于扶贫开发的决策部署，进一步增强责任心和使命感，全心全意投入工作。二是讲究实效性。把精准扶贫工作实绩纳入领导干部实绩卡和干部执行力考核，把做了多少实事，帮助多少人口脱贫作为最重要的衡量指标。对各县区（管理区、开发区）党委、政府分管领导以及扶贫办主任、组织部分管副部长、相关乡镇党政一把手和全市931个贫困村驻村帮扶工作队员、村两委负责人以及贫困人口较多的面上村村支书进行轮训，全面提升领导干部扶贫开发的工作能力。三是强化导向性。坚持良好的用人导向，把干部主力用上扶贫开发主战场。对精准扶贫工作中表现突出、执行力强、成绩显著的干部，大胆予以重用或提拔。

把精准扶贫作为践行“三严三实”的第一行动。把落实精准扶贫任务作为检验“三严三实”专题教育的重要标准，自觉在精准扶贫主战场践行“三严三实”。一是真心做好服务。认真贯彻省委“一进二访”部署，扎实做好结对帮扶工作，以“三严三实”严格要求自己，心里时刻装着群众，牢记“群众利益无小事”，帮助群众解决实际困难和问题，从柴米油盐等一件件小事做起，从就医、就学、住房、出行等一桩桩难事入手，真心实意为群众服务，真正做到“扶真贫、真扶贫”。二是严守扶贫规矩。认真领会省委关于精准扶贫的工作部署，进一步增强严的意识，恪守严的规矩，树起严的风气，把实的作风、实的责任、实的措施立起来，真正做到严字当头、实处着力，踏踏实实，埋头苦干，推动精准扶贫各项部署落到实处、见到实效。三是做到清正廉洁。用好精准扶贫的每一分钱，干好精准扶贫的每一件事，都需要一支清正廉洁的干部队伍。着力加强对权力的监督和制约，进一步健全权力监督机制、制约机制和问责机制，让广大干部严于律己、甘于奉献、忠于职守、为官廉洁，以良好的党风政风引领社会风气，打赢精准扶贫这场“硬仗”。

守护绿水青山　创造金山银山

易佳良

21 世纪是生态文明的世纪。中共十八大提出，要站在中国特色社会主义全面发展和中华民族永续发展的高度，把生态文明建设放在更加突出的地位，纳入社会主义现代化建设的总体布局。按照这一要求，近年来，我们以创建国家森林城市为抓手，动员 630 万永州人民奋发图强、砥砺前行，在 2.24 万平方公里的土地上演绎了“守护绿水青山，创造金山银山”的生动实践，为应对经济新常态、打造发展升级版，探索了有效路径，提供了强劲动力。

一、立足生态优势，实施“生态优先”战略，推动城市与生态相容发展、共同提升

永州位于湘江源头、五岭北麓，山川秀美，森林茂密，水碧天蓝，素有“锦绣潇湘、生态乐园”的美誉，是湖南省四大重点林区之一，也是湖南乃至全国的重要生态屏障。全市现有 8 个国家级、4 个省级森林公园，3 个国家湿地公园和 4 个国家级、2 个省级、34 个县级自然保护区，29 个国有林场，拥有林地 2302 万亩，森林覆盖率 61.89%，常年空气质量优良率 97%以上，主要水域 95%以上的断面达到国家地表水一、二类标准，整体环境质量位居全国地级市前列。永州还是全国“天然富硒农产品之乡”，是全国种植稻谷、烤烟、果蔬、油茶、花卉苗木的上上之地，湖南供应港澳的蔬菜中 70%来自永州。良好的自然生态环境，既是我们当前发展的宝贵财富，也是我市未来发展的持久动力。本着这一认识，我们坚持把住底线、守住红线、提升标线，致力举生态旗、走生态路、得生态利，确立了“生态优先”发展战略，坚决用好生态这个品牌，打好生态这张王牌，切实按照“两型”社会建设要求，大力加强环境保护和生态建设，特别是以实施“锦绣潇湘十大工程”为龙头，先后作出了建设绿色永州，创建国家卫生城市、森林城市、历史文化名城，实施湘江保护和治理“三年行动计划”等一系列决策部署，加大“两型”产业培育力度和城乡环境整治力度，不仅留住了绿水青山，而且实现了绿色发展。近几年全市新增国土绿化面积 120 万亩，主要经济指标增速高于全省平均水平，2014 年成功创建国家卫生城市，跻身“中国幸福城市”20 强。

二、秉承“环境就是竞争力”理念，让森林走进城市、让城市拥抱森林，致力打造美丽宜居家园

“绿水青山可以带来金山银山，但金山银山买不到绿水青山。”多年来，我们坚持把建设绿色美丽宜居城市作为增强城市竞争力的“基础工程”、提升人民幸福指数的“民生工程”来抓，采取了一系列措施，取得了较好成效。在城区，我们实施了“城区扩量、街道增绿、公园提质、社区植景、庭院添美”的造林绿化行动；在城郊及乡村，我们组织开展了“三边”造林绿化、“裸露山地”歼灭战、部门联村建绿、绿色乡镇建设、秀美村庄建设等工程，城市森林快速扩张，乡村绿化大幅增加。近五年，我们共提质改造城区主次干道 78 条，新建改建公园、小游园 82 个，创建省、市级园林式单位（小区）120 余个，完成道路、河流绿色廊道建设 10.6 万亩，60 个乡镇和 220 个行政村获得“绿色乡镇”和“秀美村庄”建设示范单位荣誉。截至目前，全市城市建成区绿化覆盖率和人均公园绿地面积分别达到 41.03%和 12.45 平方米，城市重要水源地森林覆盖率达到 90.49%，水岸、道路、村庄林木绿化率分别达到 92.39%、86.55%和 33.72%。“望得见山、

看得见水、记得住乡愁”的美好愿景正在变为现实。

三、高擎“生态建设产业化、产业建设生态化”旗帜，着力实现生态与效益的互动双赢

“生产发展、生活富裕、生态良好”是森林城市的题中之义。开展创建国家森林城市以来，我们坚持产业发展服从和服务于生态建设，促进产业与生态深度融合发展，特别是以“规模经营、节约增效”推动林业产业转型升级，不断培育发展生态产业，做大做强绿色经济。在一产业上，我们致力规模集约建基地，让产业生绿。近些年全市新建油茶、毛竹、速丰林、木本药材、花卉苗木、珍稀树种和生物质能源林等高标准基地203万亩，相应增加绿地面积两百余万亩。在二产业上，我们致力节约资源提效益，让绿生产业。全市已形成林油、林化、林药、林板、林果、林纸等六大支柱产业和油茶、毛竹、家俱三个新兴“百亿产业”，拥有国家级林产龙头企业2家、省级龙头企业41家，中国驰名商标4个、湖南名牌产品和著名商标17个，规模以上林产加工企业156家。2013年，我市被国家林业局列为“全国油茶产业发展示范市”。在三产业上，我们致力巧借山水做文章，让绿色生金。依托国家森林公园、湿地公园和自然保护区等生态基地，借力九嶷山祭舜、阳明山杜鹃花节、蓝山梨花节等节庆活动，积极发展森林生态休闲旅游，新建国家生态旅游示范区1个，省特色旅游名镇（乡）2个、名村8个、五星级乡村旅游区（点）7个，绿色产业已成为我市新的经济增长点。

四、大力弘扬生态文化，积极建设生态文明，努力构建人与自然的和谐关系

“生态兴则文明兴，生态衰则文明衰。”在创建国家森林城市当中，我们始终将生态文化、生态文明建设和创建工作融于一体，不断完善生态文明制度体系，提升人民群众生态文明素质。坚持软件硬件一起抓，新建了阳明山、九嶷山、舜皇山等6个生态科普教育基地和都庞岭生态科普教育馆；评选了市树、市花；举办了国际湿地日、植树节、爱鸟周、森林防火等宣传活动；开展了义务植树、纪念林营造、树木绿地认建认养等活动；制定了《封山育林实施办法》《城市绿线管理办法》《城市公园管理办法》和《古树名木保护管理办法》等地方性规章；施行了林地、湿地常态化管理办法；建立了“打防并举”的林区治安管控模式；推进了以测土配方、林权电子管理为主的数字林业建设；开通了林业24小时服务热线；组建了市场化运作的林业有害生物防治公司；构筑了群防群治的森林防火工作体系。为确保创建国家森林城市目标落到实处，我们多措并举、多轮驱动，打出生态文明建设的“组合拳”。坚持高位推动，党委政府领导，人大政协推动，层层传导压力；坚持广泛发动，多视角宣传、全社会参与，形成了浓厚的建设氛围；坚持奖惩驱动，建立“横向到边、纵向到底”的工作责任体系，把创建工作作为刚性指标纳入政府绩效考核；坚持资金拉动，共投入创森资金128.23亿元，其中吸引社会资本60.02亿元。短短几年，健康森林、美丽湿地、绿色通道、秀美村庄，构筑起了永州“总量适宜、分布合理、景观优美、多样性丰富、人与自然和谐相处”的森林城市新格局，生态红利持续释放，“品质活力永州”魅力更加彰显。因为建设与保护得力，近几年我市先后有7个县被列入南岭山地森林及生物多样性生态功能区和武陵山区生物多样性与水土保持生态功能区，湘江源头区域获批国家第一批生态文明先行示范区。

关于推动永州百万外出务工人员返乡创新创业的思考

高建华

在经济发展新常态下，大力推动我市百万外出务工人员返乡创新创业，对于打造发展新引擎，增强发展新动力，形成我市新型工业化与农业现代化、城镇化和新农村建设协同发展新局面具有十分重要的意义。建议如下：

一、让返乡创新创业氛围“热”起来

1. 搞好创新创业宣传。充分利用广播、电视、报刊、网络等新闻媒体和QQ群、微博、微信等新兴通讯方式，大力宣传外出务工人员返乡创业的相关政策、成功做法及经验，弘扬创业精神。积极发挥异地永州商会的作用，通过举办乡情恳谈会、同乡会等联谊活动，宣传推介家乡的发展变化、优惠政策、优势项目等，以乡情、亲情、友情感召外出务工人员返乡创新创业。

2. 激励创新创业典型。做好返乡创新创业先进典型、先进事迹的总结和评选表彰工作，对返乡创业人员，坚持做到经济上给实惠，社会上给地位，政治上给荣誉，在评选劳动模范、人大代表、政协委员时，给予优先考虑。深入报道他们的创业事迹、创业成果，充分发挥先进典型的示范引领作用，在全社会形成支持创业者，褒奖创业者、尊重创业者的浓厚氛围。

3. 培育创新创业文化。积极创建创业型城市，倡导敢为人先、宽容失败的创业文化，树立崇尚创新、创业致富的价值导向，大力培育企业家精神和创客文化，将奇思妙想、创新创意转化为实实在在的创业活动，通过举办创业训练营、创新创业大赛、创新成果和创业项目展示推介活动，搭建好创业者交流平台。

二、让各类扶持政策“实”起来

1. 设立引导基金。按照政府引导、市场化运作、专业化管理的原则，加快设立市级创新创业投资引导基金，并纳入市本级预算管理，以财政资金带动社会资本加大对创新创业的投入，促进初创期中小企业成长，支持新兴产业领域早中期企业发展。大力支持天使投资、风险投资、创业投资来我市发展，培育发展天使投资群体，帮助返乡人员创新创业。

2. 用好创业贷款。尽快出台创业担保贷款实施细则，促进国家创业贷款政策落到实处。针对有创业愿望、具备创业条件但缺乏创业资金的返乡创新创业人员，提高其金融服务可获得性，将创业担保贷款（原小额担保贷款）最高额度由针对不同群体的5万元、8万元、10万元不等统一调整为10万元，降低小型劳动密集型企业200万元贴息贷款门槛。同时，简化贷款审批程序，拓宽反担保范围，提高代偿效率，继续实施好“培训+贷款+创业+服务”联动机制。

3. 加大融资支持。加强政府对金融机构的引导，支持金融机构为返乡人员创业初创期、早中期提供融资服务。一是创新信贷产品与服务。根据返乡创业人员特点和需求，采取多种贷款形式与还款方式，放宽贷款额度和还贷时间，开办个人信用贷款和联保互保贷款，加大对返乡创业人员的信贷支持和服务力度。二是发展债券融资市场。探索发行专项中小微企业集合债券、公司债券，开展股权众筹融资试点，扩大直接融资规模。三是积极发展新型金融机构。积极探索和规范发展互联网金融，加快发展村镇银行、潇湘农商银行、县级农村商业银行和小额贷款公司等中小金融机构，扩大抵押物范围，允许集体所有土地使用权，农村土地经营权、林权、房屋产权、宅基地使用权和大型农机具做抵押。四是支持信用担保体系建设。市财政要安排一定资金，充实市中小企业信用担保公司资本金，加快组建农村信用担保公司，对信用担保机构给予相应的风险补助和受益补偿，增强信用担保机构的抗风险能力。

4. 用活土地政策。将返乡创业用地纳入城乡发展和土地利用总体规划，充分利用城镇存量非农建设用地，包括闲置土地、厂房，调整合并的行政事业单位、学校用地，村镇边角地创新创业。各地存量集体建设用地，在符合规划和用途管制的前提下，可直接用于返乡创业用地。适当扩大荒山、荒坡、荒滩等非耕地的利用，促进返乡创业和其他工商服务业的发展。允许返乡创业者将住宿租借房、临时商业用房作为经营场所。加快推进农村土地确权登记，建立健全土地资源承包权和经营使用权交易市场，在政府引导下，允许根据市场供求关系和自愿互利原则，对土地资源的承包权和经营使用权自由进行承租、转租、转让和入股，充分发挥土地流转交易中心作用，努力实现土地供需平衡，试行县级“土地置换”，挖掘土地产权与交易的变革空间。

三、把各类生产性服务平台“搭”起来

1. 搭建项目平台。加快创新创业项目征集、遴选和建库工作，及时进行项目发布，完善信息沟通协作机制，指导返乡创业人员对项目进行科学论证，帮助他们选准选好创业项目。加强对重点领域、重点行业创新创业的引导，鼓励创业主体围绕工业园区、特色农业、文化旅游、新型城镇分行业分类别开展创新创业活动，突出针对性、本土化和可操作性，提高返乡人员创新创业成功率。

2. 搭建网络平台。拓展互联网思维，充分运用互联网技术，建设市级网络信息平台，推动企业创新和传统产业升级。加强政府数据开放共享，推动大型互联网企业和基础电信企业向创业者开放计算、存储和数据资源。积极引进国内外电商巨头，加强与阿里巴巴的合作，借助“淘宝大学”加紧培训电商创业人员，引导集办公服务、投融资支持、创业辅导、渠道开拓于一体的市场化网商创业平台发展。鼓励龙头企业结合城乡特点建立电子商务交易服务平台、商品集散平台和物流中心。支持农民网上创业，大力发展“互联网+”农业、物联网和二维码技术，加快建立农副产品质量安全追溯体系，利用现代科技发展绿色、高效农业。依托互联网，培育壮大农业产业化龙头企业、农村专业合作社、家庭农场等新型生产经营主体，创新生产经营机制，推行“订单+基地+农户”模式，积极组织创业农民与小康村、企业、园区和市场对接，实现产供销一条龙，全力推进农村创业富民行动。

3. 搭建人才平台。在大力“引才引智”基础上，积极搭建互联互通平台，实现智力、人才与企业的有效对接，把智力转化为生产力。一方面，要用好外地人才。秉持“不求所有，但求所用”的理念，尽快建立外地高技能人才与企业对接的网上服务平台，促进高技能人才的跨区域流动和高效利用，推动形成专家对企业进行网上咨询问诊和技术指导的新型人才共享机制。另一方面，要用好本地人才。主动加强与湖南科技学院、永州职业技术学院、潇湘技师学院和市农科所的联系与合作，建立本地高技能人才专家库，促进本土专家与企业的对接，邀请本土专家经常到企业进行实地技术指导和管理培训，帮助企业建立大学生实习基地，加强与高校的产学研合作。

4. 搭建园区平台。依托经开区、工业园区和农业高科园，积极创建返乡创业园、返乡创业一条街，加快园区配套设施建设，在不增加财政预算支出总规模、不改变专项资金用途前提下，合理调整支出结构，安排相应的财政引导资金，以投资补助、贷款贴息等恰当方式给予政策支持。鼓励银行业金融机构在有效防范风险的基础上，加大对返乡创业园基础设施建设和产业集群发展等方面的金融支持。综合运用政府购买服务、无偿资助、业务奖励等方式，充分发挥市中小企业公共服务平台的作用，为中小微企业提供科技转化、知识产权、检验检测认证、法律、财务咨询等全方位、专业化服务。同时，建设一批返乡人员创新创业孵化机构，促进创业与创新、创业与就业、线上与线下相结合，降低创业门槛和成本。积极推广众包、用户参与设计、云设计等新型研发组织模式和创业创新模式。加快构建众创空间，总结推广创客空间、创业咖啡、创新工场等新型孵化模式，充分利用高校、科研院所的有利条件，构建一批低成本、便利化、全要素、开放

式的众创空间，发挥政策集成和协同效应，实现孵化与投资相结合，为创新创业者提供良好的工作空间、网络空间、社交空间和资源共享空间。

四、让政府公共服务“优”起来

1. 加强个性化培训。整合各类创业培训资源，针对不同创业群体、创业活动不同阶段特点，开发工业、建筑业、种养殖业、餐饮业、文化旅游业、电子商务等个性化、实用性创业培训项目。实施农民工职业技能提升培训，增强其就业创业和职业转换能力。加快建立高水平、专兼职的创业培训师资队伍，从有创业经验和行业资源的高校专家教授、成功企业家、职业经理人、电商辅导员、天使投资人、返乡创业带头人当中选拔一批创业导师，提升创业培训质量。强化培训基地建设，引导高校和技工院校开展创业培训，建设模拟实验室，开设创业辅导课程，实现创业教育、创业指导和创业培训的有机结合，鼓励各类企业和社会机构利用现有资源，搭建一批农业创业创新示范基地和见习基地，增强创业培训的实效性，提升创业的成功率。

2. 帮助解决人才引进和用工问题。全市各级公共就业服务机构，要将返乡创业人员及所创办的企业纳入公共就业服务范围，免费提供各类服务。积极开展“春风行动”计划，使外出务工人员尽量留在本地就业。对返乡创业人员创办的经济实体，在社会保障、人事管理、教育培训、职称评定、员工落户、政府奖励等方面，要给予与其他企业同等政策，平等对待。开通人才引进“绿色通道”，落实好留住人才的各项优惠政策，鼓励优秀人才扎根企业，与企业共成长，共享企业发展成果。根据产业培育和企业发展的需要，不定期组织各类技能培训，为企业发展储备好智力资源。完善园区周边配套设施，改善员工工作、生活条件，增加城乡公交车线路，为员工上下班提供交通便利。

3. 提高综合保障水平。实行“绿卡”管理制度，将返乡创业人员纳入社保、住房、子女就学、医疗等公共服务体系，做好返乡人员社保关系转移接续工作，探索完善返乡创业人员社会兜底保障机制，降低创新创业风险，消除他们的后顾之忧。返乡人员在城区创业的，其子女义务教育阶段入学，享受与城区居民子女同等待遇，就近安排就读。按属地管理原则，将生活困难且符合低保条件的返乡创业人员家庭及时纳入低保范围；将患病且符合医疗救助条件的返乡创业人员及时纳入民政医疗救助范围，做到随时申请，随时审批。允许返乡创业人员在城区申请公租房、廉租房和购买经济适用房。在返乡人员创业园内，允许建设员工集体宿舍，比较享受公租房、廉租房政策。

4. 形成齐抓共管合力。目前，我市尚未成立返乡人员创新创业领导小组，也没有明确具体的主管部门，部门协调难度大，难以形成合力。建议市政府成立全市返乡人员创新创业领导小组，由市人社局牵头、相关部门参与，领导和协调返乡人员创新创业工作，办公室设市人社局，负责具体工作。同时，建议将返乡人员创新创业工作纳入我市“就业优先”战略工作目标考核，明确部门职责，制定考核指标，促使相关部门主动服务，落实责任，形成部门联动、齐抓共管、合力推进的工作格局。

（本文有删节，标题为编者所加）

互联网形势下的人民政协工作创新

唐　定

有学者认为，“互联网不仅是技术、是媒体，更是政治；不仅是器物、是产业，更是意识形态。”当前，互联网正成为中国公民行使知情权、参与权、表达权和监督权的一个重要渠道，成为民意表达、互动、汇集的重要平台，网络政治生态深刻地影响和推动当代中国的民主化进程。新形势下，人民政协如何适应互联网，如何利用互联网，如何驾驭和引导互联网非常值得研究。本文以此为切入口，就互联网形势下的人民政协工作创新谈点初浅认识。

一、网络民意的开放性、参与性与人民政协的特点高度契合

中国互联网络信息中心（CNNIC）发布的《第35次中国互联网络发展状况统计报告》显示：截至2014年12月，我国网民规模达6.49亿人，互联网普及率为47.9%，较2013年底提升了2.1个百分点。数量惊人的中国网民，先进发达的互联网技术，使网络意见进一步影响党政决策和执行，推动着当代中国的民主化进程。同时，也在一些方面带来负面影响。

1. 网络民意是社会民意的重要组成部分

网络民意是基于互联网技术支撑下的一种新的民意表达方式，是以互联网技术为基础，以网络为平台，通过互联网上论坛和社区、博客等手段自由发表评论和意见，聚合某种愿望和诉求，形成的一种新兴民意。网络民意是社会民意的组成部分，相对于传统的社会民意，网络民意在参与主体、发言载体、开放程度、传播方式等方面有自身特点。

一是参与主体的多元化。随着现代大众传播时代的到来，不同的社会群体和个人都有机会在互联网上发布信息和表达自己的心声，可以通过各种论坛、博客等公共舆论平台参与各种重大事务的讨论。中国互联网络信息中心对“中国网民各类互联网应用的使用率”调查表明，2014年，“论坛/BBS”用户12908万人，占网民使用率的19.9%；“博客”用户10896万人，占网民使用率的12.1%。可见，中国网民通过网络表达意见有2亿多人，占到网民总数的1/3强。

二是生长空间的虚拟性。网络民意是以互联网为载体，以各种符号为传播媒介，由网站、网民共同对信息进行处理和结构化而形成的，是在网络这个虚拟空间发展和蔓延的。由于网络这一虚拟空间具有匿名性和平等性，它在给予了人们表达公共意见的热情和便利的同时，也带来许多不承载公共责任的噪杂和“闲言碎语”。

三是意见表达的真实性。网络民意开放随意，许多网民在表达民意时不考虑社会责任、社会协调、社会效应等方面因素，民意表达使用采取直接而非委婉的方式，自由开放地表达自己的意见，意见具有原创性和一定的真实性。但有些发言存在不良动机，有的把不真实的信息送上网络，有的蓄意制造假新闻和传播谣言。所以，网络民意真实性背后也有随意和不负责任的因素，甚至不乏攻击性的网络暴力。

四是社会影响的广泛性。网络为大众提供了一个前所未有的信息交换平台，最大限度地扩大了受众融入媒介的机会。由于互联网即时性、互动性、连通性特征，网络民意传播快，并且具有放大效应。特别是在互联网管理还不够规范的今天，在互联网通达的地方，一件“小事”可能在瞬间即刻被放大，一个小地方的一点动静也可能就被世界瞩目。乌鲁木齐“7·5“事件，远在美国的热比娅集团遥控指挥，通过手机短信和QQ串联，数千暴徒突然聚集乌鲁木齐打砸抢烧；摩尔多瓦大选后，6个人，只用了10分钟的思考后作出决定，然后用几个小时通过网

络、短信将消息传播出去，结果 1.5 万名年轻人走上街头发动“颜色革命”；美国总统奥巴马竞选成功的核心优势之一是高超运用互联网，网络民意社会影响很大，这种社会影响既有正面的，也有负面的，因此对于网络民意如何甄别引导、趋利避害非常重要。

结合网络民意，我们可以进一步考量政协社情民意信息。政协反映社情民意信息，是政协履行职能的重要基础和关键环节，也是政协行使民主监督职能的主要形式之一。政协社情民意与网络民意的主体不同。政协社情民意是由广大政协委员、各民主党派、人民团体和无党派人士收集和反映的，网络民意是由网民反映的。前者具有精英性和代表性，后者具有广泛性和多元性。政协社情民意与网络民意反映的渠道不同。政协社情民意是通过政协渠道反映的，人民政协具有信息“直通车”的作用，通过政协渠道能够迅速将政协委员的社情民意信息反映给各级政协组织，并转报各级党委、政府直到党中央、国务院。网络民意是通过互联网这个媒体发声和传播的。政协社情民意与网络民意功能不同。政协社情民意信息其功能在于资政，主要是为党委政府决策提供参考和依据。主要是抓取现实社会的某一热点问题，特别是民生民计问题，及时向政府提出改进和发展建议，是政府领导部门了解情况、作出决策的重要途径和依据。网络民意则更多的具有自发性和随意性，其内容更加广泛，其功能主要在于表达。因此，政协在反映社情民意上是具有独特优势的，这种优势对于改善网络民意也有借鉴作用。

对于网络民意，党中央、国务院高度重视。《2014 年中国人权事业的进展》白皮书认为，网络空间成为民间获取信息和表达意见的重要场所，公民言论自由权得到有效保障。公众通过新闻传播媒介自由地发表意见、提出批评建议，讨论国家和社会的各种问题。政府鼓励各类企业依法依规为公众提供丰富多样的互联网信息服务业务，为公众获取和交流信息创造良好环境，日益清朗的网络空间成为民间获取信息和表达意见的重要场所。

2. 网络民意对推动政协履职具有积极作用

网络民意的开放性、参与性，与人民政协的性质、特色和履行政治协商、民主监督、参政议政职能有着内在契合性。

第一，收集网络民意有利于人民政协了解民情、汇聚民智。网络民意是现实民意的折射，网络舆情是社会矛盾的宣泄。当前，网络民意日益成为不同阶层利益诉求的落脚点和民间舆论的强大集散地。随着网络民意的发展，网络必然会成为人民政协汇集社情民意的主要渠道。人民政协通过对网络民意的监测和分析，能及时准确地发现网络民意中带有普遍性、倾向性、苗头性的民众呼声、群众情绪、社会动态，从而对党政机关了解真实信息、调整政策起到重要作用。

第二，团结网络民意主体有利于人民政协联系各界、促进和谐。网络民意的参与主体是社会上相当广泛的一个群体。2015 年 5 月，习近平同志在中央统战工作会议上明确“留学人员、新媒体中的代表性人士、非公有制经济人士特别是年轻一代”三类人将成重点团结对象。当前，网络和数字技术裂变式发展，带来媒体格局的深刻调整和舆论生态的重大变化，新兴媒体发展之快、覆盖之广超乎想象，对传统媒体带来很大冲击。越来越多的人通过新兴媒体获取信息，留学人员和青年一代更是将互联网作为获取信息的主要途径。人民政协联系各族各界，重视网络民意，团结这一部分新兴群体，是政协“团结与民主”的必然要求。加强这些人的联系和团结，特别是加强新媒体中的代表人士的团结，对于净化网络空间、弘扬主旋律，促进网络社会的进步和团结意义重大。

第三，重视网络民意有利于人民政协发扬民主、扩大政治参与。人们通过网络了解国内外的重大事件，进行信息交流和发表政治见解。网络正成为公民参政、议政的重要载体和工具。有学者认为，网络政治参与是在高科技基础上，借助互联网推进民主政治发展的一种新方式和新途径。网络技术能改善政治参与的途径和手段，能提高政治参与的兴趣和能力，能保证政治参与的数量和质量。显然，网络民意的蓬勃发展为人民政协广泛团结统一战线中各个方面的人民大众、表达与整合社会各个阶层不同的利益与意愿提供了机遇。

第四，引导网络民意有利于人民政协协调关系、汇聚力量。从实际情况看，网络政治参与是原生的、粗放的、无序的，甚至很多是非理性的，网络上的官民隔阂与对峙成为常态，这非常不利于健康的政治文明和建设性的民主政治的发展。而人民政协倡导畅所欲言、体谅包容、平等议事、互动交流的思想理念，能够充分尊重和接纳网民的活跃思想和自由言论，以更平等、更开放的心态倾听网络民意，及时反映容易被其他渠道忽视的社会动态，容易与网民形成互信、互动、互补的沟通态势。政协组织与网民的良性互动，能够更好地调动社会各界的积极性，形成良好的民主氛围；能够协助党委、政府及时掌握社会动态，把握群众思想，做好解惑释疑、说服教育、理顺情绪、化解矛盾的工作，有利于减少阻力、增加动力、形成合力。

人民政协履行职能的特色和方式决定了在网络时代政协事业具有独特的优势，网络民意的发展为人民政协大有作为提供了深厚的资源和广阔的平台。网络民意在给人民政协事业带来机遇的同时，也对人民政协事业的改革、发展和完善提出了更高的要求。

二、网络监督的广泛性、非强制性与政协民主监督的特征高度关联

政协民主监督和网络监督既是中国现实政治、社会体制的一种规定，又是发展社会主义民主政治的重要形式，是建设社会主义民主政治的重要内容。随着社会主义民主政治的发展，党委、政府对于政协民主监督和网络监督重视程度日益增加。如中央纪委注重运用互联网开展党风廉政建设和反腐败工作，不断强化中央纪委监察部网站的信息发布和舆论引导功能，去年，全国纪检监察机关共接受信访举报 1950374 件（次），其中网络举报 386913 件（次），占总数的 19.8%。媒体报道，近日中央纪委监察部强化网络监督功能，在网站客户端开通反“四风”一键通举报专区。开通当日，举报量激增，最快的时候一分钟接到 3 条举报，平均一分半钟接到一条举报。

1. 网络监督广泛高效

网络舆论监督是指人民群众通过互联网了解国家事务，广泛、充分地交流和发表意见、建议，对国家政治、经济、法律、文化、教育、行政等活动进行褒贬与评价。

相对其他监督形式，网络监督具有以下特点：

一是广泛性。网络监督的内容、对象、主体、影响具有空前的广泛性。从主体上看，任何公民，不分性别、年龄、职业、党派，都可以通过网络在法律规定的范围内对任何国家机关及其工作人员，对任何国家和社会公共事务发表意见、提出批评和建议，进行监督；从客体上看，网络监督涵盖经济、政治、文化和社会等各领域，上到国家大事、下到百姓生活，无时不在、无孔不入。

二是便捷性。互联网是一个公共的论坛，从 BBS、博客，到各新闻网站和门户网站的相关频道，再到个人维权网站甚至是专门舆论监督网站，各种网络形态的并存与互动，网民们可以在互联网上对众多事件进行大规模的讨论、批评和建议，不同思想和观点的人可以在这里直抒己见，相互交流，使得网络监督不仅快速便捷，而且廉价有效。

三是非强制性。网络监督主要通过互联网等载体的组织和宣传，对广大人民群众的思想和行为形成的感召力和引导力，从而谋求监督发挥作用。网络监督作为群众监督的重要形式，属于社会监督的范畴，是体制外监督，相对的制度约束比较薄弱。

同时，网络监督是一把双刃剑。一方面，网络传播的匿名性、交互性和开放性，虚拟性，使人们可以自由地表达个人的意愿。网络自身的不可靠性造成信息良莠不齐，影响典论监督的效力。另一方面，由于对监督人的限制不够，网络监督被个人滥用甚至被他人利用，一些网络监督演变成“网络暴力”，一些网络监督侵权、违法。

2. 网络监督与政协民主监督优势互补

互联网时代，无论是党内纪律监督、政府行政监督、人大权力监督、政协民主监督、群众监督、法律监督、舆论监督等各种监督形式，均无法回避互联网为平台的网络监督，网络监督已经成为我国社会主义监督体系中不可忽视的社会存在，并且融入于我国现有限度体系中的各种监督形式中，政协的民主监督自然也不能忽视网络监督的价值。

第一，网络监督可以提升政协民主监督的效力。政协民主监督作为人民政协三大职能之一，虽然属于政治监督的范畴，是体制内的监督，但是相比较于政府行政监督、人大权力监督以及党内纪律监督等刚性监督而言，政协民主监督并没有强制性的制裁体系，这就使得政协的民主监督具有一定的弱势。网络监督具有的多样性、主动性和开放性等优势可以弥补政协民主监督的弱势。

第二，网络监督为公民有序政治参与提供了新平台。美国当代政治学家亨廷顿指出：“区分现代化国家和传统国家，最重要的标志乃是人民通过大规模的政治组合参与政治并受到政治的影响。”借助互联网这一现代技术手段，任何公民，不分性别、年

龄、职业、党派，都可以通过在网络上发表言论对任何国家机关及其工作人员，对任何国家和社会公共事务发表意见、提出批评和建议，进行监督，这进一步激发了公民政治参与意识。

第三，政协民主监督可以增强网络监督的公信力。网络监督存在一定的欺骗性和可操纵性。网络民意并不代表全体民意和真实的民意。相比较于政协民主监督的客观性和科学性，网络监督的开放性和匿名性使得网络监督存在非理性的局限。而政协民主监督作为社会主义监督体系的重要形式，作为党委、政府与民众联系的中介和协商民主的重要渠道，具有的广泛代表性、客观性、政治性、权威性和科学性等优点，为各党派、各团体、各界别、各民族以及委员个人所代表的利益群体，提供了一个求同存异、兼容并蓄、多元化表达的协商平台，更加可以弥补网络监督的局限，增强网络监督的公信力。

三、网络参与的消极影响需要政协积极作为

随着互联网的不断扩张，网络政治参与成为中国公民政治参与的一种新形式，对推动中国的民主政治建设起到了积极的作用。但由于网络存在直接性、隐匿性和非理性等特点，网络政治参与也会对现实政治产生某些消极影响。一是网络政治参与膨胀可能导致现有政治体系的不稳定。在互联网上，由于政府难以进行全方位地控制，无数单个网民所发出的成千上万种声音很容易导致参与的爆炸，让现有的政治体系难以适应，从而对现有的政治体系的稳定形成挑战。二是互联网与生俱来的开放性和虚拟性，容易助长公民的无政府主义等倾向。美国著名学者克利福特·斯托尔所言：“网络是历史上存在的最接近真正的无政府主义状态的东西。”无序的政治参与可能激化现有的社会矛盾，并威胁到政治的稳定。三是网民的从众特征和非理性行为容易引发“网络暴力”。大多数的网民在面对网络海量信息只是简单的接受，而没有深入考虑信息是否真实。这就让普通民众的网络政治参与行为可能会出现盲从现象，并失去理性，表现出非理性的行为。四是西方国家及相关势力利用互联网进行文化渗透可能导致意识领域混乱。美国向世界推行其价值观，而网络是最为有效的方式。当今中国已经成为全球最大的网络市场。网络不像传统媒体如广播、报纸、电视等等，其内容要经过层层把关过滤。由于技术原因，现在没有也很难做到对网络信息的严格审查，更不可能对所有信息进行逐一核实。西方各种社会思潮和文化渗透，造成严重的信息污染。这些受污染的信息对于网民特别是处于价值观形成过程中的青少年势必造成严重的不良影响。

如何实现网络的趋利避害，引导好网络民意，集中网络智慧，需要党委、政府和相关职能部门创新举措，积极作为。个人认为，人民政协在网络应对上具有独特优势。

一是身份优势。人民政协是中国人民爱国统一战线的组织、中国共产党领导的多党合作和政治协商的重要机构和我国政治生活中发扬社会主义民主的重要形式。李瑞环曾以“说官亦官，说民亦民，亦官亦民，非官非民”十六字来形容人民政协在我国社会政治生活中的特殊地位。在现实政治生活中，人民政协既是自上而下传递国家意志的重要渠道，又是自下而上表达社会民意的重要桥梁。人民政协具有广泛的代表性和包容性，是最贴近民众、最融入民众的国家制度内组织。人民政协能够近距离地接触网民，并被网络民意所接受。

二是平台优势。政协是党委政府与人民群众的“连心桥”。反映民意、为民代言，是人民政协固有属性。利用人民政协这个议政建言的平台，各民主党派、人民团体、各族各界人士及广大政协委员可以畅所欲言，建言国是，提出意见建议。这个平台只要进一步拓展，吸纳部分群众代表和网民代表参与，就能在代表网络民意上迈出重要一步。

三是渠道优势。人民政协有民意“直通车”的作用，反映社情民意信息的渠道极其通畅。在政协，社情民意信息下及基层群众，上达中央。这种渠道优势虽然不及网络民意的快捷性，但其合法性、高效性是网络信息不可比拟的。筛选网络民意中具有普遍性、代表性、现实性的信息，通过政协渠道报送，能够较好地引导网络民意。

三是界别优势。人民政协由各界别组成，代表各界别及界别联系群众的利益。网络所提意见建议除了西方文化渗透、谣言、“网络暴力”等，大部分也是代表相关界别的利益的。通过界别及其联系的群众在网络上正当“发声”，网络民意将会更加客观。

四是人才优势。人民政协由委员组成，有“人

才库”和“智囊团”之称。引导委员这个繁大的群体，以高度的社会责任感参与网络，比如，以专业优势回应网络舆论的热点焦点问题，引导视听；以网民身份在网络里发出科学和客观的声音等等，这将会进一步纯净网络空间，带来巨大的正能量。

为此，人民政协可利用其联系广泛的独特优势，将自上而下的国家机制的牵引和规范作用，自下而上的社会化机制的发动和助推作用，加以综合利用，在引导网络民意、促进网络趋利避害方面，发挥积极作用，作出应有贡献。

四、互联网新形势下政协履职创新的具体路径

互联网给人民政协事业带来了重要的机遇，也对政协事业的改革、发展和完善提出了更高的要求，人民政协如何适应互联网的发展，有效利用互联网创新履职方式，拓展履职形式，更好发挥人民政协参政议政、政治协商、民主监督的职能作用十分紧迫必要。

1. 塑造良好形象，提升网络认同度。网络作为一种虚拟空间，说到底其主体还是具有社会性的人。所以，人民政协要赢得网络，根本上来说是赢得网民。对于网民来说，网络无非是其获得资源（如享受信息资源等）、获得便利（如网上购物、游戏等）、获得话语权的载体。如果现实上有一个机构能够重视网络民意、反映网络主张、解决相关问题，那么这个机构比网络本身则更有吸引力。作为以团结民主作为主题的人民政协就应该成为这样的场所。所以，在现实生活中特别是网民心目中，政协应树立以下三种形象：一是为民的形象。悉心听民声、留心察民意、真心表民情、用心汇民力，紧紧抓住群众最关心最现实最直接的热点难点问题，深入基层，真实了解民情，准确反映民意，客观表达群众利益诉求，促进党委、政府决策的科学化和民主化，维护人民群众的根本利益目的；充分运用调研视察报告、提案、意见等形式，反映社情民意，协助党委、政府做好问政于民、问需于民、问计于民的工作，推动群众关注的热点、难点问题的解决；切实发挥政协组织优势，主动帮助基层和群众研究致富思路，确定发展项目，落实项目资金，协调和解决各种困难和问题。组织和动员广大委员，尽心尽力为群众办好事办实事。二是民主的形象。多兴增进团结、促进和谐、凝心聚力之举，紧紧把握团结、民主两大主题，在统一战线内部形成民主和谐、团结友爱、平等相待、体谅包容的参政议政环境，鼓励敢讲话、愿讲话、讲真话、讲实话、报实情，努力做到知无不言、言无不尽、广纳群言、博采众议。三是公正的形象。公平正义就是社会各方面的利益关系得到妥善协调，人民内部矛盾和其他社会矛盾得到正确处理。人民政协应认真领悟妥善协调社会利益关系对于推进社会公平正义的重要性，努力推进利益保障、利益引导、利益约束、利益调节、利益补偿以及利益均衡等各种利益机制的建立健全，不断规范和完善利益保障、表达、对话、诉求和协商机制，逐步构建相对均衡的利益分配结构，积极引导各个利益群体以理性、合法的形式表达利益诉求，引导群众正确处理个人利益和集体利益、局部利益和整体利益、当前利益和长远利益的关系，使人民群众的合法利益要求得到最大限度地反映和满足。

2. 架构履职平台，掌握“触网”主导权。紧跟网络社会的发展，学会以新的理念和方法，充分利用网络技术，把网络作为沟通群众的重要桥梁，作为行使职能的补充场所，推动政协联系群众的触角向网络延伸。在政治协商方面，注重探求网上民主协商，及时将网民的协商诉求进行客观的分析、论证、引导；对一些涉及群众利益的重大政策的出台，可组织政协委员、专家学者进入公共论坛与网民进行讨论，使利益相关方面增进理解，为政策出台以后执行创造条件。可以尝试将一些座谈会、征求意见会在网上举行，扩大协商主体范围，提高协商的质量和效率。民主监督方面，可将政协的民主监督与网络舆论监督结合起来，可增强民主监督的效力。例如，将重点提案在网上公布，广泛征求委员、网民对解决问题的意见和建议，并将这些意见和建议反馈给提案承办部门，有利于承办部门提高办理提案的质量。在不涉密的情况下，将承办部门的办复情况在网上公布，接受委员、网民的监督；再比如在对某个部门进行民主评议时，可将方案公布上网，委员、市民可以广泛参与互动讨论，最终形成容纳各方意见、建议的评议报告；在与网络民意的互动中坚持围绕中心工作，及时推出议题，针砭时弊，吸引公众充分参与到民主监督论坛中来，就一些社会事件发表意见和建议等等。参政议政方面，可建立网络问政制度，通过开设博客栏目、设置论坛议题、组织网民评论等形式，拓展问政渠道。重视网

络民意的收集、转办、答复，尝试应用网言网语，通过网来网去，积极回应网民的问题。

3. 加强沟通交流，引导网络好声音。一是完善信息公开制度。政协可以将工作简报、有关文件等定期交给网站，供网站的相关负责人和网络编辑参阅。条件成熟时，要注重把历史、现实的、即时的政协信息整合起来，打包上网，形成网络传播中的政协信息流，利用网络媒体对政协信息进行立体式发布和双向互动传播发布。二是建立沟通交流机制。政协可设立专门负责与网站沟通和交流的机构，定期宣传党委政府的主张。邀请网站的相关负责人，围绕党委和政府的中心工作和人民群众普遍关心的问题，共同确定政治协商和民主监督的内容，相互配合、统一部署、共同推进。加强与网络编辑的联系，既充分发挥网络编辑接触面广、线索多、信息灵通的优势，又注重引导网络编辑更为准确深入地认识事物的本质，公正客观的发布网络意见。主动联系和团结一批高端网民，通过网上、网下互动，进一步提高建言献策的针对性、可行性，选择适当时机组织一些网民代表参与政协组织的专题议政活动，引导更多的网民积极建言、理性建言。三是将负责任的网络精英推荐为政协委员。近几年一些省市都有将网民吸收为委员的做法，如2010年安徽亳州市将三名“铁杆网民”被增补为市政协委员，湖南岳阳县2009年也曾从“草根网民”增补2名政协委员，这样，使网络民声进一步进入党委政府的决策参考，并对政协参与网络提供了方便。

4. 加强网络运用，共享网络信息流。建设政协网站等有效平台，利用计算机技术、多媒体技术和网络通讯技术对政协履行职能、政协的基础性和经常性工作、政协的自身建设、政协的理论建设等所有信息资源进行全面的数字化、多媒体化，进行整合、集成和发布，构成统一的用户管理、统一的资源管理和统一的权限控制，为实现“网上办公、网上管理、网上履职、网上服务”提供全面的支持。建立委员数据库，利用委员的专业优势、技能优势和智力优势，为建言献策提供咨询，并实现委员间资源共享，进一步服务委员和群众。推动政协机构和机关的办公自动化、无纸化等等。

5. 扩大委员参与，弘扬网络正能量。政协委员作为政协履行职能的主体，汇聚着各个领域、各个界别的一大批具有深厚专业造诣和丰富实践经验的优秀人才，政协委员的参与网络，是政协应对网络新形势最大的优势和力量。要进一步增强委员的政治意识和责任意识，支持委员通过设立“委员博客”，搭建与群众沟通的固定平台，充分利用网络民意把公众议题转化为政协提案；鼓励委员创立以委员身份认证的微博或微信，积极回应网络舆论的热点焦点问题，负责任地发声，弘扬网络正能量；要把委员串连起来，拧成一股绳，积极抵抗网络的各种消极因素，使网络真正成为社会主义民主政治建设的推动器。

大 事 记

1月

1月4日，永州市召开企业家座谈会，市委书记陈文浩与17家企业负责人面对面交流，全面深入了解企业生产经营中遇到的困难和问题，认真倾听企业家对实体经济发展的意见和建议，共谋产业振兴良策。市委常委、常务副市长易佳良，市委常委、市委秘书长颜海林出席座谈会。

1月4日下午，市委书记陈文浩召开座谈会，就即将召开的市委经济工作会议向部分正厅级离退休老干部征求意见。

1月5日，市委召开县区委书记履行基层党建工作责任述职评议会，14县区（包括管理区、经开区）党委书记向市委常委会集中述职。省委组织部副巡视员张宏益，省委督导组常务副组长林安弟，市委书记陈文浩出席会议并讲话，市委副书记、市长向曙光主持会议，市领导高建华、唐定、董石桂、易佳良、蒋善生、朱映红、颜海林、唐湘林、石艳萍、舒平、张恒洲等参加会议。

1月6日，在全国安全生产电视电话会议结束后，永州市接着召开全市安全生产电视电话会议，迅速贯彻落实全国电视电话会议精神及近期党中央、国务院和省委省政府一系列有关安全生产文件会议精神，安排部署当前和春节、“两会”期间安全生产工作。市委常委、副市长蒋善生出席会议并讲话。

1月6日上午，市委常委、市委秘书长颜海林主持召开冷水滩城区安置小区和断头路建设调度会。副市长张常明出席。

1月6日上午，市创交模办在市公安局召开创交模工作第四次调度会。会议由市委常委、政法委书记、市创交模办主任唐湘林主持。

1月6日，市委副书记、市长向曙光分别到市人大、市政协机关，就2015年《政府工作报告》（征求意见稿）听取意见。

1月7日上午，永州市食品药品安全委员会办公室“揭牌”仪式在市食品药品监督管理局举行。市委常委、常务副市长、市食品药品安全委员会主任易佳良，副市长、市食品药品安全委员会副主任刘尤碧出席并揭牌。

1月7日上午，永州市召开各民主党派、工商联和无党派人士2014年调研成果汇报会。市委书记陈文浩在会上讲话。市委副书记、市长向曙光主持汇报会。市委常委、市委组织部部长、统战部部长董石桂介绍调研工作有关情况。市领导唐松成、高建华、唐定、袁火林、彭爱华、周秀英、封金祥、吕斌、田洁等出席汇报会。

1月7日，永州市召开民兵整组工作电视电话会议，要求切实提高民兵整组的质量效益，努力推进国防后备力量建设。市委常委、常务副市长易佳良，永州军分区司令员王守海、政委张恒洲、参谋长耿保民、政治部主任陆鸿等出席。

1月8日，副市长、市创卫办主任刘尤碧组织召开永州市创建国家卫生城市调度会，就如何巩固创卫成果进行认真讨论，要求将巩固创卫成果作为当前的一项重要工作来抓。

1月8日，广东永州商会年会暨广东天下永商投资公司成立大会在深圳举行，市委书记陈文浩、市委副书记、市长向曙光出席并为公司揭牌。

1月9日，省道323宁远至道县公路改建工程通过专家组验收。

1月11日上午，永州市公安机关严打整治百日会战千人誓师大会在市公安局举行。全市公安机关各警种、各单位和各县区公安（分）局的1000余名公安民警和武警消防官兵排列成13个徒步方队参会。

1月12日上午，市委经济工作会议在永州会堂召开，会议主要是贯彻落实中共十八届三中、四中全会、中央经济工作会议和省委经济工作会议精神，总结2014年经济工作，部署2015年的经济工作。

1月12日，从湖南省2015年申报省级森林公园评审会上获悉，冷水滩区四明山申报省级森林公园专家评审获高票通过。

1月13日，永州市县区之间首条一级公路——祁阳至冷水滩一级公路通车。

1月13~14日，为研究如何加强城区道路交通基础设施和交通安全设施建设，进一步提升提质道路交通科学化管理水平，加快推进全市创交模工作，邀请国家实施“畅通工程”专家组、同济大学交通运输工程学院和公安部交通管理研究所的专家、教授到永州市中心城区实地调研，并召开座谈会，针对全市道路交通的可持续发展和创交模应注意的事项、构建智能交通发展方向及智能交通在永州创交模工作的相关事宜进行座谈，谋划全市城市交通体系未来的发展方向和实施意见。市委书记陈文浩，市领导颜海林、石艳萍、杨海河、刘尤碧、唐能武、张常明、何明玲等出席座谈会。

1月15日上午，由佛山市南海泽沐祥（明兴）胶粘制品有限公司投资建设的年产1.8万吨胶粘制品项目正式落户永州经济技术开发区。

1月16日上午，市四大家领导带领600多名市直机关干部、部队官兵，在冷水滩区上岭桥镇双水村开展义务植树活动。此次活动的目的是向裸露山体宣战，打响全市三年裸露山体绿化的攻坚战的一个序幕，为全市创建“全国森林城市”目标再添新绿。

1月17日，全市创建国家森林城市攻坚会战暨绿化“裸露山体”现场推介会在零陵区召开。

1月18日，市委书记陈文浩接受《广州日报》专访时推介永州旅游：永州名山值得一游。

1月19日下午，广东省湖南商会年会暨2015年永州（广州）招商推介会在广州东方宾馆举行，会上，永州市政府与广东省湖南商会签订战略合作框架协议。会上，还举行项目签约仪式，签约16个项目。陈文浩、向曙光等与客商进行座谈，共商永州发展大计。

1月20日上午，中国人民政治协商会议永州市第四届委员会第四次会议在永州会堂开幕。全市各族各界、各条战线的政协委员齐聚一堂，积极履行政治协商、民主监督、参政议政职能，为永州的发展积极献言建策。

1月21日上午，永州市第四届人民代表大会第六次会议在永州会堂开幕。400多名人大代表围绕主动适应发展新常态，深入实施“四个三”的工作部署，积极献计献策，为加快富民强市步伐，建设品质活力城市而努力奋斗。市委副书记、市长向曙光向大会作政府工作报告。

1月21日晚，永州市委书记陈文浩深入中心城区湘永路、育才路、翠竹路，现场督查楼宇景观亮化工程。他要求，进一步做好中心城区景观照明工作，加强重点结点亮化，努力提升城市品位。

1月30日，2014年度全市党委办公室工作暨“三提升、三创建”活动表彰会议在冷水滩区召开。

2月

2月2日，第19个世界湿地日，作为2014年湖南省新增8个湿地公园之一的双牌县日月湖湿地公园举行开工奠基仪式。

2月2日上午，全市人口和计划生育工作电视电话会议召开。会议总结回顾2014年度全市人口计生工作，并对2015年度人口计生工作和当前重点工作进行安排部署。市委副书记、市长向曙光出席会议并讲话。

2月2日上午，永州召开市县区政府职能转变和机构改革电视电话会议。会议要求，各级各部门要加强领导，明确任务，坚决贯彻中央和省委、省政府决策部署，确保市、县区政府职能转变和机构改革顺利进行。市委书记陈文浩，市委副书记、市长向曙光席会议并讲话。

2月3日，永州市青年企业家协会二届二次全体会议在冷水滩区召开。

2月4日上午，副市长刘尤碧调查了解中心城区米粉、食用油生产现状，推进全市“食用油和米粉放心工程”。

2月5日下午，上海永州商会举行2014年年会，陈文浩、向曙光出席。

2月5日，新田县举行2015年重点项目集中开工暨创新创业园启动仪式，9个重点项目集中开工，总投资达16亿元。

2月5日，永州市领导干部安全生产专题培训班在冷水滩区开班。

2月6日下午，“快乐回家·文艺惠民进车厢”活动启动仪式暨市文联直属协会2014年年会在红海艺术中心举行。

2月6日下午，2015年全国妇联“寻找最美家庭”电视电话会议召开，永州市妇联及相关部门负责人在永州分会场参加会议。永州市2015年寻找“最美家庭”活动随即启动。

2月6日，中国首届“建文帝踪迹新田暨文化旅游产业发展”研讨会在新田县召开。

2月6日，永州市首家协助政府职能部门实施紧急救援的民间公益慈善类社团组织——永州市紧急救援协会正式成立。

2月7日上午，市委常委、副市长蒋善生主持召开全市农业农村工作座谈会。就即将召开的市委农村工作会议和市委、市政府即将出台的“一号文件”征求意见和建议。

2月7日，永州市义工协会在冷水滩区举行2015永州市义工协会年会庆典暨2014年度十佳义工、优秀义工、特殊贡献奖表彰大会。

2月8日下午，市委副书记、市长向曙光主持召开市政府第54次常务会议，听取全省有关会议精神汇报，安排部署春节期间有关工作。

2月8日，市委常委、市纪委书记朱映红深入东安县检查安全生产工作。

2月9日下午，市委、市政府举行2015年老干部迎新春工作情况通报会。

2月9日晚，由市委、市政府主办的“移动之春”2015新春音乐会拉开帷幕。

2月9日，第九届嘉蓝睦邻友好联谊会召开。

2月10日上午，市委书记陈文浩到零陵耐火材料厂走访慰问劳动模范和困难群众。

2月10日下午，永州市县（区）人武部党委第一书记党管武装工作述职会议在永州军分区召开，市委书记、军分区党委第一书记陈文浩，市委副书记、市长、市国动委主任向曙光出席会议并讲话。

2月10日下午，全市组织部部长会议在冷水滩区召开。市委常委、市委组织部部长、市委统战部部长董石桂出席会议并作工作报告。

2月10日晚，永州市召开“打造品质活力永州”战略研究报告讨论会。市委书记陈文浩，市委副书记、市长向曙光听取汇报并讲话。

2月10日，永州市邮政管理工作会议暨永州市快递行业协会成立大会召开。

2月10日，市委常委、市委秘书长颜海林深入冷水滩区调研中心城区断头路和安置小区建设。

2月10日，中共永州市第四届纪委第七次全会暨全市反腐败工作会议在冷水滩区召开。市委书记陈文浩出席会议并讲话，市委副书记、市长向曙光主持会议，市委常委、市纪委书记朱映红作工作报告，高建华、唐定、董石桂、易佳良、蒋善生、朱映红、颜海林、唐湘林、石艳萍、舒平等在家的市级领导出席会议。

2月10日，永州军分区党委十届七次全体（扩大）会议在冷水滩区召开。市委书记、军分区党委第一书记陈文浩在会上要求，要紧紧围绕习近平提出的强军目标，进一步振奋精神、坚定信心、脚踏实地抓好工作落实，在强国兴军的道路上创造新业绩。

2月11日上午，全市统战工作会议在冷水滩区召开。

2月11日上午，市委书记陈文浩，市委副书记、市长向曙光走访慰问驻永州部队官兵。

2月11日上午，市委常委、副市长蒋善生深入宁远县走访慰问。

2月11日下午，市委书记陈文浩深入祁阳县走访慰问部分道德模范、全国劳模和困难群众。

2月11日下午，绿色环保新能源电动汽车项目签约仪式在冷水滩区举行。该项目系国家重点支持项目，总投资30亿元，计划6个月内生产出第一台样车。

2月11日下午，市政协主席唐定看望慰问林业系统劳模和高级工程师。

2月11日下午，全市少数民族各界代表人士座谈会在冷水滩区召开。

2月11日晚，2015年永州市春节联欢晚会在冷水滩区上演。

2月11日，市公安局机关民警下基层锻炼壮行暨组建冷水滩、零陵公安分局刑侦二大队授旗仪式举行。

2月11日，住房和城乡建设部历史文化名城保护处处长郑文良、国家历史文化名城评审专家教授付清远、张广汉，省住房和城乡建设厅规划处处长易小林，湖南大学教授柳肃等专家一行深入永州调研历史文化名城建设工作，市委书记陈文浩出席汇报会。

2月11日，市人大常委会主任高建华深入蓝山县走访慰问困难群众。

2月12日上午，永州市委教育实践活动督导组工作总结会议召开。

2月12日上午，市公安局召开新闻发布会。截至2月10日，全市严打整治百日会战打击处理5136名违法犯罪人员，其中，刑事拘留各类犯罪嫌疑人1450人，行政拘留违法人员3337人，抓获行动前网上逃犯213人，强制戒毒136人；刑事拘留数、行政拘留数、追回逃犯数比2014年同期分别上升360.32%、260.37%和195.83%。

2月12日上午，市委书记、市文明委主任陈文浩主持召开永州市文明委第21次全体会议。

2月12日上午，永州市召开冷水滩至东安快速干道建设调度会。市委书记陈文浩要求，加快前期工作，确保冷东快速干道2015年年底开工。

2月12日下午，副市长刘尤碧走访慰问教师。

2月12日下午，永州市召开网络媒体与网民代表座谈会。市委书记陈文浩出席会议并讲话。

2月12日下午，全市机关党的工作会议在冷水滩区召开，市委书记陈文浩作书面讲话，市委常委、市委秘书长、市直工委第一书记颜海林作工作报告。

2月12日晚上，市委常委、市委秘书长颜海林在中心城区督查指导亮化和环卫工作时要求，加强中心城区景观照明，做好道路保洁和维护，努力提升城市品位。

2月12日，备受全市人民关注的湘南万商红商贸城项目在市经济建设投资发展集团有限责任公司签约。

2月12日，永州市干部教育工作领导小组会议在冷水滩区召开，会议总结并安排部署永州市干部教育培训工作。

2月12日，市委常委、副市长蒋善生、市人大常委会副主任袁满娥深入冷水滩区走访慰问企业困难群众及劳动模范。

2月13日，最高人民检察院召开大会，表彰获首届“守望正义——群众最喜爱的检察官”称号的10名先进个人。新田县人民检察院原党组副书记、副检察长陈运周获这一称号，是湖南省唯一获此殊荣的检察官。

2月13日上午，全市宣传部长会议在冷水滩区召开。

2月13日上午，永州市2015年“春风行动”启动仪式暨“回乡创业在家就业”大型专场招聘会在冷水滩区河西万喜登广场举行。

2月13日下午，市委农村工作会议在冷水滩区召开。

2月13～14日，省委书记、省人大常委会主任徐守盛深入东安县、冷水滩区等地，看望慰问困难群众。

2月15日，省人大常委会副主任谢勇带队到永州市慰问困难企业和职工。

2月15日上午，全市建设工作会议在冷水滩区召开。

2月15日上午，市委副书记、市长向曙光深入冷水滩区、零陵区检查中心城区春节市场物资供应和食品安全、供电、供水保障工作，走访专家、劳模和道德模范。

2月15日上午，全市林业工作会议在冷水滩区召开。

2月15日下午，市委办系统召开2014年四季度“服务之星”表彰大会。

2月16日上午，市委书记陈文浩深入江华瑶族自治县督查涔天河水库扩建工程移民安置点建设和水库大坝建设进展情况，看望慰问工程建设人员和临时过渡性安置移民，向他们送上新春的美好祝福。

2月17日，市委书记陈文浩，市委副书记、市长向曙光一行到冷水滩城区慰问城管一线职工及执勤公安交警。

2月25日，春节假期后上班的第一天。上午，永州市委书记陈文浩主持召开新春见面通报会，对节后各项工作进行安排部署。市委副书记、市长向曙光，高建华、唐定、董石桂、易佳良、蒋善生、朱映红、颜海林、唐湘林、石艳萍、舒平、张恒洲等在家的市级领导参加会议。

2月25日下午，全市2014年度综合表彰大会在永州会堂召开。市委书记陈文浩在会上强调，全市各级各部门要在学先进、赶先进的良好氛围中乘势而上，在建设品质活力永州的热潮中大显身手，永州的未来一定会更加美好。

2月26日，永州市召开干部队伍实绩管理及执行力考评培训会议。

2月26日，永州市召开2015年全市气象工作会议。

2月26日，湖南省江华瑶族自治县龙虎大峡谷景区基础设施建设项目开工仪式在该县湘江乡庙子源村香草口组举行。

3月

3月1日，永州市召开部分高中学校校长座谈会，提出将对普通高中学校校长实行校长任期制度，每届任期为三年，并加强对校长的考核，设立优秀校长奖励基金。

3月2日，市委常委、市委宣传部部长石艳萍深入到冷水滩区岚角山镇新田前村屋岭上、高岭上、水库边裸露山地绿化攻坚现场调研。

3月3日，全市移民工作会议在江华瑶族自治县召开，安排部署移民工作。

3月3日上午，市委副书记、市长向曙光到创建国家森林城市联系点市总工会研究创建工作。

3月3日上午，市妇联四届五次执委（扩大）会暨市“十佳好媳妇”表彰会在冷水滩区举行。

3月3日晚，市委副书记、市长向曙光主持召开市长办公会议，研究分析2015年一季度经济运行等工作。

3月4日上午，永州市政府新闻办召开新闻发布会，鼓励和支持民间资本参与公共领域投资。

3月4日下午，市委副书记、市长向曙光深入宁远县调研经济运行情况和省祭舜帝筹备工作情况。

3月4日，全国重大水利工程项目——涔天河水库扩建工程灌区工程顺利通过国家发改委评审中心专家组的可研评估。

3月4日，永州市创建国家森林城市攻坚会战暨“裸露山地”绿化现场调度会在宁远县召开。市委副书记、市长向曙光出席并讲话。市委常委、副市长蒋善生主持会议。

3月4日，经永州市第四届人民代表大会常务委员会第28次会议审议通过，确定香樟为市树、杜鹃为市花。

3月5日上午，全市加速推进新型工业化工作会议在冷水滩区召开。市委副书记、市长向曙光强调，面对新常态，要围绕目标，坚定信心，扎实工作，努力推动全市新型工业化实现大的突破。

3月7~9日，省商务厅亚洲处处长陈大扬陪同泰国湖南商会会长刘纯鹰、老挝湖南商会会长刘小民一行到永州市，调研对接东盟和企业“走出去”工作。

3月8日，周家大院整体保护利用工程开工，投资6000万元，3年完成。

3月9日，市委副书记、市长向曙光专题听取市人社局关于机关事业单位养老保险制度改革的汇报，要求全市各级各部门做好充分准备，打好机关事业单位养老保险制度改革攻坚战。

3月10日上午，永州市委党校举行2015年春季学期开学典礼。

3月10日，市委副书记、市长向曙光深入永州经济技术开发区、冷水滩区、东安县、零陵区调研重点工业项目、骨干企业复工复产情况和项目建设进度，分析2015年的经济形势，帮助企业排忧解难，共谋发展良策。

3月10日，市委常委舒平检查江华瑶族自治县码市镇、贝江乡、水口镇的移民应急度汛准备工作。他强调，要统一指挥，提前演练，有效实施应急度汛工作，确保移民群众生命财产安全和社会大局稳定。

3月10日，首届九嶷山“十里花廊·醉美九嶷”油菜花赏花节在宁远县湾井镇高水洞村拉开帷幕。

3月10~12日，副省长、省政府秘书长戴道晋率领省直相关部门主要负责人到永州调研新农村建设、农村五保户供养和工商“三证合一”等工作。

3月12日，永州市委书记陈文浩接受《中国经济时报》专访：把改革当机遇向改革要动力。

3月12日，市委副书记、市长向曙光，市人大常委会主任高建华，市政协主席唐定等市领导带领干部职工600余人义务植树播绿，再掀全市创建国家森林城市热潮。

3月15日，永州市对零陵区“铺红地毯植树”问题进行严肃处理，并在全市通报。要求全市各级各部门认真反思，吸取教训，进一步对作风建设开展大教育、大排查，对反“四风”进行再部署、再落实，持续加强作风建设。

3月16日上午，市发展和改革委员会举行挂牌见面会。

3月16日，市委常委、常务副市长易佳良深入宁远县、蓝山县调研烤烟精益生产。

3月17日上午，市人民政府金融工作办公室挂牌见面会召开。

3月17日，市委副书记、市长向曙光，市委常委、市委秘书长、永州经开区党委第一书记颜海林带队赴粤考察招商项目，诚邀客商到永州投资兴业。

3月17日，市工商局举行揭牌仪式，标志着其行政管理体制由省以下垂直管理改革为市委、市政府直接管理。

3月17日，蓝山县与中国电建集团中南勘测设计研究院有限公司举行大桥、塔峰风电开发协议签约仪式。该项目总装机容量25万千瓦，总投资25亿元。

3月17日，全省柑橘黄龙病防控现场会在江永县召开。

3月18日上午，永州市召开传达全国“两会”精神大会。市委副书记、市长向曙光主持会议并讲话。

3月19日上午，永州市卫生和计划生育委员会（简称：市卫计委）举行揭牌仪式。

3月19日，中共永州市委农村工作办公室、永州市农业委员会召开挂牌见面会。

3月19日上午，市总工会第四届委员会第五次全体（扩大）会议暨全市工会工作会议召开。

3月20日，市文体广电新闻出版局暨全市健身服务中心挂牌。

3月20日，永州市商务和粮食局举行挂牌仪式。

3月20日，冷水滩城区安置小区和断头路建设调度会在冷水滩区召开。

3月20日，全市农村产权制度改革暨农村环境污染治理工作推进会在宁远县召开。

3月21日，2015年全省对台工作会议对首批5个省级海峡两岸交流基地授牌，永州市舜帝陵在列。

3月22日上午，市第23届“世界水日”和第28届“中国水周”主题宣传活动在冷水滩区滨江广场启动。

3月23日，市公安工作会议在冷水滩区召开。

3月24日，全国爱国卫生工作会议暨全国城乡环境卫生整洁行动现场会在安徽马鞍山市召开。会上，永州市被全国爱国卫生运动委员会正式命名为“国家卫生城市”。

3月25日，永州市召开全市湘江保护和治理委员会全体会议。

3月25日，市人民政府电子政务办与万达信息股份有限公司、中国联通永州分公司在冷水滩区签订智慧永州综合应用和电子政务公共平台项目建设合同书。“智慧永州项目”建设正式启动。

3月26日上午，全市教育实践活动整改落实工作推进会在冷水滩区召开。会议通报省活动办对永州市明察暗访的情况，对全市教育实践活动整改工作进行再部署再推进。

3月26~27日，永州市政务微博微信管理员培训班在冷水滩区举办。

3月28~29日，市委副书记、市长向曙光深入江华瑶族自治县、蓝山县调研，考察指导涔天河水库移民搬迁、防汛度汛、湘江保护治理及边贸经济发展等工作。

3月30日，全市旅游工作会议在冷水滩区召开。

3月30日，市委副书记、市长向曙光深入零陵区调研创建历史文化名城工作。他要求，强化规划引领，加强名城保护，推进名城申报，突出项目建设，确保如期成功。

3月31日上午，市委副书记、市长向曙光主持市委学习中心组2015年第一次集中学习，邀请省委党校副校长、省行政学院副院长刘丹作《落实依法治国战略部署全面推进依法治省》专题辅导报告。下午，市委中心组举行学习交流会，贯彻中共十八届四中全会和习近平在省部级领导干部依法治国研讨班上的讲话精神，全面推进依法治市。

4月

4月1日上午，永州市与湖南农业大学举行共建永州现代农业综合示范基地签约仪式。市委副书记、市长向曙光代表市政府与湖南农业大学签约，并与湖南农业大学校长符少辉共同为永州现代农业综合示范基地授牌。

4月2日，由市政府举办、市旅游外事侨务局承办的“潇湘文化之源，品质活力永州”——2015湖南永州航线推广暨旅游推介会在广州东方宾馆举行。

4月3日上午，全市控违拆违暨保障性住房建设工作会议在冷水滩区召开。会议要求推进控违拆违。

4月3日，道县与世界500强特变电工股份有限公司旗下的特变电工衡阳变压器有限公司在衡阳市签约月岩风电场项目。此次特变电工将投资约4.5亿元，装机5万千瓦，项目全部建成投产后年发电量约1亿千瓦时，年产值约0.6亿元。

4月3日，省教育厅公布《湖南省进一步减少和规范高考加分政策实施方案》，2015年起，包括江永县在内的全省6个少数民族人口过半县的汉族考生加5分、少数民族考生由加5分调整为加10分、民族乡少数民族考生保持原有加20分的政策不变。

4月5日下午，由永州市商务和粮食局、永州市工商业联合会和《天下永商》编辑部联合发起的第六届永州乡友恳亲会举行。下午，召开永州异地商会会长、秘书长座谈会。

4月9日，副省长戴道晋到郴州市嘉禾县、永州市蓝山县调研全面小康社会建设工作。他强调，要充分发挥资源优势，培育壮大特色产业，积极引领百姓增收致富，推动县域经济跨越发展，加快小康社会建设步伐。

4月13日下午，永州市民主党派人士座谈会在冷水滩区召开，省委统战部副部长崔永平出席并讲话。

4月13日，全市政府系统廉政工作会议召开，贯彻落实国务院、省政府近期召开的一系列廉政工作会议精神，安排部署2015年重点工作。市委副书记、市长向曙光出席会议并讲话。

从4月13日起，永州市继续开展每周星期一（工作日）安排1名市级领导到市信访接待中心公开接待群众来访，协调处理信访问题，包括书记、市长在内的30余名市领导“挂牌”接待群众来访，按照“谁主管、谁负责”和“一岗双责”的原则，坚持有访必接、有接必果的要求，认真听取群众诉求，带着感情做群众工作。

4月14日上午，全市一季度经济形势分析会议在冷水滩区召开。会议分析2015年第一季度经济工作，安排部署下一阶段的经济工作目标和重点项目建设的调度。市委副书记、市长向曙光出席并作讲话，市委常委、常务副市长易佳良主持会议。

4月14日下午，市委常委、市委秘书长颜海林深入冷水滩区调研安置小区和断头路建设工作。他要求，要加快断头路和安置小区建设工作进度，加大工作力度，强化工作措施，打好征地拆迁百日大会战。

4月14日，全市创森攻坚会战调度会在冷水滩区召开，市委常委、副市长蒋善生出席并讲话。

4月16日，永州市2015～2017年干部驻村帮扶工作动员培训会议在冷水滩区召开。市委、市政府将从117个市直和中央、省驻永州单位中选派86名干部，组建43个帮扶工作队，由45名厅级领导带队，进驻43个贫困村开展驻村帮扶工作。

4月17日，永州市公安局举行严打整治百日会战返赃大会。市公安局现场返还被盗车辆等赃物赃物139件，现金260.4万元。其中，小汽车14辆，摩托车67辆，助力车10辆，家用电器5台，电脑12台，数码相机5部，手机16部，金银手饰10件。

4月17日上午，市委常委、市纪委书记朱映红带领市安监局、市水利局、市教育局、市交通运输局、市旅游外事侨务局等相关部门负责人深入东安德能湘江公司、大江口龙角坪码头、川岩学校、松江水库检查指导安全生产和防汛工作。

4月20日下午，市委副书记、市长向曙光赴上海参加长丰集团在第16届上海国际车展上举办的猎豹CS10上市发布会。猎豹CS10是2012年长丰集团重新回归整车主业后，自主研发设计的首款全新城市SUV车型。

4月23日上午，道县人民政府与中石化销售有限公司湖南永州石油分公司签订《中石化道县油库建设框架协议》，南六县首个石油储备库启动总投资1.8亿元。

4月24日，市四届人大常委会第29次会议召开。会议新任命15位政府工作部门主要负责人。

4月25日上午，由市委宣传部、市文体广电新闻出版局、团市委联合发起的“书香永州”全民读书活动在永州职业技术学院图书馆正式启动。

4月，冷水滩河东综合体项目：地产商摘牌未限期履约，永州依法依规重新挂牌。

5月

5月1～3日，由湖南省体育舞蹈协会、湖南省国际标准交谊舞总会、市文体广电新闻出版局主办，永州市体育舞蹈协会、永州市韦美·体育舞蹈培训学校承办的2015年“韦美杯”湖南省第12届青少年体育舞蹈、国际标准舞锦标赛暨永州市第四届体育舞蹈锦标赛在永州市举行。

5月4日，市公安局交警支队在冷水滩交警大队十楼会议室举办中心城区酒驾人员法制学习班，50余名酒驾醉驾人员集中教育培训。

5月6日，市委常委、副市长蒋善生主持召开全市社会救助工作领导小组会议。全市常年救助对象达60余万人，年累计救助对象达100万人次以上，资金10亿以上。

5月7日上午，市委副书记、市长向曙光主持召开调度会，专题研究涔天河水库扩建工程对口支援移民安置、年度建设投资计划和灌区项目法人组建等工作。

5月8日上午，市委、市政府召开劳动模范表彰大会，表彰近五年来全市各行各业、各条战线上涌现出的劳动模范。79人获劳动模范称号。

5月9日，永州市国有林场改革工作会议在冷水滩区召开。

市委副书记、市长向曙光要求各级各部门要明确深化国有林场改革的重大意义，抓紧推进实施，确保6月底前全面完成改革任务。

5月9日，省委巡视组组长郭树人一行深入到市中心城区视察小区集中整治和项目建设整治工作。

5月10日，市委副书记、市长向曙光深入双牌水电站视察防汛工作。他要求，要高度重视双牌水电站在全市防汛抗旱中的重要作用，扎实抓好防汛工作，切实保障度汛安全。

5月11日下午，市委、市政府召开全市全面建成小康社会推进工作会议，回顾2014年以来全市全面小康建设推进工作，安排部署下阶段工作，确保今年全面小康工作目标实现。市委书记陈文浩发表书面讲话，市委副书记、市长向曙光出席并讲话。

5月11日下午，市委副书记、市长向曙光深入江华瑶族自治县涔天河水库检查防洪度汛工作。他强调，要切实做好防大汛的准备，确保人民生命财产安全。市委常委舒平参加检查。

5月11日，全省应急通信客户接待巡展、拉练活动在永州举行。市委常委、市委秘书长颜海林冒雨现场体验和观摩此次活动。

5月12日，全市重点项目暨“135”工程建设推进工作会在江华瑶族自治县拉开帷幕。市委副书记、市长向曙光，市领导高建华、唐定、易佳良、蒋善生、颜海林、唐湘林、石艳萍、舒平等出席会议。会期3天。与会人员现场参观11个县区和永州经济技术开发区的重点项目建设和创新创业园区“135”工程建设情况，研究解决重点项目和“135”工程建设中的突出问题，安排部署下阶段全市重点项目和“135”工程建设工作，全力推进全市经济工作特别是重点项目建设，大力促进创新创业园区发展，确保完成全年目标任务。

5月15日下午，市委副书记、市长向曙光主持召开市防汛会商会，全面部署当前防汛抗灾工作。他强调，紧绷防汛抗灾这根弦不动摇，严格落实责任制，全力做好防汛抗灾各项准备工作，确保人民群众的生命财产安全。

5月15日，在第25次“全国助残日”来临之际，永州市残疾人福利基金会理事会暨助残日动员大会在冷水滩区召开。

5月15日，永州市开展2015年防范打击经济犯罪暨处置非法集资“5·15”宣传活动。

5月18日上午，永州市“三严三实”专题教育工作座谈会在冷水滩区召开，深入学习贯彻习近平总书记系列重要讲话精神和省委“三严三实”专题教育工作座谈会精神，对全市深入开展“三严三实”教育进行安排部署。市委书记陈文浩在会上作题为《践行“三严三实”做“忠诚干净担当”的领导干部》专题党课讲座。

5月20日2时至14时，永州江永县普降大到暴雨和大暴雨，全县遭遇暴雨袭击，发生严重洪涝灾害。有千年历史的夏层铺镇上甘棠古村200余栋古民居受淹。

5月20日，市委副书记、市长向曙光主持召开市长办公会议，专题研究“两中心”和万商红项目建设。

5月21日，市委副书记、市长向曙光深入市质监局、市工商局视察全市商事制度改革工作，组织相关部门负责人和企业代表座谈，听取对商事制度改革的意见建议。

5月25日，永州市4个文化产业项目在第11届中国（深圳）文博会上成功签约，引进资金5.25亿元。

5月25日上午，永州市启动车辆超限超载路面联合执法专项整治行动。

5月27日，永州市召开申报国家历史文化名城工作推进会。市委副书记、市长向曙光出席会议并讲话。

5月27日，永州市在冷水滩区召开湘江西岸棚户区改造项目房屋征收工作动员大会。市委副书记、市长向曙光出席会议并讲话。湘江西岸棚户区改造项目，北起永州大桥（九嶷大道）、南至曲河大桥（长丰大道），项目总投资约需75亿元。

5月27日下午，永州市创建国家卫生城市总结表彰暨深化国家卫生城市管理动员大会在永州会堂举行。

5月28日上午，市委学习中心组2015年第二次集中学习举行专题辅导报告会，邀请省委改革办专职副主任秦国文、省委党校原副校长周正刚教授作专题辅导报告。市委副书记、市长向曙光主持报告会。

5月30日晚，珠海永州商会成立一周年庆典大会在广东省珠海市举行。市委副书记、市长向曙光，副市长唐能武、罗双全出席。

6月

6月1日上午，永州市领导走访慰问少年儿童，代表市委、市政府向孩子们致以节日的祝福并送去慰问金。

6月3日下午，市委副书记、市长向曙光在深圳福朋喜来登酒店会见参加永州（深圳）工业招商推介会暨重点项目签约仪式的部分重要客商。

6月3日下午，永州（深圳）工业招商推介会暨重点项目签约仪式在深圳举行。会上，永州市发布招商项目112个，签约重点项目35个。

6月8日，副省长李友志深入宁远县检查高考工作，调研舜帝陵建设有关情况。

6月10日，经与长沙黄花机场协商，永州至长沙航线中转联程服务方案正式运行。

6月11日，市政协主席唐定主持召开全市禁毒工作专题协商会。

6月16日下午，全市中心城区103个小区集中整治工作推进会在冷水滩区召开，会议贯彻落实省委巡视组第七组的要求，总结前阶段工作，指出当前工作中存在的问题，安排部署下阶段工作。

6月16日，市委书记陈文浩专程到北京大学，看望在此学习的永州市领导干部执行力提升研修班第三期全体学员，并与学员进行座谈。

6月21日，2015年“金水湾·宁郡华府”全国公路自行车邀请赛在宁远九嶷山举行。

6月24日上午，市委书记陈文浩在零陵区调研“零陵古城”项目建设时要求，把拆迁安置放在第一位，遵循“今后要比现在好”的原则，让百姓充分享受到发展带来的成果。

6月25日下午，市委常委、常务副市长易佳良主持召开市政府第61次常务会议，研究“两中心”项目规划和建筑设计方案、“零陵古城”文化旅游综合保护开发项目等事项。

7月

7月2日，“永州发布”上线一周年暨永州政务微博发布厅上线启动仪式在冷水滩区举行。

7月6日，省委组织部发布公告，对省委常委会议研究决定的19名拟任职人选进行任前公示。易佳良提名为永州市人民政府市长候选人。

7月10日，“零陵古城”文化旅游综合保护开发项目在北京成功签约，总投资70亿元。

7月14~19日，2015年全国青少年水球锦标赛在永州市举行。

7月14日，财政部和商务部公布的第二批国家电子商务进农村综合示范县名单中，湖南省包括江永县在内的8个县市首次入选，江永是永州市唯一入选县。

7月15日，永州市“孤儿保障大行动”正式启动。凡符合条件的孤儿每人将获得一份“孤儿重大疾病公益保险”，保额为10万元。

7月17日，市委常委、常务副市长易佳良率市直有关部门负责人深入零陵区就该项目建设相关工作进行专题调研。

7月22日上午，永州召开全市领导干部大会，省委组织部常务副部长林武宣读省委的任免决定：易佳良任永州市委副书记，张严任永州市委委员、常委、副书记、市委党校校长，免去其省人民政府办公厅党组成员、省信访局党组书记职务；经省委研究，同意提名易佳良为永州市人民政府市长候选人；同意提名唐湘林为永州市人民政府副市长候选人；同意免去唐湘林的永州市政法委书记职务。

7月24~25日，市委书记陈文浩带队赴上海考察招商，寻求合作商机，共谋发展双赢。

7月28~29日，全市半年经济形势分析会在冷水滩区召开。会议传达省委十届十三次全委（扩大）会议精神，分析全市上半年经济形势，安排部署下半年经济工作。

8月

8月1日，永州市首届古玩·花卉·工艺美术展销会在银海花园开展。展销会部分古玩、花卉、工艺美术及字画1元起拍，所得款项用来资助抗战老兵和退伍军人。

8月1日，由湖南省体育局主办、永州市文体广电新闻出版局承办的2015年湖南省青少年花样游泳锦标赛在永州市体育中心室外游泳池举行。

8月2日晚，由永州市文体广电新闻出版局主办、市武术家协会承办的2015年中日拳王争霸赛，在永州市体育馆举行，中国队获全胜。

8月3日，市委副书记张严深入龙头企业和建设现场，召开座谈会，调研全市农业农村工作。他强调，要按照市委经济工作会议和政府工作报告提出的目标任务，抓落实抓推进，确保全年目标任务圆满完成。

8月4日上午，市委副书记张严深入永州森林植物园、伊园科技等地督查指导林业工作时强调，要全力以赴重点抓好创森工作，确保成功创建国家森林城市。

8月4日上午，市委常委、市委秘书长颜海林出席罗建村扶贫工作领导小组会议，要求各相关单位强化措施，密切配合，加快全市小康社会建设进程，让贫困村早日脱贫致富。

8月4日下午，副市长刘尤碧深入冷水滩、零陵两区，调研中心城区“放心米粉示范街”建设情况。

8月4日，市人大常委会主任高建华带领市房产局、市小区整治办等相关部门负责人深入到部分小区督查和调研小区整治情况。

8月4日，市委常委、市委秘书长颜海林率市直相关部门调度中心城区安置小区建设，他指出，要以敢担当、认真负责的态度，加力加快推进安置小区建设，如期保质完成建设任务。

8月4日，市委常委舒平在检查督导涔天河库区专项改复建工程和移民安置点建设时要求，当前要加大施工设备和人员的投入，加强施工管理，抢抓施工黄金期，在确保质量安全的基础上，千方百计加快建设进度。

8月5日上午，市委副书记张严深入冷水滩区调研部分农村饮水工程、水库除险加固及河道治理工程。他强调，水利是农业发展的命脉，要切实把水用好、管好，把水利工程实施建设好，时刻做好防汛抗旱的准备，为群众创造更好地生产生活条件。

8月5日上午，市委常委、市委秘书长、永州经开区党委第一书记颜海林到永州经开区主持召开7月重点项目调度会。他强调，抢抓施工黄金季节，加快项目建设进度。

8月5日下午，市委书记陈文浩深入到祁阳县文明铺镇新塘角村扶贫点现场办公。他要求，要做好顶层设计，精准发力，精准扶贫。市委常委、市委秘书长颜海林参加。

8月5日，省人大常委会副主任谢勇在市人大常委会副主任袁火林的陪同下就石期河流域综合整治工作到零陵区调研。

8月6日上午，省军区副司令员戴焕一行到永州检查指导征兵体检工作。

8月6日，市委副书记张严深入零陵区调研。他强调，要抢抓机遇，整合资源，以最高效的服务，全力推进“零陵古城”项目建设，打造好永州旅游产业发展的龙头。

8月5~7日，省人大常委会副主任谢勇率水污染防治执法检查第二组到永州开展执法检查。市委副书记、代市长易佳良出席执法检查反馈会并讲话。

8月6~7日，省人口与计划生育工作督查组到永州市开展专项督查。市委副书记张严主持工作汇报会并讲话，副市长刘尤碧代表市政府作工作汇报。

8月7日，全市县区纪委书记座谈会在冷水滩区召开。市委常委、纪委书记朱映红出席会议并强调，要思想上高度重视，行动上迅速有力，真正做到担责、尽责、督责，确保“两个责任”落地有声、落地生根。

8月7~9日，市委书记陈文浩，市委副书记、代理市长易佳良率永州市党政代表团赴贵州省黔东南苗族侗族自治州考察，学习借鉴外地发展文化旅游产业的成功经验，助推“零陵古城”项目建设，打造永州旅游产业的“发动机”。

8月9日上午，永州市电子商务座谈会在冷水滩区召开，市委书记陈文浩出席会议并讲话。他强调，要树立“互联网+”思维，积极行动，创造基础、创造氛围、创造人才、创造政策，推动永州电商快速发展，为建设品质活力永州做贡献。

8月9日下午，永州市电子商务培训会在永州会堂召开。姜洪峰、胡荣、李永强、何伟4位全国知名的电商专家应邀到会授课。张严、唐定、石艳萍、舒平等在家市级领导参加培训会，市委常委、常务副市长唐湘林主持培训会。

8月10日上午，市委书记陈文浩到市信访接待中心接待信访群众，与来访群众零距离接触、心贴心交流，现场协调解决问题。

8月10日下午，市委书记陈文浩深入冷水滩城区调研铁路规划工作。市委副书记、代理市长易佳良，市领导唐湘林、颜海林、张建亮参加。

8月10日，市委副书记张严深入冷水滩区中小企业创业园标准厂房项目和部分高科技企业现场考察调研。他强调，要牢固树立发展意识，千方百计为企业做好服务，营造良好环境，助推全区经济快速科学发展。

8月10日，市委副书记张严，市人大常委会副主任、市总工会主席杨海河，副市长、市公安局局长刘新良等深入基层一线，走访慰问坚守在高温和一线岗位上的职工群众。

8月10日，市委常委、市委秘书长颜海林主持召开永州大道（城区段）后续配套工程工作推进调度会，永州大道提质改造即将动工。

8月11日，市委书记陈文浩，市委副书记、代市长易佳良深入零陵区调研“零陵古城”项目，了解项目区拆迁户安置小区选址和第一批项目供地的地块征地拆迁情况，听取零陵区“零陵古城”项目建设工作汇报，协调解决项目推进过程中的困难和问题。

8月11日，市委副书记张严赴祁阳县就项目建设及农村产业发展等工作开展调研。他强调，要紧紧抓住经济发展这根主线，全力推进项目建设和农村产业发展，切实改善民生，带领群众全面建设小康祁阳。

8月11日，由市人民政府举办的“高铁一线牵，畅游潇湘源”——2015湖南永州旅游推介会在广西壮族自治区桂林市举行。

8月12日，省妇联主席、党组书记杜亚玲率省督查组一行到永州市，督查指导2015年上半年妇联重点工作落实情况。市委副书记张严、副市长唐能武等陪同督查或出席座谈会。

8月13日，市委副书记、代市长易佳良，市人大常委会副主任、市总工会主席杨海河，副市长唐能武深入国网永州供电公司、长丰集团等企业走访慰问坚守在高温和一线岗位上的职工群众。

8月13日上午，市政府新闻办公室召开新闻发布会，通报全市公安机关成功破获公安部“2015—936”特大跨省制毒案的有关情况。该制毒案是永州市有史以来破获的缴毒数量最大、抓获涉案人员最多的一起毒品案件。

8月14日下午，市委办系统表彰二季度“服务之星”大会召开。市委常委、市委秘书长颜海林出席并讲话。

8月14日，市委副书记张严赴双牌县就旅游业、项目建设和扶贫开发等工作开展调研。他强调，要做好旅游产业这篇文章，大力招商引资，深入推进扶贫开发工作，全面加快双牌经济社会发展步伐。

8月14日，市委书记陈文浩深入宁远县调研省祭舜大典筹备工作。他要求，按照更高的标准和要求，加快项目建设进度，精准发力，完善方案，确保省祭舜大典圆满成功。市委副书记、代市长易佳良，市领导颜海林、石艳萍、刘尤碧、陈金荣参加。

8月18日下午，永州市第四届人民代表大会第七次会议举行第一次全体会议。19日上午，永州市第四届人民代表大会第七次会议举行第二次全体会议，易佳良当选为永州市人民政府市长。

8月18日，副市长张常明主持召开中心城区湘江西岸棚户区改造项目工作推进调度会。

8月18～20日，省政协副主席葛洪元带领部分民宗委委员和少数民族界委员，到双牌县就民族宗教工作、民族地区村级组织带头人情况进行调研，并召开省政协民宗委委员学习座谈会。

8月20日上午，市委副书记、市长易佳良带领相关人员深入彩虹（永州）燃气公司指导安全生产工作。市委常委、常务副市长唐湘林，副市长张常明陪同。

8月21日上午，市委常委、市委宣传部部长石艳萍一行到回龙圩管理区检查安全生产工作。

8月20～21日，市委书记陈文浩率永州市党政代表团赴浙江杭州等地学习考察电子商务产业发展，学习借鉴浙江省农村电子商务发展先进经验，加快培育永州市电子商务产业。市领导颜海林、罗双全，市直相关部门主要负责人以及各县区委书记参加学习考察。

8月20～21日，市委副书记张严，市委常委、副市长蒋善生带领市农业委、市林业局、市供销社、市畜牧水产局等单位主要负责人和各县区党委或政府分管领导带队的14支农业招商小分队赴深圳市进行农业专题招商和考察。

8月21～23日，市委书记陈文浩率永州市党政代表团赴浙江衢州市的常山县，湖州市的安吉县、德清县等地考察，学习其发展农村淘宝、美丽乡村建设以及乡村旅游的先进经验。

8月24日下午，市委常委、市委秘书长颜海林主持召开中心城区安置小区建设调度会。他要求加强领导力量，加快工作落实，推进中心城区安置小区建设。

8月24日下午，全省爱国卫生工作现场会暨启动城乡环境卫生整洁行动电视电话会议在益阳市召开，永州等4个“国家卫生城市”获授牌。

8月24日，市委副书记、市长易佳良主持召开调度会，专题研究涔天河扩建灌区工程开工建设、涔天河扩建工程移民资金存款和调整市涔天河水库扩建工程协调领导小组等工作。市领导舒平、李俊湘出席。

8月24～25日，省计生协会会长石玉珍率调研组到永州指导计生协会工作。市政协主席唐定，市委常委、副市长蒋善生，市人大常委会副主任、市计生协会会长袁满娥陪同。

8月25日，市委书记陈文浩到市云计算中心调研智慧永州项目建设。市委常委、市委秘书长颜海林陪同调研。

8月25日上午，湖南烟叶复烤有限公司永州复烤厂联合工房开工仪式盛大启动。市委书记陈文浩出席仪式并宣布项目开工。市委副书记、市长易佳良，湖南省烟草专卖局（公司）副总经理、湖南烟叶复烤有限公司董事长李灯民，市委常委、市委秘书长颜海林，副市长唐能武，市政协副主席彭爱华等出席仪式。

8月26~27日，副省长蔡振红率队深入祁阳、东安、冷水滩等县区就安全生产、民生事业发展等相关工作开展调研。他强调，要坚守安全生产红线，筑牢安全发展理念，强化安全检查和督查力度，抓实、抓细、抓好各项安全生产工作。

8月26日上午，市委书记陈文浩主持市委学习中心组第四次集中学习，邀请中共中央统战部原副秘书长、四局局长张献生，中国人口宣传教育中心主任姚宏文分别作专题辅导报告。易佳良、张严、高建华、唐定、董石桂、蒋善生、朱映红、颜海林、石艳萍、舒平、张恒洲、刘尤碧、唐能武、罗双全、张常明等市委学习中心组成员参加学习。

8月26日下午，永州市举办职业技能竞赛，竞赛设中式烹调师、餐厅服务员、客房服务员、茶艺师、导游（讲解员）5个职业。每个职业分职工（含教师）组、学生组2个组别。

8月26日晚，市委常委、市委秘书长、永州经开区党委第一书记颜海林主持召开湘江西路及风光带代建制项目建设调度会，研究解决项目建设中存在的困难和问题。

8月27日上午，市委中心组举行学习交流会，围绕“精准扶贫”进行专题研讨。市委书记陈文浩主持并讲话。下午，市委常委会围绕“三严三实”专题教育第二个专题“严以律己”举行集中学习研讨会。

8月27日晚，市委书记陈文浩，市委副书记、市长易佳良组织召开专题会议，研究湘江西岸棚改安置小区等项目建设工作。陈文浩强调，要抢抓棚户区改造这一机遇，在推进安置小区建设及道路提质改造等工作中进一步科学定位，以对历史和群众负责的态度，重塑湘江沿岸商业业态，着力打造高品质的“潇湘源头第一城”。市领导唐湘林、颜海林、张常明等出席。

8月27日，全市安全生产示范创建工作流动现场会在江永县拉开帷幕。各县区人民政府（管理区、经开区）分管负责人，安监局局长；市安监局、市住建局、市交通运输局、市农业委、市教育局、市消防支队、市交警支队分管负责人参加现场观摩。

8月30日下午，全市安全生产示范创建工作流动现场会集中会议在冷水滩区召开。市委副书记、市长易佳良出席会议并强调，要充分认清当前形势，牢固树立安全发展理念，坚持人民利益至上原则，切实把安全生产各项工作抓严、抓细、抓实、抓好，确保人民群众生命财产安全。

8月31日上午，全市推进治理车辆超限超载暨水上交通安全工作电视电话会召开。会议总结前段治超和水上交通安全整治工作经验，全面部署当前公路治超、水上交通安全等几项工作。市委常委、常务副市长唐湘林出席会议并讲话，副市长唐能武作工作报告。

9月

9月1日，永州市将正式启动全市民族团结进步行动宣传月。

9月1日，湖南大自然网络科技有限公司在永州举行互联网+新闻发布会。市人大常委会副主任杨海河，市政府副市长罗双全，市政协副主席封金祥出席。

9月8日下午，市委督查工作会议在冷水滩区召开，会议传达全省党委督查工作会议精神，总结上半年全市督查工作情况，分析部署下一阶全市督查工作。市委书记陈文浩出席会议并讲话，市委副书记张严，市委常委、市委秘书长颜海林出席。

9月10日上午，永州市第31个教师节庆祝大会在永州会堂召开。市委书记陈文浩出席并讲话，市委副书记、市长易佳良主持会议，市委副书记张严宣读市委、市政府表彰决定，高建华、董石桂、唐湘林、朱映红、颜海林、石艳萍、张恒洲等市领导出席会议。

9月15日，省财政厅、省地税局下发通知，调整永州市城镇土地使用税地段等级税额标准，调整标准自2015年1月1日起执行。调整后，永州市各县区根据城镇中远期建设规划和土地价格变化，将城镇土地分1~8个等级，分地段确定不同的等级税额标准。

9月21日下午，永州市参加全国第九届残运会暨第六届特奥会载誉归来的运动员欢迎仪式在冷水滩区举行。市委常委、副市长蒋善生出席。永州市蒋芬芬、江衡、蒋艳玲、夏晓晓、唐干等5名运动员参加，共获得2金、3银、1铜的优异成绩。这也是全市在历届残运会中参赛运动员最多、比赛成绩最好的一次。

9月21日下午，全市精准扶贫工作动员大会在冷水滩区召开。市委书记陈文浩在动员大会上指出，要进一步坚定信心和决心，进一步强化责任和担当，动员全市各级各部门和全社会，明确目标，完善措施，全力以赴推进扶贫攻坚，让全市人民同步迈入全面小康社会。市委副书记、市长易佳良主持会议，市委副书记张严宣读《中共永州市委关于加快推进精准扶贫开发工作的决议》。市领导高建华、唐定、蒋善生、朱映红、颜海林、石艳萍、舒平、张恒洲等出席会议。

9月24日上午，由湖南省人民政府主办，永州市人民政府、宁远县人民政府承办的乙未年湖南省公祭舜帝大典，在宁远县九嶷山举行。省人民政府省长杜家毫主祭。省人民政府副省长李友志主持公祭大典。市委副书记、市长易佳良担任公祭司仪。

9月24日，为满足中秋、国庆期间旅客出行需求，永州火车站将增开2趟始发临客，具体开行情况为：9月25、26、27、30日，10月1、2、3、7日开行永州—长沙K6538次（14：45始发）；9月26、29日，10月1、3、5、7日开行永州—深圳K6534次（21：35始发）。

9月26日上午，永州首届美食文化研讨会在冷水滩区举行。此次研讨会由永州新闻网和永州市餐饮行业协会联合主办。市饮食、文化界相关专家及餐饮界领军人物共聚一堂，就如何弘扬永州美食文化，促进永州发展，建言献策，共叙永州美食业美好未来。

9月29日晚，由市委宣传部、市文明办、市直属机关工委、市文体广电新闻出版局、市国资委、市文联和市广播电视台联合主办，市群众艺术馆承办的庆国庆“敬老山庄幸福园”杯2015“欢乐潇湘”永州市电视全民广场舞大赛决赛在冷水滩区举行。市委常委、市委宣传部部长石艳萍观看演出并为获得金奖的代表队——蓝山县三蓝社区队颁奖。

10月

10月8日上午，永州大道后续配套工程第一、第二标段开工建设。

10月8日，永州市对2015年度新提拔的49名县处级领导干部进行廉政培训和考试，市委常委、市纪委书记朱映红出席培训班并讲话。

10月9日，全市水利精准扶贫工作座谈会召开，全市计划到2020年投入水利扶贫资金16.75亿元，贫困村自来水普及率达到80%，水质达标率比2015年提高10个百分点以上，农田灌溉水利用系数达到0.53，基本解决农田灌溉“最后一公里”问题。

10月9日，湖南省新获国家地理标志产品保护新闻发布会召开，公布2015年全省新获批准的13个国家地理标志保护产品，新田陶岭三味辣椒榜上有名。

“十一”黄金周，全市接待游客181.5万人次，同比增长25.4%；实现旅游收入6.64亿元，同比增长26.48%。全市旅游住宿设施客房平均出租率达92%以上。

10月10日上午，江永女书文化传播有限责任公司在联合利国文化产权交易所成功挂牌上市，成为该所正式开通文化企业股权挂牌交易市场的首批企业之一。

10月12日，永州下发《永州市普通高中学校校长后备人才库建设实施方案》，在全市公开遴选100名普通高中学校校长后备人才，为优秀人才走上校长岗位搭建平台。

10月13日下午，为期两天的永州市第二届美食文化节在万喜登酒店落幕。省商务厅原巡视员、省餐饮协会会长周新潮，市人大常委会原主任、市慈善总会会长郑邦淳出席闭幕式。美食节组委会为获奖者颁发奖牌和证书。

10月14日上午，市公安局举行全市公安机关严打“盗骗毒”亮剑行动千人誓师大会。市委副书记张严出席并宣布亮剑行动启动。市领导唐湘林、袁满娥、刘新良、彭爱华，市中级人民法院院长罗重海、市人民检察院检察长文兆平出席。

10月15日，中国科学院多位研究员在《自然》杂志发表论文，宣布在湖南省道县发现47枚具有完全现代人特征的人类牙齿化石，表明8万至12万年前，现代人在该地区已经出现，是目前已知最早的具有完全现代形态的人类。

10月16~18日，在大连举行的全国第22届冬泳锦标赛暨中国大连国际冬泳节上，永州冬泳健儿与来自美国、俄罗斯、加拿大等国内外87支代表队、3000多名运动员展开激烈角逐，奋勇拼博，夺得金牌3块、银牌4块，铜牌2块。其中刘疆、陈玲（女）、朱清（女）各获得金牌1块。此次比赛中，永州冬泳队在全国排第13名。

10月20日下午，全市乡镇区划调整改革工作动员会议在永州会堂召开，市委书记陈文浩作动员讲话，市委副书记张严主持会议，并宣读《永州市乡镇区划调整改革工作方案》，下达并乡合村指标任务。市领导高建华、唐定、董石桂、颜海林、刘新良参加动员会议。

10月23日下午，永州市《打造品质活力永州战略研究报告》成果评审会召开。市委书记陈文浩出席会议并讲话。

10月25日，2015下半年全市工业园区暨重点项目建设流动现场会在江华瑶族自治县拉开大幕，市委书记陈文浩，市委副书记、市长易佳良带队先后走进江华、江永、道县、双牌、宁远5县，到工业园区和重点项目建设现场，按照“三个一律”原则，“看一看，评一评，比一比，学一学”。市领导张严、高建华、唐定、董石桂、唐湘林、蒋善生、颜海林、石艳萍、舒平、唐能武、罗双全、张常明，市直有关单位、各县区（经开区、管理区）主要负责人参加首日流动现场会。

10月26日，江华瑶族自治县拍摄的廉政微电影《租居农家的乡政府》在全省廉政微电影评选中，以乡干部的本色演出获得评委青睐，从21部参评影片中脱颖而出，被评为全省二等奖。

10月26日，全省规模最大的县级政务中心——新田县政务服务中心全面启用，开门试运行。

10月28日，市纪委召开县区纪委机关内设机构调整工作会议，部署安排县区纪委内设机构调整工作，借以推动纪检监察体制改革，进一步转职能、转方式、转作风。市委常委、市纪委书记朱映红出席并讲话。

10月30日上午，全市安全生产形势分析暨迎省政府安全生产年度考核动员会在冷水滩区召开，市委副书记张严出席并讲话。他强调，要清醒认识全市安全生产形势，强化工作措施，切实抓好当前安全监管重点工作，做好迎接省政府安全生产年度考核准备。市委常委、副市长蒋善生主持会议。

11月

11月1日，颜家龙书法永州展在市美术馆开展。衡阳、永州等地的两百多位书法家、收藏家和市民参观展览。

11月1日晚，由湖南省祁剧保护传承中心创编排演的大型祁剧现代戏《焦裕禄》在湖南艺术职业学院实验剧场上演。一个真诚朴实，身体力行为百姓服务的县委书记感动全场看剧的观众。

11月2日晚，由省民宗委、文化厅、省新闻出版广电局、省广播电视台联合主办的全省第四届少数民族文艺调演于在湖南大剧院落幕。永州选送3个瑶族原生态节目，江华《嘞嘞嘿—远远见妹飘过来》、江永《敲梆》获金奖，宁远《瑶山吉傲》获银奖，充分展示永州市瑶族文化独特魅力，促进少数民族文化在交流交融中传承发展。

11月5日，总投资1958万元的潇湘大桥加固维修工程正有序推进。施工人员在紧锣密鼓地施工，为即将展开的主体工程施工做准备。

11月6日下午，市委书记陈文浩，市委副书记、市长易佳良调研永州大道后续配套工程建设。陈文浩强调，绿化提质改造要按照公园、景区的标准来设计，把永州大道建设成为滨江新城的公园和景区。市领导唐湘林、颜海林、张常明参加调研。

11月6日，湖南警察学院与永州市公安局举行警务战略合作项目启动仪式。湖南警察学院党委书记罗国文，市委副书记张严，副市长、市公安局局长刘新良出席活动。

11月10日，省人民政府召开全省全面推开城乡居民大病保险电视电话会议。按照省政府安排，永州市人民政府副市长刘尤碧在会上介绍永州市城乡居民大病保险试点工作经验。

11月11日，首届全国文化（群艺）馆9+2区域合作论坛在永州市举行。文化部全国公共文化发展中心副主任、中国文化馆协会副理事长兼秘书长颜芳，省文化厅副厅长陈远平，副市长刘尤碧出席开幕式。

11月12日下午，市委书记陈文浩，市委副书记、市长易佳良调研中心城市首期快速公交（BRT）站场布点时强调，城市快速公交站场布点要科学研判，合理布局，切实做到方便群众出行，满足城区发展需要。市领导颜海林、唐能武、张常明陪同调研。

11月20日，国家林业局以林宣发〔2015〕144号正式批准永州为“国家森林城市”。至此，永州市又添一张国家级名片。

11月28日上午，湖南省水利“一号工程”湖南涔天河水库扩建工程大坝填筑至320.3米高程，填筑量300万立方米，提前5个月完成坝体填筑任务。

12月

12月4日上午，永州增信信息科技有限公司正式开业，全国货运智能配载交易平台“握物流”进驻永州，市委常委、市委秘书长颜海林，副市长罗双全出席。

12月4日晚，“CCTV2015年度法治人物颁奖礼”在中央电视台播出，已故的新田县检察院副检察长陈运周获2015年度感动中国的“三大致敬英雄”称号，陈运周的妻子刘晓英到现场，代替他接受颁奖。

12月5日，民盟永州市委联合民盟永州职院总支在永州职院医学部举办“爱我民盟、共享健康”免费医学影像健康检查活动。

12月9日，永州市异蛇科技实业有限公司与湖南科技学院就做好做强永州异蛇生物科技研发与产业成果转化在湖南科技学院签订合作协议。

12月16日，由湖南科技学院就业创业指导中心打造的“互联网+”掌上求职平台——湘科院就业创业微信公众平台吸引众多毕业生和用人单位的关注，成为连接用人单位和毕业生的“连心桥”。

12月16日下午，永州市申报国家历史文化名城评估考察工作意见反馈会在零陵区召开。通过认真的考察评估，国家历史文化名城评估考察组一致认为，永州市具备申报国家历史文化名城条件。市委书记陈文浩出席会议并讲话。省住建厅党组副书记、副厅长袁湘江，省文化厅党组成员、省文物局局长陈远平，市领导易佳良、高建华、唐定、颜海林、石艳萍、张常明等出席会议。

12月21日，省政府召开全省烟叶工作会议，永州烟叶工作再次获省政府表彰，这是永州烟叶工作自2006年来连续10年获省政府表彰。

12月21日晚，永州召开“两供两治”PPP项目专题会议，市委书记陈文浩出席并强调，要保证职工的既得利益，让职工在改革当中分享改革成果。市委副书记、市长易佳良，市委常委、常务副市长唐湘林，市委常委、市委秘书长颜海林，副市长张常明出席。

12月23日上午，UPC湖南零陵梁山岐风电场开工庆典在零陵区邮亭圩镇举行。市委副书记、市长易佳良参加并宣布庆典开工。

12月28日，“永州—上海”航线顺利开通。市委副书记张严出席首航仪式并致辞，市领导唐定、唐湘林、罗双全，民航湖南省监管局副局长刘波出席仪式。

12月31日，“永州—上海”航线通航招商推介会在永州举行。上海市政府合作交流办、上海市现代服务业联合会、各地在沪企业（商会）联合会以及上海永州商会的80余人到永州考察投资兴业。市委常委、常务副市长唐湘林出席推介会并讲话，市领导颜海林、罗双全出席推介会。

永州概貌

地理位置

永州市地处北纬24°39′~26°51′、东经111°06′~112°21′之间，南北最长距离245公里，东西最长距离144公里；面积2.224万平方公里。位于湖南省南部，湘江上游，南岭山脉北麓；东与湖南衡阳市的常宁市和郴州市的嘉禾县、桂阳县、临武县相连，南与广东清远市的连州市、连山县、连南县和广西贺州市的八步区、钟山县、富川县交界，西与广西桂林市的全州县、灌阳县、恭城县和湖南邵阳市的邵阳县、新宁县接壤，北与湖南衡阳市的祁东县毗邻。

地形·地貌

永州位于由西向东倾降的第二阶梯与第三阶梯的交接地带，是南岭山地向洞庭湖平原过渡的初始阶段。总体看，永州地势大体是西部和西南高，东北及中部低，以三大山系为脊线，呈环带状、阶梯式向两大盆地中心倾降。在历次构造运动、岩浆侵入以及地表水长期风化剥蚀的作用下，永州形成以山丘地为主，丘陵、岗地、平地俱全的复杂多样的地貌类型。永州境内奇峰秀岭逶迤蜿蜒，河川溪涧纵横交错，山岗盆地相间分布。越城岭—四明山系雄踞西北，萌渚岭—九嶷山系矗立东南，都庞岭—阳明山系横插中部，将永州分隔成南北两大相对独立的部分。在三大山系及支脉的围夹下，形成南北两个半封闭型的山间盆地，呈现向东北倾斜的山字形地貌轮廓。位于北部的零祁盆地，周围由北面的四明山、西北的越城岭、南面的紫金山、东南面的阳明山环绕，东北向衡阳盆地敞口，面积855.4万亩，占境内盆地总面积的45.5%；盆地内地势低平开阔，耕地连片延伸。南部道江盆地，东面向郴州、永兴盆地开口，西南成狭长谷地向江永、江华南部延伸，形成呈东西方向串通湖广的交通走廊；盆地外周由北面的阳明山、西北的紫金山、西面的都庞岭、南面的萌渚岭—九嶷山系围隔而成，面积1024.27万亩，占境内盆地总面积的54.5%；盆地内丘岗起伏，阡陌纵横。位于西北、西、西南和南部的三大山系巍峨蜿蜒，许多山峰高达千米以上，都庞岭的顶峰韭菜岭海拔2009.3米，是全市最高点。东北及中部，丘岗星罗棋布，谷盆相嵌其间，海拔一般在300米以下，湘江河谷祁阳唐家岭的九洲，海拔63米，是全市最低点。全市相对高差1946.3米，比降达2.7%~20%，切割深一般为300米~700米，最深达800米~1000米。

气候·水文

■ **气候** 2015年，永州市平均气温为18.9℃，较常年偏高0.6℃，偏高程度为1.1σ，较2014年低0.1℃，为1961年以来第七高值。年内最高气温37.6℃，最低-0.2℃。平均降水量为1859毫米，较常年偏多3成，较2014年多521毫米，为1961年以来第三多值；雨季开始于4月下旬至5月上旬，结束不明显。全市平均日照时数为1119小时，较常年偏少二成以上，较2014年少240小时，为1961年以来最少。先后出现暖冬、暴雨洪涝、连阴雨、局部雷雨风雹等天气气候事件，对永州经济社会产生广泛的影响。年内主要气象灾害造成的直接经济损失达16.86亿元，较2014年（4.34亿元）重，其中暴雨洪涝灾害造成的损失占96%。2015年，永州属温暖多雨寡照年份，暴雨洪涝是年内主要灾害性天气气候事件，但造成较大灾害的暴雨洪涝过程仅2次，且其他如雨雪冰冻、低温冷害、夏秋高温干旱等重要天气气候事件基本没有出现。总体来讲，2015年灾害性天气气候事件种类较少、至灾频次较低，属偏好年景。

■水文 2015年，永州地区降水量在1141毫米~2857毫米之间，用全局82个雨量站（含站本部降水）资料统计，年平均降水量为1999.4毫米，比2014年偏多约538.5毫米，与历年平均值相比偏多约423.4毫米。降水时空分布极不均匀。在空间分布上总的趋势呈山区多于丘陵，以双牌县为界，南方多于北方，形成九嶷山区（渣梨板站2580.5毫米）、南岭山区（安马站2857毫米）、城岭山区（大庆坪站2175.5毫米）、都庞岭山区（大溪源站2680.5毫米）等4个暴雨中心，全区年降水量最大的是安马站2857毫米。年降水低值区主要集中在区北方，年雨量约在1200毫米左右，分布在芦洪江、老毛江和祁水流域，祁水流域的日升堂站1141毫米，为全区最少。在时间地域分布上，全年降水主要集中在4~8月和10~12月。其中5月全区平均降水量为347.9毫米，月最大降水为安宁河流域的安马站，降水量762.5毫米，月最小降水量为祁水流域的窑头铺站，降水量仅为88毫米。汛后10~12月全区发生较强暴雨过程，11月全区平均降水量仅次于5月，全区平均降水量为288.7毫米，月最大降水量为永明河流域大溪源站，月降水量达446毫米，月最小降水量为新田河流域新田站，月降水量也达到205毫米。8月20日全区最大1、2小时降水量均出现在豪福站，降水量分别达到85.5毫米和149毫米。降水在年内分配上亦不太均匀，年初汛前1~3月、汛中9月降水偏小，全区1月降水最小，月平均降水量仅为58.2毫米。全年降水主要集中在4~8月和10~12月，特别是5月降水最多，5月全区平均降水量高达347.9毫米，占全年平均降水的17.4%。全区4~8月平均降水为1027.5毫米，占全年降水的51.4%；全区10~12月平均降水为635.4毫米，占全年降水的31.8%。主汛期在4~8月，10~12月为冬汛。

全区内年最高水位基本同步。5月中、下旬由于流域内普降大暴雨，湘江、潇水流域发生较大洪水过程，11月流域内普降大暴雨，湘江、潇水流域发生近60年来最大冬汛，年最高水位码市、大路铺、江永、涔天河、道县（二）、豪福、九嶷（二）、双牌、蓝山均出现在5月中、下旬，新田站出现在6月11日，老埠头、冷水滩、祁阳（二）、下马渡、金洞站均出现在11月12~14日。年最低水位码市、涔天河、豪福、双牌、下马渡、蓝山、金洞（三）、新田站均出现在1月，道县（二）、老埠头、祁阳（二）出现在2月，冷水滩站出现在3月，大路铺、江永、九嶷（二）站出现在8月。降水量与历年均值相比偏多，相对集中的主要是出现在4~8月和10~12月，降雨强度较大。5、11月全区出现较大的洪水过程，道县（二）水文站于5月21日出现全年最高水位172.54米，超警戒水位1.54米，冷水滩水文站于11月13日出现全年最高水位98.37米，超警戒水位3.37米。降水较2014年偏多约538.5毫米，故径流量与2014年相比偏多。

径流量年内分配表

表1

站名	月平均径流量占年总数（%）											
	1月	2月	3月	4月	5月	6月	7月	8月	9月	10月	11月	12月
大路铺	2.26	2.06	3.61	3.55	24.2	10.7	11.1	2.68	3.43	5.66	20.1	10.6
江永	1.76	2.69	3.06	4.92	25.5	14.2	14.4	3.96	4.28	5.55	14.6	5.12
道县（二）	1.73	2.17	3.69	3.63	25.2	12.0	9.69	3.59	3.86	4.52	19.1	10.8
豪福	1.30	1.15	1.59	2.79	17.1	10.8	14.5	8.63	6.19	5.70	19.5	10.7
九嶷（二）	3.24	2.44	5.73	4.83	22.4	7.97	9.93	2.46	5.10	6.55	18.4	11.0
双牌	2.23	1.92	3.73	3.81	23.1	11.8	9.55	5.11	3.93	4.44	19.2	11.1
冷水滩	2.23	2.35	3.68	3.63	21.1	13.0	9.04	4.57	4.01	4.74	20.3	11.4
平均	2.11	2.11	3.58	3.88	22.6	11.5	11.2	4.43	4.40	5.31	18.8	10.1

续表 1

站名	月平均径流量占年总数（%）											
	1月	2月	3月	4月	5月	6月	7月	8月	9月	10月	11月	12月
下马渡	1. 82	2. 02	3. 51	3. 72	3. 78	3. 00	12. 6	5. 68	4. 69	6. 79	32. 7	19. 8
金洞（三）	1. 92	2. 40	5. 65	6. 72	12. 8	10. 2	12. 9	5. 91	7. 29	7. 11	13. 2	13. 9
蓝山	3. 97	3. 27	5. 86	5. 40	17. 1	7. 72	7. 32	3. 18	6. 11	7. 00	18. 9	14. 3
总平均	2. 24	2. 25	4. 01	4. 30	19. 2	10. 1	11. 10	4. 58	4. 89	5. 80	19. 6	11. 9

年径流模数、年径流深度、年径流系数总的趋势是山区大于丘陵。年径流模数最大的是江永站为 $58.2\times10^{-3}m^3/s\cdot km^2$，最小的是下马渡站为 $15.6\times10^{-3}m^3/s\cdot km^2$。年径流深度最大的是江永站为1835.4毫米，最小的是下马渡站为493毫米。年径流系数（降水量采用面平均雨量计算）全区平均为0.61，最大的是江永站0.77，最小的是下马渡站为0.39。

输沙量的变化情况与径流量的变化基本相似。道县（二）站和冷水滩站的年输沙总量分别是 103×10^4 吨、62.8×10^4 吨，冷水滩站比2014年偏多 23.7×10^4 吨。与历年均值相比，道县（二）站输沙量比原道县站历年均值 46.5×10^4 吨偏多，冷水滩站比历年均值 104.3×10^4 吨偏少。

输沙量年内分配表

表 2

站名	月平均输沙量占全年（%）											
	1月	2月	3月	4月	5月	6月	7月	8月	9月	10月	11月	12月
道县（二）	0. 165	0. 518	1. 61	0. 853	52. 7	5. 67	6. 35	0. 547	0. 457	2. 55	26. 4	2. 27
冷水滩	0	0. 019	0	0. 919	48. 1	10. 5	3. 46	0. 434	0. 282	0. 554	33. 4	2. 29

道县（二）站实测最大含沙量为每立方米0.820公斤，出现在5月21日；冷水滩站实测最大含沙量为每立方米0.153公斤，出现在5月21日。年输沙模数道县（二）站为每平方公里183吨，冷水滩站为每平方公里29.1吨。

自然资源

■ 土地资源 永州市土地总面积2.24万平方公里，占湖南省总面积的10.55%。农用地面积1.9万平方公里，占全市土地总面积的85.03%。中山、中低山、低山总面积11044.53平方公里，占全市总面积的49.5%；丘陵3242平方公里，岗地3979平方公里，平地3191平方公里，水面880平方公里，分别占全市总面积的14.5%、17.81%、14.29%和3.94%。全市有耕地538.34万亩，园地108.74万亩，林地2135.35万亩，草地122.99万亩，城镇村及工矿用地157.19万亩，交通运输用地37.97万亩，水域及水利设施用地144.23万亩，其他土地94.05万亩。全市耕地按灌区划分，双牌水库灌区（冷水滩区、零陵区、祁阳县、双牌县）耕地201.09万亩，占37.36%；涔天河水库灌区（江华瑶族自治县、江永县、道县、宁远县）耕地209.54万亩，占38.92%；其他灌区（东安县、蓝山县、新田县）耕地127.71万亩，占23.72%。全市耕地按坡度划分，2度以下耕地225.45万亩，占41.88%；2～6度耕地214.71万亩，占39.88%；6～15度耕地83.6万亩，占15.53%；15～25度耕地11.22万亩，占2.08%；25度以上的耕地3.36万亩，占0.62%，主要分布在双牌县和江华瑶族自治县。全市未利用地223.97万亩，其中，河流水面47.65万亩，其他草地122.83万亩，裸地53.49万亩。

■ 矿产资源 永州市矿产资源较为丰富，全国168个矿种在永州市发现75种，其中54种探获储量，30种纳入矿产资源储量表。锰、稀土、铷、锂、铯、溶剂灰岩、水泥黏土矿保有储量居全省第一位，其中锰资源储量2亿吨以上，占全省储量25.7%。稀土保有资源储量105787吨，占全省储量100%；锂、铷、铯保有资源储量分别为2026.9万吨、2010万吨、20.6万吨，均占全省储量的100%；熔剂灰岩保有资源储量

11798矿石万吨，占全省储量21%；锡、铋、钨、铁、铅、锌、钼、铜等矿保有资源储量居全省前列，其中，钨锡380矿石万吨，铋1.9矿石万吨，铁1.85矿石亿吨，铅锌321.5矿石万吨，钼1.1万吨，铜3.2万吨等。花岗岩、大理石、建筑用砂等资源丰富，后备资源充足。

■ **水资源**　永州境内河流分属长江流域洞庭湖和珠江两大水系，有大小河流733条，境内长江流域洞庭湖水系控制流域面积为21612平方公里，占全市总面积的96.8%，其中湘江流域面积为21464平方公里，占湘江流域面积的22.7%。全市河流众多，水系复杂，其中流域面积50平方公里以上的河流189条。河流坡降陡，水流急，水量充沛而又半汛半枯，年内洪枯变化大。全市多年年均降雨量1502.6毫米，降水总量334.4亿立方米，地表径流193.7亿立方米。河流总长1万多公里，河床谷深流急，水能资源蕴藏总量达238万千瓦，位居湖南第三位，其中可开发量达101万千瓦，待开发利用的达60余万千瓦。

■ **植物资源**　永州市属中亚热带常绿阔叶林区，系湖南省植物资源富集地区。全境有维管束植物232科、1003属、2712种，占全省的68%，为全国的10%；有乔木树种127科、429属、1542种。其中，有栽培价值的58科、253种，有实用推广价值的180种。属国家一级保护的有银杉、水杉、珙桐、香杉、种萼木（伯乐树）、苏铁等6种；属国家二级保护的有楠木、银杏、冷杉、中华珈、

AAAA级九嶷山景区——三分石风光

长柄双花木、香树、红豆树、白豆松等13种；属国家三级保护的有杜仲、鹅掌楸、福建柏、华南栲、青钱柳、檫木、黄杉等27种；属省级保护的有斑竹、方竹、罗汉竹、绒毛皂荚、山羊角树、黄连、党参、天麻等29种。

■ **动物资源**　永州市查明的野生动物有千余种，其中列为国家保护的有31种：属国家一级保护的有华南虎、黄腹角雉；国家二级保护的有猕猴、穿山甲、金钱豹、麝、红腹角雉、毛冠鹿、水鹿、大鲵（娃娃鱼）、红石猴、灰腹角雉等10种；国家三级保护的有獐、青羊、苏州羚、白鹇、金鸡等19种。全市已知水产动物有186种，其中鱼类有153种。主要经济鱼类有草、青、鲢、鳙、鲤等20余种。稀有珍贵鱼类有中华鲟、竹鱼等；水产两栖动物有大鲵（娃娃鱼）等16种。水产爬行动物主要有鳖、团鱼、乌龟等。珍贵水产兽类有华东水獭（俗名水貂）。

■ **名优特产**　经过漫长的物竞天择和人工选育，全市已经形成以杉、松、竹、柑橘、香柚、油茶、油桐、茶叶、烤烟等为主的名优特产。如江华杉条材质优良，宁远九嶷木，俗称“香杉”，均闻名全国；九嶷斑竹，富有传奇色彩，载誉中外；双牌阳明山南竹，节稀皮厚，粗大如桶，为竹制品的上乘原料。全市还出产香柚、香芋、香菇、红瓜子、红衣葱、道州灰鹅、江华苦茶、蓝山黑湖酒、永州薄荷、双牌竹根鼠、东安花猪、湘南黄牛、零陵麻鸭等农副土特产品。江华“涛白”烤烟是生产熊猫牌香烟烟叶。特别是江永香柚、永州异蛇、江华珍珠椒、江华瑶家腐乳、盘王腊肉、新田三味辣椒、道州红瓜子以及香菇、木耳、竹笋等土特产品，品质优良，畅销国内外。

旅游资源

■ **概况**　全市有旅游资源7类56种类型313处景观，其中，自然旅游资源4类21种类型150处景观，人文旅游资源3类35种类型163处景观。其中有AAAA级九嶷山、阳明山、浯溪碑林、柳宗元文化旅游区，有AAA级江永上甘棠、江永女书园、江永千家峒、舜皇山、舜帝庙考古遗址公园、

宁远文庙、李家大院等景区（点）。

■ **自然生态** 2015年，永州市林业用地面积2321.6万亩，占国土总面积的68.9%。有国家、省级公益林面积843.7万亩、商品林面积1480.2万亩、经济林面积225.64万亩，完成造林面积40.8万亩，年末实有封山育林面积31.6万亩，新增人工造林40.11万亩。有国有林场29个，国家级森林公园8个，省级森林公园4个，国家湿地试点公园5个，新建湿地保护区、湿地公园117处。全市自然保护区40个，面积203.33万亩，其中国家级4个、省级3个。有林地面积1847.16万亩、森林蓄积量5886.87万立方米，森林覆盖率64.47%。全年中心城区环境空气质量优良天数达到292天，优良率为81.1%；实际监测的地表水达标率全部为100%。2015年，宁远三分石、双牌桐子坳、江永勾蓝瑶寨成功创建国家AAA级景区；双牌阳明山景区挂牌国家级生态旅游示范区和国家对台交流基地；宁远三分石景区、江永千家峒国家森林公园申创省级生态旅游示范区成功。江永女书小镇被列为湖南省“湖湘风情文化旅游小镇”创建单位。

■ **人文胜迹** 永州境内有新石器时代原始人居住的石棚和人类最早培植水稻的玉蟾岩遗址，有华夏人文始祖舜帝的陵庙和湖南四大历史文化名城之一的零陵古城，有柳宗元笔下的“永州八记”遗址和古潇湘八景之首“潇湘夜雨”所在地岛，有全国最大的露天摩崖石刻浯溪碑林，有瑶族祖居地千家峒和世界上唯一的文字奇观江永“女书”，有神秘的道县鬼崽岭古代石群像，还有宁远文庙和上甘棠古村等明清建筑。永州还是一代草圣怀素，理学鼻祖周敦颐，清代著名书法家何绍基，中共主要创始人、中共早期主要领导人之一李达、无产阶级革命家陶铸和江华的诞生地。据不完全统计，至今保存较为完好的历史文化古迹有2700多处，其中，全国重点文物保护单位27处，省级文物保护单位56处，市级文物保护单位222处，“国保”文物数量名列全省第二位。

■ **习俗风情** 永州地方特色文化丰富多彩，全市有国家非物质文化遗产7项，省级非物质文化遗产18项，诸如对山歌、唱小调，耍刀舞、伞舞，舞龙、舞狮等，还有东安武术、祁剧等。江永县千家峒瑶族自治乡是中国瑶族的发祥地，江华瑶族自治县是全国瑶族人口最多的自治县。长期以来，瑶族同胞保持着独特的传统文化习俗，信仰盘王，穿戴民族服饰，住吊脚楼，过盘王节、敬鸟节和倒稿节，吹芦笙，跳长鼓舞，保存有入赘“招郎”和“拿篮子”等特色婚姻形式，洋溢着浓郁的乡土气息和民族风情。

人口·民族

■ **人口** 2015年，永州市年末户籍人口635.28万人，常住人口542.97万人。其中，全市城镇人口240.26万人，增长4.82%，城镇化率为44.25%；乡村人口302.71万人，下降2.19%；男性人口281.32万人，女性人口261.65万人。全市人口出生率为13.63‰，死亡率为7.19‰，自然增长率为6.44‰。

■ **民族** 永州市是一个多民族杂居地区，除汉族以外，有瑶族、壮族、回族、苗族、满族、侗族、蒙古族等48个少数民族，少数民族人口61余万人，占全市总人口10%，少数民族人口总数在全省排第四位。全市有1个瑶族自治县（江华），1个比照自治县待遇县（江永），22个民族乡。22个民族乡分别是：江华瑶族自治县清塘壮族乡；江永县兰溪瑶族乡、源口瑶族乡、千家峒瑶族乡、松柏瑶族乡；蓝山县大桥瑶族乡、荆竹瑶族乡、浆洞瑶族乡、汇源瑶族乡、犁头瑶族乡、紫良瑶族乡；道县审章塘瑶族乡、横岭瑶族乡、洪塘营瑶族乡、井塘瑶族乡；宁远县九嶷山瑶族乡、棉花坪瑶族乡、桐木漯瑶族乡、荒塘瑶族乡；新田县门楼下瑶族乡；双牌县上梧江瑶族乡；金洞管理区晒北滩瑶族乡。此外，分布在汉族乡镇还有79个散居民族村。自治县和比照县及民族乡的国土面积为7061.18平方公里，占全市总面积的31%；涉及区域总人口为93万人，占全市总人口的18%。

建置沿革

8万年至12万年前，现代人类就在永州渔猎采集、繁衍生息。1万年前，永州先民就群居农耕、种稻制陶。三四千年前西瓯越和雒越部落聚住永州，同时，中原民族（包括苍梧族和舜部落）大量南迁，为永州带来中原文化，越文化与中原文化交融发展，永州日渐融入华夏文化圈。春秋战国时代，楚人南下，永州被纳入楚国势力范畴。楚悼王后期（前389~前381），永州被列入楚国政区，大概隶属于苍梧郡之洮阳县或郴县。

蜀汉建兴15年（公元前223年），秦国灭楚，大将屠睢率50万大军进军岭南，驻军永州。公元前221年，秦始皇统一六国，建立中央集权制国家，推行郡县制，永州首设行政区——九疑县，被纳入中原王朝秦帝国的版图。秦朝，永州初属苍梧郡，后属长沙郡。公元前207年秦朝灭亡。公元前202年，刘邦击败项羽，建立汉朝。刘邦实行郡县与分封并行的混合性地方行政制度。大约公元前219年改苍梧郡为长沙郡（后为长沙国），永州大部属荆州刺史部长沙郡（长沙国），小部属交趾刺史部苍梧郡。西汉初，析九疑县置龁道县、南平县、泠道县和营道县。汉文帝末年，龁道县并入南平县，属桂阳郡，九疑县被划分为泠道和营道2县。公元前124年，汉武帝析泠道县和洮阳县，分别封长沙国刘发之子刘买和刘贤于春陵侯国和泉陵侯国。公元前111年，汉武帝平定南越，设置零陵郡，治零陵县（今广西全州西南），辖零陵、营道、始安、营浦、泠道、洮阳、钟武七县和春陵、泉陵、都梁、夫夷四侯国，其中，营道、营浦、泠道三县和春陵、泉陵二侯国的治所在永州境内。同时，置交趾刺史部设苍梧郡，分营浦县置冯乘县和谢沐县。公元前45年汉元帝并春陵侯国入泠道县。西汉末年王莽专权，公元6年，改零陵郡为九疑郡，改泠道县为泠陵县，改泉陵县为溥闰县，改洮阳县为洮治县，将营道县降为九疑亭。公元25年，刘秀恢复西汉旧制，恢复零陵郡和泠道县、营道县，同时，改泉陵侯国为泉陵县，并将零陵郡治从零陵县迁移到泉陵县（今永州市零陵区），永州首设郡（府、州、路）级行政机构。两汉时期，零陵郡的辖区面积达9万多平方公里。

三国两晋及南北朝时期，改朝换代不断，大部分时间南北对峙，社会异常动荡不安。三国时期（220~265年），魏、蜀、吴三国鼎立，永州地属荆州。赤壁之战后，零陵郡归蜀所有。219年孙权大将吕蒙袭取荆州后，东吴占据零陵郡的绝大部分。226年，东吴孙权将冯乘、谢沐2县从苍梧郡改属新置的临贺郡。265年，孙皓析零陵郡南部置营阳郡，以营浦（今道县）为郡治，辖营浦、营道、春陵、泠道四县。264~280年，孙皓复析泠道县置春陵县，析泉陵县置永昌、祁阳2县。266年，孙皓析长沙郡西南部、零陵郡北部置昭陵郡。三国东吴时，零陵郡领泉陵、零陵、洮是、观阳、祁阳、永昌6县。280年，晋武帝平定东吴，统一天下。同年，废营阳郡入零陵郡。不久，冯乘、谢沐2县自荆州改属广州。290年，晋惠帝析泉陵县建应阳县。307年，晋怀帝从荆州、广州两州分置湘州，零陵郡属湘州，辖零陵、泉陵、永昌、祁阳、应阳、营浦、洮阳、观阳、泠道、春陵、营道11县，其中，零陵、洮阳、观阳3县不在永州境内，冯乘、谢沐2县属临贺郡，南平县属桂阳郡。316年西晋灭亡后，晋怀帝依靠原西晋南逃的贵族建立东晋，定都建业，偏安江左。零陵郡属湘州。345年至356年，析零陵郡复置营阳郡，零陵郡领泉陵、祁阳、零陵、洮阳、永昌、观阳、应阳7县，营阳郡领营浦、营道、春陵、泠道四县，谢沐、冯乘仍属广州临贺郡。416年，晋安帝裁湘州，零陵、营阳二郡复属荆州。南平县初隶荆州，后改隶江州，仍属桂阳郡。

420年，东晋大将刘裕废东晋恭帝，建立宋朝，历史进入南北朝时期。422年，刘宋复置湘州。464年，孝武帝将零陵郡改为零陵国，临贺县改为临庆国。零陵国仍领原零陵郡七县，营阳郡仍领原所辖四县，零陵国、营阳郡属湘州，冯乘、谢沐2县改属临庆国，南平县仍属桂阳郡。479年，禁军首领萧道成政变成功，建号齐。齐萧在永州的行政建置，除冯乘、谢沐2县所属之临庆国复改为临贺郡外，其他一如刘宋，不曾改变。502年，萧衍取代齐朝称帝，国号梁。515年，萧梁改营阳郡为永阳郡，治营道县，辖营道、春陵、泠道3县。557年，陈先霸取代萧梁，建号陈。在政区建方面，南陈除将南平县改属西衡州外，其他一切如旧。南北朝后期，州、郡、县三级行政区划制度已经十分混乱，居中的郡一级已形同虚设。

581年，杨坚废周而立，建立隋朝，不久即“罢天下诸郡”五百有余，开始实施以州直领县的两级行政区划制度。589年，隋灭陈，结束南北分裂局面，随之将州县二级制度推行到南方各地，州县并省甚多。同年，隋文帝撤零陵郡，设永州总管府，废永阳郡，设永阳县，同时，并永昌、祁阳、应阳3县入零陵，并营浦、沐2县入永阳县，并泠道、春陵2县入营道县，并南平县入临武县。607年隋炀帝恢复郡县制，改永州总管府为零陵郡，零陵郡领零陵、湘源、永阳、营道、冯乘5县，其中湘源县不在永州境内。隋末群雄继起，萧铣割据南方，618年称帝，国号梁，至621年兵败降唐，其间，永州辖于萧铣。618年，李渊建立唐朝。唐初依然是州（郡）、县二级制，只是后来名称由郡改州、由州改郡，多有反复。621年，唐高祖平定萧铣，置永州和营州。627年，唐太宗为了对州（府）进行有效控制，主要依山川形势把全国分为十道，733年，唐玄宗又分天下为十五道，至此，唐代的地方行政体系演变为道—府—县三级制。永州先后隶属江南道和江南西道。永州领零陵、湘源、祁阳、灌阳四县（624年省灌阳县，627年省祁阳县）。营州领营道、江华（析冯乘县置）、永阳、唐兴四县。622年营州改为南营州。634年改南营州为道州，改永阳县为营道县，并于旧营道县置唐兴县。644年废道州，并入永州，675年复为道州。742年改永州为零陵郡，改道州为江华郡。758年，复改江华郡为道州，领弘道（隋永阳县。621年于县置营州，改为营道县。742年改营道为弘道）、延唐（隋营道县。621年移营道县于州城，于旧营道置唐兴县。693年改名武盛。705年复为唐兴。742年，改为延唐）、江华（621年，析贺州冯乘县置江华瑶族自治县。643年改属永州。675年还道州。684年改为云溪县。705年复为江华）、永明（唐初移永阳之名于州西南110里置。634年省入营道。691年析营道复置。742年改永阳县为永明县）、大历（767年湖南观察使韦贯之奏请析延唐县，于道州东南110公里、春陵侯帮城北15里置，因以大历为名）5县。南平县在隋朝被废，671年恢复，742年改为蓝山县，属郴州桂阳郡。唐朝后期，地方军事日益重要，永州先后归属于衡州防御使、湖南观察使、钦化军节度使、武安军节度使等。907年，朱全忠建立后梁，唐朝灭亡，五代十国开始。907年后梁封马殷为楚王，927年后唐又封马殷为楚国王，马殷建立起以湖南为中心的地方性王朝。936年，马楚析零陵县置东安场，改延唐县为延嘉县，其余沿袭唐时旧置不变。960年，赵匡胤通过“陈桥兵变”获得帝位，建立宋朝。宋初废止镇领州之制，道制仍然沿袭下来，但很快道制即为路制所取代，路成为最高一级地方行政建置。永州、道州辖于荆湖南路。永州治零陵县，辖零陵、祁阳、东安（982年改东安场为东安县）3县。道州（江华郡），治营道县（962年改弘道县为营道县），辖营道、江华、宁远（963年改延喜县为宁远县，并大历县入之）、永明4县。南宋，永州的建置没有变化。

1271年，蒙古忽必烈定国号大元，建立元朝，1276年灭宋，统一全国。元朝在永州设永州路和道州路，隶属湖广行省岭北湖南道（肃政廉访司）。1276年，置永州安抚司和道州安抚司，1277年，分别改为永州路总管府和道州路总管府。永州路总管府治零陵县，置录事司，领零陵、东安、祁阳3县。道州路总管府治营道县，置录事司，领营道、宁远、江华、永明4县。蓝山县属桂阳路总管府。1368年，朱元璋称帝，建立明朝。1376年，朱元璋决定“改行中书行为承宣布政使司”，下设府、州、县三级行政区。1368年，改永州路为永州府，改道州路为道州府。1376年，改湖广行中书省为湖广承布政使司，同时降道州府为道州，以州治营道县省入，隶属永州府。1639年，析宁远县新田县堡置新田县。至此，永州府管辖零陵、祁阳、东安、道州4州县，道州又兼领宁远、江华、永明、新田四县，永州行政建置格局大体被确定下来。此外，明朝在永州地方还设有永州卫、宁远卫、宁溪永御千户所、桃川守御千户所、枇杷守御千户所、守镇东安百户所、锦田守镇前千户所、宁远守御千户所、江华守镇右千户所等卫所，隶属湖广都指挥司。1644年，清廷迁都北京，随后发兵征服南方，统一全国。清初，内地行政建置沿袭明制，即由省管辖府、州、县。1664年，清朝湖广右布政使（1667年改称湖南省）移驻长沙，永州府隶属湖南省衡永郴桂道，辖零陵、祁阳、东安、宁远、江华、永明、新田7县和道州。蓝山县属桂阳州。

1911年10月，武昌起义成功，中华民国军政湖南都督府成立。民国1年至民国2年（1912~1913年），国民政府废府存道，永州各县先后属衡永郴桂道和衡阳道。1922年废道，永州各县直属于湖南省。1914年，湖南省就清代设立的长宝、岳常澧、衡永郴桂、辰沅永靖四道的区域，改置湘江、衡阳、辰沅、武陵（后裁撤）四道，永州各县属衡阳道。1928年，国民党政府析零陵、宁远、祁阳、桂阳、新田、常宁等六县的部分地方增置阳明县，设县署于石鼓园。1931年，改阳明县为阳明特别区，不久撤销。1936年，湖南省推行行政督察区，零陵、祁阳、东安、道县（1913年道州改州为县）、宁远、永明、江华、新田等8县，于1937年12月、1940年4月，先后改属第九行政督察区第七督察区，行政督察专员公署驻零陵（今永州市零陵区）。蓝山县属第三行政督察区。

1949年8月，成立湖南人民军政委员会和临时省政府，废止湖南省第七督察区，设立永州专区。1949年10月，南下途中组建的永州专区专员公署进驻零陵县城（即今永州市零陵区）。永州专区辖原省第七督察区所辖八县，蓝山则属郴县专署。1950年8月，永州专区改称零陵专区。1952年2月，划祁阳东北部的6个区设立祁东县，仍属零陵专区。1952年11月，衡阳、零陵、郴州3个专区合并，成立湘南行政区。1954年6月，撤销湘南行政区，改设衡阳、郴县（后改郴州）2个专区。原零陵专区的祁阳、祁东、零陵、东安、道县、宁远、永明（今江永）、江华等8县属衡阳专区，新田县和蓝山县划归郴县专区。1955年8月，国务院批准成立江华瑶族自治县。1956年3月，永明县更名江永县。1959年3月，蓝山县与嘉禾县合并为蓝嘉县，县人民委员会驻原蓝山县城；新田县并入桂阳县。1960年2月，中共湖南省委批准成立县级冷水滩市，由零陵县领导。1961年7月，恢复蓝山、新田2县建制。同月，国务院批准成立冷水滩市，由衡阳专署领导。1962年10月，经国务院批准，设立零陵专区，专员公署设零陵县芝城镇（今永州市零陵区），辖零陵、东安、道县、宁远、江永、江华、蓝山、新田8县，原零陵地区的祁阳、祁东划归衡阳专区。同月，冷水滩市改为区级镇，仍归零陵县管辖。1964年5月，湖南省委批准划零陵县、道县的12个公社和9个国营林场，设置潇水林区管理局，局机关驻双牌。1969年12月，国务院批准撤销潇水林区管理局，以原潇水林区为行政区域设立双牌县。1979年3月，零陵县东风镇（原芝城镇）改名永州镇，8月，改由零陵地区直接领导。1982年1月，国务院批准，设立县级永州市。1983年2月，祁阳县重新划归零陵地区管辖。1984年6月，国务院批准撤销零陵县，恢复冷水滩市。同月，国务院批准，江华瑶族自治县驻地由水口镇迁至沱江镇。1995年11月21日，国务院批复，同意撤销零陵地区和县级永州市、冷水滩市，设立地级永州市；原县级永州市改名芝山区，原冷水滩市改名冷水滩区；地级永州市辖祁阳、东安、双牌、道县、宁远、江永、江华、蓝山、新田9县和芝山、冷水滩2区。1997年7~8月，永州市委、永州市人民政府先后迁驻冷水滩区。2005年6月8日，芝山区更名为零陵区。至此，永州市辖8个县2个区和1个自治县，即冷水滩区、零陵区、祁阳县、东安县、双牌县、道县、江永县、江华瑶族自治县、宁远县、新田县、蓝山县，面积2.224万平方公里。

行政区划

2015年，永州市辖冷水滩、零陵二区和祁阳、东安、双牌、道县、江永、江华、宁远、新田、蓝山9县，177个乡镇（街道），5060个行政村。

■ 冷水滩区 冷水滩区面积1218.16平方公里，人口51.9万人。区人民政府驻梧桐街道梧桐路。

冷水滩区是永州市政治、经济、文化中心，它既是湖南向沿海地区和港澳市场开放的前沿阵地，又是华中、华南两大经济区结合部的一个重镇，有“湘西南门户”和“潇湘第一城”之称。有潇湘驿、矶唐叟钓、四明山、宋家洲、潇湘平湖等名胜古迹。

地处越城岭山脉东面、零祁盆地的北部、四明山南面，北、东、西三面高，中、南部低，整个地貌近似背北朝南的“簸箕”。土地特点以岗、平为主，山、丘、水兼有。其中，山地85.13平方公里，占7%，绝大部分分布在区境北缘；丘陵232.82平方公里，占19.1%；平地386.6平方公里，占31.64%，水面113.22平方公里，占9.27%；岗地401.37平方公里，占32.95%。全区土地利用现状大体呈“五山一水三分田，一分道路和庄园”的格局。

境内生物资源丰富。木本植物有116种、353属、927种。其中属国家一级保护的有水杉等2种，属二级保护的有金钱松、冷杉、银杏、鹅掌楸、杜仲等17种，属三级保护的有桢楠、香桦、山核桃、红豆树、五味子等24种。粮作品种120个，经济作物种含蔬菜、油料、果杂、棉花、糖料及特用经作等7大类110个品种，其中以红衣葱和薄荷有较高声誉。动物种类繁多。畜禽品种主要有猪、羊、牛、鸡、鸭、鹅、蜂等10大类，计440个品种；水生动物230个品种，有天然鱼类119种，其中鲤鱼科75种，已知鱼类品种占全省的60%。

全区有较大规模的工业企业350余家，其中大中型骨干企业50余家。基本形成以罐头、啤酒、面粉、肉制品为主的食品工业，以汽车制造、水电设备、电线电缆为主的机械工业，以耐火材料、水泥为主的建材工业，以羽绒制品、造纸、制革、纺织为主的轻纺工业等四大支柱产业。共有主要工业产品50余种。其中耐火材料、机制纸、造纸、造纸设备、水能发电机组、轻型越野汽车、粮油机械设备、特种水泥、水泵等，是国家和湖南省的定点产品。商业贸易发达，是湖南省八大商业经济区之一。初步形成产业、供销、物资、粮食、外贸、医药、轻纺、矿产品、肉食水产9大体系和16大商场、12大购物中心、5大专业批发市场、4大集贸市场。各类商业店铺遍布市区，共有大小网点4400多个，从业人员1.2万余人，每万人拥有商业零售点95个。

■ 零陵区 北与冷水滩区、东与祁阳县、南与双牌县、西与东安县、广西全州县接壤，面积1986平方公里，人口62.84万人。区人民政府驻徐家井街道南津中路。

零陵区古为泉陵候国，后改称零陵，曾为县级永州市，现为永州市辖区，是“永州八景”和柳宗元所作“永州八记”之所在，有着深厚的历史文化底蕴。柳宗元文化旅游景区成功创建AAAA级景区，东山怀素景区、周家大院、岛生态文化园等景区建设加速推进。蘋洲书院成功创建国家AAA级景区。柳子景区启动柳子庙主体维修，完善愚溪两岸景观改造。东山景区完成文庙、福寿亭修缮，恢复武庙部分主体工程。周家大院启动古村落保护性修缮。总投资50亿元的零陵古城旅游项目正与伟光汇通公司积极洽谈。兴建星级酒店2家，发展“农家乐”12个。成功推出“桂林—零陵古城—宁远”旅游线路。历史文化名城保护规划通过省政府审批。成功创建省级园林城市。

全区有耕地31592亩，盛产稻谷、红薯、黄豆、油茶等。有林地面积15万亩，森林总储量41万立方米，其中杉木24万立方米，年产木材492万立方米。可供开发利用的水利资源有13.5万千瓦。有锰、钴、金、煤和石灰石等。其中锰矿储量达1400万吨，年开采量23万吨，是湖南省的重点产锰区，宝山钢铁厂的原料基地。已发现矿产18种（24亚种），其中，有色金属矿产7种，黑色金属矿产2种，非金属矿产7种，能源矿产2种，水气矿产2种。全区发现矿床（点）103处，探明储量的矿种4种，小型规模以上矿产地14处。优质稻、生猪、异蛇、无公害疏菜、竹木、油茶等特色农业不断壮大，农业机械化综合水平提高到39.9%。零陵被评为“国家优质粮食产业工程县（区）”“国家产粮大县（区）”“生猪调出大县（区）”和“国家油茶产业县（区）”。城乡消费持续旺盛，商贸物流、新型业态、房地产等较快发展。文化旅游产业异军突起。

G207国道、G322国道、G72高速公路、二广高速公路、永连公路、洛湛铁路贯穿全境。零陵城区距湘桂铁路永州火车站18公里，距永州零陵机场7公里。洛湛铁路永州火车南站位于零陵区河西工业新区。零陵区位独特，交通基础设施日趋完善。

■ 祁阳县 西接零陵区和冷水滩区，东抵衡阳常宁市，南临新田县、宁远县、双牌县和桂阳县，北连祁东县。面积2538平方公里，人口106.1万人。县人民政府驻浯溪镇。

属亚热带季风湿润性气候，土地肥沃，水源充足，四季分明。探明的矿藏有煤、石灰石、铁、锰、锑、锌等20多种，享有“有色金属之乡”的美称。林木有杉、松、樟、楠等，经济林以油茶为主，兼有油桐、乌柏；药材主要有白果、乌梅、杜仲、淮山、丹皮、白芍、香附、乌药、蛇胆等100余种。其中，烟煤储量1亿吨；用材林6.4万亩，林木蓄积量达200万立方米；油茶林40万亩；以柑橘为主的水果28万亩；水资源总量250亿立方米，水能蕴藏量21万千瓦。

自古以来，祁阳就是舜文化、楚文化、湖湘文化的要地，祁剧的源头。祁阳人中进士的有126人，明清中举的有129人。北宋榜眼路振朝、户部尚书陈荐，清朝兵部、吏部尚书陈大受，抗法名将欧阳利见，民国文学大家黄鹂，中共中央政治局常委、国务院副总理陶铸，中国人民解放军中将周玉成、刘金轩等都是祁阳县人。

历史文化、旅游资源丰富，有国家级重点文物保护单位1处，省级文物保护单位3处，国家级森林公园1处，省级自然保护区1处。祁剧、祁阳小调、祁阳渔鼓、祁阳花鼓灯、祁阳木偶戏等都出自祁阳，其中祁剧和祁阳小调均为国家级非物质文化遗产。有浯溪碑林、文昌塔、天主教堂、龙溪古名居、三圣湖、八庙温泉、石洞源景区、金洞漂流、潇湘楼等闻名遐迩的景区景点。

改革开放以来，祁阳县经济社会持续快速发展，成为“中部百强县”和国家承接产业转移示范区。

■ 东安县 位于永州西北部，东及东南毗邻连零陵区和冷水滩区，西南与广西桂林全州县交界，西靠邵阳新宁县，北临邵阳市邵阳县与衡阳市祁东县。面积2219平方公里，人口64.32万人。县人民政府驻白牙市镇。

地处南岭山地向湘中丘陵过渡带，为越城岭向零祁盆地过渡区。地势西北高、东南低，西部及西北部为中山，东北部为中山、丘陵，东南部及中部为岗地丘陵，众多峡谷小盆地散布其间。境内有舜皇山，海拔1882.4米。县境地处中亚热带季风湿润气候区，光照充足，雨量充沛，温暖湿润；春夏多雨，秋冬有干旱；年平均气温17.8℃，年降水量平均在1180毫米~1490毫米之间。境内有大小河流191条，其中5公里以上长度的大小河流有45条，总长1300公里，分属湘江、资江两大水系，以湘江为主，主要河流有湘江、芦洪江、紫水河、石期河等。

初步探明的矿产资源有20余种，其中锰、锑、白云石、石灰石、大理石等储量多、品位高、易开发。全县石灰石分布面积1327.31平方公里，占全县土地面积60%。其中30%直接裸露于地表。植物以杉木、南竹、油茶为主，总面积7.67万公顷。其中南竹面积1.67万公顷，立竹蓄积2472万根，系全国毛竹生产基地。水能蕴藏量13.5万千瓦，其中可开发利用的水利资源7.41万千瓦。主要农作物有水稻、紫皮大蒜、甘蔗、烟叶等，是全国商品粮生产基地县、全国生猪调出大县、全国银杏之乡和湖南省柑橘、南竹、紫皮大蒜基地县。

人文历史厚重。曾孕育出南宋礼部尚书邓三凤、清太子少保席保田、清朝广东水师提督唐仁廉、近代机械工业“火车头”宾步程、著名爱国将领唐生智等历史名人。东安人崇德尚武，东安武术驰名中外，是全国首批命名的“武术之乡”。境内有名胜古迹100多处，其中重点文物保护单位20多处。有舜皇山国家森林公园（园内有堪与桂林七星岩媲美的舜皇岩），有历代名人题咏的九龙岩碑刻，有三国孔明、张飞等人的遗址，有全国重点文物保护单位树德山庄和耀祥书院等。

湘桂高铁、洛湛铁路、二广高速、衡昆高速、G207国道、S217省道穿境而过，随着湘桂高铁的开通，东安步入高铁时代，进入永州市半小时经济圈内，交通更加便捷。

舜皇山　　蒋新国 摄

■ 双牌县 古称泷泊，1969年析零陵、道县、宁远县三地部分山区设双牌县。北接零陵区，东北接祁阳县，东南靠宁远县，西南连道县，西侧紧邻广西壮族自治区全州县。位于北纬25°36′~26°10′、东经110°24′~110°59′之间。南北向最大长度63公里，东西向最大宽度58公里。面积1751平方公里，人口20.24万人。县人民政府驻泷泊镇。

以山地为主，丘陵、岗地、平地兼备。境内主要山地有阳明山、轿子顶、芙蓉岭、狗婆岭上天、天子山、瑶人山等。境内河流均属湘江水系，主要河流有潇水、牟江、溧江、永江、单江、横江、林江、麻江、桴江河等。大型水库有双牌水库、单江水库。境内水能资源蕴藏量27.22万千瓦。县境已发现的矿种有铁、锰、钨、锡、铅、锌、铜、钼、银9种，矿（化）点16个。

阳明山万亩红杜鹃

森林面积15.4万公顷，占土地总面积17.8万公顷的86.5%，森林覆盖率为80.55%，活立木蓄积量620万立方米，是全国重点林区县。有属国家一、二级保护的树种和珍稀的方竹、黑竹、罗汉竹。县内野生植物有215科765属1883种，分别约占湖南省植物科的88.11%，属的63.75%，种的47.02%。尚存水生动物7目15科57属91种，且保存着娃娃鱼、白鳝、竹鱼、平胸龟、鳖、石蛙等名贵种类。哺乳动物有野猪、野牛、獐、鹿、野兔、野羊、野猫、黄鼬、芦鼠、竹鼠、穿山甲等37种，其中，属国家一级保护的1种，二级保护的12种，三级保护的13种，其他类11种。益鸟类有喜鹊、乌鸦、锦鸡、斑鸠、麻雀等59种，其中，属国家二级保护的19种，三级保护的16种。蛇类有金环蛇、银环蛇、眼镜蛇、五步蛇、竹叶青、乌梢蛇等14种，大多数属国家二、三级保护动物。

交通日趋便捷。公路方面，永蓝高速已经建成，G207国道、永连公路穿境而过；铁路方面，洛湛铁路穿越全境，境内设有双牌站；水运方面，潇水贯穿全境，潇水航道往北直通零陵区。双牌旅游资源丰富，阳明山国家森林公园和双牌水库均位于双牌县境内。

■ **道县**　面积2442平方公里，人口62.46万人。县人民政府驻道江镇。

属南岭地区，四周高山环绕，中部岗丘起伏、平川交错。东南有九嶷山，南有铜山岭，西有都庞岭，北有紫金山。海拔千米以上的山峰有150多个，且多与邻近山脉连成整体。整个地势呈盆状从四周向中间倾斜。山地占总面积的44.7%，丘陵占11.4%，岗地占24.6%，平原占14.9%。

境内有高等植物186科612属1265种以上，其中，苔藓植物有12科17属19种以上，蕨类植物25科33属47种以上，种子植物149科595属1199种以上。杜英科杜英属占全省杜英总数的50%。国家重点保护的植物有资源冷杉、伯乐树、长柄双花木、福建柏、白豆杉、秤锤树、银钟树、黄枝油杉、青檀、白辛树、长苞铁杉、南方铁杉、任木、银鹊树、紫茎和红豆树16种。其中成片福建柏约500亩，散生于常绿阔叶林间的有6000余亩，分布面积与纯林面积均为国内之冠。境内发现野生脊椎动物134种计22目54科。其中，两栖类2目6科19种，爬行类3目9科23种，鸟类9目23科63种，兽类8目16科29种。属国家一级保护动物的有苏门羚、红腹角稚两种，属国家二级保护动物的有猕猴、短尾猴、穿山甲、水獭、大灵猫、小灵猫、水鹿、林麝、獐、鬣羚10种，属省重点保护动物的有狐、貉（狸）、豹猫、鸢、松雀鹰、短耳饕等17种，占总数的13%。

矿产资源，主要有锡、钨、锰、铜、铅、铁、锌、锑、银、铬、锂、铋、钠、钼、重晶石、石英石、大理石、高岭土等，是湖南省有色金属之乡。探明可开采的主要矿藏有38种，其中，锡、钨矿的储量和品位均居全省第二位，金属锂、铷矿为湖南省独有，锰矿是全国四大锰矿区之一，石灰石遍布城乡、储量巨大。蚣坝镇后江桥和祥霖铺镇的大型金属矿床在全国榜上有名。锡钨矿的保有储量160万吨，铅锌矿220万吨，锰矿3400万吨，铁矿1500万吨，锂矿40万吨，铷矿16万吨，高岭土2000万吨。境内水系发达，水能资源丰富，全县水能蕴藏总量36.18万千瓦。

道县“襟带两广，屏蔽三湘”，地处东盟经济圈、泛珠三角经济圈、中部经济圈、泛北部湾“四大经济圈”的交汇叠加之地。东距郴州170公里，与京广线、京珠高速公路相接；西距桂林180公里，与湘桂线、衡昆高速公路相接；北上长沙、武汉，南下深圳、珠海，西出南宁、海口，都十分便捷。G207国道贯穿南北，境内洛湛铁路、道贺高速公路、厦蓉高速公路湖南宁道段已全面通车。

道县地灵人杰。宋代大思想家、理学鼻祖周敦颐，清代大书法家何绍基及革命先烈何宝珍等历史名人都诞生在这里。唐代著名文学家元结、宋朝名相寇准等曾在此为官。红军师长陈树湘等众多革命先烈在道县留下英勇事迹。2008年，道县被列为革命老区。国家重点文物保护单位玉蟾岩，出土距今1.2万多年的稻谷遗存和陶片，被列为1995年全国十大考古发现之一。境内有都庞岭国家自然保护区、湘源温泉生态景区、鬼崽岭祭祀遗址、省级风景名胜区濂溪故里、月岩国家森林公园、两河口风光等景区(点)。

■ 江永县 东临江华瑶族自治县，南毗广西富川，西连广西灌阳，北与道县接壤，面积1540平方公里，人口27.87万人。县人民政府驻潇浦镇。全县辖6镇5乡、2个国有农林场、1个自然保护区。是“女书文化之乡”“中国香柚之乡”。

属南岭山脉的山地丘陵区，都庞岭和萌渚岭环绕四周，中部地势平坦，山间盆地相连，属喀斯特地貌。森林覆盖率为65%，森林蓄积量681万立方米，是全国南方重点产林县和湖南省重点林区县，素有“杉木之乡”“绿色宝库”之称。境内有属于国家重点保护的稀有珍贵树种50多种，如水杉、银杏、红豆树、东方古柯等等。探明储量的矿产有36种，矿产地有156处，其中大型矿床4处、中型矿床7处。主要矿产有金、银、铜、铁、锡、钨等，储量居全国前10位的有稀土矿、锡砂矿。主要矿产探明的储量：铁0.5亿吨，石灰岩100亿吨，花岗石5亿立方米。地表水资源为44.06亿立方米。

名特优新农产品丰富。由于土壤富含硒等多种稀土微量元素，农产品气味芳香，品质优良。香柚、香芋、香姜、香米、香菇被称为“江永五香”，久负盛名。江永县被农业部命名为“中国香柚之乡”和“中国香芋之乡”，先后被列为“全国生态建设示范县”“全国山区综合开发示范县”“全国秸秆氨化养牛示范县”。

■ 江华瑶族自治县 东与蓝山县、南与广东省连州市、西与广西富川瑶族自治县、北与道县接壤，面积3248平方公里，人口52.14万人。自治县人民政府驻沱江镇。辖22个乡镇，1个林业采育场，512个村（居）委会，4个社区。是全国瑶族人口最多、面积最大的瑶族自治县，被誉为“神州第一瑶城”“中国民间文化艺术之乡”。《盘王大歌》成为江华瑶族自治县继《瑶族长鼓舞》之后的第二个国家非物质文化遗产。

境内山、丘、岗、平地貌类型齐全，以山地为主，占69.1%，平地占7.2%。境内有3座海拔1500米以上的大山，南面萌渚岭山系的姑婆山马塘顶海拔1787.3米，东面的大龙山海拔1577米，东北面的九嶷山系的黄龙山海拔1823.9米。三峰呈三足鼎立之势，众多支脉纵横交错贯穿全县。由南向北延伸的姑婆山、八仙界、勾挂岭、天子岭一线山脉，天然地将全境分为东西两部分（俗称岭东、岭西），岭东属大山区，岭西地势低平，岗丘大部分在海拔400米以下。

拥有丰富的森林资源、水能资源、农产品资源、矿产资源和引人入胜的旅游资源。森林覆盖率64%，活立木蓄积量681万立方米。年产14万立方米商品材、80万根竹材以及名贵的厚朴、杜仲等药材。蓄积37.87万千瓦的水电可供开发量。探明的矿产有32种。锡和稀土品位高、储量大，稀土储量虽较内蒙古的白云鄂博稍逊一筹，但质量却居全国同类产品之首。

江华英才辈出。有无产阶级革命家、原最高人民法院院长、中顾委常委的江华，中共早期党员、中共三大代表、曾任满洲省委书记、中央文库主要负责人的陈为人，中共早期党员、省港大罢工发起人之一的李启汉，中共早期党员、湖南早期工运、农运、学生运动的活动家和组织者、江华革命的播种者、曾任中共江华地方执行委员会书记、江华苏维埃政府主席的韦汉，曾任湘南特委书记、湖南省委组织部部长的王涛。

■ 宁远县 东为新田县、蓝山县和嘉禾县，南为江华瑶族自治县，西为道县、北为祁阳县。面积2510平方公里，人口87.12万人。县人民政府驻舜陵镇。全县辖3个街道、11个镇、1个乡、4个民族乡以及4个国有林场。是中国粮食主产比照县，生猪调出大县，优质油茶林基地示范县，现代烟草农业整县推进试点县，小农水建设重点县，生态文明示范工程试点县，生态功能区补偿县，法治创建先进县，科普工作示范县，竞技体育后备人才重点县，革命老区县。

地貌类型多样，境域四面环山，呈舟状地貌，最高海拔1959.2米，最低海拔165米。山丘面积占全县面积的63%。属亚热带季风湿润区，气候温暖，雨量丰沛，年均日照1650小时，年均气温18.4℃，年均相对湿度79%。有森林植物2000多种，有珍稀优良乡土树种52种。属国家一级保护树种有水杉（引种）、摇钱树、红豆杉3种。

处于南岭有色金属成矿带北部，湘南铅、锌、银多金属成矿带上。矿产资源品种多、矿点多、规模小，发现矿种25种、矿地72处，矿点、矿化点67处。探明有可采储量并经主管部门审批的有新开锑矿和清水桥铅锌矿。有色金属矿种多，多数可开采储量少，而储量大的灰岩、大理岩、花岗岩等非金属矿开采利用少。境内长度在5公里以上，流域面积在10平方公里以上的大小河流有60条，发源于县内的59条，发源于外县的1条。

有九嶷山国家森林公园、宁远文庙、舜帝陵等著名景点。有旅游资源单体194个，其中，国家五级的4处，四级的15处，三级的30处，二级的42处，一级的80处。宁远被亚太旅游联合会、中国品牌协会授予“中国最美生态文化旅游名县”和“中国最美文化休闲旅游名县”。九嶷山是国家AAAA级景区、湖南省新“潇湘八景”之一、省级重点风景名胜区，国家级森林公园，全国重点文物保护单位，湖南省爱国主义教育基地。辖区内已开发的景点有舜帝陵、紫霞岩、舜源峰、玉琯岩、古舜庙遗址、文庙、凤凰岩、桃花岩、永福寺、三分石、瑶寨等数十个。特色食品有酿豆腐、红薯酒、血兔、宁远粽子、宁远扣肉、宁远血鸭、宁远粑粑、禾亭水粉、宁远果子、宁远地瓜干、宁远红瓜子。

■ 新田县 位于湖南省南部、永州市东部，东邻郴州市桂阳县，南界郴州嘉禾县，西连宁远县，北交祁阳县及衡阳常宁市，面积1022.4平方公里，人口43.15万人。县人民政府驻龙泉镇。辖19个乡镇379个行政村（社区），总人口42万人。是革命老区县，国家扶贫开发工作重点县，国土资源部和湖南省国土资源厅定点扶贫县，国家级承接产业转移示范区。

境内四面环山，地势西北高，东南低，境内最高海拔1080米，最低海拔200米，有树种88科、106属、800余种。有草类124种。有野生药用植物557种。境内金属矿有铁矿总储量约30万吨，主要是赤铁矿，残存于红土壤中，含铁量多在40%以下。锑矿主要在道塘，储量8500吨，属中型低温热液脉状矿藏，含纯锑70%左右，伴有镓、锗等稀有金属。此外，境内尚有少量铅、锌、锰、金、银、白钨等。境内非金属矿主要有煤矿，总储量3252万吨，均属下石炭纪测水煤系。

历史悠久，人文厚重。宋代到清末，新田人中进士的有34人，举人、拔贡130多人。现代以来，有革命先驱、“黄埔三杰”之首蒋先云，抗日名将郑作民，中科院院士、著名气象学家谢义炳等。

区位优越，交通便捷。京珠复线新田连接线直通长沙、广州，新嘉二级公路连接厦蓉、二广等高速公路，省道S323、S282、S285、S324等贯通全县所有乡镇。全县上京广铁路、湘桂铁路、零陵机场快捷畅通，距武广高铁郴州西站1小时车程，到长沙、广州均在2.5小时车程以内，处长株潭、珠三角经济圈之间。

■ 蓝山县 东与临武县接壤，南与江华瑶族自治县、广东省连州市毗邻，西与宁远县交界，北接嘉禾县，面积1806平方公里，人口40.02万人。县人民政府驻塔峰镇。县辖6个镇、3个乡、6个民族乡、5个国有林场。

地处九嶷山东麓，地势由西南向东北倾斜，境内山、丘、岗、平区相互交错，以山地为主，是典型的山区县。1998年获中国“民族团结进步模范单位”称号。2012年度，被评为“湖南省人口计生工作先进县”。2012年进入湖南省县域经济发展先进县十强。

耕地面积23.99万亩，其中水田18.85万亩，旱土5.14万亩，人平耕地0.7亩。探明矿产有铁、锰、铅、锌、铀、铜、硅石等24种，黑土型锰铁矿储量1.5亿吨以上，矿藏总值名列永州市第二，其黑土状铁锰矿则名列湖南省第一。境内盛产松、南竹、桉树，有水杉、银杏、黄杉、斑竹、龙竹等38种珍稀植物，森林覆盖率达72%。蓝山县林业用地143848.5公顷，占蓝山县总面积的79.65%，森林蓄积454.4万立方米，森林覆盖率71.52%，是湖南省的重点林区县。毛俊镇火市办事处大汉口等丘陵区的桉树，发展到1万余亩，为蓝山县工业原料林基地。南部山区盛产松、杉和南竹，并有水杉、银杏、黄杉、楠木、斑竹、方竹、龙竹等

38种珍稀植物，林间山溪有娃娃鱼、猕猴、猴面鹰、香獐、麂子等珍稀动物60余种。中北部耕地宽广，土地肥沃，是蓝山县粮食、油茶、茶叶、烤烟等农作物的主要产地。

境内有塔下寺风景区、舜帝南巡踪迹游览区、瑶族民俗风情游览区、南风坳避暑休闲风景区、通心岩地下溶洞探险游览区、太平石礅游览区。此外，还有历史悠久的虎溪古民居群落、饱经沧桑的凉亭风雨桥、石柱秀峰、瑶家吊脚楼、板塘自然保护区的神奇斑竹、红军长征过境时留下的标语口号等。

县境当楚尾粤头，素有“湘南门户”美誉，区位优势明显。北上长沙420公里，南下广州320公里，省道S322、S216、S314线交会相通，永连公路穿越南北。蓝山石材、蓝山运输大军、蓝山竹木、蓝山黄花梨、蓝山柰李、蓝山烤烟、蓝山小水电开发久负盛名。以毛织加工贸易为主的“三来一补”外向型加工企业发展到350余家，拥有各类织机3万台（套），用工3万人，“湘南毛织城”的雏形基本形成。

市 树 市 花

2015年3月4日，永州市四届人大常委会第28次会议上，表决通过《永州市人大常委会关于将香樟和杜鹃确定为我市市树和市花的决定》，确定香樟为市树、杜鹃为市花。香樟树：别名樟树、樟木、瑶人柴、栳樟、臭樟、乌樟，系樟科、樟属常绿大乔木。香樟树体高大，高可达30米，树龄可达成百上千年，树形优美，枝繁叶茂，是永州乡土树种和园林绿化骨干树种，在永州运用广泛，中心城区70%主次干道的行道树使用香樟，登记在册的318棵古树名木中有177棵是香樟，香樟在中心城区古树名木中所占的比例为55.7%。杜鹃：又名映山红、山石榴，为常绿或平常绿灌木。杜鹃花，能够唤起人们对美好生活的无限憧憬，也象征着国家的繁荣富强和人民的幸福生活。杜鹃花在永州城乡栽培种养比较普遍，在城市公园、小游园和街道绿地的绿化造景中运用较多。阳明山十万亩高山杜鹃被誉为“天下第一杜鹃红”，永州市每年与台湾在双牌县阳明山举办“和”文化节暨杜鹃花会”。

数说“十二五”

■ 总量实现新突破 “十二五”期间，全市经济持续保持平稳较快发展，实现“三量齐升”（经济总量、运行质量和人均均量同步提升）。全市地区生产总值跃上千亿台阶，2015年地区生产总值1413亿元，是2010年的1.84倍，5年平均增长10.5%，经济总量继续排全省第八位。全市人均地区生产总值26070元，比2010年增加11217元，年均增长9.4%。2015年，全市实现财政总收入133亿元，比2010年增加79.46亿元，年均增长20.1%。财政收入过5亿元的县区由2010年的2个增加到9个，6个县区突破10亿元大关。全市金融机构各项存款余额1535亿元，是2010年的2.16倍，人均储蓄存款20383元，比2010年增加10063元。

■ 产业结构调整 2015年，全市三次产业结构比从2010年的24.8∶36.3∶38.9调整为21.3∶37.0∶41.7，其中第一产业占比下降3.5个百分点，第二、三产业占比分别上升0.7个、2.8个百分点。第一产业向现代农业迈进，种养、粮经比例有效改善，粮食实现“十一连增”，农产品加工能力大幅提升，加工企业由2010年的2849家增加到4267家，国家、省级龙头企业36家。加大落后产能淘汰力度，战略新兴产业转型升级，2014年全市六大高耗能行业增加值占规模工业的比重比2010年下降2.3个百分点，七大战略性新兴产业增加值占GDP的比重提高0.9个百分点，高新技术产业增加值占规模工业的比重达到13.8%，比2010年提高3.1个百分点。生产性和生活性服务的需求不断扩大，服务业在国民经济中的地位上升，2015年全市第三产业对经济增长的贡献率51.2%。互联网助推产业发展新业态，全市较大“触电”企业100余家，永州成为全国首个整体推进农村淘宝地级市。

■ 工业强市 2015年，永州市全部工业增加值442亿元，占GDP的比重为31.3%，其中规模工业增加值330亿元，年均增长13.8%。2000万元以上的规模工业企业794家，比2010年净增18家，形成先进装备制造、矿产品精深加工、轻纺制鞋、电子信息、生物医药、农产品加工、新能源新材料等7大主导产业，特别是2014年以来，全市规模工业增速连续排全省第一位，被列为全省加速推进新型工业化十大亮点之一。全市年产值过亿元企业320家，过10亿元企业6家，分别比

2010年增加208家、3家。工业园区集聚能力增强，产业链条不断延升，全市省级以上园区11个，园区规模工业增加值占比从2010年的36.3%提高到70.2%。节能降耗全面完成预期目标，万元GDP能耗比2010年下降19.4%。

■ 农业农村 截至“十二五”末，永州市农林牧渔业总产值528.52亿元，比2010年增加56.8%；粮食作物播种面积838.04万亩，总产318.16万吨，连续五年跨越60亿斤关口并保持稳定。猪、牛、羊、家禽、水产品出栏（出笼、起水）量分别为970万头、50万头、78万只、10300万羽、22万吨，“十二五”期间年均增长率分别为3.37%、7.33%、3.62%、4.89%、4.56%；养殖业总产值突破300亿元，比2010年增加145亿元。水果总面积157.7万亩；蔬菜种植面积261万亩；拥有农业部国家级蔬菜标准园20个、水果标准园4个、茶叶标准园2个。全市农产品加工企业发展到4267家，其中，国家级龙头企业3家，省级龙头企业36家，市级龙头企业195家。农业龙头企业创建中国驰名商标5件、中国名牌产品2个、湖南省著名商标35件、湖南名牌产品11个、国家地理标志证明商标2件。全市林业产业总产值超过300亿元，比“十一五”期末翻近两番，超过“十二五”规划指标66.67%。累计争取到中央和省财政专项扶贫资金5.8亿元，每年减少贫困人口10万余人，年均减贫率12.5%。

■ 项目建设 “十二五”期间，永州市累计完成固定资产投资5309.08亿元，年均增长28.4%，投资对GDP的贡献率50%以上。基础设施和基础产业投资力度明显加大，5年累计完成720.53亿元。一大批铁路、公路、水利、工业、城镇化建设、棚户区改造、保障房建设等关系长远发展和民生利益重大项目的启动实施，打通经济发展的动脉。湘桂高铁建成，标志着永州进入高铁时代，融入长株潭、珠三角、长三角、北部湾等经济圈更加快捷。永蓝、厦蓉、道贺、二广高速相继建成通车，全市高速公路里程达到489公里，拥有量排全省第五位。祁冷一级公路、G207国道改造等公路修建。开通长沙、深圳、昆明、上海航线，立体交通网格局形成。水利建设力度空前，全省水利一号工程之称的涔天河扩建工程顺利实施，毛俊水库被列为全国重大水利工程建设项目。总投资170亿元的神华火电开工建设，江华、江永、蓝山、零陵等地风电开发和祁阳浯溪等电站建成运营，构建起火、水、风多元能源供应体系。

■ 开放承接 “十二五”期间，永州成功获批湖南承接产业转移示范区，经济外向度不断提高。全市进出口总额28.99亿美元，年均增长54.4%；利用外资31.8亿美元，年均增长14.4%；利用内资1005.15亿元，年均增长19.2%。新批境外投资企业75家。建设厂房1000多万平方米，引进规模加工贸易企业300多家，承接沿海产业转移项目1000多个。贸易伙伴更加多元，对接东盟经贸总额23710万美元，年均增长46.2%，100余类产品进入东盟市场。全市11个县区均有对外经贸实绩，2个县区在“十二五”期间实现“零”的突破。果秀食品、恒惠食品、大自然制药、湘君面业等企业在俄罗斯投资建设农产品加工园区，标志着永州“走出去”战略取得重要成果。永州东盟办事处获批设立，海关、商检永州办事处获得批准，通关条件有效改善。

■ 城乡统筹发展 “十二五”期间，永州城市品位全面提升，成功创建为国家卫生城市、国家森林城市，市民幸福感增强，成功入选中国幸福城市20强。2015年，全市城镇化率由2010年的35.38%提高到45%，中心城区建成区面积54.8平方公里扩大到63平方公里，人口由54万人增加到63万人。城市生活垃圾无害化处理率100%，比2010年提高34.8个百分点。宁远县成功创建国家级卫生城市，江华瑶族自治县获全国文明城市，祁阳县跻身全省新型城镇化试点县，东安县、新田县、道县、江永县创建为省级卫生城市。永州市完成公路通畅工程4142.5公里，新增855个行政村通水泥路，行政村通畅率100%，建成省级新农村建设示范村13个，美丽乡村示范村9个，“一村一品”专业村1627个。

■ 商务粮食流通 “十二五”期间，永州市承接产业转移项目2200个，其中投资2亿元以上项目80余个。2011年10月，获批国家级承接产业转移示范区。建成国家农业科技园1个，省级工业园区11个，永州经济技术开发区申报国家级经开区正待批复，祁阳经开区建成百亿园区。贸易总量由2011年1.9亿美元增加至2014年9.37亿美元，年均增长率49%，连续两年增幅居全省第一。全市购销粮食820多万吨，落实储备粮4.2万吨，创建“中国名牌”2件、“中国驰名商标”5个、“湖南著名商标”16件、“有机产品、绿色食品、无公害产品”65件。

■ 交通建设　“十二五”期间，永州交通投资完成252亿实元，建成一大批重大交通项目。新增高速公路通车里程310公里，改造建成国省干线公路通车里程688公里。道贺、二广高速永蓝段和厦蓉高速永州段完工，高速公路实现大跨越，总里程挤入全省前五位；湘桂高铁正式开通运营，永州进入高铁时代；G207线双牌大山隧道正式通车，永州南北交通“瓶劲”制约不复存在。到2015年年底，全市公路总里程23022公里，其中高速公路489公里，国省干线公路3368公里，二级以上公路通车总里程1073公里，公路密度为102.78公里/百平方公里。铁路里程460公里，民航班线直达北上广和长沙、昆明、深圳等地。建成客运站26个，基本形成以一级站为枢纽、二级站为主导、农村客运站为补充，辐射全市、连接周边省区的客运站场服务网络。开通公路客运班线986条，日发班次10084个，省际客运班线辐射全国9个省市区的115个城市，直达快速客运班线覆盖全市各县区；乡镇通客车率100%，行政村通客车率97.88%，日运送旅客15万人次。全市公路水路客运量、客运周转量年均分别增7%、12%；公路水路货运量、货运周转量年均增长率为10%和15%。城市客运迅速发展，拥有公交车1350标台，万人拥有公交车8.1标台，公交出行分担率16.5%，公交年客运量2.16亿人次，拥有出租车1890台。

■ 教育事业　到“十二五”期末，学前教育快速发展，3~5岁幼儿毛入园率84.41%，农村公办幼儿园和普惠性幼儿园占全市幼儿园比例超过60%。小学适龄人口入学率99.9%，初中适龄人口入学率98.5%，小学和初中年辍学率分别控制在0.5%和2%以内。城镇职工受训率85%，农村劳动力受训率70%。全市有7所特殊教育学校，残疾儿童少年义务教育普及程度74.3%。有民办学校（幼儿园）1398所，在校学生200978人，占在校学生总数的20%。民办普通中小学和民办幼儿园在校生总数相对“十一五”末增加近50%。全市高中学业水平考试九科全科合格率逐年上升，高考本科二批以上上线人数连续五年实现较大幅度的增长。其中，2014年高考二本以上上线人数增幅列全省第一位；2015年在全省高考600分以上考生人数下降13%的情况下，全市600分以上考生人数逆势增长9%，增幅列全省第一位。职业教育基础能力建设不断加强，全市被国家和省里立项建设3所国家级改革发展示范校，6所省示范性中职学校，5个省级示范性县级职教中心，省级示范性特色专业5个、省级特色专业4个、省级特色示范性专业群1个，建设有省级生产性实习实训基地5个。合格学校建设全面推进，农村合格学校建设投入全省第一位，564所完小以上学校全部建成合格学校；消除危房259万平方米，新建校舍97万平方米；增加城区学位8.51万个；新增农村教师周转房建设5225套；全市乡镇中心小学以上学校基本实现互联网接入，1231个农村教学点基本配备数字教育资源接收和播放设备；新增专用校车1739辆，校车通达全市所有乡镇，创建省级平安县区6个，省级“安全文明校园”30所。东安、宁远校车管理模式先后在全省推广。培育盘晓红、周大战等一批在全省乃至全国知名的优秀教师和校长。遴选市级骨干教师404名，市级学科带头人150人，创建省级网络名师工作室5个，建立11个高中学科研究室，24名中小学教师被评为省级“特级教师”。选送定向公培农村小学幼儿园教师1826人，招录特岗教师3864人，公开招聘紧缺学科教师5623人，全市中小学教师学历合格率比2010年上升4.2个百分点，平均年龄下降近2岁。遴选校长后备人才100名，评选名校长50人。

■ 科技创新　到“十二五”期末，永州完成市级以上科技成果鉴定、评审、验收500余项，获市级以上科技奖励159项，其中省政府科技奖励20项。永州职业技术学院参与完成的项目荣获国家科技进步二等奖、省科技进步一等奖。新增专利申请8700件，专利授权4047件，分别是“十一五”期间的3.74倍和4.77倍。冷水滩区、东安县被列入国家知识产权工作强县工程示范县。新田县、道县被列为省级知识产权试点县。敬和堂、天龙、天圣、时代阳光、金浩茶油等5家企业被列入省知识产权优势培育企业，雅大科技、皓志稀土、东港锑品、宏泰铝业等5家企业被列为省中小企业知识产权推进计划试点。新建省级工程技术研究中心2个、省级重点实验室1个、省级企业技术中心10个、省级可持续发展实验区3个。拥有省级科普基地10家，科技特派员工作在全市全覆盖，“12396”科技信息“户”联网服务热线等网络服务平台功能进一步完善。全市科技人才总数30.2万人，拥有专业技术人员13.5万人，其中享受政府特殊津贴的专家22人。熙可食品、时代阳光制药、恒惠饲料、和广生物等9家企业的科技合作研发项目列入省产学研专项，获得2000余万元的经费支持。争取国家、省级各类科技计划257项，经费7871万元；市本级拿出3000多万元，组织实施265个科技项目。新认定国家高新技术企业58家，累计实现高新技术产值700多亿元，较“十一五”增长188%。

■ 文化体育事业 “十二五”期间，永州市文化基础设施投入近7亿元。市美术馆、市图书馆、市体育馆、舜帝陵古遗址博物馆建成开放，新建或改扩建8个县的文化馆、图书馆。市体育广场、蘋州文化广场、蘋州书院竣工投运。数字影院建设喜人。建成数字多厅数字影院16家。有线数字电视整体转换和网络双向化改造基本完成，发展用户40万户。配备流动演出车22辆、演出通勤车12辆、新华书店汽车11辆，建成11个文化信息资源共享工程县区支中心、4072个乡村网点，完成全市177个乡镇综合文化站建设。年均送戏下乡760场次，送电影下乡60708场。广播电视村村通工程累计解决30多万户偏远山区农民收看电视收听广播难的问题。新建“农家书屋”5173家。道县、新田完成930个村的广播“村村响”建设任务。修建农民体育健身工程1993个、健身路径158条，建设雪炭工程、多功能运动场、一县一品、江湖山道品牌项目等45个。培养国家级社会体育指导员6人，一级社会体育指导员600余人，二级社会体育指导员2500余人。电影剧本《毛泽东与齐白石》获得全国“五个一工程奖”。获得省“五个一工程奖”6个，湖南艺术节金奖12个、银奖23个、铜奖40个，优秀作品奖104个，保护非物质文化遗产贡献奖1个，田汉表演奖10个。长篇小说《度戒》进入全国第九届茅盾文学奖入围篇目名单。出版发行《千字文碑》《永州国宝》《永州石刻》《三色永州》《蔚蓝天空上的18朵云彩》等10多部反映永州文化的专著。争取中央、省文物保护达3.6亿元，非遗保护费用近1500万元。国家重点文物保护单位增加19处，达到27处；省级文物保护单位增加43处，达到56处，名列全省第二位；有8个全国历史文化名村、22个全省历史文化名村名镇。市保单位总量上升至222处。零陵区柳子街成为中国首批30个历史文化街区之一，是湖南省唯一获此殊荣的街区。新增国家级非遗4项，达到7项；新增省级非遗8项，达到18项，位居全省前列。祁剧、长鼓舞、女书等非遗保护得到加强，女书应邀到美国纽约参加第三届“联合国中文日”展览，2014谭盾的《女书》暨美国费城交响乐团音乐会在湖南首演。竞技体育成绩取得新突破。获得奥运冠军2个，世界冠军3个，亚运会季军1个，全国冠军8个、亚军9个、季军17个，全省冠军170个。创建国家级高水平体育后备人才基地2个、全省“四强”工程4个、省体育传统项目学校7个、国家级青少年体育俱乐部5个、全国户外营地1个。全市文化生产和服务单位发展到6000家，其中规模以上文化企业45家。

■ 环境治理与保护 “十二五”期间，永州审批建设项目850个，否决小造纸、小化工、小冶炼等“十五小”项目140个。完成减排项目658个，淘汰落后铁合金产能18.6万吨、铅、铜、锌冶炼及电解铝产能4.7万吨、水泥产能299.2万吨、造纸产能28.15万吨，累计削减化学需氧量1.15万吨、氨氮0.11万吨、二氧化硫0.25万吨、氮氧化物0.22万吨，全市污水处理率从62.3%增加到88.26%。组织实施湘江污染防治第一个“三年行动计划”、大气污染防治行动计划等，完成治污项目1100余个，2011~2014年永州市空气质量优良率95%以上，地表水功能区达标率100%，饮用水源水质达标率100%，全部监测断面均达到或优于Ⅲ类标准，整体环境质量稳居全省前列。整治污染隐患，取缔关闭非法企业194家，停止建设56家，停产整治158家，限期治理210家。创建国家级生态乡镇17个，省级生态乡镇53个，省级生态村127个，市级生态村824个，建成8个国家级森林公园、1个国家湿地公园、4个国家级自然保护区、

3个省级自然保护区和14个县级自然保护区。

■ 体制机制改革 “十二五”期间，永州始终坚持向改革突破、释放制度红利，特别是中共十八大以来，“3+2”走出“永州路径”。行政管理体制“四单”管理制度基本确立，简政放权有力推进。农村产权制度改革走在全省前列，确权到户外业工作全面完成。商事制度改革领先，在全省首先颁发“三证合一、一照一码”营业执照。社会治理扎实推进，101个城市社区划分网格1400余个，管理中心下沉。22家国企改革基本完成。金融改革成果丰硕，13家农信社全部改制到位，新引进行银行机构3家，3个县成立村镇银行。系列改革从供给侧发力，为经济社会发展注入活力。截至2015年11月底，全市各类市场主体147666户、企业21463家，分别是2010年的1.72倍和1.61倍。

■ 民生保障 “十二五”期间，永州市财政支出1312.6亿元，比“十一五”增长170.5%；重点领域民生领域支出964.17亿元，占总支出的73.5%。2011~2014年，城乡社区事务、医疗卫生、交通运输、教育、社会保障和就业支出年均分别增长27.2%、25.4%、21.8%、16.6%和17.2%。城乡居民收入稳步提高，城镇居民人均可支配收入21889元，年均增长10.6%；农村居民人均可支配收入10810元，年均增长13.6%。累计新增城镇就业29.2万人，城镇登记失业率控制在4%以下。社保范围不断扩大，五险参保人数629.6万人次，比“十一五”末增加279.6万人次。城市低保、农村低保、五保对象年分散供养的标准均超过省考核标准。全市居民恩格尔系数为40%，比2010年下降3.8个百分点。教育优先成效显著，新建义务教育合格学校564所，新增城区义务教育学位8.51万个。5年累计扶助53万人脱贫。

国民经济与社会发展

■ 概况 2015年，永州市地区生产总值1418.17亿元，增长9%。第一产业增加值308.57亿元，增长3.9%；第二产业增加值518.02亿元，增长8.9%；第三产业增加值591.58亿元，增长11.4%。三次产业结构比重由2014年的21.7∶37.7∶40.6调整为21.8∶36.5∶41.7，三次产业对全市经济增长的贡献率分别为8.2%、39.3%、52.5%。

财政收支稳步增长。完成财政总收入131.14亿元，增长15.7%。其中，一般预算收入92.48亿元，增长14.7%；上划中央税收29.82亿元，增长18.8%；上划省级税收8.84亿元，增长15.1%。在一般预算收入中，地方税收收入54.99亿元，增长16.8%；非税收入37.49亿元，增长11.8%。公共财政预算支出350亿元，增长17.7%。其中，住房保障支出22.72亿元，增长25%；农林水事务支出58.73亿元，增长20.3%；医疗卫生支出39.47亿元，增长18.4%；社会保障和就业支出55.44亿元，增长16.4%。

新型工业化、城镇化和农业产业化进程成效显著。新型工业化持续推进，全市工业增加值437.34亿元，增长9.2%。高新技术产业增加值101.13亿元，增长33%。城镇化步伐不断加快，城镇化率为44.25%，提高1.7个百分点。中心城区建成区面积60.1平方公里，人口63万人，成功创建国家卫生城市、国家森林城市。农业产业化水平持续提升，农产品加工企业4300家，国家龙头企业3家，省级龙头企业33家，市级龙头企业221家，新增农产品加工龙头企业26家。农产品加工业年销售收入448亿元，增长17%，新增销售收入过亿元企业6家。新增国家地理标志保护产品1个，省名牌产品4个，省著名商标12个，“三品一标”产品75个。

价格指数持续走低。居民消费价格上涨1.3%，商品零售价格指数下降0.3%。其中，食品类价格上涨3.3%，烟酒类价格上涨2.3%，衣着类价格上涨1.9%，医疗保健和个人用品价格上涨0.6%，家庭设备用品及维修服务价格上涨0.5%，娱乐教育文化用品及服务价格下降0.1%，居住类价格下降0.1%，交通和通信类价格下降1.9%。

全面小康稳步推进。全面小康总体实现程度为84.6%，经济发展实现程度达77%，民主法制实现程度达86.6%，文化建设实现程度达82.7%，人民生活实现程度达到94.3%，资源环境实现程度达80%。

■ 农业 2015年，永州市农林牧渔业总产值555.34亿元，增长3.9%；增加值312.87亿元，增长3.9%。其中，农业增加值163.66亿元，比2014年增长2.5%；林业增加值35.94亿元，增长8%；牧业增加值88.76亿元，增长3.4%；渔业增加值20.2亿元，增长11%。粮食种植面积56.02万公顷，增长1%；蔬菜种植面积19.61万公顷，增长5.3%；油料种植面积9.1万公顷，增长1.7%；烤烟种植面积1.86万公顷，下降2%。粮食产量321.9万吨，增长1.6%；蔬菜产量604.38万吨，增长8.9%；油料产量16.5万吨，增长5.2%；烤烟产量4.1万吨，增长0.1%；生猪出栏853.98万头，下降0.4%；牛出栏28.99万头，增长3.9%；羊出栏71.27万头，增长3.7%。猪、牛、羊肉产量6.53万吨，增长10%；禽蛋产量6.11万吨，增长3.4%；水产品产量19.73万吨，增长7.2%。

基础设施投入加大。完成水利项目投资29.5亿元。投资1.97亿元，完成4座中型、17座小（1）型和92座小（2）型水库除险加固任务；投资1.19亿元，完成10个中小河流治理及“四水”治理项目建设任务；投资3.53亿元，完成“五小水利”工程8595处；投资1.6亿元，完成8个小农水重点县建设任务；投资4.04亿元，兴建农村饮水安全工程381处，新解决83.63万农村人口饮水安全问题。

农业机械化水平稳步提升。有农业机械96万台（套），增长3%；总动力580万千瓦，增长2%。全市农作物综合机械化水平达43.8%，提高1.7个百分点；水稻耕、种、收综合机械化水平达55.2%，提高2.4个百分点。全市农机购置补贴到位11021万元，补贴机具33021台（套），受益农户20383户。农机专业合作社达203家，纳入省财政扶持的给予累加补贴的现代农机合作社84家，购置农业机械7866台，承租、流转田地1.42万公顷。新增农田有效灌溉面积2.5万公顷，新增节水灌溉面积3.4万公顷。

■ 工业和建筑业 2015年，永州市规模以上工业增加值330.16亿元，增长10.1%，增速高于全省平均水平2.3个百分点，增速排全省第一位。从轻重工业来看，轻工业159.6亿元，增长9.1%；重工业170.56亿元，增长11%。按经济类型来看，国有企业增加值61.03亿元，增长5.2%；集体企业增加值1.61亿元，下降2.7%；股份制企业增加值231.56亿元，增长11.9%；外商及港澳台商投资企业增加值27.27亿元，增长10.5%；股份合作企业、其他经济类型企业分别增长6%、2.2%。全市规模以上工业企业794家，新增127家，年产值过亿元企业320家，过10亿元企业6家。非公有制工业经济增加值247.56亿元，增长15%。全市工业经济效益综合指数287.83%，回落1.3个百分点。全市规模工业主营业务收入1008.89亿元，增长16.3%；实现利润34.87亿元，下降6.5%；实现利税114.46亿元，增长7.1%。

工业园区不断壮大。园区规模工业增加值268.94亿元，增长12.3%，增速高于全市平均增速2.2个百分点。园区新建标准厂房220万平方米，引进“双创”企业150家，新增省级新型工业化示范园区1个，省级创新创业示范基地4个。

产品产量有增有减。全市主要工业产品中，汽车3.8万辆，增长106.2%；皮鞋4289.33万双，增长151.7%；中成药1.24万吨，增长48.4%；卷烟155.1亿支，增长30.3%；布1254万米，增长23.9%；纱779吨，增长23.3%；饮料酒8万吨，增长14%；水泥1057.38万吨，增长3.9%；机制纸及纸板10.44万吨，下降43.9%；生铁36.32万吨，下降25%；铁合金44.93万吨，下降17.8%。

建筑企业运行稳定。全市具有资质等级的总承包和专业承包建筑业企业93家，增加值81.25亿元，增长7.3%。资质内房屋建筑施工面积1839.08万平方米，增长1.9%；竣工面积1238.71万平方米，增长14.9%。全员劳动生产率25.86万元/人，增长6.3%。

■ 固定资产投资 2015年，永州市完成固定资产投资1541.35亿元，增长18.2%。按经济类型分，国有投资636.82亿元，增长27.1%；非国有投资904.53亿元，增长12.7%。从产业来看，第一产业完成投资50.45亿元，下降12%；第二产业完成投资740.4亿元，增长28.6%；第三产业完成投资750.5亿元，增长12%。三次产业投资的比重由2014年4.4∶44.2∶51.4调整为3.3∶48∶48.7。全市施工项目为3040个，增长20.3%。其中，新开工项目2456个，增长29.3%；投产项目2247个，增长25.5%。亿元项目194个，实际完成投资256.38亿元。

投资结构进一步优化。完成工业投资670.46亿元，增长23.6%。其中，工业技改投资310.88亿元，增长12.6%；高新技术产业投资112.2亿元，增长

23%；战略性新兴产业投资301.79亿元，增长25.6%；民生投资137.62亿元，增长93.6%；基础设施投资281.22亿元，增长25.4%。

房地产业健康发展。房地产开发投资89.48亿元，下降3.8%。其中住宅投资72.59亿元，下降0.4%。商品房销售面积503.68万平方米，下降3.3%。其中，期房销售面积284.15万平方米，增长22.7%；现房销售面积219.53万平方米，下降24.1%。商品房销售额155.61亿元，增长1.3%。其中，期房销售额92.08亿元，增长27.7%；现房销售额63.53亿元，下降22%。房屋建筑施工面积1119.98万平方米，增长12.9%。其中，新开工面积531.92万平方米，增长9.3%；房屋建筑竣工面积418.48万平方米，增长19.8%。

■ 贸易和旅游 2015年，永州市完成社会消费品零售总额527.83亿元，增长12.1%。按销售单位所在地分，城镇消费品零售额434.1亿元，增长11.3%；乡村消费品零售额93.73亿元，增长16.1%。按行业分，批发和零售业零售额464.21亿元，增长11%；住宿和餐饮业零售额63.62亿元，增长21.5%。按企业规模分，限额以上企业零售额204.55亿元，增长13.7%；限额以下零售额323.28亿元，增长11.2%。限额以上批零法人企业商品零售额160.82亿元，增长12.2%。其中家具类、建筑及装潢材料类、通讯器材类、化妆品类分别实现零售额5741.1万元、572.5万元、582.5万元、4472.5万元，分别增长253.3%、85%、39%、35.2%。永州成为全国首个整体推进农村淘宝地级市，电子商务交易总额达76.5亿元，增长101%；网络零售额达17.5亿元，增长153%。

对外贸易有所放缓。新增有进出口实绩的企业21家，总数达95家，进出口超1000万美元的企业17家。进出口总额8.96亿美元，下降4.4%；出口总额7.69亿美元，增长2.6%。出口比重较大的国家和地区有：美国2.11亿美元，增长20.5%，占出口额的27.4%；中国香港地区1.59亿美元，下降26.6%，占出口额的20.6%；俄罗斯联邦0.43亿美元，增长59%，占出口额的5.6%。

招商引资卓有成效。承接产业转移项目542个，其中投资2亿元以上项目25个。新批外资项目56个，实际利用外商直接投资8.32亿美元，增长10.8%。引进市外境内资金199.26亿元，增长11.9%。新批境外投资企业20家，合同投资额13.79亿美元，增长102.5%。

旅游市场亮点纷呈。接待国内外游客3596.15万人次，实现旅游收入190.5亿元，分别增长18.3%和21.2%。其中接待入境游客7.51万人，创汇850.89万美元，分别增长2.1%和2.7%。景区创建工作取得新进展，“零陵古城”保护项目开工建设，阳明山挂牌国家生态旅游示范区和海峡两岸交流基地，九嶷山创建国家级风景名胜区通过城乡住房建设部评估，江华瑶族自治县成功举办60周年县庆暨中国第13届瑶族盘王节，东安创建首个“中国德文化之乡”。

■ 交通和邮电 2015年，永州市货运量7006万吨，增长1.3%；货物周转量172.55亿吨公里，增长4.6%。客运量9316万人，增长4.9%；旅客周转量49.11亿人公里，增长8.4%。民用汽车保有量25.7万辆，增长14.1%。其中，私人汽车23.25万辆，增长21.5%；新注册汽车4.81万辆，增长31.1%。公路通车里程2.3万公里，其中高速公里489公里。207国道双牌至道县段改建工程竣工通车，冷水滩至东安、零陵至双牌一级公路开工建设，新建农村公路605公里，农村招呼站155个。新增开通永州至深圳直达高铁，高铁达到13对；新增开通永州至上海、昆明、海口航线，全市现有3条航线。

邮电通讯业快速增长。邮电业务总量39.07亿元，增长18%。其中，邮政业务总量3.87亿元，增长25.9%；电信业务总量35.2亿元，增长19.5%。固定电话用户32.9万户，下降7.7%；移动电话用户289.2万户，增长4.7%，固定电话每百人6.1部，移动电话每百人53.3部。互联网宽带用户176.23万户，增长1.1%。

■ 金融和保险 2015年，永州市金融机构各项本外币存款余额1573.1亿元，增长17.6%，比年初增加234.9亿元。其中，个人储蓄存款1122.03亿元，增长13.1%，比年初增加129.34亿元。金融机构各项本外币贷款余额793.62亿元，增长23.7%，比年初增加152.25亿元。其中，中长期贷款622.68亿元，增长25.2%，比年初增加125.43亿元；短期贷款169.51亿元，增长

18.8%，比年初增加26.8亿元。

保险行业发展迅速。保险公司24家，其中产险12家，寿险12家；县区级支公司93家，其中产险46家，寿险47家；乡镇级营销服务部86家，银行代理机构89个。保险业保费收入40.51亿元，增长25.8%。其中，财产险保费收入12.95亿元，增长23.6%；寿险保费收入27.56亿元，增长26.9%。各项保险赔款和给付支出12.04亿元，增长14.3%。其中，财产险赔款6.77亿元，增长52.3%；寿险给付5.27亿元，增长18.7%。

■ 教育和科技 2015年，永州市普通高等教育学校在校生2.59万人，中等职业教育学校在校生5.37万人，普通高中在校生8.14万人，初中学校在校生20.31万人，普通小学在校生49.66万人，特殊教育学校在校生495人，幼儿园在园幼儿21.65万人。各类民办学校80所，在校学生5.78万人。全市中职国家助学金资助中职学生1.24万人，发放中职国家助学金1227万元；中职免学费资助中职学生8.66万人，落实中职免学费资金1.04亿元。落实义务教育保障资金10.7亿元，发放普通高中国家助学金3099万元。新增城区义务教育学位2.1万个，其中中心城区0.61万个，新建义务教育合格学校56所、农村公办幼儿园23所、教师周转宿舍1800套。

科技事业不断进步。R&D经费支出6.38亿元，比2014年增加3.29亿元，增长106.5%。高新技术企业158家，高新技术产业产值347.36亿元，增长33.1%。国家工程研究中心2个，省级重点实验室1个，科技成果登记数35项。申请专利2387件，增长8.8%，其中发明专利710件，增长36%。授权专利1075件，增长0.5%，其中发明专利111件，增长6.7%。签订技术合同45项，成交金额0.65亿元，增长23%。

■ 文化、卫生和体育 2015年，永州市有艺术表演团体11个，群众艺术馆、文化馆12个，公共图书馆12个，博物馆、纪念馆3个。有线电视用户45.5万户，广播综合人口覆盖率88.3%，电视综合人口覆盖率96.43%。农村公益电影放映6.06万场次。国家级非物质文化遗产保护目录24个，省级非物质文化遗产保护目录72个。

医疗卫生条件不断改善。全市医疗卫生机构6003个，其中医院、卫生院315所，妇幼保健院（所、站）13个，专科疾病防治院所1个，社区卫生服务中心30个，诊所、卫生所、医务室577个，村卫生室4781个。卫生技术人员2.57万人，增长6.8%。其中，执业医师和执业助理医师1.05万人，增长3.7%；注册护士0.97万人，增长9.6%。疾病预防控制中心（防疫站）12个，卫生技术人员587人；卫生监督所（中心）12个，卫生技术人员239人。医院和卫生院床位数3.09万张，增长20.2%。乡镇卫生院193所，卫生技术人员5148人，增长4.7%；床位7701张，增长27.5%。新型农村合作医疗参保人数491.77万人，参保率99.32%。

体育事业蓬勃发展。有体育馆15座，运动场502个，游泳池12个，各种训练房139个。开展全民健身活动次数382次，活动参与人数80.25万人，新建农民体育健身工程的行政村644个。永州籍运动员在全国比赛中获金牌10枚、银牌3枚、铜牌8枚，在全省比赛中获金牌23枚、银牌31枚、铜牌19枚。

■ 人民生活和社会保障 2015年，永州市年末户籍人口635.28万人。常住人口542.97万人，增长0.79%。其中，城镇人口240.26万人，增长4.82%；乡村人口302.71万人，下降2.19%。人口自然增长率为6.44‰。

城乡居民收入稳步增加。居民人均可支配收入15292元，增长9.5%。其中，城镇居民人均可支配收入21938元，增长8.7%；农村居民人均可支配收入10765元，增长9%。居民人均消费支出11267元，增长11.2%。其中，城镇居民人均消费支出14095元，增长13.8%；农村居民人均消费支出9342元，增长8.1%。城镇居民家庭恩格尔系数为35.9%，农村居民家庭恩格尔系数为38.1%，分别比2014年下降1.9、2.7个百分点。城镇居民人均住房面积55.5平方米，农村居民人均住房面积61.4平方米。

社会保障水平持续提升。城镇新增就业人数5.91万人，失业人员再就业2.23万人，困难人员再就业7644人，新增农村劳动力转移就业6.97万人，城镇登记失业率3.75%。城镇零就业家庭动态就业援助达到100%。劳动保障监察检查单位1264个，涉及劳动者人数4.71万人，投诉案件580件，结案数579件，结案率100%，追发劳动者工资等待遇3731.76万元。向省人社厅累计提交社会保障卡制卡数据434.2万条，制卡425.5万张，持卡人数为411.4万人。城乡居民社会基本养老保险参保324.17万人；城镇职工社会养老保险参保52.16万人；城镇居民基本医疗保险参保107.93万人，城镇职工基本医疗保险参保44.23万人；失业保险参保30.12万人；工伤保险参保37.74万人；生育保险参保30.05万人。城市低保月人均救助水平246.6元，农村低保月人均救助水平109.3元。城市低保、农村低保、五保对象年分散供养的标准均超过省考核标准，分别为2940元/年、1308元/年、2909元/年。建设保障性住房和实施各类棚户区改造4.75万套，改造农村危房2.03万户。

民生实事全面完成。省定25件为民办实事项目和市定6件惠民实事全面完成。建设农村公路735公里，完成1198公里普通公路安保设施建设，建设义务教育合格学校56所，建设农村公办幼儿园23所，农贸市场标准化改造28个，农村环境综合治理行政村46个，配电网改造行政村40个，城市棚户区改造17367套，新增公共租赁住房26834套，新增管输天然气用户13943户，新增养老服务床位1635张，新增社会治安视频监控摄像头1850个。

■ 环境和安全生产 2015年，永州市林业用地面积2321.6万亩，占国土总面积的68.9%。有国家、省级公益林面积843.7万亩，商品林面积1480.2万亩，经济林面积225.64万亩，完成造林面积40.8万亩，实有封山育林面积31.6万亩，新增人工造林40.11万亩。有国有林场29个，国家级森林公园8，省级森林公园4个，国家湿地试点公园5个，新建湿地保护区、湿地公园117处。全市自然保护区40个，面积203.33万亩，其中国家级4个，省级2个。有林地面积1847.16万亩；森林蓄积量5886.87万立方米，比2014年增长4.3%；森林覆盖率64.47%。中心城区环境空气质量优良天数达到292天，优良率为81.1%；实际监测的地表水达标率全部为100%。

节能减排稳步推进。万元地区生产总值能耗下降7.38%，单位规模工业增加值能耗下降10.94%。规模工业综合能源消费量180.94万吨标准煤，下降2%，其中六大高耗能行业综合能源消费量144.95万吨标准煤，下降2.8%。

安全生产形势趋好。全年发生生产安全事故36起，死亡23人，分别比2014年下降37.9%、43.9%，没有发生较大及以上生产安全事故。亿元GDP生产安全事故死亡人数为0.0162人/亿元，下降47.4%。煤矿百万吨死亡人数为零。全年发生道路交通事故397起，增长84.7%；道路交通事故死亡人数为1.63人/万辆，下降10.4%。

重要工作

■ 承接产业转移 湘南承接产业转移示范区获批4年来，永州市把示范区建设作为科学赶超、开放崛起的重大战略来抓，承接效应逐步显现。项目引进成效明显。2012~2015年，全市承接产业转移项目1506个，其中投资2亿元以上项目83个，总投资170亿元的神华国华永州火电、70亿元的零陵古城文化旅游综合保护开发、20亿元的五矿江华稀土产业园、达福鑫电子信息产业园、台湾高科技产业园等一批重大项目相继落户建设；累计利用外资23.8亿美元、到位内资567.6亿元，年均分别递增17.7%和26.8%；完成外贸进出口18.7亿美元，其中加工贸易9.4亿美元，年均递增69.5%和91.7%，外贸进出口增幅连续两年位居全省第一。2015年1~8月，全市承接产业转移项目375个，实际利用外资5.6亿美元、到位内资141.5亿元，分别增长7.9%和10.7%；完成外贸进出口5.63亿美元，其中加工贸易2.5亿美元，分别增长18.5%和25%，加工贸易增幅高出全省平均增幅12个百分点。

平台建设有新突破。“大交通”格局初步成型，湘桂高铁开通，永州迈入高铁时代，进入长株潭一个半小时经济圈和珠三角三小时经济圈；新增二广、厦蓉、道贺三条高速公路，开通长沙、深圳、昆明航线。“大园区”建设稳步推进，依托一个国家农业科技园和11个省级工业园区，以“135”工程建设为载体，实施园区提升工程，永州市经济技术开发区申报国家级经开区批复，祁阳经开区建成百亿园区。2015年，全市创新创业园区建设标准厂房130万平方米，引进创新创业企业126家。“大能源”体系逐步完善，全市建成500千伏变电站2座、220千伏变电站12座，总装机400万千瓦的神华国华永州火电项目、总投资130亿元的涔天河水库扩建及流域土地整理工程正在加紧推进。“大通关”能力不断提升，开通永州公路口岸，商检、海关永州办事处

神华火电工程

相继成立。永州内陆无水港、湘南进出口食品（农副产品）检测中心建设积极推进，湖南农副产品集中验放场即将封关运行。

产业集聚势头较好。初步形成大项目—产业链—产业集群的发展格局，产业引进由生产车间到集团总部、单个环节到整个链条的态势明显，电子信息、先进装备制造、生物医药等技术密集型项目增多。制鞋、轻纺、服饰等加工贸易产业不断发展壮大，永州正成为具有区域影响力的制鞋、毛纺基地，世界四大著名运动服饰品牌全部汇聚永州，轻纺制鞋年进出口额占到全市外贸进出口额的三分之一。

■ 成功创建为国家卫生城市

2008年，永州市委、市政府启动创建省级卫生城市工作。2011年2月，成功创建为省级卫生城市。同年8月，市委、市政府召开创建省级卫生城市总结表彰暨创建全国卫生城市动员会。2013年9月，市委、市政府召开创建国家卫生城市攻坚克难动员大会，对创“国卫”工作进行再动员，再部署，再推进。市里成立创“国卫”领导小组，市委书记、市长任顾问，市委副书记任组长，市委、市人大、市政府、市政协13名市级领导任副组长，市直53个单位主要负责人为成员。冷水滩区、零陵区、永州经济技术开发区和市直各单位、街道均设立创“国卫”领导小组和办公室。市里制订出台《永州市创建国家卫生城市工作方案》和《永州市创建国家卫生城市量化考核及任务分解》，将创“国卫”工作的十个基本条件、十项工作任务和65条具体标准，逐条逐项细化分解，并按照“谁主管、谁负责”的要求，与三区、相关职能部门签订目标责任书，实施目标责任制管理。2014年3月，申报国家卫生城市通过省级预评估，4月通过国家申报资料评审，6月通过国家专家组暗访，9月通过申报国家技术评估省级验收，12月初通过国家技术评估，2015年2月通过专家综合评审和向社会公示，3月23日，在全国爱国卫生工作会议暨全国城乡环境卫生整治行动现场会上，被全国爱卫办正式授牌命名为“国家卫生城市”。在创建国家卫生城市中，永州先后投入城建资金126亿元为城市美“容”、畅“路”，高标准建成3条城际快速通道，新建3座大桥，启动44条城市主次干道建设，提质改造人行道57条，改造背街小巷118条，打通断头路21条等。在四年的创建过程中，永州创造性地走出一条富有永州特色的创建国家卫生城市之路。在破解环卫保洁难题方面，对农贸市场的保洁实行市场化运作，将老旧居民区、无物管小区、背街小巷、改制企业、铁路沿线、城中村和城乡结合部等区域的卫生纳入城区环卫清扫保洁体系，实行“一把扫帚扫到底”。在探索长效管理机制方面，坚持以街道为单元组织开展辖区城市管理工作，推进城管进社区，推动城管、工商、卫生、公安、环卫、园林、环保等职能部门将执法人员配置到一线，实施综合执法、联合执法和网格化管理。在严格奖惩、狠抓督促落实方面，表彰单位138个（次），推介个人32名；批评后进单位133个（次），黄牌警告29个单位，点名通报批评处级干部20余人，向中央、省驻永州单位上级主管部门发协助整改函11份。市委书记陈文浩，市委副书记、市长向曙光先后约谈诫勉中央、省驻永州单位主要负责人19

2015 年 3 月 24 日，全国爱国卫生工作会议暨全国城乡环境卫生整洁行动现场会召开，永州市被全国爱卫会正式命名为国家卫生城市

人次，市直部门和三区负责人 16 人次。市委副书记、市创国卫领导小组组长唐松成与市纪委书记朱映红率领市创卫办，对 9 个后进单位主要负责人进行诫勉谈话。市、区两级约谈诫勉单位负责人 116 人次。

■ 成功创建为国家森林城市

2011 年 2 月，永州市委出台《关于建设绿色永州的意见》，市政府印发《建设绿色永州实施方案》，按照“山水城林相融、城乡生态一体、人文景观和谐、生态经济共赢”的建设思路，把加强森林城市建设列入各级党委、政府及各相关部门单位综合考核的刚性指标，建立起“纵向到底、横向到边”的责任体系；市委、市政府召开“建设绿色永州”誓师大会，各县区、各相关责任单位向市政府递交责任书；4 月，市三届人大常委会第 36 次会议作出决定，向全社会发出“大力开展植树造林，积极建设绿色永州”的号召；6 月，绿色永州建设、创建国家森林城市百万人签名活动覆盖到乡镇、农村和企业、学校；9 月，创建国家森林城市写入永州市第四次党代会报告。2012 年 3 月，永州创森的申请获国家林业局正式批复；9 月，市委、市政府召开锦绣潇湘 10 大工程建设动员大会，总投资近 120 个亿的绿化建设、环境净化等十大工程相继启动；12 月，由国家林业局中南林业调查规划院编制《湖南省永州市国家森林城市建设总体规划》通过专家评审。2013 年 1 月，森林生态体系、森林产业体系、森林文化体系和森林支撑管理体系等四大建设工程全面启动。2014 年，创森四大体系建设向纵深推进；11 月，全市创森攻坚会战动员大会召开，城区绿化提质、森林生态建设、林业产业经济、森林生态文化和森林资源保护五大建设工程进入攻坚会战。2015 年 10 月 12 日，中国林业新闻网发出《2015 年国家森林城市拟批准名单公示》。公示明确：“根据《国家森林城市评价指标 LY/T2004—2012》等相关文件要求，综合专家审评结果，国家林业局拟批准河北省石家庄市等 21 个城市为国家森林城市。”湖南省永州市在列。11 月 24 日，全国 2015 森林城市建设座谈会在安徽省宣城市举行。会议给 2015 年成功创建国家森林城市的河北石家庄、安徽宣城、湖南永州等 21 个城市授牌。

通过四年的努力，永州在城市森林网络、城市森林健康、城市林业经济、城市生态文化和城市森林管理等 5 个方面，取得可喜的成绩。先后建好冷水滩“百里平湖”风光带、东安仁廉路风光带、祁阳小江城郊公园、新田“孝”文化公园、江华瑶都大道、金洞新开滩沿江风光带、道州南路快速通道、双牌银杏景观大道、江永市民休闲广场、宁远城区街道绿网和零陵职院庭院绿化等标志性绿化景观工程。全市现有 8 个国家森林公园、4 个国家级自然保护区、3 个国家湿地公园、4 个国家 AAAA 级景区、29 个国有林场，拥有林地 153.47 万公顷，森林覆盖率 61.89%。拥有绿地面积超过 20 公顷的柳子公园、潇湘公园、萍岛公园、朝阳公园、仁湾公园、东山景区等 6 个大型综合公园绿地。全市城市建成区绿化覆盖率和人均公园绿地面积分别达到 41.03% 和 12.45 平方米，城市重要水源地森林覆盖率达到 90.5%，水岸、道路、村庄林木绿化率分别达到 92.4%、86.6% 和 33.7%。依托国家森林公园、湿地公园和自然保护区等生态基地发展森林生态休闲旅游，绿色产业已成为永州市新的经济增长点。城乡绿化大幅度提升、生活环境有效改善、林业产业不断发展、经济建设相应提高、市民幸福指数逐步攀升。“让森林走进城市、让城市拥抱森林”成为永州的新常态。

■ 创建与申报国家历史文化名城

2015 年 2 月 11 日，住房和城乡建设部历史文化名城保护处处长郑文良、国家历史文化名城评审专家教授付清远、张广汉，省住建厅规划处处长易小林，湖南大学教授柳肃等专家一行深入永州调研历史文化名城建设工作，市委书记陈文浩出席汇报会。郑文良一行先后实地考察零陵区柳宗元景区、柳子庙古街、潇水沿江风光带、解放南路、东门城墙等历史街区、文保单位和历史建筑。下午，在市委办公室召开创建历史文化名城工作汇报会。郑文良指出，永州历史文化资源丰富、历史悠久、文化底蕴丰厚，具有创建历史文化名城的条件。他建议永州市要建立创建历史文化名城的机制，加大资金投入，通过挖掘永州特色来创建历史文化名城。5月27日，召开申报国家历史文化名城工作推进会。市委副书记、市长向曙光出席会议并讲话，市领导唐定、董石桂、蒋善生、颜海林、唐湘林、石艳萍、舒平、张恒洲等在家市级领导出席。市委常委、市委秘书长颜海林主持。6月24日，市委书记陈文浩在零陵区调研“零陵古城”项目建设时要求，把拆迁安置放在第一位，遵循“今后要比现在好”的原则，让百姓充分享受到发展带来的成果。陈文浩一行先后深入南津渡大桥南桥头、河西龙腾驾校、东风大桥夜市城、柳子庙游客接待中心、朝阳公园、大西门等地，详细了解“零陵古城”项目地块区域的规划面积、建设内容、土地现状、拆迁范围和规模等情况。他指出，“零陵古城”项目建设对打造永州旅游产业发展的“发动机”和湘粤桂旅游圈黄金驿站，建设品质活力永州，增强中心城区的带动力和辐射力都有着极为重要的意义。“零陵古城”项目建设关键在拆迁，重点在安置，科学规划居民安置点，妥善安置拆迁群众，让百姓充分享受到发展带来的成果。7月2日，永州市申报国家历史文化名城工作汇报会在零陵区召开。省文物局副局长何强，副市长张常明参加会议。汇报会播放市申报国家历史文化名城工作专题片。张常明汇报全市申报国家历史文化名城的工作开展情况。12月15日，申报国家历史文化名城评估考察工作汇报会召开，市委书记陈文浩在致辞中要求，全市上下要以这次汇报会为新的起点，创新工作理念，进一步加强组织领导，创新机制，拓宽思路，扎实工作，不断推进品质活力城市建设迈上新台阶。市委副书记、市长易佳良作历史文化名城保护与申报工作汇报，市委常委、市委秘书长颜海林主持汇报会，市领导石艳萍、张常明出席。住房和城乡建设部、国家文物局、中国城市规划学会、中国文化遗产研究院等单位的10余名专家学者及省住房和城乡规划建设厅、省文物局有关负责人出席汇报会。12月16日，市申报国家历史文化名城评估考察工作意见反馈会在零陵区举行。通过认真考察，国家历史文化名城评估考察组一致认为，永州市具备申报国家历史文化名城条件。考察组建议，永州要进一步深入挖掘好永州的历史文化遗产的价值和特色，要注意科学的保护方式和方法，注意非物质文化遗产的挖掘、保护和传承工作。进一步落实责任，明确任务，制定好下步保护规划，完善保护机制，在保护工作中要增强当地居民的参与，坚持以人为本理念，切实提高居民的生活质量，让群众得到真正的实惠。

院士吴良镛为“零陵古城”题词

申报工作开展以来，以市政府名义先后颁布历史文化名城保护、文物保护管理、历史建筑保护管理、非物质文化遗产保护等管理办法，制订《永州历史文化名城保护规划》，先后投入14.8亿元，对柳子庙、零陵文庙、永州武庙、张俊故居等重点文物古迹进行修缮保护，对永州八记遗址、东门城洞等加强保护工作，较好地延续古城历史文脉，其他各项基础工作也基本到位。

■ 互联网+思维建设永州“大数据” 2015年3月25日，“智慧永州项目”签约正式启动建设。8月25日，市委书记陈文浩到市联通公司就智慧永州项目建设等工作开展调研。调研中，陈文浩深入云计算中心机房、数据中心等地就智慧永州项目建设及推进有关情况进行详细了解。陈文浩强调，要树立互联网+思维，围绕项目建设全力排忧解难，全力加快数据中心建设，全面加快永州信息化建设步伐。陈文浩指出，建设永州的电子政务中心数据库的关键是数据中心的建设，要按照人口、房产、空间地理等六大内容构建好大数据，要着力解决信息共享的纵向和横向问题，要加大协调力度，各部门特别是主要业务部门要无条件地实现“信息共享”，要把信息全部整合到平台上，实现“一网打尽”。要着力大数据的运用，利用大数据加快构建网上便民服务体系，把社区综合治理放在工作的重点，通过网格化建设，全面构建起三位一体的便民服务体系。在农村网格化建设上一定要与精准扶贫结合起来，与农村党建相结合，各部门要理清工作思路，利用大数据助力全市扶贫开发工作。截至2015年年底，云计算中心机房基础设施建设完成，中心计算、存储和安全系统等主要设备到位，中心投入试运行。在数据中心建设上完成资源目录管理平台的开发等工作，正在对政务数据共享交换平台进行整合开发。同时，社会管理、城市管理和公共服务一体化综合应用平台也在同步加快建设，各项建设工作正在稳步推进。

重点工程（项目）

■ 祁阳至冷水滩一级公路通车 2015年1月13日，永州市县区之间的第一条一级公路——祁冷一级公路全线建成通车。市委书记陈文浩出席通车仪式并宣布祁冷公路正式通车。市委副书记、市长向曙光致辞。湖南路桥建设集团有限公司董事长、总经理方联民出席并讲话。市人大常委会主任高建华，市政协主席唐定，市委常委、常务副市长易佳良，市委常委、市委秘书长颜海林，副市长唐能武，副市长提名候选人、市公安局局长刘新良，湖南路桥建设集团有限公司党委书记周雄飞出席通车仪式。祁冷公路全长23.679公里，路基宽24.5米，路面宽21米，为沥青路面双向四车道，设计时速80公里，省发改委批复投资估算65602万元。项目于2013年8月全线全面开工，2014年12月底建成通车。

■ 绿色环保新能源电动汽车项目进驻永州 2015年2月11日下午，绿色环保新能源电动汽车项目签约仪式在冷水滩区举行。市委书记陈文浩，市委副书记、市长向曙光出席。市委常委、常务副市长易佳良主持仪式。副市长唐能武代表市政府与中国国际石油化工发展有限公司董事长王羽晖签约。香港瑞华国际投资集团董事长胡文善出席。绿色环保新能源电动汽车项目总投资30亿元，主要生产环保型纯电动力循环自充电客车，属国家重点支持项目。项目采用加拿大气纯电动力汽车的核心技术，车辆达到零排放标准，市场发展潜力大。根据协议，项目选址冷水滩高科技工业园内，6个月内生产出第一台样车，一年后完成达到年产2000台左右的规模目标，预计实现年产值40亿元，税收2.4亿元。未来二期将电动汽车厂建成永州新能源高科技产业园，将达到年产1万台规模，实现产值200亿元，税收12亿元。该项目已获得国内外总计1万辆左右的电动巴士意向性预定。

■ 涔天河灌区工程通过国家可研评估 2015年3月4日，全国重大水利工程项目、湖南规划最大灌区涔天河水库扩建工程灌区工程顺利通过国家发改委评审中心专家组的可研评估，标志着涔天河水库扩建工程又一重大项目灌区工程项目迈出实质性重要步伐。国家发改委评审中心副主任张棉旺、省发改委副主任王亮方、省水利厅总工程师张振全、省设计研究总院院长葛国华，永州市委常委舒平、市人大常委会副主任李俊湘、市政协副主席廖秋文等

祁冷公路

参与评估工作。2月27日至3月4日，国家发改委评审中心对涔天河水库扩建工程灌区可行性研究报告进行评估。评估工作主要通过对江华、江永、道县、宁远4个灌区县的现场踏勘、听取汇报、查阅资料、专家组讨论、意见交换、评估总结等环节和程序进行。此次国家发改委委托国家投资评审中心进行可行性研究评估的灌区工程涉及江华、道县、宁远和江永4县41个乡镇，包括骨干工程与田间工程及其附属工程。施工总工期划分为准备工期、主体工程期、完建期三个阶段，规划总投资约37亿元，施工总工期42个月，施工劳动总工日需340万个，可带动沿线近5000人家门口就业。其中，灌区干渠总长240千米，支渠总长169.6千米，设计灌溉面积111.46万亩，建成后将成为湖南省最大的灌区。

■ 清江水库列入烟草援建水源工程项目 2015年3月，中国烟草总公司复函省人民政府，同意将江华瑶族自治县清江水库列为烟草援建水源工程项目，援建资金8419.19万元。这是继新田县金陵水库水源连通工程、宁远县金勾挂水库后，全市第三个正式获得批复的烟草援建水源项目。清江水库工程位于江华瑶族自治县大石桥乡，总投资1.25亿元，其中申请中国烟草总公司援建资金8419.19万元。清江水库属小（1）型水库，由枢纽工程和灌溉工程组成。枢纽工程主要包括新建大坝、溢流坝和灌溉、冲砂用塔式进水口等。大坝为浆砌石重力坝，坝高63.1米，坝顶轴线长146.7米，总库容467.1万立方米，灌溉工程主要包括左、中、右干渠各1条，干渠总长17.143千米，设计灌溉面积2.26万亩。

毛俊水库工程项目审查专家组深入各查勘点实地勘查调研

■ 湘南最大谷物烘干中心落户祁阳 2015年3月，日烘干谷物能力500吨的永州安邦谷物烘干中心在祁阳县三口塘镇建成并成功调试。这是湘南地区日烘干能力最大的谷物烘干中心。该中心由湖南安邦新农业科技股份有限公司旗下子公司永州安邦新农业科技有限公司投资2448万元开工建设，位于三口塘镇同庆古木两村，占地面积30亩，安装10台套50吨级烘干设备、1台45T锅炉。烘干中心正式投产后，可日烘谷物500吨，可满足3万亩大田的刚割稻谷烘干需求，及时排解成百上千种粮大户晒谷难的问题；可实现中心年利润100万元，可为当地种粮户节约种植成本80元/亩左右，直接增收200万元以上。

■ 长江委水利专家审查毛俊水库工程项目 2015年3月29日至4月2日，受水利部委托，水利部长江委员会副总工程师夏仲平、巡视员张明光等18名水利部长江委员会领导专家，深入蓝山县对毛俊水库工程项目进行实地勘测，并对项目建议书进行严格评审。毛俊水库枢纽工程位于蓝山县境内，湘江右岸一级支流舂陵水支流毛俊水中下游，灌区涉及蓝山县、新田县、宁远县和郴州市嘉禾县，是《长江流域综合规划（2012～2030）》规划建设的重要水利工程。专家组深入蓝山对《湖南省蓝山县毛俊水库工程项目建议书》进行实地勘测、审查，并基本同意项目建议书。毛俊水库枢纽工程总投资22.99亿元，具有灌溉为主，兼顾供水、发电等综合利用效益。建成后，可解决47万多亩农田灌溉用水问题，可新开垦耕地1.5万亩，可保证蓝山县城及周边7个乡镇23.7万人的生活用水，可增加发电装机1.6万千瓦。市委副书记、市长向曙光，市委常委、副市长蒋善生等出席相关活动。

■ 大型风电场项目落户道县 2015年4月3日，道县与世界500强特变电工股份有限公司旗下的特变电工衡阳变压器有限公司在衡阳市签约月岩风电场项目。特变电工股份有限公司是中国输变电行业的龙头企业，为世界

500强企业，先后获4次国家科学技术进步一等奖等高级奖项。特变电工衡阳变压器有限公司是特变电工的控股子公司，也是特变电工旗下最重要的输变电基地，公司始建于1951年，连续10年成为衡阳市直企业第一纳税大户。此次特变电工将投资约4.5亿元在月岩林场、清塘镇及新车乡等区域范围内进行风电项目开发建设，装机5万千瓦，项目全部建成投产后年发电量约1亿千瓦时，年产值约0.6亿元，每年可增加税收近1100万元。

■ 涔天河水库大坝填筑完成277米高程 2015年4月27日凌晨1时，湖南涔天河水库扩建工程大坝胜利填筑至临时断面277米高程。4月28日上午10点18分，涔天河水库扩建工程全体施工人员见证这一历史时刻。涔天河水库扩建枢纽主体工程于2013年11月开工，枢纽工程2014年10月实现关闸截流，工程进入“一枯”施工阶段。同年12月，工程顺利通过工程截流验收，随后开始大坝填筑，达到当年截流、坝基开挖和开始坝体填筑的阶段进度要求。截至2015年4月27日，大坝工程临时断面填筑至227米高程，累计填筑150万立方米，提前实现省委、省政府交给的2015年4月底大坝填筑达到百年一遇洪水的防洪度汛目标任务，完成“一枯”建设任务。扩建后的涔天河水库为面板堆石坝，最大坝高114米，坝长328米，正常蓄水位为313米，总库容15.1亿立方米；装机容量20万千瓦，年平均发电4.57亿千瓦时，设计灌溉面积111.46万亩，枯水季节可为湘江下游补水2.6亿立方米。工程实施后，可基本解决江华、江永、道县、宁远四县潇水两岸的农田灌溉和人畜饮水问题，是具有灌溉、防洪、下游补水和发电，兼顾航运、旅游等综合利用的大型水利工程。枢纽工程设计工期为46个月，2011年11月奠基，2012年8月开工，2014年12月通过截流阶段验收，大坝下河填筑。根据初设报告，2016年11月水库下闸蓄水，2017年3月第一台机组发电，2017年枢纽工程全部完工。

■ 红星美凯龙签约落户鑫龙·城上城 2015年5月27日，红星美凯龙永州国际生活广场与鑫龙·城上城项目强强联手合作签约仪式在零陵区柳子大酒店盛大举行。永州市鑫龙房地产开发有限责任公司成立于2003年4月，主要从事房地产开发、经营项目，业务涉及装饰装璜、家私建材、电器零售等诸多领域。鑫龙·城上城占地约10公顷，位于萍洲开发区阳明大道与荔枝东路交汇处。一期开发占地2.67公顷，建筑面积15万平方米的五幢住宅楼投入使用；二期项目与知名企业“红星美凯龙”合作开发，打造以建材家居为主导的城市综合体，以大型连锁超市、星级酒店、商业街、儿童乐园、影城、品牌餐饮、休闲娱乐为配套的商业中心。

■ 祁阳海螺水泥二期点火投产
2015年6月8日，祁阳海螺水泥项目二期工程日产4500吨干法水泥熟料生产线竣工点火投产仪式举行。海螺水泥项目2009年落户祁阳县，总投资16亿元，一期工程2014年生产熟料180万吨，生产水泥220万吨，年发电0.69亿千瓦时，工业总产值5.1亿元，缴纳税收1亿元。二期熟料生产线2014年5月启动到点火投产仅仅一年时间。项目全部建成后，生产规模将达到年产熟料360万吨、水泥500万吨、发电1.38亿千瓦时，缴纳税收2亿元以上，成为全省最先进的现代化环保型水泥熟料生产线。

■ 江华河路口风电场项目开工
2015年7月8日，江华坤昊风力发电有限公司在江华河路口镇举行河路口风电场项目开工仪式。河路口风电场项目工程总投资约4.5亿元，总装机容量为48兆瓦，总投资4.5亿元，年设计发电量约1.89亿千瓦时。24台风机及道路分布于河路口镇的尖山、百草园2个行政村。该项目计划于2016年6月竣工并网发电。

■ “零陵古城”文化旅游综合保护开发项目在北京签约 2015年7月10日，总投资70亿元的“零陵古城”文化旅游综合保护开发项目在北京成功签约。市委书记陈文浩、伟光汇通集团董事局主席陆学伟出席签约仪式并讲话。市委常委、常务副市长易佳良和陆学伟分别代表永州市人民政府、伟光汇通集团签约。市领导高建华、唐定、董石桂出席签约仪式。市委常委、市委秘书长颜海林主持签约仪式。“零陵古城”文化旅游综合保护开发项目以宋代湘南建筑为隐形骨架、明清建筑为形态肌体、潇湘永州文化为灵魂，是集生态文化休闲、民俗文化体验、市井文化消费、主题游乐互动、养生休闲度假于一体的文化旅游产业示范园区。项目总用地约1480亩，建设期限为6年，总投资70亿元。

■ 涔天河改复建工程S355省道开工 2015年7月21日，涔天河水库扩建道路复建工程省道S355江华分水岭至白芒营公路工程举行开工仪式。S355江华分水岭至白芒营公路起于江华与广东连州交界处的分水岭，经码市、麻江口、贝江、水口、小圩、连木塘，止于白芒营，与G207国道相接。全长78.659千米，按照二级公路标准省道建设，设计时速每小时60千米，路基宽10米，有隧道3座，桥梁52座，总投资11.68亿元。项目分三期，划分为5个标段进行实施。

■ 国电龙源江永黄甲岭风电项目启动 2015年7月，三一重起与中国能建集团湖南省火电建设有限公司首个深度合作项目——国电龙源江永黄甲岭风电项目启动。该风电项目位于道贺高速下行往桂林方向约30公里处，是三一重起与中国能建集团湖南省火电建设有限公司签署战略合作协议以来的首个深度合作项目。项目共计24台2000千瓦风力发电机组需安装，总装机容量48兆瓦。

■ 宁远县26个项目集中签约立项开工 2015年9月8日，宁远县在南部生态文化新城展示中心前举行项目集中签约立项开工动员仪式，此次有26个项目集中签约、立项、开工，总投资76亿元。仪式上，集中签约、立项、开工26个项目，包括宁远航空城、五洲龙电动公交、宁远二中新校区等7个签约项目，市民中心、广播电视服务中心、院士工作站等13个立项项目和南部生态文化新城展示中心、湘南汽贸城等6个开工项目，项目涵盖学校、医院、文化、公园等公共服务项目，中华水街等生态项目，以及舜文化产业园、五洲龙公交等产业项目。

■ 九恒新能源江华基地投产并启动上市计划 2015年9月12日，九恒新能源江华基地投产暨上市计划启动仪式在冷水滩区举行，市委书记陈文浩出席并讲话，市委常委、市委秘书长颜海林，副市长唐能武，九恒集团董事长沈云立出席。广州九恒新能源有限公司是面向全球、致力于绿色热能技术的研发与应用，专业制造空气能热水器、热泵热水器、空气源热泵的高新技术企业，是中国工程建设协会的定点生产企业。2013年12月，九恒集团进驻江华瑶族自治县，计划打造全国最大的物流条码生产基地和空气能热水器、地暖、空调、烘干机等生产基地。江华九恒条码公司生产的快递单已占全国市场份额的六成以上。庆典会上，还举行九恒与永州建行战略合作签字仪式和九恒新能源江华基地投产暨上市计划启动仪式。

■ 国家焊剂产品质量监督检验中心项目奠基 2015年9月19日上午，国家焊剂产品质量监督检验中心项目举行奠基开工仪式。该项目位于永州大道以东、阳甸三路以北，规划建设面积1.4万平方米，2012年1月12日经国家质检总局批准，由永州市质监局承建的政府公共检验检测技术服务平台——焊剂国检中心建成以后，长江以南的焊剂和相关产品将全部送到永州检测。

■ G207零陵至双牌一级公路前期工作完成 2015年9月30日，省交通运输厅以湘交办函〔2015〕567号文批复G207零陵至双牌一级公路两阶段施工图设计。至此，该路的前期工作圆满完成。该项目全长19.786公里，总投资5.33亿元，路基宽24米，路面宽21米。

■ 祁阳“四个10亿”项目签约 2015年9月，祁阳县相继与广东农垦集团、湖南粮食集团、深圳新浪水上乐园设备有限公司、上海红星美凯龙实业有限公司就广垦辰禧国际农产品物流园、湘粮粮油产业园、新浪长隆水上乐园、红星美凯龙家居商业城等4个投资10亿元以上的重大项目达成合作协议。2015年，祁阳县将发展现代商贸服务业放到更加重要的位置，精心规划布局，狠抓项目引进，县重点服务业企业达454家，物流公司45家，连锁经营企业200多家；发展各类集贸市场72个，商贸个体户1.5万户，商贸企业100多家。

■ 东田风电场风电机组并网发电 2015年9月，江华瑶族自治县48兆瓦东田风电场项目9台风电机组并网发电。东田风电场是中国风电集团投资的4个风电场项目之一，总投资约4.5亿元，24台风机总装机容量48兆瓦。5月开工建设以来，风电场安装的21台2000千瓦风力发电机组于9月底全部并网发电。风电场全部建成后，每年可向电网提供约8500万千瓦/小时的清洁电能，年收入将达到5000万元，每年上缴税收

300 万元。

■ 涔天河灌区工程开工 2015 年 10 月 29 日，湖南省涔天河灌区工程开工仪式在江华瑶族自治县东田镇蒋家寨村灌区左总干渠首举行。副省长戴道晋出席并宣布湖南省涔天河灌区工程开工。水利部建设与管理司司长孙继昌和市委书记陈文浩讲话。市委副书记、市长易佳良主持开工仪式。灌区工程项目开工建设，标志着涔天河水库扩建工程进入全面建设阶段。涔天河水库扩建工程是湖南省“十二五”期间水利建设“一号工程”，也是国务院重点推进的 172 项重大水利工程。枢纽工程于 2012 年 8 月开工建设，2015 年大坝全断面填筑至 297.2 米，计划在 2016 年 11 月下闸蓄水。灌区工程设计总投资 38.9 亿元，总工期 42 个月，设计灌溉面积 111.46 万亩，可改善区域内 16.73 万人的生活用水条件。工程建设内容主要包括左总干渠及所属左干渠、白芒营提灌干渠，右总干渠及所属东干渠、西干渠，以及支渠等灌区骨干渠系和配套工程等。工程将新建干渠以上渠道 240 公里、支渠 169.6 公里。

■ 涔天河扩建工程灌区初步设计报告获批 2015 年 12 月，省发改委批复涔天河水库扩建工程灌区初步设计报告，标志着涔天河水库扩建工程灌区项目前期工作完成，工程按计划进入实施建设阶段，建成后将成为湖南省最大灌区。涔天河水库扩建工程灌区是“十二五”期间湖南水利“一号工程”涔天河水库扩建工程的配套工程。灌区涉及江华、道县、宁远、江永 4 县，主要任务以农业灌溉为主。项目建设内容主要包括左总干渠及所属左干渠、白芒营提灌干渠，右总干渠及所属东干渠和西干渠，以及支渠等灌区骨干渠系和配套工程等。新建干渠以上渠道 240.04 公里，支渠 169.61 公里；渠道电站 3 处，总装机容量 12 兆瓦；提灌站 1 处，渠首设计流量 4.8 立方米每秒。核定工程静态总投资为 398772 万元，概算总投资为 401831 万元，总工期 42 个月，设计灌溉面积 111.46 万亩，可改善区域内 16.73 万人的生活用水条件。

开放协作

■ 永州与中国农批公司签订合作框架协议书 2015 年 1 月，永州与中国供销农产品批发市场控股有限公司（简称中国农批公司）签订永州市农产品物流园项目战略合作框架协议书，这标志着又一个国字号央企项目将落户永州。中国农批公司是中华全国供销合作总社为有效服务“三农”、搞活农产品流通、适应社会主义新农村建设而成立的全资直属企业，也是唯一一家国字号的专司农产品批发市场建设的央企。根据协议规定，中国农批公司将投资 20 亿元~30 亿元，在永州市规划建设一个占地约 66.67 公顷，集农副产品交易、批发、物流、仓储、加工、配送于一体的农产品现代物流园。

■ 江华神州瑶族文化博览园项目签署协议 2015 年 1 月 9 日上午，深圳锦绣中华发展有限公司与江华舜天瑶文化旅游开发有限

涔天河扩建工程全景图 张荣河 摄

公司就江华神州瑶族文化博览园项目的合作在深圳签署正式协议。市委书记陈文浩出席签约仪式。市委副书记、市长向曙光在仪式上致辞。市领导颜海林、罗双全、吕斌，深圳市大鹏新区管委会主任何永志，华侨城集团党委常委、华侨城股份公司董事长刘平春，深圳锦绣中华公司总经理苗壮出席。深圳锦绣中华公司是隶属于香港中旅集团和华侨城集团两大旅游业巨擘的上市旅游公司，拥有中国第一家主题公园锦绣中华，是国内主题公园运营管理最成功的企业之一。此次合作，公司将与当地政府及企业共同将神州瑶族文化博览园打造成名副其实的“神州瑶都”。

■ 祁阳与湖南粮食集团签订合作框架协议　2015 年 1 月 20 日，祁阳县与湖南粮食集团成功签订战略合作框架协议。湖南粮食集团将投资 15 亿元，在祁阳经开区建设湘粮粮油产业园，推进优质粮油生产、收储、加工、销售等项目建设。湖南粮食集团是经湖南省政府批准，由湖南省粮食总局和长沙市人民政府合作，整合有关优势资源成立的国有大型综合性粮食企业，集团总资产近 100 亿元，拥有 10 个粮油收购储备公司，仓房容量 139 万吨；拥有 5 个粮油加工企业，年加工能力近 100 万吨；集团拥有的长沙国家粮油交易中心年交易量约 300 万吨，交易额近 60 亿元；农产品交易平台——长沙南方大宗有限公司，年交易额 300 多亿元；湖南粮食饲料现货交易市场，年交易额 15 亿元；建有 2 条铁路专用线，2 个千吨级泊位，年货物吞吐量 350 万吨；拥有早籼稻、菜籽油、硬小麦期货交割库，交割规模达 25 万吨；拥有湖南金健米业、湖南金霞粮食产业和湖南裕湘食品 3 个农业产业化国家级重点龙头企业及“金健”“金霞”和“裕湘”3 个中国驰名商标。

■ 永州市在广州举行招商推介会

2015 年 1 月 18 日下午，广东省湖南商会年会暨 2015 年永州（广州）招商推介会在广州东方宾馆举行，副省长何报翔，省军区原副政委、省异地商会联合会秘书处顾问万建华，省政府副秘书长王光明，省政府驻广州办事处主任、广东省湖南商会会长万一，省商务厅副厅长罗双锋，省工商联副主席李曦，广东省湖南商会常务副会长、禾田投资公司董事长陈乐田，广东省湖南商会常务副会长、广州华艺实业集团董事长李亦非出席签约仪式。永州市委书记陈文浩致辞并介绍永州市情，市委副书记、市长向曙光主持。市领导易佳良、颜海林、罗双全、吕斌参加。会上，还举行项目签约仪式，签约 16 个项目：道县 LED 路灯生产项目、永州天笑数码及新能源产业园投资项目、宁远县舜天恒禾肉牛养殖及加工项目、祁阳水上游乐园项目、永州市结构陶瓷生产项目、新田现代畜牧业一体化发展基地建设项目、永州经济技术开发区泽沐祥胶粘制品生产线项目、蓝山县管道燃气入户工程项目、祁阳光伏发电项目、江永县磁悬浮风力发电机生产基地及风电场、新田县中国中部国际家居博览城、东安县电子产品生产销售项目、永州九疑油茶深加工项目、江华县通信设备项目、祁阳县湖南一级农产品物流园、双牌县高速公路波形护栏设施建设项目。

■ 陈文浩一行考察广州状元谷园区　2015 年 1 月 19 日上午，市委书记陈文浩利用到广州参加广东省湖南商会年会暨 2015 年永州招商推介会之际，考察国家电子商务示范基地（广州·新黄埔）核心园区——状元谷等单位。市委常委、常务副市长易佳良，市委常委、市委秘书长颜海林，副市长罗双全陪同考察。状元谷由广东南物商贸城有限公司投资建成，2013 年 5 月正式开园运营。截至 2014 年年底，状元谷产业集聚初具规模，建成总面积达 38 万平方米，入驻亚马逊、京东、苏宁云商、酒仙网、灵感摄影、谷网等一批电商企业。陈文浩一行深入园区的各个部门，详细了解园区建设、管理、服务和发展壮大等方面的成功经验，并与入驻园区的亚马逊、京东、苏宁云商、灵感摄影等电商企业负责人细致交流，探讨电商的发展之路。

■ 泰国、老挝商会在永州考察

2015 年 3 月 7~9 日，泰国湖南商会会长刘纯鹰、老挝湖南商会会长刘小民一行在省商务厅亚洲处处长陈大扬陪同下，到永州市调研对接东盟和企业“走出去”工作。考察组一行先后前往祁阳县、零陵区、永州经济技术开发区、永州市农科园、东安县等地实地考察，并就企业如何借助泰国、老挝湖南商会平台搭建境外展销和“走出去”提出很好的建议。陈大扬说，省商务厅将出台扶持政策，解决中小企业“走出去”难题，下一步将建立信息分享平台，实现各商会及各企业之间信息沟通，帮助企业“走出去”。

考察期间，刘小民对永州市企业快速发展给予高度评价，希望通过这次调研，邀请有意向到东盟发展的企业参加4月在泰国和老挝举行的推介会。

■ **向曙光在广东考察招商项目**
2015年3月17日，市委副书记、市长向曙光，市委常委、市委秘书长、永州经济技术开发区党委第一书记颜海林率领永州经济技术开发区主要负责人，在广东参观考察有意向在永州投资的企业。向曙光一行首先参观广东省东莞市茶山镇东诚慧美科技园内的创未电器有限公司。向曙光在品尝蒸烤机制作的食品后，连声称赞，并真诚欢迎公司到永州投资。在盛恒达电子有限公司，向曙光参观该公司后，听取公司负责人关于公司创业历程和发展方向的情况介绍，对公司的实力给予充分肯定，并热情邀请盛恒达电子来永州投资兴业。大德光学制品有限公司已抢滩永州，注册成立永州德润光电有限公司，并在永州经济技术开发区落实项目用地。向曙光详细了解企业产品性能、规模，同企业负责人进行亲切交谈。同时，他希望投资方加快工程进度，力争年前投产。

■ **永州与湖南农大共建现代农业综合示范基地** 2015年4月1日上午，永州市与湖南农业大学举行共建永州现代农业综合示范基地签约仪式。市委副书记、市长向曙光代表市政府与湖南农业大学签约，并与湖南农业大学校长符少辉共同为永州现代农业综合示范基地授牌。市委常委、常务副市长易佳良致辞。他说，永州作为农业大市，发展农业科技具有丰富的条件。双方利用永州国家农业科技园区这个“国”字号平台，整合资金、技术、智力等要素，共同建设永州现代农业综合示范基地。符少辉说，双方将在科技创新、成果转化与共享、高层次现代农业人才的培养和基地建设的规划等方面加强合作。市领导戴菊芳、封金祥，湖南农业大学副校长易自力出席。

■ **永州文创企业首次亮相台湾“文博会”** 2015年4月29日至5月4日，第六届海峡两岸文化创意产业展暨台湾文博会在台北市举行。永州市3家文化创意企业首次参加。该次活动由中华文化联谊会和台湾创意设计中心共同主办，湖南省文化厅、吉林省文化厅、厦门市文化广电新闻出版局协办，615家品牌共同展出，18个国家和地区参与，1000位以上岛内外专业买家现场采购。湖南以“魅力潇湘·创意湖南”为主题，安排40家文化创意企业参展，其中永州市的奔腾彩印有限公司、谦艺坊文化产业开发有限公司、佳酿文化传媒有限公司分别选送立体弹跳书、祁阳石雕、永州石作品应邀参展。据统计，活动期间约有12万人观展，多家企业与永州市3家公司签订合作开发意向或文创产品订货合同。

■ **沪商入湘经贸合作考察团在永州考察** 2015年5月5日上午，永州市项目推介交流会在冷水滩举行，永州市与沪商入湘经贸合作考察团就有关项目进行交流。考察团团长、中国住房研究会副会长、上海市房地产经济学会名誉会长皋玉凤和市委副书记、市长向曙光先后讲话。向曙光说，真诚希望以这次考察活动为纽带，以本次考察项目为载体，搭建起双方交流沟通、合作共赢的宽广平台，推动永州与上海的经贸关系取得新成果。会上，市商务和粮食局与上海中军投资集团有限公司签订“永品入沪”项目战略合作框架协议。参加考察团的上海企业家和市领导易佳良、颜海林、罗双全出席交流会。

■ **向曙光会见红星美凯龙发展中心负责人** 2015年5月21日，市委副书记、市长向曙光在冷水滩会见上海鸿美投资有限公司董事长、红星美凯龙家居集团公司发展中心总经理刘海斌，永州鑫隆地产公司董事长何礼国、总经理李甲荣一行。截至2015年5月，红星美凯龙在全国超过120座城市开办超过165家家居商场，经营面积近1700万平方米。红星美凯龙连续5年跻身中国民营企业前列，持续稳固中国家居流通行业第一品牌的龙头地位。向曙光介绍永州市基本市情和经济社会发展情况。他说，要争创一流服务环境，实现更加密切的配合、更加高效的互动，全力支持红星美凯龙项目的落地与建设。刘海斌表示，将继续加强与永州的合作，全面加快项目前期工作，促进项目早日建成。

■ **永州4个文化产业项目签约第11届中国（深圳）文博会** 2015年5月，永州市4个文化产业项目在第11届中国（深圳）文博会上成功签约，引进资金5.25亿元。3月以来，永州积极推荐项目参加第11届中国（深圳）文博会，全市有6个项目列入文博会参展范围，涵盖动态展演、静态展示、现场签约等各种类别。其中，零陵区永州异蛇文化产业园、祁阳县文化创意产业中心、新田东升富硒生态农业文化产业园、蓝山县回龙禅寺文化旅游项目等4个项目成功招商引资、现场签约；江永县上江圩镇作为全省十二个“湖湘风情文化旅游小镇”之一，选送的“江永女书”纳入一号展厅湖南馆非遗展示项目；江永县女书文化传播有限公司受文博会非遗展筹备组的邀请，与广州跨采商务服务有限公司联合组织“江永女书”进入七号展厅非物质文化遗产专业馆展演；湖南阳明投资集团组织的潇湘工坊项目进入湖南馆和湖南省专项活动的静态展示。

2015年5月31日至6月3日，2015年湖南（香港）投资贸易洽谈周在香港和珠三角地区举行。会上，永州市发布招商项目112个，签约重点项目35个
何继凤 摄

■ 永州（深圳）工业招商推介会暨重点项目签约仪式 2015年6月3日，2015永州（深圳）工业招商推介会暨重点项目签约仪式在深圳市举行。市委副书记、市长向曙光作永州市情推介。此次推介会发布先进装备制造产业项目15个、电子信息产业项目12个、新材料能源产业项目9个、农产品精深加工产业项目21个、矿产品精深加工产业项目9个、生物医药产业项目6个、轻纺制鞋产业项目9个、电商物流产业项目9个、工业园区建设项目22个。会上，永州市发布招商项目112个，签约重点项目35个。活动期间，市委副书记、市长向曙光率永州代表团奔赴香港、深圳、珠海等多个城市，以工业招商引资为重点，通过拜访考察、专题推介、对接洽谈等方式，广泛宣传推介永州。省经信委主任谢超英、省商务厅副厅长周越出席并讲话。永州市人民政府副市长唐能武、罗双全，市直有关部门和各县区、管理区、永州经济技术开发区有关部门的领导以及受邀客商、新闻媒体出席。

■ 中国中部国际家居博览城落户新田 2015年6月25日，新田县城投集团与润新实业有限公司签订合作协议，总投资15亿元的中国中部国际家居博览城项目落户新田。新田县中国中部国际家居博览城项目占地总面积416.8亩，固定资产投资约10亿元，建设期限为5年。建成后可容纳近千户家居生产商和销售商，将成为集家居组装、现代物流、购物广场、文化娱乐为一体的工贸一体化综合市场。

■ 永州4家企业在俄罗斯签署入园协议 2015年6月30日，俄罗斯后贝加尔边疆州赤塔市与到访的湖南省商务厅代表团、永州商务考察团在该市举行中国湖南—俄罗斯后贝加尔边疆区经贸对接会。会上，永州市知名农产品加工企业——湖南果秀食品有限公司、湖南恒惠食品有限公司、湖南大自然制药有限公司、湖南湘君面业有限公司与俄罗斯贝加尔农牧产业园区签署入园协议。根据入园协议，湖南果秀食品有限公司投资300万美元、湖南恒惠食品有限公司投资600万美元、湖南大自然制药有限公司投资500万美元、湖南湘君面业有限公司投资500万美元，在贝加尔农牧产业园区建厂。此举标志着永州市农产品加工企业实现成功抱团“走出去”。

■ 温氏集团在永州考察 2015年6月30日至7月1日，温氏集团副总裁罗旭芳率考察团一行在永州市考察，并就下步合作相关事宜进行洽谈。自2014年6月，永州市与温氏集团签订战略合作框架协议以来，各项目建设进展顺利，投产的江永公司、江华公司、零陵公司实现投产达效。全市有温氏合作养殖户460余户，计划2015年实现出栏生猪30万头。在座谈会上，罗旭芳对一年来温氏集团在永投资项目建设进度表示满意。他说，温氏集团将进一步完善在永州组织架构，调整区域管理，加强沟通协调，集中精力发展好永州的项目。同时，进一步扩大投资，更加高起点、高标准、严要求推进新的项目落地建设。永州市委常委、副市长蒋善生指出，温氏集团在永州的发展对于加快永州养殖业的转型升级具有重要意义。各相关县区和部门要坚持高位推动，做好项目对接，强化服务意识，为项目建设提供全方位的优质服务。

■ 陈文浩率团在上海考察 2015年7月24～25日，市委书记陈文浩带队在上海考察招商。24日，陈文浩一抵沪就直接前往上海中昆投资（集团）有限公司考察。该集团于5月与永州经济技术开发区签订“永州现代服务业新城”PPP项目战略合作框架协议。该项目是永州经济技术开发区重点引进的战略性项目，总投资200亿元（一期投资20亿元），占地25.8平方公里（一期核心区5平方公里），选址在永州经济技术开发区辖区内火车站以西沿冷东公路一带，计划通过5到10年的建设，打造出一座集电子商务、金融商贸、现代物流、休闲养生、信息咨询为一体的永州现代服务业新城。上海中昆投资（集团）有限公司董事长张富林介绍项目实施计划、进展情况和引进产业基金的设想，同时将集团所作的永州现代服务业新城的概念性规划成果进行详细的汇报。陈文浩对中昆集团的企业文化和强有力的执行力予以高度评价，对集团为项目所作的大量的调研工作表示肯定，同时指出项目的规划必须要符合中心城区和开发区的实际，要精准定位，突出工业项目的支撑力。

25日，陈文浩一行在上海市金山工业区考察招商。在金山区委书记李跃旗的陪同下，陈文浩一行先后参观考察和辉光电、杭州湾电子商务产业园、爱特网集团、金山工业品交易市场。在听取园区的情况介绍后，陈文浩对金山工业区近年来的飞速发展给予高度赞赏，希望金山工业区和永州经济技术开发区能结成友好对子，互利共赢，共谋发展。市委常委、市委秘书长、永州经济技术开发区党委第一书记颜海林，永州经济技术开发区主要负责人参加考察。

■ 台湾学者在永州考察台资企业 2015年7月26日，台湾学者郭永兴、教授李孔智一行深入冷水滩区考察台资企业发展情况。考察团先后在湖南弘电电子有限公司、湖南元创精密科技有限公司等现场进行察看，详细了解企业在发展过程中的融资、招工、政策保障等问题和困难，询问台商们在冷水滩的工作、生活情况。台商表示，永州是一座正在赶超崛起的新兴工业城市，区位优势、产业优势、人文优势和生态资源优势都较为明显，是台资企业在大陆加快产业转移、扩大发展空间的理想之地。考察团希望通过此次调研，能深入剖析现阶段湘南承接产业现状与问题的导向，加深台湾学界对永州发展现状的了解，吸引更多台商前来投资兴业。

■ 永州农业专题招商推介活动在深圳举行 2015年8月20～21日，市委副书记张严，市委常委、副市长蒋善生率市农业委、市林业局、市供销社、市畜牧水产局等单位主要负责人和各县区分管领导带队的14支农业招商小分队赴广东省深圳市进行农业专题招商和考察。20日下午，永州农业专题招商推介会暨农业项目签约仪式举行，会上发布农业招商项目42个，成功签约农业项目18个，签约金额28.31亿元，涉及粮油、果蔬、畜禽、油茶等多个领域。组织11家市级以上农业产业化龙头企业参展中国·深圳国际现代绿色农业博览会，展示展销永州名优特绿色农产品120个。

■ 永州与省农发行签订战略合作协议 2015年9月21日，永州市人民政府与农发行湖南省分行签订全面推进农业农村基础设施建设战略合作协议。根据协议，农发行湖南省分行将在五年内为永州提供人民币300亿元的政策性信贷资金支持，主要用于永州市政府主导开展的农村基础设施建设，在国家重大水利建设、新型城镇化建设、异地扶贫搬迁、改善农村人居环境、农村路网建设、土地储备整理等领域开展全面合作。市领导陈文浩、易佳良、颜海林、张常明，省农发行党委书记、行长谢文，省农发行党委委员、副行长邢利民等出席合作洽谈会或签约仪式。

■ 永州在第三届湘南投洽会上发布39个项目 2015年9月24日上午，湘南承接产业转移示范区投资环境说明暨重大项目推介会、第三届湘南承接产业转移投资贸易洽谈会开幕式在郴州市举行。副省长何报翔讲话并宣布开幕。开幕式由省商务厅厅长徐湘平主持，郴州市市委书记易鹏飞致辞。郴州市市长瞿海、衡阳市副市长张贺文、永州市副市长罗双全分别在会上作投资环境说明。会上，永州、郴州、衡阳3市共发布项目156个。其中，永州市发布项目39个，总投资441亿元，项目涵盖基础设施、商贸物流、旅游、农产品加工、交通、园区建设等。其中重点推介的10个项目为：冷水滩区中小企业创业园、永州市“两供两治”中心城区供水和污水处理PPP项目、零陵工业园创新创业园建设、祁阳电子信息产业园招商、道县电子信息产业园产业招商、江永麒麟岩园区配套产业园招商、江华耀丰产业园招商、宁远湘南农业机械产业城建设工程、永州经济技术开发区青年创新创业园建设、蓝山光电显示信息产业园。

■湘南承接产业转移示范区建设工作暨第四批重大项目启动会 2015年9月24日下午，推进湘南承接产业转移示范区建设工作暨第四批重大项目启动会在郴州市举行。省委副书记、省长杜家毫出席并讲话。副省长何报翔主持会议，省商务厅厅长徐湘平作湘南承接产业转移示范区建设推进情况工作报告。永州市委副书记、市长易佳良，郴州市委副书记、市长瞿海，衡阳市委副书记、市长周海兵汇报本市示范区建设推进情况及明年的工作思路，湘南三市有关县市区或园区负责人作典型发言。湘南承接产业转移示范区获批4年来，湘南三市实际利用外资、进出口额、加工贸易进出口额等占全省的比重不断加大，产业体系日益完善，平台基础进一步夯实，示范效应逐步显现。2012年~2014年，示范区先后启动3批323个重大项目，总投资规模2406.6亿元，累计完成投资917.7亿元。2012年以来，永州市共承接产业转移项目1506个，其中，投资2亿元以上项目83个，总投资170亿元的神华国华永州火电、70亿元的零陵古城文化旅游综合保护开发、20亿元的五矿江华稀土产业园和达福鑫电子信息产业园、台湾高科技产业园等一批重大项目相继落户建设；累计利用外资23.8亿美元，到位内资567.6亿元，年均分别递增17.7%和26.8%；完成外贸进出口18.7亿美元，其中加工贸易9.4亿美元，年均递增69.5%和91.7%，外贸进出口增幅连续两年位居全省第一。会上，湘南三市启动湘南承接产业转移示范区第四批重大项目101个，投资总额723.3亿元。永州市启动33个项目，投资总额169.4亿元。

2015年10月28日，永州市人民政府与阿里巴巴（中国）软件有限公司、杭州甲骨文科技有限公司签订战略合作框架协议

李明　杨伟燕　摄

■长沙银行入驻永州 2015年10月16日，长沙银行永州分行开业暨永州市人民政府与长沙银行战略合作签约仪式在冷水滩区举行，标志着长沙银行正式入驻永州。市委书记陈文浩出席并宣布长沙银行永州分行开业。市委副书记、市长易佳良，市领导唐定、颜海林、袁火林，长沙银行董事长朱玉国等出席。副市长张常明代表市人民政府与长沙银行行长赵小中签署战略合作框架协议，未来5年，长沙银行将为永州经济社会发展提供总额不低于人民币100亿元的意向性信贷支持。仪式上，祁阳县人民政府与长沙银行永州分行签署战略合作框架协议。长沙银行永州分行在筹建期间总行批准对永州的企业授信13亿元，截至2015年10月，已落地8.5亿元。

■全国首家整体推进阿里巴巴农村淘宝项目地级市 2015年10月28日下午，永州市与阿里巴巴（中国）软件有限公司、杭州甲骨文科技有限公司签订战略合作框架协议，11个县区与两家公司签订落地合作协议，永州市成为全国首家各县区同步整体推进阿里巴巴农村淘宝项目的地级市。2015年，永州市区和所有县城区实现100%光纤网络覆盖，行政村固网4兆及以上宽带接入覆盖率达到97%。通过大力实施通达通畅工程，农村交通设施、骨架路网建设明显改善。物流平台建设加速，商贸流通网络贯通城乡。所拥有的湖南省唯一一家农副产品集中验放场，可辐射带动四省区；所建设的永州国家级农科园，是湖南省唯一承担两类示范项目的国家级园区。

■永州与省建工集团洽谈合作事宜 2015年12月2日上午，永州市与省建工集团合作洽谈会在冷水滩区举行。市委书记陈文浩和省建工集团董事长叶新平出席并讲话，市委副书记、市长易佳良介绍市情，市委常委、市委秘书长颜海林主持，副市长张常明出席。省建工集团是一家具有建筑安装、路桥施工、设备制造等综合实力的国有大型企业集团。2014年9月，该集团与永州市签订战略合作协议。

■ 永州与省粤商投资控股集团签订战略合作协议 12月2日下午，永州市与湖南省粤商投资控股集团有限公司签订战略合作协议。市委书记陈文浩，市委副书记、市长易佳良，市领导颜海林、张常明、伍军，湖南省广东商会会长、湖南省粤商投资控股集团有限公司董事长张建辉出席。会上，张常明代表市人民政府与湖南省粤商投资集团签订《生活垃圾处理战略合作协议》。永州经济技术开发区与湖南省粤商投资集团签订《投资建设垃圾处理设备生产基地合同》。此次签订协议中的垃圾处理系统获得国家10项专利技术，能达到生活垃圾处理“资源化、无害化、减量化”的要求，基本实现垃圾处理“零排放”。

■ 永州与广铁（集团）公司签订高铁合作协议 2015年12月10日下午，永州市与广铁（集团）公司在长沙签订开行永州至深圳北高铁合作协议。市委书记陈文浩，市委副书记、市长易佳良，广铁集团董事长、总经理武勇，广铁集团党委书记徐凌，副总经理曹建国、郭吉安，市委常委、常务副市长唐湘林，市委常委、市委秘书长颜海林出席签约仪式。根据协议，自2016年1月10日起，每日开行1对永州至深圳北高铁，时速350公里。开行时间：深圳北8：05开，永州12：04到，全程旅时3小时59分；永州13：20开，深圳北17：26到，全程旅时4小时06分。

■ 首届永州异地商会会长年会在深圳召开 2015年12月12日，2015首届永州异地商会会长年会在深圳召开。市委书记陈文浩出席会议并讲话，市委副书记、市长易佳良宣读市委、市政府关于表彰2015年优秀永州异地商会的决定。全年永州异地商会在永州投资5000万元以上的工业或商贸物流项目19个，总投资62亿元，累计为公益事业捐款260万元，牵头联系客商200人次，回永州考察11次。会议举行总投资50亿元的天汇广谱生物医药产业园项目合作框架协议签约仪式。市领导高建华、唐定、颜海林、罗双全、吕斌，市直有关部门和各县区、管理区、经开区党政负责人，10个异地永州商会、3个异地在永州商会的会长、秘书长以及广东湖南永州商会常务副会长以上的代表出席。

■ 广东省湖南永州商会年会召开 2015年12月12日，2015广东省湖南永州商会年会暨广东省湖南零陵商会成立大会在深圳市召开。市领导陈文浩、易佳良、高建华、唐定、颜海林、罗双全、吕斌等出席。广东省湖南永州商会成立于2007年10月，拥有团体会员600余家，个人会员6000余名。商会会员涉及工业制造、信息环保、实业投资、农业科技、商贸旅游、医疗医药、房产开发、工程建筑、酒店餐饮等数十个行业。会议听取广东省永州商会2015年度工作报告，宣读广东省永州商会换届选举结果并为新当选的理事会领导颁牌，签署永州异地商会团结协作宣言和各异地商会投资公司战略合作协议。

■ 永州至上海航线开通 2015年12月28日，“上海—永州—昆明”航线正式开通。这是永州机

永州首航上海

场新开通的第四条航线，同时也是永州—昆明航班加密航班。该航班由东方航空公司执飞，每周一、三、五飞行三班，昆明—永州（航班号：MU5807）9：00时起飞，10：05时到达；永州—上海（航班号：MU5807）10：50时起飞，12：55时到达；返程上海—永州（航班号MU5808）14：15时起飞，16：40时到达，永州—昆明（航班号MU5808）17：25时起飞，18：25时到达。永州至上海机票全价1560元，永州至昆明机票全价为1280元。航班票价执行3.5折优惠。民航湖南监管局副局长刘波，永州市委副书记张严，市政协主席唐定，市委常委、常务副市长唐湘林，副市长罗双全出席航线首航仪式。

■ 长沙海关驻永州办事处开关运行　2015年12月30日，永州市与长沙海关签署关市合作备忘录，长沙海关驻永州办事处正式揭牌，长沙海关驻永州办事处正式开关运行。市委书记陈文浩、长沙海关关长黎对贞共同为长沙海关驻永州办事处揭牌，市委副书记、市长易佳良代表市政府与长沙海关签署《关于共同推进永州市开放型经济发展的合作备忘录》。永州市大力实施开放强市战略，全市累计注册进出口企业431家，并以每年50家左右的速度递增，与日本、韩国、澳大利亚及中国港澳台地区等30多个国家和地区建立贸易合作关系，全市外贸进出口总额从2010年的1.17亿美元跃升到2014年的9.37亿美元，近两年增幅全省排名第一位。长沙海关驻永州办事处开关运行后，将承担永州市进出口运输工具、货物、物品监管、依法征收关税及代征进口环节税、查缉走私、编制海关统计等市辖区内所有海关业务。

友好往来

■ 娄底考察团在永州考察　2015年5月28日，娄底市副市长石超刚率考察团在永州考察房地产相关工作。近年来，永州市高度重视房地产相关工作，开展中心城区房产、国土两证集中办理工作，集中整治中心城区103个小区存在的问题，采取得力措施规范房地产市场。截至2015年5月，全市中心城区103个小区符合房产办证前置条件的涉及项目92个，有住房51494套，办理5.1万套住房的总证，办理分户房产证50599套；办理土地证涉及92个小区，住房51494套，办理土地分户证50386套。娄底考察团对永州市房地产相关工作表示赞赏，认为永州把房地产相关工作当成民生工程、民心工程，全力解决老百姓反映的房产相关问题，为老百姓办实事、办好事，永州的好经验好做法值得吸纳。副市长张常明陪同。

■ 永州市党政代表团在贵州黔东南自治州考察　2015年8月7~9日，永州市委书记陈文浩，市委副书记、代理市长易佳良率永州市党政代表团在贵州省黔东南苗族侗族自治州考察，学习借鉴外地发展文化旅游产业的成功经验。陈文浩、易佳良一行先后在西江千户苗寨、镇远古城等地考察学习，实地查看旅游景点的设施建设、营销策略和先进理念等。陈文浩在工作交流座谈会上说，永州党政代表团此次参观考察学习，目的是学习黔东南自治州的相关经验，感受黔东南自治州的发展氛围。永州和黔东南州有很多方面相似相近。希望双方在诸如争取贵永郴铁路建设等方面共同谋划，实现共赢。同时也热忱欢迎自治州的各界人士到永州参观考察，投资兴业。黔东南自治州州委书记李飞跃说，永州的文化底蕴十分深厚，经济社会发展的许多成功经验值得自治州学习。自治州将尽快组成党政代表团到永州考察学习，寻求合作。市委副书记、代理市长易佳良，州委副书记、州长廖飞在座谈会上分别介绍两地的经济社会发展情况。永州市领导颜海林、罗双全，市直相关部门和零陵区党政主要负责人参加考察学习。黔东南自治州州委常委、州委秘书长耿生茂，州委常委、凯里市委书记张淼，副州长潘亮陪同参观考察或出席座谈会。

■ 永州市党政代表团在浙江考察　2015年8月21~23日，永州市委书记陈文浩率市党政代表团在浙江衢州市的常山县，湖州市的安吉县、德清县等地考察，学习其发展农村淘宝、美丽乡村建设以及乡村旅游的先进经验。陈文浩听取常山县农村电商发展经验情况介绍，并深入到常山县新昌乡郭塘村、黄塘村的农村淘宝服务站，农村淘宝县级运营中心等地，实地考察农村淘宝的发展情况。陈文浩在考察中指出，要把发展农村淘宝作为一种基础设施建设，把发展农村集体经济与农村电商相结合，作为解决服务群众最后一公里的实事来抓。随后深入到安吉县山川乡的马家弄村、高家堂村，天荒坪镇的“大年初一”

风景小镇，德清县的生态文化馆、莫干山镇燎原村和御庭·安缇缦项目等地，考察村容村貌、产业建设、污水处理、垃圾清运以及乡村旅游发展情况。陈文浩在考察时说，乡村旅游要做好结合文章，不能就美丽乡村谈美丽乡村建设，要与产业建设相结合，通过产业建设促进可持续发展，通过产业建设来促进转型升级，形成良性循环。衢州市领导江汛波、诸葛慧艳，湖州市领导裘东耀、高屹等陪同考察。永州市委常委、市委秘书长颜海林，副市长罗双全，市直相关部门主要负责人以及各县区委书记参加学习考察。

■ 娄底市党政代表团在永州考察 2015年10月19日，娄底市委书记龚武生率市党政代表团一行在永州市参观考察稳增长、财源和城市建设及社会治理创新等工作。娄底市党政代表团一行先后深入冷水滩、零陵、永州经济技术开发区的社区、工业园区及各项目建设现场，实地了解永州市社区网格化管理、城市道路立面改造及断头路建设、园区企业转型发展等相关情况。座谈会上，观看永州市经济社会发展纪录片，双方互相介绍各自经济社会发展有关情况。陈文浩、易佳良对娄底市党政代表团一行表示热诚欢迎。陈文浩说，近年来，永州大力推进干部执行力建设，以全面小康为总揽，全面加快县域经济发展，着力盘活存量，着力三项改革和三大突破，项目建设风生水起，经济社会发展正步入良性循环快车道，逐渐摆脱永州在全省“八九不离十”的旧格局。永州娄底历来友好，双方合作空间广泛，希望互通有无，深化合作，推动双赢。龚武生说，永州干部干事创业良好的精气神、全市各地经济社会蓬勃发展的良好态势，以及永州在推动发展过程中，树立的两型、开放发展理念，坚持底线思维和问题导向，全面深化改革，全面攻坚克难的好经验和好做法，值得学习和借鉴。娄底市委副书记、市长李荐国，市人大常委会主任易春阳，市政协主席姚兵及娄底市领导周纯良、王雄、尹华凯等随同考察。永州市领导高建华、唐定、颜海林、刘新良等陪同考察。

领导视察

■ 张硕辅在永州调研项目施工建设进度 2015年2月2~4日，副省长张硕辅一行在市委副书记、市长向曙光的陪同下，深入江华瑶族自治县四联安置点、东田安置点、涔天河枢纽工程大坝工地、库区专项设施复建点、水口和小圩移民安置点以及永州国家农科园，察看项目施工建设进度。

在江华四联安置点项目建设现场，张硕辅强调要抓质量、保安全、促进度，早日将房子建起来。在水口新镇、小圩镇移民安置点建设现场，他要求，要增派建设力量，加快进度，确保质量安全。

在涔天河枢纽工程大坝工地，他强调，要严把工程质量关，合理优化组织方案，加快施工进度，确保工程质量和施工安全。在2日晚召开的座谈会上，他强调，下阶段要围绕“3月底前6984名移民应急搬迁安置、4月底大坝填筑到277米高程”两个目标和施工安全、工程安全、资金安全三条工作红线，密切配合，扎实推进工程建设。要进一步加强组织领导，强化统筹协调，严格监督检查；进一步突出工作重点，抓住关键环节，解决重点问题；进一步加强项目管理，规范建设程序，严把质量安全底线，确保安全度汛万无一失，确保不发生重大质量安全事故，确保库区社会大局稳定。

在永州国家农科园调研时，张硕辅实地察看台湾农业园、接履桥镇土地流转中心平台、金鹰果业、昱恒农业、果秀产业园、和广生物、万喜登农业园等项目。张硕辅强调，要积极落实中央1号文件精神，多引进科技含量高的企业，带动园区发展。依靠科技创新，促进农业结构调整和发展方式转变，带动农民增产增收。农科园要以高科技加工企业为支撑，打造产业化示范基地，促进区域经济快速发展。

省直相关部门负责人陈吉芳、颜向阳、欧阳煌、王跃生、杨北伟、袁延文，市领导蒋善生、舒平、戴菊芳参加相关活动。

■ 徐守盛在永州看望慰问困难群众 2015年2月13~14日，省委书记、省人大常委会主任徐守盛深入东安县、冷水滩区等地，看望慰问困难群众，送上新春的美好祝福。省委常委、省人大常委会副主任、省委秘书长韩永文，省人大常委会副主任、省总工会主席刘莲玉一同看望慰问。

13日下午，徐守盛一行在东安县瓷业总公司看望慰问特困职工唐荣贵。徐守盛为这户困难家庭算一笔收支明细账，并要求当地政府进一步摸清每户贫困家庭的底子，把帮扶工作做得更加细致有效。在东安县井头圩镇八字门村看望慰问身残志坚的唐国兴、唐国强两兄弟，他鼓励兄弟俩不断提高技术、打磨手艺，叮嘱随行人员帮忙联系医院和专家，对弟弟唐国强做康复治疗。在冷水滩区伊塘镇孟公山村看望身患脑溢血中风的潘月秋，他强调，精准扶贫要到每家每户，救助困难群众一定要避免政策“碎片化”。在永州市汽车运输总公司看望慰问老劳模和困难职工，与企业职工代表面对面座谈，详细了解企业的眼前困难和长远打算。徐守盛还考察部分企业、农村、社区和重点工程项目。

省委副秘书长、省委政研室主任曹炯芳，省发改委主任谢建辉，省民政厅厅长段林毅，省财政厅厅长郑建新，省人力资源和社会保障厅厅长胡伯俊，永州市委常委、市委秘书长颜海林参加看望慰问。

■ 赵树丛听取永州市“创森”工作汇报 2015年3月6日上午，市委书记陈文浩，市委副书记、市长向曙光，市委常委、副市长蒋善生率市创森办负责人在北京专题向全国绿化委、国家林业局汇报工作。中共中央候补委员、全国绿化委副主任、国家林业局局长赵树丛听取汇报，国家林业局副局长陈凤学，国家林业局有关方面负责人王祝雄、张鸿文、程红、王前进、闫振、孙国吉、马广仁和湖南省林业厅厅长邓三龙出席汇报会。

2011年11月，永州市正式启动国家森林城市创建工作以来，全市上下紧紧围绕“让森林走进城市，让城市拥抱森林”主题，全党动员、全民参与、齐心协力、强力推进。先后完成创建国家森林城市申报审批、规划编制评审等基础性工作，实施1000万亩封山育林、“三边”造林绿化（城市周边、公铁路两边、河流水库岸边造林绿化）、绿色乡镇和秀美村庄建设等造林绿化工程，狠抓全民义务植树、100万株大苗进城、中心城区绿化提质、部门联村建绿等植绿建绿工作，开展沿路“天坑”治理、森林防火、野生动植物及森林资源保护等专项行动，生态建设进步明显。截至2015年3月，永州市森林覆盖率达到61.89%，城区绿化覆盖率40.3%，城市人均公园绿地面积11.15平方米，水岸绿化率80%，城市绿化乡土树种数量占城市绿化树种的80%，义务植树尽责率95%，市民创森知晓率、支持率及满意度均达到90%以上，《国家森林城市评价标准》所要求的各项指标绝大多数已达到或超过。

在听取向曙光代表市委、市政府所作的汇报后，赵树丛对永州市前段创森工作给予充分肯定。他表示，永州是中国南方重要的生态功能区，建设森林城市不仅是对当地生态的保护和传承，更是强力推进生态文明建设的自觉行动，全国绿化委和国家林业局将全力支持。他希望永州市抢抓当前有利时机，巩固已有成果，高质量实现“创森”目标。同时，赵树丛还十分关注永州市油茶产业发展，希望永州市进一步加大力度，提升水平，真正成为全国油茶的示范和标杆。

■ 戴道晋在永州市调研 2015年3月10~12日，副省长、省政府秘书长戴道晋在市委副书记、市长向曙光等市领导的陪同下，先后深入江永、宁远、零陵、冷水滩等县区，调研“三证合一”（将企业依次申请的工商营业执照、组织机构代码证和税务登记证三证合为一证）、民族和建整扶贫、社会救助、禁毒戒毒及全面小康新农村建设等工作。

戴道晋一行先后考察江永县夏层铺镇千年古村——上甘棠、兰溪瑶族乡勾蓝瑶寨和零陵区周家大院。戴道晋指出，要注重把历史文化村落保护利用与美丽乡村建设有机结合起来，充分利用现有资源，科学搞好村庄人居环境，着力打造宜居、宜游的和谐美丽乡村，统筹推进城乡协调可持续发展。戴道晋还调研永州市的“三证合一”改革试点工作。在江永县和宁远县政务中心“三证合一”办事窗口平台，他分别向窗口工作人员详细询问“三证合一”工作的具体办理流程、办结时限、推进情况及目前工作中存在的问题和困难。戴道晋要求工作人员要严格按程序办事，加强办证后的监管监督，加强部门之间的协调，提高为民服务水平和质量。他在江永县允山镇敬老院、宁远县冷水镇敬老院和零陵区富家桥镇敬老院，听取相关部门的五保供养情况汇报，详细了解敬老院建设和老人们的生活情况，并送上慰问金。他叮嘱敬老院工作人员要不断增强为民服务的责任和意识，全心全意照顾好老人们的生活起居，确保他们老有所依、老有所养、老有所乐，让更多的老人住得更舒适、生活更安心。戴道晋还考察江永县粗石江镇夏橙产业基地、江永县凤凰社区、宁远县湾井镇社会救助站、湾井镇路亭村和长矛坪戒毒所。对长矛坪戒毒所的创新管理，戴道晋给予充分肯定。

4月9日下午，副省长戴道晋深入蓝山县调研重点项目和全面小康社会建设工作。他强调，经济欠发达地区建成全面小康关键在于发展工业、壮大产业、建设园区。

■ 张大方在永州调研新兴产业发展 2015年3月18~19日，省政协副主席张大方率领省政协调研组在永州开展“加快培育新兴产业”专题调研。市政协主席唐定，市人大常委会副主任袁火林，副市长唐能武，市政协副主席彭爱华、张建亮、吕斌，市政协秘书长宋可福出席调研座谈会。

调研组先后深入世杰信息技术、永泰中天软件、台湾高科技（永州）产业园、恒伟药业、希尔药业、果秀食品、凯盛鞋业、千山医疗等企业，详细了解永州市新兴产业发展现状。张大方指出，新兴产业要进一步强化先进技术的研发和应用，突出企业的主体地位，不断提升企业自主创新能力，切实提高新兴产业的科技含量。要进一步优化产业布局，延伸产业链条，发展配套产业，加快建立现代产业体系。张大方强调，要统筹产业发展政策，积极创造有利条件，加大重点企业和产业的扶持力度。要全面深化改革，加快改革步伐，进一步简政放权，为企业创造良好的发展环境。要鼓励支持互联网经济发展，推动电子商务平台建设，立足本地特色，加快以农业为主的电商发展速度，全力打造永州发展升级版。

■ 湘南地区全面建成小康社会工作推进会 2015年4月10日，湘南地区全面建成小康社会工作推进会在江华瑶族自治县召开。省全面建成小康社会推进工作领导小组副组长、湘南地区全面建成小康社会推进工作指导小组组长、省人民政府副省长戴道晋出席会议并讲话。省政府办公厅副主任罗建军主持会议。湘南地区全面建成小康社会推进工作指导小组副组长、省委农办主任、省农委主任刘宗林和湘南地区全面建成小康社会推进工作指导小组成员单位省住建厅巡视员廖援村、商务厅副厅长肖彬发言。永州市委副书记、市长向曙光，衡阳市委常委、市委秘书长邓柯，郴州市副市长雷晓达发言。永州市江华瑶族自治县、衡阳市珠晖区、郴州市宜章县作典型发言。

根据省小康办的监测结果，2014年度，湘南地区全面小康总体实现程度为82.9%，与洞庭湖地区的差距缩小到1.6个百分点，经济发展差距缩小到4.9个百分点，民主法制和文化建设方面则超过洞庭湖地区。郴州市在各市州综合得分排名第一位，永州市在各市州提升幅度排名第二位，衡阳市继续稳步推进。

戴道晋在讲话中指出，要抓住重点，破解难题，全力打好湘南地区全面建成小康社会决战决胜攻坚战。要锲而不舍抓好项目建设，千方百计促进改革开放，集中精力抓好县域经济，大力推进农业现代化，全力以赴推进精准扶贫。戴道晋强调，强化责任，狠抓落实，确保全面建小康社会目标如期实现。要强化责任担当，强化分类指导，强化能力水平提升，强化衔接配套。向曙光在发言中说，2015年，永州将着力积极实施全面小康加速计划，强力均衡、精准推进小康建设各项工作，确保全年全面小康实现程度提升3个百分点以上，各县区全面小康实现程度提升3.5个百分点以上，全市经济社会发展实现稳中有进、协调发展。要四级联动，全面实施小康加速计划；精准发力，均衡推进全面小康建设；问题导向，重点突破小康永州薄弱环节；夯实保障，持续强化小康建设凝聚力。会前，全体与会人员参观涔天河水库扩建县城四联移民安置点、耀丰标准化厂房、凯盈科技、九恒集团、江华温氏总部、桥市乡大鱼塘村生态农业园等6个建设现场。

■ 许又声在永州调研旅游文化产业和扶贫开发工作 2015年4月22~24日，省委常委、省委宣传部部长许又声深入零陵区、双牌县、江华瑶族自治县等地，调研旅游文化产业和扶贫开发工作。许又声首先到永州市潇湘古石雕艺术博物馆参观考察。他指出，古石刻收藏是一件非常有意义的事，零陵区政府要给予大力支持。在永州异蛇实业有限公司，许又声察看公司的产品研发和养蛇基地，鼓励公司依托资源优势，把永州异蛇产业做大做强，带动周边百姓发家致富。在阳明山考察时，他要求双牌要进一步借助“和”文化旅游节的成功举办，打造好阳明山特色旅游。他强调，永州要牢牢把握文化发展的重要机遇，进一步处理好文化产业、文化事业、旅游产业之间的关系，在产业领域求拓展，在人才保障上求发展。

江华瑶族自治县沱江镇塘头坪村是省委宣传部的扶贫开发联系村。许又声到村里亲切看望村民和扶贫工作队员，详细了解村里的基本情况，与村支两委和村民代表座谈，共商村里的扶贫开发大计。他指出，塘头坪村要在扶贫工作队的帮扶下，把村里的基础设施建设当做头等大事来抓，重点抓好人畜饮水工程，搞好村道硬化，结合美丽乡村建设，做好村容村貌的环境治理。产业发展上要积极探索，根据本地特色、特点来发展养殖业和种植业。要利用好宣传口的优势，把村里文体小广场、户户通电视、农家书屋等文化事业做好，丰富村民的文化生活。

许又声还考察江华温氏集团、正海磁材、九恒集团、凯盈科技等企业。

■ 齐续春在永州调研生态文明建设 2015年5月29~30日，全国政协副主席、民革中央常务副主席齐续春率民革中央调研组，在省政协副主席刘晓，市委副书记、市长向曙光等陪同下，在蓝山县和宁远县就少数民族地区生态文明建设情况进行调研。

齐续春一行先后考察蓝山县湘核303地大现代生态农业科技产业园、宁远县鑫农蔬菜种植基地、舜源农业发展有限公司、宁远现代农业产业园（台湾风情百果园）。每到一处，齐续春都详细询问基地和公司发展形势、农民增收情况，并仔细了解当地发展现状。30日上午，调研组在宁远县政务中心召开“少数民族地区生态文明建设”座谈会，听取永州市和宁远、蓝山、江华三县有关生态文明建设工作的汇报以及市民宗委、宁远县扶贫移民局、九嶷山瑶族乡的情况介绍。来自农业部、国务院扶贫办、国家民委等部门的调研组成员，分别就永州市生态产业发展和生态文明建设提出建设性意见和建议。座谈会上，齐续春指出，一个地方的党委政府不抓改革，没有出路；不抓产业，没有发展。在国家新一轮扶贫战略中，南岭地区要通过生态文明建设，来解决扶贫问题；要把生态产业作为致富的突破点，大力发展生态产业，走生态产业致富之路。

■ 李友志在宁远县调研 2015年6月8日，副省长李友志深入宁远县检查高考工作，调研舜帝陵建设有关情况。市委副书记、市长向曙光陪同。李友志深入宁远一中检查高考工作，慰问高考一线工作人员，简单听取宁远县高考工作的介绍，查看视频监控情况，叮嘱工作人员坚守工作岗位，把工作抓细抓实。李友志还到舜帝南巡牌坊、祭舜大道、舜帝陵碑林、古舜帝庙遗址博物馆等地调研，听取舜帝陵建设以及公祭舜帝大典筹备工作情况汇报。

李友志指出，要深入挖掘舜文化内涵，大力弘扬和传承孝德文化精神，更好地教育、激励后人，推进社会主义精神文明建设。要按照轻重缓急、量力而行的原则，优化、调整舜帝陵相关建设项目，进一步建设好舜帝陵。要强化规划引领，完善景区景点规划，切实维护规划的权威性。要充分调动社会力量，支持、参与孝德文化建设，壮大文化旅游产业，推动经济社会发展。要严格按照中央“八项规定”，坚持节俭原则，进一步细化、完善祭典方案，尽快报省政府审定。向曙光表示，要认真落实省政府领导的指示精神，善始善终抓好高考工作，圆满实现平安高考目标；要进一步统一思想认识，加强与省里的汇报衔接，加快修改完善祭舜大典工作方案，全力争取省里支持，把舜帝陵建设推上新的台阶，把祭舜大典筹备工作抓紧抓实抓好。省政府办公厅巡视员黄卫东，省财政厅巡视员刘克邦，市委常委、市委秘书长颜海林，湖南省舜帝陵基金会常务理事长兼秘书长陈金荣，副市长刘尤碧等参加。

■ 赖明勇率省政协督查调研组在永州调研 2015年6月18日，省政协副主席赖明勇率省政协督查调研组到永州，就全市贯彻落实湘发〔2014〕3号文件精神的情况进行督查调研。市领导唐定、易佳良、唐运军等陪同督查或出席座谈会。省政协督查调研组对永州市大胆创新思路、结合永州实际积极贯彻落实湘发〔2014〕3号文件精神所取得的成绩给予充分肯定。要求永州市要把协商民主贯彻到改革发展稳定的整个过程。进一步加强制度建设，为社会主义协商民主提供制度保障。各级政协组织和政协委员要适应新形势、新任务、新要求，不断提高政治把握能力、调查研究能力、联系群众的能力和合作共事的能力。会前，调研组先后深入湖南零陵恒远发电设备有限公司、长丰集团、市政府政务中心等地考察调研。

■ 全省农村土地承包经营权确权登记颁证试点工作会议在祁阳举行 2015年6月24日，全省农村土地承包经营权确权登记颁证试点工作会议在祁阳县召开。省委副书记孙金龙主持会议并作总结讲话。副省长戴道晋作工作报告。

开展农村土地承包经营权确权登记颁证，是深化农村改革的一项基础性工作。2014年，永州市委、市政府作出决定，把抓好农村土地确权登记颁证作为全面深化农村改革尤其是推进农村产权制度改革的“牛鼻子”和“先手棋”，3月启动试点，7月底全面完成试点任务，8月初在全市全面铺开。截至2015年5月底，全市212个乡镇、5048个村完成调查摸底和实地测绘等外业工作，占总数的99%和99.3%；186个乡镇、4535个村进行审核公示、资料归档等内业工作，占总数的87%和89%。孙金龙在作总结讲话时强调，要提高思想认识，把握时间节点，注重工作方法，强化工作责任，加强督促检查，确保工作目标任务的实现。戴道晋指出，要准确把握土地确权登记颁证的总体要求，严格落实土地确权登记颁证的保障措施，要强化督促验收，做好推广成果运用工作。

会上，永州市委书记陈文浩和澧县、祁阳县、岳阳县的县委书记作经验介绍，省委农办、省农委主任刘宗林和省财政厅、省国土资源厅负责人发言。省委副秘书长李文才、省政府副秘书长曹英华和省直有关部门负责人出席会议，永州市领导易佳良、蒋善生、颜海林和其他市（州）领导以及各县（市、区）领导出席会议，各市（州）有关部门负责人、县（市、区）有关部门负责人参加会议。

■ 戴道晋在金洞管理区调研林场工作 2015年6月25日上午，副省长戴道晋深入金洞管理区，调研国有林场改革和林业经济发展。金洞管理区通过多年发展，金洞高值林木产业蓬勃发展并初具规模，建成珍贵树种基地5.7亩，效益明显，为周边乃至全省发展珍贵树种起到很好的带头示范作用，获得“全国珍贵树种示范县”和“中国楠木之乡”的称号。戴道晋指出，一定要深刻领会好党中央、国务院和省委、省政府关于国有林场改革工作的重大决策，从当地工作实际出发，科学制定本地改革实施方案，按期完成改革任务。他强调，要以国有林场改革为契机，加快发展林业经济，力促林场转型，注重生态效应。省政府副秘书长曹英华，省林业厅副厅长柏方敏，市委常委、副市长蒋善生陪同调研。

■ 徐明华调研涔天河水库扩建工程建设 2015年7月16日下午，省人大常委会副主任徐明华率省人大农业与农村委、省水利厅、省移民局负责人，深入江华瑶族自治县视察涔天河水库扩建工程建设与移民搬迁安置工作。徐明华一行驱车先后到涔天河县城四联移民安置点和枢纽工程大坝、电站厂房等进行视察。他强调，要进一步深化思想认识，注重质量安全生产，认真扎实加大政策宣传力度，加快移民安置点和枢纽工程建设进度步伐，做好做细移民搬迁安置等重要工作，确保“一号工程”早日实现。省人大常委会委员、省人大农业与农村委员会委员李小平，省水利厅副厅长王跃生，省移民局副局长杨北伟，省移民局副总工程师钱本章，市委常委舒平，市人大常委会副主任李俊湘陪同调研。

■ 许又声出席盘王节筹备情况座谈会 2015年7月23日下午，瑶族盘王节筹备情况暨江华塘头坪村扶贫工作座谈会在冷水滩召开，省委常委、宣传部部长许又声出席会议。在听取江华瑶族自治县主要负责人所作的瑶族盘王节筹备情况的汇报和省委宣传部驻江华塘头坪村扶贫工作队所作的扶贫情况汇报后，许又声指出，2015年的盘王节要与县庆60周年结合起来，精心策划好“长鼓之韵”文艺演出，并做好宣传工作。要通过节庆活动来提高江华和瑶族文化的知名度，把盘王节打造成全省重点民族节庆品牌。许又声强调，塘头坪村扶贫工作取得明显成效，要切实把扶贫资金用好，把好事办好，要重点抓好村里的饮水安全工程。市委书记陈文浩主持座谈会，市委副书记、市长候选人易佳良，省委宣传部巡视员魏委，市委常委、市委秘书长颜海林，市委常委、市委宣传部部长石艳萍出席座谈会。座谈会前，许又声一行参观猎豹汽车、希尔生物制药和弘电电子公司。

■ 谢勇率队在永州开展“水污染防治法”执法检查 2015年8月5~7日，省人大常委会副主任谢勇率水污染防治执法检查第二组在永州开展执法检查。检查组先后深入零陵区、东安县现场检查，详细了解废弃矿山综合治理、垃圾无害化处理、污水处理厂、水环境保护等具体情况，听取相关情况汇报。检查组充分肯定永州水污染防治所做的各项工作，认为各级党委政府高度重视、思路清晰、措施得力、工作突出，水污染防治取得显著成绩。谢勇指出，水环境关乎老百姓的切身利益，要坚决守护好群众的“水杯子”。要采取得力措施，筑牢防治体系，加强综合治理，健全体制机制，严格执法监管，推动水环境质量持续改善。他强调，既要金山银山，又要绿水青山。市委副书记、代市长易佳良出席执法检查反馈会并讲话。省人大内司委主任委员李平，省人大常委会副秘书长罗述勇，市人大常委会主任高建华，市委常委、常务副市长唐湘林，市人大常委会副主任袁火林陪同检查或出席反馈会。

■ 蔡振红在永州检查安全生产工作 2015年8月26~27日，副省长蔡振红率队深入祁阳、东安、冷水滩等县区就安全生产、民生事业发展等相关工作开展调研。蔡振红一行先后深入祁阳县黎家坪镇养老院、永和养老中心和冷水滩区儿童福利院看望慰问老人、孩子及一线工作人员，查看院内的消防、应急设施。在神华国华永州电厂和长丰集团永州分公司，蔡振红查看项目建设进度和企业生产情况。在调研中，蔡振红对永州市的安全生产工作给予充分肯定。他指出，要时刻绷紧安全生产这根弦，坚守安全生产红线，牢固树立安全发展理念。要严格落实安全生产“党政同责、一岗双责”制度，进一步建立健全安全生产管理机制，完善应急预案，加强安全应急演练，加强重点领域、重点行业的监督检查，坚决防范和杜绝各类安全生产事故的发生。蔡振红还调研商事制度改革和民生保障工作。在市政务中心，当了解到永州市自2014年10月率先在全省试点“先照后证”“三证合一”等商事制度改革，2015年上半年新设立市场主体及注册资本均同比增长变化明显时，蔡振红为永州点赞。他强调，民生保障工作就是要真正为老百姓解决实际问题，各级政府要精准发力，强化措施，做好服务，担当起政府提供公共服务的职能。省民政厅厅长段林毅，市领导陈文浩、易佳良、唐湘林、蒋善生、颜海林等陪同调研。

■ 李友志在宁远检查省公祭舜帝大典筹备工作 2015年9月23日下午，副省长李友志深入宁远县检查省公祭舜帝大典筹备工作。李友志一行先后来到九龙柱广场、明德广场站位、祭祀广场站位、谒陵、舜帝陵、舜帝陵碑林竣工揭牌及祭文碑揭碑仪式现场等地检查。李友志要求，要统筹安排，合理组织，将公祭大典活动办得更好；要进一步查漏补缺，逐项程序、逐个环节细化公祭舜帝大典工作方案，精准发力，具体任务明确到部门、落实到人；要精心谋划好公祭舜帝大典仪式，对各项议程要力求科学、合理、流畅；要进一步加强大典期间的安全保卫工作，制定详细完善的应急预案；要严格按照中央“八项规定”和省委“九项规定”，进一步细化来宾接待方案和服务措施。市委书记陈文浩，市委副书记、市长易佳良，市委常委、市委秘书长颜海林陪同检查。

■ 黄跃进在永州检查指导武装工作 2015年10月18~21日，省委常委、省军区司令员黄跃进率工作组在永州市检查指导武装工作。工作组一行先后视察军分区机关和祁阳、冷水滩、东安、零陵等县区人武部，亲切看望慰问军分区部队官兵和民兵预备役人员，并听取永州军分区党委以及各县区工作汇报。黄跃进充分肯定军分区部队建设情况。他指出，永州市、县两级党委、政府高度重视党管武装工作，国防动员、民兵预备役建设等工作形成特色。他要求，军分区部队要认真履行“党委军事部、政府兵役机关”职责，积极探索军民融合深度发展，促进武装工作与经济建设协调。要按照“熟悉一地、融入一地、建功一地”的要求，搞好研究成果转化，促进地方经济建设。充分发挥民兵预备役人员的突击队作用，认真组织官兵参加应急处突、抢险救灾和地方各项建设，切实产生增值、减损、解困、助力效益。要适应形势任务需要，不断健全“党委主导、军队主筹、国动委主管、政府主抓、部门企业主办”的国防动员机制。陈文浩、易佳良、张严、高建华、唐定、朱映红、颜海林、张恒洲、王守海、耿保民、陆鸿、付德定等市党政军领导先后陪同。

■ 蔡振红在永州开展“一进二访”调研活动 2015年10月20~22日，副省长蔡振红深入永州市，进村入户、访困问需、访贫问计。在江永县黄甲岭乡白马村、允山镇向光村和兰溪瑶族乡黄家村，蔡振红详细询问贫困户莫床旺、欧阳京华、蒋联桃、何善梅的基本情况。蔡振红对省民政厅、省工商局、省信访局扶贫工作组进驻江永县的3个村级扶贫点工作表示满意。他要求，要核准扶贫对象，建档立卡，仔细摸底核查，精准确定扶贫对象。要完善脱贫计划，针对贫困户致贫原因，将贫困对象进行分类梳理，分别制订脱贫计划，逐户明确具体帮扶措施。要坚持问题导向，重点聚焦解决基础设施、产业发展、就业培训、金融支持、移民搬迁、医疗救助、社会保障、基本公共服务等领域存在的困难和问题。要落实结对帮扶，确保每一个贫困村、贫困户有帮扶责任人。蔡振红强调，要以“一进二访”（进村入户、访困问需、访贫问计）为抓手，确保扶贫开发工作落到实处。市、县、乡、村各级要紧紧抓住各方面的有利机遇，努力破除各方面的发展障碍，立足江永“三香”、女书等资源优势和文化优势，大力发展特色农业、林业、旅游等优势产业，让更多的贫困地区群众摆脱贫困。蔡振红还考察蓝山县必达电子公司、南门社区，宁远县九嶷山舜帝陵、舜德书院，江华县涔天河水库扩建工程、九恒集团公司等民生保障工作和项目建设。省政府办公厅、省工商局、省民政厅、省信访局负责人，市领导易佳良、蒋善生、舒平等陪同考察。

■ 张文雄在永州调研精准扶贫工作 2015年10月27~28日，省委常委、省委宣传部部长张文雄在江华瑶族自治县调研精准扶贫工作，开展“一进二访”活动。张文雄首先到省委宣传部扶贫联系村沱江镇塘头坪，看望慰问有55年党龄的老党员赵满妹，希望她保重身体，生活越来越好。地贫困户廖继贵和结对帮扶贫困户李炳吉、蒋兴田家里，张文雄与他们促膝谈心，了解贫困原因，征求他们对脱贫致富的想法和打算。在与村民座谈时指出，精准扶贫要明确扶贫到户这个指导思想，因户施策。27日晚上，张文雄召开江华县扶贫主体责任落实督查会，听取市、县精准扶贫工作情况汇报。陈文浩在会上汇报永州市实施精准扶贫的主要做法。张文雄认为，永州市贯彻中央、省委实施精准扶贫工作态度坚决，思路清晰，措施有力，行动迅速，工作落实。他指出，江华的脱贫任务还很艰巨，全县还有贫困村150个、贫困户21818户、贫困人口82607人。要按照倒计时分解年度目标任务，做到精准扶贫到年度、到村里、到农户；按照倒计时落实精准扶贫的措施，精准识贫、产业发展、干部结对、教育培训、危房改造、基础设施、财政兜底、考核验收等要到村到户、到事到人；按照倒计时强化帮扶责任，落实县乡扶贫帮扶责任，配优选强村支班子，选好带头人。

调研期间，张文雄还接待信访群众，对信访人反映的信访事项提出明确的息访措施。张文雄指出，信访就是信任，是对党委政府的信任。要按照习近平提出的对群众诉求合理的要解决问题到位、诉求无理的要思想教育到位、生活困难的帮扶救助到位、行为违法的依法处理的要求，对信访群众有感情，把群众的来信当家信，把来访的群众当家人，把群众反映的事情当家事，认真加以解决到位。张文雄还考察江华移民安置点建设和经开区部分企业，到沱江镇听取部分基层党代表意见，希望基层党代表要发挥好紧密联系群众、团结广大党员，发挥桥梁纽带和上传下达的作用，做好党员和群众的工作。

省委宣传部常务副部长、省委副秘书长李发美，省委宣传部巡视员魏委，省发改委副主任刘山，省信访局副局长夏玄英，省民政厅副厅长邓磊，省水利厅巡视员白超海，省扶贫办副巡视员杨文辉，市委副书记、市长易佳良，市委副书记张严，市委常委、市委秘书长颜海林，市委常委、市委宣传部部长石艳萍参加调研和出席座谈会。

■ 黄关春在永州调研公安和禁毒工作 2015年11月9~11日，副省长、省公安厅厅长黄关春在永州市调研公安和禁毒工作。黄关春先后深入到冷水滩区、零陵区、江永县等地看望慰问公安干警，察看公安机关和基层派出所建设，了解永州市禁毒工作开展情况。在市公安局机关，黄关春点击察看微博微信发布情况，要求利用好这一网络平台，把警务信息及时准确发送到社会和人民群众中去。在零陵区徐家井派出所，黄关春希望全体干警要继续发扬好派出所的优良传统，把徐家井派出所这个全国先进发扬光大。在江永县上江圩镇幸福村，黄关春对村里“一村一警”城乡社区警务改革所取得的成效给予高度肯定。调研期间，黄关春听取全市经济社会发展以及公安和禁毒工作情况汇报。黄关春认为，永州近年来经济社会变化很大，发展很快，老百姓安居乐业，城乡一体化协调发展局面很好。黄关春要求，永州市公安机关要全面加强情报信息收集管控，坚决推进反渗透、反颠覆、反恐怖、反邪教等工作，维护国家安全和政治稳定。要通过开展“严打”专项行动，维护社会治安大局稳定，保障人民群众的安全。黄关春强调，要抓好重点工作，确保警务实战效能的提升。要调整工作思路和方法，进一步落实“两加强两提升”警务战略；各级公安要加强研判，科学调度，扁平指挥，合身作战，精准打击，全面防范，重点管控，动态备勤，主动应对；要做好实有人口的采集录入，视频监控设备建设，旅店、宾馆、网吧的实名登记制，治安卡点建设，DNA 指纹库和技侦网侦等重点工作。要推动禁毒工作社会化，打人民禁毒战争，加大缉毒执法打击力度。

陈文浩表示，市委、市政府将继续抓好公安工作，确保“三个安全”，进一步把永州的事情做好。禁毒工作要强化责任制，抓好戒毒所，把禁毒的社会化工作进一步落实，努力建设和美、和谐永州。省政府办公厅副主任罗建军、省公安厅副厅长李介德、省公安厅警令部主任潘小松、省公安厅警保部主任蒋建湘、省公安厅禁毒总队总队长董瑛，市领导易佳良、张严、颜海林、刘新良陪同调研。

■ 黄跃进在永州检查考核党风廉政建设责任制落实情况 2015 年 11 月 26~27 日，省委常委、省军区司令员黄跃进率队在永州市检查考核党风廉政建设责任制落实情况。在永州市 2015 年度落实党风廉政建设责任制工作汇报会上，黄跃进听取市委书记陈文浩关于党委履行主体责任情况汇报和市委常委、市纪委书记朱映红关于纪委履行监督责任情况汇报。市委副书记、市长易佳良主持汇报会。黄跃进认为，永州市委、市纪委以强烈的责任感，推动“两个责任”落地生根，工作力度大，抓得实，亮点多，成效明显。他强调，党风廉政建设责任制是反腐倡廉的制度性安排，党委主体责任和纪委监督责任是党章赋予各级党委和纪委的重要职责，是各级党委和纪委必须履行的政治担当、必须完成的政治任务、必须遵守的政治纪律。他指出，要以检查考核为契机，推进党风廉政建设持续发展。他要求，要扎实而为，认真做好检查考核工作。市委、市纪委要高度重视，全过程地、扎实地做好每一项工作，要切实用好考核成果，推动党风廉政建设不断取得新成效。省纪委常委、省监察厅副厅长、省预防腐败局副局长、省检查考核组组长程纪龙和检查考核组成员出席。市委、市政府领导班子成员，市人大、市政协主要领导，市纪委、市监察局领导班子成员参加汇报会。

在永检查考核期间，检查考核组深入到冷水滩区、市人力资源和社会保障局、市反腐倡廉教育中心等地考查调研，并在零冷中心城区开展作风建设明查暗访。组织召开述责述廉暨民主测评大会，对市委领导班子和市委、市人大、市政府、市政协领导班子成员，“法检”两长，市纪委副书记落实党风廉政建设责任制情况和领导干部廉洁从政情况进行民主测评。

■ 康为民在永州调研法院工作 2015 年 12 月 10 日，省高级人民法院党组书记、院长康为民在永州市调研法院工作。康为民先后深入零陵区人民法院、市中级人民法院、市人大常委会、冷水滩区人民法院及民营企业宇秀食品等地现场调研考察。康为民看望慰问各位坚持在一线的基层干警，听取大家的意见和建议，对永州市两级法院积极探索司法改革、努力提高办案水平等工作给予充分肯定。特别是全市法院民调得分列全省法院第一，康为民表示赞赏。康为民强调，司法关乎社会公平正义，永州市、区两级法院要认真贯彻落实省委书记、省人大常委会主任徐守盛在省高级人民法院调研时提出的“五个始终坚持”要求，始终坚持党的领导，始终服务大局，始终严格公正为民司法，始终坚持问题导向，始终从严治院、从严管理。要认真总结办案经验，切实提高办案水平，努力让群众在每一起司法案件中感受到公平正义。要深入推进司法体制改革，破解工作中存在的问题和困难，探索审判长负责制等改革工作。要加强队伍建设，院长和班子成员要做践行“三严三实”的表率，发挥带头模范作用。要坚持围绕中心、服务大局，积极为群众排忧解难。市委副书记张严，市人大常委会主任高建华，市人大常委会副主任杨海河，市中级人民法院院长罗重海等陪同。

精神文明建设

■ 社会主义核心价值观教育 2011~2015 年，永州以市委办文件下发培育和践行社会主义核心价值观实施方案，召开全市培育和践行社会主义核心价值观工作座谈会，组织专业人士谱写《歌唱社会主义核心价值观》之歌。组建市委宣讲团，分头到市直、中央、省驻永单位、县区（管理区、经开区）宣讲 500 余场次。抓 24 字公益广告宣传。利用市直主要新闻媒体黄金时段和版面刊播 24 字核心价值观，在城市主要进出路口、车站码头、人群聚集

“书香永州”启动仪式

区、建筑围档、电子显示屏等公共场所发布1万余条（幅）。编撰出版发行3万册地方文化浓郁的《社会主义核心价值体系三字经》漫画册；开设大型文化精品栏目《品读永州》，创设《潇湘讲坛》，以多种形式写永州、画永州、唱永州、说永州，诠释核心价值观的永州篇章；将社会主义核心价值观贯穿于文明创建全过程，突出价值引领。

■“道德之乡讲道德”主题教育实践活动 2011~2015年，永州落实文明创建“人更善”的工作目标，按照“十个有”“七个一”的要求，开设道德讲堂600多个，活动2000多场次。先后两次召开道德讲堂建设现场观摩会和工作推进会。开展全国每年“9·20”公民道德宣传日系列主题活动，组织道德模范、身边好人进机关、进社区、进校园巡回宣讲，现身说法，引起强烈反响和共鸣。评选表彰永州“十大骄子”和系列“最美人物”，总结挖掘推介全国模范检察官陈运周、宣传系统老黄牛袁忠民等全国、全省先进典型。推评出余锦柱、盘晓红等全国道德模范提名奖、省道德模范3名，市道德模范34名，美德少年20名，全国身边好人3名。《发掘好道德建设的活水源头》获省委宣传部优秀创新案例。

■群众性精神文明创建 2011~2015年，永州以市文明委文件出台《永州市精神文明建设三年规划（2014年~2016年）》《永州市文明指数测评体系》《永州市精神文明建设工作考评细则》。市文明委委托市国调队就“八大环境”“一项创建活动”对全市县区进行实地文明指数测评，组织部分文明委成员单位对各县区（管理区、经开区）进行精神文明建设工作考评。开设道德讲堂，学雷锋志愿服务，开展文明交通、文明餐桌、文明劝导、文明传播四大行动等重点工作，突出价值引领和道德内涵。2014年，全市有8个单位被评为全国文明村镇、文明单位，34个单位被评为全省文明县城（城区）、文明村镇、文明单位。2015年，全市有156个单位申报创建市各类文明单位。

■未成年人思想道德建设 2011~2015年，永州大力推动社会主义核心价值观进校园、进课堂、进学生头脑。60%以上的中小学生对3个层面的核心价值观有了解和认知，城区的中小学生80%能背诵24字核心价值观。东安离休老干部钟挺华创设社会主义核心价值观演示操，深受中小学生欢迎。围绕创国家卫生城市、创交通管理模范城市、创全国文明城市等创建活动，各级各类学校加强对学生的文明养成教育，开展“小手拉大手，文明齐步走”“我是文明宣传员”“全家共谱文明曲”等主题实践活动。加强对乡村学校少年宫、心理咨询站的建设、管理和使用。2011年以来，中央文明办、教育部、财政部利用公益彩票基金支持全市建设乡村学校少年宫46所，省里三部门配套建设59所。市财政投入配套资金30万元，在永州市一中建设一所高档次的全市性未成年人心理咨询辅导站，利用多种平台加强未成年人心理辅导。市文明办会同市教育局、市财政局切实加强对105所乡村学校少年宫和1所心理咨询站建设、管理、使用的指导督查力度。

■学雷锋志愿服务活动 2011~2015年，永州市加强对志愿服务组织的培育建设和指导力度，组建青年志愿者、巾帼志愿者、文化志愿者、生态环保“绿色卫士”志愿者、关爱残疾人志愿者等50多支志愿服务队伍，仅市义工协会有团体会员单位15个，个人会员3000余人。截至2015年年底，全市在省志愿服务网注册志愿者681016人，位居全省前列。广大志愿者围绕中心工作开展创国家卫生城市、创交通管理模范城市、创全国文明城市等志愿服务活动近200万人次。市直单位、中央、省驻永单位干部职工投身到文明劝导、夜间巡逻、无偿献血，结对帮扶等志愿服务活动中，发挥示范表率作用。江华、零陵等县区志愿服务步于制度化、常态化轨道。2015年春节期间，全市征集微心愿6825个，认领微心愿4052个。湖南科技学院中文系被评为全省学雷锋志愿服务先进集体，市财政局退休干部李玉华、祁阳县白竹湖社区唐华被评为省学雷锋先进个人。利用新兴媒体大力宣传普及“学习雷锋，奉献他人，提升自己”的志愿服务理念和“奉献、友爱、互助、进步”的志愿者精神，传递正面声音，传播正能量。开通“文明永州”官方微博和手机微信，组建网络文明传播志愿者队伍 124 个，注册志愿者 7320 人。“文明永州”微博的粉丝 3.85 万人，撰写和转发优秀博文 8.6 万条，居全省前列。

市、市直机关和中央、省驻永州单位领导名单

中共永州市委员会

书　　记　陈文浩

副书记 市长　易佳良

副书记　张　严

常　　委　董石桂　唐湘林　蒋善生　朱映红　颜海林　石艳萍　舒　平　张恒洲　唐能武

秘书长　颜海林

副厅级干部　伍　军

副秘书长　蒋井泉　林遵槐　杨社顺　蒋跃鹰　蔡建军　周进荣　胡　浩　段联群　施创太

永州市人大常委会

主　　任　高建华

副主任 巡视员　程晨曦

副主任　杨海河　袁满娥　周小驹　袁火林　郑柏顺　李俊湘

秘书长　蒋千红

副秘书长　陈丽萍

永州市人民政府

市委副书记 市长　易佳良

市委常委 常务副市长　唐湘林

市委常委 副市长　蒋善生

副市长　刘尤碧　罗双全　张常明　刘新良　严兴德

正厅级干部　荣燕明　戴菊芳

秘书长 政府办主任 党组书记　文绍涛

副秘书长 政府办 党组副书记　陈景茂

副秘书长　郑亚平　唐社成　齐爱社　李黎武　胡　羲　何德波　段灵利　陈小平

政协永州市委员会

主　　席　唐　定

副主席　彭爱华　周秀英　张建亮　唐运军　封金祥　吕　斌　田　浩

党组成员 秘书长　宋可福

副秘书长 研究室主任　刘翼平

副秘书长　欧阳国川　李爱华

永州军分区

司令员　王守海

政治委员　张恒洲

参谋长　耿保民

政治部主任　陆　鸿

后勤部长　付德定

中共永州市纪委

市委常委 纪委书记　朱映红

市政府党组成员 纪委副书记 市监察局局长 预防腐败局局长　张国峰

纪委副书记　黄　冰

监察局副局长　彭爱华

纪委常委 监察局副局长 正处级纪检监察员　盘晓波

纪委常委　杨复权

纪委常委 秘书长　陶爱民

纪委常委 监察局副局长　段春平

纪委常委 监察局副局长 预防腐败局副局长　胡远陵

监察局副局长　邓群力

预防腐败局专职副局长 预防腐败室主任　李四君

正处级纪检监察员　罗光辉

办公室主任　何胜瑞

组织部部长　杨建科

宣传部部长　宾柱元

调研法规室主任　唐阳陵

党风政风监督室主任　齐小玉

信访室主任　何文艺

案件监督管理室主任　何小红

第一纪检监察室主任　曾瑶平

第二纪检监察室主任　王　勤

第三纪检监察室主任　陈铸里
第四纪检监察室主任　汤小兵
第五纪检监察室主任　廖道南
第六纪检监察室主任　唐　元
案件审理室主任　刘　颖
纪检监察干部监督室主任　丁爱平
正处级纪检监察员　蒋益霞
副处级纪检监察员　王柏青

市人民法院

党组书记、院长　罗重海
党组副书记、副院长　欧守冬
党组成员、纪检组长　蒋仕贵
党组成员、副院长　周伟平
副院长　高和平
党组成员、副院长　郭红艳　柏国春　盘树峰
党组成员、政治部主任　张胜广
审判委员会专职委员　黄绍祯　朱海平
正处级调研员　黄景华
副处级审判员　田光耀　刘伟华　李卫林　郑和生　顾能辉　黄雪云　谭兴伟　陈连明　宾登军　张明林　张晓龙

市人民检察院

党组书记、检察长　文兆平
党组副书记、副检察长　张少文
党组成员、副检察长　赵秋生
副检察长　潘衡湘
党组成员、副检察长　邓忠新　罗厚清
党组成员、政治部主任　季建军
党组成员、副检察长　刘　高
党组成员、纪检组长　卿飞舟
党组成员、反贪污贿赂局局长　熊学军
党组成员、反渎职侵权局局长　屈芳玲
检委会专职委员　卢锦江　章陵邵
正处级检察员　潘振仕
副处级检察员　刘定成
控诉处处长、副处级检察员　王党生
行装处处长、副处级调研员　刘兴华
监所处处长、副处级检察员　王明安

民主党派市委·市工商联

中国国民党革命委员会永州市委员会

主任委员　封金祥
专职副主任委员、秘书长　唐　翔
副主任委员　郑银芳　伍重武　魏秋云

中国民主同盟永州市委员会

主任委员　袁火林
副主任委员　朱衡宁（专职）　邓国文　姚如男　熊华清

中国民主促进会永州市委员会

主任委员　周秀英
专职副主任委员　桂金玉
副主任委员　张树明　胡建辉
委员　万　萍　莫顺斌　陈丽萍

中国农工民主党永州市委员会

主任委员　田　洁
专职副主任委员　熊忠东
副主任委员　欧阳德群　周云玲　唐　彧
委员　李智媛

市工商联

主席　吕　斌
党组书记　欧阳树生
副主席、党组成员　蒋文辉
副主席　蒋宁南
党组成员、秘书长　吴文旭

市委工作机构及直属单位

市委办公室

主任　颜海林
副主任　梁　军　姜宁燕
纪检员　陈海平
原副秘书长　赖中霖
保密室主任　周俊卫
综调室主任　贺永景
文秘室主任　蒋金银
常委会秘书　唐清林
机要局局长　蒋黔南
副调研员　廖才燮　阳进姣　魏勇波

市委组织部

部长　董石桂
副部长　周益志　李　钢　裴春雷　唐树成　刘玲军
部务委员　艾建华
副处级纪检员　祝　平

原干部一室主任　郑可旺

原公务员管理室主任　李永霞

原基层办主任　郑国荣

副处级组织员　段发生

市委宣传部

部长　石艳萍

副部长　市社科联主席　蒋三立

副部长　周平平　王再兴　蒋旭军

副处级纪检员　唐旭

市文明办主任　陈水恩

市委网宣办主任　市政府办副主任　陈志华

市委外宣办主任　市政府新闻办主任　左亚军

市委统战部

部长　董石桂

副部长　市工商联党组书记　市非公党工委书记　欧阳树生

副部长　吕文桂

副部长　市侨联党组书记　邓晓明

副处级纪检员　彭新蓉

副调研员　王焕金

市委政法委

书记　唐能武

常务副书记　唐国玉

副书记　市维稳办主任　唐群英

副书记　王俊斌　陈军中

委员　纪检组组长　秦雄飞

委员　政治部主任　艾祥柏

委员　市综治办副主任　唐戴莉

市综治办副主任　潘海山

副调研员　秦春林

市直属机关工作委员会

书记　乔晋平

副书记　李忠富　陈新兰　伍绍东

纪工委书记　刘逊日

委员　涂万林

市委政策研究室（市委改革办）

主任　段联群

副主任　沈勇强

市委改革办专职副主任　匡俊杰

副主任　蒋洪波

市机构编制委员会办公室

主任　吴剑林

副主任　何长生　邓家旭

副调研员　黄大文

市事业单位登记管理局

局长　蒋欧林

市农业委员会

党组书记　主任　周善生

党组成员　副主任　段贵建　杨延生　肖六春　于恒　田焕福　张卫阳　龚文生

党组成员　纪检组长　刘江平

党组成员　副主任　王琼

总农艺师　党组成员　胡秀良

党组成员　副主任　刘新峰

副主任　夏炜

原市农村工作部部长　原永州市农办主任　党组书记　曹文德

调研员　颜小毛　徐剑星

原市能源办主任　曾小玲

市委党校

常务副校长　许洋名

副校长　郑文飞　伍春波　黄燕

纪检组长　唐启君

副校长　刘丁旺

教育长　李跃军

公安干校校长　唐伍星

公安干校政委　王丽波

公安干校副校长　王惠军　孔小良　朱建成

人事处处长　曾晓兰

教务处处长　唐晓波

财务处处长　谢知生

后勤处处长　姜宏伟

监察室主任　李忠翠

马克思主义基本理论教研室主任　范仰棋

党史党建教研室主任　刘少兵

经济学教研室主任　蒋秧生

公共管理教研室主任　宋菊香

警务技能教研室主任　罗瑞平

社会办学处处长　唐定彪

信息技术及远程教育室主任　陈善文

副调研员　胥庆辉　蒋莉　蒋祥明

副处级干部　蒋大文

市委机关事务管理处

主任　蒋跃鹰

副主任　朱志祥　王素娟　李建林

副调员　黄凌明

市党史与地方志征集编纂办公室

主任　李俊江

副主任 桑亚平 高波
副调研员 高爱国

市档案局

局长 蒋刚生
副局长 阳寰宇 贺旺喜
副处级纪检员 廖满婷

市信访局

党组书记、局长、市联席办主任、市调纠办主任 陈小平
党组成员、副局长 高文 周劭文 阳辉文 唐雅静
党组成员、纪检组长 黄湘永
党组成员、副局长 杨宇
市联席办常务副主任、调研员 严星明
副调研员 成建军

市国家保密局

局长 周俊卫

市委市政府接待处

处长 施创太
副处长 程万衡

市委老干部局

局长 刘玲军
副局长 蒋兴华
副调研员 高红卫
市老干部活动中心主任 郝志伟

市委讲师团

主任 周勇
副主任 李国仲 吴秋香

永州日报社

党组书记、社长 刘波
党组副书记、总编辑 欧显庭
党组成员、副总编辑 吕晓勇
党组成员、副社长 阳城乡
党组成员、副总编辑 蒋剑翔 万跃飞 曾锐
党组成员、纪检组长 章莉
副调研员 王彩星

市广播电视台

党委书记、台长、总编辑 蒋三秋
党委委员、副台长 杨向东 刘楚平
党委委员、纪委书记 唐新华
党委委员、副总编辑 罗光国 唐群星
总工程师 钟伟
工会主席、副调研员 柏高见
副调研员 夏国忠 罗剑君
副处级干部 欧朝阳

市委台湾工作办公室、市政府台湾事务办公室

主任 周生来
副主任 黄昌勇

市人大各专门委员会及常委会工作机构

办公室

主任 蒋千红
副主任 杨胜贮 蒋煦
副处级纪检员 张月惠

选举任免联络工作委员会

主任 吴庚辛
副主任 严俊

研究室

主任 邓海波
副主任 朱振华

民族华侨外事委员会

主任委员 钟敦北

内务司法委员会

主任委员 雷燕平
副主任委员 沈京生

财政经济委员会

主任委员 刘志强
副主任委员 严兴朝

教育科学文化卫生委员会

主任委员 封立辉
副主任委员 赵玉芳

农业与农村工作委员会

主任委员 周龙江
副主任委员 秦建莉

城乡建设与环境资源保护委员会

主任委员 李章发
副主任委员 贺晓福

市政府工作部门

市人民政府办公室

政府办主任、党组书记 文绍涛
党组成员、纪检组长 张疑斌
党组成员、副主任 唐辉 乐家茂
调研员 崔福生 唐永华 李鼎荣
副调研员 汪庆云
原应急办主任 黄世轩
原督查室主任 蒋爱新
原文秘室主任 黄建军
市优化办主任 唐基归

市发展和改革委员会

党组书记、主任 陈宇荣
党组副书记、副主任 张荣华 郑朝晖
党组成员、副主任 周乾兴 何挺松 李武生 周芳文 胡明
党组成员、纪检组长 张建民
党组成员、总经济师 陈刚平
党组成员、副主任 梁志军
副调研员 周克武
原委党组成员、副主任 魏建成

前期办主任　易恢贤

市重点办主任　卿惠玲

市价格监督检查局局长　邓利民

市经济和信息化委员会

党组书记、主任　谭立宏

党组成员、副主任　李润志　周海波　左小衡　彭　峰　陈曙光　柏芝青

党组成员、纪检组长　谢和平

党组成员、总经济师　冯伟林

电力执法支队支队长　贺永林

工业技术改造办公室主任　李　莹

市教育局

党组书记、局长　蒋俊林

党组成员、副局长　滕永兴　何　宁

副局长　李谋韬

党组成员、副局长　刘安球

党组成员、市教育考试院院长　张建华

党组成员、纪检组长　王亚春

党组成员、副局长　陈泽利

党组成员、市教育工会主席　任　福

党组成员、主任督学　杨兰荣

市科学技术局

局长　封金祥

党组书记　廖　毅

党组成员、副局长　张　超　尹明宇　蒋五定

党组成员、纪检组长　李谋智

党组成员、副局长　何　勇　奉来生

副调研员　廖翠娥

市民族宗教事务委员会

主任、党组书记　李农妹

党组副书记、副主任　刘志刚

纪检组长、党组成员　赵　飞

副主任、党组成员　吴天明　吴军臣

市公安局

党委书记、局长　刘新良

副局长、党委委员　刁兰富　龙　刚　沈林松

纪委书记、党委委员　郑　勇

副局长、党委委员　秦建彪　周礼功

政治部主任、党委委员　张　珞

副局长、党委委员（挂职）　易文中

副局长、党委委员　雷顺华

工会主席　周备战

一级警督　何永清　夏红兵　蒋纯铁　冯徐生

调研员　李雪勇　万建强　陈建华

警令部主任　何军湘

警务保障部主任　唐红林

副调研员、警务保障部政委　陈勇君

法制与信访办公室主任　罗功军

刑侦支队支队长　蔡明光

刑侦支队政委　贺永健

国保支队政委　刘健武

治安支队政委　谭国友

禁毒支队支队长　夏卫武

禁毒支队政委　邓和平

经侦支队支队长　刘崇华

经侦支队政委　陈祖国

巡警特警支队支队长　朱峻波

巡警特警支队政委　文会华

人口与出入境管理支队政委　王舜奇

网监与行动技术政委　蒋汉中

监管支队支队长　蒋秀亮

监管支队政委　陈健民

副调研员、预审支队支队长　刘　军

交警支队支队长　杨运吉

交警支队政委　王国宣

副处级侦察员　邓建军　邓竹林　欧阳晓芬　程精忠

副处级侦察员、交警支队副支队长　唐兴宇

副调研员　朱玉强　肖祥智

副调研员、警务督察支队负责人　屈建华

副调研员　邹智君

市公安干校政委　王丽波

市公安干校副校长　孔小良

市民政局

党组书记、局长、社会组织党工委书记　肖余胜

党组副书记、副局长　李爱玲

党组成员 副局长 周基良 陈宇永 吴林峰 陈炜 谢江南
党组成员 纪检组长 王庆华
副局长 熊华清
副调研员 曾宪元
市慈善办主任 孙文波
市殡葬事业管理处主任 蒋方月

市司法局

党组书记 局长 雷廷玉
党组成员 副局长 杨长耀
副局长 廖信安
党组成员 副局长 赵常斌
党组成员 纪检组长 罗成
党组成员 副局长 李伟
党组成员 政治部主任 蒋小波
副调研员 蒋和平

市财政局

党组书记 局长 杨军元
党组副书记 副局长 唐建华
党组成员 总会计师 彭剑
党组成员 副局长 何代林
党组成员 纪检组长 郭齐民
副局长 刘亚屏
党组成员 副局长 谢交发
党组成员 农开办主任 唐小明
调研员 张金生 欧阳正才
副调研员 欧阳小平
非税收入征收管理局局长 杨迪
农开办副主任 张智 何红专 刘勇 邓美光 鲁强
国库集中支付中心主任 马玮
投资会计核算中心主任 刘林秀
县域经济与产业发展融资中心主任 陈晓旺
财政投资评审中心主任 刘世荣
市政府驻涔天河监事会主席 陈蓓蕾

市人力资源和社会保障局

党组书记 局长 唐树成
党组副书记 副局长 文俊学
党组成员 副局长 何晓红 蒋新山 蒋红霞 邹越
党组成员 纪检组长 刘雪林
副局长 伍重武
党组成员 副局长 匡雄峰
公务员局局长 唐巍松
副调研员 李高林

市国土资源局

党组书记 局长 黄海淞
党组副书记 副局长 杨建林
党组成员 副局长 唐涨国 黄虎雄 李文乾
党组成员 总经济师 唐纯
党组成员 执法监察支队长 蒋剑
党组成员 纪检组长 陆享国
党组成员 总工程师 温小新
调研员 袁养顺
副调研员 彭志君
土地储备中心主任 何眷
土地开发整理中心主任 杨青松
副调研员 段二喜 洪勇 李之强 蒋建俊

市住房和城乡规划建设局

党组书记 局长 彭晓东
党组副书记 副局长 周英杰 贺德林
党组成员 园林局局长 刘玉林
党组成员 副局长 彭善新 蒋志刚
总工程师 陈鑫
党组成员 纪检组长 桂爱广
副局长 李喜云
党组成员 副局长 刘太平
党组成员 工会主席 石先波
副调研员 李向阳 王衡

市交通运输局

党组书记 局长 秦功智
党组副书记 副局长 李建军
党组成员 副局长 吴荣益 裴路成 李序军
党组成员 纪检组长 于东铭
党组成员 副局长 市邮政管理局局长 唐卫国
党组成员 总工程师 蒋竣
党组成员 工会主席 陈小平

市水利局

局长 党组书记 廖荣良
党组副书记 副局长 黄保平

党组成员 副局长　曹小阳　王瑶东
王桂芳　李启华
党组成员 总工程师　蒋燕翔
党组成员 纪检组长　蒋正生
党组成员 副局长　欧阳平清
调研员　石　琪
副调研员　唐桂荣　单剑平
防办主任　李国旗

市林业局

党组书记 局长　艾艳君
党组副书记 副局长　肖济民
党组成员 副局长　首才雄　刘新民
副局长　花向群
党组成员 副局长　王利民　蔡昌德
党组成员 纪检组长　陈君才
党组成员 总工程师　何晓东
调研员　胡向红
副调研员　赵明雄　柏劲松
市森林公安局局长　李建华
市森林公安局政委　王应华
都庞岭国家级自然保护区管理局局长　李湘林

市商务和粮食局

局长 党组书记　邓　群
副局长 党组副书记　李燕军
副局长 党组成员　陈军杰　曾全国
李　烨　徐明华
李乾亮　王硕球
张　宏　刘大平
单春兰
工会主席 党组成员　蒋健民

副局长 党组成员　邓建华
纪检组长 党组成员　谢科平
调研员　邓显双
副调研员　杨增久　吴小芳
口岸办主任　周勇新
安全生产工作领导小组办公室主任　杨祝锋

市文化广电新闻出版局

党组书记 局长　李小星
党组成员 副局长　张科春　唐泽国
赵荣学　赵月辉
盘炳顺
党组成员 纪检组长　唐云春
副局长　孙耀梅
副调研员　黄大伟

市卫生和计划生育委员会

党组书记　周长光
主任　欧阳德群
党组副书记 副主任　唐海德
副主任　田　洁
党组成员 副主任 市计生协会常务副会长　蒋玲萍
党组成员 副主任　王群路
副主任　蒋陆阳
党组成员 副主任　赵承保　万松青
党组成员 总会计师　郭秋玲
党组成员 副主任　任水平　严行斌
党组成员 纪检组长　唐永沐
党组成员 副主任　刘建雄
调研员　卿民华
副调研员　陈荣斌　杨小兰
康　灿
市计生协会副会长　李双元

市爱卫办主任　李　攀

市审计局

局长 党组书记　龚跃林
副局长 党组成员　柏　玉　雷玖夏
王平波
总审计师 党组成员　蒋跃军
纪检组长 党组成员　胡剑平
副局长 党组成员　曾庆廉
市经济责任审计工作领导小组办公室专职副主任　唐亚平

市环境保护局

局长 党组书记　王衡平
副局长 党组副书记　于铁生
副局长 党组成员　何小华　周治水
王宁军　饶刚林
纪检组长 党组成员　李建华
总工程师 党组成员　林朝阳
调研员　王跃明
副调研员　蒋宏国
市环境监察支队支队长　刘　勇
市环境监测站站长　刘旭红

市统计局

局长　李旦梅
党组书记　翟昆华
党组成员 副局长　李海云　唐军吉
唐陶国　刘汉武
副局长　周晓芬
党组成员 纪检组长　黄小明
党组成员 总统计师　肖飞鹰

市旅游外事侨务局

党组书记 局长　唐海涌

党组副书记 副局长 李长文

党组成员 副局长 邓承荣 颜贵平 陈月全 唐修峰 刘璇

党组成员 纪检组长 肖白果

副调研员 易川

市城市管理行政执法局

党组书记 局长 张建坤

党组副书记 副局长 罗顺山

党组成员 副局长 张亚林 刘新军 张造明 唐荣辉

党组成员 纪检组长 唐文波

市工商行政管理局

党组书记 局长 张国政

党组副书记 副局长 黄明华

副局长 韩顺华

党组成员 副局长 王卫红 谢来旺 吴跃归

党组成员 工会主席 潘俐华

调研员 阳卫华

副调研员 李俊斌 何垂醒 杨立芳

市质量技术监督局

党组书记 局长 高守凯

党组副书记 副局长 贺建民

副局长 文革 蒋之 唐彧 刘勇民

纪检组长 李立志

副调研员 周德贵 钟立进

市食品药品监督管理局

局长 党组书记 肖东民

副局长 党组成员 刘雄 曹晓春 卿宁萍 陈三明

纪检组长 党组成员 陈泽民

副局长 党组成员 俞建林

副局长 赵颖

副局长 党组成员 陈三明

调研员 张桂芳

市人民防空办公室

党组书记 主任 蒋明清

党组副书记 副主任 廖焕新

党组成员 副主任 工会主席 吴国政

党组成员 纪检组长 左秋玲

党组成员 副主任 刘德顺

副调研员 杨跃

市安全生产监督管理局

党组书记 局长 段灵利

党组副书记 副局长 何团仁

党组成员 纪检组长 秦晓晖

党组成员 副局长 黄冬满 韩俊民 罗水文

党组成员 总工程师 刘勇

调研员 骆龙润

副调研员 周鹤 唐云辉

市安全生产应急救援指挥中心主任 何芳甫

市安全生产执法监察支队支队长 蔡建雄

副处级干部 邓鹏

副调研员 涂春林

市国有资产监督管理委员会

主任 党委书记 杨建奎

副主任 党委副书记 贺一夫

副主任 党委委员 罗有生

纪委书记 党委委员 陈海燕

副主任 党委委员 周群 田庭安

副调研员 曾艳玲 蒋方宏

部分市政府及市政府部门管理机构

市城市园林局

局长 刘玉林

原副局长 刘宏武

市政府机关事务管理处

副主任 唐辉 蒋少华 唐晓斌

调研员 吴晓乔

市人民政府法制办公室

主任 党组书记 兰卫平

副主任 党组副书记 刘功文

副主任 张权辉

纪检组长 党组成员 朱文华

副主任 党组成员 林晓峰

副调研员 谢开军

市移民开发局

党组书记 局长 周智亮

党组副书记 副局长 李爱斌 伍少平 徐波

党组成员 副局长 黄伟 何长华

党组成员 纪检组长 何志荣

副调研员 卢兆盛

市公路局

党委书记 局长 杨小明

党委副书记 副局长 朱云飞

副局长 唐高见 陈跃峰

纪委书记 刘文杰

工会主席 蒋华清

路政支队支队长 刘国恩

调研员 廖雁光

副调研员 郭时江 李之扬

徐万荣

市供销合作联社

党组书记
理事会主任 唐甫忠

党组副书记
监事会主任 梁仁初

党组成员
理事会副主任 贾玉权 雷治贵 吴仁海

党组成员
总经济师 杨顺成

党组成员
纪检组长 肖八妹

市农业机械化管理局

局长 蒋华权

副局长 伍海斌

市农业综合开发办公室

主任 唐小明

副主任 张智 何红专 刘勇 邓美光 鲁强

市畜牧水产局

党组书记
局长 蒋南林

党组成员
副局长 黄洪德 王敦勋 高宏华

党组成员
纪检组长 尹秋元

党组成员
副局长 唐慧稳 成卫平

市农业科学研究所

党委书记
所长 孙小成

副所长 罗怀贵 欧阳国春 王文华

总农艺师 王需

纪委书记 周良发

工会主席 桂爱军

副调研员 王安国

湖南省双牌水库灌区管理局

局长
党委书记 夏剑平

党委副书记
副局长 柏牧

副局长 邓孟秋

工会主席 林运华

副局长 刘格林

纪委书记 郑薇

副局长 郑黎明

总工程师 周文彬

调研员 张彩鉐

副调研员 蒋建国

涔天河工程建设投资有限公司

党委书记
董事长
灌区公司
总经理 李祥红

党委副书记
总经理 左全裕

党委委员
总工程师 张如强

党委委员
纪委书记 卿建民

党委委员
副总经理 巢建平

市政府派驻
公司监事会
主席 陈蓓蕾

党委委员
副总经理
灌区公司
常务
副总经理 金锦云

党委委员
副总经理
灌区公司
副总经理 王四清

工会主席 田红旗

党委委员
副总经理 姜尚荣

涔天河水利水电管理局

市政府
副秘书长
党委书记 黎世民

党委副书记
局长 刘亮凯

党委委员
调研员 张明亮

党委委员
副调研员 田红旗

纪委书记 卿建民

副局长 邓金国 石林辉

副调研员 李忠

市柑橘示范场

党委书记
场长 周建志

党委副书记
副场长 何群

副场长 李友卿 卢用斌

工会主席 李德峰

纪检书记 柏小明

副调员 尹向东

福田茶场

党委书记 唐动发

党委副书记
场长 雷安术

党委副书记
纪委书记 孙建国

党委委员
副场长 廖家艳 莫国平

党委委员
工会主席 雷干农

市房产局

党组书记
局长 高武

党组成员
副局长 李祥甫 周进春 唐国雄

调研员 曾亚辉

原市房改办
主任 唐国强

副调研员 张木用 蒋文林

市政务服务中心

党组书记
主任 骆方方

党组副书记
副主任 蒋如明

党组成员
副主任 顾健

市政府优化经济发展环境办公室

主任 唐基归

市文化市场综合执法局

局长 李灵钧

省无委办永州市管理处

主任 王晨辉

市住房公积金管理中心

主任 赵国平

党总支书记 郑柏英

市烤烟工作领导小组办公室

主任 吴谨

市政府驻北京联络处

主任 蒋建平

副主任 高文 杨瑞雪

廖洪涛

市政府驻长沙办事处

主　任　胡继军

副主任　邹晓帆

市政府驻深圳办事处

副主任　裴兴宇

市文物处

处　长　贺义辉

市疾病控制中心

主　任　陈伯中

市就业服务管理局

局长
党支部书记　何昌盛

市劳动保障监察支队

支队长　胡　伟

市建筑工程事务管理办公室

主　任　雷海斌

市扶贫开发办

主　任　唐早君

市规划设计院

院　长　王宇斌

市机关事业单位保险管理处

主　任　廖继华

市社会劳动保险管理处

主　任　罗基松

市劳动人事争议仲裁院

院　长　万　萍

市医疗保险基金管理处

主　任　岑　旋

市工伤保险处

主　任　朱新开

市公安局交警支队

支队长　杨运吉

政　委　王国宣

副处级
侦察员
副支队长　唐兴宇

副调研员　朱玉强

市卫生监督所

所　长　徐裕新

市地方海事局

总支书记
局长　吕格林

市军队干部休养所

所　长　（缺）

市食品药品检验所

所　长　蒋国龙

市教育考试院

院　长　张建华

市教育科学研究院

院　长　严中斌

市地震局

局　长　张　泉

市建设质量安全监督站

站　长　邓新茂

市交通运输管理处

主　任　蒋贤明

市交通建设质量安全监督管理处

处　长　张建晖

市政协各专门委员会及其工作机构

办公室

秘书长
办公室主任　宋可福

副处级
纪检员　李　宁

调研员　汪海安

副调研员　刘竹翠　刘伦超

提案委员会

主　任　吴金燕

副主任　陈肆清

经济科技委员会

主　任　唐先强

副主任　胡新军

人口资源环境委员会

主　任　张小惠

副主任　徐华慧

文教卫体委员会

主　任　胡跃平

副主任　王明兴

民族宗教法制群团三胞联谊委员会

主　任　谭珊娥

副主任　陈　凯

学习宣传文史委员会

主　任　邓白梅

副主任　李华丽

研究室

副秘书长
主任　刘翼平

副主任　周华民

群团组织

市总工会

党组书记
第一副主席　吴红燕

党组成员
纪检组长　刘慧星

党组成员
副主席　李良剑　唐华栋

党组成员
经审委主任　邓春成

党组成员
女职委主任　蒋艳萍

副调研员　邹力行

共青团永州市委

书记
党组书记　周　亮

副书记　唐超学

纪检组长　周贤志

副书记　李　玲

市妇女联合会

党组书记
主席　黄　薇

党组成员
副主席　唐　羽　黄秋莲

党组成员
纪检组长　刘贤华

副主席　魏秋云

调研员　封社兰

副调研员　周爱萍

市科学技术协会

党组书记
主席　翟方奇

党组成员
副主席　胡海元　汪华明

原副主席　熊幼松

副调研员　肖健林　曹筱虹

市文学艺术界联合会

党组书记
主席　蒋蒲英

党组成员
副主席　李　科

调研员　陈　文

市归侨侨眷联合会

主　　席　唐建春

党组书记（兼）　邓晓明

副 主 席　柏继平

副主席(兼)　钟　伟　孙锦宇　孙耀梅　陈宗华　陈振煌

市残疾人联合会

党组书记　理 事 长　顾晓姣

党组副书记　副理事长　范桑洪

党组成员　副理事长　万平波　唐荣华

调 研 员　匡富春

副调研员　王芳玉　刘玉珍

市红十字会

专职副会长　李　潮

秘 书 长　伍友华

中国国际贸易促进委员会永州支会

党组书记　会　　长　黄玉芳

党组成员　副 会 长　陈　慧　李少君

湖南省九嶷山舜帝陵基金会办公室

主　　任　郑运生

副 主 任　李卓勇

市慈善总会办公室

主　　任　孙文波

部分中央、省驻永州单位

市国家安全局

局　　长　罗国飞

市国家税务局

党组书记　局　　长　曾立春

党组成员　副 局 长　朱建河　欧鸿鲲　李　靖　刘小明

党组成员　纪检组长　文方明

市地方税务局

党组书记　局　　长　毛东庆

党组成员　副 局 长　唐双祁

党组成员　纪检组长　唐景平

党组成员　副 局 长　刘小贤　何多珍

党组成员　总会计师　王　亮

党组成员　总经济师　程灿烂

稽查局局长　陈立志

直属局局长　桂来上

国网永州供电公司

总 经 理　潘　华

党委书记　邓剑平

副总经理　唐国东　何　强　唐怡密

工会主席　何永立

纪委书记　胡衡岳

副总经理　李宗赐

总工程师　于彩葵

市烟草专卖局

党组书记　局　　长　经　　理　李刚华

党组成员　副 经 理　秦江顺　刘正日

党组成员　副 局 长　阳天和

党组成员　总会计师　杨深根

正处级干部　陈国凤

副调研员　欧阳维胜

副处级干部　黄纯慧　聂新柏　李中飞

市气象局

局　　长　党组书记　鲁金舟

副 局 长　党组成员　黄海涛　宋定满

纪检组长　党组成员　欧阳水章

市水文水资源勘测局

局　　长　党委书记　唐顺亚

副调研员　汤小平

国家统计局永州调查队

党组书记　队　　长　庄作勇

副 队 长　蒋英明　谢春丽

纪检组长　陶小岗

市邮政管理局

局　　长　党组书记　唐卫国

市邮政分公司

总 经 理　曹小勇

副总经理　谭　远　文庆夯　蒋飞跃

中国电信股份有限公司永州分公司

党委书记　总 经 理　周　旭

纪委书记　副总经理　工会主席　吴少华

副总经理　王　晖　王　中

湖南移动通信公司永州分公司

总 经 理　甘军宏

副总经理　戴芳红

总经理助理　罗　凯　夏李灿

中国联通永州分公司

总 经 理　刘　鲲

副总经理　黄新轩　蒋　毅　向勇平

中国人民银行永州市中心支行

行　　长　李志扬

副 行 长　蒋国政　杨金日　唐大立

工会主任　雷树清

助理调研员　赵东旺

永州银监分局

党委书记　局　　长　邓建华

党委委员　副 局 长　胡润生　李树屏

党委委员　纪委书记　冯重林

调 研 员　刘金录

中国工商银行永州分行

行　　长　徐彦杰

纪委书记　周济书

副 行 长　张日强　金永华　沈　毅

中国建设银行永州分行

党委书记 行长 谭显光

党委委员 纪委书记兼 副行长 江新波

党委委员 副行长 罗全华 彭元持 刘辉华 陈艳珠

中国银行永州分行

行长 陈敏祥

副行长 宋韶清 伍明 张晋军 刘新平

中国农业银行永州分行

党委书记 行长 张重九

党委副书记 副行长 雷治新

党委委员 纪委书记 副行长 潘美才

党委委员 副行长 黄英 蒋星友

中国农业发展银行永州市分行

党委书记 行长 张建元

党委委员 副行长 刘灵芝 甘桂林 陈果

湖南省农村信用联社永州办事处

党组书记 主任 欧阳挺

党组成员 副主任 樊春湘

党组成员 纪检组长 副主任 李中平

交通银行永州分行

党委书记 行长 周利民

党委委员 副行长 黄鹂 马炳瑜

华融湘江银行永州分行

党委书记 行长 蒋政

纪委书记 副行长 廖奇旺

行长助理 王宇林

邮政储蓄银行永州市分行

行长 党委书记 胡永锋

副行长 纪委书记 工会主席 王松林

副行长 黄满元 周育林 何艳

市保险行业协会

会长 姚惠明

副会长 宇卫国

秘书长 张和平

副秘书长兼 调解办主任 郭亚军

中国人民财产保险股份有限公司永州分公司

总经理 姚惠明

中国平安财产保险股份有限公司永州中心支公司

总经理 孔新平

天安保险股份有限公司永州中心支公司

总经理 伍少冬

华安财产保险股份有限公司永州中心支公司

总经理 吴川国

中华联合财产保险股份有限公司永州中心支公司

总经理 罗仁坤

太平洋财产保险股份有限公司永州中心支公司

总经理 伍孟君

中国大地财产保险股份有限公司永州中心支公司

总经理 杨建平

安邦财产保险股份有限公司永州中心支公司

总经理 尹丽蓉

阳光财产保险股份有限公司永州中心支公司

总经理 邓勇军

中国人寿财产保险股份有限公司永州中心支公司

总经理 许立旺

渤海财产保险股份有限公司永州中心支公司

总经理 聂小林

太平财产保险公司永州中心支公司

总经理 陈松辉

中国人寿保险股份有限公司永州分公司

总经理 邓启彬

中国平安人寿保险股份有限公司永州中心支公司

总经理 骆宁

新华人寿保险股份有限公司永州中心支公司

总经理 徐中阳

泰康人寿保险股份有限公司永州中心支公司

总经理 黄怀辉

太平洋人寿保险股份有限公司永州中心支公司

总经理 蒋元林

人民人寿保险股份有限公司永州中心支公司

总经理 周承国

合众人寿保险股份有限公司永州中心支公司

总经理 石卫安

幸福人寿保险股份有限公司永州中心支公司

总经理 高斌

阳光人寿保险股份有限公司永州中心支公司

总经理 胡建军

太平人寿保险股份有限公司永州中心支公司

总经理 童欢聚

民生人寿保险股份有限公司永州中心支公司

总经理 何丰

吉祥人寿保险股份有限公司永州中心支公司

总经理 江莉

中国石化永州石油分公司

总经理 周重陵

党委书记 潘晓卿

副经理 周芳金

经理助理　刘青松　卢运仰

中国石油永州销售分公司

总经理　汉　征

党委书记　黎　明

中央储备粮永州直属库

主任
党委书记　欧阳支援

副主任　邹小红　骆福军

总会计师　李　凝

湖南省轻工盐业集团有限责任公司永州分公司

总经理
党委书记　陈　楚

副总经理　伍东风　陈章勇

湖南省新华书店有限责任公司永州市分公司

总经理
党委书记　吴高强

副总经理
纪检委员　陆湘喜

副总经理
党委委员　龙量海　陈有林

湖南省地质矿产勘查开发局409队

队长　廖凤初

党委书记
工会主席　易祥成

副队长　蒋佑民

纪委书记　胡太平

副队长　左明武　王书华　申志刚

总工程师　曾志方

湖南省煤田地质局第三勘探队

队长　张晓燕

党委书记　何立宏

纪委书记
工会主席　唐丽君

副队长
总工　邹建勇

副队长　罗昌魁　王粒共

副处级干部　王长林

永州监狱

党委书记
监狱长　雷建华

党委副书记
政委　邱平石

党委委员
总经理　马明志

党委委员
副总经理　欧亚拉

党委委员
副监狱长　李怀义

党委委员
工会主席　袁海波

副总经理　朱平刚

副监狱长　彭旦初

副调研员　李来成　陈治国

东安监狱

监狱长　宋小平

政委　唐　建

总经理　陈　克

纪委书记　王光明

副监狱长　伍先军　李鹏飞　何　凯

政治处主任　郭代卓

工会主席　段诚富

副总经理　朱群云　杨爱科　陈建祥

部分驻永州军事单位

武装警察部队永州市支队

支队长　祝立志

第一
政治委员　刘新良（兼）

政治委员　王　剑

副支队长　李　奇

副政治委员　胡家平

参谋长　彭　燕

政治处主任　胡　为

后勤处处长　邓　曦

市公安消防支队

支队长　李一红

政治委员　彭建国

副支队长　刘禄军　欧军歌

副政治委员　黄孝阳

司令部
参谋长　田建平

政治处主任　严江海

后勤处处长　何昆哲

防火处处长　蒋效忠

政治建设

中共永州市委员会

综　　述

2015年，永州市辖9县2区，2个管理区，1个经济开发区，211个乡镇（街道办事处），5060个行政村，311个社区（居委会）。有基层党组织13667个，其中基层党委456个，党总支408个，党支部12803个，有党员270143名。

2015年，中共永州市委始终保持战略定力，持续推进“四个三”（实现新型工业化、中心城市建设、基础设施建设三大突破；推进行政管理体制、农村产权制度、社会治理机制三项改革；坚持生态、教育、就业三项优先；抓好城镇与农村、当前与长远、经济与社会三项统筹），大力实施“八大计划”（实施重大基础设施项目建设计划、百亿工业园区推进计划、规模以上工业企业转型升级计划、中心城区三年扩容提质计划、智慧城市创建计划、国字号品牌创建计划、创新创业计划和全面小康加速计划等“八项计划”），奋力破解“五大难题”（加大要素保障、加快项目建设、防范区域性经济风险、缓解财政困难和培育新的增长点），着力提升发展软实力，全市主要经济指标在全省位次前移，多数指标增速居全省第一方阵，实现“十二五”完美收官。

2015年1月12日，市委经济工作会议召开

党建责任落实到位。中共永州市委把基层党建工作摆在突出位置，坚持书记抓，抓书记，变“软任务”为“硬指标”，形成权责明晰、运转高效、上下联动、推进有力的基层党建工作格局，形成“市委集体抓、书记带头抓、常委分工抓、组织部门专心致志抓”的新局面。市委先后召开13次常委会，下发规范性文件8个，高位推动党建工作。建立基层党建联系点制度，创建省、市两级基层党建示范点679个。全面落实基层党建“三级联述联评联考”机制，深化村（社区）党组织书记“双述双评”制度。

专题教育取得实效。推进“三严三实”专题教育深入有序健康开展。市委将提高干部执行力作为践行“三严三实”专题教育的着力点，从5月起，分5期组织400余名处级领导干部到北京大学、复旦大学和浙江大学等高等院校参加“三严三实”和干部执行力提升研修班，10月9日，中国组织人事报以《湖南永州市学习研讨突出“执行力”》为题进行推介。坚持把发现问题、解决问题作为搞好专题教育的重点，坚持不懈向问题“叫板”，持续发力55项专项整治任务，市委常委会明确“四风”突出问题专项整治督查工作由市纪委专抓，明确全市55项专项整治任务责任单位、责任领导，确定27个市直部门46项市县两级联动整改任务清单，推动“四风”集中整治向常态治理转变。先后查处“四风”问题135个，查处151人。查处基层干部违纪违法问题309个，给予党纪政纪处分358人，其中移送司法机关处理10人。

软弱涣散班子整顿有力。市委把整顿软弱涣散基层党组织作为一项重要任务来抓，全市排查出软弱涣散基层党组织533个，逐个落实领导责任，逐级建立整顿转化台账，采取领导挂点、部门帮扶、派驻工作组、选派“第一书记”等办法开展集中整顿。全市建联系点533个、768个市县部门联系帮扶，派出工作组533个，选派“第一书记”533名。对1690多名基层党组织书记、乡镇党委专职副书记、乡镇党委组织委员进行集中轮训。在全市农村推行“135”治理体系，全市5060个行政村全面建立村民议事会、村务监督委员会，全面实行岗位承诺、村干部值班和周例会、为民服务全程代理、党员管理积分、“四议两公开”等5项制度。

党员队伍全面加强。坚持强素质，严管理，加强基层党组织党员队伍建设。严把发展党员质量，培训人员5000多人次，发展新党员3420名。开展“两新”组织建立党组织情况“大普查”，理顺非公经济组织和社会组织党组织领导体制和隶属关系，推进规范化建设。严肃党内组织生活，突出抓好基层党组织党内生活的规范化建设，全市远教站点实现全覆盖，建立示范点110个。强化流动党员管理，在外出务工经商人员相对集中点建立党组织75个。搭建代表履职平台。按照“六有”标准，建立党代表工作室2789个，驻党代表工作室代表人数达11010人。畅通党员退出渠道，处置不合格党员483名。

党建保障大幅提升。坚持真金白银投入基层、人力物力倾向基层，树立大抓基层的导向。经费保障实现正常化。村（社区）运转经费实现与地方财政同步增长，并安排服务群众专项经费，村干部报酬由每月600多元提高到800多元，社区干部及网格员全部纳入编制管理，报酬由每月1520多元提高到1880多元，由市、县区财政全额保障。办公阵地实现固定化。市财政列支1000万元社区建设资金，按照新建50万元/个、改扩建30万元/个的标准给予补助支持。全市186个乡镇“五小”设施建设全面完工，乡镇便民服务中心、社区便民服务大厅和村级组织活动场所实现“全覆盖”。集体经济实现项目化。全市3623个村有集体经济，占总数的71.6%。党建力量实现规范化。县区党委组织部配备2~3名组织员专职抓党建工作，每个乡镇（街道）配备1名专职副书记和1~2名组织员（组织干事），专职从事党务工作。

推进既定部署。全市地区生产总值达1413亿元，增长9%，增速排全省第六位，同比前移3位；完成规模以上工业增加值330亿元，增长10.2%，增速排全省第一位；财政收入达131.1亿元，增长15.65%，增速排全省前列；社会消费品零售总额527亿元，增长12.1%，增速排全省第七位。国家卫生城市和国家森林城市成功挂牌，长丰猎豹汽车新车型CS10量产3.8万台，销售收入达40亿元，湘江纸业公司关停并转，涔天河水库大坝比国家批复工期提前153天封顶，中心城区23条断头路全部通车，19个安置小区建设实现质的突破，“零陵古城”保护项目开工建设，在全国地级市率先实现县区同步推进农村淘宝项目，农村产权制度和社会治理机制改革经验在全省推广，全面小康实现程度提升4个百分点，安全生产和综治工作考评分别跃居全省第二位、第三位。

实施“八大计划”。重大基础设施建设全面加快。全市固定资产投资完成1535亿元，增长17.8%。神华电厂一期加快建设，带动相关产业快速发展。涔天河灌区工程开工，库区移民统一迁建签约率达97.5%。风电项目获批装机规模51.4万千瓦，占全省年度建设规模29%。交通基础设施完成投资23.28亿元，厦蓉高速道县至永安关段、G207改建双牌至道县段竣工通车，零双一级公路及冷东快速通道开工建设。长沙海关驻永州办事处正式开关，湘南农副产品集中验放场封关运行。百亿工业园区建设成效明显。

内联引资196亿元，实际利用外资8亿美元，承接产业转移项目542个。永州经济技术开发区和祁阳经开区规模工业总产值突破100亿元，江华瑶族自治县、宁远县、道县、零陵区工业园区建设来势较好。“135”工程新建标准厂房220万平方米，引进“双创”企业150家，均居全省前列。规模企业加速转型升级。规模工业总产值突破千亿大关，增长19.5%。零烟技改完成，产值达到67亿元。重点产业和新兴产业发展提速，生物医药、先进装备制造、电子信息产业产值分别增长25%、38.6%、44.2%。中心城区扩容提质取得新突破。实施重点项目148个，完成投资80亿元。15条主次干道、40条背街小巷提质改造和梅湾路等建筑立面整体改造完工，城市品位大幅提升。智慧城市创建高位破题。市云计算中心投入试运行，六大基础数据库有序采录相关数据，综合应用平台的社会治理子系统上线运行，4G等通讯基础设施建设进展较快。国字号品牌创建有序实施。国家历史文化名城申报和交通管理模范城市创建工作扎实推进，阳明山国家级生态旅游示范区和海峡两岸交流基地正式挂牌，东安成功创建首个“中国德文化之乡”，被列入全国农产品质量安全示范县，新田县、道县、江永县获批国家出口食品农产品质量安全示范区。创新创业成绩突出。全市新增各类市场主体3.1万户，其中，新设立私营企业4486家，新培育小微企业1600家，新增城镇就业5.87万人，新增农村劳动力转移就业6.84万人。全面小康建设加速推进。农村居民人均可支配收入增长9.5%，快于城镇居民1个百分点。蓝山县整合资金2亿元推进农村“五大革命”，宁远县、江永县、回龙圩管理区等美丽乡村建设取得突破，农村面貌明显改观。举全市之力推进精准扶贫，全年减少贫困人口12万余人，贫困村出列59个。保障性住房和各类棚户区改造开工建设4.65万套。森林覆盖率达到61.89%，湘江干流出境水质保持二类标准，各项环保约束性指标全面完成，金洞猛江河国家湿地公园挂牌，“名师名校名校长”工程和科技、卫计、文广新体、食药安全等社会事业取得新成绩，社会大局和谐稳定。

破解“五大难题”。全市获批建设用地指标5607公顷，排全省第二位。市城建投、经建投、开建投分别融资68亿元、38亿元、14亿元，创历史新高。银行机构存贷比首次突破50%，省农信担保公司、长沙银行入驻永州市。全市成功处置闲置土地1.48万亩，中心城区征收土地1151亩，冷水滩区集中拆除违法建筑35万平方米，有力促进项目建设，“1511”重点投资计划全面完成。加强对融资担保、小额贷款等投资类公司的监管，稳妥处置民间融资引发的群访事件。财政收入结构持续优化，盘活财政存量资金41.48亿元。房地产业健康发展，城镇完成住房建筑面积413万平方米，增长46%。完成高新技术产值180亿元，增长23%。淘宝“特色中国·永州馆”上线运行，江永县跻身国家电子商务进农村综合示范县。

走好“永州路径”。行政管理体制改革迈出大步。市、县两级政府机构改革基本到位。“三清单一目录”管理制度基本确立，“三证合一”“一照一码”登记激发市场主体活力。不动产统一登记制度改革全面开展。祁阳县、道县启动撤县建市工作。农村产权制度改革纵深推进。各县区全部完成确权登记工作，县、乡两级组建土地流转服务中心，新增新型农业经营主体2569个，新增农地流转面积80万亩。祁阳县组建全市首家农村基础设施建设投资公司。社会治理机制改革落地。社区网格化全面推进，城市社区由原来的125个调整为101个，划分网格1400多个，改造、新建63个社区服务用房，以党建引领基层社会治理，服务群众的能力进一步提升。国企、财税与投融资体制改革取得较好成效，全市83家企业基本完成改制。在全省率先完成国有林场改革和乡镇区划调整的并乡改革。全面完成省定其他改革年度任务。

科学编制“十三五”规划。把科学谋划“十三五”经济社会发展摆在十分重要的位置，突出项目引领，提前部署，主动对接，高标准编制《十三五规划纲要》。该纲要提出到2020年：综合实力更加雄厚，地区生产总值达到2500亿元左右，财政总收入实现翻番，确保经济发展速度快于全省平均水平、城乡居民收入增速快于经济增速，着力打造区域铁路枢纽城市、生态文明城市和全国文明城市。基础设施更加完善，兴永郴赣铁路、邵永客运专线、衡永高速、零陵机场迁建、神华电厂、涔天河灌区工程、毛俊水库、智慧永州、北斗导航（湖南）数据中心及华为数据中心等重大基础设施项目相继开工或竣工。城乡环境更加优美，生态优势进一步放大，绿色发展理念深入人心，城乡基础设施、环境保护治理、资源利用“无缝对接”，美丽乡村建设、城市扩容提质实现质的变化，潇湘城市群基本成型，经济社会发展与生态环境保护更趋协调。人民生活更加殷实，公共服务体系不断完善，就业难、上学难、看病难、住房难等民生难题得到有效破解，贫困人口全部脱贫，小康社会全面建成，人民群众幸福感大幅提升。

（王喜平）

■ 中科院在道县发现迄今最早现代人类化石 2015年10月15日，中国科学院多位研究员在《自然》杂志发表论文，宣布在湖南省道县境内福岩洞挖掘发现47枚具有完全现代人特征的人类牙齿化石，表明8万至12万年前，现代人在该地区已经出现，是截至2015年年底已知最早的具有完全现代形态的人类。根据现有的化石证据，最早的现代类型人类在西亚和欧洲出现的时间在4.5万~5万年前。而对道县人类化石的研究显示，具有完全现代形态特征的人类在东亚大陆的出现时间比欧洲和西亚要早至少3.5万至7.5万年。这项研究提供迄今最早的现代类型人类在华南地区出现的化石证据，是中国学者在现代人起源研究领域取得新的重大突破，对于探讨现代人在欧亚地区的出现和扩散具有非常重要的意义。

■ 破获特大跨省网络传销案涉案金额6.6亿元 2015年10月20日，湖南省公安厅在永州市新田县召开新闻发布会，通报永州市公安机关成功捣毁一个以犯罪嫌疑人孙立春为首，总部设在河南，涉及全国20余个省市、会员达6.6万人，涉案金额6.6亿余元的特大跨省网络传销犯罪团伙案。截至10月18日，永州公安机关刑事拘留犯罪嫌疑人33人，逮捕23人，依法冻结涉案资金1.03亿元，查扣高档轿车3台、手机170余台、电脑30余台、银行卡100余张、网银U盾17枚及大量文件资料。

■ 永州市遭受50年一遇冬汛 2015年11月11日08时~18日11时，永州市大部分县区普降大到暴雨，受此轮强降水和双牌水库泄洪的共同影响，全市14县区先后出现洪涝灾害。截至10月18日11时，全市14个县区166个乡镇（其中受淹城区4个、受淹乡镇53个、受淹村792个）35.12万人受灾，紧急转移安置人口15068人，需紧急生活救助人口7699人，需过渡性救助人口215人；因灾倒塌农房102户241间，因灾严重损坏农房174户400间；农作物受灾面积25358公顷，其中成灾面积13952公顷、绝收面积4146公顷；因灾造成直接经济损失58277万元，其中农业直接经济损失33661万元。灾情出现后，市、县两级党委政府高度重视，各受灾县区及市民政局等相关单位及时启动救灾应急响应，迅速组织查灾、救灾工作组赶赴灾区，了解灾情并组织开展救灾工作。市委书记陈文浩召开市委常委会就防汛救灾工作作出安排部署，要求各级相关部门将防汛救灾工作作为当前工作的重中之重来抓，尽一切力量做好防灾减灾工作，确保安全度汛。全市发放自然灾害生活补助资金225万元，发放衣被3821套、发放其他生活类物资折款112万元，搭建救灾帐篷30顶，受灾困难群众的基本生活得到初步有效救助。

重大决策

■ 推进“三名工程”建设 2015年1月，为贯彻落实《关于加快永州市普通高中教育发展的若干意见》，加快推进“三名工程”（名师、名校长、名校）建设。永州市先后制订下发一系列配套文件，并在全市评选出一批骨干教师、学科带头人、名师、名校长、名校。为提高优秀教师和校长工作积极性，更好地推进“三名工程”有关工作，建立和实施“三名工程”激励机制。

■ 创建全国文明城市 2015年2月，为实现“人更善，城更美，社会更和谐”的目标，提高市民文明素质和社会文明程度，进一步提升永州市的城市品位和对外形象，促进经济社会全面协调可持续发展，全面推进全市物质文明、政治文明、精神文明、社会文明、生态文明和党的建设，永州市委、市政府提出开展全国文明城市创建工作。按照《全国文明城市测评体系》和《湖南省文明城市测评体系》的测评指标和要求，有序开展相关工作，提升城市建设和管理水平，改善城市面貌，改良社会风气，提高文明程度，逐步完成全国文明城市创建工作。

■ 创建国家园林城市 2015年2月，永州市委、市政府提出，要坚持“政府主导、全民参与、统一规划、因地制宜、讲求实效”

2015年3月21日，省委巡视第七组巡视永州市工作动员会召开

的原则，贯彻落实国家关于城市生态环境建设、城市可持续发展、城市建设及城市绿化工作的方针政策，充分利用“山、水、洲、林”城市特点，加快以城市园林绿化为重点的生态环境建设，大力整治人居环境，提升城市品位，全面启动创建国家园林城市工作。要按照《国家园林城市标准》，加大城市基础设施配套建设和园林绿化建设力度，使全市城市人居环境各项软硬件设施全面达到国家园林城市标准，努力把永州打造成在全国有一定影响力的园林新城，争取在2019年前创建成国家园林城市。

■ 推进供给侧结构性改革 2015年5月，永州市委、市政府提出：要把推进供给侧结构性改革与实现稳增长、促发展目标紧密结合起来，在注重统筹谋划供给侧结构性改革“五大任务”的同时，更侧重于从稳增长、促发展的角度考虑问题并提出措施，尤其是降成本、强帮扶、补短板的有关措施。5月4日，市委常委会审议并原则通过《关于推进供给侧结构性改革促进经济持续健康稳定发展的政策措施》，由市政府办按照会议讨论提出的意见修改完善后按程序发文实施。

重要会议

■ 市委常委会 2015年1月7日，市委书记陈文浩在市委五楼常委会议室主持召开市委常委会议，市委副书记、市长向曙光，市委副书记唐松成，市委常委董石桂、易佳良、蒋善生、朱映红、颜海林、唐湘林、石艳萍、舒平、张恒洲参加会议，市人大常委会主任高建华、市政协主席唐定列席会议。市人民政府副市长罗双全和市直有关部门负责人列席与其工作相关的议题。会议学习传达全省党委秘书长工作会议精神，听取2014年市委经济工作会议和《政府工作报告》确定的工作任务落实、承诺为群众办理的老大难问题解决、万商红商贸中心项目建设等工作情况汇报，审议《市委经济工作会议筹备方案》《关于鼓励支持永州异地商会发展的意见》和市委经济工作会议报告及安全生产、社会管理综合治理、计划生育等工作的年度考核结果。

1月16日，市委书记陈文浩在市委五楼常委会议室主持召开市委常委会议，市委副书记、市长向曙光，市委副书记唐松成，市委常委董石桂、易佳良、蒋善生、朱映红、颜海林、唐湘林、石艳萍、舒平参加会议，市人大常委会主任高建华、市政协主席唐定列席会议。市政协副主席彭爱华和市直有关部门负责人列席与其工作相关的议题。会议听取“永州骄子”评选、全市机构改革、2014年度市直优化经济环境和机关效能建设工作“满意不满意单位”测评等工作情况汇报，学习传达《习近平、李克强同志在中央经济工作会议上的讲话》《中共湖南省委党的群众路线教育实践活动领导小组办公室关于对教育实践活动整改落实“回头看”情况进行督查的通知》，审议《加强街道社区服务型党组织建设的指导意见》《全面推行社区党建网格化管理的实施意见》《政府工作报告》《2014年第四季度全市影响机关效能和损害经济发展环境典型案件查处情况通报》及2014年度市管领导干部实绩管理县区“突出性、特色性”工作内容，研究永州市第四届人民代表大会第六次会议、政协永州市四届四次会议召开时间及日程安排。会议还书面传达全省第六届法学会代表大会主要精神。

2月9日，市委书记陈文浩在市委五楼常委会议室主持召开市委常委会议，市委副书记、市长向曙光，市委常委董石桂、易佳良、蒋善生、朱映红、颜海林、唐湘林、石艳萍、舒平、张恒洲参加会议，市人大常委会主任高建华、市政协主席唐定列席会议。市人民政府副市长刘尤碧、唐能武、罗双全、张常明和市直有关部门负责人列席与其工作相关的议题。会议学习传达全省组织部长会议、全省离退休干部“双先”表彰大会、全省老干部局长会议、全省统战部长会议、全省宣传部长会议、全省第十届纪委第七次全会暨全省反腐败工作会议、省军区党委十三届九次全体（扩大）会议精神并研究贯彻落实意见，研究2015年永州军分区重点军事工作、对有关人员的党纪政纪处分、2015年度永州市劳动模范表彰大会有关事项，听取2014年度全市落实党风廉政建设责任制推进惩治和预防腐败体系建设检查考核工作、关于解除李建林停职处理、关于市委经济工作会议和《政府工作报告》任务分解分工工作、党内规范性文件清理工作、2014年度市委及市政府年终考核工作、2015年全市省劳动模范和先进工作者推荐评选工作、关于落实《关于加快永州市普通高中教育发展的若干意见》相关工作等情况汇报，审议全市综合表彰大会筹备方案、2015年春节期间市级领导走访慰问工作方案、永州市开发建设投资有限公司组建方案。

2月25日，市委书记陈文浩在市委五楼常委会议室主持召开市委常委会议，市委副书记、市长向曙光，市委常委董石桂、易佳良、蒋善生、朱映红、颜海林、唐湘林、石艳萍、舒平、张恒洲参加会议，市人大常委会主任高建华、市政协主席唐定列席会议。市人民政府副市长、市公安局局长刘新良，市中级人民法院院长罗重海，市人民检察院检察长文兆平和市直有关部门负责人列席与其工作相关的议题。会议学习传达中央和省委政法工作会议、全省公安局长会议、全省信访局长会议精神及《习近平、王岐山同志在十八届中央纪委第五次全体会议上的讲话》《习近平、刘云山同志在省部级主要领导干部学习贯彻党的十八届四中全会全面推进依法治国专题研讨班上的讲话》，听取关于市县（区）政府职能转变和机构改革工作、关于网络宣传及“永州发布”微博微信建设相关工作等情况汇报，研究干部教育培训有关工作，审议《2015年3月份全市主要工作重要活动预安排》。

3月27日，受市委书记陈文浩（在中央党校学习）委托，市委副书记、市长向曙光在市委五楼常委会议室主持召开市委常委会议，市委常委董石桂、易佳良、蒋善生、朱映红、颜海林、唐湘林、石艳萍、张恒洲参加会议，市人大常委会主任高建华、市政协主席唐定列席会议。市人民政府副市长刘尤碧、张常明和市直有关部门负责人列席与其工作相关的议题。会议学习传达“贯彻落实中办发〔2015〕10号文件全国电视电话会议”精神、全省对台工作会议精神并研究贯彻落实意见，听取市人大举办人大代表履职培训班有关情况汇报，研究干部驻村帮扶工作、市党风廉政建设责任制工作领导小组相关问题、对有关人员的党纪政纪处分、进一步深化党的群众路线教育实践活动整改落实工作，审议《永州市国家卫生城市管理办法》《2015年4月份全市主要工作重要活动预安排》。

4月2日，市委书记陈文浩在市委五楼常委会议室主持召开市委常委会议，市委副书记、市长向曙光，市委常委董石桂、易佳良、蒋善生、朱映红、颜海林、唐湘林、石艳萍、舒平、张恒洲参加会议，市人大常委会主任高建华、市政协主席唐定列席会议。市人大常委会副主任杨海河、市人民政府副市长张常明和市直有关部门负责人列席与其工作相关的议题。会议学习传达全省党政密码工作会议精神、全省保密工作会议精神、全省全面建成小康社会推进工作会议精神、全省改革办会议精神、省委外事工作会议精神、省委民族工作会议精神，听取2015年全国劳动模范和先进工作者推荐评选工作情况的汇报，审议《关于深化“四风”整治、巩固和拓展党的群众路线教育实践活动成果的实施意见》《永州市城市社区机构设置及岗位编制配备实施指导意见》。

4月29日，受市委书记陈文浩（在中央党校学习）委托，市委副书记、市长向曙光在市委五楼常委会议室主持召开市委常委会议。会议学习传达全省反腐败国际追逃追赃业务培训暨动员部署会议精神，研究召开创建国家卫生城市总结表彰暨深化国家卫生城市管理动员大会有关事项、全市劳模推荐评选和表彰大会相关事项、湘江纸业关停并转相关工作，通报河东综合体土地挂牌相关情况，审议《2015年5月份全市主要工作重要活动预安排》。

5月17日，市委书记陈文浩在市委五楼常委会议室主持召开市委常委会议。会议学习传达省委“三严三实”专题教育工作座谈会精神、全省党史工作暨党史联络工作会议精神并分别研究贯彻落实意见，研究党的群众路线教育实践活动后续工作若干问题及全市基层党组织书记、乡镇党委专职副书记、乡镇党委组织委员集中轮训工作有关事项，审议《永州市闲置土地清理处置和房地产开发小区集中整治工作责任追究暂行办法》。

6 月 22 日，市委书记陈文浩在市委五楼常委会议室主持召开市委常委会议。会议学习传达习近平、俞正声、孙春兰在中央统战工作会议上的讲话精神，听取零陵古城文化旅游综合保护开发项目情况、关于贯彻新《中华人民共和国立法法》行使地方立法权筹备工作情况等汇报，审议《2015 年永州市市直小分队招商考核办法》《永州市三年交通大建设工作实施方案》《2015 年 7 月份全市主要工作重要活动预安排》。

7 月 29 日，市委书记陈文浩在市委五楼常委会议室主持召开市委常委会议。会议学习传达《习近平同志在部分省、区、市扶贫攻坚与“十三五”时期经济社会发展座谈会上的讲话》《习近平、刘云山同志在中央党的群团工作会议上的讲话》及全省党委督查工作会议精神、全省市州纪委书记座谈会议精神并研究贯彻落实意见，听取“两中心”项目规划和建筑设计方案、2014 年度全市县处级干部年度考核工作、全市 2015 年上半年党风廉政建设和反腐败工作、市四届人大七次会议筹备工作、全市全面建成小康社会推进工作等情况汇报，研究机构改革涉改单位“三定”及职责和机构编制调整有关事项、涔天河水库扩建工程灌区项目法人组建有关事项，审议《关于落实省委巡视第七组对永州市巡视反馈意见的整改工作方案》《关于进一步从严正风肃纪坚决查处和纠正“四风”突出问题的通知》《永州市 2015 年度落实党风廉政建设责任制检查考核实施方案》《2015 年 8 月份全市主要工作重要活动预安排》。

8 月 17 日，市委书记陈文浩在市委五楼常委会议室主持召开市委常委会议。会议学习传达习近平在会见全国优秀县委书记时的讲话和刘云山在全国优秀县委书记表彰会议上的讲话、全省农村基层党建工作座谈会和全省组织工作推进会精神、全国和全省安全生产电视电话会议精神，并研究贯彻落实意见；研究部署全市精准扶贫工作、2015 年全市绩效评估工作、潇湘阁创意设计征集和项目建设工作。

8 月 28 日，市委书记陈文浩在市委常委会议室主持召开市委常委会议。会议听取关于创建“百岁健康市”工作、前阶段“四风”突出问题专项整治工作、有关机构编制调整及市直事业单位补充人员用编计划等情况汇报，研究全市普通高中教育有关工作，审议《关于鼓励引导人才向基层和艰苦地区流动的意见》《永州市“两供两治”中心城区供水和污水 PPP 项目实施方案》《中国共产党永州市第四届委员会第七次全体（扩大）会议筹备方案》《2015 年 9 月份全市主要工作重要活动预安排》。

9 月 15 日，市委书记陈文浩在市委常委会议室主持召开市委常委会议。会议学习传达全省禁毒工作会议精神、全省社会主义新农村建设推进会精神、全省市州纪委书记座谈会精神，研究市机关党建有关工作、市生态新城协调办公室机构撤销事宜，审议《永州市精准扶贫“1+X+部门”方案体系》《永州市精准扶贫工作推进会议方案》《陈文浩同志在市委四届七次全体（扩大）会议上的讲话（讨论稿）》《永州市关于对参与房地产开发的国家公职人员实行分类处理的意见》。

9 月 9 日，市委书记陈文浩在永州军分区主持召开市委议军会议，专题研究军事工作。会议学习习近平关于国防和后备力量建设重要论述，传达省委议军会议精神，听取 2014 年来全市国防后备力量建设有关情况汇报，研究军事工作有关具体问题。

9 月 30 日，市委书记陈文浩主持召开市委常委会议。会议学习传达《中共中央关于四川南充拉票贿选案查处情况及其教训警示的通报》精神、省委统战工作会议精神、全省乡镇区划调整改革工作动员会议精神并研究贯彻落实意见，研究继续对市直机关个人医保账户实行补助的有关事项，审议《2015 年度“三项优先”工作综合考核方案》《关于在“三严三实”专题教育中开展领导干部“进村入户、访困问需、访贫问计”活动的实施方案》《永州市较大环境问题（事件）责任追究办法（试行）》《永州市党风廉政建设主体责任和监督责任追究暂行办法》《2015 年 10 月份全市主要工作重要活动预安排》。

10 月 19 日，市委书记陈文浩主持召开市委常委会议。会议听取永州市地方立法筹备工作、前阶段作风建设和纠正“四风”工作、全市安全生产工作等情况汇报，研究祁阳县和道县撤县设市有关事项、全市防范处理邪教有关工作、有关机构编制调整事项和军转干部等政策性安置用编计划，审议《中共永州市委市人民政府关于开展乡镇区划调整改革工作的实施意见》《关于认真组织开展2015年10月至2016年元旦春节期间群众文化体育活动的通知》。

10月29日，市委书记陈文浩在市委五楼会议室主持召开市委常委会议。会议传达学习《湖南省委关于调整换届时间实现全省市县乡同级领导班子同步换届的通知》精神，研究全市精准扶贫政策体系、县区纪委机关内设机构调整、清理调整市纪委（市监察局）议事协调机构和县区纪委书记分工及兼职等有关事项，审议《2015年度“三项优先”工作综合考核方案》《关于贯彻落实〈湖南省2015年度落实党风廉政建设责任制检查考核实施方案〉责任分工意见》《2015年11月份全市主要工作重要活动预安排》。

11月16日，市委书记陈文浩主持召开市委常委会议。会议传达学习全省宣传部长会议精神、全省市州政法委书记座谈会议精神并研究贯彻落实意见；学习《党委（党组）意识形态工作责任制实施办法》和新修订的《中国共产党廉洁自律准则》《中国共产党纪律处分条例》等文件；研究永州市第四届人民代表大会第八次会议召开时间及议程、市直机关单位2015年遴选公务员用编计划、市直有关单位机构设立及科级职数配备等事项；审议《关于永州市学习宣传贯彻党的十八届五中全会精神的方案》。

11月30日，市委书记陈文浩主持召开市委常委会议。会议传达学习省委十届十五次全会精神、全省社会治安防控体系建设工作会议精神、《中国共产党巡视工作条例》并研究贯彻落实意见，研究有关人员处分事项、县区机构改革有关政策，审议《政协永州市四届五次会议筹备工作方案》《中国共产党永州市第四届委员会第八次全体（扩大）会议筹备方案》《关于制定永州市国民经济和社会发展第十三个五年规划的建议》《关于开展永州市2015年度落实党风廉政建设责任制检查考核的通知》《2015年12月份全市主要工作重要活动预安排》。

12月17日，市委书记陈文浩主持召开市委常委会议。会议传达学习省委党的群团工作会议精神并研究贯彻落实意见，听取永州市四届八次人民代表大会筹备工作、2015年财政收支预计及2016年预算编制、创建国家森林城市总结表彰工作等情况汇报，研究全市公车改革有关工作、有关人员的处分事项，审议《中共永州市委关于制定国民经济和社会发展第十三个五年规划的建议》《永州市国民经济和社会发展第十三个五年规划纲要》《市纪委、市委宣传部关于学习贯彻〈中国共产党廉洁自律准则〉和〈中国共产党纪律处分条例〉的实施方案》。

■ 市委经济工作会议 2015年1月12日，市委经济工作会议召开。会议主要是贯彻落实中共十八届三中、四中全会、中央经济工作会议和省委经济工作会议精神，总结2014年经济工作，部署2015年的经济工作。市委书记陈文浩，市委副书记、市长向曙光出席会议并讲话，市委副书记、省委巡视组组长唐松成主持会议。市领导高建华、唐定、董石桂、易佳良、蒋善生、朱映红、颜海林、唐湘林、石艳萍、舒平、张恒洲等出席。

■ 传达全国“两会”精神 2015年3月18日，永州市传达学习十二届全国人大三次会议、全国政协十二届三次会议精神大会召开。市委副书记、市长向曙光主持会议并讲话。受全国人大代表、在中央党校参加学习的市委书记陈文浩委托，全国人大代表、副市长罗双全传达全国“两会”精神。全国人大代表、江华瑶族自

2015年3月18日，永州市传达学习十二届全国人大三次会议、全国政协十二届三次会议精神大会

治县县长龙飞凤畅谈参会感受和体会。高建华、易佳良、朱映红、颜海林、唐湘林、石艳萍、舒平、张恒洲等在家市级领导参加。

■ 全面建成小康社会推进工作会议 2015年5月11日，全市全面建成小康社会推进工作会议召开，会议贯彻落实全省全面建成小康社会推进工作会议和湘南地区全面建成小康社会工作推进会议精神，回顾2014年以来全市全面小康建设推进工作，安排部署下阶段工作，确保2015年全面小康工作目标实现。市委书记陈文浩发表书面讲话，市委副书记、市长向曙光出席并讲话。市领导高建华、唐定、颜海林出席会议，市委常委、市人民政府常务副市长易佳良主持会议。

■ 全市重点项目暨“135”工程建设推进工作会 2015年5月12~14日，全市重点项目暨“135”工程建设推进工作会召开，会议传达贯彻中央、省里近期召开的系列重要会议精神，回顾总结全市经济工作尤其是重点项目和“135”工程建设进展情况，安排部署下阶段经济工作。14日下午，市委副书记、市长向曙光讲话，市领导高建华、唐定、董石桂、易佳良、蒋善生、颜海林、唐湘林、石艳萍、舒平、唐能武、张常明等出席。与会人员现场参观11个县区和永州经济技术开发区的重点项目建设和创新创业园区“135”工程建设情况。

■ 全市“三严三实”专题教育工作座谈会 2015年5月18日，全市“三严三实”专题教育工作座谈会召开。市委书记陈文浩在会上作题为《践行“三严三实”，做“忠诚干净担当”的领导干部》的专题党课讲座。市委常委、市委组织部部长、市委统战部部长董石桂就全市“三严三实”专题教育工作进行安排部署。省委巡视第七组组长郭树人出席会议。市委副书记、市长向曙光主持座谈会。市领导高建华、唐定、董石桂、易佳良、朱映红、颜海林、唐湘林、舒平、张恒洲等出席。

■ 全省农村土地承包经营权确权登记颁证试点工作会议在祁阳县召开 2015年6月24日，全省农村土地承包经营权确权登记颁证试点工作会议在祁阳县召开。省委副书记孙金龙主持会议并作总结讲话。副省长戴道晋作工作报告。市委书记陈文浩作经验介绍。会前，与会人员深入祁阳县现场观摩新金浩茶油股份有限公司、祁阳县农村土地流转服务中心、自然韵黑茶基地、肖家村镇土地流转万亩生态优质稻基地等。省委副秘书长李文才，省政府副秘书长曹英华，市领导易佳良、蒋善生、颜海林出席会议。

■ 全市领导干部大会 2015年7月22日，全市领导干部大会召开。省委组织部常务副部长林武宣布省委关于中共永州市委副书记、市人民政府市长人选等任免决定并讲话。市委书记陈文浩主持会议。经省委研究同意，易佳良任永州市委副书记，提名为永州市人民政府市长候选人；张严任永州市委委员、常委、副书记、市委党校（市行政学院、市社会主义学院）校（院）长；唐湘林为永州市人民政府副市长候选人，免去永州市委政法委书记职务。

■ 市委四届七次全会 2015年9月21日，中国共产党永州市第四届委员会第七次全体（扩大）会议召开。全会听取和讨论市委常委会工作报告，审议通过《中共永州市委关于加快推进精准扶贫开发工作的决议（草案）》，贯彻落实习近平关于扶贫开发的战略思想和省委关于加快推进精准扶贫的战略部署，安排全市精准扶贫工作，加速全面建成小康社会。市委书记陈文浩受市委常委会委托向全会报告工作并发表讲话，市委副书记、市长易佳良主持。市委副书记张严向全会作《中共永州市委关于加快推进精准扶贫开发工作的决议（草案）》的起草说明。高建华、唐定、董石桂、唐湘林、蒋善生、朱映红、颜海林、石艳萍、舒平、张恒洲等市领导出席会议。

■ 市委四届八次全会 2015年12月30日，中共永州市第四届委员会第八次全体（扩大）会议在冷水滩区召开。全会听取和讨论市委常委会工作报告，审议通过《中共永州市委关于制定永州市国民经济和社会发展第十三个五年规划的建议》。市委书记陈文浩受市委常委会委托向全会报告工作并讲话，市委副书记、市长易佳良就《中共永州市委关于制定永州市国民经济和社会发展第十三个五年规划的建议》（审议稿）向全会作说明。张严、高建华、唐定、董石桂、唐湘林、蒋善生、朱映红、颜海林、石艳萍、舒平、张恒洲、唐能武等市领导出席。

组织工作

■概况 2015年，永州市委组织部设13个内设机构，分别是办公室、研究室（法规科）、干部一科（公选办）、干部二科、干部三科、市委考核工作管理办公室、公务员管理科、干部信息科、干部教育科、干部监督科（举报中心）、人才工作科、市委基层党建工作领导小组办公室（组织指导科）、党代表联络办（党员管理科）。市委组织部机关行政编制39名，其中，部长1名，副部长3名，副处级纪检员1名，工会主席1名；正科级领导职数15名（含公选办主任、组织指导科科长），副科级领导职数10名。市级领导编制单列。市党员教育中心（市委党员远程教育办公室）仍为归口市委组织部管理的正科级事业单位，核定全额拨款事业编制4名，领导职数为主任1名（正科），副主任2名（副科级）。截至2015年12月，市委组织部在编在职干部职工40人。

2015年，永州市委组织部坚持从严从实履职尽责，主动向中心聚焦、为大局聚力，把组织资源转化为发展资源，全市干部队伍执行力持续提升，干事创业活力迸发。切实加强调查研究工作，组织县区委组织部开展“一部一题”调研活动，市委组织部撰写的《持续提升干部队伍执行力问题研究》调研课题，被全国党建研究会评为2015年度调研课题优秀成果三等奖，被省委组织部评为2015年度优秀调研成果奖；《新形势下增强组工干部队伍专业化能力的对策研究》调研课题，被省委组织部评为2015年度重大调研成果奖。加大组工宣传和舆论引导力度，不断提升《永州党建》《永组信息》等部内刊物的办刊水平。在北京大学举办全市组工干部业务能力提升研修班。市委组织部机关先后获全省学习型党组织先进单位以及全市绩效考核、精神文明创建先进单位等称号。

■“三严三实”专题教育 2015年，永州市108个单位（其中有县区11个、管理区2个、经发区1个、市直单位94个）、1588名领导干部（其中厅级领导44人）参加专题教育。5月18日，市委书记陈文浩带头讲专题党课，市委常委以身作则、带头示范，各级层层跟进，专题党课、专题学习研讨、民主生活会、整改落实和立规执纪有序推进。注重督促引导各地各单位聚焦问题查、对照问题改，建立问题清单、责任清单、整改清单和整改台账“三清单一台账”。各地各单位坚持边学边查边改，围绕专题教育查摆出来的问题、55项专项整治任务、省委巡视组反馈的问题，逐一对标、主动认领，集中治理、跟踪问效，把专题教育成效体现在干事创业、为民谋利上。专题教育中，市委常委领导班子成员查找“不严不实”问题82条，市人大领导班子成员查找“不严不实”问题24条，市政府领导班子成员查找“不严不实”问题75条，市政协领导班子成员查找“不严不实”问题43条，县区委常委查找出“不严不实”问题556个。市委组织部派出8个督查调研组，分别在7月底、9月初分两批对各县区（管理区、经开区）、正处级市直单位专题教育开展情况进行督查调研，有效传导压力，促进工作。主要亮点举措是创新“三大载体平台”，即开展“三严三实”专题教育书记谈活动，邀请市委书记、部分市级领导、县区（管理区、经开区）党委书记、部分市直单位党组织书记参加访谈，安排14期，访谈28人；开展优秀党课、优秀学习心得、优秀研讨发言征集评选活动，评选出的优秀稿件在报刊、简报上刊发，供各单位学习借鉴；开展“我身边的先进典型”推荐活动，以身边人、身边事教育人、引领人，营造学先进、

2015年，中共永州市委常委“三严三实”专题教育民主生活会

赶先进、做先进的良好氛围。《湖南日报》、湖南卫视等5家省级主流媒体，以“三严三实见行动”为主题专访市委书记陈文浩。

■ **干部队伍执行力建设** 2015年，永州结合出台的干部队伍执行力建设意见和执行力考核评估办法，进一步研究制定具体的执行力考核实施细则，突出加强对各地各单位班子成员特别是党政正职、100个市直单位内设岗位和二级机构主要负责人的执行力考评。改进干部执行力考核方式，实行“上级垂直评价、同级横向互评、群众民主测评、服务对象访评”的“四位一体”立体综合考评。市委将执行力考核结果作为干部选拔任用的重要依据，全年研究干部5批次，调整干部690名，形成组织看执行、干部重执行的良好导向。市委将27名实绩突出、执行力强、群众认可的干部提拔到重要岗位担任正职；将12名执行力强的优秀乡镇党委书记提拔到县区或市直单位担任领导职务；从市直单位选拔2名执行力强的年轻干部到乡镇担任党政正职；将执行力考评排名靠后的4名正职、9名副职进行调整，其中3名正职被调整到副职岗位。分别在北京大学、复旦大学等高等院校举办领导干部执行力提升研修班6期，培训460余人。干部队伍执行力建设的经验做法，先后被《党建研究》《省委改革简报》《湘组研究》《湖南日报》等刊物宣传推介。

■ **干部人事制度改革** 2015年，全面完成市政府工作部门机构更名、重组、撤并等工作，涉改单位领导干部全部调整配备到位。结合市管干部实绩考核和执行力考核，派出11个调研组开展处级后备干部调研，建立健全处级后备干部库。探索建立干部监督纪实系统，分别明确纪检、法院、编制、人社等13个联席会议成员单位的监督内容和责任人，集中3个月时间，把相关干部监督信息进行收集、整理、录入，对象涵盖全市科级及以上干部。推进“三超两乱”（“三超”，是指超编制进人、超职数配备干部、超范围分设党政职务；“两乱”是指随意按年龄划线乱调整配备干部和违反规定程序乱进人）专项治理，结合市、县政府机构改革，消化超编人员1301人，消化超配干部1656人。开展干部人事档案专项审核工作，对“三龄两历一身份”（“三龄”是指年龄、工龄、党龄；“两历”是指学历、工作经历；“一身份是指干部身份）重要信息全面审核、归类建档。规范推进公务员管理工作，招录公务员414人，其中，行政机关312人，选调生39人，法检两院工作人员63人。

■ **基层党建** 2015年，永州市委先后13次召开常委会研究基层党建工作。全面落实基层党建“三级联述联评联考”机制，将党建工作情况纳入年度考核和选拔任用干部考核考察的重要内容，市委书记陈文浩围绕落实基层党建责任，约谈县（区）委书记3人。持续加大对基层党建工作的保障力度，市中心城区社区运转经费保障标准提高到40万元/社区、惠民项目资金提高到25万元。坚持社区网格化建设与社区党建网格化管理同步推进，划分城市社区网格2000多个，中心城区下沉960余名街道工作人员到社区工作，聘请或公开招聘网格管理员1600余名。对533个软弱涣散基层党组织，开展“一村一策”集中整顿。推进精准扶贫，931个贫困村实现驻村帮扶工作队全覆盖，全年减少贫困人口12万人、贫困村59个。全市发展党员3521名。集中管理个人因私有效证件5837本。全市57个乡镇实行党代会年会制。强化党员教育管理，发挥永州红星网、远教站点、党员“E信通”、共产党员微信、易信等平台优势，加强党员远程教育工作，在全省党员教育学用工作和“微故事—微电影”创作竞赛活动中，永州市获奖项6个。举办基层党组织书记、乡镇（街道）党（工）委专职副书记、组织委员培训班8期，培训1690余人。获得中组部党建研究杂志社《党建研究》工作二等奖。

■ **人才队伍建设** 2015年，永州市召开全市人才工作座谈会，对人才工作的一些重点难点问题进行研究。加强顶层设计，着手研究全市人才工作“1+X”文件体系。切实做好引进高学历人才的配套服务工作，对相关单位落实引进人才有关待遇和补贴进行专题督查和督促落实。启动2015年市直事业单位急需紧缺人才引进工作，引进高层次人才567名。选派200名农业科技特派员到各县区，开展农村科技创业。

（欧阳能上）

宣传思想工作

■ **概况** 中共永州市委宣传部是

市委主管意识形态和精神文明建设方面工作的综合职能部门。主要职责是：制订全市宣传思想工作规划和措施，指导市直宣传文化系统贯彻实施政策和法规，协调市直宣传文化系统各单位之间的关系，指导各县区、各级党委宣传部的工作；负责指导全市理论学习、理论宣传、理论研究工作；负责哲学社会科学规划课题的评审和管理；归口管理市委讲师团、市社科联等单位。围绕各个时期党的中心工作和重大活动，负责党和国家的路线、方针、政策、形势等方面的宣传教育以及重大活动的宣传工作，组织推广宣传先进典型；负责规划、部署全市思想政治工作任务；负责全市企业、事业单位政工人员的职称评定及全市思想政治工作研究会的日常工作。开展党员思想教育，指导全市基层党校业务建设。负责全市革命纪念地和爱国主义教育基地的有关工作；开展科普知识的宣传，归口管理市科协和市思想政治工作研究会等相关社团的工作。负责引导社会舆论，抓好新闻报道工作；指导、协调全市各新闻单位的工作，把握正确的宣传基调和舆论导向，归口管理永州日报社、市新闻工作者协会（市记者协会）、广播电视新闻媒体；对市文体广新局的工作实施方针、政策的指导；联系《湖南日报》永州分社和湖南电视台永州记者站。归口管理、统筹协调全市互联网上的新闻宣传工作。负责规划、部署全局性的思想政治工作任务和全市群众性精神文明建设工作。负责全市对国外境外及对外地区宣传工作的协调和管理；指导和协调全市对外文化交流工作。受市委委托，协同市委组织部考察市直宣传系统市委管理的干部；对县区党委宣传部部长的任免提出意见；制订对全市宣传干部的培训规划并组织实施；联系宣传文化系统的知识分子，配合有关部门做好知识分子工作；负责全市企事业单位政工干部职称评定工作；指导、协调全市新闻系列职称评定的有关工作。负责对全市文化艺术方面的工作特别是重大的文艺创作。生产、评论全市文化艺术活动，对文艺队伍建设进行宏观指导和协调，配合市纪委组织全市廉政文化建设，负责全市文化体制改革工作，制定全市文化事业、文化产业发展规划，指导协调文化事业、文化产业发展工作，总结推广文化事业、产业发展成果。联系市文体广电新闻出版局（市版权局）、市新华书店；归口管理市文联，并在政治方向和方针、政策方面实施领导。负责对全市网络文化建设和管理工作宏观调控协调和指导；负责指导、协调、督促网络文化行业主管部门、互联网行业主管部门和监管部门加强对网络文化信息服务的管理，加强网上舆情监控，做好网上意识形态重大情况的处理，开展网上舆论引导。归口管理市新媒体中心、永州新闻网。负责提出全市宣传思想文化事业发展的指导方针，配合市政府有关部门指导、协调宣传文化系统的事业建设。具体负责全市志愿服务活动的总体规划和协调指导，督促检查各地各部门开展志愿服务活动的情况，总结推广志愿服务活动的先进典型和先进经验。内设办公室、理论科、宣传教育科、新闻科、市文明办、市委外宣办（市政府新闻办）、干部科、文化产业办、网络网评网监管理科（市委互联网宣传监管办公室）、志愿者服务工作科等10个科室。2015年，部机关有编制31人（不含市级领导单列编制），其中，行政编制27人，事业编制4人（含市社科联2人）。年底实有在编人员21人，其中，干部18人，职工3人。领导实有职数为：部长1名，副部长4名，副处级纪检员1名，副处级精神文明办主任1名，副处级外宣办主任1名，正科级干部7名。

2015年，全市宣传思想文化战线高举旗帜、牢记使命、围绕中心、服务大局、改进作风、真抓实干，各项工作呈现出有理有力有能量、有守有为有担当、有点有面有地气、有声有色有品牌的良好态势，为扎实推进“四个全面”战略、建设品质活力永州提供有力的思想保证、舆论支持、精神动力和文化条件。

■ 理论武装 2015年，中共永州市委宣传部以习近平系列重要讲话精神为重点，从学习、宣讲、研究3个关键环节入手，推动党的创新理论入脑入心。把党委中心组学习作为建设学习型党组织、深化理论武装的重要载体和有效形式，发挥其示范引领作用。按照“自学、听课、发言、讨论、小结、通报”六大环节，高质量组织市委中心组集中学习活动8次。对全市100个市县乡三级党委（党组）开展中心组学习专项督查并印发通报，促进中心组学习制度化规范化建设。开展“学讲话用讲话”“热点话题谈心录”活动，征集各类心得、体会300余篇，编发专报12期。组建专家宣讲团、微宣讲小分队100多支，开展各类宣讲上千场，听众达40万余人。在组织好常规专题报告会的同时，注重融入本土民俗文化，采用乡村小喇叭、流动舞台、文艺演出等群众喜闻乐见的形式，有效破解“最后一公里”的难题。其中，祁阳小调、零陵渔鼓、道县调子戏、双牌菜单式微宣讲凭借新颖形式在湖南红网广为传播，2人在全省百姓微宣讲电视赛中获奖。“潇湘讲坛”第二季成功推出电视讲座10场，在市域内三所高校开办“中国特色社会主义理论沙龙”。以“永轩”理论队伍为主力军，围绕经济社会发展，深入开展对策性研究，推出“打造品质活力永州战略研究报告”“加强永州城市形象塑造与营销”“打好精准扶贫攻坚战”等一系列研究成果。在全市宣传战线大兴调研之风，完成“学雷锋志愿活动调研”等25个市级重点课题。

■ 做强主流舆论 2015年，永州宣传系统加强内宣、外宣、网宣联动，构建立体式舆论宣传网络。聚焦“四个全面”战略，围绕市委市政府重大决策部署，坚持一月两策划，一周一点评，用打“组合拳”、播“连续剧”及“新闻阅评”跟进监督的方式，讲好永州故事。开展市委经济工作会议、“小康路上的永州脚步”“三严三实”“执行力在永州”、美丽乡村建设以及创建国家森林城市、创建交通模范管理城市、创建历史文化名城等主题宣传，策划工业园区建设、永州大道后续配套工程等集中采访10余次，推出“全力推进工业新型化大突破”“国家行动——涔天河库区移民工程特别报道”“春漫潇湘——聚焦农村改革”“永州创客”等20多组重大报道。在全市创“国卫”、创“国森”表彰中，牵头负责的宣传教育组分别被评为一等奖和先进单位。围绕深入实施“四个三”工作部署，主动设置议题，召开新闻发布会32场。永州元素——道县玉蟾岩遗址古栽培稻、江永女书亮相米兰世博会，阳明山“和”文化节、省政府公祭舜帝大典、江华瑶族自治县成立60周年暨瑶族盘王节等重大节庆活动吸引众多媒体聚焦永州。涵盖书刊、摄影集、歌曲专辑、宣传片在内的“四个一”外宣品制作完成，央视国际频道拍摄“远方的家·湘江源头看永州”专题片，《人民日报》海外版头条推介永州市阿里农村淘宝工作经验。完善对外上稿通报考评制度，兑现上稿奖励20万元。全年在省级以上主要媒体上稿1400余篇，其中，中央主要媒体220余篇，《湖南日报》头版头条13篇，市州头条39篇，特别是在湖南卫视新闻联播发稿总时长和总条数稳居全省市州之首，发稿时长领先第二名50分钟；获湖南新闻奖二等奖3个、三等奖8个。按照“管得住是总要求，正能量是硬道理”的原则，唱响网上主旋律，永州新闻网、“永州发布”累计推发稿件5300篇，回复红网《问政湖南》、永州新闻网《问政永州》涉永信息812条，网络问政“永州模式”在全省推介，“网媒永州行”“知名大V看永州”等活动引发网民持续关注。抢占新媒体建设制高点，组建永州市新媒体中心，永州市政务微博微信发布厅正式上线，14个县区（管理区、经开区）和66家部门政务双微开通运行，出台“永州发布”建设方案和考核暂行办法，“永州发布”政务双微粉丝数超过30万人，分获全省十佳政务微信和全省政务微博飞跃奖，其中“永州发布”微信进入全国政务宣传类微信20强。加强涉永舆情研判处置，做好“冷水滩河东城市综合体项目挂牌出让”“零陵发改委女干部醉亡”等敏感事件舆论引导工作。

■ 主题教育活动 2015年，中共永州市委宣传部坚持教育引导与实践养成相统一，推动社会主义核心价值观内化于心、外化于行。以纪念世界反法西斯抗战胜利70周年为契机，开展系列教育活动，激发民众爱国情怀。其中，8月底在市博物馆举办抗战文物、史料、图片展，“铭记历史、缅怀先烈、珍视和平、开创未来”主题征文活动收集作品200多篇。加大社会主义核心价值观宣传和阐释力度，在车站码头、人群聚集区、建筑围挡、电子显示屏等公共场所发布宣传标语1万余条。拓展“道德之乡讲道德”品牌内涵，开展永州市第四届道德模范、第二届美德少年评选表彰和“我推荐，我评议身边好人”活动，新增道德讲堂100多个，建设乡村学校少年宫9个，举办“创新创业”巡回报告会10场。推出全省重大先进典型——“全省师德标兵”张京华，省委领导许又声作重要批示，《光明日报》在头版头条刊发题为“书生意气到潇湘”文章，《湖南日报》、湖南卫视、湖南红网和市直媒体以“湖湘师表”为主基调进行广泛推介；新田县检察院原副检察长陈运周被评为CCTV2015法治人物，成为全国先进典型。按照“创建脚步不停顿、创建目标无止境、创建工作全覆盖”的要求，推动群众性精神文明创建持续深入开展，永州市农村精神文明建设和学雷锋志愿服务工作在全省选为经验典型。完善文明指数测评工作，修订文明创建评选管理办法，对不同层次的创建提出分类要求，突出抓好以建设美丽乡村为重点的农村精神文明建设，以提升干部执行力为重点的机关文明建设，以“三心教育”（爱心教育、信心教育、责任心教育）和文明习惯养成为重点的校园文明建设，以诚信、文明、优质服务为重点的窗口行业文明建设，全市178个单位申报创建各类文明单位。广泛开展学雷锋志愿活动，组建网络文明传播志愿者队伍124个，开展各类志愿服务活动近10万人次，认领微心愿7052个，5人1项目1社区1协会分获全省“最美志愿者”“最佳志愿服务项目”“最佳志愿服务社区”和“最佳志愿服务组织”称号，全年网络志愿者文明传播工作撰写和转发优秀博文数量名列全国第三位、全省第一位。

■ 文化为民惠民 2015年，永州宣传系统争取上级文化项目资金2.9亿元，助推公共文化服务体系建设步伐，全市“三馆一站”（文化馆、图书馆、博物馆、镇综合文化站）实行免费开放，新增3所国家级青少年体育俱乐部，广播电视“村村响”“户户通”“无线数字化覆盖”三项工程顺利完成，5144家农家书屋出版物实现补充更新。以“欢乐潇湘·和美永州”为主题，广泛开展群众美术书法摄影创作、永州发现摄影赛、全民广场舞、新春音乐会、舞龙舞狮大赛、艺术节等系列活动。群众美术书法摄影作品在全省展览中获一等奖5个，其他奖项18个；永州发现摄影赛收集作品1万幅，220万人次参加投票，编辑出版《永州最美100》画册，在省市县举办巡展；在“唱响永州”歌咏大赛中，63个部门6500余人竞展歌喉。出台《永州市重点文艺题材规划（2015～2017）》，加强对文艺精品创作引导。首部永州题材长篇小说《度戒》进入全国第九届茅盾文学奖入围篇目名单，6部作品列入省作协重点扶持项目，大型现代祁剧《浯溪兄弟》、小戏《选村长》《请你吃晌午》在第五届湖南省艺术节获得佳绩。召开全市文化产业发展推进会，建立健全全市文化单位数据库和“十三五”文化产业重点项目库，争取各类省级文化扶持项目10个、资金600万元。以历史文化名城创建为抓手，加快文化旅游融合发展，零陵区柳子街入选中国首批30个历史文化街区，成为湖南唯一获此殊荣的街区。推动文化企业走出去，首次组团参加台湾文博会，并在第11届深圳文博会引进资金5.25亿元，签约项目数量居全省市州之首。全年文化产业增加值增幅达40%，占GDP比重2.9%。

■ 宣传思想文化队伍建设 2015年，中共永州市委宣传部以开展“基层工作加强年”为契机，切实加强宣传思想文化队伍建设。深化“四风”问题整改，结合“三严三实”专题教育和“一进二访”活动，落实“走转改”要求，开辟绿色通道引进专业人才4人，组织永州新闻奖、永州优秀社科成果奖、“永州十佳新闻工作者”等评选表彰。选派处级以上干部参加全市干部执行力培训，采用“点菜”模式首次与复旦大学合作开办宣传干部高级研修班，举办全市政务微博微信管理员、舆情信息员专题培训，全年有480人次参训。建立健全工作绩效考评机制，在县区党委宣传部、市直宣传文化系统和部机关分别开展“四创四争”和“创先争优”考核，化软考评为硬指标，以严考核促大提升，全市“扫黄打非”工作被评为全国先进，市委讲师团获全省讲师团系统争创先进一等奖，永州电视媒体在湖南卫视通联表彰大会上揽获所有奖项，全市文化工作、新闻出版广电工作、文化宣传信息工作被评为全省先进，市文联工作获全省文联系统先进单位，市委宣传部机关绩效考核、计划生育、安全生产、工业企业服务年、开放型经济、六件实事、三项优先、信访工作8项考核为全市优秀。

（何明明）

附：

永州市2015年度市精神文明建设工作先进县区、市文明县城、文明村镇、文明单位、文明标兵单位、文明社区（小区）、文明窗口单位、文明集市、文明餐饮示范店单位名单

一、精神文明建设工作先进县区（3个）

东安县

江华瑶族自治县

冷水滩区

二、文明县城（5个）

双牌县城

道县县城
江永县城
新田县城
蓝山县城
三、文明村镇（16个）
冷水滩区高溪市镇
冷水滩区伊塘镇
零陵区富家桥镇
零陵区菱角塘镇
祁阳县黎家坪镇
东安县井头圩镇
双牌县泷泊镇
道县梅花镇
宁远县水市镇
江永县千家峒瑶族乡
冷水滩区伊塘镇孟公山村
零陵区石山脚乡悟山里村
东安县芦洪市镇溪源村
双牌县茶林镇桐子坳村
江华县沱江镇塘头坪村
蓝山县新圩镇上清函村
四、文明单位（59个）
中共永州市委组织部
中共永州市委统战部
永州市机构编制委员会办公室
永州市委老干局
永州市财政局
永州市国土资源局
永州市卫计委
永州市信访局
永州市水质净化中心
永州市文物管理处
永州市史志办
中国联通永州分公司
永州市交通建设质量安全监督管理处
永州市救助管理站
永州市科协
永州市档案局
永州市经信委
永州市经济建设投资发展集团有限责任公司
冷水滩区曲河街道办事处
冷水滩区纪委（监察局）
中共冷水滩区委宣传部
零陵区商务局
零陵区机关幼儿园
零陵区农业局
零陵区公路局
祁阳县人民政府办公室
祁阳县政协（机关）
祁阳县民政局
东安县委政法委
东安县总工会
东安县司法局
双牌县环境保护局
双牌县政务中心
国营双牌县五星岭林场
双牌打鼓坪国有林场
道县财政局
道县人民法院
湖南道县农村商业银行股份有限公司
道县第六中学
江永县纪委（监察局）
江永县民政局
江永县审计局
江永县信访局
江华瑶族自治县农业局
中共江华瑶族自治县委宣传部
江华瑶族自治县教育局
江华瑶族自治县第二中学
宁远县文化广电新闻出版局
宁远县自来水公司
宁远县政协（机关）
宁远县司法局
新田县人大（机关）
中共新田县委党校
新田县教育局
新田县瑞华实验学校
中共蓝山县委宣传部
蓝山县祠堂圩乡
金洞管理区教育局
永州经济技术开发区财政局
五、文明标兵单位（17个）
永州市纪委（监察局）
永州市民政局
永州市地方税务局
永州市军队离退休干部休养所
冷水滩区财政局
零陵区畜牧水产局
东安县公安局
东安县财政局
道县审计局
宁远县人民政府办公室
宁远县人民法院
新田县人民法院
蓝山县财政局
蓝山县人民法院
蓝山县气象局
蓝山县浆洞瑶族乡人民政府
蓝山县土市乡人民政府
六、文明社区（小区）（5个）
东安县白牙市镇龙溪社区
道县濂溪街道良田社区
新田县中山社区
永州经济技术开发区舜皇社区
冷水滩区滨江电力花园
七、文明窗口单位（4个）
永州市住房公积金管理中心
江华瑶族自治县检察院控申举报接待室
新田县医疗保险基金管理中心
蓝山县地方税务局办税大厅
八、文明集市（2个）
零陵区七层坡市场
道县红星市场
九、文明餐饮示范店（1个）
道县新雅园餐饮有限公司

统战工作

■ 贯彻落实上级会议文件精神

2015年，永州市委统战部多措并举贯彻落实中央、省委统战工作会议及《中国共产党统一战线工作条例》（以下简称《条例》）精神。市委常委会专题听取市委统战部关于省委统战工作会议精神及永州市贯彻的建议汇报，研究部署永州市贯彻落实的意见。市委书记陈文浩就贯彻省委统战工作会议精神作重要讲话。会议就人员编制不足、办公经费缺少及民主党派办公用房等问题提出解决意见。参照省委领导小组的模式成立由市委书记任组长的统一战线工作领导小组，办公室设在市委统战部，对统一战线贯彻落实中央和省委重大方针、政策、法律法规情况进行研究、协调指导和督促检查。组织市直统战系统全体干部和县区委统战部主要负责人召开学习贯彻中央统战工作会议及《条例》精神座谈会，第一时间将会议及《条例》精神传达下去；组织召开全市统一战线传达学习贯彻中央统战工作会议及《条例》精神会议，全市统一战线100多名成员参会。并报请市委同意将于11月底召开市委统战工作会议。邀请中央统战部原副秘书长张献生在市委中心组2015年第四次集中学习时，为全市各级党政领导和统战成员进行中央统战工作会议和省委统战工作会议精神宣讲；邀请省社会主义学院副院长周述杰到市委党校专门就中央、省委统战工作会议和习近平系列重要讲话精神进行授课；利用新闻报纸和统战网站对会议及《条例》精神进行全方位报道宣传，配合中央贯彻落实中央统战工作会议精神举办全市统战系统合唱比赛，利用“同心潇湘”永州统战微信平台等新型媒体进行统战知识问答等。

全市各民主党派、市工商联调研成果汇报会

■ 开展“四同创建” 2015年，永州市委统战部持续深入开展“四同创建”（同心园区、同心项目、同心乡村、同心社区创建），服务全市中心工作。将“四同创建”工作纳入全市统战工作考核内容，把“四同创建”纳入全市对各县区和市直单位的绩效考核范围。建立“四同创建”片区联系制度，制订下发《关于成立工作片区指导小组的通知》，明确部领导、科室分片负责，交叉考核，协同推进，加大对县区创建的指导力度。建立指导分级分类制度，制订下发《中共永州市委统战部2015年推进实施同心工程总体方案》。加强日常创建的调研指导，不定期下联系片区调研创建工作，尤其加强对片区授牌的省、市示范点跟踪指导、服务，帮助协调解决问题30余个。加强“四同创建”的宣传，在永州新闻网开辟“暖阳工程”专栏，永州统战网、“同心潇湘”微信平台设置“四同创建”版面。召开全市“四同创建”工作推进会。加强与兄弟市州的学习交流，接待郴州、株洲市委统战部到永州市参观省级同心工程创建工作。推进省级“同心项目”关爱留守儿童“暖阳工程”，通过援建“留守儿童之家”、捐建“同心书屋”、设立关爱留守儿童专项基金、开展家门口就业、成立同心志愿者队伍、代理家长等系列活动，为留守儿童提供优质的教育服务和健康的成长环境。引导非公有制经济人士关心关爱留守儿童，与永州步步高商业连锁有限责任公司开展“六一礼物征集令”活动，面向社会各界为留守儿童征集六一儿童节礼物500余份。在零陵区接履桥镇中心小学开展“同心圆梦　情暖留守”活动，为该校留守儿童送上心愿礼物，组织志愿者与留守儿童玩游戏共庆节日；与潇湘永州国际影院联合开展“关爱留守儿童，暑期免费观影”活动，组织30多名留守儿童免费观看电影。做好“‘一家一’助学就业　同心温暖工程”工作，把省委统战部下发给永州市的450个贫困生资助名额落实到位。

■ 党外代表人士队伍建设 2015年，永州市委统战部推进党外代表人士队伍建设工作。组织干部和党外代表人士参加省委统战部、省社会主义学院举办的“同心工程”暨调研、信息、宣传业务培训班，全省社会组织党组织负责人统战理论研讨班，第2期民族乡乡长培训班，第12期党外中青年干部培训班等培训，全面完成省委统战部、省社会主义学院分配永州市的各类培训班的调训任务8批次33人，其中党外代表人士12人。主管副部长专程赴省委统战部和农工党湖南省委，衔接汇报农工党永州市委第三届委员会换届相关事宜，10月成功召开农工党永州市委第三次代表大会，选举产生新一届的农工党领导班子。做好社会组织统战试点工作。4月下旬与市民政局一道，对5

个有代表性、条件比较成熟的社会组织进行走访调研，选取市律师协会、市企业联合会、市红十字中西医结合医院、市书法家协会作为市级层面试点单位。结合全市实际，制订《永州市开展社会组织统战工作试点实施方案》，明确指导思想、基本原则、实施步骤和工作举措。组织召开全市社会组织统战工作试点动员会，传达省委统战部试点工作会议精神，安排部署各县区社会组织统战工作试点；召开市直社会组织统战工作试点座谈会，通过座谈交流，明确市直4个试点单位工作重点。搭建平台载体，引导社会组织中党外代表人士投身经济社会发展大局，组织“同心律师服务”“同心医疗服务”、纪念抗战胜利70周年书法作品义卖等系列活动。

■ 巩固发展多党合作 2015年，永州市委统战部发挥民主党派自身优势，巩固发展多党合作。由市委常委、市委组织部部长、市委统战部部长董石桂带队，各民主党派市委主委、副主委，市工商联主席、党外副主席以及无党派代表人士20名党外代表人士赴延安开展“暑期谈心”活动，首次将谈心活动与革命传统教育相结合，受到党外代表人士的高度评价。制定并下发《中共永州市委统战部干部与市直单位人大常委会党外委员、政协党外常委交朋友制度》，明确党外朋友39名。早在2014年年初，全市各民主党派结合市委、市政府中心工作，拟定专题调研参考课题17个，并报市委政研室、市政府研究室修改和书记、市长审定。各民主党派、工商联、党外知识分子联谊会根据自身优势和特色，精心调研，大力推进，完成课题调研初稿10余个。在2015年的全省“两会上”，民盟主委袁火林作题为《关于切实解决南岭山区瑶族群众生活困难的建议》书面发言，该发言材料转化成省政协大会的重点提案；民进党主委周秀英提交一份《关于加大对永州山区地质灾害防治的建议》的提案（0465号），省委常委、常务副省长陈肇雄做出重要批示并亲自领办，被列为省政府重点督办件，由省国土资源厅、省财政厅具体承办，为全市争取到1.3亿元资金支持地质灾害防治体系建设；农工党主委田洁在省政协会议上《关于建设永州市20万亩有机茶示范区的建议》的提案得到各级领导和相关部门的重视。在全市“两会”上，各民主党派提交议案、提案80余篇。民革永州市委开展纪念抗战胜利七十周年各项活动，继续实施“永州市幸存抗战老兵关爱行动”项目，向市委、市政府及“中华社会救助基金会关爱抗战老兵公益基金”申请，为幸存抗战老兵发放生活援助金65万余元，协助建成4名抗战老兵的新居。民盟和农工党永州市委联合赴永州市民主党派联合社会服务基地开展义诊活动，免费发放价值3000多元的药品。民进继续推进法律援助服务和法律免费培训社会服务品牌创建。

■ 助推非公经济“两个健康”

2015年，永州市委统战部巩固发展多党合作坚持引导服务，助推非公经济“两个健康”。制订下发《关于以守法诚信为重点深入开展理想信念教育实践活动的实施意见》。组织开展全市非公经济组织“坚定理想信念，与党同心同行”演讲比赛，市直和各县区遴选22名选手参加决赛。在宁远县举办全市非公党建现场会，进一步增强非公经济组织党组织的凝聚力。引导非公经济人士投身光彩事业，发动40名市工商联会员企业参加“爱心圆梦”慈善助学活动，捐资260多万元，帮助150名贫困学子实现大学梦。组织100余名非公有制经济代表人士参加市委经济工作会议，并将会议精神向全体工商联执委进行传达。开展“访民企、解难题、保增长”千户民企大走访活

2015年，全市非公经济组织“坚定理想信念人，与党同心同行”演讲比赛

动，由市委统战部部长、分管副部长，市工商联主席、专职副主席分别带队到工商联（总商会）副主席、副会长企业进行集中走访，帮助企业解决实际困难和问题。做好阳国秀、马永红、谭群英等10名非公有制经济人士创新创业故事的修改、人员考察以及综合评价工作，推荐4名非公经济人士参加全省创新创业典型评选。配合省委统战部、省工商联做好全省创新创业先进典型巡回报告团到永州市宣讲的相关工作，推荐湖南果秀食品有限公司董事长阳国秀参加巡回报告会。将万企联村与同心乡村、同心项目创建工作紧密结合起来，申报新田县万亩蔬菜连片种植项目作为省级示范点。帮助湖南果秀食品有限公司争取柑桔示范基地项目建设资金10万元。开展“五好”工商联创建工作，成立永州市祁东商会，筹建永州市市场营销协会、永州市新农产业化商会。截至2015年年底，全市有商会组织204个。其中，行业组织69个，异地商会22个，乡镇、街道商会109个，其他商会组织4个。

■ 深化交流互助 2015年，永州市委统战部不断深化交流互助，做好港澳台海外统战工作。做好港澳台海外人士的摸底工作，建立海外重点人士信息库，形成定期联络交流机制。配合市委、市政府在双牌阳明山成功举办第九届“和”文化节暨海峡两岸旅游文化经贸交流活动，国台办副主任龙明彪出席开幕式并为阳明山国家级海峡两岸交流基地授牌，省委统战部原部长李微微，省人大常委会副主任谢勇、省政协副主席欧阳斌等领导出席开幕式。市委常委、市委秘书长颜海林带领市直相关单位和双牌县、江华瑶族自治县、宁远县、永州经济技术开发区的负责人一行10人赴台湾交流。在台北圆山饭店成功举办永州市旅游经贸推介会。海基会副董事长周继祥等40余人出席会议，海基会董事长林中森会见并宴请颜海林一行。全市组织赴台交流考察团5个，60余人。永州赴台探亲、交流、观光约2700人次，台湾到永州探亲、投资考察、旅游观光2300余人次。引导港澳台海外人士对接服务承接产业转移。在蓝山县挂牌成立湖南华侨产业园，配合省侨联在蓝山县组织开展海外侨领侨商三湘行活动，推介招商项目11个，成功签约3000万美元的永州星月国际玩具、航昇生态休闲农业开发、加伟鞋材制品等项目。邀请澳门弱智人士家长协进会会长曾德岱等一行29人走访永州市新希望康复中心，进行现场捐赠。陪同马来西亚归国华侨李体坚再次到冷水滩区蔡市镇小学和零陵区接履桥镇中心小学，为贫困学子送“学费”及“温暖”。组织联络永州中南口腔医院等数家侨资企业，筹资8万元，在冷水滩滨江公园举办“呵护关爱母亲河 十万鱼苗放湘江”大型公益活动。协助开展“深港献爱心，新田光明行”活动，使新田县150名贫困白内障患者免费实施复明手术。深入实施海外人才智力援乡工程，助力永州全面发展。2015年，该工程被省委统战部授予“全省实践创新成果”称号。真诚保障港澳台海外人士的合法权益。春节期间，向海内外华人华侨、归侨侨眷发送贺信贺电1000余封，走访60余户困难户，发送慰问金7余万元。组织全体委员、侨资企业老板、侨联工作者等100余人，聆听湖南科技学院教授罗映红主讲的外交礼仪讲座。全年协调有关部门帮助台商、台胞、台属办实事、解难事90余件，受理台商来信来访18件，其中，省台办转来3件，上门投诉1件，求助1件，办结18件。

■ 做好民族宗教工作 2015年，永州市委统战部维护和谐稳定，扎实做好民族宗教工作。举办全市宗教工作干部和宗教界代表人士政策法规培训班，以民族团结进步宣传月活动为载体，深入民族村、社区、学校、来永少数民族经营商店等基层一线广泛宣传《中华人民共和国民族区域自治法》《散居少数民族自治条例》等民族政策法规及中央、省委民族工作会议精神。开展高校招生享受民族优惠政策考生审核工作，审核享受民族优惠政策的少数民族考生2881名，民族地区汉族考生957名。开展全省民族团结进步模范集体和模范个人推选工作，全市3个模范集体和4个模范个人在湖南省第六次全省民族团结进步表彰大会受到表彰。召开全市“民族团结进步示范点创建工作”现场推进会，推介和交流民族团结进步创建工作经验。指导江华瑶族自治县有序推进60周年县庆筹备工作，加大与省直部门支持的46个县庆重点项目的衔接力度，确保3000万元的转移支付和7000万元项目资金落到实处，已到位7173万元，其他各项筹备工作有序推进。市民宗委深入江永县兰溪瑶族乡黄家村、江华沱江一小督导民族文化联系点建设，并会同省民宗委组织《湖南日报》、红网、交通广播电台深入市内部分少数民族村寨进行采访，助力推介永州市少数民族特色村寨。排查宗教活动场所存在的安全隐患118个，并采取措施消除不稳定因素。加强在永州少数民族管理服务，建立少数民族人员数据库，实行城市少数民族动态管理。召开全市宗教工作联席会议，安排部署打击非法违法宗教活动。副市长张常明主持召开城区宗教场所布局工作现场办公会，明确中心城区道观和伊斯兰教堂设立、文昌阁安全隐患及基督教冷水滩教堂护坡滑坡整治问题解决的意见，落实工作措施和责任单位。召开永州市佛教协会二届三次会议，对部分佛教场所负责人进行合理调整，并加强与宗教人士谈心谈话，及时了解工作情况和思想动态。

■ 牵头民主法制领域改革 2015年，永州市委统战部认真履行职责，牵头民主法制领域改革工作。安排一名部领导具体抓，明确各民主法制领域改革小组成员单位的具体责任领导和联络员，并召开永州市委民主法制领域专项小组第二次会议。建立民主法制领域改革QQ群，对改革相关事宜与改革推进情况进行协商讨论，统一思想和步调。根据市委改革办的改革任务清单，及时与相关涉改单位联系，把改革任务清单分解下发，征求修改意见，按照考核评估办法和改革举措实施规划，制定本单位的年度改革任务时间倒排表，每月24日前向市委改革办报送自评表和当月改革工作进展报告。

■ 信息调研 截至2015年10月，永州市委统战部收到各单位报送来的信息1092条，其中，上报省委统战部539条，内网采用163条，中央、省级刊物采用28条，编写《统战工作简报》11期。主要做法有：修改调整全市统战信息计分标准；建立统战特约信息员制度，从环保、司法、统计、新闻等领域聘请7名党外特约信息员，并充分利用电话、QQ等，及时发布约稿信息，指导信息写作；3月，开通永州统一战线官方微信平台“同心潇湘”，打造手掌上的统战宣传平台，发布信息125条，关注人数达400余人；6月，召开全市统战信息工作培训会，邀请省委统战部主管、从事信息工作的领导授课。及时更新网站内容，发出统战新闻160条，提升网站点击率。

（李辉）

机关党建

■ 概况 2015年，永州市直机关工委按照“走前头、作表率”的要求，牢牢把握“服务中心、建设队伍”两大核心任务，以绩效考评为抓手，以加强干部执行力为突破，切实提高机关党建工作科学化水平。获“全市党建工作先进单位”“全市党风廉政建设和反腐败工作先进单位”“全市社会管理综合治理先进单位”和“全省机关党建和思想政治工作理论研讨活动优秀组织奖”，被省直工委考评为优秀等次。

■ 思想建设 2015年，永州市直机关工委抓好中心组理论学习，年初印发《市直机关2015年理论学习安排意见》，对中心组学习从学习计划、内容、时间、人数等内容进行“九看”评价。履行党委意识形态工作责任制，中心组按要求开展集中学习6次，重点学习习近平系列讲话与《热点话题谈心录2015》，并要求班子成员带头撰写心得体会文章，发挥好带头示范作用。8月，联合市委宣传部、市委讲师团对市直机关中心组学习情况进行专项督查。同时，分3个层次开展系统的理论教育。对入党积极分子加强党史及党的基本知识教育，对新党员加强宗旨和公仆意识教育，对党务干部进行能力素质和角色荣誉意识教育。“三严三实”教育活动扎实开展，单位活动特色鲜明，成功经验被督导组、活动办简报多次推介。开展社会主义核心价值观主题教育实践活动。将该项工作纳入机关党建目标管理考核内容，要求每个机关党组织抓实此项工作。结合巩固文明单位创建工作，定期开展主题教育实践活动，做到活动经常化、制度化。坚持“做实思想工作，发挥机关党员作用，引领推动改革”，对涉改的部门，要求机关党组织突出做好干部职工的思想政治工作。工委班子成员深入联系部门单位，及时找单位主要领导沟通协调，及时组建好新的机关党组织，确保机关党建工作换人不换档。扎实开展调研工作，市直工委上报的研究课题，被省直工委确定为重点课题，给予经费资助。蓝山县、市纪委、市委宣传部、市委党校等单位，被省直工委确定为机关党建研究重要参与单位。工委课题组撰写的《让执行力成为推动机关党建的巨大引擎》一文被《中直党建》刊发。先后组织开展中国人民抗日战争胜利70周年纪念章发放、市直机关纪念抗日战争胜利70周年演讲比赛、永州市纪念抗日战争胜利70周年专题展览、市直机关第二届“华融湘江杯”素质拓展运动会、2015年全市机关气排球赛等活动。年底，联合市委宣传部、市文体广电新局、市总工会承办由市委市政府举办的“2015‘唱响永州’市直机关歌咏比赛”。

■ 组织建设 2015年，永州市直机关工委进一步量化机关党建目标管理考核标准，细化各项具体工作的评价规范，逐步形成一整套完整的党建目标管理考评体系，党建工作目标责任更加明确。年底前对市直和中央、省驻永州单位党组织中开展机关党建三级联述联评联考工作，即机关支部向机关党委述职、机关党委对机关支部进行评议和考核；机关党委、工委直辖党总支、直辖党支部向机关工委述职、机关工委对机关党委、工委直辖党总支、直辖党支部进行评议和考核；机关工委和部门党组（党委）向市委述职、市委对机关工委和部门党组（党委）进行评议和考核，以述职考核倒逼党建责任制落实，强化“一把手”抓党建工作的责任意识，着力提升基层党建工作整体水平。推进基层组织的规范化、标准化建设。在全年机关党建工作要点中，明确要求机关党组织认真抓好“三会一课”、组织生活会、党员民主评议、领导干部民主生活会等党内基本制度的遵循执行，按要求做实党费收缴、党组织关系接转、党员情况统计等一些基础性的工作。7月，组队对部分机关党组织发展党员工作、基本制度坚持工作进行检查，重点查看机关党组织围绕“三严三实”的要求，召开领导班子民主生活会和党支部组织生活会的情况。严格执行机关基层党组织届期制，严把新任机关党委正副书记考察、选举和审批关，选优配强机关党组织领导班子。其中有1个机关党委因没配备专职党务干部而没有通过工委的审批。同时，按照“分类定级”的方法，对各级机关党组织进行分类管理，奖优罚劣，对工作落后的党组织扎实做好整改提高。重点走访2个战斗力欠强的机关党组织，并对其负责人进行约谈。七一前夕，结合纪念中国共产党成立94周年，工委表彰机关党委20个、党总支部3个、党支部11个，共产党员282名、优秀党务工作者37名，培养一大批身边的典型。同时，通过“永州机关党建”网、新闻报刊等媒介，对一些机关抓党建的好做法、好经验进行推介交流，并引导他们参与各类先进的争创工作。市国税局坚持党建引领，作风先行，内强素质，外树形象，获“全国创先争优先进基层党组织”称号。市公安局以文化强警为抓手，开展“全民阅读进机关”活动，创建学习型党组织，被授予“全省十佳书香机关”称号。

■ 群团工作 2015年，永州市直机关工委对党建带团建、党建带妇建、关工委工作进行安排部署，督促市直机关党组织按要求配强配齐团干、妇干。组织开展“青年文明号”创建、“青年志愿者服务”“巾帼文明岗创建”和“永州妈妈”爱心结对活动、美丽健身走等活动。组织青少年开展悼念英烈、主题征文等活动。9月15日，市委召开常委会对机关党建工作进行专题研究，同意经程序批准在市直工委设立市直机关工会工委、市直机关团工委、市直机关妇工委。

（唐述雷）

政策研究

■ 概况 2015年，永州市委政策研究室围绕市委工作中心和重大决策部署，超前谋划，主动作为，各项工作取得新的成绩。全面小康工作获省委、省政府“全面小康管理成效优秀奖”第一名。市委政研室获全市绩效评估优秀单位，全面小康、三项改革、党风廉政建设和反腐败、计划生育工作先进单位，参与的祁阳县文明铺镇新塘角村驻村帮扶工作队获全市先进驻村帮扶工作队。

■ 文稿起草 2015年，永州市委政策研究室把文稿服务作为决策参谋服务的重要抓手，深入研究各县区各部门、重点项目企业的发展现状及优劣比较，着力在“实、精、灵”上下功夫。全年起草各类文稿389篇，其中，起草市委书记专题文稿70篇、署名文章16篇，起草其他领导文稿72篇、其他文稿231篇，包括市委主要领导在市委经济工作会议、市委四届八次全会、市委常委扩大会议、市委中心组2015年第一次学习会议、市委统战工作会议、政协四届四次会议、精准扶贫工作动员大会等重大战略决策会议讲话。承担“三严三实”专题教育、向省委巡视组汇报两大重要专项工作的文稿起草任务，起草专题汇报文稿15篇。协助市委主要领导接受“湖南卫视”“湖南经视”“红网”等媒体的采访。尤其是在市委经济工作会议报告起草筹备阶段，先后到市内外进行调研学习，广泛征求县区和市直部门的意见，在全面听取意见的基础上，实现吃透上情、熟悉市情、学习外情、数据准确、反映全面、亮点突出。同时将创新、共享、绿色、开放、协调五大发展理念贯穿报告始终，将供给侧结构性改革、城市发展的五大统筹、农村“三块地”改革等中央最新决策体现到报告当中。

■ 调查研究 2015年，永州市委政策研究室组织开展专题调研5次，撰写各类调研文稿和理论文章21篇。及时调度由市委常委会成员牵头组织的16个重大发展和改革课题，承担市委主要领导关于湘江流域生态补偿机制的调研课题，撰写的《建立完善湘江流域生态补偿机制的研究》得到市委领导高度认可。围绕稳增长、精准扶贫、农村产权制度改革、“135”工程建设等事关全市经济社会发展全局的重大战略问题调研，形成的《对当前全市稳增长情况的调查报告》在上半年经济形势分析会议上作为参考资料分送给与会人员，《永州市精准扶贫工作专题调研报告》经市委主要领导批示后，调研成果吸收进《中共永州市委、永州市人民政府关于贯彻落实中央、省委精准扶贫战略部署的实施意见》的政策文件中。全年深入基层一线召开各类座谈会68次，与有关部门一起赴安徽黄山、江西赣州等地学习考察，撰写《黄山市推进新安江流域生态补偿机制试点工作的调查报告》《赣州市东江源生态补偿机制学习考察报告》，提出永州市湘江流域生态补偿的新理念和新思路。

■ 信息服务 2015年，永州市委政策研究室注意多层面、多角度捕捉有价值信息，为领导提供准确、快捷的信息服务。注意挖掘基层诉求、着眼横向比较、突出经验借鉴，密切关注并及时收集国内外经济发展动态和政策走向信息，以自办内刊为载体，为领导决策服务。全年编发《领导参阅》15期、《信息摘报》28期、《重要社论评论言论摘编》12期，编印《永州文稿（2014年）》，收录有关领导重要文稿和市委政研室重要调研报告39篇。广泛搜集整理书记2014年的讲话致辞、署名文章、工作汇报等各类文稿72篇。组织编纂市委常委会成员牵头组织的16个专题调研报告，形成《新常态新思维新发展——2015年永州重大专题调研文集》。

■《永州通讯》编辑 2015年，《永州通讯》遵循“服务决策、指导工作、交流经验、展示风采”的办刊宗旨，出版印刷12期，刊发文稿339篇，累计568个页码约90万字。精心策划《卷首语》栏目，推出《在创先争优大潮中乘势前进》《奋力闯出永州发展的新空间》《带着感情去攻坚，如期脱贫奔小康》《激情干事，争创一流》《激情跨越，澎湃前行》等8篇卷首语，在读者当中引起较好反响。紧贴市委、市政府中心工作认真组稿，策划《新常态，新进展》《实施八大计划，破解五大难题》《辉煌“十二五”》等主题，办好《全面深化改革》《全面小康之路》栏目，新开设《落实“两个责任”，建设廉洁永州》《执行力建设》等栏目，对市委经济工作会议、全市“两会”进行重磅报道，对市委、市政府全年工作思路、工作重点、工作举措进行深入宣传和解读。加强交流，与《今日柳州》《今日贺州》《清远调研》《长沙通讯》《娄底工作》《郴州通讯》等党刊保持经常互动交流。组织祁阳县党刊工作人员参加在贵州省黔西南州召开的全国城市党刊研究会。

■ 全面深化改革工作 2015年，市委改革办组织召开改革领导小组会议2次、专题协调会10余次，指导市直部门制定改革方案75份，督促9个县区专项小组成立办公室，推动关键环节改革取得突破。注重顶层谋划，对照全省推出的65项改革任务，从制约全市发展瓶颈3个层面精心设计改革选题，出台《永州市2015年改革工作要点》，确定57项重点改革选题，把林场改革与行政管理体制改革、养老保险体制改革、就业服务体制改革等相结合，不断提高改革的系统性、整体性、协同性。强化与省委改革办的联系，协调各专项小组、县（市）区和有关市直单位共同推进改革工作。建立改革督察制度，每月对照倒排表进行动态监测，实行时间倒排、问题倒逼、责任倒查。明确专门督察机构，由市委督查室抽调专人，与市委改革办整合力量，开展专项督察4次，以市委通报的形式在全市予以通报。推进试点带动，全市开展探索试点25项，其中，国家级4项，省级11项。突出考核改革成效，改革工作考核分值在年终绩效考核100分总分值中增加至1000分，并列入“领导干部执行力及工作实绩考核评估”指标内容。中央统战部主办的《中共统一战线》推介永州市社会组织工作做法；农业部主办的《农村工作通讯》推介永州市农村产权制度改革经验，《湖南工作》《湖南改革简报》《湖南改革调研》采用永州市文稿16篇，推介改革方面的经验及做法。

■ **全面小康建设** 2015年，永州市全面建成小康社会总体实现程度为84.6%，比2014年提升4个百分点以上。市小康工作获省委、省政府“全面小康管理成效优秀奖”第一名，全市有7个县区获得省委、省政府表彰奖励，市、县区获奖金2700万元。制定《永州市分类指导加快推进全面建成小康社会2015年工作要点》，完成“十三五”规划前期研究重大课题调研，课题报告《永州市“十三五”全面建成小康社会路径和对策研究》获全市“十三五”规划市直单位课题组一等奖。撰写《对我市全面小康建设中补长扶贫短板的问题与对策研究》调研报告，将市里确定的43个驻村帮扶点作为2015年全市全面小康村示范村，推动全市农村地区扶贫攻坚工作。加强联系指导，全年与省全面小康办、省统计局、湘南地区指导小组等省直相关部门对接汇报14次。省小康办先后4次到永州市就创先争优工作和全面小康推进工作进行实地指导。省统计局先后5次督查调研永州市小康工作并给予充分肯定。密切与小康工作领导小组成员单位的联系，加强对县区、管理区、开发区全面小康办的工作指导，11月组织市直相关单位和各县区小康相关工作人员进行统计监测和考评指标体系培训。先后组织县区专项督查5次，调度市直部门工作情况6次，开展专项调研6次，召开主任办公会专题研究小康监测指标和工作要点4次，对查摆出来的薄弱指标，罗列问题责任清单，明确完成时限，全面跟进督查。在永州广播电视台、《永州日报》、“永州新闻网”、《永州通讯》等市内主流媒体上开辟宣传专栏，安排专题报道83期。建立健全市、县区、乡镇、村一体化的宣传工作机制，年内各有关单位报送小康推进工作信息347篇，其中，各县区（管理区、开发区）报送信息269篇，市直单位报送信息78条。落实《2015年“小康永州”宣传方案》，《全省全面建成小康社会推进工作简报》采用永州市经验材料14篇，市全面小康办编发《永州市全面小康工作简报》22期。

（唐瑜徽）

机构编制

■ **概况** 2015年，永州市机构编制系统贯彻市委、市政府的重大决策，落实“四个三”的工作部署，以实施“三项改革”为核心，以强化机构编制管理为重点，转作风、强执行，优服务、提效能，各项工作有力有序推进，取得明显成效。

■ **机构编制管理** 2015年，永州市机构编制管理结合机构改革工作，强化顶层设计，规范机构编制配置，研究制定《关于做好市政府机构改革“三定”工作的意见》，对市直部门职责确定和领导职数、内设机构及人员编制的核定标准予以明确。下发《关于县区政府职能转变和机构改革有关事项的通知》和《关于县（区）政府工作部门和涉改事业单位科级领导职数设置意见的通知》，规范县区涉改机构设置和科级领导职数配备。贯彻落实《永州市机构编制委员会工作规则》，程序和规则进一步细化明确；严格执行《关于贯彻落实省编办省财政厅〈关于在全省机关事业单位实行人员编制与经费预算联合管控的通知〉的具体实施意见》《关于县区事业单位补充工作人员申报编制使用计划工作的意见》和《关于市直机关事业单位编制使用核准与用编计划管理有关事项的通知》等文件，机构编制管理进一步健全和完善。

■ **市政府职能转变和机构改革** 2015年2月，永州市政府职能转变和机构改革工作全面启动，截至10月底，涉改单位“三定”规定或职责与机构编制调整意见全部印发。通过这一轮改革，基本实现“三个进一步”。职能转变进一步强化。涉改政府工作部门和事业单位取消和下放行政事务管理职责17项，明确和加强管理服务职责24项，从行政类事业单位划转到行政机关行政职责75项；部门职责进一步优化。全面梳理市政府各部门主要职责，调整部门之间职责29项，重新界定涉及不同政府工作部门的32项重大职责分工事项；机构编制进一步简化。行政机构按要求撤并，市政府工作机构从34个减至33个，市委工作机构整合1个，事业机构整合力度较大，撤并正处级事业单位11个，正处级事业单位降格为副处级事业单位4个，撤并副处级事业单位7个，撤并科级事业单位10个，取消高配副处级职数17名，行政类事业单位统筹纳入改革范围，省批复的15个市本级行政类事业单位，已有12个并入行政机关或将承担的行政职能划入行政机关，并重新明确为公益一类事业单位，精简收回行政编制23名、参公事业编制111名。11个县区政府机构改革方案6月下旬全部批复，县区政府工作部门和涉改事业单位科级领导职数设置意见9月初下发，到2015年年底，县区政府机构改革基本完成。

■ 行政审批制度改革 2015年，永州市行政审批制度改革工作主要是“三抓”。抓精简。重点推进三个一批，即取消调整一批，对国务院、省政府决定取消和调整的项目一律相应取消和调整，全年取消行政许可事项2项、非行政许可事项12项；着力下放一批，在2014年下放行政许可事项103项的基础上，2015年再下放2项；严格规范一批，按照《国务院关于严格控制新设行政许可的通知》精神，严格依法管控新增行政许可事项，对没有法律依据的行政许可事项，一律不列入审批目录，对省政府直接下放到县区的审批项目，不列入审批项目，对省政府上收的许可事项，及时移交。同时加强对行政审批工作的日常监管。抓规范。全面推行市、县区政府工作部门权力清单制度工作，对政府工作部门的行政许可、行政处罚、行政强制、行政征收、行政给付、行政确认、行政奖励、行政检查、行政裁决和其他行政权力等进行全面清理。这项工作市、县区两级4月下旬开始启动，并在双牌县开展县区推行权力清单按照省里时间节点要求，6月30日前，市、县区政府工作部门权力清单全部上网公示。通过清理，市政府工作部门保留行政职权2527项，权力清单9月以市政府名义行文下发。抓监管。按照“部门、项目、流程”全覆盖的要求，将市、县区政府公布保留的审批项目及其办理流程、承诺时限等全部录入全省网上政务服务和电子监察系统，做到网上政务服务和电子监察系统100%对接到位、审批办件100%同步运行到位、网上运行100%电子监察到位。同时，将推行权力清单制度工作纳入对县区和市直部门的绩效考核。

■ 事业单位分类改革 2015年，永州市按照省直事业单位分类做法，研究制定全市事业单位分类工作方案和市直事业单位分类指导目录，作为主管部门申报下属事业单位类别提供参考和依据。科学划分事业单位类别，在不增加编制总量和领导职数的基础上，对市直336个事业单位进行分类，其中，划入行政类15个，公益一类212个，公益二类55个，生产经营类28个，按中央和省要求暂不分类的24个，未明确类别的2个。按照“先易后难、成熟一批下发一批”的原则，市直公益一类事业单位全部审批下文，公益二类和生产经营类事业单位审批下文正在按要求抓紧进行。

■ 减编控编 2015年，永州市机构编制系统落实省编办与省财政有关联合管控的要求，在全市推行人员编制与经费预算联合管理。同时，推行机构编制管理实名制，发挥实名制管理平台在人员管理方面的有效作用，加大与组织、人社和财政在人员调动、工资核发等方面的配合力度。加大纪检(监察)、组织、人社、编办等部门在机构编制领域违纪违规方面的联合查处力度。清理“吃空饷”981人，清理清退混编混岗人员780人。结合政府机构改革、行政审批制度改革和事业单位分类改革等工作，加强与部门之间的沟通协调，按照减事必减编的原则，对取消、转移、下放行政审批事项和职能的，工作任务明显减少的单位的事业编制收回，实行机构编制部门集中管理，统一调剂。

（胡炜）

党校工作

■ 概况 2015年，永州市委党校始终坚持正确的办学方向，坚持党校姓党的校魂、实事求是的校训、从严治校的校规，紧紧围绕党的路线方针政策和市委的中心工作，在加强干部教育培训、推动理论武装，加强思想引领、推进决策咨询等方面发挥十分重要的作用。全年举办各类主体班27期，培训总人数2411人，同比增长11.3%。其中，党校主体班14期，培训679人；各类警训班13期，培训1732人。在职研究生教育毕业77人，录取新生45人，在校学员266人。完成市委重大委托课题1项；完成市委重大决策咨询项目2项；出版学术专著1部；在省级以上刊物公开发表论文31篇，其中《湖南日报》理论文章2篇、《永州日报》理论文章3篇；参加各类理论研讨会获奖论文44篇；全省党校系统课题结题3项、立项5项，省社会主义学院课题立项1项；获永州市第六届哲学社会科学优秀成果特别奖1项、二等奖1项、三等奖2项。获全市“2015年度党风廉政建设和反腐败工作先进单位”“2015年度党建工作考核优秀单位”“2015年度综治工作先进单位”称号。

■ 干训 2015年，永州市委党校举办各类主体班27期，培训总人数2411人，同比增长11.3%。其中，党校主体班14期，培训679人；各类警训班13期，培训1732人。在职研究生教育成效明显，毕业77人，录取新生45人，在校学员266人。加大研究式、案例式、模拟式、讨论式、系列谈等教学模式专题权重，创新开展现场教学、异地教学模式，增强教育培训的针对性、实效性。把加强理想信念教育、道德品行教育、法治思维教育和反腐倡廉教育作为培训的主要内容，并组织开展“重温入党誓词”“诵读社会主义核心价值观”、召开民主生活会、编写《党性教育学习材料选编》等一系列活动，持续增强学员党性修养。邀请31名领导干部和专家学者到校作专题报告。印发《关于对违反课堂纪律行为问责的规定》，修改学员请销假制度，对学员违纪行为及请假的时限、手续、审批进行严格的规定。按照《学员管理手册》要求，以“百分制考核管理”为中心，对学员的课堂纪律、自学纪律、生活纪律、廉政纪律、考勤纪律以及学习交流、集体活动等方面进行量化、细化，对学员在校表现进行全方位测评和综合考核，并将考核结果记入学员个人学习档案。着重突出警务实战化训练，探索“以战代训、以战促训”的培训方式。对武器警械的使用、擒拿格斗技术、风险防范方法、信息化作战应用、群体性事件处置等业务技能训练做出重点安排。采取封闭式半军事化管理，实行“一日三集合四点名”制度，做到堂堂有考勤、天天有记载，每天公布考勤，实行考训分离。《湖南日报》《湖南省委党校报》《永州日报》先后20余次对学校干部教育培训的典型做法予以推介。

■ 科研 2015年，永州市委党校坚持围绕“贴近发展、贴近群众、贴近实践”的科研转型要求，突出实用性和地方性的研究方向，着力提升决策咨询作用。全校教研人员在省级以上刊物公开发表论文31篇，其中《湖南日报》理论文章2篇、《永州日报》理论文章3篇。参加各类理论研讨会获奖论文44篇。全省党校系统课题结题3项、立项5项，省社会主义学院课题立项1项，获永州市第六届哲学社会科学优秀成果奖特别奖1项、二等奖1项、三等奖2项。提交《提升干部执行力的实践与思考》《农村土地产权制度改革的实践与思考》两项成果，得到市委市政府领导的肯定和好评。完成市委委托课题——《打造品质活力永州》，并顺利通过专家评审。与湖南科技学院联合攻关，共同完成永州县域经济研究课题——《加快推进我市人才建设要从“四个层面”下功夫》。组织开展全市党校系统科研工作暨打赢脱贫攻坚战理论研讨会，教研人员获奖14篇，其中一等奖3篇。

■ 自身建设 2015年，永州市委党校组织中心组学习6次12天，其中，听取专题党课3次，“三严三实”专题学习研讨3次。组织各党支部听廉政党课、道德讲坛5次，观看警示教育片3次。落实“三会一课”，组织各党支部召开“三严三实大讨论”活动，按照“个人自评、党员互评、支部讲评、上级点评”的方式开展高质量的专题民主生活会。先后组织领导干部、专家教授和广大教员46人次赴中央党校、省委党校、省社会主义学院、北京大学、复旦大学、深圳市委党校进行培训。选派1名中青年教员到市小康办锻炼一年。进一步修改完善《绩效考核与管理实施办法》《绩效考核对接实施方案》等制度，将工作任务、责任分解，具体落实到处室，为精细化管理和考核提供有力的制度保障。坚持公开、公平、公正原则，按照组织程序，做好3个科级职位的竞争上岗工作和2名处级干部提拔的民主推荐工作。组织开展庆祝中国共产党成立九十四周年纪念系列活动，表彰优秀共产党员13名。组织“学雷锋送温暖”“献血有量，爱心无价”志愿者献血、敬老院送温暖、扶贫帮困助学等各类志愿者服务活动13次，服务群众近1000人次，服务时间600多小时，捐款捐物达5余万元。2015年，市委党校被市文明委授予“永州市学雷锋优秀志愿服务组织”，教师陈湘纯被授予“永州市学雷锋优秀志愿者”称号；副校长黄燕被省精神文明建设指导委员会、志愿服务工作委员会授予“最美志愿者”称号。

■ 精准扶贫 2015年，永州市委党校制订扶贫联系村宁远县禾亭镇石城村三年帮扶规划和2015年扶贫工作计划。完成1400亩机耕道水泥硬化和排灌水渠工程，落实村教学楼、文化室、卫生室、办公室“四位一体”工程项目的立项衔接，为村综合楼建设、开发山林经济、村民发展养殖业和加工业筹集资金50多万元。通过精准施策，帮扶成效初现，全村减少贫困户35户133人。

（杨群义）

市委机关事务管理

■ **概况** 2015年，永州市委机关事务管理处按照“管理规范化、服务人性化、节能常态化”要求，开展“三提升三创建”活动，为市委机关正常运转提供强有力的后勤保障。完成市委配电房和档案局办公楼坡屋顶改造、办公区消防系统改造、市委十楼视频会议室改造、配电房内部整体维修等各项重点维修工作。先后完成生态健身场地、半封闭式的气排球场和老年门球场等改造项目。对市委办国有资产逐一造册登记，实行一室一卡，做到账实相符、账卡相符。建立资产使用、变更、处置的动态管理机制，有效地防止国有资产流失。推行公共机构合同能源管理，将办公区照明灯全部更换成LED节能灯。完成住宅区90户给排水管道维修改造。与2014年相比，机关用电量下降15.7万千瓦时、用水量下降2.9万立方米。市委机关被评为综合治理先进单位、安全生产先进单位、计划生育先进单位。

（郑志兵）

史志工作

■ **概况** 2015年，永州市党史与地方志征集编纂办公室坚持以中国特色社会主义理论体系为指导，贯彻中共十八大和十八届三中、四中全会精神，认真组织“三严三实”专题教育，切实整改存在的“不严不实”问题。开展文明单位创建活动，干部职工文明素质得到提升。广泛开展调研活动，拓展史志工作新思路。不断深化党史研究，加强地方志编纂，强化宣传教育，提升年鉴质量，形成一批党史地方志新成果，较好地完成年初规划的工作任务，全市史志工作有新的发展。

■ **党史征研** 2015年，永州市党史与地方志征集编纂办公室继续编写《中共永州历史》第三卷。《中共东安历史（1978～2006）》印刷出版；冷水滩、零陵两区第三卷形成评议稿；祁阳县、道县、江华瑶族自治县、江永县、宁远县、新田县形成党史正本三卷初稿。完成《大湘南的嬗变——从改革开放过渡实验区到承接产业转移示范区》《一本“古书”焕发出时代青春——永州文化事业和文化产业发展》两篇专题论文，并作为改革开放实录专题上报省委党史研究室，并被采用。完成省委党史研究室《侵华日军三湘罪孽实录》《图说长征》图片资料征集上报工作。开展胡耀邦与永州的专题研究，印刷出版《胡耀邦与永州》。开展秦光荣在永州任职期间有关资料征集工作。完成红六军西征过永州地标情况调查工作，开展维修、保护红军长征遗址遗迹工作。《历史上的今天》《永州读本》形成初稿。指导、协助相关县区申报革命老区工作，冷水滩区、零陵区、双牌县、江永县、东安县、金洞管理区成功申报为革命老区。祁阳县完成《祁阳县人民代表大会制度的恢复和完善》《推行和完善家庭联产承包责任制》《祁阳移民支援云南边陲建设》《统战政策》等专题，零陵区完成回忆录《零陵乡镇工业发展史》专题资料6.5万字。江华瑶族自治县编辑出版《江华的故乡情》《中国的大法官江华》《李启汉的故事》《陈为人的故事》等党史书籍。

“铭记历史·圆梦中华·爱我永州”活动启动仪式

新田《春陵俊杰》续集形成资料长编。道县撰写的《红六军团过道县》专题形成初稿，重印《中国工农红军过道县》一书。

■ 地方志编纂 2015年3月，永州市政府办下发《关于做好〈湖南乡镇简志·永州卷〉编纂工作的通知》，全面启动乡镇简志的编纂工作，江华瑶族自治县、东安县、祁阳县、宁远县、江永县、蓝山县先后召开乡镇简志编纂工作动员会，其他各县也以文件等形式进行安排部署。截至12月底，全市有186个乡镇、40个街道、28个农林场和森管局基本形成初稿。启动《舜帝陵志》编纂工作，并将《舜帝陵志》纳入省志编纂内容。50万字的《康熙十九年祁阳县志校注》由湖南省人民出版社出版发行。《金洞管理区志》通过终审。启动全市名村志的编修工作。永州市地方志学会成功创建AAA社团，发展成立永州市地方志学会第一个县级学会——江华分会。

■ 年鉴编纂 《永州年鉴（2015）》注重年鉴封面、版式、纸张的调整，突出体现时代性、地域特色，增加“重点工作”比重，将一些市委、市政府的重大工作加以全面收录；增加附录内容，增设“社会科学和科学技术奖励项目”“法规选编”等表格化内容，提高年鉴的实用性和便览性；坚持存实去虚，注重有价值信息的收录，压缩内视信息，删去无效信息，提高年鉴信息量。11月底，《永州年鉴（2015）》由方志出版社出版，印制2000册。县区年鉴编辑工作有计划的开展。祁阳县启动年鉴编纂工作，《祁阳年鉴（2015）》由方志出版社出版发行。

■ 党史联络 2015年5月17日，永州市委常委会同意调整永州中共党史联络组成员，市政府原正厅级干部蒋政平任市党史联络组组长，曾昭薰不再担任组长。征集抗日战争时期日军入侵永州及永州人民英勇抗日资料，编辑成《抗日烽火燃永州》，作为《潇湘潮》特辑印刷出版。完成省党史联络组回忆录第21辑“新中国成立后湖南抗灾救灾专题”组稿任务，《永州市抗击非典情况》《震惊全国的零陵特务纵火案》被采用。《冷水滩往事》《足迹》《泷泊记忆》《疑山忆事》《岁月回眸》等县区回忆录专辑均一年一辑出版。

■ 史志宣传教育 2015年，永州市党史与地方志征集编纂办公室参与纪念中国人民抗日战争暨世界反法西斯战争胜利70周年纪念活动，与市委宣传部、市文物管理处等单位在市博物馆举办“伟大贡献——纪念中国人民抗日战争暨世界反法西斯战争胜利70周年展览”，各单位、社会各界数千人参观学习。与永州日报社联合，在《永州日报》发表多篇纪念文章。与永州电视台合作，拍摄永州纪念抗日战争胜利70周年专题片，并在永州电视台播出。永州史志网成功链接进入市人民政府网站市直部门网页，《中共永州历史》（二卷）、《毛泽东与永州》和《永州年鉴》（2014年卷）等主要研究成果陆续上传，发布全市史志工作简讯61条。市史志办与市图书馆签订合作协议，开展永州史志书籍数字化工作。全市发行2016年度《湘潮》5175份，较2014年增加1970份，增幅达61.47%，省委党史研究室湘史通报〔2015〕9号以“新认识换来新气象”为题在全省通报永州的典型经验。向省党史研究室、省方志委报送经验材料、各类简讯40余条。

■ 文明单位创建 2015年，永州市党史与地方志征集编纂办公室开展创建市文明单位活动，成立市史志办学雷锋志愿服务队，陆续开展文明劝导、保护环境、走访慰问敬老院老人等多项活动。开设道德讲堂。确立网络文明传播员6名，编发、转发文明微信、微博达1000余条。参加市委办举行的服务之星、合唱比赛、知识竞赛等活动，4人被评为市委办系统服务之星。年底被市委、市政府授予“市文明单位”称号。

（高爱国）

档案工作

■ 概况 永州市档案局的前身是零陵地区档案科，成立于1963年1月。1980年8月，撤销零陵地区档案科，成立零陵地区档案局。1996年4月，撤区建市后，零陵地区档案局改称永州市档案局。1997年4月，永州市档案局、永州市档案馆实行局馆合一管理体制，为市委直属正处级事业单位。1998年，永州市档案馆被市委宣传部授予“永州市爱国主义教育基地”。2009年11月，市档案馆被评定为省特级档案馆。主要职能是：对全市档案事业实行统筹规划、宏观管理；集中统一管理市直单位的重要档案和有关资料，依照档案法规接收、征集、整理、保管市直单位的重要档案和有关资料；组织全市性的档案宣传活动，收集、整理和编发有关档案内刊资料；会同有关部门组织开展档案工作外事活动和对外交流；组织档案科学技术与基础理论研究；参与有关部门对档案学科研成果进行评审、认定；对县区档案馆网点建设布局进行指导；对市直部门新设档案馆进行审核；协调指导各级各类档案馆的接收范围；提出并呈报市本级档案馆向社会开放档案的办法和控制范围，以及负责档案及其复制件出境，向各级国家档案馆以外的任何单位和个人出卖、转让、赠送的档案，外国组织和个人利用国家档案馆档案的审核工作；指导全市档案信息资源开发利用和服务工作，推进档案信息网络建设；承办市委、市人民政府交办的其他事项。内设办公室、业务指导科、法制教育科、管理利用科、信息编研科5个职能科室，有干部职工27人，其中在职17人、退休10人。

2015年，永州市档案局围绕市委、市政府工作大局和民生需求，创新工作思路，转变工作方法，全力推进档案资源体系、安全体系、利用体系和档案行政管理体系建设，全市的档案事业发展取得新的进步。

■ **基础业务建设** 2015年，永州市有22个乡镇档案工作规范化管理达到省二级以上标准。市档案局与永州经济技术开发区联合，选择1个企业作为民营企业档案工作规范化管理试点，为召开全市民营企业档案工作推进会提供现场。市县两级档案馆全年接收各类纸质档案134226卷33824件、实物档案21502件，接收个人捐赠档案769卷册，电子光盘37套64张，公务礼品档案3件。仅市档案馆就接收撤并机构档案、改制企业档案等54593卷（册、件、张）。强力推进馆（室）建设。江永县、江华瑶族自治县、祁阳县、宁远县、蓝山县基本完成项目建设，新田县、双牌县正在加快施工进度。市县两级有59家直属单位档案工作规范化管理达到省二级以上标准，其中省特级6家。开通已公开现行文件网上报送系统和查阅服务系统，网上可检索的开放档案目录3.5万条，现行文件7375件。编制出台《市档案馆档案数字化加工方案》《市档案馆档案数据中心建设方案》和《市档案馆档案数字化建设规划》。全年市县两级国家综合档案馆接待各类查档人员8万多人次，利用各类档案资料14万多卷（件、册）次。

■ **档案服务** 2015年，永州市档案局围绕市委、市政府中心工作和民生需求，主动对接，强化服务，档案资政惠民的作用得到比较好的发挥。安排3名业务骨干紧贴创建国家卫生城市、国家森林城市、国家交通管理模范城市需要，加强档案指导服务。多次深入省级重点建设项目江华涔天河水库扩建工程和市级重点工程建设项目祁阳晒北滩水电站、双牌五里牌水电站、祁冷公路、G207国道改造工程，开展档案工作管理专项调研和具体业务指导。对交付使用的冷东公路二期工程档案工作进行专项验收。紧贴政府机构改革和企业改制加强档案指导服务。有11家政府机构改革涉改单位、3家改制企业档案移交市档案馆。紧贴农村产权制度改革加强档案指导服务，在全市开展的农村产权制度改革工作中，主动介入档案工作，并将宁远县作为档案整理工作示范点，进行经常性指导服务。

■ **档案执法** 2015年，永州市档案局在建立《永州市档案行政执法依据》《永州市档案行政处罚自由裁量权制度》和《永州市档案行政处罚自由裁量权基准》的基础上，制定《永州市档案局规范权力运行制度》《永州市档案局行政复议工作制度》。从11月下旬开始，组织4个组对157个市直机关企事业单位及其二级机构、社会团体、中央和省驻永州单位，开展两年一度的档案行政执法检查。对档案管理混乱的单位依法下达执法检查监督函，要求他们限期整改，并实行跟踪复查。

■ **档案宣传教育** 2015年，永州市档案局围绕“档案——与你相伴”这个主题，抓好“6·9国际档案日”宣传活动。活动现场展出各类展板31块，发放档案宣传资料1500余份，接待市民参观展览2000余人次，永州电视台、永州新闻网等多家新闻媒体进行现场采访报道。在12月4日全国宪法日当天，开展挂一条宣传横幅、载一篇主题文章、办一次法制讲座“三个一”活动，广泛开展档案法律法规宣传。组织6000多人参加国家档案局举办的档案法律法规知识有奖竞赛活动。

（蒋文飚）

老干部工作

■ **概况** 永州市委老干部局系市委部门管理机构，内设3个科室，2个下属单位均为参照公务员法管理事业单位。2015年，市委老干部局机关有干部职工8人。全市有离休干部280人，其中行政机关105人，事业单位83人，企业92人。市直单位离休干部87人，其中，行政机关21人，事业单位18人，企业48人。老干部门服务管理厅级退休干部105人，处级退休干部1350人。

2015年，永州市委老干部局贯彻落实全国全省离退休干部“双先”表彰大会精神，开展为党的事业增添正能量活动，全面深化离退休干部“两项待遇”，扎实为老干部办实事解难事，全市老干部工作取得可喜的成绩。2015年，被授予“永州市文明单位”称号。

■ 重要会议 2015年2月12日，市委、市政府在南华大酒店举行老干部迎新春工作情况通报会。市委书记陈文浩主持会议。市委副书记、市长向曙光通报情况。在家的市委常委和市人大常委会主任、市政协主席与市厅级离退休干部欢聚一堂，共庆新春。10月20日，市委、市政府召开老干部经济形势通报会，市委书记陈文浩主持通报会，市委副书记、市长易佳良向老干部通报工作。

■ 调研成果 2015年7月13日至8月7日，永州市委老干部局组织4个调研组，在离退休干部中组织开展“我看十八大以来的变化”调研活动，发放问卷调查表280份，召开老干部座谈会16场，参加座谈人员224人次，上门走访老干部26人次。听取了解老干部对中共十八大以来中国经济社会发展变化的看法和建议。

■ 重要活动 2015年4～5月，永州市关工委组织8名“五老”（老党员、老干部、老军人、老模范、老教师）宣讲团成员，分南北两片，分别由市关工委常务副主任钱荣棠、李续荣以及盘玉花带队，到各县区、管理区按高中、初中、小学3个层次进行社会主义核心价值观巡回宣讲，作报告50场次，直接受教育师生2.6万余人。6月29日，举办市直（含中央、省驻永）有关单位离退休党支部书记骨干培训班。邀请市委党校专家为老干部作学习中共十八届四中全会精神辅导报告，观看群众路线教育专题片《高速公路上的腐败陷阱》，并赴祁阳县白水镇竹山村参观新农村建设和基层党组织建设。7月7日，市委、市政府组织厅级离退休干部参观考察江华瑶族自治县涔天河水库扩建工程建设，市委常委、市委组织部部长、市委统战部部长董石桂带队考察。

（市委老干部局办公室）

讲师团工作

■ 概况 2015年，永州市委讲师团围绕工作大局，全面落实年初确定的各项工作任务，做好市委中心组理论学习服务工作，搞好干部理论教育、理论研究和其他工作，较好地完成全年工作目标和任务，获2015年度全省讲师团系统创先进单位考评一等奖。

■ 完成中心组学习任务 2015年，永州市委讲师团开展学需调研，采用问卷方式，向全体市委中心组成员进行学习意向咨询，研究制订《2015年永州市委中心组理论学习安排意见》（以下简称《安排意见》）。市委中心组计划全年安排7次集中学习研讨和8个备选专题。《安排意见》经报市委主要领导审定，由市委宣传部、市委讲师团联合发文，指导全市副处以上单位党委（党组）中心组理论学习。及时将《安排意见》、市委中心组成员名单、学习秘书名单和每次集中学习综合材料上报省委讲师团。严格按照“自学、听课、发言、讨论、小结、通报”6个环节进行市委中心组学习。制定专题计划，编选学习资料，提供学习提示，安排专家讲课，组织中心发言，撰写学习综述，每次集中学习做到“有专人考勤、有专人记录、有专人发放学习资料、有专人备课辅导、有专人撰写综述、有专人接待服务”。全年市委中心组集中学习9次18天，听取专题辅导12次。围绕“三严三实”3个专题讨论3次，围绕“依法治市”“永州改革发展”“推进党风廉政建设”“全面落实‘两个责任’把纪律和规矩挺在前面”“推进我市精准扶贫工作”“做好意识形态领域工作”“实现我市电子商务后发赶超”等专题讨论9次，全体中心组成员都作中心发言，并上交书面材料。购置《习近平谈治国理政》《法治热点面对面》《读有所得（24～48册）》和《之江新语》等学习用书。为市委中心组成员每人配备新华书店购书卡。加强对全市副处级以上单位党委（党组）中心组秘书的培训。4月28～31日，组织县区（管理区）理论骨干11人参加省委宣传部、省委讲师团举办的“全省县级以上单位党委（党组）中心组学习秘书培训班”学习。12月1~3日，联合市委宣传部举办“全市理论宣讲骨干学习贯彻十八届五中全会精神培训班”，全市120多名县区和市直单位党组（党委）中心组学习秘书参加培训。

■ **探索理论宣讲改革** 2015年，市委讲师团结合理论热点广泛开展面上理论辅导。围绕党的创新理论和中央、省委、市委重大决策部署，为全市各级党委中心组和广大党员干部群众提供学习辅导。为市直各单位、县市区、企业、部队、学校、乡（镇）讲课50多场次，听众达4000多人（次）。策划和起草中共十八届四中全会、五中全会精神和“三严三实”等重点专题宣讲讲稿，并制作课件。起草全市“微宣讲”讲稿，并深入县区、乡镇等基层一线开展微宣讲活动，把党的政策理论用老百姓听得懂、喜欢听的语言表现出来。该团制作的题为“让农村成为安居乐业的美丽家园”的“微喇叭”，作为全省唯一一个“微喇叭”在全省学习贯彻习近平系列重要讲话精神教学备课会暨“互联网+宣讲”现场观摩会上示范播放。受市委宣传部委托，分别对市司法局和零陵区石山脚乡参加全省系统微宣讲比赛进行指导，其中石山脚乡杨柳青宣讲的《新常态为实现小康梦带来新机遇新空间》微宣讲获全省“好声音讲坛——讲话精神进基层”百姓微宣讲电视总决赛二等奖，市司法局袁红萍宣讲的《无悔的选择》微宣讲获得全省“践行湖南司法行政精神典型宣讲”三等奖。

■ **学习科研** 2015年，永州市委讲师团强化市委中心组学习管理员、服务员意识，不断提高自身理论素养。围绕中央和地方各级党委、政府的工作部署，申报省委讲师团科研课题，加强理论研究。向省委讲师团争取《潇湘源头治理在建设美丽湖南战略中心地位及对策研究》集体科研攻关课题。省级课题《“四个全面”是党的基本路线的新发展》获批开展科研。周勇撰写的《只争朝夕　奋力冲刺夺取全面建成小康社会伟大胜利》在全省讲师团系统学习贯彻党的十八届五中全会精神备课会上示范讲课；题为《坚决打赢精准扶贫攻坚战》的理论文章在《永州日报》理论版刊发；《“十三五”贫困地区应把精准扶贫摆在突出重要位置》在全省讲师团系统学习贯彻中共十八届五中全会精神理论研讨会获一等奖；《“四个全面”坚持发展了社会主义初级阶段党的基本路线》在全省“四个全面”理论研讨会上成功入选。李国仲题为《采取“四个强化”　舞活学习“龙头”》的理论文章在省委讲师团《学习导刊》第5期刊发。吴秋香题为《学哲学　用哲学　提升“看家本领”》的理论文章在5月25日《永州日报》理论与实践版发表，题为《马克思主义哲学是提升看家本领的“金钥匙”》的理论文章在2015年第5期《永州通讯》上发表。叶文雄题为《贯彻依法治国战略　全面推进依法治市》和《全面深化改革　开创改革发展新局面》的学习综述分别在《永州日报》4月10日和5月29日发表，参与发表新闻报道7篇。该团起草的题为《努力把“龙头工程”做成“精品工程”》的理论文章在12月18日《永州日报》理论与实践版发表。向省团推荐市地税局中心组学习经验，获准在《学习导刊》公开发表。

■ **成功承办省团会议** 2015年4月23~25日，永州市委讲师团承办“2015年湖南省委讲师团系统学习贯彻习近平总书记系列重要讲话精神暨全省讲师团系统湘南片区教学备课会”。省委讲师团、株洲讲师团、邵阳讲师团、衡阳讲师团、郴州讲师团共40余人参加备课会。会上，周勇代表永州作题为“加快全面推进依法治省步伐”的专题讲座，市地税局党组代表永州作中心组学习经验介绍。

■ **理论学习平台建设** 2015年，永州市委讲师团建设湖南省党委中心组学习信息管理平台“永州版块”，及时将中心组学习等有关信息上传网络。版块设置通知公告、学习制度、学习计划、学习纪实、学习综述、学习总结、学习成果、学习考核等8个栏目，突出为全市各级党委中心组学习提供服务示范。在全市党员干部中开展“学讲话用讲话”微心得文章征稿、编辑、推荐工作。市委书记陈文浩，市委常委、市人民政府常务副市长唐湘林，市委常委、市委宣传部部长石艳萍等亲自撰稿，相继在《湖南日报》《湖南宣传动态》上刊发。全市编辑微心得专刊8期22篇，向省团推荐报送微心得文章80多篇。

（叶文雄）

对台工作

■ **概况** 中共永州市委台湾工作办公室（永州市人民政府台湾事务办公室）是市委、市政府领导下的处理涉台工作的正处级单位，两个牌子一套人马，2005 年成立。主要职能是：贯彻执行党和国家对台方针政策和各项涉台法律、法规，会同有关部门研究草拟全市涉台规范性文件；组织、指导、管理、协调全市对台工作；开展对台方针、政策和法律、法规的宣传教育；组织管理全市的重大涉台活动，处理重大涉台事件；做好台胞台属的有关工作；向市委反映情况，提出全市开展对台工作的意见和建议。内设综合科和经济贸易科。2015 年，在编在岗 6 人，行政编 5 人，后勤编 1 人。

2015 年，永州市台办系统围绕市委、市政府中心工作，情系台胞，服务台企，推动永台经贸合作，促进永台文化交流，为建设品质活力永州、促进永州经济发展做出贡献。

■ 专题会议研究 2015 年 3 月 27 日，永州市委常委会研究全市对台工作，听取全市对台工作情况汇报。会议同意召开全市对台工作会议，同意组团赴台进行经贸考察活动，支持阳明山、九嶷山交流基地列入省、市“十三五”规划笼子，按省里要求参加第 11 届湘台经贸交流合作会，举办第九届“和”文化节暨海峡两岸旅游文化经贸交流活动。各县区委常委会均听取台办对台工作专题汇报至少一次，各县区党委、政府主要负责人定期或不定期听取对台工作情况汇报，组织相关单位研究部署对台工作。

■ 招商引资 2015 年，永州市签约落户和改扩建台资项目 12 个，其中江永县台办引进安雅家俱有限公司（合资）和台湾鑫煌蔬菜加工有限公司 2 个工业项目。成功举行境内外台商赴永州市部分县区参观考察活动，接待广州天河区台协及政协港澳组一行 24 人到永州交流考察。

2015 年 4 月 29 日，国台办副主任龙明彪（左二）向双牌阳明山授牌

■ 维权服务 2015 年，永州市走访慰问台商、台胞、台属 400 多人，送去慰问品、慰问金 2 万多元。市、县区两级台办联合人社部门为台资企业招工，发放招工资料 2.7 万余份，为台企招工 1000 余人次。先后两次召开各县区台办主任会议，专题听取各县区在维护台胞权益中遇到的困难，研究解决意见。办结台商、台胞来信来访 18 件，其中市台办直接参与处理 12 件。

■ 对台交流交往 2015 年，永州首次邀请台湾大中学生到蓝山县开展永（州）台（湾）两地青少年之间的“蓝台青少年文化之旅”交流交往活动。成功举办海峡两岸舜帝后裔祈福之旅活动。组织赴台交流考察 5 次，其中 6 月下旬，由市委常委、市委秘书长颜海林率领部分市直单位和双牌县、江华瑶族自治县、宁远县、永州经济技术开发区的主要负责人组成的经贸考察团赴台交流考察，在台北圆山饭店成功举办永州市旅游经贸推介会，并会见海基会董事长林中森等 40 余名政商要人。永州赴台探亲、交流、观光约 2700 人次；接待投资考察、探亲、寻亲、旅游观光、交流等台胞、台商 1200 余人次。

■ 对台宣传与涉台教育 2015 年，永州市台办系统通过多种方式向台湾岛内输入宣传推介永州的资料 2 万余份。建立专门的涉台宣传网站、微信公众号及微信群等，及时宣传推介永州。制定《2015 年度全市对台信息工作考核评比表彰办法》，进一步加强涉台宣传信息工作。全市在国家级、省级涉台网站上发表新闻信息稿件 50 多篇。冷水滩区和宁远县连续 8 年被国台办评为全国对台宣传“双刊”先进县区。

■ 对台工作调研 2015 年 5～7 月，永州市台办先后在全市 11 个县区，走访调研台企、重要台属等，详细了解企业的订单、产品产销、招工、薪资、社保、员工生活等生产经营情况。7～8 月，市台办带领宁远县、双牌县台办，阳明山、九嶷山两个管理局的负责人一行赴陕西黄帝陵、福建永定客家园调研学习基地建设经验，撰写调研报告《永州市海峡两岸交流基地建设情况的调查与思考》，上报省委统战部和省台办，被省委统战部评为调研成果三等奖。7 月、12 月，市台办及相关县区还协助并参与台湾文化大学教授李孔智的湘南承接产业转移调研和省台办副主任丁学新关于湘南承接产业的调研。

■ 阳明山国家级海峡两岸交流基地成功授牌 2015年4月28~29日，双牌阳明山成功举办第九届中国·阳明山“和”文化节暨海峡两岸经贸交流活动。国台办副主任龙明彪，省委常委、省委统战部部长李微微，省台办主任冯波、台湾阳明山公园管理处副处长卢淑妃等为阳明山国家级海峡两岸交流基地授牌，省人大常委会副主任谢勇，省政协副主席欧阳斌等出席授牌仪式。

（曲爱丽）

永州市人大常委会

综　述

2015年，永州市人大常委会围绕全面建成小康社会总目标，按照协调推进“四个全面”战略布局的要求，紧扣市委“四个三”工作部署，围绕大局，忠诚为民，忠实履职，完成市四届人大六次会议确定的各项任务。

坚持发展为要，忠实履职。力办议案。突出《加快创建国家森林城市的议案》和《加快创建国家交通管理模范城市的议案》的督办。“创森”议案督办实行“三专”“两结合”，即分管领导及委室专题督办，专题集中视察，专题听取汇报，经常性督办与集中督办相结合，人大督办与部门承办相结合，形成市区合力、部门协同、领导带头、全民参与的良好局面。11月，国家林业局授予永州“国家森林城市”称号。

永州市第四届人民代表大会第六次会议

“创交模”议案督办坚持高位推动，力促政府通过规划先行、严管严控、加大投入、完善设施等有效措施，增强创建工作执行力。7月，永州市创交模工作顺利通过D类城市二等管理水平初评，为成功创建国家交通管理模范城市奠定基础。推进市四届人大四次会议《关于加快中心城区闲置土地清理处置力度，进一步推进节约集约用地的议案》办理。市人大常委会一班人多次深入区县和有关部门听汇报、察现场、解难题，先后组织集中视察3次，召开多次专题调研座谈会，协调解决处置中的难题。常委会主要领导作为督办清理处置工作的领导者，定期召开调度会，周密安排部署，一线督查督办。市人大常委会各位副主任分别领衔督办1个县区，督促清理处置工作深入推进。截至12月，全市核实闲置土地624宗，面积15026.14亩，依法处置600宗，面积14754.39亩，占应处置面积的98%。永州市清理闲置土地的做法得到国土资源部、省政府和省委第七巡视组的充分肯定，并在全省推介。

重督财政。抓牢财经“牛鼻子”，多措并举，加大监督力度，推进财经工作改革创新，高效运转。以新《中华人民共和国预算法》学习宣传贯彻为切入点，进一步推进政府全口径预算决算管理，推进预决算公开及“三公”经费公开。督促政府严格预算约束，及时审查批准2015年市本级预算调整方案，提高财政资金使用效益。加强政府专项资金监督力度，规定500万元以上的政府专项资金必须出台专门管理办法，确保资金合理、规范使用。推动国有资产改革管理，建立审计监督工作机制，促进财政预算编制、执行、监督相互制约、相互协调的机制有效运行。加强财政审计监督，对审计报告指出的问题整改不到位的，再次提出交办意见，跟踪监督问题单位切实整改到位。支持政府依法融资，破解资金瓶颈，保障重点项目建设需求，促进中心城区建设。适时作出中心城区信用社改革决议，推动政府加快组建永州自己的商业银行，提高本土化金融服务水平，促进金融业的健康发展。

精深调研。围绕市委重大改革和发展课题，开展“推动永州百万外出务工人员返乡创新创业”专题调研。市人大常委会主要领导带头深入各县区和市直相关单位，并远赴江西、贵州等地调研。召开专题座谈会21次，实地走访创新创业典型85人，调查了解外出务工人员返乡创新创业情况，总结经验，查找不足，从资金制约、技术瓶颈、用工掣肘、政策支持乏力等方面深入剖析原因，并结合永州实际，有针对性提出营造双创氛围、落实扶持政策、搭建发展平台和优化政府服务等一系列对策建议，形成较高质量的调研报告。为提高会议质量和审议水平，市人大常委会组成人员深入基层群众，广泛听取意见建议，准确掌握实情，扎实开展审议议题的前期调研，形成高质量的综合报告128个，专题调研报告67个。其中涔天河水库扩建工程移民安置、少数民族生活现状等调研报告，得到省人大常委会和市委的高度重视和充分肯定。

坚持民生为本，精准监督。精准督民生大事。为确保群众喝上干净水，重点开展《中华人民共和国水污染防治法》执法检查，促进湘江母亲河的源头保护。5月，常委会执法检查组先后赴14个县区、管理区，对湘江、潇水干流及主要支流水污染防治和饮用水水源保护情况进行检查，及时向市政府交办5个方面共30个问题，并对其中10个问题进行重点交办。7~10月，执法检查组组织永州电视台、《永州日报》、永州新闻网等媒体对交办的重点问题整改情况进行跟踪督办和多次暗访。11月又组织部分全国、省人大代表对境内湘江流域生态环境治理与保护情况进行集中视察。在市县两级人大上下联动、各级政府高度重视下，执法检查成效显著。工业污染得到有效遏制，湘江纸业成功关停并转，主要污染物排放总量逐年下降；饮用水水源保护不断加强，市政府出台《永州市最严格水资源管理制度实施办法》，划定全市水资源管理红线；城镇污水、垃圾处理能力得到加强，全市污水处理率和生活垃圾处理率均超过省里为民办实事目标；农村污染状况有明显改观，通过引进温氏等现代企业淘汰一批落后养殖产能，小（2）型以上水库投肥养鱼得到有效禁止。湘江源头水环境进一步改善，水污染防治工作取得明显成效。省人大常委会上专题播放永州市饮用水源保护新闻采访专题片。高度重视学位建设工作，开展中心城区义务教育阶段学位建设工作专题审议，组织市教育局、市财政局、市国土局、市住建局等部门负责人深入各新建学校建设现场实地调研，连续提出许多建设性建议。市政府出台《中心城区义务教育学校布局专项规划》，将中心城区学位建设纳入全市“1511重点投资计划”的“百个重大项目”，进行严格考核评估。全年中心城区义务教育完成投资1.05亿元，新增学位6070个，大班额问题开始得到有效缓解，学位建设扎实推进。将市委六件惠民实事之一的放心米粉和食用油工程，作为重点监督事项，主动开展监督。督促和支持市政府通过严格标准，整合扶持等措施，促进米粉生产企业发展，创建米粉示范店。零陵和冷水滩两区创建放心米粉示范店100家，全市食用油和米粉安全状况得到根本性好转。针对人大代表和群众普遍关心的学校食堂及周边小超市食品安全问题，深入中心城区和偏远地区部分中小学实地调研，提出整改意见40多条。市县区政府及有关部门全力开展专项整治攻坚战，全市的学校食品安全得到较好的保障。

强力解民生难事。开展中心城区小区建设与管理专项督查。坚持“老问题抓化解，新问题抓规范”，督促政府对小区整治工作实行一月一督查，一月一通报，及时掌握整治工作的新情况，研究解决整治工作的新问题。9月上旬，常委会领导亲自带队，组织部分市人大代表，分8个小组深入到103个小区进行视察调研，强力督办问题落实。市人大常委会第33次会议，就中心城区住宅小区建设和管理存在尚未整改到位问题，再次开展专题询问，24位代表、委员及公民向市住建局、市房产局、市城管局、市质监局等11个部门负责人毫不留情地进行询问，力督各类问题解决。永州电视台对专题询问进行全程录播。经过两年坚持不懈的努力，小区整治工作取得明显成效。办理分户房产证51112套，土地分户证50979套；一大批用电、消防、电梯、房屋质量等安全隐患得以集中消除，供水、供气等民生问题得到集中改善，小区公共秩序明显好转；103个小区新增停车位5541个、绿化面积3.1万平方米，拆除违法建筑4816平方米，小区建设和管理制度逐步规范；处理处分党政干部60人，依法追究不法开发商30人，其中刑拘28人，对清查出来的参与房地产开发或集资购地的1731名党员干部分类进行处理，追缴各类税费5.08亿元。

审议办民生实事。对市经信

委、市民宗委、市统计局和市食品药品监督局开展为期一年的工作审议。审议调查组深入各县区和基层单位，召开座谈会，实地察看现场，走访人民群众，掌握第一手资料。集中审议大会上，审议4个部门的工作报告，并集中交办28个方面的整改意见。8月起，开展为期3个月的跟踪监督，督促整改，一些事关社会发展、民生民本工作取得明显成效。市经信委落实惠企政策，帮助企业跑项争资近3亿元；协调融资平台，为200多家中小企业担保贷款7亿多元；开展招工服务，为企业解决用工3万多人。市民宗委争取民族地区优惠政策，向省争取少数民族发展资金1398万元，民族地区对口扶持和精准扶贫工作取得新进展。市统计局举办"统计服务民生"大型主题活动，加强城乡居民收入、就业、物价、劳动工资、生态环境等与民生密切相关的指标检测，并及时发布数据，满足人民群众对统计资料的需求。市食药局扎实开展专项整治，食药安全进一步保障，学校及周边食品市场得以规范，"放心米粉和食用油"民生好事实事工程取得实际性成效。

坚持法治为上，依法行权。做好立法筹备。新修改的《中华人民共和国立法法》赋予设区的市人大及其常委会在城乡建设与管理、环境保护、历史文化保护方面地方立法权。市委高度重视，成立市委书记陈文浩任组长的筹备领导小组，市人大常委会主任高建华任组长的工作小组。举办专题培训，组织常委会组成人员集中学习《中华人民共和国立法法》；常委会主要领导亲自带队赴广州市考察，学习地方立法先进理念和成功经验；草拟系列立法需要的前置制度，开展立法专家库和立法项目库建设前期工作。市人大常委会第34次会议依法批准成立市人大常委会法制工作委员会。立法授权指日可待，地方立法工作即将全面铺开。

监督政府依法行政。加强对政府及其部门工作监督，听取和审议市政府工作部门负责人年度述职报告。33个部门主要负责人从依法履职情况、落实市委市政府决策情况、执行人大决定决议及办理代表建议情况等方面，向常委会报告履职情况和工作打算。重点组织集体视察公安工作，听取公安工作专题汇报，推动和支持全市"百日会战"和"打击盗骗毒"等专项行动。

力督两院依法行权。听取和审议市中级人民法院关于人民陪审员决定执行和人民陪审员工作情况的报告并提出审议意见，推动市中级法院优化陪审员结构，提升陪审员素质，加强陪审员管理，促使人民陪审员认真履行法定职责。听取和审议市人民检察院关于查办和预防职务犯罪工作情况的报告，督促市检察院加大打击职务犯罪的力度，深入推进职务犯罪预防工作。同时，注重跟踪问效。组织对上一年度关于人民法院、人民检察院审议意见办理情况的专项督查，狠抓审议意见落实。做好涉法涉诉信访工作，推行接访向导访转变。全年受理群众来信来访265件次，其中重点交办45件，办复45件。

坚持创新为先，推进人大工作创新发展。严格监督，在监督中全力支持"一府两院"的工作，服务发展大局。支持市、区依法依规筹措建设资金54亿元，确保中心城区棚户区改造、保障性住房建设、经开区创新创业、历史文化名城推进等事关民本、民生和经济社会发展重点项目建设的资金需要。严格任免。坚持党管干部原则与依法选举任免的有机统一，实现省、市委的各项重要人事安排，任免"一府两院"工作人员113人次。对任命的法官、检察官依法开展任前公示，收集群众意见。任前调查听取分管领导的意见，民主测评征询机关全体干部的意见，还对办案情况进行抽样调查，听取案件当事人的意见。任前调查情况作为审议任命干部的参考，保证常委会任命质量。探索任后监督工作新途径，听取"一府两院"常委会任命人员的履职情况报告并建立履职档案。

创新建议督办方式。建立"常委会领导领办、各专委会对口办、代表参与办"的"大督办"格局。抓好对代表反馈不满意建议的再次督办。市四届人大六次会议代表提出建议246件，办复率100%；已经解决或基本解决的93件，占办理总数的41%。办理单位班子成员和办理科室直接与提建议代表面对面办理，代表建议办理的满意率比2014年高出4.6个百分点，达到94.7%。创新审议意见交办方式。改变以往审议意见交办"文来文往"的方式，根据常委会会议审议议题，由人大常委会领导或秘书长直接面对面向有关部门负责人交办，并规定办理和答复的时限。创新履职评价方式。依法制订市人大常委会组成人员、人大代表履职评价暂行办法，建立和完善不称职代表及职务代表变动退出机制。建立组成人员、人大代表履职活动档案，记录出席会议、审议发言、参加代表议案和建议督办、撰写调查报告等活动情况，年度按百分分值精细化考核，60分以下为不称职。届内两次评价为不称职的，进行通报，建议辞去职务。创新开展规范性文件备案工作。审查备案市政府报送的规范性文件65件、各县区人大常委会报送的决议、决定2件，向省人大常委会报备决议、决定3件。延伸备案监督工作链条，不仅对中心城区控制性详规开展备案审查，还将“软性”备案审查与审议监督有机结合起来，主任会议听取情况汇报，常委会会议也专题听取和审议工作报告。

建立“三测评”制度。探索开展履职测评。实施《对“一府两院”有关国家机关工作人员任后履职测评的暂行办法》，听取任命的“一府两院”国家机关工作人员年度履职情况的报告并进行履职测评。完善审议整改测评。市人大常委会34次会议对市经信委、市民宗委、市统计局和市食药监局的审议工作整改情况进行满意度测评。建议办理引入测评。市人大常委会出台《永州市人民代表大会建议、批评和意见的提出与办理办法》，对代表建议办理和测评工作作出详细规定，对连续两年测评为不满意的办理单位，将依法启动质询、撤职等程序进行追责问效。对市教育局、市住建局、市农业委、市水利局、市食药监局等重点督办建议的6个承办单位进行办理情况测评。

（市人大办公室）

永州市人民政府

综　　述

2015年，永州市人民政府持续推进“四个三”，大力实施“八大计划”，奋力破解“五大难题”，全力走好“永州路径”，扎实办好“六件惠民实事”，较好完成年初确定的各项目标任务。

经济增长稳中向好。主要经济指标增速高于全省平均水平，在全省排位位次前移，多数居于第一方阵。地区生产总值完成1413亿元，增长9%，增速排全省第六位，同比前移三位；规模工业增加值完成330亿元，增长10.2%，增速自2014年6月以来18个月排全省第一位；固定资产投资完成1535亿元，增长17.8%，增速排全省第11位；社会消费品零售总额完成527亿元，增长12.1%，增速排全省第七位；财政总收入完成131.1亿元，增长15.6%，增速排全省第三位；金融机构各项存款余额达到1573.1亿元，贷款余额达到793.62亿元，分别比年初增加234.9亿元和152.3亿元，增量分别排全省第八位和第五位；城乡居民收入分别达到21938元、10765元，分别增长8.7%和9%，增速分别排全省第八位和第十位；全面小康实现程度提升4个百分点，排全省第二位。

产业建设亮点凸显。农业生产稳中有进。实现粮食总产318.16万吨、水果108.8万吨、蔬菜450万吨，收购烟叶55.6万担，出栏生猪970万头，新建农业标准化示范基地90个、粮食万亩高产示范片51个，新增农产品加工龙头企业26家、“三品一标”产品75个、省著名商标10个，广东温氏集团在永州生态养殖等重大项目进展较好，东安县被评为全国农产品质量安全县，道县、江永县、新田县获批国家出口食品农产品质量安全示范区。工业发展动能增强。规模工业总产值突破千亿大关，达1090亿元，增长19%。新入统规模企业127家，排全省第一位，新发展小微企业1600家。零陵烟厂技改完成，产值达67亿元。长丰猎豹汽车新车型CS10量产上市，整车产量达到历史最高的3.8万台，完成产值28亿元、销售收入40亿元。重点产业和新兴产业发展提速，生物医药、先进装备制造、电子信息产业产值分别增长25%、38.6%、44.2%。恒伟医药、康都制药、德福隆电子、九恒集团、千山药机等项目竣工投产，五矿江华稀土产业园、市烟草产业园、科力尔电机等项目进展顺利。百亿园区和“135”工程建设成效明显，全市园区新建标准厂房220万平方米，引进创新创业企业150家，均居全省前列，永州经济技术开发区、祁阳经济技术开区建成规模工业总产值过百亿园区，道县工业园被列为省新型工业化示范园区，市高校毕业生创新创业孵化基地及江华、蓝山、宁远3县创新创业园被列为省级创业孵化基地。江华瑶族自治县入围全省特色制造产业重点县。第三产业保持活力。文化旅游产业持续升温，成功举办全省公祭舜帝大典、江华瑶族自治县60周年县庆暨中国第13届瑶族盘王节，总投资70亿元的

“零陵古城”文化旅游综合保护开发项目开工建设，阳明山挂牌国家生态旅游示范区和海峡两岸交流基地，九嶷山创建国家级风景名胜区通过住房和城乡建设部评估，柳子街入选全国第一批历史文化街区，东安创建首个“中国德文化之乡”，双牌、宁远入围全省文化旅游产业重点县。房地产业健康发展，新建城镇住房462.78万平方米，完成房屋交易金额76.87亿元。电子商务发展迅速，淘宝“特色中国·永州馆”上线运行，在全国首个实现各县区同步推进阿里巴巴农村淘宝项目，江永跻身国家电子商务进农村综合示范县。开放承接势头良好。承接产业转移项目542个，实际利用外资8亿美元，到位内资196亿元，实现进出口总额8.5亿美元。鼎鑫贸易公司赴俄罗斯创办全省第一家境外农牧产业园区，并得到省里重点扶持。长沙海关永州办事处正式挂牌，湖南农副产品集中验放场全面竣工。创新驱动开始发力。组织实施省级以上科技计划项目51项，授权专利931件，新增国家高新技术企业13家，完成高新技术产业产值180亿元，增长23%。全市第一个“国字号”质检中心国家焊剂产品质量监督检验中心奠基开工。

城乡面貌显著改观。城镇建设快速推进。中心城区实施城建重点项目148个，完成投资80亿元，15条主次干道、40条背街小巷提质改造和梅湾路、人民路等建筑立面整体改造完工，23条断头路全部通车，19个安置小区建设实现质的突破。国家卫生城市、国家森林城市双双授牌，国家历史文化名城申报和交通管理模范城市创建工作扎实推进，道县、江永县、蓝山县成功创建省级卫生县城，祁阳县、回龙圩镇及宁远柏家坪镇、江华水口镇等一县三镇入围全省新型城镇化试点，蓝山县被列为省直管县。基础设施不断完善。207国道双牌至道县段改建工程竣工通车，冷水滩区至东安县、零陵区至双牌县一级公路开工建设，新建农村公路605公里、农村招呼站155个，永州至深圳直达高铁、至上海民航班机开通。涔天河水库扩建工程超进度推进、灌区工程正式开工、库区移民统一迁建签约率达97.5%，毛俊水库项目建议书获水利部批复，东安县芦江水库、宁远县金钩挂水库超额完成年度计划，宁远县凤仙桥、半山，新田县杨家洞、东安县双江等4座中型水库除险加固进展顺利，17座小（1）型水库、92座一般小（2）型水库除险加固全面完成，“五小水利”、中小河流治理、水土保持综合治理、小农水重点县、灌区续建配套、山洪灾害防治等项目建设有序推进，实施高标准农田建设11.32万亩，新解决农村人口饮水不安全问题38.8万人。神华国华永州火电一期工程快速推进，风电项目获批装机规模51.4万千瓦，占全省年度建设规模29%，江华瑶族自治县大路铺、东田，江永县黄甲岭等风电场并网发电，蓝山县四海坪、道县洪塘营、零陵区石岩头等风电项目开工建设；新田县220千伏智能化变电站和冷水滩区岚角山等3个110千伏变电站竣工投运，祁阳县梅溪110千伏变电站开工建设；“气化永州”稳步推进，中心城区和江永县、江华瑶族自治县、祁阳县开通天然气。智慧城市创建计划高位破题，市云计算中心投入试运行，数据库建设加紧推进，综合应用平台部分子系统上线运行，4G等通讯基础设施建设进展较好，祁阳县被列为国家智慧城市试点县。美丽乡村初现雏形。投入资金3.2亿元，实施20个省级美丽乡村建设和520个村的人居环境整治，完成改水改厕改厨3万户，清理空心房20万平方米，实施改造连片示范村213个，全市配备农村保洁员9000余人，86%以上的村实现清扫保洁，生活垃圾集中处理率达到80%，实现生活污水处理的村达到12%，卫生厕所普及率达到71.82%，农村面貌明显改观。

难题破解富有成效。改革红利持续释放。行政管理体制改革迈出大步，大力推进简政放权，市政府工作部门保留行政职权2527项、市本级行政许可事项缩减至124项，均为全省最少的市州之一；精心抓好政府机构改革和乡镇区划调整改革，市县区政府机构改革和乡镇撤并工作全面完成，合村改革有序推进；出台2015年版“三清单一目录”，在全省发出首张全国统一编码的“三证合一、一照一码”营业执照，全面推行政务服务事项“两集中两到位”改革和“一站式”服务，实施并联审批，有效激发创新创业活力，新增各类市场主体3.1万户，其中新设立私营企业4486户。农村产权制度改革纵深推进，县、乡两级土地流转服务中心全面组建到位，新增新型农业经营主体2569个、农地流转面积80万亩。社会治理机制改革落地，社区网格化全面推进，城市社区由原来的125个调整为101个，划分网格1400多个，改造、新建63个社区服务用房。融资能力大幅提升。争取中央、省补助资金244.1亿元，新增、置换债券额度51.99亿元，盘活财政存量资金41.48亿元。引进金融机构，省农信担保公司永州分公司挂牌营业，长沙银行永州分行开业，市政府与长沙银行、省农发行签署授信协议400亿元。加快地方金融机构发展，宁远、道县、新田、东安4县农商行挂牌营业，全市9县农信社全部改制为农商行，中心城区组建永州农商行进展顺利。引导金融机构扩大信贷投放，新增银行贷款152.3亿元，同比多增65.14亿元，存贷比达到50.45%。发挥地方投融资平台作用，市城建投、经建投、开建投分别融资68亿元、38亿元、14亿元。加强政府与社会资本合作，中心城区供水和污水处理、生活垃圾焚烧发电等PPP试点示范项目相继启动。加强对融资担保、小额贷款等投资类公司的有效监管，稳妥处置民间融资引发的群访事件。用地需求得到保障。获批新增建设用地8.41万亩，排全省第二位；成功处置闲置土地1.48万亩，占应处置面积的98.2%；中心城区征收土地3901亩，拆迁房屋49.2万平方米，拆除违法建筑40.45万平方米。项目开发卓有成效。全市开发包装“十三五”重大项目790个，总投资超过1万亿元，其中235个单列项目初步纳入省“十三五”规划项目库，占全省项目总数的10%以上，在全省14个市州中排名第一位。

民生福祉不断增多。民生投入持续加大。完成民生支出275.8亿元，占财政总支出比重78.8%，同比提高0.9个百分点。省定24件为民办实事项目和市定6件惠民实事全面完成。就业优先取得实效。新增城镇就业5.87万人、农村劳动力转移就业6.84万人，发放小额担保贷款3.7亿元，扶持6300多人成功创业。社会保障得到加强。城市低保月人均救助水平达到246.6元，农村低保月人均救助水平达到109.3元，五保对象年分散供养标准达到2908.8元，均达到或高于省定标准。发放“五项保险”待遇60.55亿元，社会保障卡综合应用纳入全国试点示范。建设保障性住房和实施各类棚户区改造4.75万套，改造农村危房2.03万户。改造农贸市场28家。精准扶贫全面启动。931个贫困村实现驻村帮扶工作队全覆盖，全年减少贫困人口12万、贫困村59个。生态优先不断强化。完成人工造林40.11万亩、封山育林30.43万亩，森林覆盖率达到61.89%，宁远九嶷河、金洞猛江河湿地公园获批国家湿地公园，蓝山湘江源、江永千家峒水利风景区跻身国家水利风景区，湘江纸业停产关闭，湘江保护和治理第一个“三年行动计划”基本完成，湘江干流出境水质保持二类及以上标准，各项环保约束性指标全面完成。教育优先深入推进。新增城区义务教育学位2.1万个，其中中心城区0.61万个，新建义务教育合格学校56所、农村公办幼儿园23所、教师周转宿舍1800套。名校名师名校长工程建设效果显现，教育教学质量有新提升，高考二本上线人数位列全省第7。医疗卫生快速发展。县级公立医院综合改革取得实效，涉改9县全部实施药品零差率销售。宁远县、江华瑶族自治县被评为全国中医药工作先进县。计划生育实现保先进位，被评为全省良好单位，江永县跻身全省优秀单位，实现县区计生工作优秀单位零的突破。强力开展“打黑除非”歼灭战，食品药品安全形势稳中向好。社会大局和谐稳定。组织开展严打整治百日会战、严打盗骗毒等系列专项行动，重大案件全部侦破，打黑除恶、网上追逃、刑事案件破案率排名全省第一位，安全生产、综治工作考评分别跃居全省第二、第三位。

（市人民政府办公室）

重大决策

■ 出台《永州市人民政府关于加快电子商务发展的实施意见》

2015年6月，为进一步优化电子商务发展环境，充分发挥电子商务在推动调整产业结构、转变发展方式、促进经济转型发展中的作用，永州出台《永州市人民政府关于加快电子商务发展的实施意见》(以下简称《实施意见》)。《实施意见》提出，力争到2017年年底，全市电子商务交易额和网络零售交易额年均增长90%，电子商务交易额突破200亿元，网络零售交易额超过60亿元。发展年交易额500万元以上网店网商500家，培育电子商务交易额超1亿元的企业10家，打造支撑力强、辐射面广且特色鲜明的电商平台5个，培育2至3个省级以上电子商务龙头企业。《实施意见》明确，推进发展电子商务的4个方面的重点工作。一是加快电子商务应用普及，推动农产品电子商务率先突破，引导实体企业扩大电子商务应用，支持重点领域和重点行业开展电子商务，

中共永州市委宣传部

2015年10月27日，省委常委、省委宣传部部长张文雄（中）深入扶贫联系点——江华瑶族自治县塘头坪村开展“一进二访”活动

2016年1月22日，永州市“锦绣潇湘·永州发现”摄影作品展在省美术展览馆开幕。图为市委书记陈文浩（右二），市委副书记、市长易佳良（右三），市委常委、市委宣传部部长石艳萍（左一）等市领导观看展出作品

2015年10月14日，市委常委、市委宣传部部长石艳萍（中）深入扶贫联系点——江永县兰溪瑶族乡黄家村开展“一进二访”活动

2015年12月，永州市举行“唱响永州“歌咏大赛，全市63个部门合唱团6500余人参赛。图为市级领导合唱团带头登台演唱

2015年10月13日，市老年艺术团举行纪念抗日战争胜利70周年文艺晚会，弘扬以爱国主义为核心的伟大民族精神

2015年7月30日，永州市召开文化产业推进工作会，研究和谋划全市文化产业发展工作

中共永州市直属机关工作委员会

2016年1月29日，组织召开市直机关基层党组织书记述职评议大会

组织召开“永州市2015年机关党的工作会议”。市委常委、市委秘书长、市直工委第一书记颜海林（中）在会上作工作报告

2015年11月13日，举办“市直机关新提拔科级干部廉政培训班”，组织近两百名新提拔的科级干部认真学习《中国共产党党员领导干部廉洁从政若干准则》《中国共产党纪律处分条例》，切实增强“讲纪律、守规矩”意识

为弘扬革命精神，传承革命传统，激发振奋干部职工精气神，凝聚干事创业合力，联合市委宣传部、市文体广新局、市总工会承办由市委市政府举办的“2015‘唱响永州’市直机关歌咏比赛”

组织开展“市直机关纪念抗日战争胜利70周年演讲比赛”

2015年6月底，结合庆祝中国共产党成立94周年，组织部分市直机关党务干部前往怀化芷江参观“抗日受降纪念馆”，接受革命传统教育与爱国主义教育

中共永州市委政策研究室

2015年6月26日，市委副秘书长、市委政研室主任段联群（中）带领全室党员干部参观市反腐倡廉教育展馆

2015年，市委政策研究室紧紧围绕市委工作中心和重大决策部署，超前谋划，主动作为，圆满完成各项工作任务，“核心智库”建设取得新的成效。以文辅政职能有效发挥。全年起草各类文稿389篇，完成市委经济工作会议、市委四届八次全会、市委常委扩大会议、精准扶贫工作动员大会等重大战略决策会议讲话。承担“三严三实”专题教育、向省委巡视组汇报两大重要专项工作的文稿起草任务，起草专题汇报文稿15篇。决策服务前瞻性精准性不断提高。承担市委主要领导关于湘江流域生态补偿机制的调研课题，形成的《建立完善湘江流域生态补偿机制的研究》得到市委领导高度认可。组织专题调研5次，撰写各类调研文稿和理论文章21篇。撰写的《对当前全市稳增长情况的调查报告》在上半年经济形势分析会议上作为参考资料分送给与会人员，《永州市精准扶贫工作专题调研报告》经市委主要领导批示后，调研成果吸收进《中共永州市委、永州市人民政府关于贯彻落实中央、省委精准扶贫战略部署的实施意见》的政策文件中，为市委主要领导在全市精准扶贫动员会议上的讲话等材料起到重要的参考作用。信息服务及时准确。注意挖掘基层诉求、着眼横向比较、突出经验借鉴，以自办内刊为载体，为领导从不同角度掌握上情、了解外情、知晓内情、做好决策发挥重要作用。全年编发《领导参阅》15期、《信息摘报》28期、《重要社论评论言论摘编》12期，编印《永州文稿（2014年）》《新常态新思维新发展——2015年永州重大专题调研文集》，出版印刷《永州通讯》12期，刊发文稿339篇，累计568个页码约90万字。改革工作推进有力。市委改革办组织召开改革领导小组会议2次、专题协调会10余次，开展专项督察4次，指导市直部门制定改革方案75份，督促9个县区专项小组成立办公室，推动关键环节改革取得突破。小康工作成效显著。全市全面建成小康社会总体实现程度为84.6%，比2014年提升4个百分点以上。市小康工作获省委、省政府“全面小康管理成效优秀奖”第一名，全市有7个县区获得省委、省政府表彰奖励，市、县区获奖金2700万元。“十三五”规划前期研究重大课题调研报告《永州市“十三五”全面建成小康社会路径和对策研究》获全市“十三五”规划市直单位课题组一等奖。机关建设再展新形象。进一步强化机关自身建设，干部队伍整体结构与素质优化提升。市委政研室获全市绩效评估优秀单位，全面小康、三项改革、党风廉政建设和反腐败、计划生育工作先进单位，参与的祁阳县文明铺镇新塘角村驻村帮扶工作队获全市先进驻村帮扶工作队。

2015年10月28日，市委副秘书长、市委政研室主任段联群（左四）带领干部职工深入扶贫联系点祁阳县文明铺镇新塘角村开展“一进二访”活动，走访慰问帮扶对象

永 州 市 档 案 局

省档案行政执法检查组一行在永州市执法检查

市档案局领导带队到江永县桃川镇上圩村扶贫点调研指导精准扶贫工作

开展“三严三实”专题教育

联合零陵区档案局在工人文化宫广场举办纪念“6·9国际档案日”宣传活动

召开创建市级文明单位动员大会

参加梅湾社区社会治安夜巡执勤

参与永州市纪念中国人民抗日战争暨世界反法西斯战争70 周年专题展览活动

永州市民族宗教事务委员会

2015年11月25日，江华瑶族自治县成立60周年纪念日，各族群众欢庆盛况

永州市民族宗教事务委员会，属市政府工作部门，正处级单位，行政编制14人，事业编制1人，内设办公室、政策法规科、民族事务科、宗教事务科4个科室，2015年实有在职干部12人。该部门担负着贯彻执行党的民族宗教政策、推进民主团结进步事业、传承发展少数民族优秀传统文化、维护民族宗教领域和谐稳定、服务民族地区经济社会发展、引导宗教与社会主义社会相适应等重要职责。

省民宗委主任徐克勤（左二）调研全国和谐寺观教堂——双牌阳明山万寿寺

副省长蔡振红（前中）、国家民委国际交流司司长俸兰（前右四）、省长助理袁建尧（前左四）、省民宗委主任徐克勤（前右三）、市委副书记张严（前左三）、市委常委、常务副市长唐湘林（前右二）等中央、省、市祝贺团领导会见境外瑶胞代表

国家民委、省民宗委调研组在江华瑶族自治县调研特色村寨

永州市选送的瑶族生态舞蹈《敲梆》《嘞嘞嘿-远远兄妹飘过来》等节目获全省第四届少数民族文艺汇演金奖

民族团结进步行——各族群众与来永少数民族共度“古尔邦”节

永州市移民开发局

省移民局副局长童康宁（右二）在永州考察移民避险解困工作

党组书记、局长周智亮（右二）春节走访困难移民户

召开2015年度移民工作会议

召开全市移民系统党风廉政建设工作会

召开“三严三实”专题民主生活会

召开“三严三实”专题教育党课

永州市政务中心

2015年8月27日，省政府副省长蔡振红（左一）深入市政务中心办事大厅调研工作，市委副书记、市长易佳良（中），市委常委、常务副市长唐湘林（右一）陪同调研

2015年6月18日，省政协副主席赖明勇（前左）视察市政务中心工作，市政协主席唐定、副主席唐运军陪同视察

2015年12月2日，市委副书记、市长易佳良主持召开市政务公开领导小组会议，市委常委、常务副市长唐湘林出席会议

2015年9月21日，市委副书记、市长易佳良（左四）在市政务中心颁发全市首张“三证合一、一照一码”营业执照，市委常委、常务副市长唐湘林（右四）、市政协副主席彭爱华（左三）出席

2016年3月30日，全市政务公开政务服务和电子政务工作会议召开，市委常委、常务副市长唐湘林（后排左二）等市领导为市政务中心模范窗口单位颁发奖牌

窗口工作

2015年12月15日，市政务中心参加市委“唱响永州”歌咏大赛，并取得优异成绩

永 州 市 公 安

2015年8月10日，市委书记陈文浩（左一）亲切慰问高温下的执勤交警

2016年3月2日，市委副书记、市长易佳良（左二）一行深入中心城区检查指导创交模工作

2015年2月17日，市委常委、常务副市长唐湘林（中）深入路面一线慰问执勤交警

2015年9月16日，省公安厅交管局局长唐国栋（左二）深入永州检查指导道路交通安全管理工作

2015年10月22日，永州市召开创交模交通秩序大整治专项行动誓师大会

局　交　警　支　队

2016年4月1日，全国人大常委会内务司法委员会副主任委员秦光荣（右三）在市委常委、市委秘书长颜海林（左一），副市长、市公安局局长刘新良（左四），副市长、零陵区区委书记严兴德（右二）等陪同下，深入市驾考中心视察

2015年2月15日，副市长、市公安局局长刘新良（左三）深入中心城区主要道路调研交通管理工作

创交模专家组工作反馈会召开

举办酒驾人员法制学习班

机关开展夜巡查缉装备使用业务培训

永州市司法局

省政协社会和法制委专职副主任王明强率省检查组在永州市验收"六五"普法工作。市委书记陈文浩（左四）出席汇报会并作全市"六五"普法工作情况汇报。市委副书记、市长易佳良主持会议。市政协主席唐定，市人大常委会副主任杨海河，副市长、市公安局局长刘新良，市中级人民法院院长罗重海出席汇报会

市司法局党组书记、局长雷廷玉（左二）陪同省司法厅副厅长傅莉娟（左一）参观宁远县司法局法治文化展厅

省司法厅检查组检查验收宁远县社区矫正中心建设

全市基层司法行政业务骨干培训班

永州市"践行湖南司法行政精神典型宣讲"比赛选手与市司法局领导合影

江华瑶族自治县司法局白芒营司法所为纠纷双方调解

永州市中级人民法院

最高法院咨询委员会王维山一行12人在永州视察指导工作

省高级法院党组书记、院长康为民（中）在永州中级人民法院视察

党组书记、院长罗重海（右）在扶贫点调研

郭怀安涉黑一案庭审

全院干警“七一”向党旗宣誓

青年法官义务咨询

诉讼服务中心揭幕仪式

永　州　市　人

陈运周获2015年度法治人物“致敬英雄”，中央电视台现场直播为其妻（左二）颁奖

省院检察长游劝荣（前左）为永州市获得第五届湖南省十佳公诉人的邓云云颁奖

在首个宪法日庄严宣誓

检察开放日

“三严三实”专题集中学习研讨

民　　检　　察　　院

精准扶贫在瑶山

走访慰问特困户

永州检察官文联成立大会

湖南省二〇一四届

文明标兵单位

湖南省精神文明建设指导委员会
二〇一四年十二月

证　书

授予 杜以鹏 同志

全省禁毒工作先进个人

湖南省禁毒委员会
二〇一五年八月

杜以鹏获全省禁毒工作先进个人

丰富的检察文化活动

参加2015“唱响永州”歌咏大赛

参加全省检察机关篮球赛

永　州　市

省委书记、省人大常委会主任徐守盛（中）春节期间深入永州困难企业走访，看望慰问困难职工

省人大常委会副主任、省总工会主席刘莲玉（左一）看望困难职工留守儿童

市委副书记、市长易佳良（左二）在市委常委、副市长蒋善生（右二）陪同下走访慰问全国劳模

市委副书记张严（左一）深入零陵煤矿走访慰问困难职工

2015“唱响永州”歌咏大赛，市领导与参赛演员合影

2015年永州市劳动模范表彰大会，市领导与市级劳模集体合影

总　　工　　会

省总工会党组书记、副主席徐文龙（右二）在永州调研指导工会工作

春节期间，市委书记陈文浩（左一）在市委常委、市委秘书长颜海林（右二）陪同下走访慰问特困职工

市人大常委会副主任、市总工会主席杨海河（右一）走访慰问特困企业和职工

市总工会党组书记、第一副主席吴红燕（右）深入困难企业，走访慰问

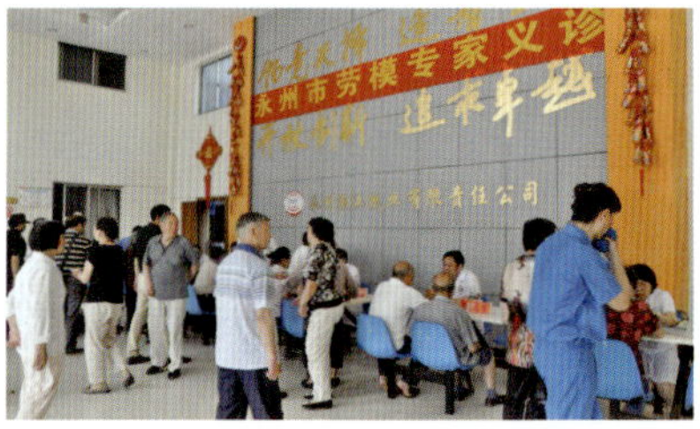

组织全市卫生行业劳模专家到市汽车运输总公司和湘江纸业公司等困难企业开展义诊

参与创建“国家卫生城市”

永州市代表队参加全省职工智跑比赛

永州市第五届职工职业技能大赛举办现场

市工会第三期职工医疗互助活动启动

共青团永州市委员会

市委书记陈文浩（右二）一行考察永州市青年创新创业园区龙头企业

团省委书记汤立斌（右三）一行考察永州青年创新创业园

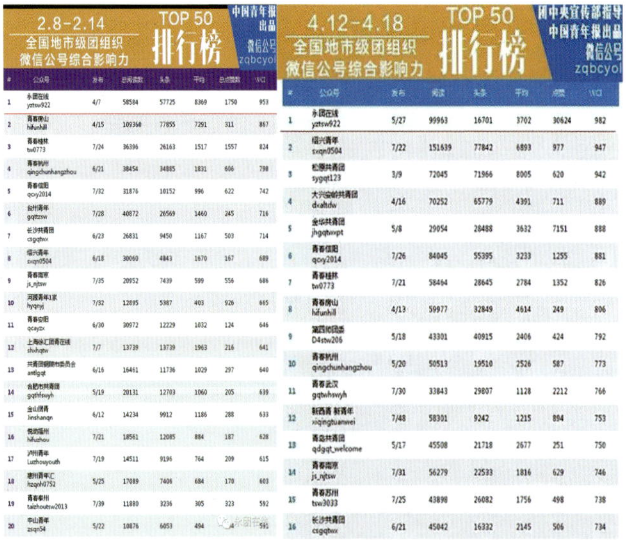

2.8-2.14 全国地市级团组织微信公号综合影响力 TOP 50 排行榜 中国青年报出品 微信公号 zqbcyol

#	公众号	发布	总阅读数	头条	平均	总点赞数	WCI
1	永团在线 yztsw922	4/7	58584	57725	8369	1750	953
2	青春佛山 hifunhill	4/15	109360	77855	7291	311	867
3	青春桂林 tw0773	7/24	36396	26163	1517	1557	824
4	青春杭州 qingchunhangzhou	6/21	38454	34885	1831	606	798
5	青春信阳 qcxy2014	7/32	31876	10152	996	622	742
6	台州青年 gqttzsw	7/28	40872	26569	1460	245	716
7	长沙共青团 csgqtwx	6/23	26831	9450	1167	503	714
8	绍兴青年 sxqn0504	6/18	30060	4843	1670	167	689
9	青春南京 js_njtsw	7/35	20952	7439	599	556	686
10	河源青年1家 hyqnyj	7/32	12895	5387	403	926	665
11	青春安阳 qcayzx	6/30	30972	12229	1032	124	646
12	上海徐汇团青在线 shxhqtw	7/7	13739	13739	1963	216	641
13	共青团铜陵市委员会 antlgqt	6/16	16461	11736	1029	297	640
14	合肥市共青团 gqthfswyh	5/19	20131	12703	1060	205	639
15	金山团青 Jinshanqn	6/12	14234	9912	1186	288	633
16	悦动福州 hifuzhou	7/21	18561	12085	884	187	628
17	泸州青年 Luzhouyouth	7/19	14511	9196	764	209	615
18	惠州青年汇 hzqnh0752	5/25	17089	7406	684	170	603
19	青春泰州 taizhoutsw2013	7/39	11880	3236	305	323	592
20	中山青年 zsqn54	5/22	10876	6053	494	[illegible]	591

4.12-4.18 全国地市级团组织微信公号综合影响力 TOP 50 排行榜 团中央宣传部指导 中国青年报出品 微信公号 zqbcyol

#	公众号	发布	阅读	头条	平均	点赞	WCI
1	永团在线 yztsw922	5/27	99963	16701	3702	30624	982
2	绍兴青年 sxqn0504	7/22	151639	77842	6893	977	947
3	松原共青团 sygqt123	3/9	72045	71966	8005	620	942
4	大兴安岭共青团 dxaltdw	4/16	70252	65779	4391	711	889
5	金华共青团 jhgqtwxpt	5/8	29054	28488	3632	7151	888
6	青春信阳 qcxy2014	7/26	84045	55395	3233	1255	881
7	青春桂林 tw0773	7/21	58464	28645	2784	1352	826
8	青春佛山 hifunhill	4/13	59977	32849	4614	249	806
9	第四师团委 D4stw206	5/18	43301	40915	2406	424	792
10	青春杭州 qingchunhangzhou	5/20	50513	19510	2526	587	773
11	青春武汉 gqtwhswyh	7/30	33843	29807	1128	2212	766
12	新西青 新青年 xiqingtuanwei	7/48	58301	9242	1215	894	753
13	青岛共青团 qdgqt_welcome	5/17	45508	21718	2677	251	750
14	青春南京 js_njtsw	7/31	56279	22533	1816	629	746
15	青春苏州 tsw3033	7/25	43898	26082	1756	498	738
16	长沙共青团 csgqtwx	6/21	45042	16332	2145	506	734

永州团市委官方微信永团在线两次夺得综合影响力全国第一

与冷水滩区蔡市镇邓家铺村留守儿童一起过“六一”

“让爱点燃希望—— 潇湘情·建行心”永州市爱心助学公益晚会

《中国青年报》头版推介永州共青团“网络评议”工作

奋斗的青春最美丽——寻找永州最美青年工作者

在李启汉故居重温入党誓词

永州市妇女联合会

市委副书记、市长易佳良，市委常委、市委组织部部长、市委统战部部长董石桂与少儿共度“六一”

举行2015年寻找永州“最美家庭”“最美创业”“最美湘女”宣传活动

举办2015年乡镇妇联主席培训班

建巾帼林为永州创国家森林城市贡献力量

厦门大学·永州市妇儿工委成员单位业务骨干暨市直机关妇委会主任培训班

举行“三八”妇女维权周活动暨“家庭律师社区行”活动

永州市妇女儿童发展规划（2011—2015年）终期评估和新一轮妇女儿童发展规划（2016—2020年）编制工作

永 州 市 人 民

市委副书记、市长易佳良（前）查看疏散基地规划图

市委常委、常务副市长唐湘林（右）听取人防工作汇报

副市长张常明（右一）视察疏散基地

“三严三实”专题教育

反腐倡廉大课堂

防　空　办　公　室

永州军分区参谋长耿保民（中）指导射击训练

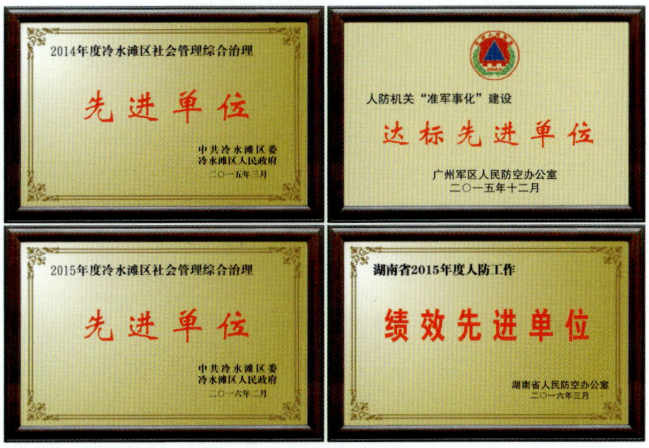

2015年全市人民防空拉练

永州市第四中学开展防空防火疏散演练

全市人防指挥通信骨干培训

全省人防指挥业务集训暨"湘防-2015"人防行动演练

武警永州市支队

支队支队长　祝立志

支队政治委员　王 剑

武警永州市支队特战排应急班比武竞赛

卫士—15演习

2015年6月24日，永州支队“三湘勇士”先进事迹报告会

法律卫生心理服务下基层

2015年2月10日，湖南省武警总队副司令员周四洋（中）在永州支队调研

2015年7月13日，省武警总队考核组在永州支队检查

永州市公安消防支队

支队长李一红（右一）带队检查易燃易爆企业消防安全

支队政委彭建国（右三）带队开展元宵节零点夜查行动

2015年全市消防工作会议

永州市“平安社区 和美家园”119消防宣传活动月启动仪式

舜德摩尔实战化灭火救援演练

零陵区黄田埔车祸事故抢险救援行动

江永县抗洪抢险救援

永 州 市 发 展 和

党组书记、主任　陈宇荣

2015年，面对复杂困难的发展形势，永州市发改委以规划编制为重点，以项目推进为核心，以全面深化改革为动力，以开展“三严三实”教育活动为保障，奋发作为、务实创新，服务永州经济社会发展。抓好重大规划编制实施，推进“十三五”规划编制，其中，全市“十三五”规划纲要通过市委、市政府、市人大常委会、市四届人大八次会议审议，牵头和参与编制全市服务业发展规划、生物医药健康养老产业发展规划等30个专项规划，全市“十三五”规划重大项目库收集各类项目795个，总投资超过1.2万亿。抓好专题调研，围绕湘江流域生态补偿机制、湘粤开放合作试验区建设、加快承接产业转移示范区建设、易地扶贫搬迁、对接东盟、产业布局、工业园区建设、民间投资等重大问题开展专题研究，完成数十万字的研究成果。全力扩大有效投资，全年固定资产投资完成1541.35亿元，同比增长18.2%。全年争取国家和省资金18.96亿元，其中，争取“135”创新创业园区资金1.28亿元，推动全市建成标准厂房220万平方米，获省里补助资金位居全省第一；争取农网改造升级建设资金48727万元，创历年之最。重大前期项目有序推进，邵永客专、洛湛铁路永州以南段扩能改造、兴永郴赣初步列入国家中长期铁路网规划，委托铁四院完成永州铁路总图规划编制；湘桂既有线电气化改造及新建高溪市至永州站三线工程列入中铁总公司2016年预备开工项目；神华火电二期工程可行性研究报告通过电规总院审查，并已列入湖南省电力“十二五”发展规划。项目建设扎实推进，“1511重点投资计划”项目完成投资320亿元，超额完成315亿元的年度投资目标。涔天河水库扩建工程大坝提前153天成功筑顶，华讯科技、万马轮毂、兴泰生物科技等50个重点项目竣工投产。涔天河水库灌区工程、中心城区河东城市综合体、零陵至双牌及冷水滩至东安一级公路等项目开工建设。节能工作成效突出，全市单位GDP 能耗同比下降7.38%，大幅超过1%的节能目标。

涔天河水库灌区工程正式开工建设

石岩头风电场开工建设

改革委员会

举办全市重点项目建设流动现场会

市委书记陈文浩主持召开市“十三五”规划纲要征集意见座谈会

市委副书记、市长易佳良在市发改委开展“三严三实”专题教育党课

永州至深圳动车组正式运行

在外地调研铁路枢纽建设

永州市烤烟办

2015年8月20日，省长助理袁建尧（右二）在市委常委、常务副市长唐湘林（右一）陪同下检查烤烟产区县烟叶收购工作

省烟草局局长樊剑峰（右二）在宁远县调研烤烟生产

2016年4月25日，市委书记陈文浩（右一）在宁远、新田两县察看烤烟长势

2015年3月16日，市委副书记、市长易佳良（左一）在宁远县柏家坪调研烤烟生产工作

市委常委、常务副市长唐湘林（左三）在烤烟主产区检查烤烟移栽工作

优质烟叶基地

发展移动电子商务，推动电子商务进社区。二是培育电子商务市场主体，培育发展永州本土电子商务企业，引进国内外电子商务知名企业，加快个体网商培育，开展电子商务示范企业创建工作。三是加强电子商务基础支撑，建设电子商务产业基地，加快信息基础设施建设，提升快递仓储物流配送能力。四是优化电子商务发展环境，加大政策扶持，加强人才支持，培育配套生产性服务业。

■ 出台《永州安全生产“黑名单”管理办法》 2015年6月，市政府下发《永州安全生产“黑名单”管理办法》，将安全生产“黑名单”纳入政府管理，在全省开先河。按照管理办法，凡有下列情形之一者纳入“黑名单”，即发生较大及以上生产安全责任事故、一年内死亡2人或累计死亡2人（含）以上一般责任事故、应经安全生产许可未经许可生产经营的、安全设施违法“三同时”、存在重大隐患未整改、拒不执行监管指令、谎报及瞒报事故、被媒体曝光、未完成重大专项任务、其他严重违反安全生产法律法规的十类情形。凡列入“黑名单”管理的对象，信息收集、信息告知、审核认定、信息公布、信息解除、延期管理等严格程序办理，充分保障当事人合法权益。严厉监督惩戒，凡列入“黑名单”的生产经营单位，管理期限一般为1年，发生重大事故的为2年，除依法给予行政处罚外，每季度向县区、每半年向市主管部门报告一次安全生产情况，县区每月至少1次、市每季度至少1次对其进行一次检查，一年内严格限制新增项目核准、用地审批、证券融资、工程招投标等行为，发生较大事故的各类评先评优实行“一票否决”，拒不整改的依法停产停业整顿或关闭。

■ 启动粮食生产“一站式农业供应链”模式 2015年，市政府与海南神农大丰公司签署《关于推广“一站式农业供应链”管理服务模式的合作协议》。“一站式农业供应链”管理服务模式是按照“龙头企业领办、政企合作推动、成员参与自愿”的原则，用成熟的工业供应链管理方式创造性地植于现代农业，服务于专业大户、家庭农场和农民专业合作社等种粮经营主体，并针对种粮经营主体的生产具有规模化、集约化、现代化的特点，为其提供土地流转、农资供应、技术服务、产品销售等全方位的服务，使之提高种植效益和风险控制能力。这种模式的推广有利于增加种粮大户的数量和种植面积，加速土地流转进程，解决农业生产规模化问题；为种粮大户提供垫资和农资赊销服务，解决种粮大户“融资”的问题；把成员有效组织起来，实行组织化、规模化、现代化生产经营，实现节本增效，解决农业生产效益低的问题。2015年先行试点示范，推广超级稻晚稻种植面积11万亩。

■ 专题研究三年交通大建设实施方案 2015年6月22日，在市政府常务会议研究的基础上，市委常委会议认真听取并审议《永州市三年交通大建设工作实施方案》。会议明确新一轮三年交通大建设活动的目标任务，明确各县区管理区的主体责任以及考核奖惩的具体办法。新一轮交通三年大建设活动预计完成投资200亿元。包括围绕中心城区的冷东一级公路、零双一级公路在内的干线公路、农村公路总里程约3758公里，湘江千吨级航道和码头改造、场站与快速公交建设等项目。其中，干线公路完成投资72亿元（其中城区段按城市道路加宽增加投资约30亿元，实际公路投资42亿元），建成零陵至双牌、冷水滩至东安一级公路快速通道等16个项目共680公里；农村公路完成投资28.5亿元，完成农村公路建设3000公里，桥梁385座；力争衡永高速永州段78公里正式启动项目建设，完成投资53亿元；水运建设湘江千吨级航道改造力争省里投资26亿元。

重 要 会 议

■ 市政府常务会议 2015年1月5日晚上，市委副书记、市长向曙光在市政府二楼一会议室主持召开市政府第52次常务会议，听取2014年度社会管理综合治理、计划生育、安全生产考评情况汇报，审议《2014年度永州市推进新型城镇化综合考核办法（试行）》。

1月13日，市委副书记、市长向曙光在市政府二楼一会议室主持召开市政府第53次常务会议，安排部署市“两会”有关工作，审议《关于鼓励和支持民间资本参与公共领域投资的实施意见》《市政府机构改革工作实施方案》《禁止生产销售使用无包装无标识食用油和米粉通告》《永州市食品安全黑名单管理办法（试行）》《关于支持农业产业化龙头企业发展的实施意见》和《关于推进住宅产业化的实施意见》。

2月8日下午，市委副书记、市长向曙光在市政府二楼一会议室主持召开市政府第54次常务会议，听取全省有关会议精神、组建永州市开发建设投资有限公司、永州市树市花评选工作、永州市河东城市综合体《国有建设用地使用权出让合同》的情况汇报，安排春节期间有关民生工作，研究春节及全国“两会”期间稳定、市级劳动模范评选，审议绩效考核及市政府表彰事项考核结果、市委经济工作会议报告和《政府工作报告》责任分解方案。

3月9日下午，市委副书记、市长向曙光在市政府二楼一会议室主持召开市政府第55次常务会议，听取对口支援涔天河水库扩建工程移民安置、全省公安工作会议精神、申报国家历史文化名城工作的情况汇报，审议《涔天河水库扩建工程移民安置规划实施管理办法》《关于做好涔天河水库扩建工程移民安置资金和规划外移民建房缺口资金筹集使用管理工作的通知》《永州市城区被征地农民参加养老保险实施办法》《永州市国家卫生城市管理办法》，研究全市国土资源、干部驻村帮扶工作。

3月23日，市委副书记、市长向曙光在市委十楼会议室主持召开市政府第56次常务会议，听取2014年永州科技奖励和专利奖评审工作、全国和全省有关会议精神、第九届中国·阳明山“和”文化节暨海峡两岸旅游文化经贸交流活动筹备情况、全市闲置土地清理处置工作、中心城区生活垃圾焚烧发电项目的情况汇报，研究永州市森林灭火救援队伍的组建，审议《永州市河道保洁工作实施方案》。

4月13日，市委副书记、市长向曙光在市政府二楼一会议室主持召开市政府第57次常务会议，学习《中华人民共和国行政诉讼法》，听取全市依法行政、统计、人防、史志、优惠政策清理等工作的情况汇报，审议《永州市推进政府购买服务工作实施暂行办法》《永州市创建国家卫生城市总结表彰方案》《永州市地名管理办法》。

4月26日上午，市委副书记、市长向曙光在市政府二楼一会议室主持召开市政府第58次常务会议，传达湖南省党政代表团赴江西、广西考察学习有关精神，听取永州国家农业科技园区总规修编、全市劳模推荐评选和表彰大会筹备、食品药品安全、交通运输、市公安局交警支队车管所项目建设、湘江纸业关停并转情况汇报，审议《永州市冷水滩区湘江西岸棚户区改造范围内国有和集体土地上房屋征地补偿方案（草案）》《永州市保障性住房分配和运营管理暂行办法》《永州市中心城区商品住房项目配建保障性住房实施细则》《关于加快推进永州市外贸进出口基地建设的若干意见》《关于提升潇湘城市群大气环境质量的意见》。

5月8日，市委副书记、市长向曙光在市政府二楼一会议室主持召开市政府第59次常务会议，听取全市国有林场改革工作、印象·珊瑚湾违法建筑处理、非税收入减免缓征有关事项的情况汇报，审议《2015年永州市食用油、米粉放心工程工作方案》《关于扶持社会力量兴办养老服务机构的意见》《关于严格新建矿山开采企业准入的通知》《永州市湘江流域禁止开采区和限制开采区设置及矿业权限退出方案》《永州市安全生产“黑名单”管理办法》。

5月25日上午，市委副书记、市长向曙光在市政府二楼一会议室主持召开市政府第60次常务会议，听取市政府办公室工作情况汇报，审议《2015年永州市市直小分队招商考核办法》《关于加快电子商务发展的实施意见》《永州市交通大建设工作实施方案》。

6月25日下午，市委常委、常务副市长易佳良在市政府二楼一会议室主持召开市政府第61次常务会议，听取政务服务中心和文化艺术中心项目规划和建筑设计方案、零陵古城文化旅游综合保护开发项目、“三清单一目录”工作的情况汇报，审议《关于禁止在永州机场新址建设控制区新增建设项目和迁入人口的通告》《永州市创建全国社会保障卡综合运用试点示范城市工作实施方案》。

7月16日下午，市委常委、常务副市长易佳良在市政府二楼一会议室主持召开市政府第62次常务会议，学习新修订的《中华人民共和国环境保护法》，听取环保工作、收取绿化整治不达标小区绿化补偿费、潇湘农村商业银行筹建工作、住房公积金工作的情况汇报，审议《永州市特殊教育提升计划（2015～2016年）实施方案》，通报关于明确涔天河水库扩建工程灌区项目法人的情况。

7月27日上午，市委副书记、市长候选人易佳良在市政府二楼一会议室主持召开市政府第63次常务会议，听取全市“十二五”期间县城以上生活污水垃圾处理和供水设施建设、中心城市冷水滩城区供水、金洞国有林场改革、全市城镇个人住房信息系统建设、全市深化商事制度改革有关情况汇报，审议《永州市国家卫生城市管理工作考评与奖惩办法实施细则》《永州市市长质量奖管理办法》《市政府8月份主要工作预安排》，通报从土地出让收入中计提城市基础设施维修维护专项资金情况。

7月28日晚上，市委副书记、市长候选人易佳良在市政府二楼一会议室主持召开市政府第64次常务会议，听取永州市政府机构改革“三定”工作情况汇报。

8月14日下午，市委副书记、市长候选人易佳良在市政府二楼一会议室主持召开市政府第65次常务会议，听取全市精准扶贫、绩效评估、潇湘阁创意设计方案征集和项目建设的情况汇报，审议《永州市普通高中学校办学水平评估考核方案》《永州市普通高中学校校长后备人才库建设实施方案（试行）》《永州市普通高中学校校长任期制及目标管理考核办法（试行）》《永州市“两供两治”中心城区供水和污水处理PPP项目实施方案》《关于加快推广应用新能源汽车的实施意见》《永州市电动车辆管理办法实施细则》《永州市鼓励个人购买电动汽车财政补贴实施办法》。

9月14日下午，市委副书记、市长易佳良在市政府二楼一会议室主持召开市政府第66次常务会议，听取对参与房地产开发的国家公职人员实行分类处理意见、全省少数民族特色村镇推进会议精神、调整市经投集团归口管理、继续实施市直单位公务员医疗补助补贴办法、对原九嶷宾馆、潇湘宾馆和林业招待所改制后退休人员要求解决医保个人账户基金处理意见的情况汇报，审议《进一步落实永州市中心城区原代建制和BT项目投资回报的意见》《永州市城镇职工基本医疗保险实施办法》《永州市城镇居民基本医疗保险实施办法》《2015年度“三项优先”工作综合考核方案》《永州市燃气事故责任保险规定》。

9月28日下午，市委副书记、市长易佳良在市政府二楼一会议室主持召开市政府第67次常务会议，学习《中华人民共和国仲裁法》，审议《永州市本级从土地出让收入中提取保障性安居工程建设资金使用管理办法》《市直国有改制企业社会职能分离移交办法》《永州市中心城区建设项目交通影响评价报告编制管理暂行办法》《零陵古城文化旅游综合保护开发项目范围内国有土地上房屋征收与补偿方案》。

11月10日下午，市委副书记、市长易佳良在市政府二楼一会议室主持召开市政府第68次常务会议，听取全市机关事业单位工作人员工资调整和养老保险制度改革工作、市规划设计中心项目建设、永州经济技术开发区山林土地权属纠纷裁决权问题、贯彻落实全省拆违工作现场会精神的情况汇报，审议《2015年度开放型经济考核办法》《2015年“绿色永州”“绿色乡镇”建设工作考核办法》《永州市2015年“1511”重点投资计划项目考核办法》《永州市2015年度旅游产业发展考核奖励办法》《永州市创建国家森林城市工作考核办法》《2015年永州市本级投融资公司经营业绩考核实施方案》《2015年度永州市品质活力示范乡镇建设工作考核办法》。

12月9日上午，市委副书记、市长易佳良在市政府二楼一会议室主持召开市政府第69次常务会议，组织学习新修订的《中国共产党廉洁自律准则》和《中国共产党纪律处分条例》，听取《政府工作报告》起草、调整中心城区城市供水价格、公交体制改革等情况汇报，审议《永州市国民经济和社会发展第十三个五年发展规划纲要》《开行永州—深圳北动车组合作协议》《永州北铁路货场战略合作协议》《永州市公车改革总体方案》《永州市市直公车改革实施方案》《永州市临时救助办法》《永州市数字化城市管理工作实施方案》。

12月16日上午，市长易佳良在市政府二楼一会议室主持召开市政府第70次常务会议，听取2015年财政收支预计及2016年预算编制情况的汇报。会议听取市财政局局长杨军元关于2015年财政收支预计及2016年预算编制情况的汇报，原则同意《2016年永州市本级财政预算》《2016年永州市本级部门预算汇总报表》。

■ 专题研究社会救助工作会议

2015年5月6日，永州市人民政府专题研究社会救助工作会议在冷水滩区召开。会议听取市民政局关于全市社会救助工作和居民家庭经济状况信息核对平台建设的情况汇报，并就《永州市居民家庭经济状况核对系统技术方案》《社会救助申请家庭经济状况信息共享的合作框架协议》进行认真讨论。会议认为，社会救助工作事关困难群众基本生活和衣食冷暖，是一项保民生、促公平的托底性、基础性制度安排。会议原则同意《永州市居民家庭经济状况核对系统技术方案》《社会救助申请家庭经济状况信息共享合作框架协议》，同意调整市社会救助工作领导小组成员单位。

■ 市住房公积金管理委员会二届七次会议 2015年5月21日，市住房公积金管理委员会二届七次会议召开。会议认为，住房公积金关系到人民群众的切身利益。会议同意调整住房公积金使用政策；调整组合贷款模式；提高贷款额度；降低首付比例；加强区域合作。

■ 涔天河水库扩建及灌区工程建设协调会议 2015年8月24日，涔天河水库扩建及灌区工程建设协调会议召开。会议听取涔天河公司关于涔天河水库扩建灌区工程开工建设、涔天河水库扩建工程移民资金存款分存4个贷款银行等有关工作情况汇报，并就相关问题进行认真讨论和研究。会议认为，涔天河水库扩建灌区工程是一项功在当代、利在千秋重点工程。会议就灌区工程的建设管理模式问题、灌区开工建设启动仪式、涔天河灌区工程建设管理有限责任公司组建、灌区工程动员会、灌区工程建设用地土地报批、灌区配套资金筹措等问题进行研究。

政府机关事务管理

■ 物业项目管理 2015年，永州市政府机关事务管理处在潇湘大厦管理工作方面，按照以管理促服务，寓服务强管理的工作思路，充分发挥管理、服务、保障、协调等职能，合理安排岗位人员，制定岗位职责，同物业公司完成各项工作任务。在零陵行署老院管理方面，严格按照管理处制定的有关门面、住房及水电收取的有关规定，提高出租率、降低空租率，保证租金收取率达到97%以上；在房屋维修方面，投入一定资金，使国有资产得到保值和增值。巩固国家卫生城市成果，狠抓环境卫生整治，拆除乱搭乱建的棚架，清理卫生死角。

■ 机关食堂管理 2015年，永州市政府机关食堂托管一丰大酒店进行经营管理，实行市场化运作。强化对托管方经营的日常监督，做到每日每小时全天候现场监督指导。严格落实合同规定，严把食品卫生质量关，确保食品质量的安全卫生。加强与托管方的经营指导和工作交流，方便市政府机关干部职工的工作和生活。就餐人员从原来的每天约90人增加到150人。

■ 接待工作 2015年，永州市政府机关事务管理处严格按照《永州市党政机关国内公务接待管理实施细则》要求，不断完善内部管理制度体系，促进工作规范有序运转，做到工作制度化，操作程序化。加强工作监督，规范接待工作，严格接待审批制度。全部公务接待活动实行市政府办“一把手”审批制度，如实填写公务接待审批单和公务接待清单，一律做到先审批再接待。严格控制接待标准，防止铺张浪费，杜绝超标准接待现象。

■ 办文办事程序规范 2015年，永州市政府机关事务管理处高质量起草、上报总结、情况汇报、通知等文件，及时处理上级来文的收发、传阅登记、落实、上传下达、归档以及紧急文件和电话通知等。完成2015年工资改革和社保工作。完成年度考核以及退休人员的有关手续。完善育龄妇女情况、人口出生、独生子女办证登记等多种台账，保证账、卡、册登记齐全，登记信息及时准确。

■ 车辆管理 2015年，永州市政府机关事务管理处坚持按制度、按程序办事，让制度管事管人。节假日和双休日车辆实行集中停放，办党组成员及以下领导用车实行统一调度，杜绝公车私用的现象。在车辆维修和油材料的管理上，严格按制度按原则办事。车管费开支与2014年相比明显下降，管理效果相当显著。全年为市政府办公室和机关事务处工作调派车辆1000多余次。全年维修车辆1200多台次。

■ 安全保卫 2015年，永州市政府机关事务管理处建立车辆门禁系统，规范车辆停放，加强院内巡逻值守。严格外来人口登记制度，对租住户进行院内管理规定和法律常识教育，并通过发放告住户书、电子显示屏的优势，加大政府院内宣传教育力度，维护机关大院和谐稳定。做好信访维稳工作，市政府上访人数超5人以上集访202次4985人，零散人员上访1045余人次。

■ **动力维护**　2015年，永州市政府机关事务管理处安全供电3117090万千瓦时，总电费1927531.25元。其中办公和公共用电1554011万千瓦时，宿舍生活用电1563079万千瓦时，收取电费773358元。全年用水114739立方米，总水费347125元，办公和公共用水65408立方米，宿舍用水54859立方米，收取水费146558元。水电维修材料消耗10万元。实现全年无安全责任事故的发生。发现滴水现象及时处理，同时对公共照明采用定时设计。严格执行节能管理条例，控制空调开停时间，对气温不低于10℃和气温不高于28℃的天气，坚决不开空调。严格遵守材料采购和使用管理制度，狠抓节约和降低维修材料费用，实行先呈报，再采购再落实，件件有记录。

■ **房产卫生管理**　2015年，永州市政府机关事务管理处对办公楼区域因信访造成的生活垃圾进行清理和清扫30余次，对院内环境卫生进行大规模清扫卫生死角5次，做到院内、房前、屋后各个角落的环境卫生干净整洁。经过公开招标，办公一区、办公二区分别进驻两家物业公司。定期或不定期对物管工作进行检查考核，对未按合同落实的项目进行处罚，对标准不高的内容限期进行整改。

（秦晓英）

政务公开与服务、电子政务

■ **概况**　2015年，永州市政务中心（市政务公开办）围绕提高办事效率和群众满意率，进一步深化改革，推进简政放权和权力公开透明运行，加强电子政务和政务中心建设与管理，打造优质高效的服务平台和服务队伍，各项任务指标全面完成。中心继续保持市文明标兵单位，被评为全市“三项改革”先进单位、“1511”组织协调先进单位及全市依法行政先进单位。接待省委改革办、省政府调研组、省政协调研组和外地多个政务中心考察团，均获得肯定和好评，历次明察暗访，均没有明显问题。全年各窗口办理34.5万件，归集税费2.6亿元。

■ **智慧永州建设**　2015年，云计算中心机房及各项主体设施设备、政务信息交换共享平台、六大基础数据库标准和架构制定、库表结构搭建等全面完成，并投入使用。法人、空间地理、经济信息数据、城市部件数据采集工作基本完成，人口、房产房屋等数据采集入库正在进行。基于云计算中心和智慧永州项目综合应用平台，社会治理、城市管理和公共服务一体化综合应用平台各子系统全面部署到位并投入试运行。社会治理、城市管理和公共服务一体化综合应用平台采集实有人口数据381722条，实有房屋数据161245条，在线流转处置各类事件5370件。综合政务服务平台中的市级涉税信息网络平台等业务系统、市场主体监管及信息公示系统进入实施阶段。

市委副书记、市长易佳良颁发全省第一张“三证合一”工商执照

蒋新国　摄

■ **参与落实深化改革**　2015年，永州市政务中心（市政务公开办）通过发放调查问卷、召开座谈会、实地了解情况、走访项目企业、查阅审批案卷等方式，深入开展“行政审批改革落实情况”和“政务服务体系建设调研”专题调研，并形成调研报告，供市委市政府决策参考。推进“一站式”服务和并联审批工作，支持促进“三证合一”“一照一码”商事制度改革和并联审批，成效明显。协同有关进驻单位，对行政许可、审批及与工程项目建设、企业登记经营相关的其他管理服务和公共服务事项进行清理和流程再造。经过全面清理，梳理出进驻44个单位、178项政务服务事项（含433个子项目）进驻市政务中心集中办理，简化审批环节近63个，消减申报资料近400项，压缩承诺时限8000个工作日，清理关联中介服务74项，涉及21个单位41个项目77个子项目。

■ **政府信息公开**　2015年，永州市在政府门户网站和政务中心设立“三清单一目录”专栏，及时发布市本级政府及部门“三清单一目录”。全年市政府网站发布动态信息超过7万条，市政务中心（分中心）接受审批服务咨询超过40万人次，市政府信息公开平台发布政务信息近4000条，市政府重点领域信息公开专栏公开信息1036条，涉及公共资源交易、环评、价费、食品药品安全等。市政府网站发布政策解读信息1023条，涉及民生保障、电子商务、高考等政策文件的解读。市政务公开办收到公开申请5件（含1件行政复议件），市政府网站信息公开平台收到公开申请6件，均依法及时予以回复。市政府网站完成在线访谈13期，网上调查8期，民意征集15期，互动信箱公开信息280多条。市政府网站政务微博发布信息1017条。市政务中心公共微信平台于12月1日上线。

■ 开展政府网站普查 2015年，永州市政务中心（市政务公开办）按照“整旧换新”的原则，对照国务院办公厅的考核指标要求，对市政府门户网站栏目内容进行逐项整改，并同时完成网站升级改版工作。全年新增信息1000多条，删除过时信息3000多条，优化栏目结构34处，纠正错链及错字近800多处，经国办和省政府办多次测评，所有指标全部通过。购买政府网站在线智能监测分析服务，按照《全国政府网站普查评分表》相关要求，对全市53家政府网站进行日常监测，监测结果通过《政府网站阅评》及时反馈给相关网站，要求限期整改。根据国务院办公厅和省政府办公厅反馈的意见，提请市政府办公室组织督查整改2次，对整改不到位的8家县区和市直部门网站进行集体约谈；关停政府网站2个，下发《政府网站阅评》3期，网站整改通知8份，整改情况通报3份。道县、江永县、东安县、市审计局等网站进行改版升级。

■ 电子政务管理 2015年，永州市政务中心（市政务公开办）完善网络和网站的日常管理和安全防范。落实节假日和双休日值班制度，进一步完善网络、服务器、业务应用系统及其他网络及网站设备的日常运行维护机制和安全监测机制。完善维护日志，做好数据备份等工作，不定期对网络和网站服务器进行密码更换；完善网络和网站运行管理机制、安全防范机制，网络和网站运行正常，全年没有发生大面积的系统性安全事故。强化对全市电子政务工程项目建设的审查。审查电子政务工程建设项目5个，均对项目的需求分析、技术可行性及资源整合等问题进行审核把关，避免重复建设，为财政节约资金超过100万元。加强对市云计算中心、政务数据中心基础数据库相关数据的管理，就相关数据的落地和应用与相关部门签订数据共享安全保密合作协议，拟定《永州市政务信息共享交换管理办法》。

■ 政务服务体系建设 2015年，永州市印发《永州市政务服务规定》（暂行）和《全市乡镇政务公开政务服务工作标准》，定期收集了解并发布政务服务体系建设和管理情况，加强对全市政务中心工作指导。深入冷水滩、祁阳、江华、新田、道县、蓝山、江永、祁阳等县区20多个乡镇，调研指导政务服务平台建设工作。强化社区网格化公共服务平台建设，完成社区公共服务平台架构，协助市委政法委开展公共服务事项下放调研工作。全市14个县区管理区、153个乡镇建立政务（便民）服务中心，110多个社区、2800多个行政村建立便民服务站和代办点。

■ 政务大厅及窗口管理 2015年，永州市政务中心召开窗口工作讲评会8次，印发季度考核通报4份，月考勤通报12份，周巡查通报40份。开展以“窗口建设、政务公开、服务行为、服务质量、窗口管理”标准化窗口建设活动，初步实现窗口标准化全覆盖。申报国家社会管理和公共服务标准化试点单位，做好方案印发、规划编制和资料上报等前期工作，申报资料通过省标准化管理部门审核，已上报国家质监总局。

（丁华文）

优化经济发展环境

■ 行政审批项目改革 2015年，永州市对行政审批项目实行动态管理，市审改办对市本级行政审批项目进行全面清理。根据上级改革意见，按照利于监管和方便群众办事的原则最大程度地下放、取消行政审批项目，尤其将涉及企业设立、项目投资和一般生产经营活动的审批事项做到“能放尽放”。同时，在2014年率先发布第一个市级负面清单的基础上，进一步完善权力清单、负面清单、监管清单、责任清单“四单管理”制度。对保留的审批事项，按照精减环节、压缩时限的要求，再造审批流程，提高审批效率。建立建设工程项目并联审批制度，将建设工程项目的审批流程分为立项审批、供地许可、规划报建、施工许可、竣工验收5个阶段，前2个阶段分别由市发展改革委员会、市国土资源局牵头，后3个阶段均由市住房和城乡规划建设局牵头。牵头单位根据项目实际情况，组织有关单位实施并联审批，5个阶段审批许可在37个工作日内完成。市发展改革委员会组织对17个建设项目、市国土资源局组织对3个建设项目实施并联审批。开展审批提速“两个1/3”工程，规定全市各级各部门要在法定时限缩短1/3后再缩短1/3的时限内完成相应审批工作。市政务中心各办事窗口对外承诺办事时限平均为7.72日，比平均法定时限提速11.6日。强力推进网上审批，按照“部门、项目、流程”全覆盖的要求，将同级政府公布保留的审批项目及其办理流程、承诺时限等录入全省网上政务服务和电子监察系统，所有审批行为必须同步在系统上运行，禁止系统应用“体外循环”、事后补录等行为，做到网上对接、同步运行、电子监察3个100%到位。全市网上政务服务和电子监察系统办理办件840935件。全面实行工商登记“先照后证”制度，除将涉及公共安全、人民生命财产安全的15大项继续作为工商登记的前置许可审批项目外，其他216项全部改为后置审批项目。在全省发出首张全国统一编码的“三证合一、一照一码”营业执照，全年新增市场主体2.76万户，新增企业4057家。

■ 规范部门执法　2015年，永州市制定出台《永州市规范对企业和重点项目检查行为的若干规定》，建立“企业宁静日”、常规检查年度计划制、同城一家一次检查和检查备案制等涉企检查制度。3月，督促市、县区470多个行政执法部门制定涉企常规检查年度计划，将在政府网站上公布。日常工作中，严格把好涉企检查备案关，全市优化办办理涉企检查备案2922次，其中市优化办办理2268次。建立并严格实行涉企收费审核备案制度，规定对企业和重点项目收取的各种收费，必须先经物价部门审核、并核定具体收费金额，再到优化办备案后才能收取，事后还需持收费票据向优化办反馈执收情况。对未经审核备案的以乱收费论处。全市优化办办理涉企收费备案73次，其中市优化办办理31次。实行涉企首违免罚制、涉企轻微违法行为整改制、下限处罚制，对企业处罚实行“轻微违法免罚整改”，对确需实施处罚的，视情节在裁量权基准幅度内按下限实施处罚。建立重大行政处罚备案制，对责令停产、停业、吊销许可证以及1万元以上罚款等重大行政处罚，要在行政处罚决定书下达后7个工作日内抄报市优化办备案。全市优化办收到涉企重大处罚备案153次，其中市本级收到54次。联合市委政法委印发《永州市优化经济发展环境办公室、中共永州市委政法委员会关于对市级重大项目及其负责人、管理人员采取司法强制措施实行备案告知制度的通知》，对市级28个重大项目及其负责人、管理人员采取司法强制措施时，实行备案告知制度。收到备案案件3件。

■ 开展优质服务　2015年，永州市优化经济发展环境办公室针对部分工业企业存在的厂房及配套建筑证件不齐等历史遗留问题，组织对中心城区园区工业企业及生产性物流企业（项目）的国土、规划报建、施工许可及房屋产权证等办理情况进行全面清查，对40个未办证或未办齐证的项目，组织相关部门召开多次协调会议，逐一排查原因、调查核实，按程序依法依规补办。协调公安部门开展打击“三强”专项整治活动，与市公安局联合通报“三强”典型案件查处情况，摸排“三强”线索，化解“三强”矛盾纠纷，依法查办“三强”案件，严厉打击“三强”问题。全市各县区查处“三强”案件284件，教育训诫413余人，行政拘留355多人。按照“一名市领导、一个市直单位、一名特派员”的模式，对市本级110个重点项目和29家重点工业企业开展对口帮扶服务，帮助企业（项目）解决大量用地、融资、办证等方面的问题。确定近200个重点工业企业、重大项目等作为监测站点，及时、客观、全面掌握相关制度措施落实情况，广泛收集各方面意见、建议。对一些重大复杂问题，由市优化办通过交办转办、组织协调和督查督办等方式，与相关部门“一事一议”协调解决。通过组织协调等方式，帮助长丰猎豹汽车公司、长丰内装饰公司、城市绿岛等11个企业、项目解决问题19个。

■ 问责追究　2015年，永州市优化经济发展环境办公室畅通群众投诉渠道，响应企业诉求，有效处理一批群众最关心、最直接、最现实的“三最”诉求。全市优化办受理各种投诉1500件，均按程序予以处理。严格贯彻落实省里优化发展环境“十条禁令”，出台《中共永州市委、永州市人民政府关于贯彻落实〈湖南省优化经济发展环境十条禁止性规定〉的实施意见》，针对省里十条禁止性规定逐项细化违反“规定”的具体情形75种，并对“规定”的实施主体、适用范围、问责方式等作出明确规定。全市立案查处损害经济环境和影响机关效能案件263件，给予责任人党政纪处分269人次，问责288人次。其中，市本级立案10件，给予责任人党政纪处分19人次（其中处级干部2人），问责18人次。实行损害经济发展环境典型案件“一季一通报”制度，每一个季度通过印发文件、在市级主流媒体上刊播等方式公开通报一批典型案件。印发文件，并在《永州日报》、永州电视台公布通报案件30起。连续12年开展优化经济环境工作“满意不满意单位”测评活动，采取服务对象民意调查、企业（项目）集中测评、“两代表一委员”等监督人员测评、市级领导测评和有效投诉负分累进考核等多种方式，对包括市“四大家”办公室、市纪委、市委组织部等在内的129个单位进行测评。

（市优化经济发展环境办公室）

信访工作

■ **概况** 永州市信访局是市政府组成部门。主要职能是负责处理中央、国家机关、省委、省人大、省政府、省政协统转信件，负责处理人民群众和境外人士给市委、市人民政府及其领导人的来信，接待人民群众到市委、市人民政府来访，做好市委、市政府领导接待上访群众的组织服务工作；承办中央和国家机关、省委和省人民政府、市委和市人民政府及市委办公室、市人民政府办公室交办的信访事项，督促检查领导批示件的落实情况；向县区、农林场、开发区和市直部门交办信访事项，督促检查交办事项的处理落实情况；综合反映人民群众在来信来访中提出的重要意见、建议和问题，开展调查研究，提供信访信息，为市委、市人民政府决策和指导工作服务；协同有关部门处理跨县区、跨部门的重大信访问题，协调处理群众赴京到省到市上访和异常、突发性信访事项；指导全市信访业务，研究、起草有关信访工作的规范性文件，开展对信访工作的宣传和理论研讨，总结推广信访工作经验，提出改进和加强信访工作的意见；掌握全市信访工作动态，提出加强信访工作队伍建设的措施，对信访工作中的失职，渎职行为提出处理建议，组织信访干部的培训，指导信访部门的办公自动化建设；承办市委、市人民政府及市委办公室、市人民政府办公室交办的其他事项。核定编制25名（2015年新增2个），现有在编在岗人员23人。其中处级领导9人，即局长1人、副局长5人、纪检组长1人，调研员1人、副调研员1人。内设办公室、接访一科、接访二科、调纠科、复查复核科（法规科）、督查督办科、办信科、监察室、网络信访科（2015年新增）、驻京劝返科10个科室。接访中心大楼总面积1101.73平方米。

2015年，永州市信访局围绕市委、市政府推进“四个三”、实施“八大计划”、破解“五大难题”的战略部署，倡导“热情、公正、奉献、创新”的永州信访精神，夯实基础畅渠道，突出规范抓重点，严督实办解民难，强化执行创先进，着力打造阳光、法治、责任信访，实现信访总量下降、集体访量下降、非正常上访下降、信访积案存量下降，信访秩序好转“四下降一好转”的良好局面。全年全市受理群众来信来访18253批46899人次，同比下降3.6%和6.5%；群众到省上访1126批2209人次，同比下降23%和28%；进京非访登记117人次，较2014年597人次下降80.4%。被评为永州市文明单位，2015年度全市社会管理综合治理先进单位、全市计划生育工作先进单位、全市创国卫巩固先进单位和年终绩效考核良好单位。

■ **信访制度改革创新** 2015年，永州市信访局按照国家、省、市的部署，推进信访制度改革，推动工作创新。8月25日，在祁阳县召开依法逐级走访工作现场会，印发《知识口袋书》《逐级走访宣传单》等资料40余万份。群众到市、赴省、进京越级上访分别下降20%、50%、80%以上。加强信访信息系统建设，争取市财政统一购买市级CA数字证书，有40个市直单位222个乡镇和336个县区直单位办理CA数字证书，网上信访信息系统建设实现全覆盖，信访信息录入“百日会战”活动成绩排全省前列。对通过调解、仲裁、行政裁决、行政复议、诉讼等渠道解决的信访问题，引导进入相应渠道，依照相关程序予以解决。同时，按照“诉访分离、联合受理、依法办理”原则，制定出台《诉访分离甄别办法》等制度，进一步规范信访秩序。

■ **信访基层基础** 2015年，永州市制定出台《关于进一步建立健全信访工作长效机制的意见》等规范性文件，着力完善受理、办理、回复办法。坚持以法论奖惩，推行“轻刑快办”，效果明显。10月，永州市在全省信访工作制度改革交流推进会上作典型发言，依法治访工作经验在全省推介。全年对4个县区和9个责任单位进行通报批评，对35名干部进行追责，对3个乡镇（街道）实行社会管理综合治理重点管理，把74名多次赴省进京非访的信访人纳入“轻刑快办”，其中，刑拘42人，依法判决31人。全年有34名市级领导参与接访，接待群众379批917人次，化解信访案148件，化解率达94%；各县区组织412名县级领导开展信访接待日798次。坚持每个工作日安排2名局领导各带1名科长值守“两大院”，相关县区派出力量共同参与，做到接访及时、处置有力，全年处置信访事项191批7217人次，市委、市政府集访量同比分别下降9.5%和10.6%。

■ **信访积案化解** 2015年，永州市信访局坚持以督促落实、以督保实效，加强督查督办，推动信访事项和积案化解，切实保障信访群众的合法权益。成立5个业务指导组，分片联线，每月督查1次，对各级积案化解进展情况实行每日一调度、每周一小结、每月一通报。与市委、市政府督查室、市委政法委组成联合督查组，每季度督办重点信访案件，推动问题解决。全年省、市、县三级交办重点信访事项和信访积案544件，化解462件，占总数的84.9%。其中，省委书记、省人大常委会主任徐守盛交办的14件信访积案（有4件并案办理，实为11件），息访息诉8件，办结3件；市级领导包案处理的29件信访积案全部化解；省联席办交办的165件积案全部办结。

（周永兴）

移民开发

■ **概况** 永州市移民开发局为市人民政府直属的正处级事业单位，主管全市水库移民安置、扶持和开发工作。机关内设5个科室，编制20人，现有干部职工18人，其中局党组成员7人。

■ **涔天河水库扩建工程移民安置** 2015年，江华县6个安置点的场平工程基本完成，移民安置房全面开工建设，其中实行楼房安置的县城四联安置点109幢安置房有96幢建至六层以上，94幢进行内外墙抹灰、装修装饰施工。实行宅基地安置的小圩、码市安置点二层主体施工完成，正抓紧建设第三层；水口、东田安置点一层主体完成65%，正加快二、三层建设。公路桥梁专项设施复改建征地任务全部完成，正抓紧路基挖填及桥梁桩基施工。其他淹没影响专项设施正在按计划处置和建设。按期完成应急搬迁安置移民1545户7334人，对先期搬迁的7334人批准纳入后期扶持范围。完成移民安置工程建设投资203621.74万元，占年度投资计划的129%。市移民局配合市财政局从江华瑶族自治县、江永县、道县、宁远县筹集涔天河水库扩建工程移民安置资金668.79万元，从江华瑶族自治县、江永县、道县、回龙圩管理区筹集规划外迁移民建房资金2053万元，两项资金共计2721.79万元，全额完成2015年度两项资金筹集任务。

■ **移民后扶政策实施** 2015年，永州市核定的移民后扶人口为233951人，比2010年增加13512人。“十二五”期间，全市投入移民资金14.52亿元（600元内后扶基金67455.08万元，600元外后扶项目资金61128.92万元，2015年避险解困试点项目资金16596万元），另整合部门投入和地方配套14198万元。新建、改建道路1396千米，1150个移民村全部通公路。新建、改造电力通信线路667.5千米，12万人直接受益。解决饮水困难1822个村组，惠及7.9万人。新增灌溉面积1.77万亩。改善住房面积7万平方米，直接受益11万人。生产开发方面，新田县的蔬菜产业面积扩建到1.1万亩，惠及移民3000多人，移民群众人均纯收入增幅达20%以上；道县的脐橙产业，面积达到7.2万亩，惠及移民4.3万人，人均增收3000元；祁阳的黑茶产业，面积8800亩，惠及移民2400余人，人均增收1000多元。祁阳县黑茶产业纳入湖南省重点移民产业发展规划，湖南省自然韵黑茶科技有限公司被省移民局认定为省级移民龙头企业，新田县富硒蔬菜产业被省移民局列为全省库区和移民安置区特色产业。智力移民方面，培训移民2.2万余人次，其中，举办移民实用技术培训3411人次、就业技能培训933人次，实现转移就业927人。同时，市移民局着力提升村级班子带领移民群众脱贫致富的能力，对全市移民村村主干部进行培训。“十二五”期间，通过实施移民后期扶持，移民人均纯收入从2010年的1865元增加到2015年的6571.37元，年均增长近千元。

■ 移民安置各项工作 2015年，永州市完成浯溪、太洲、湘祁、五里牌、晒北滩5座新建水库移民安置5632人。市县加大新上水库的监管力度，妥善化解晒北滩电站、太洲电站、湘祁电站等移民不稳定因素，督促电站业主解决一批影响移民生产生活的突出问题。四县区顺利通过三峡工程政府组迁移民安置竣工验收并且开展三峡移民稳定致富调研，妥善解决三峡移民生产生活中的实际问题。东安县将全县安置的三峡移民76人全部纳入农村低保，较好地稳定移民情绪。

■ 移民项目资金管理 2015年，永州市移民局对后期扶持资金、移民安置资金以及其他移民资金都实行计划管理，做到没有计划不安排项目，没有项目不拨付资金。会同市财政局下达涔天河水库扩建工程移民安置资金年度计划，补批2012～2014年度移民安置资金计划，上报审定2016年度移民安置资金计划。依据计划累计协调拨付移民资金11.9亿元。对江华、江永、回龙圩、宁远、新田、冷水滩和金洞7个县区开展移民资金内审工作，发现问题56个，并督促全面整改。配合省移民局对江华县涔天河水库淹没补偿费进行专项审计。市移民局被评为全省2015年度移民资金内部审计工作先进单位。上半年省审计厅对道县2012～2014年水库移民后期扶持专项资金进行审计，并向省纪委移送违法案件线索，查出道县移民资金问题金额12618.41万元，其中违规金额6044.62万元，管理不规范金额6573.79万元。市移民局对道县审计整改工作进行重点督查，协助道县制订整改方案。下半年省移民局对市移民局和江华县、道县开展移民后期扶持工作稽察，各县区完成移民后扶政策实施情况监测评估。2014～2015年，市移民局配合市财政局对水库移民资金支出开展绩效评价，对冷水滩区、零陵区、金洞管理区、宁远县进行现场评价，及时发现整改移民资金管理上存在的一些问题。

■ 库区和移民安置区信访维稳 2015年7月，永州市移民工作会议对维护库区稳定工作进行重点研究。会议之后，市县进一步落实库区维稳工作责任，主动加强正面宣传，推行政务公开，及时处理移民信访问题，帮助移民解决实际困难。全市移民系统办结移民来信85件，接待移民群众来访102批466人次。市移民局对冷水滩区岭口水库移民到市政府上访事件进行调查，出具复核意见书，得到省移民局的肯定。妥善解决新田县金陵水库外迁移民重复上访问题。坚持移民安置政策，充分尊重移民意愿，保障移民合法权益，未出现一起涔天河水库扩建工程移民到市赴省进京信访案件。

（田中军）

政协永州市委员会

综　述

2015年，政协永州委员会围绕中心忠实履职、对接重点精心建言，突出“三化”改革创新，发挥协商民主的重要平台作用，政协工作取得新进展，服务发展作出新贡献。

坚持改革创新，步入履职新里程。制度建设更加健全。落实

中国人民政治协商会议永州市第四届委员会第四次会议

市委全面深化改革工作任务，贯彻《中共中央关于加强社会主义协商民主建设的意见》和省委〔2014〕3号文件精神，制定出台《政协永州市委员会关于政治协商、民主监督、参政议政的规定（试行）》，市委以永发〔2015〕12号文件予以下发，进一步明确政协的工作定位，明晰履职内容，丰富履职形式，成为市、县区政协组织和委员履职的总指南和工作总手册。同时，以规范化、程序化、制度化建设为抓手，进一步修改完善委员管理、民主评议、大会发言、专题协商等7项履职制度。

专题协商更加规范。组织开展双月协商，不断提高协商选题的计划性、协商程序的规范性和协商落实的实效性。选择中心城区闲置土地处置和小区整治、社会化养老、禁毒工作、农村饮水安全、小微企业发展和“十三五”规划编制等重点难点问题和民生热点问题，组织委员、专家深入调研，与党委政府广泛互动、有效协商，推动相关工作进展。市委政法委采纳市政协关于社会治理专题协商的意见建议，创新举措推动全市社会治理工作，其工作经验在全省推广。

大会发言改革更加完善。大会发言征集和组织工作深入细致，大会发言“点评式和回应式”形式在全国树立典型，大会发言办理形成“思想落实、组织落实、措施落实、建言落实、制度落实”的工作格局，成为全省政协工作的创新和亮点，得到肯定和推广。四届四次全会26个委员大会发言所提意见建议得到很好落实。

民主监督更加有力。提高民主监督组织化程度，对市教育局履职工作开展为期5个多月的民主评议。过细抓好评议调查、查摆问题、交办意见、对接整改各环节的工作，对市委、市政府部署的工作任务和群众聚焦的热点问题进行认真调研和督促整改。在9月25日召开的民主评议总结大会上，组织部分委员对市教育局民主评议整改进行现场测评，测评满意率达96.9%。加强提案的规范化办理，四届四次会议立案的204件提案全部办复落实。围绕森林城市创建、公安工作等，组织委员进行深入视察和特约监督。

*服务经济发展，贡献政协大智慧。*助推生态立市战略。适应生态建设成为国家战略的新常态，组织委员开展专题调研和协商，提出抢占生态建设先机、率全省之先实施“生态市”建设，建议实施“发展战略生态化、产业转型绿色化、考评体系差异化”等举措。建议得到市委、市政府主要领导的高度重视和采纳。在省政协组织的常委会专题议政会和召开的省政协全会上，就建立湘江生态补偿机制进行调研发言，为推动全省生态补偿政策的实施鼓与呼。组织委员和相关单位就生态建设和保护，开展专题视察和宣传活动，提高全民生态意识和工作实效。

助推文化旅游提速。坚持问题导向，把脉全市旅游发展，围绕旅游如何顺势而为、乘势而上，如何做强“零陵古城”龙头、实现全域发展，如何精准发力、快见成效提出前瞻性、针对性的意见建议，通过北靠零陵古城，南依神州瑶都，中部做强“大九疑”，实现全市旅游南北融合，全域发展。11月下旬，组织驻永州省政协委员专题视察零陵古城项目建设。围绕全市非物质文化遗产开发利用、中心城区文化产业园建设开展调研，为繁荣永州文化献计出谋。以周敦颐千年诞辰为契机，组织调研组广泛探寻周敦颐活动踪迹地，深化周敦颐史料研究，为弘扬传统文化作积极努力。发挥政协文史工作存史、资政、育人重要作用，出版《二十世纪永州名人》书籍。

助推电子商务崛起。多次建言电商发展。届内围绕电子商务发展开展专题调研3次，组织委员在全会上进行大会发言2次。年初，根据市政府安排部署，围绕电子商务发展，赴赣浙湘三省五市调研考察，建议市政府“形成大共识、打造大平台、依托大资源、政策大扶持、人才大战略”，合力推进电子商务发展。市委、市政府采纳政协调研建议，出台《关于加快电子商务发展的意见》，制定电商发展三年行动计划，形成农村互联网电商“永州模式”，全省电子商务现场经验交流会在永州市召开。

助力“十三五”规划编制。组织委员坚持问题导向，对永州“十三五”期间生态保护、城市提质、产业融合、企业发展、园区产业链配套、重点项目建设、依法治市等进行广泛调研。通过专题报告、座谈研讨、社情民意信息等形式，向市政府及相关部门提出前瞻性、针对性的建议。11月下旬，对全市“十三五”规划编制情况组织开展专题协商。

*情系民本民生，发出政协最强音。*着力促民生。围绕老有所养，对全市社会化养老机构建设情况进行调研协商，就破解养老

机构办证难、用地难、资金筹措难等现实问题研究对策，促进全市养老机构服务能力的提高。市政府积极采纳协商意见，下发《关于扶持社会力量兴办养老服务机构的意见》。为防范和解决毒品严重危害民生的问题，对禁毒工作进行广泛调研，就加强宣传教育、强化禁毒责任，严厉打击毒品犯罪等提出协商意见。

协力助和谐。做实反映社情民意信息工作，畅通民意诉求，搭建党与群众之间的“连心桥”。向全国和省政协反映的社情民意信息排名居全省政协系统前列。关注社会治理工作，建言智慧城市和网格化建设。学习宣传和贯彻党的民族宗教政策，促进民族团结、宗教和睦。举办各界人士座谈会等，加强各界沟通交流，增进广泛团结。

全力办实事。调研中心城区公共交通管理工作，为打造民生公交出主意；协商中心城区闲置土地处置和小区整治工作，推动人民群众生活环境得以改善；建言农村饮水安全，为破解资金缺口，提高农村自来水普及率积极鼓与呼。深化市政协委员“四民”活动，积极为群众办好事办实事。全年市、县区政协组织及市政协各参加单位协调落实帮扶资金和各类捐款捐物价值达800万元。

践行三严三实，建设政协好队伍。深化专题活动。按照中央和省市委的要求和统一部署，将“三严三实”教育活动作为一条主线，贯穿全年履职工作和自身建设始终。抓好教育活动各环节的工作，深入开展专题学习讨论，切实查找梳理问题，推进党风廉政建设，坚持边学边改、立行立改，取得明显成效。

促进党派合作。完善市政协与各民主党派、工商联、无党派人士的联系和情况通报制度，支持各民主党派、工商联和无党派人士通过政协平台，以各种形式参与重大问题的协商讨论及以组织名义开展其他各项履职活动，为民主党派发挥参政党作用提供有利条件。

彰显主体作用。加强委员联系、管理和服务，搭建委员履职平台，评议活动让委员唱主角，协商调研由委员挑大梁。推动特聘委员在招商引资、文化交流、联络联谊、扶贫帮困等方面发挥积极作用。

推动作风转变。建立委员“一线工作法”，坚持调查研究在一线、服务发展在一线，建言献策在一线、宣传群众在一线。建立机关结对帮扶常态机制，深入开展“一进二访”活动和送医、送药、送温暖活动；扎实抓好机关建整扶贫工作，认真为扶贫村找准发展产业，组织扶贫资金，推进精准扶贫。

增添机关活力。组织开展全市政协系统乒乓球联谊赛和市、县（区）政协老主席文体活动邀请赛，参加“唱响永州”歌咏比赛，并获二等奖。加强政协宣传窗口建设，办好《永州政协》和网站，组织理论研究、专题调研、“三严三实”征文比赛，较好发挥政协的宣传阵地和平台作用。

（万汝青）

中共永州市纪委（市监察局）

■ 概况 中共永州市纪律检查委员会、永州市监察局合署办公，实行一套工作机构，2个机关名称的体制，履行党的纪律检查和政府行政监察两种职能。此外，永州市监察局加挂永州市预防腐败局牌子。中共永州市委巡视工作联络组办公室设在市纪委。委局机关内设16个副处级职能室部和1个机关党委，依次为办公室（下设秘书科、行政科）、组织部、宣传部（下设舆情信息管理科）、调研法规室、党风政风监督室（市政府纠正行业不正之风办公室）、信访室、案件监督管理室、第一纪检监察室、第二纪

2015年，市纪委传达湖南省市州纪委书记会议精神

检监察室、第三纪检监察室、第四纪检监察室、第五纪检监察室、第六纪检监察室、案件审理室、纪检监察干部监督室、预防腐败室、机关党委。下辖市反腐倡廉教育基地管理中心，为正科级公益一类事业单位。委局机关核定行政编制71名，工勤编制4名。市反腐倡廉教育基地管理中心核定全额拨款事业编制21名。市纪委、监察局派驻纪检监察机构35个。

2015年，永州市各级党委、纪委贯彻落实中央、省委和市委决策部署，严纪律、讲规矩，纠“四风”、惩腐败，抓教育、强监督，共同营造风清气正的良好政治生态，党风廉政建设和反腐败工作取得新的成效。全年永州市纪委（市监察局）机关获得全市绩效评估优秀单位、党建工作先进单位、精准扶贫工作优秀驻村工作队、党委督查工作先进单位、市级文明标兵单位等19项市级荣誉。

■“两个责任”落实　2015年，永州市委以落实党风廉政建设“两个责任”为抓手，推进和督促各级党组织履行管党治党政治责任。市委常委会13次专题听取情况汇报，研究部署全市党风廉政建设和反腐败工作。组织开展“两个责任宣传教育年”活动，市委主要领导和其他班子成员带头在市级新闻媒体上撰写文章。创新“两个责任”传导方式，各县区和市直单位党委（党组）书记、纪委书记（纪检组长）分别向市委和市纪委递交主体责任书、监督责任书。出台“两个责任”追究暂行办法。市委常委和党员副市长带队开展党风廉政建设责任制年度检查考核。市纪委对6名县处级党政正职和10名县区纪委书记、市直单位纪检组长集中进行述责述廉述德评议；对52名县处级党政正职进行年度述责述廉和民主测评；对落实“两个责任”不到位的6个单位、8名县处级领导干部进行约谈或诫勉谈话；通报落实“两个责任”不力的典型案例6起、9人。

■廉政教育　2015年，永州市纪检监察机关把政治纪律和政治规矩摆在首位，作为党规党纪教育的首要内容。市委常委会带头学习廉洁自律准则、纪律处分条例、巡视工作条例等党内法规。组织120个单位4200多名党员干部到市反腐倡廉教育展馆参观并接受教育。对市委新提拔的106名县处级领导干部开展任前廉政培训和党纪条规知识测试。开展廉政微电影征集展播活动，评选出24部优秀作品投入拍摄。报送的2件优秀廉政文化作品获省纪委、省文化厅评比一等奖。

■执纪监督问责　2015年，永州市各级纪检监察机关对违反党的政治纪律和政治规矩、组织纪律、廉洁纪律等行为严肃查处、严格问责。重点查处零陵、道县等县区有关领导干部违反组织纪律案，涉及县处级干部9人；查处市道贺高速公路指挥部等单位违反廉洁纪律案，涉及县处级干部7人；严肃查处中心城区房地产开发小区（项目）违纪案件，立案23件，给予党纪政纪处分44人，问责11人，移送司法机关4人；集中清查国家公职人员违规参与土地和房地产开发行为，立案10件，给予党纪政纪处分19人。配合省委巡视第七组对市本级及零陵、祁阳、双牌、东安等4县区开展集中巡视。按照“未巡先改、边巡边改、巡后续改”的思路，坚持以点带面、全市联动，主动做好巡视整改工作，永州市的经验做法被省委巡视办在全省推介。

■纪律审查　2015年，永州市纪检监察机关受理各类信访举报3730件（次），处置问题线索928件。开展办理纪检监察信访件“百日会战”活动，办结信访件1228件，办结率为96.6%。加大纪律审查力度，立案1007件，结案1018件，给予党纪政纪处分1120人，分别增长46.49%、44.81%、39.13%。其中，给予撤职及以上处分325人，移送司法机关36人。重点查处市发改委原党组书记、主任龚某某，市食品药品监督管理局原党组书记、局长廖某某，市文广新局原党组副书记、市文化市场综合执法局原局长桂某某，祁阳县原副县长、县公安局原局长唐某某等7名县处级“一把手”严重违纪案；立案查处道县移民局原局长蒋某某等14名乡科级“一把手”严重违纪案。立案侦查贪污贿赂、渎职侵权等职务犯罪案件111件、141人。全市法院系统审结一审贪污贿赂案件74件95人、渎职侵权案件23件26人。加强追逃追赃工作，部署开展“天网”行动，追回外逃职务犯罪人员3人。严格依纪依法、安全文明办案。坚持少用慎用短用纪律审查措施，提高审查效率。对涉嫌违法的案件，坚持快查快结、及时移送。

■作风建设　2015年，永州市各级纪检监察机关巩固拓展群众路线教育实践活动成果，深入开展“四风”和侵害群众利益行为专项整治。采取多种有效方式，坚持“节假日必查、工作日抽查、重点问题专查”，抓住重要时间节点，对违反作风建设规定的行为，开展不打招呼、不定线路的“拉网式”检查。组织检查组517个，抽调人员2691人（次），检查机关单位3516个（次）、风景区60处（次）、酒店宾馆2056家（次），检查超市商场417家（次），检查高速路口103个（次），发现、查处有关问题线索210起。查处违反中央“八项规定”精神的问题47个，处理86人，其中给予党纪政纪处分16人；查处发生在群众身边的“四风”和侵害群众利益行为309起，给予党纪政纪处分287人次，其中移送司法机关10人；下发作风建设和侵害群众利益问题的通报17期，通报典型案例148起，点名道姓公开曝光党员干部283人次。整治违规收送红包礼金问题，全市党员干部上缴红包礼金237.12万元。

■ 自身建设 2015年，永州市纪检监察系统深入推进“三严三实”专题教育和“一进二访”等活动，带头改进作风。选派73名干部参加中央纪委、省纪委组织的业务培训，提升干部素质能力。推进纪检体制改革，进一步明确党风廉政建设责任制工作领导小组主要职责、组成人员和任务分工。调整清理各类议事协调机构。市纪委、市监察局牵头或参与的议事协调机构由31个精简为15个，精简率为51.6%。各级纪委书记（纪检组长）专司监督职责，不再分管其他业务工作。县区纪检监察机关内设机构调整工作如期完成。制定《永州市纪检监察干部监督工作实施意见（试行）》等制度，严防“灯下黑”。对全市涉及纪检监察干部的问题线索集中进行大起底、大排查，办理信访件37件，诫勉谈话3人，提醒谈话9人，责令作出书面检查4人，立案查处纪检监察干部22人，给予党纪处分14人。

存在的主要问题是：一些地方和单位落实主体责任“上热中温下冷”，责任意识逐级递减的问题比较明显；少数党员领导干部仍不收敛、不收手，顶风违纪搞权钱交易、权色交易；“四风”问题树倒根存，新形式新变种不断出现；公职人员“为官不为”“廉而不勤”问题日益突出；发生在群众身边的不正之风和腐败问题仍然严重；纪检监察队伍建设和干部能力素质与新形势不相适应，派驻机构和基层纪委作用发挥不够。

（杨勇兵）

民主党派·工商联

民革永州市委员会

■ 概况 截至2015年12月31日，永州民革有8个基层支部，114名在册党员，其中女党员51人，占44%；教育界36人，占31.5%（高校19人，占17.7%）；医卫界19人，占16.6%；政府和党派机关34人，占29.9%；新社会阶层11人，占9.8%；公有制经济7人，占6.5%；其他7人，占6.1%。党员中，本科以上学历的95人，占83.3%，有博士1人、硕士21人；高级职称的31人，占28.9%；中级职称57人，占53.2%。有省政协委员1人、市人大常委1人、市政协委员15人（其中副主席1人、常委3人）、县区人大代表2人、县区政协委员8人，离退休党员4人，平均年龄45岁。

■ 自身建设 2015年，中国国民党革命委员会永州市委员会以纪念抗战胜利70周年为契机开展爱国主义教育。组织开展清明期间祭拜辛亥先烈唐生智、抗日名将王甲本活动，组织召开吕旃蒙诞辰110周年座谈会；与永州电视台合作，制作“永州抗战”大型纪录片，在永州新闻联播播出；收集永州与抗日战争的历史史料，重点突出永州市幸存抗战老兵抗战事迹和相关图片，编印《抗战记忆》一书；配合市文物局开展纪念抗日战争胜利70周年图片展；组织党员赴湖南芷江抗战受降旧址开展爱国主义教育；开展纪念抗日战争胜利70周年征文活动，并推荐优秀文章参加民革湖南省委、中共市委宣传部组织的征文活动，其中，有1篇文章获民革省委征文一等奖，2篇获二等奖，2篇获中共市委宣传部征文一等奖。继续开展“薪火相传圆多党合作之梦”学习教育活动，“学习民革章程，加强支部建设”活动；重点开展“观故居，走多党合作之路”活动，成立领导小组，制订工作方案，组织民革党员到唐生智故居、广西梧州李济深故居开展教育活动。组织党员开展形式多样的教育活动，累计参加活动的党员100余人次。选派1名党员参加省社会

2015年5月，民革永州市委与市文联联合主办永州市“中国文艺志愿者服务日”暨纪念抗战胜利70周年系列活动

主义学院学习，3名机关干部参加市委统战部在省社会主义学院组织的培训班，8名党员参加民革省委组织各类培训班，近百人次参加市委会组织的各类学习活动。市委会对3名优秀骨干党员进行考察并向中共市委统战部和党员所在单位推荐。继续开展创先争优活动，制定《民革基层支部工作考核办法》，对全市8个支部进行工作考核。对湖南科技学院支部进行换届，调整充实支部班子。全年发展党员7名，平均年龄37岁，全部具有大学以上学历，主要分布在市区两级机关、卫生、非公经济等领域。2015年，市委会被民革省委评为组织工作目标量化考核先进集体。在《团结报》发稿3篇，湖南民革网站发稿14篇，市政协网站发稿5篇，市委统战部内网发稿6篇，永州新闻网站发稿20余篇，《永州日报》发稿10篇，永州电视台报道10次。

■ 参政履职 2015年，中国国民党革命委员会永州市委员会确定“少数民族生态旅游、扶贫、法律援助、食用菌产业发展”等4个课题，分别与市政协、市科技局、市司法局联合成立课题组，在市内外开展广泛的调研，形成《永州市食用菌产业发展现状及对策分析》《对我市法律援助工作的调查与建议》《大力发展少数民族地区生态旅游产业》等调研报告。其中，《对我市法律援助工作的调查与建议》被市政协评为2015年优秀调研报告，《永州市食用菌产业发展现状及对策分析》在2015年度各民主党派市委、市工商联和无党派代表人士调研成果汇报会上向市委、市政府主要领导汇报，得到与会领导的高度重视。与民革省委联合调研“将南岭片区建设为国家级生态经济实验区”课题，借助全国政协副主席、民革中央常务副主席齐续春到永州市调研的契机，完成《我市少数民族地区精准扶贫的建议》的调研报告。在年初召开的市政协四届五次会议上，向大会提交4篇调研报告、3篇理论文章、3篇大会发言、2件集体提案、12件个人提案。其中，《关于促进我市民营医院发展的建议》被评为优秀集体提案，《依法禁毒，我们还有一公里没有走》被评为优秀大会发言，《增强民主党派民主监督的效能探析》被评为优秀理论文章。市委副主委伍重武、魏秋云，支部主委杨丽君分别作题为《加快永州健康养老产业发展的建议》《努力防治出生缺陷 提高二孩政策下的人口素质》《支持“零陵古城”项目建设，打造永州文化旅游龙头》大会发言。郑银芳、陶晓琳被评为2015年度永州市优秀政协委员。全年收集、编辑、报送社情民意信息稿件20余条。省政协采用永州市9篇社情民意稿件，民革报送的就有2篇。另民革省委采用5条，市政协采用8条，市委统战部采用9条。其中《农村建房要下好规划这步棋》《国家基本药物制度实施中衍生的问题亟需引起重视》《关于修缮保护王甲本将军墓的建议》被市政协评为2015年度社情民意信息优稿。

■ 协商民主 2015年，中国国民党革命委员会永州市委员会参与省政协组织的民主协商。9月在省政协召开的双周协商座谈会上，主委封金祥提出“加快现代农业服务体系建设、强化科技在现代农业中的应用”等建议，得到省有关部门的重视和采纳。市委会领导参加民主协商会、党外人士座谈会等10余次。党员中的政协委员和特约监督员认真履行民主监督职责，参加有关部门组织的监察、检查等活动。市委会连续三年参与“保护湘江母亲河”民主监督活动，2015年撰写《关于湘江支流白水河流域环境状况监督总结报告》，上报民革省委，为省政府“一号重点工程”的实施发挥积极作用。

■ **社会服务** 2015年，中国国民党革命委员会永州市委员会继续实施“永州市幸存抗战老兵关爱行动”项目。为全市幸存抗战老兵发放生活援助金100余万元。配合广东志愿者代表慰问抗战老兵，6月，组织4个小分队分别带领广东志愿者代表赴全市各县区，走访慰问永州幸存的120多位抗战老兵，实地了解老兵的生活和健康状况，并送上衣服、大米、食用油、蛋黄派等物品和现金。与民革湖南省委、民革深圳市委联合开展“情系老兵 关爱牵手”关爱永州幸存抗战老兵活动。在捐助仪式上，民革深圳市委与民革永州市委签署关爱援助永州幸存抗战老兵合作协议，民革湖南省委、深圳市委分别向永州困难抗战老兵现场捐款5万元和15万元。会后分组深入到东安、冷水滩、零陵、道县、江永等县区走访慰问。10月21日，农历重阳节，由民革永州市委、民革上海市委、民革深圳市委，与江永县、道县县委统战部共同捐资兴建的江永县92岁的特困抗战老兵李石保、道县103岁的特困抗战老兵周正本新居落成，两位老兵乔迁新居。12月，道县柏新贤、东安魏本烈两位老兵新居也已落成。另民革党员廖腊梅组织捐款1万元为李石保老兵打井解决用水困难。与市文联开展“中国文艺志愿者服务日”暨纪念抗日战争胜利70周年活动，5月25日在零陵区凼底乡黄皮村举行志愿者活动启动仪式，并现场慰问。组织送戏下乡，慰问抗战老兵文艺演出，书画作品义卖，采访老兵，“锦绣潇湘·永州发现”风景拍摄等活动。组织党员参与各类社会公益活动，党员龙锋在志愿者启动仪式上，现场捐助4000元，资助困难老兵，并与零陵区珠山镇中学结对助学，资助5名家庭困难学生；市委会筹资每年资助抗战老兵李石保孙女李水莲学费1万元，直至完成学业；组织法律工作者开展法律咨询服务，多次为弱势群体提供法律援助；组织医务人员开展送医送药下乡活动；组织农业技术人员送科技下乡，为农户进行果树种植培训，提供技术、信息和项目支持。市直二支部被民革省委评为民革全省“博爱·牵手”活动优秀基层组织。联系冷水滩区凤凰园凌云路社区定为共建社区，为社区网格化工作开展、广场舞设施建设等方面提供建议及法律服务。结合同心乡村创建，加大对民主党派社会服务基地——上岭桥镇上司亭村帮扶力度，4个党派共同募集资金修通环村公路。将江华小圩镇茶华园村作为民革社会服务基地，主委亲自落实扶贫项目资金，开展扶贫帮困工作。

■ **联谊接待工作** 2015年，中国国民党革命委员会永州市委员会接待到永州探亲、访问、旅游的台港澳同胞和海外侨胞。在国庆、中秋、重阳等节日中，邀请部分“三胞”亲属共度佳节，表达关爱。党员接待“三胞”10人次，向台、海外发送宣传刊物、信件及贺卡10余份（封），赴港澳、台湾和海外参加学术交流、考察和探亲访友10余人次。其中，包括接待台湾永州同乡会黄筠等。市直一支部被民革省委推荐为民革全国组统工作先进集体，刘旭红被民革省委推荐为民革全国组统工作先进个人。

（唐海涛）

民盟永州市委员会

■ **概况** 民盟永州市委成立于1996年8月，现有1个总支，18个支部。截至2015年12月底，盟员总数为355人，其中大专以上学历342人，占96.33%；博士4人，硕士28人。副高以上职称135人，占38%；平均年龄49.4岁。盟员中有在职副处级以上干部13人，正科实职干部18人。

2015年，民盟永州市委紧紧围绕中共永州市委、市政府的中心工作，履行参政党职能，加强自身建设，各项工作取得新的成绩。

■ **思想建设** 2015年，民盟永州市委组织学习中共十八届五中全会、中央统战工作会议、民盟十一次中常会等重要会议，以及习近平系列重要讲话精神；学习贯彻《中国共产党统一战线工作条例（试行）》《中共湖南省委关于〈中国共产党统一战线工作条例（试行）〉的贯彻实施意见》。民盟市委主委会全体成员赴延安参加市委统战部举办的“暑期谈心”活动，机关干部参加盟省委在韶山举办的“湘鄂豫皖四省盟务专干培训班”和市委统战部在省社会主义学院举办的全市统战系统干部培训班。组织全市50多位盟员到湘西会战主战场邵阳市洞口县开展“坚持和发展中国特色社会主义”学习实践活动，纪念抗战胜利70周年。与中共市委党校教授唐厚裕联合开展《提升民主党派民主协商能力的研究》课题研究，获得市政协2015年度理论研究成果一等奖，盟省委理论招标课题三等奖。副主委朱衡宁撰写《当前我国民主党派思想建设深层次问题及其解决思路》《地方政党协商现存问题及其对策》两篇理论文章，其中《地方政党协商现存问题及其对策》获市政协2015理论研究成果二等奖。

■ **参政议政** 2015年，在全国两会上，全国政协常委、省政协副主席、民盟省委主委杨维刚采用民盟永州市委提交的《关于将南岭山区增设为国家集中连片特困地区的建议》，在联组讨论时得到中共中央政治局委员、国务院副总理汪洋的批示。在省政协全会上，袁火林代表民盟省委就《关于加大南岭山区瑶族困难群众扶贫开发力度的建议》作书面发言，并列为省政协重点督办提案。提交的《关于加强国家公共卫生项目实施管理的建议》获优秀提案。省政协委员姚如男代表民盟省委在省政协议政性常委会上作《关于将自驾游纳入法治化管理轨道》的主题发言。在市两会上，民盟永州市委提交的集体提案《我市古村镇保护的对策和建议》获优秀提案，调研报告《关于创新信访机制的建议》和《关于加快永州菜产业发展的建议》获得市政协优秀调研报告二等奖。向盟省委提交的《关于加大南岭山区瑶族困难同胞扶贫开发力度的建议》，民盟省委主委杨维刚向中共湖南省委书记、省人大常委会主任徐守盛写信，建议省委、省政府加大对南岭山区瑶族困难群众的扶贫开发力度，被省委办公厅采用。11月，在2015年度全市各民主党派、工商联和无党派代表人士座谈会上，袁火林代表民盟永州市委向中共永州市委、市人民政府汇报《关于改革信访机制的建议》的调研成果。张伟牵头完成的民盟湖南省委立项的2015年度参政议政一般委托课题《关于湖南省学前教育师资现状及发展路径研究》，获得民盟省委三等奖。

■ **民主监督** 2015年，民盟永州市委把“保护湘江母亲河”作为民主监督工作的主要内容，开展下河线污水处理厂和坦塘垃圾处理场渗滤液处理监督，督促市政府加大排污管网建设力度，中心城区51个排污口基本得到截流，进入污水处理厂，开工建设坦塘垃圾处理场渗滤液引排工程，为推动湘江保护和治理工作做出贡献。

■ **社会服务** 2015年，民盟永州市委继续推进全市民主党派联合社会服务基地——上岭桥镇上司亭村的各项工作，帮助完成“小流域综合治理”和“环村公路建设”重点项目2个。全体盟员参与市委、市政府的精准扶贫工作，盟员中副处级以上干部深入各自的联系村和联系户开展精准扶贫，取得初步成效。民盟中心医院支部到冷水滩区花桥街镇和上岭桥镇上司亭村两次开展义务送医送药下乡活动。永州市第三医院支部到金洞管理区开展送医送药下乡活动。民盟永州职院总支举办“爱我民盟、共享健康”免费医学影像健康检查活动，为上百位永州盟员和永州一中基层教师开展健康体检。

■ **履职尽责** 2015年，湖南科技学院支部杨金砖、徐大成、宫彦军、杨建奇通过竞聘，分别担任科技处处长、音乐与舞蹈学院副院长、湖南科技学院学报副主编、理学院副院长。职院总支张伟撰写的2014年度学校质量年报被评为全省同类高校第一名，孔湘华成为全市第二位中国舞蹈家协会会员，黄祥国申请国家专利1项，何首锋撰写的诗词在盟省委网站上结集发表。市直三支部盟员、舜德小学校长邓春艳创建阳光校园，培育阳光学子，全面推行素质教育，2015年被评为冷水滩区“十佳校长”。一中支部成少华被评为湖南省特级教师、永州市首批名师，并在全市教师节表彰大会上作为名师代表发言。二中支部周伟撰写的《谈中学化学教学中的素质教育》发表在《中国教育科学学报》上，获国家级一等奖。

（秦琦）

民进永州市委员会

■ **概况** 中国民主促进会湖南委员会于1999年开始在永州发展民进会员，周秀英、曾晓阳两人为最早发展的会员，2000年12月成立民进永州市小组，时有会员5人。至2004年4月，永州发展民进会员达16人。2004年4月8日，民进湖南省委直属永州市支部委员会成立，由周秀英任支部主任，金颖春、曾晓阳任支部委员。2009年11月30日成立民进永州市委筹备委员会，筹委会由周秀英、王旷生、张树明、万萍、莫顺斌、陈丽萍、桂金玉等7人组成，周秀英任主任委员，王旷生任副主任委员，时有会员40人。2010年11月30日，中国民主促进会永州市第一次代表大会召开，正式成立民进永州市委，选举产生民进永州市第一届委员会。至2016年5月底，有会员65人，成立6个支部；女会员30人，占总人数的46.1%。会员主要分布在市级单位和零冷两区。其中，教育界43人，占66.2%；政府部门、文化界、经济界和有代表性的中介人士22人，占33.8%。有博士4人、研究生学历20人、本科学历34人、专科学历7人。有教授3人、副高职称25人，中级职称的16人，专业学科带头人6人。会员平均年龄43岁，会员中有厅级干部1人、处级干部9人、科级干部18人；有省政协委员1人，市政协副主席1人，市人大常委2人，市政协委员10人（常委2人），县区政协委员6人（常委3人），县区人大代表1人。

■ 思想建设 2016年，民进永州市委以庆祝中国民主促进会成立70周年为契机，继续深入开展坚持和发展中国特色社会主义学习实践活动，进一步加强学习型参政党建设。会市委组织集中学习4次。开展一次“我为全面推进依法治市、创建交通模范城市和创建森林城市建一言献一策”的主题活动。湖南科技学院支部的社情民意《建潇湘书法长廊，展永州文化底蕴》被市政府主要领导阅批。组织参与各类培训学习26人次。民进永州市委主委班子成员参加8月由市委统战部主持的暑期谈心活动。会市委以支部为单位确立4个学习实践活动联系点，会市委班子成员每人联系一个支部，班子成员直接参与联系点的学习实践活动。结合《民进永州发展历程》编撰，开展民进情怀征文活动。各支部组织会员撰写民进情怀征文，会市委评选优秀文章编汇纪念册。重点抓好优秀支部建设，树立和宣传两名先进典型，组织一次支部与支部之间的相互学习活动。加强市委会与会员之间的沟通、交流，涌现出唐凯旋、唐晓林等先进典型，承办一场民进湖南省委“我身边的先进”巡回宣讲团活动，并因唐晓林先进典型突出，他的事迹在全省进行四场“我身边的先进”巡回宣讲。向各类媒体投稿20篇，及时有效宣传报道民进永州市委学习、活动开展的新动态和新情况。

■ 组织建设 2015年，民进永州市委开展组织建设年活动，树立良好的组织形象。会市委做好新会员的发展工作，开展“百名优才”入会活动，发展一名副县长、一名全日制硕士研究生等6人入会。领导班子成员走访、约谈会员50余（人）次。会市委加大培养推荐力度，推荐一批德行好，实绩突出的后备干部、骨干会员及优秀代表人士安排到相关部门任工作实职。

■ 参政议政 2015年，民进永州市委围绕经济社会发展中的热点、难点、焦点问题，参政议政取得实效。省两会期间，省政协委员、永州市政协副主席、民进永州市委主委周秀英提交《关于加大对永州山区地质灾害防治的建议》的提案，省委常委、常务副省长陈肇雄作出重要批示并亲自领办，被列为省政府重点督办件，由省国土资源厅、省财政厅具体承办，为全市争取到1.3亿元资金支持地质灾害防治体系建设。在年初永州市“两会”上，市委会和会内政协委员、人大代表提交提案、建议21件，其中《加强农村低保工作的几点建议》被市政协列为2015年市长重点督办提案，副主委胡建辉代表市委会在大会上作题为《关于加快发展我市现代物流的思考和建议》的大会发言被市委书记批示。会内会员向民进省委和市政协反映社情民意8篇。在政协表彰会上，被市政协评为2014年度“优秀政协委员”1人次，优秀集体提案1件，优秀个人提案3件，优秀调研报告、优秀论文、优秀大会发言各1篇。市委会结合市委、市政府中心工作和会内界别进行调查研究，形成《强化教育扶贫　筑牢精准扶贫的基础工程》《永州足球发展现状调研与思考》《永州市古村落保护和利用的调查与思考》和《关于我市中心城区棚户区改造项目实施情况的调研报告》，其中《强化教育扶贫　筑牢精准扶贫的基础工程》在全市民主党派成果汇报上由主委周秀英亲自执笔并作专题发言。全年提出意见建议有12条被政府部门采纳，并予以落实。完成市政协安排的理论调研，上交4篇理论成果。会市委撰写4篇上交会省委安排的理论文章。会市委组织对年初两会提出的集体提案《加强农村低保工作的几点建议》和《加快物流发展　推进物流旺市》分别到承办单位进行现场协商沟通和办理工作推进。2015年，被民进湖南省委评为“民进市级组织参政议政工作”一等奖。

■ 社会化服务 2015年，民进永州市委出台《民进永州市委社会服务年工作实施方案》，部署安排社会服务年相关工作。湖南科技学院支部组织会员开展法律服务“四进”（进企业、进商会、进园区、进农村）活动，重点开展2次法律服务进社区活动，创办零陵区联办法律援助中心，全日制值班，平均每日提供咨询意见6条，每月支持出庭（仲裁、诉讼、调解等）3~5次，年处理个案20余起，年接待处理1000余人次。6月，湖南科技学院支部获民进中央全国社会服务工作先进集体称号，唐晓林被民进省委评为社会服务先进个人。永州职业技术学院支部组织专家学者，到金洞林场免费发放科技资料，开展农业科技下乡活动1次；零陵区支部开展民进情系福利院活动，走访儿童福利院，并送去1000多元的图书。冷水滩区支部开展扶助贫困结对子活动，开展与改制企业贫困户的扶贫帮困活动1次。参与冷水滩区上岭桥镇上司亭村（民主党派联合社会服务基地）帮扶建设；重点抓好具有本会特色的法律援助服务和法律免费培训社会服务品牌创建，推动社会服务品牌建设。走访上岭桥镇上司亭村四户贫困户并送去1200元的爱心款。9月，市政协副主席、会市委主委周秀英带领永州市中心医院专家一行18人，到扶贫点江永县五爱村，开展送医送药送健康下乡活动，为150多名村民诊治服务，无偿配送2万多元的药品。联系由省委统战部、省教育厅、省扶贫办联合举办的“湖南省1+1助学就业同心温暖工程”，永州助学450人。安排扶贫点五爱村贫困户5个孩子读书事宜。9月14~15日，在永州第四中学会市委成功地承办由民进湖南省委主办的“同心共进　文化惠民”大型公益讲座活动，近600名教师和家长参加活动。

（邓曙光）

农工党永州市委员会

■ 概况　截至2015年年底，永州市有农工党员112人，设有7个基层支部委员会。党员主要以医药卫生、人口资源和生态环境领域高中级知识分子为主，其中，博士2人，硕士12人；高级职称56人，占50%；中级职称44人，占39.3%；医药卫生和环境保护界党员81人，占72.3%；科技教育界党员19人，占17%；其他界别党员12人，占10.7%；省政府参事1人，省政协委员1人，市政协副主席1人，市人大常委1人，市政协委员13人，区人大代表1人，区政协委员7人；党员中有厅级干部2人，处级干部5人，科级干部17人。2015年3月，在农工党中央召开的全国党务工作会上，农工党永州市委被评为全国社会服务工作先进集体，农工党永州市委连续四年获此殊荣。

■ 思想建设　2015年，中国农工民主党永州市委结合自身实际，持续开展坚持和发展中国特色社会主义学习实践活动，认真制订2015年学习实践活动方案，组织全市党员有计划、有步骤地开展学习实践活动。在农工党省委举办的“学精神、学党章、学党史”现场知识竞赛和问卷知识答题活动中，农工党永州市委获优秀奖和优秀组织奖，在现场知识竞赛活动中农工党永州市委代表队获三等奖，党员李志英获全省第三名，并代表农工党湖南省委参加全国比赛获三等奖；熊忠东、周云玲、张秀文3人被评为问卷知识答题优秀个人；党员中有5篇优秀作品入选农工党省委出版的《农工情系潇湘》。在中共十八届五中全会召开后，市委会将学习中共十八届五中全会精神和《中国共产党廉洁自律准则》《中国共产党纪律处分条例》《中国共产党统一战线工作条例（试行）》及中央统战工作会议、省委统战工作会议精神结合起来，不断提高党员的思想认识和纪律意识。着力抓好党员培训，组织骨干党员参加省、市委统战部门以及农工党省委举办的各类干部培训，鼓励党员充分利用报刊、杂志、电视和现代媒体网络加强学习，定期与党员进行座谈、研讨等谈心活动。8月，举办党员培训班，邀请老党员上党课，深入学习统一战线和多党合作理论，开展农工党史和优良传统教育，增强党员政党意识和责任意识。熊忠东参加市委统战部在省社会主义学院举办的统战部与党派机关干部培训班；邹清晖参加省委统战部举办的党派骨干干部培训班。市委会的稿件被中央、省、市级媒体、刊物、网站采用20余条次。结合市委换届，出版《风雨同舟十五年》一书。

■ 组织建设　2015年10月15~16日，农工党永州市第三次代表大会在冷水滩区召开，选举产生以田洁为主委，熊忠东、欧阳德群、周云玲、唐彧等为副主委的农工党永州市第三届委员会。为保障组织的健康发展，市委会把发展新成员作为组织建设的基础性工作来抓，既强调新成员数量的增加，又兼顾成员结构的合理，逐步建立阶梯式培养后备干部队伍机制。配合中共省、市统战部门，按照关于做好各级组织领导班子后备干部队伍建设工作的要求，完成后备干部的推荐工作。2015年，农工党永州市委被农工省委评为组织工作先进单位，市直预防保健支部被农工中央授予优秀基层支部。

■ **参政议政**　2015年，中国农工民主党永州市委进一步加大参政议政力度，在省、市、区三级人大、政协会议上建言献策。围绕市委、市政府中心工作，深入开展调查研究，完成调研报告7篇。其中围绕美丽乡村建设、肉牛产业发展、中小学生心理健康、电梯安全、食品检测能力建设等方面进行调研，完成调研报告5个。《关于永州美丽乡村建设的调研与思考》《关于我市中小学心理健康教育的调研》和《对我市电梯安全运行情况的调研报告》被列为市级民主党派调研成果，得到市委书记陈文浩的高度肯定并给予重要批示，《落实电梯安全责任　提升电梯安全质量水平》被市政协评为优秀调研报告。省政府参事、原主委戴菊芳撰写的《湖南省基层卫生队伍状况调研》《关于加强我省疾病预防控制能力建设的建议》等9份调研报告，均引起省政府领导关注。同时，农工党永州市委各级人大代表和政协委员在省、市、区“两会”上，提交提案、建议20多件。主委田洁在省政协会议上《关于建设永州市20万亩有机茶示范区的建议》的提案得到省领导和相关部门的重视；农工党永州市委提交《加强农村文化阵地建设　提高公共文化服务水平》的提案被市政协评为优秀提案；《加快我市肉牛产业发展的对策建议》被市政协四次全会列为大会发言材料；农工党界别的各位委员都完成提案1～2个，得到相关部门认可。

■ **民主监督**　2015年，为了推动永州机关效能建设和改变机关工作作风，应市优化办的邀请，中国农工民主党永州市委组织30余名党员对市直机关优化经济环境进行测评，还委派多名党员分别担任市交通局、市卫生局、市食品药品监督局、市城管执法局、市交警支队等单位的行风监督员。根据省委统战部的统一部署，开展“同心系湘江，共护母亲河”联合专项监督活动，组织专家对流经永州市的水质进行检测，对污水未经处理直排湘江的行为向市委、市政府和环保部门反映，为改善湘江流域生态环境、保护湘江水质发挥积极作用。强化对社情民意信息工作制度保障，参加全省各市社情民意信息员工作会议，安排专人听取多期社情民意信息撰写专题讲座。全年报送的社情民意信息10余件。

■ **社会服务**　2015年，中国农工民主党永州市委在定点帮扶、组织义诊送医送药等一系列项目中，发挥组织特色和优势，社会服务工作不断取得实效。继续做好对道县清塘卫生院长期帮扶工作，在改善该院基础设施设备、人才培养及技术指导等方面持续给予大力帮扶。在市委统战部的协调下，全市4个民主党派机关对口帮扶冷水滩区上岭桥镇上司亭村，经协调有关部门，争取资金，帮助该村清理河道，高规格的修通环村公路；年初农工党市委联合民盟市委组织20多名党内、盟内的医学专家、护士，到该村开展送医送药义诊下乡活动，免费发放价值3000多元的药品，并对该村的贫困户进行走访。参与江华瑶族自治县小源村扶贫工作，经过走访调研和扎实开展“一进二访”活动，为该村开通村道亮化工程，修建休闲健身场所，拆旱改厕16座，完善村级活动阵地建设。实施水利工程，解决200多亩灌溉问题。修建标示性村牌，开展环境卫生整治，该村村容得到明显改善，并被江华瑶族自治县政府评为小康村建设提升幅度奖。各基层支部开展送医送药义诊活动10余次，有80多位党员专家参加活动，惠及1万余人次。其中，冷水滩区一支部深入省级贫困村蔡市镇登雅堂村，接受医疗咨询100余人次，免费发放药品1000余元，送去慰问金1200元。零陵区支部组织医疗专家党员深入零陵区市级“同心社区”示范点—柳子街社区，开展“送医送药送健康”暨“同心敬老”社会实践活动，为近300名老人提供量血压、测血糖、心电图、B超等身体检查和健康咨询服务，并发放药品及健康知识图册。市直科教支部组织11名专家到零陵区梳子铺乡开展科技活动周宣传义诊活动，接受群众咨询300余人次，免费义诊检查近200人次，发放健康科普资料500多份，免费发放药品1300多元；冷水滩区二支部在普利桥镇开展以“创新创业　同心科技”为主题的科技创新推广与医疗服务活动，展出专利、地震、林业科普展板30块，免费发放各类书籍2000余册、资料近1万份，免费发放3万余元药品。

■ **履职尽责** 2015年，永州市广大农工党员在各自的工作岗位上取得新的成绩。中心医院科室主任胡丹带领本科狠抓质量管理，把本科室建设成为湖南省地市级技术水平领先的科室，获省级重点专科，他被评为湖南省优秀科主任。市妇幼保健院曾春燕负责组建的永州市产前诊断中心于2月成立，可以进行产前无创胎儿DNA检测染色体，早发现、早诊断、早处置先天愚型儿，标志着永州市产前诊断水平上新台阶，也填补全市产前诊断的空白。贺新国、李德意、李琳、刘卫华等4名党员获创建国家卫生城市先进个人。卢桂云作为省级救护师，受永州市红十字会安排，利用空余时间参与生命安全健康教育项目培训师资队伍，先后培训学员400多人次。

（熊忠东）

市工商联

■ **强化经济服务** 2015年，永州市工商企业界联合会邀请沿海发达地区的客商团、兄弟商会到永州市考察，加强经贸合作。全年有深圳、广州、上海、广西等客商团和南通市湖南商会、东莞市大岭山商会等商会到永州考察，与韶关市工商联（总商会）结为友好商会。协助市政府组团参加“2015湖南经济合作洽谈会暨第七届湘商大会”，推介永州招商项目。配合省工商联召开民营企业“走出去”座谈会，促进非公企业走出国门，投资海外市场。成功举办“2015·第六届永州乡友清明恳亲会”，发展乡友经济。与多家银行联系，力促银企合作，搭建融资平台，为民营企业融资发展创造机会。针对会员企业反映的问题，会领导多次与相关部门沟通协调，帮助会员企业解决问题。开展“访民企、解难题、保增长”千户民企大走访活动，了解企业发展难题，帮助其解决用工、用地、劳资纠纷等问题，进一步推动全市非公企业转型升级。

■ **基层组织建设** 2015年年底，永州市有会员12359个。其中，企业会员2215个，团体会员295个，个人会员9849个。有商会组织250个。其中，行业组织79个，异地商会5个，乡镇、街道商会164个，其他商会组织2个，基本实现基层商会组织在全市领域主要行业内的全覆盖。着重加强基层组织建设工作，深入乡镇商会调研，及时研究问题，总结经验，提升乡镇商会建设水平。加强县级工商联建设，组织3名全省“五好”县级工商联主席、党组书记参加中央统战部、全国工商联在北京举办的县级工商联主席、党组书记培训班。按照省工商联有关文件的要求，对县区工商联情况进行摸底，发动和指导有条件、有意向的县级工商联申报全省“五好”县级工商联，道县工商联被评为湖南省“五好”县级工商联。帮助指导基础薄弱的县级工商联改善工作条件，县级工商联机关建设有很大的改观，江永电商、江华的“四同创建”等工作开展富有特色。

■ **参政议政工作** 2015年，永州市工商企业界联合会依托参政议政的职能优势，深入调研，撰写调研报告，《乘创新创业的东风加快我市非公经济发展》获省工商联系统2015年度优秀调研成果三等奖；《关于打造“永州菜”品牌的调研报告》，得到市委主要领导的充分肯定，获市政协2015年度优秀调研报告二等奖；《充分发挥工商联界别委员在政协统一战线组织中的积极作用》获市政协2015年度优秀理论文章三等奖。调动工商联会员中的人大代表、政协委员和参政议政能力突出的企业家的积极性，动员他们就经济社会发展的热点、难点问题，以议案、提案等形式提出好的意见和建议，《建议给农村留守儿童更多的关爱》被评为2015年度优秀提案。

■ **加强非公党建工作** 2015年，永州市发展非公企业党员50人。新建非公经济组织党支部17个。进一步加强软弱涣散党组织的整顿，整改党组织100多个。注重以教育培训为抓手，通过开展有针对性的系列专题教育活动，提升党员素质。继续开展非公经济人士理想信念教育活动，增强非公经济人士“四信”（坚定信念、增强信任、提振信心、注重信誉）。举办市直非公企业新党员和入党积极分子培训班，有30人参加培训。选派非公企业党员参加省委党校、省社会主义学院、市委党校培训班以及“十三亿个梦想　我的乡情网”“互联网+”等业务培训。在纪念七一和“抗战胜利70周年”之际，非公企业党组织纷纷开展重温入党誓词等活动，深化爱国主义教育和党性教育。举办全市非公经济组织“坚定理想信念，与党同心同行”演讲比赛。召开非公党建工作现场会，进一步打造非公党建品牌。建立非公党建微信群，扩大工作影响力。

永州市非公有制企业"送温暖，献爱心"捐赠仪式

■ **推进光彩事业** 2015年8月，永州市工商企业界联合会与市慈善总会等单位承办"爱心圆梦"慈善助学募捐活动，市工商联40余名民营企业家参加活动，捐资200余万元帮助贫困学子实现大学梦。引导非公企业参与"万企联村，共同发展"和"四同创建"活动，加强项目对接、跟踪服务，发挥光彩事业作用，服务新农村建设。按照市委部署，推进精准扶贫工作，选派一名机关工作人员驻新田县金盆圩乡下塘窝村开展帮扶工作。争取扶贫资金73万元、项目资金367万元，实施扶贫项目5个；引进农业产业项目1个，为村集体创收11万元。2015年年底，下塘窝村脱贫74户、330人，占总贫困人口的41%。驻村帮扶工作队被评为先进工作队，并作典型发言。

（王丽娟）

群众团体

永州市总工会

■ **概况** 永州市总工会成立于1996年8月，现有干部职工33人（含下属单位），内设8个部室，下设市工人文化宫、市帮扶中心、市消费合作社3个事业单位。截至2015年年底，全市有机关、乡镇、企事业（非公企业）单位工会组织5986个，其中联合工会343家，覆盖单位10723家。全市职工总数515994人，工会会员507093人，其中女职工人数197596人。

2015年，全市各级工会大力推进开门办会、依法建会、创新兴会，着力践行"两个信赖"，做靓"三个品牌"，实施"四项工程"，办好"五大活动"，工会各项工作长足发展，被省总工会评为优秀单位。三项工作获国家级奖项。即财务工作获全国市级工会财务先进；"安康杯"竞赛获全国安康杯竞赛优胜单位；"会、站、家"一体化建设获评全国"模范职工之家"；4个分工会获评全国"模范职工小家"。8项工作获省级奖项，即获全省市州工会财务工作规范化竞赛特等奖；全省工会经费审查工作规范化建设一等奖；省总"芙蓉杯"竞赛征文一等奖；省总"中国梦·劳动美"职工法律知识竞赛三等奖；全省第五届职工职业技能大赛技能湘军建设贡献奖；全省安康杯竞赛优胜单位及优胜班组；市职工维权帮扶中心获"湖南省四星级职工维权帮扶中心"。省重点工程建设劳动竞赛考核先进单位。三项中心工作受到市委表彰，即全市创建国家森林城市工作先进单位；全市安全生产工作先进单位；2015年度全市人口与计划生育工作先进单位。

■ **服务经济社会发展** 2015年，永州市总工会围绕全市工作大局，深入开展"凝聚职工力量·建功和美永州"系列活动。通过不断深化重点工程、工业企业、服务行业和女职工芙蓉杯"四位一体"劳动竞赛，全市参与竞赛的企事业单位覆盖面分别达到90%、85%。开展第五届全市职工职业技能竞赛，涉及10余个工种、2000余家单位、10余万职工，选送4个团体参加全省技能大赛，获全省技能湘军贡献奖。成功选树全国、省、市三级劳模，全市有6人获评全国劳模、31人获评省级劳模，79人获评市级劳模并得到市委、市政府表彰。开展"中国梦·劳动美·争做时代领跑者"工人阶级宣传月活动，举办劳模讲坛16场，集中宣传报道胡丹、曾德春等17名全国和省级劳模的典型事迹。实施"技能湘军"建设工程，创建省级职工（劳模）创新工作室6个、市级劳模创新工作室27个，取得重大技术创新成果9项，技术革新116项，发明创造60余项，发明专利11个，创造经济效益7500多万元。

■ **推进帮扶服务** 2015年，永州市总工会注重以普惠服务为目标，打造工会品牌，扩大社会影响力。因企制宜加强职代会制度建设，全市100%的企事业单位建立职代会，88%的企业建立工资集体协商制度。参与审理劳动争议案件202起，提供法律援助3起，追讨薪金待遇20.3万元。参与湘江纸业和汽车运输公司改制，创新职工代表结构和休会讨论两项职工代表大会操作程序，得到省总工会高度评价，即“永州这两个企业的顺利改制，得益于以上二个方面的创新举措，在操作程序上填补了2008年《湖南省职工代表大会条例》的空白，为全省下一步国有企业改革召开职代会提供了有益探索，积累了先行经验。”深化“双联”帮扶工作，先后实施帮扶项目7个，结对帮扶企业308家，结对帮扶困难职工15290人，帮助落实困难职工优惠政策2万人次，帮助企业引进资金8920万元。持续推进“春送岗位、夏送清凉、金秋助学、冬送温暖”活动，联合市人社局开展各工种技能培训7期、职业介绍和招聘活动2场（次），增加转移就业近3万人；筹资57余万元为190名下岗职工和农民工创业就业提供一次性创业帮扶；实施重点产业高技能人才培养促进计划，对110名技能人才给予补助。开展“清凉一夏、关爱同行”活动，市总工会筹资27万元对1.3万余名园林、环卫、交警、农民工和省、市重点工程等高温作业和露天作业人员进行慰问。筹集爱心资金520万元，资助困难职工学子2620人。筹集“送温暖”资金800余万元，走访慰问困难企业132家（次），帮扶困难职工（农民工）8600余人次。着力推动第二期职工医疗互助活动扩面提质，核发补助3649人次、413.5万元。开展女职工（女农民工）“关爱行动”，筹资220余万元救助大病医疗700余人。健全完善服务职工工作体系，新建心理咨询室示范点10个，创建女职工母婴关爱室13个，其中5个被省总工会授牌为“湖南省母婴关爱室”。推进劳模慰问、先进模范疗休养工作常态化。全年走访、慰问三级劳模472人次，帮扶特殊困难的劳模407人，发放慰问救助金300余万元；组织5批16人（次）参加疗休养，组织30多名劳模进行免费体检。

■ 工会基层组织建设　2015年，永州市总工会按照全总、省总基层工会建设“落实年”要求，以农民工入会和“职工之家”建设为重点，将建会与建家有机结合，推进和规范基层工会组织建设。全年新建基层工会组织600家，新增工会会员2.2万人，其中，发展农民工会员1.9万余人，东安县、祁阳县、零陵区等发展农村专业合作社的做法得到省总工会的充分肯定；新田县在广东花都成立的流动工会服务农民工和祁阳县在经开区组建非公企业工会的做法被湖南工人报报道和推介。调整和成立教育、交通、公路、公安、人社、住建、农业委、卫计、工商、商务和粮食等产业工会10家。出台《关于加强模范职工之家建设的意见》《永州职工之家管理办法》等文件，经逐级推荐、交叉评比，成功推荐双牌水电站、江永地税局、市邮政银行、长丰集团、湖南时代阳光药业及零陵南津渡街道等5个工会获评全国“模范职工之家”；市三医院内五科、新田地科第一税务分局、道县华新水泥采石场和建华精密仪器装配车间合件二班等4个分工会获评全国“模范职工小家”；东安县总工会潘尚荣等5人获全国优秀工会工作者。强力推进县（区）工会“星级创建”和规范化创优竞赛，组织开展创建“六好”（党委政府重视支持好、工会组织网络建设好、工会维权基本职责好、工会指导帮助基层好、工会服务职工群众好、工会围绕中心开展工作好）乡镇（街道）工会，推动园区工会建设。江华县总工会被评为“全省先进县级工会”，零陵区七里店办事处、祁阳茅竹镇等3个乡镇（街道）工会被纳入全省工会组织示范点建设培育对象。

■ 职工文体活动　2015年，永州市总工会借助“永州工会”微信公众平台，举办首届“感动永州·最美劳动者”职工微信摄影大赛，全市关注和参与大赛人数达2万多人，10多万人次参与到微信点赞，推选优秀作品228幅参与“最美芙蓉花”全省女职工微信摄影大赛，其中7幅作品获奖。广泛开展“杜鹃之约”职工交友活动，近千名单身职工踊跃参与，有30%以上结对成朋友。成功举办“劳动杯”职工篮球赛。承办市委、市政府举办的“唱响永州”职工大合唱比赛，其中有63支市直机关队伍参与大合唱活动。参与省总组织的“芙蓉杯”竞赛十年回顾征文活动，全市有4篇优秀征文作品获奖，廖予撰写的《那些年，我与‘芙蓉杯’共成长》一文获征文一等奖，并作为省总工会嘉宾在“芙蓉讲坛”上作专题演讲。

（廖予）

共青团永州市委

■ 概况　2015年，共青团永州市委团结带领广大团员青年为加快建设品质活力永州贡献青春力量，获2015年度省共青团工作先进单位、市绩效评估优秀单位、市文明单位、市直机关党建工作目标管理先进单位、市直机关先进党支部、全市禁毒工作先进单位、冷水滩区社会管理综合治理先进单位等称号。

■ 深化思想政治引领 2015年，共青团永州市委先后组织开展“红领巾相约中国梦”主题队日活动，“彩虹人生——奋斗的青春最美丽”分享活动56场，“与人生对话——我的中国梦”主题教育活动报告会239场，社会主义核心价值观宣讲活动260余场，“迈入青春门，走好成人路”主题教育活动，参与人数8.9万余人次。注重发挥典型的引领作用，开展寻找“最美”系列活动，选树一批身边的好青年典型，先后推出116名最美基层团干和最美青年工作者、最美少先队辅导员、最美中学生和最美中职生的先进事迹。3月，召开“全市共青团新媒体工作经验交流座谈会”，举办1期“全市共青团新媒体管理人员骨干培训班”，并正式成立团市委新媒体中心，通过新媒体平台开展典型引路、策划社会公益行动、主动组织服务青年活动、及时发出地方经济社会发展好声音等。团市委官方微信平台“永团在线”拥有粉丝10万人，文章的阅读量和点赞数都处于较高的水平，截至11月底，2次夺得团中央发布的“全国地市级团组织微信公众号综合影响力排行榜”第一名。并长期保持全团地市级前20强。

■ 服务青少年成长成才 2015年，共青团永州市委开展“希望工程一元捐”活动，募集捐款53.17万元，捐款总额居全省首位。推广“微益中国”项目，发放宣传海报600份，全市新增注册爱心教师85人，新增微益项目55个，新增人数及项目总量暂列全省第一位。市青基会新增希望小学4所，音乐教室5个，资助贫困学生1670人，筹集物资614.16万元。8月，开展“让爱点燃希望——潇湘情 建行心”永州市爱心助学公益晚会，筹集款物423.16万元。利用“3·5”、五四、六一等时间节点，开展“红领巾相约小康梦”——“六一”走进扶贫村关爱留守儿童、“我的小小话剧梦”等关爱特殊儿童志愿服务示范活动。由市县二级团委共同组建由40名律师及35名心理咨询专家组成的永州市青少年维权专家服务团队，为全市青少年提供侵权保护、法律援助、扶贫助学、心理咨询等方面的服务。5月，在零陵、冷水滩两区中小学开展“弘扬法治精神、传播法治文明”法制巡回宣讲活动。6月，通过微信、网站等网属新媒体平台开展“向毒品说不”网络宣传活动。7月，推动成立永州市青少年心理健康协会，该协会开展心理咨询讲座26场，覆盖人群26278人。10月，联合市综治办、未保办、预青专项组、公检法司等17个市直单位，组织开展“永州市杰出（优秀）青年卫士”的评选活动。开展“两法两办法”及各类法治宣传活动80余场次，散发宣传资料6万余份，书写宣传标语500余条，覆盖青少年118325人。

■ 投身品质活力永州建设 2015年，共青团永州市委围绕创建国家交通管理模范城市、国家森林城市等中心工作，组织开展共建“青年林”义务植树活动，100余名专职团干、青年企业家和志愿者代表在冷祁快速公路植树造林10余亩。全市各级团组织围绕文明创建、生态环保、关爱农民工子女、扶贫帮困等内容，开展形式多样的“学雷锋”志愿服务活动，累计15万余名青少年参与活动。9月，开展“优选公交 绿色出行”主题宣传教育。狠抓项目建设，“永州市青年创新创业园”项目被市委市政府列入2015年度全市重点项目建设，1月13日，市委书记和市委副书记、市长出席入园项目签约仪式，5月14日和10月28日，带队两次深入青年创新创业园现场办公。及时跟进，真诚服务园区企业，每周发布《永州市青年创新创业园工作周报》，团市委先后组织40余名青年企业家赴广州、杭州、益阳、道县、双牌等地开展商务考察活动，向外招商引资，湖南盛世永商股份有限公司、广东象外科技有限公司2家企业入驻园区。服务青年创新创业创优，5月启动“第二届永州市青年创新创业大赛”，10月分南、北2个赛区进行选拔赛，有2名选手进入全省青年创新创业大赛前30强。将微电商作为切入点，举办“首届永州市青年微电商创业大赛”，通过大赛强氛围、选人才、做项目。整合资源夯实就业创业资金平台，2014~2016年，设立永州市青年创业基金。打通创业贷款绿色通道，联合有关部门制订《永州市青年创业金融服务实施方案》，市农村信用社和邮储银行每年分别安排不低于15亿元贷款和5亿元贷款扶持青年创业，并可享受低于同期贷款利率的20%。依靠创新创业典型，开展青年创业大讲坛、青年创业典型报告会等一系列的活动，举办湖南青年创新创业典型第四场巡回报告会。加强媒体合作，在《永州日报》设立创客专栏。强化技能培训平台，在各县区依托劳动保障局就业服务中心和各类职业技术学院广泛开展农村青年就业培训，市本级则针对已有创业经历的青年开展创业提升培训，邀请3位湖南省青年创业导师、省网商菁英计划培训导师等进行授课，并开展一对一的指导。抓好“青年文明号”等一系列创建工作。指导新田医保中心创建成为“全国青年文明号”，启动全市2015年市级青年文明号创建工作，择优推选出50家单位扎实开展创建达标工作；国网湖南省电力公司永州检修分公司变电运维班、湖南神斧集团湘南爆破器材有限责任公司五分厂制药班创建成为“全国青年安全生产示范岗”。

■ **共青团自身建设** 2015年，共青团永州市委推进城乡区域化团建工作，做好第二批城市街道区域化团建工作，组织发动各级驻街道辖区单位团组织主动向街道团组织报到。加强县域共青团规范化建设，推动经开区成立团委，永州经济技术开发区正式召开第一次团代会。全市9个乡镇（街道）成功入选省级“县乡团建榜样示范工程乡镇”；进一步完善非公企业团组织管理，对已建团的非公企业进行梳理、跟踪，完善非公企业共青团工作的骨干网络，推进中学、中职学校共青团规范化建设，全市近300所中学、中职学校严格控制初中毕业班团员发展比例在45%以下、高中毕业班团员发展比例在85%以下，推进“三会两课一制”落到实处。从严治团，深入开展“团干部如何健康成长”大讨论。6月，组织全市各级团干代表、最美青工、最美基层团干代表50余人前往共青团创始人之一李启汉的故居追溯共青团发展历程，召开“团干部如何健康成长”大讨论活动推进会。推动团干部成长，及时沟通协调配齐配强团县委班子，成功推动零陵团区委换届配齐领导班子。在全市组织开展“第二届市直单位素质拓展运动会”，并组织团市委机关全体干部进行健康体检，倡导在8小时工作时间以外，进行体育锻炼，培养健康的生活方式。严格对照“三严三实”抓作风建设，坚决克服“机关化”“娱乐化”倾向，先后组织机关干部21批次深入乡镇、社区和中小学校基层团组织调研。开展执行力建设，每个月初明确各部门工作量化考核目标，每个月底对机关干部进行“执行力讲评”。6月，组织全体机关干部到永州市反腐倡廉教育展馆接收警示教育。采取“下管一级+网络评议+党团互动”的方式，推进团组织的扁平化、精细化管理，在微信平台开设《请您当评委——谁是月冠军》栏目，每月由全市团员青年直接通过互联网对县区团委进行投票和评议，并在网络上公示评议情况，该项工作得到团省委充分肯定并全省推广。狠抓团干部能力水平的提升，全面加强团干部培训工作，各县区举办各类团干培训班29次，培训人数1800余人。其中，团市委机关有1人次参加团中央培训，3名党组成员和3名中层干部参加市委党校培训，2名中层干部参加团省委培训，先后邀请已转岗的3名老团干分享成长感悟。

（唐梅宝）

永州市妇女联合会

■ **概况** 2015年，永州市妇女联合会以服务大局、服务妇女、服务基层为宗旨，切实履行职能，为妇女儿童谋实事、解难事、办好事，创造永州妇女儿童工作新局面。先后获省禁毒工作先进集体、省妇联系统宣传工作先进集体、省妇联系统办公室综合工作先进集体、省妇联系统办公室信息工作先进集体、市信访工作先进单位、市平安单位、市禁毒工作先进集体、区社会管理综合治理先进单位等称号，2015年在全省妇女工作绩效评估中被评为优秀，在全市绩效评估中被评为良好。

■ **妇女创业就业** 2015年，永州市妇女联合会整合资源，开展新型女农民、城镇妇女技术技能培训，培训城乡妇女8600多人次。在祁阳县举办全市首期贫困村新型职业女农民培训班，培训130余人。组织“我和春风行动的故事”主题征文活动，协助人社部门举办“春风送岗位”招聘会113场次，提供就业岗位9000余个，成功输送女员工23209人次；会同市人社局、市财政局等部门继续做好小额贷款工作，发放妇女小额担保贷款近2.5亿元，使5000余名女性受益。组织市著名女企业家刘林花和孔繁霞，在湖南科技学院与300余名女大学生们面谈创业故事，分享创业心得；指导祁阳县女企业家筹资2000多万元，开发该县东部商贸城项目。

■ **巾帼志愿风采** 2015年，永州建立市级巾帼志愿服务试点。围绕永州“四创”进行宣传，市妇女联合会动员引导广大妇女积极参与文明劝导、治安夜巡、爱心帮扶、美化环境等活动，开展巾帼志愿活动100余次，参与人数达4000人次。开展“粉蓝双丝带”活动，完成女性安康保险138.5万元。全市创建巾帼志愿者队伍132个，巾帼志愿者达3200人。

■ **维护妇儿权益** 2015年，永州市妇女联合会举办“三八”妇女维权周暨“家庭律师社区行”活动，组织家庭律师讲师团成员深入社区、农村开展普法讲座、法律咨询和法律援助工作。举办普法讲座21场，培训妇女2390人次，开辟社区普法宣传栏41期，发放各种普法宣传资料7.19余万份。组织婚姻家庭调解委员会试点县区干部（冷水滩区、祁阳县、宁远县）赴长沙市、常德市、株洲市学习当地婚调委成功实践和宝贵经验。全年各级妇联接待信访857件次，办结率达99.4%；接受婚姻家庭咨询332例，调解124例，劝和87对。组织禁毒妈妈志愿者走访涉毒、戒毒特殊人群收治中心，举办禁毒知识讲座。实施“母亲健康快车”与“两癌”（乳腺癌、宫颈癌）普查项目，义诊咨询1.2万余人次，健康普查2.4万人，培训6145人，超额完成“两癌”普查任务。举行永州市关爱留守儿童爱心包裹捐赠仪式，筹款30余万元。各级妇联全年募集资金约280万元，慰问贫困妇女儿童7000余人次。

■ **加强宣传教育** 2015年，永州市妇女联合会召开市首届“十佳好媳妇”表彰会议。表彰“十佳好军嫂”“三八红旗手”“巾帼建功标兵”“妇女工作先进集体”等各类先进个人与集体793个（人）。开展男女平等基本国策等内容的宣教活动，累计发放资料1.2万余份。永州妇联系统在潇湘女性网的信息采用数连续4年均超千条，超额完成《中国妇运》《中国妇女报》的征订任务。举行2015年寻找永州“最美家庭”“最美创业”“最美湘女”启动仪式，开设寻找“最美家庭”专题专栏，通过“晒、议、讲、展、秀”活动，评选出各级“最美家庭”123户。开展“亲子阅读·共享幸福”家庭读书活动，举办纪念抗战胜利70周年和“我家的读书生活”有奖征文，创建省级留守儿童心理咨询示范点2个。突出廉政文化建设，开展廉洁文化进家庭活动。组织现代家庭教育公益讲座32场次，受益群众达1.9万余人。

■ **妇联阵地建设** 2015年，永州市妇女联合会关注以服务家庭、妇女和儿童的永州潇湘家庭教育指导中心、青少年心理健康协会等社会组织的成长，参与市社会组织孵化基地入驻的评审和揭牌仪式。继续做好“示范妇女之家”创建工作，创建各级“示范妇女之家”41个。在“两新组织”中建立妇女组织，全市在非公企业、机构中成立妇联组织110余个。

■ **女干部推荐培训** 2015年，永州市妇女联合会向组织部门推荐优秀女干部近300人次。主办永州市市直机关第二届“交通银行杯”女子气排球比赛，吸引市直机关52个队600余名运动员参赛。举办永州市2015年乡镇妇联主席培训班，100名乡镇妇联主席参加为期1周的全方位培训。在厦门大学举办首次市妇儿工委成员单位业务骨干暨市直机关妇委会主任培训班。

（熊锦星）

永州市科学技术协会

■ **概况** 永州市科学技术协会现有科普工作部、学会工作部、办公室和下属市财政全额拨款事业单位——科技咨询服务中心。市科协行政编制9人，机关工勤编制1人，全额事业编制5人，2015年有财政全额拨款在职人员17人，提前退休人员1人。其中，处级干部6人，科级干部6人，工人5人，引进人才1人。

2015年，永州市科学技术协会以科普工作为主要职能，以广大科技工作者为主力军，以各类活动平台为主战场，开展学术交流和科技创新，促进科学普及和全民科学素质提升。

■ **服务经济社会发展** 2015年，永州市科学技术协会落实市委、市政府关于“食用油和米粉放心工程”的工作部署，3月26日，牵头主办永州市“放心米粉工程”建设论坛，人大代表、政协委员、重点食品企业负责人、米粉店老板和米粉生产加工、市场流通、餐饮等环节的专家学者60余人就进一步深化“米粉放心工程”建言献策。市委常委、市委宣传部部长石艳萍出席论坛并讲话。开展“走进食品工业”科普主题活动，6月19日，主题为“尚德守法，全面提升食品安全法治化水平”永州市“走进食品工业”食品安全宣传周活动在冷水滩区政府广场拉开帷幕。在全国食品安全宣传周期间，组织市内食品安全科普教育基地对外开放，接待公众实地参观，现场解答公众对食品安全的疑问，并精心编制“永州市食品安全50问”科普资料，现场发放3000余册。开展“公共安全广场日”科普宣传活动。9月22日，市科协联合冷水滩区人民政府，组织市安监局、市交通局、市消防支队、市交警支队、市职业安全健康协会、市药学会、市气象学会、市粮食行业协会、市粮食经济科技学会、市电梯行业协会、市数学学会、冷水滩区科协等单位在万喜登广场开展主题为“心系安全　珍爱生命　拥抱平安幸福生活”的市民安全常识宣传活动。组织种养殖方面的专家对扶贫村——双牌县五星岭乡大江口村经济发展落后的原因进行深入调研，并根据其地理地貌特征、生态环境和村组实际情况等因素，因地制宜的制定养鹅可行性研究报告，并筹集资金10万元扶持村级产业发展。

■ **服务提高全民科学素质**　2015年，永州市科学技术协会与电视、网络和报纸三大权威媒体合作，携手打造科普活动宣传平台，依托媒体资源广泛宣传科普知识。在9月全国科普日期间，邀请全国著名青少年科技创新专家周又红录制题为“青少年科技创新是万众创新之源”的“潇湘讲坛”，在永州电视台循环播映。《永州日报》头版头条以“科技创新绽新蕾”为题全程报道永州市19届青少年科技创新大赛。培育、创建科普示范基地、科普示范社区和科普带头人，打造社会科普平台，为公民科学素质建设提供制度保障、组织保障和资金保障。全年培育科普性、辐射性强的农村专业技术协会、科普示范基地30个。制订下发《关于进一步加强全市基层科普行动计划项目工作的通知》，对全市科普项目的考察、遴选、申报、推荐、实施、指导和管理等方面进行规范。会同市教育局继续开展全市青少年科技创新大赛和机器人竞赛，比赛规模、参赛人数、参赛作品和活动影响力等方面都是历年之最。青少年科技创新作品参加省赛，获一等奖8项、二等奖11项、三等奖27项，6个项目被省赛组委会推荐全国参赛；青少年机器人作品在省赛中获银牌4个、铜牌4个，两项大赛成绩都为永州市历年参赛之最。与市教育局就整合相关资源、创造全市青少年科技创新教育的强大合力进行座谈，并达成“三个一”的共识。即“做好一个展示”，举办一个获奖作品成果展示会，激励更多的青少年参与科技创新；“出台一个文件”，明确青少年科技创新教育的意义和作用，明确全市青少年科技创新教育的推进方法，明确人财物和师资保障机制，完善各项后勤保障；“建立一个机制”，建立全市青少年科技创新教育的长效工作机制，明确定期会商、联络和沟通程序。推进永州市科技馆项目建设，拓展科普宣传阵地。永州市政协四届四次会议，政协委员提出的《以新建科技馆为龙头，带动提升我市科普水平》提案，纳入市政协的督办议程。

■ **服务科技工作者**　2015年，永州市自然科学撰写学术论文1200多篇。有20多个学会召开学术年会，10多个学会举办科技论坛，搭建多种学术交流平台。支持以会报会刊的形式搭建学术交流平台，如市煤炭学会、市农机工程学会、建设工程质量安全管理协会、预防医学会、护理学会、市老科协分别创办《永州煤炭言论》《永州农机》《永州市建设工程质量安全》《永州疾控信息》《护理通讯》《老科协简报》。与权威媒体合作大力宣传“湖南省优秀科技工作者”和“湖南省青年科技奖”等评选活动，鼓励帮助符合条件的科技工作者积极申报。全国“讲理想、比贡献”活动创新标兵获奖者李文东，成为很多青年科技工作者模范和榜样。组织开展永州市第十届自然科学优秀学术论文评选活动。收到各类参评论文244篇，经专家评审委员会评选得出优秀论文一等奖10篇、二等奖20篇、三等奖30篇。

（张国梁）

永州市归侨侨眷联合会

■ **湖南省华侨产业园在永州挂牌**　2015年9月8日，“湖南省华侨产业园”在蓝山县挂牌成立，市委书记陈文浩、省侨联党组书记朱建山、中国侨联经济科技部部长安晨、市委副书记张严，市委常委、市委组织部部长、市委统战部部长董石桂，省侨联党组成员章伯岗、副市长罗双全和40余名海外侨领侨商出席活动，罗双全推介永州投资环境，富鸿集团投资30亿元风电项目正式签约。安晨称赞：省侨联设立产业园在全国是第一家。

2015年，永州市归侨侨眷联合会向省侨联提出建议，设立1个华侨产业园，运用好华侨的优势，直接参与经济建设主战场，并提出将华侨产业园设在蓝山县。省侨联多次到蓝山现场调研，就成立对接领导班子，密切工作沟通，签订框架协议，狠抓华侨产业园文化建设，确定入园标准，营造安商环境等事项进行详细商谈。蓝山县一期划定1000亩土地作为产业园用地，作出详细规划。

■ 服务侨资企业 2015年，永州市归侨侨眷联合会协助湖南大自然集团公司与深圳网络公司合作开办大自然网络科技有限公司，大力推动“互联网+”，并由副主席柏继平主持召开新闻发布会，副市长罗双全出席。这是永州响应国务院号召，开办的第一家“实业+互联网+终端”的“物联网+资联网+心联网”的“实互”型全息平台。市侨联唐建春、柏继平多次到中南医疗集团、永州煌佳房地产、大自然集团公司等20余家侨资企业走访调研，深入了解他们的经营困难，向有关部门反映情况。

■ 海外人才智力援乡工程 2012年7月，永州市归侨侨眷联合会启动“海外人才智力援乡工程”。2012～2015年，全市聘请到永州工作的国（境）外专家800人次，其中经济专家350人次，文教专家450人次，长期在永州服务的国（境）外专家保持在80人左右，高层次人才和紧缺人才所占比例逐年增加。邀请入选世界工程学和生物科学名人录及美国名人录的生物科学博士后王增钰、首位永州籍中国“千人计划”专家奉向东、美国国防部环境与健康研究所首席科学家冯小荣、分子生物遗传学博士后谢忠恩等一大批海外人才到永州讲学，建立对口联系。2015年5月，湖南科技学院举行海外名师聘任仪式，博士冯小荣受聘为该校首位“海外名师”。10月29日，永州籍美国博士后唐潇风在浙江大学作工程教育改革和发展的专题讲座。美籍医学专家博士王增钰、博士谢忠恩与东安县人民医院周柏华、杨小忠两位年轻医生结成传、帮、带对子。冯小荣对全国油茶重点企业、省高新技术企业、省农业产业化龙头企业湖南大自然集团公司进行技术指导，该企业先后申请发明专利33项。其中，2项进行省级科技成果鉴定，3项发明专利获授权证书，青蒿素、黄杞胶囊被湖南省科技厅认定为高新技术产品。博士奉向东回国建立格丰科技材料有限公司，注册资金6250万元人民币，对重金属污染治理的先进环保技术和装备制造，拥有多项核心自主知识产权，具有国际领先水平。

湖南省华侨产业园在蓝山县挂牌

■ 与澳门社团建立交流机制 2015年5月29日，澳门弱智人士家长协进会会长曾德岱等一行29人，到永州开展艺术、文化联谊活动。澳门弱智人士家长协进会是由智障者家长组织的社会团体，有会员1800余名。他们在永州察看新希望康复中心，进行现场捐赠，参观侨资企业湖南大自然公司，与市侨联进行座谈，商定在澳门举办“张国权书法展”，作为澳门家协会25年周年庆重点活动。澳门汇才慈善总会连续10年到江永县助学，累计捐赠爱心助学款1000万余元，捐赠各类学习、教学及生活用品60万余元，捐建教学楼两幢，资助困难高中生3427人，资助贫困大学生137人，慰问农村学校家庭生活困难教师952人。

■ 十万鱼苗投放湘江 2015年4月1日上午，由永州市归侨侨眷联合会主办的“呵护关爱母亲河 十万鱼苗放湘江”大型公益活动在冷水滩区滨江公园举行。活动由永州中南口腔医院承办，市侨联、市公安局、市畜牧水产局、市义工协会、市企业家联合会、阿波罗男子医院、友谊万喜登、花儿与少年等21家单位和企业协办，筹资8万元，购买经疫检合格的青鱼、草鱼、鲤鱼、鲢鱼等鱼苗十余万尾，市民800多人参加投放。

■ 抗洪救灾 2015年11月8~11日，暴雨突袭，永州遭遇54年来最大冬汛，全市普遍遭受洪灾。祁阳县潘市镇沿湘江河13个行政村3000余户，10654人受灾，淹房、浸房2个村182户296间，造成经济损失350万元。市归侨侨眷联合会会同中南医疗集团研究救助措施。中南口腔医院、阿波罗男子医院全体职工进行募捐，董事长、市侨联副秘书长陈宗华带头捐款3万元，募得赈灾物资善款近10万元，并购买灾区急需的棉被300床、米300袋、油300桶、水100件，连夜送往受灾严重的祁阳柏家村和陆家村，将物资直接送到灾民手中。

■ 维护侨界权益 2015年，永州市归侨侨眷联合会与市政法委建立涉侨案件联席会议制度，并成立法顾委和法律服务中心，聘用律师13名，接待来访127人次，处理来信26件，受理重要信访事项6起，如“奉粤琳被伤害案”、文声松“治安纠纷案”、中南口腔“受恶意诋毁案”、曹淑君“投资款追回一事”等，维护全市侨界的稳定。零陵区侨联主席李永胜获得全国侨界维权先进个人称号。

■ 参政议政 2015年，永州侨界委员向市政协提交《永州雾霾治理的思考》《净化冷水滩空气 做实幸福永州》《建设冷水滩学校过街地道刻不容缓》等提案9篇，向中国侨联提交《侨联工作存在的突出问题、挑战和对策》《市侨联主席唐建春关于讲好中国故事的情况反映》等，参政议政有新的进步。唐建春被安排为“市政协民革、少数民族和侨联界”召集人，多次参加市政协调研活动。

■ 基层组织建设 2015年9月25日，湖南科技学院第一次归侨侨眷代表大会暨侨联成立大会召开。省侨联党组成员、副主席、秘书长孙民生，湖南科技学院党委书记陈弘，市侨联主席唐建春，市委统战部副部长、市侨联党组书记邓晓明出席会议，学院侨界代表和各界人士参加会议。大会选举产生湖南科技学院侨联第一届委员会，罗映红当选为湖南科技学院第一届侨联主席。市侨联多次与双牌县协商，经双牌县委常委会研究，同意成立侨联组织，并行文上报市编办，市编办原则同意成立双牌县侨联。

（桂莉）

永州市残疾人联合会

■ 概况 2015年，永州市残疾人联合会按照“以科学理念引领发展，以重点项目支撑发展，以统筹城乡促进发展，以优良作风服务发展”的总体思路，围绕加快残疾人全面小康进程这一总体目标，健全各项制度，实施重点项目，着力提升服务水平，全市残联工作取得优异成绩，市残联被市委、市政府评为“2015年度绩效评估工作优秀单位”和“重点民生实施工作先进单位”。

■ 落实省重点民生实事项目 2015年，永州市残联系统承担的省重点民生实事项目主要是0~7岁贫困残疾儿童抢救性康复项目，省残联分配全市任务188名。分别选送50名智障儿童到永州新希望康复中心、60名脑瘫儿童到长沙湘雅博爱康复医院、25名自闭症儿童到永州星旺儿童康复中心、65名脑瘫国家项目到市妇幼保健院、40名智力项目分别到心语和星旺康复中心进行康复训练；选送35名人工耳蜗初筛救助对象到省残疾人康复研究中心进行筛查和综合评估，超额完成筛查任务。率先在全市超额完成省重点民生实事项目，受到市绩效办的通报表扬和市委、市政府的一致好评。

■ 残疾人康复工作 2015年，永州市残疾人联合会选送300名低视力患者在永州职业技术学院附属医院进行适配，完成脑瘫儿童康复176人，智力康复110人，听障儿童康复20人，孤独症儿童康复25人，精神病服药420人，精神病住院85人，为325人肢体和听障残疾人进行辅助器具适配，免费发放轮椅1798台，拐杖1960副，座厕椅1260台。

■ 残疾人就业培训 2015年，永州市残联系统与市人社部门联合举办29场残疾人就业招聘会，通过招聘会，有2136名残疾人达成就业意向，其中有975人签订就业合同书。组织978名残疾人进行职业技能与实用技术培训，其中市残联选送59名盲人和肢体残疾人到株洲盛康职业技术培训学院进行盲人按摩和淘宝云客服专业培训，并为8家盲人按摩机构申报盲人按摩进社区项目补助。完成1310名残疾人居家托养任务，补助资金96.6万元。新增残疾人就业岗位750个，安排残疾人就业1256人，扶持185名残疾人创业，扶持资金245.52万元。全市为54927名二级以上重度残疾人发放护理补贴1582.5万元。

新办理残疾人证22489人。结对帮扶12个贫困村的240户贫困残疾人家庭，帮助他们解决生产、生活中的实际困难和问题。市残联结对帮扶冷水滩区蔡市镇邓家铺村，帮助该村制定脱贫发展计划，成功创建省级无障碍村，对该村15户贫困残疾人进行“一对一”结对帮扶，投入资金17.96万元，在市委扶贫工作年终考核中获得第一名。

■ 残疾人信访维稳和基金募集 2015年，永州市残联系统接待残疾人来信来电来访2434件次（市本级241件次），其中，来电783个，来访1553人次，来信98件，上级交办19件，集体上访183件。上级交办件和网上信访件全部办结并及时给予回复，办结率达到100%。开展“爱心助残一日捐”活动，继续发起在全市广大干部职工中开展向残疾人捐一天工资、献一份爱心的“爱心助残一日捐”活动，收到171个单位和个人的爱心捐款59万元，为贫困残疾人发放急难救助金25.92万元，助学金7万元，购置助听器、轮椅等辅助器具12.29万元。

■ 残疾人文体宣传 2015年，永州市残联系统在残疾人重大节日——“全国助残日”“爱耳日”“爱眼日”等期间，组织开展一系列宣传文体活动，发表各类新闻信息235篇。在第25次“全国助残日”期间，组织拍摄制作系列专题片15篇，并在永州电视台各频道黄金时段播放，对扶残助残先进典型和自强不息、带头创业就业的残疾人自强模范进行系列宣传报道。江华籍运动员蒋艳玲在全国残疾人举重锦标赛中获得女子举重50公斤级第三名，双牌籍运动员夏晓晓在全国田径锦标赛特教学校学生的比赛中获得女子T35级200米金牌。组织5名运动员参加全国第九届残疾人运动会比赛，共获得2枚金牌，3枚银牌，1枚铜牌，并分别打破男子T100米全国纪录和女子4×100米世界纪录。东安籍女运动员蒋芬芬被选送到广州，参加国家队集训，备战2016年世界残奥会。

■ 残疾人康复中心项目建设 永州市残疾人康复中心项目是2011年8月经国家发改委批准立项的中央预算内投资项目。该项目建设总面积为10258平方米，总投资约3000万元，是一个融残疾人康复训练、就业培训指导、辅助器具服务、康复中心办公等多功能于一体的综合服务设施。2015年，市残联把加快推进市残疾人康复中心项目建设作为2015年重点工作的“一号工程”，列入党组、理事会重要议事日程。市残疾人康复中心建设项目完成征地、青苗补偿、地质勘测、平面图设计和土石方开挖等前期工作，正着手进行主体工程招投标和开工建设工作，项目建设进展顺利。

（曾渊）

法　　治

政法工作

■ 概况 2015年，永州市政法机关不断深化“三抓三创三提升”活动，切实抓好“六大工作”，政法工作取得“三个第一、一个第三、三个零指标”的新成效。“三个第一”：即涉法涉诉信访工作考核排位连续三年名列全省第一名；政法队伍建设满意度测评排位，连续两年位居全省第一名；政法各部门执法状况考评排位均进入全省第一方阵。网格化工作受到省委政法委领导的充分肯定。“一个第三”，即综合考评排名跃居全省第三名，首次被评为“全省社会治安综合治理工作先进市”。“三个零指标”，即全市没有发生一起较大以上群体性事件、没有发生一起重大以上刑事治安

2015年，全市城乡网格化建设工作会议

案件和有影响的邪教案件、没有发生一起涉恐涉暴案件。

■ 维护社会大局稳定 2015 年，永州市政法机关完善应急处置机制，完成“春节”“两会”“省公祭舜帝大典”等重要活动和节假日的安保稳定任务。探索完善“二次调解”“3+X”听证、“一村一警”等工作模式。成立预防和化解社会稳定风险研究会，全市“1511”工程 194 个重点项目全部纳入风险评估范围。持续开展化解信访积案“百日大会战”活动，信访工作考核综合得分排全省第三名。

■ 深化平安建设 2015 年，永州市政法机关推进“三个全覆盖”，省定新建 1850 个公共场所高清监控点的任务全面完成。中心城区实现常态化夜巡、网格化防控、扁平化指挥和合成化作战。全市刑事案件发案总量、八类严重刑事案件、“两抢一盗”侵财案件连续三年呈下降趋势。加强道路交通安全管理，严查酒驾醉驾，全市道路交通事故发生起数、死亡人数、受伤人数下降。开展劳动密集型企业、公共娱乐场所消防专项整治等活动，集中开展危爆物品、寄递物流清理整顿专项行动，继续保持无较大以上火灾事故的良好势头，杜绝涉爆涉危案件、事故及寄递物流领域犯罪的发生。加强监所安全管理，全市看守所、拘留所、戒毒所均实现零安全事故目标。始终保持对各类违法犯罪行为主动进攻的高压态势，部署开展“严打整治百日会战”“禁毒会战”“打击盗骗毒、全力保平安”等专项行动，刑事案件破案率、打黑除恶、网上追逃、打击盗骗毒等主要打击指标排名全省第一。开展“零命案”县区和“零刑案”社区、内部单位竞赛活动。新田县被授予“全省平安县市区”；双牌县、江华瑶族自治县、宁远县继续保持“全省平安县市区”称号。扎实开展铁路护路联防工作，市护路护线联防工作连续 3 年被省综治委评为先进。

■ 优化法治环境 2015 年，永州市政法机关树立“执法看信访”的理念，全面推进涉法涉诉信访改革，建立健全司法救助机制，推行“三个一”案件评查模式、“1+N”案件讲评制度和常态化案件分析制度，推进“阳光执法”“阳光司法”，优化执法司法职权配置，落实立案登记制度，提升全市执法水平。市检察院执法状况考评和执法质量名列全省第一位。司法救助工作经验在全省性会议上作典型发言。贯彻落实《法治永州建设实施方案》，开展“五个一”（一个班子、一个方案、一个调查、一个意见、一个测评）和“法律六进”（法律进机关、进乡村、进社区、进学校、进企业、进单位）活动，“六五”普法顺利通过验收。推进依法行政，11 个县区全部成立政府法律顾问团，一半以上的县区开展社区法律顾问工作。严格执行《全市政法机关优化发展环境“十必须”、“十不准”》，严厉打击“三强”（强揽工程、强装强卸、强行阻工）“三堵”（堵桥、堵路、堵门）违法犯罪活动，严厉打击非法集资等严重经济犯罪活动，维护正常的市场经济秩序。

■ 网格化建设 2015 年，永州市坚持把城乡社区网格化建设作为社会治理创新的重头戏和打通服务群众“最后一公里”的有效手段，狠抓落实、深入推进。《法制日报》在头版进行报道。市委书记陈文浩担任市网格化建设领导小组组长，社区网格化建设纳入绩效考核和综治年度考核的范畴，市委政法委（市综治办）坚持月调度、月调研，推动工作落实。按照“五个标准化”的要求，科学调整社区和划分网格、加快社区办公用房建设，新建社区功能用房全部达标，且统一社区标识、服务大楼外观、便民服

网格化管理社区——零陵区南津渡社区

务大厅外观。重构“一委一会一办三站”（党工委、居委会、综合办公室、便民服务站、网格管理站和综治维稳站）社区组织架构，实现一个网格一名网格员，基本完成全市路、街、巷牌和栋、门、户牌的设置工作。智慧永州的云计算中心、大数据中心，以及社会治理、城市管理、公共服务的软件平台基本建成。新田、江华、宁远、江永等县的网格化综合信息应运平台建成投入运行。出台《关于城市社区机构设置和人员管理的指导意见》等3个制度，为推动社区党建工作全覆盖、实行扁平化管理提供制度保障。各县区推进农村网格化试点，取得初步成效。

■ 政法队伍建设 2015年，永州市组织5批次政法干部赴清华大学、北京大学等高校参加提升执行力培训班，在市委党校举办2期政法干部培训班。同时，采取挂职、跟班、交流、轮岗、竞争上岗等形式，加大对政法干警的培训锻炼。部署开展“反对司法不公、司法腐败专项整治”等4项整治活动，严肃查处并通报违法违纪案件。注重培树先进典型，涌现全国打击假币犯罪先进集体——市公安局经侦支队、全国文明单位——东安县检察院、全国模范司法所——零陵区七里店司法所等先进集体和全省禁毒工作先进个人杜以鹏、全国法院司法警察先进个人贺晓春、“CCTV-2015年度法治人物致敬英雄”陈运周等一批先进个人。市委政法委、市检察院、市公安局2015年度绩效评估考核被评为优秀等次。

（李俊雄）

公　　安

■ 概况 永州市公安局辖9个县公安局、3个公安分局、2个直属中心派出所、1个强制戒毒所、1个看守所，市公安局机关内设23个机构。全市公安机关有编制4749个，实有4705人，其中，民警4243人，职工462人。全市现有协辅警2744人。

2015年，市公安机关围绕中心、服务大局，忠实践行省公安厅党委“三个一流”“两加强两提升”“五标准五工程”警务战略，按照“不抓打击会误事，必须坚持打击开路；不抓基础会惹事，必须坚持防范为本；不抓法治会坏事，必须坚持严格执法；不抓队伍会出事，必须坚持铁腕治警”的总体思路，坚持打击开路、防范为本，向犯罪分子公开宣战，向犯罪分子主动亮剑，社会治安持续向好，群众安全感全面攀升，公安队伍美誉度大幅提升。2015年，市公安局被公安部记集体一等功；湖南省公安厅对14个市州仅有的四项建设和党风廉政建设2个考核，永州市均获第一名；警调排名全省第二位，民调排名全省第三位；永州市政府绩效评估，市公安局首次被评为优秀单位；在永州市人大常委会对33个市政府工作部门的审议评价中，市公安局以97.15分高居第一位。

■ 维稳安保 2015年，永州市公安局始终把维护国家政治安全和政权安全置于首位，按照“只能有经验，不能有教训；确保万无一失，因为一失万无”的总体要求，坚持源头治理与末端处置相结合，综合运用各种资源和手段，下好先手棋、打好主动仗。坚持快速反应、多部门配合、多手段合成作战，强化情报搜集、研判和预警，等级情报信息完成率居全省第一位。成功侦破涉及7省的重大组织偷越国境系列案件3起。按照“三个高举”和“三个慎用”原则，稳妥处置冷水滩城市综合体、江华库区移民非法游行、湘江纸业职工集访、万喜登集资户群体性集访等系列突发事件。周密制定安保方案，严密落实各项安全保卫任务，完成2015年全国“两会”“9·3”阅兵庆典、省公祭舜帝大典、“和”文化节、盘王节等重大活动及“6·4”“7·5”等敏感节点维稳安保工作。全国“两会”“8·1”“9·3”维稳安保先后3次受到公安部、省公安厅通报表彰。零陵公安分局徐家井派出所在“9·3”安保中成绩突出被评为全省先进单位。在全省率先执行信访事项联合审查答复制度，市公安局被省公安厅确定为2015年度正规化建设典型单位。市公安局信访窗口成功通过公安部全国公安信访示范窗口检查验收，被确定为全国公安信访窗口示范单位。

■ 严打整治 2015年，永州市公安局坚持警力资源向破案聚焦、装备经费向破案投放、立功授奖向破案倾斜，全市公安机关以严打整治为抓手和引擎，全力侦查破案，尽力追赃挽损。先后组织开展百日会战、禁毒会战、小区整治、严打盗骗毒亮剑行动等专项行动，推动全市社会治安持续向好。1月10日~4月30日，在全市范围内组织开展声势浩大的严打整治百日会战，破刑事案件

2255起，同比增长122.6%；抓获违法犯罪人员16007人，其中，刑事拘留3923人，同比增长197.7%；行政拘留9363人，同比增长115.3%。坚持逢一必争，坚定夺金信心，掀起百城禁毒会战高潮，永州市百城禁毒会战排名由2014年第一阶段的全省倒数第一位跃升至2015年第二阶段的全省顺数第一位。破获缴毒百克以上的案件60起，缴毒千克以上的案件21起，其中，破获公安部毒品目标案件9起，综治考评禁毒工作排名全省第一位，禁毒工作满意度调查排名全省第二位。破获八类严重刑事案件728起，破现行命案60起，破命案积案5起。宁远县公安局侦办公安部督办的特大虚开增值税发票案，涉及全国12个省，涉案金额达9亿余元，抓获犯罪嫌疑人21人。深入开展冷水滩中心城区103个小区专项打击整治，破获刑事案件26起，刑事拘留32个老板，追缴拖欠税费、土地出让金、超容积率罚款等5亿元，维护业主合法权益和全市土地市场的法治环境。打击假币违法犯罪专项行动成绩斐然，永州在全省考核中排名第一，受到公安部、省公安厅贺电嘉奖。办理"三强三堵"刑事案件90起、刑事拘留169人，查处行政案件241起、行政拘留700人，依法传唤和教育训诫制作横幅人员126人。立盗骗毒案件14894起，破6983起，破案率46.9%，向社会返还赃款210.9万元、赃物200余件，"严打盗骗毒，全力保民安"专项行动综合得分156分，排名全省第一位。

■ 公安基础建设 2015年，永州市公安局坚持以基础信息化为依托，以警务实战化为导向，全面构建立体化治安防控体系，不断提升驾驭治安局势能力。建立操作简便的信息采录平台和窗口，实现"核查即录入"，实现业务流、数据流、信息流的高度融合，新采集流动人口5.3万余人次，出租房屋1.5万余间，流动人口信息工作地录入率达100%，列管工作对象7232人，整合公安内外数据150余类4.2亿余条，每日数据增量70多万条，并通过区域协作共享平台，与全国102个城市共享数据45亿余条。建立健全市公安局机关、交警、巡特警、派出所民警、武警联勤武装常态化巡逻机制，做到动态备勤、高效联动、有效应对，加强对全市车站、广场等人员密集场所和重要节庆及敏感节点的巡逻防控，动态布防、屯警街面，白天见警车、晚上见警灯，最大限度挤压违法犯罪时空。完成基础信息化建设工作任务。信息资源共享目录、警务信息综合应用及社区警务管理平台建设、卡口联网建设、运行支撑能力建设、视频联网建设、监督平台建设等项目全部达标。新增社会治安视频监控摄像头1850个，超额完成建设任务。中心城区道路信号灯和电子警察升级改造顺利完成并投入使用，交通违法全部实现电子高清抓拍。新一代警用地理管理与服务系统项目落户永州，顺利通过公安部测试验收，被公安部列为25个全国示范城市之一，是全省唯一一个示范城市。加强基层基础建设。争取市委、市政府重视，市委、市政府"两办"率先全省出台《关于贯彻落实"两加强两提升"警务战略的意见》20条。强力推进社区和农村警务，落实"一区一警"或"一区多警"。江永县公安局"4+X社区警务"模式被省委《改革简报》专题推介，"一村一警"得到副省长黄关春充分肯定。抓好实有人口、流动人口和重点人口管理。加强实有人口和旅馆业管理，落实住宿登记一人一证、实名实证和"以房管人、以业管人、以证管人"管理模式，实现"人来登记、人走注销"，全市流动人口采集率、录入率、更新率均达到100%，流动人口主要业务工作在全省综治考评和省公安厅绩效考评中实现零扣分。

■ 维护公共安全 2015年，永州市公安局始终坚持"严字当头，命在心头"，坚持守土有责、守土负责、守土尽责，切实加强公共安全监管，严防各类重特大安全事故发生，确保人民群众生命财产安全。推进"创交模"工作，顺利通过D类城市二等管理水平评选，《永州市交通影响评价分析管理试行办法》通过市政府常务会议审定，完成中心城市交通组织规划编制工作。组织开展交通秩序专项整治，严查交通违法行为。查处各类交通违法行为65.49万起，查处酒驾6167起。道路交通事故四项指数同比下降，交通事故项目在全省综治考评中排名第一位。深刻汲取河南鲁山"5·25"火灾事故的教训，切实加大对KTV、宾馆等人员密集场所、劳动密集型企业和弱势群众相对集中区域的火灾事故隐患排查整治，对重点区域和企业，实行挂牌督办、限期整改，全市继续保持较大以上火灾事故零发生记录。加强监所安全管理，彻底消除和全面堵塞安全管理漏洞，看守所、拘留所、强制戒毒所在打击处理数大幅增加的情况下，没有发生非正常死亡和重大安全事故。

■ 体制机制改革 2015年，永州市公安局按照中央“1+3”改革意见方案，主动做好各项改革任务对接，积极融合永州元素、突出永州特色，全力推进各项改革，取得显著成效。市公安局综合部门与实战部门联手办案、主动服务基层所队办案，释放出强大战斗力。一次性选调机关40名精干警力，成建制组建2个刑侦二大队，下沉到冷水滩、零陵公安分局基层一线作战，专司打击侵财犯罪和毒品犯罪。成立直属教导大队，定位负责处置全市范围内突发性群体性事件、黄赌毒黑恶和侵财等违法犯罪侦查工作。推进中心城区巡防机制改革，实行常态化夜巡、网格化防控、扁平化指挥、合成化作战和公安武警联合武装巡逻，有效管控社会治安，快速打击违法犯罪。将冷水滩、零陵中心城区划分为13个网格巡逻处警单元，购置26辆全新巡逻警车，实行24小时不间断巡逻，屯警街面，有警处警，无警巡防，大大提高接处警效率，中心城区基本做到3分钟处警。11月，副省长黄关春在市公安局指挥中心对永州11个县区公安机关执勤卡点和图传车进行视频实战演练调度，并给予充分肯定，其指挥调度一线巡防工作情况被制成光盘，发放至各市州公安局，永州市公安局扁平化指挥工作经验在全省推广。强化警务工作专业化、专职化，新成立反恐支队、科信支队、预审支队、警保卫与便衣侦查支队、信访科，内设机构更加科学，工作机制进一步健全。贯彻落实全省公安机关深化改革30项便民利民服务举措，建立户籍、交通、出入境、治安、消防等网上办事平台，简化办事流程，提升办事效率。人口与出境管理支队牵头推进全市户籍制度改革、信访科建立信访事项联合审查答复机制。交警支队探索摩托带牌销售改革、消防支队依托网络平台推进消防行政审批改革等等，各项改革稳步推进。

■ 队伍正规化建设 2015年，永州市公安局紧盯“三个一流”工作目标，紧扣“两加强两提升”警务战略，以队伍正规化建设新成效开创永州公安工作新局面。战时思想政治工作经验在全省公安队伍正规化建设工作会议上作典型发言，市公安局被评为“全省公安政治工作成绩突出集体”。配齐配强各级公安机关领导班子，配齐祁阳、蓝山、江永、新田、江永县公安局领导班子，全市公安队伍凝聚力、战斗力显著提升。坚持“吃苦的吃香，实干的实惠，有为的有位”的用人导向，在侦破打击主战场、在维护安全稳定第一线、在急难险重关键时刻锤炼锻炼干部、考察检验干部。对百日会战、禁毒会战以及全国“两会”信访维稳、“9·3”安保维稳和严打盗骗毒亮剑行动中表现杰出的民警，实行“三条火线”政策，火线入党44人、火线记功460人、火线提拔180人。注重士气激励，举行新警入警、新提拔任职、火线入党宣誓等仪式，邀请民警父母或家属参加，民警胸戴大红花作表态发言，提升民警的职业认同感、归属感和荣誉感。组织开展“师傅带徒弟”活动，共有“师徒”352对。选派35名民警赴北京、上海、济南等地公安机关跟班培训，学习外地先进技战法。与湖南警察学院建立警务战略合作关系，在市公安局设立绪崇工作室，负责全市网络犯罪案件侦办指挥、指导和技能培训工作。紧扣服务实战导向，抓好警犬技能培训应用，全省警犬工作经验交流现场会在永州召开。与多家主流媒体建立战略合作，弘扬主旋律、释放好声音、传播正能量，树立人民警察形象。年内，在中央、省、市主流媒体发稿2600余篇。永州公安“双微”粉丝累计近30万。组织开展社会人士进警营系列活动，邀请人大代表、政协委员、市直单位、新闻记者、企业家代表等到市公安局参观走访。

（罗林芊）

法　　院

■ 概况 2015年，永州市中级人民法院受理案件5334件，同比增加99%；结案5237件，结案率98.18%，同比上升2个百分点，省高级人民法院对各中院考核的10项绩效指标中，永州有8项名列前茅，两项全省第一。获全省法院司法绩效优秀法院、全国司法宣传工作先进、全省档案工作先进、全省案例工作先进、全省司法警务工作先进。贺晓春被评为全国法院优秀司法警察，郑江云被评为全省先进工作者，黄红卫被评为全省信息工作先进个人，石瑞婷被评为全省优秀通讯编辑。

■ 刑事审判 2015年，永州市中级人民法院坚持以维护社会稳定、打造“平安永州”“和谐永州”

为己任，注重打击与预防相结合，惩治犯罪与保障人权相结合，刑事判决与民事调解相结合，不断改进刑事审判工作，取得明显成效。规范开庭程序，推行当庭宣判。化解社会矛盾，做好附带民事诉讼案件的审理。创新维稳方式，正面应对当事人诉求，提高审判质量和效率。增强司法能力，提高司法水平。做好未成年人审判工作，依法促进未成年人思想道德建设。参与社会治安综合治理，维护社会和谐稳定。依法公开开庭审结宁远县工业园管委会原主任王某某（副处级），副主任肖某某贪污、受贿罪案。全年审结刑事案件544件（旧存18件），审结率100.6%。

■ 民商事审判 2015年，永州市中级人民法院以公正司法、阳光司法为工作方向，以司法为民为工作出发点，以维护人民利益为工作根本，以促进全社会和谐为工作主线，围绕中心服务大局，切实加强审判工作，发挥审判职能作用。完善工作机制，注重方法创新。开展调解，提高工作效能。抓执法办案，突出审判工作第一要务。抓特色审判，专注知识产权和涉外案件的审理。抓审判管理，实现审判质效进一步提升。全年审结各类民商事案2062件。其中，一审审结197件，结案率为85.72%；二审审结1865件，结案率为99.19%。

■ 行政审判 2015年，永州市中级人民法院围绕“努力让人民群众在每一个司法案件中感受到公平正义”的主题，加强和改进行政审判工作，为保护公民、法人和其他组织合法权益，监督行政机关依法行政，促进社会和谐发挥积极作用。依法审理涔天河水库拆迁补偿裁决案、城市综合体建设房屋征收补偿决定系列案件，为全市社会经济又好又快发展提供司法保障。狠抓绩效，着力提高办案质量和效率。严格执行审限规定，快审快结率达到86.6%。注重庭前准备，坚持庭前会议制度。加强与行政机关的沟通交流，促进依法行政与公正司法的良性互动。行政一审结案25件，审结率86.21%；二审结案194件，审结率100%。赔偿办结案9件，办结率100%。

■ 审判监督 2015年，永州市中级人民法院狠抓案件质量、提升司法质效；坚持民赔到位、提高服务质量；自觉接受人大、检察的监督，对涉及国家工作人员的职务犯罪、涉黑犯罪、涉金融犯罪的减刑、假释案件，严格按照法律及中央政法委的有关精神，严把减刑、假释关，并执行逐级上报的规定。所有的减刑、假释案件做到“三个一律”，即罪犯情况一律网上公示、开庭公告一律网上公开、法律文书一律网上公开，确保减刑、假释的阳光审判，实行减刑、假释案件100%开庭审理，充分发挥审判监督的职能作用。全年审结减刑假释结案1558件，结案率100%；再审案件71件，结案率93%。

■ 执行工作 2015年，永州市中级人民法院实现连续七年无涉执行案件当事人到省进京信访，保持到省进京“零”信访，执行绩效名列全省前茅。执行指挥中心建成，两级法院全部建成司法网络查控系统并开通“总对总”全国网络查控系统，达到等保三级的要求，走在全省法院前列。开展“转变执行作风规范执行行为”专项活动，62件涉民生案件、57件金融债权案件全部结案，完成最高法院、省高院下达的清理任务；集中打击拒不执行法院判决、裁定等犯罪行为的专项行动，达到预期目标，以拒执罪移送公安机关43案50人，判处6案6人；纳入和公布失信被执行人名单力度不断加大。对失信被执行人名单通过银行、不动产登记机关、电视台、在社区、小区、村组张贴法院公告等形式公布和曝光，纳入失信被执行人名单信息841条；对重大、敏感的执行活动，邀请新闻单位参与，公开报道。执行局结案328件，结案率98.2%，实际执行率52.09%，高于全省平均值3个多百分点。

■ 宣传信息 2015年，永州市中级人民法院坚持“弘扬法治精神、传播法治理念、维护法律权威”的宣传工作理念，不断加强司法传播和舆论引导工作。宣传广大法官依法办案，维护公正的新典型。网络庭审图文直播55场次，网络庭审视频直播16场次，微博直播庭审3场次。连续9年被评为“全国法院司法宣传工作先进集体”。严格按照最高院、省高院《关于进一步加强敏感事件舆论引导工作的意见》的通知要求，对重大突发事件和重大敏感案（事）件及时报告、提前预判、积极应对，组织网络宣传员开展日常舆情监测、跟踪、收集、整理和分析研判工作。编发《永法舆情》21期，处理法院网和官方微博网民留言、私信103条。

在王某某、肖某某一案审理中，密切关注网络舆情，适时组织网评员跟帖、评论营造良好的舆论环境。内网信息平台采用稿件166篇，省高院编发35条，最高院编发4条，信息综合排名全省第二位。

■ **两庭建设** 2015年，永州市中级人民法院不断完善基础设施建设，加快适应新时期人民法院工作的变化。按照最高人民法院的要求，建成诉讼服务中心。将信访接待和诉讼服务中心进行分离，对诉讼服务中心进行功能区分，对大厅的安保设施、服务设施、司法公开设施进行全面升级，设立法律援助室和法官接待室，预留诉讼服务网和“12368”服务热线的场地。开展园林绿化和创卫工作，美化办公办案环境。完成中院机关有关基建工程后续评审项目，完成新院绿化景观工程的财政评审。

■ **审判管理** 2015年，永州市中级人民法院强化审判管理服务职能，创新管理举措，组织评查判处缓免刑、二审改判缓免刑刑事案件466件，组织庭审评查238场次，完成案件庭审直播76场次，评查裁判文书1800份。强化数字法院系统应用，推进审判管理信息化。法院新收案件总数、结案案件总数、未结案件总数、录入案件信息等实现零误差，裁判文书上传率达到100%，司法统计报表由数字法院系统自动生成。尊重审判规律，结合实际修改司法绩效考评细则。发挥司法绩效考评体系指挥棒的作用，以提升司法公信力为总目标，尊重审判规律，完善和修改全市区法院司法绩效考评指标体系，让考核数据来源更加准确。加强督促通报，审判效率创历史新高。全市法院2015年收案总数从2014年同期的25195件上升为34241件，结案总数从25936件上升为36389件（含旧存案件），绩效考评列全省前茅。推进司法公开，裁判文书质量有提升。裁判文书上网工作进入“常态化”，在互联网上公开达到100%。

■ **联络督查** 2015年，永州市中级人民法院按照省法院《联络督查工作办法》的要求，开展联络督查工作。邀请市人大代表、市政协委员到法院视察工作、观摩庭审、列席审判委员会，让代表、委员了解法院工作。全年邀请代表、委员视察工作、观摩庭审、参加听证763人次。主动将法院重要工作部署、重大案件审理向代表、委员通报，让代表委员知晓法院工作。主动联络代表，征求代表、委员对法院工作的意见和建议，让代表、委员理解法院工作。全年办理代表委员意见、建议3件，每件建议办理都与代表、委员见面，并征求代表、委员对办理情况的意见。将督查工作纳入绩效考核范围，主动将法院工作置于代表、委员的监督之下。全年办理各级批转交办案件134件。

（肖运柏）

检　　察

■ **刑事检察** 2015年，永州市人民检察院履行批捕、起诉职能，准确打击、依法治理，发挥检察机关在维护社会稳定中的职能作用。依法批准逮捕各类刑事犯罪3003件3948人，起诉4974件6405人。突出打击黑恶势力、“两抢一盗”等严重影响人民群众生命财产安全的刑事犯罪。批准逮捕故意杀人、抢劫等严重暴力犯罪案件631件739人、起诉863件1022人，批准逮捕“两抢一盗”、诈骗等侵财型犯罪832件1116人，起诉899件1221人。对郭怀安等40人黑社会性质组织案依法提起公诉，被告人全部被一审判决有罪。突出打击严重影响社会稳定的毒品犯罪。批准逮捕毒品犯罪案件656件774人。刁远波、李加贵等人制造“K粉”1500千克，依法批捕15人。依法批准逮捕非法吸收公众存款、集资诈骗等涉众型经济犯罪案件17件30人，起诉9件13人。湖南银业公司永州分公司、江华中天投资公司分别非法吸收公众存款1.34亿元、2.9亿元，涉及1500余名群众，检察机关依法批捕9人，同时配合相关部门做好释法说理等工作，维护大局稳定。对构成犯罪但情节轻微的依法不批准逮捕874人、不起诉446人。注重处理初信初访，推进诉访分离，促进息诉息访，连续3年实现赴省进京零上访。加强刑事被害人合法权益保护，对4名生活确有困难的被害人或其近亲属提供司法救助12万元。

■ **查办和预防职务犯罪** 2015年，永州市人民检察院强力“打老虎”、尽力“拍苍蝇”。立案侦查职务犯罪案件111件141人（贪污贿赂犯罪案件89件113人，渎职侵权犯罪案件22件28人），其中，立案查处贪污贿赂大案76件，渎职侵权重特大案件12件，县处级领导干部要案6件。在查办全省有重大影响的宁远县工业园管委会原主任王某某（副处级）、副主任肖某某贪污、受贿案时，市人民检察院抽调40余名干警，历时15个月，形成案卷21册200余万字，在王某“零口供”的情况下，查清二人共同贪污、受贿640余万元的犯罪事实。二人分别被一审判处有期徒刑二十年、十三年，上诉后省高级人民法院维持原判。此案被评为全省检察机关十大优秀案件。严肃查处发生在群众身边、损害群众利益的案件，立案查处征地拆迁、医疗卫生、社会保障、食品药品、扶贫救灾以及保障房建设、水利建设等领域职务犯罪54件74人，查办乡镇、村组、居委会等基层组织工作人员34人。冷水滩林业局冯某某贪污退耕还林资金、道县大学生村官唐某某贪污新农保资金、祁阳县大忠桥镇国土资源站肖某某索取农民“批地费”，均被检察机关依法查处。完成预防调查20件，完成职务犯罪分析报告30件，发出检察建议24份。组织相关部门开展警示教育、预防职务犯罪专题讲座62场次，听课人数6400余人次。受理行贿档案查询3500余人次，涉及被查询单位4800余个，被查询个人1.9万余人。市检察院对祁阳县观音滩镇供水工程开展预防调查，及时提出建议，督促整改，项目建设受到省水利厅的好评。

■ 法律监督 2015年，永州市人民检察院坚持依法监督，规范监督，让人民群众在每一个司法案件中感受到公平正义。强化侦查监督。对公安机关应当立案而不立案的，监督立案47件；不应当立案而立案的，监督撤案15件。推进“两法衔接”工作，建议行政执法机关移送犯罪案件9件15人，公安机关立案7件12人。审查公安机关移送审查逮捕、审查起诉的案件，做到不枉不纵。对不构成犯罪或证据不足的，不批准逮捕1006人、不起诉260人；对应当移送审查逮捕、审查起诉而未移送的，追加逮捕63人，追加起诉55人。强化刑事审判监督。综合运用抗诉、纠正违法、检察建议等手段，依法监督纠正有罪判无罪、重罪轻判以及严重违反法定程序的案件，提出抗诉16件32人。强化刑罚执行监督。履行刑罚变更执行同步监督机制，审查提请减刑、假释、保外就医1249人，提出书面检察意见73人，全部被采纳。强化对监管活动的法律监督，向监管单位提出口头纠正155件次，提出书面纠正164件次，已纠正163件次。针对“百日会战”中全市看管场所羁押人数骤增，在押人员睡觉难、管理难、疾病防控难、安全防范难的实际情况，主动与市公安局沟通衔接，达成共识，较好地解决上述难题。强化民事行政检察监督。受理各类民事行政监督案件229件，办结180件。市检察院办理的永闽公司与十建公司建设工程施工合同纠纷抗诉案被高检院评为“全国检察机关民事检察优秀案件”。强化对审判人员违法行为监督，办理监督案件6件，发出检察建议5件。探索开展督促履职和支持起诉，办理督促履职案件28件，支持起诉案件28件。零陵区检察院针对城区取水口污染问题，发出检察建议，督促相关部门履行职责，保护饮用水源。强化执行活动监督，办理执行监督案件12件。道县检察院在办理舒某某申请执行监督案时，发现法院执行活动存在不当，发出检察建议，法院主动纠正，挽回经济损失60余万元。

■ 检察队伍建设 2015年，永州市人民检察院按照“五个过硬”的要求，打造专业化、职业化的检察队伍。开展业务培训、听庭评庭、文书评析、质量检查、岗位练兵活动，不断提升执法能力和水平。选派350余名干警参加各类业务培训，选派6名干警交流挂职。祁阳县检察院推进院校共建，与中南财经政法大学联合开展全员订单培训。在全省优秀公诉人竞赛中，市检察机关取得历史性突破，参赛三名干警，1人获全省“十佳公诉人”称号，2人获全省“优秀公诉人”称号。执法质量持续提高。按照见人、见事、见原因、见整改措施、见整改结果、见责任追究、见经验教训总结的“七见”标准，深入开展规范司法行为专项整治活动，着力整治司法不规范行为。强化日常监管、全程监控，切实提升办案质量。通过多年努力，案件质量、民意调查、涉检信访、检务公开等执法状况考核指标由2011年的全省末位争创到全省先进行列，在2015年执法状况考评和执法质量评查等两项全省检察系统唯一的全能考核中，再次名列全省第一。继续推进文明创建，东安县检察院获“全国文明单位”称号，市检察院被评为“全省文明标兵单位”，江永等7个基层院进入省级文明单位行列，新田县检察院被评为全省检察文化活动先进单位，蓝山县检察院被评为全省文明卫生单位。投入1000余万元，完成全市检察机关涉密信息分级保护系统、远程侦查指挥系统、监视居住场所建设，道县检察院被评为全国科技强检示范院。大力培育推介典型，以先进典型激励检察干警。陈运周在获得“全国模范检察官”“全省优秀共产党员”荣誉后，2015年又被评为“中国法治人物”，在中央电视台获得表彰。胡国衡等3人被评为“湖南省见义勇为先进个人”。

■ 各界监督活动 2015年，永州市人民检察院自觉接受人大及其常委会的监督、政协民主监督和社会各界的监督。采取报告工作、通报情况、邀请视察、参与执法检查等多种形式，主动接受监督。向市人大常委会报告全面工作12次，报告专项工作31次。市检察院向市人大常委会专题报告全市检察机关查办和预防职务犯罪情况。加强与代表、委员的联系，邀请视察工作12次，召开座谈会27次。吸收人民监督员参与执法检查26次，邀请高校专家、律师、基层群众参与案件论证会12次。市检察院邀请全国、省、市人大代表开展以“规范司法行为、提高司法公信”为主题的视察活动。推行案件信息公开，公布案件程序性信息10118条、重要案件信息21条、法律文书1937份，居全省前列。邀请代表委员、各界人士参加“检察开放日”“开门评检”等活动19次。

（盘树高）

司 法 行 政

■ 概况 2015年，永州市司法行政系统围绕全市经济社会发展的总体目标，真抓实干，开拓进取，各项工作取得新成绩。市司法局获省司法厅信息化基础工程建设通报表扬、践行司法行政精神宣讲比赛组织奖，被评为全市2015年度绩效考评优良单位。

■ 争取党政重视 2015年，永州市委、市政府印发《关于加强司法行政基层基础工作的意见》，在全省率先落实省政府专题会议纪要。市司法局组织工作组，专项督查县区落实市两办文件情况。各县区认真落实文件精神，通过聘请社工、购买服务、增加地方事业编等方式，不断增强司法所力量。全市司法所增人增编126人（个）。有10个县区按局机关标准落实司法所公用经费。11个县区将人民调解工作经费纳入财政预算，实行人民调解“以奖代补”制度。零陵区人民调解经费达到236.4万元，较2014年增加157万元。坚持人力、物力、财力往基层倾斜，大力提升司法所装备水平。新田县投入40余万元、祁阳县投入近80万元改善司法所装备、设施。年内有8个所获评全省模范司法所，76个所获评全省规范化司法所，占全市司法所总数的39.8%。

■ 司法基层基础建设 2015年，永州市在宁远县试点公共法律服务中心建设，高起点打造“一站式”便民法律服务新平台，高标准建成县公共法律服务中心和中和镇公共法律服务站并成功运行。抓住省司法厅开展县级社区矫正中心规范化建设的契机，明确零陵、祁阳、宁远、新田、江永等县区局为市社区矫正中心建设责任单位，纳入省、市政府“重点民生实事项目”，并全部顺利通过验收。在全省率先建成视频会议系统和电子政务系统，实现省司法厅、市司法局、县区司法局互联互通、资源共享。

■ 推进“四项改革” 2015年，永州市开展律师党建“双培”工程，培养入党积极分子7名，发展共产党员2名，全市32家律所实现党组织的全覆盖。市、县区政府法律顾问团制度普遍建立，祁阳县、宁远县实现政府机关事业单位法律顾问和社区法律顾问的全覆盖，冷水滩、双牌、蓝山、东安等县区开展社区法律顾问工作。全市司法鉴定人员拥有副高以上职称或硕士以上学历的占84.3%。在省司法厅的检查专项考核中，全市16家司法鉴定机构全部被评为优秀和合格等次。宁远县公证机构改革成功完成，法律援助、社区矫正纳入政府购买服务项目。全市法律援助受案2579件，超额完成省定2000件的受案任务，案件回访群众满意率100%。

■ 助推和谐发展 2015年，永州市司法系统运用各种载体，开展主题鲜明、形式多样、群众喜闻乐见的法治文化活动。市委中心组集中学法、市政府常务会会前学法，已成为依法执政、依法行政的一项常态性、基础性工作。省“六五”普法检查验收组对永州市“六五”普法工作给予充分肯定。推进“三调联动化矛盾、息访息诉促平安”专项活动，有效发挥“三省四市”边界人民调解协作机制作用。全市调处各类矛盾纠纷43541件，比2014年增长11.6%。全市累计接收社区服刑人员9847人，在册4374人，无一人脱管漏管，重新犯罪率控制在1.2%以下，远低于3%的省综治考核要求。国家司法考试连续14年实现试卷、答题卡、条形码“零差错”目标。市强制隔离戒毒所迅速落实市政府常务会议决定，启动整体搬迁工程；强化安全稳定，连续13年实现“六无”（无戒毒人员脱逃、无非正常死亡、无所内案件、无生产安全事故、无重大疫情）目标。开展各类培训，培训1200余人。推行廉政保证金制度，加强党风廉政建设，全系统无一人受党纪政纪处分。市司法局机关开展竞争上岗，在系统内基层干警中遴选优秀公务员；推介典型，律师黄中子事迹被选定为全省司法行政系统巡回宣讲典型事迹，宁远县司法局被省司法厅授予集体三等功。

（罗爱月）

法治政府建设

■ **概况**　永州市法制办公室是永州市人民政府的法制工作机构，负责管理全市政府法制工作，为市政府依法管理经济和社会事务提供法律服务。2015年，市法制办有行政编制18名、后勤服务编制1名，内设综合科、依法行政指导科、规范性文件审核备案科、行政执法监督检查科、行政复议应诉科、立法科。

2015年，市政府法制办围绕全市中心工作，按照省“一规划两规定六办法”的依法行政制度体系的要求，坚持以问题为导向，以建设法治政府为目标，致力于当好依法行政的参谋、助手和法律顾问，在深入推进依法行政、建设法治政府工作中积极发挥组织协调、督促指导、考核评价作用，不断提高履职能力和水平，推动提升政府工作的法治化水平。

■ **依法行政指导**　2015年，永州市政府法制办公室进一步加强依法行政的组织领导和推进工作。制定印发《永州市2015年度依法行政工作要点》和《永州市2015年依法行政考核方案》，并通过市政府门户网站进行发布。明确全市依法行政工作的目标、重点和考核的方式，把任务逐项分解到各县（区）政府和市直有关部门。市委、市政府将依法行政工作纳入全市绩效考核的内容，年底与市绩效考核办一起集中考核。市政府第57次、62次、67次政府常务会分别学习新修订的《行政诉讼法》《中华人民共和国环境保护法》和《中华人民共和国仲裁法》。9月25日，举办全市《行政诉讼法》专题讲座，邀请湘潭大学法学院教授倪洪涛授课。

■ **规范性文件审核**　2015年，永州市政府法制办公室紧紧把握“合法性、合理性、可行性”3个重点，做到认真、严谨、细致，确保合法性审查的质量和水平。审核市政府规范性文件79件，非规范性文件227件，收到各市直单位报送“三统一”登记的规范性文件20件，报省备案的政府规范性文件60件，各县区报送备案的规范性文件209件，收到省地方性法规、规章征求意见及协助省人大及省政府调研活动10件次，受理企业法人、公民申请合法性审查2件。

■ **行政执法监督**　2015年，永州市政府法制办公室严格规范公正文明执法，推进法治政府建设。理顺全市行政执法体制，在城管、国土、文化等行政执法领域做到重心下移、市辖区一级执法。全市11个县区均完成城市管理领域相对集中行政处罚权工作。为市直执法单位或基层提供专题法律知识讲座。开展行政执法人员换发证专题培训讲座，并为行政执法人员换发证616本，其中新晋执578人。开展行政许可裁量权基准试点工作，选定市公安局作为首批试点单位。10月，组织法制骨干对27家单位行政执法案卷66宗进行封闭式集中评审，遴选《永州市HT混凝土公司偷税行政处罚案》《永州××汽车销售服务有限公司在提供车辆维修服务时对汽车配件掺杂掺假行政处罚案》和《刘××等三人无烟草专卖品准运证运输烟草专卖品行政处罚案》3个指导案例为永州市政府2015年度行政执法指导案例并在市政府门户网站发布。提请市政府下发《永州市人民政府办公室关于全市推行行政处罚决定书网上公布工作的通知》，要求全市行政执法单位自2015年9月1日起，适用一般程序查办的行政处罚案件的行政处罚决定书应当在本单位官方网站上予以公布。

■ **行政复议应诉**　2015年，永州市政府法制办公室进一步加大行政复议应诉力度。全市各行政复议机构有行政复议案件353件，其中市政府本级有159件，约占全市的45%。市本级应处理的159件案件中，结案134件，有25件未结。审结结果是：维持106件，撤销18件，驳回1件，终止或撤回复议申请的5件，调解1件，责令履行的3件，市本级出庭应诉的案件有50件，一审结案26件，未审结24件。应诉的结果是：撤销6件，驳回诉讼请求的17件，驳回起诉1件，确认违法或无效的1件，撤诉1件。

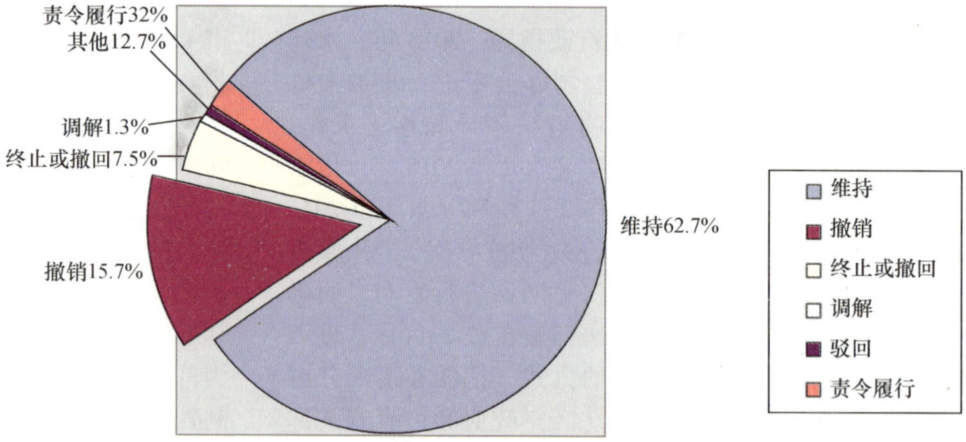

图1　行政复议案件审结结果占比图

■ 推进政府服务　2015年，永州市政府法制办公室围绕中心工作，依法全面履行政府职能。对涉及市政府32个工作部门及5个依法承担行政职能的其他单位的责任清单进行清理，清理审核主要职责523项、与相关部门有职责分工或交叉的职能308项、建立事中事后监管制度359项、公共服务事项273项，出台《永州市人民政府工作部门责任清单（2015年版送审稿）》，在政府门户网站上予以公布。开展政府合同审查和管理工作，审查市政府及部门合同127件，提出法律建议180余条。同时，为进一步规范政府合同，防范和减少因合同签订、履行不当造成的损失，出台《永州市政府合同管理办法》。

■ 行政决策　2015年，永州市政府法制办公室不断健全重大决策机制，推进科学民主决策。召开《永州市燃气事故责任保险规定》《永州市冷水滩区及经济技术开发区城镇土地使用税地段等级税额标准调整方案》《垃圾焚烧发电项目可行性意见》《永州市城镇居民基本医疗保险实施办法》和《异地绿化补偿费》听证会5次。组建政府法律顾问团，落实工作经费，法律顾问团协助市委、市政府做好重大决策、重大行政行为的法律咨询和论证，参与规范性文件审查、重大经济项目谈判、合同审核等方面的工作；为城市综合体、零陵古城、湘江纸业搬迁等项目建设及拆迁提供专业的法律咨询服务。同时，为进一步完善法律顾问制度、健全工作机制，起草并提请市政府下发《永州市人民政府关于普遍建立法律顾问制度的意见》。

■ 仲裁　2015年，永州仲裁委进一步推进永州仲裁事业的发展，案件受案数和争议标的额取得重大突破。永州仲裁委受案69件，比2014年增长82%，增加31件；标的额11.69亿元，比2014年1.062亿元的标的增长10倍，增加10.62亿元。案件类型涉及商品房买卖、金融、房产租赁、承包经营、股权转让以及建设工程施工合同、保险合同等纠纷。

（周慧）

公安交通管理

■ 概况　2015年，永州市公安交警部门按照“两保、两抓、两强”工作思路，大力作为，多项指标均创历史新高，多项工作走在全省交管部门的前列。全年全市发生道路交通安全事故219起，死亡106人，受伤204人，同比分别下降2.85%、2.63%。财产损失809150万元，未发生一次死亡3人以上的特大道路交通事故。

■ 交通管理严打整治　2015年，永州市公安局交通警察支队坚持打击开路，以酒驾、醉驾为重点，采取集中整治、异地用警、警种联动等战法，开展严打整治百日会战，对查获的醉酒驾车一律依法刑拘入所、酒后驾车一律依法行政拘留。查获各类交通违法行为654946起，其中，超速230480起，超员2224起，超载7081起，酒驾4669起，醉驾1498起，闯红灯 33418 起，涉牌涉证 40289 起，违法停车 107130 起，行人和非机动车交通违法 2774 起，毒驾 23 起，疲劳驾驶 494 起。市交警支队机关严打整治百日会战战果名列市公安局机关一类单位第二名。省公安厅交通管理局印发《关于永州市公安交警部门开展酒驾整治工作的情况通报》，推介永州经验。

■ 交通事故预防 2015 年，永州市公安局交通警察部门先后组织开展货车、特种车辆专项整治，三超一疲劳、涉牌涉证等重点交通违法专项整治行动，对查获的一大批交通违法行为，始终坚持交通违法处罚“零减免”，尤其是“两客一危一校一货”交通违法行为一律顶格处罚。对新开通的冷祁公路和永州大道湘江二桥至汽车北站段开展隐患排查，对排查出的 40 余处隐患点段，全部下达限期整改通知书，责令主管部门整改到位。开展交通安全宣传教育活动，举办酒驾人员法制学习班，联合新闻媒体拍摄反映公安交警部门侦查破案的微电影《天眼》。制订《创交模交通秩序大整治专项行动宣传方案》，全面反映整治行动进展及成效，提升市民合法交通、文明交通意识。宣传《中华人民共和国刑法修正案（九）》中醉驾入刑的严重危害性，发布、曝光一批危险驾驶犯罪案例，警示全社会，加大震慑力度。

■ 交通模范管理城市创建 2015 年 10 月，永州市在中心城区开展交通秩序整治专项行动，重点打击违法停车、不按规定行驶、闯红灯、行人随意横过马路等重点交通违法行为。邀请无锡科研所、上海同济大学专家对永州城区道路交通规划和智能交通系统进行整体规划设计。创交模总体规划、交通安全管理规划、停车设施规划、交通组织优化及交通综合改善设计、智能交通管理系统和交通发展年度报告的编制工作正在进行中，已拿出初稿。市政府常务会研究通过《永州市交通影响评价分析管理试行办法》。逸云路、梅湾路、湘永路延伸段、育才路、翠竹路路面改造及交叉口平面改造工程全面完成，施划道路交通标志标线 2.35 万平方米，更新道路交通指示牌 276 块，城区道路交通路网成型。已申报国家二等管理水平，正待专家组检查验收。

■ 交通社会化管理 2015 年，永州市公安交通部门将交通社会化管理纳入县区综治考核和绩效考核，县区、乡镇一级组织机构、人员、职责全部落实，工作重心由国省道向农村、山区、林区道路延伸。全市新建农村道路交通安全管理服务站、交通安全劝导站 46 处，215 个乡镇完成交通安全管理服务站建设。对道路交通安全形势比较严重的县区启动约谈程序，并组织开展 3 批次交通安全大检查，督查落实政府的主导责任、部门的主管责任和企业的主体责任。春运道路交通安全工作被省政府评为先进单位，清明、中秋、国庆等法定节假日期间没有发生一起交通拥堵。

创建交通管理模范城市。图为夜幕下清晰的道路标识

■ 交通管理项目建设 2015 年，永州市公安交通管理部门完成公安深化改革交警 14 项改革措施三年规划的编制，其中摩托车带牌销售列入省公安厅重点项目。江华瑶族自治县开展试点工作，在县城和偏远山区乡镇的摩托车销售点实施，在家门口就可以办牌办证。机动车驾驶人考试科目二监管系统和道路监控及缉查布控系统创新项目建设完毕。改革 122 指挥中心扁平化指挥，中心城区接处警归支队 122 指挥中心统一指挥调度。以立案突出问题治理为契机，加强执法规范化建设，省公安厅专刊简报推介永州市公安交警部门执法规范化建设的做法。对所有一线执勤民警、机关窗口岗位工作人员配齐执法记录仪，所有现场执法活动有视频记录，有专人管理、保存视频资料，对查获的醉驾人员一律依法刑事拘留、酒驾人员一律依法行政拘留。

■ 交通管理基层基础建设 2015 年，永州市机动车驾驶人考试中心建成投入使用，每年可满足 12

万人次的考试需求。完成市级新车管所建设的选址、规划、立项工作，改善县级车管所的办公条件，东安县、祁阳县、新田县车管所被评为全国一等所，冷水滩、宁远等5个县车管所被评为全国二等所。市公安局交通警察支队本级122指挥中心开工建设。调整冷水滩、凤凰园大队管辖区域和部分管理职能。零陵黄田铺、珠山交警中队业务用房建设完毕并交付使用。购置电动摩托车20台、执勤岗亭8座。永州大道智能交通建设完毕并投入使用，平安永州一期、二期工程电子警察升级改造完成，中心城区交通违法实现电子高清实时抓拍。

■ 交通管理创新服务 2015年，永州市公安局召开新闻发布会，向社会发布车驾管自主预约考试、即时办结、提前告知和窗口服务、当场评价四项便民利民新举措。出台驾考便民服务、驾培监管和驾考监管3个“20条一律严管”措施，严格驾培、驾考和工作人员的管理。推进《全省公安机关深化改革推进便民利民服务30项举措》，将科目一考试下放至符合条件的县级公安交警部门。推行节假日车管、驾管、违法处罚岗正常上班的便民措施。成功打掉以文海燕为首的非法中介“买分卖分”团伙和以郭安红为首的“办理假军照更换地方驾驶证”团伙。进一步规范驾驶人科目三训练考试秩序，对驾校教练车在考试中心考试道路乱训练、随意训练且乱收费、占用支队考试资源的现象进行打击整顿，出台《关于强化机动车驾驶人科目三驾驶技能训练管理的通知》。

■ 警务调查 2015年，永州市公安局交通警察支队狠抓群众反映不满意样本的整改，继续加强窗口工作人员业务能力、规范服务技能的培训。实行业务办理当场评价机制，并把当月窗口服务评价满意度作为当月精细化管理考评依据，对聘任人员每季度综合排名最后一名实行淘汰制。每月定期对全市车驾管业务办理异常数据和错办业务开展督查通报，对错办业务和异常数据经办民警、职工、取消当月评优资格。1～10月，省公安厅警务调查回访永州市122接处警排名全省第二位、驾驶人考试排名全省第一位、车辆上户排名全省第四位。

（唐晓勇）

武　　装

永州军分区

■ 思想政治建设 2015年，永州军分区坚持把贯彻古田全军政工会精神，作为思想政治建设的主线，认真梳理习近平讲话提出的新思想新观点新论断，编印《习近平执政妙语汇编》《“三严三实”资料汇编》等学习资料。坚持把铸魂育人贯穿始终，围绕军队改革、正风肃纪、“三个正确对待”（正确对待自己，正确对待进步，正确对待定留），组织24名党委正副书记讲专题党课，其中军分区本级“守纪律讲规矩”专题党课授课提纲，被评选为广州军区优秀党课。以“强军文化”为中心，以“三严三实”为主题，抓好军营文化建设，军分区、人武部营区新设一批以践行强军目标和“三严三实”要求的板报、展板、灯厢、文化长廊等。坚持把“三严三实”教育贯穿始终，“践行三严三实、干净为官做事”专题讨论组织严密，示范导向作用明显。制定对照检查问题目录，在江永人武部抓试点先行，常委分工督导，严把过坎开会、对照检查等关口。坚持问题整改上下联动、衔接推进，采取拉单列条、对表销账的方式，开展“四个整顿”（整顿思想、整顿用人、整顿组织、整顿纪律）“三项大清查”（干部工作大清查、财务工作大清查、执纪工作大清查）“八项清理整治”（干部工作清理整治，财务清查整治，训风演风考风整治，物资采购、工程土地等行业风气整治，“五多”问题整治，清房清车清人整治，基层风气整治，社团清理整治）及郭徐案件“六个肃清”（思想肃清、政治肃清中、组织肃清、作风肃清、体制肃清、信息肃清）工作，各级修订完善规章制度15项。

■ 战备训练建设 2015年，永州军分区召开年度开训动员大会，表彰先进，追责8名基础科目考核不合格干部，师团两级首长机关“主业”意识进一步增强，军事训练中心地位进一步牢固。组织市、县两级民兵整组业务暨战备方案对接集训，联动解决力量编成及区分使用问题，民兵组织建设更加规范、布局更加合理。累计3次对各单位战备方案进行集中审定和讲评。完成首长机关集训3期，严密组织阶段性考核验收3次，首长机关模范引领作用进一步突显，练将练官导向进一步鲜明。突出指挥技能和实兵演练，提高遂行抢险救灾任务能力，双牌县和江华瑶族自治县2个人武部联合市县防指开展抢险救灾实兵演练。以应战方式参加“湘江-2015”实兵演习，各级组织市、县（区）国动委、人防及交战部门相关人员集中培训、脱产办公，集中核查动员潜力数据、修订方案预案，改变过去国防动员演习由军事机关“一手包办”，提供“保姆式”服务的被动局面。建立健全民兵军事训练管理监督制度，全年落实民兵训练46期3766人次，组织辖区大中专院校、高职学校和普通（职业）高级中学完成学生军训27期30098人次。基层人武部和民兵营（连）建设按照“三个三分之一”的标准要求全部达标，农村营连达标率在85%以上。

■ **保障能力建设** 2015年，永州军分区组织医疗救护分队骨干、饮食保障及水电专业三类队伍集训，提高精细保障能力。坚持把职工“正风肃纪、尽职尽责”专题教育整顿摆上重要位置，从讲政治、顾全局的高度，逐个环节抓好落实，军分区本级、人武部4个类型60名职工的思想认识和职责意识明显提升。采取“挂牌督办”“列单销账”等方式推动财务清查整改提高，保证财务大清查在终端的有效落实。坚持经费保障向演训活动、作战能力、基层建设等战备训练和大项任务倾斜，年度行政性消耗开支与2014年同比下降10.7%，接待开支同比下降13.3%，战备、训练及后备力量建设同比提高9.8%。推进营区绿化、亮化、美化、净化工程，顺利完成大门提质改建、文化氛围营造、干部公寓楼建设等项目，军分区机关被省军区表彰为“绿化先进集体”。医疗卫生保障力度大，卫生所能够为官兵提供理疗、输液等基本保障，干部、战士体检率达到100%。各县（区）硬件基础设施推进有序，祁阳县人武部完成新址搬迁，蓝山县、道县人武部新址建设进展顺利，零陵区、冷水滩区、双牌县、江华瑶族自治县4个人武部旧址改造力度大，官兵工作生活环境明显改善。

■ **安全管理** 2015年，永州军分区把安全管理工作作为保底工程紧抓不放，研究出台《军分区正规化管理实施细则》，进一步规范人员言行举止，正规部队一日生活制度，确保部队正规有序。坚持按条令管理、按规程操作、按程序办事，1月延伸开展“条令月”活动，组织条令条例知识和队列考核。定期召开常委会或首长办公会，深入分析安全形势，“8·12”天津港爆炸事故、“9·30”广西柳城爆炸事件发生后，军分区各级及时开展针对性隐患排查，制定规避安全风险的措施。严格落实责任追究，处理战备值班脱岗、违规使用手机等相关单位和责任人，组织召开“干部作风纪律整顿”及“尊法学法守法用法”专题教育。坚持常态化不打招呼检查，先后6次对全区部队战备值班、保密工作、营院管理、武器装备管理、办公秩序、军车运行秩序、对外有偿服务场所等进行突击检查，并及时开展专项讲评，搞好全程跟踪问效，严格落实责任追究。

■ **党管武装** 2015年，永州市委、市政府坚持把党管武装作为执政理念、化为执政行动、纳入执政要求，摆上重要位置，对富市强武导向有力、作用明显。党管武装先进单位、“党管武装好书记、好主任”评选活动受到各级重视，市、县（区）两级双向兼职、专题会议、宣布任命、述职报告、现场办公、军事日等制度有效落实，江永县委书记冯德校被广州军区表彰为“国防之星”。维护军人军属合法权益措施更实在，“8·12”天津特大爆炸事故中，永州市牺牲和受伤的4名消防战士，当地党委、政府迅速组织慰问和悼念活动。军分区充分发挥党管武装协助作用，江华瑶族自治县人武部部长王常效、蓝山县人武部部长黄萍参加省军区“武常委”集训，体会交流和案例分析得到省军区领导高度认可。按“一季征兵、四季准备”要求抓好征兵宣传和业务培训，推动征兵工作在法制轨道上良性运行，完成2511名男兵、37名女兵的征集任务。参加地方经济社会建设，先后组织出动官兵和民兵预备役人员6000余人次，遂行森林扑火、抗洪抢险、安保警戒等急难险重任务。

（罗夕容）

人民防空

■ **概况** 2015年，永州市人民防空办公室围绕市委、市政府确定的“四个三”工作部署，克服经济下行压力，解放思想、创新思路、转变作风、真抓实干，各项工作取得较好的成绩。市本级批准建设防空地下室同比增长21%，组织指挥能力全面加强，重点项目推进顺利，行政审批规范，执法严格，全市人防工作呈现出良好的发展态势。

■ **指挥通信** 2015年，永州市人防信息网络基本建成，指挥通信系统日趋健全，完成警报系统信息化升级改造工作，实现警报系统智能化控制，警报音响覆盖率和鸣响率达100%。参与全省人防系统指挥业务集训、全省指挥通信系统拉练和省国动委组织的“湘江-2015”演习。6月，市人民防空办公室组织干部职工开展军训活动；10月，组织市带县人防机动指挥通信系统拉练，全市12台人防指挥通信车参加，行程约600公里。

■ **人防工程** 2015年，永州市人民防空办公室牢固树立“重在建设”的思想，鼓励社会力量建设防空地下室。市本级新型人防疏散基地完成征地拆迁、迁坟、争议地处理以及周边零星土地租赁等工作，总体设计方案通过大规委会主任会议的审查。围墙和边坡支护正在加紧施工，着手预备指挥所的建设。1511配套工程伪装房和防空地下室动工建设。着力加强各类人防工程项目的审批审查和质量监督管理，严格按照省、市有关规定，对报建资料及图纸严格审查，做到依法依规依程序审批。注重冷水滩区河西中心花坛单建式人防工程的安全生产检查工作，确保人防工程管理安全正规。

■ **依法行政** 2015年，永州市人民防空办公室将人防审批程序、内容、条件上网公开，提高群众在窗口的办事效率。在项目报建审批环节加强监督检查，规范工作程序，实现信息共享，提高审批的透明度。推进各类园区依法开展人防工作，主动落实好政策对接，协调市财政局、市法制办等相关部门修改完善《永州市中心城区非税收入减免缓征管理规定的通知》文件内容。落实人防法律法规政策和人防依法建设管理要求，集中整治违法违规减免人防建设义务，做到有案必查、违法必究。对承诺自建但未建的项目和正在施工的人防受监的项目进行全面清理，严肃查处整治违法违规行为。

■ **宣传教育** 2015年，永州市人民防空办公室做好人防舆情引导和宣传教育“五进四化”（进机关、进学校、进企业、进社区、进媒体和社会化、基地化、规范化、常态化）工作。中心城区社区覆盖率达60%以上，向国家、省、市各级媒体投送60余篇稿件。对永州人防官方网站全面升级改造，开通永州人防政务微博、微信公众平台。对全市人防宣传进社区进行统计摸底，完成2015年《永州城事》专题报道与《永州人防宣传推介》的拍摄。结合5·12防灾减灾日，通过图板展示等形式开展集中宣传，发放宣传资料1700多份，防空防灾手册3000余本，展示宣传图板20块，并利用车载视频和公共场所视频系统播放人防宣传片。组织逸云路居民开展防空袭疏散演练，提高广大居民的人防意识和国防观念。

（胡霖）

武装警察

■ **概况** 中国人民武装警察部队湖南省总队永州市支队（简称永州支队），组建于1983年1月。

2015年，支队党委坚持用强军目标统领部队各项建设和任务，贯彻总队党委“四用”工作指导和“五个强化”工作要求，提出“五抓五整”（抓班子整顿组织、抓思想整改作风、抓中心整合力量、抓基层整实底蕴、抓安全整治隐患）的工作思路，完成以执勤处置突发事件为中心的各项任务，部队全面建设稳中有升。

■ **思想政治建设** 2015年，武装警察部队永州市支队坚持把思想政治工作贯穿完成任务、推动建设的全过程，从思想上政治上牢牢掌控部队。抓实创新理论武装，采取党委中心组带机关、常委分片带基层、基层党委（支部）带党员骨干的形式，持续抓好习主席系列讲话、全军政治工作会议精神、“四个全面”战略布局等重大思想的宣传普及；开设“潇湘大课堂”，邀请市委党校和市委讲师团教授辅导授课，定期组织官兵观看反映党建和战斗历程的系列影视片。抓好政治教育，精心组织“学习践行强军目标，做新一代革命军人”主题教育设计，创新“支队统筹、大队主抓、中队落实”三级协同组教模式，做到学习和执勤训练、课内与课外有机结合，有效提升教育质量；坚持党委议教、落实“网上查课”“推门听课”机制，定期组织交叉授课，促进教育“四落实”（人员落实、时间落实、内容落实、效果落实）；开展“新一代革命军人样子”“树立科学文明带兵理念”大讨论，组织“强军好军嫂”表彰、警营故事会、“潇湘卫士杯”和强军战歌比赛等系列强军文化活动。抓细经常性思想工作，运用“三互”（互帮、互学、互教）、“双四一”（“四个知道一个跟上”，即上级对下级、干部对战士要做到：知道他们在哪里、在干什么、在想什么、需要什么，思想工作及时跟上；“四个报告，一个依靠”，即：下级对上级，战士对干部要做到随时报告自己在哪里、在干什么、在想什么、需要什么、遇到问题依靠组织解决）等有效载体，开展“知官知兵知情知责”活动；重视官兵涉法和心理问题，组织“送法下基层”活动，协调解决官兵家庭涉法问题3起，为60余名官兵提供心理咨询，稳控心理疾患官兵1人；加强任务中政治工作研究，规范“三战”（舆论战、心理战、法律战）方法和程序，组织“政治工作八个到现场”演示，发挥政治工作服务保证作用。抓活先进警营文化建设，按照营区“武化”要求，统一规范营区政治环境建设，筹划推进支队网上史馆和基层网上荣誉室建设；持续抓好“一队一品”和“四支队伍”（篮球队、军乐队、威风锣鼓队、武术队）建设，组织开展“读书伴我成长”和“每周一首歌曲”教唱活动，定期开展“文化下基层”活动。全年，支队在中央电视台、《解放军报》《人民武警报》《光明日报》《中国青年报》《湖南日报》、湖南卫视等新闻媒体刊发（播）稿件34篇，其中支队《跃擒》《索降奇兵》等处突记录片在中央电视台七套播放。

■ 履行职责使命 2015年，武装警察部队永州市支队落实党委抓训责任，定期分析训练形势，开设网上查训平台，严格落实“一考四查”（考训练科目、查训练秩序、查参训人数、查训练时间、查训练计划），有效促进训练“八落实”。坚持抓机关带部队，首长机关坚持每天下午1小时军事训练，提高首长机关综合能力素质。指导部队开展“五小练兵”“网上会操”和“网上查训”，采取“小兵种大集训”的形式，分批组织基层应急班狙击组、突出组、侦察组集训，开展训练尖子比武竞赛、“四会”（会讲、会做、会教、会做思想工作）教学法评比和优秀教练员评选，提升部队训练热情。强力推进基层中队训练场地建设，按总队要求完成所有中队的训练场地。协调争取森林灭火装备并邀请消防技术骨干指导人装结合训练。参加总队特战分队比武取得团体总分第四名，2名特战队员获“三湘勇士”勋章。成功处置“4・6”犯罪嫌疑人持凶器严重伤人、“5・20”抢险救援和“7・16”抓捕涉疆暴恐分子等事件。全年成功排除执勤险情5起，完成“和”文化节、公祭舜帝大典等重大活动安保、城市武装巡逻、调犯押解等任务182起。贯彻“湖北会议”精神，开展勤务教育整顿和执勤“六查”活动，逐队规范审核勤务方案，完成9个看守目标AB门建设并上勤（江华扩建、冷水滩搬迁）；坚持每日零点后值班首长网上巡查、每周交班讲评执勤情况、每月下发执勤通报、每季召开议中心会议，始终保持强劲的组勤管勤态势。协调永州监狱和东安监狱召开“三共”（思想共建、队伍共建、安全共保）联席会议，帮助驻二、三中队解决各类维修经费和生活补助经费30余万元。分2批组织勤训轮换，加大专勤专训、专哨专训和基础课目训练力度，提高官兵执勤能力。研究制定支队《战备工作实施细则》，对所属单位全部预案逐一修订完善，严密组织各类临时勤务，完善各类保障计划，做到预有准备。落实战备制度，经常性组织战备演练，在重要节日和敏感战备期严格落实AB队全要素全时备勤，部队始终处于箭在弦上、引而待发的临战状态。深化战训法集训成果转化，以“讲研摆练”为基本施训方法，抓好战术作业训练和指挥训练，提高部队情况处置能力。先后7次组织以处置群体性事件为背景的首长机关带部分实兵紧急出动演练，部队实战化水平有效提升。

武警永州支队“三湘勇士”先进事迹报告会

■ 部队正规化建设 2015年，武装警察部队永州市支队开展“条令学习暨装备管理月”活动，严格落实两个正规化管理“规定”，采取专题辅导、案例剖析、展板图解、现场示范等形式，强化条令意识。抓好“学法规、用法规、守法规”活动和条令条例学习，对基层衍生出的“土政策”进行清理纠治，部队秩序进一步正规。健全安全工作领导机制，建立常委包片、大队主官与机关股长包队、中队干部包班排、骨干包人头的层级挂钩管理机制，层层签订安全责任书，人人签订安全承诺书，做到层层有责任、人人有任务、事事有人管。严格落实“八严”（严控对外交往、严守群众纪律、严格清销假制度、严禁不假外出；严格私家车管控、严防车辆交通事故、严格带兵纪律、严禁打骂体罚）“六禁”（严禁值班和遂行任务期间喝酒；严禁工作日喝酒；严禁机关干部到基层喝酒；严禁官兵聚众到地方饭店喝酒；严禁基层节假日会餐喝酒；严禁任何时机场合酗酒）规定和“八个方面安全基本工作规范”要求，开展“事故案件警示月”、安全大检查和“百日安全竞赛”活动，排查整治隐患22处，有效提高安全系数。坚持每天对基层干部在位和履职情况检查一遍，每周对在位人员提醒一遍，每月对零散人员逐一摸排一遍，确保人员管理不失控。深刻汲取湖北总队“7·15”重大交通安全事故教训，组织私家车清理登记、车辆检测和驾驶技能考核，把干部私家车管理纳入到制度化、经常化的管理轨道。把枪弹静态、动态管理制度作为铁的纪律来落实，深入开展枪弹安全管理专项整治和枪支弹药大清查活动，支队的活动做法被总队转发。严格落实总部首长“一封信”精神，由支队副政委驻点指导新训工作，挑选得力干部骨干，精心组织各类保障。搞好入伍教育，坚持科学文明带兵、依法依规施训，严密组织新兵“三查”，10月下旬成功制止1名新兵自杀，经验材料被总队转发。

■ 基层建设 2015年，武装警察部队永州市支队党委机关坚持重心下移，制订年度《支队党委挂钩帮建实施方案》，健全党委成员包片、机关股室挂点抓基层责任制，严格落实蹲点帮建分析汇报、定期督导等制度，提升帮建效果。学习贯彻《湖南总队基层单位日、周、月、季工作规范》《湖南总队经常性基础性工作检查机制实施意见》，研究制定《支队经常性基础性工作检查实施细则》，成立抓基层领导小组，采取实时录像、每周讲评、每月通报的方式，每月对基层进行覆盖式检查，持续抓好值班首长随机抽查、值班干部网上巡查、挂钩股室电话询查、抓基办全程普查“四条线”的督导机制。强化问题意识，对检查发现的问题登记建档，实行挂账销号，限期整改，确保部队内部安全稳定。支队先后派出4批工作组、48人次蹲点调研帮建，组织4次季度考评、3次双向讲评，基层建设水平显著提高，2个重点帮扶中队进步明显。抓好基层党支部班子建设，调整6个基层党支部班子，配齐配强正副书记。严密组织参加总队三级主官“纲要”集训，举办基层党委（支部）书记应用性培训和发挥大队前沿指挥所作用座谈会，采取研讨交流、岗位实践等形式转化集训成果。修改完善支队按纲建队考评实施办法，坚持分层次竞争、分类别评选，开展“双争”（争创优秀基层单位，争当优秀基层官兵）“四优一红”（优秀哨兵、优秀领班员、优秀网络查勤员、优秀组勤干部、红旗哨所）活动。开展“三学一研”活动，制订下发《“三学一研”实施细则》，采取理论学习、体会交流、业务辅导、技能考核等方法深化活动效果，开展“三学一研”活动经验做法被总队转发。持续开展“大练基本功”活动，组织公文拟制、随机教育、岗位履职、答疑解惑等应用性训练，安排优秀干部辅导授课和心得交流。

■ 综合保障 2015年，武装警察部队永州市支队贯彻落实后勤部（处）长集训会议精神，围绕“三大任务”（保障完成多样化任务、服务现代化建设、向信息化转型）稳步推进现代后勤建设。提升应急保障力量，及时修订后勤应急保障预案，落实应急保障分队力量编成和物资器材储备。建立完善地方代储代供网点，依托地方资源建立完善代储代供代运机制，拓宽社会化保障渠道。持续开展好后勤专业岗位练兵活动，加强“一组五队”（后勤指挥组、综合物资保障分队、给养保障分队、卫勤保障分队、运输油料保障分队）实战化拉动演练，常态化组织驾驶员复训、驾驶维修技能和炊事技能竞赛活动，提升专业化队伍素质能力。强化后勤科学管理，科学编制2015年经费预算，坚持双主官联签制度，从严抓好财务整改，采取“及时建账、定期对账、逐一销账”的方法，组织对工程项目、物资采购、经费开支、基层账目逐项审查，严格落实基层主官离任审计制度，提高经费使用效益。加强指导新建营房的规划设计，突出训练场地和营区“武化”建设，确保新建营区功能设施完善，规划布局合理。协调市、县两级卫生部门贯彻执行医疗保障支援，支队及所属单位均已与地方医疗单位签订协议，有效解决官兵看病难问题。部署开展“伙食管理规范年”活动，坚持每周审查基层食谱，每月组织司务长带炊事员进行技能比赛，协调湘浩粮油公司、盐业公司为基层直供食用油和盐，官兵对伙食满意度普遍提高。强力推进直属一中队搬迁选址立项，跟进指导新增永州市中队以及道县、宁远中队等新建营房工程，投入90万元完成祁阳中队营房改造，改善官兵工作生活条件。着力提升农副业生产效益，多次邀请地方专家、驻地农民指导农副业生产，农副业生产收益30余万元。开展“医疗服务下基层”活动，组织3批次卫生和心理巡诊，为基层单位上卫生课30次，查体看病400余人次。

■ 周四洋宣布命令、慰问 2015年1月15日，武装警察部队永州市支队召开宣布命令大会。总队副司令员周四洋，永州市委常委、市委政法委书记唐湘林，总队政治部干部处处长李志华，支队部门以上领导、全体机关干部在主会场，基层官兵在分会场参加。会议由支队长祝立志主持，周四洋宣读支队政治委员杨彦华转业、支队副政治委员谢交军为支队政治委员的命令，并讲话；唐湘林讲话；杨彦华、谢交军分别作离职、任职发言。2月10日，总队副司令员周四洋带领总队后勤部战勤处参谋赵进程，到二大队江永县中队、江华瑶族自治县中队看望慰问基层官兵，并赠送慰问金。9月25日，支队召开宣布命令大会。总队副司令员周四洋，永州市副市长、市公安局局长、支队第一政委刘新良，总队政治部干部处干事米东、支队部门以上领导、全体机关干部在主会场，基层官兵在分会场参加。会议由支队长祝立志主持，周四洋宣读支队政治委员谢交军为株洲支队政治委员、株洲支队政治委员王剑为支队政治委员的命令，并讲话；刘新良讲话；谢交军、王剑分别作离职、任职发言。

■ 武装抓捕 2015年7月16日15时35分，武装警察部队永州市支队出动10名官兵，协助广西桂林警方和市公安局追捕一股由桂林方向驾车窜逃至永州市冷水滩城区内的涉疆暴恐分子。该涉案人员为“伊吉拉特圣战分子”，名叫玉苏普·麦麦提（男，维族，22岁，户籍地为新疆疏附县），企图从广西偷越国境，被桂林警方发现后驾车潜逃至永州市冷水滩区。17时20分，公安机关利用该团伙使用的手机信号源进行跟踪追捕，将犯罪嫌疑人锁定在冷水滩区零陵中路商业区附近。17时50分，支队长祝立志带领特勤排A队配合公安民警沿零陵中路、凤凰路展开搜捕行动。19时40分，在冷水滩区凤凰园路一出租房内成功将此名涉疆暴恐分子抓获，从其身上当场收缴维族居民身份证6张、现金4000余元。

■ 特勤排应急班比武竞赛 2015年7月29日，武装警察部队永州市支队在教导队举行2015年度特勤排、应急班比武竞赛，14个基层中队应急班参加。参赛官兵按照竞赛日程，分别进行小组战斗综合演练、小组协作射击、快速精度射击、扛圆木射击、狙击步枪射击、小组记忆射击、通过四百米障碍等科目。，一中队、零陵中队、蓝山中队获团体总分前三名，何如涛、杨兴福、李应龙获干部全能前三名，一中队刘宇、罗伟龙、廖嘉承、杨柄城、二中队黄子劳、零陵中队王金禄、一中队王喜、黄耀荣获战士全能前八名。

■ 第三场维稳战役 为打赢“第三场维稳战役”，实现“三个不能发生”“四个安全稳定”和“四个确保”安保重大目标，圆满完成抗战纪念活动期间的处突维稳工作，2015年8月26日至9月5日，武装警察部队永州市支队主动配合公安机关开展反恐大排查活动，加强社会面防控。每天派出56名兵力担负11个县区的两警武装巡逻勤务，派出16名兵力担负湘桂收费站、永州收费站、永州东收费站3个卡点的外围武装警戒任务，协助公安机关成功查处12名越南籍男子非法入境，收缴5把管制刀具。8月31日，支队专题上报永州万喜登投资公司和长丰集团一汽专卖店两起非法集资引发300余人到永州市委上访的侦察情况报告。

（朱期卫　王勇）

公安消防

■ 概况 2015年，永州市公安消防支队继续坚持“革弊立新、砥砺奋进、进位争先”的工作理念，团结和带领全市官兵奋发图强，稳步推进各项工作，全市火灾形势总体平稳，连续15年未发生较大以上火灾。全市消防部队接警 2971 起，出动 2973 次（含增援），出动消防车辆 4556 台次，消防官兵 29521 人次，抢救被困人员 778 人，疏散人员 3901 人，抢救财产价值 1.6 亿元。支队防火监督处被评为全省“青年文明号”、支队团委被评为“全市红旗团委”、祁阳中队团支部获全市“红旗团支部”；江永大队被省公安厅荣记集体三等功；1 名官兵被评为市级“青年卫士”称号；1 人立个人二等功，18 人次获个人三等功。

■ 思想政治建设 2015 年，永州市公安消防支队以党建工作为核心牢抓组织建设，各基层党组织严格按照支队党委“党建工作年”的总体部署，开展“三帮”活动、“潇湘铁军党旗红”党建文化系列活动、演讲比赛、党建知识竞赛等 10 项活动，推进各级党组织建设，党建工作规范化水平较往年有明显提升。组织开展党员“亮权力、亮身份、亮形象”活动，在支队内网开设“我是党员”论坛，定期更新讨论主题，征集各类帖子 2400 余条。

■ 火灾防控 2015 年，永州市公安消防支队全面深化推进消防安全“网格化”“户籍化”管理，提请市政府下发全市消防安全“网格化”管理实施办法，协调市委政法委将消防安全“网格化”纳入综治“网格化”管理平台一并部署实施，全市 644 家消防安全重点单位全部实行户籍化管理，户籍化率、“三项备案”率均达到 100%。支队开创“两牌三告四书五零”的工作模式，推进劳动密集型企业的消防安全专项整治行动，排查发现火灾隐患 789 处，全部整改到位。

■ 基础设施建设 2015 年，永州公安消防支队按照“结构配套、性能先进、节能环保、集约高效”的思路，投入装备建设经费 3398.1 万元，采购各类消防车辆 10 台，个人防护装备 3989 件（套），抢险救援器材 93 件（套），灭火救援装备 574 件套，灭火药剂 8.5 吨。东安大队迁建工程、江华大队综合楼、江永大队执勤楼工程全面完工，零陵萍洲消防站和支队体能训练馆主体完工支队训练基地、宁远县第二消防站、长丰二合一站和机关营区大门等重点工程建设项目有序推进。

■ 执勤备战 2015 年，永州市公安消防支队以官兵体能、“六熟悉”和装备操作为重点，规范灭火救援现场秩序，按照《永州市公安消防部队执勤岗位人员辖区情况熟悉训练和考核细则》，按质按量完成全年规定的熟悉演练和预案制定及修订任务。支队采取全员轮训、尖子集训、中队普训等方式，对全市消防部队官兵的体能和技能项目进行集中轮训和考核。举办田径比武竞赛、整建制中队实战化训练比武竞赛和攻坚组人员集训活动，全面提高基层官兵体能技能素质。落实“广州会议”精神，完成 65% 的全国重点镇和 50% 的普通建制镇建立政府专职消防队的任务。

（郑晓旭）

经济建设

工业园（开发区）

■ 冷水滩高科技工业园 冷水滩高科技工业园位于永州市中心城区的北部，是全市“一区三园”重要组成部分，也是永州市工业建设的重要平台和建设国家级承接产业转移示范区的主阵地。园区以打造国家级承接产业转移示范区为总揽，以建设国家级经济开发区为目标，按照“工业新城、绿色新区”功能定位，全面建设绿色道路、绿色工业、绿色工厂，加快打造湘江西路风光带、水汲江生态休闲走廊、唐家岭森林公园三大核心景观，尽早建成山水、生态、节能、环保的现代化工业园区。园区总规划面积27平方公里，东临湘江河西岸、南抵旧湘桂铁路线、西止洛湛铁路线、北至二广高速马坪互通。境内构筑起高速公路、高铁、水路、航空四位一体的快出快进式立体交通网络。湘桂铁路、洛湛铁路、衡昆高速、二广高速、国道G322线、G207线及省道S217线贯穿全境。永州民航机场开通直达长沙、深圳、昆明等航线。境内湘江北可抵长江，南下经灵渠可达珠江水系。园区距长沙黄花机场340公里（全程高速）、距桂林国际机场200公里。建成区达14平方公里，累计完成投入45亿元，其中，项目建设投入28亿元，基础设施投入17亿元，累计实现税收3.5亿多元。“四纵六横”主干路网基本建成，绿化、亮化、美化及排水、排污、燃气、公交等配套全面跟进。供电网主线路架设完成14公里，一座220千伏变电站建成投入使用；园区燃气管道全部埋设完毕，符合供气条件；安置小区、廉（公）租房、污水处理厂等配套相继启动建设。新型工业化平台建设的标准和承载产业转移的能力日趋提升。

园区始终坚持项目向园区集中、产业向园区集聚、资源向园区集约，按照“产业政策、投资强度、财税贡献、建设周期、成长性能”等五大要件，有针对性地引进一批产业链条长、关联度高、科技含量高、附加值大的重大战略项目，先后引进达福鑫电子、新辉开电子、三杰电子、炬辉光电、台湾高科技（永州）产业园、恒伟生物医药产业园、钰丹药业、潇湘源玻璃钢、万马轮毂、结构陶瓷、鑫宇变压器、融鑫物流、邦联医药物流、永州金属物流园、中高压电线电缆等重大项目51个，电子信息、生物医药、现代物流和先进制造四大主导产业格局基本形成。

2015年，完成技工贸总收入122亿元，完成规模工业总产值90.5亿元，完成规模工业增加值增长率20%，工业企业实缴税金增长率26.45%，园区工业集中度达96.5%，新增标准厂房24.3万平方米，土地储备面积1424亩，基础设施投入2.41亿元，新增扩园面积1平方公里，新增入统企业13个。

■ 零陵工业园区 零陵工业园区成立于1997年，2006年经国家发改委、省人民政府批准为省级工业园区，总规划面积33.08平方公里。园区采取“一园两区”的管理模式，下辖河西工业新区和珠山锰产业专业园区。累计完成投入15.9亿元，建成园区面积达10平方公里，入驻规模以上工业企业78家，规模以上工业总产值达96.2亿元，规模工业增加值达47.5亿元。鑫城锰业、荣华集团、时代阳光、唐人神集团、湖南瑞翔、德福隆科技、崧顺电子、金茂展微电机等一批投资过亿元的公司和国内外知名企业纷纷落户园区，形成生物制药、新材料技术、农（林）副产品加工、锰产品加工、电子信息五大支柱产业。先后被评为“湖南最具投资潜力园区”和“湖南省推进新型工业化示范基地”。

2015年，园区按照“工业新城、城市新区、产城融合”的理念，重点实施“135”工程，推动园区扩容提质，把园区打造成新型工业的主战场、城市扩容的新引擎、投资创业的主平台。聘请中建集团按照“城区、园区、景区”的思路对园区规划进行优化和完善，并对在建的“两纵四横”路网进行提质美化，新开工建设德榜东路等11条配套道路。完成储备土地1083亩，报批724.8亩的任务，启动40万平方米标准厂房、创业大厦建设，现已进入招投标程序。推进金融、文化、教育、医疗、商贸等公共服务设施向园区配套，让企业员工“工作在园区、生活在城区、漫步在景区”。

■ 祁阳经济开发区 祁阳经济开发区系省人民政府批准成立并经国家发改委审核公告的省级开发区，是省新型工业化产业示范基地，属湘南国家级承接产业转移示范区的重要组成部分。经开区由“一区两园”组成，其中黎家坪建材工业园、祁阳科技工业园基本建成，2008年5月启动新区建设。新区位于湘江南岸，规划面积25平方公里，主要发展机械电子、制鞋服饰、食品医药、新型材料四大产业。投入基础设施和项目建设资金35亿元，开发面积7平方公里，引进项目63个，其中，39个项目投产，16个项目在建，8个项目正在筹建。

2015年，完成规模工业总产值156.36亿元，同比增长21.9%；完成规模工业增加值46.8亿元，同比增长20.6%；完成工业实缴税金2.35亿元，同比增长17.6%。实现财政收入4.5亿元。

■ 东安经济开发区 东安经济开发区于1996年5月经湖南省人民政府批准成立的省级开发区，规划面积4.3平方公里，实际开发面积10平方公里。管委会内设办公室、产业发展局、招商合作局、企业服务局4个机构。园区区位优势明显，地处湖南西南部，与桂林相邻，成为对接东盟和北部湾经济圈重要基地；基础设施完善，完成通上下水、通路、通电、通邮、通讯、宽带、有线电视、平整土地等“八通一平”建设。园区主导产业初步明晰，引进一批具有较强市场竞争力的企业和品牌，初步形成以云生竹业、汤氏竹业等企业为标志的竹产业深加工基地；以创辉电子、威利电子为代表的电子产业园；以南方纺织、毅荃服饰为代表的针纺产业园；以东环集团、天晟模具、恒远万向汽配、奥得利金属制品、格力特橡塑、优必特汽车配件、正洲制冷设备、骏镁科技、方氏机械等企业为龙头的汽配城产业园。

东安县委、县政府先后投入资金近5亿元，拉通5平方公里范围内“三纵三横”主干道路基，完成各主干道道路硬化、排水排污、绿化亮化和供水、供电、通讯等配套工程建设，并在园区内兴建一座110千伏变电站。启动的“135”工程建成标准化厂房22万平方米。县委、县政府为企业入园出台《东安县承接产业转移优惠政策十六条》等一系列优惠政策，对工业园采取“无费区”“封闭式”管理，对所有入驻企业实行“一站式”服务。

2015年，实现技工贸总收入92.6亿元，规模工业增加值18.9亿元，园区基础设施投入1.6亿元，工业储备用地1200亩，实缴税金6215万元。

■ 双牌工业集中区 双牌工业集中区为省级工业集中区。地处双牌县城北新区，洛湛铁路、G207国道纵贯全境，东出二广高速、北上永州机场均半小时车程。按“工业新城、城市新区”功能定位，规划总面积12平方公里（其中一期6平方公里），分“核心产业园、生态产业园、化工产业园和商贸物流园”4组团。累计投入资金近4亿元，储备土地4000余亩，“四纵五横”路网初成框架，110千伏变电站、10万吨污水处理厂投入运营，供电、供水、排水、通讯、广播电视等基础配套设施覆盖全区。综合大市场完成主体工程，安置区、棚户区、公租房等惠民工程建住房2100余套。县中心医院投入使用，园区至县城公交车开通，新引进的黄冈阳明学校开学招生。园区实行封闭式管理，出台《双牌工业集中区封闭式管理暂行办法》《双牌工业园项目入园管理暂行办法》《关于推行园区服务大优化几项制度的通知》等一系列管理办法和入园优惠政策。工业集中区初步形成农林产品深加工、生物医药、机械制造、化工四大主导产业，落户企业25家。

2015年，实现技工贸总收入33.49亿元，工业总产值32.02亿元，工业增加值8.72亿元，实现税收0.719亿元。乐福地、塑料机械等一大批项目即将建成投产，入园项目全部建成投产后，园区可新增工业产值30亿元以上，新增税收1亿元以上。

■ 道县工业集中区 道县工业集中区位于道县县城东北、国道G207与省道S323线交汇处，规划总面积30平方公里，近期规划10平方公里，是道县承接沿海产业转移、对接东盟和推进新型工业化的主战场，是商务部授牌承接加工贸易产业转移的重点试验区、国家发改委批准的湘南国家级承接产业转移示范区、湖南省首批工业集中区、“两化融合”试验区、新能源示范产业园区、循环经济示范产业园区和中小企业信用体系建设示范园区、新型工业化产业示范基地。

园区按照“工业新城、城市新区、产城融合”的发展思路，围绕“国际型、节约型、生态型、科技型、和谐型”奋斗目标，着力承接大项目，培育大产业，建设大园区。坚持“一地一策、依法处置”的原则，探索园区工业闲置土地清理回收、综合利用路径，盘活园区存量土地1800余亩，促进土地集约高效利用，推动园区持续健康发展。截至2015年年底，园区开发建成8平方公里，形成“两纵五横”的路网大格局，全部实现“七通一平”。集中区引进落户规模以上企业129家，初步形成电子信息、轻纺制鞋、先进制造、生物科技等四大支柱产业。

2015年，实现工业生产总值88.98亿元，同比增长34.07%；实现工业增加值21.78亿元，同比增长36.38%；完成税收2.38亿元，同比增长27.3%。基础设施投入2.5亿元，新增扩园面积1.8平方公里，完成土地储备2000亩，新增标准厂房28万平方米。

■ 江永工业园区 江永工业园区位于县城东南郊，离县城中心3公里，地处江永至广西富川二级公路两旁，距道贺高速江永连接线3公里、洛湛铁路江永站12公里、桂林180公里、广州400公里。园区近期规划2.07平方公里，远期规划4.5平方公里，远景规划10平方公里。工业园定位为绿色食品加工产业园区和冶金建材及高新技术产业园区。省批复核准规划总面积为206.90公顷，分为利田片区和麒麟岩片区。实际建设按“一园三区”模式，近期规划面积4.5平方公里，其中江永县利田工业区（江永绿色食品工业区）2.07平方公里；江永县龙阳粉体工业区0.6平方公里；江永县火车站物流工业区1.83平方公里。远期规划面积10平方公里、远景规划面积20平方公里。园区主导产业定位为建设以农副食品加工业、有色金属冶炼和压延加工等产业为主的特色综合型工业集中区。规划目标为创建一个和谐有序、经济高效、环境舒适、可持续发展、具有产业特色和竞争优势并在湖南南部具有一定影响力的工业园区，是全县工业化基地、对外开放和招商引资的平台，也是工业经济集中区和城市发展的新区。落户的企业有永州瑞祥生物科技、湖南金榄果油脂、永康富硒生物科技、特色农产品、义华花生、十里香、盘王贡酒、银铅锌矿、潇湘化工、永明粉体、华鑫粉体、科刃五金、科威电子、时代电子等规模企业。

2015年，园区有企业32家，其中规模工业企业27家，实现技工贸总收入43.4亿元，同比增长23.87%；规模工业总产值29.6亿元，同比增长50.49%；规模工业增加值7.8亿元，同比增长46.26%；实现工业企业税收0.26亿元，同比增长25.03%。

■ 湖南江华经济开发区 湖南江华经济开发区是2006年5月经湖南省人民政府批准、国家发改委核准的省级开发区。2012年2月，江华瑶族自治县设立全国第一个以“海联”命名的产业园，实行“两块牌子、一套人马、一个区域、共同管理”。园区规划面积38平方公里，开发面积15平方公里，分为生态科技工业园、循环经济产业园、瑶族文化旅游产业园、上市企业孵化园、商贸物流配套园5个功能区，逐步成为全县新兴产业的集聚区、招商引资的主战区、科技创新的源动区、城市形象的展示区、城乡一体化的先行区。2015年，实现技工贸总收入100.31亿元，被评为省级新型工业化产业示范基地、省级民族团结进步模范集体、省级同心园区，在全省132个省级以上园区综合评价中排名第26位，2012年至2015年连续4年获得全市推进新型工业化工作先进园区。

园区通过转型发展，创新驱

江华经济开发区工业园

动，先行先试，发展后劲不断增强，多方筹措资金33亿元投入园区建设，征收土地2万余亩，拆迁房屋9.5万平方米，建成标准厂房80万平方米，拉通以“三纵四横”为骨架的道路46条共54公里，建设公园、广场47万平方米，新增绿化面积71万平方米，并实施园区“亮化、美化”系统工程，完成水电路讯等“七通一清”，促进产城融合，基本实现“城区”“园区”“景区”三区合一。引进项目146个，吸纳资金180多亿元，中国五矿集团、中国稀土控股、安徽海螺集团、山东正海集团、中国风电等上市公司相继落户园区，九恒科技工业园、上市企业孵化园、耀丰创新创业园、瑶族文化博览园等特色园中园相继签约入驻，培育新型能源、稀土新材料、电子信息、新型建材、金属采冶、农产品精深加工等六大产业。同时，正在引进新建学校、医院、星级酒店、住宅小区、城市综合体、文化旅游综合体等一大批项目，整个园区项目建设如火如荼。

■ 宁远工业园区 宁远工业园区位于永州市南部宁远县，是省首批省级开发区，是国家级湘南承接产业转移示范区基地，位于“蓝宁道新加工贸易走廊”中心区域，区位突出，交通便捷，宁远至连州、宁远至嘉禾二级公路和二广、厦蓉高速公路均在县内“十字”交汇，驱车南下广州，北上长沙，均可朝发午至；西进川渝、东到江浙，均可全程高速。园区按照“政府主导、统一规划、市场运作、设施配套、功能完善、产业分区”的原则、“工业新城、城市新区、产城融合”的定位、“板块式发展、组团式开发、填充式建设”的理念，高起点编制40平方公里的总体规划和产业发展规划，将宁远工业园划分为3个区，即台湾工业区10平方公里、循环经济区10平方公里，食品生物医药区20平方公里，确定服装、制鞋、玩具、皮具等加工贸易；水泥、钢材、陶瓷、冶炼等循环经济；食品加工、生物医药、电子信息、机械制造等高新技术为主导产业。

2006年经省政府批复升格为省级开发区以来，园区围绕“工业强县”战略，以打造一流开发区为目标，全面加快园区基础设施、项目建设、标准厂房建设等建设步伐。园区开发面积12平方公里，完成固定资产投资160亿元，其中，基础设施建设完成投资14亿元，标准厂房建设完成投资11亿元，工业项目建设完成投资130亿元，形成区区有规划、区区有项目、区区有设施配套的“一园三区”共同发展格局。入驻企业58家，投产企业34家，在建项目23家。

2015年，园区企业员工达到1.5万余人，完成固定资产投资23.8亿元；技工贸收入137亿元，同比增长42.7%；规模工业总产值96.31亿元，同比增长40.37%；规模工业增加值19.82亿元，同比增长37.5%；实缴税金1.4亿元；外贸出口1亿美元。

■ 新田工业集中区 新田工业集中区位于县城城西城乡结合部，创建于1992年，2008年被纳入全国加工贸易梯度转移重点承接地、湖南省“蓝宁道新”加工贸易走廊，2012年经省政府批准设立为省级工业集中区。集中区总规划面积10平方公里，建成4.38平方公里。集中区新规划扩园区域主要分布于县城城西和城南，依托二广高速连接线、新嘉高等级公路和拟建的永郴高速等交通枢纽沿线的便捷区位地段同步发展，规划区在重点突出家私制造、机械制造和富硒农产品精深加工三大主导产业园的基础上，新增规划高新产业园、信息产业园、综合产业园和综合物流园等4个专业园区。在规划区域内除配套建设水、电、路、通讯等基础设施外，还拟配套学校、医院、集贸市场、行政办公等服务设施。实际开发使用面积508公顷，建成75万平方米的标准厂房，引进企业130家（其中规模以上企业44家，高新技术产品企业7家，进出口企业6家），从业人数1.3万人。

2015年，完成技工贸总收入55.1亿元，主导产业主营业务收入43.26亿元，上缴税金2亿元，高新技术产业值7.1亿元，出口交货值2.5亿元。

■ **蓝山经济开发区** 蓝山经济开发区成立于1992年7月，1994年经湖南省人民政府批准为省级经济开发区。开发区位于县城北面城郊结合部，开发面积6.7平方公里，新规划中、近期开发面积10平方公里。园区交通十分便利，三条省道交汇其中，二广高速、厦蓉高速贯穿境内，是“珠三角”“长三角”产业转移的对接地。开发区基础设施配套日臻完善，新城区的主干道——东方大道基本建成。东方大道以南的五里大道、工业大道、丽宏大道、承阳大道等“两纵两横”建成投入使用；湘威工业园、宏泰工业园、归雁创业园、电子信息产业园、德晟纺织服装工业园等“园中园”初步形成规模。东方大道以北的千亩产业园、生态石材工业园及其路网正在建设过程中。园区面积由原来的3.8平方公里扩展到6.7平方公里，新扩展2.9平方公里。

2015年，实现技工贸总收入92.84亿元，同比增长16.07%；完成工业总产值60.89亿元，同比增长16.87%；企业实缴税金完成9108万元，同比增长15.03%。新增标准厂房15.3万平方米。

（市经信委办公室）

农　业

综　述

■ **概况** 2015年，永州市农业农村经济社会发展继续保持良好势头，农村改革推进有力，农村社会和谐稳定，为全市经济社会持续健康发展奠定坚实基础。全市实现农林牧渔业总产值555.34亿元，增长3.9%。全年农村居民人均可支配收入10765元，增长9%，高于城镇居民0.5个百分点。全市粮食作物播种848万亩，总产349.8万吨，分别居全省第四位、第三位。蔬菜、水果、茶叶生产稳定发展，总产量分别增长10.6%、28%、17%。其中，蔬菜的种植面积和总产值均居全省首位，水果种植面积和总产量分别名列全省第二位和第三位。农产品加工产值占农业总产值比例1.75∶1，主要农作物良种基本实现全覆盖，农业综合机械化率43.8%，特色农业加快发展，“一乡一品、一村一品”格局正在加快构建。农村经营管理、农村土地确权登记颁证、农村能源、农业执法、经作、植保等7项工作获全省先进。全省农村土地承包经营权确权登记颁证试点工作、全省农产品质量安全监管工作、全省农业标准化示范创建工作等5个全省性会议在永州市召开。完成市级农业农村工作部门机构改革。

东安塘家山梯田

■ **现代农业发展** 2015年，永州市粮食播种面积848万亩，总产349.8万吨，创建粮油高产示范片51个，新增承包耕地30亩以上种粮大户2729户；粮食总产连续5年稳定保持在60亿斤以上。冷水滩、零陵、祁阳、道县被评为全省粮食生产先进县。投入防控经费逾千万元，协控严控柑橘黄龙病；推进标准园创建，新增国家级蔬菜、水果、茶叶标准园6个；大力发展蔬菜基地，完成播种260.5万亩，总产482.7万吨；水果种植面积158万亩，总产110.7万吨；种植茶叶10万亩，实现产值4.65亿元。全市示范推广超级稻204.7万亩，平均单产514.3公斤，比普通水稻增产15.7%，超级稻推广率达31.9%。全市投入各类农业机械60.5万台套，农业机械对农业生产的贡献率达50%以上。淘宝“特色中国·永州馆”上线运行，全市达3万余人参加“农村淘宝合伙人”项目，建成农村淘宝服务站1000余个。加强公益性服务机构服务能力建设，全市5家乡镇农技站获评省级五星级农技服务站，祁阳县黎家坪、零陵区邮亭圩、东安县鹿马桥、冷水滩区黄阳司4个农技站获国家级五星级农技服务站。培育农作物病虫害专业化统防统治、农资购销、粮食烘干等农业社会化服务组织，在工商部门注册成立农机专业合作社达203家。水稻生产“一站式”服务种植晚稻4.6万亩，亩均减少成本55.5元。以市政府办名义下发《关于加快推进农业标准化建设的意见》，完成与省农业委“委市共建”共同推进农业标准化建设前期工作。在全省率先启动农产品质量防伪溯源体系建设。全市建设市、县级农业标准化示范基地90个，新发展“三品一标”产品130个、产地15万亩。开展农残风险监测和监督抽查，合格率97%以上。道县、江华瑶族自治县获2015年全省农业标准化示范县。中央投资1000万元的市农产品质量安全检验检测中心项目改扩建工程完工，正在采购安装仪器设备。农产品质量安全示范创建成绩突出，东安县成功创建2015年全国农产品质量安全县，江永县、道县、新田县被评为国家级出口食品农产品质量安全示范区，冷水滩区获2015年全省农产品质量安全监管示范县。

■ 新农村建设 2015年，永州市20个美丽乡村和520个人居环境整治重点村创建成效明显，蓝山县整合资金2亿元推进农村“五大革命”，宁远县、蓝山县被评为2015年度全省新农村建设先进县，蓝山县大洞村、道县燕山脚村、双牌县田洞里村、江永县黄家村、祁阳县九洲村5个行政村被省政府授予2015年度“湖南省美丽乡村建设示范村”。全市美丽乡村建设“1+15”系列文件起草完成。县域经济特色进一步彰显，江华瑶族自治县跻身全省第三轮特色县域经济特色制造产业重点县，双牌县、宁远县成为第三轮特色县域经济文化旅游产业重点县（双牌宁远联合申报县），江永县跻身国家电子商务进农村综合示范县。农村环境污染治理成效明显，环境污染得到有效遏制，环境状况明显改善。农村垃圾处理体系初步建立，全市86%的村庄配备保洁员，80%的农户和村庄配备垃圾收集设备，92%的乡镇配置垃圾转运设施，80%的村庄实行垃圾无害化集中处理。农村污水治理稳步推进，农村生活污水处理率达30%，农村卫生厕所普及率达71.8%。

■ 农村产权制度改革 2015年，永州市土地确权登记颁证工作位于全省前列，完成216个乡镇（街道）、5162个行政村土地确权内外业工作，实测承包地块936.5万块，实测土地承包面积498.7万亩。永州经验在农业部《农村工作通讯》、省委改革办《改革简报》、湖南电视台、《湖南日报》等国家、省级刊物和媒体上宣传推介。农地利用规划编制取得阶段性成果，土地流转平台基本建立。新田县作为首批全国农村土地承包经营权抵押贷款试点县，率先尝试经营权抵押贷款；江华瑶族自治县、江永县、道县先后出台经营权抵押贷款实施方案，2014年3县新增贷款1200余万元；祁阳县借鉴经营城市建设用地的理念，组建全市首家农村建设投资开发有限公司（简称“农建投”），成片流转土地1.1万亩，为拓宽农村建设投融资渠道积累宝贵经验。市级以上农产品加工龙头企业发展到257家，新增26家，农民合作社发展到2486个，家庭农场发展到1105家。

■ 农业产业化 2015年，永州市农产品加工企业发展到4300家，农产品加工转化率51%，农产品加工业实现销售收入448亿元，增长17%。新认定市级龙头企业44家，全市农业产业化龙头企业达221家，完成销售收入229亿元，增长16%。新增过亿元农业企业6家。各类休闲农业经营主体达349家，年接待人数100万人次以上，全市休闲农业营业收入完成3.88亿元，增长29%。新增湖南省著名商标12件、国家地理标志保护产品1个。

■ 农业招商引资和项目建设

2015年，永州市成功引进永州畜禽屠宰及分割深加工、高格电商等招商项目2个，永州市天成肉类屠宰有限公司禽屠宰加工项目完成投资5000余万元。8月，在深圳举办永州农业专题招商推介会暨农业项目签约仪式，推出招商项目42个，签约粮油、果蔬、畜禽、油茶项目18个，签约总金额28.31亿元。推进“永品入沪”，与中军集团签订战略合作协议，组织7家企业参与长沙的订货会，签订金额4500万元；组织24家企业参加农产品入沪购销签约会，当场签订协议18份，签约金额7.44亿元。与中国农科院对接合作，推进永州市人民政府与中国农科院签订农业科技战略合作协议。申报省财政农业专项3类358个，资金1.63亿元。组织申报现代农业特色产业园省级示范园8个，已经公示认定。全市到位中央、省农业各类补贴资金6.6亿元，占全省资金总额的十分之一。全年开工建设垦区危房改造3699套，开工率100%；基本建成3515套，基本建成率95.03%，超额完成省定目标任务。

■ **农业环境保护** 2015年，永州市建设完成农村清洁工程示范村8个，推广落实测土配方施肥974万亩，实施农作物病虫害专业化统防统治全程承包145万亩，建设绿色防控示范基地57个。建成户用沼气1300口，小型沼气475处，大型沼气工程9处，总供气5.13万户。全面推进补充耕地项目全程监管，对新增耕地进行后续耕种和培肥指导，实施新增粮食产能规划田间工程项目，建设高标准农田4.5万亩，完成秸秆腐熟还田60万亩，种植绿肥106万亩。重金属污染耕地VIP试点项目有序实施，冷水滩区开展4.9万亩重金属污染耕地应急修复试点。

（陈娟）

畜牧水产

■ **概况** 永州市畜牧水产局是参照公务员管理的正处级事业单位，内设“二室六科”和动物卫生监督所、饲料工业办公室、畜禽水产品质量安全检测中心、畜禽良种场、水产试验场等5个事业性质正科级的二级机构。局机关编制为23名，领导职数5名，正副科级领导职数10名。二级机构编制为51名。2015年，市畜牧水产局获评全市2015年度绩效评估先进单位、全省重大动物疫病防控工作先进单位、2015年度办理代表建议、委员提案先进单位、2015年度机关党建先进单位。

2015年，全市畜牧水产系统通过转方式、调结构，推进养殖业现代化，保持养殖业良好发展势头，养殖业整体实力持续壮大、生产方式加快转变、结构布局不断优化、发展基础不断夯实。全市猪、牛、羊、家禽、水产品产量达981.59万头、50.74万头、80.37万只、9482.68万羽、22.3万吨，分别为全省第三、第一、第三、第三和第五位，产值310.54亿元。

温氏潇浦种猪场

■ **与温氏集团合作** 2015年，永州市把温氏项目建设作为推进全市现代养殖业建设的重要抓手，精心组织、精准对接、精细服务。温氏集团在永州市成立江永、江华、零陵、新田、宁远、蓝山、祁阳7家一体化养猪分公司和江华乳业公司，项目累计投资7亿余元，发展合作养户530余家，年出栏生猪近30万头。全市年出栏500头以上的规模猪场增至3921个，万头以上生猪产业集团公司37家，生猪规模养殖水平达80%。恒惠集团、永顺集团、阳明集团等企业不断发展壮大，引进的正大集团、唐人神集团、九鼎集团、力源集团、香港禾行集团等企业不断扩大规模、延伸产业链条。推动养殖企业采取“公司+现代家庭农场（养殖小区）+养殖户”的生产方式，实施统一供种、统一防疫、统一技术、统一饲料、统一回收销售的“五统一”服务模式，生产标准化程度大幅提升。全市生猪标准化养殖率达到52.6%，超出全省9个百分点，其他主要养殖品种标准化养殖程度均大幅提升。养殖“三区”划定全部完成，全市关闭或搬迁湘江两岸500米范围内、存栏50头以上生猪养殖场197家，规模养殖场粪污治理达标率超过75%。继江华涛圩牛牯岭“猪—沼—果”、桥市“猪—沼—茶”后，新发展江华界牌洪塘、江永桃川茅草地、周宅、锦棠等多个“猪—沼—果”综合生态养殖示范园区。对全市600多个重点水域实施禁止投肥养鱼，推广生态养殖模式，水域生态得到全面修复。

（陈斌）

畜 牧 业

■ **概况** 2015年，永州市肉、蛋、奶类产量分为96.5万吨、13.2万吨、953吨，同比增长0.42%、17.86%、同比减少18.96%。全市猪、牛、羊、家禽产量分别达981.59万头、50.74万头、80.37万只、9482.68万羽，同比增长3.51%、9.31%、5.96%、3.34%；存栏分别达611.44万头、129.72万头、151.56万只、5366.17万羽，同比增长4.59%、9.68%、

15.83%、1.05%。畜牧业产值284亿元。

■ **草食牧业** 2015年，东安瑞峰、江华鑫洲、零陵阳明生态、江永鑫远4个肉牛养殖企业争取实施南方现代草地畜牧业推进行动项目，获批扶持资金1450万元。道县、江永、江华3个县连续两年成功实施基础母牛扩群增量项目，每年获得中央补助资金1206万元。在政策项目扶持下，全市适度规模养牛户发展迅速。截至2015年，全市10头以上的规模养牛户6422户，其中常年存栏50头以上的规模养牛户1620家，能繁母牛存栏65.36万头，同比增长7.85%。

■ **新技术与新品种推广** 2015年，永州市生猪良种覆盖率达到96%，牛、羊等主要养殖品种良种覆盖率达到45%。全市设立种公猪统一供精站9个，人工授精授配母猪49.5万胎次；引进安格斯、西门塔尔等良种母牛1930头，推广安格斯、西门塔尔、利木赞、荷斯坦牛等优质肉奶牛冷配精液8万胎次。

■ **标准化生态示范场** 2015年，永州市获批国家级标准化畜禽示范场2个、省级标准化畜禽示范场6个，分别占全省总数的9.1%和8.8%。创建市级畜禽水产示范场100个。

■ **地方良种培育** 2015年，“舜皇山土猪”成功打入港澳市场、“道州灰鹅”走俏港澳及东南亚、“九嶷山兔”搭上互联网快车，产品销往世界各地。加强畜牧业特色产业园建设，“永州市舜皇山土猪特色养殖园”“道县道州灰鹅特色养殖园”“宁远九疑山兔特色养殖园”被授予“湖南省现代农业特色产业园省级示范园”称号，分别获得100万元资金扶持。

（陈斌）

渔　　业

■ **概况** 2015年，永州市水产品总产量22.30万吨，位列全省第五位，比2014年增长3.60%，其中，养殖产量21.70万吨，比2014年增长3.91%；捕捞产量0.60万吨，比2014年下降6.44%。养殖产量与捕捞产量分别占水产、水总产量的97.31%和2.69%。全市有水产品加工企业3家，水产年加工能力0.15万吨，同比增长2%。实现渔业总产值26.54亿元，位列全省第五位，比2014年增长17.97%。创建农业部水产健康养殖示范场22家和省级休闲渔业基地6家，全市科学养鱼和生态养鱼水平得到有效提升。

■ **特色渔业** 2015年，永州市成功引进推广匙吻鲟、叉尾鮰、黄颡鱼、鳜鱼、银鱼、大闸蟹、中华鲟、赤眼鳟、虹鳟、南美白对虾、甲鱼等10多个品种名优水产。全年引进名优水产新苗种950万尾，同比增长15%；名特新水产养殖面积达37万亩，占养殖总面积的60%。

■ **休闲渔业** 2015年，永州市有休闲渔业场点460余家，其中省级休闲渔业基地6家，休闲渔业场点总资产1.59亿元，有养殖总水面2.24万亩，年接待游客72.58万人次，营业总收入1434万元。

（陈斌）

渔业行政管理

■ **概况** 2015年，永州市出动执法人员3260人次，渔政执法船（车、艇）650艘次，制止各种渔业违法行为7000余次，缴获并销毁非法渔具418件（台），查处非法捕捞案件82起，有效地打击涉渔违法行为，渔业秩序明显好转。

■ **渔业执法** 2015年，永州市渔政工作采取“增人不增编”的方式，抽调精干人员组建16个护渔执法巡查小组，在全省率先开展常态化巡查护渔。通过采取“河长”治“渔”、村规民约、重拳整顿等举措使非法捕捞行为得到有效管控。组织开展大规模跨区域交叉执法行动，打击、震慑违

休闲渔业

法捕捞行为。

■ 渔业安全生产　2015年，在双牌县成功举办首届全市渔业安全生产水上应急救援演练，提升渔政执法人员处置水上安全事故的应急水平和救援能力。规范渔民管理，渔船驾驶员持证率达到82%。对全市登记在册的渔业船舶进行年检。

■ 人工增殖放流　2015年，永州市筹集资金810余万元，放流各种大规格鱼苗鱼种1100余万尾，投放银鱼卵1.1亿粒，同比分别增长12.6%、10.2%。

（陈斌）

重大动物疫病防控

■ 概况　2015年，永州市重大动物疫病春秋集中免疫及日常补免等工作有序开展，动物疫情稳定，没有发生区域性重大动物疫病疫情。

■ 防疫基础　2015年，永州市组织开展6次大规模技术培训，参训人员800余人次，全面提升全市动物卫生执法人员、实验室技术人员及官方兽医的行政执法、检验检测、兽医业务能力。冷链体系基本建成，全市投入460余万元，增建双温双控冷库120立方米，购买更换冰柜245台，冷藏运输箱146个，冷藏包2478个，实现“县（区）有库、乡镇有柜、防疫员有包”，确保“苗有所用”。

■ 动物卫生监督执法　2015年，永州市启动动物及其产品检疫和电子出证工作，对养殖场和屠宰场进行严格监管。全市办理动物卫生监督执法案件228起，捣毁私屠滥宰窝点2个。在年底H7N9流感防控严峻形势下，认真履职、反应迅速，确保动物H7N9流感疫情稳定。

官方兽医培训

■ 无害化处理　2015年，永州市在全省率先引进浙江百奥迈斯生物科技有限公司，计划投资1.5亿元建设运营2个高标准病死畜禽无害化处理中心，并建立覆盖全市各县区及重点乡镇的病死畜禽无害化收储中心和收集点，相关合作事宜正在洽谈之中。

（陈斌）

畜禽水产品质量安全

■ 概况　2015年，永州市没有发生畜禽水产品质量安全事故，在历次畜禽水产品安全监测中合格率均为100%，生猪“瘦肉精”阳性率为零。

■ 网格化管理　2015年，永州市根据地理位置和功能区域，划分畜禽水产品安全监管网格，明确责任人和监管职责，初步构建起畜禽水产品安全监管新格局。

■ 专项整治　2015年，永州市组织开展病死猪肉、瘦肉精、养殖业农资打假等6个专项整治行动，并以重大节假日和特殊防护期等时段为重点，市、县区开展畜禽水产品质量安全专项整治73次。

■ 畜禽屠宰管理　2015年，永州市在屠宰管理职能尚未划转到位前，主动作为、提前介入，在农业部组织的省级交叉检查中得到肯定。市畜牧水产局和江永、江华、双牌等县完成屠宰管理职能转交工作。

（陈斌）

烤烟工作

■ 概况　2015年，永州市烤烟生产贯彻市委、市政府“稳定规模、坚守红线，优化结构，提高质量，夯定基础，配套完善”的总体要求，落实各项工作措施，奋力抗灾救灾，确保大灾之年烤烟产业的总体平稳。坚持高位推动，配强县里抓烤烟生产班子，加强部门服务，强化督促检查和考核，形成抓烤烟生产的强大合力。全市种植烤烟26万亩，收购烟叶55.6万担，完成市委、市政府提出的目标任务，连续10年被省、市政府评为烤烟工作先进单位。

■ **烟叶生产** 2015年，永州市育苗30万亩，2月20日开始移栽，3月15日大面积结束移栽，比2014年提早7~10天，为确保烤烟大田120天生产期奠定基础。田间管理抓得实，以精益生产示范片建设为抓手，突出抓好培土、施肥、植保、打顶、采烤5个技术环节，着力普及先进适用技术，彰显永州烟叶特色，扭转盲目过量施用氮肥等陋习。

■ **抗灾救灾** 2015年，烟叶生产期间遭受非常严重的自然灾害，既有冰雹、狂风、洪涝、高温、病害等显性灾害，又有长期多雨寡照导致单产严重下降的隐性灾害。显性灾害受灾面积14.3万亩，严重受损面积2.4万亩，绝收面积1.45万亩。隐性灾害波及全市所有烤烟产区，每亩减产20公斤左右。面对灾情，各级各部门第一时间启动应急预案，积极抗灾救灾，形成强大合力，将灾害损失降到最低。烟草部门投入救灾资金260万元，扶持烟农开展生产自救；保险部门查勘核损理赔，保障烟农种烟最低收入，兑现理赔款2300万元，是投保金额的1.5倍。

■ **烟叶收购** 2015年，各烤烟产区县切实加强对烟叶收购工作的组织领导，产区乡镇负责人轮流到收购点值班。烟草部门改进服务态度，完善服务措施，提高服务质量，全面推行预检预约。全市9月30日收购结束，比2014年提早半个月。烟叶收购均价由2014年的1319元/担提高到1347元/担，包含生产投入现金补贴达到1498元/担，全市实现烤烟三项税收（烟叶税、增值税、所得税）3.48亿元。收购秩序平稳，收购期间没有发生任何涉烟群体性事件。

■ **烟基建设** 2015年，永州市完成烟叶基础设施投资1.3亿元，全面完成土地整理项目3.5万亩。烟草援建的水源性工程项目有新的进展。投资1.19亿元的新田金陵水库连通工程全面完工；投资1.17亿元的宁远金钩挂水库完成工程量的60%；投资0.84亿元的江华清江水库9月底开工建设；投资0.96亿元的道县营乐源水库通过国家烟草局评审。

■ **烟农合作社建设** 2015年，永州市有烟农专业合作社20家和两场设施综合利用联合社1家，省级示范社8家，江华冯发、宁远左坝合作社被评为全国示范社。合作社成员1.26万户，其中烟农成员1.22万户，烟农入社率达92.6%。按照“因地制宜、适度规模”的要求，统筹规划，合理布局，对全市合作社进行整合建设，采取吸收合并、新设合并的方式，整合成1至2个具有优势的合作社。连续3年邀请行业内外有关专家，举办理事会成员和总经理专题培训班，培训内容涉及民主管理、财务管理、设施管护等方面，全面提升其组织和业务能力。注重运用示范社创建成果，发挥典型的引领带动作用，促进平衡发展。在全市推行江华冯发、宁远左坝2个示范社的运行模式和经验做法，对照样榜补短板，使内部管理趋于规范，服务水平得以提升，经营领域不断拓宽。实现烟叶生产“两头工场化、中间农场化、服务专业化”，促进烟叶生产方式和组织模式转型升级，全市呈现出现代烟草农业发展新端倪，为大农业发展起到示范引领效应。

（杨平安）

林　　业

■ **概况** 2015年，永州市林业工作以绿色永州建设和创建国家森林城市为主线，大力发展生态林业和民生林业，取得可喜成绩。省政府“湘林杯”林业建设目标管理考核，永州市列第二位，连续5年蝉联先进；市绩效考核和小康社会建设、信访、三项优先等工作获评先进；获省级“文明单位”称号。

■ **参与创建国家森林城市** 2015年，为实现市委、市政府提出的成功创建国家森林城市的目标，永州市林业局高位推动、广泛发动、奖惩驱动、资金拉动，在全市组织开展创森攻坚大会战，掀起创建热潮。完成人工造林40.8万亩，为任务40万亩的102.8%。建设秀美村庄示范村254个、达标村2557个，分别为任务的106%、105%；完成封山育林31.6万亩，为任务的101.4%。统筹城区绿化，实施“城区扩量、街道增绿、公园提质、社区植景、庭院添美”行动。通过深入开展创建活动，城乡绿化水平大幅提升、生态环境有效改善、林业经济快速发展、市民幸福指数逐步攀升。永州市创建森林城市40项指标均达到或超过国家标准，11月被授予“国家森林城市”称号。

■ 成功申报2个国家湿地公园 2015年，永州市林业局把“国字号”品牌作为搭设发展平台、拓宽投入渠道的中心工作来抓，积极争取国家项目，与宁远县、金洞管理区两地合作，包装申报九嶷湖、猛江河2个湿地公园，均获批国家湿地公园试点。截至2015年12月底，全市拥有5个国家级湿地公园（试点），湿地保护总面积达35463.03公顷，湿地保护率77.32%，提前一年完成省政府“美丽湿地”三年行动计划任务。

■ 国有林场改革 2015年，永州市有29个国有林场，经营总面积538.64万亩，林场国有面积和数量分居全省第一、第二位。改革前林场共有职工12727人，其中8个国有林场代管42个村2.66万人。为确保改革不偏轨、不走向，重点围绕“定性”“瘦身”“惠民”“强体”“补血”等5个方面做实顶层设计，实现“三率先一没有”，即在全省率先制定出台市级改革实施方案，29个国有林场改革方案率先一次性通过省里评审，国有林场改革率先一次性全部通过省级验收；没有出现一起因改革引起的群体性上访事件。改革后，全市29个国有林场全部定性为公益一类事业单位，核定事业编制3978人，占在职人员的55.1%，并全面落实财政预算保障。所有林场场办学校、医院实现彻底剥离；具备条件的5个林场代管的23个村进行完全剥离，理顺关系；分流富余人员1589人。

■ 绿色产业 2015年，永州市林业局秉承“绿水青山就是金山银山”理念，通过培育生态产业，促进产业与生态深度融合，实现二者的互动双赢。全市林业产业总产值达到301.2亿元，较2014年增长19.8%，占全省份额的10%。引进广东农垦集团、中联天地集团、湖南天惠公司等企业建设大基地，新建油茶、毛竹、速丰林、木本药材、花卉苗木等高标准基地34万亩。招商引进上海云生竹业、广东栋梁木业、浙江建华松脂、湖南咏农、湖南天江生物等20余家企业落户永州市，带动全市产业集群发展，形成林油、林化、林药、林板、林果、森林旅游等六大支柱产业和油茶、毛竹、家具3个新兴百亿产业，拥有国家级林产龙头企业2家、省级龙头企业41家，中国驰名商标4个、湖南名牌产品和著名商标17个。巧借山水做文章，依托国家森林公园、湿地公园和自然保护区等生态基地，借力九嶷山祭舜、阳明山杜鹃花节、蓝山梨花节等节庆活动，发展森林生态休闲旅游，全市森林休闲旅游接待游客超过900万人次，旅游收入超过60亿元。利用丰富的林下土地资源和林荫优势，发展林下经济和多种经营。打鼓坪林场通过发展以花卉苗木为主的多种经营，主业外年收入达到6000多万元。大江林场引进湖南天江生物科技有限公司，投资2100万元种植珍贵中药材石斛、重楼2000余亩。

■ 森林资源管理 2015年，永州市林业局严格落实责任，严格火源控管，严格督导检查，严格兑现奖惩，全市森林火灾呈低发态势。全市发生森林火灾5起，受害面积23.36亩，发生率和受害率远低于省控指标，为历史记录最低值。严控林业有害生物危害，适时开展防治。全市林业有害生物发生面积52.26万亩，成灾面积0.68万亩，成灾率0.34‰，低于4‰的省控指标。按照“总量控制、定额管理、合理供地、突出重点”的原则，进一步加大对征占用林地申报、审批的管理力度，重点保证涔天河等重点工程用地需要。启动建立市县级生态公益林补偿机制。在前期调查摸底基础上，与市财政局、市发

永州森林植物园

改委等部门衔接，起草市县级生态公益林区域界定办法和补偿标准，已经市政府常务会议研究通过。严厉打击涉林违法犯罪，共立各类涉林案件734起，其中，刑事案件立案152起，刑事拘留126人，批捕48人，移送起诉112人，挽回直接经济损失1300余万元。

■ 森林植物园建设 2015年，为实现“开门搞科研”要求，充分发挥林业科研院所服务社会职能作用，打造中心城区林业科普基地，市政府决策，在市林科所基础上建设永州森林植物园。该项目于2014年下半年启动，在财政仅给前期启动资金100万元的条件下，向上争取项目资金4300多万元投入到植物园建设。截至2015年年底，完成10个精品专类园和百花园、人工湖、绿色广场、森林浴场等主体景观建设，成为中心城区市民休闲的观光胜地。

（陈应）

水 利

■ 防汛抗灾 截至2015年10月底，永州市平均降雨1311.1毫米，较历年同期均值1325.5毫米基本持平，全市发生6次严重的强降雨过程。坚持“防大汛、抗大旱、抢大险”，推进防汛抗灾，实现防汛抗灾“三个确保”总体目标。

■ 水利项目建设 2015年，永州市计划水利投入33亿元，截至9月底，完成水利项目投资23亿元，占年度计划的70%，同比增长63%，高于同期全市固定资产投资增幅45.8个百分点，年底完成29.5亿元。涔天河水库扩建掀起高潮。计划完成投资18.87亿元，实际完成投资15.4亿元，占全年目标任务的82%。东安芦江水库、宁远金钩挂水库顺利推进，完成实物投资量超过年初计划。全省最大灌区工程、总投资37亿元的涔天河水库扩建工程灌区项目，10月29日开工建设，完成投资1亿元。总投资23亿元的毛俊水库，项目建议书获水利部批复。总投资6亿元的何仙观水库，项目建议书经省水利厅审查，正在编制可研报告。农村饮水安全项目计划投资1.87亿元，完成195处，完成投资1.86亿元，解决38.6万农村人口饮水不安全问题。病险水库除险加固项目计划投入1.7亿元，宁远县凤仙桥、半山，新田县杨家洞，东安双江水库等4座中型水库除险加固顺利进行；计划实施17座小一型水库除险加固，主体工程基本完工；计划实施92座一般小二型水库除险加固，完工84座，12月底将全面完成。中小河流治理项目计划投入1.25亿元，完成投资9700万元，10个项目中完工5个。水土保持综合治理、山洪灾害防治等民生工程加紧推进。“五小水利”建设计划完成“五小水利”工程8570处、完成投资3.5亿元，已完成7285处、投资2.98亿元。小农水重点县建设计划投资1.6亿元，完成8个小农水重点县建设任务，已全部完工。应急水源工程、中型灌区节水改造、大型泵站改造项目、农村水电项目等，都取得新的进展。全面启动水利精准扶贫工作。

■ 水利改革 2015年，永州市做好取消、下放和调整行政审批事项的落实和衔接工作，18项行政审批精简至5项。落实最严格水资源管理制度，《永州市最严格水资源管理制度实施办法》颁布实施并得到有效执行。湘江保护纳入2015年全市绩效评估指标体系，湘江流域生态补偿机制和湘江流域生态补偿考核正在积极推进。开展农田水利设施产权制度改革，明晰水利设施产权。省级行政执法责任制试点县祁阳县和市级试点县零陵区试点工作扎实推进。

■ 水利管理 2015年，永州市水利局坚持水利工程“质量第一”原则，严格执行“四制”管理，开展水利工程建设领域专项治理，落实水利工程质量管理终身负责制，全市水利工程质量管理在全省排名靠前。全面推进湘江保护，基本完成23个涉水项目的水资源论证，并对全市9个大型取水工程进行取水许可复核。加大水库污染治理力度，全市中型以上水库污染治理全面完成，小型水库治理正在加紧推进。开展全市水利行业安全生产“六打六治”打非治违、水利建设工程落实施工方案、湘江流域和水土保持行政执法专项行动，排查出来的问题基本整改到位。严格规范采砂权出让，公开出让河道砂石开采权14个标段，出让总金额3.45亿元，永州经验在全省推广。

（左建平）

农业机械化

■ 概况 永州市农业机械化管理局（简称“市农机化局”）内设3个职能科室，人员编制12人，有3个下属单位。2015年末，全市农机系统编制内职工（含乡镇服务中心的农机人员）人数1166人；农机用户28.5万户，比2014年增加0.3万户，增加1.06%；全市农机总动力580万千瓦，比2014年增加15万千瓦，增加2.7%；农业机械拥有量96万台套，比2014年增加5.16万台套，增加5.7%，其中，大中型拖拉机17888台，小型拖拉机23443台，水稻插秧机3458台，稻麦联合收割机6809台；完成农机作业面积106.7万公顷，比2014年增加6.7万公顷，增加6.7%；完成农机经营服务总收入48.61亿元，比2014年增加0.43亿元，增长0.9%；农机化总投入33874万元；农田耕种收综合机械化水平45.55%，比2014年增加约2.32个百分点，其中，水稻耕种收综合机械化水平55.2%，比2014年增加约2.5个百分点。

■ 农机购置补贴 2015年，永州市争取农机购置补贴资金13830万元，比2014年的13400亿元增加430万元，增长3.2%。实施购置补贴资金12912万元，占争取补贴资金的93.4%，拉动农民投入2.6亿元，受益农户2.37万户，完成补贴机具32999台套，非补贴机具18560台套，共计51559台套，其中，水稻插秧机531台，谷物联合收割机972台，粮食烘干机60台，拖拉机1415台，田间管理机械708台，耕整地机械13517台。

■ 水稻机插秧技术推广 2015年，永州市水稻机插秧技术推广工作基本形成“以户带组、以组促村、以村促乡、全面铺开”的格局。新建水稻机插育秧点达到282个，其中核心示范点74个、领导办点37个。举办机插秧技术培训29期，培训农民2776人次，开展机插秧现场操作和演示36场次，观摩群众近1.45万人。全市落实机插秧累加补贴和工作经费1479万元。新推广插秧机531台，完成机插秧面积130.2万亩，其中，早稻73.2万亩，中稻8万亩，晚稻49万亩，水稻机插率达到20.6%。

■ 油菜、花生机械化技术推广 2015年，永州市油菜机械化播种面积为0.69万公顷，占全市油菜播种面积6.16万公顷的11.12%；机收面积0.4万公顷，占油菜播种面积的6.61%，新推广油菜机具130台，其中，免耕直播机16台，油菜栽植机113台，油菜收割机1台。4月4日和8月6日，在冷水滩区黄阳司镇分别举办花生机械化种植、收获现场演示会，全市全年花生机械化种植面积达到2000多亩，机械化收获面积3300多亩，推广花生专用机械65台套。

■ 农机专业合作社 2015年，永州市工商部门注册成立的农机专业合作社总数达到214家，新发展现代农机合作社71家，其中45家现代农机合作社纳入省级财政扶持建设范畴。其中，全市农机合作社拥有大、中、小型拖拉机及配套机具1.45万台套，入社社员达29368人，服务农户11.17万户，合作社自身经营土地面积21.43万亩，服务作业面积117.8万亩。各类农机合作组织投入资金9455万元，购置农业机械2547台，国家补贴资金3035万元，省、市、县累加补贴资金1350万元。

■ 农机技能培训 2015年，永州市完成农机化培训27712人次，其中争取新型职业农民培训810人次；培训农机管理人员681人次、农机技术人员3437人次、农机监理人员57人次、农机操作人员23537人次。

■ 农机产品研发 2015年，市农机研究所与永州田源机械装备有限公司合作，研制开发先进适用的履带式拖拉机，正在准备申报产品质量鉴定，列入湖南省农机推广目录，纳入补贴范围。

■ 农机安全监理 2015年，永州市创建“平安农机”示范乡镇4个；办理农业机械登记业务1276台，其中拖拉机注册登记807台，联合收割机注册登记89台，其他农业机械注册登记380台；发放农业机械驾驶证871个，全市各级农机监理部门开展安全生产大检查800多次，参与检查人员3200余人次，检查农业机械8000多台次，纠正违章380多起，排查一般安全隐患570多处，落实治理资金8万余元，全部整改到位，全市农机安全生产“四项指数”即农机事故起数、死亡人数、重伤人数和直接经济损失均为零。

■ 重大活动 2015年3月17日~19日，全省第四期水稻机插秧技术培训班在祁阳县举行。衡阳、郴州、永州三市的农机合作社“掌门人”、种粮大户、农机大户以及基层农机技术人员等300多人参加。省农业委党组成员、省农机局党组书记、局长王罗方，永州市委常委、副市长蒋善生出席培训班并讲话。10月24日，永州市秋冬油菜生产机械化直播现场演示暨现代农机合作社建设推进会在宁远县召开。市委常委、副市长蒋善生，各县区分管领导及农业局、农机局负责人等参加会议。与会人员首先在宁远县冷水镇海江村观摩全市秋冬油菜生产机械化直播现场演示，参观蓝山县牛角农机服务专业合作社；随后在宁远县召开会议，会议贯彻传达全省油菜生产机械化推进会精神，就油菜生产机械化以及现代农机合作社建设的做法和经验进行交流学习，安排部署秋冬油菜机械化直播和现代农机合作社建设工作。

■ 永州国家农业科技园农机化推广 2015年，永州国家农科园在伊塘镇孟公山村片建立面积为5160亩的水稻生产全程机械化试点；园区内落实农机补贴资金1019.4万元，占全市补贴资金总额13830万元的7.4%，推广补贴机具2800台；新培育和发展农机合作社13家，纳入省级财政扶持建设范围的有7家。

（蒋海阔）

农业综合开发

■ 概况 2015年，永州市农业综合开发工作突出主业，抓好农业综合开发；突出主题，开展“三严三实”专题教育；突出主责，开展党风廉政建设，完成各项工作任务。永州市农业综合开发办公室被评为全省宣传信息工作先进单位、土地治理项目计划编报工作先进单位、资金决算编报工作先进单位和项目年度统计工作先进单位。

■ 农业综合开发项目建设 2015年，永州市农业综合开发办公室开展2014年度农业综合开发项目工程扫尾和竣工验收。争取财政项目资金27538万元，比2014年增加8347万元，增长43%，其中，争取土地治理项目资金19170万元，比2014年增长35%；争取产业化经营项目34个，安排财政资金4648万元；争取部门项目13个，安排财政资金3720万元。向国家农业开发办和省农业开发办争取祁阳县现代农业园区试点项目，争取冷水滩区现代农业科技园项目。祁阳县现代农业园区试点项目从2015年开始连续实施三年，可安排财政资金6300万元；冷水滩区现代农业科技园项目可安排财政资金1000万元。实施高标准农田建设11.32万亩，产业化经营项目34个，部门项目13个。加大项目督查力度，创新管理办法，加快工程进度，所有实施项目主体工程年底基本完工，基本实现“当年项目当年完工”的目标。

■ 农业综合开发项目管理 2015年，永州市农业综合开发办公室先后出台《土地治理项目资金管理具体操作要点》《关于认真做好2015年土地治理项目管理工作的意见》，修改完善《永州市2015年农业综合开发县区土地治理项目考评细则》，进一步建立健全工作月调度制、资金管理月报制、工程监理月协调制，举办产业化项目培训班、项目管理人员培训班、工程监理人员培训班。

■ “三严三实”专题教育 2015年5月，永州市农业综合开发办公室在副处级以上干部中深入开展“三严三实”专题教育。主任办公会议进行研究，成立领导小组，制订实施方案，召开动员会，主任带头上党课。围绕“严以修身、严以律己、严以用权”开展集中学习研讨3次。认真查摆“不严不实”问题，撰写剖析材料，坚持问题导向、贯彻边整边改，整个活动取得实实在在的效果。

（宋顺华）

扶贫开发

■ 概况 永州市扶贫开发办公室（简称“市扶贫办”）内设综合科，现有编制内人员6人。是归口市政府办公室管理的副处级事业单位，负责贯彻执行党和国家精准扶贫工作方针、政策，协调解决贫困地区扶贫开发工作中的重大问题；会同有关部门研究提出贫困地区扶贫开发中长期发展规划以及年度实施计划，并协调有关部门组织实施扶贫开发项目，抓好中央和省、市财政扶贫专项资金的监督管理，指导和实施扶贫对象纳入、脱贫退出及贫困监测；指导监督贯彻实施《湖南省农村扶贫开发条例》，协调管理贫困地区与国际组织或机构的扶贫交流与合作；指导有关扶贫外资和项目的实施与管理；制订扶贫开发科技推广和培训计划，指导协调全市社会扶贫工作；协调管理有关扶贫捐赠资金和物资，联系中直、省直机关对永州定点扶贫工作；负责全市驻村帮扶工作日常管理；协调组织开展精准扶贫工作考核；承担市扶贫开发领导小组的日常工作和市委、市政府交办的其他工作。

2015年，全市投入财政扶贫专项资金29399万元，其中，中央和省级财政安排28919万元，市本级财政预算安排480万元。减少贫困人口13万人，贫困发生率下降2.6个百分点，被市委、市政府评为全市民族团结进步模范集体。

■ 精准扶贫顶层设计 2015年，永州召开市委七届四次全体（扩大）会议，审议出台加快推进精准扶贫工作的决议。紧扣精准扶贫、精准脱贫总要求，出台“1+X+部门”精准扶贫政策文件体系，包括1个管总的实施意见、8个综合方案、28个部门配套实施方案。

■ 产业扶贫 2015年，永州市扶贫开发办公室实施百草鹅、食用菌、九嶷山兔、香姜、茶叶、香芋等6个重点产业扶贫项目，带动覆盖2万贫困人口增收。开展江永资产收益扶贫试点，委托2家企业开发高标准夏橙2500亩，折股量化给贫困户，探索用开发式扶贫解决救济式扶贫的新模式。以各县区整体推进阿里巴巴农村淘宝、农产品质量追溯体系项目为契机，推进电商扶贫，全市约5000余名贫困人口参与电商产业。实施扶贫小额信贷，完成评级授信贫困农户8.2万户，授信14.4亿元，累计发放小额信贷1.6亿余元。

■ 扶贫培训 2015年，永州市扶贫开发办公室深入实施“雨露计划”，资助2919名“两后生”接受学历职业教育。实施“一家一”同心温暖工程，资助贫困家庭学生450人。开展“雨露计划”扶贫助学，130名贫困家庭大一新生、2255名义务教育和高中阶段贫困学生获得资助。开展实用技术培训，培训贫困劳动力5738人次。

■ 驻村帮扶 2015年，永州市完善驻村帮扶机制，国土资源部、中南大学等2个中直单位分别对口帮扶新田县、江华瑶族自治县，省委宣传部、省民政厅等18个省直单位和高校企业进驻江华瑶族自治县、新田县、宁远县、江永县、双牌县等5个扶贫工作重点县开展驻村帮扶。由45名市级领导联县指导、带队包村，市直117个后盾单位派出优秀干部，组建工作队驻村帮扶，进驻43个贫困村开展驻村帮扶，建立领导带队包村、部门帮村、干部驻村、全员结对的驻村帮扶机制，实现全市931个贫困村驻村帮扶全覆盖。

■ 建档立卡 2015年，永州市扶贫开发办公室紧扣“精准”二字，出台“一测五看六不进”实施办法，结合“三严三实”专题教育“一进二访”活动，组织开展贫困人口建档立卡“回头看”专项清理，清理退出不符合条件的对象64820人，重新纳入符合条件的贫困对象52555人。

（肖柳）

气象工作

■ 概况 永州市气象局成立于1950年，实行湖南省气象局和永州市人民政府双重领导。设管理科室4个（办公室、业务科、人事科、法规科）、直属单位5个（气象台、财务核算中心、气象科技服务中心、防雷中心、后勤中心），市政府挂靠机构1个（永州市气象防灾减灾指挥部办公室），辖11个县区气象局。主要职责是：依法履行国家赋予的气象行业管理、气象业务和服务、气象灾害防御、人工影响天气等工作，为国家安全及地方防灾减灾、社会经济发展、人民生产生活提供气象保障，完成地方党委政府部署的工作。2015年，市编办核定地方气象事业编制5名，为公益一类正科级事业单位。蓝山、道县编办核定全额拨款事业编制5名。宁远编办核定全额拨款事业编制4名。全年全市气象部门贯彻落实湖南省气象局和市委市政府的决策部署，持续推进气象现代化，全力做好气象防灾减灾工作。

■ 气象站网布局 2015年，永州市气象局建成江华中型天气雷达，推广应用县级综合气象业务平台，完成6县区国家级新型自动气象站建设任务，山洪地质灾害防治气象保障工程项目通过省气象局验收，实施中央财政“三农”专项服务项目。加大站网保障力度，保障仪器正常运行。区域自动气象站探测数据可用率99.7%，雷达质量稳居全省前三位。在全省气象业务工作会议上，永州市作为典型发言。

■ 气象预报预警服务 2015年，永州市气象局做好决策气象服务，着力把握重大灾害性、转折性、关键性天气预报服务过程。做好公众气象服务，气象预报和预警信息第一时间以多方式传递到广大人民群众手中。切实做好专业气象服务，与市发展改革委员会联合印发《永州市气象灾害防御规划》，与市农业委、市国土资源局等联合开展专业专项气象服务。做好重点工程气象保障服务，制订专题服务方案，派出精干业务人员到江华防汛指挥部值班，完成涔天河水库扩建工程安全度汛气象服务工作。做好乙未年湖南省公祭舜帝大典气象服务，市县气象部门提前15天启动预案，跟踪预报和服务，并提前一天做好人工消雨准备。提升业务人员水平和能力，支持申报省局课题2个，完成课题5个。完成有气象记录以来最严重的一次冬汛气象服务。11月上、中旬永州出现强降水，市气象局两次提前启动应急预案，为广大市民及时发送天气预警信号，将灾害损失降至最小。

■ 气象现代化 2015年，气象防灾减灾工作连续5年纳入市委市政府对县区政府的农业农村工作绩效考核，部分县区也将气象工作纳入对乡镇的绩效考核。争取市政府印发《永州市人民政府关于加快推进气象现代化的实施意见》和《永州市2015年度气象现代化建设目标管理考核办法》。11月9日，市政府召开全市气象现代化建设推进会。省气象局联合省统计局开展气象现代化指标体系监测评价工作，永州市气象现代化测评综合得分列全省第七位。市、县两级高清视频会商系统投入运行。

■ 人工影响天气 2015年3~5月，永州市7个烤烟种植县开展人工防雹作业20余次。7~10月，各县区开展人工增雨抗旱作业23次。清明前后和干旱时期实施人工增雨作业，有效预防森林火灾。继续推进、完善人工影响天气标准化作业炮点建设，启动蓝山县、东安县人工影响天气试验基地建设前期准备工作。

■ 项目建设 2015年，冷水滩、江永、双牌三县区气象局的搬迁，道县气象观测征地、江华业务用房，新田站、祁阳站搬迁的前期准备工作有序进行。建成永州机场新址气象观测站。

■ 气象依法行政 2015年，永州市依法开展气象探测环境和设施保护工作，完成气象探测环境保护“四项强标”备案。继续推进网上政务审批和电子监察系统应用，参与商事制度改革，重新制定“三单”，贯彻落实取消雷击灾害风险评估等4项行政审批中介服务事项，规范防雷中介行为，加强施放气球监管。加强气象防灾减灾科普宣传。

■ 人事人才 2015年，永州市气象局继续实施“人才强局”战略，出台相关政策支持鼓励干部职工提高综合素质。优化各单位领导班子结构，东西部人员交流1人，新进本科及以上学历人员8人，同比2014年上升3.2%。10人获得中级技术职务资格，10人申报高工通过。加强远程教育示范点建设。

（周丽珍）

水 文 工 作

■ 概况 湖南省永州水文水资源勘测局为省直属管理公益一类事业单位，机关参照公务员管理。主要职能是：行使水文行业管理，统一监督站网技术，审定水文资料；承担水文水资源监测、水环境监测监控、水文情报预报、水资源评价论证和防洪影响评价等业务；并参与防洪调度，协助水行政主管部门管理和保护水资源。为防汛抗旱、水资源管理、开发、保护、利用和涉水工程建设服务。机关编制33人，县区局编制55人，现有机关参公管理人员31人，县区局职工51人，退休人员46人。

2015年，永州市水文局按照“重建设、严管理、优服务，推进转型升级”工作思路，加快推进中小河流项目建设进度，7台水文应急监测专用车投入使用，多台套在线测流系统通过比测后，陆续投入使用，一大批新的测验设施设备投入水文测报工作，促进水文测验方式的转型升级。道县水文站、九嶷水文站、码市水文站实现在新址开展测验工作。祁阳、冷水滩、双牌、道县、江永、江华、宁远、蓝山等县（区）水文水资源局陆续完成购房、装修、维修改造工作，陆续挂牌交付使用。群团组织建设成效明显，获得“全省水文系统登山比赛”团体三等奖，省水文局“第三届老年门球赛”三等奖。在全省水文系统第三届青年岗位技术创新竞赛中，职工编制的《水情校发导报软件编制报告》获程序组二等奖，《冷水滩站ADCP与流速仪比测分析》获论文组三等奖，市水文局获竞赛组织奖。在全省水文系统青年书法比赛中，永州市水文系统获一等奖1个，三等奖1个。有1人获“2014年度永州市保护湘江优秀

水情分中心发布洪水预警

绿色卫士”称号，并被团市委评为“优秀团干”；1人被团市委评为“优秀团员”。

■ **服务全市防汛** 2015年，永州市降雨偏多，降雨呈现时空分布不均的特点，5月、7月、10月、11月较历年偏多，特别是11月降雨量达246毫米，较历年偏多284%，强降雨导致11月中旬整个潇水流域出现罕见的冬汛，老埠头水文站于11月13日14：36时出现105.44米的洪峰水位，超警戒水位3.44米，是1940年建站以来同期发生的最大洪水。永州成为此次冬汛影响最严重的市州。汛前，市水文局完善预报方案，并根据相关资料分析做出2015年中长期预报；进入汛期后，每月月初定期做出旬月分析简报，洪水发生时收集实时雨水情信息，及时做出实时雨水分析简报发送给相关单位和领导。全年编写旬月水情分析简报7期，实时雨水情分析简报15期。在各次洪水中，按照《永州市水情预警发布管理（试行）办法》及时向社会发布6站次洪水预警，发布实时洪水预报12站次，预报合格率100%。

■ **服务涔天河水库扩建工程** 2015年，永州市水文局抽调1人到涔天河水库扩建工程施工现场值守。5月20日，受上游强降雨影响，江华水文站出现建站以来的第二特大洪水，由于此次洪水受涔天河水库新坝导流洞出流的影响，江华水文站水位严重受顶，水位、流量关系无法按正常关系做出预报，江华县据此分别启动Ⅲ级预案，安全转移低洼地带的群众，涔天河水库在洪峰到来前，提前打开泄洪洞与导流洞泄洪，适时错峰，出库流量每秒1700立方米。21日凌晨1点涔天河水库最高水位达260.80米，作为施工上游围堰的老坝经受超坝顶3.54米的历史洪水。通过采取新坝坝址基坑灌水的方式，确保工程安全，经受入汛以来最大一场洪水的考验。

■ **水质监控** 2015年，永州市省级区划的功能区全部进行监测。做好国控点安装验收工作，市水文局与市水利局和各县区水利局共同完成19个点的验收工作。完成紫溪河口、伍家村、芦洪江口、社下、祁水河口和省界沙湾等6个新增水质断面的查勘与定址工作。全年水质监测断面40个，其中省中心任务28个，市水利局任务12个，涵盖所有县区的主要取水领域。每月向省中心和珠江委上报水质月报。向各县区通报当地的水功能区水质监测及达标评价。完成水利部水文局实验室能力验证工作。完成市级农村饮水检测中心建设方案。

■ **开展水功能区划** 2015年，永州市水文局完成《湖南省水功能区划》重要饮用水源地确界立碑查勘与安装工作，完成湘江两处8块界碑和2块标志牌的安装工作。完成珠委布置的恭城河上下游两座省界缓冲区2座界碑的安装。完成8县区《水功能区划》并全部送审，其中宁远、新田、零陵、双牌等县区基本完成市县两级的评审工作，并有序推进水功能区划工作对各县区的全覆盖。完成《2014年永州市水资源公报》的编制工作。做好水资源监控能力规划的数据核实工作。完成8个项目的水资源论证编制。

■ **水文项目建设** 2015年，永州市水文局加强中小河流永州项目部2012年度、2013年度、2014年度项目建设管理，按省项目办要求认真抓好工程进度、工程质量、工程资料、安全等管理工作。2012年项目建设宁远九嶷水文站完成工程审计。2013年项目建设道县巡测基地建设任务完成合同工程验收。完成2013年度项目建设东湘桥、牛角坝、芦洪市、永兴桥、蚣坝5个水文站的单元工程验收及合同工程验收。完成2014年度仁和、营江、泷泊、沱江、涔天河水文站项目建设和验收；牛角坝、仁和、芦洪市、沱江4个中心站的项目建设、验收和审计。2014年度其他新建设水文站项目建设任务正在施工过程中。完成2014年新田中心站建设前期工作，于11月开工建设。完成涔天河扩建工程影响迁建的码市水文站工程建设，9月通过合同工程验收和在线测流系统安装。

完成2012年度宁远站雷达在线测流系统验收工作，完成2013年东湘桥、牛角坝、芦洪市、永兴桥、蚣坝5个水文站雷达在线测流系统安装初验收，正在进行系统调试阶段。完成永州市水文局、江永水文局院内改造工程的项目建设和验收。完成四水治理东安、老埠头、蓝山水文站的项目建设和验收。完成祁阳、蓝山、毛俊等水文站的水毁修复项目建设和验收。

■ **人事制度改革** 2015年，永州市水文局继续深化人事制度改革，有序开展县（区）水文局工作人员竞争上岗。2月，印发《关于局属事业单位推进人事管理制度改革的预通知》，进行宣传发动。5月，印发《永州水文水资源勘测局所属水文局（站）工作人员竞争上岗实施方案》。7月14日，冷水滩、祁阳、双牌三县水文局岗位的竞争上岗报名开始，全局有22人报名参加此次竞争上岗。在完成报名资格审查及公示后，于7月30日进行竞争上岗考试，后期的民主评议及其他相关工作也相继在8月和11月完成。

（廖兰英）

重点企事业单位选介

市农业科技研究所

■ **概况** 永州市农业科学研究所是全市唯一的从事基础性农业科学研究的正处级公益性、综合性农业科研单位，现有干部职工205人，其中在职89人，离退休116人。市农业科学研究所始终秉承服务党委、政府的农业农村总体目标、服务于全市农业生产、服务于农民致富的理念，以基础科研、新品种选育引进推广和新技术示范、推广为手段，坚持自主创新与引进集成并重，突出基础性和实用性，在农作物育种、重大技术引进集成、农产品储藏加工、农业标准化示范建设、实用科技成果转化推广等方面取得很大的突破和进展，先后完成研究项目520多个，取得各类科研成果284项，其中国家级科研成果2项。仅“十二五”期间，先后培育出杂交水稻和优质稻新品种9个，油菜新品种1个，烤烟新品种1个，研究推广水稻、玉米、油菜、柑橘高产栽培技术和引进推广甜玉米、双低油菜和阿根廷奶油南瓜、黑美人西瓜等新品种、新技术60多项，获得各类科研成果146项。

2015年，继续把研究重点放在水稻育种、作物栽培、新品种引进推广及应用技术研究上，面向农业生产选题，结合政府规划立项，实现科研项目与生产实际、与市场、与农业产业化相结合，坚持以“出成果、出效益、出人才”为中心，以项目促发展、以科研带开发、以措施强管理、以服务留人才为措施，加快科技成果转化的步伐，提升科技成果核心价值，并以此推动科技开发，取得良好的经济、社会与生态效益。

■ **农业科研** 2015年，永州市农业科学研究所开展国家、省、市及所内自选科研项目28个，主要有水稻新品种选育、区试、预试和湖南省水稻产业体系300多个水稻品种的品比试验；油菜品种“油研2013”高产栽培试验、油菜新品种引种及筛选试验及国家早熟油菜区试、湖南省油菜区试试验；烤烟新品种选育、烤烟南繁加代与冬季制种研究、湘烟5号制种技术研究、烤烟良种繁育和不育系选育、生物降解地膜种类筛选试验、富钾饼肥品种筛选研究；湖南省玉米区试试验。其中，国标二等优质杂交水稻新品种建优2号通过湖南省农作物品种委员会审定，建优2号的选育与推广项目获得永州市科学技术进步一等奖；水稻新品种两优7188、9771s/1191参加湖南省区试；水稻新品种潇湘优527、y两优9353参加湖南省预试；国家冬油菜早熟组区域试验24个油菜新品种试验任务完成。

■ **农业科技服务** 2015年，永州市农业科学研究所连续在冷水滩区、东安县、祁阳县、零陵区、道县、江华瑶族自治县、海南省等地建立生产基地，就水稻高产优质生产大面积推广示范、烤烟大片生产、油菜高效生产提供技术指导。在祁阳县七里桥镇上庙湾村建设280亩全程机械化高效栽培技术种植基地；在零陵区凼底乡阳公滩村建设生态循环农业低镉绿色稻米栽培技术试验示范基地，开展水稻新品种新技术研究示范。与此同时，以烤烟室为主要技术依托，甘肃烟草工业有限责任公司道县祥霖铺基地单元和浙江中烟工业有限责任公司江华涛圩基地单元2个点进行烤烟大面积生产，永州市农业科学研究所委派专业技术人员组成两支科技队伍驻点进行现场技术指导，并争取到技术服务费20万元。

（邓有能）

湖南涔天河工程建设投资有限责任公司

■ **概况** 湖南涔天河工程建设投资有限责任公司成立于2011年12月15日，是涔天河水库扩建工程的项目法人，为国有独资企业，注册资本金10亿元，经营范围包括水利水电工程等投资和建设。共有员工121人，其中，享受国务院津贴专家1人，高级职称9人，中级职称23人。湖南涔天河水库扩建工程，包含的枢纽和灌区2个项目，均被国务院确定为172项节水供水重大工程，也是"十二五""十三五"期间湖南省水利建设"一号工程"。2015年度被评为全国最具影响力十大水利工程之一。工程位于湘江干流潇水流域上游的永州市江华瑶族自治县境内，最大坝高114米，坝长328米，正常蓄水位313米，总库容15.1亿立方米；装机容量20万千瓦，设计灌溉面积111.46万亩，2个项目总投资100亿元。工程竣工后，可基本解决江华、江永、道县、宁远四县农田灌溉和人畜饮水问题，提高沿河城镇的防洪标准，并在湘江枯水期补水，从源头上保护湖南母亲河，是一处具有灌溉、防洪、下游补水和发电，兼顾航运等功能的大型水利工程。2015年获得"湖南省重点建设项目管理优胜单位""湖南省重点建设劳动竞赛考核先进单位""永州市先进基层党组织""湖南省文明工地"称号。

■ **工程进展** 枢纽工程于2012年8月前期工程开工，2013年11月主体工程开工。2014年12月通过导（截）流阶段验收，大坝开始填筑。2015年4月27日，大坝临时断面填筑至百年一遇拦洪高程EL277米，提前3天完成第一个枯水期的建设任务，确保工程工地安全度汛。2015年11月28日，大坝填筑至EL320.3米高程，填筑量300万立方米，比初设批复的工期提前153天完成大坝堆石体填筑任务。质量和安全生产实现"零事故""零伤亡"目标。战胜2015年"5·20""11·11"2次特大洪水的袭击，确保在建工程和移民平安度汛。2015年，完成投资244133.74万元，其中枢纽40512万元，移民203621.74万元，占市政府年度任务22.61亿元的107.98%。截至2015年年底，累计到位资金41.95274亿元，累计完成投资41.7345亿元（枢纽工程投资9.8032亿元，拨付移民资金31.9313亿元），占水利部批复概算60.0068亿元的69.5%。全年土方开挖19.9万立方米，石方开挖19.2万立方米，土石方填筑287.9万立方米（其中大坝填筑267.9万立方米），混凝土浇筑12万立方米，钢筋制安898t。截至2015年年底，累计土方开挖105.3万立方米，石方开挖200.5万立方米，土石方填筑332.3万立方米，混凝土浇筑23.8万立方米（其中大坝填筑298.3万立方米），钢筋制安10111t。灌区工程在2015年10月29日开工，比国务院要求提前2个月。完成投资10245万元，超额完成2015年度水利部1亿元的年度投资任务。

■ **文明工地创建** 2015年，湖南涔天河工程建设投资有限责任公司始终坚持把抓好体制机制、质量管理、安全施工、文明施工、环境保护贯穿于工程建设的全过程，被湖南省水利厅评为省级文明工地。加强宣传、沟通，制定落实预防措施。在工地设置群众意见箱，主动接受监督，力求减少工程建设过程中的灰尘、噪音等对当地老百姓的影响。开展"冬送温暖、夏送清凉""慈善一日捐"、义务植树，以及一系列服务地方政府和群众的活动，支持地方经济建设。公司先后对涔天河镇蒋家寨村"对门巷子"排水渠进行疏浚、护坡；对水东村村道和村民休闲活动广场进行路面硬化；对水东村田洞主排水沟进行扩宽。对当地农田、水利、道路等建设支持，赢得群众对工程建设的关心与理解，建立良好和谐的施工环境。整个工程施工实现"三无"，即无交通安全事故、无施工区域举报、无环境污染；"三确保"，即确保安全质量、确保节点进度、确保稳定和谐。组织青年员工在工地开展学雷锋志愿者服务活动，美化工地环境，进行文明劝导。

（谭虹）

涔天河水利水电管理局

■ **概况** 2015年，涔天河水利水电管理局围绕年初确定的"保灌溉、保稳定"工作目标，注重统筹，切实抓好防汛与安全生产、民生民本、党风廉政建设和服务扩建工程等工作，求真务实，强化管理，完成年度工作目标任务。涔天河灌区干渠全年安全运行175天，有效供水8299.2万立方米，确保灌区受益面积8.6万亩农田的有效灌溉。

■ **防汛与安全“零”事故** 2015年，涔天河水利水电管理局夯实防汛与安全基础，突出抓好安全工作，围绕重点抓落实。搞好涔天河灌区干渠全线的清淤扫障、防渗补漏以及晏家田水轮泵设施设备的检查消缺工作。开展安全生产检查、消防和食品卫生专项检查8次，隐患整改41项。做好与有关单位、部门的协调工作，及时修复损毁的渠堤，把淤塞渠段进行彻底的清理。加强渠道工程的巡查和供水调度工作，落实防汛责任制和接送水责任制，科学调度“5·20”“11·13”洪水。全年排除险情和隐患20余处。

■ **筹措资金** 2015年，涔天河水利水电管理局争取财政经费2004.88万元，市人社局社保处拨付退休费428.75万元，晏家田水闸养护维修、西河渡槽除险加固和渠道冬修等工程改造资金95万元，收回湖南涔天河工程建设投资有限责任公司闲置职工补偿款600万元，水电、房租及其他费用123.71万元，累计筹措各项资金3242.34万元。

■ **基础设施建设** 2015年，涔天河水利水电管理局投入资金约700万元，完成机关大院基础设施的改造与配套建设工作，使整个大院的绿化、亮化、净化、美化工作日趋完善，小区品质进一步提升。完成机关生活小区内的水电扩容与配套工作，新增800千伏安变压器1台。规划新建机关大院的车位，小区管理更加规范。争取人畜饮水安全工程项目专项资金40万元，完成对晏家田、西河、桥头铺3个管理所饮水安全工程的建设并通过水利部的抽查验收。配合永州市水利水电勘测设计院完成“农业综合开发涔天河灌区节水灌溉项目”的初步设计，并通过省水利厅的评审。

■ **服务扩建工程** 2015年，涔天河水库扩建工程灌区项目正式启动。涔天河水利水电管理局抽调人员33人到湖南涔天河灌区工程建设有限公司工作。通过整合资源和强化技术措施，克服资金有限、设备维护等困难，竭力为扩建工程建设提供雨水情服务。及时、准确地提供雨水情信息3140余条，成功调度“5·20”“11·13”较大洪水，确保扩建工程的安全度汛。加强厂区管理，提升后勤保障水平，全年整改和排除安全隐患32处，为江华县移民防汛应急搬迁无偿提供厂区住房28间、面积300平方米的临时度汛安置房。

■ **帮扶济困** 2015年，涔天河水利水电管理局做好困难职工的慰问和帮扶工作。全年走访离休干部遗孀和副科级以上退休干部46人次，探望慰问住院职工82余人次，局领导结对帮困7人。班子成员和局工会为结对帮困对象提供帮困资金5200元。其中领导个人为帮困对象捐助2400元。全局干部职工勇跃参加“爱心助残一日捐”活动，募捐资金5270元。

（邓鹏志）

湖南省双牌水库管理局

■ **概况** 2015年，湖南省双牌水库管理局围绕“三农”工作，确保双牌灌区受益的30多万亩农田的有效灌溉，完成年度工作目标任务。全年安全运行184天，渠首引水总量为2.37亿立方米，最大运行流量每秒22立方米。

■ **防汛保安** 2015年，湖南省双牌水库管理局始终绷紧安全生产这根弦，健全并落实汛期值班制度和管理制度，实行领导带班，充实加强防汛力量。中控室提前通过电话、短信、灌区QQ群、微信群等方式给各所发出预警信息，要求强化值班巡查，重点做好防汛重点及薄弱环节的防汛工作。开展安全大检查6次，召开安全生产专题会议3次，对安全生产、设施设备的维护、砍清扫障工作进行重点部署。发放安全生产宣传挂画50余份，制作安全生产宣传手册60余份。开展机关内部安全生产大检查，对基层站所的仓库、杂房、电线、消防设施设备等进行排查。处理茶花所三八斗渠管涌1处，排查出小隐患小滑坡10余处，更换设施设备7处。

■ **灌溉服务** 2015年，为满足灌区范围内的种粮大户的用水需求，双牌水库灌区提前开闸放水，延迟关闸时间。大坝自4月16日开闸到10月16日停水，全年运行时间为184天，比2014年多10天。由于雨水充沛，气候宜人，每秒20立方米以上大流量仅运行10天；最大运行流量为每秒22立方米。全年供水量为2.3亿立方米，其中有效供水量为1.85亿立方米。

■ **危旧房改造** 2015年，湖南省双牌水库管理局完成平福头、菱角塘、茶花、清水塘4个基层管理所的改造任务。制订《双牌灌区所站绿化亮化美化方案》，安装大型灯牌4盏。年内，完成项目投资220万元。

■ **体制改革** 2015年，湖南省双牌水库管理局为落实改革政策，实现从差额拨款到全额拨款单位的实质性转换，局领导班子向省编办、省人社厅、省财政厅、省水利厅等有关部门衔接汇报，争取支持。通过努力，到年底，省直相关部门对双管局公益一类事业单位的政策都予以认可，基本上同意将人员经费全额纳入省级财政预算。

■ **生态灌区试点** 到2015年年底，苗木基地建设经过连续3年的基础工作，初步形成包括祁阳县茅竹镇吉庆村紫薇园和各所苗木园在内的规模近500亩的生态养护基地，培育和移栽三红紫薇、红叶石楠、丹桂、青钱柳、高端茶花、红豆杉等各类珍稀苗木60多万株。同时开展生态灌区试点工作，在管理所范围内选取3公里渠道作为试点，在渠堤上移栽落羽杉、栾树等苗木。

■ **精神文明建设** 2015年1月，湖南省双牌水库管理局顺利通过水利厅的复审，继续保持“全国水利文明单位”的称号。按照市委关于“三严三实”专题教育的统一部署，局处级干部对照“三严三实”标准，“对症下药”，具体问题具体解决。严格执行禁酒令和上下班作息时间，机关和所站作风有进一步好转。着力打造灌区文化平台。以宣传推介灌区历史文化、展现干部职工风采、抒写干部职工情怀为主的《双牌灌区》报正式创刊，并编发2期。向水利部、灌排协会以及全省各兄弟灌区邮寄近500份刊物，扩大双牌灌区知名度和影响力。

（吴滢荣）

工业·电子信息

综　　述

■ **概况** 2015年，永州市经信系统按照“全力实施新型工业化大突破”的战略部署，适应经济发展新常态，切实强化企业服务，突出项目攻坚，培育新的增长点，工业经济保持平稳增长，新型工业化实现新突破新跨越。各项工业主要经济指标均居全省前列：新增规模工业企业127家，超额完成100家目标任务，排全省第一位；规模工业增加值实现330.16亿元，同比增长10.1%，排全省第一位；工业固定资产投资完成670.4亿元，同比增长23.6%，排全省第一位。

■ **工业生产调度** 2015年，永州市委市政府加大工业经济运行监测力度，制定工业经济均衡增长的实施措施，并适时提出指导性意见，层层传导工作压力。建立工业经济运行联席会议制度，定期分析工业经济运行形势，会同有关部门组成工业经济运行督查组，针对薄弱环节，有的放矢，深入重点县区、重点行业、重点企业指导工业经济运行，帮助企业解决实际困难，确保工业经济平稳增长。提前超额完成全年100家的目标任务，排全省第一位；全市完成规模工业总产值1129.39亿元，同比增长19.0%。

■ **项目建设** 2015年，永州市坚持把项目建设作为第一抓手，摆在重中之重，齐心协力抓好工业项目的推进。全市工业技改投资完成310.8亿元，同比增长12.6%。列入省“双四百工程”直接调度的全市47个重点项目进展较顺利。其中，列入省开工项目19个，年度投资41亿元，1~12月完成投资41.2亿元；列入省竣工项目28个，年度投资41.19亿元，1~12月完成投资46亿元。列入全市“1511”工程100个重点项目的76个工业信息能源项目，完成投资91.9亿元，占年度计划的106%。零烟芙蓉王生产线技改全面完成，完成产值70亿元。猎豹汽车CS10上市量产，产销两旺，生产整车3.8万台，销售收入40亿元。康都制药、和广生物、恒伟医药、德福隆电子、江华九恒物流条码、华讯科技、千山药机等项目竣工投产；湘江纸业关停并转、神华火电、五矿江华稀土产业园、烟草产业园、湘器异地技改等重大项目正在顺利推进。

■ **园区发展** 2015年，永州市实施“百亿园区”推进计划，深入开展调研，利用航拍资料核准园区边界，摸清底数，建立园区工业档案，草拟《关于进一步促进工业园区快速发展的若干意见》。按照产城一体化要求，督促各县区高起点规划工业园区，高标准建设园区基础设施，全面增强园区承载功能。年内组织工业园区负责人赴苏州、新加坡工业园区专题培训，提升队伍素质。出台《永州市工业园区经济发展专项考核办法》，突出园区考核权重，为工业经济发展打造坚实平台。两次召开工业园区流动现场会，形成比学赶超的热潮。全市工业园区完成技工贸总收入1518.25亿元，同比增长24.02%；完成规模工业总产值858.12亿元；完成规模工业增值217.34亿元，同比增长15.6%；完成基础设施投资20.7亿元，同比增长16.03%；新增土地储备面积16294亩；建设标准厂房面积264.1万平方米。永州经济技术开发区、祁阳经济开区双双建成百亿园区。

长丰工业园

■ **企业服务**　2015年，永州深入开展“企业服务年”活动。由市级领导带队，各服务小分队和帮扶特派员深入企业、项目建设现场，帮助企业协调解决实际困难和问题。市经信委收集整理出29家市本级重点企业存在的融资、项目用地、人才引进等问题60多个，并将问题交办到相关职能部门协调解决。制定《永州市经信委领导联系重点企业、项目、园区责任分工表》，由14名处级干部带领14个责任科室对口服务18家企业、12个园区。协助长丰集团顺利通过工业和信息化部汽车整车资质验收，重新拿回整车生产资质；帮助激活转让客车资质和引进战略合作者；对接长丰总部，争取新车型和长丰产业重点布局永州；帮助协调解决长期影响冲压车间扩建的房屋拆迁问题、铁路专用线维护改造问题、新车型物流运输问题和争取汽车销售补贴展期等问题。帮助零陵卷烟厂解决烟叶仓储不足问题，协助争取中烟增拨卷烟生产指标。开展“惠企政策落实年”活动。及时更新《2015年永州市工业产品鼓励采购目录》，印制《减轻企业负担政策百问百答（2015）》《2015促进中小企业发展优惠政策选编》5000本，免费发送到各重点企业，并通过中小企业服务平台及时发布和宣传惠企政策。落实重点行业、重点企业帮扶政策。先后草拟《关于进一步加速推进新型工业化的意见》《关于加快工业园区发展的意见》《关于加快推广应用新能源汽车实施意见》《永州市鼓励个人购买电动汽车财政补贴实施办法》和《关于永州市电动车辆管理办法实施细则（暂行）》，提交市委、市政府研究出台。开展全市汽车产业调研，提出的意见和建议得到市委、市政府主要领导的充分肯定。制订《水泥混凝土搅拌场行业规划》（草案）和《室内装饰行业管理办法实施细则》（草案）提交市人民政府研究。异蛇产业整合升级方案正在广泛征求意见。突破瓶颈制约，加大要素保障。市中小企业信用担保公司发放担保贷款44笔，为中小企业担保金额14470万元。联合市金融办，组织专业团队开展“走进园区、走进企业”专题银企对接活动，帮助恒惠食品、恒远发电、奔腾彩印等78家中小企业融资3.2亿元，帮助6家企业获国开行打捆贷款2900万元，为江华坤昊实业协调解决银行贷款6000万元，帮助奔腾彩印、希尔药业等一批企业开展上市服务。开展全方位的招工服务，解决企业用工3万多人。开展“大众创业、万众创新”活动，鼓励各县区创办创新创业服务平台，新增各类小微企业1600多家。

■ **小区用电整治**　2015年，永州市经济和信息化委员会成立以分管领导为组长、电力执法支队所有人员和永州供电公司相关人员为组员的小区用电专项整治领导小组，制订《小区用电安全隐患集中整治工作方案》，并抽调专人组成专门工作班子，将整改任务进行分解，建立责任落实表，将整改时限、整改效果与具体责任人直接挂勾，确保整改落到实处。领导小组每周召开小区整治工作调度会，委党组每月听取一次情况汇报，并针对整改中的难点问题及时研究具体的措施和办法，小区整治工作扎实推进。48个存在问题的小区，通过督办和整治，27个小区整改到位，4个小区正在进行整改，2个小区进行部分整改。

■ **节能降耗** 2015年，永州市经济和信息化委员会加快实施重点节能技改。组织鑫盈建材公司等3家企业申报节能奖励项目，经省里组织验收2014年节能奖励项目合格的3个，实施节能与资源综合利用示范项目15个。开展资源综合利用认定和清洁生产工作。组织三家企业申报认定资源综合利用产品企业，同时，组织海螺水泥有限公司、湖南恒远发电有限公司等10家企业申报2014年清洁生产审核计划，并完成10家企业的清洁生产审核工作。对全市范围内符合条件的钢铁、建材、石化、化工、有色等重点行业企业进行摸底筛查，组织开展企业清洁生产技术水平现状调查，编制全市的《大气污染防治重点工业行业清洁生产技术改造实施计划》，上报2016年的大气污染防治重点工业行业的项目计划名单。开展电机能效提升工程，对全市企业电机使用情况进行摸底调查，并举办全市电机能效提升培训班。组织九鼎饲料、福嘉有色2家公司申报省电机能效提升工程项目。全年万元规模工业增加值能耗下降10%，超额完成市政府制定的每年下降4.5%的目标任务。

■ **两化融合** 2015年，永州市实施“宽带中国”战略。编制《中心城区信息基础设施专项规划》，加强光缆、管道、基站等通信基础设施的共建共享和互联互通，打造“宽带永州”。实施智慧城市创建计划。采取BOT模式，以数字城管为突破口，推进电子政务、公共服务、社会治理三位一体数字化网络平台建设。全市统一的电子政务公共平台（云计算中心），政务数据中心，社会治理、城市管理和公共服务一体化综合应用平台，综合政务服务平台等初步构建成型。实施企业信息化示范工程。新增祁阳、江华两县数字园区示范点建设，选定24家生产企业作为市级“两化融合”试点、示范企业，推动241家规模企业参加“数字企业”创建活动，推荐达福鑫集团、湘君面业2家企业参加全省“两化融合”贯标企业评选，通过示范效应，带动企业研发设计能力和后端营销服务能力提升。实施软件企业与生产企业的牵手行动，推动软件和信息服务业企业与生产企业的合作。全市软件和信息服务业服务收入达5亿元左右，是2014年的1.7倍以上。

■ **编制“十三五”规划** 2015年，永州市经济和信息化委员会承担《永州市“十三五”新型工业化发展规划》和《永州市先进装备制造业中长期发展规划》的编制任务。多次召开专题会议对“十三五”规划编制工作进行研究部署，制订《关于编制永州市“十三五”新型工业化发展规划方案》，成立市“十三五”规划编制领导小组，负责统筹协调推进规划编制工作。实地调研各县区、重点骨干企业、重点工业项目及工业园区建设情况，查看重点企业，召开县区经信委、企业家代表座谈会，搜集第一手资料，为编制规划奠定良好基础。9月，规划编制组编制规划初稿。12月初，市经信委邀请市委党校、湖南科技学院、市人大、市政协等单位的研究专家，市直相关部门、重点企业的负责人召开规划征求意见座谈会2次。

■ **迎接人大工作审议** 永州市第四届人民代表大会常务委员会第28次会议决定2015年对市经信委工作开展全程审议。市经信委成立以委党组书记、主任谭立宏任组长的迎审工作领导小组，制订《永州市经信委接受市人大常委会工作审议实施方案》，将迎审工作细化落实到相关领导、科室和相关工作人员，明确具体工作和责任，形成全员参与、相互支持、上下联动的工作局面。7月30日~31日，市四届人大常委会第31次会议对市经信委近两年来的工作进行集中审议，得到审议工作组、委员以及参会人大代表的充分肯定。11月23日下午，市第四届人民代表大会常务委员会第34次会议对市经信委整改落实情况进行审议测评，市经信委被测评为满意单位，顺利通过市人大审议。

■ **机构职能改革** 2015年，永州市经济和信息化委员会增加承担盐业和国家储备盐监管工作职责、全市国防科技工业的综合协调管理、军民融合推进工作职责，增加统筹协调全市信息化发展职责，原市轻纺办、二轻办、机冶办、化工办、建材办、煤炭行管办等6个管理办公室的职能划入市经信委。根据新的“三定”方案，市经信委内设机构为17个，增加装备工业科、军民融合推进科（加挂民爆物品管理科），独立设置市推进新型工业化办公室。

（唐淑娟）

矿产品精深加工业

■ **概况** 矿产品精深加工产业发展成为永州市经济发展的重要支柱产业。全国168个矿种，永州市有62种（计亚种75种），其中探明的45种（计亚种54种），有28种（计亚种30种）纳入矿产资源储量平衡表。列全省第一位矿种有：锰、稀土、锂、铷、铯、熔剂灰岩等。全市主要矿产资源潜在价值为3485亿元左右。2015年，矿产品精深加工产业产值130.76亿元，同比增长3.7%。

锰铁矿业。规模以上冶炼企业从2012年的178家减少至98家（2016年4月），减少80家。至2015年年底，全市规模以上冶炼企业完成工业产值131亿元，约占全市规模工业总产值的11.9%；从业人员从约1万余人减少至不足1000人。冶炼企业主要集中在北边的零陵区、东安县、祁阳县、冷水滩区、双牌县，南边的道县、江华瑶族自治县、宁远县、蓝山县有少量企业。

稀土矿业。全市稀土开发企业1家，即五矿稀土江华有限公司。公司被列入国家开采计划指令企业，由于技改项目未完成，一直未开采。稀土冶炼分离企业3家，其中五矿稀土江华有限公司和永州市湘江稀土有限责任公司被列入国家冶炼分离计划指令企业。2015年，全市稀土开采计划指标为REO（氧化物）2000吨，实际开采0吨。

有色金属矿业。全市有11家铅锌矿开采企业。其中，江永县3家铅锌矿石开采企业，开采规模均为3万吨/年，年产铅精矿金属量7900吨、锌精矿金属量12100吨、白银1.12吨。宁远县有3家铅锌矿石开采企业，规模都比较小。江华县有2家，道县2家，东安县1家。全市铅锌加工企业有5家。其中，江永县银铅锌矿，通过冶炼生产电铅，年产能力2万吨，正在实施年产能5万吨扩能改造。宁远县的福嘉有色年产铅系列产品8万吨、硫酸8万吨、黄金300公斤、铋300吨、白银180吨、次氧化锌9000吨、富冰铜1100吨，年产值约20亿元。江永县的铅锌加工企业主要以江永县银铅锌矿为代表，主要是冶炼生产电铅，有年生产能力为2万吨，正在按照国家产业政策调整要求实施扩改，年产能5万吨以上，另生产附产品冰铜，年产能为4000吨。东安县的东港锑品，主要生产锑系列产品6000余吨，2015年产值约0.95亿元。

非金属矿业。全市非金属矿产大多没有进行详勘。石灰岩有探明含量的熔剂灰岩主要是：东安县羊角寨熔剂灰岩，保有资源储量（矿石量）6838万吨；水泥用灰岩主要有祁阳县黎家坪水泥灰岩矿，保有资源储量（矿石量）9922万吨；均达到大型矿床规模。高岭土资源储量约2亿吨以上。硼矿探明的硼矿石储量1829万吨（与道县祥霖铺钨矿共生），三氧化二硼（B2O3）储量34.1万吨，平均品位1.83%。硼矿在世界上属于稀缺资源，用其加工生产的硼砂、硼酸等硼化物广泛应用于轻工、化工、建材等领域。高岭土矿深加工项目主要分布在金洞和道县。金洞管理区的众鑫工贸实业有限公司采矿点位于金洞晒北滩境内，在金洞镇租赁场地建设完成生产车间及实验室，项目累计投资达5000万元，建设生产线2条，于2012年8月底试投产，年产10万吨，2013年销售收入约1000万元。道县高岭土矿加工项目2012年实现产值1.25亿元，2013年实现产值1.5亿元。

建材产业。建筑材料生产是永州工业的支柱产业之一。全市建材工业总产值连年大幅增长，2015年，完成产值113.4亿元，同比增长22%。建成5家大型新型干法旋窑生产企业，年产能达960万吨，2013年全市水泥工业总产值达20亿元。全市生产新墙材企业达102家，年产能达41亿块标砖，年工业总产值达10多亿元。在中心城区形成页岩煤矸石烧结多孔砖、加汽蒸压灰沙砖、混凝土砌块、轻质墙板、金属面聚氨酯夹芯板、石膏板以及墙体保温材料等新型墙体材料产业带。全市11个县（区）全部建设商品混凝土搅拌站，商品混凝土企业29家，专用汽车396辆，年产能1500万立方米，产量195万立方米。

（李文昌）

轻纺制鞋产业

■ **概况** 2015年，永州保持产业发展定力，规范有序承接产业转移，以鞋业、服装为核心，以发展总部经济为主线，实施大集团战略和品牌战略，把永州打造成耐克、彪马、卡乐驰等世界品牌鞋制造基地。截至2015年年底，永州市规模以上轻纺制鞋工业企业139家，完成产值167.89亿元，同比增长26.27%，保持较好的增长态势。

产业结构不断优化。整个行

业生产方式逐步由简单粗放的来料加工向技术集约型加工转变。新型装备和产品的比重不断提高，企业研发能力逐步提升。蓝山湘威制鞋的研发中心实现从简单模仿到整鞋设计、与国际接轨的转变。家纺服饰产品多元化格局初步形成，覆盖服饰、绵麻、婚纱、羊毛被、蚕丝被、鹅毛被等多种产品。鞋业制造升级为国际知名品牌代工，如凯盛鞋业、湘威鞋业等企业成为耐克、阿迪达斯、彪马、匡威等国际知名品牌的生产基地。

产业集聚度逐步提高。截至2015年年底，全市轻纺制鞋行业获中国纺织工业协会科技进步三等奖1项；省科技进步二等奖1项、三等奖2项；省科技发明三等奖1项。技术装备更新速度加快。全市轻纺制鞋行业先进装备比重达到70%，高出全省4.8个百分点；自动针织机、自动络筒机比重分别达到45%、55%，高出全省同行业3.9、3.6个百分点。信息化融合初显成效。全市轻纺制鞋企业信息化投入逐年上升，信息化基础设施逐步完备。计算机辅助设计/制造系统（CAD/CAM）、资源管理系统（ERP）、供应链管理系统（SCM）、客户关系管理系统（CRM）和在线检测与控制等信息技术的应用，有力提高企业的信息化管理水平和竞争力。湘威运动用品等一批重点企业的ERP应用水平走在全行业前列；承阳针织等一批企业通过网上直销等方式大力发展电子商务。家私产业园项目总投资10亿元，2015年投资1.5亿元建设华泰国际家私城，闽新板材、林丰木业、南有新田竹木等企业厂房建设、配套设施建设及企业生产线建设进展顺利。东骏纺织二期工程项目2015年投资1亿元建设厂房、设备及配套设施。湖南云生竹业续建项目2015年投资1亿元建设厂房设备、机械购置、屋外竹板材生产线。

（蒋芳）

生物医药业

■概况 2015年，永州以扩总量优结构，转变经济发展方式，发展战略性新兴产业为主线，推进生物医药项目建设，抓好运行调度，全力做好企业服务，全市生物医药工业保持平稳快速发展。抢抓新医改带来的发展机遇，提升企业内部研制能力，加快突破企业研制新药重大关键技术和工艺，培育全国领先的重大创新品种，打造全国具有一定影响力的生物医药产业集群。重点发展生物医药和中药提取两大领域，以“规划引导、突出特色、协作配套、聚集发展”为原则，培育壮大一批行业龙头企业，吸引一批知名大企业大集团，辐射带动一批创新型中小企业和配套企业，培育形成具有一定辐射带动作用的医药产业集群（园区）；做实做大基地建设，着力建设厚朴、杜仲、黄柏、金银花、玉竹等10多种在全国市场上享有极高知名度的传统地道药材规范化种植基地和菁蒿、苦瓜、罗汉果、银杏等中药材原料生产基地，推行“公司（专业合作社）+基地+农户”等产业化运作模式，加快推进中药材种植基地GAP认证。加强对全市医药工业重点企业的动态监测，坚持月调度、季分析，及时发现医药工业经济运行中的新情况新问题，有针对性的提出对策措施和建议，为领导决策提供参考。加快产业转型升级，提高经济发展质量，对全市医药企业2014~2015年实施兼并重组企业进行调查，12月推荐上报恒伟药业、双海医药2个兼并重组企业。遴选上报4个医药技术改造项目，获得扶持资金100万元。通过积极争取，省经信委上报工业和信息化部2015年转型升级资金中药材提升和保障项目2个，敬和堂制药的厚朴基地和产业化项目获得支持。利用药品价格放开和省药品集中采购目录调整之际，向省人民政府推荐湖南敬和堂制药有限公司生产的六味补血颗粒列入湖南省2015年药品集中采购目录重新议标，并成功中标。截至2015年底，全市规模以上医药工业企业26家，完成产值47.99亿元，同比增长30.8%，保持较好的增长态势。

（蒋芳）

食品工业

■概况 2015年，永州市食品行业以结构调整和转型升级为主线，以项目建设为核心、政策推动为推手、协调服务为切入点，坚持创新驱动，培育壮大龙头企业，着力推动全市食品工业持续健康发展。依托丰富的农产品资源，坚持走“生态化、规模化、特色化、品牌化”发展道路，加强科技研发，推广应用先进设备和高新技术，全面推行标准化生产，推动校、企、院合作，强化科技研发，提升产品科技含量和附加值。利用互联网、新媒体等平台，将信息技术植入农产品加工业，促进传统产业转型升级。加大与阿里巴巴（中国）软件有限公司、杭州甲骨文科技有限公司等涉农电商平台合作力度，大力发展农产品电子商务。加强对国家宏观经济政策的跟踪研究，准确把握宏观经济学走势；加强对全市食品工业重点企业的动态监测，坚持月调度、季分析，及时发现医药食品工业经济运行中的新情况新问题，有针对性的提出对策措施和建议，为领导决策提供依据。开展全市农产品精深加工整合调研，重点开展异蛇产业整合试点调研，并制订年度工作计划。5月，起草《永州农产品精深加工业整合实施方案》（草案），制订工作计划，2015～2016年从永州异蛇产业整合开展试点，逐步推开。对全市食品企业2014～2015年实施兼并重组企业进行调查，12月推荐上报华利工贸为兼并重组企业。遴选上报8个食品技术改造项目，获得扶持资金110万元。根据国家葡萄酒行业准入条件和白酒行业产业政策，对鑫利生物科技葡萄酒行业准入和江华九龙井、道县满堂红酒业等企业的产业政策审查。果秀、恒惠公司食品工业企业诚信体系建设列入认证计划。重点推进食用油米粉企业诚信体系建设，华利工贸列入2015年省诚信体系建设认证计划，12月通过认证评价。参加市"食品安全宣传周"启动仪式，会同市科协和粮协开展有15家食品企业参加、以主题为"尚德守法全面提升食品安全法治化水平"的食品安全宣传周活动，邀请消费者代表和有关媒体记者走进果秀、林之神、华利工贸公司，亲身体验企业生产环境和质量安全保障措施，提升消费者信心。

拓展市场，推动产业对接。9月组织27家食品企业参加2015中国（长沙）国际食品展览会；10月，组织果秀等5家企业参加吐鲁番国际食品交易会。截至2015年底，全市规模以上食品工业企业118家。工业增速企稳回升，实现产值153亿元，同比增长12.7%。

（蒋芳）

新能源新材料产业

■ 概况　永州市新材料产业产品涵盖工信部《新材料产业"十二五"发展规划》及《新材料产业"十二五重点产品目录》中的稀土材料、能源材料、新型无机非金属材料、信息材料、新型环保建筑材料、生物材料、汽车材料、新型化工材料等领域。技术水平总体不高，但在部分领域掌握核心技术。如高性能稀土永磁粘结铷铁硼磁体制造技术达到国际领先水平，硫酸钙晶须产品，可替代进口产品，技术水平国内领先。产业布局比较分散，集中度不高，龙头企业少。稀土材料主要集中在江华瑶族自治县、祁阳县、零陵区，江华的稀土新材料产业园初具雏形；汽车材料集中在冷水滩区、祁阳县；信息材料集中在冷水滩区、零陵区、道县，其他县区略有部分；能源材料主要集中在冷水滩区、零陵区；化工材料主要集中在双牌县。

永州新材料产业在《永州市新能源新材料产业十二五发展规划》等一系列政策措施的促推下，坚持"市场导向、创新引进、区域协作、突出重点、改造升级"的发展思路，重点发展新型稀土材料、有色金属新材料、能源材料、节能环保建筑材料、信息功能材料等，全市新材料产业取得稳步发展。2015年，认定新材料企业8家，全市累计认定新材料企业14家，全市认定的14家新材料企业，覆盖全市8个县区。其中，上市企业1家，正在筹备国内创业板上市的企业2家，获得高新技术认定企业3家，建有企业技术中心2个，申请专利71个，获得专利授权14个。其中湖南宁远县隆翔新型材料科技有限公司、永州市达福鑫显示技术有限责任公司被省经信委推荐参加工信部于2016年在哈尔滨举办的"中国国际新材料产业博览会"；获批新材料企业首批次项目2个，资金80万元。全市规模以上新材料企业17家，完成工业总产值27.25亿元，同比增加9.5%；主营业务收入56.7亿元，同比增加12%。

（李文昌）

电子信息产业制造业

■ 概况　截至2015年年底，永州市有电子信息产业制造业企业58家，全年产值达75亿元，同比增长达到35%以上，主要产品智能触摸显示屏、步进电机、LED照明、汽车电子、智能空气净化器等产品产能在全省处于领先地位，电子信息制造业由过去的劳动密集型的低端产品，逐步向高端智能型终端产品转变，如达福鑫集团的智能多点触摸屏产品、道县科利尔公司生产的智能空气净化器、江华县九恒科技生产的RFID电子条码标签、灵动科技生产的移动智能监控器装置、亿达科技的机器人项目等。

（蒋跃星）

软件和信息服务业

■ **概况** 2015年，随着软件业与生产企业的深度合作，电子商务平台建设的快速发展，全市软件和信息服务业收入增速较快，全年服务收入到5亿元以上，重点企业如永泰中天公司的移动医疗和医院智能管理系统在全省具有一定影响，占据较大市场；世杰科技的v8商务管理系统在全省近千家企业得到应用，其中药品管理系统覆盖全省医药管理销售领域。

（蒋跃星）

通信服务业

■ **概况** 2015年，电信、移动、联通和铁塔公司完成固定资产投资7.85亿元，完成基站建设近4500多个，建成光缆皮长2.4万多公里，手机用户达到2228万户，固定宽带用户数达50万户。全市城镇光纤（FTTH）到户35.5万户，城市覆盖率85%以上，城市地区宽带用户中50Mbps宽带接入能力覆盖比例达85%。累计完成3500多个行政村网络升级改造，改造完成后的行政村宽带接入能力普遍达到8~12M，全市乡村通宽带比例达97%，农村地区宽带用户中4M宽带接入能力覆盖比例达100%。3G网络城区有效面积覆盖率100%，农村有效面积覆盖率95%。建设4G基站6400多个，永州城区、县城和乡镇100%覆盖，农村的覆盖率在98%以上。4G从2014年开始商用，用户110多万户。永州境内所有的高速公路基本覆盖4G信号，衡柳高速铁路的4G信号覆盖工程正在进行。县级行政区域以上城市实现热点的WiFi网络全覆盖。有线电视网络双向化改造，中心城区双向网改率达到90%以上。

（蒋跃星）

重点企业选介

湖南中烟工业有限责任公司零陵卷烟厂

■ **概况** 零陵卷烟厂始建于1976年10月，1985年上划中国烟草总公司湖南省烟草公司管理。2003年12月，与常德卷烟厂实行联合重组，更名为常德卷烟厂零陵卷烟分厂。2006年10月，湖南中烟工业公司与所属长沙卷烟厂、常德卷烟厂合并重组成一个法人实体，常德卷烟厂零陵卷烟分厂成为湖南中烟工业公司6个非法人生产企业之一，更名为湖南中烟工业公司零陵卷烟厂。2007年10月，随公司改制更名为湖南中烟工业有限责任公司零陵卷烟厂。

截至2015年年底，工厂占地面积62万平方米。固定资产原值为14.84亿元，净值为7.85亿元，实现工业产值67.01亿元，同比增长10.74%。完成生产任务31.02万箱。拥有5000公斤/小时制丝线1条，卷接包设备14台套，GDX1包装设备5台（套），GDX2包装设备9台（套），ZL26A滤棒成型设备4台（套），YF27A嘴棒发射装置4台（套），YP11自动装箱机5台（套）。主要动能设备有阿特拉斯空压机4套，制冷机组4套，锅炉3台，（其中20吨煤锅炉1台，20吨燃油（气）锅炉2台），真空负压设备2套。有在册员工1293人。

工艺技术QC小组、潇湘源QC小组、探索QC小组获“湖南省优秀质量管理小组”；厂团委获2014年度永州市直机关团委先进单位和永州市无偿献血先进单位称号；零陵卷烟厂在永州市创国卫表彰大会上被评为2015年创建国家卫生城市先进单位；党建工作、安全生产工作被永州市委、

2015年4月29日，零陵卷烟厂举行国学诵读活动　　王家能 摄

市政府评为先进单位；档案宣传工作被湖南省档案局评为先进单位；零陵卷烟厂芙蓉王均质化生产团队获公司“创新十佳”推荐奖；制丝车间生产甲班获湖南省总工会授予的“工人先锋号”称号。

■ 卷烟生产 2015年，湖南中烟工业有限责任公司零陵卷烟厂主要生产的品牌有芙蓉王（硬）、白沙（软）、芙蓉（软红）3个品牌。完成内销烟生产计划31.02万箱（155.1亿支）。比2014年同期的119亿支增加36.1亿支，增长30.34%。完成工业现价产值67.01亿元，比2014年60.51亿元增加6.5亿元，增长10.74%。

■ 产品质量 2015年，湖南中烟工业有限责任公司零陵卷烟厂以打造芙蓉王优质生产基地为目标，为确保芙蓉王的均质化生产，工厂配合湖南中烟技术中心对芙蓉王工艺技术标准进行评审、整合、修订，完善芙蓉王工艺技术标准6项。全年产品的市场抽检合格品率及产品的优等品率均为100%；卷制与包装得分加权平均值为99.45分，超过公司下达的目标值0.05分；卷烟成品包装与卷制西格玛水平为4.98，同比上升0.04，与公司下达的目标值持平；烟支缺陷率为0.179%，同比下降0.030%；盒装缺陷率为0%，同比持平；卷烟焦油盒标值与实测值偏差为0.32mg/支，同比下降0.13mg/支；焦油量加权平均值为10.70mg/支，同比下降0.46mg/支；顾客投诉产品质量事故为0次；A类顾客投诉事件1次。

■ 各类消耗 2015年，湖南中烟工业有限责任公司零陵卷烟厂各类消耗指标：综合能耗8.30千克标煤/万元，万支卷烟综合能耗3.90千克标煤/万支，25毫米烟叶单耗6.85千克/万支，20毫米烟叶单耗7.10千克/万支，25毫米盘纸单耗593.37米/万支，20毫米盘纸单耗642.73米/万支，100毫米滤棒单耗1689.73支/万支，120毫米滤棒单耗1674.64支/万支，水0.2吨/万支，电9.62千瓦时/万支。

■ 安全生产 2015年，湖南中烟工业有限责任公司零陵卷烟厂着力构建风险防控体系，健全安全生产责任体系，健全隐患排查治理体系，从关键点入手，关注隐蔽性、深层次的安全隐患，对2014年的重点危险源运行情况进行组织和评审，并制定风险评价控制措施，对2015危险源进行辨识，共辨识1546条，对11条重点危险源制定控制措施。组织开展危险化学品、防垮塌、防高空坠物、建筑施工、特种设备特种作业、劳动防护及职业健康、电器、消防等10类16次专项安全检查，检查发现80项问题并按照安全管理要求一一进行整改，对17个部门862名员工的岗位进行达标培训，对全厂13台电梯、5台电动葫芦、37辆叉抱车进行专业安全评估，发现基础管理问题5项、设备问题26项，及时消除常规安全检查难以发现的潜在的事故隐患和问题。优化11个视频监控覆盖区域，调整20个视频监控点位，对仓库、储油点、信息机房等进行分区二维码编码，对外来施工人员采用身份证识别准入管理模式，确保实时监控重点部位的巡查到位率，实现整个生产区视频监控90%的覆盖率。全年通过安全监督检查下达安全隐患考核整改通知单14份，安全防范要求通知单195份，隐患整改率100%，采取安全防范措施率100%。

■ 物资配送 2015年，湖南中烟工业有限责任公司零陵卷烟厂制订原料发展战略、市场营销战略、品牌发展战略，编制集中采购物资需求计划及分散物资采购实施方案，建立健全物流管理各项企业标准，优化厂内外仓储规划，精确控制最低库存，对原辅材料物资入库、仓储、配送及使用质量信息进行整理收集，对到厂片烟与烟丝严格按批次进行卸车、码堆、标识，全面完成芙蓉王（硬）、芙蓉（软红）及白沙（软）的生产用原料保障工作。接收常德烟厂芙蓉王（硬）全配方烟叶954.92万公斤；接收常德烟厂芙蓉王（硬）烟丝153.87万公斤，返回芙蓉王（硬）回收烟丝1.85万公斤；接收郴州烟厂芙蓉（软红）烟丝235.52万公斤、白沙（软）烟丝187.50万公斤，返回芙蓉（软红）破废烟丝12049公斤、白沙（软）破废烟丝9057公斤。由于卷包车间部分设备搬迁到101工房，为原料配送方便，工厂在101工房材辅料暂存间与102工房配盘库之间设置一条材辅料连廊输送设备，优化材辅料连廊输送流程，使配送工人省时、省力。为确保各品牌生产的原料供求需要，制定芙蓉王滤棒成形材料的需求计划申报和材料入库计划工作；通过准确编制月度物资需求计划，合理规划与调整材辅料库存，集成NC

系统、MES系统、EKP系统等物资管理系统信息，提高查阅效率和准确率；采取标准化配盘、整托盘配送、逐盘核对等管理模式，继续将材辅料电子报表预警功能深化运用到NC系统，达到预警功能信息化，提高物资计划、仓储管理水平。优化材料配送流程，构建材料配送新模式。各类材辅料检验入库无不合格批次，材辅料仓储质量合格率、配送及时准确率均达到100%，未发生任何错配错送事件。

■ **企业管理** 2015年，湖南中烟工业有限责任公司零陵卷烟厂完成各类月报、年报500份左右，报表上报及时率100%，顺利完成国家局的“一号工程”报表和卷烟生产经营物流统计数据上报工作。全年对芙蓉王（硬）的主要消耗指标进行控制，围绕芙蓉王均质化保障体系建设，梳理完善相关的标准、流程、技术要求。促进芙蓉王均质化保障体系的落地实施，对公司“芙蓉王均质化保障体系”的31个标准和本厂相关的50多个标准文件进行全面细致的评审，找出工厂原体系中与芙蓉王均质化保障体系的差异性要求。对其中的22个标准进行直采，废止原标准4个。强化职能审核和部门审核，在对工厂管理体系进行集中式内部审核过程中，创新审核方式方法，从以往的以ISO 9001要素为主导改为以标准文件为主导，重点审查标准的适宜性和执行情况，发现各类问题54个，严格进行整改，推进体系的持续改进。围绕新管控平台建设，坚持“不达要求不通过”的原则，对各部门起草、修订的标准严格审核把关，同步加强对标准文件编写的指导，强化文件主责部门的责任意识，推动工厂制度标准质量的提升。

■ **节能减排** 2015年，湖南中烟工业有限责任公司零陵卷烟厂严格执行《动能管理规定》，促使各部门逐步建立能耗自我管控机制；强化能耗目标管控，以责任书形式将耗能指标分解到班组，并与员工岗位月度绩效相挂钩；开展冷凝水回收系统等节能减排课题改进成果的完善和持续运用，加强管网巡查补漏等，通过系列措施实现节能降耗和环保目标。全年累计产量综合能耗为19.52 kg标煤/箱，比达标值18.8高0.72 kg标煤/箱。COD排放总量为2.87吨，占年目标4.40吨的65.23%。

■ **财务与审计** 2015年，湖南中烟工业有限责任公司零陵卷烟厂修订《国有资产权证管理程序》和《对外捐赠赞助管理办法》，废止《闲置资产管理办法》，推进资产职能管理，提升预算编制水平，加强管控力度，落实审计整改和风险自查，加强资产职能管理，制定控制目标，切实降低可控成本费用。加强对财务人员的培训和指导，在内部展开轮岗和工作调整，使新、老成员进行岗位AB角运用。对近3年的差旅费、业务招待费、培训费和会议费等信息进行全面梳理，分析查找可能存在的问题和风险，落实整改工作，并完成对《差旅费管理办法》的修订。持续推进与湖南产权交易所的合作。加强税企沟通联系，诚信纳税，2015年获得“湖南省纳税信用A级单位”称号。

■ **干部管理** 2015年年底，湖南中烟工业有限责任公司零陵卷烟厂有厂级领导（党委成员与厂领导重合）5人。中层管理人员60人，其中，中层正职29人（含17个部门行政负责人、7个党总支负责人、4个多元化公司负责人以及1人在副职岗位工作的正职）、中层副职31人。协理员4人。7月提任7名中层管理人员，中层管理岗位调整25人；10月，推荐提任两个多元化公司总经理任职人选。严格落实《领导干部报告个人有关事项的规定》，按10%的比例抽查8名中层管理人员（专家）《2014年度个人重大事项报告》中的车辆购置情况，不符合要求的进行整改。经过年度绩效、互评、上级评议和民主评议4个维度综合考评，中层管理人员年度综合评价结果中：中层正职33人，其中A类10人，占中层正职总数的30.31%；B类19人，占中层正职总数的57.58%；C类4人，占中层正职总数的12.13%。中层副职31人，其中A类12人，占中层副职总数的38.71%；B类19人，占中层副职总数的61.29%。

■ **职工教育培训** 2015年，湖南中烟工业有限责任公司零陵卷烟厂制定培训项目107项，机构调整等原因取消培训计划2项，培训项目完成105项，完成率100%。完成国家局及公司临时安排的培训89项。培训3608人次，其中，内培3123人次，外培485人次。年度培训预算为124万元，执行83.43万元，开展“全员精益管理培训、三标体系培训、ERP操作用户培训”等专题培训班4个，组织职能培训或技术、技能内部培训班79个。组织员工80人参加湖南中烟工业有限责任公司的网络课件竞赛，出课件成品95件，17个作品入围，并获得评比中的一等奖1个、二等奖3个、三等奖2个、优秀奖11个。组织特种设备作业及特种作业复审培训4次，130人取得相应的特种作业操作证。其中，特种设备作业人员电梯作业人员9人，厂内机动车作业人员2人，特种作业人员电工78人，焊接和热切割作业人员21人，制冷与空调作业人员13人，高处作业人员7人。

■ **班组建设**　2015年，湖南中烟工业有限责任公司零陵卷烟厂全面推行班组规范化建设，梳理全厂建制班组，结合2014年班组建设年度评价发现的不足，组织班组长、考评员对班组建设考评标准进行修订和完善，对班组建设进行精加工，做细做强。进一步优化考评标准，形成全厂班组建设的总体格局。组织各部门班组长培训，分不同时期开展班组讨论会，奖励提出建设性建议的部门和班组长，并对各班组半年度、年度考评，实现班组建设考评常态化。组织班组开展丰富多彩的活动，释放班组长压力，丰富员工业余生活。

■ **廉政建设**　2015年，湖南中烟工业有限责任公司零陵卷烟厂开发《解读中央八项规定精神》课件，加强党员干部队伍的培训、管理和监督，加强底线教育和岗位教育，引导全体党员干部强化《中国共产党章程》意识，严格遵守《“三重一大”集体决策制度》《国有企业领导人员廉洁从业若干规定》，自觉对照公司《底线管理清单》规范履职行为，实现廉洁从业自我管理。党委发布《2015年党风廉政建设暨反腐败工作意见》《2015年廉政宣教方案》。坚持围绕公司中心工作，服务工厂生产大局，严明纪律规矩，严肃监督问责。组织党员干部观看《高速路上的腐败陷阱》，敲响反腐警钟。开展元旦、春节，五一、端午节，中秋、国庆节廉洁自律行动，践行全部中层干部讲真话、做实事、守规则三大原则。4月完成廉政责任书签订，5月核查全部中层干部2014年度收入申报情况，12月完成各级党组织和职能部门以及相关责任人执行党风廉政责任制情况的考核。监督工程项目竣工验收会5次，审核变更联系单182笔，现场签证单162笔，审查拨付进度款284万元。

2015年6月11日，中国烟草局局长凌成兴（前中）一行到湖南中烟公司零陵卷烟厂调研　　王家能 摄

■ **企业文化**　2015年，湖南中烟工业有限责任公司零陵卷烟厂围绕“13233”“和21”4.0、优质生产基地、自主管理意识，开展丰富多彩的活动。开展专家谈3场，大家谈1次，青春大讲堂5场，天下和书院讲师巡讲多场，拓展丰富传播平台和渠道，形成四位一体（报纸、电视、宣传栏、网络）立体传播格局。《零烟通讯》全年出版23期。利用零烟电视台、厂区宣传栏及车间内部宣传栏及时更新内容，推动完善零烟OA门户网络新闻窗口的开发设计及应用，全面解读公司文化。开展“零烟国学诵读活动”“庆重阳国学主题晚会”，拍摄录制“国学玩家”视频，开展“生产芙蓉王一周年、创意E工厂、开源节流新环保”活动，推出“最美家庭”评选活动，离退工作开展“阳光心态、阳光生活”文化活动。

■ **文体活动**　2015年，湖南中烟工业有限责任公司零陵卷烟厂利用职工业余文体协会平台，开展气排球赛、羽毛球赛、足球对外交流赛、摄影等各类主题活动，交流思想、沟通情感，营造和谐氛围。牵头组织《睿智与魅力同行》国学诵读活动、第18届足球赛、班组气排球混合赛，丰富员工班后生活。组队参加公司“知行合一”国学诵读会、公司“醇和湘烟·醇和天下”气球赛和永州市“经信杯”气排球赛。筹备职工书屋，并于8月正式开放，书屋有职工素养、法律法规、生活科普、大众文学、企业管理、劳动关系、职业技能、社科人文、历史传记、党政建设等各类藏书9396册。

■ **民主管理** 2015年，湖南中烟工业有限责任公司零陵卷烟厂坚持按职代会制度要求，审议通过涉及员工切身利益的各类规章制度，组织召开厂二届四次职代会，审议和通过《2015年绩效工资分配方案》，选举公司第四届职工董事；组织召开厂二届五次职代会，选举公司第一届一次工会会员（职工）代表大会代表。全面规范工厂2015年办事公开目录，新增8个公开项目，剔除2个公开项目，细化5个公开项目。持续推进办事公开工作信息化，季度检查考核全面依托办事公开民主管理信息平台进行。深入推进办事公开三级公开模式，进一步强化班组级办事公开。开展精益管理专项合理化建议征集活动，征集到合理化建议566条，员工参与率57.94%，采纳实施率90%，达到国家局精益管理合理化建议评价标准。做好职代会提案和员工合理化建议落实督促和年度检查评比工作，代表提案和员工合理化建议得到及时处置与落实。开展民主监督工作，保障各项竞争上岗和招标工作顺利进行。

■ **科技工作** 2015年，湖南中烟工业有限责任公司零陵卷烟厂征集小改小革项目96项，其中评定A类3项、B类7项、C类18项、D类54项、E类14项。完成《小改小革项目评比管理规定》标准文件的评审与修订。开展科技人员科技论文撰写及投稿写作技巧培训，组织参加烟草学会科技论文写作视频讲座；8月邀请专家举办专利知识培训。组织2015年度科技项目与创新小组项目申报工作，其中卷包车间3项、动力车间2项、制丝车间2项、设备工程部1项，共有8项参与申报。动力车间《余热在空调系统的研究与应用》、制丝车间《松散回潮工序工艺控制技术改进》和《智能换柜程序开发》3个项目通过公司评审，被确立为公司2016年度创新小组项目和科技项目。

■ **多元化管理** 2015年，湖南中烟工业有限责任公司零陵卷烟厂多元化修订《四项费用管理办法》《公务接待管理办法》《会议管理制度》《差旅费管理办法》等规章制度，从制度层面予以防范，以零容忍的态度管控、建立长效机制。制定《网上采购管理办法》《网上采购推进实施方案》，编辑《网上采购目录》和《集中采购目录》，组织相关人员参加湖南中烟公司关于网上采购知识的培训，培训网上采购和集中采购在业务流程、质量管控、结算与支付、供应商管理和电子商务等方面内容，全年采购90万元，节约成本10万元。通过不断的工艺革新，完成“芙蓉王（硬）”商标的打样、小试和中试，完成芙蓉王（硬）”商标的制造工艺研究，完成供货1万大箱，成为湖南中烟“芙蓉王（硬）”商标的供应商。金秋公司在2014年的基础上盈利水平进一步加大，产品结构更趋优化；安达利运输业务较2014年扭亏效果较为明显；经贸公司实现扭亏增盈；印务公司争取“芙蓉王”盒皮的生产，产品结构得到明显提升。四家多元化企业（不含江永农场）完成销售收入15951万元，比2014年同期的13617.82万元提高17.13%；实现利润总额862万元，比2014年同期的101.47万元提高749.51%。

（王家能　徐德芳）

领导名录

厂长 党委书记	刘正宇
党委委员 副厂长	朱凌冰　吕爱华
党委副书记 工会主席	石瑞林
纪委书记	刘兴明

长丰集团有限责任公司

■ **概况** 2015年，长丰集团党委、董事会按照“发动准备、全面合围、总攻决战、决胜收官”的4个阶段作战部署，坚持和把握“着力向改革要动力，着力向市场要规模，着力向品质要效益，着力向管理要效率，着力向党建和队伍建设要活力”的工作重点，坚持问题导向的工作方法，适应经济新常态，主动作为，精准发力，拼搏决战，打赢猎豹汽车复兴攻坚仗。完全收回永州整车业务，获得新能源汽车生产资质，彻底清除整车生产的政策障碍，顺利完成2个整车基地的猎豹品牌商标、产品公告和研发、生产、销售等资源的有效整合；实现全新车型猎豹CS10上市“一炮打响”的历史性突破，月产销量不断刷新；推动整车业务板块混合所有制改革和退出非关键零部件子公司的工作取得突破性进展。

2015年，全集团生产整车44511辆，销售42556辆（其中CS10销售36404辆），同比增长84.47%；实现营业收入41.73亿元，同比增长33.03%，完成省国资委下达年度营业收入考核指标的103.55%。猎豹股份公司实现

猎豹 CS10 生产线

营业收入 39.28 亿元，同比增长 39.84%；按省国资委考核口径计算的利润总额 12634.51 万元，同比增长 98.20%，超额完成省国资委下达深化改革考核的年度业绩目标。

■ **重组改制** 2015 年，长丰集团有限责任公司以猎豹股份公司为投资经营主体，经工业和信息化部审核批准，4 月完全收回永州整车业务，全部产品成功切换使用猎豹汽车合格证。10 月完成对安徽猎豹公司的整体收购。11 月完成新能源汽车生产准入审核并取得生产资质和产品公告，理顺整车业务运营架构和生产资质对整车业务的全覆盖。12 月 29 日，省国资委印发《关于湖南猎豹汽车股份有限公司增资扩股有关问题的批复》，同意猎豹股份公司增资 12 亿股，公司注册资本由现在的 8 亿元增加到 20 亿元，随即在《三湘都市报》发布公告，并在省联合产权交易所公开挂牌征集投资者。

■ **产品上市** 2015 年 4 月 20 日，长丰集团有限责任公司在上海国际车展成功发布猎豹 CS10 上市，组织开展“十城猎艳，百城傲闯”“红色之旅”“百强县巡展”等活动，举办“猎豹 CS10 全国媒体试驾会”和拍摄“去西藏”宣传片，增加媒体线上品牌曝光度，加强线下终端集客量。加强培训和售后服务保障，培训经销商、服务商 1390 人次，派技术顾问上门服务解决难题 181 人次，从而实现 CS10 销量逐月攀升、产销两旺、供不应求的历史性突破。仅 8 个月时间，猎豹 CS10 车型累计接受销售订单 41253 辆，实现销售 36404 辆。

■ **产量提升** 猎豹 CS10 是长丰集团回归整车主业之后自主开发的第一款车型。从试制到量产，集中调度开发、生产、采购、质量管控和营销策划等方面人员，年初长住永州基地现场协同作战，在关键事项上组织技术攻关，精准发力，确保 CS10 在 5 月正式销售。启动 CS10 量产爬坡计划，永州基地组织对每一个生产工序和工艺进行认真分析，不断解决影响生产效率的瓶颈，实现 CS10 从日产 20 辆逐步提升到日产 300 辆，生产节拍由过去 4 分钟提高到 2 分 20 秒。为了弥补永州基地产能不足，安排滁州基地自 11 月开始也承担 CS10 的生产任务。

（王云红）

领导名录

党委书记
董事长　李建新

党委副书记
总经理　刘康林

党委副书记
纪委书记
工会主席　黄雁峰

党委常委
副总经理　钟新农

党委常委　吴　朴　李昌斌

湖南省双牌水电站

■ **概况** 湖南省双牌水电站是一座集发电、灌溉、防洪与航运为一体的综合性水利水电工程，隶属于湖南省水利厅。电站大坝为砼双支墩大头坝，坝高 58.8 米，坝长 311 米，右岸为灌溉主干渠道，可灌溉农田 32 万亩；左岸有单线双向二级船闸 1 座，能通过 100 吨位驳船；水库控制流域面积 10594 平方公里，总库容 6.9 亿立方米，属季调节水库。电站是国家第一个五年计划时期湖南省的重点工程，1958 年 11 月破土动工，1963 年 7 月建成投产，陶铸题写“双牌水库”4 个大字，电站装机容量 15 万千瓦，多年平均发电量 5.85 亿千瓦时。先后获“全国文明单位”“全国模范职工之家”等称号 100 多项。

2015 年，发电 7.8 亿千瓦时，产值 2.22 亿元，上缴水费、水资源费等 3795 万元，上缴税金 4900 万元。

■ **安全生产** 2015 年，湖南省双牌水电站贯彻落实“安全第一、预防为主、综合治理”的安全生产工作方针，开展全站性安全教育培训、预案演练、安全知识竞赛等活动 8 次、安全大检查 5 次，消除较大安全隐患 28 起。严格执行“两票三制”，双票合格率达 100%，实现全年“零事故”安全目标，电站连续安全运行 3002 天，首次超过 3000 天。全年迎战

永州市林业局

2015年6月26日，副省长戴道晋（右六）在永州调研国有林场改革

2015年10月20日，省林业厅厅长邓三龙（右二）调研永州林业工作

2015年8月31日，市委书记陈文浩（右四），市委副书记、市长易佳良（左一），市委常委、市委秘书长颜海林（左四）赴省林业厅对接工作

2016年2月15日，市委书记陈文浩（右一）率五大家市级领导带头参加义务植物活动

2015年12月7日，市委副书记、市长易佳良（右一）调研永州森林植物园建设

2015年12月12日，永州市召开创建国家森林城市总结表彰暨巩固提高大会

永州市成功创建国家森林城市。2015年11月24日，市委副书记、市长易佳良（中）赴安徽接牌

永州市水利局

副省长戴道晋（右一）视察涔天河，市委书记陈文浩（左二）陪同视察

市委副书记、市长易佳良（右一）就湘江保护和治理工作接受记者采访

团结务实的领导班子

在冷水滩滨江小学开展水土保持国策进校园活动

祁阳龙江桥水库除险加固工程

参加全市工间操比赛

湖南兵器建华精密仪器有限公司

省总工会副主席钟小汨（左二）视察公司劳模创新工作室

办公场所

春节慰问

女职工“三八”活动

文艺演出

专职工会工作人员

自行车协会

公司景貌

湖南涔天河工程建

2015年10月29日，涔天河灌区工程开工仪式现场

市委书记陈文浩（中）一行现场查看涔天河水库扩建工程四联移民安置点工地

市委副书记、市长易佳良（左三）率队视察调研指导涔天河水库扩建工程建设工作

2015年4月28日，涔天河水库扩建工程大坝填筑提前达到渡汛目标高程EL277米

2015年11月28日，大坝全断面填筑至EL320.3米高程

设投资有限责任公司

2015年12月7日，涔天河新坝与老坝对比图

涔天河发电厂房施工场景

2015年10月16日，洞群工程外景

永州市住房与城乡规划建设局

市委书记陈文浩（前）率团赴浙江考察小城镇建设

市委书记陈文浩（中），市委副书记、市长易佳良（右二）视察城区重点项目

副市长张常明（中）督查中心城区在建项目安全生产工作

2015年2月15日，永州市建设工作会议召开

局系统党员干部到蒋先云故居接受革命传统教育

近年来，永州市住房和城乡规划建设局在市委、市政府的正确领导下，以创建国家历史文化名城、国家卫生城市、国家森林城市、国家交通管理模范城市、国家园林城市为抓手，大力实施中心城市“三年提质扩容”战略，城乡规划体系逐步完善，城镇建设步伐不断加快，城乡面貌明显改观。中心城区建成区面积由54.8平方公里拓展到60.1平方公里，人口由54万人增加到63万人，成功创建为国家卫生城市、国家森林城市、省级园林城市。县城和小城镇面貌变化显著，集聚辐射能力增强，人口过10万人的县城达到6个，其中过15万人的县城达到3个，过20万人的县城达到2个，新增人口过5万人的小城镇3个，江华瑶族自治县获全国文明县城称号，宁远成功创建为国家卫生县城，黄田铺、回龙圩等18个乡镇进入国家、省级重点乡镇示范，全市城镇化率由35.38%提高到45%。农村焕发生机活力，创建全国美丽乡村试点村1个、省级新农村和美丽乡村示范村23个。全市新增4个中国传统村落，完成农村危房改造20424户。

城市风光

永州市国土资源局

2015年4月23日，省国土资源厅厅长方先知（左三）在市委常委、市委秘书长颜海林（右三）等领导陪同下深入双牌县茶林中学地质灾害灾害点开展地质灾害巡查工作

2015年9月6日，省国土资源厅副厅长金勇章（中）率领相关处室负责人在市局党组书记、局长黄海凇（右一）陪同下调研永州测绘地理信息工作，深入国土所察看信息化建设情况

2015年6月19日，市国土资源局会同祁阳县国土资源局、冷水滩国土资源分局在“祁冷公路”沿线开展国土资源法律法规宣传活动，沿线设立固定标语、宣传横幅30条，发放宣传资料1000余份

2015年8月7日，市国土资源局“道德讲堂”邀请中国快乐教育开拓者、享誉国内的“快乐之父”、省煤田地质局党组书记、省纪委特聘教授、湖南大学兼职教授刘汉洪作“乐商·快乐改变命运”专题讲座

2015年3月11日，全市国土资源工作会议召开，总结2014年工作，部署2015年工作。市委常委、市委秘书长颜海林，市人大常委会副主任袁火林，市政府副市长张常明，市政协副主席唐运军等领导出席会议

2015年8月28日，市国土资源局举行拔河比赛，局机关、直属单位共8个工会小组参加比赛

永州市国土资

省国土资源厅在零陵国土分局调研信息化建设

永州市国土资源局零陵分局前身为永州市零陵区国土资源局，于2015年10月经市委、市政府批准，更名为永州市国土资源局零陵分局作为永州市国土资源局的派出机构设置。全局有干部职工272人，班子成员9名，副科以上干部14名，退休职工30人，下设14个股室、7个二级机构和15个乡镇（办事处）国土资源所。2015年，全区国土资源工作紧紧抓住“保增长、守红线、惠民生”这条主线，切实围绕全区中心工作，积极主动服务，严格规范管理，国土资源管理能力和水平有进一步提高。零陵区政府连续3年被市政府授于“永州市土地管理和耕地保护先进单位”，永州市国土资源局零陵分局连续3年被市国土资源局授于“年度县区国土资源工作综合考核先进单位”，局门户网站连续4年获全国县级国土资源系统信息公开第一名，连续8年实现地质灾害零伤亡，连续15年实现耕地占补平衡。全年签批项目19个，审批土地总面积117.3公顷。严格依法按程序征地，完成征地1520亩，征收房屋4000平方米，发放征地补偿款6500余万元，拆迁安置补偿款5000余万元。收回、收购、征收等方式储备土地29宗，储备土地面积1965.6亩，全区现有已征已批储备土地4882.6亩。严把土地出让关，出让国有土地使用权18宗，成交金额2.72亿元。加大土地违法案件查处力度，实施动态巡查200余次，及时制止违法行为60余宗，保护土地资源9000平方米；查处各类违法案件30宗，处罚款70万元，有效确保全区耕地保有量524835亩不减少。开展土地开发与综合整治，完成水口山、珠山土地连片推进综合整治项目总工程量的95%，完成投资4920万元，建设高标准农田3.35万亩；组织实施邮亭圩、石山脚、梳子铺3个市级土地整理项目，投入资金670万元，修建渠道9975.7米，田间道路12505.04米，建设高标准农田3000亩。实施开发项目2个，投资347.6万元，新增耕地28.88公顷。开展地质灾害隐患排查，落实防灾措施，发放避险明白卡5300余张，建立和完善警示标志280个，落实监测责任人574个，落实排险处置措施7处，发现达到地质灾害统计标准的地质灾害38起，下发乡镇督办通知22个，有效实现地质灾害“零伤亡”目标。加强地质环境治理，争取地灾治理和地灾防治体系建设项目1个，争取资金400万元。受理各类办证业务3852宗，办结率98%，群众随机回访满意率达98.5%以上，零陵区政务中心国土窗口连续10个月被评为全区红旗窗口。

依法拆除违法建筑

宣传土地管理法规

源局零陵分局

局长唐朝晖（左二）带队上街进行文明劝导

召开群众路线动员大会

零陵国土分局干部职工在湖南永州监狱参加警示教育

园林式办公楼

参加全区“三八”节活动

实施土地整理项目

永州市城市建设投资发

2015年8月6日，市委书记陈文浩（中），市委副书记、市长易佳良（左三）考察中心城区断头路拉通工作

湘江西岸棚户区改造项目（潇湘大桥—宋家洲大桥）效果图

湘江西岸棚户区改造项目（潇湘大桥—宋家洲大桥）夜景效果图

梅湾路改造前

梅湾路改造后

湘江风光带改造前

展集团有限责任公司

湘永路东延段（映山岭）原貌

湘永路东延段现状

湘江风光带（汽车北站段）改造后

育才路现状夜景

育才路原貌

湘江风光带改造后

进贤路原貌

进贤路现状

永州市经济建设投资

2016年4月12日，市委书记陈文浩（右五）在集团公司董事长、总经理、党委书记柏菁等陪同下调研“一宫两馆三中心”项目规划选址

2016年7月7日，市委书记陈文浩，市委副书记、市长易佳良，市委副书记张严等视察万商红安置小区

2016年4月21日，市人大常委会主任高建华调研市经投集团驻蓝山县紫良瑶族乡坪源村扶贫工作

李达大道东段全线拉通

万商红安置小区主体封顶

发展集团有限责任公司

市委副书记、市长易佳良宣布“两中心”项目开工

市委副书记张严视察“一宫两馆五中心”项目

2016年6月7日，集团公司领导调研项目建设

2016年6月2日，集团公司领导调研保方寺安置小区项目

2016年9月27日，集团公司董事长、党委书记柏菁向市第五次党代会代表介绍“一宫两馆五中心”项目

永　州　市

市房产局局长、党组书记　高武

2015年，永州市房产局强化党的建设，促进全市房地产市场平稳健康发展，全面铺开小区集中整治工作，推进湘江西岸棚户区改造项目，取得显著成效。全市商品房销售面积503.7万平方米，居全省第四位，商品房销售金额155.6亿元，居全省第五位。

全年保障性安居工程开工建设46585套（户），全省排名第三位，争取中央、省补助资金13.8亿元，全省排名第三。其中,公共租赁住房开工26834套,城市棚户区改造开工17367户,国有棚户区改造开工2384户,分别为全市重点民生实事项目考核指标的125.39%、120.60%、132.44%。湘江西岸棚户区改造项目和祁阳嘉园公租房项目被列为全省保障性安居工程建设示范项目。湘江西岸棚户区改造项目完成签约1543户，签约数相当于永州市中心城区近10年来的征收签约总和。依法查处房地产市场相关违规行为，搜集证据46份，问话笔录12份，立案4起；累计抽查房地产开发项目《商品房买卖合同》465份，其中使用有关规定制定的统一商品房买卖合同381份；落实房地产交易信息日报制度和房地产预警预报制度要求，收集市县区数据21840条；为湖南省住建厅房地产市场统计提供数据达3531条；为全市房地产市场统计提供房地产市场交易、初始登记、住房建设、房屋拆迁等数据数量889条；完成填报房地产统计年报253项；发布《永州市房地产市场监管简报》三期。完成省到市数据交换网络联通，基本完成省厅数据中心硬件建设，基本完成市本级房屋登记和交易数据的标准化和系统改造工作，搭建完成省厅数据中心房产基础数据库和平台软件系统建设，完成个人住房信息系统历史数据联网测试工作，初始化历史数据量达28万条。办理公有住房出售及部分产权衔接为全部产权1357户，面积为97857.25平方米，收回房价款2670万元；审批未购房职工住房工龄补贴1975人，补贴现金1081.87万元；收集整理领导干部房改房2300人，其中违规占用住房问题35人次。

深入开展党风廉政教育活动

市房产局党组成员、副局长唐国雄（中）调研房屋拆迁工作

房　　产　　局

市人大常委会主任高建华（右四），市房产局党组成员、纪检组长周进春（右二）视察小区管理

副市长张常明（右二），市房产局局长高武（左一）考察道县公租房项目建设情况

2015年全市保障性安居工程建设项目初步设计评审会

永州市房产局2015年工作总结表彰大会

市房产局党组成员、副局长李祥甫（右二）调研棚户区改造项目

永　州　市　住　房　公

主任赵国平作工作汇报

永州市住房公积金管理中心是经永州市委、市政府批准，于2002年10月成立的直属于永州市人民政府的副处级事业单位,主要职责是负责永州市住房公积金的归集、提取、贷款发放与回收，以及资金核算与保值等工作。中心内设综合管理科、资金归集科、资金营运科、法规稽查科、资金结算科、财务核算科、人事科及信息管理科等8个职能科室，下辖1个直属营业部和11个县区管理部，全市实行“统一制度、统一管理、统一核算”的垂直管理模式。住房公积金的管理实行住房公积金管理委员会决策、住房公积金管理中心运作、银行专户存储、财政监督的原则。

“十二五”时期，是永州市住房公积金事业高速发展的五年，全市住房公积金管理工作有亮点、有成效、有贡献、有影响，资金规模不断扩大，机构设置逐步健全，规章制度更加完善，管理运营日趋规范，各项工作取得显著成绩。全市完成住房公积金归集新增量67.44亿元，缴存职工新增量6.75万人，提取新增量27.74亿元，发放贷款新增量52.82亿元，增值收益新增量3.8亿元。

2015年，中心全体干部职工团结拼搏、锐意进取，业务运营实现超预期超常规增长，归集扩面实现全覆盖全到位运行，政策调整助力稳增长、惠民生目标，规范管理坚守防风险、保安全底线，便民场地建设依法规、按程序推进，团队建设围绕转作风、强素质提升。全年完成住房公积金归集19.49亿元，同比增长24.3%；累计归集住房公积金总额100.55亿元；提取住房公积金9.44亿元，同比增长61.64%；累计提取住房公积金总额37.96亿元；发放贷款14.62亿元，同比增长79.61%；累计发放住房公积金贷款总额79.2亿元；实现增值收益1.56亿元，同比增长38.05%；累计实现增值收益总额6.1亿元。归集、提取、贷款三大业务指标均创历史新高，增幅也是近五年最快的。贷款逾期率为0.005%，远低于省控指标0.03%；个贷率为78.83%，达到省办考核指标。中心直属营业部获全国“青年文明号”，这是全省住房公积金系统唯一获此称号的单位。

东安管理部新便民服务场地正式对外运行办理业务

积金管理中心

市委常委、常务副市长唐湘林主持召开管委会二届八次会议

市人大常委会听取市住房公积金管理中心工作汇报

中心集中研究布置相关业务工作

中心主任赵国平（中）“精准扶贫”走访慰问贫困村民

中心直属营业部正热情为缴存职工服务

中心青年志愿者义务献血

中心干部职工参加“气排球”赛

永　州　市　交

市委副书记、市长易佳良（右三），市委常委、副市长蒋善生（右一），副市长唐能武（右二）深入火车站督查安全生产工作

副市长唐能武（中）深入精准扶贫村调研

市政府副秘书长胡曦在衡枣高速珠山检查站督查安全生产工作

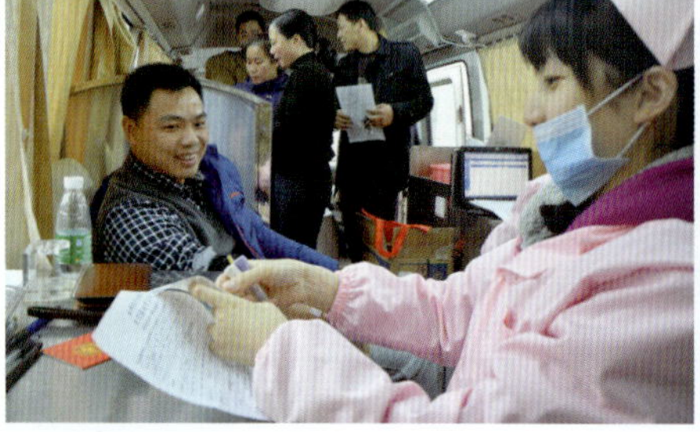

市交通运输局组织干部职工开展义务献血活动

2015年12月，参加全市“唱响永州”歌咏大赛获三等奖

丰富多彩的职工体育活动

通　运　输　局

“三严三实”专题教育活动

永州交通运输指挥中心

2015年，永州市交通运输系统抓项目、强管理、优服务，交通工作取得较好的成绩。交通基础设施建设累计完成年度投资29.24亿元，为年度交通建设投资目标23.28亿元的125.6 %。其中，国省干线公路建设完成投资14.89亿元，为年计划14.05亿元的105.98%；潇天河道路复建工程完成投资2.5亿元，为年计划2.5亿元的100%；农村公路建设完成投资9.95亿元，为年计划6.43亿元的154.74%；中心城区快速公交（一期）完成前期工作投资3000万元，为年计划3000万元的100%；其他项目完成投资1.6亿元，其中干支线养护工程完成投资1.31亿元、站场建设完成投资2868万元。G207双牌至道县改建工程建成通车，G322零陵段改线工程基本建成；零陵至双牌一级公路双牌段、S348祁阳黎家坪至冷水滩马坪公路开工建设；冷水滩至东安一级公路、S355江华分水岭至白芒营等项目完成所有前期工作。

焕然一新的永州大道

古色古香的公交候车点

G322零陵区绕城公路萍洲大桥12月竣工

永　州　市

省交通厅厅长刘明欣（右一）带队检查超限治理

省公路局党委书记、局长张汉华（右二）调研永州“迎国检”工作

省公路局副局长孔华（右二）调研中心养护站建设

路政宣传

2015年全市公路工作会议

桥梁维修

治超车队整装待发

G322东湘路段大中修施工现场

美丽公

公　　路　　局

市委副书记、市长易佳良（中）出席G207双牌大山段通车仪式

职工军训

参观党风廉政建设基地

红歌嘹亮

标准化中心养护站

天堑变通途

养护技术比武

中国人民财产保险股份有限公司永州市分公司

市委书记陈文浩（左二）调研人保财险永州市分公司

省分公司总经理周有颖（中）在扶贫村江华县野猪桥村调研

人保财险永州市分公司作为中国人民财产保险股份有限公司（PICC P&C，简称“中国人保财险”）的二级分公司，在全市11个县区设有支公司，是全市成立最早、规模最大、网络最全、服务最强的财产保险公司。2001年、2003年、2004年、2005年、2007年、2012年、2013年、2015年获全省系统经营目标管理先进单位，2002年、2008年蝉联省级文明单位，2007年被市政府授予全市金融系统唯一的“永州市星级诚信企业”。2013年、2015年获人保财险总公司颁发“城市分公司经营50强”，2015年保费突破5.8亿元，市场占有率近50%。

精彩的文艺晚会

服务技能竞赛

公司全景

中国电信永州分公司

党委书记、总经理周旭（左）为全体党员干部上党课

永州分公司在实现全光网城市的基础上，累计投入近5亿元建设“宽带乡村”。截至2015年年底，全市已有75%的行政村通光网宽带

中国电信湖南公司倒三角支撑推广会在永州分公司召开

中国电信集团公司办公厅副总监刘军（左二）在永州分公司调研划小承包和倒三角支撑工作

中国电信湖南公司副总经理刘少阳（中）、中国电信永州分公司总经理周旭（右一）在宁远县九嶷山瑶族乡盘洞口村开展精准扶贫工作

中国电信湖南公司副总经理刘少阳（右三）在永州分公司中心营业厅接待客户，为客户排忧解难

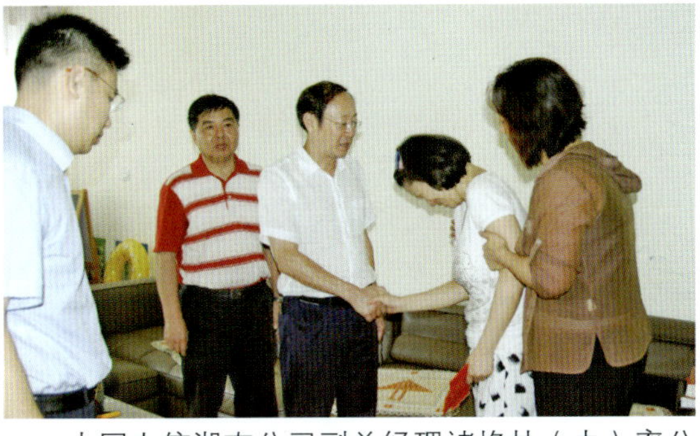

中国电信湖南公司副总经理褚格林（中）率公司党政工慰问永州分公司优秀共产党员蒋文博家属

中国移动通信集团湖南

省公司副总经理王德厚（左二）在永州分公司调研

总经理甘军宏（中）慰问劳模

省公司副总经理李威（左三）在永州分公司调研

省公司副总经理李建民（中）在永州分公司调研

永州4G商用一周年新闻发布会暨4G信息化应用展示会

有限公司永州分公司

市公司夏李灿副总经理（左一）在祁阳分公司调研

总经理助理罗凯（中）慰问朱玉梅

市公司戴芳红副总经理（左二）一行在江永调研

中秋节拔河比赛

丰富多彩的员工文体活动

永州市邮政分公司

市委书记陈文浩（右一）在公司总经理曹小勇（左二）的陪同下视察永州市邮政分公司电商孵化园

中国邮政集团公司永州市分公司揭牌

永州市邮政分公司举办一点一策训练营

永州市邮政分公司第一届气排球比赛

抗战70周年纪念邮票首发

副总经理唐成文（左一）在永州调研

中国邮政储蓄银行永州市分行

省分行行长李晓良（前中）在营业部视察工作

省分行行长李晓良一行在永州市分行指导工作

行长胡永锋（中）一行视察零陵区富家桥镇大仙观村周边情况

举行消防安全实地培训

2015年全市后备人才述职测评会

开展党员活动

参与非法集资危害的宣传活动

“迎七一、走基层、重温党史、鉴定信念”活动

永 州 市 国

市委副书记、市长易佳良（右一）深入市国税局调研税收征管改革工作进度

2015年，永州市国家税务局围绕经济社会发展大局，以“执行力建设年”为主线，全面推进依法治税，持续优化纳税服务，严格干部队伍管理，圆满完成各项工作任务。全年入库各项税收收入37.9亿元，同比增长18.61%；完成年度计划的110.79%，税收增幅排名全省第三位。市局机关在继续保持“全国文明单位”称号的基础上，获得湖南省依法行政先进集体，连续6年获永州市“综合治理平安单位”，连续4年获得永州市市直单位年度绩效考核第一名，连续15年保持市直单位先进基层党组织。永州国税的执行力建设工作得到国家税务总局局长王军的批示表扬，纳税人满意度排名全省第一位。

2015年11月12日，内蒙古赤峰市国税局一行在永州国税学习执行力建设工作经验

全市11个县区国税局全部开办纳税人学校，不定期分类对纳税人免费进行专门的税收业务培训

2015年7月13日，市国税局党组中心组成员、各县区国税局主要负责人共30余人，参观了永州市廉政教育基地

家　税　务　局

2015年12月28日，召开县区局党组书记抓党建工作述职评议大会

向全市国税系统征集制作25个廉政文化警示展板、5个案例警示教育展板，集中1个月的时间，在市国税局机关和11个县区国税局巡展

开展“纳税人需求大走访”，收集纳税人意见建议，制定“一对一”整改措施，帮助纳税人解决实际问题

2015年10月8日，金税三期系统在永州市顺利上线，成功运行

国税党员干部组建税收宣传小分队，上街宣传税收优惠政策。2015年，全市小微企业税收优惠面达到100%

基层国税实行税收管理员痕迹化管理，国税干部定期深入纳税人，开展日常巡查，了解生产经营情况，掌握税源变化

永 州 市 地

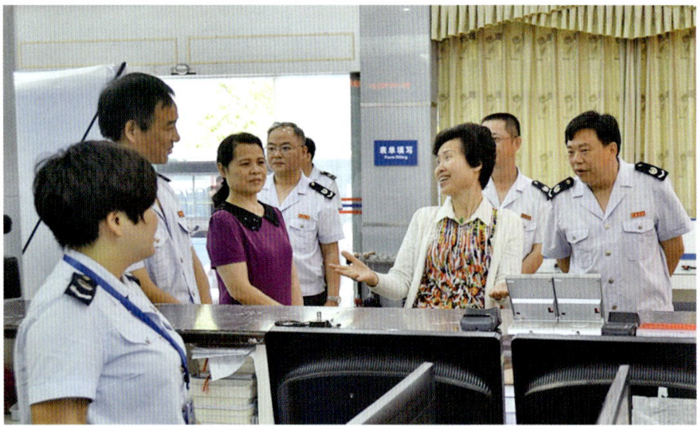

2015年9月23日，省地税局局长张云英（右四）视察办税厅

2015年2月26日，市委副书记、市长易佳良（右二）到地税办税大厅了解办税情况

2015年8月14日，看望贫困学生

2015年3月13日，市局机关摄影小组开展活动

2015年4月8日，召开全市地税系统党风廉政建设会议

2015年6月2日，在市委党校组织新招收公务员学习培训

2015年6月
大会

方 税 务 局

2015年5月29日，局长毛东庆上为机关全体党员上党课

2015年8月10日，市局领导班子及科室主要负责人参观市廉政教育基地

2015年7月1日，市局全体党员开展活动

7月1日，机关党员重温入党誓词

2015年3月12日，市局机关全体人员参加植树活动

行“金税三期”推广动员

2015年6月1日，开展“严以修身坚定理念信念”专题学习讨论

2015年11月9日，市局中心组开展学习

中国人民银行永州市中心支行

组织开展防范打击非法集资犯罪护航改革共创平安活动

长沙中支行长马天禄（右一）在永州调研指导工作

长沙中支副行长徐涌（右一）在永州中支视察新办公楼

副行长蒋国政（右一）一行在东安县伍塘村扶贫调研

副行长蒋国政（右）参加市政府金融知识在线访谈

2015年8月5日，组织科级以上干部参观市反腐倡廉教育展馆

新建发行库顺利封顶

开展元宵文艺活动

6次较大洪水，成功应对建库以来的最大冬汛，确保防洪安全。

■ **项目建设** 2015年，湖南省双牌水电站防汛调度中心建设、主厂房综合改造、计算机监控系统改造三大项目全面完成，防汛调度中心投入使用，生产自动化水平有效提升。重新启动确权划界工作，厂区、办公区250多亩土地取得土地使用证，周边山林办理山权证915亩；大坝下游两岸护坡治理项目、水库调度系统、会商系统改造项目正抓紧施工。

■ **企业文化** 2015年，湖南省双牌水电站突出抓好社会主义核心价值观教育，开设道德讲堂、廉政讲座，组织志愿服务活动、“低碳生活、绿色出行”活动，开展结对帮扶、文明劝导、网上文明传播等行动。举办新闻通讯、基建管理、班组管理等培训；举行羽毛球比赛、歌咏比赛等文体活动，着力构建设安全、人本、契约、创业、廉洁、和谐文化体系。2月28日，电站获“全国文明单位”称号，12月，成功创建“全国模范职工之家”。

（邓黎明）

领导名录

站长 党委副书记	杨　勇
党委书记 副站长	王　俊
党委副书记 工会主席	王拦河
纪委书记	张亚平
副站长	肖建新　徐兴国

湖南省南津渡水电站

■ **概况** 湖南省南津渡水电站位于零陵区，系长江流域潇水梯级开发的末端电站，是一处拦河筑坝、截弯取直、引水发电，兼有航运、灌溉、城市供水等综合效益的中（2）型水力发电企业。电站由发电厂房、引水渠、拦河大坝、斜面升船机、库区防护工程及输变电系统六大部分组成。发电厂房装有3台从奥地利引进的贯流式灯泡型机组，单机容量2万千瓦，总装机容量6万千瓦，正常发电水位114米，设计水头14.5米，年设计发电量2.93亿千瓦时。1991年11月第一台机组投产发电，1992年5月三台机组全部投入运行。截至2015年年底，电站先后被授予“园林式单位”“全省综合治理先进单位”“全国群众体育先进单位”“全国水利系统文明单位”“湖南省文明单位”“全国水利系统模范职工之家”“湖南省文明标兵单位”“全国文明单位”等称号。

■ **生产经营** 2015年，湖南省南津渡水电站坚持安全生产稳中求进的总基调，保持经济平稳较快发展和全站和谐稳定，开展“三严三实”专题教育，大力推进项目建设，着力创新发展，提升党建文明，各项工作取得新的成效。全年发电30422.08万千瓦时，售电28887.09千瓦时，实现含税收入10985.63万元，实现税收1623.63万元。全年计划实现利润为-1107万元，实际实现利润总额为1649.79万元，创投产发电以来最大经营利润。全年归还到期借款本金1210万元，支付利息1014.37万元，还本付息2224.37万元。

■ **安全生产** 2015年，湖南省南津渡水电站坚持“安全第一、预防为主、综合治理”的方针，按照“管生产必须管安全”和“一岗双责”的原则，落实安全生产责任，明确安全生产责任主体，层层签订安全生产责任状。建立健全三级安全网络和安全生产监督体系，深入开展以“加强安全法治，保障安全生产”为主题的第14个全国安全生产月活动。对全站在岗职工进行《安全知识》闭卷考试，观看“生命的红线”警示电教片，举办新《中华人民共和国安全生产法》知识竞赛、交通安全知识讲座，开展“全站停电事故”应急预案演练、“水库防汛”预案推演、现场灭火演练，在集团公司举办的安全知识竞赛中获第二名，在永州市安监局举办的新《中华人民共和国安全生产法》知识竞赛中获二等奖。加强对施工人员和第三方的监督管理，重点纠正习惯性违章，杜绝“三违”（违章指挥、违规操作、违反劳动纪律）。全年办理工作票358份，操作票414份。

■ **基础管理** 2015年，湖南省南津渡水电站制定《2015年重点工作安排一览表》，共5大类55项，并明确具体工作内容、责任领导、责任人、责任部门和完成时间，确立全年的工作重点和主攻方向。按照电力企业安全生产标准化规范要求，对发电生产实行目标考核。全年上游来水132亿立方米，弃水57.74亿万立方米，水能利用率为56%。出台《全面财务预算管理实施方案》，全过程控制生产经营中各项资金活动，提高资金使用效率，保障生产经营正常运转。对可控成本实行限额使用，全站上下厉行节约，全年

“三公”经费减少50万元。全站修订完善行政管理制度47个，党群管理制度22个。投入60多万元，在生产生活场所设立高清红外线监控系统。组建由33名退伍军人组成的民兵应急分队，全年出动民兵应急队员288人次。全年未发生盗窃事件、火灾事故，连续7年被评为综合治理平安单位。

（杨浩）

领导名录

站长	罗广林	
党委书记	陈敬明	
党委副书记 纪委书记	陈志湘	
副站长	周庚芝	王庚生
	周小林	李建红
工会主席	顾茂森	

湖南兵器跃进机电有限公司

■ 概况 湖南兵器跃进机电有限公司（原湖南省跃进机械厂）成立于1966年，隶属于湖南省国有资产监督管理委员会，是湖南省兵器工业集团公司的全资子公司。原址位于湖南省道县，1991年列入国家“八五”脱险搬迁计划，2002年整体搬迁到湖南省永州市凤凰园经济开发区。2001年6月，湖南省跃进机械厂按照国家改革方针和现代企业制度要求，完成公司制改造。公司是全国14家地方军工军品生产能力保留企业之一，国内唯一的60毫米某军品底图厂家，同时也是国内82毫米某军品定点生产厂家，拥有中南地区重要的在国家部委和军方登记备案的实弹试验靶场。是具备铸造、金属机械加工、冲压、表面处理、工装制造、木塑包装、弹药装配总装、发射装药制造等加工能力的国有大型二类军民结合型企业。截至2015年12月31日，公司在册员工1702人，在岗员工1486人，其中，军品1284人，民品202人，各类专业技术人员406人；拥有各种设备仪器1629台/套；占地面积336.8万平方米（含试验场），总资产37164万元，净资产10678万元。公司先后获“国家二级企业”“全国模范职工之家”“全国投入产出调查工作先进单位”“湖南省先进企业”等称号，

2015年，实现军民品营业总收入17310万元，比2014年增加3501万元，增长25.35%。全面完成湖南省兵器工业集团下达的经营指标。在岗员工年人均收入2.47万元，较2014年增长13.44%。完成总投资3562万元的综合技术改造项目建设。军工系统安全标准化三级达标通过评审验收。获湖南省国防科技工业“军工杯”竞赛优胜单位、永州市国资委“先进基层党组织”、永州市技能湘军培养摇篮、永州市五四红旗团委、湖南省示范劳模创新工作室、优秀质量管理小组一等奖等称号。科技开发部赵星海获“湖南省劳动模范”称号；科技开发部谢明发、黄成辉获军队科技进步三等奖；机加分公司丁加良获“永州市劳动模范”称号；机加分公司陈树林获“永州市职业技能大赛（数控机床装调维修工）一等奖”“永州市五一劳动奖章”“永州市技术能手”称号；机加分公司安庆越获永州市职业技能大赛（数控机床装调维修工）三等奖；电机分公司肖文平获“永州市职业技能大赛（焊工）一等奖”“永州市五一劳动奖章”“永州市技术能手”称号。

■ 生产经营管理 2015年，湖南兵器跃进机电有限公司签定军品合同23个，并全部按合同交付。公司积极与军方联系沟通，追加订货；通过湘军公司和融新公司向军方争取到可观的军品订单。充分调配公司资源，开展劳动竞赛，调整绩效工资分配，调动全员工作积极性。与驻永州地区军代室、各配套供应商进行协调，及时处理好突发状况和难题。推行符合市场规则的社会化生产方式，逐步改变公司相对落后的生产组织模式。稳步推进生产组织模式转变。在某外贸弹体铸造毛坯、弹尾尾管2个零部件上进行外委协作生产模式的试点。加强生产成本控制。公司在材料采购中实行严格的审批制度，采购合同的签订，由生产管理部、审计监察部、经营管理部、公司办公室等部门和相关公司领导联合把关。严格按照生产工艺，产品材料定额，进行材料投入。质检部门在生产的各环节进行全程检验，将废品损失率控制在目标范围内，对发现的问题，及时反馈到生产单位及相关部门，严格考核，不断降低废品损失。严格按照年初预算执行，报销费用时凭费用限额本报账，并按月准确及时对预算执行情况进行年度对比分析。在借款、费用报销、审核、收付款等环节中，继续坚持“一支笔”签字制和财务联签制度，严格遵守公司财务管理制度，把一些不合理的费用报销拒之门外。员工借款继续坚持“前账不清，后账不借”的原则，严控备用金

余额。收回电机分公司的经营权，财务、采购等主要职能收归总公司管理，相关人员调整到公司相应部门。

■ 安全质量管理 2015年，湖南兵器跃进机电有限公司在安全管理方面与19个二级单位签订《安全生产目标责任书》，确保安全生产职责清晰，目标明确，责任到人。年初对10台行车进行技术检测，对行车工、场内驾驶员等特种作业人员进行培训、换证工作。经过积极协调，道县军品试验靶场重大安全隐患项目整改工作开始实施。6月24日，重大隐患靶场落点三层违章居民楼顺利拆除。公司在靶场落点红线区域周围，设置界碑和铁丝安全网，设置3块永久性的安全警示牌；在弹道线区域周围设置界碑；在落点区域内违规修建的村道两端，设置车辆限行防护墩。6月，开展“安全生产月”活动，7月举办安全知识竞赛。全年进行综合性检查12次，专项检查7次，每月正常例行检查4次，查出安全隐患188项，其中即查即改146项，下达隐患整改通知书18份，整改项目42项。公司全年发生工伤5起，工伤事故率为2.5‰，一般火情1起，工作中突发疾病48小时内死亡1起（视同工亡），没有发生燃烧爆炸和环境污染事故。在质量管理方面，加强质量体系运行中的各种数据、报表、质量情况记录信息的反馈，加强对机加分公司一次交验合格率质量指标的考核。对发现的质量问题都及时召开质量分析会，并严格按照“三不放过”（在调查、处理事故时，必须坚持事故原因分析不清不放过，事故责任者和群众没有受到教育不放过，没有采取切实可行的防范措施不放过）的原则进行处理。质量管理体系持续有效运行，对内部审核开出的31个不符合项，公司各单位按时完成整改。组织进行某产品弹体、头螺机加工艺改进和铸造质量攻关，产品弹体、头螺铸铁件良品率均稳定在88%以上，弹体漏水率由2014年的10%降到1.9%。公司军品成品一次交验合格率100%，民品盘式电机、变压器油泵、风机产品一次交验合格率99%以上，顺利通过电机系列产品3C强制性认证监督审核、电力机车用变压器油泵CRCC认证监督审核、隔爆电机矿用安全标志认证、民品质量体系第二次监督审核。

■ 改革改制 2015年，湖南兵器跃进机电有限公司对公司机构和中层干部队伍进行精减调整。行政机构合并调整后，从之前的23个减少到20个（未含临时性机构2个）。通过公开竞聘、择优录取，比较平稳地完成中层管理人员的精减、竞聘调整工作。精简后，中层管理人员职数由之前的71个，减少到51个，干部队伍更加精干。其中，25名原中层管理人员调整离开中层领导岗位，新聘任4人，1个中层管理岗位空缺。

■ 重点项目建设 2015年，湖南兵器跃进机电有限公司强力推进综合技术改造项目建设，注入自筹配套资金700余万元。8月完成综合技术改造项目建设，9月通过项目财务审计，至11月底，又陆续通过消防、环评、安评、职业卫生、档案5个单项验收。及时对安全生产委员会成员进行调整，推进军工系统安全生产标准化达标工作。11月26日，公司安全标准化三级达标顺利通过评审验收。

■ 军品科研 2015年，湖南兵器跃进机电有限公司顺利实现两型产品当年启动、当年完成研制、当年产生销售收入。1月19日，公司确定开展某单位某产品订单研制，科技人员根据提供的产品实物并结合公司现有产品技术特点，大胆创新，对主要部件进行优化设计，其改进为后续大批量生产提高效率。9月，顺利完成20万套产品生产任务，新增产值1191万元。D项目正式列入国家装备预研项目。W项目即将列入“十三五”装备预研计划。科研机制进行创新。6月开始，组建科研团队，公开招聘项目负责人及设计师，提高科技人员待遇，制定项目负责制管理办法、实施方案进行管理和考核。

（李小华）

领导名录

执行董事 总经理	黄永杰
党委书记 副总经理	黄建群
纪委书记 工会主席	黄　静
副总经理	黄成辉　何海军
总会计师	张瑞琪

湖南兵器建华精密仪器有限公司

■ 概况 湖南兵器建华精密仪器有限公司（原湖南省建华机械厂）始建于1966年，是一家拥有自主知识产权的国有独资公司，为湖南省兵器工业集团有限责任公司全资子公司之一。公司地处永州市零陵区富家桥镇。公司技术力量雄厚，工艺设备先进，检测手段齐全。现有固定资产2.8亿元，员工1200余人。公司占地122万平方米，拥有各类主要设备1200余台（套），具有较强的机械加工、工具制造、冲压、压铸、表面处理、塑料压型、电子产品、化工产品等生产和科研开发能力。2015年，公司获得“全国模范职工之家”“湖南省文明单位”“永州市党建工作先进单位”“永州市安全生产工作先进单位”“湖南兵器集团先进基层党组织”“湖南兵器集团安全生产工作先进单位”等称号。

■ **生产经营** 2015年，湖南兵器建华精密仪器有限公司本着“科技兴企，艰苦创业”的企业理念，发扬“敬业、爱岗、奋斗、创新”企业精神，实现营业收入1.58亿元，利润800余万元，职工工资总收入较2014年增长16%。

■ **市场开拓** 2015年，湖南兵器建华精密仪器有限公司持续加强与军方和配套厂家的联络沟通，稳固老市场，开拓新市场，军品订货合同任务进一步增加，较2014年增长86.88%，军品合同产值较2014年增长60.9%。

■ **科研项目** 2015年，湖南兵器建华精密仪器有限公司有9项科研项目如期推进，其中有4项处于工程样机研制阶段，2项处于正样机鉴定试验和研制阶段，1项处于方案样机研制阶段，1项处于出样机研制阶段，1项某产品三型引信中有两型引信的设计定型审查、生产条件鉴定均顺利通过，产品正式命名并投入批量生产，一型引信处于设计定型备试品准备阶段。

■ **内部管理** 2015年，湖南兵器建华精密仪器有限公司开展质量专项整顿工作，重拳整治生产现场管理、五品四数管理和工艺纪律执行情况，加大责任追究力度，强化责任追究成为质量管控的新特点。开展安全生产三大行动“回头看”活动，突出科研、生产、试验、存储和运输等环节的安全防护，加强枪支弹药、火工品、火工区的安全管理，排查治理安全隐患，严格落实领导带班值班制度和关键岗位24小时值班制度。推进全面预算管理，在加强资金管理和成本费用管理及考核方面提出可行措施，资金管理更加规范、合理，各项成本费用有一定程度的降低。

■ **民计民生** 2015年，湖南兵器建华精密仪器有限公司慰问工伤、职业病、重病及住院职工300多人次，发放慰问金及困难补助11万元。组织公司职工1193人加入市总工会职工医疗二次报销互助活动，为职工缴纳医疗互助金88480元，为职工医疗二次报账9.9万元。组织职工开展广场舞表演，气排球、乒乓球比赛，全民登山活动、书法摄影展等丰富多彩的文体活动。

（周文兰）

领导名录

执行董事
总经理　蒋粤军
党委副书记
党委书记
纪委书记
工会主席　伍聚宝
副总经理

总会计师　肖　景

副总经理　张宏生　武波涌

湖南省南岭化工集团有限责任公司

■ **概况** 湖南省南岭化工集团有限责任公司（以下简称“公司”）前身为湖南省南岭化工厂，始建于1966年。公司位于永州市双牌县，在长沙设有办事处。公司主营乳化剂、油相材料、包装材料、卡扣线材等炸药配套产品。下设湖南南岭精细化工有限公司、湖南南岭包装材料有限公司、湖南南岭物业开发有限公司、湖南南岭贸易有限公司和湖南南岭线材加工有限公司等5家全资子公司，另设有汨罗分公司。

2015年，公司稳抓生产经营、创新企业发展，实现营业收入10450万元，创利润13363万元（其中股票减持收益1.5亿元），超额完成全年目标任务。

■ **市场拓展** 2015年，湖南省南岭化工集团有限责任公司积极调结构、拓市场，各产品板块得到较大发展。按照新天地集团“有进有退”的发展要求，结合公司改制实际，淘汰二氧化氯、烟雾剂、劳保护具等落后产品，集中力量发展炸药配套产品，同时培育贸易服务、工程建设等业务板块。通过适当优化产品结构，公司所有单个产品均实现盈利；新发展的贸易业务在短短9个月内完成营业收入800余万元，创利润35万元；工程建设板块也与多个单位达成初步合作意向，为

2016年工程业务的开展打下良好基础。积极应对市场竞争加剧、需求减少等不利形势，通过加强用户走访、加快产品试验、积极降本提质、完善售后服务等举措，新天地集团内部主要炸药配套产品乳化剂和油相材料销量同比分别增长18.8%和12%；外部市场方面，多次组织赴湘西、江西、广东、广西等地开发维护市场、进行产品试验，为日后外销业务的拓展打下坚实基础。

■ **管理提升** 2015年，湖南省南岭化工集团有限责任公司围绕新天地集团“价值化、标准化、精细化和军事化”管理要求，结合企业改革发展实际，着力推进管理提升，取得显著成效。争取政策、资金支持，抢抓政策边际红利，全年争取到位和减免各项资金2502.8万元。全方位推进降本增效，节支节流效果显著，特别是管理费用、采购成本同比减少约500万元，生产过程控制得到加强，能源成本全部控制在指标范围之内，成功分流富余人员36人。进一步优化管理流程，完善母子公司管理模式、年度绩效考核方式，规范临时用工管理、停薪留职人员管理、公司内部借支管理，加强合同管理，组织开展管理技能提升培训，企业管理更加规范，运营效率得到提高。

■ **改革创新** 2015年，湖南省南岭化工集团有限责任公司坚持职工权益与企业利益统筹兼顾，巩固并不断深化企业改革成果，盘活闲置资产，企业发展活力得到增强。在做好高钾改制后续工作及精细化工产品发展的同时，淘汰汨罗分公司烟雾剂等安全成本高的小产品。完成祁东线材公司卡扣项目扩能改造前期调研和合作者洽谈对比，制订出辅业改制及成本测算方案，提请新天地集团报省国资委和省人社厅审核批准以争取辅业改制资金支持。加快推进办社会职能分离，双牌、祁东、汨罗三点水电分离移交，除祁东点供电外，全部成功与所在地接收单位签订移交框架协议。汨罗分公司医务室成功实行承包经营，每年增收节支约10万元。双牌转运站土地处置和汨罗闲置土地盘活经与新天地集团及省政府相关部门主动沟通汇报，以及与双牌县和汨罗市政府反复沟通衔接，取得阶段性进展。金宏泰硝酸铵项目处置工作历时近两年，通过大量的前期协调，于12月25日成功与湘潭县国资企业签订资产转让协议。

■ **安全生产** 2015年，湖南省南岭化工集团有限责任公司进一步加大安全监管力度。新建以子（分）公司为主体缴纳安全保证金制度，全年对隐患整改不及时、不到位的单位扣罚安全保证金约1万元。组织和开展“安全生产月”和“6S”管理活动，各单位安全、文明生产取得明显进步，现场管理也有很大改观。在做好日常安全检查考核的同时稳抓季度安全检查考核不放松，对检查出的57处安全隐患全部下达整改通知并严格督促整改完毕。结合天津港爆炸事故多次组织安全知识学习，深入开展危险化学品专项安全自查，全面稳抓安全隐患整改。2015年，该公司被永州市和新天地集团评为“安全生产先进单位”。

■ **技术进步** 2015年，湖南省南岭化工集团有限责任公司坚持依靠技术进步，创新发展。全年完成油相、乳化剂、肠衣膜和卡扣等技术攻关和小改小革10多项，累计产生经济效益130余万元。完成油相材料生产线升级改造，并采用公司自主创新的自动放料计量系统，劳动强度降低，油相质量得到提高，在国内同行业处于领先水平。公司乳化剂生产线改造获得双牌县2015年科技进步一等奖，“油汽分离器装置”和“反应釜导热油输送系统”获得国家实用新型专利。牢抓质量监管不放松，产品质量获得较大提升。炸药助剂产品，质量较稳定，成为大部分用户单位优先选购的产品。成立产品售后服务中心，及时跟进和妥善处理部分用户单位反映的质量问题，产品适用性不断提高。

（张孟春）

领导名录

执行董事 党委书记	贾永福
总经理 党委副书记	曾德坤
副总经理 党委委员	郑赛阳
党委副书记 纪委书记 工会主席	熊煜华
副总经理 党委委员	陈友民　刘玉芳
总经理助理	周桂中

湖南烟叶复烤有限公司永州复烤厂

■ **概况** 2015年，湖南烟叶复烤有限公司永州复烤厂始终突出为工业企业服务、为中式卷烟品牌发展服务、为产区公司服务的导向，保持企业持续稳定、健康、和谐发展，为构建“更加规范、更富效率”的湖南复烤做出贡献。截至11月30日，累计完成打叶复烤投料80.06万担，产出成品37.75万箱，完成选叶投料45.41万担。

■ 易地技改 2015年，湖南烟叶复烤有限公司永州复烤厂易地技改项目建设工作按照“科学、高效、规范”的要求，围绕工程招标、施工审查、合同管理、现场施工、资金管理等工作重点，注重加强统筹规划、项目调度和现场管理，不断优化管理流程，完善相关制度，加大协调力度，加强督查考核，提升项目管理水平。细化建设目标，加强对施工单位、监理单位的监督和管理，加强与设计院的沟通联系，以投产时间为节点，以建设合同为依据，明确各环节工作内容、时间节点要求，倒排工期，采取劳动竞赛、黄牌警告、强化考核等方式，妥善安排好交叉作业、综合作业，整合各方力量，加大现场施工人员和机械设备投入，确保项目建设按计划优质、高效、安全推进。加强工程监管，采取加强廉政教育和程序性约束相结合的方式，构建严密、规范、有效的监管机制，着力加强设计概算第三方审核、设立招标拦标价、设立履约保证金、设立共管专用账户等环节的监管，严把工程招标、合同审核、现场签证、审计监督、工程验收、资金支付等关口，打造阳光工程和廉洁工程。截至11月底，项目挡土墙工程和强夯工程进入扫尾阶段，联合工房Ⅰ、Ⅱ、Ⅳ区完成基础施工，Ⅰ区正在施工钢筋混凝土柱，Ⅱ区钢结构制作完成，Ⅲ区及锅炉房正在施工基础部分，Ⅳ区正在施工框架柱，原烟库、综合库、生产管理用房等工程完成临建设施建设，厂区室外工程招标文件送省招标办审批，厂区景观绿化设计挂网招标，工程监理全员到岗，12000公斤/小时打叶复烤生产线正在生产制作中。

永州复烤厂易地技术改造项目建设

■ 复烤加工服务 2015年，湖南烟叶复烤有限公司永州复烤厂面对永州烟叶收购、调拨时间滞后的现状，切实加强业务衔接，及时了解烟叶收购和调拨进度，根据客户需求和实际情况妥善制订加工计划，确保烟叶快调、快打、快运。以“过程零浪费”“投料零差错”“加工零等待”为目标，实现精心备产、精确投料、精准加工，确保生产加工均衡有序。抓好信息沟通、现场管理、挑选质量3个关键环节，注重加强与外包公司、产区公司、加工客户的沟通，听取意见和建议，合理安排挑选计划，实现互信共赢、协同发展。以精益生产的标准和要求，强化对挑选现场的监管，及时向外包公司提出不足和问题，督促其尽快落实整改，打造整齐划一、作业规范、着装统一、干净整洁的挑选现场。以客户要求为根本，要求外包公司强化对挑选人员的技能培训，提高分选能力、分选质量，满足打叶复烤对杂物含量、烟叶纯度的要求。总结生产加工规律，进一步完善烤厂、产区公司和工业企业三方协调机制，合理利用各方仓储容量，统筹安排烟叶调入次序，妥善制定烟叶接收计划和应急预案，避免重复运输、迂回运输，确保烟叶接收规范顺畅。加强成品入库后的仓储保管，科学安排仓储发货计划，加速仓储运转周转，提高仓储利用效率。

■ 质量管理 2015年，湖南烟叶复烤有限公司永州复烤厂强化全员质量意识，规范操作流程，设立质量目标，并注重对加工过程关键指标的控制，提高对生产过程的掌控能力，着手开展质量信息数据在线反馈的各项工作和质量写实、质量技术研究等工作，同时加大员工培训和考核力度，建立有效的质量激励机制，充分调动全员参与质量管理的积极性，从而进一步提高全员质量意识。明确职责定位，落实主体责任，

烟叶分级挑选

将产品质量控制关口前移到生产线的最前沿，准确掌握前期来料情况和产品产前质量信息，把好质量源头关口。以配方、水份、杂物含量等重点指标为着力点，抓好在线质量控制，加强对生产过程的监督管理，加快在线质量信息反馈速度，确保产品在线质量的稳定。严格落实全面质量管理，优化干部职工素质，加强生产现场管理，严格制度约束，抓好隐形质量控制，堵漏补洞，减少生产过程中的隐形质量损失。严格质量追责责任制，创新质量监督方式，集中力量对易造成质量事故的工序进行重点监控，确保产品质量符合客户要求。注重加强与中烟客户的密切配合，突出服务卷烟工业企业的宗旨，以精益服务为落脚点，在生产经营全过程导入精益思想服务客户，形成客我“零距离”、工商“零边界”的服务保障机制。以铺叶摆把工序的改革为契机，规范作业流程，减少在线杂物含量，全力保障产品质量。发挥一线年轻员工的活力和高学历人才的创新力，做好 QC 成果和科技创新项目的编制发布工作。

■ 企业安全生产 2015 年，湖南烟叶复烤有限公司永州复烤厂严格落实安全责任，强化安全责任意识教育，把安全责任落实到每一名职工，贯穿于生产经营全过程。定期不定期进行安全隐患排查治理工作，把排查范围细化到生产经营的每一个环节，对查出的安全隐患定时间、定人员、定措施进行整改，整改后按照要求进行复查验收。对全体干部员工开展形式多样的安全思想教育和遵章守纪教育，增强领导干部密切联系群众意识、勤政为民意识和责任担当意识，增强广大员工的法律意识、大局意识、安全生产意识和廉洁自律意识，促进全员工作作风的转变和生产经营各项工作的安全、健康、合法运行。根据易地技改项目安全管理规定，严格落实安全“三同时”（安全设施与主体工程同时设计、同时施工、同时投入生产和使用），充分发挥专职安全员的作用，对工程施工的全过程进行有效的安全监控。针对可能发生事故的隐患和环节，制定相应的预防措施，并做好安全检查和危险预控工作。

■ 设备运行管护 2015 年，湖南烟叶复烤有限公司永州复烤厂坚持以提高设备有效运转率为重点，以强化设备维护保养为主线，以全面提升管理水平为目标，切实抓好设备管理工作，确保易地技改前最后一个烤季生产设备的正常运转。根据生产设备分包分块负责的要求，本着“预防为主”的原则，加强设备点检巡查力度和设备运行状态监控，及时发现和处理设备故障，充分发挥设备效能，排查设备事故隐患。有针对性地查找和解决设备技术难题，重抓问题多发、不易拆装和影响生产达两小时以上的问题，努力把设备故障停机时间缩短在最小范围内，确保生产加工的连续稳定进行。把设备日常维护保养工作作为设备管理中的重点来抓，以设备“完好率、泄漏率、故障率、保养达标率、运转率”来量化设备维保指标，着力降低生产设备能耗，提高设备管理经济性，控制因设备维保质量不过关而造成生产停机的因素。进一步细化设备考核标准，分解考核指标，采取车间、厂部两级考核制度，对因设备原因造成停机停产的现象进行考核，并实施分级预警、分层追责。

（黄志平）

领导名录

厂长 党委书记	盘勇卫
副厂长	李廷云
总工程师	刘华友
纪检书记	程海红
副厂长	雷雅麟

科　　技

综　　述

■ 概况 2015 年，永州市争取省级以上科技计划项目 51 项。获省科技进步奖 3 项。新建省级工程技术研究中心 1 家。新认定国家高新技术企业 12 家，高新技术产业产值、增加值两项指标增幅全省排名第一位。有效发明专利达到396件，同比增28.6%，增幅在全省名列前茅。组织全市9家企业和3个团队报名参加2015年度中国创新创业大赛，有2个企业获大赛优胜奖，1个团队获大赛三等奖，获奖总数在全省14个市州排第二位。永州市科技局获优秀组织奖。

■ 创新环境优化 2015年，永州市科技成果处置权、收益权改革试点正式启动。确定市林科所、湖南果秀食品公司为改革试点单位，将科研人员从科技成果转化收益提取比例提高到50%以上。以市政府名义表彰科技奖30项，专利奖3项。其中，市科学技术进步奖一等奖2项，二等奖9项，三等奖13项；市技术发明奖二等奖1项，三等奖5项；市专利奖二等奖1项，三等奖2项。在市林科所举办“科技活动周暨科普基地免费开放日”的启动仪式。活动周期间，联合29个成员单位投入机关干部和各类专业技术人员9002人，落实科技活动周专项经费105万元，惠及群众38万人次。赴冷水滩区伊塘镇开展“三下乡”活动。散发各类科普宣传和农业技术资料5000余份。

■ 知识产权战略 2015年，永州市科技局将专利清零列入2015年县区知识产权工作目标管理考核指标，推动专利申请量的稳步回升。全市申请专利2387件，授权专利1075件，增幅均高于全省平均水平。联合多单位开展专利执法清查，检查商品2500多种，登记专利产品380件，立案查处假冒专利案件100起。在“4·26”宣传周期间发放宣传资料2000余份，在各级媒体平台发表各类宣传稿件36篇。

2015年，永州科技活动周暨省科普基地免费开放日启动仪式

■ 自主创新 2015年，永州市新增国家高新技术企业12家，完成高新技术产业产值347亿元，同比增长33.3%；完成高新技术产业增加值101亿元，同比增长33%，两项指标增幅均排全省第一位。全年项目承担单位突破关键技术113项，新申请专利514项，发表论文428篇，实际应用科技成果53项，产生直接经济效益43亿元。争取省科技厅“三区”科技人才项目，全面开展对接服务，围绕江永、江华、新田、双牌、宁远5县的支柱产业，引进61名省市科技专家到永州开展创新创业、项目实施、技术服务、人才培养、科学普及等服务。

■ 精准扶贫 2015年，永州市科技局驻村扶贫工作全面铺开，联系江华瑶族自治县小圩镇茶花园村。安排一名副局长、一名职工驻村工作，摸清全村363名贫困人口底数，制订三年帮扶方案，8名处级领导和分管科室分别联系8家贫困户，对口援助危房改造、疾病救治、助学等。工作队筹资60余万元，建好全村饮水安全工程，修好通往五组的1.5公里道路，对水毁桥梁和2.5公里的连村道路进行规划和初步设计，产业扶贫的各项措施正在组织实施。

■ 招商引资 2015年，永州市科技局引进的德福隆科技有限公司，第一条生产线于4月开工，完成产值2819万元，实现效益867万元，缴税517万元（含建安税）。完成投资6000万元，三栋公租房竣工，第二条生产线的三层厂房封顶。

（唐黎明　李铮）

防震减灾

■ 概况 永州市地震局为副处级参公管理事业单位，编制6名，现在职在岗人数6人。2015年，永州市地震局结合市级文明单位创建活动，继续推进地震监测预报、震灾预防、应急救援三大工作体系建设，取得一定的成绩。市地震局获2015年度全省市州防震减灾工作综合考核优秀单位；江华瑶族自治县地震办、东安县地震办分别获全省2015年度县市区防震减灾工作综合考核优秀单位、先进单位，其中东安县地震办被湖南省地震局推荐参加全国县市区防震减灾工作综合评比，获得全国2015年度县市区防震减灾工作综合考核优秀单位。

■ **监测预报** 2015年，永州地震台坚持不懈24小时值班，确保全年安全运行。开展永州市及周边地区地震趋势分析及预测，分别撰写《永州市2015年下半年地震趋势分析研究报告》和《永州市2016年度地震趋势分析研究报告》，参加全省年中、年度地震趋势会商。5月中旬，完成永州市地震监测台网中心建设，正式投入运行。永州市地震监测台网中心属湖南省地震监测网络节点之一，负责收集永州及周边地区8个地震台站的实时监测数据，全天候地监视永州及周边地区地震活动情况。推进全市地震群测群防工作，在冷水滩区建成群测群防宏观观测点2个。10月，江华地震台完成征地、房屋设计工作。11月21~22日，湖南省地震局监测中心常玉龙、刘洋军对江华地震台新台址进行24小时地震动监测。12月11~13日，省地震局局长燕为民、副局长刘家愚等到永州市调研防震减灾工作，先后调研永州地震监测台网中心、永州地震台、东安县和江华县；对永州地震监测台网中心、永州地震台的后期改造提出指导意见；实地考察江华地震台的台址和建设情况，对建设过程中遇到的问题提出解决办法和建设性意见。

■ **震灾预防** 2015年，永州市地震局落实《永州市建设工程抗震设防管理办法》和《永州市建设工程并联审批实施方案（试行）》，推进建设工程并联审批制度。对行政权力清单进行梳理，保留2项行政许可，简化办事指南和办事流程，并在永州市地震局网站上进行公布。指导创建永州市地震安全示范社区2个，即冷水滩区梅湾社区和东安县苍子岭社区。12月12日，省地震局局长燕为民、副局长刘家愚等一行视察调研东安苍子岭社区，对东安县地震办的工作和苍子岭社区的防震减灾工作进行充分肯定和鼓励。年底，苍子岭社区获得省级地震安全示范社区。5月12日，在永州市应急办的统一组织下，永州市地震局在冷水滩零陵中路万喜登广场举行防震减灾知识宣传活动。各县区地震部门也在防灾减灾日和科普活动周期间上街进行地震科普宣传。冷水滩、江华等县区地震办还深入部分社区、农村开展防震减灾知识宣传。全市各防震减灾科普示范学校都开展多种形式的地震科普知识宣传活动。

■ **应急救援** 2015年2月8日，宁远发生2.0级地震（N25.6°，E111.9°），立即电话宁远县科技局（地震办），联系调查地震发生地民众有无震感和破坏，回应是没有震感。3月30日，贵州剑河县发生5.5级地震，东安县、冷水滩区部分地方有轻微震感。市地震局立即向市政府汇报震情，迅速进行相应应急处理。9月11日，参与市红十字会牵头主办，市政府副秘书长、市应急办、伊塘镇镇政府等单位领导出席的“红十字生命健康安全教育项目”启动仪式暨群众性应急演练活动，进行校园地震应急演练。全市各防震减灾科普示范学校都分别进行校园地震应急疏散演练。10月，选派一名工作人员参加国家地震应急救援处置高级培训班学习。

（刘文军）

交通运输

综　　述

■ **概况** 2015年，永州市交通运输系统抓项目、强管理、优服务，交通工作取得较好的成绩。交通基础设施建设累计完成年度投资29.24亿元，为年度交通建设投资目标23.28亿元的125.6%。其中，国省干线公路建设完成投资14.89亿元，为年计划14.05亿元的105.98%；涔天河道路复建工程完成投资2.5亿元，为年计划2.5亿元的100%；农村公路建设完成投资9.95亿元，为年计划6.43亿元的154.74%；中心城区快速公交（一期）完成前期工作投资3000万元，为年计划3000万元的100%；其他项目完成投资1.6亿元，其中干支线养护工程完成投资1.31亿元、站场建设完成投资2868万元。G207双牌至道县改建工程建成通车，G322零陵段改线工程基本建成；零陵至双牌一级公路双牌段、S348祁阳黎家坪至冷水滩马坪公路开工建设；冷水滩至东安一级公路、S355江华分水岭至白芒营等项目完成所有前期工作。快速公交BRT项目完成系统规划。首期走廊32千米，与九嶷大道、永州大道、日升路、阳明大道沿线道路后续配套工程同步，由4个业主分段建设，永州大道城区正在开工建设，九嶷大道段初步设计通过评审，永州大道联城段和零陵区阳明大道、日升路段完成初步设计。公路、运政与交警等相关部门紧密合作，发挥公路治超主力军作用，全面开展专项行动，全市国、省干线公路超限超载率上半年为1.15%，治超成效好于上半年控制在3%的预期目标。保持打击黑的、摩的等非法营运的力度，查处违章车辆480台次，出租车和公交车更新基本完成，出租汽车行业未发生大规模的群体性事件，总体形势平稳。创交模二级考核指标8项，占总指标34项的23.5%，4次考评均领先前茅。覆盖全市所有交通建设重点项目和中型以上桥梁项目，工程优良率保持在全省前列。驾校管理进一步规范，行政执法质量进一步提升，没有发生行政复议和诉讼案件。实现创建省级平安公路2条、平安车辆10辆、平安车站3个、平安渡口2道、平安客渡船3艘、平安交通工地2个和市级平安公路4条、平安车辆39辆、平安车站10个、平安渡口10道、平安客渡船20艘、平安交通工地5个的目标。强力推进安全生产标准化建设。全市规模以上危货运输企业和客运企业全部达到三级标准，中心城区有3家出租汽车企业安全生产标准化达三级标准。开展水上交通安全专项整治，加大“三无船舶”查处力度，取缔非法造船行为，水上安全保障能力得到提升。工程质量监管覆盖全市所有重点项目和中型以上桥梁项目，质量及施工安全总体可控。全市交通系统安全生产形势总体平稳，没有发生较大及以上安全生产事故，道路运输行业发生一般行车事故4起，死亡7人；交通建设施工领域、水上交通无上报责任事故，各项指标均在省厅和市安委控制指标之内。农村公路建设完成投资9.95亿元（含通畅、危桥改造、渡改桥、安保工程），为年计划的154.7%。其中，完成通畅工程790.7公里，完成投资5.94亿元，可新增137个行政村通水泥路面，通畅率达到100%；安保工程完成里程989.9公里，为考核目标的100%，完成投资1.15亿元。全市危桥改造，完成投资2.07亿元、开工162座，为年度新开工任务117%；完工138座，为省定任务的123%；渡改桥完成投资0.8亿元，完工11座，为省定任务的100%。建成农村招呼站263个，完成年计划114%。干线公路安保工程，2座四类危桥基本完工，危险路段治理全部完成，基本实现“八无”目标。

永州交通互通点

■ **迎国检工作顺利完成** 2015年7月，永州市交通运输系统完成国省干线所有小修工程，9月底全面完成国省道大中修工程施工任务。通过规范化线路、G322示范路和“绿色通道”建设，实现以点带面，全面提升公路管理、养护水平。国省干线进行绿化，绿化率达85%以上，国检任务顺利完成并受到交通运输部考核组的好评。

■ **改革改制平稳推进** 2015年，永州市交通运输局组织相关单位多次研究，开展详细的公交改革调查摸底等基础性工作，制订并多次修改完善“一城一交，公车公营”公交经营管理体制改革实施方案，市政府召开专题（常务）会议研究审定，正在组织实施。永州汽车运输总公司改制工作完成职工档案清理、清产核资和职工代表选举，召开改制动员会和职工代表大会，通过改制方案和职工安置方案，其他工作正抓紧进行，年底基本完成改制。

■ **精准扶贫** 2015年，永州市交通运输局制定精准扶贫工作方案，对联系帮扶村零陵区凼底乡桴江村，派驻扶贫工作队，专职开展扶贫工作。对帮扶村困难户实施一对一帮扶，开展走访慰问，为95户困难家庭发放慰问金3.8万元，为少数特困党员、特困户和个人发放慰问金和助学金1.42万元。争取国省资金287万元，为S349（五黄线）凼底桴江村至茶林木头庙村路段安装6公里的钢型防护栏，改善贫困村公路安保条件。修建村道3.5公里，总投资120多万元。投资80多万元改善电力和水利设施，建设移动基站1个。

（吕定禄）

公路建设与养护

■概况 2015年，永州市公路系统围绕市委、市政府所确定的重点工作和省公路局目标管理考核办法，攻坚克难，狠抓落实，圆满地完成各项任务。永州市公路局获"2015年全市绩效评估优秀单位"，创建国家森林城市、"扶贫"工作进入全市先进行列；在省公路局2015年目标管理考核10个奖项中获红旗单位6项、优秀单位3项、先进单位1项。

■"三大战役"全面胜利 2015年，"国检"组通过永州市受检公路外业和内业检查，给出"路况更加舒适、管理更加规范、服务更加温馨、安全更加保障"的高度评价，市公路局获省局"迎国检目标管理考核"第一名。重拳出击"超限"运输治理，做到有为、有位，异地交叉执法行动被省公路局作为经验推广。经年末超限率调查，全市车辆进站检测超限率为0.13%，达到省政府确定的目标。全年投资2569万元，实施安保工程211.984公里，处治隐患1587处；投资4860万元，实施危桥改造20座。

■重点工程全面完成 2015年，G207双牌大山路段的改建工程于9月28日交工验收，比计划工期提前6个月，达到质量优良，经费可控，创造安全生产"零事故、零死亡"奇迹。完成G207零陵至双牌一级公路建设前期工作，获得市委、市政府的高度评价。G322永州段示范公路建设通过验收。

■路况养护 2015年，永州市公路局坚持"标准化、规范化、科学化、精细化"的养护管理，突出预防性养护和日常养护，加强养护巡查，实施绩效考核。截至2015年年末，全市国省干线公路路况优良率达95.01%，超额完成省公路局下达的路况优良率指标，实施大修工程19.4公里，优良率93.2%，市公路局获省公路局"干线养护目标管理"第一名。组织干线公路"绿色通道"建设，全市累计投入9000多万元，种植行道树29.6万株，干线公路林木绿化率达88.3%，获创建国家森林城市先进市直单位称号。

■路域环境整治 2015年，永州市公路局以"迎国检""治超"为契机，全力推进"路政管理示范路"建设，深入开展路域环境整治，打造"畅、洁、绿、美"的公路交通环境，实现对公路路域的有效管控，路域环境明显改善。获省公路局"路政管理工作目标考核红旗单位"。

■综合服务保障 2015年，永州市公路局组队参加省公路局安全知识竞赛获二等奖。应急抢险行动迅速、保障有力，累计投入应

管理与养护永州大道

急保畅经费2000多万元。借政府债券置换的东风，甩掉收费还贷二级公路债务包袱。巩固省级“文明单位”创建成果，开通永州市公路局官方微信平台和永州公路信息平台，拍摄《大道贯南北》电视专题片。综合服务获省局年度目标管理考核第一名。

（齐东斌）

交通建设质监管理

■ **概况**　永州市交通建设质量安全监督管理处（简称市质安处）于2012年11月成立，由原市交通规费征稽处、湖南省交通建设质量监督站永州分站、永州市交通建设工程造价管理站合并组建，2013年8月原永州市公路局高等级公路管理所也并入质安处，隶属于永州市交通运输局，为市财政全额拨款的副处级事业单位。内设办公室、政工科、质量监督科、监理检测科、安全监督科、造价管理科、行业管理科7个科室，全处编制57名。市质安处自成立以来，负责全市3个一级公路建设项目（合计里程43.899公里）、18个二级公路建设项目（合计里程721.28公里）、2个农村公路建设项目和10座渡改桥项目（合计1256延米）的质量安全监督任务。有冷水滩至祁阳公路、宁远绕城公路、宁远至九嶷山连接线、江华白芒营至广西福利公路、零陵G322改线工程、G207改建工程、二广高速公路双牌连接线、宁远至新田改建工程、S324蓝山至临武公路、S325江永至龙虎关公路、G207改建工程双牌段、祁阳木梓圩至金洞牛头山公路、S328东安芦洪市至小江口公路等。2015年，完成全市交通建设项目纳入监督管理率达100%，制定下发项目监督工作计划覆盖率达100%。

■ **工程质量监督**　2015年，永州市质安处严格审查规范参建单位的质量保证体系，制定各项目的监督工作计划，采取常规与突击、明查与暗访相结合的多种检查方式，组织质量检查、巡查22余次，发现质量问题22个，下发检查意见和通报10份，监督指令5份，停（返）工指令1份。工程质量抽检合格率在95%以上，完成项目竣工检测数据223452份、2356组。

■ **工程安全监督**　2015年，永州市质安处累计开展安全检查施工企业110次，出动执法车辆10台次、执法人员60人次，查处安全隐患50起，开出整改通知书13份。向项目建设单位发放《中华人民共和国安全生产法》30册、安全知识读本60册、安全员手册60册、安全宣传挂图30套、影像带15盘。

■ **监理检测管理**　2015年，永州市质安处开展监理检测专项检查10次，抽检监督监测数据200多个，下发通报更换项目不合格人员10人，监理整改通知书6份。

■ **造价管理**　2015年，永州市质安处审查新增单价13批次，审查大于10万元以上的较大变更17批次，审查变更金额803.14万元、核减71.05万元，核增2.66万元。完成概算、预算审查项目4个及工程量清单预算审查项目9个，审查金额11.72亿元，核减7277.84万元。

（杨晶雅）

道路运输

■ **概况**　2015年，永州市道路运输经营业户达到28688户，从业人员达到12万人，拥有客运企业41家，等级客运站场61个，货运企业63家，营运客车4552辆，普通营运货车16275辆，危货车辆505台。拥有客运线路1027条，二类以上维修企业106家，驾校80所，教练车3100台，教练员3300人。春运期间，全市投入营运车辆137876辆次，发送旅客627.67万人次。全市道路运输系统不断完善应急预案体系建设，建立整体协调、分工合作、灵活机动的应急预案体系。建成招呼站263个，累计投资658万元。建成农村客运站79个，农村招呼站1000个。加快行政村通班车的力度，行政村通车率为99.55%。农村客运公司化经营比例逐年提高，新田县在全县所有乡镇开通农村赶集客运班车，零陵区在每个乡镇成立农村客运公司，东安、道县、冷水滩、宁远等县区也开展试行线路公司工作。同时，严格规范农村客运班车燃油补贴申报工作，确保农村班车开得通、留得住。

■ **行业服务**　2015年，永州市道路运输管理处对客货运输企业、客货运站场、二级及以上维修企业进行年度质量信誉考核。全市被评为AAA级的有客运企业6家、普货企业5家、客运站14家、货运站2家，维修企业32家。继续开展创群众满意客运站活动，成功创建3家满意客运站。在维修行业诚信经营、文明服务评比活动中，永州市永恒汽车贸

干线公路

易有限公司得到交通部表彰，祁阳快车手汽车维修服务有限公司等9家企业得到省运管局表彰。在省交通厅组织的第七届全国交通运输行业“PPG杯”汽车维修车身涂装（水性漆）竞赛（湖南赛区）中，永州市取得全省团体第四名的好成绩。对全市78所驾校进行达标验收和许可查验，通过达标工作促进驾培机构硬件设施的改善。制定出台《关于进一步规范驾培市场的若干规定》，组织开展以治理教学车辆违规行为的稽查活动，加强督促管理，促使驾培机构自觉加强对教学车辆、教练员、教学质量、资料档案和经营行为的管理。

■ **道路运输市场保障** 2015年，永州市道路运输管理处严把运输经营者市场准入关，对不符合许可条件特别是安全生产不符合要求的运输企业，责令退出道路运输市场。开展危险货物运输安全专项整治行动，双牌鑫发公司由危货变更为普货，永州联运公司在广州营运的车辆办理IC卡，纳入经营地的管理，永州兴达危爆运输有限公司变更法人，新购符合条件的危货车辆。严把道路运输市场车辆准入关，强化车辆技术管理，淘汰黄标客车420台、货车402台，引导经营者选用节能型车辆，推广节能降排技术的应用。严把危货车辆办证、审验关，依法依规把好客运车辆市场准入的技术状况关，严格技术等级审核和类型等级划分。加强维修企业和检测站的日常监管督查。进一步规范维修企业和检测站经营行为，落实二级维护竣工检验和营运车辆综合性能检测实车现场拍照留存备查制度，基本杜绝虚假维护、检测的违法行为。加强对道路运输从业人员的继续教育和从业资格证考试工作，全面实现无纸化考试。全年组织开办培训班72期，核发道路运输从业资格证9900本，1.2万多名从业人员参加继续教育培训。建立从业人员远程教育网络平台，为异地从业人员继续教育提供便利。开展机动车维修从业人员从业资格证换发和培训考证工作，委托永州职业技术学院汽车技术系具体实施，建立培训基地，实现培训考证工作社会化、专业化、程序化和常态化。

■ **安全监管** 2015年，永州市建立健全“五级覆盖”和“五落实五到位”安全生产责任制度。全市“两客一危”（从事旅游包车、三类以上班线客车和运输危险化学品、烟花爆竹、民用爆炸物品的道路专用车辆）车辆全部并网省级重点监控平台。对营运车辆超速和离线情况实行月通报，对违规行为从快、从重处理。春运期间，对营运客车违反凌晨2~5点停止运行规定的情况实行周通报。“春运”“两会”“清明”“端午”“十一”等重点时段，全市运管人员深入基层排查治理安全隐患，有效防范生产安全事故，坚决遏制重特大事故。安排部署烟花爆竹“非法运输领域”清剿行动，行动期间，组织执法行动281次，出动执法人员1155人次，检查企业和站场148家次，检查车辆886台次。道路运输安全生产集中执法行动中，出动执法人员483人，检查企业116家，排查发现安全隐患68处。组织开展“平安车、站”创建活动、“安全生产月”“道路客运平安年”活动。活动期间，全市道路运输系统巡回宣讲9次，设立宣传咨询点18个，开展在线访谈500人次，主要负责人与企业负责人谈心对话16人次，印发宣传资料14016份，制作宣传展板255个，开展警示教育活动71次，举行应急预案演练21次。

■ **运政执法** 2015年，永州市道路运输系统审验营运客车3535辆，合格率100%；审验营运货车9187辆，合格率100%；审验危货运输车辆353辆，合格率100%。开展道路运输“严打严治”打非治违集中整治行动。活动期间，组织集中执法行动423次，出动执法人员5056人次，检查生产经营单位1013家，排查发现安全隐患276处。组织开展全市道路运输行政执法行为上下联动整改工作。严格履行源头治超职责，强化源头货运企业监管，建立重点货运源头台账，加大稽查力度。

（王秋香）

水路运输

■ **概况** 永州市地方海事局成立于2007年7月，现为副处级公一类事业单位。内设机构5个，分别为办公室（加挂计划财务科牌子）、安全法规科、船舶船员科、船舶检验科、水上交通安全监控科（对外称永州市水上交通安全指挥监控中心）。全局全额拨款事业编制30名，其中，局长1名（副处级），副局长3名（正科级），副科级领导职数5名。主要职责是：参与拟定全市水路交通发展规划，编报水路交通工程项目年度计划，组织实施省、市重点及大型水路交通基础设施建设工程，归口管理中型水路交通基础设施建设工程；参与指导、协调全市水路交通管理及水上交通安全管理工作，负责建立辖区内水上安全应急机制，指导县区机构船舶安全检查，参与调查和处理水上交通事故；负责辖区船员服务簿签发和管理工作，指导辖区船员违法记分管理工作，对辖区内船员培训机构进行管理；负责授权等级内全市船舶及水上设施的法定检验、审图管理和船舶技术管理工作，按规定权限开展船用产品的检验，负责辖区内有关部门委托的公证检验；参与航道通航技术标准审查，参与协调水资源综合利用，按规定管理沉船货物的打捞、清除，划定并管理航路、禁航区、交通管制区、港外锚地和安全作业区等；承办市交通运输局交办的其他事项。

2015年，永州市地方海事局以“三严三实”活动为载体，紧紧围绕海事中心工作，加强安全监管、强化廉政建设、规范工作作风，服务永州水运，各项工作达到预期目标。

■ **安全监管** 2015年，永州市地方海事局加强领导，完善制度，落实责任，制定和完善《永州市地方海事局安全督导联系工作制度》《永州市海事系统安全生产“一岗双责”暂行规定》《永州市地方海事局2015年防汛抢险工作方案》《日常安全检查制度》《海事机构安全巡查制度》等一系列制度，进一步明确检查安全生产的分工和要求。与县（区）海事局（处）签订安全责任书，明确各自职责，落实安全工作责任。抓好重点时段和汛期的安全监管工作，根据节期群众出行特点制定具体的工作方案，加强水上安全现场监管力度。按照安全督导联系制度由局领导带队对各县（区）重点时段以及汛期期间安全监管和值守情况进行督导，并要求各海事局（处）对有船单位、渡口、码头和船舶进行安全检查，加强重点水域、重点时段的现场安全值守，做到全天候、全方位安全监控。结合水上交通安全“大排查、大检查、大督查”行动，继续加强安全检查力度，出动海事执法人员318人/次，排查水上安全隐患21处。开展安全宣传工作，通过电视台、报刊、多媒体、网络等形式，深入重点渡口、码头、学校等人口密集区，加大对水上交通安全知识的宣传力度；“安全宣传月”等活动期间，发放宣传资料2120余份，悬挂宣传横幅102幅，张贴宣传标语275条。全面开展海事巡航工作，将湘江永州段主航道及库区水域作为全市巡航重点，水域内的客渡船舶作为监管重点。每季度制定巡航工作计划，结合分片督导联系制度，对辖区全航段进行巡航，及时掌握辖区水域的安全状况。继续深入开展全市水上交通“打非治违”安全专项整治行动，组织执法行动36起，出动执法人员320人/次，发现安全隐患13起，整改13起。通过强化整治，打击农用船非法载客行为，基本杜绝客船、客渡船超员超载现象，水上交通安全形势持续稳定好转，实现零死亡的目标。加强安全法律、法规的宣贯和培训学习，制订《永州市地方海事局2015年法律法规宣贯工作方案》，

客运船泊参与营运

组织局机关和县区海事人员学习新《中华人民共和国安全生产法》《中华人民共和国航道法》《国内水路运输管理条例》《内河渡口渡船安全管理规定》等法律法规，对于基层海事人员采取办安全知识培训班和现场业务指导的方式，进行安全培训，培训安全监管人员320余人/次。

■“三无”船舶清理整治 2015年，永州市地方海事局为规范采砂运砂船舶经营秩序，有效打击非法造船行为，根据《湖南省安全生产委员会关于印发〈2014年安全生产“打非治违”专项行动工作方案〉的通知》和《永州市人民政府办公室关于开展打击非法造船行为和“三无”采砂运砂船舶整治工作的通知》的文件精神，市地方海事局统筹规划，积极协调、加强督办、攻坚克难，各县区人民政府积极配合、真抓实干，取得较为满意的好成绩。全市完成船舶数据采集336艘、制图336艘、办证162艘，进入办证程序未办证船舶17艘，尚有157艘船舶未进入办证程序。

■运船舶检验 2015年，永州市地方海事局开展春运参运船舶的质量监督检验，确保参运船舶适航。做好重点监控船舶春运检查工作，确保参运客（渡）、车渡船舶具备安全航行的技术条件。春运期间，检查船舶376艘次，发现存在不同问题的船舶25艘。做好客渡船安全技术管理，配合客渡船标准化改造工作，为实施现有客渡船的更新改造提供技术保障。开展“三无”船舶的办证工作，全年完成336艘船舶的图纸数据的采集，制图并审图336艘，办证162艘。开展营运船舶检验工作，完成营运检验586艘、28584千瓦、35533总吨、15717客位、载货量34097吨，其中初次检验111艘、12246千瓦、15586总吨、载货量18943吨；建造检验6艘、323千瓦、130总吨、250客位，完成7艘400总吨以上运输船防污装置的加装及检验发证。

■船舶船员管理 2015年，永州市地方海事局开展渡船船员安全知识培训及小型船舶船员适任培训，全年举办渡船船员（签单员）安全知识培训班7期，参加培训、考试学员355人。举办适任培训二期，参培人员43人，考试合格发证32人。继续规范船舶登记管理，办理船舶各类登记业务98艘次，整理船舶登记档案157套，换发最低配员证书及国籍证书102套。开展全市海事机构签证和安检业务培训，举办一期签证和安检及2.0船舶管理系统（电子签证和安检信息录入）业务培训，县区海事机构参培人员37人，发放相关培训资料及证书填写样本37套，并对客渡船舶进行定期签证1851艘次、安检1851艘次。配合“三无”船舶清理，及时申请船舶识别号，办理船舶识别号申请162艘次，其中，运砂船25艘，挖砂船29艘。开展船员异地培训，举办船舶船员基本安全培训1期，培训人员67人次。

■航道管理 2015年，永州市地方海事局完成2013年、2014年航道应急资金资料的整理上报，争取2014年的航道应急资金的下拨，上报2016年的航道枯水保畅资金计划，初步安排祁阳、零陵二县区资金计划40万元。根据县区的养护计划，完成2015年全市的航道养护编制。对江华瑶族自治县在建两座桥梁未办理通航技术标准许可，道县洲背大桥未办理通航技术标准许可，东安银山渡改桥工程未办理通航技术许可，道县二桥、三桥虽然完成通航安全论证等问题进行通报，并督促县区海事局对辖区存在航道内乱采乱挖、航标投放不准确、移位恢复不及时以及电站船闸运行不正常等情况进行整改。

■水路运输管理 2015年，永州市地方海事局完成2015年春运工作。春运期间，出动检查人员425人次，海事执法车150车次，监督艇50航次，检查客、渡船550艘次，排查渡口、码头180余处，发现安全隐患50起，下达安全隐患整改通知书42份，发放宣传单1500余份，发送手机安全短信1000余条，投入客船8992艘次，运送旅客37.855万人次。严格审核县区上报的燃油消耗量数据，经过3次审核后最终上报省海事局并获得肯定，完成2014年全市客渡运船舶燃油消耗统计工作。制定出台永州市农村岛际水路客运燃油消耗统计上报制度，要求各县区严格按照制度规定的上报程序统计上报数据，并在总量上把关，坚决杜绝虚报、多报现象，纠正过去那种按客位或者船舶动力一刀切的简单平均发放油补资金的做法，使国家燃油补贴政策得到真正落实。完成营运船舶年度核查工作。完成船舶加装生活污水处理装置工作，在10月底完成7条符合标准船舶加装生活污水处理装置，超额完成省海事局的任务指标。完成永州港总体规划的编制评审工作，祁阳港总体规划编制工作正在有序开展，初稿已经完成。完成永州市“十三五”水运发展规划的编制工作。

■ 客渡船渡安全监控 2015年，永州市地方海事局根据《监控中心值班管理制度》，结合辖区实际情况，建立监控中心日常各项制度，并对辖区各监控中心进行考核，规范监控中心值班人员履职履责。要求各县区监控中心必须按照辖区各监控点最早、最晚一班客渡船渡运时间，以及辖区各监控点赶集日、学生上下学时间，做好重点渡口、重点时段的重点监控，消除安全隐患，杜绝水上交通事故的发生。加大对辖区重点渡口、重点水域、重点时段的监控，及时发现和处置各县区监控中心及监控点存在的违规、违章行为。对辖区内46个监控点及10个监控中心进行有效监控，对乘客不穿拿救生衣具、人车混装等违章行为及时进行纠正和通报，下达监控点违章行为通知书4份（江华县界牌渡口）；下达监控中心违规通知书2份（冷水滩区监控中心1份，东安县监控中心1份）。

■ 水运基础建设 2015年，永州市地方海事局落实2015年渡口改造计划，完成改造27道，完成投资1600余万元。改造船舶142艘，政府承诺配套资金729.6万元。标准化改造渡船进行船舶交接、船员培训、投入试运行阶段。30客位客船移动视频安装已落实县区政府配套资金，并签订施工合同，正在组织实地安装。开展船舶生活污水收集处理装置的加装工作，完成7艘符合标准船舶加装生活污水处理装置，超额完成省海事局下达的任务指标。千吨级航道改扩建工作预可圆满完成，并进行工可编制：祁阳县完成4个泊位前期工可报告及水利、防洪等专题报告，其余报告也已委托代理；零陵区2个泊位完成工可报告，完成水利、防洪、防洪、安评等报告；冷水滩区的4个泊位因选址正在抓紧协调中。

（万斌）

邮政通信

邮 政 管 理

■ 概况 2015年，永州市邮政管理局坚持稳中求进的工作总基调，适应行业发展新常态，围绕“抓党建、促发展、惠民生”的工作主线，以促进“五个邮政”建设为抓手，突出抓好规划编制、安全生产、提质增效、依法治邮等重点工作，推动全市邮政业各项工作再上新台阶。1~11月，全市邮政行业业务总量累计完成36168.57万元，同比增长25.71%。业务收入（不包括邮政储蓄银行直接营业收入）累计完成38741.24万元，同比增长26.89%。其中，快递企业业务量累计完成448.86万件，同比增长29.98%；快递企业业务收入累计完成7382.65万元，同比增长35.47%。双“十一”期间，全市规模以上快递企业完成业务总量156万件，同比增长133%，最高处理峰值18.06万件，比2014年增长近1倍。邮政普遍服务和特殊服务寄递时限达到国家规定标准，服务满意度保持稳定。快递服务满意度稳步提升。邮政业消费者申诉处理满意率达到96.5%。

■ 编制“十三五”规划 2015年，永州市邮政管理局开展邮政网点设施、网络运行、业务发展等调研，收集掌握基础材料。进一步完善规划的发展目标、主要任务、重点项目及保障措施等内容。成立以局长为组长，副局长、市邮政公司副总经理、市快递行业协会会长为副组长的永州市邮政业“十三五”规划编制领导小组，分别与市交通局、市发展改革委进行沟通，并组织召开多次“十三五”规划编制座谈会，了解有关部门和从业企业对“十三五”期间行业发展的意见和建议。与湖南商学院开展合作，并聘请永州职业技术学院专业人员为主笔，借重高校优质的科研基础和人力资源，确保规划的严谨性和科学性。11月，向市人民政府呈报《永州市邮政业发展十三五规划纲要（初稿）》，争取将邮政业发展“十三五”规划的重点内容纳入全市国民经济和社会发展“十三五”规划。参与《永州市交通运输业“十三五”发展规划》的编制工作，推进村邮站建设、物流园区建设等重点工程纳入交通运输发展规划。

■ 快递服务 2015年，永州市邮政管理局开展日常监管工作，维护行业秩序。截至11月中旬，快递市场检查15次，出检天数92天，检查企业253家，企业核查29次，出动检查人员457余人次，下达整改通知书15份，实施行政处罚5起，罚金2.2万元，并对落实收寄验视不到位的1家快递企业进行停业整顿的行政处罚。通过申诉热线电话和申诉网站受理消费者申诉343件，满意率96.5%。加强快递企业资质管理，严格快递经营许可证年度报告制度。截至11月底，对3家不按期提交年度报告的企业下达责令改正通知书，对参加年审的31家企业材料进行初审，并完成快递企业核查29次。联合市保密局启动首次快递面单销毁行动。销毁行动以市区为主现场，县区为分现场，同时进行，通过多点统一行动，集中销毁2014年10月以前的所有快递单据。同时，为建立健全全市寄递企业健康系统，经与中国电信永州分公司协商达成战略合作协议，实现全市寄递企业收寄网点、生产处理场地监控全覆盖。针对快递服务质量开展专项整治，督促企业认真执行《快递服务国家标准》和《快递业务操作指导规范》等各项服务标准。对全市快递企业进行收寄验视制度专项检查，重点对企业监控设备覆盖率、监控记录保存、快递面单规范填写等方面进行重点抽查，对检查中发现的问题，要求企业制定整改措施，限时完成整改。强化培训，推进行业安全教育制度化。截至11月底，为提升快递服务质量，就如何落实收寄验视及实名收寄、安全生产管理制度，快递下乡、快递末端投递、标准化建设等问题对全行业进行3次培训。培训针对禁毒、反恐、安全生产和安全设备配置等方面的工作进行强调，要求全市快递企业要突出抓好重点部位和风险环节的安全生产工作，严格落实收寄验视制度，并要围绕野蛮分拣、快件丢失损毁和末端投递服务不规范等消费者反响强烈的热点问题，抓好自查整改。按照“一企一档、一点一档”的原则，要求企业填报“快递服务企业基本情况表”“快递企业网点基础台账”等基本台账信息，包括企业及其每个网点的名称、地址、工商登记号、法定代表人、统计负责人、营业场所面积、从业人员等情况。做好申通、圆通、中通、韵达、汇通等5家快递品牌直营工作。严格部署春运、全国“两会”、抗战胜利70周年纪念、“双十一”“双十二”等重要节日及旺季期间行业安全保障工作。为全力确保抗战胜利70周年纪念活动期间寄递渠道安全畅通，组织辖区主要寄递企业于8月18日召开抗战胜利70周年纪念活动寄递渠道安全保障工作动员部署会议，与各企业签订“2015年抗战胜利70周年活动永州市寄递渠道安全保障承诺书”。会后，组织执法人员对全市11个县区邮政公司的中心营业网点及各品牌快递公司营业网点进行现场督察。召开旺季服务保障会议，成立快递旺季服务保障工作领导小组，组织大家学习国务院《关于促进快递业发展的若干意见》，下发《旺季服务保障方案》，并成立旺季服务保障巡查组，通过巡查、抽查等方式于11月11～20日对全市129家企业进行检查。全市有31家企业更换或扩大快件处理场所，新增运输车辆98台，新增从业人员160人。主动与媒体加强互动，介绍快递行业发展动态和各快递企业应对“双十一”所做的各项准备工作。“双十一”旺季期间，《永州日报》和永州电视综合频道、永州公共频道、永州都市频道等媒体对快递行业进行报道。2月10日，成功召开快递行业协会成立大会，全市邮政快递企业63位会员代表参加大会，选举产生第一届会长、副会长、秘书长和理事会，通过协会章程。

■ 邮政普遍服务　2015年3月27日，永州市97个空白乡镇邮政局所开业运营工作任务全面完成，运营率达100%，完成空白乡镇邮政局所补建“双百”任务。7月8日，全市97个空白乡镇邮政局所备案登记工作全部完成。8月10日至10月10日，对全市97个网点的开业运营情况进行地毯式实地督查，对全市存在邮政设备设施配不齐全及投递频次不达标的网点下达整改通报1份和责令改正通知书23份。11月4日至12月11日，对整改不到位的祁阳县白果市乡邮政所处以0.5万元的罚款。坚持定期检查和不定期检查相结合，对全市邮政企业的网点规范、安全生产、基础设施、操作规范、投递频次、服务时限等方面进行全方位监管。严守“两条红线”，对全市122个邮政普遍服务网点基础设施、法定业务开办等进行专项执法检查，并根据省邮政管理局的统一安排开展农村邮件投递频次“夏雨行动”及邮政普遍服务监督“秋风行动”检查。全年对发现的服务设施、服务规范、投递频次等方面存在的问题下发责令改正通知书24份，实施行政处罚5起，罚金0.25万元。配合省邮政管理局开展“乡镇邮政普遍服务营业场所覆盖情况”和“行政村邮件直接通邮情况”调研及统计工作，采集辖区投递网点、投递段道基本信息和图片资料，并完成数据录入和报送工作。对无法投递邮件和无着邮件的处置情况进行专项监督检查，确保辖区邮政企业依法妥善处理无法投递和无着邮件。对全市11处机要网点进行安全设施配备、业务开办、法律法规内容学习宣贯、人员配备等方面的检查，全市11个机要室均配备监控器，全市11个邮政机要室均配备机要专用投递车辆。组织社会监督员开展社会监督363人次，查看服务网点485个，走访用户1029人次，反馈问题16个，提出建议3条。加强监督员队伍建设，新增社会监督员3名，实现全市9县2区社会监督力量的全覆盖。制订《关于落实省局“扫黄打非”工作部署加强收寄验视环节查堵专项执法检查的行动方案》《关于开展“扫黄打非·固边2015、净网2015、护苗2015”的行动方案》，督促市邮政公司与一线收寄人员签订160余份“扫黄打非”责任书。7月30至8月14日，在全市邮政业系统内开展以深入打击政治性非法出版活动为目的的专项执法行动。通过听取汇报，查看资料台账，调看监控视频，深入到实地，检查永州市20个邮政营业场所，未发现非法出版物。对8套邮票的发行销售展开检查，检查组现场检查后，将检查情况向市邮政公司进行口头通报，对检查中发现的问题提出改进建议。组织开展邮政专用标志车辆实地核查，对全市75辆邮政专用标志车辆一一拍照，并建立电子档案，完善邮政专用标志车辆监管基础档案，实现信息化管理。截至11月底，营业场所检查206处，出动检查人员518人次；邮政报刊亭和报刊发行、批销、集邮等企业检查26处，出动检查人员104人次；新邮发行监督检查8批，出动检查人员24人次；机要网点检查11处，出动检查人员88人次。

（唐宇红）

无线电监管

■ 概况 2015年，永州市无线电管理处围绕《2015年全省无线电管理工作要点》，加强无线电频率台站管理，做好无线电安全保障工作，维护空中电波秩序，加强内部管理，提升队伍素质和管理水平，完成各项工作任务。

■ 频率台站管理 2015年，永州市无线电管理处根据《工业和信息化部无线电管理局关于全国无线电频率使用情况核查专项活动监测比对有关问题的通知》精神，7月10日至8月20日对公众移动通信、230兆赫数传、广播电视、3400～3600兆赫、14.25～14.5等频段开展监测和数据比对工作，监测1943小时，掌握频率使用情况，确保频率、台站、监测数据库数据的实时和准确。建立完善台站管理制度，提高台站科学管理水平。坚持先报后建，对于未报先建、违规设台的按非法台站查处。在运营商提供频率许可的同时，要求提供《电磁环境测试报告》和“无线电发射设备型号核准证”。加强在用设备监管，对运营商在用设备进行抽检，对不合格的设备责令整改，整改不合格的予以关停。做好台站定期检验和电磁环境测试工作，规范测试报告，服务设台用户。检测在用无线电发射设备40台套，其中，移动基站21个，联通基站11个，电信基站5个，广播电视设备2套，专业通信设备1套。对新建无线电台站开展电磁环境测试198个，其中，移动150个，联通36个，电信4个，零陵机场迁建预选址3个，广播电视台5个。对所有的检测和测试都出具规范的测试报告。做好无线电台执照办理工作。从6月起对数据库里的所有台站数据进行清理，并与设台单位逐一核对，及时更新台站数据库，确保数据库与设台一致，对2014年前的所有合法台站换发新的执照，做到一站一照。全市2012年、2013年、2014年执照到期的都完成换发，共换发电台执照4135份，其中，公众移动通信基站4030份，业余无线电台34份，其他61份，新办理10份。组织业余无线电爱好者参加培训和考试，做好业余无线电执照发放工作，换发执照34个。组织业余无线电爱好者参与无线电管理宣传活动。

■ 无线电安全保障 2015年，永州市无线电管理处加强日常监测，认真编制频谱监测月报。加强重点无线电监测，开展野外定点标识监测2次，对航空、铁路等重点区域进行保护性监测，1～11月累计监测10908小时，全面完成省办部署的日常监测和专项监测任务。落实重大活动和重要时期24小时监测值班制度，元旦、春节、“两会”“五一”“十一”等重要时期，实行领导带班、技术人员值班、司机待命的24小时监测值班制。运用网上干扰处理平台，进一步规范干扰申报方式和干扰处理流程，提高干扰查处能力和查处效率。查处两起非法干扰。4月1日，市广播电视台投诉，称冷水滩城区出现一无名电台，播放不健康的性病医疗广告，使用频率为97.8兆赫，播出时段为晚8点至次日凌晨8点。2日，监测站技术人员通过监听监测测向定位，锁定信号在育才路潇湘国际广场一座高楼内。9日晚8时，联合执法组对这一非法电台进行取缔，永州电视台、永州日报对这一行动进行全程跟踪报道。查处一起非法设置使用卫星电视干扰器案例。4月16日，安排人员立即赶往案发地点宁远县太平镇，顺利取缔擅自设置卫星电视干扰器。配合教育、人社、公安等部门，开展对硕士研究生入学、公务员录用、会计专业技术资格、高考、英语四六级、医师资格、司法等各类考试的专项无线电监测工作18次，出动人员87人次，监测车辆31台次，启用技术设备55台套，监测发现利用无线电设备进行作弊的信号8个，均成功进行压制。

■ **依法行政** 2015年，永州市无线电管理处加强执法人员培训，强化行政执法人员培训教育，组织学习无线电管理相关的法规规章、政策业务，重点学习新颁布的《湖南省无线电管理条例》。深入开展作风建设，提倡“文明执法、公正执法、规范执法”，坚决杜绝索拿卡要等损害群众利益的不正之风。严格遵守依法行政各项工作制度，执行《湖南省无线电管理行政处罚程序规定》等规范性文件，做好行政执法案卷规范工作。全年办理1起行政处罚案件，行政监督检查6件，查处非法设置使用卫星电视干扰器案例1起，联合公安、广电部门打击“黑广播”1起。

■ **无线电管理宣传** 2015年，永州市无线电管理处制订《2015年永州市无线电管理宣传工作方案》，采取多种形式开展无线电管理宣传工作。第四个“世界无线电日”期间，制作宣传海报，在移动、联通、电信、机场和市政府二办公楼巡回展出，并在管理处门户网站相关栏目刊登新闻通稿和宣传主题。9月24日，在市政府广场，开展以“庆祝《湖南省无线电管理条例》颁布实施”为主题的现场活动。活动现场设充气拱门1个、气柱2个、氢气球4个、宣传标语7条，摆放咨询台3个、活动展板7块、移动监测车2台。发放《湖南省无线电管理条例》《漫画无线电管理》《永州日报》等宣传资料200多份，现场答疑20余人次。永州移动、联通、电信三大运营商全程参与宣传活动。永州电视台、《永州日报》等主流媒体进行宣传报道。修改市无线电管理处门户网站公开指南与目录，更新法规公文、工作动态、计划规划，新增“三单信息公开”“三公经费公开”、年报管理等内容，并做到每半月对网站内容及时更新。网站全文刊登《湖南省无线电管理条例》。通过三大通信运营商向全体手机用户发送宣传短信，9月21~23日每天分别发送短信1条，主要宣传《湖南省无线电管理条例》的颁布实施。向有关媒体报送信息，宣传永州无线电管理工作，湖南省无线电管理网站采用稿件8篇。

■ **监测站通过实验室资质认定监督评审** 2015年5月27日，省、市质监部门对监测站开展实验室资质认定监督评审。此次评审主要内容：机构的场地、最高管理者、技术负责人、质量负责人、授权签字人是否发生变化；质量管理体系是否得到持续运行和持续改进；设施、设备、环境条件、人员能力是否得到保持；上次认定时的改进项，是否全部关闭等。评审组经过现场测试、查阅资料和召开座谈会等形式，对监测站的工作给予肯定，认为监测站建立的管理体系符合《准则》要求和自身实际，按照《准则》和质量管理手册、程序文件要求，较好地组织质量管理体系的运行；现场实验各项目均合格，设备、人员、原始记录、质量记录均符合要求，一致给出向省质监局推荐维持资质认定资格结论。

（蒋春玲）

重点交通邮电企业选介

永州汽车运输总公司

■ **概况** 永州汽车运输总公司始建于新中国成立初期，1987年9月由省下放到地区管理，是永州市国有中型专业运输企业，2002年被交通部评定为全市唯一的一家二级道路运输企业。公司下设22个分支机构（其中14个客运单位，8个非客运单位），分布在全市9县2区，现有在册职工4048人，其中，在岗人员1144人，内退人员218人，下岗人员1204人，离退休人员1700人。拥有各类营运车辆810台，开行客运班线443条，运行班次2100余次，主要承担辐射本省和广东、广西、海南、云南、贵州、上海、福建、浙江等九省市及直辖市的道路旅客、货运运输任务。为适应企业改制，实现企业效益最大化，总公司从2005年元月1日起对14个客运单位实行“集权管理、核定基数、包干使用、利益分享”的经营模式，围绕“保安全、重管理、促改革、谋发展”等工作重点，未发生较大以上安全责任事故，较好地完成企业改制养老保险挂账申报任务。

■ **汽车运输安全生产** 2015年，永州汽车运输总公司围绕年初制订的安全工作目标，强化领导责任，丰富教育内容，狠抓隐患排查，加大追责力度，持续开展“道路客运安全年”“百日安全竞赛”“安全生产月”等活动，监管措施得以落实，管理水平不断提升，安全形势趋于平稳。每月召开一次安全例会，分析安全形势，确保存在的问题得到有效解决。各级领导带队深入生产一线，对各单位落实上级文件精神和隐患排查等情况进行督促检查。对超速、超员、凌晨2～5点运行、司乘人员不系安全带等违法违规行为不迁就、不护短，全年进行处罚达1926人次，罚款金额27.25万元。同时对抓安全不力的单位领导进行问责。通过“安全知识大讲坛”“空中课堂”、演讲和考试竞赛等形式，不断创新安全教育思路。集中突出“四种”情况下如何预防摩托车碰撞事故和“五天”“五道”教育，提高广大驾驶员的安全行车意识和驾驶操作技能。并针对教育中的死角，采取集中“上门办班”的方式进行补课培训，确保安全教育达到3个100%的目标。坚持安全隐患排查常态化、制度化，始终突出“预防为主，综合治理”，提高防范能力，最大限度减少事故发生。全年收回“黑名单”驾驶员内部准驾证12本，终止违规参运的长途车辆8台。对89台停驶车辆限定停放地点、收缴相关证件，对23台报废车辆进行强制处理。及时调整车辆保险保额，所有营运车辆第三者责任险、承运人责任险每座基本达到100万元。

■ **客运经营** 2015年，永州汽车运输总公司新增宁远至郴州、宁远至祁东，冷水滩至郴州3条班线，变更线路途径点1处，变更车辆27台，延续经营线路牌224块。将宁远至长沙（一班、二班）黄金线路收回实行公车公营，每年可为企业新增效益60万元。在运输市场颇为疲软的形势下，宁远、江永、双牌分公司的经营收入较2014年仍有所增长。祁阳白水农村客运站于2015年春运投入营运；东安汽车总站土方工程和安置用地工程开工建设；芦洪市新汽车站建设基本完成，老站成功挂牌处置；凤凰园汽车站、宁远汽车站提质改造工程进入实质性阶段。

■ **其他经营** 2015年，湘运驾校训练场项目破土动工。在国际油价持续暴跌、价格波动频繁和外部环境受到严重打压的情况下，撬装式加油站创下销售柴油3555吨，利润比2014年增长10%。新购车辆30台，按点返回资金约40万元，车辆保险代理费157.6万元。

■ **企业改制** 2015年，永州汽车运输总公司成立改制工作领导小组，准确把握时间节点，开展企业改制各项前期准备工作。6月底，完成职工档案清理。9月，完成各基层单位的工会换届和职工代表的选举。在年底前分别召开总公司改制动员大会、第11届工会会员大会和第七届一次职工代表大会。支持配合市国资委委派的中介机构，完成企业的清产核资工作，为公司申报养老保险欠费挂帐提供依据。将省、市国企改革有关文件和公司改制的基本构想汇编成《企业改制宣传册》，印制500余份。各单位先后多次召开座谈会，收集整理意见与建议116条。借鉴省内兄弟单位改制的成功经验，特别是邵阳公司的基本做法，制订符合公司实际、便于操作的改制方案。总公司制订《企业改制方案》《职工安置方案》《职工安置方案补充意见》，于12月11日提交第七届职代会上审议并获得通过。在省政府规定的期限内，完成企业养老保险欠费挂账资料的申报工作。

（雷金华）

领导名录

总经理 党委书记	姜跃进	
副总经理	何晓峰	眭飞野
	刘建国	扶建雄
纪委书记	胡林华	
工会主席	王建平	
副总经理	罗文军	郭怀玉
	陈福芳	
财务总监	李　健	

永州零陵机场

■ **概况** 2015年，湖南省机场管理集团有限公司永州零陵机场分公司下设总经理办公室、党群人事部、企划财务部、航务部、安全检查站、机场保障部6个机构。有职工55人，均为劳动合同制员工。

2015年，永州零陵机场围绕“促改革、强法治、重安全、提效益”的工作主题，严格按照年初制定的各项工作目标和集团公司的有关工作要求，正确认识新常态，适应新常态，引领新常态，谋划机场新发展。坚持持续安全理念，以机场发展为契机，以班组建设为抓手，以保障安全为重点，提升服务质量和航班航线客座率，较好的完成上级部门下达的各项工作任务。截至2015年12月31日，完成运输生产架次1338架次，与2014年同期相比增加4.69%；旅客吞吐量64111人次（其中：进港旅客24379人次，过站旅客11021人次，出港旅客28711人次），与2014年同期相比增加20.53%；货物吞吐47.74吨，与2014年同期相比增加23.36%。实现销售收入225万元，完成年度计划的127%；主营业务成本1031万元，完成年度计划的92%；管理费用439万元，完成年度计划的100%；净利润亏损1304万元，完成年度计划的90%，均控制在全面预算指标范围内。

■ 机场安全管理 2015年，永州零陵机场着重抓好现场运行监察，规范员工操作流程，消除各类安全隐患，确保安全运行。截至2015年12月底，组织开展各项检查110余次，制定安全监察单约120余份，彻查各类安全隐患近123项，完成整改率达91.1%；下发《安全监察通报》4期、《整改建议书》6份和《安全运行警示》2期。创新发展思路，突出制度管理，规范操作流程，提升服务质量，创建旅客满意服务品牌。严格按照“党政同责、一岗双责、失职追责”明确职责，落实安全主体，签订安全责任状，狠抓责任落实。强化员工安全意识，提高安全检查标准，严格安全操作流程，加大安全检查力度，实行安全关口前移，确保机场空防安全。全件检查旅客28711人次，检查中查获子弹1发、弹壳2枚，各类刀具259把（其中管制刀具1把），收缴各类打火机、火柴等1056个，查堵托运行李中携带锂电池490件次；组织对道面、安防设施全方位步行检查近60余次，维修道面破损点52处及维修围界8处，投入维修资金约13.1万元；为杜绝鸟击事件发生，机场加大驱鸟力度，从驱鸟煤气炮添置、增加驱鸟剂桶、加大控制区割草力度、喷洒除草剂、安装驱鸟网等具体措施狠抓落实，投入资金6.75万元。加强监督检查，开展班组季度评比和《岗位手册》的培训考核，提升班组管理水平，持续有序推进班组建设工作。参与集团QC小组活动，创新思路，开动脑筋，利用现有资源，开展QC成果创建。投入近33万元添置机场网络安全设备，提高机场网络防御能力及运行管控，基本上实现机场无线网络“全覆盖、全管控、实名制登陆”的管理模式。投入约9.5万余元进行航向、下滑台电缆改造，为机场自动观测站系统及盲降设备的正常运行提供保障。申请民航专项资金约1085万元对机场仪表着陆系统进行改造，已完成主要设备的招投标工作，并将进入施工图设计阶段。投入约480余万元对机场下滑信号保护区实行扩建，完成地面平整工作等。组织召开军民航防相撞工作协调会和业务知识交流会7次，现场勘查协调运行问题3次。截至12月31日，分公司为军航转场飞行训练保障292架次，本场飞行训练保障2480架次和军民航共同飞行保障134场次。制订应急知识培训和应急演练计划，协助永州市人民政府出台《永州市处置民用航空器飞行事故应急预案》和《永州市大面积航班延误应急预案》，组织开展暴恐袭击、市电中断、防洪抗汛、新舟60前起落架故障紧急迫降冲出跑道、机场除冰雪等应急演练8次。协助成功拆除冷水滩化工厂烟囱13米，消除机场一直以来影响飞行的唯一障碍物，确保机场净空安全。截至12月底，机场执法大队净空组组织开展净空安全检查86余次，初步审核和现场勘察新建项目17起，组织召开净空管理军民座谈会1次，并与军方签订《机场净空安全共同管理协议》和与周边四村签订《机场设施设备及净空管理协议》。

■ 开展专项行动 2015年，永州零陵机场组织开展“平安机场建设”专项行动，进行责任明确和任务分解，落实到人、落实到岗，并采取各有侧重、循序渐进的方式，进一步加强责任体系建设、安全保卫机制和模式的完善与创新和机场安全保卫绩效评估等具体工作。组织开展“安全生产示范企业”创建工作，制定专项监察单、组织开展自查自纠、对发现的问题制定整改措施并组织进行整改，确保各项工作符合“安全生产示范企业”创建要求。组织开展安全生产全方位大检查活动。按照“全覆盖、零容忍、严执法、重实效”的总体要求，全面组织开展安全生产大检查近50余次，彻查各类安全隐患。深入开展“打非治违”专项活动，围绕21个方面的重点工作，开展专项行动。围绕航空货运销售代理人管理不力、收运安保核查职能履行不到位、安检规定落实不严格和航空货运违法违规行为查处力度偏弱问题进行整治，确保机场航空货运运输安全。对照规章和标准要求，组织全面自查，制定工作计划和整改措施，全面确保机场安全保卫设施的正常运行。严格按照“党政同责，一岗双责，三个必须，主要负责人担任安委会主任和各级安委办定期向本级纪检、组织部门报送安全生产情况”的全覆盖内容，组织开展宣传教育，张贴宣传标牌和狠抓工作落实。以“加强安全法治、保障安全生产”为主题，以落实安全责任、普及安全教育、弘扬安全文化、纠正违章操作为重点，深入推进安全体系建设、安全绩效管理和班组建设，不断夯实安全生产和运行安全。

■ **教育培训** 2015年，永州零陵机场利用湖南机场远程视频系统，组织开展多次分队长以上管理人员的专项培训和安全管理人员参加民航干部学院的专项培训。以班组培训为主要载体，以《岗位操作手册》和《应急救援手册》培训为重点，不断提高员工的业务技能水平和应急处突能力。邀请外单位专职教员针对机场消防安全、危险品管理等知识组织全员进行专题培训。针对节假日及重要节点组织全员开展节前安全专项教育。组织开展安全及党风廉政建设专题讲座，以及组织观看《安全生产典型事故案例解析》《党员干部廉洁自律须过好四关》等一系列安全警示教育片。根据各岗位需求及集团公司的安排，先后安排公司员工参加民航系统、省、市和集团公司举办的各类培训30人次。

■ **“体验式”服务项目** 2015年，永州零陵机场结合“体验式”服务项目的推进，组织实施候机楼WIFI信号覆盖事项；开展“礼貌服务，微笑服务”活动。截至12月底，服务保障不正常航班12架次，为767名航班延误旅客提供餐饮、住宿及交通运输服务，累计服务保障不正常航班时间53小时；无旅客投诉事件发生。开展服务质量测评工作，截至12月底，下发和回收机场保障满意度问卷调查表64份，旅客服务满意度调查表156份，统计得分分别为4.86分和4.96分。

（吴红春）

领导名录

总 经 理 焦祖文

党 委 书 记 蔡茫雍

副 总 经 理 郑海斌 周云龙

永州火车站

■ **概况** 永州火车站隶属于广州铁路（集团）公司衡阳车务段，位于永州市冷水滩河西梧桐路。为永州市交通行业最大的“窗口”单位。车站始建于1938年9月，2004年4月18日从永州市冷水滩区零陵中路搬迁到现在的潇湘大道。2013年12月28日，衡柳铁路开通运营，永州火车站是一个既有高铁，又有普速，客货混跑的一等客货运区段站。车站有正线3条、到发线10条、站台5个，每天接发列车81对，其中旅客列车43对，分芦洪市、高溪市、东安东、楠木塘、滩头湾、永州东6个方向接发列车。车站设有售票窗口11个，自动售5台、自动取4台，候车室4个。车站现有职工336人；领导班子为二正五副；设有党总支（由4个大班支部及日勤支部5个支部组成），有党员108人（含业务指导5人、调研员2人）；设4个运货班组和4个客运班组。

■ **安全生产** 2015年，永州火车站在安全管理、作业标准、检查考核等方面，制订《高铁管理硬性规定》《接发列车作业安全卡控措施》《防溜作业办法》《信号楼定置管理办法》等制度。针对接发列车方向多，分芦洪市、高溪市、东安东、楠木塘、滩头湾、永州东6个方向接发列车容易搞错的难题，总结提炼出以“清、准、严”（即计划清、用语准、卡控严）为主要内容的“三字”防错办作业法。针对接发列车股道多，有13条（其中正线3条，到发线10条），如果货物列车溜逸，严重影响高铁安全的难题，总结提炼出“一准备二防溜三撤除四汇报”工作法；针对车站闭塞方式特殊，有3种，即与滩头湾、永州东、芦洪市为单线半自动闭塞，与楠木塘为单线自动站间闭塞，与高溪市、东安东方向为双线自动闭塞，信号楼控制方式为CTC分散自律模式，机车换挂作业时，电力机车稍有不慎就会进入无电区的难题，总结提炼出“穿衣戴帽”工作法，即用语

"舜之爱"品牌服务

前必须戴上"电力"或者"内燃"帽子，机车进出库时穿上电力或者内燃这件衣服，从源头上防止机车进错区域。

■ **职工教育** 2015年，永州火车站根据"以人为本，按需培训"和"质量第一，实用实效"的原则，着力强化一线生产职工岗位培训和适应性培训。全年重要的职教培训工作有安全风险管理、暑运、施工管理、防洪工作、人身安全、售票实名制、防寒过冬和新岗人员培训等。车站抓住季节性和工作特殊性，做好各阶段的职教工作和特殊作业培训，对安全生产起到较好的保驾护航作用。

■ **服创工作** 2015年，永州火车站用"舜文化"融入到"人民铁路为人民"之中，精心创建"舜之爱"特色服务文化品牌，主要推出"5爱"服务套餐，即"爱心推车、爱心导购台、爱心呼叫、爱心驿站、爱心加油站"，全新表达"以服务为宗旨，待旅客如亲人"深刻内涵。"舜之爱"品牌自2011年创建以来，为旅客做好事2600余件，服务重点旅客4万多人，收到表扬信200多封，锦旗40多面，"人民网""中国网""新华网""广州铁道"等路内外媒体对"舜之爱"服务文化品牌的特色做法进行报道，永州"舜之爱"服务队以"笑迎八方客，满意永州行"的服务宗旨，获得社会各界广泛赞誉。

■ **春运工作** 2015年春运，永州火车站以"安全出行、方便出行、温馨出行"为主题，以"舜之爱"人性化服务为重点，较好的完成春运各项任务指标。永州火车站全站干部职工取消各类休假，客运、运转、货检休班时间全部加副班，确保春运各项目标的实现。春运发送旅客412489人，同比2014年发送旅客407871人，增加4618人，增幅1.1%；完成运输收入41353187元，同比增加4451501元，增幅12%。其中代售点售票189040张，占总售票40%。

（张玲）

领导名录

站长	熊幼春
总支书记	赵建国
运输副站长	陈志华
安全副站长	陈满国
后勤副站长	胡林生
总支副书记	何剑
工会主席	杨少华

永州市邮政分公司

■ **概况** 2015年，永州市邮政分公司有从业人员1445人，较2014年同期减少262人。全市现有县区分公司11个，市分公司职能部门6个，专业生产机构8个。有228个网点，其中综合网点119个，纯储4个，纯营16个，代办91个（其中空白支89个），便民服务站337个。

2015年，全市邮政完成省公司年预算目标的100%，同比增幅17.89%，收入进度和收入规模均排全省第七位。在"一体两翼"战略的指引下，代理金融业务发展再创新高，包裹快递业务快速发展。在"聚焦效能，深化转型"总体工作方针指导下，通过大力推进网点转型，全市代理储蓄余额全年净增17.7亿元，达到158.7亿元，增幅12.42%，代理金融业务收入增幅14.59%，实现规模效益双提升；新单保费6.62亿元，同比增幅41.64%，其中中邮期缴保费1087.61万元，完成年计划的101.7%；理财业务继续保持大幅增长，其中理财销售量、保有量和理财收入同比均实现翻番，增幅分别达到132.7%、176%和115.7%；电子银行继续健康发展，手机银行结存激活率提高6.4个百分点，电子银行交易替代率提高21.5个百分点。通过构建专业队伍、创新营销模式、提升处理能力、强化客户开发，全市快递业务自营部分达45.75万件，同比增长65%，其中快递包裹业务突飞猛进，完成30.51万件，同比增长达348%，全市整体自营收入加上分摊结算收入后完成省公司调整计划的121.3%，进度排全省第三位。

■ **邮政基础设施建设** 2015年，永州邮政网点能力建设投入3261万元，装修、改造支局、所6个，维修网点、营业、机要、自助设备场地126个，增配自助存取款设备，布放ATM68台，CRS148台，点均由2014年的0.46台提高到现在1.76台。更新4台干线车辆，更新10台机要投递车辆。

■ 现代财务管理　2015年，永州市邮政分公司“子改分”、ERP上线工作稳步推进。12个二级、159个三级支局、所营业执照、税务证、组织机构代码证、银行账号全部更名；82宗房屋、76宗土地、78台车辆权属基本更名到位，ERP系统顺利上线并平稳运行。通过强化资金预算管理，成本增长率低于收入增长率3.38个百分点。通过加强企业效益分析，成本管控，有效收入比2014年同期增长2.8%。通过加强固定资产清理，提升固定资产周转率，清理报废资产1733个。通过科学合理规划，严格工程审计，完成祁阳三口塘支局重建等47个网点改造的送审工作。

■ 安全管理　2015年，永州市邮政分公司通过常规检查和突击检查，现场检查和非现场检查、日常检查与突击夜查相结合方式，对全市123个网点进行综合检查1100余次，“空降”整体式检查11次，11个县区全覆盖，加强金融资金安全管理。通过工作生产场地安保检查，开展安全培训，更新安防设备设施，并做好日常维护，加大物防、人防、技防工作力度，加强安全生产管理。落实安全防范各项规定，各类案件、事故发案率为零。

■ 邮政法律事务　2015年，永州市邮政分公司加强合同会审，妥善处理司法诉讼案件，钱华勇案、张国生案、远诚汽贸等案件胜诉，省公司法律事务处上报至集团公司推广学习。法律事务工作获省公司法律事务先进单位。

■ 人力资源管理　2015年，永州市邮政分公司优化干部队伍结构，合理调整全市中层管理干部，提任12人（含助理），异地交流任职15人（含助理），轮岗锻炼13人。以“提高员工业务素质、规范服务标准、提升营销能力”为目标，对金融代理业务、电子商务业务、项目营销、规范服务等进行短期适应性培训，举行培训会52场，涉及到项目及内容59个，参加培训人员达9000余人次。组织相关人员参加网络学院远程培训班12期，培训人员1537人。组织省公司远程考试3期，考试人数2211人。组织参培人员对内训师例行培训授课内容进行远程考试2期，参考率达94.13%，合格率99.59%。创新安置市县中心金库值守人员62人，将科级改非人员安排到市场部负责综合服务平台建设等中心工作，解决原“四个压缩”后精简下来的中层干部11人的上班问题，从后台调整6人充实到基层，缓解企业结构性缺员。严控领导职数和管理人员编制及用工总量，管理人员同比减少20人，较省公司下达的管理人员计划少8人。

■ 邮政经营　2015年，永州市邮政分公司推进劳务承揽，转换247名劳务派遣人员为劳务承揽人员，劳务工占比22.97%，同比下降20.39%。未在支局（所）担任过支局（所）长锻炼的21名县区分公司领导班子人员，通过下基层任支局长3个月，业务能力得到提升。选拔25名转型大使助推网点转型工作，打造全市标杆网点2个，带动全市其他网点集体转型，通过转型，四季度邮储净增5.48亿元，同比增加1.49亿元，增幅37.34%。增开、调整部分邮路，对所有县区分公司开通二频次邮路，邮运里程由原来的1200公里到现在的3640公里，增加2440公里，各县区分公司均对应市到县的邮车做好支局到县局、县局到市局的进、出口邮件对接，调整营业封班及接车、出车时间，确保邮件时限达标及提速快递包裹业务成功转型。通过“客户节”活动及节日营销助推金融业务发展，全市召开“客户节”活动259场，增加余额1.76亿元。通过在23个邮政农村网点安装车险出单系统，车险业务有新突破，全市通过该系统出单1950单，累计出险金额538.2万元，占全市邮政出车险总金额的80.45%。仓储配送等综合服务一体化助推快递包裹业务大发展，日揽量收从700件上升至年终2300多件。通过“来邮政办业务送消费券”活动，各专业交叉互动、联动营销，实现活动业务营销收入占专业收入的20%。与市总工会联合开发生日贺卡项目，推动函件业务发展。

（宁宇翔）

中国电信永州分公司

■ 概况　中国电信永州分公司是中国电信驻永州的分支机构，市分公司本部设置部门23个，下辖冷水滩、零陵、祁阳、东安、双牌、道县、宁远、蓝山、新田、江华、江永等11个县区分公司，全市72个乡镇支局，现有员工1241人。公司具有固定电话、光网宽带、4K高清电视、4G移动业务等基础业务。

2015年，永州电信分公司深入贯彻"一去两化新三者"战略，在"把握当前，决战格局"精神指引下，以差异化为主线，以市场份额、规模和效益持续提升为核心，进一步转变发展方式，创新体制机制，全力提升"五个能力、一个活力"，全面完成各项预算目标，收入、利润双超产，员工收入稳步提升，年度业绩考核得分全省第一，祁阳、宁远、江华、江永分公司获得全省"天翼先锋双提升"奖励，江华分公司总经理于信获得"明星县分公司经理"称号。

■ 生产经营 2015年，中国电信永州分公司完成收入进度100.18%，排名全省第六，收入同比增幅排名全省第四，累计平台收入增幅全省排名第一。利润完成超目标337万元。收入EBITDA率完成34.96%，超目标0.98%，总资产报酬率同比提升0.73%。净增移动出账用户全省排名第一，移动过网份额达提升排名全省第一；净增宽带出账用户全省排名第二。优质服务工程获得全省第二名，3G/4G业务满意度排名行业第二，宽带业务满意度排名行业第一。

■ 机制创新 2015年，中国电信永州分公司承接全省划小承包试点工作，成立由总经理任组长的领导小组和相关部门组成的工作组，全面优化四级经营单元，制订有强大吸引力的承包方案，召开划小承包推广会。全市四级承包单元191个，承包人员698人。一线承包人员的个人待遇提升幅度达40%左右。莫政平等11名员工获得全省"最佳小CEO"称号。为支撑一线发展，探索倒三角支撑体系建设，打造"三代四中心"倒三角支撑组织架构；编制四大清单（1.0版），规范管理和服务职能；实现财务和人力的"三代服务"和业务支撑、客户支撑和投诉处理的集约化；倒三角支撑工作纳入单位业绩考核，从二季度起每月考核并应用结果。对监管中发现的问题，每月定期组织开展热点问题分析、整治，倒逼企业流程和管理制度的优化调整。永州分公司的划小承包倒三角支撑工作在2015年度全省创新成果评比中获得唯一的特等奖。

■ 强化财务管理 2015年，中国电信永州分公司严格按照权责发生制进行费用列账，严禁费用外漂和变相列支。严格人工成本开支，严禁用费用激励员工。加大物资集采力度，缩小基层采购范围，杜绝采购乱象。加强库存物资的管理，做到账实相符。大力开展"小金库"治理工作，组织"小金库"防治知识培训3次，承接省公司组织的"小金库"防治知识考试；针对报账款二次分配、虚列成本套取资金、补退费收入、房租及迁改款、废旧物资处置、虚列维修项目套取资金等"小金库"高危领域进行自查自纠3次；落实"小金库"处罚制度，将"规范财务基础工作"纳入单位业绩考核。全年盘活资产158万元，节能降耗219万元，应收账款比例全省最低，年度利润目标超额完成，财务管理规范有序。

■ 网络建设 2015年，中国电信永州分公司以网络转型引领投资建设，投资建设倾向于光网宽带和4G。以光缆维护集约化、接入网优化集约支撑、现场维护综合化、维护划小承包等为抓手，持续推进维护体系转型。加大ADSL和窄带用户迁转光网的力度，加速端局、模块点、450兆、窄带和DSLM等传统设备退网，成功转型为全省3个全光网本地网之一，江华分公司为全省首批5个"光网达标县"之一。发动光网整治"攻坚战"和移动精品网络大会战，提升网络质量和业务承载能力，改善客户感知。持续创建"政企客户支撑"和"快装优维"精品窗口2个，提升装维核心竞争力。

（王华文）

中国移动通信集团湖南有限公司永州分公司

■ 概况 2015年，中国移动通信集团湖南有限公司永州分公司以科学发展为中心，聚焦市场、聚焦价值，更加注重经营本质、市场份额、经济效益、发展质量，推进改革创新、转型升级，持续打牢发展根基，为永州社会经济快速发展服务。

■ 生产经营 2015年，中国移动通信集团湖南有限公司永州分公司完成通服收入11.55亿元，较2014年同比增幅9.71%。期末通话客户数达180万户，期末通话客户市场份额达64.87%。其中，净增4G客户38.5万户，期末4G客户达48.9万户。累计发展集团专线5112条。整合家庭宽带营、装、维管理模式，加大发展力度，发展家庭宽带1.7万户，家宽用户达3.5万户。

■ **网络建设** 2015年，中国移动通信集团湖南有限公司永州分公司全面推进4G网络广、深、厚发展，新建4G基站（LTE）1542个，4G基站（LTE）达3104个，超2、3G基站之和。新建光缆3395皮长公里，本地网线路达22761皮长公里，市政道路管道覆盖率由66.32%提升至70.05%，城区综合业务接入区规划率达65%。精细规划、科学开展家庭宽带网规划建设，建设宽带小区647个，开通端口60028个。建成集团专线960条，驻地网小区达到2010个。城区、乡镇有线宽带普及率90%，农村无线宽带普及率80%，家宽客户平均满意度超过90%。

■ **客户服务** 2015年，中国移动通信集团湖南有限公司永州分公司牢固树立“客户为根、服务为本”理念，落实“两个毫不犹豫”的要求，为客户提供优质服务。在客户层面常态化开展“10分满意在移动、服务推荐好礼送”短信互动活动，收集客户意见及建议，及时改进优化，整体客户满意度领先9.79%。规范开展业务营销，推出“0000统一查询和退订”“业务扣费主动提醒”“二次确认”等增值业务透明消费举措，进一步保障客户的消费知情权和选择权。抓好基础保障，通过定期开展明查暗访、交叉检查、标杆厅建设规范窗口服务与形象。实施客户分层分级星级管理，打造个性化优质服务，促进服务增效提质。

■ **综合管理** 2015年，中国移动通信集团湖南有限公司永州分公司继续深化“干部能上能下、薪酬能升能降、人员能进能出”三能机制建设，调整充实各级领导班子，提升干部队伍的战斗力。持续推进开展全面预算管理工作，优化运营支出管控模式。有序开展管理提升活动，树立优化制度流程，建立健全制度“废、改、立、释”管理体系。安全生产管理进一步加强，杜绝重大安全责任事故的发生。

■ **企业文化** 2015年，中国移动通信集团湖南有限公司永州分公司深入开展员工关爱活动，开展员工及家属慰问32次，慰问达68人次。持续开展企业文化建设，全面完成四大文化实体搭建，东安分公司被授予“全国巾帼文明岗”称号，同时获“永州市文明单位”，江永分公司被授予永州市“巾帼建功先进集体”称号，东安县分公司网络维护班被省工会授予“工人先锋号”称号。

（杨锡芊）

中国联通永州分公司

■ **概况** 2015年，中国联通永州分公司在湖南联通“1333战略”指引下，以二次创业为灵魂，以深化创新转型为驱动，围绕“强价值、塑品牌、优流程、促满意”十二字方针，狠抓各专业线、各阶段的基础工作，企业的经营业绩与基础管理取得新的进展。

■ **网络保障** 2015年，中国联通永州分公司完成总投资1.6亿元，共新建3/4G基站921个。4G建设依照省公司制定的“一优、二改、三挂、四建”步骤有序进行相关建设，实现市区县城4G全覆盖，重点乡镇连续覆盖，部分道路连续覆盖，大型行政村点覆盖等目标。宽带及数据网专业聚焦光改专项、聚焦客户工程、聚焦大客户、OLT局点、IP城域网总投资3400余万元，新建宽带接入网项目266个。网络支撑能力快速增强，城区实现全覆盖率，乡镇覆盖率达到95%以上。

■ **宽带发展** 2015年，中国联通永州分公司聚焦宽带、聚焦智慧沃家发展，确保宽带用户数和满意度双提升。加强自有、社会资源的整合，实现城区小区和乡镇宽带网络快速覆盖。优化代理合作模式，规范合作内容，促进其加快网改，充分利用社会资源，加速宽带用户规模提升。加强固网人员队伍建设，落实自有资源宽带业务网格经营，强化项目责任营销，提升端口利用率。加强2个标准化建设：加强固网渠道标准化，以岁末年初为时点，迅速地重点扶持和建设固网融合综合营业厅，加快市—县—渠道宽带服务营销一体化；强化客响流程，规范“装移修”标准化，加速网改、形成客响闭环管理，提升客户满意度。

（王巧玲）

国土·环保

国土资源管理

■ **概况** 2015年，永州市国土资源系统围绕中心、服务大局，迎难而上、积极作为，各方面工作取得显著成效。市国土资源局获全省国土资源系统2015年度市州国土资源工作考核先进单位，市政府领导在2月17日召开的全省国土资源工作会议上作先进典型发言；市人大常委会听取、审议、测评33个政府工作部门的工作情况，市国土资源局测评得分94.47分，排名第二；先后获党风廉政建设和反腐败工作、党建工作、安全生产、生态优先、信访、服务园区、工业企业服务年、开发型经济发展、六件惠民实事、创森、微政务、非税执收、闲置土地清理处置、中心城区小区集中整治、“两中心”和万商红项目建设等15项工作先进称号；获全市党委办公室系统综合和调研、督查、文电和法规、保密、档案等5项工作先进称号；成功创建2015届市级文明单位；市国土资源局老科协分会获市老科协工作先进单位；市国土资源局和零陵局获省国土资源厅信息化建设先进单位；牵头的江华瑶族自治县驻河路口镇招礼村驻村工作队获先进。蓝山局、江华局、道县局、宁远局、东安局、金洞局获全市系统综合考核工作先进单位。

■ 项目建设用地 2015年，省国土资源厅下达新增建设用地计划指标982公顷，较2014年增加92公顷。全市获部、省批准建设用地总面积5774公顷，含部批准涔天河水库扩建工程用地4115公顷，排全省第二位，是年初指标的5.88倍，较2014年增加374%，保障重点项目建设用地需求。江华、祁阳、宁远、道县等县区在新增建设用地报批上取得较大突破。各县区均按照时间节点完成土地利用总体规划调整完善工作。

■ 规范土地市场 2015年，永州市国土资源系统全面推行市委书记陈文浩“土地出让五条要求”(一是必须净地出让；二是涉及道路建设的，道路必须建起；三是土地未规划好、思路未理清之前不能出让；四是土地出让一定要经过政府常务会议决定；五是没有特别特殊情况，不经集体研究，出让土地的容积率不得调整)，落实净地出让、投资强度和投入产出率要求，切实规范土地市场。市本级2015年拟定挂牌出让方案23宗，均按“净地出让”及规划条件的要求，报经市政府审批后，实行网上挂牌出让。全市网上挂牌出让237宗，成交价款87.75亿元。开展中心城区土地出让金清欠工作，交清10个小区，追缴出让金6093万元。江华、道县土地市场管理比较规范。出台《加强中心城区国有建设用地供应及供后监管的实施意见》，供后监管工作初步走上正轨，取得实质性成效。建立土地出让合同审查公示制度，接受社会监督。

■ 耕地保护 2015年，永州市实施土地综合整治项目37个，建设规模1.53万公顷，总投资4.85亿元。为85个非农建设占用耕地项目提供335公顷占补平衡指标。全市巡查发现违法占用耕地建房146起，立案查处89起，有效整治非法占用耕地建房行为。蓝山县被纳入全省首批高标准农田建设综合改革试点。

■ 矿产资源管理 2015年，永州市国土资源系统按照市委书记陈文浩“坚决锁定禁采区、严格控制限采区”“生态优先、不卖原矿、规范管理、延伸产业链、做实精深加工”等要求，规范探矿权、采矿权管理。市政府出台湘江流域禁止开采区和限制开采区设置及矿业权退出方案，严格新建矿山开采企业准入。对有效期内的矿山企业、开采矿点实行“对号入坐”，全面落实责任领导和责任人。全市10个重点复绿工程基本完成建设任务。零陵区李家下井矿山复绿工程已经省厅竣工验收；财家锰矿复绿工程正在土地平整；市本级和道县被纳入全省第三轮矿产资源规划编制试点。蓝山县发挥花岗岩、铁锰矿资源优势，做大做强集探、采、选、冶为一体的矿业企业。按照“三不留一毁闭”原则严厉打击非法采矿行为，16个非法矿点整治到位；开展“九打九治”打非治违工作，集中整治36次，立案查处18件，移送公安机关3件，遣散非法开采人员200余人，刑事拘留3人。

■ 国土资源执法监察 2015年，永州市中心城区拆违控违发现和制止违法行为341起。全面清查2015年新开工项目用地130宗，面积1.11万亩，兑现违法用地58宗，面积1212亩，全面整改查处到位。省委常委、省人民政府常务副省长陈向群批示：“永州市处置闲置土地做法很好。请国土厅予以重视并适时在面上推广”；省委巡视第七组组长郭树人认为永州市闲置土地处置工作得力，思路清晰，外地借鉴学习，当之无愧；省委政策研究室、省国土资源厅总结永州市闲置土地处置的做法和经验，发出第40期《送阅件》专刊。全市闲置土地624宗、面积1.5万亩，依法处置600宗、面积1.47万亩，占应处置宗数的96.15%，占应处置面积的98.19%。

■ **中心城区小区土地整治** 2015年，永州市中心城区103个小区（项目）中符合“两证”办理条件的小区92个，有住房52086套，累计办理土地分户证51829套，办证率99.5%，土地分户发证工作基本完成；103个小区中欠缴土地出让金的12个小区，已交清10个小区，追缴出让金6093万元；依法对欠缴调整容积率土地差价款的27个小区启动追缴程序，24个小区全部追缴到位，共追缴土地差价款5392万元；整治超用地红线工作处罚到位3个，履行告知义务8个，下达催告书9个。

■ **不动产统一登记** 2015年11月3日，永州市成立市不动产统一登记工作领导小组，市长任组长。11月19日，印发实施方案。11月25日，市编委批准市国土资源局增设不动产登记科，市不动产登记中心作为副处级全额拨款事业单位报省编办审批，相关工作倒排时间，有序推进。市委市政府督查室牵头，先后两次对县区开展督查，13个县区均召开专题会议研究，下发实施方案，成立领导小组和办事机构，并建立联席会议制度；县区不动产登记中心，经市编办批准已全部成立。零陵、东安、宁远、新田、蓝山、双牌、江华7个县区启动窗口建设；新田县、蓝山县下发“三定”方案。

■ **维护群众合法权益** 2015年，永州市国土资源系统深入开展专项整治行动，召开全市征地拆迁专项整治上下联动经验交流会。市县区局门户网站开设征地拆迁专栏。5月中旬和11月中旬两次督查，全市纠正征地拆迁方面侵害群众利益行为问题19件，纠正不按标准足额支付补偿款5件，增补征地费1300余万元。中心城区征收土地2583亩，支付土地补偿款1.35亿元；拆迁房屋面积1.07万平方米，支付拆迁补偿款923万元，安置人口213人，保障安置小区和断头路项目建设。市国土资源局领导集中接访45次，牵头督办重点信访案件18件；市本级接待来信来访65批234人次，办理信访复查事项15件，处理网上信访92件，信访总量同比下降21%，回复率100%。省拨付2015年地质灾害综合防治体系建设专项补助资金1.27亿元，占全省1/8。全市34处大中型和重要地质灾害隐患点落实防灾责任人、监测责任人和排险处置措施，没有发生重大地质灾害事故。

（刘运程）

环境保护

■ **减排任务全面完成** 2015年，2个国家和省重点减排项目、175个市重点减排项目全面完成，淘汰燃煤小锅炉8台、老旧车及黄标车6431台。全市化学需氧量、氨氮、二氧化硫、氮氧化物排放量分别较2014年削减0.7%、1.3%、0.1%、1.2%，全面完成省里下达的分别削减0.5%、1.2%、0%、1%的任务。

■ **大气治理** 2015年，永州市政府下发《关于提升潇湘城市群大气环境质量的意见》，制订年度工作计划，并督促各县区和市直相关单位加大实施力度。省里考核全市的22项大气污染防治任务，除机动车环保检测能力建设项目未完成外，其余21项任务全部完成。针对7月、8月空气质量在全省排位靠后的局面，依法对砖厂进行严厉整治。2014年10月至2015年2月空气质量达标率分别达到96.8%、100%、83.3%、86.7%、96.6%，稳定排位全省第一。

■ **湘江污染防治** 2015年，永州市把贯彻落实国务院《水污染防治行动计划》，组织实施《湘江保护和治理第一个“三年行动计划”》作为重点工作来抓，市湘江流域水污染和重金属污染综合防治委员会于3月25日专题听取工作情况汇报，进行督查并下发通报2次。纳入国家《重金属污染综合防治“十二五”规划》的19个治理项目全面完成，完成55个省里下达的项目，对湘江纸业有限责任公司实施关闭搬迁。

■ **农村环境综合整治** 2015年，永州市修订《永州市农村环境污染治理实施方案》，制订《永州市农村环境综合整治全市域覆盖工作方案》，并组织抓好落实，零陵、冷水滩、回龙圩、金洞、新田、江华、江永、双牌等8个县区启动农村环境综合整治整县（区）推进工作。其中，列入省重点民生实事项目的零陵区46个村的环境整治项目全部完成。

■ **环保执法** 2015年，永州市环

“绿色卫士”开展湘江保护宣传活动

保局以新《中华人民共和国环境保护法》的实施为契机，深入开展环境保护大检查，检查企业1872家，责令停止建设59家、停产73家、限期整改95家，关停取缔34家。全市作出行政处罚决定45起，实施查封、扣押23起，移送公安机关行政拘留10起11人次，刑事拘捕1起1人次。

（张良）

城乡规划建设

综　　述

■ 概况　2015年，永州市城乡规划建设工作坚持改革创新，适应新常态，把握新机遇，积极应对挑战，奋力攻坚克难，保持较好的发展态势，为成功创建国家卫生城市、国家森林城市，打造品质活力永州做出贡献。

城乡规划

■ 概况　2015年，永州市围绕“品质活力永州”建设的目标，突出顶层规划设计，加快完善城乡规划体系，投入2100万元，重点开展规划编制41项，为城乡建设提供科学依据。

■ 城乡规划编制　2015年，永州市启动总规修编前期工作。委托市规划设计院开展城市总体规划实施评估工作，组织编制《永州市城市总体规划（2001~2020年）（2010年修订）实施评估报告》。启动城市群规划编制。为加快推进新型城镇化建设，协调祁阳县、东安县、双牌县与中心城市统筹发展，组织编制《永州市潇湘城市群协调发展战略规划》，拿出规划纲要初步方案，正组织征求意见。加快县、乡镇总体规划编制。全面组织各县编制总体规划，其中祁阳等县编制完成；编制完成建制镇总体规划60余个，其中包括高溪市镇、蔡市镇、上岭桥镇以及石山脚乡等卫星镇总体规划，推动中心城市东扩西跨，引导城乡逐步融合，实现设施共建共享。为解决中心城市市政基础设施无序发展、重复建设等问题，从专项规划入手，重点编制完成中心城区环卫（含城乡生活垃圾收集一体化规划）、农贸市场、中小学、给水、排水专项规划，以及城市综合交通体系规划（含公交专项规划）、自行车与步行系统规划；完成中心城区电力、商业网点、户外广告、绿线图、垂直绿化等专项规划初步方案，促使规划领域得到拓展，专项研究得到深化。根据城市建设发展需要，对中心城市冷水滩区十大片区、零陵区六大片区控规进行修改，实现中心城区控制性详细规划全面覆盖，为土地出让和城市建设提供科学依据。组织编制仁湾镇等控规，指导乡镇建设。组织编制潇水历史文化风貌区规划，柳子街、解放南路、老埠头三条历史街区通过省政府审批，创建国家历史文化名城通过住房和城乡建设部专家评审。完成绿地系统规划和潇湘阁创意设计，以及湘江东路风光带、零陵北路和南津路等空间立面改造设计，彰显城市特色，打造城市亮点。

■ 城乡规划实施管理　2015年，永州市在建设工程规划管理方面，进一步强化法治意识，坚持依法依规管理，有效促进建设工程领域规划管理的规范化。切实做好行政审批和行政许可工作，办理建设项目选址意见书40份，核发建设用地规划许可证46件，总面积约130.6万平方米；核发建设工程规划许可证82件，总面积约274.1万平方米。同时，强化批后管理。出台《中心城区建设工程批后管理工作规程》，实现批后管理无缝衔接。对中心城区138个在建工程实行全面监管，监管率达100%。推进103个小区整治，下发处罚告知书38份，决定书13份，向国土、城管等部门移送违法建设问题129件。针对小区配套设施不到位等问题，下发限期整改通知书180余份，现场督查百余次。对83个建成小区整改情况进行2次回访，发放征求意见表243份，物业部门和业主评价满意率达90%以上。

（张程源）

市政工程

■ 概况　2015年，永州市积极推进中心城市重大项目建设，为项目实施创造良好条件，不断提升城市品质。根据三年提质和扩容战略要求，中心城市实施重点项目148个，完成投入80亿元。其中，启动三年行动计划提质改造项目46个，完成投入约30.6亿元，城市扩容提质步伐不断加快。完成4个公园、9个小游园建设及3个公园提质改造，对15条主次干道进行绿化提质，实施背街小巷改造40条，拉通断头路23条；育才路、逸云路、梅湾路等河东五路提质改造全面完成，梅湾路完成立面整体改造，成为城市样板路。着力破解城市建设中的重点难点问题，组织规委会11次、城建领导小组会9次、规划项目审查会39次，研究解决征地、拆迁、安置等问题100多个。在项目建设中，不断推进体制机制创新，支持构建多元化的投融资渠道，推行PPP等新的建设模式。全年深入市政工地1000余人次，现场解决施工问题600余个。更加注重细节管理，在市政工程监管上，加强零陵北路、双洲路、湘江东路等建筑立面改造施工现场的管理，对施工过程中的问题及时指导、纠正。专门派员到上海学习，对育才路、逸云路、梅湾路等河东五路改造施工中出现的道路衔接不畅、路面积水、管网铺设等细节问题进行有效处理，进一步提升市政工程建设水平。

城市园林绿化

■**概况** 2015年，永州市以建设品质活力永州和创建国家森林城市为目标，狠抓城市绿化规划、建设与管理工作，使全市园林绿化事业保持良好发展态势，促使中心城区园林绿化质量和水平进一步提高。

中心城市园林一隅　　蒋新国 摄

■**园林绿化规划设计** 2015年，永州市抓好园林绿化规划设计，科学指导城市园林绿化建设。组织编制中心城区垂直绿化规划和绿线图，完成《垂直绿化规划和绿线图编制》初步方案。完成潇湘大道、舜皇大道、育才路和湘永路的绿化提质规划设计。开展重点建设项目的绿化方案和绿地指标审查工作，做好永州中邦世纪广场、永州市上海城、浯溪碑林省级风景名胜区等8个园林绿化重点建设项目的规划设计以及市总工会小游园、市政机械化公司裸露山体等绿化工程的规划方案和施工图设计等。

■**中心城市园林绿化建设** 2015年，永州市累计投资3872万元，完成潇湘公园、虎岩公园、湘永路和育才路提质改造。实施大苗进城工程，中心城区全年移植大苗20.89万余株，完成投资约9600万元，重点对城区公园、广场、道路、节点、庭院小区及裸露山体实施全面增绿，有效增加城市总体绿量，提高建成区绿化覆盖率。加大对原有道路绿化提质改造力度，通过绿化景观改造、补植、替换、加密和造型美化等措施，对15条主次干道进行绿化提质并完成部分路网绿化建设。中心城区主次干道绿化普及率达98%以上，绿化达标率达80%以上，城区街道的树冠覆盖率达28%，基本形成以乡土树种为主，乔、灌、花、草合理配置的道路绿化格局。

■**绿化整治** 2015年，永州市持续开展庭院小区绿化建设。抓好63个小区绿化整治工作，完成投资500余万元，补植绿化面积3.1万余平方米。同时，开展“园林式单位（小区）”创建活动，积极鼓励和引导单位和小区进行庭院绿化改造，通过实施破硬建绿、拆墙透绿工程，进一步拓展和释放单位、小区绿化空间，全年共有92个单位和小区创建为市级“园林式单位（小区）”，市民居住生活环境得到明显改善。

（张程源）

村镇建设

■**概况** 2015年，永州市着力加强村镇建设，争取政策支持，抓好省级新型城镇化引导资金、美丽乡镇的申报，推进农村危房改造、品质活力示范乡镇建设以及传统村落的保护工作，取得较好成效。

■ **小城镇建设** 2015年，永州市开展省级新型城镇化引导资金申报，全年全市申报项目12个，其中，垃圾治理项目1个，城市地下管廊建设项目1个，老城区雨污分流改造项目2个，农村生活垃圾治理整体推进项目1个，集镇污水处理厂及设施建设项目7个，项目总投资9.22亿元，计划自筹资金4.2亿元，银行贷款1.59亿元，申请省级引导资金3.42亿元。全年实际到位省级新型城镇化引导资金345万元。积极申报美丽乡镇，通过精心培育和推荐，年内祁阳县白水镇竹山村、零陵区石山脚乡竹园背村，江华瑶族自治县河路口镇牛路村、大石桥乡井头湾村、白芒营镇漕渡村5个村完成省级美丽宜居村庄申报；江华瑶族自治县河路口镇、宁远县湾井镇2个镇完成省级美丽宜居小镇申报。全市40个村申报第四批中国传统村落，其中31个村入围省级传统村落预备名录，零陵区干岩头村、双牌县坦田村、江永县兰溪村、宁远县小桃源村4个村成功申报为中国传统村落，并获国家财政补助资金1200万元。全市确定34个品质活力示范乡镇，力争通过三年时间，按照集镇建设“十个一”标准，实现各县区建成1~2个示范乡镇，并在取得经验后全面铺开。组织137名乡镇干部参加省厅组织的农村规划建设管理的基础知识培训，提高村镇建设人才队伍素质。

■ **农村危房改造** 2015年，省里下达危房改造指标任务总量为20250户，全年动工20474户，动工率为101.11%；竣工20424户，竣工率100.86%。同时，在95个村实施危改整体推进示范工作。开展农村危房和无房户的普查，准确确定农村危房对象。截至2015年年末，全市农村危房、无房户户数为274565户。年内配合市审计局接受全国性保障性住房资金的审计，并接受省审计厅涉农资金的专项审计。完成农村人居环境信息录入工作。全市4998个行政村，已完成4987个行政村的农村人居环境摸底信息录入工作，其中1404个村庄现状情况已录入住房和城乡建设部的村庄信息系统。制订出台《永州市住房和城乡规划建设局精准扶贫住房保障支持计划实施方案》，作为全市住建系统精准扶贫工作的纲领性文件。

（张程源）

建 筑 业

■ **概况** 2015年，永州市具有资质等级的总承包和专业承包建筑业企业93家，实现增加值81.25亿元，按可比价格计算比2014年增长7.3%。资质内房屋建筑施工面积1839.08万平方米，增长1.9%；竣工面积1238.71万平方米，增长14.9%。全员劳动生产率25.86万元/人，比2014年增长6.3%。

■ **建筑市场秩序** 2015年，永州市为简化办事程序，强化建筑工程建设的监管工作，在确保建筑工程质量安全的前提下，修改《永州市建筑工程临时施工许可管理办法》，劳保基金和农民工保障金实行承诺制、施工图审查合格后消防设计审核实行承诺办理临时许可。办理临时施工许可30个（其中临时转办正式的11个），正式建筑工程施工许可证35个。完成建筑施工企业一、二级建造师注册（含初始、延续、变更、注销、遗失补办等）1490人次、监理企业的监理工程师注册（含初始、延续、变更、注销、遗失补办等）96人次、监理工程师和监理人员变更认定106人次，完成68家建筑企业的安全生产许可证申报等工作。加大对项目的质量安全、市场行为的督查，全年向省住房和城乡规划建设厅上报37个项目、45个责任主体单位、16个责任人员的不良行为记录。

■ **质量安全监管** 2015年，永州市印发《2015年全市建筑管理工作要点》《永州市建筑工程质量和施工安全生产专项整治方案》《关于2015年全市建筑工程安全生产目标管理考核工作的通知》，进一步明确工作责任，对全年建管和专项整治工作进行全面安排。组织召开建筑企业约谈会、全市建设工程质量检测管理暨安全质量通报会以及安全质量标准化示范工地创建现场观摩会，并组织全市一、二、三级建筑施工企业、监理单位、部分建设单位等约500人参加质量、安全、法规培训活动。每个季度都对各县区进行质量安全督查，确保督查项目质量安全隐患整改到位。每个季度对市质安站进行督查考核，督促市质安站依法履职，规范质安监督工作。制订出台《建筑施工安全生产“九打九治”打非治违工作实施方案》。按照“全覆盖、零容忍、严执法、重实效”的原则，对中心城区在建项目进行不间断的全面检查，累计巡查工地1500余项次，监管项目119个，并将所有办理规划报建手续的项目纳入批后管理范围，杜绝违法违规建设行为的发生。全年发现违法违规在建项目11个，立案11件，发出行政处罚告知书11份、行政处罚决定书9份，移交人民法院执行的案件4件，向省住房和城乡规划建设厅上报严重不良行为记录的项目5个。推进安全质量标准化示范工地培育创建，将180多个项目列入建筑工程安全质量标准化和建筑节能示范工地创建培育对象，认真筛选确定全市96个标化工地创建项目，其中市本级49个项目，并全部实行挂牌。全年7个项目获“湖南省优质工程”，5个建筑企业项目申报省芙蓉奖、30多个项目申报市优质工程，50多个项目可获得省示范工地。

■ 招投标监管　2015年，永州市本级招投标项目累计74个，总中标金额160146.16万元，其中公开招标的项目63个，邀请招标11个，应公开招标项目公开招标率100%，完成全市建设工程招投标活动的监管和交易服务。贯彻执行有关规定，明确招投标活动的具体程序和步骤，实现对招标、投标、开标、评标、定标全过程监管。按照省住房和城乡规划建设厅的要求，全面使用“湖南省建筑工程监管信息平台”进行备案。从强制推行投标人养老保险查询制度到类似项目业绩必须通过“监管信息平台”核实机制，严厉打击围标、串标、提供虚假类似业绩等违规行为，从而使中标单位从回避、拖延押证，变成积极主动的押证，促使招投标市场进入良性循环。印发《关于调整永州市房屋建筑和市政基础设施施工招标信誉评分和加分的通知》《永州市建筑市场诚信等级评定暂行办法》2个文件。完成建筑市场诚信等级评定工作，申报的施工企业66家，经评审委员会统一评审及公示后的复审，评审出AAA级诚信企业13家、AA级诚信企业32家、A级诚信企业11家，不符合评审条件而被否决的企业10家。严格规范招标代理行为，要求各招标代理公司对他们代理的工程逐个实行从业登记，从业的招标代理机构人员必须严格执行“专职人员持证上岗”制度，并对专职人员的日常工作行为进行量化考核。市招标办建立由“主任挂帅、专人负责”的快速处理机制，及时受理和妥善处理投诉。其中，市本级受理投诉7起，有效投诉2起，重新启动招标2起；受理县区投诉7起，有效投诉3起，推翻错误中标结论3起，3起取消第一中标候选人，改为第二中标候选人中标，同时上报省住房和城乡规划建设厅不良行为记录2次。

■ 工程造价管理　2015年，永州建设工程造价管理工作坚持“更新观念，服务至上，深化改革，努力创新”的理念，围绕住房和城乡规划建设的中心工作，在计价管理、计价行为监管、计价信息服务、市场和行业监管、合同及造价纠纷调处服务等方面做了大量的工作。积极宣贯工程计价相关法规、制度政策，全面推行工程量清单计价，开展营改增调研，收集、整理建筑市场主要劳务作业价格、新方案、新材料等各类计价依据资料，探索和解决工程计价新发展、新需求，有力促进全市计价规定政策及时贯彻、计价依据的及时完善和科学管理，让合理确定工程造价有据可依。进一步夯实计价服务基础，适时测算上报本地区各类典型工程造价指标，扩大发布材料品种、规格、范围，为政府投资项目的工程造价控制工作提供计价依据和市场指导价。坚持“管理就是服务”，不断完善服务机制，创新服务方式，主动深入企业、建设项目搞好服务，探索工程造价管理新思路。加强行业执业、从业人员资格管理和培训，提升咨询市场业务水平。成立资质动态管理专项工作小组，严格造价咨询行业的市场准入和清出制度；组织技术力量对全市工程造价咨询企业和全市建筑市场执法检查，推动建筑行业有序发展。履行工程施工、监理合同备案和安全文明施工措施费的核实工作。在各工程监管部门和单位间采取联席会议、建立工作高效联动机制等有力措施，多次讨论、调研，拟定出《永州市政府投资房屋建筑和市政基础设施项目建设期工程造价全过程管理实施办法（征求意见稿）》。

■ 劳保基金统筹　2015年，永州市各级建设主管部门和劳保基金管理工作人员，严格执行永政发〔2014〕13号、永规建发〔2013〕31号、湘建建〔2015〕6号文件精神，严把劳保基金收取关。全年收取劳保基金9510.18万元，创历史最高纪录，为省里下达任务的 237.75%（省里下达任务4000 万元）。加强劳保基金征收和使用情况的审计。6 月和 12 月，市劳保办和县（区）住建局对全市有关施工企业劳保基金使用情况和本年度征收情况进行专项审计。

（张程源）

勘察设计和建筑节能

■ 概况 2015 年，永州市勘察设计、建筑节能和绿色建筑工作，围绕“四化两型”（“四化”是指新型工业化、农业现代化、新型城镇化、信息化；“两型”是指资源节约型、环境友好型）战略，贯彻落实《湖南省“十二五”建筑节能发展规划》《湖南省住房和城乡建设厅 2014 年建筑节能与科技及标准化工作要点》，探索集约、节能、绿色、环保的新型城镇化发展道路。

■ 勘察设计 2015 年，永州市对于重点工程项目采取行政审查和专家审查会议方式相结合的方式，广泛听取有关职能部门和有关专家的意见，并形成审查会议纪要，将一些重点技术问题解决在初步设计阶段。创新行政审批方式，建立一站式服务平台，对初步设计审批、施工图审查备案、勘察设计企业初审上报等进行办理，并在规定的时限内优质高效办结。全年完成初步设计评审 27 项，面积 229.1 万平方米，施工图审查备案 58 个，面积 204.7 万平方米。开展全市建设工程施工图设计质量和施工图审查质量专项检查，对质量低劣、隐患突出、服务不到位、施工图第一次审查合格率极低的勘察设计企业列为重点监管对象。对不进行施工图审查、不履行审图程序、或施工图审查无资质、超资质承揽业务、违反工程建设强制性标准、弄虚作假等情况依法依规查处。对施工图审查机构不依据规划审批及规划许可内容审查的、审查质量低劣、不履行审图程序或超资质承揽业务、违反工程建设强制性标准、弄虚作假等情况依法依规查处。加强准入管理，强化清出机制。全市初审上报省住建厅勘察设计资质 6 家，祁阳规划设计院建筑设计资质升乙级，永州市水利设计院、湖南地质勘探院等资质增项。加强对勘察设计企业质量和市场行为的动态监管，强化清出机制，对有违法违规行为的勘察设计企业依法进行处理。同时，结合省住建厅勘察设计专项治理工作，开展勘察设计市场检查和调研工作 2 次，处理违规设计 1 项，清退外地设计队伍 1 家。

■ 建筑节能 2015 年，永州市住房和城乡规划建设局按照中央、省、市关于绿色建筑和建筑节能设计要求，通过勘察设计招投标、初步设计审查、施工图审查备案等环节将绿色、节能、环保理念落到实处。5 月下发《永州市住房和城乡规划建设局建筑节能与科技设计 2015 年工作要点》，并分别与省住建厅和各县（区）、管理区签订“2015 年度永州市建筑节能及无障碍环境建设目标管理责任书”。中心城区申报在建项目 163 个，建筑节能面积约 292 万平方米，与 2014 年比较建筑节能面积增长 35%。转发省住建厅《关于进一步规范建筑工程施工图节能设计文件的通知》，有效规范建筑节能设计文件编制。严格要求政府投资的公益性公共建筑、2 万平方米以上大型公共建筑以及保障性住房全面执行绿色建筑标准，并要求其他项目在初步设计文件中要求有节能专篇、节能计算书；在初步设计批复中，提出施工图设计阶段节能设计要求；施工图审查备案时，要求图审机构出具建筑节能专项审查报告书。对在建项目使用的建筑材料进行管理，对施工现场的建筑材料实行备案制度，并推荐使用《湖南省建筑节能技术、工艺、材料、设备推广应用目录》中明确的保温、门窗、遮阳材料。引导、鼓励和扶持本地建筑节能企业的技术、工艺、材料参选《湖南省建筑节能技术、工艺、材料、设备推广应用目录》。深化各阶段建筑节能管理。在出具规划条件时落实绿色建筑任务，将绿色建筑内容纳入规划条件和规划审批要求；建筑节能施工前，要求项目严格执行建筑节能设计图审及能耗计算，设计变更后不得降低节能效果且要求原图审机构重新图审的原则；施工阶段，要求施工单位编制单独的节能专项施工技术方案并按规定程序履行报批手续，并要求监理单位做好建筑节能监理规划，建筑节能施工实行旁站，并做好旁站记录。全市城镇新建建筑节能强制性标准执行率设计阶段达到 100%，施工阶段达到 98% 以上。加快既有居住建筑节能改造，中心城区完成湘江东路、梅湾路等既有居住建筑立面节能改造工作，各县区按时完成下发的既有居住建筑节能改造任务。组织质监、设计、施工、监理、验收、材料等单位进行建筑节能政策法规、专业技术知识、施工现场操作培训。组织质监、设计、施工和相关管理人员40余人参加省建设科技与建筑节能协会与中科院举办的《绿色建筑评价标准》培训。

（张程源）

房地产资质管理

■ **概况**　2015年，永州市住房和城乡规划建设局督促房地产开发企业严格按要求上报基础数据、人员信息、项目信息、统计信息。对企业上报信息均严格审核，凡申报资质的企业均录入湖南省房地产开发企业信用信息管理系统。截至2015年12月，全市登记在册房地产开发企业414家。根据地域划分，中心城区226家，各县及管理区188家。其中，冷水滩区（含经开区）182家，零陵区44家。根据资质等级划分，一级资质2家，二级资质12家，三级资质95家，四级资质103家，暂定资质202家。对三、四级房地产开发企业资质均进行年检。配合市规划执法支队严肃查处无资质开发、超资质开发行为。督促有关县区查处超越资质等级开发的行为2起；核查虚假资质嫌疑4起；查处提供虚假资料申报资质的问题2起。严格落实简政放权的有关规定，切实为企业服务，下发《关于进一步规范房地产开发企业资质管理的意见》，从5月起，把房地产开发资质的资料初审、原件核对、实地核查等事务性工作下放委托给县级住建部门。

（张程源）

城建档案管理

■ **概况**　2015年，是永州城建档案工作极其重要的一年。永州城建档案管理工作紧紧围绕城乡规划建设发展主题，以高效、优质、惠民服务为宗旨，实现城建档案由传统管理模式向数字化管理模式的转变，取得较好成效。

■ **城建档案收集**　2015年，永州市住房和城乡规划建设局对市辖区范围内的所有建设工程按进度进行业务指导，确保建设单位了解建设工程档案管理的有关规定和收集整理的技术标准；与每个项目签订“报送建设工程档案责任书”，要求建设单位及时提请工程档案预验收、及时办理建设工程竣工验收备案手续。全年收集工程档案近1万卷、收集率达80%以上（不含市政基础设施和地下管线工程）。制定出台《业务档案管理规定》，落实“规划建设审批业务经办人员不留档案、审批业务办结后须先交档案后发证”的规定，收集业务档案1.3万余卷、整理上架6000余卷，业务档案的进馆率、进馆量位居全省前列。把声像档案和电子档案作为一项重要工作来抓，在签订“报送建设工程档案责任书”时，要求建设单位报送建设项目原址原貌影像资料和声像档案拍摄方案，以确保工程纸质档案和声像档案同步形成。主动为建设单位免费拍摄大量的声像素材，全年拍摄录像带7000多分钟，拍摄工程照片1万余张，催交电子文件3000余份，开启声像、电子档案收集的新模式。加强对危房改建、风景名胜规划建设、古村落保护、历史文化遗迹保护和城市改造等方面的档案收集管理力度，全方位记录永州城乡建设变迁。在零陵区和冷水滩区分别选16个固定拍摄点，以3个月为周期进行拍摄，街立面循环记录，并采用空中拍摄记录城市发展变化，拍摄影像素材1万余分钟，较完整的对中心城区发展变化的过程进行记录。

■ **城建档案管理**　2015年，永州市完成城建档案数字化管理系统建设，全面实现城建档案数字化管理。进一步完善数字化管理系统硬件配套，开展城建档案数字化工作，到12月中旬止，将近3年的业务档案重新按数字化管理要求整理录入，并将新入库上架的工程档案全面扫描。组织开展全省第一个城建档案岗位从业人员资格培训班，各县的城建档案机构人员和各建设、监理、施工单位工程档案从业人员140余人参加培训，各县规划办、质监站负责人首次参加会议和培训。严密组织考试，其中有89人获得城建档案岗位从业人员证书，为全面推行城建档案管理持证上岗制度奠定基础。加强各县城建档案管理工作指导，到全市9个县和2个管理区开展调研，为规范各县城建档案管理提出指导性意见。变“被动服务”为“主动服务”，将业务指导、走访企业与宣传教育结合起来，主动征求服务对象的意见、建议，公开城建档案管理和查阅的相关规定。建立严格的内部管理制度，主动为查阅人员服务，为查阅人提供方便。采取推行免费查阅，并在零陵区设立查阅点的便民措施，接待查阅5600人次，查阅档案3185卷，为纪检、政法机关办案提供档案600余次，为群众和企业办理证件、处理纠纷300余起。

（张程源）

建设工程质量安全监督

■ 概况 2015年，永州市建设工程质量安全监督站围绕“质量治理两年行动”“施工安全生产专项整治”、市委市政府重点工作以及投诉处理和内部管理等开展工作，中心城区工程质量持续向好，施工安全平稳可控，全市安全生产形势总体平稳，实现建筑领域安全生产全年零事故。

■ 项目受监台账管理 2015年，永州市本级在建登记办理质安监手续项目112个，其中，房建项目92个，保障性住房项目13个，园区工矿企业项目12个。全市办理受监项目151个，其中，房建项目121个，总建筑面积261.8万平方米；园区工矿企业项目22个；市政项目30个，总建筑面积27.4万平方米；提前介入项目14个，掌握非法违法项目36个。市检测试验中心外业完成检测试验1500（项、次），不合格的有57（项、次），合格率96.2%；内业完成检测试验15766（项、次），不合格的有398（项、次），合格率97.5%。受理各类投诉120余起，全部受理处理回复，回复处理率100%，回访满意率90%，基本满意率10%。房建基础验收项目88个，主体验收项目84个，竣工验收项目33个，竣工备案项目27个，均为房建项目。办理建筑起重机械设备备案登记281台，市本级办理使用登记153台。发出整改质安隐患督促整改通知171份，发出停整通知94份，发出督办函68份，下发严重不良行为记录告知书45份，收到整改回复192份，复查整改基本到位项目165个，占要求整改项目的86%。

■ “质量治理两年行动” 2015年，永州市建设工程质量安全监督站督促签订“五方责任主体承诺书”。坚持凡是申请办理质安监手续项目必须提交承诺书，凡是原已办理手续项目必须补交承诺书，凡是申请工程阶段性验收必须审查承诺书等措施，2015年所有办理质量安全受监手续项目，都按规定签订“五方责任主体项目负责人质量终身责任承诺书”；办理竣工验收备案的工程项目，都要求提供“质量终身责任承诺书”；其中申请报监手续时提交承诺书的项目121个，签订率100%。制定工程质量通病专项整治方案，通过赴省观摩学习、中心城区树典型引路、两次集中培训等方式，着重突出房屋卫生间、窗台及外墙漏水、墙体局部裂缝等常见质量通病的治理。出台相关文件，开展质量形势分析相关活动5次。筹备开展创建湖南省建筑工程施工质量标准化示范工程（工地）活动。组织对市中心城区项目存在的监理人员押证问题进行全面核查清理，将重复押证、押假证人员全部进行清理。

■ 施工安全监管 2015年3月31日，永州市建设工程质量安全监督站下发《永州市中心城区建筑工程质量和施工安全生产集中整治实施方案》，从4月1日起至7月11日止分自查自纠和集中检查整治2个阶段，对中心城区在建项目按三批复加式方式进行集中整治，检查项目51个，发出隐患整改通知书26份，收到整治回复23份。开展“打非治违”“九打九治”活动，对中心城区所有在建项目进行2次集中排查，函告城管、街道办事处、区政府控违拆违办等相关部门非法违法项目11个。制订出台《建筑施工安全生产“九打九治”打非治违工作实施方案》，全面开展打非治违行动。按照“全覆盖、零容忍、严执法、重实效”的原则，对中心城区在建项目进行不间断的全面检查，累计巡查工地1500余项次，监管项目119个。组织约谈潇湘大桥维修项目、加州小镇项目、新桂圆项目的建设单位、监理单位、施工单位。

■ 施工安全专项整治 2015年，永州市建设工程质量安全监督站协助制订出台《永州市建筑质量和施工安全生产专项整治方案》，明确推进工程质量治理两年行动、推进安全质量标准化为核心“三化”工作、开展“一排一打六治”专项整治工作、促进建筑业健康发展、加强建筑市场监督管理、开展消防安全排查治理、强化保障性安居工程质量管理等七大重点工作。明确预拌商品混凝土专项治理、质量通病治理等质量方面专项整治，建筑起重机械、支模架脚手架、工程监理、建筑扬尘等安全生产方面专项整治；《永州市中心城市建筑工程批后管理工作规程》《永州市建筑市场质量安全十项规定》对建管工作、建筑领域安全生产专项整治工作、质量治理两年专项行动进行全面安排。下发《关于严禁使用无资质企业生产的预拌商品混凝土的通知》，进行自查、专项检查、执法机构专项执法相结合，规范预拌商品混凝土市场秩序。全面核查整改监理人员备案信息，加大假证的处罚力度，加大市场行为查处，及时上报不良行为记录。1～3季度向省住房和城乡规划建设厅上报37个项目、45个责任主体单位、16个责任人员的不良行为记录。督促企业加强重复押证人员改正工作，其中第三季度工程监理部监理人员重复押证整改42人、施工单位关键岗位人员重复押证整改34人。通过专项整治，建筑起重机械设备管理初步规范，有各类起重机械设备680台，其中市直305台、县区375台；办理产权登记备案手续582台，产权备案登记率85.58%；办理使用登记手续566台，使用登记率83.23%。

■ 安全认证动态核查 2015年，永州市通过安全认证的企业82家，申报待认证的企业5家。对达到动态核查条件的企业，组织专家抽查16家企业，其中，房建二级8家，房建三级7家，市政1家。

■ 开展“安全生产月”活动 2015年6月16日，永州市建设工程质量安全监督站在帝王广场组织开展建筑施工安全生产咨询活动，在中心城区建筑工地张挂宣传标语和宣传画，编印下发建筑法律法规汇编资料800余册。下发《关于做好春节前后安全生产工作的通知》《关于开展汛期雨季建筑施工安全生产工作的紧急通知》《关于开展“中秋、国庆”期间安全生产大检查的通知》《关于加强“两节”、“两会”及做好2015年第四季度质量安全生产督查检查的通知》，对春节前后、中秋国庆期间、汛期雨季和高峰高温期施工质量安全工作进行具体安排。组织检查组进行全面督查检查。10月1日，由分管城建副市长张常明带队，对中心城市的新桂圆项目、有高边坡危大工程的中邦项目、愿景国际项目、永州四中公租房项目、传芳路跨线桥工程的质量安全进行全面督查检查。12月30日，由市住房和城乡规划建设局局长彭晓东带队，分别督查湘永名邸、密城、麒麟公馆、湘江东路立面装修、零陵北路立面装修、潇湘大桥维修工程的质量安全生产检查。

■ 市政基础设施工程质量安全监管 2015年，永州市针对市政工程专门成立市政监督室，先后对市城市建设投资发展集团、市经济建设投资发展集团、永州经济技术开发区、垃圾处理场、零冷两区政府所有市政建设项目进行摸底排查，建立起市政基础设施项目监管台账。各个业主和建设单位主动办理或补办质安监手续，补办手续66个。五方责任主体质量终身责任制落到实处，在建市政项目各责任主体单位陆续补签“终身承诺书”。通过巡查、检查、验收并举，隐蔽工程和分部工程质量得到较好控制。

■ 工业园区项目质量安全监管 2015年，永州市建设工程质量安全监督站调整内设机构，单独设定市政监督室、园区监督室，加强中心城市工业园区项目和市政基础设施项目的质量安全监督。对园区所有项目进行全面排查，排查项目59个，督促办理报建手续8个，对需补办验收手续的及时组织补办。对市委领导督办的康都药业等11个项目，于4月27日、9月8日、10月中旬、11月底进行会商研讨，提出具体落实意见，并落实贵山钻探等4个项目的质量安全监督手续办理。

■ 监督规范化信息平台建设 2015年，永州市对监督信息平台初始信息录入进行严格审查。对责任主体单位和关键岗位人员在其他部门初始录入后，在办理质安监手续时，进行严格审查，对不符合资格要求的人员和重复押证人员进行整改处理。对所有受监项目，按规定做到每月不少于一次的信息录入。每个季度组织对各县质安站和市质安站责任监督员进行一次规范化考核，考核结果进行通报。并每个季度抽送10个项目送省考核。分三批次到衡阳市、柳州市、邵阳市、株洲市考察学习信息化管理，并通过与省里推介的长沙建研信息技术有限公司反复研讨，在基本熟悉系统管理程序和内容后，签订检测试验信息化管理子系统合同，5月系统安装完毕投入试运营。其他子系统与信息公司衔接量身定做相关内容，12月底完成所有信息化管理系统运行。

■ 检测中心建设 2015年，永州市建设工程质量安全监督站申请添置购买检测仪器设备，对科室使用的电脑、网络进行升级换代，缓解检测任务压力。加强各项培训学习并取得相应资质证书，扩大检测覆盖面；组织多个岗位交流锻炼，促进内部工作交流，培养工作多面手。进一步完善实验室管理，制定完善检测工作的各项规章制度，管理方式从“以人管人”向“以制度管人”等更科学的方式转变。加快推进检测监管PKPM系统的建设。

■ 跟进103个小区整治　2015年，永州市建设工程质量安全监督站对在建项目按相关要求正常监管，对原已建成的项目按正常监督和验收程序进行监督验收。组织协调有资质的中介机构对需检测的项目全部进行结构设计复核鉴定。对103个小区影响使用功能的质量问题进行全面排查，对所有质量投诉问题均进行调查回复，并逐一做回访，基本整改到位；对个别投诉较大的问题，深入项目组织小区业主代表、物管、开发商、施工单位、监理单位进行反复协调处理；对业主代表反映有结构安全问题的投诉，组织开发商、小区业主代表委托有资质的中介检测机构进行结构安全鉴定。对103个小区工程质量安全问题进行全面排查，主要采取按正常程序监督验收、补办主体验收、中介机构进行结构设计复核或结构安全鉴定等方式开展质量安全监督。严格履行主管部门监督职能，严格落实监理单位主体职责，严格执行责任单位行政处罚，103个小区符合条件的全部办理质安监手续，向房产部门发出安全认定函告书11份，移送消防部门项目63个，对8个存在结构安全隐患的小区项目进行督促整改，补办主体验收小区20个、207幢、总建筑面积470442平方米，组织进行结构设计复核5个小区5幢、复核面积159057平方米，组织进行结构安全鉴定9个小区、鉴定9幢、鉴定面积176841平方米，结构复核鉴定存在结构安全隐患项目2个小区、2栋9万平方米。落实和办理小区办交办的投诉案件，做到100%及时受理，100%调查核实，100%及时回复。起草和修改《永州市房屋质量投诉处理暂行办法》，于11月6日在南华大酒店邀请市人大、市政协领导及相关部门负责人征求意见进行专题讨论。提出六条规范小区整治工作的硬措施，即“五制一书”（九牌一图制、工前培训制、首层示范制、跟踪监督制、分户验收制、质量保证书）。

■ 江华涔天河水库移民安置工程质量督促检查　2015年，永州市建设工程质量安全监督站加大对涔天河移民安置小区质量治理的重点整治。成立督查检查小组，分别对四联、东田、花江、水口、小圩、码市等6个点进行全面检查和督导。全年7次对涔天河水库扩建工程的6个移民安置点进行督查，对检查出来的质量安全方面的问题及时处理和交办、复查，并将检查情况及时反馈给江华瑶族自治县住房和城乡规划建设局和县质量安全监督站，并将部分情况反馈给市委督查室、江华涔天河建设指挥部、市移民局。

■ 教育培训　2015年，永州市建设工程质量安全监督站组织赴省培训学习9批次，培训人员120人次；在全市组织培训6次，培训480人次；在6月4日组织全市质安监一线人员和二级以上施工总承包企业全市施工安全法律法规知识考试，参考人员102人；6月28日选派队员、帮帮团7人赴省参加省总站法律法规安全知识抢答赛，获优秀组织奖。11月15～18日组织的张家界、常德、湘潭市住建局考察的活动，参加人员10人次；11月26日长沙的质量安全标准化考察活动，观摩人员110人次；11月27～28日在湖南科技学院举办质量、安全、法规培训活动培训会议，邀请省一级企业中建五局、观摩企业单位东方红公司负责人讲解工程质量和标准化示范工地创建等工作，邀请省质安站总工程师张志斌主讲新“安全生产法”。会上，市人民政府副市长张常明集体约谈企业法人，强化五方责任主体质量安全的责任、强调开展质量治理两年行动的重要性。11月，到张家界、常德、湘潭等管理先进地市进行全面对接与学习。

（李华陵　陈祚江）

城市管理行政执法

■ 概况　永州市城市管理行政执法局成立于2004年4月，主要承担中心城区的给水排水、燃气热力、污水处理、垃圾处理，冷水滩城区的路灯照明、户外广告、占破道、市政基础设施维护和全市医疗废物处置等方面的审批、服务、管理职能以及城市管理的综合协调、监督检查、考核评比和培训等工作，城市管理的具体执法职能全部移交冷水滩区、零陵区、永州经济技术开发区。局机关核定编制52名，设机关党委、办公室、政工科、纪检监察室、财务审计科、法规考核科、数字城管中心、市政设施维护与管理科、废弃物处置和给排水管理科、燃气热力及照明管理科等10个科室，现有工作人员45人。归口管理市城市管理行政执法局直属大队、市城市燃气热力和照明事务中心、市废弃物处置和给排水事务中心、市自来水公司、市水质净化中心、市燃料公司、市路灯管理所、市静脉产业有限责任公司、下河线污水处理有限责任公司、市医疗废弃物集中处置有限公司、市政维护站、市政二公司、市政机械化公司等13个单位。2015年，该局被评为2015年度党建工作、安全生产、信访工作、微政务工作、市优秀政府网站、办理代表建议委员提案、中心城区控违拆违、全面建成小康社会推进工作、全市重点民生实事项目考核、全市小区集中整治工作等先进单位。

永州数字城管综合运用平台

■ 创新城市管理 2015年5月13日，永州开通“12319”城管服务热线，集中受理中心城区供水、供气、路灯、控违拆违、市政维护、占破道、户外广告等城市管理领域有关政策咨询、故障报修、举报投诉和意见建议。截至2015年年底，办理有效诉求1596件，办结1516件，办理率100%，办结率95%，回访满意率96%。“12319”城管服务热线的成功运行，奠定建立数字城管的基础，并为运行数字城管积累经验。

■ 控违拆违 2015年，永州市城市管理行政执法局依据《永州市中心城区控违拆违工作管理办法》等规定，定期对冷水滩区、零陵区、永州经济技术开发区及其21个相关乡镇和有关职能部门开展考核，奖惩兑现。对新增违法建筑“零”容忍，发现一处，坚决拆除一起，做到露头就打，基本实现违法建筑“零”增长的控违目标。制订中心城区2015～2017拆违“三年行动计划”，签订拆违责任状。贯彻落实全省拆违工作现场会会议精神，经报请市委、市政府批准，实行市指挥调度，区具体实施，组织街道（乡镇）、村（社）四级联动，从10月开始，集中开展中心城区“百日大会战”拆违行动，进行大规模连片拆违。全年拆除违法建筑27.2万平方米，超拆违目标任务40%。

■ 国家卫生城市管理 2015年3月，永州市成功创建为国家卫生城市。5月，市政府安排市城市管理行政执法局负责“国家卫生城市”管理日常工作。市城市管理行政执法局突出抓好2个机制的构建，实行国卫管理常态长效。一是构建常态整治机制。针对“国卫”创建成功后，“脏、乱、差”有所反弹的状况，决定以农贸市场、渣土运输及宋家洲水上餐饮为整治重点，对重点难点问题进行常态化整治。经过常态化整治，宋家洲水上餐饮店被取缔，违法搭建正在依法实施拆除；农贸市场周边占道经营、马路市场等问题得到解决，场内卫生、秩序大为改善；渣土管理更为规范，建筑工地全部设置封闭围墙、硬化出口道路、建成冲洗平台，渣土全部由专业运输公司车辆在规定时间、按规定线路运输。二是构建长效管理机制。先后制定出台《永州市国家卫生城市管理暂行办法》等7个规范性文件；对冷水滩区、零陵区、永州经济技术开发区市容市貌实行每日巡查，巡查结果及时用短信发送到市级领导；采取重点督查、难点督查、专题督查、定期督查等多种形式，加强对三区、7个专业组和相关职能部门的督查、考评。

■ 推进两供两治 2015年，永州市城市管理行政执法局根据《湖南省2014～2016年“两供两治”设施建设实施方案》，及时提请市政府与各县、区签订“两供两治”目标责任状，并做到每月一调度，每季一督查；争取国家、省专项资金支持，近两年争取到位3.16亿元，包括供水管网专项资金1.1亿元，污水管网配套资金1.7亿元，生活垃圾奖补资金3575万元。其中，市本级分别为3250万元、5700万元、1345万元。支持采取多种融资模式加快“两供两治”设施建设，全市部分供水设施、大部分管道燃气和污水、垃圾处理设施，都引进社会资本参与建设。2014 年～2015 年，全市完成“两供两治”设施投入 24.5 亿元，占任务量的 47%。其中，污水、垃圾处理设施建设在全省位于前列。加强对全市供水水质、生活垃圾、污水处理设施的运行监管，全市生活垃圾无害化处理率达 97.73%，生活污水集中处理率达 92.3%，分别超过省定 90%、85% 的标准。负责的 9 个城建重点项目建设，其中 8 个为“两供两治”项目，计划完成投资 1.47 亿元，实际完成 1.7 亿元，超计划任务 2000 多万元。

■ **参与小区整治** 2015 年，永州中心城区存在供水问题的 41 个小区，基本整改到位。用水困难的凤凰园片区，通过建成投运 5000 吨清水池、供水站加压时间从每天 4 小时增加到 12 小时、提高“东水西调”输水能力等措施，有效缓解供用水矛盾，基本保证 5 楼以下不需二次加压正常供水。存在供气问题的 18 个小区，全部整改到位。18 个小区原来的安全隐患全部消除，并与新奥燃气签订管道天然气供气协议。中心城区新增管道燃气用户 1.8 万户。存在违章搭建问题的 29 个小区，通过市控违拆违办下达整改通知，现场指导督促整改，29 个小区的 128 处违章搭建共 4816 平方米全部整改到位。

（邓凌云　刘武荣）

房　　产

■ **概况** 永州市房产局是人民政府直属的正处级事业单位，负责全市住宅与房地产业市场监管、行业管理及住房保障、国有土地上房屋征收、房屋产权产籍管理工作。机关内设办公室、政工科、财务审计科、产权产籍管理科、工程管理科、住房制度改革办公室、纪检监察室、永州市人民政府国有土地上房屋征收与补偿办公室、行政审批科、住房保障工作办公室、收费审核科 11 个科（室）。下辖冷水滩房产管理所、市房产交易所、市白蚁防治所、市国有土地上房屋征收与补偿管理事务所、市房屋测绘管理所、市房地产信息中心、市物业管理办公室（市房屋维修基金管理中心）、市房产档案馆 8 个直属单位。设立产权产籍管理科、行政审批科、收费审核室、住房保障办公室、房产交易所、信息中心、物业管理办公室、白蚁防治所、房屋测绘所、房产档案馆 10 个办事窗口。

2015 年，永州市房产局进一步强化党的建设，促进全市房地产市场平稳健康发展，全面铺开小区集中整治工作，推进湘江西岸棚户区改造项目，取得显著成效。

■ **房地产市场** 2015 年，永州市坚持市场导向，落实调控政策，强化市场监管，在房地产市场经济大环境十分疲软的形势下，通过强力推进《永州市人民政府关于促进房地产市场平稳健康发展的实施意见》实施、筹备举办中国永州第五届房交会（电视房交会）等有力措施，促进全市房地产市场的平稳健康发展。全市商品房销售面积 503.7 万平方米，居全省第四位，商品房销售金额 155.6 亿元，居全省第五位。

■ **保障性住房建设** 2015 年，永州市先后出台《永州市人民政府关于加强保障性安居工程建设的实施意见》《永州市保障性住房分配和运营管理暂行办法》等一系列地方配套政策，全年保障性安居工程开工建设 46585 套（户），全省排名第三位；争取中央、省补助资金 13.8 亿元，全省排名第三位。其中，公共租赁住房开工 26834 套，城市棚户区改造开工 17367 户，国有棚户区改造开工 2384 户，完成省里下达的指标任务，分别为全市重点民生实事项目考核指标的 125.39%、120.60%、132.44%。湘江西岸棚户区改造项目和祁阳嘉园公租房项目被列为全省保障性安居工程建设示范项目。

■ **小区整治** 2015 年，永州市通过强化集中调度研究，坚持分类整改，明确工作责任，严格督查考核，建立倒逼机制，突出案件查处等有力措施，市中心城区小区存在的问题基本得到整治，整治工作取得阶段性成效。各县区结合实际，成立整治机构，制订整治方案，摸清整治内容，小区整治工作全面铺开。

■ **房屋征收与补偿** 2015 年，永州市坚持遵循补偿公平、决策民主、程序正当、结果公开的“阳光征收”基本原则，入户答疑解惑，细谈协议，讲明政策，最大限度的争取居民的理解和支持，进一步规范房屋征收工作，保障被征收人的合法权益，推进全市新型城镇化建设，依法征收、阳关征收工作。特别是在湘江西岸棚户区改造项目中，年底完成签约 1543 户，签约数相当于永州市中心城区近10年来的征收签约总和。

■ 房地产市场监管 2015年，永州市房产局严格要求，狠抓监管，进一步规范全市房地产市场秩序，促进行业健康发展，维护购房群众利益。依法查处房地产市场相关违规行为，搜集证据46份，问话笔录12份，立案4起；累计抽查房地产开发项目《商品房买卖合同》465份，其中使用统一商品房买卖合同381份，规范房地产交易合同，普及网签；落实房地产交易信息日报制度和房地产预警预报制度要求，收集市县区数据21840条；为湖南省住房和城乡规划建设厅房地产市场统计提供数据达3531条；为全市房地产市场统计提供房地产市场交易、初始登记、住房建设、房屋拆迁等数据数量889条；完成填报全市房地产统计年报253项；发布《永州市房地产市场监管简报》三期。同时，通过永州电视台打印电子飞播、刊登日报等多种方式向广大市民发出购房风险提示。

■ 房产信息化管理 2015年，永州市市本级完成房屋登记和交易数据的标准化和系统改造工作。完成省到市数据交换网络联通，基本完成省厅数据中心硬件建设，市本级房屋登记和交易数据的标准化和系统改造工作基本完成，完成省厅数据中心房产基础数据库和平台软件系统建设，完成个人住房信息系统历史数据联网测试工作，初始化历史数据量达28万条。

■ 住房制度改革 2015年，永州市房产局认真调查研究企业房改现状，维护企业职工住房利益，妥善处理房改遗留问题。全年办理公有住房出售及部分产权衔接为全部产权1357户，面积为97857.25平方米，收回房价款2670万元；审批未购房职工住房工龄补贴1975人，补贴现金1081.87万元；收集整理领导干部房改房2300人，其中违规占用住房问题35人次。

■ 基础业务 2015年，永州市房产局受理房屋登记业务777宗，其中初始登记120宗，发证面积90.22万平方米，中心城区房屋交易登记1.3万余宗；受理办结商品房预售许可107起，预售总面积118.36万平方米；完成房屋预测面积68.33万平方米，实测房屋面积81.56万平方米；接待咨询、查询房产档案4.5万人次，开具无房证明2.3万余份；完成新建房屋白蚁预防面积约153万平方米；接待回复信访事项近200余次。

（雷超）

住房公积金

■ 概况 永州市住房公积金管理中心是经永州市委、市政府批准，于2002年10月成立的直属于永州市人民政府的副处级事业单位。主要职责是负责全市住房公积金的归集、提取、贷款发放与回收，以及资金核算与保值等工作。中心内设综合管理科、资金归集科、资金营运科、法规稽查科、资金结算科、财务核算科、人事科及信息管理科等8个职能科室，下辖1个直属营业部和11个县区管理部。住房公积金的管理实行住房公积金管理委员会决策、住房公积金管理中心运作、银行专户存储、财政监督的原则。全市实行“统一制度、统一管理、统一核算”的垂直管理模式，现有在职职工147人，其中在职在编人员78人。劳务派遣人员69人。2015年，直属营业部获全国“青年文明号”，是全省住房公积金系统唯一获此殊荣的单位。

■ 业务运营 2015年，永州市完成住房公积金归集19.49亿元，为年度计划的122%，比2014年增长24.3%；提取住房公积金9.44亿元，比2014年增长61.64%；发放贷款14.62亿元，为年初计划的146.2%，比2014年增长79.61%；实现增值收益1.56亿元，为年度计划的127%，比2014年增长38.05%。归集、提取、贷款三大业务指标均创历史新高。贷款逾期率为0.005%，远低于省控指标0.03%；个贷率为78.83%，达到省办考核指标。截至2015年年底，全市累计实现住房公积金归集100.55亿元，归集余额62.59亿元；累计提取住房公积金37.96亿元，累计发放住房公积金贷款79.2亿元，贷款余额49.34亿元，为全市个人住房贷款余额的43%；累计实现增值收益6.1亿元，累计上缴廉租房建设补充资金7813万元。

■ 归集扩面 2015年，永州市住房公积金管理中心在住房公积金归集上，突出以行政事业单位的归集建制和非公企业的扩面建制为工作重点。行政事业单位住房公积金建制实现全覆盖，缴交比例均达到12%的标准，并将津补贴纳入缴交基数和财政补贴基数，实现缴交比例、缴交基数和财政补贴全到位。对非公企业的扩面建制，强调以私立医院、私立学校、民办企业、工业园区等为建制目标，深挖归集扩面工作潜力，当年新增扩面人数14131人，超额完成年度任务。

■ **政策调整** 2015年，永州市住房公积金管理中心全面落实住房和城乡建设部提出的“应取尽取、应贷尽贷”的工作要求，根据缴存职工购买自住和改善性住房消费需求变化，将年度贷款计划由10亿元调增至14.5亿元，不断调整公积金提取和贷款政策，很好地发挥住房公积金的互助功能和助力稳增长惠民生目标作用。年内，先后下调公积金贷款利率4次，调整公积金提取、贷款政策2次，实行认贷不认房，放宽租房提取，调整组合贷款模式，降低首付比例，提高可贷额度，开办异地贷款，释放可贷人群，增加贷款规模，取消强制性担保及收费等。对缴存职工2008年12月31日前使用住房公积金记录一律清零，个人最高贷款额度上限由35万元提高到45万元，首次购买自住住房贷款不受面积限制，在省内率先将第二套住房贷款首付比例下调到20%，比国家的政策还早2个月。11月，在省内第一个推出“公转商”贴息贷款，这是继中心推出组合贷款之后的又一次创新贷款种类的有益尝试。

■ **规范管理** 2015年，永州市住房公积金管理中心不断探索财务制度改革，实行管理部住房公积金资金零余额制度和管理费用报账制。进一步修订和完善业务运营操作规程，既减少审核资料，简化办理程序，又统一办理手续，严格政策规定和审核把关，确保提取、贷款的真实性、合规性和风险可控性。自觉接受人大监督，4月向市人大常委会报告全市住房公积金管理工作，并认真落实市人大常委员的审议意见。市财政局、市审计局分别开展住房公积金业务和资金财务检查和专项审计，对查处的问题进行认真整改和行政追责。不断加大内部稽核强度和范围，制定住房公积金业务稽查实施方案，开展网上稽核、每月抽样送审稽核和现场稽核等方式，下达稽查通报，依法、及时、从严查处各种违纪、违规行为，健全廉政风险和资金风险防控机制，切实保障资金运营安全。

（赵秉年）

409队总工程师在江华县野鸡坳项目矿区一线传帮带技术人员

重点城建勘探企业选介

湖南省地质矿产勘查开发局四〇九队

■ **地质勘查** 2015年，湖南省地质矿产勘查开发局四〇九队实施和正在实施的各类地勘项目37项，水埠头矿区锰矿详查、桂阳县白沙子岭锡矿补充勘查、桎塘冲矿区锰矿普查等一批项目找矿成果丰硕。“桂阳县白沙子岭锡矿补充勘查”发现厚大隐伏的岩体型锡体5个，新增锡资源量约8532吨，获省地勘局2015年度重大找矿二等奖；“水埠头碳酸锰矿详查”探获碳酸锰矿石4909万吨；河路口钨锡矿资源储量达到中型规模；茶盘口高岭土达到大型，其伴生云母矿达到特大型规模；“阳明山地区矿产地质调查”圈出各类异常40余处，新发现矿产地5处，圈出找矿靶区10处；野鸡坳锡矿区勘查、新宅里矿区锰矿普查等项目均取得较好找矿成果。全年完成1:10000地质测量31.46千平方米，钻探1249.22米，槽探3312立方米。提交各类矿山年报、资源储量检测等报告20余份。

■ **拓展地质环境领域** 2015年，湖南省地质矿产勘查开发局四〇九队与永州市国土局合作成立“永州市地灾防治应急技术中心”，开通“永州市地灾防治网”，在地质灾害防治领域开展技术服务。全年出动40余人次到现场进行突发地质灾害抢险救灾，完成东安县1:50000地质灾害详细调查、东安县苍子岭公园崩塌地质灾害勘查、设计项目，零陵区大庆坪泥石流勘查设计、怀化靖州兴金鸡岩石煤自燃治理工程等一批县区项目的实施。积极

“走出去”，在四川、广西、云南等西南省份寻求地质灾害防治施工项目。

■ **勘测施工** 2015年，湖南省地质矿产勘查开发局四〇九队形成铁路勘察、工民建勘察、水利勘察、测量测绘、土地整治、基础施工、地质测试、钻探施工多点多极支撑的产业发展体系，继续保持增长态势，抗市场风险能力进一步增强。先后承接“武襄十城际铁路客运专线随州—洛阳店段定测勘察”“银西线银川—惠安堡段定测勘察”“郑万线湖北省界—南漳段定测勘察”“怀邵衡铁路补充勘察”“弥蒙线南盘江—蒙自段铁路补定测”项目等铁路勘察项目，完成钻探工作量11万余米。测绘测量产业取得全国第二次地名普查外包技术服务单位资格培训和项目经理培训相关证书。先后承接零陵、蓝山、新田、江华、江永等县区的多项土整测量、线路测量和水利测量等项目。测试分析产业建立起完整的质量管理体系，与本地农业、环保、技术监督等部门保持较好的合作关系。工民建勘察、水利勘察等保持在永州的优势地位。

■ **机械制造业创新转型** 2015年，状元集团除稳固传统产品市场，依托新产品开发拓展市场，“状元牌”便携式钻机系列产品经过多轮适用性的探索和性能测试，完善产品型号和规格系列，并根据用户的需求为不同的地层生产不同的钻头和取芯工具，市场反响较好。该产品还获得国家实用新型专利权，获省地勘局2015年度科技进步二等奖。新研制产品——钻孔水位水温测量仪完成技术攻关，符合国家二级标准，已试产投放市场。组织举办主要由全省水利勘测系统参加的新产品应用推广会，取得较好成效。

（李爱丽）

湖南煤田地质局第三勘探队

■ **概况** 2015年，湖南省煤田地质局第三勘探队主动适应新常态，持续推进经济转型、党建工作、民生工程三大主要工作。全年实现货币工作总量7411万元，其中完成经营收入4500万元；全队在职职工人均收入4.2万元，同比增长17.98%；社会管理综合治理、党风廉政建设情况良好，民生不断改善，实现安全生产年。该队获2015年度“永州市安全生产先进单位”称号。

■ **地质勘查** 2015年，湖南省煤勘三队在地质技术服务、地质灾害调查评价及勘查设计业务上有起色，突显转型发展成效。除完成往年度地质勘查项目外，新立地质勘查项目1个，即湖南省永州市冷水滩区棉花塘矿区水泥用灰岩矿详查项目，批准勘查经费150万元。传统的矿山技术服务工作在地域和业务范围上得到拓展，完成各类地质成果报告51件。新增保留煤矿资源配置论证业务，主要承担永州、张家界、常德三市共20个矿山资源配置论证工作；中标并实施县级矿产资源总体规划2个（江华县和蓝山县）。完成双牌县1：50000地质灾害详细调查项目野外验收和冷水滩区1：50000地质灾害详细调查项目野外调查工作及蓝山县蓝屏办事处山口村滑坡勘查项目勘查报告和设计。完成局2014年度科学研究计划项目—永州市非煤矿产（铁锰、铅锌、高岭土矿）勘查区块优选研究。

■ **社会地质钻探** 2015年，湖南省煤勘三队在地质勘查项目锐减的情势下，拓展非煤市场，承担安化地质调查页岩气钻探、常宁县龙王山金矿钻探、贵州省罗甸县玉石矿等项目的钻探施工。在安化地质调查页岩气钻孔施工中，新添置XY—8B钻机，纯钻时间74天，终孔深度1522.6米。

■ **桩基工程** 2015年，湖南省煤勘三队加强与央企、国企的对接，在巩固传统桩基工程的基础上，推动产业转型发展，拓宽抽芯、注浆等效益好、前景大的产业项目。抽芯业务全年突破万米，实现产值170多万元；零陵萍洲大桥注浆项目、湘江东路路面踏陷治理工程项目首次采用先进的全液压旋转钻机钻进技术。浙江庆元、广西梧州、云南曲靖、湖南双峰桩基项目进展顺利。

■ **工程勘察** 2015年，湖南省煤勘三队除继续保持与原有单位合作外，新开拓铁二院昆明分院工程勘察业务市场，全年承揽玉磨线、郑万线、南贵线、大临线等工程勘察项目8个，合同金额1200万元。加大工程款催收力度，回收资金460万元，基本还清往年欠款。

■ **土地整理** 2015年，湖南省煤勘三队严格控制成本预算，各项目均实行项目经营责任制，在年度土地整理业务大量减少和取消向地勘单位倾斜优惠政策的情况下，依然中标2个含金量高的项目。一是本土示范县施工项目：冷水滩区杨村甸乡土地整治项目二标段，中标价458万元；二是全省土地整理工作开展以来最大的项目：浏阳市大瑶镇土地整治项目十标段，中标价760万元。

（肖海芳）

商业·贸易

商务和粮食流通

■ 概况 永州市商务和粮食局位于永州市冷水滩区育才南路1号永州市外经贸服务中心大楼内，于2015年3月整合原永州市商务、粮食、口岸、商业、物资等部门职能，正式挂牌成立。局机关现有干部职工64人，其中处级干部19人。内设办公室、政工科、财务审计科、综合信息调研科、法规科、市场运行和消费促进科、电子商务科、市场体系建设科、市场秩序和监督检查科、对外贸易科、对外投资和经济合作科、加工贸易科、投资管理科、异地商会联络服务科、口岸管理科、粮食调控与统计科、流通行业管理科等17个科室和机关党委、纪检监察室，下辖永州市商业企业改制服务办公室、永州市粮油检测中心、永州市市场服务中心、永州市驻深办、永州市投资促进事务局、局科教培训中心等6个直属单位。

截至2015年年底，全市社会消费品零售总额完成527.8亿元，增长12.1%。对外贸易完成8.96亿美元，其中加工贸易完成3.54亿美元。实际利用外资8.32亿美元，增长10.8%%。内联引资199.2亿元，增长11.8%。对外承包工程和劳务合作完成营业额1.37亿美元，增长36.4%。中方合同投资额完成2.3亿美元，增长19.2%。完成粮食购销200.2万吨，实现粮油加工总产值100.2亿元，实现粮食物流产值15.1亿元。

■ 招商引资 2015年，永州市深入实施市直小分队招商，全市38支招商小分队分报送签约和在谈项目40个，总投资320亿元。其中，签约项目25个，总投资约55.4亿元，有14个开工，3个投产。在“2015广东省湖南商会年会暨永州招商推介会”和2015“港洽周”上发布项目177个，签约重点项目51个，总投资226亿元；在第三届“湘南投洽会”上发布项目39个，启动第四批重大项目33个，总投资169.4亿元。

■ 电子商务 2015年，永州市电商交易额52亿元，同比增长100%；网络零售额达到10亿元，同比增长120%，全市规模较大的“触电”企业近100家。市政府、各县区政府分别与阿里巴巴、甲骨文科技签订战略合作协议和项目落地协议，永州成为全国首个辖区内所有县区整体推进阿里巴巴农村淘宝的地级市。2015年，全省电子商务进农村推进会在江永县召开，江永成功申报国家级电子商务进农村示范县。

■ 对外经贸 2015年，永州市强力推进“破零倍增”战略和“五十百”工程，外贸进出口持续高速增长。到2015年年底，全市有进出口实绩的企业达到95家，其中“破零”外贸实绩企业21家、“倍增”企业29家。在俄罗斯赤塔市成立湖南第一个境外农产品加工园区，总投资1.2亿美元，占地2万公顷，包括种植养殖园区、物流园区和集中加工园区等3个园区，大自然制药、果秀食品、湘君面业和恒惠食品4家企业签订入园协议。

■ 内贸流通 2015年，永州市举办汽车展销会7次，美食文化节1次，实现销售汽车3132台，销售金额3.7亿元，有效创造新的消费热点。改造农贸市场28家，投入改造资金6000余万元。开展诚信兴商服务月、旅游纪念品市场专项整治、查无证无照经营、知识产权宣传周等10余个大型活动。

■ 粮食安全保障 从2015年起，永州市将粮食安全责任制纳入县区年度绩效考核并着手实施严格考核。粮食收购政策进一步落实，收购工作呈现自主收购多、入库质量好、服务态度好、收购秩序好“一多、三好”良好局面。

■ 发展基础得到完善 2015年，永州市“135”工程扎实推进，建成标准厂房220万平方米，引进“双创”企业146家，均居全省前列。全省首个华侨产业园落户蓝山县。“蓝宁道新江”加工贸易走廊被省政府授予湖南承接产业转移示范基地，正在申报国家级加工贸易区。交通进入高铁时代，综合立体交通网络基本形成。开通动车11对，其中始发深圳动车1对，已融入长株潭一个半小时经济圈、珠三角三小时经济圈；厦蓉、道贺高速永州段和二广高速永州至广州段全面建成通车，全市高速公路通车里程居全省前列；永州机场开通长沙、深圳、昆明、上海、海口航线。以潇湘汽车城、金水湾、舜德摩尔为代表的商品市场、专业市场发展迅速，万商红、河西城市综合体等商贸项目全面启动。“危仓老库”维修改造工作得到国家、省一致好评和肯定，下河粮库、双牌、蓝山等7个单位获评全省“危仓老库”维修改造工作优秀县区、奖励资金410万元。6个项目进入国家第一批新增400亿斤仓储设施建设项目“笼子”，项目总投资1.09亿元，争取国家投资补助2100万元。永州内陆港项目获批，正在启动建设。湖南农副产品集中验放场与公路口岸叠加建设封关运行。湘南进出口食品（农副产品）检测中心建设加速推进，正在争取建设国家富硒产品重点检测实验室和创建进出口食品农产品质量安全示范区，江永县、道县和新田县成功通过国家质检局的考核验收。

■ **商务和粮食改革创新** 2015年，永州市将开放型经济工作纳入政府绩效评估重要内容，制定和完善开放型经济目标管理考核、市直招商小分队目标管理考核、项目联合会审等一系列考核管理办法和制度，开放型经济管理和考核评价体系日趋科学。合并商务、粮食、口岸、商业、物资等部门，组建新的市商务和粮食局，整合招商引资、承接产业转移、对外经贸、粮食流通、口岸管理等工作组织和管理职能。先后出台关于承接产业转移、对外经贸、商贸流通等一系列促进开放型经济发展的政策文件和相关措施，并对相关政策进行落实和清理。全面启动先证后照、三证合一的工商登记制度改革，在全省率先发出第一张“三证合一”证照。市商务和粮食局严格推进“三单”管理，对行政审批服务事项进行清理再造，下放行政审批及服务事项12项。各相关单位通过“通关作业无纸化”“关检合作‘三个一’”、出口退税审批、外汇管理制度和原产地证免费办理等惠企改革。

（王善峰）

供　销

■ **概况** 2015年，永州市供销合作社系统围绕“三农”工作大局，着力深化综合改革，不断强化为农服务，整体实力进一步提升，供销合作经济持续健康发展。完成商品销售总额67.54亿元，同比增长21.17%；实现利润总额9279.84万元，同比增长32.38%；上缴税费总额3462.83万元，同比增长26.61%。永州市供销合作联社获2015年度全省供销合作社系统综合业绩考核特等奖、全省供销合作社系统信息宣传工作先进单位和中央、省、市驻冷综治民调工作先进单位等称号。

■ **综合改革试点** 2015年，永州市供销合作社多次就落实《中共中央国务院关于深化供销合作社综合改革的决定》和全市系统改革开展情况向市委、市政府领导汇报，争取重视支持。市委、市政府成立全市深化供销合作社综合改革领导小组，领导小组下设办公室，并将“深化供销合作社综合改革”列入市委市政府全面深化改革的总体安排和部署。举办全市范围的贯彻学习培训会，引导广大干部职工结合自身工作实际就推进全市系统综合改革献计献策。将综合改革工作纳入对各县区社综合业绩考核，并对照综合改革各项指标任务，分门别类进行梳理，制定“工作方案”。按要求改革办下设3个专题工作组和5个专项改革工作组，并将工作细化分解落实到班子成员和科室。市社领导班子成员牵头成立10个课题组，集中利用2个月的时间深入基层、企业、项目、农民群众和有针对性的赴先进地区、单位考察，摸清基层实情，学习先进经验，每个课题组都形成一篇高质量的调研报告。

■ **供销行业指导** 2015年，永州市供销合作社加强县区社监事会组织建设，配备相应人员和机构，强化监事会监督职能。理顺联合社与社有企业关系。市县级联合社加强对社办企业发展规划、考核激励、风险控制等环节的监督和管理，完善企业目标管理考核机制，促进社有资产保值增值。加强对企业的财务、审计、纪检监督，完成对40个下属单位的审计，提出审计建议60条。向永怡茶业公司、湘合作再生资源公司派驻监事，多次列席公司董事会，参与企业改组、兼并重组、资产经营等各项改革发展重大决策。祁阳、宁远、东安等县社严格执行企业法人离任经济责任审计、年度财务收支审计、经济效益审计等制度，定期开展例行审计和专项审计。

2015年，市供销社直属企业永怡茶业公司茶叶生产示范基地（祁阳县肖家村镇九泥村）

■ **基层组织建设** 2015年，永州市供销合作系统推进县级联合社、乡镇基层社、村级服务社规范化建设。市供销社将基层组织建设纳入全市农业农村工作考核范围，及时下发基层组织建设目标，每季度深入县区对基层组织建设进行督查。各县区社投入基层组织建设工作，通过股权介入、项目支持、业务帮扶等方式，加强与基层组织的产权联结、经济合作和内在联系。对已发展的基层组织进行“回头看”，完善体制机制，不断提高经营和服务能力。新发展、恢复改造基层社或惠农服务中心35个，基层社乡镇覆盖率从过去的17%提高到69%，位居全省前列；领办引办农民专业合作社21个，农民专业合作社联合社3个，综合服务社12个，行业协会3个，社有企业7个。道县西州供销合作社惠农服务中心（道县中加农资有限公司）、东安县大庙口供销合作社、江华瑶族自治县白芒营供销合作社被评为2015年“全省基层社标杆社”，各获财政扶持资金15万元。

■ **供销经营服务** 2015年，永州市供销合作系统加快社属企业资产整合重组，不断巩固县乡基层服务网络，着力改强社有企业支撑的经营服务体系。市级对社有资产调查摸底，对不良贷款进行调查，与相关部门达成处理意见，通过整合资产、资金、资源为重组供销集团公司做准备。市农资总公司完善与广东天禾公司的对接合作，引资洽谈农资批发大市场搬迁项目；各县区社适应全市农资销售新格局，充分发挥农资供应主渠道作用，组织开展“放心农资下乡进村”和创建“农资经营诚信店”活动，“保量、稳价、优质”抓好农资供应储备。全市系统农资经营网点覆盖全市90%以上的行政村，农资供应量占全市总用量的70%以上，累计销售农资31.27万吨，实现农资销售额8.76亿元。市级与冷零两区联合成立合永兴农业科技贸易发展公司，成功晋级全国总社龙头企业；向各县区社寻找1500户核心商户。永怡茶业公司完成与省社湘茶集团、潇湘茶业集团的股权重组，成功兼并回龙圩茶场，肖家村茶场增加红茶生产线。组建供销惠万家公司，带动发展电子商务产业，启动社区体验店建设装修和办公场地安排布置；市供销电子商务公司重新升级开发永州“网上供销社”平台，新增企业会员56个。市湘合作再生资源公司争取省供销社合作项目资金1000多万元，完成内部股权转让、项目工程欠款支付等事项，妥善处理各项历史遗留问题，并顺利复工；全市系统投身农村环境污染治理，发挥再生资源网络优势，加快推进农村可利用垃圾回收利用体系建设，各县区基本完成县级可利用垃圾集散处理中心的选址、规划以及50%以上的建设进度，乡镇回收站实现100%全覆盖，村级回收点覆盖率达到82.6%。盘活社有企业土地资产，与民企合作引进上海红星美凯龙建设高端家居市场；培育壮大社办日用消费品连锁配送企业，加强对供销社现有基层经营网点的改造、整合、提升、优化，着力形成县有配送中心、乡有超市、村有便民店的连锁经营体系。组建聚丰农业服务公司，参与农村土地流转，向农民提供代耕代种、集中育秧、施肥杀虫、田间管理、加工销售、农资统购等全方位土地托管服务。

（李红林　田诗豪）

贸促会工作

■ **概况** 2015年，中国国际贸易促进委员会永州市支会以提升重大经贸活动影响力、主动服务开放型经济，拓展会展平台品牌效应、帮助企业寻求发展商机，做大做强经贸法律服务平台、助推外贸增长和加强自身建设、提升贸促队伍干部执行力为总抓手，明确绩效目标，强化绩效管理，创新工作机制，拓展工作思路，打造服务品牌，全面完成各项工作任务。先后被2015年意大利米兰世博会中国馆组委会授予荣誉纪念证书，被湖南省参与2015年意大利米兰世博会组委会评为优秀组织单位；被市委、市政府授予“全市绩效评估优秀奖”，被市直属工委评为“党建工作目标管理考核先进单位”。

■重大经贸活动 2015年5月12日，中国国际贸易促进委员会永州市支会组织奔腾彩印、异蛇科技等企业参加中国贸促会在北京举办的第18届北京科博会和湖南省人民政府主办、省贸促会及省科技厅承办的“2015长株潭国家自主创新示范区合作推介会”。永州市代表团借助推介会平台，发放《永州招商项目汇编》200余册，帮助企业联络客商，推介产品。5月15～18日，组织永州香料有限公司参加省贸促会在青海省西宁市举办的“2015中国（青海）国际清真食品用品展览会暨‘一带一路’绿色食品用品展览会”，设专门展位1个。展会期间，永州香料有限公司展品山苍子提取油备受关注，巴勒斯坦橄榄油护肤品制造公司与该公司签订采购及代工协议。参加湖南代表团与青海省湖南商会的对接洽谈会，在青海西宁建立长期的湖南特色产品展示展销中心。5月29～31日，组织企业赴桂林参加由国家旅游局、广西壮族自治区人民政府共同主办的“2015中国—东盟博览会旅游展”，与参会东盟客商洽谈、交流，寻找合作商机。6月17～25日，组织以副市长罗双全为团长的永州市代表团，参加2015年意大利米兰世博会。世博会期间，道县“玉蟾岩遗址古栽培稻”作为湖南四大展示元素之一，在米兰世博园内中国馆一层“人”主题展区得到展示；江永女书在米兰世博会湖南活动周开幕式上，得到著名湘籍音乐家谭盾专门推介，并在“湖南之夜——谭盾专场音乐会”上精彩上演。米兰世博会中国馆副馆长、阿联酋馆副馆长、皮尔蒙特大区旅游推广负责人、西西里大区旅游主管、意大利农林谷物公司董事长、意大利电视台主管、欧盟馆新闻发言人、伦巴第大区新闻发展署负责人等26位重要外宾出席永州市与郴州、衡阳两市共同举办的“湘南森林休闲城市活动日”活动，副市长罗双全以“锦绣潇湘·魅力永州”为中心主题进行市情推介；制作的宣传片“潇湘文化之源·品质活力永州”，在世博园中国馆宴会厅、小舞台及序区滚动播放；永州女书、阳明山、九嶷山、上甘棠等风景名胜，用易拉宝、画架在园内进行展示；2000余册中英文版的《永州简介》《永州旅游》等宣传画册向各国友人展现。8月8～11日，组织江华瑶族自治县昌发农业发展有限公司参加“2015中国·绥芬河国际口岸贸易博览会”，申请专门展位，大瑶山的无污染、无公害绿色食品——食用菌系列产品，深受俄罗斯、日本、韩国及中国台湾地区等地客商的喜爱，并在“2015绥博会湖南产品推介洽谈会”上对该产品进行专题推介。12月3～5日，组织全市农产品企业代表参加在香港举行的“2015年亚洲（香港）农产品展”。会展期间，拜会香港贸发局，并就永州市农产品企业与香港入口果蔬批发商商会的合作进行座谈。12月12～13日，组织湖南和广生物科技有限公司参加在长沙举办的“2015长沙中欧B2B对接洽谈会”，利用欧洲企业服务网络华中中心（EENCC）平台，帮助永州市参会企业拓展国际市场。

■经贸法律服务及培训 2015年，永州市新增注册外贸企业5家，办理涉外法律证明文书1020份，其中原产地证968份，优惠证5份，代办领事认证及商事证明书47份，涉及出口金额4502万美元，较2014年同期增长3倍，出证认证量首次创5年来新高，挺进全省第一方阵“千份俱乐部”，在全省市州支会中居前三位。3月，帮助凯盛鞋业有限公司参加巴西鞋类反倾销日落复审，降低销售税率，为其产品进入巴西市场发挥积极作用，涉外商事法律服务实现破“零”。全年为外贸进出口企业发布经贸风险预警信息47条，国际经贸风险预警作用逐步显现。全面落实企业减负政策，对全市范围内所有外贸企业实行免费办证，减少企业负担近5万元；免费为企业开展经贸法律知识培训250人次，费用达10万元。7月13日，在祁阳县成功举办一期“点对点”的专场培训，20家外贸企业分管进出口业务的负责人、手签员和县商务局领导班子及股室负责人参加培训。10月22日，与市商务和粮食局、市国税局、长沙海关驻永办事处、湖南商检永州办事处、中国银行等单位共同举办100余人参加的“永州市外经贸政策培训”班，重点讲授各项出证业务的实务操作和法律援助政策。11月26日，赴长沙参加省贸促会组织的“自贸区协定优惠政策助力湘企走出去”培训。12月1~2日，法律会务部负责人参加国家总会在青岛举办的“中韩、中澳自贸协定”宣讲培训。12月28~30日，会领导参加国家总会在广州举办的“自贸区优惠原产地和商事证明”相关业务培训。

■ **合作与交流** 2015年2月5日，省贸促会副会长王玉立率会务部、法律部负责人到永州调研，宣传推介清食展、满洲里机械建材展、广州食材展等2015年重大经贸活动；到熙可食品、宇秀生物等企业生产现场，听取企业对贸促工作的建议和意见，召开贸促工作座谈会。7月23日，省贸促会副会长胡强陪同中港食品安全交流协会会长刘松新一行考察永州湖南万家鹅业发展有限公司和湖南恒惠食品有限公司，并就永州市家禽、肉类等农产品出口香港进行对接洽谈。8月25~26日，省贸促会副会长黄芳率国际展览部负责人到永州市调研重点展会，考察江永县义华花生、十里香和特色农副等企业，并组织相关企业召开专题推介会。9月9~13日，会长黄玉芳随省贸促会代表团赴宁夏银川参加中国—阿拉伯国家博览会、中阿工商峰会。

（邓海秋　蒋明圆）

烟草专卖

■ **概况** 永州市烟草专卖局（公司）组建于1985年，辖零陵、祁阳、双牌、东安、宁远、新田、蓝山、道县、江华、江永等10个县区局（分公司），其中零陵、祁阳、双牌3县区为卷烟纯销区，其余7县为两烟区。市局机关设办公室、专卖科、内管派驻办、营销中心、物流配送中心、烟叶生产经营部、财务科、审计科、人劳科、经济运行科、纪检监察科、信息中心、政工科、安保科、法规科、烟叶生产技术中心、烟基办、基建办等18个科室。2015年，全市系统有在册员工1508人。拥有资产总额20亿元，资产负债率27.06%。辖区内有卷烟零售户1.88万户，烟农1.13万户。

2015年，永州市烟草专卖局（公司）主动适应新常态，坚持稳中求进总基调，着力践行“五稳五进”工作要求，较好地完成年初确定的工作目标。全年7人通过国家局二级技师鉴定；全省第五届烟叶分级技能比赛中，摘取全省团体桂冠，包揽个人奖项前三名；在全国第六届烟叶分级竞赛中，2人分别夺得个人第二、第11名；有7名选手被评为“全省烟草技术能手”，5人被评为“全国烟草技术能手”，1人被评为“全国技术能手”。

■ **卷烟经济运行** 2015年，永州市种植烤烟21.5万亩，收购烟叶54.14万担，销售卷烟98.45亿支，实现营业收入61.14亿元，同比增长0.42%；实现税利16.33亿元，同比增长22.17%。查处各类涉烟违法案件1138起，查获各类卷烟3542.68万支；破获符合国家局标准假烟网络案8起，破获非法经营真烟网络案4起。

■ **烟叶生产** 2015年，永州市合同约定烟叶种植面积21.5万亩，户均种植19亩，户均规模更趋理性，种植主体结构更合理。烟叶生产做到计划早安排、政策早出台、生产早准备、技术早培训、移栽早完成、大田早管理。科学制定救灾方案，免费提供救灾肥料和农药，自筹资金269万元，争取工业企业救助资金325万元，扶持烟农开展生产自救。完成2014年10819个项目建设，行业补贴资金25773万元；2015年计划实施项目2275个，行业投入资金17106万元，前期工作完成；金陵水库水源连通工程竣工发挥效益，金钩挂水库完成工程进度55.2%，清江水库工程进度10%左右，营乐源水库批复待建，完成毛江水库立项评审工作。烟农合作社专业化服务水平进一步提升，全年20家合作社实现收入5389.01万元，总盈余672.53万元。冯发、左坝合作社获行业示范社称号，辉煌、惠民、谐和合作社获省级示范社称号。

■ **卷烟营销** 2015年，永州卷烟销量严格按计划组织货源和投放，引进并培育全国知名高档、细支卷烟。省外烟占比30.35%，重点品牌占比92.29%，单箱均价2.64万元，同比增加2139元。基本建立以客户满意度为中心，有目标、有规则，全员、全面、全过程的品牌培育工作模式和以铺货率、上柜率、再购率等为主要指标的“两级三维五率”的考核方式。开展品牌培育活动587场，其中，事件营销活动415场，低焦油及新品专项促销活动172场。落实提税顺价工作，及时出台配套措施，印发配套宣传资料，卷烟市场状态总体实现平稳过渡。新物流中心实现不依托停访甚至不依托节假日的“零停顿”搬迁，成为展示新窗口。立足于精益管理，取得分拣线防跳烟机构、开箱过渡板、“首尾相接”换膜法等技术类和操作类的小改小革成果十余项。

■ 专卖管理 2015年，永州市烟草专卖局（公司）缜密梳理和分析网络案件的情报线索，加强对大要案件尤其是网中网、案中案、关联案的联动和串并，实现资源互通、成果共享，提高办案效率。获“全省卷烟打假工作特殊贡献奖”。采取约谈教育和严厉打击相结合，每月不定期集中力量进行交叉检查和突击检查，加强对重点对象的监管力度，突出对大要案件查处力度，破获非法经营真烟省标网络案4起，刑拘12人，批捕9人。持续开展“春雷5号”“潇湘金剑3号”专项行动。市、县两级烟草部门联合当地公安、工商、检察、法院等职能部门，集中力量清理整顿辖区烟草市场，严厉打击涉烟违法犯罪行为，取得显著成效，发挥出专项行动的效果。抓好许可证自查整改工作，历时2个多月，对全市18642户零售户进行一次全面检查，梳理出卷烟零售许可证管理方面8大类40个问题。

■ 企业管理 2015年，永州市烟草专卖局（公司）执行财经纪律更严明，全年业务招待费、会议费及车辆运行费较2014年分别下降71%、65%和19%，其他日常办公类经费也有较大下降。审计监督更加严格，拓展审计领域，落实审计整改，将贯彻执行中央“八项规定”、严肃财经纪律作为内部审计重点内容，关注“三重一大”执行情况，开展各项审计项目计92个，审计取得直接经济效益601.29万元。资产投资管理得到加强，全市系统在建工程项目22个，完成计划投资金额5700万元。开展永州烟草成立30周年庆祝活动，全面梳理30年来永州烟草的发展历程，编印《印象永烟》《永州烟草成立三十周年纪实邮册》《庆祝永州烟草成立三十周年书画摄影作品集》等书籍。开展慈善公益活动，全年支出610.31万元，其中，向受灾烟农捐款290.41万元，向患病困难群众捐赠金叶慈善医疗卡85万元，向困难卷烟零售户捐赠慰问物资12.51万元，向社会困难群众帮扶捐赠86.27万元；参加安心圆梦慈善助学活动捐款1.1万元，向困难学生捐款2.59万元；参加卫生城市创建活动捐款4.73万元；资助环境保护事业，参加环境保护、植树绿化捐赠5.41万元。

■ 中国烟草援建水源工程永州江华清江水库开工 2015年9月29日，中国烟草援建水源工程永州江华县清江水库开工。清江水库工程项目位于江华县大石桥乡岩口村境内，是一座新建的小（Ⅰ）型水库，以灌溉为主，兼顾灌区人畜饮水，由枢纽工程和灌溉工程构成，项目总投资1.25亿元，其中中国烟草提供援建资金8419.19万元，这是永州市继新田县金陵水库水源连通工程、宁远县金勾挂水库后，第三个获得国家烟草复函批复的烟草援建水源项目。水库大坝为浆砌石重力坝，坝高63.1米，坝顶轴线长146.7米，总库容467.1万立方米。灌溉工程主要由左、中、右3条干渠和8条支渠组成，共计42.331公里，灌溉总面积约2.26万亩，其中，水田1.94万亩，旱土0.32万亩。建成后，将为大石桥乡和白芒营镇2个乡镇32个行政村的烟叶生产提供坚强的保证。

（黄亚林）

盐　务

■ 概况 2015年，湖南省轻工盐业集团有限公司永州分公司（湖南盐业股份有限公司永州市分公司、永州市盐务管理局）以食盐专营、强化监管为基石，以三项建设、客户为尊为抓手，以结构调整、提质增效为目的，坚定信心，精准发力，奋力攻坚冲刺，取得“盐业市场基本稳定，经营管理稳步提升，主要经济指标全面完成”的良好业绩。永州市盐务局获全省盐政执法先进单位，三项基础工作名列全省第二名。

■ 生产经营 2015年，永州市销售各类盐产品23423吨，占年计划的99%；完成新品种盐销售3929吨，占年计划的124%；完成非盐销售总额1750万元，占年计划的133%。销售收入破亿元大关，再创历史新高；累计实现利润820万元，占年计划的120%，创历史新高。全市以400克绿色小包盐作量、320克新品种盐作质，1～12月全市销售新品种盐3929吨，完成年计划的124%。在小工业盐、食品加工用盐、饲料用盐销售下降的情况下，全市利润总额同比略有增长。

■ 内部改革 2015年，湖南省轻工盐业集团有限公司永州分公司（本部）三项制度改革涵盖机构设置、岗位编制、薪酬制度等10个方面。本部机关由6个科室减为4个部室，增加一线经营部2个。中层干部重新竞聘上岗，全员实行双向选择。辞退返聘员工3人，清退临时用工3人，提前内退2人。全面实行片区经理责任制，真正做到绩效工资向县公司倾斜、向一线倾斜。在完成任务的前提下，一线营销人员薪酬比机关同级人员高10%以上。

■ 市场经营 2015年，湖南省轻工盐业集团有限公司永州分公司树立“市场为导向、客户为中心”的营销理念，率先在全省建立省际边界食盐安全示范村28个，发挥自然幅射作用，确保省际边界食盐市场占有率。坚持全市每个季度开展“一送一调查一宣传”专项活动1次，宣传盐业法规、“雪天”牌新品种盐知识。在全省首推员工私驾车“车载广告”，全市200余台私车参与活动，成为宣传“雪天”品牌、新品种盐的流动“广告”。在全省首开“盐与非盐销售积分奖励”先河，全市终端客户一网一卡，对年末达到一定积分的客户按2‰奖励非盐产品。暑假聘用100名大学生（含员工子弟在校大学生），以青年志愿者名义在大型商超、社区、老年公寓、老年大学、乡镇集市等场所，义务宣传新品盐知识，通过路演或赠品帮助客户促销新品种盐。为终端客户提供POS机刷卡全过程服务；建立客户信息平台，为客户提供商品供需信息，发放宣传资料1.2万余份，召开客户联谊会暨信息发布会32场；开通客户服务热线，收到客户建议与意见316条。结合永州市正在兴起的“阿里巴巴农村电子商务淘宝”营销模式，通过线上采购，线下配送，仅12月新田分公司就销售福临门油700多件。

■ 盐政管理 2015年，永州市查处涉盐案件16起，没收盐产品30.5吨，查获大型自动包装机一台、电子称2台、假冒小塑袋7.8万个。发放各种宣传资料3万余份，张贴《关于打击涉盐违法犯罪行为的通告》1.3万份。在人气最旺的永州网（一天的点击量达到60万）、《永州日报》、政务中心开辟专栏。在全省率先将盐业法规和食盐安全写进村民公约。开展“一送一调查一宣传”活动，通过电视、报纸、公告、广告、图片、问卷等形式全方位、立体式地宣传盐业法规和“雪天牌”新品种盐知识。严肃查处“1·30”陈景志、刘平华以广东工业盐非法加工分装“雪天”牌400克绿色加碘盐一案，7月23日陈景志、刘平华两犯被判处非法经营罪获有期徒刑一年，并处罚金2万元。7月上旬至10月下旬在全市范围内开展为期100天的专项行动。以道县“1·30”案为典型（判决书及录像照片等），通过电视、网络、微信、张贴等形式广为宣传，取得良好效果。以邵阳“5·18”“6·14”部分消费者食用320克海藻碘盐呕吐事件为鉴，6月18~30日，市县分公司全体员工参与，检查网点1600个、机关、学校、集体食堂、餐饮酒店等1200家、城乡居民2000户、拆箱打包800吨，收回二次封口的海藻碘盐及破损小包盐12吨，发生费用23.6万元。

■ 内部管理 2015年，湖南省轻工盐业集团有限公司永州分公司进一步强化POS机刷卡管理，规避资金风险。年初，召开POS机管理专题会议，汲取教训，由各单位“一把手”负总责，开展自查，及时整改，对POS机刷卡率下降的单位进行通报批评。下达POS机管理紧急通知，规范POS刷卡业务。全市做到三单合一，POS刷卡率达95%以上。每个季度开展一次对标分析，发现问题，查找原因，研究对策，调整标杆值，增加对标内容，进一步提高永州盐业经营管理水平。坚持“安全生产重于泰山，安全生产无小事”的理念，严格按制度办事、按程序操作，确保人、财、物安全。全市安全责任事故为零。

■ 资本经营 2015年，江永县公司新办公楼装修全面竣工验收。新田县公司整体搬迁，老办公楼及仓库对外将全面招租。分公司本部2个黄金铺面成功签约出租，实现国有资产保值增值。零陵北路土地开发重启项目纳入重要工作日程，下河线盐仓库整体搬迁项目启动，道县空置土地开发着手启动。

（陈海容）

旅游·外侨

综　　述

■ 概况 永州市旅游外事侨务局是主管全市旅游外事侨务工作的市政府工作部门，加挂市港澳事务办公室牌子，内设办公室、规划项目科等6个科室，下辖旅游质量监督所、旅游服务中心和国际交流服务中心3个全额拨款事业单位。局机关定行政编制18

首届“潇湘源”文化旅游节启动仪式暨永州旅游推介会现场

名，工勤编1名，局属旅游服务中心定编4名，旅游质量监督所和国际交流服务中心各定编3名，引进人才4名。局机关与下属事业单位合署办公。全局在职在编33人。

2015年，全市旅游工作紧紧围绕旅游强市建设总目标，着力于破解发展难题，致力于“六个升级”（产业结构优化升级、市场营销创新升级、行业监管规范升级、队伍建设提质升级、改革创新探索升级、政策保障强化升级），按照年度旅游工作任务，在项目建设、景区创建、招商引资和品牌形象推广等方面采取一系列行之有效的工作举措，推动全市旅游产业保持持续、快速、健康发展。全市累计接待国内外游客3596.15万人次，实现旅游综合收入190.5亿元，同比分别增长18.27%和21.24%。其中接待入境游客7.51万人，创汇850.89万美元，同比分别增长2.05%和2.70%。

■ 规划体系　2015年，永州市旅游外事侨务局坚持科学发展、规划先行的理念，筹划全市旅游发展总体规划，高质量地完成《永州市旅游发展总体规划》（2015~2025）及《永州市“十三五”旅游规划》编修工作。加强对县区及重点旅游区（点）的规划指导力度，《宁远县九嶷山舜帝陵景区创建国家5A级景区提升规划方案》《双牌阳明山国家森林公园旅游发展总体规划》《东安县乡村旅游规划》等一大批专项规划相继完成。

■ 项目建设加速推进　2015年，永州市500万以上在建旅游项目34个，完成投资31.73亿元，占年度投资计划的112.48%。列入全市“1511重点投资计划”的重点项目有5个，完成投资9.17亿元，占年度投资计划的110.75%。其中，零陵古城旅游开发项目完成投资3.10亿元；九嶷山景区完成投资2.33亿元；神州瑶都文化博览园完成投资1.86亿元；金洞国家森林公园旅游开发项目完成投资1.02亿元；回龙湖现代农业生态休闲园完成投资0.86亿元。重要景区旅游公路建设加速，广西灌阳边界至江永千家峒景区公路工程进展顺利；舜皇山至新宁公路完成可行性报告，正加速进行环评工作；蓝山湘江源至九嶷山景区、湘源温泉至道县上关旅游公路完成可行性报告；金洞至阳明山景区公路、九嶷山至湘源温泉等旅游公路计划列入市“十三五”交通规划，作为“十三五”期间预备建设公路。全年计划修建93处旅游厕所，建设完工的旅游厕所23座，主体工程基本完工的14座，正在进行资金筹措、选址和设计等前期工作的厕所55座。

■ 品牌创建　2015年，九嶷山景区创AAAAA工作进度加快，中国国际特色旅游目的地申报工作全面启动；舜皇山景区加快创AAAA进度，通过省旅游局专家的景观质量评审；宁远三分石、双牌桐子坳、江永勾蓝瑶寨成功创建国家AAA级景区；双牌阳明山景区正式挂牌国家级生态旅游示范区和国家对台交流基地；宁远九嶷山景区被评为国家级风景名胜区；宁远三分石景区、江永千家峒国家森林公园成功申创为省级生态旅游示范区。江永女书小镇被列为湖南省“湖湘风情文化旅游小镇”创建单位。

■ 招商引资　2015年7月，永州市与伟光汇通文化旅游投资有限公司就投资零陵古城文化旅游综合保护开发项目签约，项目总投资70亿元，建设周期为6年。“港洽周”成功签约阳明溪谷旅游综合体、中国宁远航空文化休闲旅游生态城、东安舜皇山旅游综合开发3个重大招商项目，签约金额15.6亿元。宁远、双牌两县打捆成功申报第三轮文化旅游产业重点县，三年内将获省政府扶持资金1.8亿元，其中2015年扶持资金6000万元。同时，参与湖南省最美和美丽少数民族特色村寨评选活动，争取到少数民族特色村镇发展资金470万元。

■ 旅游市场营销　2015年，永州市大力实施智慧旅游建设，开辟永州旅游微信平台，制作发布永

第九届阳明山“和”文化节暨海峡两岸文化旅游经贸交流活动开幕式

州自驾游地图。“五一”假期，广东自驾游协会组织的“2015 年粤港澳万车游永州”活动，吸引粤港澳众多自驾游客到永州旅游。举办 2015 湖南永州航线推广暨珠三角旅游推介会、2015 永州至上海航线旅游推介会、2015 湘桂高铁湖南永州（桂林）旅游推介会，面向珠三角、长三角、广西等重点客源市场展示永州旅游形象。开展特色节庆活动，形成传播热点。4 月，永州市首届“潇湘源”文化旅游节启动仪式拉开永州特色节庆活动的序幕，宁远首届“十里花廊·醉美九嶷”油菜花赏花节、“零陵渔鼓、湖南花鼓戏等非物质文化遗产表演进景区”活动、第六届道州端午节龙舟赛暨周敦颐国际理学文化旅游节、江永勾蓝瑶寨“洗泥节”、蓝山县首届“湘江源生态葡萄节”暨“夏黑葡萄杯”电视歌手大奖赛、江华“六月六瑶族尝新节”暨宝昌洞对歌会等活动相继举办。举办第九届阳明山“和”文化节暨海峡两岸文化旅游经贸交流活动、乙未年九嶷山·君山共祭舜帝大典，吸引众多台湾及海外人士参加；邀请新加坡、马来西亚等境外旅行商到阳明山考察踩线，永州旅游的国际品牌影响力不断扩大。组织景区和旅游企业参加 2015 中国—东盟博览会旅游会展、2015 年中国国际旅游交易会、湖南国际旅游节、湖南旅游休闲博览会等省内外会展，展现永州旅游风采。在 2015 年中国国际旅游交易会上，“斑竹苑牌组装毛笔”获首届中国特色旅游商品评选活动银奖；在湖南旅游休闲博览会上，九嶷山景区获得“2015 湖南消费者最受欢迎亲子游目的地”称号，“异蛇王酒”获湖南特色旅游商品评选（大赛）金奖，“永州旅游系列工艺品”“江华瑶族织锦”等获湖南特色旅游商品评选（大赛）铜奖。

■ 乡村旅游　2015 年 9 月，永州市全面启动“乡村旅游示范村”建设工程，各县区党政一把手分别挂点一个村，全市 26 个村的乡村旅游建设如火如荼。蓝山大洞梨园、双牌柳子湖生态农庄被评为五星级乡村旅游区；2015 年全国首批乡村旅游“千千万万”品牌评选中，万喜登休闲农业园、异蛇山庄被评为中国乡村旅游模范户，双牌立群生态果园休闲农庄和宁远九嶷山庄等 9 个农家乐被评为中国乡村旅游金牌农家乐，20 名经营者获中国乡村旅游致富带头人称号。结合乡村旅游建设，加快实施乡村富民工程，加快推进旅游精准扶贫工作，在市扶贫办建档的 931 个贫困村中，选择一批具有良好旅游资源和旅游产品的贫困村作为旅游精准扶贫村。制订《永州市精准扶贫旅游支持计划实施方案》，启动新田县枧头镇黑咀岭村等第一批旅游扶贫试点工作。

■ 行业规范管理　2015 年，永州市旅游外事侨务局强化市场监管，狠抓《中华人民共和国旅游法》贯彻落实，开展旅游市场整顿规范专项行动，维护游客合法权益。强化旅游服务水平提升，召开全市旅游行业财务统计工作会议。举办全市景区讲解员培训班和全市旅游饭店行业服务技能竞赛暨“旅游服务之星”评选活动。参加全省旅游行业标兵评比活动，祁阳鑫利大酒店被评定为 2015 年湖南省旅游系统标兵集体和湖南省旅游星级饭店优秀品牌；宁远九嶷山景区被评为全国文明单位；江永女书生态博物馆讲解员胡欣被评为“全国劳动模范”。强化旅游安全生产主体责任落实，落实“一岗双责”要求，突出重点领域和环节的监管，全年实现旅游安全零事故。

■ 服务外侨提质　2015 年，永州市旅游外事侨务局贯彻落实中办发〔2013〕16 号文件精神，结合党的群众路线教育实践活动的安排部署，做好党政干部因公出访团组审核审批工作，规范因公出国管理，因公出国总人数与 2014 年基本持平。加强外国人在永州的管理，妥善处置2次涉外突发事件。推动成立县区（管理区）党委外事工作领导小组，准确把握境外非政府组织在永州开展活动的情况。开展涉侨涉港澳企业专项服务6次。深入企业做服务，推广办理APEC商务旅行卡，为企业办理外国人到湘工作提供帮助。开展春节慰问、发放困难补助等活动，为侨胞侨眷解决实际困难。介入涉侨信访活动，维护侨港澳同胞合法权益。主动做好华侨华人捐赠服务工作，支持全市慈善公益事业发展。加强港澳湘经贸合作，服务"港洽周"经贸活动，促成3个金额总计15.6亿元的旅游项目成功签约。

（邓志军）

财税·金融

财　　政

■ 概况　永州市财政局有干部职工162人，内设科室25个，直属单位10个，负责组织财政收支、落实财税政策、财政监督、管理行政事业单位国有资产和政府性债务等工作。

2015年，按照"稳中求进、改革创新"的工作总基调，克服经济下行等诸多困难，应对财政经济发展新常态，狠抓落实，圆满完成各项工作任务，被市委、市政府评为"绩效评估优秀单位"，成功创建"市级文明单位"，党建、全面建成小康、创国卫等14项工作被市委、市政府评为"先进单位"，财政新闻宣传、综合管理、教科文、社保等多项业务工作受到省财政厅表彰，永州代表队获全省财政系统法制学习竞赛三等奖。

2015年，永州市一般公共预算收入完成131.14亿元，比2014年增加17.75亿元，增长15.66%。其中，税收收入完成93.65亿元，比2014年增加13.8亿元，增长17.28%；非税收入完成37.49亿元，比2014年增加3.95亿元，增长11.79%。全市一般公共预算支出完成353.24亿元，比2014年增加49.27亿元，增长16.21%。

■ 收入征管　2015年，面对经济下行压力加大、政策性减收因素增多等重重困难，永州市财政部门切实履行牵头组织收入职责，支持税务部门依法征管，强化收入调度，大力挖掘增收潜力，促进全市收入总量和质量稳步提升。全年全市完成一般公共预算收入131.14亿元，增长15.66%。其中，市本级完成31.47亿元，增长9.90%。全市收入增幅分别高出全省、市州平均水平5.43个、5.52个百分点，排全省第三位；县区财政收入增收态势良好，11个县区财政收入增幅均达两位数，其中，冷水滩区、零陵区、祁阳县、道县、宁远县财政收入均超过10亿元。同时，向上争资大幅增长，全市争取转移支付254.77亿元，增长19.80%。其中，市本级争取到位资金29.49亿元，增长35.34%。

2015年永州市一般公共预算收入完成情况

表3　　单位：万元、%

分项		完成数	2014年同期数	增减额	增幅
永州市财政总收入		1，311，404	1，133，890	177，514	15.66%
一、分级次	上划中央收入	298，253	251，066	47，187	18.79%
	上划省级收入	88，352	76，736	11，616	15.14%
	地方收入	924，799	806，088	118，711	14.73%
二、分部门	国税部门	330，388	278，716	51，672	18.54%
	地税部门	638，497	534，949	103，548	19.36%
	财政部门	342，519	320，225	22，294	6.96%
三、分县区	市本级	314，675	286，326	28，349	9.90%
	冷水滩区	126，208	107，200	19，008	17.73%

续表 3

分项		完成数	2014 年同期数	增减额	增幅
三、分县区	零陵区	121，010	102，116	18，894	18.50%
	祁阳县	129，036	110，106	18，930	17.19%
	东安县	83，071	74，118	8，953	12.08%
	双牌县	41，099	35，057	6，042	17.23%
	道县	102，273	86，962	15，311	17.61%
	江华瑶族自治县	96，147	80，009	16，138	20.17%
	江永县	39，047	33，006	6，041	18.30%
	宁远县	118，202	100，699	17，503	17.38%
	新田县	56，321	46，940	9，381	19.99%
	蓝山县	61，868	52，695	9，173	17.41%
	回龙圩管理区	4，082	3，521	561	15.93%
	金洞管理区	4，074	3，521	553	15.71%
	永州经开区	14，291	11，614	2，677	23.05%

■ 支出管理 2015 年，永州市财政部门坚持民生优先导向，调整优化支出结构，严控“三公”经费等一般性支出，严格预算约束，把节省下来的资金向民生领域倾斜。全年全市一般公共预算支出完成 353.24 亿元，增长 16.21%。其中，市本级完成 50.08 亿元，增长 13.78%。全市与民生相关的支出完成 282.08 亿元，增长 17.60%，占一般公共预算支出总额的 79.86%。“三公”经费等一般性支出继续下降，市本级“三公经费”支出比 2014 年下降 6.21%。

2015 年永州市一般公共预算支出情况

表 4 单位：万元

预算科目	完成数	2014 年同期数	增减额	增幅
一、一般公共服务支出	397，240	378，629	18，611	4.92%
二、国防支出	255	250	5	2.00%
三、公共安全支出	137，851	118，804	19，047	16.03%
四、教育支出	623，193	556，312	66，881	12.02%
五、科学技术支出	21，665	17，186	4，479	26.06%
六、文化体育与传媒支出	72，608	47，068	25，540	54.26%
七、社会保障和就业支出	560，887	487，404	73，483	15.08%
八、医疗卫生与计划生育支出	398，998	339，638	59，360	17.48%
九、节能环保支出	92，213	78，780	13，433	17.05%
十、城乡社区支出	107，696	91，168	16，528	18.13%
十一、农林水支出	599，711	500，217	99，494	19.89%
十二、交通运输支出	116，612	98，367	18，245	18.55%
十三、资源勘探信息等支出	51，300	36，434	14，866	40.80%

续表 4

预算科目	完成数	2014 年同期数	增减额	增幅
十四、商业服务业等支出	35，715	19，421	16，294	83.90%
十五、金融支出	331	312	19	6.09%
十六、国土海洋气象等支出	29，680	36，719	-7，039	-19.17%
十七、住房保障支出	248，885	199，616	49，269	24.68%
十八、粮油物资储备支出	13，558	10，038	3，520	35.07%
十九、债务付息支出	10，964	7，120	3，844	53.99%
二十、其他支出	12，995	16，170	-3，175	-19.64%
一般公共预算支出合计	3，532，357	3，039，653	492，704	16.21%

■ 民生建设 2015 年，在财政收入增长减缓、收支矛盾突出的情况下，永州市财政部门采取压减一般性支出、整合专项资金、盘活财政存量资金等方式，统筹财力加大对重点民生方面的投入，增进民生福祉。教育方面，全市投入 62.3 亿元，其中市本级投入 4.6 亿元，将普通高中和中职学校国家助学金标准由生均 1500 元提高到 2000 元，覆盖各教育阶段的国家助学政策得到全面落实，新增城区义务教育学位 2.1 万个，其中中心城区新增 0.61 万个。社保就业方面，全市投入 56.1 亿元，其中市本级投入 6.6 亿元，企业退休人员养老金实现“十一连增”，对 90~99 岁的高龄老人按 100 元/月的标准发放高龄补贴，将五保户集中和分散供养标准分别提高到人平 5700 元/年、2900 元/年，对全市抗战老兵按 300 元/月的标准发放生活补助金，并发放抗战胜利 70 周年一次性生活补助。全市新增城镇就业 5.91 万人，新增农村劳动力转移就业 6.97 万人，失业人员再就业 2.23 万人，城镇零就业家庭动态援助率达到 100%。医疗卫生方面，全市投入 39.9 亿元，其中市本级投入 3 亿元，新农合和城镇居民医保、基本公共卫生服务财政补助标准分别提高到 380 元/人/年、40 元/人/年；城乡居民大病保险全面稳步推进，县级公立医院改革在各县全面推开，重大疫情得到及时有效防控。住房保障方面，全市投入 24.9 亿元，其中市本级投入 2.4 亿元，开工建设保障性住房和实施各类棚户区改造 4.75 万套，基本建成 2.33 万套；改造农村危房 2.03 万套。

■ 支持经济建设 2015 年，永州市财政部门充分发挥财政职能作用，大力支持经济发展。市本级财政预算安排各类产业发展资金 7500 万元，支持推进新型工业化。全面清理盘活财政存量资金，整合财政专项资金，统筹财力加大对经济社会发展重点领域和关键环节的投入，促进稳增长、调结构。全年市本级盘活财政存量资金 5.14 亿元并在预算编制环节采取“撤、并、退”的方式整合压减专项资金 7900 余万元，集中财力办大事、实事。市本级统筹投入 3.13 亿元支持相关产业、优质企业发展和工业园区建设。市本级不折不扣地贯彻实施各项减税降费政策措施，为小微企业减免企业所得税和营业税约 3000 多万元，为符合条件的企业办理增值税退税 401.6 万元，按政策为企业和项目减免收费（基金）3533 万元。

■ 财政改革 2015 年，永州市财政部门按照市委、市政府“3+2”改革总体部署，着力推进财税体制改革。预算制度改革全面推进，市本级全口径政府预算体系基本构建。财政预算全面公开，市直 195 个预算单位除 1 个涉密单位外，其他单位的部门预算和“三公经费”预算全部公开，2014 年公开预算的 31 个政府组成部门同步公开部门决算和“三公”经费决算。国库集中支付覆盖市直所有预算单位，全年市本级集中支付 15.9 亿元，增长 3.4%；公务卡结算金额达 1272 万元，增长 8.4 倍。重点招商项目税收分享办法制定出台，调动市、县两级抓招商引资和项目建设的积极性。政府性债务管理机制日益完善，市本级向上争取置换存量债务债券资金额度 12.59 亿元，通过实施债务置换防控财政风险。政府投融资机制得到创新，PPP 模式稳步推进，市本级 3 个项目被纳入全省前两批 PPP 试点项目，其中 1 个项目入选财政部第二批 PPP 示范项目。编制权责发生制

2015 年，全市学习宣传贯彻实施《中华人民共和国预算法》动员大会暨财政经济形势分析会

政府综合财务报告，有效掌握政府资产负债情况。政府购买服务机制初步建立，并选取相关领域和重点项目进行试点，取得预期成效。

■ 财政监督管理 2015 年，永州市印发《关于加强市本级财政预算管理的实施意见》，出台市本级 13 项大额财政专项资金管理办法，编制财政“十三五”规划，为加强财政管理提供制度保障。市本级财政监督坚持实现“三年一检、一检三年”的常态化管理，2014 年对 46 个市直预算单位进行财务检查，查出违纪违规金额 8434.03 万元。预算绩效评价体系初步建立，市本级绩效评价涵盖所有财政性资金，全年评价资金 30.9 亿元。政府购买服务试点取得预期成效，政府采购范围和规模继续扩大，全年市本级审批政府采购项目 2103 个，采购规模达 5.45 亿元，节支率达 17.7%。财政投资评审机制不断创新，评审范围不断拓宽，全年市本级完成评审项目 1143 个，审定金额 46.42 亿元，审减 12.04 亿元，审减率达 20.6%。

■ 湖南农信担保公司永州分公司挂牌成立 2015 年 7 月 23 日，湖南农业信用担保有限公司永州市分公司成立挂牌仪式在永州市财政局举行。市委副书记、市长候选人易佳良，湖南农业信用担保有限公司董事长易跃进为分公司授牌。分公司将为全市农业企业特别是创新型、成长型、优秀中小农业企业等提供融资担保。

■ 全市财政知识电视竞赛成功举办 2015 年 9 月 28 日，永州市财政局会同市人大财经委、市广播电视台举办“永州市学习宣传《预算法》暨预算绩效管理等财政知识电视竞赛”。各县区、市直机关的 16 支代表队参赛。道县代表队获竞赛一等奖，市直机关代表队、零陵区代表队获二等奖，宁远县等 5 支代表队获三等奖。市委常委、常务副市长唐湘林、市人大常委会副主任郑柏顺到竞赛现场指导，并对全市财政工作给予高度肯定。

（周祖杰）

国家税务

■ 概况 2015 年，永州市国家税务局以“执行力建设年”为主线，全面推进依法治税，持续优化纳税服务，严格干部队伍管理。市局机关先后获得湖南省依法行政先进集体、市绩效评估优秀单位、市党建工作先进单位等诸多荣誉。永州国税的执行力建设工作得到国家税务总局局长王军的批示表扬，纳税人满意度排名全省第一位。

■ 税收征收 2015 年，永州市国税系统始终把组织税收收入作为第一要务，逐级落实组织收入责任，强化重点税源监控，严格税务稽查和纳税评估，查处各类案件 227 起，查补各项收入 4747 万元，其中 100 万元以上的大要案件 16 起。全市国税系统入库各项税收收入 37.9 亿元，其中，不含车辆购置税的各项税收收入 331262 万元，同比增收 51965 万元，增长 18.61%，完成年度计划的 110.79%，税收增幅排名全省第三位。用好、用足各项税收优惠政策，支持永州小微企业发展，减免退税 17264 万元，办理出口退免税 34155 万元。

■ 征管质效 2015 年 10 月 8 日，金税三期系统在永州市顺利上线，成功运行。试行《全国税务机关征管规范 1.0 版》，优化调整税收征管岗责体系、业务处理流程，保障前后台业务办理的无缝对接。在全市范围实施“分类管户、按组管事、一人多岗、一岗多责”的税源分类管理模式，规范纳税人分户征管资料档案管理。探索实行税管员痕迹化管理，建立税收管理员下户巡查工作台账，实行“一事一记录、一月一核查”，对税源管理全过程实行严格管控。

在全市范围内，落实建筑工程耗用材料增值税发票查验规范化管理，与43家市直单位建立涉税信息交换机制，实现第三方信息的定期自动交换。

■ 税收执法 2015年，永州市国税系统深入推进简政放权，清理取消行政审批55项，并加强对取消下放项目的后续管理，完成第一批税务行政处罚权力清单，统一税务行政处罚权力运行流程图，并向全社会进行公布。探索简政放权后续监管新机制，完善后续监管措施，得到省国税局的肯定，并在全省国税系统推广。针对2014年度增值税税负偏低的企业，以及日常征管中可能存在税收风险的单位进行预警分析，发布418户税收风险预警名单，完成风险应对1557户、纳税评估314户，查补入库各项收入3091万元。全面落实税收执法责任制，加强执法监察和执法过错责任追究，严格落实重大税务案件审理办法，强化内部权力监督制约。市国税局机关被评为“永州市推进依法行政工作先进单位”，双牌和蓝山两县国税局成功创建为湖南省国税系统法治税务示范基地。

■ 纳税服务 2015年，永州市国税局开展纳税人需求大走访，发现存在的各类问题12个，收集纳税人意见与建议20余条，制定“一对一”整改措施，帮助纳税人解决实际问题。全面规范纳税服务。试行“任务单、责任单、意见单”为主要内容的“三单制”管理制度。做好实体纳税人学校和网上纳税人学校建设，在全省率先开展纳税人学校讲课比赛，依托报刊、网站、微信平台等载体，开展“小微企业税收优惠宣传周”“营改增”等专题宣传，及时解读税收政策。整合办税大厅行为规范、服务规范等6类29项的评定指标和标准分值，按分值高低开展星级办税服务员评比。在全省试点运行办税服务综合管理系统，对办税环境、办税效率、领导值班等指标进行考核，提高办税大厅服务质效。

■ 干部队伍建设 2015年，永州市国税局深入开展“三严三实”专题教育，组织县区国税局党组书记开展抓党建集中述职，广泛征集意见建议，收集意见建议19条，列入边学边改项目清单17项，提出整改措施10项，建立和完善制度8项。通过加强执行力文化建设，推行绩效管理、岗责管理、项目管理、台账管理等四项管理机制，健全督查督办、情况通报、奖惩问责等三项机制，在全市系统上下形成“马上就办”“办就办好”抓落实的氛围，《中国税务报》、国家税务总局专题推荐永州国税抓执行力建设的经验。加强干部队伍作风纪律建设，利用局域网、纪检监察宣传专栏、制度汇编等平台，先后对《税收违法违纪行为处分规定》《税务系统领导班子和领导干部监督管理办法》及其实施细则等廉政规定进行广泛深入宣传。组织开展“三最”纪检日活动，30余名党组中心组成员到市廉政教育基地接受警示教育。开展永州市税务系统违纪违法案件巡展活动，用身边的反面典型教育干部、警醒干部。开展执法监察和一案双查，组建明查暗访工作组，在全市国税系统开展常态化的明察暗访，保持对作风纪律建设的高压态势。

（肖明剑）

地方税务

■ 概况 2015年，永州市地税系统克服实体经济下行、骨干税源下滑、政策性减收因素增多等不利因素的叠加影响，通过加强税收分析，狠抓收入调度，强化重点税源监控，开展中小税源清理，严格欠税清缴，不断攻克征管薄弱环节，努力挖潜增收，全年全市系统入库各项收入65.66亿元，同比增收9.71亿元，增长17.37%。其中，完成一般预算收入（省局考核口径）63.24亿元，为年度计划的108.37%，同比增收9.32亿元，增长17.28%。此外，通过加强收入质量监测、严格收入质量考核、开展收入质量督查、狠抓违规收入退库、积极向党政汇报协调等措施挤水保质，全年督促10个县区局清退各类违规征收的税款4.2亿元，将过度虚高的收入增幅向下调整9个百分点。

■ 依法治税 2015年，永州市地方税务局坚持依法行政、依法办事、依法治税，被评为全省“六五”普法先进单位。狠抓中心城区103个小区的税收整治工作。有93个小区基本整治到位，市地方税务局稽查局查补入库税款4687万元，移送或协助公安立案查办的12个小区，有17名开发商被刑拘，2名开发商被监视居住。房地产业纳税秩序明显好转，得到省委驻永州巡视组和市委、市人大、市政府的充分肯定。加强执法监督，先后对4个县区局进行执法督察，认真查找问题，深入剖析原因，严格督促整改。通过强化执法监督，切实解决个别地税机关和地税干部不重视执法程序、不规范税务文书、不落实优惠政策、不遵守征管纪律等问题。在永州电视台、《永州日报》等市级主流媒体上加大地税宣传报道力度，充分发挥红网、永州新闻网、永州地税网等新媒体的作用，扩大税收宣传的辐射面。加大稽查力度，全市稽查系统认真抓好重点税源检查，对房地产、建筑安装、电力等行业开展专项检查，全年查补入库税款3.12亿元，查处100万元以上的大要案件31起。

■ 税收业务 2015年，永州市地方税务系统全面落实《全国税收征管规范1.1版》，规范日常征管行为。对152户房地产企业和70户驾校开展纳税评估工作，分别评估增加税款2.6亿元和665万元。推进国税和邮政窗口代征地方税费工作，全年分别代征税款1990万元、538万元。开展“营业税清零”行动，重点抓好建筑业和房地产业的税收清理，入库营业税18.79亿元，同比增长11.65%。狠抓土地增值税清算管理，完成清算项目34个，审核补缴土地增值税9772.73万元。开展城镇土地使用税等级调整工作，全市增加城镇土地使用税收入3508万元。重视汇算清缴，加强学校、医院等非企业单位所得税征管，入库企业所得税5.4亿元，同比增长32.46%。强化费金收入的分析、监控和考核，入库各项费金4.09亿元，同比增长16.72%。全面落实纳税服务规范2.3版，切实做到服务一把尺子，办税一个标准。开展便民办税春风行动，与国税联合开展税收调查、汇算清缴、纳税信用评价等工作，共同推出A级纳税人激励措施。实施“银税互动”守信激励措施，联合市国税与建行永州分行签订银税互动——“税易贷”合作协议，全市银税互动贷款总额6200万元，惠及48家企业。对全市系统小微企业税收优惠、营业税起征点提高、促进就业税收优惠等政策执行情况进行督查，确保优惠政策落地落实。全年全市享受小微企业和个体工商户税收优惠政策的纳税人有11456户，减免营业税2761万元；享受小微企业所得税优惠有296户，减免所得税270万元。落实“三证合一”工作要求，办理税务登记3891户。

■ 金税三期顺利上线 2015年，永州市地方税务系统强化一个责任（各级党组的责任）、落实两项措施（考试、考核）、突破三个关口（数据清理关、干部培训关、上线运行关），全力打好金三上线攻坚战，被评为全省金三上线工作先进单位。成立组织机构，制订工作方案和单项绩效考核办法，在经费安排、环境配置、力量调配等方面优先保障。市地方税务局党组成员多次深入县区局督查督办，了解金三推广进度，督促及时完成工作任务，帮助解决推广过程中遇到的问题。通过省局集中培训、市局师资培训、县局全员培训三级培训，提高干部职工的信息化应用技术水平。市地方税务局举办培训7期，培训1352人次，培训课时100余节。完成上线环境准备、系统初始化、数据迁移、特色软件接入等各项工作，为平稳上线打下坚实基础。10月8日，全市金三成功上线，系统运行平稳，运维有序开展。江华瑶族自治县、宁远县、零陵区、祁阳县、东安县被评为全市推进金三上线先进单位。

■ 内部管理 2015年，永州市地方税务系统通过健全工作格局、制定考核指标、加强日常监控、抓好分析通报、开展自查督查、严格全年考核、强化结果运用，有效推动工作落实。江华瑶族自治县、江永县、零陵区、双牌县、蓝山县被评为全市绩效管理工作先进单位。完善固定资产管理和政府采购，加强财务保障。压缩“三公经费”开支，全年全市“三公经费”开支同比下降10.32%，公务接待费同比下降14.41%。市地方税务局审计部门对3个县区局开展财务收支审计，发现问题42项，提出审计建议14条；完成工程预结算审计项目48个，审减金额113.2万元。开展7个县区局“一把手”的离任经济责任审计工作。

（龙启明）

金融综述

2015年，永州市经济发展稳中有进，金融业稳健运行，各项存款平稳增长，各项贷款快速增长，金融机构盈利稳步增长，金融资产质量进一步提高。

各项存款平稳增长。金融机构本外币各项存款余额1573.10亿元，同比增长17.55%，比2014年同期提高3.42个百分点；新增存款234.90亿元，同比多增69.27亿元。各项存款余额在全省排名第九位，与2014年同期持平；新增存款排名第八位，与2014年同期相比下降二位。

各项贷款快速增长。金融机构本外币各项贷款余额793.62亿元，同比增长23.74%，比2014年同期提高8.06个百分点，高出全省平均水平7.19个百分点；新增贷款152.25亿元，同比多增65.29亿元。金融机构各项贷款余额在全省排名第10位，与2014年同期相比上升一位；新增贷款在全省排名第五位，与2014年同期相比上升四位。

银行机构盈利增长。银行业金融机构实现账面利润24.31亿元，同比多盈利3.49亿元，除长沙银行以外，其他机构均实现盈利。银行业金融机构不良贷款余额15.93亿元，比年初减少3.96亿元，不良率2.01%，比年初下降1.09个百分点，资产质量进一步得到改善。

社会融资规模扩大。社会融资规模为166.88亿元，同比多增44.35亿元，其中，人民币贷款新增151.90亿元，外币贷款（折合人民币）新增0.36亿元，委托贷款新增6.00亿元，未贴现的银行承兑汇票新增1.90亿元，保险公司赔偿新增6.67亿元，其他（小额贷款公司）类新增0.06亿元。分项目构成看，人民币贷款占社会融资规模的比例为91.02%，较2014年同期高20.96个百分点，仍占绝对主导地位（2014年市城建投发行企业债券18亿元，2015年无债券发行）。

货币流通总体平稳。现金累计投放125.15亿元，同比增长24.12%；现金累计回笼195.02亿元，同比增长14.12%；全年净回笼69.88亿元，比2014年同期减少0.18亿元。全市现金投放回笼呈现假日经济现象，春节假日经济对现金投放回笼影响十分明显。储蓄收入仍然是现金回笼的主渠道，永州经济平稳健康发展是现金回笼的强劲拉力。

跨境收支同比增长。进出口贸易总额为7.86亿美元，同比下降6.59%，主要是由于全球经济不景气、东南亚国家同质产品低价竞争等方面引起的。跨境收支总额5.6亿美元，同比增长12.96%，主要原因是加大对出口企业的外汇管理力度，方便企业领单的同时也督促企业抓紧催收境外账款并及时办理注销手续，导致出口收汇稳步增长，出口收汇总额4.36亿美元，同比增长10.74%。个人结汇2782万美元，同比增加16%；个人售汇3169万美元，同比增加67%，结售汇首次出现逆差387万美元，主要原因是学生出境留学、就业、定居、购房等需求增长持续，居民个人出于保值和理财的需要加快购汇步伐。外商直接投资外汇流入1497万美元，同比增长70%，主要投入计算机、通信和其他电子设备制造业，占永州市FDI资本金流入总额的30%，位居第一。

保险市场形势良好。保险业持续稳步发展，实现保费收入40.51亿元，同比增加8.32亿元，增长25.85%。其中，人身险保费收入27.56亿元，同比增长26.95%；财产险保费收入12.95亿元，同比增长23.57%。全年累计理赔支出12.04亿元，增长14.45%。其中，人身险支出5.27亿元，财产险支出6.77亿元。

资本市场稳步发展。证券市场在波折中上涨，证券交易活跃度上升。全市新增客户9.07万户，证券交易量达2699.62亿元，同比增长184.07%。同时，继续做好省重点上市后备企业培育工作，有15家省重点上市后备企业，省新三版储备资源库企业10家，在湖南股权交易所Q版挂牌企业9家。

区域金融稳定运行。全市有投资公司572家、担保公司18家，民间融资活跃，总规模在200亿元以上。建立金融稳定协调机制，严厉打击非法集资活动，及时处置江华、江永中天投资公司，永州银业投资公司、万喜登旅游集团公司等非法集资事件，化解区域性金融风险，全市社会和谐稳定。

（杨辉）

央行监管

■概况 2015年，中国人民银行永州市中心支行按照“三强两促”（强基础，强内控，强素质，促履职，促发展）的指导思想，积极应对新挑战，认真履职，克服多重困难，完成各项工作任务。2015年，中心支行获得上级行授予的各类集体荣誉20项、个人奖项30人次，10项工作得到武汉分行和长沙中支肯定，5项创新亮点工作在上级行专业会议上作交流发言，支持地方实体经济发展的做法得到市委、市人民政府主要领导的批示肯定。

■支持地方经济发展 2015年，中国人民银行永州市中心支行创新金融“两支一扶”（支持小微企业、“三农”和扶贫开发）“1+N”工作机制，实现信贷政策倍增效应。截至12月末，全市林权抵押贷款余额2.24亿元，比年初增长55.56%；农屋抵押贷款余额

5.70亿元，比年初增长52%；农村土地承包经营权抵押贷款余额0.25亿元，比年初增长30.88%；全市累计发放扶贫小额贷款9096万元。永州市金融“两支一扶”工作经验材料在全省人行系统专题工作座谈会上作书面交流。创新跨境人民币管理模式，为涉外企业提供便利。推荐蓝山县为全省首批3个跨境人民币业务金融服务试点县，促进跨境人民币贸易业务快速增长。1~12月，全市金融机构为25家企业办理跨境人民币结算业务10.67亿元，同比增长66.98%。

■ **支持民生经济发展** 2015年，中国人民银行永州市中心支行增强再贷款调剂的灵活性，用好支农再贷款额度，重点支持涉农投放比例高、资金相对不足的法人金融机构增强贷款能力，全面推出3个月期限管理措施，全年累计发放支农再贷款33.3亿元，直接减少农户和涉农企业的利息支出。会同当地政府职能部门，引导辖内小额担保贷款经办银行规范有序开展业务，着力做好高校毕业生、农村转移劳动力、城镇困难人员、农村创业妇女等群体创业就业的信贷支持和配套金融服务。截至12月末，全市小额担保贷款余额6.65亿元，发放贷款5402笔，发放金额3.76亿元，受益人数10013人；支持妇女创业，发放贷款3169笔、2.33亿元，带动妇女就业1.31万人。到12月末，全市各项贷款余额793.62亿元，新增贷款152.25亿元，创同期历史最多，贷款余额同比增长75.08%，高出全省平均水平3.89个百分点。

■ **调研服务** 2015年，中国人民银行永州市中心支行重点针对金融支持新型农业发展，开展调研分析与前瞻性课题研究。全年有150多篇调研信息被上级行采用，其中有6篇政务信息被总行采用，3篇政务信息被总行领导批示。撰写的《新型农业经营主体土地承包经营权抵押贷款需求研究——基于交易成本视角》获武汉分行重点研究课题二等奖，《农业经营主体分化视角下金融支持龙头企业可持续发展研究》获长沙中支重点研究课题三等奖。中心支行在湖南省调查统计工作会议上作《念好三字经　提升调查分析水平》书面经验交流。

■ **金融依法行政** 2015年5~6月，中国人民银行永州市中心支行对零陵区联社等8家银行机构支农再贷款使用情况进行突击抽查，针对检查发现的4家机构存在的问题，陆续收回4家法人银行机构借用的2.8亿元支农再贷款。联合永州市公安局等相关部门，开展整治银行卡网上非法买卖专项行动，组织开展助农取款服务风险排查，抽取658家助农取款服务点进行非法民间借贷风险排查，检查面超过10%。对5家银行分支机构的外汇业务合规性开展专项检查，开展33次非现场检查与监测，对8家金融机构进行综合评价，深入12家金融机构开展征信业务现场检查。接受金融消费投诉38例，办结38例，办结率与群众满意率均达到100%。对2家金融机构开展综合执法检查，处以11.26万元罚款，并按照信息公开的要求在长沙中支对外网站上予以公告。

■ **金融风险监测和管控** 2015年，中国人民银行永州市中心支行坚持牢牢守住不发生区域性、系统性金融风险底线的原则，加强对地方政府融资平台、产能过剩行业、房地产行业、粮食加工行业和民间融资的风险监测和管控，主动开展地方政府债务动态监测。加强日常监测，密切关注农合机构，特别是村镇银行的流动性风险。与地方政府协调合作，推动构建地方政府牵头的地方金融风险处置模式，参与市人民政府开展的打击非法民间融资活动清理整顿和宣传教育工作。推动开展省级、市级金融安全区创建工作，优化金融生态环境。加大《存款保险条例》的宣传力度，做好13家地方法人金融机构的存款保险工作，归集保费109.6万元，确保《存款保险条例》的顺利实施。推进市农信系统改革，与法院联合开展不良贷款清收。至12月末，全市农信系统清收不良贷款本息3.66亿元，永州市农信系统的改革走在全省的前列。

■ **人民币管理** 2015年，中国人民银行永州市中心支行落实小面额人民币供应主办银行和主办网点制度，选择蓝山县为小面额推广试点县，推进小面额货币硬币化进程。针对各商业银行自行清分质量不高，机器设备标准不一，挑剔不达要求等问题，探索统一清分标准，把好质量关。加强辖内人民币图案管理，联合当地工商部门对部分商户贩卖人民币图案钱包现象进行处理，并与市工商局协调，建立整顿打击非法使用人民币图案长效机制，成立联合执法小组，在全市范围内开展非法使用人民币图案商品售卖的整顿打击工作。

■ **征信平台建设** 2015年，中国人民银行永州市中心支行选取蓝山县、祁阳县、道县为试点县，推进新型农业经营主体信用信息数据库建设。试点县采集信用信息516户，占应采集户数的90%，共对99户发放贷款7549万元，同比增长31%，祁阳县家庭农场的数量从试点前的78家增加到现在的120家。辖内祁阳支行《加大信用评级成果运用》、双牌支行《创新信贷模式助林农增收》等被《金融时报》推介。继续做好道县工业集中区小微企业信用体系建设试点，营造信用引企、信用兴企、信用兴园的发展氛围。该园区建立小微企业信用档案156户，承接引进企业达148家，产值突破67亿元。做实双牌县麻江乡农村信用体系建设试点。通过制定出台“指导意见”和“实施方案”，采取试点乡农户信用采集、建立信用档案、逐户评级授信等方式，以信用建设支持“三农”经济发展。试点区建农户信用档案834户，评级768户，授信1637户，已对评级授信户发放贷款824万元。同时，借鉴试点经验开展对林企、林农的信用评级授信工作，推出“信用评级+林企担保+林权抵押”即“惠林通”信贷模式，助力地方林业经济发展。至12月末，发放“惠林通”林权抵押担保贷款48笔，金额3100多万元，其做法被《金融时报》推介。

■ **外汇服务** 2015年，中国人民银行永州市中心支行践行外汇管理“五个转变”，进一步优化外汇服务，推动永州涉外经济的快速发展。改进外汇服务方式，为涉外企业举办免费外汇知识培训，通过设计调查问卷、现场走访等方式及时为企业排忧解惑。充分发挥县支行外汇服务工作站的优势，为企业解决实际问题。全年举办6次培训，有380多人次参训，永州电视台、《永州日报》进行宣传报道。同时，组织辖内涉外银行、企业参加省局组织的羽毛球比赛，获全省二等奖，促进银企沟通与合作。

■ **金融政策宣传** 2015年，中国人民银行永州市中心支行整合各职能部门金融宣传资源，集中开展金融知识进社区、进高校和政府网在线访谈活动。全年开展各种形式宣传10余次，发放宣传资料万余份，就大学生金融知识普及程度和金融需求发放2000多份问卷调查。在线访谈立足社会关注的20多个金融热点、难点、焦点问题回复网民的提问，吸引300多名网友参与在线访谈互动并持续在网上跟帖点赞，《永州日报》、永州红网等主流媒体对宣传活动进行报道，长沙中支给予充分肯定。

（杨辉）

银行业监管

■ **概况** 2015年，永州银监分局围绕银监会和湖南银监局年初监管工作暨党建工作会议精神以及市委、市政府的决策部署，全面加强党的建设，忠实履行监管职责，各项工作取得新的进步。农商行改革和财务工作得到湖南银监局的表扬；顺利通过“全国文明单位”复查验收；先后获银监会新闻信息工作先进单位、湖南银监局信息工作先进单位、湖南银监局监管统计工作先进单位、湖南省档案宣传工作先进单位和永州市区两级政府社会管理综合治理先进单位等称号；在连续3年被评为永州市社会管理综合治理先进单位后，被永州市社会管理综合治理办公室授予“平安单位”匾牌。有11人次得到市级表彰，有2人得到湖南银监局表彰，有2人分别被评为银监会系统“监管标兵”和“信访工作先进个人”，有1人被评为银监会系统信息工作先进个人。督促引导辖内零陵区农村信用社开展“送金融知识下乡”活动，其“金融知识下乡讲师团”项目成为全省农合机构唯一获全国“送金融知识下乡”优秀项目。

■ **服务实体经济** 2015年，永州银监分局加大支持实体经济发展力度，助推“品质活力永州”建设。全年永州银行业新增贷款152.25亿元，新增贷款总额在全省排名第五位，比2014年上升四位，年末存贷比近六年来首次突破50%，达50.45%，在全省排名第八位，比2014年上升一位。督促银行业机构为全市重大基础设施、重大产业、现代服务业和民生保障项目提供有力支撑。重点支持湘桂铁路电气化改造、涔天河水库扩建及灌区工程、神华国华永州发电厂一期、零陵古城开发和永州湘雅医院等重大工程项目。配合市政府与省农发行签订战略合作协议，支持市农发行与市政府签订异地扶贫搬迁协议。年内，市农发行新开办异地扶贫搬迁贷款、重大水利工程建设专项过桥贷款业务，累计投放贷款22亿元，重点支持涔天河水利工程项目和各县（区）棚户区改造项目等重大民生项目。引导银行业机构加强与改进“三农”、小微企业金融服务，以全面完成小微企业贷款“三个不低于”目标为抓手，加大指导督促与监管考核力度，发展普惠金融。制订下发《永州银监分局关于进一步落实小微企业金融服务监管政策的指导意见》，指定部门和人员专门负责小微企业金融服务工作。及时向各银行业机构传导压力，督促各银行业机构全面落实小微企业贷款尽职免责制度，严格执行“六项机制”建设和“四单原则”等各项监管要求，加大小微企业信贷投入。每月定期对辖内机构目标完成情况进行通报，并组织辖内银行业机构开展小微企业金融服务劳动竞赛。牵头组织召开全市银行业机构小微企业考核评比暨经验交流会议，组织辖内9家市级金融机构在市中心城区开展“永州银行业机构小微企业金融服务宣传”活动。2015年年末，全市银行业机构涉农贷款余额136.67亿元，比年初增加17.25亿元；小微企业贷款余额266.1亿元，综合平均增速为35.28%，比全部贷款增速高20.18个百分点，法人机构小微企业申贷获得率100%，小微企业贷款户数同比增加3247户，全面完成小微企业贷款“三个不低于”目标任务。督促引导交通银行在零陵区设立支行、在冷水滩区设立社区支行，华融湘江银行在祁阳县和冷水滩区设立支行，潇湘农商行在零陵区徐家井设立分理处。同时，按照普惠金融的要求，支持辖内银行业机构进一步优化银行机构网点布局，有效地增加辖内金融服务供给。督促落实《商业银行服务价格管理办法》和“七不准、四公开”规定，组织开展永州银行业金融机构收费检查，大力整治不规范收费行为，减少企业的融资成本。

■ 助推银行机构改革发展 2015年，永州银监分局主动作为，推进永州银行业改革。继续采取“三挂钩”政策，加强压力传导，调动各方面的力量推进改革。继续采取强有力清收、市场消化、政府支持等综合措施，处置不良资产和财务包袱。年内，化解不良贷款11.23亿元，督促宁远县、道县、东安县政府加快处置用于不良贷款的政府土地，回购置换土地2.65亿元，并对剩余2.41亿元的土地作出变现承诺。东安县、新田县、宁远县、道县农商行挂牌开业；潇湘农商行、冷水滩区和零陵区农村信用联社城区三家机构合并，组建永州农商行并向银监会申筹，永州成为全省第一批全面完成辖内农合机构股改的市州之一。协助市委、市政府引进长沙银行永州分行并顺利挂牌开业；助推湘潭市农商行拟作为主发起行到宁远县设立村镇银行，并与宁远县政府就合作框架签订意向协议书；助推长沙星沙农商行与东安县政府达成设立村镇银行的意向；助推株洲炎陵农商行与道县、蓝山县政府达成设立村镇银行的意向。

■ 银行业监管 2015年，永州银监分局注重银行风险防控，严守“不成为引发区域性系统性风险的源头，不因监管不作为或履职不到位引发重大风险事件，及时有效处置各类重大风险事件”的“三条底线”。落实银行业金融机构风险防控主体责任，切实落实好第一责任人责任，持续将监管资源、主要领导精力向法人机构监管倾斜。结合实际，加强风险监管，守住不发生区域性系统性风险的底线，全年没有发生大的风险事件。针对祁阳村镇银行风险问题，通过加强现场检查、开展监管谈话等措施实行贴身式监管，进一步加强风险管控。2015年年末，祁阳村镇银行不良贷款余额和不良贷款率分别比年初减少0.32亿元和下降7.66个百分点。同时，督促指导农合机构化解不良贷款。辖内农合机构不良贷款余额5.41亿元、不良贷款率1.86%，分别比年初减少6.21亿元和下降3.16个百分点。督促相关行社及时收回到期平台贷款26笔、金额4.35亿元，全市没有出现平台贷款到期违约现象，房地产贷款没有发生新的不良现象。针对辖内舜皇米业等5家授信企业涉及3.95亿元民间高息融资，致使2.6亿元贷款形成风险的问题，督促市农发行通过采取现金清收、诉讼保全、打包拍卖和申请核呆等方式处置不良贷款，贷款风险全部处置到位。针对万喜登旅游实业集团公司因涉嫌非法吸收公众存款引发银行1.65亿元贷款出现风险的问题，及时向市政府汇报，维护银行债权。指导市银行业协会向市政府提交《关于申请处置永州万喜登旅游实业集团公司非核心资产归还银行贷款及利息事项的请示》，引起市委、市政府的高度重视。严格监管处罚问责，对违规机构和责任人罚款115万元，责令处分40人，同比增幅分别达203%和210%。并对农发行系统2名高管人员给予取消任职资格二年的处罚，对农发行4名工作人员、交通银行2名工作人员给予警告处罚。2015年年末，全市银行业总资产负债分别达到1665.71亿元和1620.44亿元，分别比2014年同期增加227.65亿元和216.07亿元。其中，各项存款1573.10亿元，比年初增加234.9亿元；各项贷款793.62亿元，比年初增加152.25亿元；全市银行业机构实现经营利润24.31亿元，同比增盈3.49亿元。资产质量保持稳定，不良贷款余额15.93亿元、比例2.01%，比年初分别下降3.96亿元和1.09个百分点。辖内没有发生“圈、团、链”风险，没有因履职不到位引发重大风险事件。

（唐少军）

保险行业协会

■ 行业自律 2015年，永州保险行业协会为进一步规范永州保险业的市场竞争，针对永州产险行业存在的问题，先后召开多次产险委员会会议。就产险市场的竞争状况，秘书处先后多次与会员单位进行沟通和协调，收到一定的成效。为保证商业车险条款汇率管理制度改革的顺利推进，永州保险协会召开产险公司总经理会议，就贯彻保监局产险处9号文件达成共识，并根据总经理会议要求，协会秘书处抽调有关公司人员，组成两个小组对12家产险公司进行3轮督导检查，推动商业车险条款费率管理制度改革顺利进行。规范寿险业人员的合理流动，秘书处分别约见4家公司的负责人，并对人员的流动提出明确的建议。多次与汽车协会进行沟通，并以信函的形式，提出规范市场的决心和意图，汽车协会就规范车险市场的发展给予积极的回应。

■ 受理社会投诉咨询 2015年，永州市保险协会受理社会群众保险投诉咨询126件，保险纠纷投诉35件，其中财险公司投诉案件12件，寿险公司投诉案件23件。协会按照分工由纠纷投诉调解办公室主任郭亚军会同产、寿险部主任进行调查处理，经协调相关公司，对所有群众投诉的案件，都在3个工作日内给出相关处理意见。同时，对所有投诉案件进行规范化、程序化的管理，建立客户投诉登记制度，并对投诉案件进行分析，记录投诉处理结果。

■ 代资考中心建设 2015年年初，根据湖南保监局的安排与部署，永州保险行业协会经过认真筹划和周密的准备，建成比较规范的代资考中心，并经湖南保监局验收，于2月14日开始考试。全年进行100场次的考试，报名人数3927人，参考人数3320人，缺考人数607人，参考率为84.54%，通过人数为2058人，考试通过率为61.99%。

■ 行业宣传 2015年，为贯彻落实国务院《关于加快发展现代保险服务业若干意见》和湖南省人民政府《关于加快发展现代保险服务业的实施意见》关于加快现代保险服务业的方针政策，永州保险行业协会在行业调研的基础上，经过与政府职能部门的沟通与协调，形成《关于加快发展永州现代保险服务业的实施方案》，上报永州市人民政府，并下发到各家会员公司。永州保险行业协会根据永州市人民政府“十三五”规划的指导意见，对永州保险业的现状进行深入的分析，对未来五年的发展进入深入的研判，立足永州保险业的实际，形成《永州市保险行业十三五发展规划》，并报市人民政府金融办。在市人民政府研究全市医疗事故责任险的会议上提出，按照“统一承保方案，统一产品责任，统一工作步骤，统一保险价格，统一参加保险，统一理赔服务”的原则进行赔付，得到市政府采纳。

（蒋晓玲）

重点金融企业选介

中国工商银行永州分行

■ 概况 2015年末，中国工商银行永州分行各项存款余额（含外币）150.65亿元，比年初新增10.94亿元。其中，对公存款比年初新增2.87亿元；储蓄存款比年初新增8.07亿元。各项贷款余额（含外币）86.6亿元，比年初新增6.2亿元。其中，法人贷款新增3.16亿元，个人贷款新增3.1亿元，票据业务4266万元。全行实现拨备前利润2.7亿元，实现净利润1.7亿元；实现中间业务收入1.81亿元，列同业第一位，较2014年同期增加804万元。经营绩效考核在全省系统内各市排名第六位。

■ 信贷支持 2015年，中国工商银行永州分行结合区域经济实际，抓住有利机遇，拓展有效信贷市场，以国家产业政策为导向，全面推进“绿色信贷”建设，不断提高贷款规模。全行各项贷款866395万元，比年初新增61768万元，增幅7.68%；小微企业贷款余额317527万元，比2014年末增加49299万元，贷款增速18.38%，高于各项贷款平均增速10.68%，申贷率100%；达到中国银监委对小微企业“三个不低于”的监管要求。新增贷款主要投向新型城镇建设、大型电力项目、新型战略性产业等积极和适度进入类行业和环保合规及环保友好型企业。工行永州分行在中国人民银行长沙中心支行组织的普惠金融先进工作单位评比活动中，被评为2015年度“湖南省普惠金融工作先进单位”，是永州市获此殊荣的唯一一家银行，也是省内工行系统获此殊荣的唯一一家分支机构。

■ **互联网金融平台** 2015年9月，中国工商银行在安徽合肥正式发布互联网金融升级发展战略，宣布构筑起以“三平台、一中心”为主体，覆盖和贯通金融服务、电子商务、社交生活的互联网金融整体架构。中国工商银行永州分行按照工总行的战略部署，以融e购、融e联、融e行三大平台为抓手，运用互联网与大数据技术，大力发展网络融资中心，实现信贷业务尤其是小微和个人金融业务在风险可控基础上的批量化发展，以大银行的新业态、新生态为促进实体经济提质增效增添新动力。打造线上与线下互联融通、互为支撑的服务模式，吸收“平台思维”，围绕每个网点积极推进覆盖衣、食、住、用、行的“工银e生活”店商圈建设，线上为商户搭建前台界面，向消费者推送相关商业信息，线下通过网点全方位服务商户，打造“金融+商业”的生态环境，提供与日常生活无缝连接的金融服务。

■ **智能化服务建设** 2015年，中国工商银行永州分行以客户服务为中心，以改善客户体验为主线，开展服务管理工作，严格落实服务管理制度，抓实支行服务管理人员的服务意识和履职能力。继续执行营业网点晨会制度和营业网点行长坐班制度，通过优化劳动组合充实大堂引导力量。对徐家井支行、银丰支行开展服务专题培训，改善银行网点软服务的体验。加快对线下网点的智能化改造，在辖内所有网点开通WiFi，发挥物理渠道在客户辅导、业务拓展、服务展示等方面的特有优势，使全行所有网点成为线上业务的重要资源和服务协同。9月，在全市率先推出宁远新桥分理处智能网点，为客户提供更加方便快捷的自助智能网点服务，在冷水滩支行、城建支行等10个支行继续进行智能网点改造。加强服务质量监控与客户之声管理，不断提升全行服务水平和客户满意度。

■ **企业文化** 2015年，中国工商银行永州分行参加省分行培训员工中，有13人被评为优秀学员，在全省名列前茅。在2015年全省系统柜员基本业务技能竞赛中，夺得团体第一名和8个个人单项奖，获得奖项数量占这次比赛奖项总数的三分之一。在全省系统广播体操比赛中，获得三等奖。零陵支行夏继权获总行级“五一”劳动奖章，全省只有两位员工获此称号，在永州市尚属首次；城建支行蒋鸿雁被中国银行业协会表彰为中国银行业文明规范服务明星大堂经理暨“微笑之星”，“微笑之星”全国银行业仅50个。渠道管理、安全保卫、对账管理等专业在全省考核中名列前茅，信访维稳、新闻宣传和声誉风险管理等专业被评为省分行先进单位。

■ **强化内控外防** 2015年，中国工商银行永州分行加大“两个责任制”落实力度，加大案防督导检查力度，突出重点开展案件专项治理和审计监督，扎实整改案防隐患。开展“一加强、二遏制”专项检查和“二加强、二遏制”回头看检查。强化防范欺诈风险教育，加强外部欺诈风险管控体系和平台建设，提升对外部欺诈风险的预警和技防水平。推进员工思想行为动态管理，有效控制风险点。进一步完善案防责任考核机制，落实案防工作长效机制。加大操作风险监测分析管理，加强安全保卫、信访、保密、声誉风险和反洗钱基础工作，实现无经济案件，无重大操作风险事件。工行永州分行被评为总行2015年外部欺诈风险信息系统应用和报警监控联网综合管理平台建设先进单位，是全省唯一一家二级分行。

（李万文）

中国建设银行永州市分行

■ **概况** 2015年年底，中国建设银行永州市分行辖属县支行9个，城区支行14个，网点34个，在岗人员总数582人，平均年龄为38.1岁。全行贯彻省行各项部署，深入开展“三严三实”专题教育，扎实推进各项经营管理工作，顺利完成全年目标任务，实现“三无”目标。

2015 年，一般性存款余额 286.34 亿元，新增 25.38 亿元，完成省行计划 21 亿元的 120.86%。余额占比 38.12%，同业排名第一位，比 2014 年的 37.65%提升 0.47 个百分点；新增占比 43.64%，同业排名第一位，比 2014 年的 50.51%下降 6.87 个百分点。其中，对公存款余额 107.25 亿元，新增 7.38 亿元，完成省行计划的 147.6%，余额占比 48.07%，同业排名第一位；新增占比 57.26%，同业排名第一位。个人存款余额 179.10 亿元，新增 18 亿元，完成省行计划的 112.5%，余额占比 33.91%，同业排名第二位；新增占比 39.76%，同业排名第一位。

一般性存款日均余额 268.66 亿元，新增 25.57 亿元，新增占比 43.32%，同业排名第一位，系统内排第四位，完成省行计划的 106.32%。其中，对公存款日均余额 94.64 亿元，新增 6.37 亿元，完成省行计划的 79.63%；个人存款日均余额 174.02 亿元，新增 19.2 亿元，完成省行计划的 119.63%。

各项贷款余额 111.02 亿元，新增 19.97 亿元，新增占比 59.4%，同业排第一位。其中，公司贷款余额 60.72 亿元，新增 7.36 亿元，新增占比 49.34%，同业排第一位；个人贷款余额 50.3 亿元，新增 12.61 亿元，新增占比 67.42%，同业排第一位。信用卡贷款余额 15 亿元，新增 4.19 亿元。

拨备前利润 55671 万元（其中账面利润 48592 万元），同业排第一位，完成省行计划 53304 万元的 104.44%。中间业务收入 17145.6 万元，四行占比 33.06%，同业排第二位，比 2014 年占比提升 3.3 个百分点，完成省行计划 16781 万元的 102.17%，同比增幅 13.87%。其中，基础性中间收入 15394 万元，同业第一位，完成省行计划 13249 万元的 116.19%；贷款关联收入 1751 万元，完成省行计划 3532 万元的 49.58%。

个人加权有效客户新增 20.81 万户，完成省行计划的 152.69%，全省排第三位；代发工资客户新增 7.46 万户，全省排第三位；收单活动商户净增 1178 户，全省排第二位；信用卡客户净增 36581 户，全省排第七位；信用卡分期交易额 8.68 亿元，全省排名第一位。实现信用卡及商户收单收入 10405 万元，全省排名第一位，信用卡中间收入 7854 万元，全省排名第一位；信用卡贷款不良率 0.40%，全省最低；手机银行活跃客户 15.65 万户，全省第六位；个人网银活跃客户 20.17 万户，全省排名第 10 位；完成 ETC 营销 1.07 万台，同业排名第一位；代理保险 2.67 亿元，全省排名第二位；基金定投新增 3300 户，全省排名第二位。

■ 转型发展 2015 年，永州市建行系统一般性存款新增中，双牌、宁远、道县、蓝山继续保持同业排名第一位，江永由同业排名第三位上升到同业排名第一位；新田由同业排名第二位上升到同业排名第一位；祁阳由同业排名第三位上升到同业排名第二位。各项贷款新增中，新增同业排名第一位的县支行由 2014 年的 2 个上升到 4 个，其中祁阳、新田由同业排名第四位、第三位上升到同业排名第一位，特别是个人贷款，除道县、江华同业第二位外，其余县支行均同业排名第一位。在行政事业单位职业年金账户营销中，9 个县支行有 7 个支行营销成功。金融 IC 卡发卡累计、新增均居同业首位，系统领先。完成新一代二期培训、演练、特色应用配套改造和切换上线工作。新增 9 个离行网点、78 台自助设备。年末离行网点达到 30 个、现金类自助设备 320 台，排名全省第一位。离行建设、投产、安装进度均排名全省第一位。把握住全省营销理财产品置换政府一类债的契机，成功营销我行理财产品置换政府一类债 12.866 亿元，营销贷款置换政府一类债 1.565 亿元。

■ 风险管控 2015 年，中国建设银行永州市分行严考核，出台《资产质量考核办法》；细管理，不断夯实全行信贷基础，定期对全行网点开展“十四个风险点”现场检查；强预警，及时做好风险预控工作。全行年末不良贷款余额 3226.05 万元，不良率 0.29%，控制在省行计划以内；逾期及非应计贷款为 4997.37 万元，比省行控制计划多压缩 602.63 万元；关注贷款余额 36644.29 万元，完成省行控制计划 48940 万元的 133.55%。全行员工合规意识、风险意识不断增强。“四项禁止行为专项整治”“内控合规管理年”活动扎实推进。全行会计核算差错率为万分之 0.14，低于省行万分之 0.2 的标准。信贷违规现象大为减少。舆情应对处置能力得到提升，成功处置负面舆情12起，化解潜在舆情11起。廉政建设成绩显著，在省行巡视组2015年专项巡视中，市行班子得到省行高度评价，专项巡视综合排名全省第一位。内控“双基”工作扎实推进，被省行评为2015年度内控管理一类行和双基管理一等奖。开展平安建行“基础建设年”活动，基层机构平安单位覆盖率98%；建立健全案件防控全流程机制，处置各类舆情，依法合规维护稳定，实现无重大违规、无重大安全责任事故、无案件的目标。

■ 品牌形象 2015年，在市银行业协会2015年“争优创星”优质服务活动中，中国建设银行永市分行有3个网点被评为“五星级”网点，全行有12个网点获得“五星级”称号，是全市“五星级”网点最多的银行。祁阳支行、宁远支行、道县支行被确认为“县级文明单位”。市行被市委、市政府授予“永州市文明单位”“永州市园林式单位”等称号。

（文爱华）

中国银行永州分行

■ 概况 中国银行于1988年在永州设立机构。全行拥有员工335人，在冷水滩区、零陵区、祁阳县、东安县、道县、宁远县等地区设立19个营业网点，分行本部设置7个部门，分别为综合管理部、人力资源部、财会运营部、风险管理部、公司业务部、个人金融部和监察部。

2015年，实现本外币净收入25522万元，完成省行预算的82.04%，完成率在全省排名第12位，在省行考核第三组中排名第四位；实现拨备前利润15112万元，完成省行预算的78.77%，完成率在全省排名第15位，在省行考核第三组中排名第四位；实现净利润9228万元，完成省行预算的78.22%，完成率在全省排名第六位，在省行考核第三组中排名第二位。本外币不良贷款总额1785万元（全部为零售不良贷款，公司不良贷款为零），不良率为0.44%。本外币各项存款总额70.68亿元（不含金融机构存款，下同），较年初新增2.26亿元，完成全年任务的15.52%；其中人民币储蓄存款余额49.28亿元，较年初新增2.93亿元，完成全年任务的35.94%；人民币公司存款余额20.67亿元，较年初减少8135万元；本外币各项贷款余额40.98亿元，较年初新增3.43亿元，完成全年任务的37.15%；其中人民币各项贷款余额39.19亿元，较年初增长3.06亿元，完成全年任务的33.19%；完成进出口结算额2.82亿美元，较2014年同期增加9297万美元，增幅49.1%，市场份额43.41%；跨境人民币结算量4.33亿元，较2014年同期增加1.88亿元，增幅76.7%，市场份额46.05%。

■ 严控资产质量 2015年，中国银行永州分行个贷和银行卡业务资产质量呈严重下滑趋势，中小企业不良管控压力空前巨大。加强过程管控，定期通报各网点催收目标、进度及差距，同时加强与催收外包公司的合作，借力催收外包公司专业催收手段进行催收，截至12月末收回拖欠本息283万元；对全辖逾期贷款实行名单式管理，建立并落实不良大户领导清收责任制，将催收任务逐笔分解落实到人并制定具体的奖罚措施，对资产质量有显著影响的逾期贷款或可疑类贷款及时提起法律诉讼。截至12月末，分两批对全辖53笔共计2166万元现金清收困难的不良客户提起法律诉讼，通过诉讼，结清8笔不良贷款，金额99万元。制定出台《永州分行信用卡资产质量管控实施细则》，明确不良余额控制目标。将二季度确定为银行卡不良催收攻坚季度，将不良清降任务分配到各机构，要求限期收回，各机构签署“永州分行信用卡资产质量管控承诺书”，市分行每星期召开一次调度会，分析、研究不良清降措施。10月21日，再次召开银行卡不良卡不良管控专项会议，研究部署银行卡不良清收化解措施，收回银行卡不良资金400多万元。对拖欠本金2万元上的银行卡不良客户在《永州日报》上进行公告催收，同时加强外包公司催收，加强与公安部门配合，采取法务催收，对所有本金1万元上的不良客户全部移交公安机关，到12月底，银行卡不良余额从最高时的1200多万元压降到793万元，成功控制在管控目标之内。成功化解市公路局贷款风险，偿清全部展期贷款本息1210万元。主动退出中小高风险客户授信风险，如广源汽贸、五千年家居、皇朝家私等风险客户。对进入关注类的中小企业，组建专项清收小组，如成立宁远支行、东安支行专项清收小组，果断采取行动，防止不良情况发生。截至12月底，表内不良清收完成3562万元，完成省分行年任务424万元的840%；表外不良资产现金清收90.9万元，完成省分行年任务147.8%。全行不良贷款总额2657万元，控制在省分行计划2832万元内，授信资产质量在系统内和同业中总体保持优良水平。

■ **内部控制管理** 2015年3月11日，中国银行永州分行成立内部控制委员会，修改制定内控委章程和会议制度，认真坚持内控委每月例会制度。制定《永州分行2015年内控合规工作考核实施细则》，分别从经营性机构、市分行条线管理部门2个系列突出以“问题导向”为核心的内控考核评价办法。落实市行领导内控合规分片负责制，将市行领导内控合规分片负责制细化为“四个一”规定动作。组织开展员工经常性教育和定期排查相结合的学习教育活动。规定每周二为员工学习日，并对员工开展经常性内控和案防教育。同时，定期开展员工思想行为排查。把开展员工家访工作作为对员工“八小时”以外行为监督管理的重要手段。市分行领导、机构（部门）负责人对全辖216名员工进行家访，员工家访面达到73%。开展日常性检查与“突击性检查”相结合。市分行组织两次全辖突击性“飞行检查”，对全辖所有营业性机构开展“四个管住”内控大检查，对内控合规工作始终保持高压态势。组织成立专项整改小组，对稽核检查和“飞行检查”发现的问题，一对一进行落实。对于省行稽核部检查出的70条问题，组织各部门认真梳理，分解到机构和条线部门，逐一落实整改措施，并严格对问题责任人逐一进行细致调查，对相关人员进行严肃问责处理。

■ **队伍管理** 2015年，中国银行永州分行制订《永州分行2015年营销副职考核细则》《永州分行2015年内控副职考核评价实施细则》《永州分行2015年公司客户经理考核方案》和《永州分行2015年个金板块客户经理考核方案》4个管理方案，强化对营销副职、内控副职、公司和个金客户经理4个队伍的细化管理，采取季考核评价、奖励先进、约谈后进和末位淘汰等方式，增强队伍竞争活力和内生动力。深入推进薪酬改革方案的落地，进一步完善薪酬激励机制。按照薪酬调薪向基层倾斜的原则，一季度拉平市城区支行与县支行的薪酬水平，强化薪酬的业绩导向，全行普遍性调薪7.5%，其中祁阳支行上调26.79%、东安支行上调22.09%。

（郑卫平）

中国农业银行永州分行

■ **概况** 2015年，中国农业银行永州分行坚持稳中求进，深化经营转型，加快有效发展，强化精细管理，推动升级进位，提高市场竞争力、价值创造力、风险管控力、班子战斗力、队伍活力和品牌影响力。年末，各项存款余额243.55亿元，比年初净增19.58亿元，存款存量市场份额占32.42%，存款增量市场份额为33.66%，均居同业第二位；各项贷款余额96.2亿元，比年初净增4.07亿元，贷款存量市场份额为28.73%，列同业第二位，贷款增量市场份额为12.09%，列同业第三位；不良贷款余额20480万元，较年初减少674万元，不良率2.13%，较年初下降0.17个百分点；“三农”工程深入开展，惠农通有效服务点较年初增加1200个，完成省分行计划870个的137.93%。

■ **从严治行** 2015年，中国农业银行永州分行抓支行领导班子建设，开展领导班子工作作风整顿活动，将经营指标逐项细化落实到岗到人，实行末位淘汰制；抓员工行为管理，开展合规教育，对典型的违规案例进行深入剖析，对违规造成当事人承担的严重后果给予评析，警示员工违规必究，建树员工对制度的敬畏心；抓违规违纪事件的查处，对违规发放贷款、违规办理银行卡、擅自离职离岗等违纪违规事件，力求果断处理到位，全行对28名违规责任人给予纪律处分，对131人次给予经济处罚，对172人次扣减违规积分481分。

■ **精细管理** 2015年，中国农业银行永州分行拟定各条线重点工作，以重点工作为导向，推进全行重点工作精细化管理，明确各项工作责任主体和监督主体，逐项落实各层级、各部门、各岗位工作目标，将27项重点工作汇编成册，对工作开展情况逐项勾对，准确评价责任主体的执行力，以重点工作完成情况作为各单位年度综合绩效考核内容。

■ **优化业务结构** 2015年，中国农业银行永州分行深入推进零售业务二次转型，做强个人存款，始终把个人存款增长作为提升市场竞争力的核心，以扩户提质工程为抓手，以网点优化工程为契机，以软转升级工程为支撑，以渠道协同工程为途径，以联动发展工程为手段，以创新驱动工程为动力，以风险防控工程为保障，推进二次转型。量质并举，做大做强对公业务，明确重点目标客户，进行专项营销，狠抓对公存款，不断推进信贷资金投放，做强做大国际业务。精耕细作，夯实县域三农业务基础，全面提升县域竞争力，全力控制农户贷款风险，扎实推进惠农通工程，做好民生代理业务。

■ **和谐发展** 2015年，中国农业银行永州分行注重企业文化建设，将企业核心理念深植于心，以先进企业文化引导员工，各级行领导班子严于律己，坚持处事公平、公正，建树人格魅力；增加行务透明度，对全行的重大决策，一律在行务公开栏和内部网上予以公开，消除员工的疑虑；创造关心、关爱员工的氛围，做好基层网点“五小建设”，解决员工工作、生活上的实际困难。建立完善行长接待日制度，畅通员工反映问题的渠道，落实行领导与员工谈心谈话，逐步疏通员工思想症结，构筑和谐的发展环境。

（罗晖）

中国农业发展银行永州市分行

■ **概况** 2015年，中国农业发展银行永州市分行坚持稳中求进工作总基调，适应新常态，着力谋发展，扎实推进创先争优、合规管理和队伍建设“三个年”活动，实现员工队伍和谐、地方党政满意、业务运行趋好的目标。全年累计发放各项贷款38.34亿元，清收处置不良贷款1300万元，实现中间业务收入550万元，实现账面利润6593万元。截至12月末，各项贷款余额69.35亿元，各类存款余额47.37亿元，不良贷款余额为零。

■ **信贷支农** 2015年，中国农业发展银行永州市分行加快业务发展，信贷支农成效显著。一方面，贯彻落实国家粮油收储政策，支持最低价粮食收购，全年累计投放粮油收储贷款39975万元，支持收购粮油6250万公斤；另一方面，以全市农村基础设施建设中长期信贷项目对接和金融支持永州市经济发展政银企会商会为契机，大力营销培育水利、易地扶贫搬迁、整体城镇化、农民集中住房、农村路网等领域项目贷款。1~12月，累计营销储备贷款项目46个，贷款金额306.6亿元，发放贷款22.5亿元。贷款业务涵盖水利建设、整体城镇化、棚户区改造、易地扶贫搬迁、农业生态环境、农村流通体系等10个领域。同时，采取高层营销、积极协调、专人盯守、领导分片、部门挂点等措施，争取第1~4批重点建设基金投资项目665个，金额1069亿元；投放基金项目15个，金额5.13亿元。其中涔天河1亿元为全省实现首笔投放。

■ **风险防控** 2015年，中国农业发展银行永州市分行通过制定到期贷款监测台账，根据企业实际和需求“量体裁衣”，合理安排人员，及时启动续贷（展期），确保贷款受理、调查在规定时间内完成，实现客户资金供应的“无缝对接”。结合风险排查、打假治贪，对全行范围内的信贷客户进行梳理、核查分类，确定10家“重点维护类”客户，涉及贷款金额54753万元。对纳入名单的客户，逐企业制定切实可行的维护方案，明确维护目标和具体维护措施，对企业的资金流、物资流、抵（质）押物进行动态监测。通过重点帮扶，有7家客户经营恢复正常，各项指标向好，平稳地退出重点维护类客户名单。以现金清收方式收回鑫龙纺织有限公司不良贷款1300万元，实现不良贷款零余额。为缓释地方政府融资平台还贷压力，实现项目建设和资金运行良性循环，上报重置贷款期限变更项目26个，金额26.5亿元。经省分行审核，符合条件的中长期项目贷款10笔、金额10.74亿元全部完成调查，其中审批到位3笔，金额7050万元。

■ **经营管理** 2015年，中国农业发展银行永州市分行制订46个岗位职责，修订19个规章制度，着重抓好、抓实各类操作规程和日常工作履责。加强基层行执行力建设，对县支行（部）领导班子进行执行力考核，加强重点工作和事项的监查督办，严格违规问责。集中半个月时间，组织市分行全部业务骨干对县支行（部）信贷、财务等基础工作进行全面检查，发现各类问题81个，处罚相关责任人205人次，罚款金额21600元，违规积分累计291分，逐企业建立问题整改台账，制定措施，责任到人。修订完善《永州市分行经营绩效考评办法》，出台《永州市分行业务经营奖励费用挂钩考核办法》，充分发挥绩效考评的引导、激励和约束作用。制定合规管理年活动实施细则，明确活动组织机构、任务书和时间表，全行员工均签订合规承诺书，举办法规应知应会培训班，参加省分行组织的法规知识竞赛并取得三等奖的好成绩。

■ **队伍建设** 2015年，中国农业发展银行永州市分行制订“三严三实”专题教育方案，由党委书记、行长带头讲党课，市分行中心组每月组织一次学习。召开专题民主生活会，认真查找不足，剖析思想根源。全年，党委书记带头与班子成员深入基层、客户调研160多次，接待县区政府工作商谈32次，解决业务发展、客户维护、基层行具体问题76件。严格执行组织人事、财务管理等办事公开的规定，引导全员改正作风。推进“队伍建设年”活动，开展全员教育培训，集中举办各专业条线培训班7期，培训人数297人次；举办中层管理人员培训班2期，培训人员66人，聘任业务副经理（副专员）15人；配合省分行新聘副高2人。落实省分行《廉洁办贷监督管理办法》等7个制度办法，全市系统落实行务公开418次；签订《银企廉政共建协议书》57份，组织召开银企廉政共建座谈会10次。

■ **企业文化** 2015年，中国农业发展银行永州市分行在中央主流媒体发表文章86篇，比2014年同期增加68篇，增幅377%，完成省分行下达全年任务的215%，继续在全省系统保持领先水平。组织开展以“团结奋进迎新年”为主题的文体活动。到蓝山县祠市中心小学开展“共享阳光关爱贫困学生”学雷锋志愿活动。举办运动会选拔赛，选拔出田径项目运动员8人，参加省分行秋季运动会全部9个项目的比赛，取得女子800米第一名，拔河、男子1500米第二名等5个单项奖和团体总分“三等奖”。

（王虹）

邮储银行永州市分行

■ **概况** 2015年，邮储银行永州市分行紧紧围绕“夯实基础，精细管理，转型升级，稳中求进”的十六字方针，严控资产质量、完善合规体系、优化团队管理、整合营销渠道、强化作风建设，以服务“三农”为己任，践行“普之城乡，惠之于民”的服务理念，支持地方经济发展。邮银个人存款总额达到218.48亿元，年净增23.63亿元；全市对公存款余额25.22亿元，年净增3.76亿元，总量及增量处于银行同业中第六位；全年新增贷款14.54亿元，同比多增2.95亿元，全市小贷净增1.65亿元，发放贷款6.28亿元。

■ **发展转型和业务创新** 2015年，邮储银行永州市分行坚持“零售金融升级，公司金融拓展，金融市场创新”的发展战略，做好城市农村区域联动、批发零售板块联动、表内表外业务联动、线上线下渠道联动等“四维联动”，更多依靠创新与转型推动盈利可持续增长，加快培育更具特色的竞争优势。

■ **“三农”金融服务** 2015年，邮储银行永州市分行推进“三农”金融改革，与同业错位经营，重点对接新型城镇化、农业现代化。优先支持弱（逆）周期行业、民生产业、新兴产业，积极布局民生行业、新兴产业、科技产业链及新三板企业，重点培育具有高成长性的优质小微企业及高科技小微企业，对接“紧密型”政府合作平台和“小微企业风险补偿金”政策，提高政银合作成果转化效率。以消费信贷作为城市零售业务的增长基础，拓展线上线下渠道，抢占作为金融市场制高点的城市主战场。

■ **基础管理** 2015年，邮储银行永州市分行巩固夯实风险合规工作在银行经营管理中的核心基础地位，发挥前中后台联动作用，建立健全风险管理、资金案防、内控管理、监督检查机制，实现风险合规向标准化、科学化、习惯化演进。

（奉艳珺）

交通银行永州分行

■ **概况** 2015年，交通银行永州分行秉承“以战略转型为重点，以改革创新为抓手，以新建网点为平台，以‘规范管理年’夯实基础，继续坚持走可持续发展之路”的总规划，全行上下同心同德、锐意进取，保持质量、效益、速度的协调发展，完成全年工作任务。

到2015年年末，各项存款余额21.02亿元，较年初增加5.59亿元。其中，对公存款余额17.03亿元，较年初增加3.74亿元；储蓄存款余额3.99亿元，较年初新增1.85亿元。人民币各项贷款余额为17.64亿元，较年初增长11亿元，增幅达166%，贷款不良率为零。实现经营利润4345万元，完成全年任务的122%，同比增长3006万元，增幅达225%；实现经济利润2650万元，完成全年任务的105%，同比增长2209万元，增幅达501%。获得省交行531工程“先进集体”奖、中国银行业文明规范服务湖南省“五星级营业网点”、省交行2015年“外币日均存款增长奖第一名”等11项荣誉。会计营运管理、全面风险管理、工会工作名列全省第一位。

■ 主营业务 2015年，交通银行永州分行在重点项目、创新业务、渠道建设继续发力，公私联动全面均衡，业务发展取得新突破。成功营销永州市零陵古城等市政重点项目5个，带动储蓄存款净增长近8000万元。实现五险统一征缴系统正式上线；住房公积金、国土招拍挂系统、住房维修资金自缴系统、二手房交易资金监管系统、烟草、财政、诊疗卡系统等渠道建设，全行大口径财政性存款较2014年有较大幅度增长。公共代缴代收费取得突破，成为永州市首家开通物业维修资金自缴功能的银行，6~7月物业维修基金缴费高峰期，21天内，收取5480笔自缴基金，存款净增2500万元，余额4798万元，占全市物业维修基金总存款的22%，成为资金占比最大行。联合广发证券在银行间市场交易商协会发行非公开定向债务融资工具（PPN），成为永州市首单PPN业务。持续推进与市住房公积金管理中心的创新业务，深化银企直联，开展“公转商”贷款业务，发放“公转商”贷款62笔，金额1733万元。

■ 内控管理 2015年，交通银行永州分行继续坚持“按流程办事，凭制度管人”的原则，内控管理井然有序。通过营运质量“零差错”竞赛活动、营运条线员工综合能力提升专项活动，抓业务知识、抓岗位技能、抓综合素质、抓团队执行能力，一系列措施进一步提高营运条线整体工作水平。在湖南省分行2015年度会计营运质量考评中，永州分行名列全省第一位。在交行“531”登月工程上线工作中，获得省行授予的531工程“先进集体奖”称号，成功渡过系统上线后的高危期，实现系统上线前后客户零投诉，为业务发展和改革转型落地提供先进平台。围绕省分行提出的“业务经营风控先行”理念，从员工思想、贷款投放、员工行为、员工业务操作等多方面努力，开展风险专项会议、加强思想教育、强化流程监控、严格业务自查，风险防控工作不断加强。继续保持稳健经营，实现安全运营零事故。截至2015年12月末，人民币各项贷款余额为17.64亿元，贷款不良率为零。

■ 品牌形象 2015年，交通银行永州分行以打造客户最佳体验为目标，开展“有加分我必争”服务提升竞赛活动，在季度和年度服务考核中累计获得上级行加分4.17分。制定并实施《2015年永州分行客户意见管理实施细则》《2015年永州分行消费者权益保护管理》《2015年永州分行消费者权益保护应急预案》，切实将服务质量提升工作纳入考核的重要内容，推动服务工作取得新成绩。在2015年省分行消保服务考核排名中，名列全省第三位；营业部获湖南省银行业文明规范服务“五星级营业网点”；在省分行2015年“靓丽交行大美交行”服务礼仪竞赛中获“二等奖”。健全制度管理体系，加强金融信息和金融安全知识传播和宣传，组织开展金融知识宣传活动17场，履行消费者权益保护知识宣传职责。推出“5元观影”“5元洗车”“1折欢唱”“1元抢购”等特色卡消费活动，搭建交行卡“金邻惠”商圈。开展20场“三进”活动（进企业进社区进市场）、6场小小金融家活动等一系列惠客活动。

■ 网点建设 2015年，交通银行永州分行落实省分行“三位一体”机构建设要求，网点建设稳步推进。新设永州零陵和逸云路两家支行，筹建河西梧桐路支行，新建支行的业务发展稳步向好。截至12月末，零陵支行时点存款5.99亿元；逸云路支行（普惠型）开业半年，时点存款余额为1798万元。新增自助银行3家，自助网点数量累计达到12个。冷零两区4家人工网点+12家自助网点的“三位一体”建设成果为广大客户提供便捷高效服务。

（申佳）

华融湘江银行永州分行

■ 概况 华融湘江银行永州分行位于永州市冷水滩区翠竹路9号世纪滨江大厦，于2012年11月正式启动筹建工作，是系统内第12家一级分行，2013年8月8号开业，开业当天一般性存款余额突破10亿元。截至2015年年末，永州分行下设营业网点5个（含分行营业部），在册员工106人，各项存款余额29.92亿元，较年初新增10亿元，增长50.21%；

信用投放余额30.17亿元，较年初新增9.58亿元，增长46.53%；净利润5916.61万元，完成全年任务114.49%；不良贷款率保持为零，取得较好业绩。

■ **助推地方经济发展** 至2015年年末，华融湘江银行永州分行累计向永州市投放信用资金超过50亿元。在支持永州地方基础设施建设、园区开发、战略产业发展、中小微企业转型、政府重点项目和民生工程等方面，优先支持符合国家产业政策导向、区域内竞争优势明显、对地方经济发展贡献突出的现代物流、新材料、精细化工、智能制造装备、医疗卫生及设备、生物医药、高等教育、节能环保、基础设施建设等行业。通过创新产品实施突破，向政府工程建设项目投放大额贷款。分行对永州城投、经投、开建投、江华城投、加州城投、交建投、祁阳经开区等政府平台类企业累计授信超过30亿元，对冷祁快速干道、湖南涔天河扩建、永州市城投棚户区改造、滨江新城棚户区改造、加州城投河西沿江风光带建设、祁阳江华经济开发区等重点民生工程给予重点资金扶持。灵活运用对接理财、直投、银银组合、贷款等现有表内外创新产品，扶持湘中工业、长丰汽车等优质成长型工业企业发展壮大。

■ **支持创新创业** 2015年，华融湘江银行永州分行坚持把地方中小企业作为信贷支持的重点，加大对小微企业信贷倾斜，打造“小微企业合作银行”，全力支持小微企业创新创业。截至2015年年末，小微企业贷款（含个人经营性贷款）余额超6亿元。以工业园区、商会与行业协会、担保公司以及核心企业等为切入点，搭建营销平台，推行“模式化经营”，批量开发小微企业客户，实现营销效率与营销成本的“双赢”。成立小微企业金融服务中心，开辟小微企业金融服务“绿色通道”，在产品创新上形成包括循环贷款、贸易融资、经营性物业贷款、标准厂房按揭贷款等在内的融资产品体系，为300余家中小企业提供全方位的金融服务。同时，关注并探索长期以来困扰企业融资的“担保难”问题，结合企业实际，创新授信模式，推出“循环贷”“物业贷”“互助联保贷”“银保贷”“信用贷”“信义贷”“组合贷”“快捷贷”等产品，创新运用企业联保、组合担保等形式，为企业量身定做融资方案。

■ **提升服务品质** 2015年，华融湘江银行永州分行坚持“服务立行”，推进“五年三步走”发展战略，计划三年内机构覆盖市区县域，扩大服务覆盖面。现有2家支行获评永州银行业协会“五星级网点”称号。推出网上银行、电话银行、手机银行、微信银行等电子银行业务。发行金融IC卡、社保卡和公务卡。实施“华融卡”开户、取现和网上银行、手机银行转账手续费全免等惠民措施。截至2015年年末，客户突破5万户。

■ **扩大品牌影响** 自2014年起，华融湘江银行永州分行响应总行号召，携手团市委发起“华融湘江银行·绿色助学行动”，每年对65名贫困大学生给予经济资助，并先后赞助“和美永州·好人好梦”公益晚会、永州市全民健身广场舞大赛、市直机关素质拓展运动会、“欢乐潇湘·和美永州”大型群众文艺汇演、永州市春晚、永州文化旅游形象大使选拔大使等一系列群众性文化活动。

（许学文）

湖南省农村信用社联合社永州办事处

■ **概况** 湖南省农村信用社联合社永州办事处下辖12个县级法人机构，其中，10个农商行、2个城区联社，共336个营业网点，在编员工2990人。2015年，永州办事处坚持以改制为抓手，以转型为突破口开展工作，各项业务呈跨越式发展态势，完成各项目标任务。截至12月末，全市农村信用社各项存款余额433亿元，比年初净增75亿元，存款总量和增量分别占全市金融机构的27.55%和32.17%，市场份额居全市各金融机构第一位；各项贷款余额290亿元，比年初净增59亿元，增幅为25.54%。全市贷款总量市场份额为36.63%，增量市场份额为38.97%，贷款总量、增量居全市金融机构第一位；存贷比为67.07%；不良贷款余额5.42亿元，比年初净压缩6.21亿元，不良贷款占比为1.86%，首次降到2%以下；历年贷款到期收回率首次高于98%，达到98.2%；损失准备充足率为442.57%，比年初提高337个百分点，拨备覆盖率为228.02%，比年初提升137个百分点，资本充足率为14.9%；财务总收入为31.8亿元，总支出为22.23亿元，实现利润总额为9.57亿元，净利润6.52亿元。全市“两支一扶”工作重点突出，11个县区行社在第一、二、三批扶贫工作中建档立卡150445户，评级授信96811户，参评率为64.35%，授信额度142918万元，发放扶贫贷款12754万元。全市建立ETC“一站式”服务网点41个，ETC用户突破1.94万户；电子银行替代率41%；手机银行开户数18.3万户；福祥卡累计发行428万张，较年初增加93.3万张。2015年，永州农信社各项经营指标在全省农信系统绩效考核中排名第二位。

■ 业务发展 2015年，湖南省农村信用社联合社永州办事处着力强化存款组织在业务经营中的基础性、支柱性导向作用，创新思路，促进全市农信社存款总量、增量和客户数量“三量齐升”。全市重点推行福祥便民卡集团授信业务，以贷引存，取得良好效果。双牌农商银行在开办此项业务后，6月存款增量市场份额达到171.7%，同期该县其他四家商业银行存款增量市场份额均为负增长。年末，全市财政拨款行政事业单位基本账户开户数达1378户，单位工资账户卡户数792家。行政事业单位基本账户存款余额超过20亿元。全面落实涉农贷款“一个不低于”和小微企业贷款“三个不低于”目标。全辖涉农贷款和小微企业贷款增速分别为26.23%和26.62%，分别高于贷款平均增速的0.59和0.98个百分点，新增小微企业客户较同期增加2371户，小微企业贷款申贷获得率达99.68%，辖内行社通过开展银企洽谈会，与企业签订项目推荐合同179户，签约贷款达12亿元。推进代理中间业务发展。蓝山农商行成功代理烟草收购资金在线支付业务；零陵联社将财政惠农卡、卫生局健康卡、农合办医疗卡和金融IC卡归并，成功开办“四卡合一”业务；江永农商行成功开立湖南省交通违规处理自助服务平台业务资金账户等等。“六个一百”和“六个一”活动有序开展。全年对接重点客户数量133户，发展潜在客户79户，新增授信4.47亿元，发放贷款3.65亿元。“户户清”活动效果明显。年末盘活存量贷款3.68万余笔，金额5.13亿元，其中表内3.13亿元，表外1.99亿元。全市以特色县域经济为依托，支持订单农业、优质农业、高效农业、生态农业，培育种养大户、联户经营、专业大户、家庭农场、专业合作社等新型农业稳健发展。支持果蔬、烤烟、水产、生猪专业合作社57家，贷款金额4606万元；支持种养大户发展家庭养殖场、特种养殖场311户，贷款金额13012万元；支持农业产业化龙头企业43家，贷款金额24869万元。大力拓展资金市场。各行社增设资金运营部，注重加强资金业务人才的培养，全面开通行社间相互授信机制，解决资金瓶颈问题，增加各种期限错配的套利模式，提升资金利用效率。

■ 产权改革 2015年，湖南省农村信用社联合社永州办事处加强产权制度改革，改制组建农村商业银行。推动东安、新田、宁远、道县等4家县域的农商行改制及筹划城区内3家机构的重组。改革过程中积极吸收地方政府背景公司企业投资入股参与农信社机构改革，该类企业法人股占比达到20%。股权结构的多样化，股本结构的优质化，为农商银行发展打下坚实的股权基础。年末，全市县级联社全部改制成农商银行，城区三家行社组建永州农商银行工作已经申筹。

■ 风险管控 2015年，湖南省农村信用社联合社永州办事处进一步加强全面风险管理，科学搭建前、中、后台三道防线，加大信用风险、流动性风险、案件风险和声誉风险的防控力度，强化内部控制、加强风险排查、完善考核机制、严惩违规操作、培育合规文化，从源头上消除风险隐患。全面实施包点稽核员或风险主管制度。将风险管理模式从事后稽核、非现场监督向事中实时监督转变，有效防范操作风险。8月开展全市案防大检查，坚持将“员工行为排查”工作落到实处，及早发现问题苗头，及时防范处理，严禁“带病上岗”。全年对发生的各类网络舆情、上访、信访事件，及时处置到位，有效控制因操作风险、信用风险和流动性风险造成行业声誉和信任危机。全年以整治信贷领域违规违纪行为为重点，对祁阳、双牌、道县、东安、潇湘5家行社进行全面审计，发现问题384起，涉及金额3532万元。按照《湖南省农村信用社稽核处罚规定》，对163名相关责任人经济处罚40余万元，批评教育131人，建议行政处分32人次，下发限期整改通知书15份。

■ 企业文化建设 2015年，湖南省农村信用社联合社永州办事处从夯实现代金融基础入手，全面推进企业文化建设。推行绩效考核系统上线和客户经理等级管理，考核动力由管理层向全员传导，实行量化考核，责任放贷，有效提高行社信贷营销绩效，防范信贷集中度风险。年内举办轮训班9期，组织行社各类上岗考试5次，受训员工3000人次，受训面100%。开展中层干部竞聘活动，行社年满50岁的全部退出中层干部岗位，并以公开竞聘的方式将优秀的年轻员工提拔到中层干部岗位。创新载体强化宣传，在高速路口、城区重要位置、省级要道出境口做好农信社形象宣传，9月底全市的“一县两牌”工作全面落实到位。10月，为庆贺全省农村信用社存款突破6000亿元，在市级电视台、电台、报刊、网站作为期90天宣传广告。各行社结合业务宣传工作在当地电视台开展形式多样的活动。蓝山农商行冠名“湘江源”形象大使选拔赛和全县春节联欢晚会；零陵联社开展的“金融知识下乡讲师团项目”获得2014~2015年度全国“送金融知识下乡”优秀项目奖。开展文体活动，组队参加省联社举办的2015年“福祥·宁乡杯”男子篮球赛、永州银行业协会举办的男女拔河比赛及男子篮球赛、市人民银行外汇局举办的羽毛球赛、省级机关组织的跳绳比赛以及市委宣传部举办的“唱响永州”合唱比赛。大力创建星级网点。各行社都制定网点改造建设时间表，按五星级的标准装修1~2个标杆网点。全年改造网点33个，评出“服务明星”36人，被永州市银行业协会评为三星级以上的网点17个。东安农商银行被东安县委、县政府授予“支持地方经济重点项目建设先进单位”称号，同时获“绩效考评”优秀单位、“社会综合治理先进单位”等奖项；江华农商银行被授予“2015年度服务经济社会突出贡献奖”；蓝山农商银行获“湖南省农村信用社绩效考核先进单位”“永州市农村信用社先进单位”“蓝山县目标管理综合考核先进单位”“蓝山县社会管理综合治理先进单位”“蓝山县法治蓝山建设一等奖”等多项表彰。

（黄乐明）

人保财险永州市分公司

■ 概况 2015年，人保财险永州市分公司坚持“加大改革创新力度，继续保持稳健增长，更加注重价值创造”的工作主基调，围绕省分公司确定的“品质卓越、跑赢市场、进一跨百”工作目标和市分公司年初确定的“12345”工作思路，聚精会神谋发展、凝心聚力强管控，实现“十二五”完美收官。截至12月底，全市系统完成保费收入57598万元，同比增长18.39%，完成省分公司下达年计划的100.17%；完成实收保费57700万元，同比增长18.76%，完成省分公司下达年计划的100.35%。全市系统综合成本率为90.67%，同比下降2.32个百分点；综合赔付率为63.36%，同比下降0.58个百分点；综合费用率为27.31%，同比上升3.18个百分点。实现报表利润占年计划的119.77%。未决赔款准备金净额达19940万元，净增1213万元。实现经营活动现金净流量12882万元，同比增加1300万元；百元保费现金净流量为22.37元。全市系统应收保费661万元，应收保费率为1.15%，同比下降0.42个百分点。

■ 保险对标管理 2015年，人保财险永州市分公司实行“市场发展、价值创造、客户需求、创新举措、队伍建设”五大对标管理，特别是在发展对标上，用“市场增速比”来衡量产品线和支公司的发展情况，逐月进行对标考核，逐步加大对标意识，大大提高管控。市分公司总经理室成员和部门经理同步实施督导联系点制度，通过层层督导落实，促进对标管理举措的落地。

■ 优质业务发展 2015年，人保财险永州市分公司始终把发展作为解决一切问题的根本途径，坚持有效益、加快发展不动摇。针对公司销售队伍老化、销售方式粗放、资源和利益控制外化等现象，特别是销售资源整合度不够、销售政策配套性不强等制约公司销售能力提升的深层次问题，持续推进销售队伍人力资源改革，充实和加强销售队伍建设，着力破解阻碍销售能力提升的瓶颈问题，实施差异化竞争策略和差异化资源配置策略，全面促进业务发展。以着力提升“续保力、新增力、竞回力和渗透力”为目标，对各产品线销售费用和手续费实行差异化配置，逐级分解落实季度各险种计划任务，完善季度预算目标考核办法，进一步加大刚性考核力度。制订下发各产品线《指导意见》和《考核办法》，实施市场开发全过程动态管理，明确业务发展重点，引导各单位找准业务主攻目标，并认真抓好业务督导。总经理室先后对零陵、凤凰、祁阳支公司进行“一对一”现场督导，列出问题清单，加强过程管控。各单位紧盯目标市场，实施项目突破，扎实做好市场开发和填补保费缺口。始终把渠道建设作为抢占市场制高点的重要抓手，以市场为导向，细分客户市场，实行传统渠道和新兴渠道开拓并举。筹建车险续保业务部和非4S车商团队，月产能达到100多万元。提前续保2015年度北五县区农村居民大病保险。突破零陵、冷水滩两区和江永县、江华瑶族自治县农村居民补充意外医疗保险，新增保费1600多万元。政策性农险在依法合规的前提下保持稳定增长，新增保费2309万元，东安支公司取得全省首批承办烟叶烘烤保险资格。

■ **关键环节管控** 2015年，人保财险永州市分公司在理赔管控方面，持续强化车险成本精益管控，落实"万元以下案件限时处理方案"、车险大案管理方案、定损更换标准、全损复勘收旧、损余回收方案等制度，实行"定损标准化、小案快速化、大案严控化"的管控模式，车险案均赔款为6115元，同比下降7.26%。加强非车险专业管理制度建设，落实重要客户、重要渠道的非车险赔案处理制度，进一步强化非车险团队业务赔案处理的规范化管理，促进非车险赔案质量提升。持续推进人伤成本管控，狠抓人伤案件的全流程调解工作，加强人伤案件质量评价。继续全力推进远见综合移动服务平台应用，推进"理算工厂"建设。全面推进"车险理赔业务协助制度""非车险小额案件协赔作业指导书""三农保险理赔服务协助制度"等协赔制度落地。积极应对灾害性天气，强化大灾应急处置能力。通过微信平台提前发布灾害气象预警，在低洼地带树立警示标志，派理赔人员驻守主要风险点，尽力控制损失范围。在财务管控方面，继续强化"算着干"的经营管理方法，全面加强预算的刚性管控，继续坚持匹配规模、效能优先、成本节约的总体要求，有效控制差旅费、招待费、车辆使用费等办公运营开支，在规模和人员持续增加的基础上，市分公司管理费用同比下降20.52%。扎实做好销售费用管理工作，以达成全年经营目标为前提，以行业平均水平作参照，以历史数据为依据，遵循"优质业务多配资源、劣质业务少配或不配资源"的原则，确保销售费用精准投放到销售一线；每月对各产品线销售费用超支结余情况进行详细分析、回溯监督，确保销售费用整体可控。对道县支公司、东安支公司、凤凰园支公司等单位实行财务清算员派出制度，有效提高财务集中管理水平和费用配置效率。在承保管控方面，持续加强业务质量监控，动态优化承保政策，有针对性地加大对优质业务的销售费用投入，切实提升优质业务占比。

■ **客户服务体系建设** 2015年，人保财险永州市分公司以打造"优质的标准化服务、高效的后援保障服务、丰富的差异化服务"为目标，推进"三位一体"的客户服务体系建设，持续完善管理机制、优化服务流程、创新工作方式，在加强客户服务体系建设的同时，全市系统加速"蓝海战略"的实施，加强三农基层服务体系建设，全市16家三农营销服务部实现产能1.06亿元，完成年计划的140.03%，同比增长223.7%。同时全面推进示范部节点建设，2015年被总公司评为"示范三农营销服务部"的有2个，被总公司评为"示范三农保险服务站"的有29个，全市职场建设基本达标，有2个营销服务部被树为全市标杆。协助省分公司客户服务管理部成功举办为期4天的"服务品质提升驻点督导内训师培训"，先后对支公司开展服务标准化培训。在全省系统首届服务技能竞赛中获团体二等奖，出单中心刘娅迪获全国系统金牌出单员称号，全年客户服务综合考核列全省第五位。

（郑杰）

中国人寿保险股份有限公司永州分公司

■ **概况** 2015年，中国人寿保险股份有限公司永州分公司（简称"中国人寿永州分公司"）下设14个营业机构（其中综合性支公司11家，专业化支公司、营业区3家）、42家营销服务部，拥有正式在职员工313人。2015年，中国人寿永州分公司系统践行"价值先导、规模适度、优化结构、注重创费"的经营思路和"创新引领、强司富员、进位争先"的工作方针，全面实施"强队伍、重对标、大营销"的经营策略，坚持创新引领，主动适应"新常态"，较好地达成全年各项工作目标。截至12月31日，完成总保费收入8.72亿元；完成新单标保6426.5万元，完成年计划的101.3%，同比增长5.3%；完成寿险新单保费收入41123.8万元，完成年计划的114.0%，同比增长 9.4%；完成新单期交保费收入 13392 万元，完成年计划的 100%，同比增长 9.8%；完成十年期以上期交业务保费收入 7374.2 万元，完成年计划的 88.2%，同比增长 3.6%；完成短期险保费收入 6957 万元，完成年计划的 98.2%，同比增长 17.2%；公司综合经营指标考核排全省第 14 位。

■ 队伍建设 2015 年，中国人寿永州分公司通过招聘平台，有 12 位全日制大学生加盟中国人寿，全市系统有 16 位“80 后”员工新提聘到县支公司部门经理及以上岗位。切实加强销售队伍建设，个险渠道主动适应高增长、大营销、重价值、强队伍的新常态，运作“双开双红”“百城万店”和“保险开放日、公司正能量”等平台，坚持双线运作，同步推进业务和人力发展，坚持客户经营常态化。新增有效人力 1562 人，全市年度长短险举绩目标达成 16223 人，年度达成率 97.3%；全市年度长险举绩目标年度达成 10803 人，年度达成率 95.9%；年度月均持证人力目标达成 2989 人，达成率 111.6%；有效人力季均目标达成 1075 人，年度达成率 85%，同比增长 12.9%。银保年度保险规划师现有人力 375 人，达成率 130.2%，达成率全省排名第五位；客户经理现有人力 148 人，达成率 111.3%，达成率位列全省第六位；保险规划师月均举绩人力 203 人，达成率 117%，达成率位列全省第二位。团险渠道新增有效人力 157 人，有效人力达 180 人。

■ 业务拓展 2015 年，中国人寿永州分公司个险渠道依托省公司搭建的业务拓展平台，搞好销售企划，按照全员聚焦、扎实建库、稳步推进、准确定位、精准发力的总体要求，组织双开双红、五六联动、双过半和八九联动等战役的实施，全年完成新单标保收入 5727.2 万元，完成年计划的 101.7%，同比增长 9.5%；完成新单期交业务收入 9471.5 万元，完成年计划的 98.3%，同比增长 12.4%；完成新单十年期以上业务收入 6647.4 万元，完成年计划的 85.6%，同比增长 6.2%；完成短期险业务收入 982 万元，完成年计划的 81.8%，同比增长 9.4%。银保渠道抓住新单业务季节性特点，在一季度达成年度新单目标的基础上，将工作的重心转移到转型发展上来。渠道坚持一手抓与代理单位的合作，转变代理单位的经营理念，全力推动期交业务的发展；一手抓保险理财规划师的建设，坚持保险理财规划师平台运作与个险“同频、同振、同质、同效”。全年完成新单标保收入 697 万元，完成年计划的 97.8%，同比增长 -20.3%；完成新单保费收入 31100.5 万元，完成年计划的 116.5%，同比增长 6.3%；完成新单期交业务收入 3917.5 万元，完成年计划的 101.7%，同比增长 4.6%。团险渠道以政府转变职能为抓手，在抓好行业代理、员工福利计划等传统业务的同时，大打政策牌，创新村干部综合保险、老年人意外伤害保险、学生交通工具意外补充保险和新合带动业务等版块业务经营。全年完成短期险保费收入 5815.5 万元，完成年计划的 102%，同比增长 17.9%；完成意外险保费收入 4567.5 万元，完成年计划的 117.2%，同比增长 19.3%。

■ 业务创新发展 2015 年，中国人寿永州分公司贯彻实施总部“创新驱动”战略，始终把创新作为业务发展的源动力，常抓不懈。全市系统涌现出新田支公司创新个险队伍管理办法，认真解决队伍“增、育、留”困局；东安支公司创新农村网点管理办法，坚持“两会一平台”制度，坚持区域拓展与平台运作的有机结合，有力地支撑起东安个险的发展；祁阳支公司创新短险管理模式，经营效益显著提升；县域银保“江华模式”被总部肯定并在全国系统推广的先进模式。通过创新，永州分公司成为全省系统第一个实现村干部保险业务市级统保的公司，全省系统第一个采取基金管理模式（保底管理费型）承办新农合意外伤害委托管理业务的公司，全省系统第一个开办新农合带动业务的公司，全省系统第一个开展学生指定交通工具保险业务的公司，全省系统第一个通过政府组织由财政全额出资为五类特困老年人投保老年人保险的公司，全省系统第一个开展大病保险（省政府非试点地市）的公司。客户服务部门大力推广客户自助平台 e 宝账。全年实现员工注册绑定率 100%，注册绑定保单客户达到 1 万人以上。全市柜面将 e 宝账工作纳入到日常工作中，凡临柜的符合注册条件的客户全部注册 e 宝账。实现电子数据保全 7.8 万件。配合团险渠道大力推广学生险电子保单，通过 E 门店等新兴平台，创新开发计生保险、信贷保险、建工保险、小额保险、学生保险及团险传统个单业务等短期险电子化投保流程。柜面对2个区域中心进行“移动柜面”服务。累计“移动柜面”服务76次，现场为客户办理业务1200余人次。

■ 风险管控 2015年，中国人寿永州分公司加强对县支公司班子成员风险预警工作，并对高风险预警分值的对象采取相关预警措施。集中组织对单证、印章、宣传资料、密码权限和销售人员违规行为检查，全市系统经营单位受检面达100%。完成保单排查件数443件，其中，失效件229件，委办件214件，收回2011年~2014年银保投保资料7759份。完成关键岗位检查13人/次。对全市系统4个支公司进行效能监察，查处问题3个。全年查处一般违规行为为28件，涉案金额2500元，挽回损失2500元，挽损率100%。在个人资金风险方面清查职场54个；排查营销员137人；排查保单件数951件；销售误导方面清理城区和县城区职场23个、农村服务部33个、办公室40间，处理各类管理人员和销售人员2273人。依托风险预警平台，全年风险预警运行24个批次，平均电访成功率为95.48%，同比增长4.6%；平均排查成功率为98.79%，同比增长2.9%。风险预警工作考核排名列全省前列。在风险管控和查处的基础上，建立健全公司相关管理制度，有效防范和化解业务经营风险。

（卿国强）

方正证券永州清桥路证券营业部

■ 概况 方正证券永州清桥路证券营业部（前身系湖南证券公司永州营业部）创建于1988年，是湖南省永州市成立最早、规模最大、业务最全的专业证券经营机构，2007年11月正式被方正证券吸收合并。营业部拥有95571呼叫中心、网上交易、泉友通手机炒股、手机开户等先进、快捷、方便、安全的交易方式；建立全面有效的行业领先的客服管理体系，配备国内领先的电脑交易设备；实现财务处理电算化和办公自动化；与建设银行、工商银行、中国银行、农业银行、邮储银行合作，开通三方存管业务，股民资金存取、划转极其方便、安全、及时。营业部持续扩大交易品种和积极参与新业务资格，除传统的交易品种外，还陆续取得期货IB、融资融券、股票质押、企业私募债和新三板等新业务资格。永州清桥路营业部连续17年雄踞永州本地市场份额的第一位，获2004年度湖南省“优秀证券营业部”和上海交易所“优秀股民学校”称号，取得证券监管部门的好评，在广大投资者中有着良好的声誉。

2015年，营业部沪深证券交易累计成交1200.8亿元，占全国0.393‰，比2014年增长4倍。交易品种齐全，融资融券、股票质押、个股期权、期货、港股、沪股通及新三板等新业务快速发展，各项业务雄踞永州地区第一。

（蒋力刚）

综合经济管理

经济调控与体制改革

■ 概况 永州市发展和改革委员会（简称永州市发改委）属永州市人民政府工作部门。负责研究提出全市国民经济和社会发展战略、规划、年度计划，进行总量平衡、结构调整、价格调控以及负责全市粮食流通宏观调控和市级储备粮行政管理的综合经济管理部门。2015年，市发展改革委内设办公室、综合改革规划科、法规科、固定资产投资科、农村经济科、财政金融贸易外经科、社会发展科、工业基础产业和高新技术科、能源科、市重大项目前期工作办公室、资源节约和环境保护科、重大项目稽察科、价格调控科、商品价格管理科、服务价格管理科、收费管理科、政工科共17个科室。全委年末实有职工94人。下属事业单位有市价格监督检查局、市价格成本调查队、市价格认证与信息监测中心、市发改委政府投资项目评审中心、市重点建设工程领导小组办公室5个。

2015年，永州市实现地区生产总值1418.17亿元，增长9.0%；财政收入131.14亿元，增长15.6%；社会消费品零售总额527.83亿元，增长12.1%；城镇居民人均可支配收入21938元，增长8.7%；农民人均纯收入10765元，增长9%；年末城镇登记失业率3.75%。

■ 招标投标 2015年，永州市核准工程建设招投标项目71个，全部核准为委托、公开招标。涉及房屋建筑、市政工程、公路交通、水利水电和农业开发等领域的500个工程建设招投标项目在湖南省综合评标专家库终端抽取评标专家，专家库数据管理系统和抽取终端运行良好，网上随机抽取、语音电话通知和短信通知方便快捷、科学完善，实现专家抽取的随机性和保密性，得到招标人、招标代理机构和行政监督人员的一致好评。

■ 重大项目 2015年，永州市“1511重点投资计划”项目完成投资320亿元，超额完成年度投资任务。8个省重点项目完成投资51.75亿元，超额完成年度投资计划，高于全省平均水平。涔天河水库扩建工程大坝提前153天成功筑顶，华讯科技、万马轮毂、兴泰生物科技等50个重点项目竣工投产。

■ 外经外贸 2015年，永州实现进出口总额8.96亿美元，下降4.4%，其中，出口总额7.69亿美元，增长2.6%；进口总额1.26亿美元，下降32.3%。在俄罗斯赤塔市成立湖南第一个境外农产品加工园区，总投资1.2亿美元，占地2万公顷。

■ “十三五”规划编制 全市“十三五”规划编制工作从2014年5月开始以来，经历动员部署、调研论证和编制起草3个阶段。其中，“规划纲要”通过市四届人大八次会议审议，30个专项规划形成送审稿，全市“十三五”规划重大项目库收集各类项目795个，总投资超过1.2万亿元。

■ 投资管理与项目监管 2015年，永州市固定资产投资完成1541.35亿元，增长18.2%，增速位列全省第11位。涔天河工程建设投资有限责任公司被评为湖南省重点建设劳动竞赛考核先进单位和湖南省重点建设项目目标管理优胜单位。

■ 服务业管理 2015年，永州市服务业实现增加值591.59亿元，同比增长11.4%，服务业占GDP比重连续3年持续提升达到41.7%，较2014年提高1.1个百分点，服务业完成固定资产投资750亿元，同比增长12%，服务业投资占全社会固定资产投资比重达到48.7%，成为拉动全市投资增长的重要产业。

■ 工业交通管理 2015年，永州市规模以上工业实现增加值330.16亿元，增长10.1%，增速高于全省平均水平2.3个百分点，增速排全省第一位。新型工业化稳步推进，规模工业企业达到794家，省级工业园和工业集中区由7个增加到11个，永州经济技术开发区、祁阳经开区建成百亿园区。全市交通进入高铁时代，实现动车直达北京、上海、广州、深圳，永州融入长株潭一个半小时经济圈、珠三角三小时经济圈；厦蓉、道贺高速永州段和二广高速永州至广州段全面建成通车，全市高速公路通车里程达到489公里，居全省第五位，11个县区全部实现半小时内上高速；零陵机场开通深圳、昆明、上海航线，综合立体交通网络基本形成。

■ 体制改革 2015年，永州市行政体制改革、投资体制改革、价格体制改革和各项试点工作等四方面改革工作卓有成效。其中，继续深化行政审批“两集中、两到位”，完成并联审批87件。推进全市投资项目在线审批监管平台建设，推动政府投资项目代建制，制定《永州市政府核准的投资项目目录（2015年本）》，起草《鼓励和支持民间投资参与公共领域投资的实施意见》。中心城区天然气实行同城同价、阶梯水价从2016年1月1日起执行。东安、双牌等8县全面启动第三批县级公立医院医药价格改革；江华、江永、东安、道县、蓝山5县全部纳入国家重点生态功能区拟调整名单。蓝山县成功获批省直管县经济体制改革试点单位。

■ 节能减排 2015年，永州市扎实推进节能降耗和污染减排工作。节能方面，全市能源消费总量779.55万吨标准煤，同比增长0.95%；单位GDP能耗为0.617吨标准煤/万元（目标值为0.660吨标准煤/万元），同比下降7.38%，超额完成年度计划万元GDP能耗比2014年下降1%的节能目标任务。

（张蔚）

工商行政管理

■ 概况 2015年，永州市工商行政管理局，下辖4个工商分局，管辖18个工商所。市局机关内设办公室、政策法规科、政工科等22个科室，全系统干部职工共401人。

■ 服务经济发展 2015年，永州市工商行政管理局抓住商事制度改革这条主线，通过全面深化注册资本实缴改认缴、放宽市场主体住所登记、“先照后证”“三证合一”“一照一码”等商事制度改革工作，取得明显成效。截至2015年年底，永州市有内资企业累计3979家（其中年内新增223家，同比增长35.15%），注册资本345.72亿元，同比增长62.28%；私营企业累计17798家

职工工间操比赛

（其中年内新增4486家，同比增长29.32%），注册资本880.03亿元，同比增长49.36%；个体工商户累计124893户（其中年内新增25439户，同比增长7.63%），注册资本95.38亿元，同比增长25.29%；农民专业合作社累计2970户（其中年内新增837户，同比增长5.55%），注册资本87.69亿元，同比增长42.52%。办理股权出质51件，股权出质4.72亿元，为企业担保融资14.3亿元；开展动产抵押登记工作，提高企业抵押物登记工作质量，为42家企业动产抵押10.2亿元，为企业发展提供融资2.4亿元。与扶贫村和有关单位共同制定三年脱贫方案。8公里通村公路建设、农电升级改造工程、村民饮水工程局和移动通讯覆盖工程，均在实施。与大兴江村党支部商定村级专业合作社的组建方案，各支部则根据帮扶对象的实际情况帮助他们制定脱贫计划。市工商局机关支助大兴江10万元作为发展村集体经济的启动资金，党员为贫困户捐款1.08万元。

■ 市场监管 2015年，永州市工商行政管理局坚持严管与宽进同步谋划，探索新形势下基层工商部门监管新模式，依法将1920家不按规定报送年报的企业列入异常经营名录，推进客观公正的评信工作。继续以高压态势严打传销活动。冷水滩分局先后开展10多次专项执法行动，端掉传销人员集会场所12个，捣毁传销人员租住窝点9个，遣散传销人员500人，解救被骗群众26人。立案查处限制竞争行为13件，商业贿赂案件25起，“傍名牌”案件31起和7家混凝土公司联合抵制交易的垄断和不正当竞争行为。建立网络经济户口数据1.08万个，检查网站650个，责令整改网站55个，立案查处涉网违法案件11起。检查各类农资企业和经营户940户（次），市场15个，抽检种子10批次，不合格样品2批次；抽检化肥73批次，不合格样25批次，查处各类农资违章违法案件59起，查获假冒伪劣化肥120吨、劣质种子12公斤，清理取缔无照经营16户，受理举报（投诉）26件，为农民挽回经济损失140万元。检查广告经营主体1230户次，检查户外广告819件，下达整改通知209份，拆除违法广告54幅，补办登记审批手续17件，立案136起，指导经营者整改723处；立案查处商标侵权假冒案件29件，结案9件。检查儿童用品商店、超市、商场700户次，查扣“三无”（无生产日期、无质量合格证、无生产厂名称）儿童玩具474件，没收存在安全隐患的玩具90件，没收盗版光碟、盗版书籍、假冒铅笔等假冒产品5.5万元，立案查处9起，案值50万元。监测加油站52个，抽检车用汽油样品52个、车用柴油样品52个，计104个样品，立案查处13件销售不合格成品油行为。检查582户投融资类市场主体，行政处罚8户，立案调查6户；对涉嫌非法从事民间借贷的47户，向市、县区金融部门移送46户、向公安部门移送1户。

■ 商标品牌管理 2015年，永州市工商行政管理局指导申报注册商标1323件，成功注册699件。截至2015年年底，全市有效注册商标6982件，较2014年增加16.95%，其中，中国驰名商标11件，省著名商标83件，市知名商标56件，地理标志商标4件。

■ 消费者权益保护 2015年，永州市工商系统在各社区、行政村、市场、超市、景区设立12315联络站3740个，覆盖率65%，“12315”热线接听电话1194个，消费者投诉办结率83.92%，为消费者挽回经济损失300.23万元。

（张凯）

审　计

■ 概况 2015年，永州市审计局人员编制46人，在编38人，设有办公室、综合计划科、政工科、法规审理科、经济责任审计室、财政金融审计科、行政事业与社会保障审计科、固定资产投资审计科、经贸审计科、农业资源环保外资审计科、内审指导科、审计技术科、监察室。

2015年，全市审计机关审计（调查）项目426个，查出主要问题金额883143万元，审计处理处罚应上缴财政34764万元，应减少财政拨款或补贴14765万元，应归还原渠道资金23493万元，应调账处理金额266197万元，移送司法机关、纪检监察机关和有关部门处理事项10件，出具审计报告和专项审计调查报告429篇，提出审计建议1012条，提交审计信息622篇。

■ 政策措施贯彻落实跟踪审计 2015年，市审计局对祁阳、双牌、江永、零陵、新田等5县区“稳增长、促改革、调结构、惠民生、防风险”政策措施贯彻落实情况进行跟踪审计，揭示出未按规定落实简政放权要求、部分单位违规收费、项目建设进度缓慢、资金拨付不到位、清理盘活存量资金不及时等问题，并督促被审计县区根据审计意见及时进行整改。

■ 预算执行审计 2015年，永州市审计局注重加大对重点资金、重点部门、重点领域的审计监督，全市审计预算执行单位90个，对“耕地占用税”上缴、财政支持产业发展专项资金、残疾人就业保障金等开展专项审计调查。审计注意揭示和反映财政资金运行中体制、机制和管理上存在的问题，并会同政府督查机构和监察部门督促有关部门和单位及时整改，有效发挥审计在维护财经秩序、深化财政管理中的积极作用。

■ 专项审计调查 2015年，永州市审计局采取上审下、交叉审的方式，组织开展全市2014年城镇保障性安居工程跟踪审计。市政府对审计结果高度重视，第一时间对保障性住房建设和审计发现问题的整改作出部署，并相继健全完善有关管理制度。同时，市审计局对冷水滩区、蓝山县社会抚养费，市本级成品油价格改革财政补贴资金和中心城区被征地农民养老保险基金进行专项审计和调查。

■ 经济责任审计 2015年，永州市审计局对90名领导干部开展经济责任审计，重点审计领导干部贯彻执行财经法规、党和国家方针政策和决策部署等情况，并把机构设置、编制使用、“三公”经费等作为重要内容纳入审计范围。对审计中发现的严重违法违纪案件线索及时向纪检监察和司法机关进行移送。其中市审计局移送的金洞管理区林业局违规违纪问题，经进一步查处，2人被追究刑事责任，2人受到党纪政纪处理。

（周波）

统　　计

■ 概况 2015年，永州市统计工作围绕中心工作，以现代化服务型统计建设为抓手，以“提高数据质量、树立统计权威”为目标，以市人大工作审议为契机，凝心聚力推改革，开拓创新优服务，各项工作都取得新的进步。获得全市绩效评估、综合治理工作等7项先进，省统计局小康监测、普查工作先进等多个奖项。

■ 反映经济社会发展成果 2015年，永州市统计局组织实施农业、工业、能源、投资、贸易、人口、就业、科技、园区、服务业、民调等25个大类统计调查，完成300余种统计报表，月报、季报、年报台账齐全、资料翔实，及时、准确反映全市经济发展实际和社情民意。组织各部门、各单位严格按规程完成2015年全国1%人口抽样调查工作，完成第三次全国经济普查扫尾工作。筹备第三次全国农业普查工作。完善全面小康指标体系研究和测算，加强业务培训，按时发布监测报告和提出建议，充分发挥全面小康的“指挥棒”作用，反映全市经济社会发展成效、县域经济发展特色亮点和全面小康进程。全市全面小康实现程度为84.6%，提高4个百分点，江华、蓝山、江永、宁远、新田、冷水滩、双牌等县区获得“全面小康推进工作十快进县”“经济快进县”“扶贫实绩综合优秀”等7个奖项，居市州前列。

■ 提高数据质量 2015年，永州市统计局完善GDP、工业、投资等统计数据质量审核评估等11项制度，把数据审核贯穿于数据生产全过程，数据质量不断提高。狠抓“四上”企业“入统”工作，全市新增新投产联网直报“四上”企业220家，比2014年同期增加78家，同比增长54.9%。加强对基本单位名录库的动态管理，从名录库剔除104家不符合条件的直报企业，及时反映发展成果及变化。全面推进GDP核算、投资、劳动力、服务业、贸易统计等六大专业重点改革，实现与上级统计部门方法制度衔接、操作流程统一。组织1400余家规模工业、商贸、建筑业、服务业"四上"（规模以上工业企业、资质等级建筑业企业、限额以上批零住餐企业、限额以上服务业企业）企业开展联网直报，企业直报率100%。特别是对县区服务业发展纳入GDP核算体系改革，有利地促进第三产业的发展，成为经济增长的新亮点。大力宣传《中华人民共和国统计法》，推进依法治统。全市各级统计部门对142家"四上"企业进行执法检查。承担国家级部门数据比对在湖南的试点工作，获得省统计局好评，并以此为契机，开展与相关部门的数据比对工作，通过与工商部门比对，了解新增企业、注册资本等数据积极变化，摸清发展实际，进一步增强对全市经济发展的信心。

■ 统计服务　2015年，永州市统计局在办好月报卡、统计手册、统计年鉴等传统产品的基础上，新编印《2015年数据永州》折页、《决策参考选编》《统计专报》《民意调查分析报告》等统计产品，实现服务扩面、内容提质、送达及时。开展调查研究，加强对县区、乡镇、企业单位一线情况掌握，坚持从实际出发、用实情说话。组织综合、工业、投资、服务业、商贸等科室加大基层调研力度，对经济运行过程中表现出来的问题，如工业实体运行、投资1511计划实施、工业园区135工程等方面进行详细调研，对全市一些重点行业、企业、发展有特色的县区进行剖析，形成一批专题分析，及时为领导科学决策提供第一手资料。完成统计分析64篇（《决策参考》25篇、《统计信息》39篇），在《湖南统计信息网》发表56篇，在《湖南省社会主义学院学报》发表论文1篇，《永州市"十三五"全面建成小康社会路径和对策研究》入选《2015年湖南省统计科研成果汇编》。开展财政收入与GDP相关性研究，分析财政支出对GDP的影响；在评价全市经济社会发展质量方面，加强指标体系建立和评价研究；以县区为例，采用因子分析法研究各地经济发展质量；针对工业发展态势，加强园区为重点的分析研判，提出全年完成工业增长目标的对策建议。科学组织开展全市"十三五"规划目标研究，及时撰写《对永州"十三五"经济社会发展主要调控目标的思考》供市领导和部门参考。自6月起，每月及时提供市政府向省政府汇报基础性研究材料。

■ 统计基层基础　2015年，永州市统计局向市委、市政府汇报，为市、县级统计机构设置、优化统计队伍建言献策，推动机构改革中依法设置统计机构。启动县、乡统计规范化建设达标创建攻坚行动，切实加强统计基层基础工作，全面完成省定基层统计规范化建设任务。分专业、分批次采取培训班、以会代训等多种形式开展业务培训，培训人员达400余人次。举办乡镇、街道办事处统计人员业务培训班，240名乡镇统计业务骨干参加培训。组织650余人参加统计专业从业人员考试，统计从业人员持证上岗比例大幅提高。提高信息化水平，国家统计专线网延伸到11个县区，6个县区将原来的2兆光纤升级到10兆，保障全市联网直报工作顺利进行和视频会议召开的需要。全市联网直报指挥系统建设工作顺利推进。

■ 完成市人大工作审议　2015年，永州市统计局成立以局长为组长的迎审工作领导小组及办公室，3名局领导担任副组长。及时向市人大迎审工作组汇报沟通，明确具体任务。在5个迎审单位中率先召开全体干部职工动员大会，谋划充分。深入到各县区，邀请各方代表召开统计工作座谈会，搜集到意见建议180条。认真查找，深入剖析，从思想认识、制度规范、队伍建设等多方面入手，查找出基层统计薄弱、统计能力不足、执法力度不强、统计体制不完善、统计宣传氛围不浓、队伍建设亟需加强等6个方面的问题，向市人大常委会报告、接受人大代表检阅。按照市人大常委会30次会议意见和市人大常委会主任高建华对统计工作的指示要求，坚持问题导向、严字当头、实字统领，在统计系统开展整改大行动。整改工作实行统一领导、统一指挥、统一安排，实行一盘棋运作，责任落实到具体领导、具体科室、具体人员。加强市县、部门、科室之间的多向互动配合，形成整体推进的良好格局，做到一级抓一级、层层抓落实，确保整改工作取得实效。针对"意见"中指出的五大类问题，制定具体整改措施37条，安排责任人员62人次，解决问题20个，并立足长远，出台制定11项制度固化成果。市人大常委会第34次会议通过对该局的工作审议。

（周中辉）

国家统计调查

■ 概况 国家统计局永州调查队是国家统计局直属正处级单位，依法独立开展统计调查、统计监督，独立上报调查数据和资料。单位编制18人，现有正式干部职工15人。主要职责是：开展住户收支与生活状况调查、居民消费价格指数调查、工业生产资料价格调查、固定资产价格调查、生猪调出大县畜禽监测、产粮大县粮食产量抽样调查、规模以下工业抽样调查、部分服务业抽样调查、采购经理调查、退耕还林监测、劳动力调查、贫困县贫困监测等调查工作；负责文明城市测评、省绩效考核民意调查、组织工作满意度调查、城市环境满意度调查、教育工作满意度调查、国有企业廉政建设调查、省直机关作风建设满意度调查等；负责统计法律法规、规章和统计调查方法制度的宣传普及并开展统计执法工作；针对社会热点难点问题开展调查及分析研究、上报重要调查信息，为各级党委、政府和社会各界服务。

■ 提升调查数据质量 2015年，国家统计局永州调查队为进一步落实“三个提高”（提高统计能力、提高统计数据质量、提高政府统计公信力）的要求，确保调查数据质量，抓业务培训，夯实调查基础，有效推进规范化操作，保证各专业调查工作的开展和调查数据质量的有效提高。组织4次以会代训式的业务培训班，参加人员有县级统计机构的工作人员和企业统计人员，从调查方法理论、操作规程、调查技巧、审核把关等方面进行培训，并对工作中存在的问题和不足进行集中纠错，规范操作，有效提高与会人员的业务素质。同时在现场采价、实地调研和季度回访中，针对工作中的薄弱环节和不足之处对辅助调查员和企业统计员进行一对一的培训。在规模以下工业抽样调查联网直报中，通过及时开展业务培训、多种方式协助指导、多催多审、及时反馈沟通等四项举措，联网直报工作顺利开展，全年的联网直报上报率达到85%以上；在流通和消费价格调查工作中，梳理和分析调查网点分布状况、规模特点、运营方式、经营稳定性等，筛选具有代表性、典型性的权数调查网点，实地走访调研，争取调查网点业务人员的支持配合，确保权数专项调查工作顺利进行；在住户调查工作中，建立图文并茂的记账户家庭档案，确保档案内容的完整性和真实性。同时通过加大宣传力度，加强与调查户沟通，有效提高记账户的工作积极性，全年实现零换户率。狠抓回访和检查工作，如城乡住户调查专业制定《访户工作制度》，并坚持做到住户工作人员每月至少访户一次，辅助调查员每月两次访户，同时根据日常记账的情况和存在的问题，进行不定时和重点访户。二季度开展一次全市住户基础工作检查，对检查中存在的问题下发整改通知书，并对各县区下发检查情况通报。主要畜禽调查专业每个月走访1～2个县，抽查1～2个散户样本村和2～3个生猪养殖规模户，认真核实数据，检查生猪调查台账的规范性，并与养殖户进行座谈，就生猪生产情况开展调研工作。工业品价格调查专业平均每月电话联系企业10多人次，深入了解各行业产品价格涨跌原因。狠抓规范管理工作。其中城乡住户调查先后制订和完善《永州住户调查工作制度》《辅助调查员工作职责》《记账规则》以及《永州调查队住户数据评估办法》，从数据的采集、审核到评估都进行一系列规范化要求，明确调查机构、调查人员、辅助调查员工作职责，做到工作中各司其职，各负其责。CPI和SCPI都建立调查网点台账、规格品权数比重台账、消价工作制度台账、上级文件通知资料台账、月度采价资料台账、三审资料台账、月度数据资料台账、月度分类数据指数台账、调查分析资料台账、调查信息资料台账、工作信息台账、消价会议培训记录台账、规格品价格检查资料台账等，并分别整理装订成册归档。各专业都严格把好原始资料和汇总报表的审查关，认真查错改错，确保各种专业报表准确、完整，不出现逻辑性、再生性差错，各专业的汇总表必须经科室负责人、主管队领导和队长认真严格审核后方可上报。同时专业报表数据要求做到“数出有源、数出有据”，认真科学地做好评估、对比工作。

■ 统计调查服务 2015年，国家统计局永州调查队围绕省总队信息要点和地方党委政府关注的重点内容完成调查信息44篇，调查分析19篇，政务信息66篇，5月完成省队中标课题《湖南人口老龄化变动趋势及对经济增长的影响研究》。受市文明委委托，承担全市各县区文明程度指数测

永州银监分局

局长邓建华（右三）出席湖南永州道县农商行开业仪式

党委中心组举行集体学习

召开城区三家机构改革重组监管会谈暨协调推进会

永州市银行业第二届男子篮球及男子、女子拔河比赛开赛

永州银监分局获“平安单位”称号

副局长李树屏（后左一）出席金融支持永州市易地扶贫搬迁战略合作框架协议签字仪式

开展“七一”主题活动

永州银监分局组织永州银行业机构开展小微企业金融服务宣传活动

纪委书记冯重林（中）在分局第四党支部讲党课

永州银监分局与潇湘农商行联队参加永州市“唱响永州”2015歌咏比赛

中国工商银

市委副书记、市长易佳良（左一）在分行指导工作

举办“工行梦·我的梦”演讲比赛，行长徐彦杰（左一）为获奖单位颁奖

行长徐彦杰（左一）参加义务植树活动

组织总行五一劳动奖章获奖者夏继权先进事迹巡回报告会

全市首家智能网点宁远新桥分理处开业

获2015年度湖南省“普惠金融工作先进单位”称号

行 永 州 分 行

工行湖南分行副行长郑子术（左四）参观江华凯盈科技有限公司

工行湖南分行副行长肖舟（右三）在永蓝高速调研

参加湖南分行员工广播体操比赛并获三等奖

参加永州市银行业协会拔河比赛

开展“心有工行，梦伴青春”青年员工户外拓展活动

举办“超越”杯员工乒乓球羽毛球比赛

中国银行股份有限公司永州分行

全市外经贸政策培训班在分行举行，市政府副市长罗双全（左五）出席并讲话

与市农业发展银行签订战略合作协议

开展服务礼仪竞赛

参加“防范打击非法集资犯罪宣传”活动

与神华国华永州电厂举行青年联谊会

开展“3·15”宣传

中国农业银行股份有限公司永州分行

党委书记、行长　张重九

深入开展“两学一做”活动

新田金盆圩下塘窝村扶贫联系点关爱留守儿童

银政合作支持农民进城购房

无偿献血回报社会，关爱他人

举办“农行杯”高端客户乒乓球羽毛球联谊赛

中国农业发展银行永州市分行

农发行湖南省分行与永州市人民政府签订《全面推进农业农村基础设施建设战略合作协议》

开展体育锻炼 增强员工体质

省分行党委书记、行长谢文（左二）在东安县支行调研

获省分行秋季运动会女子800米第一名

信贷支持重点项目——湘江东路防洪堤建设项目

信贷支持国家重点水利项目——涔天河水库扩建工程

交通银行永州分行

市委副书记、市长易佳良（左），省分行行长唐玲（右）分别代表永州市政府、湖南省分行签订“十三五”银政合作框架协议

2016年6月，省分行与永州市政府举办银政合作签约仪式

2015年度湖南省银行金融服务竞赛

百佳优秀团队

湖南省人民政府金融工作办公室　中国银监会湖南监管局
中国金融工会湖南工作委员会　湖南省银行业协会
二〇一六年三月

党委书记、行长周利民（右一）深入基层开展精准扶贫

营业网点为女性客户送去“母亲节”祝福

支持小微企业发展

网点晨会服务礼仪练习

员工户外素质拓展活动丰富业余生活

开展金融知识普及宣传，履约社会责任

永州市商务和粮食局

市委书记陈文浩（中），市委副书记、市长易佳良（右三）等市领导出席北京永州企业商会成立大会

永州市商务和粮食局位于永州市冷水滩区育才南路1号永州市外经贸服务中心大楼内，于2015年3月整合原永州市商务、粮食、口岸、商业、物资等部门职能，正式挂牌成立。全局有干部职工66人，其中处级干部18人。内设办公室、政工科、财务审计科、综合信息调研科、法规科、市场运行和消费促进科、电子商务科、市场体系建设科、市场秩序和监督检查科、对外贸易科、对外投资和经济合作科、加工贸易科、投资管理科、异地商会联络服务科、口岸管理科、粮食调控与统计科、流通行业管理科、机关党办、纪检监察室等19个科室，下辖永州市商业企业改制服务办公室、永州市粮油检测中心、永州市市场服务中心、永州市驻深办等4个直属单位。

副市长罗双全（右）与阿里巴巴、甲骨文签订科技战略合作协议

市商务和粮食局党组书记、局长邓群（右）与广东广谱生物科技有限公司签约

办公大楼

中国国际贸易促进委员会永州市支会

湘籍音乐家谭盾（中）在米兰世博会湖南活动周开幕式上对江永女书进行专门推介，并在“中国·湖南之夜——谭盾专场音乐会”上演绎江永女书作品

副市长罗双全（左四）拜会省贸促会，双方就永州社会经济发展和新常态下发展贸促事业进行座谈交流。省贸促会会长李沛，副会长胡强、黄芳出席座谈

在永州与郴州、衡阳共同举办的“湘南森林休闲城市活动日”上，副市长罗双全作市情推介

省贸促会副会长胡强（中）陪同中港食品安全交流协会会长刘松新（左五）实地考察万家鹅业生产基地

省贸促会副会长黄芳（左四）在“2015年亚洲（香港）农产品展”上巡视江华昌发农业发展有限公司展位

副市长罗双全（左一）带领后盾单位深入冷水滩区黄阳司镇天里坪村走访慰问

省贸促会副会长王玉立（居中）率会务部部长、法律部负责人，深入熙可食品、宇秀生物等企业生产现场进行调研

永 州 市 烟 草

2015年6月11日，国家烟草专卖局局长凌成兴考察永州烟草物流配送中心。（左一为凌成兴，左二为湖南省烟草专卖局局长樊剑峰，右三为省长助理袁建尧，右四为市委常委、常务副市长易佳良）

2015年8月20日，省长助理袁建尧（左三）在宁远县金钩挂水库施工工地，调研水源性工程项目建设情况

2015年8月20日，省长助理袁建尧在宁远县禾亭烟草站，调研烟叶收购工作。（右二为省长助理袁建尧，右一为市委常委、常务副市长唐湘林）

2015年3月9日，市烟草专卖局（公司）开展永州烟草成立30周年庆祝活动。图为永州市局组织离退休员工参观文化展示中心

2015年12月7日，市烟草专卖局（公司）第六届物流职业技能竞赛理论考试现场

2015年7月，永州市烟草公司开展送课下乡活动，对全市近7千户农村卷烟零售客户开展技能培训，丰富营销技能提升其经营能力

专 卖 局（公司）

2015年3月16日，市委常委、常务副市长易佳良（右二）深入宁远县、蓝山县调研烤烟生产

2015年9月22日，江苏省烟草专卖局组团考察市烟草专卖局（公司）物流配送中心

2015年4月28日，在省烟草专卖局、省公安厅联合召开的全省卷烟打假工作会上，永州市烟草专卖局因卷烟打假破网工作成绩突出，首次获“全省卷烟打假特殊贡献奖”

2015年7月25日，市烟草专卖局联合公安机关破获周某某等人销售假烟国标网络案，现场查获假烟34.8万支，该案累计涉案金额达137万元，涉案5人被刑拘，4人被逮捕

2015年3月13日，市烟草专卖局在市工商局、湖南中烟代表的见证下，举行公开销毁假冒卷烟活动，价值1000万余元的假烟被付之一炬

2015年4月25日，市烟草公司宁远县分公司组织烟农合作社专业放蜂队伍在仁和基地单元烟田散放烟蚜茧蜂防治蚜虫，开展生物防治，有效降低农药使用量，提高烤烟安全性

中石化永州销售分公司

团结务实的领导班子

道县油库签约仪式

全市商务领域“诚信兴商”宣传培训会议

用心、用情服务

每一滴油都是承诺

优质服务月活动

永州市地震局

省地震局领导视察东安县苍子岭社区防震减灾工作

省地震局专家指导永州地震监测台网中心建设

2015年全市地震系统表彰

①②④
③

①局长张泉在全市县区培训班上作辅导报告

②5·12地震科普宣传现场

③伊塘镇学校应急疏散演练

④江华地震台新址24小时地震动监测测试

永州市教育局

2015年6月，副省长李友志（二排左三）深入永州市检查高考工作

市委书记陈文浩（左一），市委副书记、市长易佳良（左二）在全市第31个教师节庆祝大会上为获奖教师颁奖

2015年，湖南省市、县教师发展中心建设现场研讨会在永州举行

2015年，永州市幼儿园1876所，在园幼儿216533人，专任教师8707人；小学461所，在校生496638人，专任教师23837人；普通中学323所，在校生284574人，专任教师20009人；特殊教育学校7所，在校生495人，专任教师70人；中职学校40所，在校生53689人，专任教师2313人；高等学校3所，在校生25900人，专任教师1575人。生师比例幼儿园为24.87：1，小学为20.83：1，普通中学14.22：1，中等职业学校，2.21：1。全市人口中，每万人口在校生：幼儿园343.19人，小学787.14人，普通初中321.97人，普通高中129.06人，中等职业学校85.09人。全市小学校园占地面积10210575.7平方米，校舍面积3136097.55平方米，学生人均10.25平方米；普通初中校园占地面积10613503.5平方米，校舍面积3148730.22平方米，学生人均5.22平方米；普通高中（含完全中学）校园占地面积3271068平方米，校舍面积1582004平方米，学生人均19.43平方米；中等职业学校校园占地面积2140040平方米，校舍面积691620平方米，学生人均12.88平方米。2015年全市小学入学率100%，辍学率0%，毕业升学率100%；初中毛入学率125%，辍学率1.8%，毕业升学率88.73%。

永州柳子中学挂牌开学

永州市第19届中学生运动会在永州三中举行

湖南科技学院

2015年7月27日，校党委书记陈弘（左二）在潮水铺村调研。驻村帮扶工作年度考核获优秀

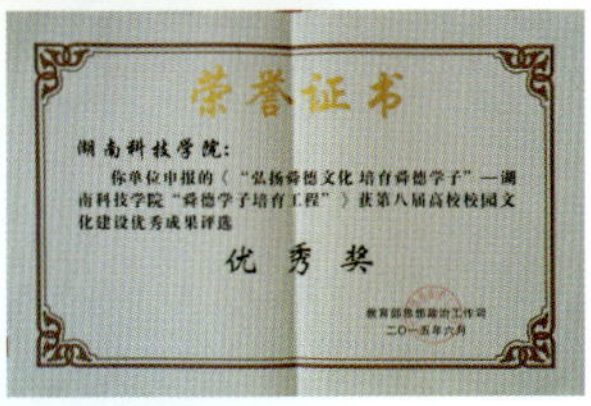

2015年6月24日，“首届永州经济社会发展论坛”在学院举行

2015月1月，中层干部实行竞聘上岗，提拔使用66人

2015年9月25日，湖南科技学院第一次归侨侨眷代表大会暨侨联成立大会

2015年5月12日，举行海外名师聘任仪式，美籍华人生物医学专家、博士冯小荣受聘为学院首位“海外名师”

2015年，学院教授张京华被评为湖南省十大教育新闻人物、湖南省“党和人民满意的好老师”，被授予第四届全国教育改革创新优秀教师奖

永　州　职　业

党委书记　李世胜

院长　翟惠根

永州职业技术学院全景

技　　术　　学　　院

湖南现代高级畜牧养殖职教集团年会

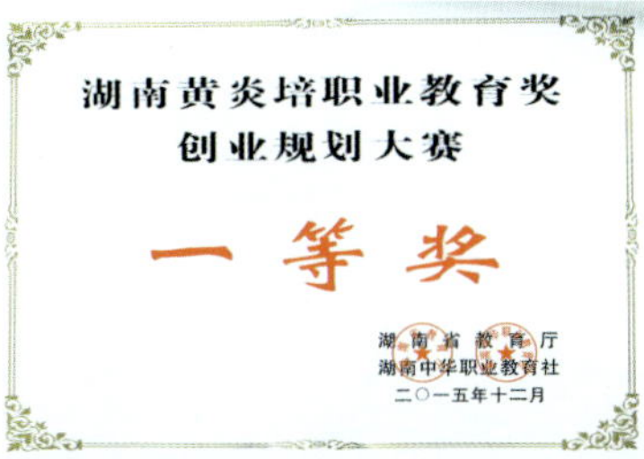

春季招聘会现场

湖南现代高级畜牧养殖职教集团“信息共享平台建设”座谈会

抗战胜利70周年合唱比赛现场

湖南青年创新创业典型巡回报告会

教职工广播体操竞赛

毕业典礼

“和美永职”师生诗歌朗诵竞赛现场

国立公办 湖南潇湘技师学院 湖南九嶷职业技术学院

2016年6月13日，市委副书记、市长易佳良（右三），市委常委、市委宣传部部长石艳萍（右五），市政府原正厅级干部赵清茂（右四）等领导及相关单位主要负责人在学校调研

2015年10月19日，副市长张常明（右二）在新校区调研

2015年6月10日，学院党委书记黄小明（右二）在双牌县郭江口村开展精准扶贫工作

2015年8月26日，2015年永州市职业技能竞赛暨省旅游服务业职业技能竞赛永州赛区预选赛开幕式在学院举行

2016年6月14日，学院开展精准扶贫，为患有重病的学生进行爱心捐款

2016年4月9日，学院烹饪十七班毕业三十年同学聚会

2015年10月24日，学院召开第二届田径运动会

永州市卫生和计划生育委员会

党委书记周长光应邀到市委党校进行专题讲座

2015年，永州市卫生计生系统深入贯彻落实中共十八大、十八届三中、四中、五中全会精神，围绕市委、市政府中心工作，凝心聚力、开拓创新、锐意进取，圆满完成“十二五”规划确定的目标任务。永州市被省委、省政府评为“2015年度全省计划生育工作良好单位”，实现保先进位的目标；江永县被评为全省计划生育工作优秀单位，实现县区优秀单位零的突破；全市卫生计生重点工作、全市计生协会工作获全省优秀；市卫生计生委获全市年度绩效评估工作、安全生产工作、信访工作、计划生育工作、就业优先工作、企业服务年活动、非税收入等先进单位。

2015年3月10日~11日，省卫生计生委党组书记、省医改办主任詹鸣深入永州调研城乡居民大病保险工作

2015年8月6日，省卫生计生委党组成员、副主任方亦兵深入零陵区黄田铺镇调研计生工作

2015年3月18日，永州市卫生和计划生育委员会正式挂牌

2015年8月20日~21日，永州市卫生计生委、永州市总工会联合举办2015年卫生计生监督技能竞赛活动

永州市中心医院

2015年8月27日，副市长刘尤碧等一行7人在永州市中心医院进行调研

2015年9月25日，召开全院干部大会，市委组织部干部一室主任邓可旺宣读市委对永州市中心医院院长的干部任免决定：任命刘彬为永州市中心医院院长，免去肖东民市中心医院院长、党委副书记职务

2015年10月，中层干部进行竞争上岗，一大批德才兼备的中层干部履新。图为竞聘时民主投票

2015年12月，北院二住院楼正式投入使用，新增医疗用房1.9万平方米

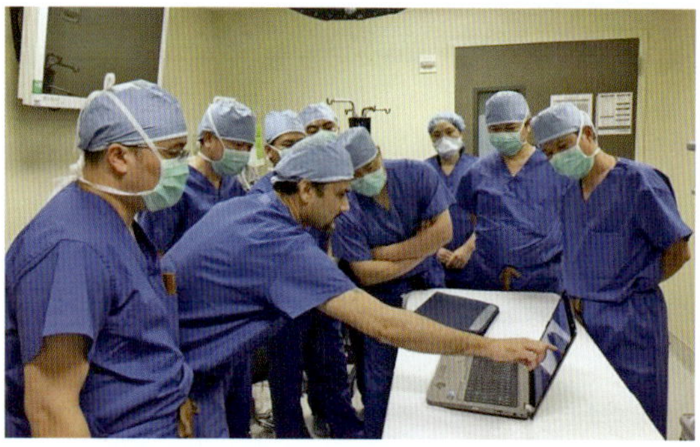

2015年9月27日~10月10日，经国家外专局批准，永州市中心医院选派8位医技人员赴美国进行为期14天的培训。图为派出人员在纽约骨关节医院学习肩关节镜手术

2015年5月12日，在北院大礼堂举行“5·12”国际护士节优质护理服务表彰暨多媒体教学竞赛活动

2015年10月21日，在北院大礼堂举行“九九”重阳节座谈会，约200余名退休职工参加此次会议

2015年2月7日，在北院大礼堂召开一届四次职工代表大会

永州市疾病预防控制中心

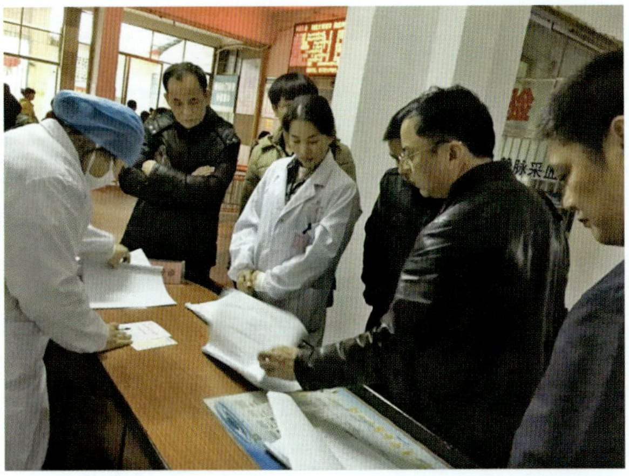

2015年12月24日，市卫计委副主任赵承保（右二）带领市疾控中心专业人员在江永县一小指导处理流行性腮腺炎爆发疫情

市疾控中心主任陈伯中（左一）在东安县石期市镇灾民家了解受灾情况

2015年9月1日，开展全国第九个“全民健康生活方式日”宣传活动

2015年10月26~27日，永州市疾病预防控制中心成功举行人感染H7N9禽流感疫情处置应急演练

2015年食品安全宣传周活动

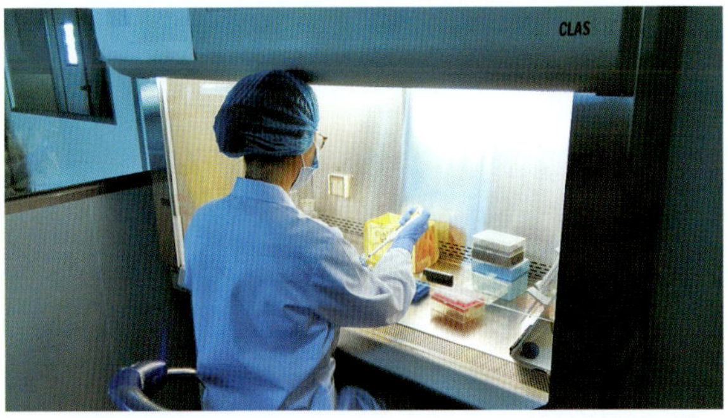

市疾病预防控制中心检验人员开展检验检测工作

2015年，市疾控中心深入企业开展《中华人民共和国职业病防治法》宣传活动

市疾控系统首届“疾控杯”气排球比赛

永　州　市

省卫生和计划生育委员会副主任、省中医药管理局局长邵湘宁（中）率领专家组对永州市中医院2012—2014年中医药项目建设情况进行检查指导

永州市中医院始建于1955年，经过60个春秋的改革与发展，现已成为永州市具有一定规模、科室设置齐全、技术力量雄厚、医疗设备完整的集临床、急救、教学、科研、预防、保健于一体的三级甲等中医医院。是湖南中医药大学临床教学医院，湖南中医药高等专科学校教学医院，国家执业医师实践技能考试基地，湖南省全科医生培养基地，湖南省中医住院医师规范化培训基地，永州市高校毕业生就业见习基地。

医院占地80余亩，业务用房6.8万平方米，床位800张。设有内、外、妇、儿、针灸、骨伤、血透、治未病、ＩＣＵ等临床和医技科室34个。其中，针灸科属国家级重点专科；骨伤科属国家中医重点专科协作组成员单位、湖南省重点专科；内科系统中的中风病科、脾胃病科属湖南省重点专科。2015年医院增设新骨伤二科和康复科。成立新骨伤二科，并将原来骨伤二科更名为骨伤五科，使整个骨伤科诊疗中心扩增至5个病区；康复科是永州市床位最多、康复设备最全、诊疗技术最专业的康复治疗科室。

医院现有职工610余人，其中高级职称80余人。配备有较为齐全的临床诊断治疗设备。拥有百级、千级、万级、十万级层流手术室及抢救设备齐全的层流重症监护室（ICU）。

医院积极落实公立医院改革各项任务，以提高中医药服务能力为中心、继承与发展中医药为主题、加强中医医院的内涵建设、保持发挥中医药特色优势与作用为主线，不断提高中医药学术水平和综合服务能力，做大做强中医特色品牌，为人民群众健康保驾护航。

省中医药管理局专家组在医院进行三级医院巡查

2016年2月26日，市中医医院五届四次职工代表大会举行，市卫计委副主任蒋陆阳（中）到会指导

中医院

副市长刘尤碧（左）在院长王文革（右）的陪同下调研门诊综合楼建设项目

成功举办永州市首届“骨科论坛”

2016年3月8日，经过近一年的筹备，在原有两个针灸科病区的基础上，“康复科”正式独立开科运行

举行《医务人员的八项修炼》和《现代医院中层管理九项修炼》培训

市中医院门诊楼旧貌换新颜

2015年中医住院医师规培工作正式启动

市中医院获市首届职工微信摄影大赛多个奖项

市中医院举办护士节文艺晚会

市中医院又一骨伤科成立，骨伤科诊疗中心规模扩大到5个病区

永　州　市

2015年8月26日—27日，副省长蔡振红（左三）率队深入祁阳县、冷水滩区检查调研福利机构安全生产、社区建设等相关工作

2015年9月24日，省民政局党组书记、厅长段林毅（右三）在江永县兰溪乡黄家村开展“一进二访”活动，其与结亲对象黄其发一家亲切交谈

2015年3月13日，全市民政工作会议在冷水滩区召开

2015年10月23日，党组书记、局长肖余胜（中）率队深入宁远县九嶷山瑶族乡紫荆村开展“一进二访”活动

2015年2月11日，在市军休所举行迎新春联欢会，党组书记、局长肖余胜致辞

2015年11月24日，永州社会组织孵化基地揭牌暨首批公益组织入驻仪式在市军休所一楼大堂举行

民　　政　　局

政府助推慈善助学，圆梦寒门学子

2015年8月10日，由永州市人民政府主办，市慈善总会、市民政局、市工商联、市教育局、市广播电视台等单位承办的“爱心圆梦”慈善募捐晚会在市电视台演播大厅举行

2015年9月30日，市委、市政府在永州市烈士陵园举行公祭烈士仪式大会

2015年5月17日，市福彩中心在冷水滩区举行“福彩·阳光天使”资助仪式

2015年2月2日，在市政府新闻发布厅举行新闻发布会，通报2014年全市民政工作情况

永州市广播电视台

省新闻出版广电局局长朱建纲（左二）视察广电

2015年10月22日，市委副书记张严（右三），市委常委、市委宣传部部长石艳萍（右二）到永州广电调研指导

台长蒋三秋到江永开展“一进二访”活动

2015年永州市春节联欢晚会

永州广电微博

永州市军队离退休干部休养所

“八一”建军节，市委书记陈文浩（右中）一行走访慰问市军休所离退休干部

市民政局党组成员、副局长李爱玲（右一）看望慰问市军休所离休干部王佐章夫妇

市民政局党组成员、副局长谢江南（左）走访慰问市军休所正团级离休干部许志珍，为他送上由中共中央、国务院、中央军委颁发的中国人民抗日战争胜利70周年纪念章与慰问金

全体工休人员在新建的综合服务楼大厅合影

湖南省军休文化建设现场会在永州召开

抗战胜利70周年之际，举办“弘扬抗战精神·重走长征路”活动

成功承办市民政局新春联欢会

永州市人力资源

市委组织部副部长、市人社局局长、党组书记唐树成（右）在永州市2015年度工作综合表彰大会上登台领奖，市委书记陈文浩（左）为其颁奖

2015年，永州市新增城镇就业5.87万人，失业人员再就业2.22万人，其中就业困难人员再就业0.76万人。新增农村劳动力转移就业6.84万人。帮助217户新出现的零就业家庭至少1人实现就业，零就业家庭动态就业援助率100%。发放小额担保创业贷款3.76亿元，扶持0.54万人创业,带动1.39万人就业。城镇登记失业率控制在3.75%。全市基本养老保险、医疗、生育、工伤、失业五项社会保险总参保人数626.9万人次。五项社会保险征缴收入44.34亿元，比上年增加5.08亿元，同比增长12.9%。企业养老保险参保32.01万人，其中，在职职工19.73万人，离退休人员12.08万人。基金征缴11.72亿元，与上年基本持平。发放基本养老金24.52亿元，比上年同期增加1.52亿元，同比增长6.6%。机关事业单位养老保险参保19.92万人，其中，在职职工14.47万人，离退休人员5.68万人。基金征缴16.13亿元，比上年同期增加4.13亿元，同比增长34.4%。发放基本养老金17.54亿元，比上年同期增加5.3亿元，同比增长43.3%。城乡居民养老保险登记参保324.17万人，缴费参保19.8万人，60岁以上领取养老金的79.13万人。基金征缴2.44亿元，各级财政补助8.29亿元，支出8.37亿元。城镇职工基本医疗保险参保总人数44.23万人，享受待遇12.44万人次。基金征缴8.96亿元，比上年同期增加1.48亿元，同比增长19.8%。基金支出4.36亿元，比上年同期增加0.12亿元，同比增长2.8%。城镇居民基本医疗保险登记参保总人数107.93万人，享受待遇11.77万人次。基金征缴3.12亿元，与上年基本持平。基金支出2.75亿元，与上年基本持平。生育保险参保总人数30万人，享受待遇2794人次。基金征缴1678万元，比上年同期增加150万元，同比增长9.8%。基金支出792万元，比上年同期增加115万元，同比增长17%。工伤保险参保总人数37.7万人，享受待遇1887人次。基金征缴10587万元，比上年同期增加1528.5万元，同比增长19.8%。基金支出6278万元，比上年同期增加1056.5万元，同比增长20.2%。失业保险参保总人数30.1万人，享受待遇1.49万人次。基金征缴7444.92万元，比上年同期减少548.38万元。基金支出2979.51万元，比上年同期增加28.65万元。市人社局被评为全国人社系统新闻宣传工作先进单位、全省创新创业工作先进单位、全市绩效评估先进单位、优化经济环境和机关效能建设先进单位、市级文明标兵单位、社会管理综合治理工作先进单位等。

“回乡创业、在家就业”春风行动专场招聘会现场

永州市2015年春风行动启动仪式暨大型专场招聘会现场

市人社局在全市2015“唱响永州”歌咏大赛上获三等奖

和社会保障局

2015年6月，市委常委、常务副市长易佳良（右四）与市机关幼儿园小朋友欢度“六一”儿童节

市委副书记唐松成（右二）在永州2015届高校毕业生供需见面会现场指导

省就业局局长谭文波（左二）视察永州市高校毕业生创新创业孵化基地入驻企业

市委组织部副部长、市人社局局长、党组书记唐树成（左二）深入对口扶贫村道县新车镇塘下村看望慰问孤寡老人

市委组织部副部长、市人社局局长、党组书记唐树成（右）深入道县金陵镇指导安全生产工作（该镇2015年成功创建成为省级安全生产示范乡镇）

党组成员、副局长蒋新山（左）在新闻发布会现场解答记者提问

永 州 市 残 疾

启动市残疾人康复中心项目建设

市残联在衡阳市残联考察残疾人康复工作

党组书记、理事长顾晓姣（中）深入康复机构进行调研

市残联领导班子成员深入到贫困残疾人家庭开展走访慰问活动

市残联在市反腐倡廉教育展馆参观学习

人　联　合　会

市残疾人联合会第四届主席团第二次会议在冷水滩区南华大酒店召开

党组书记、理事长顾晓姣（右一）深入祁阳县残联检查“一站式”办证工作

2015年全市残联工作务虚会议在冷水滩区华丰华天大酒店召开

市残联全体干部职工深入到市博物馆参观学习

市残联在“三严三实”专题教育中，深入冷水滩区蔡市镇邓家铺村开展“一进二访”活动

永州市红十字会

2015年12月10日，市人民政府副市长、市红十字会会长刘尤碧（左三）等相关领导参加在永州职院附属学校开展红十字安全教育主题宣传暨亲子讲座活动

2015年5月8日，在冷水滩区举行永州市市直医疗卫生志愿服务队成立暨授旗仪式

2015年6月25日，在永州市长丰小学举行捐赠小学生安全教育科普图书发放仪式

2015年9月11日，在冷水滩区伊塘镇中学组织800名在校学生开展应急救护知识讲座暨地震应急疏散演练活动

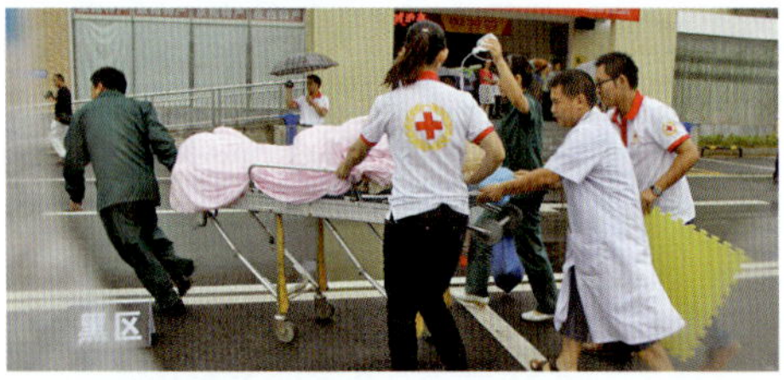

2015年9月12日，联合永州职院附属医院及芝山高速交警在零陵区珠山镇服务区开展“世界急救日”宣传暨交通意外现场演练活动

2015年9月16日，欢送江华县造血干细胞志愿者刘瑞平赴省捐献

在冷水滩区对社区居民进行救护知识普及

评，在整个测评过程中公平公正，严谨务实，调查作风和调查结果都得到各方面的充分肯定。参与全市社会综治维稳建设、精准扶贫等统计调查工作。

■ **统计环境** 2015年，国家统计局永州调查队优化统计调查工作环境，采取多项措施做好新常态下统计普法主题宣传教育工作。借助永州调查队外网、短信平台、QQ群等载体，开展统计业务知识、统计法律法规等方面的宣传。在下基层调研、数据回访、走访慰问等工作中，向统计调查对象重点宣传和解读统计调查工作的意义和要求。在统计开放日期间，组织全队年青干部与市统计局一起在冷水滩区步步高商业广场设立咨询服务点，发放统计宣传资料，开展相关咨询活动，宣传统计开放日主题内容。在永州新闻频道连续播放统计法宣传视频一周，每天早、中、晚播放3次。突出抓好执法检查工作，有效地维护统计工作权威，提高统计数据质量。上半年全队各专业开展一次自查工作，着重对台账的完整性、流程的规范性、网点的科学性、数据的合理性进行检查，不断完善基础工作。分别对服务业、生产价格、消费品价格、畜禽监测、城乡住户、粮食监测等专业的31家样本企业或被调查对象开展数据质量检查。对检查中发现的问题，提出整改措施并进行落实，有效提高数据质量。同时，对统计违法行为及时进行大统计执法。5月，针对祁阳县祁峰水泥有限责任公司未按期上报《制造业采购经理调查问卷》的违法行为，及时下发《统计报表催报通知》，并电话告知企业负责人，最终该企业补报问卷。

（毛学俊）

食品药品监管

■ **概况** 2015年，永州市食品药品监督管理局守住不发生较大安全事故的底线，全市食品药品安全形势稳中向好。湖南省2015年“群众食品安全满意度调查”结果显示，永州市在全省连续两年排名第一位，并被省人民政府评为全省食品安全工作先进单位。

■ **食品药品安全保障** 2015年，永州市食品药品监督管理局集中开展食品生产“打黑除非”、学校及周边食品市场“四打击四规范”、食品药品“四小整规”、银杏叶制剂、桶装饮用水、食品药品违法广告产品、保健酒和配制酒违法添加、医疗器械、药品和中药材中药饮片、保健食品和化妆品等专项检查或整治，落实新版《药品生产质量管理规范》（GMP）和《药品经营质量管理规范》（GSP），运用“问题导向，清单管理，定向清除”工作法加大市场巡查、重点稽查和案件查处力度，排查和消除食品药品安全隐患。全市系统对1.69万余家“四品一械”生产经营使用单位进行全覆盖监督检查，出动执法人员102477人次，检查食品药品生产经营使用单位82633家次，下达责令改正通知书9621份，监督抽检产品1644批次，检验结果全部在网上公开；查办案件1173起（其中移送司法机关案件18件），捣毁制假售假窝点20个，涉案食品药品货值金额227.4万元。

■ **食品药品宣传** 2015年，永州市食品药品监督管理局以传统媒体和政务网站、政务微博等新媒体为共治主阵地，辅以简报、短信和“食品药品安全之窗”专栏，搭建立体的社会共治信息平台；在“12331食品药品投诉举报日”“食品安全周”“全国安全用药月”等主题宣传活动中，开展食品安全科普知识下乡、安全用药科普知识宣传等活动120多次，参加政府门户网站“在线访谈”栏目活动，举行“食品检验实验室开放日”和“安全用药大讲坛”等活动。有效开展舆情监

“3·31”食品药品投诉举报主题宣传日活动

测，安排专人及时监测、交办和回复“问政湖南”“百姓呼声”“问政永州”“市长信箱”等栏目及该局政务微博的网友提问和来信达50余件。

■ 食品药品监管能力建设 2015年，永州市食品药品监督管理局在被市政府评为3个依法行政示范单位之一的基础上，继续全面推进依法行政，在市直部门中率先建立权力清单、监管清单、负面清单“三单”管理制度。严格规范涉企检查，强化监督检查的针对性和靶向性，并尽量合并检查，合并检查26起，并对执法行为进行督察。组织全局的干部职工学习新修订的《中华人民共和国行政诉讼法》和《中华人民共和国食品安全法》达10余次。与广东肇庆、广西梧州等市建设跨省联合打假协作机制，建立打假信息互通共享平台，召开定期和不定期会议。11月9日，三省（区）六市食品药品稽查打假区域协作联席会议在广东肇庆召开。加强技术支撑，总投资2561万元、建筑面积3286平方米的市食品检验实验室建设项目完成土地征收工作。编制永州市食品药品监管“十三五”食品药品安全专项规划重大项目相关资料。

■ 食品药品制度创新 2015年，永州市食药食药监督管理局提请市政府出台《永州市食品安全黑名单管理办法》《永州市食品药品违法行为举报奖励办法》等一系列制度规范，深化案件“办、审、定”和许可“受理、检查、审评、审批”分离制度。强化部门协作机制，与市农业委员会、市畜牧水产局初步建立食用农产品监管衔接机制，与市公安局、市检察院、市中级人民法院进一步完善行刑衔接机制。各县区（管理区）先行先试，道县出台投诉举报制度，零陵区出台创建放心米粉店标准等。

（伍建武）

质量技术监督

■ 概况 2015年，永州市质量技术监督局围绕“以改革创新的精神抓质量、保安全、促发展、强质检”和“大力推进质监体制改革和创新”的决策部署，以“发展质监事业，服务经济社会”为工作主线，迎难奋进，各项工作保持良好势头。

■“质量促发展”服务经济 2015年，永州市质量技术监督局以综合管理为手段，以行政执法为保障，围绕服务“四个三”工作部署，实施质量强市战略和标准化战略，提质量、调结构，转方式、扩内需。落实标准化战略，注重标准对现代农业的助推作用。制订《2015年度名牌培育计划》，召开全市质量工作大会。会上表彰省长质量奖、国家地理标志保护产品，省、市名牌企业和单位。截至2015年年底，全市拥有省长质量奖1个，国家地理标志保护产品3个，“国字号”质量检测中心1个，中国名牌2个，湖南名牌33个，永州名牌25个。严格落实产业政策，对国家政策明令限制的产业，如水泥、钢铁、玻璃、危险化学品等实施严格的生产许可制度。对全市46家重点用能单位进行审查。国家焊剂产品质量监督检验（永州）中心项目于9月19日动工兴建。运用摸排线索、查办要案、内外联合、两法衔接、新闻宣传等工作措施，分阶段部署电梯、农资、型材、线缆、油品、林木制品、纤维制品七大质监利剑执法打假和提升整治行动。全年出动执法人员4068人次，开展专项执法行动10个，整治重点产品质量问题区域3个，检查企业154家，立案查办各类违法案件400余起，查获假冒伪劣产品货值金额800余万元，曝光典型案例10余起。

■“质监惠民”服务群众 2015年，永州市质量技术监督局结合“三严三实”专题教育，开展“质监惠民”行动。围绕保障重要消费品安全，组织电梯、农资、家电、建材、“黑心棉”等10余个专项执法行动，整治重点产品质量问题，查办质量、计量、特种设备违法案件，捣毁制假窝点，对制假售假产生强烈震撼。对全市的211个加油站和成品油储备库开展排查，并向社会公布结果。通过“清新居室”行动，对300户新居实施免费空气质量检测，查处甲醛超标案件多起。受理12365举报投诉咨询并处置消费投诉58起，接受社会举报79起，答复群众咨询123起。对民用“三表”、医用“三源”、出租车计价器等与民生息息相关的计量器具进行强制检定，检定计量器具2.76万台（件）。组织全市18个集贸市场开展诚信承诺，对部分市场的衡器实施免费检定，推进“放心计量”。建立加油机的“管检分离”新机制，遏制短斤少两的违法行为。争取资金，为全市696家乡镇（社区）医院、3558台（件）医用计量器具提供免费检定服务，着力解决群众

“看病准”的问题。以贯彻实施《中华人民共和国特种设备安全法》为契机，召开全市特种设备安全工作会议，出台下发《永州市质监系统电梯安全监督管理办法（试行）》，建立隐患排查、建档、督促整改、挂牌督办、隐患销号等制度，完善特种设备安全监察法规标准、动态监管、安全责任、绩效评价、风险管理、科技支撑六大工作体系建设。

■ 严格落实体制改革 2015年，永州市质量技术监督局在“商事制度改革”上，与2014年相比，行政审批事项减少4项，下放5项。在“加快社会信用体系建设”上，启动质量信用等级评定工作和以组织机构代码为基础的企业质量信用档案数据库建设；建立企业失信“黑名单”制度，定期公布制售假劣的企业和产品质量不合格企业名单。在“完善省、市、县三级统一权威的食品药品安全监管机构”上，完成市级食品生产监管职能的划转工作。在“质监行政管理体制分级改革”上，下放市、县两级质监体制，完成行政管理体制改革。

（周瑛鸿）

安全生产监管

■ 概况 2015年，永州市安全生产工作以示范创建为总揽，围绕“一杜绝、两不能、三下降、四提升”的总目标，党政同责，齐抓共管，安全生产形势持续稳定向好。永州以总分第二名的成绩被省委省政府表彰为安全生产工作“先进市州”；全年全市安全生产事故起数、死亡人数历年最少，与2014年相比各类生产经营性事故起数、死亡人数分别下降7.79%和43.9%；永州是全省唯一没有发生较大及以上生产经营安全事故的市州，实现较大及以上生产经营性安全事故“零”发生；蓝山、新田、双牌、金洞、回龙圩、永州经开区6个县（管理区）和消防火灾行业实现生产经营性安全事故“零”死亡，工矿商贸、水上交通、农业机械3个重点行业安全生产经营事故实现“零”发生、“零”死亡。综合监管、示范创建、企业主体责任落实等多项工作得到省里肯定并在全省推广。被市委、市政府评为全市社会管理综合治理、安全生产工作、计划生育、教育优先、六件惠民实事工作等先进单位。

■ 安全生产保障 2015年，永州市委书记陈文浩主持召开市委常委会4次，组织学习、研究落实党政同责、重大安全隐患整治等重大问题，带队深入基层调研3次，到矿山、车站、码头等重点单位督导4次，挂牌督办重大安全隐患整改。市委副书记、市长易佳良主持召开政府常务会议3次、市安委会全会3次，带队深入基层和企业调研督导7次，对安全生产重点问题作出批示7次。陈文浩、易佳良于8月30日、9月8日分别开展与各县区委书记、区长的谈心对话活动。市委、市政府4次组织市委常委和7名正副市长带队督导，市委常委和各分管副市长也对各领域的安全生产工作方案亲自审定，带头开展安全生产调研和检查。市安全生产工作开创“六个首次”：市委市政府首次以两办名义将安全生产工作考核任务分解到市直部门，首次实行市级领导牵头挂牌督办重大安全隐患整治，首次规范领导干部带队检查安全生产、打非治违包干督导、安全生产常年检查工作信息档案，首次将工业园区安全生产工作纳入年度考核范畴，首次召开安全生产示范创建工作流动现场会，首次组织五大新闻媒体全方位宣传安全生产。市委市政府将安全生产列入各县区、市直各部门的六件惠民实事考核，列入各县区、各部门的绩效考核、社会发展、小康社会建设和领导干部个人绩效考核中，考核分值由4%提高到10%；市政府将隐患排查治理、示范创建、县乡安全监管能力三项重点工作纳入县区、市直有关部门年度安全生产目标考核内容；增加市委组织部、宣传部、政法委等4个党委部门为考核对象；市安委办实行每季向书记、市长口头或书面汇报一次工作，每季向组织、纪检部门报送一次安全生产基本情况；在全省率先出台“黑名单”管理办法，将发生较大及以上生产安全责任事故等10类情形的生产经营单位，列入“黑名单”，它们除依法依规受到惩处外，还将受到项目核准、用地审批、证券融资、工程招投标、银行贷款等方面的严格限制，倒逼企业落实主体责任。

■ 安全生产监管体系建设 2015年，永州市编委为市安监局增设宣教科、工贸监管科、煤炭监管科，增加2名正科级监察专员基数。所有县区（管理区）安监局，均按一类县区30名、二类县区25名、三类县区20名、管理区5名的最低标准配备安监人员，宁远县一次性补充执法编制15

名，祁阳县、江华瑶族自治县、双牌县、冷水滩区编办均增加安监局编制。所有的工业园区，均按规定设立安监机构，配备专职安监员。所有乡镇、街道均设立安监机构，配备2名以上的专职安监人员，105个重点乡镇单独设立安监站。所有村均配备安全生产协管员。全面落实县安监局长、乡镇安监站长调整需经市、县安监局同意的规定，并要求未满5年不得调整。

2015年6月5日，永州获全省新《中华人民共和国安全生产法》知识抢答赛第一名。图为副省长戴道晋为永州队颁奖

■ **安全生产保障示范创建**　2015年，永州市确定当年为“安全生产示范创建年”，印发创建年活动方案，成立市长任组长的工作领导小组。明确未启动省级安全生产示范县创建工作的县区年度考核不得进入省、市安全生产先进单位行列。全市11个县区有10个县区把争创省级安全生产示范县写进年度政府工作报告，并安排200万元以上的创建专项启动资金。祁阳创建成省级示范县后，仍安排800万元巩固创建基础。零陵、蓝山、道县、东安、江华、新田等县区财政对创建成省市示范乡镇的单位分别给予5万元、3万元的配套奖励。市安委会将安全生产示范乡镇创建向示范县、示范社区、安全文化建设示范企业、安全质量标准化工地（项目）和平安学校、平安农机、平安公路延伸，覆盖全市八大重点行业领域。按照“典型引路、全面铺开”的原则，在全市遴选基层创建单位47个，每个县区、每个行业领域都明确创建任务、牵头和配合单位和工作标准及完成时限，各县区、各行业部门也将创建任务细化分解到单位、到个人，并严格督促检查。市政府将创建工作列入每个季度召开的形势分析会、安委会全会的必定内容，定期听取推进情况，协调解决突出问题。全年47个创建单位有43个单位被列入省级创建考核验收对象。率先在全省出台创建工作管理办法，变一边考核为多边考核。市安委会建立健全创建对口帮扶制度，对纳入创建的34个乡镇、68所学校（工地、公路）明确对口帮扶联系单位，明确每个单位的帮扶资金不少于2万元，业务指导次数不少于2次，帮扶结果纳入年终目标管理考核，34个被帮扶乡镇落实帮扶资金285万余元。

■ **安全生产监管责任落实**　2015年，永州市人民政府把“五级五覆盖”安全生产责任制纳入政府绩效考核、安全生产目标管理考核的内容，进一步落实安全生产监管责任。制订《各级领导干部带队检查安全生产工作信息档案》，市、县、乡三级党政领导和市、县安委会成员单位领导每人一本。组织开展4次暗访，分别由8个市级领导带队，对全市14个县区的安全生产重点工作落实情况进行一次综合督查。开展企业主体责任落实情况集中执法，整个集中执法行动为期3个月，分为企业自查自纠、县区检查和市安全生产监督管理局抽查3个阶段，对全市工贸八大行业企业以及烟花爆竹、危险化学品、非煤矿山企业进行一次全面的集中执法行动。全市14个县区、管理区安监部门对900余家企业进行检查，发现问题3000多条。按照“一个重大安全隐患、一名牵头责任领导、一套整改工作方案、一个牵头责任部门、一个整改期限”的“五个一”的工作要求，对各县区、各行业领域排查出来的29个多年来未解决的重大安全隐患，每个明确一名市级领导挂牌督办整改，并要求在12月31日前整改到位。同时，将整改工作纳入领导干部政绩业绩考核内容，对整改工作无故拖延、不按时完成整改任务的责任领导和单位，取消年度评先评优资格；对因整改不力而引发事故的，实行“一票否决”，并从重从严追究相关责任。

■ **安全生产专项整治**　2015年，永州围绕创建“交通管理模范城市”，开展货车专项整治、特种车辆专项整治、重点交通违法专项整治、农村地区重点交通违法整治等整治行动，责令运输企业辞退列入“黑名单”的驾驶员58名，注销涉嫌“毒驾”的驾驶证36个，办理酒驾案件4123起，醉驾案件1134起，分别占全省查处总数的34.8%、78.56%。开展危化品和易燃易爆品安全专项整治行动，明确安监、经信、公安、交通、质监、城管等13个部门按职责要求开展专项整治。检查危化品生产企业数量14家，经营企业265家，储存企业数量33家，危货运输企业11家，运输使用企业（化工医药行业）10家，民爆企业13家，烟花爆竹企业90家，出动执法人员368人次，查出安全隐患596条，整改465条，取缔非法加油站3家、非法甲醇经营点3家、非法烟花爆竹窝点1家。组织相关县区的分管副县区长以及安监、城管、住建局长和市油气输送管道安全隐患整治攻坚成员单位负责人，召开全市油气输送管线等危险物品输送管道隐患整治攻坚推进会。全面开展隐患排查，排查出17处安全隐患，完成整改15处，2处由于道路改造正在整改之中，查封非法加油站16家，拆除汽油加注机28台次，刑拘16人。狠抓烟花爆竹生产企业的停产整顿、机械化提质改造，全市烟花爆竹生产企业由2014年的107家关闭整合到95家，机械混装药改造完成率达到100%，90%以上企业应用自动智能插引机，55家烟花爆竹生产企业与省设计院签订重新设计协议，42家正在抓紧时间逐步改建，10家改建到位。开展三轮安全隐患大排查整治行动，检查中心城区直管在建房、在建市政工程项目99个，下发隐患整改通知书38份、停工整改通知书50份、质量安全整改督办函3份。集中力量对中心城区103个小区工程质量安全问题进行全面排查，对2个存在结构安全隐患的小区项目予以督促整改。在矿山开采行业实行分台阶开采和运输道路上山两条“硬规定”，重点整治“一面墙”开采行为，逐步淘汰老矿山分层开采，分台阶开采率达到75%。

■ 安全生产打非治违 2015年，永州市成立16个驻点包干督导组，对各县区的“九打九治”工作进行常年跟踪督导，每2个月开展一次集中督导。市安委办从4月起每月安排一次由市直部门牵头，会同市县相关部门开展的联合执法行动。每月对县区、市直部门打非治违工作进行调度和经常性的督查。市质量技术监督局成立由领导班子成员带队、全体职工参与的工作小组，配合县区开展气瓶充装站安全打击活动；市公安部门暗访检查涉枪涉爆涉危单位12家，下发整改通知书7份，实行入境危货车辆登记制度，将6辆脱管失控危货运输车辆补录到查缉布控系统。市县区政府组织有关部门，在开展“九打九治”的同时，对非法违法突出的重点地区、重点领域和重点单位，开展8次大的联合执法行动。组织开展烟花爆竹打非清剿专项行动，全市公安、交通、工商、安监等部门联合执法，加大对烟花爆竹生产、经营、储存、运输等各个环节的打非力度，捣毁非法烟花爆竹生产窝点27个，收缴原料50包、非法产品3100件，刑事拘留10人，治安拘留4人。全年查处各类非法违法行为3700余起，停产整顿单位520余家，关闭取缔单位140余家。

■ 安全生产宣传教育 2015年，永州市将市委宣传部、永州电视台、永州日报社等单位纳入考核对象，明确媒体每月要安排一定版面、时段，加大安全生产政策法规宣传。建立以政府投入为主、工伤保险基金提取为辅的经费保障机制，安排宣教专项经费较2014年增加100万元。建立宣传、安监、消防、公安等部门组成的宣教联席会议制度。整合职能部门和社会宣教资源，组织开展“安全生产摄影比赛”“火灾隐患随手拍”“安全培训进工地”“大客车司机安全宣誓”“安全书籍进农家书屋”等主题宣教活动。市委将安全生产纳入市委学习中心组、党校党政领导干部培训内容，举办1期全市领导干部安全生产专题培训班、1次市委中心组安全生产专题辅导报告会。通过建立手机短信平台、编印领导干部工作手册、开展谈心对话等方式，强化对各级领导干部安全生产实时提醒和政策业务培训，“三项”活动覆盖全市97.5%以上的党政领导干部和企业主要负责人。市安监、市消防、市人社等部门分期分批对乡镇长、村支“两委”负责人及安监站人员进行安监、消防业务培训。在从业人员层面，通过安全培训专项执法检查、上门指导等方式，推动企业狠抓全员安全培训，规模以上工贸企业及高危行业企业全员培训覆盖面在95.4%以上；利用农民工返乡回家过春节的有利时机，组织有关专家深入集市开展安全技能常识现场咨询，采用上门培训、送教入厂等方式，对2.25万名一线员工进行法律法规、职业卫生、安全技能操作等方面的培训。以“安全生产月”活动为载体，按照“城区一广场、乡镇一条街、村社区一站点”要求，开展安全咨询、有奖答题、诚信宣誓、现场演示等主题活动，活动月启动仪式市长亲自参加并作动员讲话，全市35%以上的干部职工及群众参与安全月活动。永州市参加全省新《中华人民共和国安全生产法》知识抢答赛获第一名。以报刊、电视、网站等媒体为平台，市财政投入140多万元，在市内5个主流媒体，开辟安全宣传专栏5个，通过制播警示教育片（公益广告）、开辟专题专栏专版、设立警示曝光台等方式，宣传安全政策法规，普及安全常识，刊发（播放）安全生产新闻报道、署名文章、系列报道650多篇、13.5万余字，黄金时段播出安全警示教育片、公益广告2350余分钟。加强与《中国安全生产报》《湖南日报》《湖南安全与防灾》等国家和省级主流媒体的合作，对全市安全生产示范创建、责任落实、综合监管、“四大三基”等特色工作进行报道。以窗口阵地为平台，结合文明、卫生创建，投入9400余万元，在全市5060个村制作7800余块安全生产宣传专栏、3.85万余块永久性安全标牌、160余条安全文化长廊。以安全文化“五进”为平台，组织安全监管干部深入乡镇、企业、社区，设立咨询台，摆放宣传展，面对面宣讲安全生产政策法规。

（李建军）

国有资产管理

■ 国有企业改革 2015年，永州基本完成22家企业的改革扫尾工作。自2014年启动22家企业改革以来，安置职工6299人，实际挂账23978万元，基本完成安置职工和社保挂账两大国企改革任务。顺利推进8家县区药材公司的改革。10月，市国资委成立8家县区药材公司督导组，与县区和相关部门衔接，启动8家县区药材公司的改革。各县区（除零陵、东安外）成立相应的改革指导组并入驻企业，完成清产核资、职工信息核准等基础工作。完成《中央、省属在永国有企业办社会职能分离移交工作方案》和《市直国有改制企业社会职能分离移交办法》起草工作。

■ 国资监管 2015年，永州市国资委根据《中华人民共和国企业国有资产法》《中华人民共和国公司法》等国资监管系列政策法规，制定责任清单，于3月27日上报市法制办审定。结合全市深化改革工作要点和“十三五”规划提出的10项重大行动、45项工程，形成完善监管企业现代企业制度的工作思路，制定“市国资委2015年深改工作任务倒排表”，计划草拟国有企业分类管理、规范政资分开等工作方案和配套政策，报请市委、市政府研究决策，起草《永州市企业国有资产监督管理暂行办法（代拟稿）》和《永州市国有企业监事会工作暂行办法（代拟稿）》，于12月4日提交市政府研究。

■ 央企省企对接 2015年，永州市国资委成立专门的招商引资小分队，参与招商洽谈会，主动到沿海地区开展招商引资。6月初，参与“港洽周”活动。“港洽周”期间，与台湾钛邦科技有限公司在深圳就在永州投资智能手机生产制造项目签约。

■ 国有企业党建 2015年，永州市国资委组织开展对改制企业党员和党组织的移交管理调研工作，形成专门调研报告送交市委组织部，市委组织部下发《关于市属国有企业改制后党组织和党员移交地方管理的实施办法》，规范国有企业改制后党组织和党员移交地方管理行为。结合国资委归口管理党组织的实际，制订下发《关于在市国资委处级以上领导干部中深入开展“三严三实”专题教育的实施方案》。推动国资系统企业班子和基层组织建设，有6个归口管理单位完成党委换届工作，新成立党委、党总支等党组织1个，调整企业基层党支部组织设置12个。完成五矿稀土公司江华党总支的设置和组建工作。国资系统发展预备党员47人，有16个支部重新联系153个因流动失落组织关系的党员，完成二建公司改制后党员和党组织关系移交地方管理的工作。

■ 国有企业维稳 2015年，永州市根据政策变化，及时将改制企业市管领导干部的工资进行调整，确保企业市管领导干部的待遇落实。市国资委接待处理群众来信来访2100余人次，处置10人以上群访53批次，信访回复率100%。

（王斌之）

文化建设

教育

综述

■ **概况** 2015年，永州市幼儿园1876所，在园幼儿216533人，专任教师8707人；小学461所，在校生496638人，专任教师23837人；普通中学323所，在校生284574人，专任教师20009人；特殊教育学校7所，在校生495人，专任教师70人；中职学校40所，在校生53689人，专任教师2313人；高等学校3所，在校生25900人，专任教师1575人。生师比例幼儿园为24.87：1，小学为20.83：1，普通中学14.22：1，中等职业学校2.21：1。全市人口中，每万人口在校生：幼儿园343.19人，小学787.14人，普通初中321.97人，普通高中129.06人，中等职业学校85.09人。全市小学校园占地面积10210575.7平方米，校舍面积3136097.55平方米，学生人均10.25平方米；普通初中校园占地面积10613503.5平方米，校舍面积3148730.22平方米，学生人均5.22平方米；普通高中（含完全中学）校园占地面积3271068平方米，校舍面积1582004平方米，学生人均19.43平方米；中等职业学校校园占地面积2140040平方米，校舍面积691620平方米，学生人均12.88平方米。全市义务教育普及程度，小学入学率100%，辍学率0%，毕业升学率100%；初中毛入学率125%，辍学率1.8%，毕业升学率88.73%。

■ **教育优先政策逐步完善** 2015年，永州市下发《关于永州市普通高中学校校长任期制及考核工作实施意见》《永州市普通高中学校校长后备人才库建设实施方案》《永州市普通高中学校办学水平考核评价方案》《永州市特殊教育提升计划（2015～2016年）实施方案》《关于加快发展现代职业教育的实施意见》《永州市学前教育第二轮三年行动计划（2015～2017年）》等一系列重要文件，制订出台《永州市名校建设方案》《永州市名校长建设方案》等配套性文件。市教育局会同相关部门编制《永州市中心城区中小学及幼儿园专项规划》，起草上报《永州市教育事业“十三五”发展规划》。

■ **教育形象有效改观** 2015年，永州市教育局坚持党风廉政建设常抓不懈，进一步加强廉政教育，开展教育收费、有偿补课、乱收费乱罚款乱摊派等纠风治乱专项整治，查处违纪违规人员233人。做好市政协民主评议教育局工作的各项任务，测评满意率达96.9%。市人大常委会组织部分市人大代表对承办单位进行评议测评，市教育局满意率排第一。市教育局网络问政管理模式在全省作典型发言，永州教育信息网被评为全省教育系统优秀政务网站。市教育局在市委、市政府组织的2015年唱响永州歌咏大赛中获第一名。市教育局党风廉政建设、安全生产、小康社会建设、综治维稳、教育优先等工作被市委、市政府评为先进。教育宣传、职业教育中职农村攻坚计划、国家教育考试等工作被省教育厅评为先进，学校安全工作、综合治理工作考评被省教育厅记满分。

■“三名工程”强力推进　2015年，永州市强力推进“三名工程”建设。大力推进名师建设。遴选市级骨干教师404名，学科带头人128名，评选首批“永州名师”18名。给予市级骨干教师、学科带头人、名师一定的岗位奖励，切实提高教师的工作积极性。加强对教师的专业培训，从全国各地邀请20名专家、名师对市优秀教师进行培训。大力推进名校长建设。把好校长准入关，进行校长后备人才库建设。在全市公开遴选100名中学校长后备人才。其中，校长后备人才40名，副校长后备人才60名。并按照中小学校长专业标准进行专门培训和严格考核，逐步推行从人才库中选拔校长的机制，为优秀人才走上校长岗位搭建平台。用好校长负责制，落实校长的管理自主权。允许校长在管理权限内自主任免干部、调整岗位、考核奖励教师。让校长能根据学校教育教学的实际，自主聘用教师，让校长对班子成员具有提名权，对中层干部有任免权。充分发挥名校长办学的示范引领作用。设立校长荣誉榜，宣传校长办学的先进事迹。加强校长目标管理考核，对全市所有省、市示范性高中学校校长进行考核，对考核为优秀的校长实行重奖。评选首批名校长10名，并选送部分优秀校长到清华大学、北京大学等高校培训。大力推进名校建设。评选首批名校16所，评定27所市级校园文化建设样板校，评定28所市示范性家长学校，创建30所市级“绿色美丽校园”。冷水滩区梅湾小学、东安一中、江华一中等3所学校被评为全省生态文明示范校。永州一中、永州四中、祁阳一中等3所高中学校的高考上线人数连续6年快速增长，全部进入全省第一方阵。推进集团化办学模式，全市所有省示范性高中学校都托管1到2所初中学校，进一步扩大优质教育资源。全市各级各类学校都在积极创名校、铸品牌、树特色。提请市委常委会审议同意设立三名工程激励机制，对名师、名校长、名校给予奖励。

■教育质量全面提升　2015年，永州市高考取得历史性重大突破，二本以上上线7728人，二本以上上线人数列全省第七位。31所中小学校成功申报为全国青少年校园足球特色学校。永州代表队在全省第一届中学生运动会中获金牌2枚、获团体第六名；在第五届艺术展演活动中获省级一等奖7个，冷水滩梅湾小学诗朗诵《将进酒》选送教育部参赛。祁阳师范学校戏曲专业学生唐期在全国职业院校技能大赛中获一等奖。

■重点教育项目建设　2015年，永州市投入4.09亿元，完成120所义务教育合格学校和29所农村公办幼儿园建设，全市规划建设的完小以上学校全部建成合格学校。公办幼儿园和普惠性民办幼儿园占全市幼儿园总数的70.20%。投资3亿元，新增城区学位2.4万个。投资1.3亿元，维修改造校舍11万平方米。争取中央省级全面改薄专项资金2.36亿元，用于全面改善薄弱学校办学基本条件，学校尤其是农村学校的办学条件得到整体改善。投资1.57亿元，开工建设教师公租房5729套。投入3521万元，新建祁阳、道县、江永3县17所学校学生生活馆用房2.3万平方米。教育信息化大力推进。全市乡镇中心小学以上学校基本实现互联网接入，农村教学点基本实现数字教育资源全覆盖，全市“校校通”达到100%、“班班通”达到52.15%、“人人通（教师）”达到81.76%。双牌县全面完成“三通”建设，并筹建全县“智慧校园”。

■教师队伍建设　2015年，永州市教师定向培养人数创历史新高。为确保教师来源的质量，继续大力推进中小学教师定向培养工作，农村中小学教师定向培养663人，其中省计划幼儿园教师61人，省计划小学教师207人，省计划农村初中教师96人，职业中学教师11人；市计划幼儿园教师60人，市计划小学教师228人，定向培养人数创历史新高。实施特岗计划，全市从2009年只有4个县有特岗计划，逐步增加到除冷水滩区之外所有县区实施特岗计划，每年特岗招录计划逐步增加，2015年实际招录577人，累积招录达3401人，占全市专任教师7%以上。教师培训人数达13336人（占5.2万名在职中小学教职工的25.6%，占4.8万名在职中小学专任教师的27.8%），其中，国培、省培10402人，市级培训人数2934人。11月，在东安县承办全省教师培训机构管理委员会年会。全省136个培训机构（高校、进修学校等），各市州主管教师工作的局领导和教师工作科负责人近400余人参会，推介东安县教师发展中心的运作模式。遴选10所中小学幼儿园送省参评第四批省级教师培训基地校（园），其中6所被认定为全省第四批省级教师培训基地校（园）。组织全市省级教师培训基地校和培训机构参与全省国培、省培招标投标活动，其中湖南科技学院首次投标成功，获得2个国培项目。冷水滩马坪学校、永州市永实学校、祁阳浯溪二中和双牌二中学校继续保持获得国培项目。全市中标国培计划人数继续名列全省各市州前列。完成中高级职称评定工作，评出中级职务1196人，高级职务256人。

永州市第31个教师节庆祝大会　　吴林　摄

■ 教育惠民工程　2015年，永州建起家庭贫困学生资助平台。全市资助各类家庭经济困难学生约16.63万人次，资助总金额达1.51亿元。发放生源地信用助学贷款14140人次，贷款总金额1.08亿元，位列全省第一位。创建省级平安县区2个，6个县区进入全省“平安校园先进县市区”行列，4所学校被评为省级安全文明校园，40所学校被评为市级安全文明校园。校车通达全市所有乡镇，有5个县区安装校车视频监管平台，东安县在全省校车管理工作会议上作典型发言，继宁远校车管理模式后再次在全省推广。

■ 课题研究　2015年，永州市申报湖南省教育科学“十二五”规划课题14项，经评审，有7项立项。其中，永州第四中学教师蒋丽君主持的《学校心理咨询师的职业素养及提升研究》被立为省级一般课题；零陵区教师进修学校教师杨军主持的《多元化课程建设管理层面的导学框架研究》、零陵区柳子街小学教师陈雅芳主持的《薄弱学校小学生社团建设促进学生潜能发展的实践与研究》、零陵区水口山宝安小学教师杨伟学主持的《农村教学点教育困境分析及对策研究》、零陵区徐家井小学教师蒋晓闻主持的《城区小学学科教学中学生创造力培养的研究》、零陵区杨梓塘小学教师尹静主持的《培育“阳光少年”的养成教育实施途径研究》、新田思源实验学校教师骆剑主持的《义务教育阶段农村家长学校办学方式与课程教学研究》等6个课题被立为省级一般资助课题。

（艾志飞）

学 前 教 育

■ 概况　2015年，永州市有各类幼儿园总数1876所（其中公办幼儿园386所，民办幼儿园1490所），较2014年增加161所；在园幼儿216533人，较2014年增加9697人，3~6周岁适龄幼儿毛入园率达到81.96%，比2014年提高1.67个百分点。全市普惠性民办幼儿园931所，公办幼儿园和民办普惠性幼儿园占全市幼儿园总数的70.20%，比2014年提高16.65个百分点。制订《永州市学前教育第二期三年行动计划（2015~2017年）》，并以市政府文件下发到各县区（管理区）、永州市经济开发区和市直各单位。将普惠性幼儿园认定作为促进学前教育规范发展的重要抓手，组织各县区教育局基础教育部门，邀请纪检监察、督导、审计、计财等部门开展普惠性幼儿园认定工作，并将认定结果在永州市教育信息网公示，公示无异议后上传到湖南省学前教育三年行动计划巡展专栏。完善普惠性幼儿园进入和退出工作机制，加强动态管理。全市普惠性民办幼儿园931所，公办幼儿园和民办普惠性幼儿园占全市幼儿园总数的70.20%，比2014年提高16.65个百分点。开展学前教育宣传月活动，开展第二期学前教育三年行动计划实施情况专项检查工作和贯彻落实关于印发《永州市幼儿园一日活动常规》的通知为抓手，深入推进学前教育规范管理，学前教育发展质量进一步规范。

（艾志飞）

义 务 教 育

■ 概况　2015年，永州市义务教育坚持以提高质量和保障公平为主题，以抓好义务教育合格学校和农村公办幼儿园以及全面改薄工程为平台，以推进全市课堂教学改革和校园文化建设为突破口，学校办学条件进一步改善，办学质量进一步提高，为全市高中阶段教育提供一大批优质生源。全市有小学461所（其中社会力量27所），比2014年增加6所；在校生496638人，比2014年增加19853人。初中323所（其中社会力量40所），比2014年增加2所；在校生203146人，比2014年增加10357人。

■ 全面改薄和合格学校建设 2015年，江华瑶族自治县全面改薄工作被省教育厅推荐到教育部参加网络展播，成为全省推荐到教育部的6个县区之一。新田县《坚持机制创新，助推合格学校建设和“全面改薄”工作上新台阶》在湖南省《教育快讯》6月1日刊登。

■ 课堂教学改革 2015年，永州市评选31所市级课堂教学改革样板校，涵盖高中、初中、小学等不同阶段的学校。有市级课改样板校53所，冷水滩区马坪学校和道县三中为省级课改样板校，永州一中、梅湾小学为省级课改样板校建设校。冷水滩区马坪学校被省教育厅列为全省教师提升工程培训基地校，有省内外200多名校长在该校进行现场培训，8万多人到该校观摩学习。

■ 教育科学研究 2015年，永州市各学科在国家或省级教学竞赛活动中，有3位教师获国家级的优质课一、二等奖，50余名教师获省级一等奖。11月17日《湖南日报》头版头条对永州市教科院开展教育教学、课题研究进行宣传报道。

■ 德育工作成效显著 2015年，永州市把德育工作摆在各学校首要位置，不断提升德育工作水平。江华瑶族自治县《区域推进民族地区心理健康教育》被教育部评为全国中小学社会主义核心价值观教育优秀案例。东安县德育自治模式得到省教育厅的充分肯定，永州市有7所学校德育教育主题活动方案被省教育厅评为优秀主题活动方案。

■ 参加青少年科技创新大赛 2015年，永州市有2万多学生参加青少年科技创新大赛，收到各县区推荐参赛的作品700余件，40件作品推荐到省、国家参加比赛，其中省一等奖2个，二等奖16个，三等奖15个，选送全国4个。

（艾志飞）

普通高中教育

■ 概况 2015年，全市普通高中学校31所，比2014年减少3所，其中省市示范性高中22所，在校学生81428人，比2014年增加2136人。

2015年，永州市在加快普及高中教育的同时，继续强化以质量和特色发展为核心的各项举措，不断加强过程的精细化管理，不断深化办学体制机制改革，永州八中由永州四中整体托管并更名为李达中学，永州十一中由永州一中整体托管并更名为永州市柳子中学，白牙市镇中学由东安县一中托管并更名为东安县应阳中学，其他省示范性高中均托管1～2所初中学校。推进以构建高效课堂为目的课堂教学改革，加强对高中学生综合素质评价改革的探索，组建高考研究团队和强力推进集体备课备考，充分发挥集体智慧。通过努力，全市高中教育整体水平有效提升，全市高考取得重大突破，二本以上上线7728人，二本以上上线人数位列全省第七位。600分以上高分考生378人，在全省600分以上考生人数下降13%的情况下，永州市考生人数逆势增长9%。全省理科前300名的学生，永州市人数列第四位。清华、北大上线10人，录取8人。全市高中毕业学业考试全科合格率在全省排名第六位，省示范性高中全科合格率列全省第五位。永州一中、永州四中、祁阳一中二本以上上线人数分别为993人、1155人、905人，全部进入全省第一方阵。其中，永州四中以1155人的上线人数进入全省十强，位列全省第五位。

（艾志飞）

中等职业教育

■ 概况 2015年，永州市职业教育以服务永州经济发展为宗旨，以促进就业为导向，加强职业院校基础能力建设、深化校企合作、加强教师队伍建设，科学规划，狠抓教育教学改革，职业教育事业稳定发展。全市中职学校30所（其中民办中职10所），比2014年减少2所；在校生53689人，比2014年增加2155人；中等职业学校招生21857人，校均规模950人。

■ **教育教学** 2015年，永州市职业教育制定招生计划，抓好招生工作，全年招生21857人，比2014年增加2323人。正式启用新国家系统开展中等职业学校学生学籍电子注册管理。开展第一届职业教育宣传活动周，组织电视、网络、报刊等媒体对全市职业教育进行为期一周的宣传报道。全年组织24名老师参加国培，99名老师参加省级培训，142名老师参加市级培训。在祁阳县职业中专举行全市中职学校男子篮球和女子排球比赛。组织开展中等职业学校“文明风采”竞赛活动，评选出优秀作品一等奖99名，二等奖183名，三等奖56名。对全市中职学校电子技术应用、汽车应用与维修、会计与会计电算化4个专业2014级学生进行技能抽查，抽查合格率100%。

■ **教育成果显著** 2015年，永州职业教育组织全市中职学生技能竞赛，挑选50余名优秀学生参加全省中职学生技能竞赛，获省一等奖2个、省二等奖9个、省三等奖22个；2015年湖南黄炎培职业教育奖创业规划大赛，永州获得一等奖1个、三等奖3个、优胜奖2个。祁阳职中、永州工贸成功入围全省中职卓越学校（全省入围学校仅13所）；工商职业中专成功入围省示范性特色专业群建设；永州工商职业中专、永州综合职业中专、祁阳师范学校、永州工贸学校、宁远县职业中专等学校入围省级中高职衔接项目。13个省级重点项目成功通过验收，其中江华职业中专、道县师范省级示范校，永州职院畜牧兽医、永州工贸学校电子技术应用示范性特色专业等4个项目验收结果为优秀。永州工商职业中专的现代艺术设计专业群、祁阳县职业中专的加工制造技术专业群、宁远县职业中专的计算机网络技术专业群、永州工贸学校的电子技术应用专业群、祁阳师范学校的学前教育文化艺术专业群等5个专业群被确定为第一批市级示范性特色专业群。

（艾志飞）

招生考试

■ **概况** 2015年，永州组织和参与各类教育考试（测试）近20次，组织考试的考生总数约5万人次，参与组织考试的考生总数约2万人次，圆满完成各类国家教育考试工作任务，永州市教育局连续第4年被评为全省教育考试工作综合先进单位。

普通高校招生考试。全市报名参加普通高考的人数为30950人，较2014年增加1164人，增幅3.9%。其中文科考生11044人、理科考生16083人、职高类考生3823人，音、体、美等其他专业考生3658人，少数民族考生2918人。全市二本以上上线总人数为7724人，其中文科1398人、理科5613人、艺术类713人。

初中毕业学业考试。全市有116953人参加初中毕业学业考试，是全市参加考试人数规模最大的教育考试。有25412人参加高中学业水平考试。经过努力，全市初、高中学业水平考试顺利进行，没有发生任何考试事故。

高等教育自学考试。4月、10月两次组织高等教育自学考试全国统考，共2982人参考，报考9622科次，报名人数与往年基本持平。

成人高校招生考试。全市有7795人报名参加成人高考，较2014年增加755人，增幅为11%。其中，专升本考生4066人，高起本考生173人，高职高专考生3556人。

硕士研究生招生考试。12月27日~29日，组织硕士研究生招生考试，设考室47个，有1342人参考，比2014年减少198人，减幅12.9%。

全国英语等级考试。3月、9月，组织全国英语等级考试2次。共6258人参考，其中报考笔试95人次，报考口试6205人次，报名人数与往年基本持平。

全省美术专业统考。1月，组织全省美术专业统考永州考区的考试，有1143名考生参考。

教师资格考试（笔试）。11月1日，组织首次升级为国考的教师资格考试（笔试），共2172人参考，报考5053科次。

其他参与组织的考试。3月、9月参与组织全国计算机等级考试工作，6月、12月参与组织大学英语四、六级考试，有近2万人参考。

（艾志飞）

教育科学研究

■ **提升教育质量** 2015年，永州市高考取得历史性重大突破。二本以上上线7728人，二本以上上线人数列全省第七位，在全省600分以上考生人数下降13%的情况下，永州市600分以上考生人数逆势增长9%。全省理科前300名的学生，永州市人数列第四位，清华大学、北京大学录取8人。全市高中毕业学业考试全科合格率列全省第六位，省示范性高中全科合格率列全省第五位。31所中小学校成功申报为全国青少年校园足球特色学校。在全省第一届中学生运动会中获金牌2枚、获团体第六名。在第五届艺术展演活动中获省级一等奖7个，冷水滩梅湾小学诗朗诵《将进酒》选送教育部参赛。祁阳师范学校戏曲专业学生唐期在全国职业院校技能大赛中获一等奖。冷水滩区马坪学校和道县三中被评为湖南省基础教育课程改革样板校。冷水滩区马坪学校被省教育厅列为全省教师提升工程培训基地校，有8万多人到该校观摩学习。东安县德育自治模式得到省教育厅的充分肯定。江华瑶族自治县《区域推进民族地区心理健康教育》被教育部作为优秀案例在全国推广。

■统筹教学管理 2015年，永州市对高一、高二实行统一的质量监测，并对监测的结果进行分析，出具报告。对高三复习备考，实行“三会、三考、三分析”这一成功的高三复习备考模式外，又增加“三视导”环节。“三视导”即由市教科院组织专家团队对学校教育教学管理的视导；学科教研员和兼职教研员对学科的教学视导；核心高考指导分队对学校备考的特殊专项指导。“三会、三考、三分析、三视导”的高三复习备考指导模式，对于全市交流备考经验，改进备考策略，提高备考效率起到十分重要的作用。市教育科学研究院协助市教育局首次开办全市初中骨干教师业务研修高端培训班，培训内容包括学科课标、考标、教材重点解读、学科命题的思想方法和技巧；初中毕业学业考试命题训练；命题的典型案例评价及分析；初中毕业学业考试学科分析报告的撰写等。全市初中语文、数学、英语、政治、历史、地理、化学和生物9个学科270名骨干教师参加此次培训。协助市教育局基教科完成英语口语考查命题和插标工作。协助市教育局基础教育科完成初中学业水平考试命题、阅卷和评析工作，并实现中考命题连续6年零勘误；写出《永州市2015年初中毕业学业考试评价报告》。做好高中学业水平考试与考查工作。组织教研员下校到市直高中学校、省市示范高中学校进行高中学业水平考试现场教学指导；协助市教育局基础教育科按时完成全省高中学业水平考试生物、政治、地理3个学科的阅卷工作，做到无任何差错。

■教育视导、服务 2015年，永州市教育科学研究院深入市直及县区108所中小学校开展教育视导活动，通过随堂听课、检查备课笔记和作业、查阅学校教育教学管理材料、学生调查问卷、与被听课老师互动座谈等形式，详细了解各学校课堂教学及教育教学管理的情况。围绕“如何提高中考历史复习教学的针对性和实效性”的主题，在永州九中举办初中历史教学研讨会，各县区历史教研员（含兼职）、历史教师近100人与会。围绕“如何提高初中数学课堂教学效率”的主题，在李达中学举办“永州市2015年初中数学教学研讨会”，全市120名教师和县（区）教研员就“如何提高全市初中数学课堂教学效率”展开研讨和交流。围绕“阅读教学中学生思维培养”的主题，特邀请江苏语文特级教师袁源、浙江语文特级教师刘春文就“阅读教学中学生思维培养提升”作经验交流并上示范课，120余名初中语文教师与会。围绕“如何提高数学高考复习备考的质量和水平”的主题，在永州一中召开“永州市数学学会第十八届年会暨2015年永州市高考数学复习备考教学研讨会”，邀请湖南师范大学数学奥林匹克研究所原所长、教授沈文选、全国高中数学联赛优秀指导教师蒋健就“数学解题和解题教学实践”作经验交流，与老师们就中学数学解题策略和解题教学进行深度研讨。围绕“高三高效课堂”的主题，在永州市第一中学、永州市第四中学分期举行“2016年全国新课程卷高考复习备考研讨会”。全市所有高三教师1700余人参加研讨会。会议邀请河北省衡水中学、长沙市长郡中学、长沙市一中等名校名师做高三备考专题讲座，九科教研员分别作专题报告并提出“永州市2016年高考复习教学指导意见”。全市分别开展小学语文、数学、英语、音乐等11个学科，中学语文、数学、英语、地理、化学、历史等9个学科优质课竞赛、说课及微课大赛。活动围绕“如何提高教师素养、如何进行教材研究解读和概念教学”展开专项竞赛，化学、数学学科还对教师的学科知识和能力进行笔试竞赛。全市在全国或省级教学比武活动中，有5位教师获国家级的优质课、说课一、二等奖，江华贺敏、东安一中易和好、蓝山二中卢登峰、新田一中欧卫卫和永州五中唐松军等50余名教师获省一等奖以上奖励。全年配合省教科院开展中学小学13门学科的教师优秀论文评选。26篇论文获省一等奖，52篇论文获省二等奖，120篇论文获三等奖。先后组织学生参加高中数学、物理、化学、信息技术等学科的全国奥林匹克竞赛。其中，获全国一等奖7人，获二等奖48人，获三等奖31人，省级获奖400余人。组织全市中小学生研究性学习成果评奖，30件研究性学习成果送省参评。全市各级学校的文学社团全年在省级以上刊物发表习作400余篇，在省级以上作文竞赛中获奖500多人次。

■ 课题与学术研究 2015年，永州市教育科学研究院推广冷水滩区马坪学校、道县三中及宁远县课堂教学改革经验，指导零陵区水口山宝安小学教师杨伟学主持的“十二五”教育科学规划课题《农村教学点教育困境分析及对策研究》。在唐佐明的负责指导下，该院课题有7个立为省级规划课题，其中有6个是省级规划资助课题。宁远县的“四环节”教学模式，东安县农村小班额自主探究教学模式，道县三中完整教学模式等课研、课改成果日趋成熟。冷水滩区梅湾小学、道县三中等34所学校，成为省市级“课改”样板学校。2015年全市中考合格率均比5年前提高40%以上。11月17日《湖南日报》对该院积极推行的课题、课改进行宣传报道。11月8日~10日，与蓝山县教育局、蓝山二中共同承办“2015年湖南省中学地理教学竞赛暨湘江源学术研讨活动”。活动期间，专家学者和教学骨干们深入湘江源头进行实地考察探访，还开展湘江源学术研讨会、初（高）中同课异构观摩等研讨活动。湖南红网对此次活动作了详细的报道。先后开展高中和初中化学学科基地建设，中学历史课堂教学课型基地建设，历史教学“三案”（教案、学案、考案）基地建设，数学、化学、地理等6科优质空间课堂建设。

■ 职业教育教研 2015年，永州市教育科学研究院组织全市职业学校教师参加省德育类11人、电子电工类21人、机械类18人、英语类14人共4个专业64人次的专业培训活动。组织职业院校46人进行中职技能比赛选拔命题工作。组织召开2015年职成年会，为所有职业学校及广大教师提供交流平台。组织开展《网络布线技术》《物联网智能家居应用》2个项目的赛前培训，有35名教师参加培训。组织湖南省职业能力考试2次，参加考试人员21781科次。举办10大类、29个项目、10个县区、12所学校共233人的市级比赛，选出58人参加省10类共24个项目的比赛，取得国家一等奖1人次，省一等奖2人次，二等奖8人次，三等奖21人次。组织职业学校参加第12届全国文明风采比赛活动，收到338件作品。永州工贸学校、祁阳职业中专入围湖南省卓越示范学校建设项目（全省13所）。完成省级以上验收的重点项目14个，其中，国家改革示范校1所，省示范校5所，省生产性实习实训基地2个，省示范性职教中心2个，省示范性特色专业4个。截至2015年年底，全市累计建成国家级高职示范院校1所，国家级示范性中职学校3所，省级示范性中职学校9所；中职省级示范性精品特色专业15个，省级生产性实习实训基地5个、省示范性县级职教中心5个；国家级农村职业教育和成人教育示范县1个。中职攻坚计划被省教育厅评为2015年度市州教育行政部门评估考核先进单位。市教科院被评为湖南省职业能力考试、全国信息化工程师认证考试考务优秀单位。

（杨振华）

教学仪器和电化教学管理

■ 概况 永州市教学仪器站（永州市电化教育馆）系永州市教育局直属正科级事业单位，主要职责是对全市中小学校电化教学、实验教学和教育信息化工作进行管理和指导；负责制定和落实全市电化、实验教学和教育装备工作规划；负责全市中小学校信息化建设的管理和指导；负责全市中小学现代教育技术资源开发、管理和推广；负责全市中小学校现代远程教育工程的管理、指导和应用。

■ 教育装备 2015年，永州市教学仪器站坚持统筹规划，继续将盘活存量、增加总量和提高质量作为教育技术装备建设的重要工作来抓，基本适应全市学校的教育教学需求。教育技术装备总量进一步增加，新建标准化实验室78间，班班通终端设备2917套，全市学校教育技术装备总量进一步增加。开展教学仪器质量督查，重点对显微镜、电子天平、托盘天平、班班通设备、美术画板、篮球架等教学仪器进行质检，对质量好、性价比高的仪器设备厂家进行备案。继续加强实验教师队伍建设，加大实验教师和管理员培训力度。做好5月初中学业水平考试理化生三科实验、信息技术操作考查和11月高中学业水平考试高中理化生实验、音体美、信息技术、通用技术等8科考查的命题和组考等工作。组织全市物理实验技能大赛，选送6名教师参加全省物理教师实验技能大赛，全市获省一等奖2名，省二等奖2名，省三等奖2名。组织开展2015年全市化学、生物教师实验创新大赛，共51名教师参赛，选拔4名教师参加省里决赛，获得省一等奖2名、省二等奖2名，综合成绩名列全省第二位，市教育局获“全省中学实验教学系列活动优秀组织奖”。举办2015年全市实验教学论文评选活动，收到参赛论文170件，评选出优秀实验论文114篇到省参赛，获得省一等奖40篇、省二等奖46篇、省三等奖28篇，一等奖数量为全省第三位。

■ 教育信息化 2015年，永州市教学仪器站把教育信息化当作事关教育全局发展的一项基础性工程来抓，取得一定的成效。全市乡镇中心小学以上学校基本实现互联网接入，农村教学点基本实现数字教育资源全覆盖，优质教育资源覆盖面不断扩大；全市中小学校计算机数量达到4.6万台，通过义务教育合格学校建设，全市乡镇中心小学以上学校基本拥有至少一个多媒体教室，“班班通”达到52%；358所学校可以通过“拍翼教学资源网”应用数字教育资源，有4.5万名教师在“湖南省基础教育资源网”“基教新干线”“职教新干线”等教育资源公共服务平台开通空间。12月，组织全市各级各类学校师生在“湘教云”上注册教育电子身份证号，注册率达到98%以上。双牌县、东安县第一中学、永州工贸学校、祁阳县职业中专的省教育信息化试点项目顺利结题，江华县白芒营中心小学和道县第一中学中期评估合格，零陵区神仙岭小学成功申报2015年湖南省教育信息化试点学校，试点单位在信息技术与教育教学深度融合、教育信息化应用机制创新、提高管理效益等方面起到良好的示范作用。同时，新田县教育OA办公系统、永州职院附属学校电脑制作和机器人教学、双牌县教师周年玉的网络学习空间等典型涌现，加速推动教育信息化县域整体推进进程。开展永州市教育信息化创新应用工程，推动教育信息化创新应用全方位展开。全面开展“一师一优课、一课一名师”活动，28778名教师参与，“晒课”31608节，评选市级优课915节，461节课获评省级“优课”，全省排名第一位；77节课获得部级“优课”，全省排名第四位；市教育局获优秀组织奖，双牌县、冷水滩区、零陵区、祁阳县、江华瑶族自治县、新田县6个县区受到省教育厅表彰，获表彰的县区数量居全省第二位。开展全市教育教学信息化大奖赛，有187所学校500多名教师参加，收到作品566件，并选送作品参与省级及国家决赛，永州市获国家三等奖3个、省一等奖15个、省二等奖24个、省三等奖20个，省一等奖人数仅次于长沙市，大幅领先其他市州，永州市获得优秀组织奖。组织中小学生电脑制作活动，收到参赛作品612件，获得国家一等奖1个、国家二等奖1个、省一等奖1个、省二等奖5个、省三等奖18个。组织参加湖南省微课大赛，永州市获得省一等奖1个、省二等奖6个、省三等奖14个。组织教育信息技术论文评选工作，收到各单位推荐的论文374篇，在省级评审中，永州市获省一等奖33篇、省二等奖35篇、省三等奖37篇，获奖人数居全省第二位，占全省获奖名单的20%。加快推进全市教育信息化建设进程。市政府在双牌县召开全市县域整体推进教育信息化现场会，会议深入贯彻落实第二次全国教育信息化工作电视电话会议精神，总结前段时间的教育信息化工作，推介双牌县整体推进教育信息化工作经验，安排部署今后一段时期全市教育信息化工作任务。筹划全市教育信息化资源分中心，为资源建设提供本地化的平台。

（蒋琳）

重点院校选介

湖南科技学院

■ 概况 湖南科技学院创建于1941年，前身为湖南省立第七师范学校，2002年由原零陵师专升格为本科院校，定名零陵学院，2004年更名为湖南科技学院。学校建有12个教学学院，43个普通本科专业，初步形成以计算数学为核心的精良理科，以信息工程、电子工程、化学工程、生物工程、机电工程为重点的特色工科，以地方历史文化为依托的优势文科的学科专业布局。学校占地面积76.3万平方米，建筑面积

45 万平方米，教学仪器设备总值 1.4 亿元，图书资料 107 万册，固定资产总值 7.3 亿元。

建有“十二五”省级重点建设学科 2 个、省级重点实验室 1 个、省级工程实验室 1 个、省高校产学研合作示范基地 1 个、省科技创新团队 1 个、省级研究基地 5 个，拥有国家综合改革试点专业 1 个、国家级特色专业 1 个、国家级大学生校外实践基地 1 个。

学校面向全国 27 个省（市、区）招生，普通本科在校学生 1.4 万余人、成人教育学生 5000 余人。现有教职员工 1100 余人，其中专任教师 759 人、副高以上职称 308 人、享受国务院政府特殊津贴专家 2 人、省“新世纪 121”人才工程人选 7 人，并涌现出张京华等一批知名学者。

学校广泛开展国际交流与合作，与美国弗洛斯堡州立大学、日本长崎外国语大学、韩国亚洲大学等 9 所国（境）外高校开展合作办学。“十二五”期间，学校获得省级优秀教学成果奖 7 项，其中一等奖 1 项；学生在省级以上各类学科专业竞赛中获奖 260 余项，其中获全国第四届大学生艺术展演一等奖和优秀创作奖、首届中国“互联网+”大学生创新创业大赛总决赛银奖；毕业生就业率始终保持在 92% 以上。学校先后获全国毕业生就业典型经验高校、全国高等院校后勤工作先进集体、全国五四红旗团委、湖南省高等学校思想政治工作先进单位、湖南省普通高校毕业生就业工作优秀单位、湖南省大学生就业创业示范校等称号。

2015 年，学校秉承“德才兼备、自强不息”的校训精神，以转型发展、内涵发展、特色发展为主线，坚持“树立精品意识，汇聚精英人才，强化精心育人，推行精细管理，培育精励校风，建设精美校园”的战略布局，保持战略定力，深化改革创新，推进高水平应用型大学建设，实现学校影响力、学生竞争力、师生幸福力同步提升。

■ 发展规划 2015 年，湖南科技学院启动“十三五”规划编制工作，召开第三次党代会，明确学校未来五年以至更长时期的发展目标：建成高水平应用型大学，实现学校影响力、学生竞争力、师生幸福力同步提升。围绕总体目标，学校实施“三步走”战略，其中在“十三五”时期，努力实现 2 个重点突破、3 个显著提高、4 个全面改善。

■ 依法治校和内部管理 2015 年，湖南科技学院制定并颁布《湖南科技学院章程》，确立“党委领导、校长负责、教授治学、民主管理、社会参与”的内部治理结构。完善党委领导下的校长负责制，初步形成比较规范有序的“党委统一领导、党政分工合作、各方协调运行”的工作机制。提出“学院办大学”的构想，建立校院两级教代会、教学学院党政联席会，探索管理重心下移的治校模式。完善学生民主管理与监督委员会、学生权益申诉处理委员会、家长委员会等制度，现代大学制度框架基本形成。实行目标管理，明确界定各部门工作职责，并在年末对各项工作落实情况进行督查，年度工作计划提出的 10 个方面 40 项重点工作中的 124 项具体事项，属于当期目标的 83 项全部落实，属于长期目标的 41 项正在进行中；成立党委督查组，建立督查制度，制订《督查工作实施方案》，开展日常工作督查和专项督查 8 项次。落实省委巡视组整改意见，进一步加强财务管理，规范招标采购、资产、基建和审计等工作。2012 年~2015 年，学校偿还债务 1.9 亿元，债务由 3.3 亿元减至 1.4 亿元，负债大幅度下降，债务风险得到有效控制；妥善处理校园建设、校办产业、原已征的 118 亩土地补偿等方面的历史遗留问题，东大门广场两侧的土地依法依规处置完毕，土地拍卖款全部返回学校；通过招标由第三方对原已完工部分工程项目进行外审，审减金额 2000 多万元；优化固定资产管理，优先保障教学科研需要，及时处置报废资产，调整与改善固定资产投资结构。加强综治维稳工作，重视安全教育，建成校园安全监控系统，师生安全感和满意度大幅提升，获得湖南省 2015 年“平安高校”建设立项，被中共湖南省委、湖南省人民政府授予“湖南省 2015 年综治工作先进单位”称号。

■ 教学改革和人才培养 2015 年，湖南科技学院加大专业建设力度，音乐学和生物工程专业通过湖南省普通高校“十二五”综合改革试点项目检查验收，舞蹈学专业通过学士学位授予权评估，机械设计制造及其自动化、测绘工程、戏剧影视文学等 3 个新专业通过教育部审核。重视课程建设和教学竞赛，教师在湖南省普通高校教师课堂教学比赛、微课大赛等各类竞赛中获得省级以上奖励 20 余项，其中一等奖 5 项；立项省级教改课题 16 项、校级教改课题50项；评选校级教学成果奖19项，其中一等奖4项、二等奖6项；3门省级精品课程通过复核，获得省名师空间课堂立项1项。加强实践教学，完成2015年中央财政支持地方高校发展专项资金建设项目申报预算编制工作，批准立项专项资金1500万元；获得国家级大学生创新创业训练计划项目立项4项、省级大学生研究性学习和创新性实验计划立项14项；“生物与制药工程类专业校企合作人才培养示范基地”被立项为省级校企合作人才培养示范基地；“电子信息与通信系统虚拟仿真实验教学中心”被立项为省级实践教学扶持建设项目；立项校级校外实践教学基地8个；组织9个学院157人赴宁远、新田等县进行顶岗实习，完成支教任务。加强日常教学管理，制定《教学督导团章程》《教学事故认定与处理条例》等制度文件，成立教学督导团，加强信息员队伍建设，开展教学质量建设月活动；完成2014年本科教学质量报告、2015年度本科教学基本状态数据采集和2015年度高等教育基层数据统计工作。人才培养质量稳步提高，学生在省级以上各类学科竞赛中获奖50余项，其中，一等奖20余项，获全国第四届大学生艺术展演一等奖1项和优秀创作奖、全国大学生广告艺术大赛省级一等奖2项、湖南省大学生化学竞赛一等奖2项、湖南省日语演讲比赛一等奖4项和团体一等奖第一名、湖南省模拟法庭竞赛一等奖1项、湖南省第三届普通高校音乐舞蹈专业学生“三独”比赛一等奖3项、湖南省大学生体育舞蹈比赛金牌5枚、湖南省首届师范生教学技能竞赛一等奖1项。

■ 人才队伍建设 2015年，湖南科技学院核定二级单位编制，基本完成定员定编定责工作。新进教职工80人，其中博士研究生8人（含博士毕业回校4人）；特聘教授3人；评聘正高8人、副高26人、中级27人；入选2015年度享受省政府特殊津贴人员1人；被确定为省级青年骨干教师培养对象4人；通过省级青年骨干教师验收或考核6人。

■ 科技创新与服务地方 2015年，湖南科技学院发布《科技蓝皮书》；立项国家自科基金2项；加大对“柳宗元研究”等特色栏目的编辑策划，《学报》质量和影响力稳步提升。学校与湖南果秀食品有限公司等多家企业签订产学研合作协议，成功举办首届永州经济社会发展论坛、全国新形势下高校思想政治教育创新研究学术研讨会、第二届大湘南地区经济发展与管理创新论坛暨“互联网+大湘南区域发展”研讨会、第十届湖南省高校商学院院长论坛、第二届湘漓文化研讨会等学术活动，扩大学校的学术影响。

■ 学生辅导与就业 2015年，湖南科技学院成功举办湖南省高校辅导员工作研究会2015年常务理事会暨省高校辅导员队伍建设工作论坛；加强辅导员队伍建设，开展职业技能竞赛，获得省级“优秀组织奖”；继续实施“舜德学子”培育工程，《“弘扬舜德文化，培育舜德学子”——湖南科技学院“舜德学子培育工程”》获2015年湖南省高校校园文化建设优秀成果一等奖；创新毕业典礼、迎新、表彰等文化礼仪活动；开展读书月、文化艺术节、科技创新节、“逐梦之旅”等各类文化主题教育；发挥微博、微信等网络思想政治教育载体作用，“湘科院团委”微信平台入围全国百强。开展就业困难学生帮扶工作，成功举办湘南地区暨永州市2015年高校毕业生供需见面会。学生作品在首届中国“互联网+”大学生创新创业大赛总决赛中获银奖和铜奖。学校被评为“湖南省大学生就业创业示范校”。

■ 国际交流与合作 2015年，湖南科技学院派出因公出访团组6个，教师公派或自费出国留学31人；设立港澳台事务办公室；新增国外境外合作学校3所；新立项“海外名师”项目1项，新聘请语言和专业外教4人，引智工程取得实效。

■ 民生实事 2015年，湖南科技学院注重民生公共服务硬件建设，多渠道筹集资金新建和修缮教工食堂、桃园学生食堂、山水绿酒店、幼儿园、荷园学生宿舍、教授博士工作室、八楼会议中心、停车场等。提质改造校园道路、水电设施、绿化亮化。启动公租房、学术交流中心、历史文化博物馆、教师教学发展中心等重点项目建设。完成全校正处级干部办公室超标面积的改造。持续改善食堂就餐环境与伙食质量，餐饮服务水平有大幅提升。加快信息化校园建设，校园实现无线wifi全覆盖，方便广大师生的学习与生活。重视教职工收入增长，实施绩效工资改革，较大幅度地提高教职员工收入。“十二五”期间，学校教职工收入水平逐年提高，年均收入分别为4.89万元、6.43万元、7.83万元、8.23万元，2015年达到9.81万元，实现收入增长翻番的目标。

■ 校园环境建设 2015年，湖南科技学院在学生公寓建成一批书院，每个书院设立阅览室、研讨室、素质拓展活动室、心理健康咨询室等，以书院为载体的学生人文素质提升体系初步形成，成为学校立德树人的一大亮点。征集师生优秀地方文化字画作品对图书馆环境进行布置，并开展系列阅读活动，改善读书环境。对全校楼宇、道路分区组合命名，充分诠释校训精神。新建和改造孔子文化广场、中心文化广场、校训碑、民族文化墙、道路牌，设计并实施学校形象识别系统。

■ 党建和思想政治教育 2015年，湖南科技学院加强思想引领，巩固师生员工团结奋进的思想基础。教授张京华被媒体誉为湖湘师表，并被确定为湖南省重要典型。大学生思想政治教育、校园文化建设等工作获得广泛好评，教育部网站、《湖南教育快讯》对此进行专题宣传推介。讲好科院故事，树立科院形象，全年对外发稿293条，先后在新华每日电讯、《光明日报》《中国教育报》、新华网、人民网、《湖南日报》、湖南卫视等权威媒体上发表稿件50余条，学校在全省教育新闻宣传工作考评中再获优秀，被评为2015年度湖南教育政务网站工作优秀单位。

（林泽红）

领导名录

党委书记	陈　弘	
党委副书记 校　　长	曾宝成	
党委副书记	唐艳明	
党委委员 副 校 长	宋宏福	
党委委员 纪委书记	彭立威	
党委委员 副 校 长	郑山明	李常健
	吴小林	程智开
正校级督导	袁先友	
副校级督导 工会主席	陈仲庚	

永州职业技术学院

■ 概况 永州职业技术学院于2000年7月组建，是湖南省第一所地方性高等职业技术学院。学院占地面积224公顷，建筑面积47万平方米，固定资产总值11亿多元，其中，仪器设备1.6亿元，馆藏图书90多万册。拥有附属医院、生态养殖场、附属学校、畅通驾校等四大校内生产性实习实训基地，是目前湖南省规模最大的一所地方性高职学院。学院设17个教学系部，开设31个大专专业，全日制在校学生1.5万人。有国家级教改试点专业和国家重点建设专业7个，国家普惠性重点建设专业2个，省级精品专业和教改试点专业8个，省级示范性特色专业2个，省级特色专业2个，省级示范性特色专业群1个，国家和省级精品课程10门，省级“名师空间课堂”5门，省级核心课程MOOC（微课）8门和MOOT（慕课）15门。学院有在职教职工909人，其中，正高职称69人，副高职称260人；有博士、硕士学位202人；有国家级教学团队1个，省级教学团队3个，全国优秀教师2人，湖南省教学名师3人，省级专业带头人6人，省级青年骨干教师14人，专任教师中“双师”素质教师395人，“双师”素质教师比例达82.5%。学院自成立以来，坚持“立足永州、服务三农”的办学定位，不懈探索和创新“以服务求支持，以贡献求发展，产学研相结合”的地方性高职学院发展之路。2002年10月，教育部在永州召开首届“全国高职高专产学研结合经验交流会”，与会领导、专家高度评价学院的办学模式和业绩，誉之为“永州方向”“永州精神”“永州模式”，并在全国予以推广。2003年，学院参加教育部组织的全国高职高专院校人才培养工作水平评估并获得优秀。2010年10月，学院顺利通过国家示范性高职院校建设项目评估验收。学院先后获得全国职业教育先进单位、国家级教学成果一等奖、湖南省文明高校、湖南省就业工作先进单位、湖南省现代农业创业教育培训基地、湖南省教育阳光服务优秀单位、湖南省档案宣传工作先进单位等称号。

2015年，学院紧紧围绕工作要点，团结协作，开拓进取，与时俱进，奋力拼搏，在教学教研、学生管理、招生就业、内部管理等方面，取得较好的成绩。

■ 专业建设 2015年，永州职业技术学院坚持以服务区域经济社会发展为宗旨，以就业为导向，坚持稳定性与动态性相结合，不断优化专业结构。2015年高职招生备案专业由2014年的31个调整到30个，增3撤4进一步优化专业结构，并重新修订高职专业人才培养方案。国家级项目立项2个，省级“十二五”重点项目立项1个，省级一般项目立项3个。2个省级“十二五”重点项目和4个省级一般项目顺利通过验收。2个专业的学生参加全省专业技能抽查考试，1个优秀，1个合格。中职会计、汽修2个专业的学生参加全市专业技能抽查考试，综合评价为“优秀”。

■ 课程建设 2015年，永州职业技术学院护理系“健康评估”“老年护理”两门课程入选“智慧职教”数字课程，获“高教社数字课程”国家级立项。护理系“急危重症护理”与农学系“猪病防治”2门课程通过“湖南省职业教育名师空间课堂”省级立项。农学系“畜牧兽医专业专递课堂资源开发及同步课堂”、护理系3个“名师空间课堂”，均通过省级验收。护理系国家精品资源共享课“护理基本技术”“健康评估”在“爱课程”网实现资源共享。

■ 常规教学 2015年，永州职业技术学院完成418个班级，约24.3万节课时的教学任务。完成各类考试考证1.4万人次，组织2300多名学生参加普通话测试。注重教学质量，采取二线（教务处、督导室）一点（系部）、常规听课和重点抽查相结合的督导方式，狠抓教学常规管理。全年累计听评课2506节，确保教学秩序井然有序，教学质量不断提高。2012级近3000名毕业生参加全省高职院校毕业设计抽查，其中“毕业设计成果”抽查合格率为95%；“毕业设计工作”抽查合格率为83.7%，在全省60多所高职院校中，合格率排名分别为第21、14位。

■ 师资队伍结构优化 2015年，永州职业技术学院年内完成20余名教师在职攻读硕士学位，18人申报高校教师资格，59人参加岗前培训考试，400多名专业技术人员参加继续教育培训的优化培训安排。年内通过正高评审4人、副高16人、中级20人。完成新进教师的招聘和试教工作，与5名研究生、7名紧缺专业本科毕业生和5名本校优秀毕业生签订就业协议，从企事业单位引进高级职称3人。精简行政处室工作人员，年内有20余名处室人员下到系部工作。

■ 科研产业 2015年，永州职业技术学院申报省、市课题71项。其中省部级课题11项，资助经费12.4万元；市厅课题60项，资助经费18.1万元，有37项课题结题。获永州市第六届哲学社会科学成果奖一等奖1项、三等奖1项；永州市科技进步奖三等奖2项；2015年湖南省教育教学改革发展优秀成果论文评比一等奖2项、二等奖2项、三等奖5项；湖南省教育科学研究工作者协会优秀论文二等奖1项、三等奖2项。发表论文249篇，主参编教材、著作89人次，获各级成果奖29人次。附属医院实现医疗总收入1.47亿元，门诊病人10.2万人次，住院病人14602人，病床使用率92.7%；完成理论教学和见习带教任务2350学时，完成112人的实习和50人的见习任务；推广新技术、新项目17项，获市科技进步二等奖1项、三等奖2项。消化内科、护理部被省卫计委授予湖南省市州级重点学科；国家发改委项目“儿童医疗服务体系”建设项目落户附属医院，获中央财政资金2900万元。实习农场全年出栏生猪10462头，实现产值2000余万元，突破建场以来的纪录，利润逾220万元。加快智能化生产线建设，完成土建工程，完成九成以上设备安装。完成畜牧兽医专业在场的生产实习和部分教学实习任务。

■ 技能竞赛 2015年，永州职业技术学院师生参加各类教学竞赛和专业技能竞赛的积极性极大提高。获湖南省高职院校专业群竞赛二等奖1人，获湖南省信息化课堂教学比赛一等奖1人、全国信息化课堂教学比赛获三等奖，获湖南省信息化实训教学比赛三等奖1人，获全省首届微课大赛一等奖2人、二等奖2人、三等奖3人。药学系3名学生获2015年湖南黄炎培职业教育奖创业规划大赛高职组一等奖，2名老师获得优秀指导老师奖，6名学生获全省职业院校技能竞赛三等奖、5名教师获指导教师奖，普测站组织50多名学生编排的《木兰诗》《致青春》2个节目，在湖南省学生中华经典诵读大赛中获三等奖2个。

■ 校企合作 2015年，永州职业技术学院先后与武汉百捷集团投资管理有限公司、东莞海嘉企业投资管理有限公司、广东华道国际教育产业集团公司、广东源真物联网实业公司源真物联网农产品专业合作社等10余家企业洽谈校企合作事宜。汽车技术系与深圳车御品等公司签订实习就业协议，保证2015届毕业学生一次就业率达到100%。“福建省临床医学订单班”也在洽谈中。

■ **社会服务** 2015年，永州职业技术学院坚持以服务地方经济为宗旨，开展各类短期培训工作，拓展办学渠道，取得良好的社会效益和经济效益。承办各类培训班4期，培训学员2079人，培训收入90万元。汽车技术系与市交通局合作，成立永州市机动车维修技术人员从业资格培训基地，第一期完成106人的培训及考证工作。组织农医专家到金洞林场开展科技“三下乡”工作活动，为农民朋友排忧解难，发放科普资料1500份，现场指导5场次。实施精准扶贫工作，学院牵头对口扶持双牌县新院子村，派驻工作队，安排帮扶资金31万元，引进落实帮扶资金48.94万元，落实物资7.95万元。帮助村民改善生产条件和生活环境，帮助村民发展产业，引进迷迭香和铁皮石斛栽培，并提供技术支持和栽培管理指导。参与省教育厅对口扶贫村溆浦县北斗溪乡坪溪村的帮扶工作，协助当地村民规划发展种植养殖业。附属医院组织义诊11次，派出专家87人次，义诊6300人次，免费发放药品9800元，发放健康宣传资料2.2万份，举办专场健康讲座4次，完成健康体检1.1余万人次。

■ **招生就业** 2015年，永州职业技术学院招收各类学生6800余人，招录高职新生5724人，到校5109人，到校率达89.25%。其中，高考录取3049人，单招录取1350人，五年制大专录取900人，“1+3”录取425人，招收中职新生2256人，高职、中职招生均创历史新高。全年招收成教函授、自考、远程教育新生近600人。顺利完成学年注册、新生注册、专升本考试、毕业生学历电子图像采集等工作。推进毕业生就业指导院系二级管理，构建毕业生就业工作奖惩、激励机制。通过就业指导课、职业规划大赛、创业设计大赛等形式提高学生的就业、创业能力，组织召开校园春冬季大型招聘会、专场招聘会30余次，发布用人岗位9600多个，实现全年毕业生初次就业率90.3%，比2014年提高3.68个百分点，达到全省就业率优秀档次。加大顶岗实习基地建设力度，有130余家医院和60余家非医学用人单位与学院建立良好的合作关系，年内安排医卫类3299名学生顶岗实习。

■ **学生思政教育** 2015年，永州职业技术学院组织开展2015年辅导员、班主任专题培训会，选送12名辅导员参加湖南省辅导员培训班学习交流，1人参加全国辅导员培训班学习交流。工作中涌现出李小康等15名院级优秀辅导员。组织开展学院2015年辅导员职业能力大赛，有效提升辅导员综合素质。开展“学风建设月”活动，利用学生主题班会开展内容丰富、形式多样的教育活动。如“我的中国梦”主题宣传教育活动、“三月学习雷锋精神”、五月感恩母亲主题班会等活动，激发学生们的生活热情。每天早上7：00在校园主干道值班，进行文明劝导，培养学生自觉遵守校纪校规和养成良好的文明卫生习惯。2015年获得湖南省大学生思想政治工作先进单位。表彰先进班集体26个，院级三好学生618人，优秀学生干部570人，院级优秀毕业生120人，省级优秀毕业生55人。发放国家奖学金学生14人，国家励志奖学金学生583人，高职国家助学金学生4281人，发放金额944.85万元。设立校内210个勤工助学岗位，发放酬金14.56万元。中职部为2015年春秋两季1万余人次办理中职学生免学费核发手续，免学费金额1232.88万元，并为2177名中职学生申评助学金、雨露计划、“一加一”助学工程，助学金额达254.05万元。办理生源地学生助学贷款623人，发放贷款361.79万元。同时，办理毕业生应征入伍服义务兵役补偿代偿、退役复学学生学费资助等手续。每周一至周五下午，均安排专兼职老师值班，接待来访学生197人次。其中，个体沙盘11例，团队沙盘10例，团队辅导3次；做好新生心理普查工作，进行危机干预。该期因心理问题休学6人，转介到精神专科医院2人，精心筛选重点学生57人，对重点对象21人实施心理危机干预。开展心理健康教育月活动，成功举办以“我爱我——团结互助，给力心灵，共同成长”为主题的第八届大学生心理健康教育月系列活动。护理系“天使加油站”特色成长辅导室项目通过省厅验收，机械系、汽车系特色成长辅导室项目按计划建设，建筑系特色成长辅导室被立项为2016年省级项目。学院获湖南省大学生心理健康教育先进单位。

■ **办学保障** 2015年，永州职业技术学院完成办公教学场所、图书馆、学生公寓、食堂、教工宿舍室内外等场所的屋面防水，路面地面补漏等67个项目维修工作，实验室、教室改造2000多平方米，维修落水管300多米，新建石亭一座，完成小型工程项目5个。以创建国家森林城市为契机，加强绿化树木、草坪的管理工作。全年新铺草皮3万余平方米，新种乔木灌木5000余棵。纸质资源有所增加，接收社会各界捐赠纸质书刊3000余册；投资近10万元采编10万册具有收藏价值的旧图书，6月底全部上架外借。数字资源所占比重不断增加，投资11万元购买万方数据资源库。2015年数字图书馆推广工程建设任务通过国家级立项，获得国家专项经费75.6万元及省财政设备购置专项经费30万元。投资30万元组建集电子型文献阅览、咨询、培训、服务为一体的云电子阅览室。年内教学科研投入605万元，较2014年增加137万元。完成实验实训设备投入1520万元，其中，护理实验室120余万元，基础医学实验室107余万元，药学实验室40万元，财经系实验室52万余元，建筑系专用机房48万余元，实习农场600万余元等。依托教育厅试点项目，全面推进教学和管理信息化，网络中心协同护理系、临床系、生物科技系等系部开展微课、MOOC建设。进一步推进教育信息化试点项目，搭建3台服务器群以及20T存储，部署MOODLE（魔灯）网络教学平台，完成3个微机房150台工作站、58套多媒体教室的采购工作。阳光服务平台Web服务器建成并投入使用，与省平台进行对接。

（秦永亮）

领导名录

党委书记	李世胜	
党委副书记 院长	翟惠根	
副厅级干部	刘子秀	
党委副书记	李国春	
副院长 兼附属医院 院长、书记	杨铭	
副院长	韩立路	窦铁生
纪委书记	蒋衡湘	
工会主席	李晶	
副院长	王中军	
院长助理	唐陶富	罗敏杰
副院级干部	刘晓兰	
党办院办 主任	熊礼杭	
组织人事部 部长	钟学云	
纪委副书记	黄立新	
监察室主任	蒋宁	
宣统部部长	黄义君	
院工会 副主席	卢璐	
女工委主任	裴有为	
学工部部长	邓如涛	
武装保卫部 部长	汤文忠	
教务处处长	吴群力	
总务后勤处 处长	邓国文	
计划财务处 处长	程丽华	
招生处处长	彭军	
就业指导处 处长	袁延生	
科技产业处 处长	阳晓	
审计处处长	刘章胜	
教学督导室 主任	孙雁	
附属医院 常务副院长	蒋小剑	

湖南潇湘技师学院
湖南九嶷职业技术学院

■ **概况** 湖南潇湘技师学院是经省人民政府批准，由市人民政府主管、教育业务由省人力资源和社会保障厅管理的一所全日制高等职业院校。学院前身零陵地区技工学校创办于1980年5月，2002年3月经劳动部批准升格为“高级技工学校”，并被确认为“国家级重点技工学校”和“国家高技能人才培训基地”。1996年7月经劳动部批准，在该院建立“国家职业技能鉴定所”。2009年3月经省人民政府批准，以永州市高级技工学校为主体，建立潇湘技师学院。湖南九嶷职业技术学院是在原“九嶷山学院”的基础上发展起来的。1980年，乐天宇教授自筹资金回到家乡宁远县创办“九嶷山学院”，系新中国建立后第一所民办高校。1999年“九嶷山学院”更名为“零陵九嶷山专修学院”，2005年3月经省人民政府批准，设立“湖南九嶷职业技术学院”，属专科层次的面向全国招生的普通全日制高等职业院校。2010年5月，经省人民政府批准，由民办转为公办，并与湖南潇湘技师学院合并办学，实行两块牌子一套人马。学院全面推行“学历证”和“职业资格证”双证制度，将技能培训与高职教育融为一体，职前教育与职后培训紧密结合，为地方经济社会发展多层次、多形式地培养生产、管理、服务一线的高技能人才。学院先后获得“湖南省职业教育先进单位”“湖南省‘雨露计划’定点培训机构”“湖南省移民培训定点单位”“湖南省工会农民工就业创业十佳培训基地”“永州市综合治理先进单位”等称号，是永州唯一一所既是“湖南省高技能人才培训基地”，又是“国家高技能人才培训基地"的职业院校。

学院新校区占地面积20公顷，教学、实习实训、体育运动、生活文化设施适应现代职业教育发展需要。有教师196人，其中专职教师137人，兼职教师59名，专兼职教师比例为2.3∶1。所有的教师均具有教师上岗证。具有正高职称的教师6人，副高职称的教师57人，占教师总数的30.6%；具有讲师（工程师）、一级实习指导教师等中级职称的教师65人，占教师总数的33.0%。生产实习指导老师85人，均具有大专以上学历和高级工以上的职业资格证书，其中具有高级实习指导教师和高级技师职业资格的教师50人，占实训教师的59%。学院以就业为导向，紧贴市场需要，加强系部建设，设有机电工程系、汽车工程系、服装艺术系、管理系、思想政治理论课部与公共课部等系部。开设模具设计与制造、机电一体化、汽车检测与维修、服装设计、会计电算化等20多个专业。全日制在校学生4560人。

2015年，学院紧紧围绕"以社会需求为依据，以服务社会为宗旨，以就业为导向"的办学宗旨，坚持校企合作、产教融合，采取"订单式""定制式"的人才培养模式。学院不断加强内涵建设，深入开展教育教学改革，提升人才培养质量，毕业生就业率99.3%。

■ 新校区建设 2015年，湖南潇湘技师学院新校区占地面积20公顷，总建筑面积163328平方米，教学行政用房52385平方米，其中建有教学楼4幢、实习实训楼2幢、图书馆1幢、科研楼1幢、学生宿舍5幢，建体育馆1幢，教学、实习实训、体育运动、生活文化设施与办学规模相适应。新校区建设按照全面建设小康社会的要求，对建筑风格、外墙装饰、绿化建设等项目进行重新调整，确保几十年不落后。新校区一期工程即将竣工。

■ 依法治校 2015年，湖南潇湘技师学院严格遵守国家的法律法规，依法治校、依法决策、依法管理，面向社会依法办学。通过精心策划宪法日宣传活动、创新法治宣传教育形式、充分利用社会法治教育资源等形式，加强对师生的法治教育。严格规范教师言行，增强教师法治意识。2015年上半年全市综合民调得分97.26分，排名全市第15位，下半年得分99.40分，排名全市第一位，全年综合得分98.75分，综合排名全市第三位。

■ 思想道德教育 2015年，湖南潇湘技师学院落实《关于进一步加强和改进新形势下高校宣传思想工作的意见》，完善《宣传思想工作实施方案》等制度，开展中国特色社会主义和中国梦宣传教育，构筑培育和践行社会主义核心价值观长效机制。注重思想沟通、工作交流、情绪疏导和解决实际困难，加强教职工思想政治工作。健全党委统一领导、党政工团齐抓共管、党委宣传部门牵头协调、有关处室和系部共同参与的工作机制，强化大学生思想政治教育改革。加强宣传阵地建设，出版广告宣传栏8期。健全党委意识形态工作责任制，完善课堂教学、报告会、研讨会、讲座、网络等方面的引导与管理，强化问责追责。学院官方网站刊发消息30余则，通知、公告等20余则，成为对外宣传的主阵地；电视台制作新闻节目2期，《永州日报》《潇湘晨报》等媒体报道2次。

■ 教育教学改革 2015年，湖南潇湘技师学院在机电系进行"双元制教学"改革，在汽修系进行"一体化教学"改革，特别是与湖南心拓网络有限公司加强校企合作，对顶岗实习的学生进行为期1个月的实训强化训练。在服装艺术系进行"深度校企合作"改革，在管理系进行"专业群建设"改革，在公共课部进行"双语教学+人文素质培养"改革，在思政部进行"课堂教学+专题讲座与爱国主义基地相结合"改革。通过教学改革，教学质量明显提升，优秀率提高30%，在全市技能比武中，获团体第一名，个人前三名。

（胡先云）

领导名录

党委书记	黄小明	
党委副书记 院长	唐海君	
党委副书记	李劲涛	
副院长	何增明	何来庆
	冯友民	罗湘明
纪委书记	易清国	
工会主席	罗顺莲	

湖南广播电视大学永州分校

■ 概况 湖南广播电视大学永州分校地处零陵区，学校占地面积2.8公顷，建筑面积1万多平方米，固定资产原值1200余万元。

现有党政办公室、教务科、教学科、学生科、信息技术中心、终身教育办公室、教师发展中心、监察督导室、工会、团委等科室，有宁远、蓝山、东安、江永、江华、道县、祁阳、新田8个县级电大。学校教学队伍、技术队伍、科研队伍人员配备齐全，其中副高职称6人，中级以上职称15人，全校教职员工均具备大学本科以上学历。2015年，学校围绕“兴校、强校”的工作重点，在组织建设和教学、科研、管理等各方面开展卓有成效的工作。

■ 管理体制改革 2015年，湖南广播电视大学永州分校出台《永州电大创建学习型、学术型、创新性学校的意见》，继续推进创建学习型、学术型、创新型学校工作并将此项工作纳入学校绩效考核方案。7月，出台《永州电大绩效考核实施方案》。8月底，进行第三次内部管理体制改革，10个科室正、副职岗位竞聘上岗。

■ 教学、技术、管理队伍建设 2015年度，湖南广播电视大学永州分校公开招聘专业技术人员2名。鼓励优秀中青年教师有计划地参加硕士研究生、博士研究生等高层次的继续教育。继续支持2名青年教师参加在职研究生的学习进修；派遣3名教师到国家开放大学参加骨干教师培训。派送校长赴上海复旦大学参加市委组织的领导干部执行力提高培训班，1位副校长进入市委党校学习。

■ 招生 2015年，永州市电大开放教育招生1966人，其中，本科253人，专科1698人，奥鹏15人。继续举办“中小学财务人员学历提升工程”，组织教育系统财务人员参加开放教育学习，全年招收会计专业专本科学员53人；继续举办“幼师学历提升工程”，招收81名在职幼师参加学前教育专业学习。秋季启动“农民大学生培养计划”招生项目，当季招生439人。继续实行《永州电大领导联系教学点制度》，严格落实招生工作方案，加大对县级电大、教学点的指导、培训及招生奖励力度。投入人力和财力，通过电视广告、互联网平台、地方党报等多种媒体，发布招生广告。利用散发招生简章、群发短信、设立咨询点等方式开展招生宣传，扩大电大办学影响力。与2014年度相比，全市年度招生增长16.8%，完成省校下达的招生目标任务的78.6%。

■ 学生管理 2015年，湖南广播电视大学永州分校在健全相关制度办法的基础上，认真落实，全年未发生一起因学生管理工作失误而导致的投诉、申诉事件。学校14名学生获得2013年度国家开放大学奖学金，10名学生获得2013年度湖南广播电视大学奖学金。

■ 系统办学建设工作 2015年度，永州县级电大、教学点年度招生人数占全校年度招生总人数的79%，有4个县级电大工作站、教学点年度招生人数有一定增长，分别为祁阳师范教学点、新田电大、道县师范教学点、道县党校教学点。设立“县级电大、教学点招生奖励”等，扶持激励基层电大及其招生工作人员。11月，召开永州市电大招生工作总结会议，会上表彰和奖励一批招生工作显著的县级电大、教学点及个人，道县师范教学点、祁阳师范教学点、新田电大获得招生工作一等奖。

■ 信息化建设 2015年，湖南广播电视大学永州分校以永州电大在线远程教学平台为基础，开展各类网上教学活动。学校的主页平台资源得到充实，各类教学资源和校园新闻都及时地上传到永州在线平台，建设好各专业、课程板块，组织进行BBS，起到窗口作用。安装投影仪、3套无线话筒和6个大功率音箱，将学校活动中心改建成为一个大型多媒体报告厅。安装部分无线路由器，实现新老办公楼的无线网络全覆盖，正在准备云教室的建设。对县级电大、教学点的信息技术工作提供全面的支持服务，对机考工作进行手把手的指导，对一些无法完成考试的的教学点，信息中心通过在校本部安装服务器，教学点安装客服端，或者由信息中心安装好服务器再由教学点搬回去用的方式为教学点解决机考问题。全年完成中央电大开放式本科计算机和英语统考3次、计算机应用基础无纸化考试2次、信息技术应用考试2次、会计专业模拟实验考试2次、会计核算上机考试2次、中央电大试点课程网络考试4次、奥鹏机考2次。

■ 教学教务管理 2015年，湖南广播电视大学永州分校每个学期定期检查和考核教师教案，对网上教学资源进行查看，坚决杜绝以次充好、照搬照抄、内容过时的现象。春秋两季，对新入学的学员开展国家开放大学学习指南和计算机应用基础的面授教学辅导。聘请省校教授，组织本校教师，赴6个县级电大、教学点进行“送教下乡”“送教下点”活动4次。在9月和11月分别进行网上教学检查和常规教学检查。落实检查工作，按时向省校提供教学检查自检报告，均获得通过。

■ **非学历教育** 2015年，湖南广播电视大学永州分校狠抓培训质量，确保各项培训工作的顺利实施，完成教育学心理学培训50人次，普通话培训80人次，教师资格培训500人次，评审职称专业技术人员培训800人次，合格学校教师培训200人次，新教师素质提升培训300人次，复习课实效培训150人次，德育主任培训50人次，全年参加培训人员2130人次。配合市教育局推动教师管理、师训各项工作的开展，包括名师工程协助管理和培训、市级骨干教师信息技术提升、中小学教师资格考试面试工作推进、全市中小学教师专家评委成员数据库建立、全市教师普通话水平抽检等，并举办教育教学技能、普通话、市级骨干教师轮训等4期培训。

■ **终身教育** 2015年，湖南广播电视大学永州分校争取到市级终身教育专项资金10万元。4月~7月，完成省干部教育培训网络学院组织的“法治湖南专题培训班”活动，全市有4000余名干部报名参加培训班，并选送15篇论文送省院参评“法治湖南专题培训班优秀论文评选活动”。9月22日，召开年度终身学习活动周的筹备会议；10月底，永州市终身学习活动周在零陵区召开。永州市首届“终身教育骨干培训会议”在学校多媒体会议室召开。与老年大学持续合作，4月开展举办“登陆‘湖南老年干部学习在线平台’学习培训”活动，6月参与“庆祝反法西斯、抗战胜利70周年书画展”活动，8月组织参加“全省‘百姓学习之星’评选”活动。联合黄古山社区，在“香港伟才幼儿园”开展“庆六一亲子教育活动”。选派社区教育骨干教师和工作者4人，参加省里组织的社区教育培训。

■ **校园文化** 2015年6月，受永州社区大学、永州电大的邀请，湖南省歌舞剧院为永州社区市民及电大师生表演一台高雅艺术。6月，举办“气排球比赛”，全校教师职工踊跃参加。10月，8名教师代表赴湘潭参加第二届湖南电大系统教职工“友谊杯”羽毛球混合团体赛，获得团体三等奖。10月，参加在蓝山县举办的全市教育系统气排球比赛，获精神文明奖。

（王莹）

领导名录

党委书记	滕永兴
党委副书记 校长	何波涛
副校长	李智媛　崔　莹
纪委书记	左全华

湖南省道县师范学校

■ **概况** 湖南省道县师范学校（永州市大专层次小学幼儿园教师培养基地、永州市教师继续教育中心）是永州市直属的公办普通中等专业学校。学校创建于1958年，占地面积8.67公顷，现有在职教职工168人，在校学生4331人。开设小学教育免费师范生五年制大专班、学前教育免费师范生五年制大专班，开设学前教育、旅游服务与管理、社会文化艺术等专业。学校先后被评为“湖南省优秀事业单位法人”“湖南省青少年教育研究基地”“永州市文明单位”“永州市绿色学校”“永州市依法治校示范校”“湖南省教师继续教育先进单位”“湖南省示范性中职学校”、省级“双特色校”（规范汉字书写教育特色学校和省级经典诵读特色学校）、“湖南省语言文字示范校”“湖南省优秀文艺单位”等。

2015年，学校以优秀等级通过验收，成功创建省级示范性中等职业学校。12月，市委常委会决定将道县师范和祁阳师范合并搬迁到永州市城区，创建永州市幼儿师范高等专科学校，并计划2018年秋季搬迁至新校区办学。

■ **招生就业** 2015年，湖南省道县师范学校通过争取招生政策、拓展办学项目、建设招生队伍、谋划招生策略，重点加强品牌学前教育专业建设与办学，学校品牌的社会认可度与影响力不断提升，招生规模不断扩大，招生质量不断提高。学校提前2个月完成招生，招录新生1387人。学校就业质量不断提高，全年毕业生总人数为1799人，就业学生人数1783人，直接就业人数1763人，就业率达99.11%，对口就业率97%，学生就业单位、就业岗位和就业待遇相比同类学校有明显优势，社会用人单位对毕业生的思想道德素质和职业素质评价满意率90%以上。

■ **人才培养** 2015年，湖南省道县师范学校坚持问题导向，不断深化改革，探索校本模式，提高培养质量。着力实施“一二三四五”工程，即构建师范特色道师特质的人才培养的“一个模式”；破解全国教师资格统一考试背景下的人才培养改革问题，和在当前职教背景就业与升学并重的新常态下对口高考办学的提质问题等“两个问题”；加强基本文化知识教学、基本专业知识教学、基本专业能力教学等“三基教学”；研究德育改革、课程设置改革、教学理念和教学方法改革和教学评价改革等“四大课题”；实行“以文化人、活动育人”的德育模式改革、“学教一体化”的教学模式改革、“小先生制”的实践课程改革、“集中顶岗实习”的模式改革和教学综合评价改革等“五项改革”。学校人才培养质量与办学品位全面提高，办学质量和效益得到整体提升。全年学生获奖数为237人次。其中，获国家级奖项18人次，省级奖项63人次，市级奖项156人次。在2015年永州市中等职业学校学生“文明风采”活动中，学生获奖101项，并包揽书画类、表演类所有一等奖。在2015年永州市中小学艺术展演活动中，大型原创民族舞蹈《长鼓遗韵》和大合唱节目分别获一等奖和二等奖。

■ **品牌创建** 2015年，湖南省道县师范学校育人环境和办学条件进一步完善，被评为“永州市绿色美丽校园”“永州市园林单位”，成为湖南省示范性中职学校、永州市教育信息化创新应用示范学校。学校重点加强学前教育专业品牌建设，对接职业标准，优化课程结构，强化专业实践教学，完善人才培养方案，纵深推进专业人才培养模式改革。坚持“引进”“培养”两手抓，引进高学历、高职称的“两高”人才，加大在职教师培养力度，修订完善《道县师范学校教职工学历提升奖励与管理规定》和《道县师范学校优秀人才奖励与管理规定》，鼓励教师提升学历、提高职称，大力培育名优教师，重点培养“双师型”教学名师、专业学科带头人和骨干教师。坚持实施科研兴校战略，重视提高教师科研教改能力，确保学校发展优势。以《道县师范学校科研管理及奖励规定》为导向，强化课题研究、论文写作、教学比武、技能竞赛等教研教改活动。教师发表或获奖论文60篇。其中，在2015年省市职成论文评选中，教师获奖论文16篇；在第五届中小学艺术展演中，学校2篇艺术类论文获得湖南省一等奖，1篇获全国二等奖。

■ **学校管理体系建设** 2015年，湖南省道县师范学校不断加强督查考核，提高干部执行力和教职工教书育人能力。进一步完善督查考评指标体系，完善教职工绩效考核奖励规定，出台包括年级组长、教研组长在内的中层干部实绩考核管理制度。进一步健全督查考核办法，实施量化考评与民主测评相结合的督查考核方式，进一步强化督查考核结果运用，与任用晋升、绩效奖励挂钩，形成长效机制，切实提高干部执行力。加强安全稳定的维护，确保学校平安和谐。加强综治维稳工作，落实目标管理责任制。加强平安校园建设，加强安全教育与管理工作，重点做好女生安全教育工作，突出抓好消防安全、食品卫生安全、交通安全、大型活动安全、预防溺水、应急疏散演练等工作。进一步关切师生期盼诉求，改善师生学习生活条件；搞好教职员工节庆文体活动，落实工会关于职工福利待遇的有关规定，不断提高教职员工的福利待遇，提升教职员工幸福指数；运用政策做好学生资助工作，发挥激励和保障作用；抓好毕业生就业工作，进一步完善毕业生就业管理机制，加强跟踪指导服务，进一步提高创业比例和就业质量。

（何云峰 李鸽）

领导名录

校长 党委书记	何云峰
副校长	胡达仁
纪委书记	刘孝文
副校长	唐广勇
工会主席	何仙玉

永州市第一中学

■ **概况** 永州一中创办于1903年，是伟大的马克思主义者、中国共产党主要创始人之一李达的母校，其前身是永州府官立中学堂、永郡联立蘋洲中学，1949年10月并入省立七中，1982年更名为永州市第一中学。现为市属省级示范性普通高级中学、全国文明单位、全国特色学校、全国体育示范学校、省现代教育技术实验学校、省现代教育技术装备先进单位、省综合治理先进单位、省园林式单位、省绿色生态学校、省雷锋式学校、省体育传统项目学校、省艺术教育优秀学校、省综合社会实践活动常态实施优秀学校、省奥赛优秀参赛学校、省青少年科技创新活动示范基地、省校园足球特色学校、省较高水平足球运动队建设学校、永州市最美高中和永州市首届名校。

学校现有学生5000多人，在职在岗教工345人。有外籍教师2人，高级教师128人，特级教师5人，市首届名师5人，市首批骨干教师18人，国家级、省级骨干教师17人，市学科带头人9人，国家级、省级奥赛教练21人，受到省级以上表彰的优秀教师和先进教育工作者20余人，建设高水平的英语网络名师工作室1个。

学校全面贯彻党的教育方针，全面落实新课程改革，全面实施素质教育，以人为本，立德树人，教学质量稳步提升，高考成绩年年创纪录：2015年二本以上上线人数突破1000大关，挺进全省前十；一本上线460人，600分以上的91人，均居全市最前列，其中学生杨楚舒以考分683分上清华、北大录取线；学校连续七年夺得全市理科状元。高二学业水平考试正考合格率达98%以上，优秀率、合格率均列省、市前茅。

2015年，永州一中铸文化之魂，走强师之路，抓课程改革，育时代英才，践行社会主义核心价值观，推进“三名”（名师、名校、名校长）工程，办人民满意的教育。

■ 师德建设 2015年，永州市第一中学开展“三严三实”专题教育活动，组织全体党员集中学习新修订的《中国共产党章程》《中国共产党廉洁自律准则》和《中国共产党纪律处分条例》，提

永州市第一中学人工湖

高党员干部干事创业的积极性和廉洁自律的自觉性。七一前后，学校党委组织开展系列党庆活动，组织党员前往红色基地（韶山、花明楼）重温入党誓词，开展革命传统教育。开展师德师风建设活动，组织教师学习中共十八大精神、《中小学教师职业道德规范》等。评选“十佳班主任”“十佳教师”，提高全校教工廉洁从教的自觉性。工会组织全校教工前往广西兴安革命烈士陵园参观学习。

■ 高考、学考 2015年，永州市第一中学二本以上上线人数突破1000大关，挺进全省前十，进入全省名校第一方阵；文、理科上线人数均创历史新高，上线率居市属中学之首。一本上线460人，600分以上的91人，一本上线人数中“985”高校录取74人，均名列全市前茅；430班同学杨楚舒上清华、北大录取线；所有单科成绩均居市属中学第一名，其中理科英语居全市第一名。高二学业水平考试全科正考合格率98.46%。

■ 队伍建设 2015年，在湖南省第九批特级教师评选中，永州市第一中学校长陈宗华，教师蒋庆荣、成少华脱颖而出；教师节前夕，成少华、唐金娥、何新茂、胡晓峰、王受吉等5人被评为市首届名师，龙路云等9人获评市第二批学科带头人；人才引进和公开招聘吴雪云等6名教师。

■ 教学比武 2015年，永州市第一中学在各类教学比武中捷报频传，罗飞龙获全国一等奖，谢爱玲、蔡香配获省一等奖，7人获省二、三等奖。在“一师一优课，一课一名师”活动中，唐小艳、蒋交林、唐雪艳3位教师的三堂课被评为部级优课，40堂课被评为市级优课。在2015年湖南省首届数学教师解题大赛中，教师张国栋、左加获省二等奖，杨丙英、唐长轩、周中佐、杨昌军、杨迪虹、杨振华、眭小军7人获省三等奖，获奖人数居全省第一名，学校获优秀组织奖。100%的任课教师注册省资源平台，并均开通个人空间，唐金娥、成少华、唐海峰三人的网络学习空间获评省优秀网络学习空间。

■ 学校管理 2015年6月27日，

永州市第一中学与零陵区教育局签订托管市第十一中学的协议，托管后十一中更名为永州柳子中学，9月2日举行柳子中学挂牌仪式。门卫管理委托保安公司管理，加强安全保卫工作；宿舍和校园卫生委托物业公司管理，基本实现社会化管理；学校第一、二食堂委托长沙一品佳餐饮公司实行“零利润”经营。

■ 特色教育 2015年，永州市第一中学理科奥赛23名参赛选手全部获省赛区全国二、三等奖，奖项居全市第一位；科技创新作品获省一、二、三等奖8件；作文获全国奖3篇，省级奖18篇；学生代表队参加全市中小学生艺术展演获二等奖；体育工作走在全市前列，在省中学生运动会上3人次夺第二名，1人夺第三名，3人次获四、五名，教师成小平获优秀教练员称号；在市中学生田径运动会上获团体总分第三名；学校被评为全国第一批学校体育工作示范学校和湖南省校园足球特色学校。

■ 学生活动 2015年，永州市第一中学继续开展清明祭扫活动，缅怀李达的历史功绩。举行纪念中国人民抗日战争暨世界反法西斯战争胜利70周年系列活动，参加全市“烈士公祭仪式”活动。开展“最美中学生”寻访活动，452班同学何启明被评为全国最美中学生和永州市优秀中学生标兵，493班同学黄立钢被评为永州市优秀中学生。参加第二届湖南省青年文化艺术节，480班同学刘涵获钢琴才艺一等奖。高一师生开展参观李达故居的徒步拉练活动。开展青年志愿服务活动。480班团支部被评为“市五四红旗团支部”，学校团委被评为“市五四红旗团委”“市青年志愿者先进单位”。元旦前夕，举办文艺汇演和书画展览。

■ 办学条件改善 2015年，永州市第一中学加大投入，建设大型体育馆、信息综合大楼、蘋洲会堂、录播室、移动电子图书馆等。改造好3个食堂和第一学生公寓（女生宿舍）。

■ 考评屡创佳绩 2015年，永州市第一中学通过复评，保持全国文明单位称号。更新、充实学校网络督导评估空间，在省网络督导评估中取得优异成绩。在全市“四项课程”教学评价中获优秀等次，居全市第一名。心理健康教育成果在省中小学生心理健康教育成果展评中获二等奖。组织师生积极投身创建国家森林城市和交通模范管理城市活动，并被评为先进单位。高效完成全市省市示范性普通高中办学水平评估考核迎评工作、省普通高中新课程改革样板校建设自评及材料报送工作。

（蒋庆荣）

领导名录

校　　长　陈宗华
党委书记　张　丰

永州市第四中学

■ 概况 2015年，永州市第四中学秉承“为社会负责，为师生的终身发展负责”的办学理念，在实践中不断推进，积极贯彻落实市委、市政府“教育优先发展”的战略决策，强化师德、教师队伍建设。学校先后被授予“2015年全国百强特色学校”“全国环境教育示范学校”“全国青少年科学调查体验活动推广示范单位”“全国青少年校园足球特色学校”“湖南省心理健康教育示范学校”“湖南省级示范食堂”等称号。学校典型材料在《湖南日报》《永州日报》上作介绍。

■ 教学质量 2015年，永州市第四中学基于“加强教学管理，不断提高教学质量”的要求与办学目标，各项教育教学成绩喜人。2015年高考二本上线人数达1155人，其中一本上线人数达541人，一本、二本上线人数排名全省第三位。高分段人数大幅递增，600分及以上人数117人，有3人被清华大学、北京大学录取，进入全省第一方阵学校。高二学业水平考试整体合格率达95%，全市领先。充分发挥名校示范和辐射引领作用，以创新而灵活的模式成功地托管李达中学。在理、化、生奥赛中有周泽南等11名学生参加2015年全国中学生物理竞赛，分别获得全国二等奖和三等奖，14人参加全国复赛。有72名学生参加省级以上作文比赛并获奖，有56名学生的作文发表。学生电脑作品获得省三等奖1个，市二等奖1个。学校健美操训练队参加省中学生健美操比赛获第七名。在第36届湖南省青少年科技创新大赛活动中，有4名老师、5名学生入选决赛，取得二金三银二铜排名全省第一的成绩。其中，高一年级学生蒋文宇、王敦格发明的作品《智能节能安全插座》获一等奖，学生蒋佳男、刘琳华、蒋楚扬发明的《筛选清洗相向动切喝螺机械装置》获二等奖，学生王敦格的《水葫芦的危害与利用的实践研究》与高三年级陈后波的《偶探家鼠之“胆小如鼠”》获三等奖，教师王微发明的《瓷砖铺设空鼓声波检测仪》《地面粘滞物清除车》分别获教师类作品竞赛一、二等奖，教师雷雁发明的《公共教室投影机误关机损灯的保护神》获教师作品类竞赛二奖等奖，教师雷雁在本届大赛中被评为“第36届省青少年大赛十佳教师”，学校获优秀组织奖。继续推进教育部教育信息化试点项目和湖南省数字校园试点单位的工作，先后被评为“省中小学教师培训基地”“省心理健康教育示范学校”“湖南省教育信息化先进单位”。7月，教师王倩、乔一萍、刘颖、艾如能、郭志成、王惠、张明明、王新欣、孙永华、王微、李朝华、张新军、刘斌、罗玉平、石研娜、曾琳、陈山泉、胡立广在参加教育部“一师一优课，一课一名师”的活动中被评为省市级优质课。加强课题研究，欧阳慧、陈山泉等23名老师参与国家级课题研究并获得优异的成绩。《女书校本教材资源的开发与应用》和《基于WEB的发展性教师评价系统的研究》2个省级“十二五”教育技术课题均顺利结题，并获得省优秀课题。6月19日，由教育部福建师范大学基础教育课程研究中心支持，北京清大国培教育学研究院主持的全国教育科学‘十二五’规划国家级课题《能力导向的课堂有效教学》之子课题《基于能力导向探究高中课堂教学的有效性》在学校正式立项。组织教师参加2015年永州市教育教学信息化大奖赛，分配的5个参赛指标，获得6个一等奖。在11月

工具书入校摆摊

永州市中学化学和生物实验创新大赛中，青年教师李吉利获高中组一等奖第一名，代表永州市参加省中学化学实验创新大赛。生物教师何婷获高中组一等奖第二名。教师冯辉参加全国地理湘教版第二届录像课比赛并获一等奖。教师杜艳秋参加全省高中数学教师解题竞赛并获三等奖。教师在各级教育刊物发表文章56篇，在省级以上的教育教学论文评比中获奖123项。9月22日，协助市科协在学校举办2015年“全国科普日”系列活动。有20批次省内外的学校到学校参观、学习。推崇教育教学信息化管理，学校教育教学督导评估排名居全省前列。顺利通过省非高考科目理、化、生实验考查验收，学校空间网上评估工作进入全省先进行列。

■ **教学管理** 2015年，永州市第四中学完善系列教育教学管理制度，进一步规范教育教学，并通过全体教职工会、教代会、班主任会、年组负责人会，对常规教育教学工作的各种环节提出规范、严明的具体要求。着力提升以班级建设水准为核心的治校模式，充分放权班主任，参与学校管理，以增进班主任的教学与管理积极性和热情为要点，改革班主任的选拔和任用工作，形成以班级管理为核心的教育合力。各年级对班主任工作进行公平、严格地考量，全年评选出盘明娟、杜艳秋等51位优秀班主任。依据“独立性”和“一致性”兼容的原则和现代管理的扁平结构要求，在教育教学上实行分年级管理，进一步完善年级“三人领导工作小组”管理机制，实行“横比较、竖联系”和分岗包办的管理模式，明确管理责任，明文规定年级部的管理行为。以年级组、备课组建设为突破口，落实和推进教研、教改、教学工作。各年级组、备课组以课堂教学为抓手，狠抓教研活动的开展与落实。加大集体备课力度，实行行政领导跟班备课制度，组织开展集体备课展示活动。各年级组、备课组先后推出100余节规范课、优质录播课。定期召开高三年级质量分析研究会，成立高考备考研究小组，专门就高考命题做前瞻性研究，确保高考成绩。完善教育教学质量监控机制，定期召开学生座谈会，组织学生评教议教，了解学生对教师教学、学校教学

管理、教辅等方面的意见和建议。分期召开教师座谈会，对学生评教活动中反映出的问题进行反馈，分析原因，研究改进措施，并加强对青年教师教学的检查与指导。不断提高教学服务管理，对信息、电教、实验室、图书馆、阅览室等教辅部门实行目标化、规范化管理，为教育教学提供更好的服务。

■ 校园文化建设 2015年，永州市第四中学以校训校风为载体，开展校园文化、班级文化、组室文化建设，培育学生的“挑战自我，追求卓越”的人文精神。丰富《四中人》校园期刊，凝聚校园文化精髓。把升旗仪式、校会、晨会、班会、励志教育作为校园文化生活的常规活动，把学雷锋活动、五四青年节、社会实践活动、入学军训、革命传统教育等活动作为校园文化生活的有效载体，把家长会、家长学校、学生团校、社区实践活动作为校园文化生活的延伸部分，把科技节、艺术节、体育节等作为校园文化活动的有机组成部分，展示作品120余件，选拔参加市级以上大赛70余人。注重学生心理疏导，10月被授予“湖南省心理健康教育示范学校”。

■ 学校德育培育 2015年，永州市第四中学始终把德育工作贯穿整个学校教育教学过程中。召开四中师德师风整治大会，层层签订责任状，建立学校、教师、家长、学生四位一体的师德建设监督网络，营造“重师德、讲师德”的浓厚氛围。加大教师教育提升培训，巩固学校教育教学后备力量。全年有15名青年教师加入四中教育方阵。注重在职在岗教师的业务水平提升，其中有唐协和等4名教师参加国培、80名教师参加省培，90%以上的教师参加市级教育培训。开展三八文体活动、七一党员教职工活动、新教师联谊会、教职工文体比赛等活动，活跃教学气氛。学校工会受到省教育总工会的表彰。

■ 学校建设 2015年，永州市第四中学将有限的财力投入到教学、教职工福利、学校硬件建设等方面，坚持在财力范围内合理规建和科学善管，坚持学校师生参与管理，坚持推行校务阳光公开，成立专门的财务审查小组，每期参与、监督学校财务工作。投入100余万元，维修和改善教学设施，录播室升级工程完成，逐步实现教学现代化。向市委、市政府争取建筑面积为1.2万平方米，总投资为2300万元200套的教师公租房立项建设。2015年学校食堂被评为“省级示范食堂”。

（陈山泉）

领导名录

校　　长　陈　英

党委书记　徐正祥

文化业态

综　述

■ 概况 2015年，永州市有文化单位266个（含县、区和乡镇文化站），其中文化行政单位14个，事业单位251个。在编职工1027人，其中，市直文化系统在编人员100人，专业技术人员52人。有公共图书馆12座，其中，市属馆1座，县（区）馆11座；市级群众艺术馆1座，乡镇文广站227个，村级公共服务中心4453个；文物保护单位537个。其中，国家级文物保护单位26个，省级文物保护单位55个，市级文物保护单位212个，县级文物保护单位244个。有文化经营单位738家，其中，艺术类表演团体8家，歌舞娱乐场所120家，网吧600家，报刊图书音像经营企业208家。

■ 机构改革 2015年3月20日，市文体广电新闻出版局正式挂牌成立。根据永州市委、市政府文件精神，整合原市文广新局、原市体育局职责、职能，组建市文体广电新闻出版局，不再保留市文广新局和市体育局，同时将原市体育中心升格、整合市体育彩票中心和市老年体协，组建副处级的市全民健身服务中心。将市体育局行使的行政执法职权，委托给市文化市场综合执法局。永州市文体广新局内设11个科室，即办公室、政工科、规划财务科、文化艺术科、群众体育科、竞赛训练科、市场科、广播电影电视科、科技科、产业科、新闻出版与版权科。市文体广电新闻出版局归口管理市文化市场综合执法局及所属分局、市文物管理处、市全民健身服务中心、市体育学校、市艺术创作中心、市群众艺术馆、市美术馆、市芝山影剧院、凤凰影视城、市图书馆、市广播电视监听监看中心11个单位。

■ 文化惠民工程 2015年，永州市品牌活动阳明山“和”文化旅游节、闹元宵民俗灯谜会、新春音乐会、九嶷山公祭舜帝大典等成功举办。“送戏下乡演艺惠民”活动完成829场次，超额完成年度任务。争取上级支持400余万元，为114个乡镇综合文化站、5个社区文化中心、11个社区文化活动室和文化特色突出的200余个行政村配备文化设施和广场舞音响设备。省、市、县共投入4500多万元，分别完成道县571个村、新田县379个村的广播“村村响”工程建设和13个县区(管理区)的广播电视“户户通”工程，以及市级大华山台、羊毛岭台、铜山岭台、阳明山站和蓝山羊车岭站、新田小岗岭站、江华仙姑潭站等地区的无线覆盖(可覆盖全市85%的城乡居民)。争取资金2160万元，完成全市5144家农家书屋出版物补充更新。

■ 文化场馆免费开放 2015年，永州市文体广电新闻出版局建立健全免费开放规章制度。市、县区公共文化场馆（站）结合自身实际，制订免费开放的项目内容、方式方法、开放范围和时间，设立免费开放接待窗口，并通过宣传单、宣传横幅、公示栏、制度牌及依托广播电视、网站等宣传，引导市民走进公益文化场所参与活动，扩大免费开放的社会影响。同时，向上级争取免费开放资金，中央、省及市、县四级的配套资金基本到位，做到专款专用。全市有市博物馆1座，市美术馆1座，公共图书馆12座（含市图书馆），文化馆12座（含市群众艺术馆），乡镇综合文化站224个(其中新建177个，中央对新建的177个综合文化站配备活动器材)均免费开放。市博物馆自2008年以来一直对外免费开放，全年免费开放313天，接待观众25万人次；市美术馆举办展览13个，免费接待观众2.1万人次；市图书馆在零陵和冷水滩两地开放图书借阅窗口7个，报刊阅览室3个，每天开放时间11小时，中午及双休日正常开放，阅览室晚上加开两小时。

■ 文艺精品创作 2015年，在第五届湖南艺术节上永州市获得金奖2个，银奖5个。在艺术口里，唐萌萌、海天、周晔的书法美术作品分获金奖、银奖；在群文口里，选送的舞蹈《瑶山吉傲》、原生态瑶歌《盘王大歌》等获金奖、银奖。创排现代祁剧《浯溪兄弟》参加省艺术节表演并在浏阳市欧阳予倩大剧院上演。在全省“欢乐潇湘”活动获得金奖5个、银奖9个，在全省的少儿音乐舞蹈大赛中获得4金2银。王青伟的长篇小说《度戒》进入全国第九届茅盾文学奖入围篇目名单，编剧的电影《青春激荡的年代》《穿越硝烟的歌声》《国酒》以及电视连续剧《延安反腐风云》均开拍。唐孟冲作词作曲的《我在云水间》获“‘锦绣潇湘 快乐湖南’首届原创旅游歌曲大赛”十大金曲奖。彭雯的作品《生命》、唐高见的作品《贵宾席》分获全国艺术摄影大赛铜奖、优秀奖。

■ 文化项目建设 2015年，永州市文体广电新闻出版局继续做好市文化艺术中心项目规划设计工作。市政府第61次常务会议对“市文化艺术中心”建设方案进行审核，方案经多轮修改，已基本定稿，设计单位转入深度设计。同时，编制规划的《中心城区文化体育设施布局规划》进入审查阶段。《中心城区文化体育设施布局规划》将历经专家论证会、规划审查会、规委会全会、出正式成果、市政府审批、出版实施等多个环节。

■ 文化市场管理 2015年，永州市以广大群众反映的热点、难点问题为重点，切实加强文化市场的整治。通过抓典型、抓重点部位、抓重点时段和“划片包干、责任到人”等措施，做到巡查到位，监管到位；继续开展网吧专项整治行动，对违法违规网吧实行顶格处罚。出动执法车辆1486台次，出动检查人员8230人次，查办网吧案件524起；在元旦、开学前后、五一、寒暑假等重要时段部署系列专项行动，还开展“百日集中整治行动”，对娱乐市场、演出市场、广电市场集中整治，检查娱乐场所520多家，查办案件49起。

（李新宇）

社会文化

■ 社会文化活动 2015年，永州市以传统节日为重点，广泛开展各类群众演出活动，举办公祭舜帝大典和阳明山“和”文化节以及“欢乐潇湘”大型群众文艺汇演活动。新春、元宵、中秋、国庆等佳节举办新春音乐会、元宵灯谜会、龙舟大赛、庆国庆滨江广场文艺汇演，以及少儿音乐舞蹈大赛、永州电视歌手大奖赛、唱响永州合唱比赛。广场文化如火如荼。依托场馆组织群众或群众自发组织开展健美舞、扇子舞、交谊舞、歌唱演奏等文艺表演；

非物质文化遗产江永傩戏

打造文化品牌，开展大型文化活动。蓝山县“湘源瑶情·小村友爱”跨年晚会、祁阳竹山村春节联欢晚会等农村“春晚”得到中央电视台、湖南卫视、《湖南日报》、红网等多家媒体的关注，已成为群众文化活动的重要品牌。联合省群艺馆主办“首届全国文化（群艺）馆9+2区域合作论坛”，重庆、广东、广西等11个省市群众艺术馆馆长、省（市）际群文知名专家和主要业务骨干出席。

■ **公益文艺培训** 2015年，永州市开展文物、群众文化、非遗保护、图书馆业务、群众体育、电影放映、市场监管等培训30余期，培训学员1200多名，选送50余名优秀人员参加中央、省市专业培训。其中，市群艺馆组织全市的非遗专干培训班2次，培训人数达40人次，舞蹈专干培训100人次；市美术馆邀请省书法家到永州指导培训5次，培训人数达150人；对县区文化馆、图书馆的人员举行2期培训班，培训人员50人次；向“三区”（山区、边区及贫困区）选派2名副科级优秀文化专干挂职，对江华县文广新局进行人才培训；江华瑶族自治县和新田县每年选派19名优秀文化专干到乡镇工作。

■ **非物质文化遗产宣传** 2015年，永州市参加“多彩潇湘——2015年‘文化遗产日’湖南非物质文化遗产展演活动”，并获得由活动组委会颁发的“最具市场前景奖”与“优秀组织奖”。活动展示全市国家级省级项目的基本内容，组织挑选“女书习俗”“瑶族医药风湿痛‘贴丹灵’疗法”“黄阳司扎故事”“黑糊酒酿制技术”“蓝山油茶”“瑶族织绵服饰”“异蛇王酒酿泡技艺”“石羊醋水豆腐”“东安鸡”“塔山婆婆仙茶”等10个项目参展，参展的传承人及工作人员80余人，全市各县区展到现场参观学习的人员达100多人。其中“黄阳司扎故事”参加开幕式的踩街游行活动。端午节期间，在道州西洲公园潇水河上进行“道州龙船赛”，100余艘龙船、3000多名运动员参赛。江永县在“洗泥节”活动期间，向参加活动的市民和外地游客宣传“非物质文化遗产”的相关政策、法规，展示非遗成果。东安县联合县青少年活动中心、县直各学校，组织师生及家长开展“了解家乡文化遗产”的文化遗产宣传活动，表演具有浓郁地方特色的东安武术等节目，并通过有奖知识问答的形式向师生及家长宣传文化遗产保护知识。

（李新宇）

专业文化

■ **市文艺创作中心** 永州市艺术创作中心是永州市文体广电新闻出版局下属事业单位，主要职责是以戏剧、曲艺、音乐、舞蹈、美术等艺术门类的理论研究为重点，注重各个艺术门类的发展历史和现状研究，紧密结合当前舞台艺术的创作和实践，开展科研活动；搜集、挖掘、整理艺术遗产，开展调研活动，建立完善文化艺术档案及信息咨询服务系统，为文化主管部门提供信息服务和决策依据；承担着全市的文化艺术专业创作人员及业余文艺创作爱好者的免费辅导和培训任务；负责全市专业艺术表演团体剧目的编导、创作指导工作。2015年，由士一、小云、清伟创作的大型现代祁剧《浯溪兄弟》入选省第五届艺术节参演剧目，卢刚扮演者罗文获田汉表演奖。由编剧人员蔡爱军创作的小型祁剧《选村长》，也先后修改8次，由冷水滩祁剧团搬上舞台，参加第五届省艺术节新创小戏小品比赛并获三等奖。影视编剧王青伟的长篇小说《度戒》进入全国第九届茅盾文学奖入围篇目名单，他编剧的电影《穿越硝烟的歌声》获中美电影文化交流节金钟奖，电影《青春激荡的岁月》《国酒》将于近期公映。词曲创作人员唐孟冲作词作曲的《我在云水间》

表演《打樱桃》剧

获“‘锦绣潇湘·快乐湖南’首届原创旅游歌曲大赛”十大金曲奖，歌曲《想爹娘》《我在云水间》在中央电视台播出。

■ 大型精品剧目参演参评 2015年，祁阳县祁剧剧团创排的大型现代祁剧《浯溪兄弟》参加第五届湖南省艺术节优秀剧目展演，在浏阳市欧阳予倩大剧院演出。该剧主创人员在保持祁剧声腔音韵、表演程式规范的前提下，采用现代表演方式，加入小提琴等西洋乐器伴奏，整个剧目从乐器、舞美、灯光，再到服装、化妆、道具，既充满时代气息，又意涵深蕴。卢刚扮演者罗文获田汉表演奖。该剧以陶铸兄弟俩的故事为原型，描绘兄弟二人从为父报仇的初衷出发，通过兄弟二人的传奇际遇，艺术地传达出人无正确信仰万事皆休，信仰坚定百事可成的主旨。

（李新宇）

文化产业

■ 文化产业单位 2015年，永州市文体广电新闻出版局制订《永州市文化产业类个体工商户转企业及小微企业规范升级三年（2016～2018）行动计划》，以支持文化产业类个体工商户提升市场竞争力，加快永州文化产业发展，打造特色文化品牌，促进全市文化产业健康、有序发展。该方案进入各相关单位会审阶段。形成以文化产品制造、印刷包装、出版发行、工艺美术、创意设计等为主导的产业框架。截至2015年年底，全市有文化产业个体户4767户、文化产业法人单位1208家，其中规模以上文化企业45家。全年全市文化产业增加值达43.5亿元。

■ 文化产业项目 2015年，永州市文体广电新闻出版局建立全市文化产业项目库，包括重点文化产业项目和节庆文化活动项目近100个，涉及演艺类、动漫游戏类、文化旅游类、艺术品类、网络文化类、影视类、图书报刊类、艺术培训类、文化用品生产类、会展博物类、文化创意类、综合类等多种领域，项目投资总额约160亿元人民币。有14个市直项目列入全市“十三五”重点项目。2008～2015年，争取到省文化产业引导资金项目21个，分别为奔腾包装印刷工业城、立体弹跳书及包装装潢生产基地建设、阳明山国际生态文化影视拍摄基地、九嶷山舜帝陵建设工程、东山历史文化商业广场、萍洲文化广场、萍岛生态文化园、楚湘国际影城、奔腾文化创意产品出口技术改造项目、凤凰影视城、异蛇文化产业园、祁阳祁剧团、阳明山中华和文化园、江华绿色假日产业园、永州广播电视文化新媒体综合服务平台、城市广场影院、尚美影城、冷水滩湘和演艺剧场改造项目、金城环保彩印、湖南三峰茶文化创意产业基地，扶持资金1240万元。以“零陵古城”为龙头，带动奔腾、九恒条码、恒津包装等企业发展，九恒条码、恒津包装2015年营业收入达10亿元。永州异蛇文化产业园等4个项目在深圳文博会签约协议引进资金5.25亿元。招商引资1.4亿元，争取补助资金1560万元，建成数字影院13家，票房等收入过亿元。

（李新宇）

文化市场管理

■ 依法监管 2015年，永州市开展印刷企业、出版物发行单位、内部连续性出版物、电影放映单位的年检年审，对全市134家出版物零售单位开展年度核验、汇总工作，对全市6种内报、16种内刊进行一次全面清查，对中心城区的网吧、娱乐场所开展实地检查，完成全市115家印刷企业换发新证工作，完成全市中心城区134家网吧、19家娱乐场所的平台换证工作。查办永州市奔腾广告传媒有限公司非法出版的《魅力永州》案以及永州市千手千眼文化传媒有限公司非法发行《纽扣》杂志案等，查处出版物市场案件16起。全年办案87起，只有1起进入听证程序，无案件进入行政复议程序，没有出现不合格案件。建立起市级部门业务指导和督查、区级部门属地管理、街道日常巡查、社区守土有责的网格化管理模式，加强文化市场的日常监管，规范文化市场的经营行为，形成依法有序的管理局面。

■ 岗位培训 2015年，永州市组织文化市场综合行政执法人员学习相关法律法规，经过培训考核后全市200多名执法人员持新证上岗，换证工作圆满完成。举办网吧、娱乐场所、电影院等公众聚集场所负责人消防知识培训班。邀请市消防支队专家对市中心城区150多家网吧、娱乐场所、印刷企业、电影放映单位负责人开展消防安全生产知识培训。讲解员对消防安全生产的典型事故和身边事故案例进行剖析，分析原因、总结教训，并提出切实有效措施防止同类事故的发生。

■ 文化市场综合治理 2015年，永州市出动执法人员6082人次，执法车518辆次，检查各类经营场所3809家次，立案87起，查处违规网吧58家，警告65家次，责令整改12家次，停业整改2家次。查处违规娱乐场所13家，责令整改7家次。检查游艺娱乐场所22家次，责令整改2家次。查处涉嫌违规经营的印刷厂、书店等出版物机构16家。检查电视、地面卫星接收设施75家次，警告7家次，责令整改3家次，没收违法设施34件套。开展两次文化市场安全生产隐患大排查整治专项行动，查处无证经营10家，无消防安全合格证11家，排查安全隐患178处，责令改正166处，督促完善消防安全制度84家，督促开展消防教育训练99家，与业主签订安全生产责任状704份，将发现的22个较重大的安全隐患移交消防部门处理。

■ 专项整治 2015年，永州市加大文化市场监管执法力度，严密部署各项专项行动，加强对扫黄打非、网络文化、娱乐市场、广电传媒、版权保护5个重点领域的监管执法，开展演出市场“春雷”专项整治行动、“两节”“两会”期间出版物市场专项整治、打击政治性有害出版物、打击淫秽色情出版物及有害信息专项行动、“剑网行动”、打击新闻敲诈治理有偿新闻专项行动、扫黄打非“两个专项”行动、“百日集中整治行动”等一系列重大活动，净化中心城区文化市场环境。

■“扫黄打非” 2015年，永州市“扫黄打非”工作查缴各类非法出版物3.55万余件，处置各类网络有害信息300余条，立案查办“扫黄打非”案件86起，其中全国“扫黄打非”办公室挂牌督办案件2起。市“扫黄打非”办公室被评为全国、全省“扫黄打非”先进集体。按照全国、全省统一部署，永州市“扫黄打非”办公室先后组织开展网络淫秽色情信息专项整治“净网”行动、查堵违禁出版物“清源”行动、中小学校周边出版物市场集中整治“护苗”行动、非法报刊和“三假”专项治理“秋风”行动。成功查处永州市“1·14”网络传播淫秽物品案，成为永州市网上“扫黄打非”第一案；查源头端窝点，永州“9·18”王金阳销售非法电视网络设备案涉及全国28个省市，公安机关组织15个行动小组奔赴涉案省市开展抓捕行动。经过近半年的努力，“9·18”案成功告破。整个案件刑拘、逮捕犯罪嫌疑人151人，摧毁设备制造工厂2个、附属产业链1条；封停境外服务器3台；收缴涉案境外电视网络接收设备产品、半成品13万余套。4月，在双牌县阳明社区、新田县大坪塘镇分别开展社区和乡镇村示范点创建工作。

（李新宇）

文 物 管 理

■ 文物宣传 2015年，永州市文物管理处在省社科普及宣传周启动仪式暨专题报告会上，经省委宣传部、省社科联授牌列入湖南省第三批社科普及基地。在“5·18国际博物馆日”及中国第十个文化遗产日，市及各县区通过制作精美的文化遗产宣传展板，发放宣传刊物等形式，宣传永州市近十年在文物保护工作所取得的成绩。中科院古脊椎动物和古人类研究所联合省考古所、道县文物局联合发掘的福岩洞遗址中距今8万~12万年的人类牙齿化石，在现代人起源研究上引起世界轰动，在2015年一度成为各大网络媒体的头条。这一发掘成果的专著《东亚现代人在中国南方》在国际权威科学杂志《自然》第十期刊载，道县文物局杨雄心为该文的作者之一。5月15日至6月18日，道县举办为期1个月的文化遗产宣传月活动。8月，宁远文物局承办第16届国际学术研讨会暨建文帝国际学术研讨会，是迄今为止国内外规模最大的研究建文帝及建文朝历史的国际学术研讨会。9月，配合省政府、市政府成功举办全省公祭舜帝大典。

■ 文物维修与保护 2015年，湘桂古道永州段的维修及编制规划通过国家文物局立项。永州市文物管理处筹备与中国文化遗产研究院合作，实施永州市馆藏青铜陶瓷器维修项目，前期的资料整理及文物描述已经完成，签订《文物保护技术合同》，即将出台《永州市博物馆馆藏青铜文物保护修复方案》报省文物局和国家文物局审批。完成柳子庙文物、九龙岩石刻等的主体维修及宁远文庙、江华故居、豸山寺、红七军十九师政治部旧址等的抢救性维修。通过对郑作民故居修缮工程的验收。指导和配合舜帝庙遗址、玉琯岩摩崖石刻、阳华岩摩崖石刻、道县月岩、岁圆楼古建筑群、树德山庄、龙家大院、淡岩石刻、上甘棠古建筑群、老埠头古建筑群、濂溪故里古建筑群、蓝山虎溪古建筑群、滨溪古建筑群、土市新村李氏宗祠（农会旧址）、红六军团司令部旧址、江华凌云塔、新田小源红军长征会议旧址、蒋先云故居、李达故居、广利桥等文物保护单位、文物保护工程项目的立项、审批和实施等工作。完成周家大院的保护规划编制、周家大院古建筑群——子岩府院前门楼设计方案、双牌县坦田村文物保护工程总体方案、红七军十九师政治部旧址抢救性保护设计方案、江华凌云塔养护维修工程设计方案以及龙家大院保护维修工程（第一期）、零陵区富家桥镇涧岩头村修缮工程第三期、蓝山县虎溪村、东安县树德山庄修缮工程、濂溪故里濂溪书院与濂溪祠等的勘察设计方案，并上报省文物局等待审批。

■ **陈列展览** 2015年，永州市博物馆与市文体广电新闻出版局、市文学艺术界联合会联合举办“迎春书画展”，并现场免费赠送春联。与市公安局联合举办“严打整治百日会战—成果展”。8月30日，“纪念中国人民抗日战争暨世界反法西斯战争胜利70周年专题展览”开展。“永远的雷锋——永州人学雷锋事迹展”向观众开放。江永县正在申报兰溪民族博物馆。柳子庙柳宗元事迹陈列概念设计方案完成。宁远县完成舜帝庙遗址博物馆的提质改造工程。市博物馆为丰富馆藏，征集何绍基题写的《荷池精舍》、明代铁钟等一批文物精品。

（李新宇）

文化市场综合执法

■ **概况** 永州市文化市场综合执法局于2011年12月正式挂牌成立。2012年5月9日出台“三定方案”，8月底基本完成两区文化执法人员上收市管理，2015年8月经过市编委机构和职责调整，核定人员编制60名（其中市局机关25名、冷水滩分局21名、零陵分局14名），内设机构5个〔办公室、执法监督科（举报中心）、法规科、新闻出版与网络版权执法科、广电体育执法科〕，派出机构2个（冷水滩、零陵分局），2015年在编人数56人，其中干部17人（含局领导2人），工人39人。

2015年，永州市文化市场综合执法局立足文化市场执法工作实际，以深化扫黄打非、净化社会文化环境为重点，以查处文化市场违法违规大案要案为抓手，做好文化市场日常监管，科学部署集中行动，全面提升执法效能，有效整顿和规范文化市场秩序，确保全市文化市场健康有序发展。获得全省文化市场综合执法考核先进单位。

■ **文化市场综合执法** 2015年，永州市文化市场综合执法局进一步加大文化市场监管执法力度，严密部署各项专项行动，加强对扫黄打非、网络文化、娱乐市场、广电传媒、版权保护5个重点领域的监管执法，如开展演出市场“春雷”专项整治行动、“两节”“两会”期间出版物市场专项整治、打击政治性有害出版物、打击淫秽色情出版物及有害信息专项行动、“剑网行动”、打击新闻敲诈治理有偿新闻专项行动、扫黄打非“两个专项”行动等一系列重大活动，特别是6月以来，开展“百日集中整治行动”，取得积极成效，有力地净化中心城区文化市场环境。

■ **案件查办** 2015年，永州市文化市场综合执法局强化执法人员对《文化市场行政处罚操作规程》《重大案件集体讨论制度》《文化市场行政处罚案卷评查评分细则》《文化执法案卷评查办法》等制度的学习，案件从受理、处置到结案工作不断流程化、规范化，案件查处力度加大，取得显著效果。在7月的省案卷评查中有2个案卷被评为全省“十优”案卷。查办大案要案，查处出版物市场案件16起。截至2015年12月底，办案87起，只有1起进入听证程序，无案件进入行政复议程序，没有出现不合格案件。

■ **文化市场安全生产** 2015年，永州市文化市场综合执法局在全市范围内继续加强安全生产宣传教育，进一步提高文化市场经营单位的安全防范意识，完善管理制度，督促经营单位配足配齐消防设备。组织在全市开展2次文化市场安全生产隐患大排查整治专项行动，查处无证经营商户10家，无消防安全合格证商户11家，排查安全隐患178处，责令改正166处，督促完善消防安全制度84家，督促开展消防教育训练99家，与业主签订安全生产责任状704份，将发现的22个较重大的安全隐患移交消防部门处理。组织各县、分局经常性开展联合消防等部门对文化市场经营场所开展安全生产大检查活动，深入排查整改安全隐患。

■ 文化市场监管机制 2015年，永州市文化市场综合执法局建立起市级部门业务指导和督查、区级部门属地管理、街道日常巡查、社区守土有责的网格化管理模式。通过对各县区实行包靠制度，明确各县区乡镇（街办）文化站协助履行文化市场监管职责，使文化市场管理工作延伸覆盖到基层，形成市县乡三级文化市场监管网络。本着“表彰一批，规范一批，巩固一批”的原则，在全市文化市场经营单位中开展分类等级活动，并进行文明诚信经营单位争创活动，评选文明诚信经营单位15家。与市关工委进行协调，聘请市、两区关工委15名“五老”人员为文化市场社会义务监督员，并颁发聘书，制作工作牌，对义务监督员进行培训。

（黄战旗）

文 物 工 作

■ 第一次可移动文物普查 2015年，永州市文物处指导和督促全市于4月底前完成系统外国有单位的文物认定工作，按要求将全市的“可移动文物认定信息登记表”汇总后呈交省普查办。全市文博系统藏品总数为10516件/套，都建立藏品总登记账，做到账物相符。截至2015年年底，永州市平台采集登录文物7468件/套。为了保障普查工作进度，冲刺完成全年工作任务，市普查办配合省普查办于11月10日~12日对全市普查工作进行实地督查。通过听取工作汇报、抽查第一阶段普查工作成果、核查藏品账物对应情况、布置下阶段工作任务等形式，督促各单位加快进度，力争普查第二阶段工作任务的完成。

■ 传统古村落的保护与利用 在2014年住房城乡建设部、文化部、国家文物局、财政部联合公布的三批中央财政支持的传统古村落名单中，永州市有零陵区富家桥镇干岩头村、江永县夏层铺镇上甘棠村、祁阳县潘市镇龙溪村、双牌县理家坪乡坦田村（第一批）、宁远县禾亭镇小桃源村、新田县金盆圩乡河山岩村（第二批）、江永县兰溪瑶族乡兰溪村、双牌县五里牌镇塘基上村（第三批）共8个村落入选。全国重点文物保护单位上甘棠古建筑群、周家大院、双牌坦田村已编制文物保护规划。公开招标并编制完成岁圆楼古建筑群保护规划与保护工程修缮方案和坦田村文物保护总体方案与设计方案，坦田村正在制订《古村保护规划》，划定重点保护区和传统风貌协调区。零陵周家大院四大家院的修缮方案已经通过，正在准备挂网招标，同时防雷和安防工程的立项得到国家文物局的认定，申报经费工作完成，正待审批。上甘棠三期维修工程开工，由南岳朱雀古建有限公司实施。编制完成《上甘棠村古建筑群保护修缮、展示利用和环境整治工程方案（传统村落）》《上甘棠村古建筑群防雷工程方案》《上甘棠月陂亭摩崖石刻抢救保护工程立项报告》。江永上甘棠村、祁阳龙溪李家大院等古村落已建成为全省文物保护和新农村建设示范村。

■ 国家历史文化名城申报 2015年5月27日，永州市召开申报国家历史文化名城工作推进会。永州市文物管理处参与起草历史文化名城保护、文物保护管理、历史建筑保护管理、非物质文化遗产保护等管理办法及《永州历史文化名城保护规划》，并由市人民政府公布。全市先后投入14.8亿元，对柳子庙、零陵文庙、永州武庙、张浚故居等重点文物古迹进行修缮保护，对永州八记遗址、东门城洞等加强保护工作。指导和督促全市完成第七批国保单位四有档案的编制和修改任务。2月，呈请市政府公布永州市第三批历史建筑保护名录，并指导完成挂牌和建档工作。4月，组织编制完成《永州市文化遗产资料汇编》和《永州市历史建筑资料汇编》。5月，柳子街成功申报为第一批中国历史文化街区，是湖南省唯一入选的历史文化街区。市文物处在申报资料汇编、历史建筑申报挂牌等方面开展大量工作。11月，组织起草《永州市名人故居保护管理办法》。12月16日下午，永州市申报国家历史文化名城评估考察工作意见反馈会在零陵区召开，国家历史文化名城评估考察组一致认为，永州市具备申报国家历史文化名城条件。

■ **文物执法与消防** 2015年5月和11月，永州市各县区先后遭受洪灾。市文物处及时开展灾情排查，如实向省文物局报告灾情。6月~8月，市文物处作为牵头单位，联合旅游和外事侨务局、消防大队等单位对辖区内古建筑等重点保护单位开展全面的消防安全和汛期地质灾害隐患自查工作，通过拉网排查、重点核查等方式，下发《关于对祁阳县李家大院龙溪村屋后山体滑坡安全隐患的整改通知书》等。在消防工作方面，邀请市消防支队的专业人员到市博物馆进行消防安全知识讲座；联合零陵区消防大队对博物馆举行大规模的消防演习；组织保卫科的安保人员学习消防设施的使用及消防实施的过程。柳子庙避雷工程、唐生智故居防雷消防工程已经完工。对《新田县文庙消防工程勘察设计方案》《新田县龙家大院消防工程勘察设计方案》和《全国重点文物保护单位广利桥消防工程立项报告》进行审批。岁圆楼古建筑群消防工程通过国家重点文物保护专项补助资金系统申报。对濂溪故里、何绍基故里等古建筑下发消防整改通知书。宁远县宁远文庙、久安背翰林祠、云龙坊与王氏虚堂防雷工程实施方案获得通过并争取到经费支持。在文物行政执法方面，德晟纺织工业园工程项目蓝山县五里坪古墓群建设控制地带违法建设一案的文物行政执法案卷入选全国十佳文物行政执法案卷评选名单。依法依规对濂溪故里违规建筑下发“停工通知书”，对月岩附近村民的非法经营活动下发“停止侵害通知书”。完成永州市文物管理处责任清单和权力清单的清理任务。

■ **博物馆建设** 2015年，永州市博物馆在省社科普及宣传周启动式暨专题报告会上，经湖南省委宣传部、湖南省社科联授牌，列入湖南省第三批社科普及基地。在“5·18”国际博物馆日及中国第十个文化遗产日，市及各县区通过制作精美的文化遗产宣传展板，发放宣传刊物等，宣传永州市近十年在文物保护工作所取得的成绩。市博物馆通过展厅内部装修，再一次提升永州国宝展、玉蟾岩远古文化展、石雕木匾展等基本陈列的展陈接待水平。道县于5月15日至6月18日举行为期1个多月的文化遗产宣传月活动。8月宁远文物局承办第16届国际学术研讨会暨建文帝国际学术研讨会，这是迄今为止国内外规模最大的研究建文帝及建文朝历史研究的国际学术研讨会。9月配合省政府、市政府成功举办全省公祭舜帝大典。

（谢平）

广播电视

■ **概况** 永州市广播电视台是根据中央、省、市文化体制改革精神组建成立的，承续原市广播电影电视局除行政管理、审批、执法外的全部职能。2011年12月30日挂牌成立，属差额拨款的正处级事业单位，实行台党委领导下的台长负责制和部室主任岗位目标管理责任制。全台机构按台内设部室、台属事业单位两大类设置。内设部室有办公室、人力资源部、纪检监察室、联合工会、节目统筹部、专题活动部、技术播控部、新传媒部、广播新报部、财务管理部、产业发展与合作交流部11个部室；台直属事业单位有新闻采编中心、市微波总站和羊毛岭、铜山岭、大华山电视调频转播台5个单位；合资的股份制公司有永州广电无线数字电视公司。媒体呼号有永州电视台新闻频道、都市频道、公共频道，永州人民广播电台和永州新报。2015年，全台在岗员工490人，其中，媒体从业人员290人（聘用员工80人），高山台员工80人，网络公司员工120人。另有退休人员135人。全台有正、副高职称11人，中级职称53人。

■ **策划报道** 2015年，永州市广播电视台先后策划“永州抗战记忆”“品质活力新永州”“小康路上的永州脚步——聚焦精准扶贫”“辉煌十二五·为永州喝彩”“执行力在永州” “眷念乡愁”“爱心童盟”等20多组主题策划报道，讲述永州好故事、传播永州好声音、凝聚永州精气神、弘扬永州正能量。全年在央视上稿27条，在湖南卫视《新闻联播》发稿444条，总时长290分20秒，两项均居全省第一位，湖南卫视9次点名表扬永州，卫视通联表彰获得“大满贯”，“永州现象”“永州兄弟连”成为全台新名片。获湖南广播电视奖一等奖1件，多项作品获二、三等奖；获湖南新闻奖7件，其中二等奖3件，三等奖4件；此外，在全国、全省的公益广告、报刊类的奖项评选中，有10多件作品获奖。

■ **产业经营** 2015年，永州市广播电视台克服单一电视广告创收的经营模式，做到商业广告、栏目合作、大型活动三种创收方式齐头并进。《永州新闻联播》牵手长沙银行。《直播永州》约会舜德湘江。《翻牌大开奖》开创全市栏目直播的先河。《潇湘讲坛·第二季》改版升级。《平安永州》《永州城事》等栏目实现与行政事业单位的“大联欢”。《健康是福》挖掘新的广告资源，成为创收能手。全年举办的5个大型活动，都取得比较好的成绩。“2015年春节联欢晚会”、电视美食节、电视房交会、广场舞大赛、品牌大展播、海宁皮草节等大型活动深受群众喜爱，实现社会效益和经济效益双丰收。开通“永州广电”官方微博及微信公众号，发展“粉丝”，打造信息发布的新平台。投资150多万元建设永州广电新媒体。有线网络基本业务新增主机客户8663户，新增副机客户1244户，新增宽带开户4551户，挽回离网客户3500户，增值业务稳中有升。无线公司新发展用户1.2万户。

■ 广电基础设备建设 2015年，永州市广播电视台投资300万元的新的硬盘播出系统于1月投入使用，在全省地市级台第一个实现新闻综合频道高标清同播。添置小型航拍机等设施，拍摄的手段和方式进一步完善。阳明山站基地改造完成，新安装调试的省数字微波和地面波无线发射设备启用后，深得厂家和省局好评。大华山台投入105万元建设的新铁塔已经完工，投资100万元建设的新机房主体工程完成。铜山岭台完成新铁塔建设公开招标工作，铁塔基础正在组织施工。羊毛岭台改水工程完工，困扰多年的高压专用线路整体移交给电力部门。全台以新硬盘播出系统的使用为契机，组织3次播出系统的全员业务培训，进一步完善机房管理制度、值班制度、巡查制度、检修制度、报告制度、责任追究制度和安全保卫制度，确保“9·3阅兵”等重要敏感时期的广播电视节目信号安全、优质、无间断播出。

■ 广电改革创新 2015年，永州市广播电视台落实省局关于整治违规频道频率的政策措施，终止永州人民广播电台与湖南人民广播电台长达4年的违规合作，停止使用“芒果Radio永州之声”呼号，对外恢复播出“永州人民广播电台”呼号。整合广播电台与永州新报资源，撤销广播事业部，成立广播新报部，共同拓展广播、报纸业务。利用媒体融合发展的契机，使新传媒部以公司化、市场化模式拓展掌上业务和电子商务。先后出台永州广播电视台《宣传管理条例》《重大报道管理规定》《节目审查播出制度》《节目监听监看评议工作办法（试行）》《广告经营管理规定》等规章制度，做到以制度管人，按制度办事。年初完成第二轮系统内部改革，一批年富力强的骨干人才走上中层领导岗位。引进优秀人才2名，面向社会公开招聘编制内工作人员5名，从本科院校招聘优秀新闻采编人员9名。年内分五批次选派新闻、技术、经营等人员赴广东、江苏、浙江及省内市州学习考察培训；先后两次邀请央视、卫视专家到台内现场授课讲学。

（魏虹）

永州日报社

■ 概况 永州日报社系财政差额拨款、自收自支、独立核算事业单位。永州日报社现有人员106人，其中，在岗97人，退休9人；正式在编36人，借调和聘用70人。在岗人员中，有采编人员31人、行政后勤人员17人，广告经营人员40人，在职处级干部9人（党组书记、社长1名，党组副书记、总编辑1名，党组成员、副社长1名，党组成员、副总编辑4名，党组成员、纪检组长1名，副调研员1名）。获得各种专业技术任职资格的29人，其中，正高职称1人，副高职称12人，中级职称6人，初级职称10人。内设有行政中心、编辑中心、采访中心、监察室、工会、产业技术部等6个部室。《永州日报》从2012年1月1日起，扩为对开八版彩报。2015年，《永州日报》获“2015中国十大公信力地市党报”称号；党组书记、社长刘波被授予“2015中国传媒经营年度贡献人物”称号；总编辑欧显庭获“湖南省优秀新闻工作者”称号；《永州日报》参选湖南省好新闻奖的6件新闻作品有5件获奖，其中，一等奖1篇，二等奖1篇，三等奖3篇。永州日报社获全市创建森林城市先进单位、“2015年度全市党办系统保密工作”先进单位等称号。

■ 党报舆论引导 2015年，永州日报社充分发挥永州日报党报主流宣传媒体作用，推出一批深度报道、综述评论和理论文章。围绕品质活力永州建设，着力做好深化改革、新型工业化、新型城镇化和新型农业化等报道，开辟“深化改革在推进”“改革进行时”“全力推进工业新型化大突破”“圆梦—全面小康永州在推进”等专栏，发稿200多篇，有力配合市委中心工作。开展专栏宣传、专题宣传和公益广告等形式，刊发创建国家森林城市相关文章400多篇，专版20多个。永州日报社被市委、市政府评为创建国家森林城市先进单位。高质量做好创建国家交通管理模范城市的宣传报道，精心策划的《国家行动——涔天河库区移民工程特别报道》、“春漫潇湘——聚焦农村改革”“永州创客”等多组重大报道分别受到省委宣传部、省新闻出版局和市委以及市委宣传部的表扬。开设“永州好人”“平凡的感动”“百姓关注”“老百姓的新鲜事”“道德的力量”等一大批民生栏目。

■ 报业管理 2015年，永州日报社延续实行新的绩效考核办法。按照考核办法，全体干部职工的绩效工资有较大幅度的提高，基本待遇得到明显改善。广告经营稳妥发展，广告公司每月按时按量完成任务。报纸发行突破4.2万份，基本覆盖各县区、各机关、厂矿、学校。企业改制工作进入尾声，完成市委交办的改制任务。报纸无纸化采编系统的升级设备采购完成，正在进行设备安装和线路铺设。内部民主集中制得到进一步加强，单位所有重大事项都经过党组讨论通过。

（蒋亚斌）

文 联 工 作

■ 概况 永州市文学艺术界联合会是联系全市广大文艺工作者的桥梁和纽带，负责团结、组织、协调和指导全市广大文艺工作者，坚持“二为”方向和双百方针，从事文学、艺术的创作、研究及相关活动，完成市委、市政府交办的其他事项。市文联设1个综合性办公室（加挂《潇湘》编辑部牌子）；有人员编制8人；现有主席1名，副主席1名，调研员1名，科级领导职数1名，办公室人员（副科级）2名。有下属协会23个，其中直属协会10个；县区文联下属协会100余个；市级以上协会会员2289人，其中，省级会员621人，国家级会员80人。

2015年，市文联以建设品质活力永州为目标，以提高人民群众幸福指数和满意度为出发点和落脚点，以繁荣文艺创作、多出精品力作为己任，投身文艺发展第一线，取得丰硕成绩。市文联被湖南省文联评为2015年度先进市州文联，零陵区、祁阳县被评为先进县区文联，市文联直属协会9名会员成为国家级会员，特色活动在省级媒体上报道15次。通过“一脉湘水”微信平台发起的“快乐回家，文艺惠民进车厢”活动合影被中央电视台春节联欢晚会采用为“我们的全家福”背景图片，湖南卫视新闻联播、湖南经视进行全程播报。“锦绣潇湘·永州发现”——寻找永州100处最佳摄影点和优秀摄影作品征集评选活动，引起社会的极大关注。对市文联直属协会和县区文联实行目标管理考核，进一步促进协会和文联工作的双突破，创作成果和文艺界风气得到大的提升。

■ 文艺活动 2015年，永州市委宣传部、市旅游外事侨务局、市文联共同主办“锦绣潇湘·永州发现”——寻找永州100处最佳摄影点和优秀摄影作品征集评选活动。1月6日、1月13日、1月27日、2月10日、4月2日、9月22日在《广州日报》和《信息日报》发布“锦绣潇湘·永州发现”活动公告及宣传专版，1月19日，市委书记陈文浩接受《广州日报》记者专访。同时，组委会将“锦绣潇湘·永州发现”摄影作品征集评选活动和“10元回家过年”活动相结合，《广州日报》《湖南日报》、腾讯大湘网、大洋网、和讯网等媒体给予高度关注，转发转载量近4万条。《永州日报》刊登1期、永州新闻网发布3次和永州发布微信平台发布3次相关信息。市文联《潇湘》杂志对活动公告进行刊登，在“一脉湘水”微信平台上发布20余次。通过各类媒体的广泛宣传，省内省外摄影家报名参与，有8支省内外摄影团队参与永州摄影采风活动，自由行摄影家200余名参与活动。活动收到摄影作品近1万幅，组委会筛选出4200幅作品上传至永州新闻网进行网络、微信投票评选。邀请省摄影家协会副主席张黎明、韩世祺，省著名摄影家欧阳星凯、刘建光、杨徽、郁剑、石祯专7人组成评审组，通过全国各地网民近220万人次网络、微信投票与专家评审结果结合，最终评出最佳摄影点100处，优秀摄影作品186幅。邀请市内知名作家配写优美诗文，由湖南人民出版社出版《永州最美100——“锦绣潇湘·永州发现”摄影活动优秀作品选》5000册。自10月起，此次摄影活动评选出的优秀作品

《妈妈，让我再爱你一次》主创见面会

分别在永州会堂、永州美术馆、永州博物馆、蘋州书院巡回展览，还在湖南省画院、后湖国际艺术区高地美术馆展出。《永州最美100》画册还被作为大型活动外宣品赠送。在"一脉湘水"微信公众平台上制作"寻找追梦他乡永州人""10元回家过年倡议书""今年回去和爸爸喝两杯吧""做梦都在想你的妈妈"等微信微画报7篇，微信文章12篇。《广州日报》《深圳晚报》、湖南卫视、湖南经视、《永州日报》、大洋网、和讯网等媒体给予高度关注，活动页面分享4万人次，页面浏览量23万人次。2月14日，"快乐回家，文艺惠民进车厢"活动在蓝山站的合影被中央电视台春节联欢晚会采用为全家福背景图片。组织"欢乐潇湘·和美永州"群众美术书法摄影活动，市本级评选210个奖项，在全省获得23个奖项。2月9日晚，市文联承办组织2015"移动之春"新春音乐会，得到市领导和社会各界的广泛好评。3月22日，作为永州市第23届"世界水日"和第28届"中国水周"主题宣传活动重要内容之一的"一脉湘水"书画摄影展在永州美术馆开展，共展出以水为主题的作品100余幅。联合举办永州市"中国文艺志愿者服务日暨纪念抗日战争胜利70周年"系列文艺活动，活动内容包含送戏下乡、慰问抗战老兵、展览展示、拍摄乡村美景等内容。9月，举办"潇湘雅集（第三回）——永州书法精英作品展"，展出黎笃田、魏湘江、唐朝晖、欧阳维忠等19名书法家创作的作品57幅。召开第九届阳明山"和"文化节暨两岸作家写阳明潇湘笔会。9月18日~20日，由双牌县委、县政府和市文联主办，双牌阳明山国家森林公园管理局承办的第九届阳明山"和"文化节暨两岸作家写阳明潇湘笔会活动在双牌阳明山举行，著名作家、湖南省作协副主席兼秘书长王跃文带领《湖南文学》杂志主编及6名编辑老师，永州市部分知名作家及80余名文学爱好者参加活动。9月28日晚，在永州市体育中心举行由市演艺家协会承办的2015"相约永州"迎国庆明星演唱会，王杰、郑源、伍思凯、陈瑞、大兵等明星激情献唱。

■ 文艺交流 2015年，永州市文学艺术界联合会邀请国内知名美术专家、清华大学美术学院教授陈瑞林与湖南第一师范学院美术与设计学院教授廖少华，深入永州市宁远县九疑山考察。两位专家与永州市全国美协会员、壁画作者刘双全围绕壁画进行深入的交流。

■ 文艺精品与创作 2015年10月1日，公益电影《妈妈，让我再爱你一次》在全国公映，剧中男一号小演员李权霖是永州冷水滩梅湾小学毕业生。10月27日，举行电影《妈妈，让我再爱你一次》永州观众见面会，市四大家主要领导会见电影主创人员。全年全市文艺工作者在全国、省市各地报刊发表各种形式的文艺作品600余件，展览书法、美术、摄影作品1000余幅，演出戏剧、小品、曲艺、歌曲作品80余件（首），出版长篇小说、诗歌作品集、散文作品集、书法作品集、美术作品集6部，组织各种文艺活动近300余场次。

■ 协会管理 2015年，永州市文学艺术界联合会对直属协会和县区文联实行目标管理考核。3月23日，永州市作家协会第四次代表大会在冷水滩区召开。省作协专职副主席王跃文，市委常委、市委宣传部部长石艳萍，市人大常委会副主任袁满娥，市政协副主席何明玲，省作协组联部主任曾宪军出席会议。全市各县区文联主席、作协主席、作家代表等120余人参加会议。会议选举产生以郑正辉为主席的新一届作协领导班子。5月17日，永州市摄影家协会第四次代表大会在冷水滩区召开。全国人大代表、湖南省摄影家协会主席谢子龙，湖南省摄影家协会秘书长梁向锋，市政府正厅级干部赵清茂，市委宣传部副部长蒋旭军，市摄协名誉主席万爱平，市文联主席、党组书记蒋蒲英等领导出席会议。市摄协代表、嘉宾、各县区摄协主席等共计150余人参加会议。选举产生以张建利为主席的新一届市摄协领导班子。

■ **创作和宣传平台建设** 2015年，永州市文学艺术界联合会继续加强《潇湘》编发工作，全年编辑出版6期。继续办好"一脉湘水"微信平台，自2014年12月12日开通以来，做到每周发布5期，有粉丝近万名，是全省第一个文艺界微信平台。

（唐文君）

新华书店

■ **概况** 2015年，永州市新华书店落实上级公司各项工作部署，推进各项经营管理工作，实现又快又好发展。主要经济指标均超额完成任务，全年销售码洋和利税同比增长幅度达到"两双"，分别为24.76%、32.22%。永州市新华书店获湖南省新华书店有限责任公司授予的"优秀企业"称号。

■ **发行网点建设** 永州市新华书店将2015年确定为"门店形象建设年"。新田中心门店重新装修后，开业当天创下日销售1.81万元历史新纪录。全市校园书店发展到28家，每学期开学时的"工具书进校园"营销活动成为深受师生欢迎的品牌活动。永州市新华书店首次在国庆期间开展"全市新华十一店联动邀您一起欢度国庆"营销活动，取得良好效果。活动期间，全市11个中心门店销售比2014年同期增长31%。全市各中心门店参加湖南新华书店集团百家门店陈列大赛——百道网主题陈列大赛，永州图书城获得"七月最佳展台月度之星"。永州图书城和宁远县门店分别获得"百道网商务印书馆工具书陈列大赛"一等奖和三等奖。

■ **"书香永州"全民阅读活动** 2015年，永州市新华书店开展"书香永州"全民阅读活动。4月25日，2015年"书香永州"全民阅读活动在永州职业技术学院图书馆启动，永州市委常委、市委宣传部部长石艳萍，副市长刘尤碧出席启动仪式。永州市新华书店在启动仪式现场进行图书展销活动，重点陈列符合全民阅读需求以及具有永州地方特色的《2015年"书香永州"系列读书活动之"好书伴我行"优秀图书的推荐书目》中的数百个优秀图书品种。活动期间，永州市新华书店不仅依靠中心门店、校园书店、微信公众号等媒介开展阵地宣传，而且组织人员深入党政机关、企事业单位、厂矿、学校开展流动宣传。为突出活动效果，永州市新华书店协助市文体广电新闻出版局、共青团永州市委、永州市妇联分别举办优秀读后感、读书演讲赛和"书香家庭"三项评选活动。11月，活动对先进单位、团体和个人进行评比表彰。

■ **农家书屋图书配送** 农家书屋工程是由国家统一规划，组织实施的一项惠及广大农民群众，推动农村文化服务体系建设的重大工程。2015年，永州市新华书店完成全市5144家农家书屋的收发货、配送、分类上架、信息收集和上报、验收等各项工作，配送图书41152包，实洋合计2000万元，并无一出现差错。

■ **助学捐赠** 2015年，永州市新华书店与市教育局联合开展2015年"爱聚新华书送希望"百万教辅助学捐赠公益活动。11月6日上午，捐赠活动启动仪式在冷水滩区将军岭小学举行，市委副书记张严，市委常委、市委宣传部部长石艳萍，市人大常委会副主任袁满娥，市政协副主席周秀英

教辅助学捐赠

出席仪式，并为11个县区受赠代表授捐赠牌。此次教辅捐赠活动捐赠的教辅材料价值百万余元，惠及全市11个县区数百所中小学校的4000余名贫困学生。同时，永州市新华书店还向将军岭小学图书室赠送图书772册，价值2万余元，并现场为25名贫困学生代表赠送学习用品。

（刘湘辉）

体　育

环城骑行

综　述

■ 概况　2015年，根据《中共永州市委永州市人民政府关于永州市人民政府机构职能、职能职责变化及部分单位机构级别调整的通知》和《中共永州市委永州市人民政府关于印发〈永州市人民政府职能转变和机构改革方案的实施意见〉的通知》文件精神，整合原市文广新局、原市体育局职责、职能，组建市文体广电新闻出版局，不再保留市文广新局和市体育局，同时将原市体育中心升格、整合市体育彩票中心和市老年体协，组建副处级的市全民健身服务中心。将市体育局行使的行政执法职权，委托给市文化市场综合执法局。市文体广电新闻出版局成立后，归口管理市国家高水平体育后备人才训练中心（市体育学校）、市全民健身服务中心、市潇湘艺术学校。体育工作方面设立3个科室：群众体育科，定员3名，其中科长1名，副科长1名；竞赛训练科，定员3名，其中科长1名，副科长1名；产业科由原市文广新局文化产业科和原市体育局体育产业彩票管理科合并，定员3名，其中科长1名，副科长2名。

2015年，全市有体育协会17个，分别为老年体协、老年健身艺术团、篮球协会、棋牌协会、足球协会、乒乓球协会、羽毛球协会、门球协会、太极拳协会、冬泳协会、体育舞蹈协会、登山协会、自行车协会、武术协会、钓鱼协会、信鸽协会、市直机关老协。俱乐部11个，分别为宁远一中、永州奥星体育俱乐部、永州市东安县舜皇山森林公园户外营地、双牌县腾飞体育俱乐部、江永县青少年体育俱乐部、祁阳一中致盛青少年体育俱乐部、冷水滩区上岭桥镇阳光体育俱乐部、冷水滩区启明星体育俱乐部、宁远县茂盛青少年体育俱乐部、新田县青少年体育俱乐部、蓝山县激情100自行车户外俱乐部。社会体育指导员3706个，省级体育传统项目学校7所。

全年举办各类群众体育活动102次，其中全市性体育活动23次。永州籍运动员参加国家/国际级比赛获金牌10枚，银牌3枚，铜牌8枚。参加湖南省各项比赛获金牌23枚，银牌31枚，铜牌19枚。向湖南省各运动发展中心输送体育苗子23人，举办全国性赛事2次，全省性赛事2次。依托独有的自然生态和地域优势资源，以各类山地户外营地、基地建设和打造精品赛事为重心，发展壮大永州体育产业。完成体育彩票销售1.29亿元，获得公益基金433万元。

■ 全民健身活动　2015年，永州体育工作牢牢抓住全民健身上升为国家战略的历史机遇，坚持以提高市民健康素质为目标，加快推进群众体育蓬勃发展。永州市文体广电新闻出版局主办永州市元旦赛跑、第五届冬泳节、湖南省第12届青少年体育舞蹈、国际标准舞锦标赛暨永州市第四届体育舞蹈锦标赛等大型群体活动14次，协助各单位、各单项体育协会举办各类体育赛事6次，承办2015年全国篮球俱乐部女子青年锦标赛、中美男子篮球对抗赛、中日拳王争霸赛等国家及国际大型体育赛事3次，协助各单位、各单项体育协会举办永州市中小学生棋类锦标赛、门球锦标赛等体育赛事6次，组队参加全省的广场舞、篮球、气排球、登山、钓鱼、象棋、围棋、太极拳、龙舟、体育舞蹈、全民健身艺术节、乒乓球等10余项活动比赛，在全省气排球比赛中，永州市代表队取得第三名。

■ 参加体育竞赛 2015年，永州竞训工作以参加下届省运会为目标，加强体育后备人才培养，夯实国家级、省级青少年体育后备人才基地，加强选拔、培养运动员苗子的工作，组建好运动员梯队。组队参加全国第一届青年运动会、全国举重分龄赛、全国水球锦标赛，分别获得1金、9金1银4铜、1金。组队参加湖南省青少年篮球、定向越野等锦标赛，获金牌20余枚。向省体育局游跳中心输送优秀跳水运动员2名，占全省三分之一。

■ 体育后备人才培养基地 2015年，永州市文体广电新闻出版局对全市的2所高水平体育后备人才基地从大赛成绩、常规管理和校园环境等方面进行细化，改善教练员办公条件，加强食堂、学生宿舍、训练场地的卫生监督。向被评为湖南省2015～2018年“四强”工程的永州市体育学校举重基地、永州市体育学校游泳基地、江永县体育局、宁远县体育局4个单位转发省体育局通知并提出具体要求，迎接省体育局青体处检查。加强对7所省级体育传统项目学校的管理，逐项对照检查，查漏补缺，把迎检工作做在前面。省体育局青体处工作人员对祁阳一中、新田一中2个优秀体育传统项目学校进行检查。

■ 举办大型赛事 2015年，永州市积极申请，成功承办全国青少年水球锦标赛及夏令营活动、全国青少年篮球俱乐部女子锦标赛、湖南省青少年游泳锦标赛和湖南省青少年跳水锦标赛。

■ 体育设施建设 2015年，永州市争取价值2574万元的全民健身器材及项目支持资金。其中，农民体育健身工程628个（1万元/个），农村健身路径546个（1万元/个），并在全市各县区农村基层实施；雪炭工程4个（300万元/个），多功能运动场2个（20万元/个），乡镇（社区）全民健身设施建设8个（10万元/个），一县一品5个（10万元/个），江湖山道品牌项目6个（5万元/个）。超额完成全年的扶贫任务。

■ 体育产业发展壮大 2015年，永州市打造系列精品体育赛事，促进永州体育产业集群发展。举办新田武当山重型卡车越野赛、阳明山山地自行车赛、金洞漂流、舜皇山漂流等具有地域特色的赛事，以及中美男篮对抗赛、中日拳王争霸赛等商业性体育赛事。以专业生产NIKE篮球鞋、足球鞋等系列运动鞋为主的祁阳县凯盛鞋业先后带动8家配套企业，形成一个总投资超过7亿元、年产值超10亿元的制鞋产业群。

■ 体彩销售额突破1亿元 2015年，永州市体育彩票销售1.29亿元，发行量居全省第二位，筹集体彩公益金433万元。永州市体彩发行落实“一把手”工程，建立一整套科学规范的管理制度和激励措施，强化体彩销售工作机制，通过分解目标任务、合理布局网点、完善硬件设施等措施，严格考核，挖掘体育彩票市场潜力，体育彩票发行稳步提升。

（李新宇）

社会建设

公用事业

永州市城市建设投资发展有限责任公司

■ **概况** 永州市城市建设投资发展有限责任公司前身为永州市城市建设投资开发公司，成立于1997年6月，注册资金7.5亿元，归口市规划建设局管理，属自筹自支的副处级事业法人单位，实行“两块牌子一套人马”管理，主要承担永州在国开行的“打捆贷款”业务。2010年7月，永州城投整合原承担冷水滩中心城区城市建设的7个项目业主公司，并调整为市政府直管，赋予“经营城市资产、筹集城建发展资金、参与项目开发”等职能职责，领导班子比照正处级单位配备，内设七部一室，下设4个项目建设部，5家全资和控（参）股子公司。2013年12月，市委、市政府为改变市级投融资公司散、小、弱的现状，理顺市级投融资公司体制机制，规范公司经营，防范债务风险，增强其开发建设经营中心城市的能力，加速中心城市扩容提质，提高中心城市集聚、辐射、带动力，按照融资、开发、建设、偿债四位一体的模式以及面向市场、政府引导、集团发展、严格管理的原则，对现有的市级投融资公司进行整合重组，整合永州市矿业投资中心、永州市自来水公司、永州市水质净化中心的资产和中心城区水资源及可经营性资产，依法依规组建永州市城市建设投资发展有限责任公司（简称永州城投集团），为中Ⅰ型国有独资企业，全面实行企业化管理，归口市人民政府办公室管理，主要从事中心城市城南大道以北冷水滩城市规划区范围内（永州经济开发区除外）的开发建设。负责采取向金融机构间接融资、资本市场直接融资以及争取政策性资金和招商引资等方式为中心城市建设发展筹集资金，并从事金融投资担保、基金业务；从事授权范围内的城市基础设施、社会公益设施建设、保障性住房建设、安置房建设、旧城区改造、棚户区改造、城中村改造、城市片区开发、城区建设用地整理开发、房地产开发、国有有形资产和无形资产经营和资本运作、盘活城建存量资产和有助于实现国有资产保值增值的业务；从事水务输供、排污处理、城市防洪、水利水电、港口码头等设施的投资建设和开发经营；从事全市范围内的矿产资源投资开发；从事建筑材料的开发、生产、销售、贸易等业务；从事物流、物业管理、咨询服务等业务；从事经市政府批准或允许的中心城市规划区外的片区开发和其他业务。

2015年，永州城投集团内设六部两室（计划财务部、工程项目管理部、投融资部、人力资源部、法务合约部、资产经营管理部、纪检监察室、办公室）；下设3个项目部（重点项目管理部、河东项目管理部、河西项目管理部），5家全资子公司（永州市矿业投资开发有限责任公司、永州市水务投资建设开发有限责任公司、永州市保障性住房安居工程投资建设开发有限责任公司、永州市城通通讯管网有限公司、永州城投置业有限责任公司），1家控股子公司（永州市开元发展投资有限公司)。有员工总数188人。公司总资产规模255.63亿元,净资产168.05亿元,负债87.58亿元,资产负债率34.26%,信用评级AA。完成融资30亿元,实施城建项目建设52个,投资29.82亿元。项目建设累计完成投资30.24亿元,是2014年的120%(2014年完成投资25.28亿元);对接融资项目25个,落实项目21个,对接融资金额224.88亿元,落实并通过金融机构审核107.77亿元,到位资金69.57亿元,是2014年的385%(2014年融资到位18.05亿元),年平均综合利率6.45%。

■ 项目融资 2015年,永州市政府下达给市城市建设投资发展有限责任公司的融资任务是20亿元。该公司认真研究国家稳增长的政策和金融形势,大力拓展合作基金、中期票据、短期融资券、专项收益债、金融租赁业务以及资产证券化等多种融资渠道,对接各大金融机构,按照科学合理、控制成本、有计划融资的指导思想,开展公募与私募相结合、长线与短线相配套、资金定向使用项目与灵活资金相补充的原则,开展多渠道融资。截至2015年12月底,对接融资项目25个,落实项目21个,对接融资金额224.88亿元,落实并通过金融机构审核107.77亿元,到位资金69.57亿元,是2014年的385%,年平均综合利率6.45%。同时,高息融资资金(超过综合成本10%/年)占总融资资金的比例由2014年年初的12%降低到5%。国家开发银行湖南省分行的湘江西岸棚户区改造贷款15亿元,利率4.25%/年,期限25年,全部到位。

■ 项目建设 2015年,永州市城建领导小组下达给市城市建设投资发展有限责任公司城建项目建设任务52个,计划投资29.82亿元,是2014年计划投资额25.27亿元的118.01%。其中,续建项目33个,新建项目7个,前期项目12个。该公司全面推行抢时间、抢天气、任务到天、责任到人、领导到点、到线和到面的“两抢五到”工作法,克服阴雨天等客观不利因素的影响,大力发扬“拼”字当头的精神,做到“大雨小干,小雨大干,天晴加油干”,全力推进工程进度。截至12月底,完成总投资30.24亿元。其中,续建项目完成投资21.36亿元,新建项目完成投资3.86亿元,前期项目完成投资5.02亿元。将列入计划的23条断头路全部拉通,完成投资3.91亿元,另外将站前北路、传芳中路三标、竹山路、西冲塘路、紫霞西路等5条没列入计划的断头路也一并拉通。围绕市委、市政府关于中心城区“三年扩容提质”战略,全力推进中心城区主要路段提质改造。其中,湘江风光带完成投资2.17亿元,河东段育才路至汽车北站段、河西段曲河大桥至亲水桥段全部完工并建成开放;宋家洲大桥至潇湘大桥段以及白石山公园正在开工建设;零陵路及湘江东路建筑立面提质改造投资3000万元。河东四路(育才路、梅湾路、翠竹路、逸云路)提质改造投资1.37亿元。启动建设的棚户区及城中村改造项目7个。其中,河东城市综合体第二次挂牌,竞价为5.188亿元,正在进行地基勘探;湘江西岸棚户区改造项目将军岭片区及文昌阁片区完成项目开工前的所有准备工作,完成房屋征收1000户;重庆啤酒厂保障房项目完成一期项目范围内的选址意见书、土地预审意见、项目可研、环评、能评及立项各项工作;逸云路城中村改造项目完成项目内集体土地137户和国有土地上36户的房屋登记调查和青苗清点工作。京华中学宿舍区及周边地块改造项目及小三房城中村改造项目正在进行前期各项手续的办理及征地拆迁摸底工作。永州大道后续配套工程(包括首期快速公交项目)完成投资7010万元,10月8日启动项目城区段建设,完成部分红线范围内清表工作,中心医院地下通道、支线管廊正在开挖。城南大道5月复工,完成两座桥梁桩基础工程。河西亲水桥至猎豹路、猎豹路至河西桥头堡、亲水桥西侧至唐家、河东永州大道至引桥段、福耳桥以东至阳明大道5个路段相继开工,路基基本形成,截至12月底,城南大道及两座中型桥梁,累计完成投资1.23亿元;传芳路跨铁路桥完成投资3525万元,完成桥桩基础及桥台、支架、钢护棚、土石方回填施工;潇湘大桥加固维修工程完成大桥箱梁内部裂纹加固处理及遗留建筑垃圾清理。安置小区基本完成春江安置小区、三多亭安置小区建设。1~12月,19个安置小区建设累计完成投资2.8亿元。

■ 转型发展 2015年,永州市城市建设投资发展有限责任公司依托城市资源,主动适应新常态,突出资产经营,多维度转型发展。截至12月底,资产总额为

255.63 亿元，净资产 168.05 亿元，负债 87.58 亿元，资产负债率 34.26%；1～12 月还本付息支出 91816.91 万元（含本金 64893.19 万元、利息 26923.72 万元）；完成土地报批 382.85 亩；依法处置闲置土地 122 宗，面积 4500.87 亩；完成置换土地面积 27888.74 平方米；经营总收入为 860 万元，超额完成 123%；完成 7 宗土地资产摘牌工作，总面积 288.2 亩，评估总价值 3.6 亿元；收回原市物资办、市煤炭办、市轻纺办、市机冶办 4 宗划转资产经营管理权；完成九股公司资产移交工作。集团下属三家子公司运营日趋规范，各项工作均有所突破，逐步成长为集团发展壮大的支柱。永州市矿业投资开发有限责任公司积极运作祁阳茶盘口矿区高岭土项目，提交资源储量 500 万吨以上，经济价值达 6 亿元以上，利润近 2 亿元。永州市水务投资建设开发有限责任公司推进“两供两治”中心城区供水和污水处理 PPP 项目，正进行合资公司组建及合同签订工作；根据资产划转工作流程，完成对城通管网公司人、财、物的全面接管，跟进中心城区地下弱电管网施工建设任务，完成月岩路（梧桐路—珊瑚路段）、紫霞西路（珍珠路—潇湘大道段）、站前北路（潇湘大道—财富山庄）、潇湘大道南北延伸段等 12 条道路部分路段的地下弱电管网施工建设，建设里程 11790 米；编制《永州市“十三五”水生态文明体系建设研究》课题，通过市发改委组织的专家评审，获市级一等奖。永州市保障性住房安居工程投资建设开发有限责任公司在抓好湘江西岸棚户区改造将军岭安置小区、重庆啤酒厂保障房、竹塘安置区高层主楼、京华中学宿舍区改造等项目建设的同时，主动配合集团公司与国家开发银行湖南省分行衔接棚户区改造 33 亿元贷款项目，并与省安居投公司洽谈合作融资 10 亿元，完成全部手续。

■ 项目管理 2015 年，永州市城市建设投资发展有限责任公司成立招投标工作领导小组，由监事会主席任组长，全面负责项目建设的招投标工作。对建安工程及工程服务金额超过 30 万元的项目统一交由市公共资源交易中心公开招标，尽可能提前计划，不搞临时性应急项目；对未达到法定公开招标的项目由公司招投标工作领导小组组织内部招投标，采用最低价评标法评标。进一步加强合同管理，所有建设项目涉及的领域均按法定要求签订合同，累计签订合同 211 个。与市财政局、市住房和城乡规划建设局等相关部门沟通协调，补办完 26 个项目相关建设程序手续，使开工项目顺利进入质安监管系统。杜绝以往集中在节日或年关支付工程款的现象，严格控制工程进度，保证施工资金的需要。组织工程技术管理人员，开展各类业务培训 12 次，进一步修改完善相关规章制度，严格实行“黑名单”管理制度，开展“工程项目建设规范管理年”活动，以河东四路提质改造项目为试点在各项目工地推行“劳动竞赛”，定期不定期对各项目工地进行巡查暗访 61 次。湘江风光带、银象北路、紫霞西路、珍珠南路二标等 8 个项目被列为省、市安全质量标准化示范工地（程），城南大道、城南大桥、永州大道城区段提质改造等新建项目纳入省、市示范工地培育计划。

（陈震源）

领导名录

董事长 党委书记	金　彪	
董事 总经理	李世旺	
监事会主席	易春阳	
董事 副总经理	胡建辉	郭晓斌
董事 总会计师	程国顺	
董事 总工程师	邓茂斌	
纪委书记	龚玉明	
董事 副总经理	张秋平	
董事 总经济师	吕　博	
永州市矿业投资开发有限责任公司经理	吴东红	
永州市水务投资建设开发有限责任公司经理	王振华	
永州市保障性住房安居工程投资建设开发有限责任公司经理	杨智荣	

永州市经济建设投资发展集团有限责任公司

■ 概况 2015 年，永州市经济建设投资发展集团有限责任公司围绕市委、市政府“四个三”的工作部署以及中心城市三年提质扩容行动计划，进一步打牢发展基础，明确发展思路，突出解决遗留问题，强化投资融资工作，推进项目建设，全年完成项目建设投资8.71亿元，融资到位资金38亿元，完成土地报批1225亩。

■ **明确发展战略** 通过2014年的组建运行，公司规模日趋壮大，在原有滨江新城、顺达住房、交通建设3个中II型投资公司的基础上，市政府依法划转潇湘平湖旅游公司和市保安服务公司，新组建成立市机场建设投资开发有限公司。资产规模日趋壮大，集团公司资产由组建初的64亿元增加到110亿元。经营业务日趋壮大，由主要负责滨江新城基础设施开发建设，逐步扩大到交通基础设施、保障性住房、旅游开发和保安服务等产业。明确滨江新城近期开发建设思路，即“两点(万商红项目点、玫瑰湾项目点)两线（永州大道后续配套工程、以湘江为主线的湘江风光带和潇湘平湖水上旅游项目开发）、两中心（市政务服务中心、文化艺术中心）”的开发建设思路。

■ **解决遗留问题** 截至2015年年末，永州市经济建设投资发展集团有限责任公司投入6亿多元，万商红、玫瑰湾、永州大道改扩建、李达故居项目等一大批历史遗留问题逐步得到有效处理。万商红项目重新签订协议并启动建设。玫瑰湾项目高息欠款全部还清，并重新进行项目策划招商。永州大道工程欠款逐步结算归还，相关所需剩余土地匹配问题基本明确原则。李达故居项目审计结论基本完成，正在接收并处理遗留问题。滨江新城闲置土地1303.09亩基本得到清理和处置。

■ **实现融资突破** 2015年，永州市经济建设投资发展集团有限责任公司紧紧抓住国家政策机遇，集团公司融资总额、融资方式均实现较大突破。全年达成融资意向71亿元，到位资金38亿元，“2016永州经投债”以3.55%的超低利率成功发行。

■ **推进项目建设** 2015年，永州市经济建设投资发展集团有限责任公司计划完成重点项目建设投资5.46亿元，全年实际完成投资8.71亿元，超目标值59.5%。万商红项目征地拆迁全部完成，土地挂牌已全部完成，并已由永州万商红商贸物流开发有限公司全部摘牌；永州大道—阳明大道段基本完成路面工程，利安路、迎宾路开工建设，阳明大道、女书路等道路工程有序推进。“两中心”项目规划和建筑设计方案已经市委、市政府研究。永州大道城区段1.88公里提质扩容项目完成所有拆迁，主体工程建成通车；祁冷一级公路扫尾工程完成并交工验收；泉南高速永州出口段提质改造工程全面完工。全面启动万商红、巴洲、曲河、阳甸等4个安置小区建设。万商红安置小区、巴洲安置小区主体工程开工建设，并完成部分主体工程；曲河安置小区配套项目润之路开工建设，并完成部分土石方工程；阳甸安置小区正在进行规划设计。市保安公司安全稳定运营，实现经营收入5500万元，同比增长10%。市潇湘平湖公司水上旅游开发加快推进。

（廖茂盛）

领导名录

董事长 总经理 党委书记 兼市滨江新城投资建设有限公司经理	柏菁
监事会主席	刘伟军
董事 市交通建设投资有限公司经理	陈于军
董事 副总经理	邓宪君
董事 副总经理 兼市顺达住房投资建设有限公司经理	雷宏鸣
董事 副总经理 兼市潇湘平湖旅游开发有限公司经理	李耀华
董事 副总经理 兼市机场建设投资开发有限公司经理	鲁耀纯
纪委书记	蒋海民
董事 总会计师	周志强
董事 总工程师	吴林辉

城市园林

■ **概况** 2015年，永州市城市园林局经历第三次机构改革，由市政府直属的正处级事业单位调整为市住房和城乡规划建设局所属的副处级事业单位，将由市城市园林局承担的园林绿化规划、园林行政审批职能和执法职能（非街道绿化执法）划入市住房和城乡规划建设局，同时撤销园林局下属的市园林绿化管理办公室。

市城市园林局下设5个科室、3个直属公园，有在职人员137人，其中干部47人，工人90人。

2015年，市城市园林局平稳度过机构改革的阵痛，以建设品质活力永州和创建国家森林城市为目标，狠抓城市绿化规划、建设与管理工作，为全市成功创建“国家森林城市”做出积极努力。市城市园林局作为城市绿化建设组牵头单位，被市委、市政府授予“永州市创建国家森林城市工作先进单位”，继续保持“永州市文明单位”和“湖南省文明卫生单位”称号。

■ 园林绿化规划设计 2015年，永州市城市园林局组织中心城区垂直绿化规划和绿线图编制工作，完成《垂直绿化规划和绿线图编制》初步方案报市规委会审核确定。完成潇湘大道、舜皇大道、育才路和湘永路的绿化提质规划设计。参与全市重点建设项目的绿化方案和绿地指标审查工作，做好永州市中邦世纪广场、永州市上海城、浯溪碑林省级风景名胜区等8个重点建设项目的规划设计，以及市总工会小游园和市政机械化公司裸露山体等绿化工程的规划方案和施工图设计等。

■ 园林绿化重点项目建设 2015年，永州市城市园林局狠抓“十百千工程”项目建设。累计完成投资3872万元，组织完成潇湘公园、虎岩公园、湘永路和育才路提质改造。中心城区移植大苗20.89万余株，完成投资约9600万元，重点对城区公园、广场、道路、节点、庭院小区及裸露山体实施全面增绿。加大对中心城区原有道路绿化提质改造力度，通过绿化景观改造、补植、替换、加密和造型美化等措施，对15条主次干道进行绿化提质并完成部分路网绿化建设。中心城区主次干道绿化普及率达98%以上，绿化达标率达80%以上，城区街道的树冠覆盖率达28%，基本形成以乡土树种为主，乔、灌、花、草合理配置的道路绿化格局。开展“园林式单位（小区）”创建活动，鼓励和引导单位和小区进行庭院绿化改造，实施破硬建绿、拆墙透绿工程，进一步拓展和释放单位、小区绿化空间。全年成功创建市级“园林式单位（小区）”92个。

■ 小区绿化整治 2015年，永州市城市园林局抓好市小区整治办交办的63个小区绿化整治工作，完成投资500余万元，补植绿化面积3.1万余平方米，有20个小区达到整治要求并销号，4个小区在建，39个小区无地扩建绿地，将按照《关于对绿化整治不达标小区收取异地绿化补偿费的意见》收取异地绿化补偿费。

（朱小芳）

国网永州供电公司

■ 概况 2015年，国网永州供电公司坚持“依法从严治企，精益规范管理”，主动适应经济发展新常态，精准发力，立足实干，全面完成年度各项目标任务，公司保持良好发展态势。全年完成售电量56.01亿千瓦时，电网安全稳定运行4438天，安全记录再创新高。

■ 电网安全运行 2015年，国网永州供电公司坚持严抓严管，推进安全生产精益化和标准化管理，开展安全大检查和隐患排查治理，排查隐患1836条，整治率100%。推行整站综合检修，推动输电线路属地化管理和林电联动，配网状态检修实现“全覆盖”。推行专责带队稽查和安全监督网络集中检查，稽查作业现场6730个，覆盖率达100%。保持高压态势严厉打击违章行为，查处各类违章139起。推出“安全生产快速协调机制”，打造解决安全生产跨部门、跨专业重大问题“绿色通道”。强化电网科学调度和风险预控，有效应对冬、夏负荷高峰和50年来最大冬汛等恶劣天气。全年没有发生省公司考核的各类安全事件，连续2年获得“省公司春检优秀单位”，连续3年被评为湖南省电力行业“安全生产先进单位”，连续6年获“永州市安全生产先进单位”。

■ 电网发展 2015年，国网永州供电公司着力抓好清洁能源发电并网服务，黄甲岭风电送出工程成功投运。深化电网规划研究，高质量编制“十三五”电网规划。加快推进各级电网协调发展，超前里程碑完成年度建设任务，新增变电容量32.04万千伏安，新建改造35千伏及以上变电站10座、输电线路143.3千米，首座220千伏硒城智能变电站顺利投运，电网智能化水平再上新台阶。解决低电压问题15305户，零陵区建成“新农村电气化县”。工程管理创优夺旗实现新突破，蔡家110千伏输变电工程获国网公司“优质工程”，谷芦线110千伏工程、宁远城南110千伏变电工程先后夺取线路、变电专业省公司“项目管理流动红旗”。

祁阳冠山110千伏变电工程，永州市电网地、县一体化调度系统工程分获电力行业优秀工程设计二、三等奖。

■ 电网改革 2015年，国网永州供电公司巩固提升“三集五大”建设成果，全面推进“五位一体”机制建设，8篇“五位一体”典型经验被推荐至国网公司。全面实施“三系一统”薪酬分配模式，配套完成岗级套改，实现全口径用工工资集中审核发放。人才当量密度破“1”，跃居省公司第一位。持续提升物资仓储标准化管理，PMS2.0系统成功切割上线，营配调贯通任务高效完成。3项管理创新成果获湖南省和省公司奖项。全面完成县公司集体企业“子改分”重组，集体企业改革改制稳步有序推进。全面完成4家代管公司上划改革，开启永州电网直管大统一格局。

■ 依法治企 2015年，国网永州供电公司加快建设“三全五依”法治企业，认真贯彻落实国网公司通用制度。修订完善公司《“三重一大”决策实施细则》等相关文件。强化依法治企自查自纠，查出并整改问题。首次开展供电所营销诊断审计，提出审计建议23条，完成公司集体企业管理专项审计调查，开展领导干部离任经济责任审计，组织开展依法治企专题讲课，有效促进公司依法治企“十条禁令”落地。

■ 供电服务 2015年，国网永州供电公司狠抓专业协同，“管业务必须管服务”有效落地，供电服务监督保障体系进一步强化。建立供电服务调度平台，严格投诉处理“四级响应”和客户诉求即时分析制度，话务量同比下降12.97%。深入推进“六零”服务工程和“四大窗口”建设，大力推广“网上营业厅”“掌上电力”APP等新型缴费方式，刷卡购电客户超过24万户。营业窗口业务办理“一口对外”、故障抢修“五个一”“居民一日接电、非居民四日接电”成效显著，居民客户、高压客户平均接电时间分别缩短2.2、5.8个工作日，城区抢修到达现场平均时间降低为19.68分钟。主动服务地方经济发展，出台《国网永州供电公司服务地方经济发展方案》，建立重点项目超前服务机制，开辟重点项目配套工程建设“绿色通道”，建立工业园区建设专人负责制，各项工作得到市委、市政府充分肯定。

■ 企业文化 2015年，国网永州供电公司成功举办“三大活动周”，双牌县公司、菱角塘供电所被评为省公司企业文化示范点。公司顺利通过全国文明单位复查，获“全国关心下一代先进集体”等称号，客服中心共产党员服务队获省公司“十佳共产党员服务队”，离退休党支部被评为国家电网公司“离退休先进党支部”，陈双华获“国家电网公司劳动模范”称号，2名员工获评“湖南省劳动模范”，4名员工分获“国网湖南省电力公司劳动模范”“永州市劳动模范”。

（杜小芳）

永州市自来水公司

■ 概况 永州市自来水公司负责中心城区冷水滩、永州经济技术开发区的自来水供应、供水管道维修及安装等业务。公司现有职工515人。内设办公室、劳动工资科、计划审计财务科、生产技术科、管网管理科、企业管理科、供水稽查科、安全保卫科、物资供应科、经营管理所、收费科、水表管理科、开户办、客户服务中心、预决算科、管网维修队、建安公司、一水厂、二水厂、三水厂、水质检测中心、工会、凤凰园供水加压站等23个科室。

2015年，完成水费收入6800余万元（含代政府征收的污水处理费、垃圾处理费、水资源费），比2014年增长700万元，安装收入1100万元；新增客户3840户（2014年新增客户6506户）；年度非生产性开支降低10.7%；上缴利税300余万元；客户用水投诉处理率100%；管网修复及时率在99%以上。完成投资4300余万元，新敷及改造管网20.52公里。

■ 安全生产管理 2015年，永州市自来水公司加强安全生产管理工作，特别是汛期安全生产管理。调整充实安全生产工作领导小组，建立安全生产办公室，配备专职安全管理人员。落实安全生产责任制，将安全生产管理目标分解到各部门、各责任人。编制相应的安全生产事故专项应急预案及现场处置方案，做到安全生产警钟长鸣、有备无患。分管领导带领检查组，定期对各水厂进行安全生产大检查，对查出的问题和隐患进行及时整改。加强水质处理和水质监测，经过自检和卫生部门检测，供水水质合格率达100%，11月化验室随机抽取出各厂水样，送往长沙水质监测站进行委托检测，检测项目94余项，检测结果全部合格，符合国家新生活饮用水的标准要求。全年未发生供水用水安全事故。

■ 供水管网建设 2015年，永州市自来水公司完成育才路、滨江壹号、零陵南路、永州大道、梅湾路、翠竹路、冷东路、长丰集团、湘江纸业、柑橘示范场等给水主管网的改造。其中，育才路DN1000给水管改造工程，完成投资约1300万元；滨江壹号DN315、DN400PE给水管改造工程，完成投资约90万元；零陵南路DN400给水管改造工程，完成投资约100万元；永州大道DN315给水管改造工程，完成投资约40万元；梅湾路DN315给水管改造工程，完成投资约210万元；翠竹路DN300－DN500球墨铸铁管给水改造工程，完成投资约450万元；冷东路DN200－DN315给水管改造工程，完成投资约85万元；长丰集团DN25－DN315PE给水管及水表改造工程，完成投资约360万元；湘江纸业DN25－DN400PE给水管及水表改造工程，完成投资约230万元；柑橘示范场DN200－DN400PE给水管改造工程，完成投资约110万元；觅湘路DN160PE给水管改造工程，完成投资约6万元。完成九嶷大道、坦塘垃圾处理场、湘江东路、紫霞西路、百花路、进贤路、富强路、永州大道“两中心”和万商红临时给水管的安装，完成潇湘大道部分给水管的安装。其中，九嶷大道DN4315、DN400PE给水管安装工程，完成投资约310万元；坦塘垃圾处理场DN25－DN400PE给水管安装工程，完成投资1050万元。湘江东路DN315PE给水管安装工程，完成投资约45万元；紫霞西路DN315PE给水管安装工程，完成投资约100万元；百花路DNDN315PE给水管安装工程，完成投资约40万元；进贤路DN315PE给水管安装，完成投资约40万元；富强路DN315PE给水管安装工程，完成投资约38万元；永州大道“两中心”和万商红DN100－DN200临时给水管安装工程，完成投资约150万元；潇湘大道DN300－DN800球墨铸铁给水管安装工程，完成投资约290万元。完成农科园、伊塘镇、高科园供水加压泵站和供水加压设施的建设，冷东路供水加压泵站正在建设之中，完成一、三水厂泵房部分机组的改造。

■ 破解资金瓶颈 2015年，永州市自来水公司领导高度重视省、市资金和政策的争取，全年从中央、省、市争取资金2300万元（实际到账1936.5万元）。

（唐树林）

领导名录

经理	谢冬阳
经理级管理人员	蒋辉
副经理	周军霞　曹双平 王造林　周湘陵
副经理 副书记	王新德
副经理 工会主席	欧阳红英
副经理 总工程师	汪梦
经理助理	唐树林

中石化永州石油分公司

■ 概况 中石化永州石油分公司2015年在营加油站111座，在营油库1座，在建油库1座，在岗职工589人，公司秉承“发展企业、贡献国家、回报股东、服务社会、造福员工”的企业宗旨，以经营为龙头，以安全为保障，充分发挥永州成品油供应市场主导作用，忠实履行大型国有企业的社会责任，全年供应市场油品销售45万余吨。

■ 油品供应 2015年，中石化永州石油分公司加强资源组织调运，统筹优化物流运行，全年销售成品油45万余吨。公司新规划的道县油库建设项目正在推进当中，项目建成后，中石化永州公司油品库存容量达6.95万立方米。

■ 安全管理 2015年，中石化永州石油分公司严格落实安全生产责任制，不断强化安全监管，及时消除各类安全隐患，加大责任追究力度，确保安全稳定生产。牢固树立“发展不能以牺牲人的生命为代价”的理念，做到4个狠抓，四个“不”：即狠抓“三违”一个不例外，狠抓培训一个不缺课，狠抓隐患整改一个不漏项，狠抓制度执行一点不含糊。严格执行总部各项安全生产禁令，抓实新《中华人民共和国安全生产法》和《中华人民共和国环境保护法》学习，推动安全环保理念入脑入心。牢固树立“培训不到位是重大安全隐患”的理念，加强基层员工重点岗位技能培训，加强防火灾、防抢防盗以及防暴恐等应急预案的学习和演练，全面提高应急实战能力。狠抓隐患排查整改，统筹安排加油站综合治理工程，全年立项隐患治理和碧水蓝天项目40个，投入治理资金1000余万元。

■ 优质服务　2015年，中石化永州石油分公司坚持“以客户为中心”，不断强化服务管理，完善服务品质，提升服务水平。开展“加油站综合服务提升年”活动，严格油品数质量监控，践行“每一滴油都是承诺”，确保油品质优量足；强化非油品质量管控，保证“易捷万店无假货”。制定规范化服务标准，优化服务流程，靓化服务窗口，营造舒心消费环境。开展“文明加油站”创建活动，在每个加油站设置“便民服务台”，免费提供医药、维修、问询等便民服务。

（齐光胜）

中国石油湖南永州销售分公司

■ 概况　2015年，中国石油永州销售分公司重点围绕以内生动力，促精细化管理，打造专业化的零售公司为目标，全年销售成品油12.24万吨，纯枪销售保持增长。全年获得省公司劳动竞赛流动红旗10面；获2014～2015年度“四好”领导班子、“先进基层党组织”等称号；获省公司劳动竞赛综合评比优胜单位及2015年度先进单位。

■ 经营销售　2015年，中国石油永州销售分公司每月分析研究销售、市场、客户等情况，根据客户需求及时调整营销策略。积极“走出去”开展市场调研、客户开发工作，有计划的对工地、厂矿、运输车队、企事业单位等客户进行地毯式的调查与开发，走访客户119家。深化与电信、移动、保险、银行、酒店等外界合作，与交行、建行、电信、移动开展“最红星期五”“龙卡星期六”“电信翼支付”“移动电子券支付”等活动，跨界合作单位增至10余家，全年销售IC卡16459张。运用O2O营销模式，开展支付宝充值、电商平台等新业务，并推广微信营销，微信促销新增关注客户9575个。

■ 优质服务　2015年，中国石油永州销售分公司制订下发优质服务活动方案，细化服务标准，坚持下站宣贯、片区轮训、交流座谈，提高员工服务意识。同时不断丰富服务内容，在原有服务项目的基础上，拓宽免费茶水、简易维修工具、应急医药用品、免费WIFI等应用站点。新增擦车服务、自助加油、代缴费用、为客户提供加水等服务项目，制作特殊时段提示牌、油品引导牌等，提升客户满意度。通过每季度开展一期服务技能竞赛，每月不定期开展现场与视频稽查及神秘顾客访问，强化服务的监督检验，促进服务的转型升级。

■ 现场管理　2015年，中国石油永州销售分公司对加油站硬件及设备设施统一规范和要求，划分标准站、普通站、其他站三类等级，对加油站立牌灯箱、油品标识、功能指示牌等按照新标准进一步亮化。开展办公室、厨房、仓库等专项治理活动，排查整改定制化问题110项，并督促加油站严格落实卫生责任制。

■ 安全管理　2015年，中国石油永州销售分公司累计开展安全相关检查188站次，检查整改隐患问题1225项，辨识整改风险118项。开展公司层面预案演练7次、专项整治活动12期，应知应会知识测试及竞赛13期，完成13座站点的应急预案评审，员工安全意识不断提高，及时扑救车辆自燃、周边区域起火、防范漏油风险等事件6起。所属36座加油站取得永州市安监局安全标准化企业证书。实现安全生产事故为零、交通安全事故为零、环境保护事故为零的“三项为零”目标，安全生产平稳运行。

（廖香琴）

卫生计生工作

综　　述

■ 概况　2015年年末，永州市医疗卫生机构6003个。其中，医院122所，基层医疗卫生机构5588个，专业公共卫生机构272个，其他卫生机构21个。医院中，公立医院38所，民营医院84所。基层医疗卫生机构中，社区卫生服务中心/站30个，其中社区服务中心15个，社区服务站15个；门诊部8个；卫生院193所；诊所480个，卫生所、医务室（包括分支机构）97个；村卫生室4781个。专业公共卫生机构中，疾控中心12个，妇保院13个，卫生监督所12个，专科疾病防治所1个，采供血机构1个，计划生育技术服务机构233个。

2015年年末，全市医疗卫生机构编制床位29650张，实有床位数32572张。全市卫生编制人数28247人，实有在岗职工数30119人，离退休人员6104人，年内退休人员252人。全市卫生技术人员25709人，其中执业（助理）医师10535人、注册护士9740人。全市医疗卫生机构有固定资产28.83亿元；房屋建筑面积277.75万平方米，其中业务用房面积168.70万平方米，租房面积28.71万平方米。全市拥有万元以上的医疗设备10169台件，总价值28.67亿元，其中50万元~99万元321台件（较2014年增加58台件），100万元以上309台件（较2014年增加31台件）。全市医疗卫生机构总收入59.68亿元，比2014年增加7.84亿元（增长15.12%）；总支出56.99亿元，比2014年增加7.48亿元（增长15.11%）。

2015年度（2014年10月至2015年9月），全市评估总人口639.6万人，比2014年度增加6.4万人；已婚育龄妇女人数122.65万人，比2014年度减少0.79万人；出生人数8.7万人，比2014年度减少0.6万人；出生率为13.63‰，比2014年度下降1.24个千分点；常住人口符合政策生育率为79.69%，比2014年度下降0.6个百分点；出生人口性别比为119.21，比2014年度下降0.37个比点；自然增长率6.44‰，比2014年度下降1.17个千分点；死亡率为7.19‰，比2014年度下降0.07个千分点。

截至2015年9月30日，全市流动人口总数为198.35万人，占全市人口总数的30.98%，较2014年度同期增加5.68万人。流出人口185.63万人，其中，跨省流出165.73万人，省内流出人口19.9万；女性流出人口91.43万人，流出育龄妇女76.79万人，男性流出人口94.20万；跨省流出人口中，流向最集中的是广东省和浙江省，分别为136.96万人和9.52万人。流入人口12.72万人，省内流入10.62万人；跨省流入2.10万人，女性流入人口5.19万人，其中流入育龄妇女3.58万人；男性流入人口7.53万人。

■医药卫生体制改革 2015年，永州市卫生计生委牵头组织市发改委、市编办、市财政局、市人社局等部门，制定出台《永州市全面推进县级公立医院综合改革实施意见》，围绕破除以药补医关键环节，全面推进县级公立医院综合改革，涉改9县（祁阳县2012年已启动，冷水滩区参加城市公立医院综合改革）29家县级公立医院自4月1日起实行药品零差率销售，呈现“两降一升”（门诊、住院人次均费用下降，病人量增加）的良好势头。全市参加新农合人数达491.77万人，参合率99.32%，新农合筹资标准提高到470元/人，按政策筹集新农合基金23.11亿元，将新农合单个人补偿最高限额从12万元提高到15万元，补助435.53万人次、补偿资金19.37亿元，其中住院补助83.15万人次，补偿资金16.71亿元，新农合住院费用实际补偿率达60.04%。继续实施新农合大病保险制度，补偿21221人、8270.63万元，在全省全面实施城乡居民大病保险电视电话会上副市长刘尤碧代表永州市作典型发言。继续开展市级新农合即时结报工作，定点医院由4家增加到9家，即时结报60602人次。全市100%的政府办基层医疗机构和77.76%村卫生室实施基本药物制度，网上采购基本药物达8603万元，并全部实行零差率销售，基本药物制度得到进一步巩固完善。调整优化新农合报销政策，发挥医保对群众就医行为的引导和杠杆作用，探索推进分级诊疗制度。以提高基层医疗服务能力为重点，率先在全省开展市级乡村医生本土化培养项目，首批培养262人；推进县乡村一体化管理，宁远县级医院托管乡镇卫生院取得积极成效；全市有5所乡镇卫生院被国家卫计委、25所乡镇卫生院被省卫计委命名为“群众满意的乡镇卫生院”。

■计划生育服务管理 2015年，永州市始终坚持计划生育党政“一把手”亲自抓、负总责的领导推进机制，各级各部门层层签订目标管理责任状，确保计划生育“三个不变”（坚持计划生育基本国策不变、一把手负总责制度不变、一票否决制不变）“四个到位”（工作责任到位、措施到位、投入到位、落实到位）落到实处。严格落实“一票否决”制度，对综合考评排全市乡镇倒数第一名、且考核评估为不合格的乡镇实行“一票否决”，对3个乡镇予以“黄牌警示”。将计划生育专题讲座列入各级党委中心组学习计划，邀请国家、省、市专家学者作专题辅导，在市、县区党校举办的党政干部主体培训班中开展人口理论教学。各综治部门将计生工作与业务工作同安排、同部署、同检查、同考核，形成强大合力。全面加强资格审查，把牢计划生育关口，市本级审查各类评先评优、人大代表和政协委员提名、干部选拔任用等36批次，涉及424个单位、1088人次，否决拟评先单位1个、拟评先个人14名。推动政策兼容，保障计生家庭利益最大化，为23869户独生子女家庭和农村两女户落实优先优惠政策，发放各类优先优惠资金765.96万元；对4528名独生子女和农村两女户女孩落实初中升高中的加分政策。强化"实时通"系统建设与应用，推进信息共享，公安、民政、人社等综治部门录入"实时通"信息24.92万条，较2014年度增加1.21万条。在市级主流媒体开设"永州人口"等计生专栏，免费刊播计生新闻与公益广告，播出计生大型专题节目45期，在市级以上媒体刊发计生稿件1760篇。推进计生宣传阵地创建，新创建1182个计生宣传示范村（社），建成乡镇两级宣传示范阵地5602个，冷水滩区、江永县、新田县成功创建为省级卫生计生户外宣传示范单位。围绕卫生计生相关纪念日，组织开展大型户外宣传活动236场次。落实利益导向政策，为44660名城镇独生子女父母、20307名农村两扶对象和234名计划生育手术并发症扶助对象发放奖励扶助金8512.74万元。开展计划生育集中服务活动，完成四大手术7.4万例。强化流动人口服务管理，流管信息平台各项数据反馈及时率均达到99.99%以上，流入儿童预防接种率达96%，流入育龄妇女孕检率达84.64%。推进协会组织建设，市计生协会增配1名专职副会长，县区计生协会换届选举顺利完成，调整充实一大批村级常务副会长、秘书长。市计生协会和9个县区计生协会分别列入同级财政预算。在流出人口地建立流动人口计生协会组织53个。开展基层群众自治示范村（居）"四级"联创活动，江永县被确定为"国家计划生育基层群众自治示范县省级拓展县"，零陵区接履桥镇长岭村等20个行政村被确定为省级计划生育基层群众示范村。推进生育关怀行动，走访慰问困难计生家庭2.31万户，发放慰问资金620万元。坚持做好项目拓展，争取省计生协"三结合"项目7个、资金43万元，争取省计划生育创业扶贫贷款贴息项目135个、贴息133.57万元。开展计划生育系列保险工作，免费为50804户计生家庭购买意外伤害保险。

■ 公共卫生服务 2015年，永州市基本公共卫生服务项目经费提高至40元/人，拨付基本公共卫生服务项目经费21306.4万元，其中，市级财政配套627.03万元，县级财政配套2239.87万元，经费到位率100%。全面落实国家基本公共卫生服务项目，构建持续动态的健康管理服务，城乡居民电子健康档案规范化建档率达87.8%，高血压和糖尿病规范化管理率分别达到75.1%和72.3%；预防接种建卡率达96.2%。重大传染病得到有效防控，做好埃博拉、登革热和中东呼吸综合征等重点传染病的防控和应急救治准备工作；成功处置5起流感聚集性疫情和1起水痘暴发疫情；有效控制人感染H7N9流感疫情和手足口病的流行，全市继续保持无甲类传染病报告。超额完成省定重点民生实事项目——重性精神障碍患者救治救助工程，救治救助重性精神病患者911人，为任务数的101.2%；完成蓝山精神病院改扩建工程。强化免疫规划工作，全市继续保持无脊灰状态。继续开展麻疹类疫苗查漏补种，麻疹发病率在全省排第11位。零陵区、蓝山县疾控中心顺利通过省卫计委等级达标验收。全面落实妇幼保健重大公共卫生项目，孕产妇死亡率降至16/10万，5岁以下儿童死亡率降至6.68‰，完成农村妇女"两癌"免费检查55411例。大力实施出生缺陷综合防控，孕前优生健康检查覆盖率达到97.9%，较省定任务高17.9个百分点；免费为387对符合条件的育龄夫妇开展孕中期出生缺陷干预检测。成功争取到国家地中海贫血防控试点项目。市妇幼保健院和新田县妇幼保健成功创建成二级甲等医院。市妇幼保健院被授予"全国三八红旗集体"称号，宁远县被授予首批"湖南省妇幼健康优质服务示范县市区"称号。做好国卫健康教育和公共卫生、医疗服务专业组工作，对2017年国卫复查必检、一票否决的慢性病示范区创建工作，争取市政府下发《创建实施方案》，并强力推动冷零两区开展创建工作。道县、江永县、蓝山县等3县成功创建成省级卫生县城。推进农村改厕工作，全市农村卫生厕所普及率达71.9%。

■ 医疗服务 2015年，永州市狠抓医疗质量安全管理，实施"进一步改善医疗服务行动计划"，群众看病就医更加方便快捷。在全市组织开展医疗质量、医疗安全综合督查。全面开展"平安医院"创建活动，推动建立医疗纠纷第三方调处机制和医疗机构责任险、医务人员意外险制度，全市医疗纠纷持续下降，无二级以上责任事故发生。狠抓卫生项目建设，完成卫生项目和设备投资2.67亿元，2011年以来卫生计生中央投资项目全面开工，2011年~2013年中央投资项目完工率达99.6%。争取中央投资建设项目306个，中央投资达1.1亿元。科学谋划“十三五”全市卫生计生事业发展规划，编制“十三五”重大卫生项目库。支持社会办医，全市民营医院达84家，排全省第二位，湘南区域唯一的三级肿瘤专科医院落户宁远县。狠抓卫生人才队伍建设，全面开展住院医师规范化培训、基层全科医生转岗培训和“3+2”助理全科医生培训，继续开展农村卫生人员培训、乡镇卫生院院长和学科培训，培训各类医务人员6000余人次。狠抓无偿献血工作，无偿献血达2.28万人次，献血总量达7.63吨，连续3年保持7.5吨以上，确保临床用血100%来源于无偿献血。临床成分用血的比例达到99.9%，RH阴性血实现自供，核酸检测业务正式开展，无偿献血临床用血费用实现直报。全年全市门急诊达2050.03万人次，住院106.76万人次。市突发公共卫生事件应急指挥中心接听电话110244次，实际调度车辆14907次，救治病人13908人，保持调度工作零误差。开展基层中医药服务能力提升工程，永州市第二中医医院、新田县中医医院、道县中医医院成功创建成二级甲等中医医院，100%的社区卫生服务中心（站）、95%的乡镇卫生院和64.5%的村卫生室能提供中医药服务，建立中医药综合服务区78个。有序推进中医“治未病”服务能力建设。全市首个“全国基层名老中医药专家经验传承工作室项目”落户道县中医医院。祁阳县中医医院唐柏平被列入全国中药特色技术传承人才培训对象。收集整理中医药专长绝技2项。成功取得省级中医重点科研课题1项，填补永州市空白。成功争取国家中药材种苗繁育基地建设项目落户永州阳明山。

■ **行政执法** 2015年，永州市稳妥实施“单独两孩”政策，为3461对单独夫妇审批发放再生育证。举办县乡新任计生法制专干培训班，开展执法质量交叉检查和社会抚养费征收管理情况专项督查，组织卫生计生监督技能竞赛活动，进一步提升卫生计生行政执法水平。加大社会抚养费依法征收力度，充分发挥计生法庭作用，全年强制执行计生非诉案件1003起，征缴社会抚养费1276万元，对拒不缴纳社会抚养费的45人强制拘留。建立健全孕情消失监管机制，严管“两非”源头，加大整治力度，查办典型案件56例，为历年之最，出生性别比呈现持续回落态势。开展计划生育依法行政示范单位创建活动，江华瑶族自治县花江乡等7个乡镇被授予“2015年度湖南省计划生育依法行政示范单位”称号。持续开展打击非法行医和非法采供血等专项整治，组织实施传染病防治、饮用水安全、学校卫生等专项监督，查处案件412件，取缔无证行医73件，查处违法医疗广告25起。全面推行公共场所卫生监督量化分级管理制度，市直管公共场所单位量化分级实施率、卫生监督覆盖率、建档率均达到100%。

（彭志刚）

疾病预防控制

■ **概况** 永州市疾病预防控制中心是2003年经市人民政府批准设立具有独立法人地位的疾病预防控制与卫生检验检测机构，属全额拨款的副处级卫生事业单位。中心是在撤销原永州市卫生防疫站、永州市职业病结核病防治所，并对两机构有关职能职责进行整合的基础上组建而成，加挂永州市公共卫生检验检测中心牌子，隶属于永州市卫生计生委领导，承担着全市疾病预防控制、突发公共卫生事件应急处置、疫情报告及健康相关因素信息管理、健康教育与健康促进、健康危害因素监测与干预、实验室检测分析与评价、技术管理与应用研究指导及对县区级疾控机构的业务指导、技术考核和专业人员培训等职能。中心占地面积16668平方米，疾控大楼建筑面积8900平方米，其中包括4200平方米实验室，1100平方米的门诊大楼。固定资产3000余万元，实验室高端仪器设备46类131台（件），建有HIV确认实验室、分子生物学实验室、国家级流感监测网络实验室、万级（局部百级）净化室、原子吸收实验室、气相色谱室、离子液相色谱室、免疫功能实验室等专用实验室。设有办公室、质量管理科、政工科、财务科4个职能管理科室；设有急性传染病防治科、应急办、免疫规划科、卫生监测科、职业危害因素控制科、性病艾滋病防治科、结核病防治科、地方病寄生虫慢性非传染性疾病防治科、检验科、预防医学门诊部、美沙酮维持治疗门诊11个专业科室，永州市健康教育所挂靠在中心。有在岗职工105人（编制91人），其中卫生、医疗、检验、食品工程等专业技术人员87人，高级职称16人，中级职称34人。中心于2004年取得湖南省质量技术监督局实验室资质认定计量认证证书，并于2006年11月、2009年11月、2012年10月、2015年10月4次通过复审换证；2006年3月取得湖南省卫生厅颁发的“职业卫生技术服务机构资质证书”，取得10项资质；2012年10月取得“食品检验机构资质证书”，现为永州市流通领域商品质量检验检测定点单位和食品安全风险监测工作承担单位。先后获得省卫生监测工作先进单位、省市级疾控机构实验室能力验证综合考评第一名、省结核病防治工作先进集体、市科学技术进步一等奖、市卫生系统卫生工作目标管理一等奖、市流感监测工作先进集体、市先进基层党组织、市创建国家卫生城市工作先进集体等称号。

2015年，市疾病预防控制工作取得较好成效，进一步提升全市重大疾病防控和突发公共卫生事件应急处置能力。截至12月31日（按审核日期统计），全市报告法定传染病25种，发病26196例，死亡119例，发病率为492.46/10万。无甲类传染病报告；乙类传染病报告17种12667例，死亡117例（艾滋病97例、狂犬病20例），丙类传染病8种13529例，死亡2例（手足口病2例）。报告病例数居前五位的乙类传染病病种依次为肺结核（4915例）、乙肝（4651例）、梅毒（763例）、丙肝（754例）、痢疾（629例），占报告病例总数的92.46%。丙类传染病病种依次为手足口病（10309例）、流行性腮腺炎（1358例）、其他感染性腹泻病（1012例）、流行性感冒（771例）、急性出血性结膜炎（73例），占报告病例总数的99.96%。总体疫情与2014年同期相比，乙类传染病下降1.70%；丙类传染病下降6.11%。

■ 急性传染病防控　2015年，永州市疾病预防控制中心制订切实可行的《永州市2015年重点传染病监测实施方案》。全年开展霍乱、流感、人禽流感、狂犬病、手足口病、感染性腹泻、登革热、伤寒等多种传染病监测，全面完成各项监测工作任务。市中心医院和市三医院2个监测哨点医院登记报告流感样病例ILI5751例，流感病例比例为4.07%。全年采集标本2330份（超过方案任务要求），分离培养阳性标本25株，阳性分离率1.07%。全年报告流感暴发疫情5起，采样60份，核酸检测阳性42份，阳性检出率为70%，其中季节性流感B型阳性2份，甲型H3N2流感40份。环境标本常规监测城乡活禽市场监测点（冷水滩区黄泥井活禽交易市场、珊瑚路凤凰大市场）采集样本25份，其中17份A型阳性（H5、H9），阳性率为68%；家禽规模养殖场（户）监测点（蓝山县塔峰镇），采集样本28份，无阳性检测结果；人类血清学监测点（江永县、道县、祁阳县、冷水滩区、新田县）调查职业暴露人群101人，采集血清样101人份，检测结果未出，采集相应暴露环境标本27份，其中7份A型阳性（H5、H9），阳性率为25.93%。1~5月、11~12月各县区对活禽批发市场（批发点）、中心农贸市场进行环境强化监测，每地点≥3份/次标本。全市采集521份环境标本，其中263份A型阳性（新田5份H7N9核酸阳性），阳性率为50.48%。报告处理狂犬病暴露者37639人，全市报告狂犬病人20例，发病率0.38/10万，发病率较2014年有所上升（0.15/10万）；进行个案调查19例，采集人体标本13份，疫点犬脑样100份；开展犬伤人犬只带毒情况调查，采集伤人犬脑48份，其中蓝山县监测点44份，其他县区4份。加大腹泻病人监测，要求乡镇以上卫生医疗机构开展腹泻病人监测，做到逢泻必登，逢疑必检，全市全年登记腹泻病人7353例，进行霍乱检索2547人，检索率为34.64%。开展外环境霍乱污染情况监测，并将监测重点调整到水体和水产品上，完成霍乱弧菌环境和食品监测样1877份，其中水样1166份（占62.12%），水产品样679份（占36.17%），食品样32份（占1.70%），经检测，所有样品霍乱弧菌阴性。市疾控中心在5~10月，在全省统一部署下，对城区黄泥井水产品批发市场中的3个甲鱼及水产品批发店（蒋记水产海鲜河鱼店、老廖海鲜商行、唐记水产海鲜城）进行甲鱼样品采样及甲鱼来源、去向调查采集甲鱼及养殖水样62份，检测结果均为阴性。开展普通病例的监测，采集普通手足病咽拭子样784份，经检测确诊382份，其中EV71阳性111份，占29.06%，COA16阳性32份，占8.38%，其他肠道病毒阳性239份，占62.57%。开展重症病例和死亡病例监测，全市按现住址共报告重症11例（死亡病例2例），其中3人在本地就诊，其余均在外地就诊，采集重症和死亡病例标本4份（其中一人采2份样），经检测4份样品均为EV71。开展手足口的聚集性疫情和暴发疫情监测，排查手足口病预警信息459起，确定为聚集性疫情55起，没有发生二代病例。全年报告登革热输入性病例2例。放置诱蚊灯108盏，捕获各类蚊虫1万余只，未捕获到伊蚊。放置诱蚊诱卵器1200个，回收1085个，阳性数132个（捕获伊蚊阳性率为12.17%），捕获伊蚊141只。网络报告伤寒、副伤寒病例173例，其中，伤寒146例，占84.39%；副伤寒27例，占15.61%。采集疑似和临床诊断病例标本进行伤寒、副伤寒沙门菌分离和鉴定以及血清学诊断，全年监测临床诊断病例28例，采集5份样，分离培养出伤寒菌株4株，副伤寒菌株1株；监测疑似病例52例，阳性检出率为零。开展重点人群监测（7~10月进行），即每月采集饮食从业人员、自来水管理人员和伤寒副伤寒的出院患者等重点人群的粪便进行伤寒、副伤寒沙门氏菌检测，监测其带菌情况，全年监测311人，未检出带菌者。永州市三医院和永州市中心医院北院对分离的伤寒和副伤寒菌株均进行药敏实验，结果显示对头孢他啶、头孢曲松、头孢噻肟、复方新诺明、左旋氧氟沙星和环丙沙星的敏感性最高，敏感率为100%，对妥布霉素、庆大霉素、氨苄西林和阿莫西林有不同程度的耐药，耐药率分别为100%、100%、20%和20%。全市对肾综合征出血热、钩体病、布病、人感染猪链球菌病开展常规监测，全市报告出血热病例32例，钩体病3例，布病13例（全部为外地报本地病例），并对所有病例进行个案流调，并及时上报到省中心。

开展重点传染病防控。全年排查手足口病预警信息459起，确定为聚集性疫情55起，没有发生二代病例。开展病原学监测，掌握流行毒株变异规律，每县每月采集5份手足口普通病例的咽拭子，进行病原学检测，采样784份。开展重症和死亡病例的监测，基本完成对所有本地报告的病例实施采样检测。全年报告重症和死亡病例11例，采样检测11例，采样送检率100%。并按要求开展个案调查，个案调查率达100%。利用各种宣传活动开展健康宣传教育，各县区印发手足口防控宣传单10万余份。加强禽流感外环境监测，对检出H7核酸阳性的市场，采取休市措施，并严格监管其他市场。配合市卫生计生委对各县区开展工作督查，对防控措施落实、应急物资准备不到位的县区进行通报。开展健康教育宣传，通过电视、媒体进行宣传引导，指导群众健康饮食，对可疑暴露者进行健康告知。继续加大狂犬病防治经费的投入，将犬伤者的预防接种费用纳入农村新型合作医疗报销，减轻犬伤者的经济负担；继续加大狂犬病防治知识宣传力度，开展形式多样的狂犬病防治知识宣传活动，印发狂犬病防治知识传单、刷写固定标语、防治知识进疫点，进乡村等；规范处置狂犬病疫点，对每例狂犬病进行详细的个案调查，指导病家进行消毒处理，同时进行狂犬病例人体标本和疫点犬的监测采样工作，全年处理疫点19个，采集病人标本13份。开展病原学检测，采集动物标本148份，阳性3份，采集人体标本13份，阳性6份。

■ 卫生应急处置 2015年，永州市传染病报告质量评价综合率为99.87%。法定传染病报告及时率为99.64%；疾控机构对法定传染病报告卡的审核及时率为99.88%；网络正常运行率为100%；重卡率为0%。全市11个县区传染病报告综合质量除冷水滩（11张未及时报告卡为市CDC性艾科报告）、江永达到100%外，其他各县区均存在少许质量问题。开展传染病预警预测，及时排查可疑传染病疫情，各级疾控机构做到每天24小时应急值守，市级疾控网络巡查5次/天，县区疾控网络巡查4次/天，节假日不休息，发现异常疫情信息及时进行分析、报告，并做好相关记录。全市传染病预警信息响应及时率为99.24%（均为单病例预警响应超时），判定疑似事件149起，现场处置率100%，判定暴发流行5起，预警信号阳性率0.38%。全市11个县区均没有发生传染病异常疫情信息延误处理现象。报告突发公共卫生事件6起，其中，3起传染病疫情事件，3起突发中毒事件。其中一般事件4起，发病100人（12月宁远实验小学、江永一小流行性腮腺炎暴发疫情均为进程报告，发病人数仍有可能继续增加），无重症、死亡；较大事件2起（均为食物中毒事件），发病11人，死亡3例；无重大和特别重大突发公共卫生事件报告。6起事件均得到及时有效处置。3月，召开全市卫生应急工作培训会议，11个县区疾控中心负责卫生应急工作的骨干及市疾控中心卫生应急机动队成员参加培训。10月26~27日，全市组织开展一场卫生应急演练技能竞赛，县区9支应急队伍（江永县、道县两县因迎接省级卫生县城考核验收未参加）、66名队员参加。双牌县、冷水滩区、蓝山县分别获得演练前三名。

■ 艾滋病防治 截至2015年12月31日，永州市累计报告艾滋病感染者3538例，病人1606例，累计死亡1251例。其中，2015年新发现感染者324例、艾滋病病人401例，死亡167例应随访及做CD4检测的的艾滋病人及感染者为2194人，实际随访检测2113人，随访检测比例为96.31%；应对552例艾滋病感染者的配偶进行HIV检测，实际检测为544例，检测率为98.55%；应做结核检查的病例为2213例，实际检查2177例，检查比例为98.37%。全市对新入监（所）的羁押人员开展HIV抗体筛查，监测4978人，监测率100%，初筛阳性15例，阳性率0.3%。东安县、江永县、宁远县、新田县为全市针具交换项目工作县区，每月平均有193名吸毒者参加清洁针具交换，共为此类人群进行363人次的HIV检测，无阳性病例，全年发放一次性注射器41068支，回收41052支，发放宣传资料14175份，发放安全套47880余只。全市累计对2041名符合治疗条件的艾滋病感染者和病人进行免费抗病毒治疗，在治病人为1604例，终止治疗437例（死亡、失访、冒名检测病例），全市抗病毒治疗比例为90.3%。设立自愿咨询门诊38个，市及11个县区疾控中心均设立VCT门诊并开展免费自愿咨询检测，接待自愿咨询检测者6973人次，HIV检测6965人次，其中HIV筛查抗体阳性122例；梅毒检测6970人次，阳性23例。发放防艾宣传资料5.5万余份，安全套4万余只，宣传覆盖6万余群众，向社会公布艾滋病免费咨询电话12部，为1万多人求询者解答问题。干预暗娼14362人，HIV检测2534人次，HIV阳性者2人；月均干预吸毒人员942人，检测人数为2290人，阳性者4人；干预男男性行为者775人次，HIV检测98人，阳性者5人；对5097名性病就诊者进行干预，HIV检测4701人，阳性者24人；对外来务工人员干预31302人次，检测2548人。完成5个国家级哨点监测任务，检测吸毒者、暗娼、孕产妇及男性性病就诊者2024人（完成率101.2%），检测出HIV阳性者2人，梅毒阳性者24人，HCV阳性者146人，HIV阳性率0.1%。全市所有县区的艾滋病“一站式服务”工作全部开展，各定点医院对病人的咨询、检测、体检及治疗工作流程都进行简化，初筛阳性病人抗病毒治疗的时间均缩短到10天左右。

■ 麻风病防治 截至2015年年底，永州市累计发现麻风病人1111例，收治1400多例，2015年全市新发现病人2例，未判愈病人21例，正在接受治疗的4例。除冷水滩区外其他县区的患病率均在1/10万以下。发送宣传资料5万余份，冷水滩区建立麻防宣传栏20余处，出动宣传车100余天，在农村乡镇集市上开展麻防宣传活动。联合市皮肤病防治所，整理历年来的问题数据并按要求完成病程记录。在“世界防治麻风病日”，配合市红十字会到冷水滩区岭口麻风村慰问驻村病人。

■ 结核病防治 2015年，永州市制定下发《永州市结核病防治规划2015年工作计划》和《2015年永州市结核病防治工作量化考核评分标准》。举办2015年永州市结核病防治规划管理培训班，对耐多药可疑者筛查和疾患者管理、结核病信息的报告等有关知识进行培训。开展健康促进活动，联合市健康教育所等机构，组织开展“3·24”世界防治结核病日宣传活动。加强结核病防治日常管理，每天巡查结核病专报网，及时提供在线指导。每月对各县区结核病专报网进行分析点评，定期对各县区结核病防治工作情况进行量化考核。严格抗结核病药品管理，包括药品的接受、保管、登记、发放等工作，要求有专人负责，有档可查。开展督导和考核，市疾控中心对11个县区开展两轮现场督导，重点督导结核病人发现、转诊、治疗、管理及县区疾控中心痰涂片实验室室间质量评估（EQA）等工作，督导11个县区疾控中心、11个县级医院、11所乡镇卫生院、11个村卫生室，现场访视结核病人22例，出具督导记录表88份，抽查痰涂片904份，未发现假阳性、假阴性痰涂片。开展三轮电话访视，共访视11个县区在治结核病人190例，对发现的问题，及时向有关县区疾控中心进行反馈，反馈督导意见25份。开展结核病诊疗转向定点医院工作，组织10个县区定点医院共22个医疗卫生技术专业人员到省胸科医院进行为期1个月的结核病诊疗临床技能进修培训。制定“结核病诊疗转向定点医院工作手册”。对11个县区的转向工作进行督导，并对有关定点医院进行现场技术指导。各县区卫生局均下发文件和方案，各定点医院也积极准备（除零陵区外），到年底，除祁阳县、冷水滩区外，均实现结核病诊疗转向定点医院。开展病人发现工作，全市网络报告活动性肺结核患者4733例，其中，新涂阳病例1661例，复治涂阳病例207例，涂阴病例2865例，纳入系统管理重大疾病救治耐多药病例47例（省结防所初步统计），分别完成全年任务的107.1%、99.3%、108.9%、112.0%、147%。开展结核病人归口管理与追踪，全市非结防机构网络直报肺结核病人4361例，重报482例，有效网报3720例，重报率11.1%；转诊患者3692张，转诊到位886例，转诊到位率为23.8%；应追踪人数为2828例，追踪到位2613例，追踪到位率为92.4%；总到位人数为3505人，总体到位率为94.2%。

■ **免疫规划** 2015年，永州市免疫规划工作以确保不发生免疫针对性疾病暴发流行为目标，围绕“提高儿童免疫接种率”为工作重点，完成各项工作任务。全面推动全市预防接种单位的规范化、标准化建设，率先在零陵区七里店社区卫生服务中心建设“数字化预防接种门诊”进行试点。全市233家预防接种门诊（其中3家动物咬伤门诊）和53家产科接种点预防接种工作，除动物咬伤门诊外所有接种单位全部实行信息化管理，全市预防接种门诊疫苗扫码接种，覆盖率为100%，产科接种点疫苗扫码接种覆盖率为100%。落实预防接种单位责任，强化查漏补种措施，进一步加强疫情监测、及时科学处置疫点，强化督导等措施，截至12月31日，全市仅报告麻疹病例26例，较2014年（41例）同比下降36.6%。通过国家免疫规划信息管理系统进行接种率监测工作，全市基础免疫疫苗接种率分别为：卡介苗99.99%、乙肝第一针100%、乙肝第二针99.99%、乙肝第三针99.99%、脊灰疫苗第一剂99.98%、脊灰疫苗第二剂99.98%、脊灰疫苗第三剂99.98%、无细胞百白破第一针99.97%、无细胞百白破第二针99.98%、无细胞百白破第三针99.98%、麻风疫苗99.99%、A群流脑第一针99.98%、A群流脑第二针99.98%、乙脑99.99%、甲肝疫苗99.98%。全市免疫规划用疫苗加强免疫接种率分别为：脊灰疫苗99.97%、无细胞百白破99.98%、麻腮风99.99%、白破99.96%、A+C群流脑第一针99.98%、A+C群流脑第二针99.98%、乙脑99.99%。乙肝疫苗24小时内及时接种率为97.35%。全市通过主动监测报告32例AFP病例，报告发病率为3.11/10万，报告后48小时调查率为100%，14天内双份便采集率为87.5%，标本7天内送达率为93.55%；报告麻疹疑似病例122例，实验室确诊病例26例，临床诊断病例1例，个案录入率95.08%，排除病例报告发病率为1.71/10万，血标本采集率94.26%，标本3日内送达率99.19%，检测结果7天内上网报告率85.37%；报告乙脑病例6例，报告发病率0.11/10万。通过AEFI监测系统报告AEFI病例381例，其中一般反应375例，异常反应4例，偶合症2例。无流脑、白喉、破伤风、百日咳等疫苗针对性病例报告。广泛开展免疫规划宣传，全面提高人群预防接种意识。4月25日，全市围绕“预防接种—孩子的权利、社会的责任”的主题开展为期一周的预防接种宣传周活动，全市出动医务人员190人次，发放宣传传单7万张、张贴宣传标语76条、发送手机短信10万条；7月28日，围绕“抗击肝炎、预防先行”的主题开展肝炎宣传日活动，市疾控中心印制宣传扇1万余把，并联合相关单位组织20余名专业人员在潇湘国际花城小区内设宣传点开展街头咨询和宣传活动。开展全市免疫规划信息化建设工作督导。4月23日至5月21日，每个县区随机抽取2家乡镇卫生院、2所产科医疗机构和县区疾控中心门诊，对全市免疫规划信息化建设工作进行专项督导检查。对全市免疫规划工作进行交叉检查，其中儿童免疫规划疫苗接种率调查1~7岁儿童1053人，全市儿童免疫规划22针次疫苗接种率除白破疫苗针次未达到90%以外，其他疫苗针次接种率均达90%以上。教育、卫生部门联合对全市入托入学接种证查验工作进行督查，抽查11个县疾控中心、社区卫生服务中心、乡镇卫生院及每县区幼儿园和小学各2所的接种证查验补种情况，进行综合评估。结合全市春季传染病防控工作及公共卫生专项检查工作，对麻疹防控及AEFI监测等免疫规划常规工作进行指导，发现问题及时整改。

地方病防治 2015年，永州市疾病预防控制中心完成国家疾控中心安排的碘缺乏病实验室外质控考核工作。永州市疾控中心、零陵区、蓝山县、江永县、东安县疾控中心碘盐外质控考核均合格、永州市疾控中心尿样外质控考核合格。制订下发《永州市重点地方病防治“十二五”规划终期考核评估方案》，完成县级考评和相关技术指标的检测工作。碘盐检测抽查55个乡镇、220个行政村，3300户居民户食盐和1100名孕妇家1100食盐，其中，合格碘盐4192份，不合格碘盐197份，非碘盐11份，全市总体碘盐合格率为95.27%。尿碘含量监测全市调查1100名孕妇和2200名8~10岁学生尿样检测工作。6月8~12日完成对各县区的终期考核评估工作，各县区的考核评分均超过85份，均达到考核标准。7月通过省卫生计生委对永州市重点地方病防治“十二五”规划终期考核评估工作。

寄生虫病防治 2015年，永州市疾病预防控制中心完成“全国重点寄生虫病流行病学调查”工作。东安县、道县、江永县、蓝山县、新田县、宁远县为“全国重点寄生虫病流行病学调查”调查点，7月30日前完成寄生虫病流行病学调查和资料上报工作。联合相关单位，组织有关专家和专业技术人员开展疟疾防治知识宣传活动，重点宣传国家对重点流行区提供免费抗疟药品的优惠政策以及疟疾防护知识，动员有关部门及全社会共同关注和参与疟疾防治。10月28日至11月5日，市疾控中心开展对各县区的消除疟疾工作督导；11月8日~11日，对零陵区、道县、江华瑶族自治县、新田县和蓝山县消除疟疾工作进行现场考核评估工作，五县区均达到消除疟疾标准。

慢性病防治 2015年，永州市疾病预防控制中心开展对11个县区的重性精神疾病流行病学调查工作督导和数据整理工作。走访居民3268户，其中，城区1612户，农村1546户，除东安县、江永县、蓝山县、双牌县、新田县分别失访5户、34户、15户、28户、1户，其他县区均完成或超额完成调查任务，全市调查总完成率99.03%，所有县区调查完成率均控制在省级要求完成的85%以上的合格标准；调查总人口数为7130人，其中城区3350人，农村3780人，15岁以上6521人，通过线索调查发现行为异常人员259人，发现率为3.63%；SCID检查待定者254人，需要进行SCID检查者519人；此次全市调查代答为874人次，GHQ-12代答率为12.26%，除道县实际调查648人，代答247人次，代答率为38.1%，其他各县区的代答率均控制在30%以内的标准。开展慢性病防治知识宣传活动。在“全国肿瘤防治宣传周”“世界无烟日”“全国爱牙日”“全国高血压日”“世界精神卫生日”各地通过散发宣传资料、张贴宣传挂图、摆设咨询台，利用电视、广播、报刊、网站等新闻媒体充分传播健康生活方式理念，宣传烟草危害、肿瘤防治、口腔保健、高血压、精神卫生等慢性病防治知识。新田县、道县完成肿瘤随访登记工作，宁远县完成上消化道肿瘤筛查工作；零陵区、冷水滩区、蓝山县启动创建国家慢性病综合防控示范区工作，道县开展营养监测工作。开展慢性病综合防控示范区创建、死因监测项目工作的督导。9月，根据《永州市创建慢性非传染性疾病综合防控示范区的实施方案》，对零冷两区的创建工作进行现场督导；10月28日至11月5日，开展对各县区的死因监测工作督导，对督导中发现的问题提出整改意见。

食品安全风险监测 2015年，永州市制定下发《2015年永州市食品安全风险监测方案实施细则》《2015年永州市米粉和食用油监测方案》，组织食品安全风险监测技术培训一期，开展一系列主题为食品安全相关的宣传活动，食品安全风险监测工作质量得到稳步提升。全年采集化学污染监测样品782份（市级280、县区502份），完成全年任务的103.3%。在782份检测样品中，收集到检测数据3949条，在十类食品中检测出超标样品31份，化学污染物检测超标率为4.0%。超标指标有镉、铝、SO2残留、毒死蜱（农残），超标指标中重金属镉超标占48.4%、铝超标占38.7%、SO2残留超标占9.7%、农残超标占3.2%。采集食品微生物及其致病因子监测样品551份（市级221份、县区330），完成全年任务的107.6%，收集到检测数据1763条。在5类食品中检出阳性致病菌样品21份，其中，沙门氏菌阳性样品9份，副溶血性弧阳性样品5份，金黄色葡萄球菌阳性样品4份，致泻大肠埃希氏菌阳性样品1份，同检出副溶血性弧和沙门氏菌阳性的样品2份，致病菌阳性样品检出率为3.8%。采集米粉样品240份，合格样品 67 份，合格率为 27.9%；不合格项目分别为：水份超标 70 份，水份超标率为 29.2%；无机砷超标 4 份，无机砷超标率 1.7%；铝超标 48 份，铝超标率为 20%；甲醛超标 4 份，甲醛超标率为 1.7%；细菌总数超标 106 份，细菌总数超标率为 44.2%；大肠菌群超标 51 份，大肠菌群超标率为 21.3%；检出沙门氏菌样品 1 份，沙门氏菌检出率为 0.4%。采集食用油 240 份，合格样品 228 份，合格率为 95.0%。超标项目分别为：酸价超标 11 份，酸价超标率为 4.6%；过氧化值超标 4 份，过氧化值超标率为 1.7%。应报告食源性病例 2115 例，实报告 2142 例，食源性病例报告完成率为 101.3%；报告食源性疾病暴发事件 42 起，报告暴露人数 292 人，报告发病人数 180 人，住院人数 99 人，死亡 3 例，死因均为食物中毒。

■ 生活饮用水卫生监测 2015 年，永州市疾病预防控制中心转发《湖南省饮用水卫生监测工作方案（2015 年版）》，要求全市各级疾病预防控制机构按照《生活饮用水卫生标准》（GB5749－2006），于枯水期、丰水期对全市市政供水、农村饮用水工程的出厂水和末梢水进行常规指标检测工作。全年检测水样 1213 份，其中，合格份数为 483 份，检测合格率为 39.8%。城市饮用水检测 214 份，合格 187 份，检测合格率为 87.1%；农村饮用水检测 999 份，合格 296 份，检测合格率为 29.6%；城市饮用水检测合格率远远高于农村饮用水。检测枯水期饮用水 607 份，合格 175 份，合格率为 28.8；检测丰水期饮用水 606 份，合格 308 份，合格率为 50.8%；城市饮用水枯水期水质检测合格率略高于丰水期，农村饮用水枯水期水质检测合格率明显低于丰水期。检测出厂水 428 份，合格 117 份，合格率为 27.3%；检测末梢水 727 份，合格 317 份，合格率为 43.6%；检测二次供水 58 份，合格 49 份，合格率为 84.5%。

■ 公共场所卫生监测 2015 年，永州市疾病预防控制中心对市直管 45 家经营单位中的 62 个场所进行室内环境监测，其中，3 个场所集中空调系统微生物检测指标不合格，59 个所场室内环境均符合卫生标准，公共场所室内环境检测合格率为 95.2%；对上述 45 家单位的 218 个公共用具样品进行微生物及致病菌检测，合格样品 216 份，不合格样品 2 份，不合格原因都是菌落总数超标，公共样品检测合格率为 99.1%；对市级公共场所 5418 名从业人员进行健康体检和卫生知识培训。

■ 职业病防治 2015 年，永州市各级疾病预防控制机构对 24 家厂矿企业 419 名作业工人进行上岗前体检，检出疑似职业病 12 人、职业禁忌症 2 人，均按规定进行处置。对 13 家厂矿企业 927 名接触职业病危害因素工人进行职业健康体检，发现职业禁忌证 11 人，疑似职业病人 6 人。对 15 名离岗人员进行体检，未发现异常者。对湖南弘电电子有限公司工人上岗前一般健康体检 760 人，零散人员体检 105 人，工伤保险 55 人。全年诊断职业尘肺病 10 例，其中，职业性矽肺壹期 3 例，矽肺贰期 1 例，矽肺叁期 1 例，煤工尘肺壹期 3 例，煤工尘肺贰期 1 例，噪声聋 1 例。对 54 家厂矿企业的职工进行职业健康体检，其中，在岗职工体检 1163 人，岗前职工体检 449 人，离岗职工体检 35 人，检查发现职业禁忌症 28 人。对全市 71 家单位的放射作业场所进行放射防护检测；对 21 所医院放射科机房新、改建建设项目进行职业病危害放射防护控制效果评价；对 2 家医院放射诊断机房新建项目进行职业病危害放射防护预评价。完成农民工职业病患病情况调查工作，无失联病例，其间诊断 34 例尘肺病，均进行网络直报。5 月，通过湖南省卫生计生委职业健康体检资质续展评审并取得职业卫生技术服务机构资质证书。向湖南省安监局申请建设项目职业病危害（劳动卫生）评价资质，设备和人员都已到位。7～12 月，先后培训职业卫生检测与评价人员 10 人、职业健康检查人员 3 人、职业病诊断人员 10 人。制订《2015 年永州市重点职业病监测与职业健康风险评估工作方案》。网络直报重点职业病监测企业信息 267 家，填报重点职业病个案卡 896 例。完成祁阳县人民医院、永州湘南肿瘤医院和永州市中心医院的职业性放射性疾病监测与职业健康风险评估监测、祁阳县人民医院医疗卫生机构医用辐射防护监测。联合有关单位深入到企业开展《中华人民共和国职业病防治法》宣传活动，利用新闻通报、广播电视媒体报道 16 次，印发各类宣传材料 6.14 万份，深入企业宣传次数 52 次，接受咨询人数 1.53 万人次，举办培训班 5 次，接受培训 280 人，出动宣传人员 102 人次，出动宣传车辆 50

台次，向全市范围内20万个电信用户发送公益短信。

■ **健康教育** 2015年4月，永州市市本级和11个县区全部启动以“和谐我生活，健康永州人”为主题的“全民健康生活方式行动”。各地电视台、新闻网等新闻媒体均对启动仪式进行现场专题报道。制订《永州市2014年中央补助地方健康素养促进行动项目实施方案》，按照方案要求开展“健康中国行—2014年科学就医主题宣传活动”、健康巡讲、健康素养和烟草流行监测、重点疾病和重点领域健康教育、地域性疾病健康教育等项目工作。围绕各类卫生宣传日，通过发放宣传资料，现场接受健康咨询，发送手机短信，张贴海报，专家访谈，新闻专题等，主动及协调配合开展各类健康教育活动。4月，组织参加市科协组织的“五下乡”（科技、文化、卫生、计生、法律下乡）活动，分别在金洞管理区和冷水滩区普利桥镇开展疾病防控知识宣传咨询，现场发放宣传资料2000余份，发放防病药品价值3000多元、安全套500盒，接受咨询群众200人。5月26日，联合冷水滩区疾控中心在冷水滩区政府广场举办健康生活方式宣传活动，分发宣传资料，免费测血压和咨询，并赠送限盐勺、控油壶套装100多套。根据《国家卫生城市标准2014年版》要求，制定国家卫生城市管理工作健康教育工作职责和对责任单位、零冷两区、永州经济技术开发区的考核评分标准。9月、10月和12月，分别对零冷两区、永州经济技术开发区和成员单位国家卫生城市管理健康教育工作进行督查，针对督查中发现的问题，及时进行现场指导。

■ **检验检测** 2015年，永州市本级疾控完成新增检测项目（扩项）理化指标预实验85项、微生物指标12项；完成现场考核理化指标78项（其中盲样考核15项），微生物指标36项；通过省质监局对中心实验室及食品检验机构资质复评审。各级实验室按要求完成全市食品安全风险监测、传染病监测及常规检验检测任务。

■ **美沙酮替代治疗** 截至2015年10月31日，永州市本级美沙酮门诊累计入组病人513人，新入组病人2人，全年治疗病人89人次，平均每天在治服药38人次，服药人天数12110，服药人次数12152，累计服药量607669毫升，平均每人每天服药剂量50毫升。全年为84人次在治病人抽血进行梅毒、丙肝、艾滋病的检测。11月，完成美沙酮替代治疗移交市皮肤病防治所的全部工作。

（荣诚博）

卫生监督

■ **概况** 2015年，永州市卫生监督工作围绕加强卫生监督机构及队伍建设、行业作风建设，突出公共场所卫生、饮用水卫生、职业卫生、放射卫生、学校卫生、传染病防治监督、打击非法行医和采供血监督以及国家卫生城市管理和“三严三实”专题教育活动等工作重点，强化措施、狠抓落实，各项工作取得较好成绩。全年全市卫生监督执法活动出动卫生监督执法人员16875人次，出动执法车辆6518台次，检查公共场所3793家、学校702所、日供水1000立方米以上生活饮用水供水单位44家、放射诊疗机构80户、医疗卫生机构4968户，取缔无证行医黑诊所73户次，发放食品安全、职业卫生、公共场所卫生等宣传资料6.2万份，制作现场检查笔录1.12万余份，监督意见书1.03万余份，查处案件412件，其中上级交办和群众投诉举报案件64件。

■ **卫生监督体系建设** 2015年，永州市卫生监督所加强卫生监督执法队伍政治理论和业务培训，举办全市卫生监督员师资培训班，培训卫生监督员1546人次。继续推进卫生监督协管服务工作，聘任专（兼）职卫生监督协管员496名，并对全部卫生监督协管员都进行培训。13个县、区（管理区）全部开展卫生监督协管服务工作，巡查覆盖率为100%。

■ **卫生法规宣传** 2015年，永州市卫生监督机构结合卫生宣传周活动，广泛宣传《中华人民共和国职业病防治法》《中华人民共和国传染病防治法》《中华人民共和国执业医师法》《公共场所卫生管理条例》等卫生法律法规。举办培训班18期，培训2840人，开展宣传活动17次，发放宣传资料6.2万份，张贴宣传画126张。

■ **传染病防治监督** 2015年，永州市出动卫生监督员8097人次，出动执法车辆1767台次，监督检查医疗卫生机构和有关单位4968家，下达监督意见书5041份。督促322家医疗卫生机构对医疗废物进行集中处置，中心城区39家医疗卫生机构安装污水处理机，并对污水进行消毒处理后达标排放。对20家医疗废物处置不规范的医疗机构进行当场处罚。开展传染病疫情报告和传染病防控监督检查。对119家医院的传染病预检分诊制度、发热门诊、肠道门诊的设置和开放情况进行监督检查，抽查91家医疗机构，未发现传染病漏报情况。对1824家医疗机构感染性疾病科（含结核病科）/分诊点、血液净化诊疗、口腔诊疗、注射室等进行重点检查，当场处罚46家。检查15家餐饮具集中消毒企业，下达整改意见书15份，抽检样品104份，合格率100%。检查消毒产品经营单位297家，下达整改意见书345份，对存在问题较严重的6家经营企业和使用不合格消毒产品的5家医疗机构立案查处，当场处罚经营企业6家。对全市12家疾控中心的免疫规划、疾病控制、实验室生物安全、冷链运转、预防接种等工作进行重点检查。开展病原微生物实验室生物安全监督检查。对74家单位的病原微生物实验室生物安全管理工作进行检查。开展疫苗流通和预防接种专项监督检查。

■ 医疗执业监督 2015年，永州市组织开展打击非法行医和非法采供血专项整治活动。成立永州市进一步整顿医疗市场秩序打击非法行医专项行动领导小组，市卫计委、市卫生监督所组织召开全市市直管医疗卫生机构、卫生监督机构负责人参加的会议，对全市进一步整顿医疗市场秩序打击非法行医专项行动工作进行安排部署，印发《永州市卫生监督所关于印发深入开展整顿医疗秩序、打击非法行医和违法医疗广告等损害群众利益行为上下联动整改工作方案的通知》。各县区结合实际情况均制订具体的实施方案并成立相应的领导机构。祁阳县、宁远县、冷水滩区、道县、江华瑶族自治县等县区组织召开联席会议，市、县区齐心协力开展打击非法行医专项工作。全市出动车辆1366台次，出动监督员4297人次，监督检查各级各类医疗机构1658户次，立案186起，取缔无证行医73起。查处违法医疗广告25起。及时查处群众投诉举报和上级交办、督办的案件。受理投诉举报案件36件，全部按要求进行查处并及时反馈和汇报。对1家中心血站和35家医疗机构临床用血安全进行监督检查，对2家临床用血机构临床用血储存不符合国家规定标准和要求的行为依法给予查处。

水环境监测

■ 职业卫生、放射卫生监督 2015年，永州市卫生监督所加强放射卫生监督，检查医疗机构80家，发换3家、校验2家医疗机构放射诊疗许可证。对15家违法较轻的放射诊疗工作单位给予当场行政处罚，立案查处7家。开展建设项目职业病危害预防性卫生审查及竣工验收工作，对11家放射诊疗医疗机构的建设项目进行卫生审查，对存在职业危害的3个建设项目要求其按规定进行职业病危害预评价，从源头上对职业病发生的风险和风险控制效果进行评价和预测。对8家放射诊疗医疗机构的建设项目进行竣工验收。同时将卫生监督信息及许可信息进行网络填报。对市直、冷水滩区、零陵区等7家疾病预防控制中心的职业卫生工作情况进行摸底调查。

■ 公共场所、生活饮用水卫生监督 2015年，永州市卫生监督所对44家日供水1000立方米以上供水单位，进行专项检查。开展生活饮用水卫生重点监督检查。全市抽检城市设计日供水千立方米以上水厂、农村设计日供水千立方米以上水厂、农村设计日供水百立方米以上千立方米以下水厂、居民住宅区二次供水单位数分别为21、23、29、68家，合格水厂数分别为20、8、0、50家，合格率依次为95.2%、34.8%、0、73.5%。继续推行公共场所卫生监督量化分级管理制度。全市3590家公共场所单位持有有效卫生许可证，应实施量化分级管理3362家，进行量化分级管理3193家，量化分级实施率94.97%，评定卫生信誉度单位A级63家，B级1662家，C级1468家，公共场所卫生监督覆盖率、建档率均为100%。检查公共场所经营单位3793家，摸底无证数433家，查处106家，无证的单位经整改达标后发证数295家，自行关停或取缔57家。抽检10家游泳池水样68份，浸脚池水13份，合格率均为100%。抽检公共场所顾客用品用具消毒效果936家，合格882家，合格率94.2%；公共场所空气质量抽检732家，合格706家，合格率为96.4%；抽检集中空调通风系统39家，合格率100%；检查十一类共3346家公共场所单位卫生管理制度落实情况，合格单位2969家，合格率为88.7%。推行生活饮用水集中式供水单位卫生监督量化分级管理制度，对道县自来水公司进行卫生监督量化评分，经市里初审和湖南省卫生计生综合监督局5名专家现场验收，确定该公司基本达到A级集中式供水单位的标准。

■ **学校卫生监督** 2015年，永州市开展全市学校卫生专项检查，出动卫生监督员3007人次，出动执法车辆754台次，检查学校702所。重点检查学校教学环境、传染病防控、饮用水以及学校游泳池的卫生管理，抽查教室采光照明和饮用水水质，开展学校卫生综合监督评价。检查教学环境卫生520所，责令改正学校180所，检查学校传染病与常见病防控523所，责令改正学校164所，开展学校综合评价204所，其中，优秀37所，合格133所，不合格34所。制订《2015年永州市学校卫生重点违法行为监督执法专项行动方案》，对全市各级各类学校突发公共卫生事件与传染病防治、生活饮用水、教室微小气候等情况进行监督检查，检查学校554家，责令限期改正285家，行政处罚6家，学校卫生违法行为查处率100%，出具卫生监督意见书940份。

■ **卫生监督稽查** 2015年，永州市各级卫生监督稽查机构对154个一般和听证程序案件进行审查，参与行政处罚案件合议105次。开展内部稽查和层级稽查，全市各级卫生监督机构开展内部稽查88次，卫生监督员风纪风貌稽查184次，卫生行政执法行为稽查192次，卫生计生监督执法文书稽查684份，抽查行政处罚案卷195份，出具稽查意见书152份，稽查通报34次。市级对各县区11家卫生监督机构进行层级稽查，稽查行政处罚案卷47份，卫生监督执法文书205份，现场抽查公共场所18家、医疗机构13家。开展群众满意度问卷调查，发放调查问卷38份，满意率100%。全年没有发现卫生监督员有违规违纪行为，也没有收到对卫生监督机构及人员的投诉举报。全年查处上级交办及群众举报案件64起，并全部及时反馈查处情况。组织开展典型案例征集活动和案卷评查活动，征集到3个卫生行政处罚典型案例报送省卫生监督局，参加全国卫生执法典型案例评选。编辑公共场所、放射卫生和传染病防治监督3个类别的指导案例4例向省级报送。市卫生监督所案卷质量评查小组对市本级的84份行政处罚案卷进行质量评查。开展全市卫生计生监督技能竞赛活动，各县区11支代表队44名队员通过闭卷笔试、模拟执法视频问答以及现场快速检测进行角逐，赛后选拔出4名卫生监督员参加卫生计生监督技能竞赛省级决赛。

（高松瑜）

民族宗教事务

综　　述

■ **概况** 永州市民族宗教事务委员会，属市政府组成部门，正处级单位，行政编制14人，事业编制1人，内设办公室、政策法规科、民族事务科、宗教事务科4个科室，2015年在职干部12人。主要职责是：贯彻执行党的民族宗教政策，推进民主团结进步事业，传承发展少数民族优秀传统文化，维护民族宗教领域和谐稳定，服务民族地区经济社会发展，引导宗教与社会主义社会相适应等重要职责。2015年，市民族宗教信息考核综合排名全省第三位，获全省信息工作先进集体，综合工作在全省民宗委主任会议上作典型发言；全面建成小康社会、精准扶贫、旅游产业、安全生产、信访维稳、建议提案办理、市直机关党建、政府网站等8项工作获全市先进单位，受到市委、市政府表彰。

■ **推动民族地区经济发展** 2015年，永州市民族宗教事务委员会充分发挥职能作用，引导和帮助民族地区以推进建设扶贫、特色村寨建设、庆典活动为契机，争取中央、省级部门的政策、资金倾斜。向省民宗委争取到少数民族发展资金1398万元，用于民族乡村基础设施建设、农业科技培训等领域。审核批准77家民族贸易企业，享受财政贴息资金2300多万元。指导江华瑶族自治县把握自治县成立60周年机遇，加大与省直部门支持的46个县庆重点项目的衔接，确保3000万元的转移支付和7000万元项目资金落实到位。通过政策引导、办点示范等措施，全市民族地区建立速生丰产林基地32万亩、药材基地15万亩、楠竹基地16万亩、优质水果基地16万亩、优质烤烟基地9万亩、无公害绿色蔬菜基地6万亩。

■ **促进民族团结** 9月，是民族团结宣传月。永州市民族宗教事务委员会联合市人大民侨外委、《永州日报》、永州电视台等单位，深入宁远、零陵、冷水滩等县区少数民族特色村寨、社区、少数民族经营店铺，宣讲民族政策，展示工作成果。江华瑶族自治县大圩镇镇长黎星庆在全省民族团结进步创建活动推进会上介绍经验。大圩镇瑶山雪梨、食用菌、金桔、东冲茶种植优势突出，吸引大批外来人口到该镇流转土地发展农业产业。该镇建立瑶山雪梨、食用菌、金桔等生产基地8个，新成立农业合作社12个，为当地少数民族群众提供务工岗位200多个。零陵区杨梓塘社区通过设立少数民族服务维权热线，帮助咨询解疑，妥善解决少数民族群众生活就业、法律援助、小孩上学等一些实际困难100多个。以湘桂粤毗邻四市民族团结进步联谊会为平台，及时协调边界民族团结进步事宜，全市各县区与粤桂边界县区签订联防联调公约6个，协商解决边界纠纷32起，共同修建“致富路”16条，“连心桥”21座，“同心校”2所，“团结市场”2个。

■ **民族文化风采** 2015年，永州市民族宗教事务委员会进一步夯实民族文化基础设施，挖掘民族文化资源和特色，成功打造一批民族文化品牌，推动少数民族文化传承和保护。组织开展少数民族非物质文化遗产申报，扶持培养文化传承人，通过民间培训和联席活动，抢救还家愿、瑶族度戒、坐歌堂等一些濒临失传的瑶族传统文化。挖掘瑶族传统婚礼、刀舞、伞舞、度戒等民俗、舞蹈，并整理成书籍或光盘保存。截至2015年12月底，全市少数民族文化领域入选国家级非物质文化遗产目录的2个，省级非物质文化遗产目录的10个，涵盖民族歌舞、医药、文学、民俗等20多个类别。结合民族文化旅游，整合部门资源，吸收社会资本，加大对具有浓厚民族文化特色的古民居进行保护开发。全年开发建设少数民族特色村寨16个。其中，获评全国少数民族特色村寨1个，全省首届“十佳最美少数民族特色村寨”2个，全省首届“美丽少数民族特色村寨”1个。江华瑶族自治县湘江乡香草园和大石桥乡井头湾村得到湖南卫视《新春走基层》和《爸爸去哪儿》节目组偏爱，该节目组重点推介瑶族传统节日文化和建筑特色、民族风情，有力推动民族文化旅游发展。结合开展民族文化进校园、进社区、进机关活动，加快推进民族文化传承阵地建设。全市建立民族艺术学校、民族文化宫、民族风情展厅、民族图腾园等民族文化传承基地23个。其中，省级少数民族文化传承示范基地——江华沱江一小，添置长鼓500多个和瑶族服装500多套，将长鼓舞列入课间操，将唱瑶歌、跳瑶舞、讲瑶话列入教学内容。省级少数民族文化联系点——江永兰溪瑶族乡勾兰瑶寨，每周双休日利用新建民俗文化传习馆开展瑶家女子拳、棍拳、瑶歌等民俗表演培训，抢救、保护和传承勾蓝瑶文化。为庆祝江华瑶族自治县建县60周年，江华县投资720多万元建成一座总建筑面积约4000平方米的规划展示馆。选送3个节目参加全省第四届少数民族文艺调演，有2个获金奖，即江华瑶族自治县《嘞嘞嘿—远远见妹飘过来》、江永县《敲梆》；1个获银奖，即宁远《瑶山吉傲》。《敲梆》还在全国少数民

省级少数民族文化联系点——勾兰瑶寨

族运动会中获综合类表演一等奖。参加首届中国百色国际瑶族文化旅游节，江华瑶族自治县千年瑶寨尤棉歌舞队表演的《瑶寨鼓韵》获得瑶族原生态舞蹈组唯一金奖。11月23日，在祁阳县内下乡举办的湘南（永州、衡阳、郴州）三市六县八瑶族乡坐歌堂活动，16支男女歌队通宵达旦的尽情对歌，向人们展现瑶族独特的民族风情。成功举办江华60周年县庆暨第13届中国瑶族盘王节、江永“两节一会”及洗泥节、赶鸟节、炮节等民族文化节庆活动。

■ **促进宗教和睦** 2015年，永州市以推动宗教与社会主义社会相适应为目标，促使各种宗教之间、各宗教团体之间和睦共存，信教群众与不信教群众之间、信仰不同宗教群众之间和谐相处。市民宗委经过多次调查研究论证，将部分宗教场所合理布局问题形成解决方案呈报市政府，得到及时关注和支持。文昌阁纳入湘江风光带建设范围，将扩建为别具一格的宗教特色建筑，永州道观筹建进入选址阶段。冷水滩基督教堂滑坡治理工程启动，消除安全隐患，保障教堂活动正常开展。向上争取支持，帮助完善双牌万寿寺、祁阳天主堂、永州基督教堂、零陵高山寺、江华豸山寺的部分基础设施。着力发挥宗教团体在党和政府联系信教群众的桥梁作用，选送15名综合素质较高、有培养前途的年轻教职人员到佛学院、神学院学习。健全考核评价机制和交诤友联系制度，全年开展谈心谈话100多人次，掌握宗教团体和宗教场所负责人思想、工作和生活情况。将宗教团体工作经费、教职人员社保困难补助经费、宗教界人士春节走访慰问经费等6项经费纳入财政预算，保障宗教团体工作正常运转。挤出4万元，为市基督教堂添置9台空调。联合市综治办、市公安局、市安全生产监督管理局等部门安排部署全市宗教领域平安寺观教堂创建工作，以活动的形式维护宗教领域和谐稳定。平安寺观教堂创建活动纳入县区综治考核范围，年中结合安全生产大检查进行调度，年末结合绩效考核进行考核评比，有效消除宗教领域的不稳定因素。全市成功创建示范教堂17个，其中，省级示范教堂6个，国家级示范教堂4个。协调市佛教协会强化万寿寺管理工作，推动阳明山管理局唱响中国阳明山“和”文化节，促进与其他地区，尤其是与台湾地区在经济、文化、旅游等方面的交流与合作。引导宗教界开展以“慈善周”为主题的公益社会活动，全年通过不同渠道累计捐款捐物达270多万元，在赈灾救灾、助学助残、扶贫帮困、赡养孤寡、关爱麻风病患者等方面帮助群众1200多人。其中，新田县玉峰寺住持释法广法师和黄保黔募捐120万元，开办一所免费小学，招收孤儿及特困户儿童。

（毛昌麒）

民　　政

综　　述

■ **概况** 2015年，永州市民政系统围绕“以民为本，为民解困，为民服务”工作宗旨，突出“改革、基层、项目、管理”4个重点，全面推进全市民政事业转型发展，各项工作取得新的业绩。全年争取上级民政资金15.17亿元，较2014年增加1.09亿元，增长7.7%，在全省排名第三位，其中市民政局分别被评为全省民政工作先进单位和永州市文明标兵单位。道县、零陵区成功创建全国AAAA、AAA级婚姻登记机关，道县婚登人员参加全国、全省业务比武，取得全国第二名、全省第一名。

■ **救助救灾** 2015年，永州市城市低保月均保障对象12.6万人，月人均救助水平246.6元；农村低保月均保障对象39万人，月人均救助水平109.3元；保障五保对象5.32万人，年分散供养标准为2908.8元，年集中供养标准5700元，均达到省政府为民办实事考核指标。以市政府名义出台《临时救助办法》《社会救助联席会议制度》等五项制度，为依法开展社会救助提供强有力政策支持。全市先后遭受8次自然灾害，累计受灾97.94万人次。灾情发生后，全市各级民政部门及时开展查灾核灾报灾救灾工作，争取上级下拨救灾资金3402万元和一大批救灾物资，救济受灾群众22.68万人次。举办全市民政系统第一届救灾帐篷搭建技能竞赛活动。成功创建部省级“综合减灾示范社区”26个，完成老区县和苏区县的申报工作，其中江永县、双牌县、零陵区、冷水滩区、东安县、金洞管理区成功获批革命老区。争取中央、省级财政扶持老区发展资金近4000万元。

■ **优抚安置** 2015年，永州市民政系统为8.9万名重点优抚对象发放抚恤补助2.85亿元。新扶持退役军人创业致富大户125户，投入扶持经费378万元。举行全市“双带双促”优秀退役军人表彰大会，13名“优秀创业退役军人”受到表彰。全面完成2014年度退役士兵安置任务，开展退役士兵职业技能培训，培训退役士兵2105人。全面落实军休干部两项待遇，广泛开展“服务管理明星单位、服务明星、亲情关爱明星”为主要内容的“三星创建”活动。9月30日，市委、市人大、市政府、市政协和永州军分区在永州市烈士纪念园举行公祭烈士活动。市军供站规范化建设取得优异成绩，被民政部、总后勤部授予“全国军供正规化建设先进单位”称号。

■ 社会福利事业 2015年，永州市民政系统为5806名孤儿发放生活费3653.6万元，救治救助流浪乞讨人员47298人次，支出资金1805.1万元。养老事业不断发展，新增养老床位1910张，超额完成省政府下达的重点民生实事项目考核任务。提请市政府出台《关于扶持社会力量兴办养老服务机构的实施办法》。祁阳、道县、江永3县开展医养结合社会养老试点。其中双牌县福利中心公建民营养老改革试点进展顺利。募集善款550万元，发放慈善救助金820万元，救助困难群众2600余人次。建立慈善超市18个。

■ 社会治理创新 2015年，永州市城市社区调整、网格划分全部到位，城市社区由121个合并为105个，划分网格1390个。社区机构设置、人员配备全部到位。城市社区、乡镇社区运转经费达到省定标准，其中中心城区、宁远、江华、新田和双牌等县区城市社区运转经费达到20万元以上。新建城市社区工作用房28个、乡镇社区用房17个，投入建设资金4890万元。城乡幸福社区和村务公开民主管理示范创建取得明显成效，蓝山县浆洞瑶族自治乡获“全省村务公开民主管理示范乡镇”称号，道县西洲街道、新田县朝阳社区、江永县麒麟社区、永州经济技术开发区长丰社区等6个单位被评为“全省和谐文明社区建设示范单位”。

■ 社会组织发展 2015年，永州市新登记社会组织183家，争取上级项目资金494万元。持续加强社会组织党建工作，联合市委组织部出台《加强和改进社会组织党的建设工作实施意见》。投入130余万元在市军休所老办公楼新建永州市社会组织孵化基地。孵化基地成立后，为全市170余家社会组织举办两次“社会组织大讲堂”活动。

■ 专项事务管理 2015年，祁阳、道县撤县设市前期准备工作基本就绪。界线联检以及平安边界创建任务完成。全市地名普查前期工作做得扎实，市、县区地名目录、史志等普查资料搜集基本到位。大力推进并乡合村区划调整改革，撤并乡镇35个，排名全省前列。安全发行福利彩票4.54亿元，同比增加3300万元，其中电脑票销售增幅全省第一名、总量全省第二名，永州市被评为“全省福彩销售先进市州”。殡葬改革取得新的突破，以市委、市政府名义制定出台《关于党员干部带头推动殡葬改革的实施意见》和《永州市2015～2020年殡葬事业发展规划》。惠民殡葬政策全面推行，发放惠民资金300万元，近千名困难群众得到实惠。

■ 民政项目建设 2015年，永州市项目建设步伐加快，其中福利中心老年养护大楼、救灾物资储备库、市芝山医院住院楼、市救助管理站综合楼以及冷水滩、宁远等县区福利中心正在进行装修。东安、零陵福利中心正抓紧建设，江华瑶族自治县、道县、蓝山县、双牌县以及市本级烈士纪念设施均建成并投入使用。同时，将全市民政10大重点工程和30个重点项目纳入民政“十三五”规划。

■ 民政自身建设 2015年8月，永州市社会救助局正式并入市民政局。行政审批改革继续深化，法制建设取得新突破，聘请民政法律顾问，开展全市民政系统“学法守法、法在心中”福彩杯法规政策知识竞赛。先后举办全市养老护理员和农村敬老院院长培训班、全市民政系统办公室主任培训班和社会工作者考前培训班，有效提升民政干部的业务能力和政策法规水平。开展文明标兵单位创建活动，市民政局和市军休所成功创建为市级文明标兵单位，并在全市民政系统内开展“最美民政人”评选表彰和系列宣传报道，在社会上引起强烈反响。

（朱振军）

军队离退休干部管理

■ 概况 2015年，永州市军队离退休干部休养所以“奉献、创新、和谐、快乐”为主题，全面实现军休干部“六个老有”需求为目标，以落实军休干部“两项待遇”为核心，以创建“和谐军休家园”“市文明标兵单位”“星级军休所”为重点，践行“三严三实”。不断强化服务意识，创新服务机制，构筑起服务设施现代化、休养环境园林化、管理服务亲情化、文化养老多元化、工作队伍优质化的军休工作新格局。

■ 军休队伍建设 2015年，永州市军队离退休干部休养所加强对社会工作者人才的培养，指派4名青年骨干参加社会工作者人才考试。组织办公室人员，参加全市民政系统办公室主任培训；组织财务人员参加全市财务人员培训等等。邀请市民政局副局长谢江南为全体党员干部上“三严三实”专题党课。落实党风廉政建设责任制，严格执行请假制度、值班制度，设立上班去向告知制度和上班签到制度。创办永州军休文化建设专辑《文化养老·和谐军休》，拍摄专题片《心系军休多壮志倾心关爱谱华章》。

■ 探索军休社会化服务管理模式 2015年，永州市军休综合服务大楼全面投入使用，新活动中心的会议室、棋牌室、读书阅览室、健身房、多媒体网络室、书法活动室等设施一应俱全，彻底改善军休老干部的活动环境和娱乐条件。开展“亲情在线”5个“送”活动，做到：困难送温暖、生病送慰问、生日送祝福、过世送关怀。实行“心连心”联络员制，做到随呼随应、随喊随到。开展“一张贺卡、一个红包、一个蛋糕、一袋寿面、一声祝福”等“五个一”拜寿活动。定期开展保健知识讲座和每年一次体检活动。争创“服务管理明星单位”，并在军休人员中评选出“服务明星”唐冰霜和“亲情关爱明星”王仁科2人先进典型。联系永州职业技术学院计算机教师，由军休所自编适合老干部的电脑教材，并为老干部开设电脑培训班。开设道德讲堂，邀请市文明办主任陈水恩为老干部和工作人员授课。引进物业管理，负责所内卫生保洁、门卫值班及安全保卫，定期为老干部上门检查水、电等设备。开展“绿色春游清理市肺”户外义务捡垃圾环保活动。市军休所正团级退休干部李朝硕，自编教材，在市军休所开设书画班，义务教授工笔画。

■ 军休文化建设 2015年，永州市军队离退休干部休养所工休人员共同参与、聚智聚力，打造庭院文化、楼道文化，组织动员工休人员动手动脑，撰写适合军休特色的《军休赋》、军休对联。将传统道德与时代精神紧密融合，推出的一种全新形式的“孝道坐标”《军休二十四孝》。邀请书法名家和本所书画爱好者，为军休所泼墨挥毫，并将作品装点军休所的书画活动室、电脑房、图书阅览室等处，成为军休文化建设的重要内容。将国学文化与永州文化融入军休楼道文化，成为军休文化不可分割的一部分。首届全省军休文化现场会在永州举行，该所军休文化建设受到省民政厅领导的充分肯定。根据年初计划，元旦、中秋组织老干部开展棋牌游艺活动。组织老干部参加抗日战争胜利70周年征文，老干部们踊跃投稿，其中李朝硕获得第二名。成功承办永州市门协第23届门球赛，并取得第六名。组织老干部参加全省首届军休人员运动会。

（左宁静）

重点医院选介

永州市中心医院

■ 概况 永州市中心医院（原永州市人民医院）是市人民政府举办的非营利性三级甲等综合性医院，担负着全市突发性公共卫生事件的紧急救援工作及全市630余万人口的危、急、重症抢救工作。医院占地面积440余亩，基本医疗点有两处：北院和南院。医院科室设置齐全，技术设备先进，是永州市医疗保健和科研教学中心，也是湖南省人民政府指定的司法鉴定中心及南华大学附属临床学院。全院编制床位1610张，年平均实际开放床位2151张，临床医技科室70余个。截至2015年年底，全院在职职工2269人（不含临时聘用人员），医院在编人员889人，卫生技术人员中正高职称61人，副高职称207人，中级职称474人，初级（师）职称593人，初级及以下685人（含见习人员）。

2015年，实现总收入8.47亿元，门急诊70.99万人次，同比增长4.19%；出院病人8.4万人次，同比增长8.76%；完成手术1.73万台次，同比增长9.4%；床位使用率101.6%；病人平均住院日9.2天。

■ **保障医疗安全** 2015年，永州市中心医院加强管理，提升医疗质量，充实技术内涵，不断提高服务水平。实施临床路径和单病种管理，缩短平均住院日。落实医疗核心制度，深入开展医疗安全隐患排查专项活动。完善危急值班管理制度和报告流程。严抓合理用药、病历质量、医院感染控制等工作，有效降低医疗纠纷的发生率。

■ **护理管理** 2015年，永州市中心医院加强护理质量安全管理，护理质量管理小组对全院的护理质量安全进行管理；科室内由护理质量安全管理核心小组对本科室的护理质量及安全进行检查并督促整改。坚持每季度组织护理质量大检查、健康教育知晓率及病人满意度调查；每月组织护理质量重点查；每日病房巡视。实施“六项工程”，即从实施“形象工程、素质工程、创新工程、流程工程、关爱工程、创优工程”六项工程着手，开展护士基础礼仪培训、品管圈活动、优质护理服务流动红旗岗等活动。加强健康教育的落实，开展各类健康教育讲座近70次。

■ **队伍建设** 2015年，永州市中心医院加大专业技术人员培养力度，重点培养学科带头人。选派30余名学科骨干到全国各大医院进修，并首次选派8位医技人员赴美国学习先进医疗技术。根据组织部门的安排，对医院领导班子作出调整；中层干部进行竞争上岗，一大批德才兼备的中层干部履新，充实和优化医院中层干部队伍。加强专业技术队伍建设，招聘医、技、护理人员200余人，其中硕士研究生56人。

■ **硬件设施建设** 2015年，永州市中心医院北院儿科中心大楼投入使用，新增医疗用房1.9万平方米，新设立住院超声部及住院CT、MR，并筹建80个床位的血液净化中心。3.5万平方米的南院门诊综合楼动工建设，已建至第七层。该项目预计投资1.3亿元，其中获中央财政专项建设拨款5400万元。优化科室格局，北院新增病区7个，产科VIP病房、神经内科、心内科、肿瘤科各增设1个病区，儿科增设病区2个，并增设风湿免疫血液皮肤科、辅助生殖中心，填补永州市的多项空白。

■ **教学管理** 2015年，永州市中心医院在本科教学方面，尝试PBL教学法，每月对实习学生开展一次理论授课及一次临床技能培训，见习学生每天下午均有临床技能培训项目，同时加强师资培训，参与南华大学的各项师资培训活动。在研究生教学方面，师资力量逐年增强，新增研究生导师5人，新增招生专业3个。截至2015年年底，在医院培养的硕士研究生21人，导师共计10人，培养方向6个。在科研工作方面，激发医护人员科研意识，提高科研待遇。全年获省级科研立项2项，有2项科研成果获永州市科学技术进步奖。引进万方数据库，实现在线查询国内外相关文献，做到文献检索全覆盖。在住培方面，加大对住院医师规范化培训工作的支持力度，提高规培待遇，对学员进行系统化培训教学。

■ **医院感控管理** 2015年，永州市中心医院采取多项措施，加强医院感控管理，提高工作人员感染防护意识。组织全体医务人员分期分批学习《医院感染管理办法》《消毒技术规范》等规范条例。加大监测力度，在ICU和部分外科病室开展目标性监测，重点对气管插管、中心静脉插管、导尿插管、手术切口等进行监测。不定期采集各类空气、医务人员手、物体表面等样本进行检测，总合格率达98%。参加省医院感染控制中心横断面调查，医院感染率南院为2.2%，北院为3.76%，均符合卫生部规定标准。

■ **建设文化医院** 2015年，永州市中心医院开展丰富多样的文体活动，加强精神文明建设，提高职工文化素养。开展庆五四青春风采大赛暨五四表彰会、“5·12”国际护士节教学竞赛、退休职工户外活动、潇湘公园徒步活动、少儿暑期卡拉OK大赛、九九重阳退休人员座谈会等活动。组织职工参加市直机关素质拓展运动会获三等奖，多次开展文明劝导活动、看望留守儿童、福利院义工、清理河道等志愿活动。参加市委举办的“唱响永州”歌咏大赛取得社会高度认可，并将院歌唱进永州春节联欢晚会。响应政府各类公益事业的号召，开设手足口病门诊，组织培训，制定防控应急预案。组织专家赴冷水滩区、零陵区、宁远县开展脑卒中宣传及筛查，在院内进行脑卒中急诊溶栓演习。响应“万名医师支援农村卫生工程”，调配多名医师支援双牌县、东安县等地医疗卫生机构，促进农村卫生事业发展。开展“下乡义诊，扶贫济困”活动，先后赴江永县五爱村、东安县榴星村等偏远贫困地区开展义诊活动。医院被评为“湖南省文明单位”“全国医疗服务价格和成本监测与研究网络年度先进机构”“南华大学临床技能竞赛二等奖”“市青年志愿者工作先进单位”“市共青团先进工作单位”“永州市无偿献血工作先进单位”“永州市消防工作先进单位”。获“全国五一巾帼标兵岗”“永州市五四红旗团委”“永州市学雷锋优秀志愿服务组织”“湖南省优秀青年志愿者项目奖”“永州市医院感染控制管理先进单位”等称号。涌现出一批优秀个人：江拥军获南华大学“优秀教育工作者”称号，胡丹获“湖南省优秀科主任”称号，蒋健参加2015年南华大学微课竞赛获一等奖，张操魁获南华大学“2015年度优秀教师”称号，肖慧珍获南华大学“优秀班主任”称号，刘毅梅获市“芙蓉百岗明星”称号。

（蒋少军）

领导名录

院　　长　刘　彬
副 院 长　王焕亮
纪委书记　刘联伟
副 院 长　段顺元　唐朝晖
总会计师　唐祯祥
工会主席　张润周
副 院 长　江拥军　李毓琴

人力资源和社会保障

综　　述

■ 概况　2015年，永州市人社系统按照市委、市政府“四个三”的工作部署，坚持“民生为本、就业优先”的工作主线，抓实“八大板块”工作，推进“大众创业、万众创新”的创业型城市建设，省、市政府下达的各项工作指标、工作任务、工作项目均提前超额完成，全市人社工作在困境中取得新成绩。省级创业型城市创建成功通过验收，省级创新创业孵化基地在过去2家基础上新增4家，总数与长沙市并列全省第一，市人社局还被评为全国人社系统新闻宣传工作先进单位、全省创新创业工作先进单位、全市绩效评估先进单位、优化经济环境和机关效能建设先进单位、市级文明标兵单位、社会管理综合治理工作先进单位、企业服务年活动先进单位、信访工作先进单位、依法行政工作先进单位、全面建成小康社会工作先进单位、计划生育综合治理先进单位、安全生产工作先进单位、党建工作先进单位、微政务工作先进单位、三项改革工作先进单位、三项优先工作先进单位、“1511”工程组织协调先进单位、开放型经济发展工作先进单位等。

■ 城乡就业创业　2015年，永州市新增城镇就业5.87万人，失业人员再就业2.22万人，其中就业困难人员再就业0.76万人。新增农村劳动力转移就业6.84万人。帮助217户新出现的零就业家庭至少1人实现就业，零就业家庭动态就业援助率100%。发放小额担保创业贷款3.76亿元，扶持0.54万人创业，带动1.39万人就业。城镇登记失业率控制在3.75%。

■ 就业服务　2015年，永州市坚持就业优先战略，落实更加积极的就业政策，加大特殊群体就业援助力度，组织“春风行动”“民营企业招聘周”“高校毕业生就业招聘会”“回乡创业在乡就业”宣传月暨企业用工巡回招聘会等就业用工服务活动228场次，帮扶企业用工11.2万人，免费为企业开展提升培训2.87万人，促进就业，缓解企业用工难问题。对园区企业打捆实施养老保险费率过渡试点政策，降低五险费率，全年为企业节约成本约9000万元。完善建立77个高校毕业生见习基地，高校毕业生的托底就业率为90%以上，实名制登记率、实名登记回访率为全省第一名。

■ 社会保障　2015年，永州市健全完善五险统一征缴，企业办理社保登记缴费一个窗口受理，一站式服务，减少企业办事环节。企业退休人员养老金实现11连调，2015年月人均水平达到1810元；城乡居民基础养老金最低标准由55元调整到75元；失业保险金标准提高到最低工资标准的85%；城镇居民医保补助标准提高到每人每年380元，城镇职工和居民医保政策范围内报销比例、工伤保险一次性工亡补助金和伤残补助金标准稳步提高，生育保险政策范围内分娩医疗费实现全免费。年末，全市基本养老保险、医疗、生育、工伤、失业五项社会保险总参保人数达626.9万人次。五项社会保险征缴收入达44.34亿元，比2014年增加5.08亿元，同比增长12.9%。企业养老保险参保32.01万人，其中，在职职工19.73万人，离退休人员12.08万人。基金征缴11.72亿元，与2014年基本持平。发放基本养老金24.52亿元，比2014年同期增加1.52亿元，同比增长6.6%。机关事业单位养老保险参保19.92万人，其中，在职职工14.47万人，离退休人员5.68万人。基金征缴16.13亿元，比2014年同期增加4.13亿元，同比增长34.4%。发放基本养老金17.54亿元，比2014年同期增加5.3亿元，同比增长43.3%。城乡居民养老保险登记参保324.17万人，缴费参保19.8万人，60岁以上领取养老金的79.13万人。基金征缴2.44亿元，各级财政补助8.29亿元，支出8.37亿元。城镇职工基本医疗保险参保总人数44.23万人，享受待遇12.44万人次。基金征缴8.96亿元，比2014年同期增加1.48亿元，同比增长19.8%。基金支出4.36亿元，比2014年同期增加0.12亿元，同比增长2.8%。城镇居民基本医疗保险登记参保总人数107.93万人，享受待遇11.77万人次。基金征缴3.12亿元，与2014年基本持平。基金支出2.75亿元，与2014年基本持平。生育保险参保总人数30万人，享受待遇2794人次。基金征缴1678万元，比2014年同期增加150万元，同比增长9.8%。基金支出792万元，比2014年同期增加115万元，同比增长17%。工伤保险参保总人数37.7万人，享受待遇1887人次。基金征缴10587万元，比2014年同期增加1528.5万元，同比增长19.8%。基金支出6278万元，比2014年同期增加1056.5万元，同比增长20.2%。失业保险参保总人数30.1万人，享受待遇1.49万人次。基金征缴7444.92万元，比2014年同期减少548.38万元。基金支出2979.51万元，比2014年同期增加28.65万元。

■ 公务员招录 2015年，永州市推进公务员考录阳光操作，严格笔试、资格审查、体能测评、面试、体检、考察、公示、录用等重要招录环节关，特别在公务员招录面试环节形成“大统一、大交流、大抽签、大封闭、大监督”工作机制，全市录用414名人员为党政机关、法检系统公务员。加大基层招考倾斜力度，各县区录用计划占全市公务员录用数的84%；乡镇机关录用计划占全市公务员录用数的42%。组织开展市直机关面向基层遴选优秀公务员工作，市直机关37个单位拟计划面向各县区、乡镇基层遴选90名优秀公务员。

■ 人才引智 2015年，永州市创新人才引智方式方法，充分发挥公务员考录和事业单位公开招聘两条主渠道引进人才的作用，引进各类人才2300人以上，其中市本级近1000人（公务员考试引进414人，事业单位公开招聘引进327人，宣传文化系统公开引进4人，卫生系统公开引进183人，永州一中公开引进4人、市直其他事业单位公开引进56人）、县区1300余人，完成“三支一扶”（大学生在毕业后到农村基层从事支农、支教、支医和扶贫工作）招募计划26人；申报引智项目29个，获批14个，拨付引智资金49万元。加大引进人才的服务，加快人才引进的政策到位，出台名校名校长名教师的扶持措施，创新医院引进人才的方式。

■ 绩效评估 2015年，永州市委先后2次召开常委会议、市政府先后3次召开常务会议专题研究绩效评估工作，并在9月中旬正式印发《2015年永州市绩效评估实施方案》《2015年县区党委政府、管理区（经开区）党委管委会绩效评估指标》《2015年市直和中央、省驻永有关单位绩效评估指标》。按照“六位一体”要求，强化组织领导，加大奖惩力度，加强考核结果的运用，发挥绩效评估的激励导向作用，纳入绩效评估的省市重点工程和重点工作全部较好完成，各项经济指标增速在全省排位前移。

■ 职业技能培训 2015年，永州市坚持服务企业、帮助企业招工和稳岗为宗旨，重点对园区企业新录用人员开展岗前就业技能培训，培训城乡各类劳动者8.04万人，其中，农民工和农村劳动预备制培训2.26万人，企业提升培训2.84万人，失业人员培训1.48万人，创业培训1.47万人。组织开展职业技能鉴定17384人，取得职业资格证书15534人，其中，初级10953人，中级4179人，高级工345人，技师118人，高级技师49人。组织参加全省旅游服务业职业技能竞赛，2名参赛选手获得个人三等奖，6名选手获得省人社厅颁发的高级工职业资格证书，永州市代表队获得团体三等奖。组队参加2015年湖南省技工院校职业技能竞赛，获三等奖。

■ 专业技术人员管理服务 2015年，永州市严格落实“为贫困地区搭建科技平台”工作要求，先后组织江永县、宁远县、新田县农村实用专业技术人才到衡阳、宜章、张家界参加贫困地区农业新技术培训班。对省里评估通过的2015年度省政府特殊津贴2名专家人选市艺术创作中心唐孟冲、市职业技术学院附属医院杨铭进行考核上报，联系核准18名享受国务院特殊津贴专家的津贴发放，组织2000多名市直副高以上专业技术人员进行健康体检。与行业主管单位共同组织2015年度的中小学、畜牧、工程、林业、农业、党校、中专、政工等系列的中级评审工作，1600余人通过评审。联合各行业组织专业技术人员的继续教育达2000人次。

■ **人事考试** 2015年，永州市人力资源社会保障局通过局政务网、永州人事考试网、永州人社微博等渠道发布人事考试资讯300余条，为广大考生提供及时、准确的考试信息。组织各类考试笔试13项，面试2项，机试7项，开考112场次，5.35万人次参加考试。在各类考试中，广泛协调、严密组织，严守公平、公正和安全原则，查处作弊行为600余起，收缴高科技作弊电子设备400余件，全年考试试卷雷同率为零，未出现任何异常情况。

■ **人事代理与人才服务** 2015年，永州市人力资源社会保障局成功组建“永州市人事人才职业介绍中心”，建立求职登记、用工登记、失业登记、职业指导、职业介绍、人事代理、档案管理等“一站式”服务。全面落实五部委下发的《关于进一步加强流动人员人事档案管理服务工作的通知》要求，取消档案管理的7大项22小项服务性收费，免费接收学生档案1.8万份，资料整理上架2100余份。通过永州人才网信息平台，为343家企业发布招聘信息3215条，推荐人才2100余人次。

■ **外国专家管理服务** 2015年，在新田县建立首个省级外国专家休闲基地，组织11个国家的13名外国专家开展让外国人认识永州，让永州走向世界的“锦绣潇湘行”活动，电视、报刊等新闻媒体给予报道。引进以色列拉宾医院医疗技术的专家与市中心医院对接，达成医疗技术合作协议，市中心医院成为全市第一家国家和省支持的引进外国智力基地。

■ **事业单位管理服务** 2015年，永州市制定出台《2015年全市事业单位公开招聘工作考核办法》，进一步强化责任，规范招聘管理。全市事业单位新进2339人，其中政策性安置195人，流动调配360人，公开招聘1784人（含人才引进70人），公开招聘全覆盖成果不断得到巩固。进一步完善岗位管理工作制度，市本级办理管理岗位调整42人次，专技岗位调整473人次，审批竞争上岗方案13家，办理聘用合同鉴证341人，审批同意县区岗位设置方案136家。开展工勤人员转岗考试，工勤人员转换到管理岗位或专技岗位17人。

■ **劳动关系协调** 2015年，永州市认真落实劳动合同制度，全市国有企业劳动合同签订率100%，非国有企业达到95.2%。推进工资集体协商制度，提高企业薪酬管理水平，在与职工充分协商的基础上签订内容具体、标准量化、操作性强的集体合同。加大专项执法检查和日常巡查工作力度，全面开展农民工工资支付专项检查、清理整顿人力资源市场秩序专项行动和遵守劳动用工和社会保险法律法规专项行动，全年主动监察用人单位1264户，涉及劳动者4.71万人；追回被拖欠的劳动者工资等待遇3731.76万元，涉及劳动者8142人；清退风险抵押金等费用6.36万元；督促补签劳动合同5974人；追缴社会保险费691.93万元，涉及劳动者1872人；督促69户用人单位社会保险登记；取缔非法从事职业介绍活动的“黑职介”1户，有效促进劳动关系和谐稳定。

■ **工资收入分配** 2015年，永州市在全市范围内开展机关事业单位清理“吃空饷”专项行动，清理“吃空饷”人员610人，追缴资金377.8万元。完成机关事业单位工作人员和离退休人员工资调整工作，推进县以下机关公务员职务与职级并行制度和乡镇工作补贴制度，基层和艰苦边远地区及乡镇工作人员工资待遇进一步提高。改革完善国企薪酬制度，实现薪酬“规范、下降”的目标。出台最低工资标准，市区最低工资标准1130元，其他各县、管理区最低工资标准1030元。适时公布企业工资指导线，企业参照工资指导性和劳动力市场工资指导价位，合理确定职工工资水平和增长幅度。

（何毅）

机关事业单位社会保险管理

■ **概况** 永州市机关事业单位社会保险管理处是隶属于永州市人

力资源和社会保障局副处级参照管理事业单位。于1994年9月成立，原隶属于永州市人事局，属正科级自收自支事业单位，编制7人，机构设置为一正二副，分设：养老保险基金结算科、养老保险基金核拨科、综合财务审计科。2002年2月成建制划转到永州市劳动和社会保障局，2003年升格为副处级自收自支事业单位，2006年单位性质为全额拨款事业单位，2010年为参照公务员法管理事业单位。主要负责市直机关事业单位社会养老保险基金的征缴、稽核、拨付和管理工作，承办全市机关事业单位养老保险经办事务的指导、管理及政策的调查研究工作。现有正式编制人员10人。

永州市社保系统包括市本级共14家社保机构组成。截至2015年12月底，全市有参保人员144748人，离退休56756人。基金累计征缴收入161330万元，当期征缴6776万元。全市累计拨付离退休费175390万元；当期待遇支出14713万元，本期基金结余-871万元，累计结余31448万元。市直有11742人参保，离退休5894人；收缴基金20410万元，拨付离退休费20270万元；累计结余31448万元。

■ 基金征缴 2015年，永州市征缴基金完成161330万元，与2014年同期相比全市基金征缴增加35301万元。完成全年目标任务的179%。各经办机构向本级党委政府领导汇报，引起领导重视，并争取财政的大力支持；把养老保险征缴工作纳入政府绩效目标考核方案，对单位及单位领导的评先评优实行一票否决。加大征缴力度，开展社保欠费清理。强化基金安全监督，开展退休人员生存认证工作，通过视频和上门探望病重退休人员等方式，进行生存调查，防止冒领情况发生，并对冒领的养老金积极追回，挽回基金损失。

■ 待遇支付 2015年，永州市待遇支付175390万元，与2014年同期相比，全市基金支付增加46986万元，主要原因为补发从2014年10月起离退休人员增加部分的待遇。

■ 养老保险改革 2015年，永州做好原机关事业单位养老保险制度改革试点（以下简称老制度）中参保人员（含已退休人员，下同）历年来个人缴费情况的清理工作。市、县（区）机关事业单位养老保险经办机构（以下简称经办机构），在2014年对个人账户调查摸底的基础上，进一步核实好每一位参保人员历年来个人的缴费基数、缴费金额和计息额。做好老制度的全面清算，特别是历年基金的收支和余额的清算核实。各经办机构将2014年10月1日前本统筹区历年来的基金征缴、拨付、结余、参保单位和职工的欠费等情况清算核实清楚。做好老制度中需要整体转移到企业职工养老保险制度参保的单位和人员的清理工作。对已在老制度参保，按国发〔2015〕2号文件不能纳入新制度参保的单位和人员，着手安排清理。做好全市机关事业单位养老保险制度改革基础数据采集工作。采集信息指标有134项。全市培训参保单位2900多个，5000多人参加培训。其中市本级298家机关事业单位的500余名社保经办业务人员参加培训。12月底，基础数据采集基本完成。

（唐媛）

社会劳动保险管理

■ 概况 永州市社会劳动保险管理处的前身是零陵地区劳动保险事业管理所，成立于1986年10月（零编办发〔1986〕45号），机构级别为科级，与地区劳动人事局保险福利科合署办公。1989年4月10日，在地区劳动保险事业管理所的基础上加挂地区离退休职工管理办公室，实行两块牌子，一套人马。1992年10月3日，将“零陵地区劳动保险事业管理所”更名为“零陵地区劳动保险事业管理处”。2003年7月31日，更名为“永州市社会劳动保险管理处（加挂永州市离退休职工管理办公室牌子），机构更名后，升格为副处级，内设机构为：养老保险业务科、综合科、基金征缴科、审计稽核科。2006年12月18日，永州市社会劳动保险管理处编制性质由自收自支事业编制调整为全额拨款事业编制。2008年2月20日，增设个人账户管理科。2011年7月28日，经省实施公务员法工作领导小组批准，永州市社会劳动保险管理处为参照公务员法管理单位。

永州市社会劳动保险管理处是市政府部门的管理机构，隶属于市人力资源和社会保障局领导的副处级参照公务员管理事业单位。主要职能任务是：担负全市国有企业、城镇集体所有制企业、股份制企业、民营企业、民办非企业、港澳台资企业、外商投资企业中方职工、个体工商户及帮工、机关事业单位临聘人员的养老保险业务，以及企业退休人员管理服务工作，并负责对全市企业养老保险工作的业务指导。现有在编人员14人。

2015年，市企业养老保险经办机构以服务全市经济发展、维护改革发展稳定大局为宗旨，坚持以人为本，强化优质服务，突出保发放，狠抓征缴率，结合养老保险工作的新形势、新特点和新要求，扎实工作，全面完成省市下达的各项目标任务。

■ **基金征缴** 2015年，永州市参加企业养老保险在职职工为19.81万人，离退休人员为12.18万人。其中，市本级参加企业养老保险在职职工为5.37万人，离退休人员为2.97万人。全市累计征缴养老保险费11.73亿元，完成任务数11.3亿的104%；市本级征缴养老保险费3.78亿元，完成任务数3.72亿的102%。完成同级财政补助2747万元，完成任务2700万元的102%。

■ **养老金按时足额发放** 2015年受经济形势影响，永州市部分县区养老保险呈赤字型运转。全市各级经办机构争取省里支持，加大清理企业欠费和稽核力度，稳步推进企业退休人员社会化管理服务，强化基金增收工作。全年为全市12.18万名参保企业离退休人员发放基本养老金24.5亿元，其中，市本级为2.97万名参保企业离退休人员发放基本养老金6.68亿元，基本养老金发放率和社会化发放率均为100%。同时调增全市企业退休人员待遇，调整后企业退休人员月平均基本养老金为1832元，月人均增加基本养老金194元，增幅达12%。

■ **服务企业发展** 2015年，永州市社会劳动保险管理处为困难企业争取欠费挂账和缓缴养老保险，实行特事特办。在申请企业欠费挂账处理时，对零陵耐火材料厂等12家市冲销单位部分的个人缴费2597.18万元一同申请作挂账处理。通过协调省社保局，同意永州市国企总额为2.33亿元的欠费挂账，并首开先河认可市冲销单位部分的个人缴费2597.18万元，作挂账处理。

■ **五险统一征缴体制创新** 2015年，永州市社会劳动保险管理处归口劳动社保处管理，在市直全面铺开五险统征工作。将五险统一征缴工作放在市劳动社保处经办和管理，这是全省先例。

■ **微电影宣传社保政策** 2015年，永州市社会劳动保险管理处首次打破“发传单、贴海报、送资料”老三样宣传形势，引用微电影进行宣传社保政策，从出谋划策到出点子全部由五险征缴办牵头组织、具体实施。国家、省、市级报刊报道此项先进做法。

（李维国）

医疗保险基金管理

■ **概况** 永州市医疗保险基金管理处成立于2000年3月，为市人社局直属副处级参照公务员法管理事业单位，现有行政编制30名，单位领导班子为主任1名，党支部副书记1名，副主任3名，下设办公室、财务科、基金征缴科、结算审核科、医疗监管科、基础管理科、城镇居民医疗保险科等7个科室，负责全市城镇职工和居民的基本医疗保险的经办管理和业务指导。因工作需要，另内设异地联网结算中心、基金监督科和综合调研室3个科室。

2015年，全市城镇职工医疗保险参保442278人，城镇职工生育保险参保人数297913人。其中，市本级城镇职工医疗保险参保76603人，生育保险参保48959人。城镇职工医疗保险基金收入89601万元，完成全年任务的157.19%，基金支出73719万元。城镇职工生育保险基金收入1678万元，完成全年任务的119.9%，基金支出792万元。其中，市本级城镇职工医疗保险基金收入26955万元，完成全年任务的139.52%，基金支出18897万元；生育保险基金收入477万元，完成全年任务的101.5%。全市城镇居民医疗保险征缴收入31191万元，基金支出27458万元。

■ **扩面征缴** 2015年，永州市医疗保险系统把加强基金征缴作为确保收支平衡的重点来抓，强化措施，挖潜堵漏，应保尽保、应收尽收，增强基金整体实力。大部分县区从加大政策亮点宣传、政府统筹推进、部门上门稽查等方面入手，通过宣传发动、政策驱动、服务带动和感情推动相结合，增强单位和个人参保主动性，进一步扩大医疗保障覆盖率。参照省医保局和其他市州的做法，依据市人社局《2015年市本级社会保险稽核工作计划》，委托永州诚信联合会计师事务所从8月25日至9月25日，对市本级暂选定的17个参保单位进行实地稽核审计并及时依据“社会保险稽核工作记录表”和取得的证据，填写《社会保险稽核情况报告》并送达稽核对象。坚持依法征缴，对欠缴单位，采取电话催缴、下发催缴通知单、上门催缴等多种方式，保证医保基金应收尽收。

■ 异地就医即时联网结算 2015年4月，永州市新增异地就医联网结算定点医院22所，其中，省内联网定点医院9所，市内联网定点医院19所。2012～2015年，全市城镇职工参保人员享受市内异地就医结算994808人次，结算金额32195万元；申请办理省内异地就医联网即时结算18297人次，结算省内异地就医18167人次，结算省内异地就医医疗费用24703.87万元。

■ 医疗监管 2015年，永州市各级经办机构进一步完善医疗费用总额预算和定额控制相结合的支出管理办法，将医院分类明细指标的计算遵循“大医院以控制过度医疗为主，小医院以控制小病大养（住院指征把握不严）为主”的原则确定，对住院指征把握不严、小病大养情况严重的医院坚决降低其人次和人次费用等指标，实行按月结付、超支拒付、年终清算的结算模式。严格按照监管制度与流程，每月对各定点医疗机构进行日常监管。

（王莹）

工伤保险管理

■ 参保扩面 2015年，省人社厅下达给永州市的工伤保险参保任务是37.5万人，基金征缴任务是7000万元。截至11月底，全市参保人数为37.7万人，基金征缴收入为9793万元。年初，市委、市政府将工伤保险扩面任务完成情况列入对全市各县区（区）年度目标责任制考核，通过行政推动、部门联动、阶段推进、督查检查、以稽核促扩面的办法，有序推进工伤保险扩面工作。开展建筑业“同舟计划”专项扩面情况的调查摸底和数据统计工作，研究制订全市建筑业参加工伤保险工作方案，重点强化新开工建筑项目参保。

■ 基金运行 2015年1～11月，永州市工伤保险基金征缴收入9793万元，工伤保险基金总支出5400万元，其中，工伤保险待遇支出4909万元，劳动能力鉴定支出22万元，工伤预防费支出382万元，其他支出86万元。基金累计结余1.75亿元（不含历年改制预留基金1099万元、2011年中央财政补贴老工伤人员资金1120万元）。编制2015年度全市工伤保险基金预算，提高预算编制的科学性和准确性。坚持“总额预算、结合实际、增量控制”的原则支出工伤保险基金项目，加强县、区基金项目费用使用预算的审核，完善项目支出使用中的计划、备案管理。做好基金收入、支出、存储、管理各个环节的自查自纠，排查风险隐患，落实内控制度，加强内控管理。8月上旬，市工伤保险管理处工作组到全市12个县区（管理区）经办机构开展专项督导。

■ 待遇支付管理 2015年1～11月，永州市工伤保险待遇支出总额4909万元，其中，工伤医疗待遇支出1403万元，伤残待遇支出1053万元，工亡待遇支出2453万元。规范工伤认定程序，强化工伤案件调查取证，建立工伤认定公示制度。对疑难复杂工伤案件进行认定前公示，发挥社会监督作用，引导利害关系人合法表达诉求。建立重大疑难工伤案件“会诊”制度。各级工伤保险经办机构与永州市中心医院等医疗机构签订工伤职工就诊管理服务协议，截至9月底，签订协议医疗机构增加到56家。其中广西桂林、郴州、衡阳等周边地市的7家外地协议医疗机构也纳入视同协议管理。对定点医院在收、治、住、转院方面实行定点协议管理，确保医疗机构做到因伤施治、合理检查、合理用药、合理收费。严格用药范围，规范转院制度，健全监督机制，组织工作人员定期不定期到医院进行监管和巡查，防止骗取、套取工伤保险基金等现象的发生。

■ 工伤保险统筹 2009年1月，永州市率先实施工伤保险统收统支市级统筹，出台《永州市工伤保险基金市级统筹实施办法》文件。经过多年的探索实践，以“六统一”（统一参保范围和对象、统一缴费基金和费率、统一经办流程、统一基金财务账户管理、统一工伤认定和劳动能力鉴定、统一待遇支付标准）为核心的统筹模式顺利实现并稳步发展。建立健全基金财务监管制度、工伤事故快报制度、协议医疗定点管理制度、“小额工伤”快速处理制度、经办流程管理、双岗双审管理等制度。实行工伤保险市级统筹后，各县区基金收入上解及时，基金积累逐年上升，基金抗风险能力提高。截至2015年9月底，全市工伤基金累计结余约1.9亿元。

2015年，全市工伤保险工作研讨会

■ 工伤康复和工伤预防　2015年，永州市工伤保险工作重心正在逐步从以工伤补偿为主模式向工伤预防、工伤康复、工伤补偿“三位一体”模式转移。4月，组织召开市直参保单位工伤预防工作会议。会议表彰2015年工伤预防工作先进单位，征求参保企业对市工伤保险处经办机构服务管理工作的意见和建议，督促企业主动做好工伤预防宣传，加强职工安全意识教育，建立健全事故预防机制，查找治理事故隐患。同时，根据用人单位工伤保险费使用、工伤发生率等情况对属地参保单位缴费费率进行浮动。开展全员参与式预防试点。新田县工伤保险站与广东省工伤康复中心合作开展全员参与式工伤预防试点工作。对三家小微企业现场环境巡查进行职业风险评估，针对企业安全生产方面可能存在的风险，组织一线员工及其管理人员500多人进行培训，主要采取巡查工作生产环境、走访、问卷调查等方式进行，重点培训企业员工安全生产常识的自我保护意识。工伤经办机构对于“先康复、后评残”的康复理念大大增强，参保单位和工伤职工个人的康复意识普遍提高，康复比例逐年提升。9月，针对很多老工伤人员、职业病和因工伤合并慢性病患者需要就医治疗而又无法达到住院指标或者不需要长期住院治疗的情况，出台《永州市工伤康复早期介入操作细则（试行）》和《永州市工伤保险家庭病床及特殊门诊就医管理规定》。

■ 老工伤人员管理及待遇保障　2015年，永州市各级工伤经办机构把完善工伤保险制度、扩大覆盖范围、提高基金支撑能力与解决“老工伤”问题紧密结合起来，坚持积极稳妥、稳步纳入的方法，全面开展将“老工伤”人员纳入工伤保险统筹管理工作。截至12月底，永州有222家企业申请办理老工伤人员纳入统筹管理工作手续，审核老工伤人员8629人，有4624名老工伤人员纳入工伤保险范畴。召开全市老工伤人员纳入工伤保险统筹管理工作推进会，进行全面动员部署。会议要求5月底前将国有企业有伤残等级的老工伤人员和工亡职工供养亲属全部纳入工伤保险统筹管理；12月底前，将国有企业其他老工伤人员和集体企业、原国有集体改制企业老工伤人员全部纳入工伤保险统筹管理。开展地毯式的老工伤人员摸底调研工作。通过摸底，准确掌握老工伤人员具体的伤残等级、护理等级、人员类别和供养亲属人数，全市老工伤人员14624人，其中市本级企业和事业单位11055人。制订下发《国有企业“老工伤人员”纳入工伤保险统筹管理操作细则》，从单位提交申报资料、工伤保险经办机构及相关部门审核申报资料、单位提交后续申报资料、工伤保险经办机构审批、单位工伤人员纳入统筹管理五步工作流程逐步进行规范。9月，组织各级工伤保险经办机构60余人，在冷水滩区开展“老工伤人员”纳入统筹工作业务培训，重点讲解老工伤人员等纳入统筹管理经办操作流程及有关问题的解决，规范有序推进全市“老工伤人员”纳入统筹工作。抽调业务骨干，对用人单位和主管部门上报的老工伤人员历史资料及档案进行严格细致地初审，对老工伤人员人数、伤残等级认真核实。同时，在初审过程中，认真做好记录，及时汇总，将全市所有工伤人员档案按企业、系统进行归档，杜绝漏报、错报现象的发生。

■ 宣传调研　2015年，永州市工伤保险管理处参与配合搞好就业和社会保险政策百日集中宣传活动，采取免费发放宣传资料，在企业设立宣传栏，到重点企业上门宣传工伤保险政策和工伤预防教育知识。在全市安装30多组不锈钢工伤保险宣传栏。统一印制《工伤保险政策知识宣传册》《工伤保险知识百问》和《工伤保险预防知识手册》等宣传资料，通过春风行动大型招聘会、企业主培训会、12333 全国统一咨询日活动，以及安全生产月活动等现场免费发放。委托动漫制作公司创作工伤保险宣传动画片，在公交车载视频和住宅小区、商业楼宇视频循环播放。利用当前网络平台特别是移动互联网等数字媒体广泛普及的有利条件，建立工伤保险网站。

（王芳春）

劳动人事争议仲裁

■ **概况** 2015 年，永州市、县区（管理区）两级劳动人事争议仲裁机构立案受理劳动人事争议案件 782 件，2014 年度结转 26 件，本年度结案 795 件，结案率为 98.3%；全年全市立案数较 2014 年度的 461 件相比大幅增加 321 件，增长 69.6%。其中，市劳动人事争议仲裁院立案受理劳动人事争议案件 445 件，2014 年度结转 26 件，本年度结案 458 件，结案率为 97.2%；全年市本级立案数较 2014 年度的 194 件相比大幅增加 251 件，增长 129.3%。全市全年受理解除或终止劳动合同方面争议案件总数为 463 件，占全部受理案件总数的 59%；受理劳动报酬与社会保险争议案件总数为 255 件，占全部受理案件总数的 32%。以裁决形式结案的为 352 件，占总数的 44%；以调解形式结案的为 443 件，占总数的 56%。争议案件主要发生在中小私营企业，集体性争议案件频发。案件受理地域比较集中，市本级处理的案件占全市总数的 56.9%，县区方面主要集中在北部几个县区，冷水滩区受理案件 94 件，较 2014 年有大幅增加。

■ **规范案件处理** 2015 年，永州市、县区两级劳动人事争议仲裁机构完善案件登记、受理、通知、签收等环节的管理工作，做到严谨细致，及时准确。做好庭审前各项准备工作，各监控探头要确保有效运行，录音设备、记录设备、视音频设备提前调试，参与人员身份、权限确认到位；严格依照庭审程序开庭，保持仲裁庭的严肃性与权威性；制作裁决文书必须要严格依照庭审双方所出具的证据以及质证结果，综合双方诉求及答辩意见，在法律法规规定的权限内做出裁决，有不能确定的地方，须征询其他仲裁员的意见，并在此基础上依法依规公平公正裁决。

■ **完善调解机制** 2015 年，永州市劳动人事争议仲裁院采取一系列措施完善调解机制，促进案件调解。发挥企业、行业协会、乡镇基层劳动保障站所基层调解组织的作用，健全调解网络，发挥调解员作用，搞好争议预防，将劳动人事争议尽量解决在基层、消除在萌芽。向当事人宣传法律法规，加强引导与疏导，使双方当事人在思想上不抗拒调解，为庭前成功调解创造条件；开庭前熟悉案件情况，摸清底细，弄懂双方真实意图，在庭审时有针对性地寻找案件双方当事人都容易接受的突破点突破，增加调解成功的可能性。转变服务态度，以宽容之心实施劝解。

■ **开通维权快速通道** 2015 年，永州市劳动人事争议仲裁院做到案外及时调解，对调解不成的案件及时立案。对事实清楚、权利义务关系明确的劳动争议案件，加快处理速度。畅通集体性案件高速通道，加强与劳动监察部门、工会、行业协会等部门的合作，形成联调联动的局面，维护劳动者合法权益。秉持公正法治的原则，通过政务公开栏上墙、仲裁风险预先告知、明确办案纪律、接受社会监督、建立快立和立案服务制度等多项措施，推行阳光仲裁，构建和谐劳动关系。

■ **编织仲裁调解网络** 2015 年，永州市劳动人事争议仲裁院加强与仲裁委员会各成员单位的沟通与合作。适时与各成员单位举行座谈，汇报上一时期仲裁委主要工作情况，介绍新的形势，提出新的问题。主动联合各成员单位就牵涉面广、情况复杂的案件进行研讨调查，加强彼此合作，利用各自优势，形成最大合力，促使案件得到最优解决。加强与各县区的沟通交流，建立平时交流平台与定期会议机制。在全市仲裁系统 QQ 群上发起案件讨论、法律法规适用等业务问题，业务上相互促进。11 月，召开全市仲裁系统工作交流讨论会议，市、县区仲裁机构人员积极与会，会议讨论各县区一年工作中遇到的各类典型案例，交流心得，并在此基础上出台会议纪要，统一全市的裁量标准。加强与工会、行业协会以及人民法院的协调合作。探索劳动仲裁机构、工会、行业协会三方协调机制，促使劳资关系进一步和谐发展。建立与人民法院的日常联系，增进相互了解，统一全市的裁审衔接，共同推动各项法律法规得到严格准确地贯彻落实。

（邹增亚）

社会团体

湖南省九嶷山舜帝陵基金会

■ **资金募集** 2015年，湖南省九嶷山舜帝陵基金会办公室通过各种途径筹措资金2410万元。利用9月24日，省委副书记、省长杜家毫公祭舜帝机会，争取省财政支持舜帝陵碑林项目资金1500万元，在全省各市州政府募捐资金860万元；北京联络处组织邀请全国政协原常委、湖南省原省长陈邦柱及部分企业法人到九嶷山舜帝陵祭拜考察，筹资13.5万元；宁远联络处广泛联络舜裔，筹措资金23.6万元。

■ **筹备湖南省第四次公祭舜帝大典** 2015年，湖南省九嶷山舜帝陵基金会办公室先后4次到省政府办公厅、省文化厅汇报、沟通省长公祭舜帝大典的前期工作。多次深入到宁远县现场指导，及时解决工作中的问题和困难，为9月24日的省长公祭活动打下坚实基础。参与市级领导、市直部门领导，全国劳动模范、道德模范、先进工作者去宁远县参加公祭的组织协调、车辆调度、新闻报道等工作。

■ **"舜帝陵碑林"项目建设** 2015年，湖南省九嶷山舜帝陵基金会办公室及时督促、指导宁远县委、县政府，九嶷山森管局做好舜帝陵碑林园工程建设工作。对舜帝陵碑林园的建设实行总经费包干使用，投资2900万元。做好项目资金概算的审核把关工作，严格按照质量要求和建设进度下拨资金，并切实加强下拨建设资金的管理和监督。邀请基金会理事长、省政协原主席王克英，基金会常务副理事长、省政府科技顾问曾庆炎，基金会常务副理事长兼秘书长、市政协原主席陈金荣等多次到九嶷山舜帝陵督促、指导碑林建设工作，并提出建设性意见。9月，省政府公祭舜帝时碑林园主体工程全部竣工。

湖南省第四次公祭舜帝大典

■ **舜文化宣传、研究与传播** 2015年，湖南省九嶷山舜帝陵基金会办公室编辑《基金会通讯》第11期、第12期，赠送中央、省、市有关部门和领导，有关社会团体以及海内外舜裔宗亲。加强与市政府信息中心的联系，搞好基金会网站的维护和内容的更新。支助《虞舜大典》古文献卷的编辑出版费10万元。做好《舜帝陵志》的前期启动和协调工作，资助志书资金10万元，并承担舜帝陵基金会一章的文字起草工作。发挥北京、长沙、宁远3个联络处的作用，广泛加强舜帝后裔的联络工作，并邀请到全国政协原常委、湖南省政府原省长陈邦柱以及企业家到九嶷山寻根祭祖，捐资助建。

(陈文龙)

永州市红十字会

■ **概况** 2015年，永州市红十字会坚持"夯基础，促规范，抓重点，求实效"的原则，充分发扬"人道、博爱、奉献"的红十字精神，落实举措，稳步推进，各项工作取得突破性进展。

■ **推进"三献"工作** 2015年，永州参加无偿献血2.3万人次，献血量7.63吨。全年获全国无偿献血表彰114人，获省表彰776人。造血干细胞捐献工作稳步提高。招募造血干细胞志愿者135人，成功捐献2例。人体器官捐献逐步得到群众理解。实现公民逝世后人体器官捐献19例，登记志愿捐献人体器官遗体16人。

■ **开展"三救"工作** 2015年，永州市红十字会扎实开展抗灾救灾、救护培训、救助活动。5月和11月全市11个县区发生2次水灾，11个县区先后出现洪涝灾害，市红十字会在接到灾情报告后迅速向省红十字会做出灾情汇报，同时组织一批救灾物资下发到部分灾情较重的县区。将救护培训与传播人道主义精神结合起来，推进救护培训“五进”（进机关、进社区、进学校、进农村、进企业）活动。举办救护员培训班14期，培训700多人。全市各级红十字会举办救护员培训21期，培训救护员2045人，群众性救护知识普及培训达1万多人次。开展各种救助活动，六一儿童节与金鹰卡通幼儿园联合开展爱心义卖活动，义卖所得善款1.5万元全部用于资助贫困学生。8月为天津火灾永州籍受伤消防战士周倜募集善款17071.3元。蓝山县红会与县卫生局、县人社局和县中心医院联合倡导、组织，由爱心企业三九药业捐资400万元，免费为蓝山637名贫困白内障患者实施复明手术；为24名贫困白血病患儿申报小天使基金，为6名先天性心脏病儿童申报天使阳光基金，有14名患儿得到救助，每人获得资助3万元~5万元。

■ **开展“博爱送万家”活动** 元旦前，永州市红十字会通过努力，筹集到价值20多万元的各类救助物资分发到全市11个县区及金洞、回龙圩管理区，由各地红十字会发放给辖区内最需要帮助的困难群众。春节期间，联合市人大、市编办、市卫生局等单位和组织红十字志愿者到零陵区邮亭圩、冷水滩区岭口麻风村、凤凰园凌云社区、医疗机构重症病房等地开展送温暖活动4次，走访慰问困难户80多户，为他们送去大米、食用油、棉被等慰问物资和慰问金。全年开展红十字送温暖活动，先后6次走访慰问困难户30多户，发放救助慰问金4.7万元。同时，各县区红十字会还开展爱心募捐、走访慰问、医疗下乡、送医送药等多种形式的活动。

■ **主题宣传教育活动** 为纪念“5·8”世界红十字日，进一步宣传普及红十字会知识，弘扬红十字精神，2015年5月8日，永州市红十字会在冷水滩区举行永州市市直医疗卫生志愿服务队成立暨授旗仪式，共10支志愿服务队100余人参加。开展3场大型群众性应急演练活动。9月11日，在冷水滩区伊塘镇中学组织该校800名在校学生开展一场地震应急疏散演练活动；9月12日，市红十字会联合永州职院附属医院及芝山高速交警在零陵区珠山镇服务区开展“世界急救日”主题宣传暨交通意外现场演练活动；12月10日，在永州职院附属学校开展安全教育主题宣传暨亲子讲座活动。相关领导、永州职院附属学校400名在校学生及家长共800人参加此次活动。活动中，市红十字会还为全校2185名所有在校学生赠送《中小学生自护自救安全手册》图书。12月28日，在永州职院附属学校开展火灾应急演练活动，该校2000多名在校学生参加火灾应急疏散演练。

■ **加强志愿者队伍建设** 2015年，永州市成立10支志愿服务队，注册志愿者293人。组织团体会员单位志愿者开展下乡义诊活动6次，服务群众500多人次。

■ **建立红十字博爱超市** 2015年，永州市红十字会在冷水滩区凌云社区建立首个博爱超市，博爱超市的建立为社区营造“发扬人道、关心他人、奉献爱心、互助互爱”的文明氛围，也为基层红十字会提供备灾救灾物资的应急储备资源。共为凌云社区下拨款物3万元，救助困难居民100多人次。

（蒋晓群）

永州市关心下一代协会

■ **概况** 2015年，永州市关工委坚持以中共十八大、十八届三中、四中、五中全会精神和习近平总书记系列重要讲话精神为指导，服务党政中心工作，服务广大青少年，夯实基层基础，加强社会主义核心价值观教育，帮扶弱势青少年群体，取得显著成效。

■ **走访慰问** 2015年1月，永州市关工委分组到各县区走访慰问边远山区和少数民族地区品学兼优的贫困学生100名以及部分“五老”人员，每人送去慰问金600元，计6.5万余元。

■ **教育巡回宣讲** 2015年4月13日至5月8日，永州市关工委联合市教育局、市司法局和团市委开展“社会主义核心价值观”教育巡回宣讲活动。组织6名“五老”宣讲团成员，到各县区、管理区按高中（大学）、初中、小学3个层次进行巡回宣讲，作报告50场，直接受教育师生2.6万余人。

■ **主题教育演讲比赛** 2015年5月24日，永州市教育局和市关工委在冷水滩区李达中学举办全市“少年向上，真善美伴我行”主题教育演讲比赛，分别评选出高中、初中和小学组一、二、三等奖。

■ 调研推介 2015年6～7月，永州市关工委到全市各县区进行调研，通过调查走访、查阅资料、召开座谈会等，发现一大批新典型和好做法。如零陵区政府大力整顿网吧、家规家训进农家、家长学校等工作有特色。东安县关工委在全县中小学校推广鹿马桥中学关爱留守儿童的经验和中小学生“社会主义核心价值观演示操”等。

■ 组织观看孝心公益电影 2015年10月25日，永州市关工委在潇湘国际影院牵头组织部分市直单位干部职工观看永州童星李权霖饰演男一号的孝心公益电影《妈妈，让我再爱你一次》，并向零陵区、冷水滩区各中小学校发出倡议书1万多份，向全市宣传推介。冷水滩、零陵、东安等县区电影院利用周末时间，集中放映40余场，到现场观看的师生和家长2.8万多人次。

■ 关爱农村留守儿童 2015年11月，永州市关工委联合湖南德裕大药房和永州义工协会开展“关爱留守儿童共建永州未来”公益活动，首批从8个县区挑选750名品学兼优的农村留守儿童，由湖南德裕大药房零售连锁有限公司给每一名留守儿童200元爱心卡和一个书包，并给予他们5年以上身心健康与发展的关注和关心。

■ 全市青少年普法教育活动现场会 2015年12月22日，永州市第三届“关爱明天、普法先行”青少年普法教育活动现场会在祁阳县陶铸中学召开。省人大常委会原副主任、省关工委副主任高锦屏，省关工委副秘书长兼办公室主任黄孝亮，市委副厅级干部伍军，市人大常委会原主任、市关工委常务副主任谢朝月出席。与会人员在陶铸中学观摩法制教育课，开展青少年模拟法庭，参观该校学生的书法、美术作品展，观看大型团体操和千人太极拳汇报表演，欣赏陶铸中学和其他学校、单位选送的文艺节目。

■ 关心下一代工作暨“最美孝心少年”表彰会议 2015年12月23日，永州市关心下一代工作暨“最美孝心少年”表彰会议在冷水滩区召开。省人大常委会原副主任、省关工委副主任高锦屏，市委常委、市委组织部部长、统战部部长、市关工委主任董石桂，市关工委常务副主任谢朝月，副主任钱荣棠、李续荣、盘玉花出席。会议对唐胜男等13名全市第三届“最美孝心少年”进行表彰。

（易佳军）

永州市慈善总会

■ 概况 2015年，永州市慈善总会办公室围绕年度工作计划，开拓进取，迎难而上，较好地完成各项目标任务。全年募集善款2864万元，捐赠物资折价183万元；发放慈善救助资金1415万元，救助困难群众2万余人次。

■ 募集慈善资金 2015年，永州市慈善总会办公室组织开展一系列慈善资金募集、助学活动。9月中旬，启动2015年度“慈善一日捐”活动。收到146个单位捐款68万余元。争取市政府支持，做大做强“爱心圆梦”慈善助学。8月10日，以市政府名义，在市广播电视台演播大厅举办“爱心圆梦”慈善助学募捐晚会，现场捐款267万元。12日，在永州市第四中学举行慈善助学金发放仪式，救助贫困大学新生180人，每人资助金额4000～5000元。结余资金将作为“爱心圆梦专项基金”，专项用于贫困大学生的救助。开展赈灾捐款，争取上海、山东等烟草公司的支持，为烟农捐赠救灾补损资金195万元。“5·20”洪灾期间，及时争取壹基金的支持，捐赠爱心包1100个，价值40万元。湖南中烟公司为全市捐款1400万元，主要用于支持城区教育公益事业的发展。在网站发布慈善救助项目及个人求助信息5条，募集善款37.7万元。结合抗战胜利70周年纪念活动，为抗战老兵募集困难补助资金26万元，每人2000元。组织志义工深入到贫困家庭进行家访，了解贫困对象需求，并通过电视、网站、微信发布信息，募集善款11万元，牵手救助贫困学生72人。联合市钓鱼协会、吉祥保险、九鼎房地产、壹基金、网聚云网络科技有限公司等企业和组织开展义卖、义演、义捐等多次慈善捐助活动，募集资金20余万元，定向用于开展助学、助困等慈善活动。

■ 慈善救助 2015年，永州市慈善总会办公室配合省慈善总会抓好金叶慈善医疗卡项目。全市2014~2015年度投入项目资金80万元，为1200名困难群众发放医疗救助卡1600张，除双牌外，所有县区均实行电子卡。对一些家庭困难的大病患者，在其享受国家有关救助政策的基础上，给予适当的医疗救助，共救助50人次、14万元。联合市扶贫办、爱尔眼科医院在东安县、双牌县、江永县、江华瑶族自治县、道县开展“善行湖南—万人眼健康公益行”活动。在两节期间，从“慈善一日捐”活动中安排经费16万元，用于“迎新春、送温暖、献爱心”活动，走访慰问市直单位、蓝山、双牌、金洞、回龙圩、永州经济开发区及福田茶场等县区和单位的困难群众260余人次。争取广州永州商会捐款20万元，支持江华瑶族自治县大锡乡明星村基础设施建设，修建爱心桥一座。联合民革永州市委、中华社会扶贫基金会开展关爱抗战老兵活动。经调查核实，全市健在的原国民党抗战老兵135人，按每人每月500元予以生活救助。重阳节期间，通过网上捐款，为130位抗战老兵每人发放2000元慰问金，为两位抗战老兵各修建房屋一座。联合永州市钓鱼协会开展“关爱空巢老人”活动，发动社会捐款6万元，于春节期间慰问冷水滩区黄阳司镇空巢老人。为宁远县九嶷山乡紫荆村困难群众送去价值5万元余元的棉衣，救助困难群众100多人。对一些特困对象家庭给予临时救助，救助49人，发放救助金8.8万元。争取市政府支持，发动社会各界捐款，加大助学力度，救助贫困学子180名，每人发放助学金4000～5000元。开展“一帮一”牵手救助活动，募集善款11万元，资助贫困孩子72人。在省慈善总会的支持下，冷水滩区、祁阳县、道县、宁远县、新田县、双牌县、江华瑶族自治县、江永县分别建立慈善超市，全市慈善超市达到18所。

■ 慈善宣传和管理 2015年，永州市慈善总会办公室借助市级主流媒体进行宣传，主动邀请电视台、报社、广播、新闻网等媒体记者参加慈善活动，突出宣传慈善活动中的典型事迹，弘扬慈善文化，扩大慈善工作的社会影响。及时更新网站的慈善信息和宣传内容，将全市开展的慈善活动及捐助方面的信息及时在网站进行发布。定期编发《永州慈善》简报。利用手机短信平台，及时编发慈善方面的信息，传递慈善正能量。对各大超市、宾馆、商场、酒店的募捐箱进行一次全面清理更换。强化资金管理，严格按照《永州慈善基金会章程》和《永州市慈善资金管理使用办法》进行管理，确保有限资金用在最困难、最需要帮扶的群众身上。主动邀请审计事务所对2014年度慈善资金情况进行全面审计，并将审计结论在永州民政网、慈善网及《永州慈善》简刊上进行公布。确保慈善基金安全增值，存款协议一年一签，实际年利率由2014年的10%增加到11%。

■ 志义工队伍管理 2015年，永州市慈善志义工服务指导协会印制和发放《义工手册》，启动志义工登记注册程序。截至2015年年底，已在协会正式注册登记的义工412人，成立宣传、综合、后勤、劝募等工作组，并举办培训12期。组织和参与慈善公益性活动20余次，参与人次达500余人次。特别是8月10日，在永州电视台演播大厅举办的“爱心圆梦”慈善助学募捐晚会上，有80名志义工在活动现场担负起各项服务、演出工作。组织志义策划、实施两项常规性的慈善捐助项目。开展“一张废纸献爱心、关爱母亲义工行”活动，通过宣传发动，与110个单位建立联系制度，并协助单位收集废旧纸张和书刊，售卖所得捐给慈善总会。全年募集善款1.7万元。开展“一帮一”牵手救助活动。

（孙文波）

县区概况

冷水滩区

■**概述** 2015年，冷水滩区辖9个乡镇、9个街道、1个工业园区、1个农业开发区。土地总面积1218平方公里，其中耕地面积44.55万亩。年末常住人口51.9万人，其中城镇人口33.6万人。人口出生率12.4‰，自然增长率7.6‰。年内气温最高37.7℃，最低-2.2℃；年降水量1587.8毫米。

实现地区生产总值216.84亿元，增长10.2%。其中，第一产业增加值完成33.46亿元，增长4.1%；第二产业增加值完成83.77亿元，增长9.0%；第三产业增加值完成99.61亿元，增长12.4%。三次产业结构比为16.1∶41.1∶42.8。完成财政总收入12.62亿元，增长17.7%。金融机构存款余额342亿元，贷款余额240亿元，全面小康实现程度排全省二类县市前列。

实现区域规模工业总产值243.5亿元，增长18.5%；实现区域规模工业增加值61.28亿元，增长10.1%；实现区属规模工业总产值103.17亿元，增长12.8%；实现区属规模工业增加值19.65亿元，增长11.2%。

实现农林牧渔业总产值（现价）58.25亿元，增长4.5%；完成粮食播种面积85.61万亩，增长1.4%。主要农产品产量：粮食37.25万吨，生猪101.89万头，蔬菜78.28万吨，家禽1230万羽，水产品2.51万吨。完成造林面积1.5万亩，封山育林2万亩，义务植树139.2万株，森林覆盖率38.45%。投入水利建设资金3.1亿元，完成大小水利工程6000处，恢复和改善灌溉面积6万亩，解决1.83万农村人口饮水安全问题，治理水土流失面积6.6平方公里。

全社会固定资产投资完成240.02亿元，同比增长18.8%。其中，城镇投资完成203.16亿元，增长18.7%；农村非农户完成投资20.4亿元，增长15.8%。有房地产开发企业33家，完成房地产开发投资16.46亿元，同比增长23.5%；施工房屋总面积281.88万平方米，同比增长0.1%，其中住宅226.84万平方米；竣工房屋面积360.34万平方米，同比增长50.2%，其中住宅面积280.42万平方米；销售房屋面积121.12万平方米，同比2014年增加1.96万平方米，其中住宅面积110.89万平方米，实现销售额39.25亿元，其中住宅35.3亿元。商品房每平方米平均销售3241元，其中住宅商品房每平方米销售3183元。

社会消费品零售总额完成104.41亿元，增长11.9%。其中，城市零售额85.6亿元，农村零售额18.8亿元，分别增长10.9%和13.6%。批发零售贸易额93.2亿元，餐饮业7.4亿元，其他行业1.4亿元，分别增长12.1%、7.9%和10.8%。

坚持教育优先，完成投资4.5亿元，新增城区义务教育学位3920个。“三名工程”取得明显成效，冷水滩籍学生一本、二本上线率均排全市第一位。坚持就业优先，新增城镇就业0.52万人，发放小额担保贷款0.34亿元。提高社会保障水平，制发社会保障卡34万张。五保对象分散供养达到2900元/年。建设城乡养老服务示范点4个。投资2亿元完成市三医院住院大楼搬迁，成功创建三级综合医院。

2015年，获得“国家卫生城市”“国家森林城市”等称号，成功申报“湖南革命老区”。在全省经济快进县排位中排二类县前10位，全面建成小康程度排全省二类县前10位。在全市综合绩效考核21个奖项中，10项工作获得全市优秀。

存在的问题和困难：支撑发展的重大项目特别是产业项目不多，土地、资金、人才等要素制约仍然突出，部分企业生产经营困难，创新驱动能力不强，经济下行压力持续加大；财政持续增收基础不牢固，财税收入结构有待优化，财政收支矛盾比较突出；安全生产、环境保护、食品药品安全、教育、卫生等事关群众切身利益的问题较多。

■ 重点项目建设如火如荼 2015年，冷水滩区实施重点投资项目、重点财源建设项目344个，纳入全市“1511”投资计划工程21个，项目实施数量和投资额居全市前列。加快推进城建项目，实施重大工程148个，完成投资68亿元，其中，房地产开发项目47个，基础设施项目101个，滨江新城路网、湘江风光带、中央新城、1号花园、河东和河西城市综合体等重点项目进展顺利。工业项目快速推进。达福鑫电子信息产业园、恒伟生物医药园、中小企业创业园等项目竣工投产，湘器异地搬迁、永州金属物流园、奔腾彩印、万马轮毂等项目进展顺利。加快推进基础设施项目。永州大道1.88公里、站前南路、紫霞东路等一批设施项目进展顺利，冷东公路、上大公路前期工作完成，黎马大道开工建设。

■ 土地和房屋征收成效明显

2015年，冷水滩区委、区政府将破解征收“第一难题”作为推进项目建设的第一抓手、推动城市提质的第一前提、提高干部工作能力水平的第一平台、考察评价干部执行力的第一标准，集中开展中心城区土地和房屋征收“百日大会战”行动。完成土地征收2300亩，完成房屋征收2922户、46万平方米，拆除违法建筑35万平方米。有力推动23条断头路、19个安置小区的快速建设，以及中央新城、1号花园、绿洲花园等城建重点项目的建设提速。

■ 名城联创深入推进 2015年，冷水滩区围绕品质活力中心城市建设目标，以创建国家卫生城市为总抓手，全面推进“名城联创”。在成功创建“国家卫生城市”基础上，再次获得“国家森林城市”称号，正全力攻坚国家交通模范管理城市。城市功能不断完善，梅湾路立面改造全面完成，湘江东路、双洲路、零陵中路、零陵北路等立面改造全面推进，实施翠竹路、育才路供排水管网改造，较好解决城区用水紧张问题。城市品质不断提升，围绕国家森林城市创建，建成梧桐、迎春、梨子塘3个小游园，完成梧桐西路、凤凰北路、春江南路、湖塘路绿化提质，启动湘江西岸棚户区改造和永州大道城区段改造提质，完成河西纳污管网工程。特别是广大市民关注的安置小区、断头路建设，全区干部职工发扬艰苦奋斗精神，敢于下狠劲，敢于“涉险滩”，敢啃“硬骨头”，民生项目取得突破性进展。23条断头路全部打通，19个安置小区已建成5个，14个进入交地建设阶段。城市管理不断加强，探索城市管理新办法，推进城市网格化、精细化管理，配合市里深入开展103个小区整治，发放两证5万本。

■ 冷水滩区通过国家知识产权试点县验收 2015年，冷水滩区通过国家知识产权强县试点县验收。同时，省知识产权局将冷水滩区推荐为国家知识产权示范县区。自2012年被国家知识产权局列入“知识产权强县试点县区”以来，冷水滩区按照“围绕中心、服务产业、突出特色、有所突破”的原则，融入当地特色产业，以知识产权促农业产业化，向国家知识产权局申请食用菌专利8项，获授权专利4项。2014年，该区在全市率先推出专利代金券发放工作，全年发放专利代金券12万元，企业专利申请量年增幅在20%以上。

（王文峰　唐亮）

领导名录

区委

书　　记	欧阳元初	
副 书 记	唐满平	蒋良铁
常　　委	张跃斌	郑增啟
	徐志华	秦少义
	陈　莉	胡勇刚
	龙　亮	陈建红

区人大常委会

主　　任	肖惠黎	
副 主 任	曾跃进	刘洪波
	胡柏艳	孙纲要
	吴春华	

区人民政府

区　　长	唐满平	
副 区 长	张跃斌	陈　莉
	黄燕玲	伍玉生
	文声禄	蒋剑青

永州市第四中学

市委书记陈文浩(左一)在永州四中调研

永州四中被授予“湖南省心理健康教育示范学校”

元旦文艺晚会

永州四中健美操训练队参加省中学生健美操比赛获第七名

冷　　水

区委书记　欧阳元初

区委副书记、区长　唐满平

滩　　区

零　　陵

省委常委、常务副省长陈向群（右三）在零陵区走访调研

萍洲大桥顺利通车

沿江大道

萍洲春涨

区

市委书记陈文浩（左四），市委副书记、市长易佳良（右二）在零陵区视察城市建设

零陵工业园

柳子街百家宴

老院踏春

萍洲书院鸟瞰图

祁　　阳

市政协副主席、县委书记　魏湘江

县委副书记、县长　周新辉

国家非物质文化遗产——祁剧

祁阳县重大项目集中签约仪式

祁冷一级公路

祁阳自然韵万亩黑茶基地

县

市委书记陈文浩（左三）在祁阳县指导工作

全国最大的涤纶布生产基地——东骏纺织

祁阳经开区标准厂房

浯溪水电站

闻道浯溪水亦香

滨江宜居之城

东　安

坚持精准扶贫，办好民生实事。省委书记、省人大常委会主任徐守盛（中）在东安县井头圩镇八字门村看望慰问困难群众

省人大常委会副主任谢勇（右一）在东安调研

副省长蔡振红（左四）调研神华国华永州电厂项目建设

东安县正式启动阿里巴巴农村淘宝项目

东安县获全国首个“中国德文化之乡”称号

县

县委书记　谢景林

县委副书记、县长　陈宇荣

全市工业园区暨重点项目流动现场会走进东安

县委书记谢景林（左五）深入芦江水库建设指挥部现场办公

县委书记谢景林（前左一）情牵瑶胞“致富路”

双　　　　　　　　牌

副省长张硕辅（右一）参观双牌县城沿江风光带

省司法厅党组副书记、副厅长黄春阳（右一）等领导在茶林司法所视察现场

省委宣传部副部长刘进能（左一）在双牌县调研精神文明建设工作

阳明山第九届和文化节活动开幕式

双牌县文化馆代表队的舞蹈《多嘎多耶》获全市全民电视广场舞大赛银奖

县

市委书记陈文浩（左二），市委副书记、市长易佳良（左三）一行察看双牌机械制造产业园

阿里巴巴集团农村淘宝网等电商平台企业在双牌县考察

璀璨明珠——浮洲岛

双牌县五里牌镇塘基上村传统村落

双牌县G207国道改建工程双牌至道县公路通车仪式

双牌县茶林镇桐子坳村国家AAA旅游景区

道

县委书记　胡先荣

县委副书记、县长　刘勇会

县城一隅

全国诗词校园（道县第六中学）

交通纵横

县

有机蔬菜基地

道州灰鹅

月岩霞光

人类始祖（福岩洞）

乡村美景

濂溪故里

江 永

省委副书记、省长杜家毫（右二）考察江永农业产业化建设情况

勾蓝瑶寨

女书园

瑶胞欢庆盘王节

县

县委书记周立夫考察永明河项目

县委副书记、县长唐德荣调研重点项目

市民广场

黄甲岭风电场

县城立面改造

工业园区标准厂房

江　华　瑶　族

十二届全国人大代表、江华瑶族自治县县长龙飞凤受到习近平接见

县庆60周年暨第13届全国瑶族盘王节开幕式

省委副书记、省长杜家毫（右三）视察江华

省委常委、省委组织部部长郭开朗（中）视察江华

省委常委、省委秘书长许又声（右三）视察江华

省委常委、省委宣传部部长张文雄（右二）视察江华

省委常委、省委统战部部长黄兰香（前排中）视察江华

自　　治　　县

县委书记　罗建华

县委副书记、县长　龙飞凤

市委书记陈文浩（右三）与群众交谈

市委副书记、市长易佳良（左二）调研涔天河水库扩建工程

经开区厂房

雾江吊桥

江华恒津包装材料车间

风力发电

天河瑶池

城市新区建设

宁　　远

县委书记　刘卫华

县委副书记、县长　桂砺锋

九嶷山

县人民政府办公大楼

县城鸟瞰图

县

县领导考察农村淘宝村级服务站建设

县九嶷河国家湿地公园

三分石

新　田

县委书记　唐军

县委副书记、县长　秦山成

县委书记唐军（右二），县委副书记、县长秦山成（右三）调研县级服务中心

连续两年获全面小康推进工作十快进县

新田县被授予文化旅游产业基地

新田俊毅创新创业园标准化厂房项目开工仪式

县

市委书记陈文浩（前排左四），市委副书记、市长易佳良（前排左三）在县工业园调研

市委书记陈文浩（右三）视察老屋村美丽乡村建设

市委书记陈文浩（左一）视察指导智慧新田建设

建文帝踪迹新田研讨会

挑灯夜战——“一号民生工程”县城供水工程

东升农场富硒蔬菜基地

蓝　　山

副省长蔡振红（中）在蓝山县调研经济发展和民生保障

紫良、荆竹风电场成功签约

2015年千人健步走活动

园区建设如火如荼

蓝山县情工作汇报暨项目推介

县

市委书记陈文浩（左三）在蓝山县视察生态石材产业

市委副书记、市长易佳良（右二）在蓝山县扶贫点走访慰问

蓝山县城乡建设

金　洞　管

党委书记　王小波

管委会主任　邓扬中

金洞漂流——峡谷漂

金洞城标

金洞管理区大力发展珍贵树种，是著名的中国楠木之乡。图为金洞金丝楠木王

理　　　　　区

副省长戴道晋（右二）在管理区调研，视察珍贵树种基地

市委书记陈文浩（右二），市委常委、市委秘书长颜海林（左一）在管理区调研

市委副书记、市长易佳良（右二）在管理区视察精准扶贫工作

金洞猛江河湿地公园

回　龙　圩

区党委书记　赵文旺

区管委会主任　李社光

高尚湖森林公园

中心城区

建设中的马河流域

新农村建设点——新风村

管　　理　　区

美丽乡村示范点——八仙洞卫东村

回龙湖生态休闲园项目

神仙洞柑桔园风光

回龙圩中小学合格学校

齐划一建设中的公租房小区

整齐靓丽的主干道

八仙洞柑桔园风光

永　州　经　济　技

省委常委、省长株潭“两型社会”试验区工委书记、管委会主任林武（前中）一行在开发区视察园区企业

市委常委、市委秘书长、经开区第一书记颜海林（左三）在永州经开区“三严三实”专题教育第三次集中学习研讨会上强调：党员干部要切实履好职、行好权、干好事，让服务百姓的成效更明显

全国货运智能配载交易平台“握物流”进驻永州——永州增信信息科技有限公司开业

永州复烤场易地技改项目开工

与电商企业签约入驻永州电子商务产业园

术　开　发　区

市委书记陈文浩（二排右三）带队赴沪考察招商，寻求合作共谋发展

党委书记周立夫（左二）带领相关部门负责人深入罗建村开展精准扶贫工作

党委书记周立夫（中）现场调度创森工作

创交模文明劝导现场。党委书记周立夫（中）对超越停止线停车的车主进行交通安全宣传

党委副书记、管委会主任盘德平（中）现场办公研究项目建设，在南甸路现场办公

党委副书记、管委会主任盘德平（中）调研园区生物医药企业"整合园区医药企业，做大生物医药产业"

党委副书记、管委会主任盘德平（左三）在暴雨中逐个巡查重点山塘水库

新田县方达实

总经理　刘涛

新田县方达实业有限总公司是一家集房地产开发经营、物业管理、商业贸易于一体的国有独资企业，下辖新田县方达工业园和上海留芳置业发展有限公司。其中，新田县方达工业园占地面积122374平方米，建筑面积83986平方米。现有落户企业25家，从业人员3000余人。主营鞋业、针织、机械制造、蔬菜加工、电子产业、服装、内衣、物流、水厂、手套加工等业务。现有新主厂房一栋，老生产厂房八栋及其它附属设施和建筑物。其中主厂房为现代化高标准厂房，于1998年建成，厂房长165米，宽45米；占地面积7420平方米，建筑面积25410平方米，共三层。第一层高8.5米，第二层高7米，第三层高6.5米，全部框架结构，每平方米设计承重能力1.2吨，厂房内设有中央空调、办公室、会议室、餐厅、维修间、配电室、卫生间等；配有8吨电梯1台、3吨电梯2台。同时，主厂房还配有锅炉房一栋，并有36米高贮水300吨的水塔一座，附属厂房一座及锅炉用煤棚等辅助设施和用房。上海留芳置业发展有限公司地处上海市松江区出口加工工业区，占地面积40572平方米。建有6栋二层面积为25288平方米的现代化标准厂房，现已成功引进庆业台资电子高科技企业。

新田县方达工业区“荣达鞋厂”

业有限总公司

务实奋进的方达公司领导班子

县领导检查方达公司内企业工作

上海留芳置业有限公司领导班子

永州市“市花”“市树”

市花：杜鹃花

市树：香樟树

唐康丰

区政协委员会

主　　席　盘贵元

副 主 席　唐英波　汤丽娟　熊　健　翁天宝　李向斌（兼）

区直机关单位及乡镇街道

纪　　委　书　记　徐志华
区 委 办　主　任　胡勇刚
区委区政府接待处　主　任　胡　蓉
区委督查室　主　任　唐美云
区委政研室　主　任　屈　彬
区委组织部　部　长　龙　亮
区委宣传部　部　长　郑增敞
区委政法委　书　记　秦少义
综 治 办　主　任　蒋增民
维 稳 办　主　任　唐优菲
统 战 部　部　长　龙　亮
人 武 部　部　长　陈建红
　　　　　政　委　王高桥
监 察 局　局　长　龙国文
科　　协　主　席　石旺生
史 志 办　主　任　张风屏
档 案 局　局　长　沈艳芳
文　　联　主　席　曹兰芳
保 密 局　局　长　李学松
直属党委　书　记　胡国新
老 干 局　局　长　唐肃斌
编 委 办　主　任　李柏林
党　　校　校　长　曾文亮
团 区 委　书　记　廖喜明
妇　　联　主　席　屈晓燕
总 工 会　党组书记　唐跃武
文新旅局　局　长　陈　军
检 察 院　检察长　朱跃陆
法　　院　院　长　傅芳萍
公安分局　局　长　文声禄
　　　　　政　委　陈云生
司 法 局　局　长　吕芳富
冷水滩交警大队　大队长　李新建
台　　办　主　任　唐远绣
工 商 联　主　席　汤　丽
侨　　联　主　席　伍爱云
人大办公室　主　任　赵国平
人大联工委　主　任　何吉高
人大内司委　主　任　唐　泰
人大财工委　主　任　唐小平
人大民教工委　主　任　贺玲玲
人大农业工委　主　任　欧日雄
政 协 办　秘书长　秦功旭
政协提案委　主　任　蒋光军
政协经科委　主　任　唐扬意
政协文史委　主　任　高　攀
政 府 办　主　任　张文风
政府督查室　主　任　邓盛涛
政府经济研究室　主　任　王文峰
政务服务中心　主　任　刘建民
信息中心　主　任　龚平欧
法 制 局　局　长　邓仕斌
信 访 局　局　长　尹维军
蔬 菜 局　局　长　黄才生
机关事务局　局　长　黄　骥
人 社 局　局　长　彭泽民
卫 生 局　局　长　唐勋忠
疾控中心　主　任　胡勇民
审 计 局　局　长　龙爱国
粮 食 局　局　长　冯吉宝
民 政 局　局　长　唐杰晖
残　　联　理事长　唐建义
安 监 局　局　长　朱继雅
体 育 局　局　长　周永安
移 民 局　局　长　张　龙
发 改 委　主　任　陈爱生
物 价 局　局　长　许迪智
物资行管办　主　任　唐志宏
统 计 局　局　长　文承波
经 信 委　主　任　肖春国
交 通 局　局　长　钱光耀
公 路 局　局　长　周祖荣
煤 炭 局　局　长　雷泽文
财 政 局　局　长　李伶春
区城管执法局　局　长　唐荣辉
　　　　　政　委　周连湘
商 务 局　局　长　张造斌
商业行管办　主　任　罗湘东
住 建 局　局　长　李贵元
环 保 局　局　长　管新平
教 育 局　局　长　朱昌锋
环 卫 局　局　长　李兴军
科 技 局　局　长　李昌初
人口和计生委　主　任　吕绍华
农办（区委农村工作部）　主任　部长　胡明星
经 管 局　局　长　周进体
农业综合开发办　主　任　齐光文
农 业 局　局　长　刘继宏
乡镇企业局　局　长　唐　新
林 业 局　局　长　唐书杰
水 利 局　局　长　唐基和
食药监局　局　长　荣邦龙
畜牧水产局　局　长　唐　伟
农 机 局　局　长　何　鹏
供 销 社　主　任　吕名哲
园 艺 场　场　长　张育敏

乡镇街道主要负责人

梅湾街道
　　书　记　张秋平
　　主　任　张仁斌

曲河街道
　　书　记　齐钢要
　　主　任　何晓军

菱角山街道
　　书　记　钟慕真
　　主　任　朱志成

肖家园街道
　　书　记　刘湘毅
　　主　任　周海军

杨家桥街道
　　书　记　王松青
　　主　任　蒋向阳

凤凰街道
　　书　记　章　乐
　　主　任　屈　勇

梧桐街道
　　书　记　莫继恒
　　主　任　唐国文

珊瑚街道

	书　记	蒋　庭
	主　任	周显平
工业园区		
	书　记	王忠国
	主　任	周顺治
高科技工业园		
	书　记	宋友林
	主　任	周志成
驻长沙联络处		
	主　任	彭　艳
马坪农业开发区		
	书　记	郭　军
	主　任	唐小勇
上岭桥镇	党委书记	陈志刚
	镇　长	何莉霞
岚角山镇	党委书记	许金善
	镇　长	艾可军
竹山桥镇	党委书记	廖友金
	镇　长	齐晓慧
伊塘镇	党委书记	艾可想
	镇　长	伍诗仁
蔡市镇	党委书记	周健君
	镇　长	李豪谊
黄阳司镇	党委书记	周芳武
	镇　长	朱明财
高溪市镇	党委书记	唐　亚
	镇　长	邹爱民
普利桥镇	党委书记	屈仁宝
	镇　长	周四海
牛角坝镇	党委书记	王付荣
	镇　长	唐海波
花桥街镇	党委书记	胡国旗
	镇　长	张　坤
杨村甸乡	党委书记	文　璇
	乡　长	胡　礁

部分省、市驻区单位主要负责人

国税局	局　长	龙　晓
地税局	局　长	卿志彪
国土资源分局	局　长	曾祥德
调查队	队　长	申　刚
工商分局	局　长	蒋福钧
气象局	局　长	蒋茂华
信用联社	理事长	周少清
潇湘农村合作银行	董事长	吕绍双
农　行	行　长	罗雄伟
农发行营业部	经　理	黄　平
人寿保险	经　理	宇卫国
住房公积金管理部	主　任	杨翠兰

零　陵　区

■ 概述　2015年，零陵区辖10个乡镇、6个街道。土地总面积1986平方公里，耕地面积3.33万公顷。年末总人口62.84万人，常住人口55.36万人，其中，城镇人口29.71万人，城镇化水平达到54%。人口出生率12.09‰、死亡率6.95‰，人口自然增长率4.37‰。年内最高气温39.5℃，最低气温-2.5℃，年降水量1440毫米。

完成地方生产总值193.3亿元，同比增长7.5%，其中，一、二、三次产业增加值分别为36.83亿元、88.92亿元、67.51亿元，同比分别增长4.1%、6.2%和11%。三次产业结构比为19.1∶46.0∶34.9。完成财政总收入12.1亿元，比2014年增加1.9亿元，增长18.5%。城乡居民人均可支配收入18675元，同比增长9.1%，其中，城镇居民人均可支配收入22400元，同比增长8.9%；农村居民人均可支配收入14601元，同比增长8.7%。

完成农林牧渔业总产值65.8亿元，实现增加值36.8亿元，增长4.1%，获“全省粮食生产标兵县（区）”“全国油茶产业发展重点县（区）”称号，保持“全国生猪调出大县（区）”位子。粮食作物总播种面积6.48万公顷，粮食总产量37.73万吨，比2014年增长1.4%；蔬菜种植面积2.68万公顷，比2014年增加0.06万公顷；水果总产量18.35万吨，同比增长7.9%。牧业生产有较快发展，猪、牛、羊出栏分别为96.22万头、1.33万头和2.8万只，分别增长3%、9.0%和6.1%，家禽出栏1590万羽，增长4%。水产品总产量1.85万吨，同比增长5.1%。农村产权制度改革稳步推进，全年流转耕地3.5万亩、林地2.6万亩，新发展农民合作社49家、家庭农场51家，新增市级以上龙头企业7家。新增油茶基地1.1万亩、苗木基地1万亩，水果扩园1万亩。发展温氏养殖合作农户57户，年出栏生猪95.3万头。扎实推进美丽乡村建设，加快山、田、林、河（塘）、路整治，完成造林2.14万亩、通道绿化378.6公里，新建高标准农田4.45万亩，实施小Ⅱ型水库除险加固10座，治理中小河流13.6公里，改造大型泵站18处，新修“五小水利”587处，建设农村公路52公里实施安全饮水工程22处，新解决3.5万人饮水安全问题。

规模以上工业总产值122.6亿元，增长12.3%。规模以上工业增加值61.5亿元，增长6.5%。区属规模以上工业总产值53.2亿元，同比增长14.5%；省市属规模以上工业总产值69.4亿元，同比增长10.6%。规模以上工业中，国有企业产值68.3亿元，增长10.8%；股份制企业产值50.6亿元，增长15.6%；外商及港澳台商投资企业产值2.57亿元，下降8.2%；其他类型企业产值1.14亿元，下降16.4%。

社会消费品零售总额78.7亿

元，同比增长 12.2%，其中，城镇零售总额 61.4 亿元，同比增长 10.2%；乡村零售总额 17.3 亿元，同比增长 20.0%。交通运输、仓储和邮政业总产值 25.9 亿元，增加值 1.0 亿元，比 2014 年增长 2.5%。接待游客 478.66 万人次，增长 28.11%；实现旅游综合收入 25.67 亿元，增长 28.03%。“零陵古城”项目一期完成 406 亩、804 户、15 万平方米的征地拆迁。景区景点建设全面加强，柳子庙主体维修、周家大院子岩府修缮顺利完工，武庙保护修缮、东山文化广场建设加快推进。

完成固定资产投资 181.9 亿元，比 2014 年增长 18.3%。其中，项目投资 171.4 亿元，增长 23.0%；房地产开发投资 10.5 亿元，下降 26.8%。在项目资产投资中，其中工业投资 95.2 亿元，增长 26.4%；固定资产投资施工项目 323 个，增长 4.9%。商品房销售面积 66.4 万平方米，增长 15.1%。完成建安营业税 7360 万元，增长 50.7%。总投资过 70 亿元的“零陵古城”项目、总投资 18 亿元的红星美凯龙项目成功落户。屠宰场异地新建全面完工，萍洲大桥建成通车。远达新材料、德福隆电子、金翼堂生物科技建成投产。萍洲中路、湘口馆路、潇水西路等主次干道改造顺利完工，新建公租房 2305 套。加强“十三五”项目前期开发工作，开发储备投资过亿元项目 103 个，初步衔接古城旅游、何仙观水库、朗江岭水库等 58 个大项目、好项目进入省市“十三五”规划。

承接产业转移项目 50 个，实际到位内资 17.2 亿元，同比增长 40.6%。引进落户企业 31 家，浙南木业、永靛中药、科联皮具等 15 个项目建成投产。实际到位外资 9000 万美元，同比增长 10.4%。完成进出口总额 3737 万美元，同比增长 28.7%。

民本民生不断改善。全年民生支出 17.8 亿元，占财政总支出的 73.9%。省市下达零陵区的 23 项民生实事和区政府承诺的八项民生工程全面完成。坚持就业优先，新增城镇就业 6184 人，农村劳动力转移就业 6510 人，发放小额担保就业贷款 3230 万元，扶持创业 519 人次。城市低保月人均救助水平提高到 350 元，农村低保月人均救助水平达到 165 元，农村五保年分散供养标准提高到 2940 元。新增养老床位 165 张。开展“一进二访”活动，推进精准扶贫，实现脱贫人口 6221 人。着力加强住房保障，新建公租房 2305 套，改造棚户区 1791 户，完成农村危房改造 500 户。新建垃圾收集站 2 座，安装移动公厕 9 座，新建背街小巷 6 条，城区主次干道和背街小巷亮灯率达 95%以上。开展小区集中整治，规范小区物业管理 93 个。新建仿古公交候车亭 20 个、公共停车场 3 个。

社会事业全面进步。申请专利 147 件，申报省、市科技计划项目 9 项，其中省级项目立项 3 项。着力推进基本公共服务均等化，教育、文化、卫生、体育各项社会事业协调发展。“三名工程”取得新进步，投入教育资金 1.2 亿元，新增城区学位 2150 个，完成农村学校“改薄工程”4 所，新建乡镇中心幼儿园 2 所，新建大庆坪等 9 所学校农村教师周转房 276 套，五里堆小学投入使用，一中“托管”柳子中学。实施农村卫生室建设三年行动计划，新建村卫生室 82 个，第四人民医院综合楼建设基本完成。开展“九打九治”专项行动和“平安县区”创建，没有发生重特大安全生产事故。建立健全“三调联动”网络，加强社会治安综合治理，新建 80 个高清监控点和 3 个手机卡口，侦破各类刑事案件 448 起，公安工作进入全市先进行列。竞技体育成绩明显，在省常规赛中，获金牌 10 枚、银牌 3 枚、铜牌 2 枚；群众体育稳步发展，人均健身面积达 1.7 平方米，名列全市前茅。

存在的主要问题和困难：经济总量不大，产业结构不优，抗风险能力不强；城市规模偏小，建设品质不高，辐射带动力不强；投入机制不活，发展动力不足，深化改革、创新发展的任务还很艰巨；社会保障水平不高，部分群众的生活还比较困难；少数干部作风不实，推进发展的力度和氛围有待进一步加强。

■ 全国县级部门数据比对核实在零陵试点 2015 年 9 月 9 日，随着全国县级数据比对核实试点动员培训会在零陵区召开，该区县级数据比对核实试点工作全面铺开。零陵也是全省唯一试点区。全国县级名录部门数据比对核实试点是通过部门新登记注册法人单位与名录库法人单位进行比对、核实，了解名录维护状况及部门行政登记与统计基本单位名录库入库单位的差异，分析原因，研究解决办法。此次零陵区需要核实比对的单位 927 个，其中，法人单位 838 个，产业活动单位 89 个。试点范围主要是指全区各级编制、民政、工商及税务部门

2014年1月1日至2015年6月30日新登记注册的全部法人单位和分支机构。内容为调查单位的部门登记信息、机构代码、单位名称、单位类型、单位地址、注册时间等，10月底结束。

■ 柳子街入选全国首批历史文化街区 2015年4月21日，住房城乡建设部、国家文物局公布中国第一批30个历史文化街区，零陵区柳子街历史文化街区榜上有名，成为全省唯一入选的历史文化街区。2010年以来，零陵区投入10.5亿元，对愚溪河、钴鉧潭西小丘进行清淤、冲涮，对河岸两旁进行加固和美化。同时按照“修旧如旧、修新如旧”的办法，对柳子街60多处古房、古铺、古路、古桥、古亭、古院、古巷、古石刻等古建筑进行全面修缮，对柳子庙主体工程、陈列布展工程、消防通道等进行维修及环境整治。（何伟　汤汉达　朱昌进）

领导名录

区委

书　记	严兴德
副书记	唐烨　龙向洋
常　委	汤荣石　李祥军　盘志元　周润润　郑和良　蒋映群　彭江辉　陈志华

区人大常委会

主　任	唐荣成
副主任	卿镇平　胡乃湘　汤安权　徐海英

区人民政府

区　长	唐烨
副区长	盘志元　蒋映群　文锡亮　姚如男　王小会　邓建国　唐会国

区政协委员会

主　席	尹玉林
副主席	杨时隽　何春玉　蒋晓娟　周军松

区直机关单位主要负责人

区纪律检查委员会	书　记	周润润
区委办	主　任	彭江辉
区委组织部	部　长	李祥军
区委宣传部	部　长	陈志华
区委统战部	部　长	李祥军
区委政法委	书　记	汤荣石
法院	院　长	郑和生
检察院	检察长	冯湘琳
区人武部	部　长	郑和良
编委办	主　任	刘亦龙
工业园	书　记	柏文生
	主　任	唐芙蓉
农村办	主　任	（缺）
信访局	局　长	李均明
史志办	主　任	黎忠广
档案局	局　长	（缺）
接待处	科　长	罗盼生
老干局	局　长	杨美娥
党校	校　长	王小军
新闻中心	主　任	张兴国
台办	主　任	黄渊辉
经管局	局　长	蒋和善
区人大办	主　任	韦士玲
人大财经工委	主　任	李嘉斌
人大内司工委	主　任	张造杞
人大教科文卫工委	主　任	李海军
人大农城环工委	主　任	吕祝庆
人大联工委	主　任	徐国太
区政协办	秘书长	蔡建设
政协提案委	主　任	陈志君
政协经科委	主　任	黄向红
政协学习文史委	主　任	郑运德
三胞联谊委	主　任	郭莹
区政府办	主　任	金长青
发展与改革委	主　任	曾新吉
经信委	主　任	王焕辉
教育局	局　长	胡自力
公安分局	局　长	王小会
交警大队	大队长	张茗珺
民政局	局　长	刘启清
司法局	局　长	雷亚军
财政局	局　长	唐会国
人社局	局　长	蒋炳忠
国土资源局	局　长	唐朝晖
建设局	局　长	张国材
安监局	局　长	李海波
城市管理行政执法局	局　长	黄宾
交通局	局　长	朱三好
水利局	局　长	周文誉
农业局	局　长	张九清
林业局	局　长	蒋惠民
文化局	局　长	李立新
商务局	局　长	蒋俊华
科技局	局　长	唐甫华
卫生局	局　长	盘汉星
人口和计生委	主　任	张子亮
审计局	局　长	唐厚荣
环保局	局　长	杨顺林
粮食局	局　长	唐友冰
法制办	主　任	李锡华
统计局	局　长	杨东明
电子政务办	主　任	杨凌河
机关事务局	局　长	尹红
调纠办	主　任	蒋满柏
政务中心	主　任	唐文平
移民办	主　任	余孟龙
物价局	局　长	郭荣旭
商业事务办	主　任	杨文成
二轻事务办	主　任	杨祥林
物资事物办	主　任	吴又专
开发办	主　任	（缺）
供销联社	主　任	盛国华
水产局	局　长	彭善国
农机局	局　长	（缺）
体育局	局　长	欧阳波夫
旅游局	局　长	欧学钊

房产局	局长	吕飞荣
市场服务中心	主任	龙忠民
乡企局	局长	吴煜辉
矿整办	主任	唐高峰
锰业公司	经理	张春华
统征办	主任	吕定波
城建投资公司	总经理	黄辉宏
公路局	局长	石春波
食品药品监管局	局长	黄河
城市园林局	局长	赵飞
环卫局	局长	谢良辉
总工会	主席	李祥军
	党组书记 副主席	谭云波
团区委	书记	赵鑫
妇联	主席	（缺）
残联	理事长	蒋翠英
工商联	会长	蒋晓娟
侨联	主席	李永胜
科协	主席	黄艳华
文联	主席	胡明高

乡镇街道主要负责人

七里店街道	书记	杨宏伟
	主任	蒋文军
徐家井街道	书记	赵勇
	主任	唐涌波
南津渡街道	书记	蒋祖华
	主任	唐国政
朝阳街道	书记	金小文
	主任	李谨建
大庆坪乡	书记	高红荣
	乡长	罗丘辉
水口山镇	书记	彭定国
	镇长	金国庆
石岩头镇	书记	吕松燊
	镇长	黄国梁
梳子铺乡	书记	胡旭辉
	乡长	卿铁军
珠山镇	书记	蒋军民
	镇长	张青松
黄田铺镇	书记	王增荣
	镇长	秦明明
石山脚乡	书记	杨柳青
	乡长	宋建春
富家桥镇	书记	魏斌
	镇长	唐海军
凼底乡	书记	全永红
	乡长	卿方勇
菱角塘镇	书记	张恒
	镇长	陈丰收
接履桥镇	书记	成钦炳
	镇长	唐梁明
邮亭圩镇	书记	杜中运
	镇长	欧阳永衡

部分省、市驻区单位主要负责人

地税局	局长	王辉跃
国税局	局长	邓志民
工商局	局长	蒋汉君
电力局	局长	张建华
质监局	局长	何景华
气象局	局长	刘祥
烟草专卖局	局长	谢突雄
邮政局	局长	伍宏亮
电信局	经理	李凌飞

祁阳县

■概述 2015年，祁阳县辖19个镇、3个街道，土地总面积2538平方公里，耕地面积4.92万公顷。年末总人口106.1万人，其中，常住人口87.99万人，城镇人口36.3万人；人口出生率12.9‰，自然增长率5.43‰。年内最高气温37.3℃，最低气温0.7℃；年降水量1409.5毫米。

完成生产总值240.02亿元，增长10%。其中，第一产业增加值48.19亿元，增长3.7%；第二产业增加值88.76亿元，增长10.6%；第三产业增加值103.07亿元，增长11.9%；一、二、三次产业对经济增长的贡献率分别为6.42%、42.76%和50.82%；实现财政收入突破12.9亿元，增长17.2%。

农业完成增加值43.6亿元，增长4.1%。优质稻、生猪、油茶、茶叶、畜禽等主导产业壮大，粮食连续12年丰收，主要产品产量：粮食65.7万吨，棉花573吨，油料4.3万吨，水果18.1万吨，茶叶300吨，生猪出栏104.3万头，牛出栏1.44万头，羊出栏5.8万只，家禽出笼1201万羽，水产品6.3万吨。培育市级以上龙头企业26家、“中国驰名商标”4个、“湖南名牌”7个。发展专业合作社430个，其中省级示范社11个，祁阳被列为全国农业社会化服务体系创新试点县，继续保持全国粮食生产先进县、生猪调出大县称号。国家农业综合开发现代农业示范园落户祁阳。土地流转速度加快，流转土地58.6万亩，其中耕地33.8万亩。实施104座小型水库除险加固、7座电站增效扩容改造工程，完成湘江综合治理8.1公里；新建供水工程33处，解决农村饮水不安全人口5.55万人。农业现代服务体系不断完善。年末农业机械总动力85.4万千瓦，比2014年末增长0.9%。其中，农用排灌动力机械49.8万千瓦；联合收割机达801台。实际机耕面积7.42万公顷；机械收获面积2.5万公顷。全面小康建设步伐加快，建设小康村166个；美丽乡村建设深入推进，创建全省新农村示范村4个，被评为全省先进。

工业实现全部产值284.29亿元、增加值73.33亿元，分别增长12.7%、10.9%。主要产品产量：大米40.5万吨，速冻食品5.5万吨，精制食用植物油7.7万吨，水泥324.6万吨，印染布441万米，服饰586.4万件，鞋

1251万双，铁合金1.5万吨，铸钢件2.3吨，日用玻璃制品2.04万吨。规模工业企业总数达到108家，实现规模工业产值184.36亿元、增加值51.27亿元，分别增长15.2%和12.1%，其中年产值过亿元企业64家、5亿元企业11家。祁阳经开区新开发面积2平方公里，新建标准厂房24.58万平方米，新入园企业11家，完成规模工业总产值162亿元、增加值40亿，分别增长20.2%、22.6%，实现税收3.4亿元，增长27%。

社会消费品零售总额65.4亿元，增长11.8%。农民人均纯收入10861元，城镇居民人均可支配收入23809元，增长分别为8%、9.4%。居民存款余额达260亿元。新批外资项目4个，承接产业转移项目60个，到位外资9500万美元，内联引资23.5亿元，阿里巴巴、红星美凯龙、凯茂科技等战略型企业落户祁阳。完成外贸进出口总额2.35亿美元，增长15%；其中出口2亿美元，增长22%。祁阳县被评为省、市发展开放型经济先进县。

固定资产投资达274.22亿元，增长18.1%。按产业分，第一产业投资11.13亿元；第二产业投资121.08亿元；第三产业投资142.01亿元。海螺水泥二期、海创垃圾协同处理项目、千山医疗器械一期、东骏纺织二期、华旺塑胶、江涵电子、泰格莱电子等项目建成投用；“两供两治”加快推进。三水厂扩能改造全面完工，新埠头水厂正在进行主体施工；燃气供气用户新增2000户；黎家坪、白竹、白水污水处理厂建设和浯溪污水处理厂扩建工程稳步实施；“两房两棚”抓紧建设。完成农村危房改造2500户，2685套公租房和1600户城市棚户区改造工程正加紧建设，住房保障得到加强。交通路网不断完善，G322绕城线南北段建成通车，木金公路完成路基95%、路面硬化80%；千吨级港口码头、黎马、上大、唐家岭汽车站等项目前期工作稳步推进，衡永高速公路列入省交通建设规划。

科技创新成效显著，科技对经济发展的贡献率达到54%，连续八年四届保持“全国科技进步先进县”“全国科普示范县”称号；创建“全国可持续发展实验区”通过省评审。教育强县建设有力推进，全县一、二批本科上线2023人，占全市四分之一，上线人数和上线率居全市第一位，有3人被清华、北大录取；职业中专对口升学连续5年保持全省第一，成功入围首批“省卓越中职学校”行列。文体广电事业健康发展，文化站和“农家书屋”实现全覆盖，连续3年获全省广播电视优秀通联集体。医疗卫生保障体系日益完善。全县新农合参合率达99.6%，实际报账率超过70%。城市管理和环卫绿化不断加强，保持“省级文明县城”和“省级卫生县城”称号。节能减排措施全面落实，各项减排指标均达到省定要求。人口计生工作扎实有效，人口素质进一步提升，保持全国计划生育优质服务县称号。安全信访形势稳定。安全生产工作连续五年被评为全省安全生产先进县。抓好接访约谈、带案下访、排查化解、解决问题和疏导劝返等工作，全县信访形势整体平稳。

（欧阳迎春）

■ 全国“智慧城市”试点县

2015年4月，经住房和城乡建设部、科技部竞选评审，祁阳县以全省综合成绩第一名成功被列为“国家智慧城市”试点县。为确保国家智慧城市试点县申报成功，祁阳县坚持以产业为依托，加快新型城市化、信息化进程，为智慧城市建设打好基础。农业现代化、新型工业化加快推进，初步形成农副产品加工、先进装备制造、电子信息等六大支柱产业。新型城市化有序建设，县城建成区面积28平方公里，常住人口26万人，城镇化率47%，被列为全省首批新型城镇化建设示范县。信息化建设成效明显，投入10亿元，建设移动、电信、联通、广播电视等信息基础设施，形成覆盖全县的通信传输和信息网络及运营体系，信息产业占规模工业总产值的比重达14.8%。县委、县政府高度重视申报工作，成立以县委书记任顾问、县长任组长的领导小组，组建专门班子，聘请技术团队，编写申报资料，拟定发展规划，县委副书记、县长亲自参加国家和省里的专家评审答辩，确保智慧城市申报、创建工作高效推进。委托专业的技术支撑团队对智慧城市建设进行顶层设计，制定实施方案和创建任务书，并提交县委、县人大常委会、县政府、县政协研究审议，依法按程序进行建设。

（李海军）

■ 全省发展开放型经济先进县

2015年，祁阳县以建设湘南国家级承接产业转移示范区为抓手，组建34支专业招商小分队，完善招商政策，创新招商方式，掀起全民全年全方位招商的新热潮。

以世界500强、中国100强、央企省企、上市公司等战略投资者为重点招商对象，承接一批发展前景好、科技含量高、投资密度强、财税贡献大、资源消耗低、带动就业多的大项目、好项目。重点围绕先进装备制造、电子信息、轻纺制鞋、生物医药、新能源新材料、农产品深加工等优势产业，按照“领域相通、产业相联、技术相近”的要求，着力引进配套企业，拉长产业链条，放大集群效应，形成规模优势，打造具有祁阳特色的新型工业、现代农业、商贸物流业。参与各类重大节会招商活动，筹办专题招商推介活动，将其作为联系客商、推介项目、展示形象的重要平台。全年新批外资项目4个，承接产业转移项目60个，到位外资9500万美元，内联引资23.5亿元，阿里巴巴、红星美凯龙、凯茂科技等战略型企业落户祁阳。对外贸易快速发展，完成外贸进出口总额2.35亿美元，增长15%；其中出口2亿美元，增长22%。

（欧阳迎春）

■ 全省重点民生实事优秀县区

2015年，祁阳县坚持经济发展和民生事业两手抓，全年用于保障和改善民生的支出达34.8亿元，重点民生实事工作被评为全省先进。祁阳县把改善农村基础设施建设作为重中之重的工作来抓，完成农村公路建设123公里，建设公路安保设施86.1公里。新建供水工程33处，解决农村饮水不安全人口4.26万人。完成75个行政村配电网建设和3个乡镇农贸市场标准化改造，均超额完成省下达的计划任务。投资3000余万元，改善农村办学条件，完成义务教育合格学校建设10所，改造农村薄弱学校20所，新建公办幼儿园2所，新增校舍建筑面积1.55万平方米。加强农村幸福院、城乡养老服务示范点及农村敬老院建设，全年新增养老服务床位195张。实施“大众创业、万众创新”，新增城镇就业6605人，新增创业主体2651户，带动城乡就业8520人。投资200万元建设社区矫正中心，县城新增治安视频监控摄像头100个。投资8000万元，推进浯溪三水厂扩能改造工程，将日供水能力从2.5万吨提高到9.9万吨，有效解决老城区10万人的供水难题。扎实推进华润燃气管网、站点建设，新增管网输天燃气用户3000户，为目标任务10倍；建设污水管网38.8公里，城镇污水无害化处理达到96%以上；城镇生活垃圾无害化处理率达到96.5%以上。全年完成城市棚户区改造1600户，农村危房改造2500户，新增公共租赁住房2685套。

（于超群）

领导名录

县委

书　记	魏湘江
副书记	周新辉　宋振平
常　委	邓年生　庾庐山　黄赞校　唐恒杰　邓晓阳　左雅婷　蔡富强　彭　丹　龚红辉

县人大常委会

主　任	黄春华
副书记 副主任	尹显乾
副主任	柏曼红　蒋忠朝　李建民　刘晓春

县人民政府

县　长	周新辉
副县长	黄赞校　左雅婷　彭　丹　陈环玉　唐安宝　谢铁山　陈志标　雷秀新

县政协委员会

主　席	郑　弋
副书记 副主席	陈振文
副主席	于建春　文英雄　黄爱蓉　桂　湘
秘书长	彭扬帆

县直机关单位主要负责人

县纪委	书　记	庾庐山
县委组织部	部　长	蔡富强
县委宣传部	部　长	邓年生
县委办	主　任	邓晓阳
县委统战部	部　长	蔡富强
县人大办	主　任	雷卓明
县政府办	主　任	唐明生
县政协办	主　任	唐书东
县编委办	主　任	刘盛华
县保密局	局　长	唐渊明
县直属机关党委	书　记	黄玉彬
县综治办	主　任	李文斌
县维稳办	主　任	胡国强
县委农村工作部	部　长	吕　勤
机关事务局	局　长	冯育忠
史志办	主　任	张　平
档案局	局　长	蒋盛文
接待科	科　长	郑昭宇
信访局	局　长	邹长明
老干局	局　长	曾　鑫
县委党校	校　长	唐双喜
总工会	副主席	何晓松
团县委	书　记	汤铁球
妇联	主　席	周思敏
工商联	主　席	桂　湘
侨联	主　席	李永明
残联	理事长	黄拥军
科协	主　席	肖霏霏

文联	主席	邓艳明
人大常委会办公室	主任	雷卓明
人大常委会选举任免联络工作委员会	主任	朱金权
人大常委会内务司法工作委员会	主任	陈超
人大常委会财政经济工作委员会	主任	廖廷
人大常委会民族教育科学文化卫生工作委员会	主任	庄小敬
人大常委会农业农村与城建环保工作委员会	主任	陈爱君
人大常委会信访室	主任	毛智永
政协	秘书长	彭扬帆
政协办公室	主任	唐书东
政协提案委员会	主任	何峰
政协文史委	主任	王双春
政协经科委	主任	李爱华
政协法制群团委	主任	陈新春
人武部	部长	龚红辉
	政委	汤建林
县委政法委	书记	唐恒杰
检察院	检察长	唐筱勇
法院	代院长	欧阳韵勇
法制办	主任	邓国勇
人防办	主任	李秋来
民宗局	局长	周新民
政务中心	主任	蒋金勇
发改委	主任	黄化宏
经信委	主任	陈卫平
教育局	局长	刘双顺
科技局	局长	朱新德
公安局	局长	陈志标
交警大队	大队长	刘志杰
监察局	局长	赵作琦
民政局	局长	唐双喜
司法局	局长	王干劲
财政局	局长	谭元明
人社局	局长	彭国峰
国土资源局	局长	何志刚
住建局	局长	董黎明
交通局	局长	柏一秀
水利局	局长	邓卫芳
内下管理局	局长	詹国平
农业局	局长	许伦中
林业局	局长	蒋林奇
商务局	局长	刘祥贵
文广新局	局长	黄爱蓉
卫生局	局长	任志杰
计生委	主任	周贞霖
审计局	局长	张俊球
环保局	局长	甘小玲
安监局	局长	谢波
食品药品监管局	局长	何志宇
统计局	局长	张松柏
祁阳经济开发区	书记	段观阳
	主任	桂富生
浯溪碑林管理处	书记	柏一秀
	主任	张俊卿
体育局	局长	邹国成
市管局	局长	谢东良
农机局	局长	刘祁春
农经局	局长	申庆宇
广播电视台	台长	周金生
农业开发办	主任	王先群
供销社	主任	谢建中
畜牧水产局	局长	全辉
城管执法局	局长	谢建军
房产局	局长	奉江南
粮食局	局长	赖荣
移民局	局长	李美光
物价局	局长	奉和成
物资局	局长	熊自立
商业局	局长	柏爱国
二轻局	局长	包本发
煤炭局	局长	阳汉平
祁阳科技工业园	主任	郑新华
城建投	主任	谭振华
公路局	局长	赵道生
文化执法大队	队长	李朝阳
祁阳一中	校长	邓振
祁阳二中	校长	桂来根
祁阳四中	校长	王建华
祁阳七中	校长	石献忠
职业中专	校长	钟端阳
教师进修学校	校长	何新军
县人民医院	院长	奉毅
县中医院	院长	李安清
县疾控中心	主任	邓海平
县妇幼保健院	院长	蒋建明

乡镇（街道）主要负责人

龙山街道	书记	罗轩
	人大主席	刘强
	主任	苏建萍
	政协工委主任	蒋贤娟
长虹街道	书记	蒋明明
	人大主席	苏斌
	主任	王可君
	政协工委主任	赵凌云
浯溪街道	书记	刘勇
	人大主席	夏立军
	主任	汪小军
	政协工委主任	邓海明
观音滩镇	书记	张学明
	人大主席	张敏
	镇长	邓国祁
	政协工委主任	刘峻
茅竹镇	书记	陈彬
	人大主席	唐凯
	镇长	于浩
	政协工委主任	周亮
三口塘镇	书记	胡红波
	人大主席	周春
	镇长	王孟
	政协工委主任	钟建华
大忠桥镇	书记	黄荣升
	人大主席	邓辉

	镇长	刘剑波
	政协工委主任	王勇平
肖家村镇	书记	刘军
	人大主席	陶志华
	镇长	赵明奇
	政协工委主任	易东林
八宝镇	书记	王启明
	人大主席	袁牧
	镇长	莫逆
	政协工委主任	桂健军
白水镇	书记	尹显仪
	人大主席	陈江森
	镇长	何向东
	政协工委主任	蒋志杰
进宝塘镇	书记	伍晓文
	人大主席	于小军
	镇长	杨扬
	政协工委主任	邓必须
黄泥塘镇	书记	刘建华
	人大主席	唐海宁
	镇长	陈旭东
	政协工委主任	杨海欧
羊角塘镇	书记	任海峰
	人大主席	王海战
	镇长	文键
	政协工委主任	付路军
梅溪镇	书记	（缺）
	人大主席	周舟
	镇长	柏建勇
	政协工委主任	柏明亮
潘市镇	书记	蒋志红
	人大主席	桂鹏程
	镇长	桂军
	政协工委主任	陈龙
七里桥镇	书记	曾海燕
	人大主席	王利波
	镇长	李峥嵘
	政协工委主任	林少华
下马渡镇	书记	唐小娟
	人大主席	蒋友名
	镇长	唐琳玮
	政协工委主任	张鑫
黎家坪镇	书记	刘诚
	人大主席	谭方东
	镇长	周立志
	政协工委主任	陈冬升
文富市镇	书记	唐冬平
	人大主席	雷振华
	镇长	曾文玉
	政协工委主任	伍军
大村甸镇	书记	郑志宇
	人大主席	邓卓林
	镇长	周洁
	政协工委主任	唐云华
文明铺镇	书记	李政
	人大主席	唐茂森
	镇长	邓飞
	政协工委主任	张斌
龚家坪镇	书记	唐军
	人大主席	唐科
	镇长	王卫红
	政协工委主任	伍仲阳
内下乡	书记	陈首文
	人大主席	周春生
	乡长	陈文广
	政协工委主任	谢志敏
大江镇	书记	何贵云
	镇长	黄来生
挂榜山镇	书记	陈贻春
	镇长	邓玉华

省、市驻县单位主要负责人

祁阳师范	校长	刘吉祥
工商局	局长	王胜
质监局	局长	王恩鹏
国税局	局长	刘玉铁
地税局	局长	黎金元
烟草局	局长	唐明友
县药材公司	经理	漆国华
气象局	局长	邹志红
邮政局	局长	唐健
电信祁阳分公司	经理	刘东波
县移动通信公司	经理	钟洪斌
县联通公司	经理	邓拥军
县电力局	局长	黄慧才
县石油公司	经理	周洪祁
县盐业公司	经理	陈小文
县人民银行	行长	陈智明
县工商银行	行长	龙立新
县建设银行	行长	杨旭晖
县中国银行	行长	伍孝松
县农业银行	行长	唐昌文
县农业发展银行	行长	刘定波
县农商行	行长	刘国富
县村镇银行	行长	王度
县邮政银行	行长	蒋齐勇
县新华书店	经理	雷辉和
县人寿保险公司	经理	朱振祥
县人民保险公司	经理	李代忠
县平安产险公司	经理	谢芳
县平安寿险公司	经理	唐东风
县住房公积金管理部	主任	刘运龙
县消防大队	大队长	谢章强
县武警中队	中队长	袁华
大华山电台	台长	刘毅华

东安县

■概述 2015年，东安县辖15个乡镇，1个经济开发区，1个国家森林公园，1个国营林场，土地总面积2219平方公里，耕地面积64万亩。年末人口总数64.32万人，其中城镇人口7.53万人，人口出生率13.28‰，自然增长率10.27‰。年内气温最高37.1℃，最低0.1℃，年降水量1425.3毫米。

实现地区生产总值153.25亿元，增长9.7%。其中，第一产业增加值34.6亿元，增长4.1%；第二产业增加值58.85亿元，增长9.7%；第三产业增加值59.79亿元，增长12.7%。按常住人口计算，人均地区生产总值27264元，增长8.8%。全县三次产业结构由2014年的22.9：39.6：37.5转变为22.6：38.4：39.0。第一、二、三产业对经济增长的贡献率分别为8.4%、41.5%和50.1%，第三产业贡献率比2014年提高7.2个百分点。完成财政总收入8.3亿元，比2014年增长12.1%。

完成农林牧渔业总产值60.63亿元，比2014年增长4.1%。其中，农业产值30.44亿元，增长2.5%；林业产值4.07亿元，增长8%；牧业产值22.08亿元，增长4.6%；渔业产值3.17亿元，增长11.3%；农林牧渔服务业产值8750万元，增长2%。粮食总产量39.65万吨，增长1.5%，其中，稻谷产量35.4万吨，增长1.81%。出栏生猪91.23万头，减少2.65%；出栏牛2.38万头，增长3.93%；出栏羊5.26万只，增长2.53%；出笼家禽1040.35万羽，增长4.6%；水产品产量1.97万吨，增长7.31%。农产品加工企业335家，其中，省级龙头企业1家，市级龙头企业19家，实现加工产值24.5亿元，同比增长16.7%。整治各类水利工程2450处，其中治理重点病险库109座。农业机械化步伐加快，落实农机补贴资金1089万元，推广各种农业机械6788台。拥有农业机械总动力65.46万千瓦，同比增长8%。完成省定扶贫开发项目村建设40个。

新增规模以上工业企业5家，规模工业企业达到66家。规模以上工业企业完成总产值105.57亿元。实现规模以上工业增加值27.68亿元，同比增长10.8%。规模以上工业企业实现主营业务收入101.8亿元，实现利税3.78亿元。经济效益综合指数347.6%，全县建筑业实现增加值10.67亿元，增长9.5%。全县资质以内建筑企业4家，实现建筑业总产值32.83亿元。

完成固定资产投资178.56亿元，增长18.6%。其中，固定资产投资不含农户完成投资额163.23亿元，增长22.2%；房地产固定资产投资完成15.33亿元，下降9.6%。分产业看，第一产业投资4.92亿元，增长18.9%；第二产业投资71亿元，增长62.5%；第三产业投资102.64亿元，增速与2014年持平。

实现社会消费品零售总额50.56亿元，增长12.4%，其中，城镇完成零售额40.05亿元，增长13.2%；乡村完成零售额10.5亿元，增长9.4%。按行业分，批发业3.66亿元，增长11%；零售业41.74亿元，增长11.7%；住宿业2224万元，增长17%；餐饮业4.93亿元，增长19.9%。

承接产业转移、招商引资引进项目23个，其中，内资项目19个，外资项目4个。实际到位资金20.36亿元，同比增长12.5%。其中，实际到位内资16.06亿元，同比增长10.9%；实际到位外资7202万美元，同比增长14.2%。

省市政府交办的重点民生实事目标任务全面完成。完成农村公路建设56.8公里，完成普通公路安保设施建设115.8公里。解决农村人口饮水安全问题3.24万人。5个农村环境综合整治项目达标率100%。新增城镇就业4671人。建设义务教育合格学校12所，建设农村公办幼儿园3所。完成农村危房改造1600户。新增公共租赁住房2066套，完成棚户区改造400套。新增管输天然气用户400户。按《生活饮用水卫生标准》，全县城镇公共供水厂水质达标。县以上城镇污水处理率达到86%，城镇生活垃圾无害化处理率达到100%。新增养老服务床位95张。帮助0～7岁残疾儿童实施抢救性康复20人。救治救助贫困重性精神病患者100名。新安装社会治安视频监控摄像头150个。完成农贸市场标准化改造2个。

存在的困难和问题：一是县域经济总量偏小；二是财政收入质量不高，收支矛盾突出；三是制约县域经济发展的瓶颈要素仍然存在；四是不同社会群体诉求增多，维稳压力大。

■ 神华国华永州电厂建设全面推进 东安县委、县政府始终把神华国华永州火电项目作为全县“一号工程”来抓，全力创造“全国一流”的施工环境。2014年8月和2015年3月，东安县分别组织开展两次集中征地拆迁大会战，县委书记、县长亲自带队，由常务副县长担任现场总指挥，从全县抽调近200名干部组建5个工作组，每个工作组由一名县委常委负责，实行包村包户、吃住工作在村，狠抓征地拆迁工作。

成立专门的工作协调服务领导小组，抓好生活用地的配套、“烟塔合一”环评变更、雨排水管网临时用地补偿工作。抢抓时间、倒排工期、全力推进芦江水库、新东芦公路、110千伏变电站3个配套工程。配套规划神华工业园，规划面积达2平方公里的神华工业园，与芦洪市工业小区实行两块牌子、一套人马，联动开发。2015年，完成投资18.6亿元，征地1944.8亩，拆迁房屋2.84万平方米；完成道路、桥梁、施工用水、用电工程及厂区场地平整，正抓紧进行地下管网、厂房主体、生产区、行政办公区及生活区建设；二期扩建工程前期工作已启动，前期资金计划已批复，可行性研究报告通过电规总院审查。

■ 成功创建首个“中国德文化之乡” 2015年，东安县被中国伦理学会学术报告厅评为全国首个命名的“中国德文化之乡”。东安德文化源远流长，素有“舜风楚韵、武术之乡”之美誉。历史上厚文重德名人辈出，培育“崇德尚武，包容纳新，朴实诚信，勇于争先”的东安精神。近年来，东安县委、县政府开展“中国德文化之乡”创建活动。突出“一核心、六基地”的规划和建设，以县城作为一个综合载体，聚德沙洲国家湿地公园、十里德文化长廊、及县城的各个公园和广场为核心载体，建好舜皇山、树德山庄、沉香寺和江东武校及水岭冷山村、新老吴公塔、新老广利桥等舜德、树德、禅德、武德、官德、民德六大德文化宣教基地。实施以“诚、和、孝、善”为重点的“美德工程”，组织开展一系列弘扬德文化、践行社会主义核心价值观的活动。在全社会营造“德在民间、德在青山绿水间、德在人心中”的文化氛围，大兴树德、厚德、崇德、弘德、明德之风。

■ 东安被评为“国家农产品质量安全县” 2015年9月，东安县被国家农业部评为国家农产品质量安全县。东安县委、县政府高度重视农产品质量安全，从组织领导、财政投入、宣传发动、目标考核等方面为创建工作提供全方位保障，狠抓农产品质量安全监管工作。县财政安排专项经费加强乡（镇）检测站标准化建设，每个乡（镇）检测站配备统一办公场地，全县集中采购农残速测仪等监管检测设备54套，各乡（镇）监管站统一配备必需的检测设备，全县农产品质量安全监测工作达到有机构、有人员、有经费、有装备“四有”要求。该县在全省率先对县、乡（镇）两级的农业、畜牧水产的检测资源进行整合，实现县、乡（镇）两级的农业、畜牧水产监测站合署办公，完善农产品质量安全检测体系。利用这一检测体系，该县动、植物农产品质量安全检测工作实现统一计划、统一抽检、统一处理、统一发布信息。东安县84个农业标准化示范基地、23个农贸市场和超市分别设立监测点，建成以县农产品检测中心为主、乡（镇）检测站为辅、基地检测室为基础的农产品质量安全监测网络体系。全面落实生产记录、屠宰同步检疫、质量追溯、基地准出和市场准入等制度，全县农产品质量安全水平得到大幅提升。

（文士军）

领导名录

县委

书　　记　谢景林
副 书 记　陈宇荣　张　波
常　　委　郑景学
欧阳冬子
陈　丽　李顺利
李晓宁　王名扬
王学军　苏建华
李觉会

县人大常委会

主　　任　文高平
副 主 任　宁苏君　胡贤吉
唐新柱　胡慧川
蒋永辉

县人民政府

县　　长　陈宇荣
副 县 长　陈　丽　李晓宁
王学军　郑　航
唐振宇　涂世国
李瑞霞　张　静

县政协委员会

主　　席　陈　军
副 主 席　周刚生　丁国志
蒋燕平　唐月程
周壬秀

县直机关单位主要负责人

纪律检查委员会	书　记	李顺利
县委办	主　任	郑景学
县委组织部	部　长	王名扬
县委统战部	部　长	王名扬
县委宣传部	部　长	欧阳冬子
县委政法委	书　记	苏建华
县人武部	部　长	金志辉
	政　委	李觉会
法院	院　长	祝　群
检察院	检察长	刘繁荣
经济开发区	书　记	黄慧奎
	主　任	唐伟文
舜皇山国家森林公园管理局	书　记	秦剑元

	局长	周云喜
人大办	主任	唐小军
政府办	主任	刘劼
政协	秘书长	陈弦
农村工作部（县农办）	部长	唐定友
机关事务管理局	局长	吴竹林
保密局	局长	卿甫均
档案局	局长	桑茂葵
史志办	主任	陈珍枚
老干局	局长	蒋忠山
机构编制委员会办公室	主任	刘启银
直属机关党委	书记	刘芳玲
党校	校长	（缺）
总工会	党组书记	潘尚荣
团县委	书记	李爽杰
妇联	主席	蒋素华
发展和改革委员会	主任	苏乐云
经济和信息化委员会	主任	朱成辉
人口和计划生育委员会	主任	唐世义
财政局	局长	黄清平
民政局	局长	郭松燕
公安局	局长	郑航
交通运输局	局长	唐导国
公路局	局长	陈明满
教育局	局长	唐德光
卫计委	主任	唐文
审计局	局长	席建军
安全生产监督管理局	局长	谢康生
司法局	局长	唐卑
林业局	局长	蒋鹏飞
水利局	局长	郑剑
农业局	局长	唐正旺
科学技术局	局长	黄超泉
国土资源局	局长	唐良泗
住房和城乡规划建设局	局长	潘中华
人力资源和社会保障局	局长	文中
环保局	局长	胡遵柏
商务局	局长	陈柳华
文广新局	局长	俞兰桂
广播电视台	台长	唐民成
体育局	局长	李文亚
信访局	局长	唐真军
法制办	主任	雷建荣
人防办	主任	唐善武
移民开发局	局长	关健
旅游局	局长	翟平辉
房产局	局长	许林松
房改办	主任	黄爱成
统计局	局长	杨家党
粮食局	局长	荣松林
城管局	局长	李勇
物价局	局长	黄东林
食品药品监督管理局	局长	文百炼
交警大队	大队长	蒋建斌
物资事务管理办公室	主任	刘福元
农业机械化管理局	局长	邓乙清
畜牧水产局	局长	李文亚
农村经营管理局	局长	易学
农业综合开发办公室	主任	滕建明
供销合作社联合社	主任	刘幼平
商业事务管理办公室	主任	黄华云
科学技术协会	主席	唐绍林
残疾人联合会	理事长	陈美娥
蔬菜办	主任	蒋年华

乡镇场主要负责人

白牙市镇	书记	廖祝春
	镇长	王湘钧
大庙口镇	书记	奉海军
	镇长	蒋小华
紫溪市镇	书记	施祖益
	镇长	徐斌
石期市镇	书记	黄敏
	镇长	胡国晟
横塘镇	书记	文远告
	镇长	（缺）
水岭乡	书记	周文
	乡长	陈瑶林
井头圩镇	书记	张一波
	镇长	（缺）
川岩乡	书记	蒋笃刚
	乡长	田建飞
端桥铺镇	书记	周海雄
	镇长	胡江峰
鹿马桥	书记	唐久梅
	镇长	陈宏波
芦洪市镇	书记	伍建洲
	镇长	周玮
新圩江镇	书记	周志成
	镇长	冯志多
花桥镇	书记	张雄
	镇长	陈荣景
大盛镇	书记	唐琼艳
	镇长	文铁兵
南桥镇	书记	文嵩
	镇长	刘湘明
黄泥洞林场	书记	陈群峰
	场长	蒋松华

部分省、市驻县单位主要负责人

东安监狱	监狱长	宋小平
	政委	王光明
湖南储备物资管理局三七四处	处长	颜学武
湘钢东安石矿	矿长	李永葆
国网东安供电公司	总经理	邓也平
国家税务局	局长	梁公民
地方税务局	局长	方成矩
电信公司	经理	叶劲松
烟草专卖局	局长	邱小平
工商行政管理局	局长	蒋河东
质量技术监督局	局长	李志成
气象局	局长	龙支军
人民银行	行长	唐建波
农商行	董事长	唐军
农业银行	行长	李柏平
建设银行	行长	唐澳艳

工商银行	行长	周铁军
中国银行	行长	黄志
农发行	行长	王海华
邮政储蓄银行	行长	文辉
邮政局	局长	盘光军
移动公司	经理	欧阳宁峰
联通公司	经理	罗灿
药材公司	经理	彭国辉
盐业公司	经理	朱海荣
石油公司	经理	伍国营
人保财险公司	经理	潘清彬
人寿保险公司	经理	夏利娟
平保产险公司	经理	雷晨
太平洋财产保险公司	经理	罗丽萍
东安火车站	站长	和密
湘运东安公司	经理	吕湘林
永州市住房公积金管理中心东安管理部	主任	张孟军

双牌县

■概述 2015年，双牌县辖6个镇8个乡（其中一个瑶族自治乡）3个林场和1个国家森林公园管理局。土地总面积1751平方公里，其中耕地面积0.94万公顷。年末总人口20.24万人，其中城镇化率40.1%，少数民族人口1.3万人。人口出生率10.99‰，人口自然增长率为3.49‰。年内气温最高37.1℃，最低-0.2℃年，年降水量1899.4毫米。

完成地方生产总值50亿元，增长10.2%。三次产业结构比为28.8：43.2：28。完成财政收入4.11亿元，同比增长17.27%.

全县粮食总产量7.96万吨，蔬菜种植10.28万亩，完成果茶扩园6080亩、低改6095亩，分别占市分配任务的108%和109.5%。完成茄子、百香果、萝卜等“三品一标”认证农产品5个。出台《双牌县森林资源保护管理办法》，实行全面封山育林，森林覆盖率达到76.41%。设立农林担保有限责任公司，成功融资3000万元。完成通道大苗造林5.31万株，种植爬山虎4万株，工程及面上造林4.43万亩。新增农村流转土地7.77万亩，新型农业经营主体发展到368个。打造规划重点水利建设项目47个，概算总投资达24亿元。

规模工业完成总产值47.8亿元，同比增长29.3%，工业税收占全县总税收的比例达到42.58%。“135”工程全面实施，标准厂房建设完成市定任务的124%。投资1亿元的华长源高速公路波形护栏竣工投产，投资3.5亿源的乐福地医药建成标准厂房5.2万平方米，投资4.5亿元的倪家洞风电场即将全面启动建设。新入统规模企业6家。规模工业完成总产值、规模工业增加值、工业固定资产投资同比分别增长29.4%、12.5%和21.6%。

完成社会消费品零售总额10.44万亿元，居民消费价格总水平同比上涨13%，完成进出口总额790万美元，实际利用外商直接投资额260万美元。第九届阳明山“和”文化旅游节成功举办，桐子坳村创建为AAA景区，接待各类游客373万人次，实现旅游综合收入17.9亿元，同比分别增长19.2%和20.1%。

完成固定资产投资30.6亿元，同比增长11.6%。G207国道改造项目双牌大山段通车，新塘上路公路进行路面硬化，双红公路新建治超站1个，完成隧道照明工程和亮化升级工程，建设农村公路65公里，站场17个，行政村通畅率达到100%。危桥改造完成9座，完成投资903万元。双电路、潇水沿江风光带竣工投用。县城新增5个高品质小游园，建筑立面亮化3.6万平方米。农村面貌持续改观，累计建成农村无害化卫生户厕7739座，涉及121个村，占村庄总数61.8%，完成房屋立面改造工程3.08万平方米。

全省驾驭信息化试点县验收顺利通过，5名教师“晒课”获评国家优化课。县突发公共卫生事件应急处置中心完成招标投标开工，县中医院整体搬迁项目启动。新媒体快速发展，“双牌发布”微信平台获得全国政务类第八名，全省政务类第三名。“两站一馆”实现免费开放。建设完成26所合格学校，8所乡镇公办中心幼儿园、3所村级公办幼儿园、11所特色品牌学校。全县高考835人参考，一、二本以上上线246人，每万人二本上线率居全市第三位。高中学业水平考试正考合格率达97.56%，继续位居全市前列。群体文化活动蓬勃开展，文化馆“风之舞”队编排的舞蹈《多嘎多耶》参加在台湾举办的中华老年体育舞蹈国际艺术节比赛，获得大赛银奖。

存在的困难和问题：基础设施滞后，制约发展的“瓶颈”问题没有彻底打破；经济总量偏小，主体财源不多，发展后劲不足，财政收支压力大；产业发展不快，农业产业化程度不高、工业发展规模偏小、现代服务业贡献不多；社会建设相对滞后，扶贫攻坚任务艰巨，影响社会稳定因素仍然较多等等。

■ 阳明山获国家生态旅游示范区 2015年3月，阳明山旅游景区成功被环保部评为国家生态旅游示范区。阳明山地处永州市中腹，双牌县东隅，永连公路从山下而过，距永州飞机场35公里，地理位置便利，生态资源优越。已先后跻身国家森林公园、国家自然保护区、国家水利风景区和中国绿色环境示范基地、国家AAAA级旅游景区行列。2015年，双牌县以三个“强化”，扎实推进阳明山生态旅游示范区创建工作。强化生态资源保护，响应“创森”号召，全力推进“绿色阳明山”建设。完成7500亩16万株的竹阔混交林补植，村庄绿化完成花卉树苗4.1万株，进行两次森林防火培训和演练，张贴护林防火标语320张，发放森林资源保护宣传单1200份。强化生态旅游建设，扩建万和湖景区大型停车场，修建万和湖游客中转站，环湖游道和赏花游道完工；完成亲水平台等配套设施建设，新建4处赏花观景台。强化景区规范管理，通过保障经费，选取安排护林队和4个管护站，配备专职护林员6人，村专职护林员9人，购置2套监控设备，严肃查处毁林案件，严厉打击毁林违法分子，有效遏制乱砍乱伐、乱捕乱猎现象。

■ 桐子坳获批国家AAA景区 2015年年底，桐子坳景区创建AAA级成功。桐子坳村位于茶林镇最南端，地理位置便利，距双牌县城36公里，到永州中心城区仅30分钟车程，自然条件优越，旅游资源独特，上百年古银杏树有200多株，先后被评为“湖南特色旅游名村”和湖南省“‘记忆里的乡愁’原味乡村休闲地”，被誉为“永州秋天最美的村庄”和“中国银杏第一村”。立足桐子坳旅游资源优势，高起点高标准规划设计，投资近100万元完成桐子坳景区规划、集镇总体规划和老院子、廖家湾等村的秀美村庄建设规划。整合各类资金600多万元，完成生态停车场、游客中心，游道、观景台以及道路拓宽油化等配套设施建设，种植观赏花卉280余亩，弥补景观单一和季节性强的现状。同时，实施环境卫生整治和秀美村庄建设，并加强景区管理，增强服务功能，致使全镇旅游的知名度、美誉度再度攀升。全年全镇接待游客25万人次以上，实现旅游综合收入800万元。

■ 双牌县获全省“扶贫实绩综合优秀县” 2015年，双牌县先后多次召开县委常委会、县政府常务会议传达贯彻中央和省、市关于精准扶贫的相关文件、会议精神，专题研究部署精准扶贫工作。成立书记任组长，县长任常务副组长，相关县级领导、县直相关部门负责人为成员的高规格的精准扶贫工作领导小组。下设一室八组，具体负责全县精准扶贫工作的顶层设计和精准扶贫项目的规划、实施、督查考核等工作。各乡镇均成立相应领导机构和专门的工作班子。谋划扶贫开发，调整各项部署，县里制定出台“1+X+部门”系列文件，“五个一批”帮扶举措有效落地生根，全县72个重点扶贫村实现驻村帮扶全覆盖。投入财政扶贫资金4100万元，减少贫困人口9930人，贫困发生率下降到11.5%，在全省48个三类县中排名第二位，获全省全面建成小康社会精准扶贫类的“扶贫实绩综合优秀县”。

■ 双牌县农村淘宝县级运营中心启动 2015年，双牌县适应经济发展新常态，以国家大力实施“互联网+”战略为契机，将电子商务作为产业转型升级、促进农村快速发展的重要举措，依托双牌区位、产业、资源优势，持续壮大电子商务发展规模，重点推进“农村淘宝”项目，不断提升电子商务工作水平，全县电子商务呈现出良好的发展态势。全县农村淘宝村级服务站点发展到近30家，阿里巴巴、苏宁易购、农商通等3家大型电商企业进驻并正式运营，新增“触电”农业企业12家、各类网店160余个，重点培育5家电子商务经营主体，实现网络零售2600余万元。3月15日，位于双牌县青龙洞景区旁农村淘宝县级运营中心启动运营。

■ 双牌县倪家洞风电场开工建设 双牌县倪家洞风电场地处两省三县交界处，理论可开发规模约11.4万千瓦，其中双牌县境内2.4万千瓦；双牌县与零陵区边界即仙人塘至大坳岭1.8万千瓦；双牌与全州边界仙人塘1万千瓦；双牌与全州边界尖山岭1.2万千瓦；全州县境内磨子岭、九狮岭5万千瓦；经与各级政府沟通协商，香港UPC公司已取得全州县境内磨子岭、九狮岭的风资源开发权。现澧水公司规划开发的规模为5.2万千瓦，总投资4.5亿元。截至2015年12月底，项目建设监理、土建及机电安装、风机及附属设备的招标工作均已完成，4月27日举行开工仪式，项目进入全面施工阶段。

（蒋业勋　吴跃男）

领导名录

县委

书记	苏小康
副书记	魏和胜　李瑛
常委	刘红安　李长于　李群辉　秦小国　刘洁　张少宣　周华
正处级干部	唐清才
副调研员	周安力
副处级干部	唐俊　何彩玲

县人大常委会

主任	唐冬华
副主任	袁小爱　邓美英　邓明义　吕保和　姜国文

县人民政府

县长	魏和胜
副县长	刘红安　李长于　周新华　熊爱华　付康成　廖劲松　蒋爱先
副调研员	蒋升隆　杨玫芳
副处级干部	张少云

县政协委员会

主席	唐彦
副主席	蒋建辉　田春玲　陶思荣　蒋昌智　钟建红
正处级干部	刘迎春
副处级干部	付德盛

县直单位主要负责人

县纪委	书记	李群辉
县委办	主任	张少宣
县委组织部	部长	秦小国
县委宣传部	部长	张少宣
县委统战部	部长	秦小国
县人武部	部长	周华
	政委	向胜
党校	校长	蒋渊民
农村工作部	部长	刘昌义
人民法院	院长	黄文德
人民检察院	检察长	杨建国
公安局	局长	廖劲松
	政委	谢孝平
监察局	局长	乐永生
司法局	局长	吴永友
县委督查室	主任	蒋建华
老干局	局长	胡尚恒
人社局	局长	刘世春
县委政法委	书记	刘洁
编委办	主任	倪宏国
人大办	主任	邓绍斌
人大内司委	主任	唐瑞才
人大财工委	主任	奉朝曾
人大联工委	主任	邹天霞
人大科教文卫委	主任	蒋秀程
政协办	主任	文治广
政协文史委	主任	蒋雄斌
政协经科委	主任	邓明生
政协提案委	主任	邓忠德
总工会	党组书记 副主席	井海元
团县委	副书记	杨军艳
妇联	主席	黄涵
科协	主席	蒋满仙
残联	理事长	蒋启和
文联	主席	唐顺尧
工商联	主席	陶思荣
政府办	主任	邓海斌
发改委	主任	秦功军
粮食局	局长	龚述良
经信委	主任	胡志波
教育局	局长	胡佐军
科技局	局长	尹忠邦
交警大队	队长	邓知才
消防大队	教导员	刘胜强
武警中队	中队长	刘玉发
民政局	局长	龚文
财政局	局长	唐顺球
国土局	局长	邓石华
住建局	局长	何田昌
交通运输局	局长	魏海涌
水利局	局长	唐志利
农业局	局长	林信国
林业局	局长	李胜华
商务局	局长	蒋玮
文广新局	局长	桑显瑛
卫计委	党组书记	崔善军
审计局	局长	杨华
药监局	局长	王刚军
安监局	局长	何晓燕
信访局	局长	李剑
环保局	局长	袁道科
统计局	局长	王绍德
法制办	主任	刘江华
档案局	局长	周元凤
史志办	主任	邹成春
接待科	负责人	陈熙友
电视台	台长	王红梅
体育局	局长	李忠
农机局	局长	陶甄
农业开发办	主任	黄毅
移民开发局	局长	蒋明文
扶贫办	主任	蒋建华
畜牧水产局	局长	严德林
供销联社	主任	蒋顺良
经管局	局长	邓祥信
政务中心	主任	唐巨涛
旅游局	局长	万海云
房产局	局长	蒋喆
城建投资管理中心	主任	于牧青
价格局	局长	杨顺生
商业办	主任	袁亮
物资办	负责人	赵仁茂
二轻办	主任	袁永德
双牌工业园管委会	书记	廖杰
	主任	陈明武
城管执法局	局长	盘规元
公路局	局长	陈靖文
重点办	主任	杨义荣
市场管理中心	主任	周厚瑛
一中	校长	蒋笃家
二中	校长	赵斌
职业技术学校	校长	盘先瑞

人民医院	院长	刘迎春
中医院	院长	吕定华
红十字会	秘书长	何线珍
疾控中心	主任	盘道科
卫生监督所	所长	谢庆华
妇幼保健院	院长	龚兴美
合管办	主任	胡尚峰
电子政务管理办公室	主任	周友胜
机关社保中心	主任	邓石专
社保中心	主任	朱美花
医保中心	主任	邓苏铭
职介中心	主任	蒋陆海
就业中心	主任	唐时粱
工伤保险管理中心	主任	袁玉涛
劳动监察大队	队长	黄大金
社会救助局	局长	柏承龙
计生服务站	站长	何斌
乡镇财管局	局长	陈月凤
财政监督局	局长	蒋崇贵
国有资产管理局	局长	卿新春
国库支付局	局长	秦奖清
非税局	局长	奉慧娟
会管中心	主任	袁小忠
乡镇企业局	局长	唐善富
林业公安分局	局长	肖利民
泷泊林场	党委书记	韩永华
动物防疫监管站	站长	何振华
城市管理综合执法大队	政委	唐晓波
	大队长	杨迪文

乡镇场主要负责人

阳明山管理局	局长	邹礼春
泷泊镇	书记	杨迪文
	镇长	邓国勇
五里牌镇	书记	廖卫平
	镇长	谭小峰
江村镇	书记	（缺）
	镇长	杨丽军
理家坪乡	书记	陈爱民
	乡长	黄少军
茶林乡	书记	蒋瑜
	乡长	贺勇华
尚仁里乡	书记	周丽
	乡长	徐铁桥
永江乡	书记	龙兴旺
	乡长	蒋小玲
何家洞镇	书记	（缺）
	镇长	王明江
麻江乡	书记	唐学选
	乡长	魏昌龙
上梧江瑶族乡	书记	周宏春
	乡长	盘瑶丽
塘底乡	书记	何娜
	乡长	熊昌明
平福头乡	书记	严德旺
	乡长	刘飞轮
打鼓坪乡	书记	周明冬
	乡长	潘艳超
五星岭乡	书记	龚建华
	乡长	杨迪
打鼓坪林场	书记	盘承辉
	场长	唐振
五星岭林场	书记	蒋启国
	场长	盘爱军

部分省、市驻县单位主要负责人

工商局	局长	王长义
国税局	局长	骆雄
地税局	局长	罗卫民
电力局	局长	彭永胜
质量技术监督局	局长	李健
烟草局	局长	丁建冰
气象局	局长	刘军
邮政局	局长	于振林
水文局	局长	荣少奎
电信公司	经理	林新军
移动公司	总经理	邹昌文
联通公司	总经理	杨淇元
人民银行	行长	欧家宝
农业银行	行长	郑柏清
工商银行	行长	卢克深
建设银行	行长	彭国平
农村商业银行	董事长	谢辉
	行长	易朝国
邮政银行	行长	邓建民
人民保险	经理	吴起豪
人寿保险	经理	陈小琴
新华书店	经理	岑浮
石油公司	经理	胡冰飞
住房公积金中心	主任	邓新高
南岭化工厂	董事长	唐志
南岭民爆	总经理	陈光正
双牌水电站	站长	杨勇

道县

概述 2015年，全县辖11镇4乡7个街道和3个国有农林场，土地面积2447.8平方公里，其中耕地面积68.26万亩。年末常住人口62.46万人，其中城镇人口25.55万人，城镇化率为41.43%，比2014年提高1.53个百分点。常住人口中男性人口为33.91万人。人口出生率12.51‰，死亡率7.16‰，人口自然增长率5.35‰。年末全县户籍人口总户数24.29万户，户籍总人口80.28万人。最高气温36.8℃，最低气温0.9℃，年平均气温19.4℃，年降水量2215毫米，年日照时数1103.9小时。

地区生产总值153.14亿元，比2014年增长9.8%。其中，第一产业增加值40.32亿元，增长4.1%；第二产业增加值41.59亿元，增长9.6%；第三产业增加值71.23亿元，增长12.7%。人均地区生产总值24593元，比2014年增长9.2%。全县三次产业结构比由2014年的26.5∶28.2∶45.3调整为26.3∶37.2∶46.5。工业增加值占地区生产总值的比重为21.5%；高新技术产业增加值占地区生产总值的比重为4.63%，比2014年提高1.23个百分点。

第一、二、三产业对经济增长的贡献率分别为9.5%、29.5%和61.0%。全县非公有制经济增加值90.66亿元，比2014年增长10.4%，占地区生产总值的比重为59.2%，比2014年提高0.3个百分点。完成财政总收入10.23亿元，比2014年增长17.6%，其中公共财政预算收入7.61亿元，增长16.8%。全县公共财政预算支出32.07亿元，增长13.8%；公共财政预算支出中一般公共服务支出6.65亿元，增长9.1%。金融机构各项存款余额132.38亿元，比2014年增长16.5%，比年初净增18.73亿元。其中城乡居民储蓄存款余额108.53亿元，增长12.1%，比年初净增11.68亿元。金融机构各项贷款余额47.83亿元，比2014年增长21.7%，比年初净增8.51亿元。其中，中长期贷款余额37.4亿元，增长25.2%，比年初净增7.54亿元。实现保费收入2.21亿元，比2014年增长38.6%。其中，财产险保费收入5873万元，增长11.8%；人身险保费收入1.62亿元，增长50.4%。各项赔款和给付支出1.17亿元，比2014年增长45.4%。其中，财产险赔款支出2519万元，减少9.5%；人身险赔款和给付支出9163万元，增长77.7%。全县居民消费价格总指数（CPI）比2014年上涨1.4%，其中消费品价格上涨1.5%。居民消费八大类指标中：食品类上涨3.1%，烟酒类上涨2.4%，衣着类上涨2.2%，家庭设备用品及维修服务类上涨0.9%，医疗保健和个人用品类上涨1.9%，交通和通信类下降1.8%，娱乐教育文化用品及服务类上涨1.4%，居住类价格上涨1.1%。商品零售价格总指数比2014年上涨0.5%。农业生产资料价格指数比2014年上涨4.1%。全县全面小康建设取得新进展，总体实现程度为80.1%，比2014年提高5.1个百分点。其中，经济发展实现程度达65.8%，提升7.5个百分点；人民生活实现程度达80.9%，提升5.1个百分点；社会发展实现程度达94%，提升0.3个百分点；民主法治实现程度达100%，提升0.6个百分点；生态文明实现程度达97.9%，提升7.3个百分点。

完成农林牧渔业总产值73.25亿元，比2014年增长4.1%；实现农林牧渔业增加值40.7亿元，增长5.1%。全县粮食种植面积108.29万亩，比2014年增长1.4%；油料种植面积13.56万亩，减少0.8%；烟叶种植面积3.12万亩，减少5.5%；蔬菜种植面积50.79万亩，增长1.8%；水果扩园2.1万亩，脐橙总面积达到17万亩，比2014年增加1万亩。主要农产品产量：粮食39.85万吨，油料1.53万吨，烤烟3900吨，蔬菜99.26万吨，水果15.85万吨，生猪出栏100.48万头，牛出栏8.56万头，羊出栏12.36万只，禽蛋3617吨，水产品2.97万吨。完成农田水利建设资金5.6亿元。实施小（2）型水库除险加固40座；实施云溪、柑子园水厂续建等工程24处，解决4.8万人次饮水不安全问题。完成寿雁等片区项目建设，改造灌排渠51条73.7公里，整治河坝7座、山塘12处，完成高效节水示范片1000亩，新建、改造渠系建筑物52处。新建沼气池810口，节柴灶226台。拥有农业机械9.7万台，增长5.4%；总动力49.29亿千瓦，增长5.4%。

完成工业总产值104.31亿元，比2014年增长17.9%；实现工业增加值32.89亿元，增长10.2%。新增规模以上工业企业12家，规模以上工业企业达到65家。完成规模工业总产值58亿元，增长24.7%；实现规模工业增加值15.74亿元，增长13.3%。主要工业产品产量：锰矿石成品矿12.52万吨，精制食用植物油4513吨，大米2.42万吨，硅酸盐水泥熟料109.7万吨，水泥121.1万吨，皮鞋849.1万双，纱779吨，布1254万米，服装1091.2万件，纸制品6437吨，模具3万套，电力电缆1.6万千米，电子元件1000万只，生铁1.8万吨，钢结构1.19万吨，铁合金7.31万吨，印制电路板9.6万平方米，房间空气调节器3.7万台，化学试剂3256吨，金属紧固件4669吨，商品混凝土55.7万立方米，自来水生产量1236万立方米。规模工业企业实现主营业务收入57.4亿元，比2014年增长26.7%；实现利税总额1.43亿元，减少29.1%，其中利润总额3315万元，减少37.3%。全年实现建筑业增加值8.72亿元，比2014年增长7.4%。具有资质等级的总承包和专业承包建筑企业完成产值19.83亿元，比2014年增长8.3%；房屋建筑施工面积112.39万平方米，增长7%；房屋建筑竣工面积90.65万平方米，增长19.9%。

完成固定资产投资152.55亿元，比2014年增长18.0%。分产业看，第一产业投资3.77亿元，减少8.1%；第二产业投资60.66亿元，减少18.1%，其中工业投资58.74亿元，减少6.7%；第三产业投资88.12亿元，增长72.6%。在建项目357个，比2014年减少3.5%，其中，新开工项目256个，增长26.7%；投产项目242个，减少10.0%。5000万元以上项目101个，比2014年减少41个，实际完成投资66.79亿元，增长3.7%。完成房地产开发投资11.12亿元，比2014年增长9.5%。实现房地产业增加值6.06亿元，比2014年增长7.2%。房屋施工面积86.73万平方米，比2014年增长20.1%；竣工面积30.66万平方米，增长8.8%。商品房销售面积31.76万平方米，增长15.4%；商品房销售额10.01亿元，增长23.1%。

实现社会消费品零售总额48.79元，比2014年增长12.1%。分地域看，城镇消费品零售额42.04亿元，增长12.2%；乡村消费品零售额6.75亿元，增长11.4%。按行业分，批发和零售业零售额39.98亿元，增长12.2%；住宿和餐饮业零售额8.81亿元，增长11.6%。在限额以上批发零售业商品零售额中，汽车类增长26.1%，家用电器和音像器材类增长17.5%，石油及制品类增长22.1%。完成外贸进出口总额6995万美元，比2014年增长27.6%。其中，出口总额6622万美元，增长31.3%；进口总额373万美元，减少14.8%。加工贸易实现3023万美元，比2014年增长5.4%。引进项目60个，其中，内资项目56个，外资项目4个。实际到位外资6900万美元，比2014年减少16.5%；实际到位内资41.82亿元，减少19.4%。各种运输方式累计完成客运量869万人，比2014年增长5.1%；完成客运周转量4.66亿人公里，增长9.2%。完成货运量761万吨，增长1.7%；完成货运周转量16.99亿吨公里，增长3.5%。公路通车里程2737.17公里，其中高速公路77公里。实现邮电业务总量3.26亿元，比2014年增长22.2%。固定电话用户1.8万户，下降23.4%，其中乡村固定电话用户0.56万户，下降37.1%；移动电话用户30.52万户，增长22.3%。互联网宽带用户3.75万户，比2014年增长19.0%。接待国内外旅游者9.25万人次，比2014年增长15.9%；实现旅游总收入393万元，增长11.6%。其中，接待入境游客3038人次，创汇23.6万美元，分别增长14.7%、15.3%。

全县小学学龄儿童入学率99.98%，初中升学率86.9%，高中阶段毛入学率61.4%。有职业中学2所，在校学生5550人；普通中学36所，在校学生3.71万人；普通小学276所，在校学生6.76万人；幼儿园（班）185所，在园（班）人数3.05万人。有教职员工6833人，其中专职教师6067人。申报国家专利347件，比2014年增长48.9%，其中发明专利124件，增长61%；获得专利授权84件，减少22.9%，其中发明专利4件，减少20%；通过市级以上科技成果鉴定1项。高新技术企业发展到25家，实现高新技术产业增加值7.09亿元。有名胜风景和文物保护单位58个，有各类艺术表演团体275个，艺术演出6万场次，艺术表演场馆1个，文化馆1个，1个三级图书馆藏书54.86万册；乡镇文化站覆盖到乡，农家书屋覆盖到村；免费送戏下乡60场次、免费放映电影6765场。全县电视发射台1座，卫星电视接收站台56个，电视综合人口覆盖率为95.2%，有线电视用户8.9万户。有医疗卫生机构（含诊所）639个。其中，医院10所、卫生院23所，妇幼保健院、疾病预防控制中心、卫生监督所各1个；拥有床位总数2954张，比2014年增加446张；卫生技术人员1813人，其中执业（助理）医师660人，注册护士751人。新型农村合作医疗参保人数64.09万人。有电脑体育彩票布点27个，完成销售额700万元。参加省级体育比赛，获金牌4枚、银牌1枚、铜牌1枚。

城乡居民收入15320元，比2014年增长10%。其中，城镇居民人均可支配收入20839元，增长9.1%；农村居民人均可支配收入12084元，增长9.7%。新增城镇就业人员6959人，农村劳动力转移就业7500人。参加基本养老保险人数25181人，参加失业保险人数22200人，参加基本医疗保险人数168785人，参加工伤保险人数38520人。领取城市最低生活保障人数6684人，领取农村最低生活保障人数36139人。全县环境空气质量良好率100%；县内潇水干流及六大水系水质保持Ⅲ类或以上，城区集中式饮用水源水质达标率为100%。城镇污水处理率为69.8%，比2014年提高18.1个百分点；农村生活污水处理率45.8%；农村垃圾集中处理率99.5%，比2014年提高9.7个百分点。活立木总蓄积量583.13万立方米，森林资源蓄积量增长率4.2%，比2014年提高1.2个百分点；城镇建成区绿化覆盖面积1129.4公顷，绿化覆盖率为31.5%，比2014年提高0.4个百分点。能源消耗总量76.47万吨标准煤，万元地区生产总值能耗为0.57吨标准煤，比2014年下降21.4%。消减化学需氧量262.9吨、二氧化硫81.4吨。发生经营性生产安全事故1起、死亡1人，比2014年分别下降66.7%、66.7%。亿元GDP生产安全事故死亡人数0.65人，下降70%。发生道路交通事故3起，死亡3人，道路交通万车事故死亡人数0.46人，下降95.6%。

经济社会发展中存在的主要问题：经济增速放缓，发展后劲不足，要素制约突出，公共服务薄弱，社会环境欠优，干部作风和执行力需要大力加强，经济环境需进一步优化等等。

■ 湖南省农副产品集中验放场

2015年，湖南省农副产品集中验放场项目投资5000万元，完成通关大楼、交易大楼主体工程建设，以及通关查验平台、检验检疫查验平台、分拣场等综合配套建设。湖南省农副产品集中验放场项目是经湖南省人民政府审核批准，由湖南湘中工业投资有限公司投资建设的永州市重点物流通关平台建设项目，也是列入永州市委、市政府“1511”工程的重点项目之一。项目总投资2亿元，位于道县东洲北路与振兴路交汇处，规划面积350亩，一期建设用地193亩，建筑面积10万平方米，主要建设通关服务中心办公楼、海关商检查验工作区、农副产品交易区、监管仓、保鲜房、熏蒸房、供港澳农副产品分拣场、综合楼、集装箱堆场等工程；二期规划为进境农副产品集散中心。项目建成后，将纳入永州口岸管理，具备公路口岸功能，并叠加进境水果指定口岸功能，致力打造全省供粤港澳及进出口东盟等国家的果蔬集中交易和验放新平台，成为湘、粤、桂果蔬进出口物流集散中心。

■ 道县成功创建省级卫生县城

2015年12月25日，省爱卫会正式行文，授予道县“湖南省卫生县城”称号，并表示在同批参与“创卫”评审鉴定的县区中，道县堪称典范，其工作经验值得推广借鉴。

■ 道县洪塘营瑶族乡获“中国标准化气象灾害防御示范乡”称号

2015年，道县洪塘营瑶族乡获“中国标准化气象灾害防御示范乡”称号。该乡通过做实“有领导机构、有信息员队伍、有信息服务站、有监测预警网络、有风险地图、有应急预案、有科普计划、有效益评估”等8项基础工作，建立起标准化的农村气象灾害防御体系，提升气象灾害应急保障和处置能力，有效预防瑶族乡的自然灾害，确保瑶族乡群众生命财产安全。

■ 道县被国土资源部授予“全国地质灾害防治高标准‘十有县’荣誉称号” 2015年，道县被国土资源部授予“全国地质灾害防治高标准‘十有县’称号”。道县高度重视地质灾害防治工作，通过健全机制、强化措施、突出重点等多项举措，治理地质灾害项目工程5个，消除地质灾害隐患7处，减少受威胁群众2100余人，成功转移避险5次，避免40余人的伤亡和200余万元的财产损失，实现连续多年未因地质灾害造成人民群众生命财产损失目标。

（周贤华　李胜勇）

领导名录

县委

书　　记	胡先荣	
副 书 记	刘勇会	李天明
常　　委	蒋燕飞	龙　军
	乌进甫	李　林
	李四清	刘建民
	何江鸿	雷军平
正处级干部	胡好贤	
副处级干部	谢跃进	

县人大常委会

主　　任	周良英	
正处级干部 党组副书记	杨建国	
副 主 任	何雨桂	陈　一
	王福忠	周小平
	吴志教	
正处级干部	蒋小文	
原副主任	何清安	

县人民政府

县　　长	刘勇会	
副 县 长	蒋燕飞	李四清
	周云玲	彭德源
	胡斌清	李三阳
	李良刚	林志刚
正处级干部	何月姣	
副处级干部	周德金	蒋　斌

县政协委员会

主　　席	蒋新祥	
正处级干部 党组副书记	郭春荫	
副 主 席	胡昌启	赵明扬
	黄　敏	丁建华
	陈新娥	

县直机关单位主要负责人

县委组织部	部　长	龙　军
县 纪 委	书　记	雷军平
县委政法委	书　记	乌进甫
县委宣传部	部　长	李　林
县 委 办	主　任	何江鸿

县人武部	部长	刘建民
	政委	刘松元
人大办	主任	杨先萍
政府办	主任	何小白
政协办	秘书长	王春山
公安局	局长	李良刚
	政委	匡建华
道州工业园管委会	党工委书记	唐卫红
	主任	唐理
湖南月岩周敦颐故里风景名胜区管理处	主任	黄胜贤
检察院	检察长	蒋江陵
法院	院长	艾久华
月岩国家森林管理局	局长	郑际秋
保密局	局长	黄少勇
档案局	局长	（缺）
机要局	副局长	聂悟真
接待科	科长	曾霖
湘源管理区	主任	周顺清
直属机关工委	书记	邹景胜
群众工作部	部长	阳碧云
编委办	主任	何辉光
总工会	书记	廖必璋
团县委	书记	（缺）
县委党校	校长	邓爱群
老干局	局长	何日光
经委	主任	郭国平
妇联	主席	许咏梅
残联	理事长	胡日礼
科协	主席	黄香军
文联	主席	黄新姿
广播电视台	台长	李世义
文广新局	局长	罗明桥
文化市场综合执法大队	大队长	黄鑫
机关事务管理局	局长	（缺）
统战部	部长	龙军
工商联	书记	王润贤
财政局	书记	朱云雁
司法局	局长	李征华
交警大队	大队长	刘杰彩
发改委	主任	朱江明
人社局	局长	欧鹰
法制办	主任	何元吉
信访局	局长	阳碧云
商管办	主任	何吉
综治办	主任	蒋红光
台办	主任	叶灵贤
史志办	主任	黄春祥
民政局	局长	毛长江
审计局	局长	熊礼松
移民局	局长	（缺）
科技局	局长	吴国玉
环保局	局长	李引文
旅游局	局长	周凤团
体育局	局长	尹江文
房改办	主任	何登开
濂溪山庄管委会	主任	汪华
安全生产监督管理局	局长	魏文美
政务服务中心	主任	周铭祥
物价局	局长	杨吉荣
统计局	局长	蒋瑶立
国家统计局道县调查队	队长	黄转星
物管办	主任	袁延忠
人口和计划生育委员会	主任	欧阳英
富塘工业小区管委会	主任	蒋云宝
食品药品监督管理局	局长	周龙平
城市建设投资开发有限公司	总经理	胡绍军
畜牧水产局	局长	唐也
乡镇企业局	局长	杨显荣
市场服务中心	主任	莫赟
公路局	局长	何柏章
交通局	局长	杨三信
商务局	局长	周镜勇
粮食局	局长	蒋儒华
园林局	局长	何健
农业局	局长	何景新
林业局	局长	杨安良
水利局	局长	黄河清
农机局	局长	何武成
供销社	主任	李少军
经管局	局长	何亮庆
蔬菜局	局长	冯康瑞
烤烟办	主任	范安红
绩效考核办	主任	周庆学
农业开发办	主任	洪兴勇
规划建设局	局长	杨小江
自来水公司	总经理	文仗彩
城市管理局	局长	李斌
国土资源局	局长	蒋建俊
房地产管理局	局长	陈斌
人民医院	院长	周生成
	党委书记	阳辉
中医院	院长	熊晓峰
疾控中心	主任	肖拥军
妇幼保健和计划生育服务中心	主任	吴红
卫生计生综合监督执法局	局长	周德富
合管办	主任	徐燕
教育局	局长	陈林静
永州工贸学校	校长	（缺）
	书记	尹存成
一中	校长	刘四清
二中	校长	邱友杰
三中	校长	陈波浪
四中	校长	胡仁
五中	校长	杨乐生
六中	校长	郭创任
绍基学校	校长	唐勇生
敦颐学校	校长	何青春
教师进修学校	校长	杨碧七
濂溪学校	校长	熊荣进
一小	校长	黄玲燕
二小	校长	杨运生
三小	校长	蒋先利
五小	校长	何景耀
六小	校长	邓选知
七小	校长	李镇海
城南幼儿园	校长	黄颂
道县师范	校长	何云峰

工商局	局长	王斗星
质量技术监督局	局长	戴润生
国税局	局长	欧阳长江
地税局	局长	黄靖
电力局	局长	廖家旺
邮政局	局长	何举旭
电信公司	经理	李群
移动公司	经理	邹昌文
联通公司	经理	林翔
药材公司	经理	李小云
烟草专卖局	局长	文敏
盐务局	局长	蒋骁龙
石油公司	经理	欧光健
人民银行	行长	张昆
工商银行	行长	陈圣平
农业银行	行长	肖绍元
建设银行	行长	周泽宇
中国银行	行长	宁闯
农业发展银行	行长	李隆
信用合作联社	理事长	罗怀科
中国邮政储蓄银行	行长	刘友佳
中国人寿保险公司	经理	唐照生
中国人民财产保险公司	经理	蒋玉林
中国人民人寿保险公司	经理	熊跃生
中华联合财产保险公司	经理	李树花
永汽总公司道县分公司	经理	李林
住房公积金管理中心	主任	谢吉生
新华书店	经理	孙奇宁
气象局	局长	李国湘
水文局	局长	谢平
武警中队	队长	蒋宪军
消防大队	教导员	李其峰
火车站	站长	兰祖陆

乡镇街道主要负责人

濂溪街道	党工委书记	（缺）
	主任	邓宪勇
	党工委副书记	刘健
	人大联络员	阳维凤
	政协工委主任	王开林
西洲街道	党工委书记	李厚流
	主任	何圣志
	党工委副书记	陈伟敏
	人大联络员	乐小可
	政协工委主任	何胜春
上关街道	党工委书记	黄涛
	主任	杨高生
	党工委副书记	文云
	人大联络员	胡维进
	政协工委主任	黄致远
东门街道	党工委书记	陈祖淼
	主任	蒋德军
	党工委副书记	唐四军
	人大联络员	黄杰
	政协工委主任	郑权
营江街道	党工委书记	王国祥
	主任	周明远
	党工委副书记	谭海峰
	人大联络员	刘志宏
	政协工委主任	蒋清
富塘街道	党工委书记	龚常然
	主任	李志
	党工委副书记	熊景叶
	人大联络员	李建武
	政协工委主任	熊联辉
万家庄街道	党工委书记	何积忠
	主任	阳龙庆
	党工委副书记	熊旺生
	人大主席	秦伟彬
	政协工委主任	黄晖
寿雁镇	书记	朱正忠
	镇长	黄浩
	党委副书记	吴国辉
	人大主席	周泽学
	政协工委主任	熊举众
仙子脚镇	书记	何庭阳
	镇长	杨英治
	党委副书记	刘跃胜
	人大主席	张长权
	政协工委主任	潘胜旺
梅花镇	书记	何智英
	镇长	胡景团
	党委副书记	陈洪江
	政协工委主任	蔡祖军
清塘镇	书记	何信海
	镇长	何高煌
	党委副书记	孟千海
	人大主席	何跃先
	政协工委主任	刘勇
祥霖铺镇	书记	何谢望
	镇长	张治群
	党委副书记	陈敏杰
	人大主席	朱瑜勤
	政协工委主任	何亚君
四马桥镇	书记	王小华
	镇长	魏东平
	党委副书记	何景华
	人大主席	邹清泉

	政协工委主任	周　明
蚣坝镇	书　记	朱古开
	镇　长	李争德
	党委副书记	（缺）
	人大主席	（缺）
	政协工委主任	黄新成
白马渡镇	书　记	陈远祥
	镇　长	何旭彤
	党委副书记	宋全辉
	人大主席	何尚才
	政协工委主任	范淳新
柑子园镇	书　记	朱　龙
	镇　长	周培序
	党委副书记	唐剑峰
	人大主席	刘文斌
	政协工委主任	何　卫
白芒铺镇	书　记	周德祥
	镇　长	黄金翠
	党委副书记	杨建明
	人大主席	何党生
	政协工委主任	（缺）
桥头镇	书　记	朱海勇
	镇　长	熊小明
	党委副书记	李振华
	人大主席	何朝生
	政协工委主任	王焕雄
乐福堂乡	书　记	蒋　奕
	乡　长	何忠军
	党委副书记	吴英平
	人大主席	胡勤兴
	政协工委主任	廖承辉
审章塘乡	书　记	唐亚辉
	乡　长	邓　辉
	党委副书记	朱号荣
	人大主席	李猛庆
	政协工委主任	张家亮
横岭乡	书　记	李　鑫
	乡　长	冯正海
	党委副书记	胡旺吉
	人大主席	唐文泉
	政协工委主任	周井喜
洪塘营乡	书　记	吴　明
	乡　长	顾裕武
	党委副书记	何　勇
	人大主席	程任重
	政协工委主任	陈万民
月岩林场	书　记	（缺）
	场　长	何月军
	党委副书记	陈　华
	人大联络员	周平明
	政协工委主任	蒋庭合
桥头林场	书　记	何进旺
	场　长	何绍华
	党委副书记	何月雄
	人大联络员	欧阳维堂
	政协工委主任	邓科美
大坪铺农场	书　记	毛满吉
	场　长	罗腔林
	人大主席	周益德
	政协工委主任	吴昌邱

江　永　县

■概述　江永县辖6个镇、5个乡（其中4个为瑶族乡）、1个国有农场、1个国有林场、1个省级自然保护区和1个国家级森林公园。土地总面积1540平方公里。年末人口27.87万人，其中农业人口23.47万人，占总人口的84.2%；以瑶族为主的少数民族人口17.1万人，占总人口的63.2%。人口出生率为8.7‰，自然增长率为6.4‰。年内平均气温19℃，年最高气温37.4℃，年最低-3.2℃，年降雨量1442.2毫米。

完成生产总值52.3亿元，比2014年增长9%。第一产业完成增加值18.6亿元，增长3.7%；第二产业完成增加值14.9亿元，增长9.5%；第三产业完成增加值18.8亿元，增长13.5%。三次产业结构为35.6∶28.4∶36.0。三次产业对经济增长的贡献率分别为14.2%、32.7%、53.1%。坚持绿色发展，产业建设实现新突破。新型工业提档升级。新增科威实业、盘王贡酒、黄甲岭风能发电、绿城混凝土、永发砖厂等5家规模企业，全县规模工业企业增加到33家，祥瑞科技在新四板成功上市。省级工业集中区拓园增效，“135”工程加速推进，争取标准厂房奖补资金712万元，新增扩园面积0.65平方公里，储备土地639亩。特色农业稳步发展。启动实施“三统一三引导”行动计划，香芋、香姜获评“2015中国中部农博会”金奖。大力推进现代农业建设，完成粮食总产12.4万吨，收购烟叶3.85万担。大力发展现代家庭农场，建成示范性家庭农场7家。下大力气防控柑橘黄龙病，强化苗木管理，对柑桔木虱进行群防群治，疫情蔓延趋势得到控制。

着力扩大投资，项目建设取得新进展。87个县重点项目和6个市“1511”工程项目分别完成投资29.98亿元、10.9亿元，占年度投资的151.4%、153.5%。

项目建设步伐加快。完成S325线公路改造，环城南路、幸福路北段顺利通车；行政中心、县城饮水工程、武装部搬迁、城中农贸市场、垃圾填埋场、殡仪馆、凤凰公园等一批项目建成投入使用；永明河综合治理项目完成征地33亩，拆除房屋130户1.4万平方米，园林景观工程的幸福桥、八角亭、陈家街、三元宫四区同时开工建设；汽车东站综合开发进度加快，全面完成350亩地和27栋房屋的征收拆迁任务；永明路立面风貌改造全线铺开；人民医院搬迁、时代电子、特色农副完成主体工程建设，中国智慧（江永）社员城、瑶城市场扩改、S325永迴路园区段过境扩改推进顺利，城区教育学位工程、市民广场续建工程全面完成；公安局业务用房、汽车西站等一批项目正顺利推进，城市规模大幅度拓展，城镇化率由21.2%提高到35.5%；装机24台4.8万千瓦的黄甲岭风电实现并网发电，千灌公路一期路基、桥梁、挡土墙、涵洞建设稳步推进，燕子山风能完成90%以上道路建设。争资引项成效显著。争取上级补助收入13.42亿元，增长32.85%，其中，专项转移支付5.91亿元，增长56.49%。成功融资9.2亿元，到位4.2亿元；实际引进内资10亿元，实际利用外资2600万美元。完成进出口850万美元，对外投资550万美元。金融服务进一步增强，新增贷款8亿元，增长77%。

推进创新创业，电商建设带来新气象。坚持借力发展、合力发展、定力发展，实施“互联网+”行动计划，电商等新兴业态得到快速发展。发展电商企业70家、开设网店1500个，创建电商集聚区2个，建设农村电商服务网点100个，电商从业人员达5000人。相继引进淘宝、天猫、京东、惠农网、湖湘商贸等大型电子商务综合平台资源，开展战略合作，与湘南桂北12县农产品电商“抱团发展”。组建湘村快线物流公司，引进菜鸟物流，初步构建县—乡—村三级现代物流体系。30个农村淘宝点开业经营，成为全市第一批阿里巴巴农村淘宝进驻的县区。全年电商购销总额突破13亿元，被列为“全国电子商务进农村综合示范县”。11月，全省电子商务进农村现场会和湘南电商峰会暨湘南桂北农产品电商发展论坛相继在江永县召开。

品牌旅游亮点频现。勾蓝瑶特色村寨通过国家级AAA景区验收，千家峒景区成功创建为国家级水利风景区、省级生态旅游示范区，上江圩女书风情小镇入选全省12个文化旅游风情小镇创建试点镇。成功举办2015年中国（江永）香柚节、盘王节、勾蓝瑶洗泥节等系列节庆活动，源口瑶族乡黄土坳村、上江圩镇下新屋村入选湖南省第二届最美少数民族特色村寨推荐名单。反映谭盾创作“女书·微电影”的纪录片在芝加哥国际电影节获奖。接待游客155.7万余人次，实现旅游综合收入7.8亿元，分别增长33%、44%。

突出扩容提质，深入开展省级卫生、文明县城创建，城乡环境大为改观。实施“123+X”工程，永明河沿江风光带、永明路立面风貌改造、瑶城市场扩改、汽车东站综合开发、市民广场二期等一批重点城建项目加快推进。完成7个城中村环境卫生整治以及背街小巷绿化、亮化和硬化工程。推进县城扩容，城区面积达6.7平方公里。乡镇亮化、硬化、序化工程稳步实施，上江圩、夏层铺、桃川、粗石江等主要通道沿线集镇均安装市政路灯，实施集镇硬化，完善排水设施。控违拆违力度进一步加大，查处城乡违法建筑64处，拆除违法建筑9520平方米。农村基础设施日益完善。完成小农水重点县项目建设，全力推进“五小水利”工程，解决农村2.4万人饮水安全。实施农村公路改造33.6公里，完成17座危桥改造、2座渡改桥，行政村通畅率和通客班车率均达100%，完成27个村农网改造任务。农村污染环境治理深入开展，完成空心村、空心房治理2.45万平方米。抓好上甘棠等25个新农村示范村建设，黄家村创建成为省级“美丽乡村”建设示范村。完成造林2.01万亩，开展通道、景区绿化补植补造各类苗木27.4万株，在国家发展和保护森林资源考核中被评为优秀。

全面完成省、市下达的重点民生实事项目任务，社会事业持续进步。教育卫生事业加快发展。教育学位工程稳步推进，三中改制为九年一贯制学校。全面完成合格学校和农村公办幼儿园建设任务，投资3000万元的江永第一幼儿园全面完工，投入6500万元的思源实验学校加快推进。民族过半县高考加分政策得到全面落实。医药卫生体制改革持续推进，县人民医院和中医院组建医疗联合体，实现药品零差率销售，新农合参合人数达22.48万人，参合率98.98%。城市低保、农村低保、五保分散供养人均月发放标准分别达 246.8 元、109.4 元、250 元，落实 90 岁以上老年人高龄津贴政策。新增城镇就业 3633 人，农村劳动力转移就业 4300 人。完成城乡居民养老保险等八项社保征缴任务，发放社保卡 18.2 万张。788 套公租房开工建设，完成城市棚户区和国有工矿棚户区改造 1830 户，实施农村危房改造 1650 户。开展“一进二访”活动，精准实施扶贫工程。开展金融产业扶贫，发放贫困户小额信用贷款 3040 万元，争取实施全省唯一的夏橙资产收益扶贫项目。减少贫困人口 10362 人，12 个贫困村实现摘帽。安全保障切实增强。开展食品质量安全专项整治行动，全年未发生食品药品安全事故。开展打非治违和专项整治，安全生产形势保持稳定。推进社区“网格化”管理，严厉打击各类违法犯罪活动，群众安全感不断攀升，公众安全感民意调查位列全省第三位，被评为 2015 年度省综治先进县。

■ 江永县黄家村获全国文明村镇称号 2015 年，江永县兰溪瑶族乡黄家村获第四届“全国文明村镇”称号。黄家村有 325 户、1272 人，2014 年被评为第六批“中国历史文化名村”。2012 年以来，黄家村成为市委宣传部、永州日报社、永州电视台建设扶贫和“四深入”活动的联系村。扶贫工作队自该年 2 月进驻以来，先后投入 20 万元，修缮村中的古民居、古戏台等，加大对勾蓝瑶族文化的保护力度。投入 15 万元成功举办 2012 年“5·13”洗泥节活动。投入大量的资金对黄家村的公路、水电、公共设施、环境卫生等基础设施进行改造和新建。引导村民大力发展烤烟、水果种植和生猪养殖业，实现烤烟种植面积 500 多亩，香柚、脐橙种植面积达 600 多亩。

■ 江永入选全国电子商务进农村综合示范县 2015 年 7 月，江永县成功入选全国电子商务进农村综合示范县，成为全市首个获得电子商务建设“国字号”的县区。同时，引进智慧社员城、湖湘商贸等电商和物流项目，建立“湘村驿站”乡村电子商务服务点、“湘村快线”乡村物流服务点，构建起县、乡、村三级电商服务大格局，实现电商服务网店、电商产品物流体系进农村全覆盖，打通城乡电商服务“最后一公里”。江永是全国首批生态建设示范县，香柚、香芋、香姜、香米、香菇“五香特产”农业资源丰富，女书、上甘棠、千家峒等“三千文化”旅游资源奇特。近年来，该县县委、县政府适应商品线上流通新常态，树立“互联网+”思维，推广与应用“互联网+农产品”“互联网+旅游”等电商新业态，搭平台，培产业，推动江永经济转型发展。2015 年，江永县开展各类电商知识培训 600 人次，电商从业人员达 2100 余人，发展电商企业 70 家、开设网店 600 余个，全县开发出农副特产、女书工艺品、瑶族服饰等产品 30 余个，网上销售额 6.7 亿余元。

■ 江永女书冲刺国际标准字符集 2015 年 9 月 12 日，何艳新、何静华、胡美月、周惠娟、蒲丽娟、胡欣 6 位女书传人在新修订的女书字表上签名，一致确认 392 个女书标准字符作为《关于将女书编入国际通用字符集的提案》（N4341）的补充提案，提交 2015 年 10 月召开的第 64 次 ISO/IEC JTC1/WG2 会议讨论。女书是流传在江永县上江圩镇一带妇女中的特殊表音文字体系，是世上仅存的人类唯一的性别文字，并以“全世界最具性别特征文字”被收入《世界吉尼斯记录大全》，列入中国档案文献遗产名录和中国非物质文化遗产名录。早在 2001 年，国际标准 ISO/IEC 10646 工作组已经在该标准框架中为女书预留编码空间。

（夏韬　周艳）

领导名录

县委

书　记	冯德校	
副书记	唐德荣	唐慧云
常　委	杨　健	秦远林
	杨　诚	卢文庆
	蒋俊善	王克贤
	刘建能	陈　雄

县人大常委会

主　任	黄智亮	
副主任	李忠英	何勉才
	欧阳小泉	欧阳萍

县人民政府

县　长	唐德荣	
常务副县长	杨　健	
副县长	陈　雄	刘志强
	杨迪松	谭美池
	盘成军	蒋云华

县政协委员会

主　席	刘忠华	
副主席	谢小铁	余季平
	李　红	义忠文
	张莲秀	

县直单位主要负责人

县委办	主　任	卢文庆
县委组织部	部　长	秦远林
县委统战部	部　长	秦远林

县委政法委	书记	刘建能
县委宣传部	部长	杨诚
纪委	书记	蒋俊善
县人武部	部长	王克贤
	政委	陈银武
法院	院长	唐英
检察院	检察长	沈阳
党校	校长	周湘平
总工会	主席	秦远林
特色农业示范区	党工委副书记 纪工委书记	何爱光
保密局	局长	乐胜兰
接待科	科长	田国建
老干局	局长	周进全
直属工委	纪工委书记	何忠林
编委办	纪检组长	欧阳玉德
农办	主任	何景发
史志办	主任	卢登文
档案局	局长	何绍智
人大办	主任	呼增远
政府办	主任	陈德义
政协办	主任	付一平
人防办	主任	陈德义
电子政务办	主任	周国辉
发改委	主任	唐宜耀
经信委	主任	罗声军
教育局	局长	黄怀海
监察局	局长	肖胜平
科技局	局长	尹玲
公安局	局长	蒋云华
民政局	局长	曾志峰
司法局	局长	邓仁冠
财政局	局长	周海鹰
人社局	局长	钱建洪
国土资源局	局长	杨建文
住建局	局长	杜中国
交通运输局	局长	潘恩华
水务局	局长	欧树荣
农业局	局长	义志忠
林业局	局长	张跃荣
文广新局	局长	谢明尧
卫生局	局长	周盛初
人口计生委	主任	周九金
商务局	局长	李连勇
安监局	局长	黄朝喜
审计局	局长	卢俊旺
药监局	局长	陈彦群
信访局	局长	徐弟旺
调纠办	书记	全帆
工业园区管委会	书记	张优全
	主任	吕云斌
经管局	局长	黄世文
环保局	局长	李满胜
统计局	局长	李练军
畜牧水产局	局长	谭宏志
城管局	局长	王建勋
价格管理局	局长	何魁武
粮食局	局长	李永桃
农机化局	局长	李泳东
房产局	党组副书记 副局长	屈英
广播电视台	台长	陈健林
体育局	局长	袁江荣
源口自然保护局	书记	卢雄飞
	局长	朱东平
生态能源局	局长	蒋彪
烤烟办	主任	陈东俊
旅游局	局长	陈茂齐
房改办	主任	桂庆量
商业办	主任	周多嗣
蔬菜办	主任	王云彪
物资办	主任	黄天明
法制办	主任	杨远华
民宗局	局长	周文娟
农业开发办	主任	何红忠
供销社	主任	蒋正雄
市场服务中心	主任	杨运良
政务中心	主任	周景川
交警大队	队长	刘伟胜
森林公安局	局长	唐瑞斌
城投公司	总经理	王文
移民局	局长	周平
扶贫办	主任	刘自强
驻京办	主任	万江荣
驻长办	主任	段爱军
驻广办	主任	刘剑平
团县委	书记	陈毅辉
妇联	主席	李江梅
科协	主席	徐宇星
残联	理事长	夏彬
工商局	局长	黄友仁
质监局	局长	罗海旺
电力局	局长	伍永辉
公路局	局长	唐少平
国税局	局长	彭少波
地税局	局长	周忠华
烟草局	局长	王兵万
药材公司	经理	李小云
气象局	局长	周焰军
邮政局	局长	何晓辉
联通公司	经理	盘拥民
电信公司	经理	唐志刚
移动公司	经理	邓国林
建行	行长	蒋捷
工行	行长	何志军
农行	行长	蒋智军
农发行	行长	秦新民
农商行	董事长	陈雅彬
	行长	张社生
邮政银行	行长	廖江玲
寿险公司	经理	彭宏
产险公司	经理	左润喜
调查队	队长	李胡英
石油公司	经理	罗清海
公积金江永管理中心	主任	陈英明
新华书店	经理	荆湘东
永汽江永公司	经理	辛吉芳
水文局	局长	李晖
江永电力公司	副经理	黎伟
消防大队	教导员	范华俊
	大队长	彭万新
武警中队	中队长	倪家福
一中	校长	张朝杰
二中	校长	周永平
三中	校长	胡焕进

职业中专	校长	周劲松
进修学校	校长	胡新旭
人民医院	院长	蒲兰英
中医院	负责人	黄永进
妇幼保健院	院长	胡宗林
疾控中心	主任	周绍礼
卫生监督所	所长	唐秋胜
新农合办	主任	何希夷
银铅锌矿	董事长	练寿富
自来水公司	经理	唐崇勇

乡镇场主要负责人

高泽源林场	书记 场长	龚峰
潇浦镇	书记	黄红灵
	镇长	蒲频硕
	人大主席	蒋雪红
	政协工委主任	唐明川
上江圩镇	书记	（缺）
	镇长	邓海平
	人大主席	周付攀
	政协工委主任	杨帆
允山镇	书记	李世忠
	镇长	陈江平
	人大主席	朱英敏
	政协工委主任	肖建军
夏层铺镇	书记	何福明
	镇长	李永甜
	人大主席	唐瑞荣
	政协工委主任	毛正平
粗石江镇	书记	（缺）
	镇长	郭为
	人大主席	何建锋
	政协工委主任	首慧任
桃川镇	书记	邓新平
	镇长	周绍武
	人大主席	何小攀
	政协工委主任	唐绍辉
黄甲岭乡	书记	周涛
	乡长	黄野
	人大主席	熊方
	政协工委主任	刘孟学
松柏瑶族乡	乡长	何志德
	人大主席	唐志辉
千家峒瑶族乡	书记	高厚德
	乡长	杨福印
	人大主席	何宇
	政协工委主任	何仕胜
兰溪瑶族乡	书记	何娟
	乡长	何忠明
	人大主席	蒋团军
	政协工委主任	卢新援

江华瑶族自治县

■概述 2015年，江华瑶族自治县辖22个乡镇，1个国有林场，515个村（居）委会，4个社区。土地面积3248平方公里，其中耕地面积2.2万公顷。全县总人口52.14万人，常住人口42.91万人。全年出生人口7548人，出生率为14.23‰，自然增长率6.83‰。年内气温最高37.6℃，最低-1.2℃；年降水量1400毫米。

地方生产总值93.03亿元，比2014年增长11.3%。其中第一、二、三产业增加值分别完成23.17亿元、27.22亿元、42.64亿元，分别增长3.7%、13.2%、13.6%。完成财政总收入9.61亿元，增长20.2%。其中，一般财政预算收入7亿元，增长20%。

完成农林牧渔业总产值42.35亿元，比2014年同期增长2.1%。其中，农业总产值15.78亿元，同比减少2.1%；林业总产值12.13亿元，同比增长8%；牧业总产值12.55亿元，同比增长1.2%；渔业总产值0.46亿元，同比增长8%；农林牧渔服务业总产值1.43亿元，同比增长7.3%。绿色农业基地有新发展。农作物播种面积108.27万亩，粮食作物面积63.94万亩，总产22.24万吨，粮食总产实现十二连增，被评为“全省粮食生产先进县”；全县新扩果园2万余亩，总面积达10万余亩。外销蔬菜11.4万亩，产值2.7亿元，江华鸿福华发园农产品有限公司完成农产品出口额2700多万美元。牛牯岭、桥市现代农业茶产业综合示范园完成投资2400多万元，新扩茶园3100亩。农田水利设施有新改善，投入9100万元，实施病险水库除险加固、人饮安全、中小河流治理、小农水重点县、水土保持、“五小水利”、中低产田改造、国土整理开发、基本烟田整理等农田水利工程；解决4.5万人饮水安全问题。新认证“三品一标”产品9个，认证总数达80个。

规模工业总产值82亿元，同比增长25.2%；规模以上工业增加值23.1亿元，增长16.5%；实缴工业税收2亿元，增长26.2%；工业用电量达到5.2亿千瓦时，同比增长14.2%。新增入统规模工业企业10家。全社会固定资产投资94.2亿元，增长18.9%。实施固定资产投资500万元以上的重点项目138个，年度计划投资83.78亿元，完成投资67.25亿元，占年度投资任务的80.27%，被评为全市“1511”工程先进县。九恒集团系列项目完成固定资产投资6亿元，九恒条码、无碳纸、恒津包装、九恒新能源投产，并启动九恒新能源上市计划。嘉佑益智文具、泰聚电子、华讯科技、金宏光科技投产。中国风电有9.6万千瓦装机并网发电，有9.6万千瓦正在抓紧建设。投资4.5亿元的坤昊风力发电项目、投资2.5亿元的骏宏科技项目、投资1亿元的九恒集团不干胶项目、投资5000万元的海螺塑编双形纸袋项目等正在抓紧建设。耀丰公司建设的创新创业园基本建成标准厂房12万平方米，有24万平方米在建，4.8万平方米的办公楼、员工宿舍封顶，有10家企业签订入园协议。

围绕低碳、绿色、共享的生态园林城市建设理念，县城规划建设坚持扩容与提质并举，着力打造神州瑶都新亮点。县城建成区面积15平方公里，绿化覆盖率41.4%，全县城镇化率40.7%。成功创建全国文明县城和省级园林县城。60个单位被评为市级园林式单位，16个单位通过省级园林式单位验收。县城13个生态公园、7大水景和5大水系陆续建成。投资1.4亿元的滨江大道及风光带、8000万元的城北大道等项目建成通车；投入4500万元打通县城四条断头路；投入1500万元对县城十条道路的人行道进行提质改造；投入1800万元对县城六条道路进行“白改黑”；投入3000万元对县城15条主要街道的亮化进行提质改造；投资1亿元的城市集中供气工程基本建成。投入1.2亿元加快园林县城建设，正在创建国家级园林县城。完成23个村110公里农村通畅公路，完成危桥改造7座，完成渡改桥地勘设计6座；沱涔一级公路完成施工图设计，正待批复；白福公路建成通车。

全社会消费品零售总额37.38亿元，增长13.4%。开放型经济成效显著，引进工业项目25个，其中过亿元项目12个，实际利用内资22.59亿元，实际利用外资9500万美元，实现外贸进出口总额1亿美元，总量分别排全市第一、二、三位，开放型经济工作获全市先进。旅游产业发展朝气蓬勃，建成秦岩和湖南瑶族文化园两个AAA级旅游景点，正在创建九龙井原始生态园、豸山公园和宝镜古民居等AAA级旅游景点；开发创建省级乡村旅游点20家，成功创建沱江省级特色旅游名镇以及宝镜、牛路省级特色旅游名村。投资1.1亿元的7条旅游公路建成通车，投资1000万元的龙虎大峡谷和蜜蜂吊瀑布景区基础设施建设项目基本完工，投资3亿元的重点景区配套设施的升级改造扎实推进，投资1亿元的河路口镇民族风情街项目正在建设。投资20亿元的神州瑶族文化博览园项目计划用3~5年时间打造瑶族历史文化区、瑶族支系建筑景观区、瑶族文化创意产业园区、现代瑶族特色商住区、瑶族特色度假酒店等，建成国家级文化旅游的精品区。神州瑶都大酒店、锦江豪廷大酒店、华鑫大酒店、华都大酒店、天一大酒店等一批星级酒店建成运营。瑶族盘王节、火烧龙狮闹元宵、瑶族美食节等瑶族节庆的影响力不断扩大。瑶族盘王节被确定为全省重点打造的四大民族节庆品牌之一，60周年县庆活动成功举办。金融产业持续繁荣，截至2015年年末，金融机构存款余额135.9亿元，增长28.2%，增速排全市第一位；贷款余额73.3亿元，增长44.9%，增幅排全市第二位；新增存贷比76%，排全市第三位。城镇居民人均可支配收入18899元，农村居民人均可支配收入7750元，小康实现程度达90.4%。

实现财政支出重点向民生倾斜，民生支出25.2亿元，占公共财政支出的77.3%。惠农政策全面落实，城镇新增就业、失业人员再就业、新增农村劳动力转移就业等各项指标均超额完成市里下达的目标任务。继续对县城城区学校进行提质扩容，合格制学校建设全面完成，2015年二本以上上线576人，上线人数和万人上线率均排全市第三位。社会保障和就业支出4.3亿元；新增城镇就业人员、新增农村劳动力转移就业1.3万人；城乡低保实现应保尽保；新建保障性住房6418套，实施农村危房改造3274户；春节前县财政筹资2800万元为所有低保、五保、孤儿、百岁老人、困难党员、优抚对象等人员增发一次性生活补助，惠及全县10万困难群众。新农合参合率达到99.5%，补偿参合农民69万人次，补偿金额1.7亿元；投资1.2亿元的县人民医院医技综合大楼正在全力推进。精准扶贫初见成效，开展建档立卡“回头看”，将符合条件的1400多户4800多人纳入扶贫对象。投入扶贫资金1.8亿元，减少贫困人口2.56万人，31个贫困村实现脱贫摘帽。高寒山区异地扶贫搬迁工作进展顺利，启动实施大锡乡、大圩镇、两岔河乡19个高寒山区村组易地扶贫搬迁工程，一期规划21个贫困村搬迁599户2387人。支持配合涔天河水库扩建项目，移民搬迁安置工作顺利推进。社会管理不断创新，“平安江华”建设卓有成效。投入1600万元安装高清监控探头420个，全面升级综合指挥中心监控指挥系统；被评为“省综治工作先进县”；

继续保持“省平安县”称号，春晓社区被评为“全国和谐社区建设示范社区”。综治民调测评连年位居省市前列，全县人民群众的安全感逐年提升。全年无较大以上事故发生，被评为“全省安全生产示范县”。

存在的主要问题和困难：整体实力有待提高，经济总量偏小，财源基础仍需加强，财政收支压力较大；贫困问题仍然突出，特别是林区群众困难较大，精准扶贫时不我待；移民搬迁安置任务还十分繁重，移民后续发展问题凸显；干部执行力需进一步加强。

■ 评为全省“特色县域经济重点县” 2015年，江华瑶族自治县依托稀土等有色金属资源丰富的优势，大力发展特色制造产业，形成稀土精深加工及后端应用、铜材精深加工、钨锡矿精深加工和铅锌冶炼加工四大有色金属产业；引进中国五矿集团、中国稀土公司投资30多亿元建设百亿稀土产业园；打造1个稀土产业园，培育1个稀土产业龙头企业，开发三大系列功能性材料及系列应用产品。2月，在全省第三轮特色县域经济重点县遴选中，江华瑶族自治县成功入围特色制造产业重点县。

■ 获全省“全面小康推进工作前十位县” 2015年，江华瑶族自治县坚持以小康建设总揽全局，按照“家有小康住房、户有小康门路、村有小康产业、乡（镇）有小康规划”要求，建成大鱼塘村、排楼村、尖山村等小康村建设示范点112个，总数达168个。全年小康社会实现程度达90.4%，被评为湖南省“全面小康推进工作前十位县”。

■ 成功举办“60周年县庆暨第13届中国瑶族盘王节”活动 2015年11月25～27日，江华瑶族自治县成功举办“60周年县庆暨第十三届中国瑶族盘王节”活动。活动期间，举办自治县成立60周年庆祝大会暨第13届中国瑶族盘王节开幕式、“圆梦瑶都”开幕式文艺演出活动、经贸招商签约、瑶族学术研讨、公祭盘王大典、盘王出游等20多项活动，还举办五场群众文化方面的瑶族“奏铛”文化系列活动，省内外游客及各族群众达15万人次云集县城参加观看庆典活动。向上争取县庆项目建设支持资金和县庆项目建设资金1.09亿元，县庆80个重点建设项目完成投资51.55亿元。在县庆60周年经贸招商签约仪式中，成功签约重点项目6个，亿元以上项目4个，累计引资总额近30亿元。

■ 涔天河水库扩建工程暨移民安置顺利推进 2015年，江华瑶族自治县坚持把涔天河水库扩建移民工作作为全县的头等大事来抓，切实履行“移民县委、移民政府”的责任，打好“移民应急搬迁安置平安战、移民安置点建设攻坚战、库区专项设施复建突击战”三场战役。通过采取先期搬迁安置916人、临时过渡5664人、临时度汛754人的方式，实施拆除库区房屋1217户，在库区外及282米高程上租房过渡1290户，成功应对“5·20”特大洪灾；大坝填筑提前153天完成节点任务。全县6个安置点场平、主道和管网设施项目基本完成，委托代建的6525户移民安置房全面开工。总投资4.9亿元的库区专项设施复建工程全面启动，完成投资1.2亿元。淹没影响的33个小水电站有28个签订处置补偿协议，7个迁移电站抓紧迁建。移民安置工程累计完成投资20.4亿元，占年度投资计划的129%。

（陈腾飞）

领导名录

县委

书　　记	罗建华	
副 书 记	龙飞凤	黄志坚
	吴恢才	
常　　委	何春明	唐建明
	何　勇	龙赋云
	龙国庆	艾克海
	王常效	易恢节

县人大常委会

主　　任	陈槐权	
副 主 任	刘江明	黎省林
	廖家益	杨　敏
	贝小义	

县人民政府

县　　长	龙飞凤	
副 县 长	龙赋云	龙国庆
	李勇东	伍继承
	黎　氢	王亚珉
	文　嵩	

县政协委员会

主　　席	李家登	
副 主 席	黄世才	蔡曜晔
	罗　梅	李坤胜

县直单位主要负责人

纪　　委	书　记	艾克海
县 委 办	主　任	何春明
县委组织部	部　长	唐建明
县委宣传部	部　长	易恢节
县委统战部	部　长	唐建明
县委政法委	书　记	何　勇
县人武部	部　长	王常效
	政　委	肖品向
法　　院	院　长	王臣波

检察院	检察长	胡华清
档案局	局长	李琴
史志办	主任	蒋祖智
老干局	局长	何玲聪
直属机关	党委书记	张秀玲
文联	主席	魏佳敏
科协	主席	王美华
台办	主任	蒋晓艳
工商联	主席	罗梅
侨联	主席	王雪松
综治办	主任	奉前石
编委办	主任	张丹宇
党校	校长	黎明柳
总工会	主席	唐建明
妇联	主席	蒋玉芬
人大办公室	主任	刘雯
政协办公室	主任	彭华林
政府办公室	主任	唐晖
信访局	局长	钟江波
统计局	局长	安青
法制办公室	主任	（缺）
移民开发局	局长	唐震
粮食局	局长	李盛宾
房改办	主任	熊金贤
政务中心	主任	杨天平
残联	理事长	徐辉
农村工作部	部长	唐志强
能源办	主任	廖诗伟
农村经营管理局	局长	杨顺望
发展和改革委员会	主任	黄守平
物价局	局长	艾兴
电子政务管理办公室	主任	胡仕洋
经济信息化委员会	主任	杨晴华
轻纺办	主任	盘新林
经济开发区党工委	书记	廖树清
经济开发区管委会	主任	邓铁成
高新技术矿冶循环经济产业园党工委	书记	金锦云
	办公室主任	陈涵

教育局	局长	唐孝任
科技局	局长	何玉荣
公安局	局长	陈志标
	政委	蒋汉忠
民族宗教事务局	局长	甘秀椿
民政局	局长	蒋道明
司法局	局长	朱治武
财政局	局长	吴淑华
农业综合开发办	主任	尹世祥
人力资源和社会保障局	局长	唐长军
国土资源局	局长	何永亮
住房和城乡规划建设局	局长	伍冠玲
城市管理局	局长	魏远明
交通运输局	局长	蒋军
水利局	局长	吴震欧
农业局	局长	李丁凤
林业局	局长	蒋建军
森林公安局	局长	张拥军
文化广电新闻出版局	局长	周德新
卫生局	局长	胡生凯
审计局	局长	聂新华
环保局	局长	周贵生
食品药品监督管理局	局长	彭华林
人口和计划生育委员会	主任	（缺）
安全生产监督管理局	局长	苏日高
商务局	局长	胡宪林
扶贫办	主任	李华林
广播电视台	台长	徐积贵
旅游局	局长	张劲
农机局	局长	金志球
烤烟办	主任	蒋江汀
供销联社	主任	周德来
体育局	局长	孔祥富
房产局	局长	唐正亚

乡镇场主要负责人

码市镇	书记	朱国卿
	镇长	蒋健林
	人大主席	蒋峰
	政协工委主任	吴尧欢
大锡乡	书记	熊丽丽
	乡长	陈健
	人大主席	廖上海
	政协工委主任	罗兵
贝江乡	书记	欧阳江湖
	乡长	邱文方
	人大主席	钟任华
	政协工委主任	曾宪东
未竹口乡	书记	刘福林
	乡长	李华勇
	人大主席	赵建平
	政协工委主任	林树平
水口镇	书记	罗平
	镇长	李书华
	人大主席	黄桂松
	政协工委主任	盘进国
湘江乡	书记	李双艳
	乡长	刘明政
	人大主席	唐江忠
	政协工委主任	赵积香
花江乡	书记	韦代喜
	乡长	邓晨岚
	人大主席	蒋昌宏
	政协工委主任	唐锋杰
务江乡	书记	刘福龙
	乡长	程剑
	人大主席	刘瑞平
	政协工委主任	李谋喜
清塘乡	书记	游海清
	乡长	谢春
	人大主席	唐子凌
	政协工委主任	莫家辉
小圩镇	书记	程达明
	镇长	刘晓萍
	人大主席	何振志
	政协工委主任	陈土姣

大圩镇	书　　记	赵　廷
	镇　　长	黎星庆
	人大主席	杨迪付
	政协工委主任	刘晓旷
两岔河乡	书　　记	潘先华
	乡　　长	刘桂銮
	人大主席	黄渊富
	政协工委主任	张德水
河路口镇	书　　记	金锦云
	镇　　长	苏上春
	人大主席	冯扬福
	政协工委主任	廖书将
涛圩镇	书　　记	尹世祥
	镇　　长	朱卫华
	人大主席	（缺）
	政协工委主任	刘天青
大石桥乡	书　　记	韦和新
	乡　　长	邓吉凤
	人大主席	义荣奉
	政协工委主任	唐崇尧
白芒营镇	书　　记	朱龙江
	镇　　长	汪长江
	人大主席	邱发刚
	政协工委主任	刘福保
大路铺镇	书　　记	义国友
	镇　　长	周生忠
	人大主席	莫世学
	政协工委主任	曹元松
桥市乡	书　　记	陈　葳
	乡　　长	黎飞燕
	人大主席	徐红辉
	政协工委主任	唐青松
东田镇	书　　记	蒋星辉
	镇　　长	廖继海
	人大主席	欧阳红辉
	政协工委主任	刘作云
桥头铺镇	书　　记	杨文勇
	镇　　长	李少军
	人大主席	付享茂
	政协工委主任	蒋曾武
界牌乡	书　　记	蒋联起
	乡　　长	刘永忠
	人大主席	义家友
	政协工委主任	何胜军
沱江镇	书　　记	左华生
	镇　　长	赵少华
	人大主席	赵通旺
	政协工委主任	唐世华
国有林场	书　　记	黄起友
	场　　长	李行某

部分省、市驻县单位主要负责人

工商局	局　长	宋玉华
国税局	局　长	廖利民
地税局	局　长	刘瑞仕
烟草局	局　长	易海根
人民银行	行　长	陈　瑞
工商银行	行　长	欧阳小林
农业银行	行　长	曾逊杰
农业发展银行	行　长	周丰德
建设银行	行　长	甄建军
农商行	董事长	周忠斌
	行　长	唐　华
邮政储蓄银行	行　长	郭荣玲
中国人民保险公司江华支公司	总经理	程春艳
中国人寿保险公司江华支公司	经　理	蒋水兵
中华联合财产保险江华支公司	经　理	胡琼辉
电力局	局　长	周　伟
公路局	局　长	颜德彪
质量技术监督局	局　长	廖继珞
盐业公司	经　理	欧阳国良
邮政局	局　长	姚艺平
电信公司	经　理	于信荣
武警中队	中队长	伍　军
消防大队	教导员	钱小庆
	大队长	肖海波
移动江华营业部	经　理	于　明
石油经营部	经　理	周建平
市汽车运输公司	经　理	王胜利
气象局	局　长	罗飞海
住房公积金管理中心江华管理部	主　任	潘纪军
新华书店	经　理	梁　璟
涔天河管理局	党委书记	黎世民
	局　长	刘亮凯

宁远县

■概述　2015年，宁远县辖16个乡镇（含4个瑶族乡）、4个街道办事处，4个国有林场，687个行政村。土地总面积2510平方公里，耕地面积3.83万公顷。年末全县总人口87.12万人（其中少数民族人口3.7万人），城镇人口29.32万人，农村人口57.8万人，自然增长率6‰。年内气温最高38.6℃，最低-2.5℃，年降水量1113.7毫米。

完成地方生产总值120.94亿元，同比增长10.9%。其中，第一产业增加值26.75亿元，同比增长3.8%；第二产业增加值42.85亿元，同比增长10.9%；第三产业增加值51.35亿元，同比增长13.3%。一、二、三次产业的结构比为22.1∶35.4∶42.5。完成财政总收入11.82亿元，同比增长17.4%，其中地方财政收入8.8亿元，同比增长15.9%。

完成农林牧渔业总产值49.37亿元，同比增长3.9%。主要农产品产量：粮食30.77万吨，同比增长1.8%；出栏肉猪96.74万头，同比增长3%；出笼家禽

880万羽，同比增长5.4%；水产品产量2.09万吨，同比增长5.5%。居民收入稳步提高，城镇居民人均可支配收入20155元，同比增长8.9%；农村居民人均可支配收入10628元，同比增长10.9%。

完成工业总产值137.03亿元，同比增长17%，其中，规模以上工业总产值101.14亿元，同比增长19.1%。完成全部工业增加值35.22亿元，同比增长11.6%。主要工业产品产量：钢材43.12万吨，同比增长113.5%；水泥169.23万吨，同比增长1.3%；商品混凝土117.98万立方米，同比增长1.7%；自来水生产量1399万立方米，同比增加11.3%；铅3.17万吨，同比增长5.7%。年末规模以上工业企业72家，其中新增规模工业企业13家。

实现社会消费品零售总额56.59亿元，同比增长12.3%，其中城镇消费品零售额50.43亿元，同比增长12.7%；乡村消费品零售额6.16亿元，同比增长8.8%。招商引资成效明显，承接产业转移项目51个，利用外资8066万美元，同比增长10.49%；内联引资23.5亿元，同比增长15.4%。旅游业蓬勃发展，接待游客680万人次，同比增长21.4%；实现旅游综合收入40亿元，同比增长23%。

完成全社会固定资产投资151.7亿元，同比增长18.5%。其中，国有投资完成67.35亿元，同比增长14.2%；非国有投资完成84.34亿元，同比增长22.2%；房地产投资完成8.66亿元，同比增长5.8%。从产业来看，第一产业完成投资5.79亿元，同比下降4.8%；第二产业完成投资53.38亿元，同比增长45.6%；第三产业完成投资92.53亿元，同比增长8.5%。投资结构优化升级。工业投资完成53.38亿元，同比增长46.8%，占全部投资的35.2%，其中工业技改投资16.87亿元，同比增长25.5%；高新技术产业投资10.09亿元，同比增长23.2%；民生工程投资17.23亿元，同比增长5.8%；基础设施投资44.06亿元，同比增长32%。通讯信息事业持续发展。邮电业务总量达2.4亿元，同比增长8.6%。年末固定电话用户8609户，移动电话用户32.68万户。

申请国家专利291件，授权185件。财政支出进一步向保障民生倾斜，农林水事物支出6.32亿元，同比增长21.5%；其中，教育支出7.59亿元，同比增长18.1%；医疗卫生支出4.52亿元，同比增长16.2%；社会保障和就业支出4.89亿元，同比增长10.3%；环境保护支出1.24亿元，同比增长9%；住房保障支出2.04亿元，同比增长60.5%。全县参加社会养老保险的总人数达到57.64万人，比2014年减少3734人；参加城镇医疗保险人数10.7万人，参加农村合作医疗保险人数68.97万人。新增就业1.32万人，安排就业培训7570人。新增城区学位3000个，新建合格学校、农村公办幼儿园24所，全面完成义务教育合格学校建设任务。

存在的主要问题和困难：经济发展扩总量、增均量、提质量还有差距，项目建设还需加力；产业结构不合理，资源环境压力增大，转型发展任重道远；新型城镇化进展不快，城乡统筹发展、农民持续增收的任务繁重；社会治理和公共服务体系不够完善，信访维稳、安全生产形势依然严峻；发展环境需进一步优化，干部抓发展的执行力还要继续提升。

■ 湖南省公祭舜帝大典在九嶷山举行 2015年9月24日上午，由湖南省人民政府主办，永州市人民政府、宁远县人民政府承办的乙未年湖南省公祭舜帝大典，在九嶷山举行，省委副书记、省人民政府省长杜家毫主祭。副省长李友志主持公祭大典。

参加此次活动的有省直各部门、永州和其他兄弟市州领导，湖南省舜帝陵基金会、黄帝陵基金会、湖南省舜文化研究会、山东大舜文化研究会的负责人和专家学者，海内外舜裔宗亲代表，商会、境内外旅游景区及旅行社代表，永州籍全国道德模范、劳动模范、先进工作者代表，新闻媒体记者，永州市、宁远县各界代表及群众近万人。此次湖南省公祭舜帝大典，是2005年以来湖南省举办的第四次公祭活动。

■ 撤乡并村工作在全市率先完成 2014年，宁远县启动乡镇区划调整工作，撤销舜陵镇设立文庙、桐山、舜陵、东溪4个街道，提前完成撤并乡镇任务。2015年，率先启动并村工作，合并调整后，全县687个建制村合并为406个建制村，减少281个，超额完成8个，精简幅度高达40.9%。改革经验先后在省、市改革简报上得到宣传推介。

■ 永州市农村产权制度改革现场会在宁远县召开 2015年11月9

日，永州市农村产权制度改革工作会在宁远县召开。会议听取各县区农村产权制度改革工作汇报，就市政府即将下发的《关于做好农地利用地规划编制的指导意见》征求意见和建议。市委常委、副市长蒋善生出席会议并讲话。

2013年底，市委、市政府做出科学决策，突出顶层设计，全面启动农村产权制度改革，并在全省率先整市推进农村土地承包经营权确权登记颁证工作。截至2015年底，宁远县确权登记颁证各项工作有序推进，农地利用规划有序编制，土地流转平台建立，改革成效初步显现，走在省市前列。

领导名录

县委

书记	刘卫华	
副书记	桂砺锋	伍佑伦
常委	刘军君	刘庚旺
	李亚峰	王小丽
	彭小兵	曹辉正

县人大常委会

主任	张明贵	
副主任	周方	赵吉永
	眭晓棠	何为民

县人民政府

县长	桂砺锋	
副县长	刘军君	刘庚旺
	欧阳学斌	刘惠兰
	胡昕若	宋志雄
	樊任武	唐浩

县政协委员会

主席	李苏昭	
副主席	蒋家安	欧桥贵
	李春茂	邓小英
	蒋玉明	

县直机关单位主要负责人

纪委	书记	李亚峰
县委办	主任	（缺）
县委组织部	部长	王小丽
县委宣传部	部长	彭小兵
县委政法委	书记	曹辉正
县委统战部	部长	王小丽
县人武部	部长	唐远军
	政委	严兴荣
森管局	党委书记	陈建华
	局长	唐太勇
法院	院长	唐小辉
检察院	检察长	周辉
工业园管委会党工委	书记	乐云发
	主任	郑运辉
政府办	主任	欧阳国春
人大办	主任	李国燕
政协	秘书长	谢茂松
农委	主任	郑曦
扶贫移民局	局长	刘小珍
经管站	站长	龙晓菲
老干局	局长	欧阳宁芳
编委办	主任	欧教荣
档案局	局长	李木旺
史志办	主任	李胜平
党校	校长	文星平
信访局	局长	欧桐茂
机关事务局	局长	欧阳胜辉
统计局	党组书记	唐华
公安局	局长	宋志雄
交管大队	大队长	陈勇
发改委	主任	曾彩平
经信委	主任	周俊
市场服务中心	主任	何海彪
商业企业改制服务办	主任	何克勤
教育局	局长	胡红灯
民政局	局长	欧小平
司法局	局长	欧阳建中
财政局	局长	黄安成
人社局	局长	赵利民
国土资源局	局长	郑志晖
住建局	局长	蒋崇庆
交通运输局	局长	邓传文
水利局	局长	彭政超
林业局	局长	何文祥
文体广新局	党组书记	蒋贤军
文物局	局长	崔习明
卫计委	主任	万志湘
人民医院	院长	欧阳旭俊
中医院	院长	何辉平
审计局	局长	朱庆云
环保局	局长	肖志亮
商粮局	党组书记	乐宁波
市监局	局长	彭盛辉
城管局	局长	胡顺斌
自来水公司	经理	樊志军
农机局	局长	熊波
畜牧水产局	局长	郑辉
房产局	局长	吴国斌
公路局	局长	周万红
广播电视台	台长	雷程燕
烤烟办	主任	刘柏华
供销联社	主任	杨永平
农业开发办	主任	唐俊林
县城投公司	总经理	杨友中
公共资源交易中心	主任	胡进雄
妇联	主席	邓水燕
团县委	书记	张利军
总工会	第一副主席	欧阳辉河
残联	理事长	樊志群
科协	主席	刘晓玲

乡镇街道主要负责人

舜陵街道	党工委书记	周意恒
	办事处主任	薛忠胜
桐山街道	党工委书记	欧阳坤
	办事处主任	胡新胜
文庙街道	党工委书记	欧正杰
	办事处主任	周英华
东溪街道	党工委书记	鲁素春
	办事处主任	何立群

天堂镇	党委书记	黄海燕
	镇　长	欧文红
水市镇	党委书记	郑生权
	镇　长	唐红庆
湾井镇	党委书记	皮国钧
	镇　长	石循斌
冷水镇	党委书记	田胜辉
	镇　长	欧阳辉
太平镇	党委书记	欧阳清
	镇　长	黎登文
禾亭镇	党委书记	何胜兵
	镇　长	陈祥旺
仁和镇	党委书记	欧阳涛
	镇　长	欧　庆
中和镇	党委书记	毛　永
	镇　长	陈明心
柏家坪镇	党委书记	黄胜洪
	镇　长	周文毅
清水桥镇	党委书记	邓长春
	镇　长	朱锦生
鲤溪镇	党委书记	骆友情
	镇　长	欧阳建辉
保安镇	党委书记	何江权
	镇　长	廖迪茂
九嶷山乡	党委书记	何开银
	乡　长	欧阳茜
棉花坪乡	党委书记	周国建
	乡　长	赵勇军
五龙山乡	党委书记	冯云辉
	乡　长	冯　兆
桐木漯乡	党委书记	李敏玲
	乡　长	邓朝富

部分省、市驻县单位主要负责人

消防大队	教导员	易　星
	大队长	熊　鹰
武警中队	中队长	胡耀华
国税局	局　长	刘　红
地税局	局　长	邹建军
人民银行	行　长	陈丽芳
工商银行	行　长	曾江虹
建设银行	行　长	柏金斌
农业银行	行　长	刘　昶
农业发展银行	行　长	陈小春
邮政储蓄银行	行　长	李树华
信用联社	理事长	尹青青
财产保险公司	经　理	欧阳卫东
人寿保险公司	经　理	张咏华
邮政局	局　长	姚艺平
电信公司	经　理	何月春
移动公司	经　理	李四生
新华书店	经　理	欧平顺
电力局	局　长	秦恩德
电力公司	经　理	李国胜
烟草局	局　长	周建钧
药材公司	经　理	樊佳宏
石油公司	经　理	欧阳忠明
湘运公司	经　理	唐　明
盐业公司	经　理	周三平
农调队	队　长	郑会后
气象局	局　长	周明辉
住房公积金中心	主　任	胡国庆

新田县

■ 概述　2015年，新田县辖1个乡、11个镇、2个国有林场，230个行政村（居委会）。土地总面积1022.4平方公里，耕地面积21491公顷。年末总人口43.15万人，常住人口33.92万人，人口出生率14.95‰，自然增长率为7.75‰。年内气温最高37.6℃，最低0.2℃；年降水量1760.8毫米。

实现地方生产总值63亿元，同比增长8.9%，其中，第一、第二、第三产业分别实现增加值16.8亿元、17.7亿元、28.6亿元，同比分别增长3.9%、9.4%、11.1%；财政总收入完成5.6亿元，同比增长20%。经济结构不断优化，三次产业结构比调整为26.6∶28.1∶45.3。财税结构进一步优化，完成税收2.8亿元，占财政总收入的20.4%。财政总支出21.2亿元。城乡居民人均可支配收入分别达到19112元、6971元，同比分别增长8.9%、9.3%。

规模工业总产值和增加值分别实现55.9亿元、14.6亿元，同比分别增长16.9%、21%。新增入统企业9家。全力实施“135”工程，规划建设2平方公里的创新创业园，新建标准厂房22万平方米，推进“三纵三横”路网建设，园区功能日趋完善。加大产业承接力度，引进项目34个，实际利用内资10.1亿元、外资2600万美元。完成外贸进出口5893万美元，同比增长57%。突出主导产业发展，中部家博城等项目相继开工，华泰家私综合楼加快建设，弘工智能引进国内先进生产线，东升富硒农业开发有限公司、恒丰粮油公司、湖南富林富硒食品有限公司等三家企业被评为“全国富硒明星企业”，吉星家居、龙昶机械获得“湖南名牌产品”，顶坚、弘盼、梦都、金波湖等4个商标获评湖南省著名商标。

完成固定资产投资63.9亿元，同比增长17.6%。项目包装争取提速。精心编制“十三五”规划，认真谋划事关新田长远发展的大项目，包装储备项目260个，总投资1850亿元。有60个项目纳入国家和省市“笼子”，投资达550亿元。其中，总投资10.3亿元的城乡供水工程、7.4亿元的棚户区改造项目、10.6亿元的易地扶贫搬迁项目在全市率先启动。强力推进征地拆迁，破解洞头坝整体搬迁等难题，完成征地4503亩，清理工业闲置土地660亩。标准厂房项目在1个月内完成供地，220千伏智能变电站从开工到投入使用仅用8个月。“1号民生工程”——城市供水工程克服罕见冬汛如期竣工通水，解决县城供水难题。罗溪光伏发电站、现代综合物流园、德恒实验学校等重大项目均在较短时间内落地。和祥润、普瑞达、凤神油茶等项目实现当年投产、当年达效。全县重点项目完成投资36.7亿元，创税8000万元，项目的支撑作用明显增强。

完成农林牧渔业总产值30.2亿元，同比增长3.9%。加快土地流转，建设富硒农产品核心示范基地8万亩，同比增长26%。完成粮食播种面积45.3万亩，种植富硒蔬菜17.5万亩，新造油茶1万亩，完成水果低改扩园2万亩。种植烤烟4.8万亩，收购烟叶9.3万担，实现烟农收入1.4亿元。出栏生猪50万头，出笼家禽750万羽。加快农业产业化发展，新增市级以上龙头企业5家、农民专业合作社28个、家庭农场38家。富硒品牌创建成效明显，新田大豆获评“国家地理标志保护产品”，回香大豆、陶岭三味辣椒获评“中国名优硒产品”，石羊醋水豆腐、洪源罗汉果获评“中国特色硒产品”。

实现社会消费品零售总额22.4亿元，同比增长11.7%。启动旅游总规和专项规划编制，完成文庙、万寿宫景区提质改造，实施龙家大院整体修缮和郑作民故居配套建设，红军西征纪念园投入使用。河山岩村被评为湖南省最美乡村，新屋场、东山岭、三占塘、谈文溪等村积极打造旅游名村，彭梓城、骆铭孙等传统古村落群启动维修保护工程。成功举办建文帝踪迹新田研讨会，新田知名度进一步提升。全年接待游客、旅游综合收入同比分别增长27.8%和28.1%。

坚持全民共建共享，全年财政总支出的四分之三用于民生领域。精准扶贫扎实推进。全面开展“一进二访”，完善建档立卡信息平台，按“五个一批”分别落实帮扶措施。出台“1+X+部门”精准扶贫方案，以国土资源部、湖南科技学院、市委政法委等10个中央省市工作队定点扶贫为契机，向125个贫困村派出驻村帮扶工作组，因地制宜制定帮扶规划，不脱贫不脱钩。全年减少贫困人口1.6万人，25个贫困村实现“脱贫摘帽”。社会保障能力增强。坚持就业优先，创业培训、新增城镇就业、农村劳动力转移就业分别完成全年任务的127%、124%、135%。新农合、城居医保参保率均达98.5%以上，分别支付补偿金1.1亿元、0.2亿元。发放社保卡30.2万张，成为全市首个“一卡通”应用示范县。城乡低保管理规范，发放民政保障资金1亿元。改造农村危房1600户，建设保障性住房1069套。社会大局持续稳定。落实安全生产“一岗双责”，安全生产形势持续稳定好转，新圩创建省级示范镇，新隆、三井、茂家创建市级示范乡镇。加强矛盾排查和积案化解，接待群众来访2436人次，调解矛盾纠纷77起。严厉打击各类违法犯罪行为，成功侦破“4·28”特大跨省网络传销案，“百日会战”专项行动成果排全市第一位。社会事业协调发展。为民办实事任务全面完成。着力改善办学条件，建成合格学校5所、乡镇中心幼儿园3所。努力提高教学质量，一、二批本科上线333人，其中1人被北京大学录取。职业中专入学人数大幅增加，异地职业技能培训效果明显。启动县级公立医院综合改革，实行药品零差率销售。狠抓医疗质量管理，县中医院、县妇幼保健院成功创建“二甲”医院。县疾控中心业务综合楼建设项目顺利启动，标准化乡镇卫生院建设有序推进，建成标准化村卫生室41个，城乡医疗卫生服务能力进一步提升。科技创新成效明显，申请专利103件。电影公司改革全面完成，259个村配备群众文体活动器材，完成农村广播“村村响”工程。全民健身深入推进，群众性文体活动丰富多彩。人口计生工作保持全省良好县行列，计生协会工作获评全省模范，“诚信计生”工作模式在全国改革经验交流会上推介。移民工作连续5年被评为省市先进。开展统战工作，引导宗教力量创办全省唯一的贫困生全免费寄宿制慈善学校。以留守儿童为重点开展关心下一代工作。举办抗战胜利70周年系列活动。人防工作连续3年被评为全市先进。

金融市场运行平稳，年末金融机构各项存款余额81.5亿元，增长21.9%，贷款余额31.2亿元。金融支持增势强劲，全年净增贷款9亿元，增速居全市前三位。农村产权制度改革效益初显。土地确权颁证工作被评为全省先进，新增土地流转2.8万亩。30多个农业经营主体凭流转证融资4600万元，新田县被列为国家级承包经营权抵押贷款试点县。经济体制改革不断深化。探索政府性投融资平台改革转型，做大做强城投集团，包装项目12个，融资26亿元，在全市名列前茅。加大金融改革力度，不良贷款清收工作得到省市肯定，新田农商行挂牌运营。全面实行“三证合一”“先照后证”，新增各类市场主体2530户。公共资源交易平台规范运行，进场交易268项，成交总额8.1亿元。加快政府职能转变，加大行政审批制度改革力度，取消审批事项27项。建成全省规模最大的县级政务服务中心，入驻职能部门60个、行政审批和公共服务事项351项。年末固定电话用户0.9万户，移动电话用户16.8万户（其中移动9.6万户、联通3.6万户、电信3.6万户）。年末互联网用户累计达到2.1万户，增加0.1万户。完成环境污染治理投资3000万元。化学需氧量排放量187吨（不含农业源），增长17%；工业二氧化硫排放量683吨，减少4%。工业废水排放达标率96.5%，工业废气排放达标率95.8%，工业固体废物综合利用率99.62%。建设项目环保“三同时”执行合格率100%。

存在的主要困难和问题：经济运行大环境形势严峻，增速下行趋势明显；重大项目建设进度不快，固定资产投资后续压力较大；工业企业发展困难重重，后期增长压力较大；农业持续增效困难，农产品精深加工企业少、规模小，辐射带动能力弱。

■ 获评“湖南省扶贫综合绩效奖” 2015年，新田县委、县政府坚持把精准扶贫摆在重要位置，通过全面开展“一进二访”，完善建档立卡信息平台，按“五个一批”分别落实帮扶措施。出台“1+X+部门”精准扶贫方案，以国土资源部、湖南科技学院、市政法委等10个中央省市工作队定点扶贫为契机，向125个贫困村派出驻村帮扶工作组，因地制宜制定帮扶规划，不脱贫不脱钩。全县减少贫困人口1.6万人，25个贫困村实现“脱贫摘帽”，获评“湖南省扶贫综合绩效奖”。

■ 推进“135”工程 2015年，新田县按照“布局集中、用地集约、产业集聚”的总要求，以产业园区为平台，以新型工业为龙头，大力推进“135”工程，推动新型工业提质增效，打造经济转型先行区、现代产业集聚区、创新创业示范区。全年规划建设创新创业园2平方公里，新建标准厂房22万平方米，推进“三纵三横”路网建设，园区功能日趋完善。加大产业承接力度，引进项目34个，实际利用内资11亿元、外资3000万美元。完成外贸进出口5800万美元，同比增长57%。

■ 成功创建国家级出口食品农产品质量安全示范区 2015年，新田县大力推进出口食品农产品质量安全示范区建设，打造高端富硒品牌，扩展国际市场，新田农产品质量安全工作体系不断完善，特色农产品外销规模持续扩大。新田大豆获评“国家地理标志保护产品”，回香大豆、陶岭三味辣椒获评“中国名优硒产品”，石羊醋水豆腐、洪源罗汉果获评“中国特色硒产品”。新田县成功创建为国家级出口食品农产品安全示范区。

■ 在全市率先启动农村淘宝项目 2015年10月28日，新田县与阿里巴巴集团正式签约农村淘宝项目。在20天时间里，县级运营中心装修全部按照阿里集团的要求按质按量提前完成，成为永州市农村淘宝项目第一批开业的县区之一。

■ 建成全省最大的县级政务中心 2015年10月26日，湖南省规模最大的县级政务中心——新田县政务中心投入使用，入驻职能部门60个，开设服务窗口152个，行政审批和公共服务事项351项。《湖南日报》等主流媒体对新田县“组建全国第一个政务服务车队，成立政务快递”等“九个第一”作宣传推介。

（邓光鹏）

领导名录

县委

书　　记　唐　军

副 书 记　秦山成　苟志坚（挂职）　唐富荣

常　　委　唐晓波　聂朝飞　赵红萍　彭俊卿　欧阳涛　刘安平　蒋　华　蒋昌辉

原 顾 问　黄少军　张晓波

副调研员　胡宗高

副处级干部　谢林林

县人大常委会

主　　任　曹桂秀

副 主 任　郑智新　史立忠　刘小平　贺安祥　陈学军

原 主 任　邓成胜

县人民政府

县　　长　秦山成

副 县 长　唐晓波　刘安平　刘大兵　李祥佐　付海兵　霍修勇　周　平　杨柳青

正处级干部　廖土才

副处级干部　廖新家
原副县长　肖龙斌
副处级干部　郑龙杰　陆亚飞

县政协委员会

主席　王佑生
副主席　何三明　毛群联　龙石佑　李咏梅　郑小龙
原副主席　谢高和

县属机关单位主要负责人

县纪委　书记　聂朝飞
县法院　院长　欧阳韶勇
县检察院　检察长　蒋长春
县公安局　局长　周平
　　政委　沈拥政
工业园管委会　书记　廖洋
县委办　主任　蒋华
县委政研室　负责人　何建飞
县委保密局　局长　罗祥勇
县委组织部　部长　彭俊卿
县直属机关党工委　书记　张柏生
县委宣传部　部长　赵红萍
县委统战部　部长　彭俊卿
县委政法委　书记　欧阳涛
县人武部　政委　蒋昌辉
综治办　主任　骆海兵
福音山国家森林公园管理局　局长　彭晓军
农村工作部　部长　宋文斌
编委办　主任　朱永林
史志办　主任　刘涛
信访局　局长　郑新万
档案局　局长　谢一平
机关事务局　局长　乐辉
接待科　科长　黄润生
老干局　局长　何祖成
文广新局　局长　黄英
电视台　台长　陈庆文
文化执法大队　大队长　宋信军
党校　校长　宋可文
人大办　主任　郑程
人大联工委　主任　周红霞
人大内司委　主任　陈土旺
人大财经委　主任　陈富生
人大城环工委　主任　王新国
政协办　秘书长　徐扬
政协提案委　主任　刘建军
政协经济委　主任　王桂芳
政协文史委　主任　徐银飞
政府办　主任　彭晓军
发改委　主任　贺朝群
监察局　局长　周建明
经信委　主任　张平松
教育局　局长　刘高庆
教育督导室　主任　何楚瑞
招考中心　主任　陈实现
一中　校长　龙石佑
二中　校长　邝忠法
职业中专　校长　黄新华
进修学校　校长　温为杰
瑞华学校　校长　胡玉明
思源学校　校长　骆剑
科技局　局长　唐甲林
交警大队　大队长　唐道山
司法局　局长　周明亮
民政局　局长　刘志斌
财政局　局长　陈建军
人社局　局长　刘大军
就业服务局　局长　刘大军
医保中心　主任　刘飞
机关事业单位社保站　站长　刘胜兵
社会劳动保险站　站长　谷立恒
劳动保障监察大队　大队长　何金雄
城乡居民养老保险局　局长　郑玉兰
工伤保险站　站长　刘彦华
人事考试中心　主任　蒋保
国土局　局长　李志辉
住建局　局长　陈明生
交通局　局长　宋桂雄
水利局　局长　肖辉
农业局　局长　唐发宏
林业局　局长　陈继光
商务局　局长　谭水龙
政务中心　主任　成清华
安监局　局长　蒋石珍
爱卫办　主任　侯小红
卫监所　所长　谢柱成
红十字会　主任　陈红柱
合管办　主任　李敏
人民医院　院长　谭宁锋
中医院　院长　卢敏
疾控中心　主任　欧阳乐
妇幼保健院　院长　刘美荣
计生委　主任　李文众
食药局　局长　郑石湘
审计局　局长　郑辉
统计局　局长　邓振斌
环保局　局长　胡开亮
法制办　主任　胡荣平
调纠办　主任　邓顺权
移民局　局长　章尚辉
体育局　局长　李新才
旅游局　局长　谢奉生
粮食局　局长　冯曦
价格管理局　局长　邝中建
公路局　局长　李全富
房产局　局长　谢贤文
城管局　局长　欧亚珉
城监大队　大队长　蒋土斌
自来水公司　经理　乐荣力
经管局　局长　李明瑞
农机局　局长　乐石明
畜牧局　局长　王永生
乡企局　局长　胡明辉
扶贫办　主任　宋亚雄
农开办　主任　徐晓
以工代赈办　主任　龙波
重点办　主任　吴光灿
能源办　主任　邓前兵
烤烟办　主任　沈志英
富硒办　主任　乐国权
药业办　主任　何宗昌
物资办　负责人　黄永久
网政办　主任　王雨松
市场服务中心　主任　黄国锋

供销联社	主任	郑华勇
方达公司	总经理	郑挺
城投公司	总经理	陈小军
规划设计院	院长	刘敏
金陵水库管理所	所长	陈万明
肥源林场	场长	（缺）
大湾林场	场长	胡承标
总工会	党组书记 第一副主席	何祖育
团县委	书记	黄雨滴
妇联	主席	雷明秀
文联	主席	何昕
工商联	主席	黄美华
科协	主席	王亚平
残联	理事长	唐金山

乡镇主要负责人

龙泉镇	书记	肖方英
	镇长	吴桂虎（候选人）
金陵镇	书记	钱海平
	镇长	蒋健（候选人）
骥村镇	书记	蒋洪军
	镇长	周阳明（候选人）
门楼下乡	书记	何岳敏
	乡长	赵贵芬（候选人）
枧头镇	书记	刘雄辉
	镇长	陈巍（候选人）
金盆镇	书记	郑海波
	镇长	唐小军（候选人）
三井镇	书记	刘晓燕
	镇长	肖慧（候选人）
石羊镇	书记	黄亚军
	镇长	谢观军（候选人）
知市坪镇	书记	周日升
	镇长	雷逸婷（候选人）
新圩镇	书记	邱露华
	镇长	郭小兵（候选人）
新隆镇	书记	章军
	镇长	郑志宏（候选人）
陶岭镇	书记	罗成文
	镇长	王中滨（候选人）

部分省、市驻县单位主要负责人

工商局	局长	何明轩
国税局	局长	唐绍军
地税局	局长	黄才理
电力局	局长	蔡本德
质监局	党组书记	黄晓亮
烟草局	局长	尹三宝
盐务局	局长	白文革
气象局	局长	魏贤球
人民银行	行长	陆远见
工商银行	行长	黄荣飞
建设银行	行长	蒋美菊
农业银行	行长	蒋星友
农发行	行长	吴学锋
农商银行	理事长	王惠珍
邮政储蓄银行	经理	谭荣清
中国人寿保险公司	经理	全艺琼
人保财险公司	经理	朱剑春
中华联合财产保险公司	经理	廖文凤
电信局	局长	陈军
邮政局	局长	胡光明
移动公司	经理	欧阳宁锋
联通公司	总经理	唐文明
新华书店	经理	何莉芳
住房公积金管理中心	主任	成建
武警中队	队长	刘玉发
石油公司	经理	蒋志远
永汽新田分公司	经理	刘刚

蓝山县

■概述 2015年，蓝山县辖9个乡镇（其中瑶族乡6个）、6个镇、5个国有农林茶场。县域总面积1806平方公里，其中土地总面积1798平方公里，耕地面积21360公顷。年末总人口40.02万人，常住人口33.91万人，城镇化率42.3%，人口出生率11.01‰，死亡率6.86‰，自然增长率4.15‰。

完成地区生产总值87.85亿元，增长9.6%。其中，第一产业增加值15.46亿元，增长3.7%；第二产业增加值33.13亿元，增长9.8%；第三产业增加值39.27亿元，增长11.5%。按常住人口计算，人均生产总值为25994元，增长7.4%。三次产业结构由2014年的18.3∶38.5∶43.2调整为17.6∶37.7∶44.7。工业增加值为31.47亿元，占地区生产总值的比重为35.8%。第一、二、三次产业对经济增长的贡献率分别为9.4%、27.7%和62.9%。节能减排目标任务全面完成。单位GDP能耗0.62吨标准煤/万元（按2010年不变价计算），比2014年下降22.1%；单位规模工业增加值能耗比2014年下降5.6%；单位GDP电耗594.7千瓦时/万元，比2014年下降8.6%。削减化学需氧量282.26吨、氨氮68.52吨、二氧化硫97.6吨、氮氧化物8.58吨，化学需氧量削减率3.16%、氨氮化物削减率6.29%、二氧化硫削减率6.83%、氮氧化物削减率5.5%。

完成农林牧渔业总产值29.37亿元，增长12.2%；实现增加值15.93亿元，增长3.8%。粮食种植面积34.17万亩，增长0.76%，实现产量12.83万吨，增长1.5%；蔬菜种植面积10.86万亩，增长2.74%；烟叶产量5932吨，增长1.6%。主要农产品产量：牲猪出栏94.23万头，牛出栏1.3万头，羊出栏2.75万只，家禽出笼338.23万羽，水产品产量1410吨。财政农林水事务支出2.96亿元，增长13%。农业机械总动力40.04万千瓦，增长6%；全县机耕面积达到1.9万亩，增长5.3%

完成工业增加值31.47亿元，增长9.9%，其中，规模工业增加值完成23.42亿元，增长11.2%。非公有制规模工业增加值完成21.39亿元，增长11.9%。轻工业实现增加值6.8亿元，增长13.5%；重工业增加值实现16.62亿元，增长8.9%。省级及以上产业园区规模工业增加值16.81亿元，增长14.6%，占规模工业增加值的71.8%，比2014年提高24.9个百分点。高新技术产业增加值完成4.32亿元，占GDP的比重达到4.9%。规模以上工业农产品加工产值完成35.31亿元，同比增长139.6%。规模工业企业主营业务收入90.92亿元，增长18.6%；盈亏相抵后实现利润1.68亿元，增长23.5%。

完成固定资产投资74.05亿元，增长17.1%。其中，国有投资38.08亿元，增长31.4%；非国有投资完成35.97亿元，增长5%。第一产业投资3.6亿元，同比减少15.3%；第二产业投资32亿元，增长34.2%；第三产业投资38.45亿元，增长9.4%。投资结构进一步优化。二产业投资完成32亿元，增长34.2%。技术改造投资13.84亿元，增长58.2%，占全部固定资产投资的比重为18.7%，比2014年提升4.9个百分点。房地产业实现增加值3.7亿元，增长8.6%，房地产业完成投资4.51亿元，增长32.3%，商品房屋销售面积22.36万平方米，增长15.7%。完成交通运输、邮电通信业增加值6.85亿元，增长4.3%。货物周转量170787万吨公里，增长3.5%。旅客周转量115856万人公里，增长5.5%。民用汽车保有量稳步增加，民用车辆达16973辆。邮电业务总量4.13亿元，增长7.8%。固定电话用户4万户；移动电话用户19.13万户，互联网宽带用户2.13万户。

社会消费品零售总额33.69亿元，增长12%。城镇消费品零售额26.45亿元，增长12.7%；乡村消费品零售额7.24亿元，增长9.5%。批发实现零售额4439万元，增长19%；零售业实现零售额29.85亿元，增长11%。住宿业实现零售额5507万元，增长24%；餐饮业实现零售额2.84亿元，增长17%。

进出口总额12935万美元，增长17.5%。其中，出口10393万美元，增长16.1%；进口2542万美元，增长23.8%。招商引资成效明显。实际利用外商直接投资7000万美元，实际到位内资17亿元。

拥有普通中学28所，其中，普通初中2所，高中10所，中等职业学校2所，小学21所，九年一贯制学校16所，小学教学点97个，特殊教育学校1所，2015年特殊教育学校在校学生人数50人。小学适龄儿童毛入学率为101%，初中毛入学率为106%。普通中学在校学生21654人，其中，初中在校学生13970人，高中在校学生3711人，中等职业学校在校学生3973人；小学在校学生34630人，增长3.95%。拥有乡镇文化站15个，文化馆1座，文物管理所1所，图书馆1座。文物藏品336件，其中，一级1件，二级17件，三级51件，图书馆藏书6.5万册。新华书店出售各类出版物261万册，增长12%。有各类医疗卫生机构433个（含基层医疗卫生机构、卫生室），其中，医院1所，建制乡卫生院15所，疾病预防控制中心、妇幼保健院、卫生监督所各1所，拥有床位总数1747张，比2014年增加187张。卫生技术人员1612人。开展新型农村合作医疗工作的村358个，参加农村合作医疗的农民32.48万人。拥有电视台1座，差转台1座。电视人口覆盖率99%。有线电视用户1.5万户。举办、参加各类运动会、单项比赛和健身活动20余项次，参与人数8万人次。向省市体育局及体育产业集团输送体育运动苗子9人；向省体育学校输送高尔夫球童5人、少儿足球队员4人；向市体校输送跳水、举重、田径、水球等运动员15人。

城镇居民可支配收入21520元，比2014年增长8.1%；农村居民人均可支配收入10932元，增长10.1%。城镇居民人均消费性支出12279元，比2014年增长11.3%。农村居民人均生活消费支出7819元，增长15.7%。居民人均居住面积76.3平方米。城镇居民恩格尔系数为36.3%，比2014年下降1.2个百分点；农村居民恩格尔系数为38.9%，比

2014 年下降 1.1 个百分点。参加城镇基本养老保险人数 2.41 万人，参加失业保险人数 1.58 万人；参加城镇职工基本医疗保险人数 1.82 万人，参加城镇居民基本医疗保险人数 3.78 万人，参加农村养老保险人数 26.84 万人。城市低保资金和农村低保资金按规定标准发放到位率均为 100%。

存在的主要困难和问题：经济总量不大，产业层次不高，发展方式有待进一步转变；农民持续增收难度加大，边远山区基础设施建设及医疗、教育等社会事业发展任重道远；财政基础薄弱，财政收支矛盾突出；城镇配套设施落后，综合管理水平不高；保持社会和谐稳定、实现安全生产的压力较大。

（罗全新　李桥　李华雄）

■ 蓝山县毛俊镇获全国文明村镇称号　2015 年，蓝山县毛俊镇毛俊村获全国文明村镇称号。毛俊村与郴州临武、广东连州相邻。数百年来，不断有湖南、湖北、江西、广东等 11 省（区）72 县的人先后迁来定居。近 5000 村民中竟有 103 姓，成为湘南名副其实的“百家姓第一村”。近年来，毛俊村将践行社会主义核心价值观作为加快新农村建设的重要抓手，通过“治乱、治穷、治理”三部曲，村容村貌焕然一新，文明新风四处洋溢，先后获“省民主法治建设示范村”“省党风廉政建设先进村”“省新农村建设示范村”“省 2012 届文明村镇”“全国家庭教育示范村”“全国创先争优先进基层党组织”等称号；村支部书记廖仁旺被评为全国劳动模范，其典型经验被《人民日报》、新华社、中央电视台等中央媒体予以报道。

■ 蓝山石材产业签下 2.5 亿元大单　2015 年 4 月 27 日，蓝山县政府与蓝山博成石业有限公司、蓝山龙坪石材有限公司签下 2.5 亿元大单，开发石材产业。蓝山花岗岩分布广，品种多，远景储量约 3 亿立方米。近年来，该县加快石材产业发展，把生态石材产业作为重点发展的“六大产业”之一，在生态优先、保护生态环境、确保生态“红线”的前提下，合理规范有序开发石材资源。通过勘查和规划，已设置石材采矿权 20 多个。截至 2015 年 4 月，有 13 家石材企业竞得 15 个花岗岩矿权。

■ 蓝山湘江源上榜国家水利风景区　2015 年 12 月 12 日，蓝山县“湘江源水利风景区”获第 15 批国家水利风景区，并获水利部正式授牌颁证。这是湘江源头继获批国家森林公园后又一“国”字号称号。国家水利风景区，是经水利部水利风景区评审委员会评定，由水利部公布的可以开展观光、娱乐、休闲、度假或科学、文化、教育活动的区域。蓝山湘江源水利风景区位于湘江源国家森林公园区域内，地处萌诸岭山系主体九嶷山南麓，平均海拔 1200 米～1300 米，属中山地貌。景区核心区面积 175 平方公里，加外围保护面积约为 600 平方公里，其中水域面积 2.5 平方公里，主要由“两库三河多山”构成。

领导名录

县委

书　记	何冲龙	
副书记	秦志军	朱阳辉
常　委	黄永英	黄和平
	蒋季红	何红喜
	刘素萍	黄小兵
	唐志雄	黄　萍

县人大常委会

主　任	谭平玉	
副主任	郭晓武	钟芝莉
	陈扬新	邓泽干
	梁有余	

县人民政府

县　长	秦志军	
副县长	黄永英	唐志雄
	赵七秀	吴新波
	赵忠辉	曾海波
	李月红	

县政协委员会

主　席	陈海潮	
副主席	刘惠明	黄石保
	盘运贵	袁　凤
	李松旺	

县属机关主要负责人

县纪委	书　记	何红喜
县委办	主　任	黄和平
县委组织部	部　长	蒋季红
县委宣传部	部　长	刘素萍
县委政法委	书　记	黄小兵
县委统战部	部　长	蒋季红
县人武部	部　长	黄　萍
	政　委	陈景杰
法　院	院　长	柏国平
检察院	检察长	吕新陵
经济开发区	党工委书记	石祥顺
	管委会主任	袁湘波
国家森林公园管理局	党委书记	彭小兰
	局　长	伍蓝锋
公安局	局　长	李月红
	政　委	秦学君
人事资源与社会保障局	局　长	袁志强
政府办	主　任	杨　康
党　校	校　长	廖雯韬

机要局	局长	李嵩
台办	主任	何旺盛
农村工作部	部长	王发舜
老干局	局长	黄凌峰
编委办	主任	李发春
总工会	书记	杨湘健
团县委	书记	唐璨
妇联	主席	邹志凌
残联	理事长	黄昌健
	党组书记	成继东
侨联	主席	黄少敏
	书记	伍细权
文联	主席	李贵日
工商联	会长	黄石保
	书记	刘健鹏
科协	主席	唐新辉
	书记	姚珍兰
红十字会	主任	欧锦凤
关工委	常务副主任	曾洁云
老科协	会长	李年友
计生协会	会长	李雪章
老年大学	校长	黄楚政
信访局	局长	李日焕
调纠办	主任	肖强盛
法制办	主任	王黎明
监察局	局长	黄积文
发改委	主任	陈志玛
经委	主任	黄安平
司法局	局长	张文
科技局	局长	许旭阳
	书记	陈晓波
统计局	局长	唐圣标
财政局	局长	吴友忠
商务局	局长	齐新华
林业局	副书记副局长	廖昌辉
民政局	局长	沈兰斌
农业局	局长	黄哲章
交通运输局	局长	赵永旺
安监局	局长	陈流县
教育局	局长	廖国光
文化广电新闻出版局	局长	梁社忠

环保局	局长	熊文胜
水利局	局长	谭春生
物价局	局长	黄光华
住房和城乡规划建设局	局长	曾喜庆
卫计委	主任	陈川宏
粮食局	局长	黄兴旺
审计局	局长	唐正生
交管大队	大队长	廖振宇
国土资源局	局长	蒋勇贤
食品药品监督管理	局长	周进忠
人大办公室	主任	陈玖彬
政协办公室	秘书长	杨新禧
	主任	吴焕澎
公用事业管理局	局长	赵电波
体育局	局长	唐建明
农机局	局长	刘小平
房产局	局长	廖德华
史志办	主任	袁仕文
档案局	局长	李美珍
广播电视台	台长	黄程宏
农业开发办	主任	罗文芳
供销联社	党委书记	邱显林
畜牧水产局	局长	郭耀群
农经局	局长	胡火万
市场服务中心	主任	李学胜
烤烟办	主任	许志文
移民局	局长	刘志才
机关事务管理局	局长	朱登位
政务服务中心	主任	谢启兴
公路局	局长	钟学舟
城投公司	董事长	吴忠心
	总经理	陈勇
文化市场综合执法局	局长	唐顺琴
城市管理行政执法局	局长	胡贵荣
水电有限责任公司	经理	伍蓝锋
自来水公司	经理	黄晓文
二轻事务办	主任	李祥龙
环卫局	局长	刘和香

商业事务办	主任	曾树林
物资事务办	主任	詹达权
城乡规划办	主任	黄文启
能源办	主任	邓松菊
房改办	主任	厉良亮
卫生监督所	所长	黄洪华
疾病预防控制中心	主任	黄建文
爱卫办	主任	程勇昀
农合办	主任	康龙伍
乡企局	局长	龙显义
就业服务管理局	局长	彭凌涛
工伤保险中心	主任	雷芳
社保中心	主任	胡新华
机保中心	主任	蒋从意
医保中心	主任	李日昌
城乡居民社保中心	主任	黄海萍
森林公安局	局长	黄四成
旅游外事侨务局	局长	朱清璐
原种场	书记	蒋毅峰
	场长	骆勇兵
黄茅岭茶场	书记	邓乐灿
	场长	黄建军
浆洞国有林场	书记	刘强胜
	场长	吴焕武
荆竹国有林场	书记	吕典宏
	场长	胡永新
荆竹国有林场	书记	谢中利
	场长	刘本武
电子政务管理办公室	主任	胡小菲
二中	校长	梁绍兴
	书记	曾文杰
一中	校长	吴志斌
	书记	贺志宏
职业中专	校长	王运忠
教师进修学校	校长	雷政林
	书记	邓宏图
民族中学	校长	龙志军
中心医院	院长	李群
妇幼保健院	院长	黄绍友
	书记	陈求生

乡镇街道主要负责人

塔峰镇	书	记	唐基归
	镇	长	谭德胜
竹管寺镇	书	记	肖志敏
	镇	长	雷　华
总市街道	书	记	陈流三
	主	任	唐建伟
祠堂圩乡	书	记	曾海涛
	乡	长	程阳锋
蓝屏街道	书	记	封举祥
	主	任	黄　锋
楠市镇	书	记	黄正军
	镇	长	陆日龙
正市街道	书	记	唐建宏
	主	任	余勋翔
土市乡	书	记	雷　达
	乡	长	蒋绍会
洪观街道	书	记	李陶虎
	主	任	李艳辉
毛俊镇	书	记	赵志坚
	镇	长	刘国梁
火市街道	书	记	曾祥文
	主	任	欧昌正
尚屏街道	书	记	赵新富
	主	任	胡　勇
新圩镇	书	记	李国华
	镇	长	杨小军
早禾街道	书	记	刘林波
	主	任	邓辉毅
田心街道	书	记	吴旺强
	主	任	廖冬才
太平圩乡	书	记	李琼孝
	乡	长	黄　群
大洞街道	书	记	陈伟生
	主	任	李民桦
所城镇	书	记	陈贤楚
	镇	长	廖　予
大麻街道	书	记	杨香林
	主	任	雷渊白
大桥瑶族乡	书	记	雷纯安
	乡	长	肖佳政
荆竹瑶族乡	书	记	黄敏慧
	乡	长	赵治国
紫良瑶族乡	书	记	黄加葵
	乡	长	杜　静
浆洞瑶族乡	书	记	黄克钢
	乡	长	雷衍青
汇源瑶族乡	书	记	黄俊京
	乡	长	梁黎超
犁头瑶族乡	书	记	徐杰明
	乡	长	欧阳华军

部分省、市驻县单位主要负责人

武警中队	中队长	杨　清
消防大队	政治教导员	李　楠
住房公积金管理中心	主　任	李民森
新华书店	经　理	黄文俐
湘运公司	经　理	张晓瑛
药材公司	经　理	薛潘军
质量技术监督局	局　长	廖德元
石油公司	经　理	刘青松
盐务管理局	局　长	陈晓军
电信公司	经　理	李民豪
邮政局	局　长	罗才华
移动公司	经　理	申　艳
联通公司	经　理	吕　维
工商行政管理局	局　长	彭湘晖
烟草专卖局	局　长	陈万生
国税局	局　长	眭荐军
地税局	局　长	杨伟毅
人民银行	行　长	王泰山
工商银行	行　长	邓志坚
建设银行	行　长	李建江
农业银行	行　长	黄九庆
农业发展银行	行　长	陈晓春
农村商业银行	董事长	唐　辉
	行　长	王成玉
邮政储蓄银行	行　长	王成标
中华保险公司	经　理	肖志新
人民财产保险公司	经　理	许永佳
人寿保险公司	经　理	李　帮
平安财产保险公司	经　理	欧新春
气象局	局　长	肖国松
水文局	局　长	祝平军
电力公司	经　理	杨晋硕
三〇三大队湘蓝地大农牧有限公司	董事长	耿　磊

金洞管理区

■ **概述**　金洞管理区位于湘江支流白水河上游，与7县区交界。金洞管理区与金洞林场实行“两块牌子，一套人马”管理，行政级别为正县级，全面负责管理区域内的经济社会事务。管理区辖3乡1镇73个行政村（居委会），林场辖8个分场。全区总面积635平方公里，人口6.8万人，干部职工2300多人；山林面积76万亩，森林覆盖率88.5%，森林蓄积量280万立方米，是中国楠木之乡、全国绿化模范单位；空气中负离子含量1.1万个/立方厘米，金洞漂流、睿击射击俱乐部等旅游品牌驰名省内外。

2015年，完成地方生产总值10.1亿元，同比增长11.2%；完成地方财政收入4076万元，同比增长15.73%；完成社会固定资产投资15.4亿元，同比增长27.3%；实现规模工业增加值1.07亿元，同比增长12.2%；社会消费品零售总额完成4亿元，同比增长13.5%；城镇居民人均可支配收入和农民人均纯收入分别达到25300元、7936元，同比增长10.2%、13%；全面小康总实现程度达到84.2%，比2014年增长11.3个百分点。

完成造林2万亩，抚育10万亩次，封山育林1.6万亩，裸露山地复绿0.5万亩。新建1.1万亩速生丰产林基地和1.5万亩国家战略木材储备基地。凤凰茶花园、小金洞楠木园、金洞樱花园以及白果市红色旅游园等项目都呈现出强劲的发展势头，金洞漂流、睿击俱乐部持续发展。确定马蹄口、小金洞2个乡村旅游示范村，成功创建楠木第一村、红色旅游园等8个星级乡村旅游景点。农业经济持续增长，水稻播种面积4.11万亩，其他粮食作物2.85万亩，粮食总产量达2.55万吨。特种养殖渐成规模，现有特种规模养殖场近50个，年产值超1500万元，楚旺农牧顺利投产。经济作物产业持续壮大，新增茶叶基地2000亩，新增药材种植基地1000亩，新建花卉苗木基地1350亩。金洞镇“绿野源”、白果市“旭日洞”等绿色有机食品生产示范基地和品牌兴起。

木金二级公路建设进度加快，桥梁完成95%的工程量，路基拉通25.1公里，龙潜凼路段近期进行硬化；农村公路及公路安保工程加快建设，完成农村公路建设24.3公里，完成安保工程92.96公里，完成危桥改造2座；2015年保障性住房第一批8000平方米完成基础工程，第二批完成招投标；城区供水改造项目进展顺利，管网改造完成第一期工程，自来水厂和水源工程正在进行施工设计；实施农村安全饮水工程项目，解决饮水不安全人口6374人；“五小”（小水窖、小水池、小泵站、小塘坝、小水渠）水利建设全面完成，累计完成投资460万元；小金洞乡中心小学“省合格学校”建设稳步推进，硬件设施投入近460万元；凤凰乡、石鼓源乡两所中心小学教师周转房建设正在施工；年内投资200万元，新增2个村土地整理项目1045亩；11个村土地开发整理项目正进行扫尾工程，新增耕地面积900余亩。

稳妥推进金洞林场改革，改革后核减45%的人员，剥离林场办社会职能，大幅减轻林场负担。推进乡镇区划调整改革，乡镇由8个合并为4个，合村工作正式启动，行政村将由70个合并为42个。启动管理区党政机关及事业单位改革。农村土地确权工作基本完成，全区耕地流转7500亩，林地流转10.1万亩。推行乡财区管财政体制，建立会计集中核算制度，严格执行政府采购制度，提高财政资金使用效益。完善各种融资平台，完成融资金额近1亿元。争取政策性项目等各类资金1.5亿元；加强对外招商，接洽客商30余批90余人次，招商引资到位资金1亿元。

“创卫”工作成绩斐然，对城区环卫保洁工作实行市场化管理，保障市容市貌的整洁和靓丽。“创森”工作成效显著，种植苗木73720株，新增绿地面积达3万多平方米。完成通道河岸绿化115公里，完成乡村道路绿化294公里，完成重要河岸和晒北滩水库周边绿化11.35万平方米。打造秀美村庄，在庭院、房前屋后栽植绿化大小苗、球灌等花卉苗木20余万株。金洞森林生态科普基地成功申报为省级科学技术普及基地。被评为“绿色永州”建设先进单位。“创湿”工作取得突破，被国家林业局正式确定为国家湿地公园试点范围。

开展医疗卫生工作，新农合参合率达100%；新开工3所乡卫生院改扩建工程，完成5家村级卫生室改造，成功实现祁阳县人民医院托管金洞管理区人民医院。人口计生工作保持良好态势，人口自然增长率为4.53‰；社会保障体系进一步完善，城乡低保对象、五保供养对象、残疾人、孤儿等得到全面生活保障。完成新增城镇就业702人，实现全区农村劳动力转移就业总数19260人，城镇登记失业率控制在3.5%以内。省政府正式认定为“革命老区”，扶贫开发力度加大，对全区24个贫困村、2万多贫困人口全面进行对口帮扶，落实扶贫资金700余万元，指导帮助贫困村、贫困户落实发展项目近1000个，脱贫3000余人。

加大对信访积案的化解力度，确保各种信访敏感期和特别防护期无重大特大群体访、越级访事件发生。高度重视安全生产工作，狠抓安全措施落实，全年未发生安全生产事故。开展“三强”“四霸”百日大会战专项行动和“严打整治再升温”专项整治行动，破获一批具有社会危害的案件，扫除“黄赌毒”等社会丑恶现象，群众安全感和满意度不断提升。全面推进党的建设伟大工程，切实加强思想建设、组织建设、作风建设和廉政建设。

（李露青）

领导名录

管理区领导

党委书记	王小波
党委副书记 管委会主任	邓扬中
党委副书记	何永明
党委委员 管委会常务 副主任	肖铁山
党委委员 管委会 副主任	夏铁桥　邓　彪 黄守成
党委委员 纪委书记 工会主席	陈四春
党委委员	何　锋

管委会副主任 公安分局局长	沈　林	
副调研员	肖申华	周旺生
副处级干部	孙国庆	汪桂林
	蒋　琼	
管委会主任助理 党政办主任	奉付成	

区（场）直单位主要负责人

纪委 监察局	副书记 局长	奉青林
党委工作部	部长	邓秋实
发改委	负责人	徐天柱
人事劳动和 社会保障局	局长	奉新国
财政局	局长	周国平
工会	负责人	唐金林
交通局	局长	赵子勇
国土资源局	局长	刘保国
农村工作局	局长	段建华
城建规划 房产局	局长	陈建军
社会事业 发展局	局长	邹广贤
社会保障与 救助服务中心	负责人	蒋　琳
经贸局	负责人	杨　茜
林业局	负责人	周光卓
民政局	局长	赵兴国
政法委 司法局	负责人	张治国
计生委	主任	奉晓梅
卫生局	局长	蒋　琳
教育局	局长	张福生
水利局	局长	赵立新
旅游局	局长	黎树林
审计局	局长	袁　波
林业检察科	科长	李传发
金洞人民法庭	庭长	蒋鹏飞
计财科	科长	袁小燕
林业生产科	负责人	肖青发
经营管理科	科长	周爱民
森林保护与 开发利用 服务中心	主任	雷乾军

乡镇党政主要负责人

金洞镇	党委书记	邓文辉
	镇长	周中心
晒北滩瑶族乡	党委书记	奉荣华
	乡长	赵和平
石鼓源乡	党委书记	李宁信
	乡长	刘富春
凤凰乡	党委书记	刘能华
	乡长	苏刘振

回龙圩管理区

■概述　回龙圩管理区是经省委、省政府批准设立的正县级管理区，由国营回龙圩农场改制而来，辖1个镇、6个办事处和1个国有林场，现有耕地面积3.87万亩，林地面积11万亩，其中果园6.8万亩，茶园0.5万亩。管理区位于湘桂边界，是湖南出入沿海地区的南大门，是农业部无公害柑桔生产基地，全国农垦系统中最大的无公害柑桔示范基地，也是全国农垦现代农业示范区、湖南省绿色食品示范基地。“回峰”牌蜜桔、“回峰”牌脐橙获农业部绿色食品认证，并获湖南省著名商标。管理区回龙圩镇为住房和城乡建设部等6部委确定的全国重点镇之一。

2015年，回龙圩管理区坚持以全面建成小康社会为总揽，以打造现代休闲观光农业示范区为中心，深入实施“生态立区、产业强区、城镇靓区、旅游旺区”四大战略，全区经济社会持续快速健康发展。完成地方生产总值2.29亿元，同比增长11.5%；完成财政收入4081万元，同比增长15.94%；完成固定资产投资7.5亿元，同比增长22.95%；实现社会消费品零售总额7139万元，同比增长12%；城镇居民可支配收入18723元，同比增长10.39%；农村居民人均纯收入11610元，同比增长65.7%。全区社会管理综合治理、安全生产、三项优先、农业农村四项工作受到市委、市政府的综合表彰。

基础设施更加完善。争取到位资金1.99亿元，同比增加17%；确定重点项目13个，项目投资拉动作用明显。坚持科学规划，完善城乡功能，提升城市品位。投资5亿余元，规划实施中心城区道路提质改造、公租房、三个节点、城乡环境综合整治、农垦危房改造、二级客运站、冷链物流园等一批城乡基础设施项目。将旅游旺区与美丽乡村建设相结合，统筹推进全区美丽乡村建设。其中，八仙洞办事处八仙洞村美丽乡村建设初具规模。完善各类环卫设施，建好垃圾处理场，建立健全环境卫生制度，组建专业执法队伍和覆盖城乡的保洁员队伍，全区城乡面貌和人居环境明显改观。

产业结构更加优化。进一步加大柑桔黄龙病统防统治、品种改良力度，加快推进标准化生产，柑桔主导地位进一步巩固。建成集党建、社会治理、农产品网上销售、农产品质量追溯功能于一体、覆盖全区的回龙圩电商平台，带动全区农产品销售。推广罗汉果、青钱柳种植，加快发展农业专业合作社等新型经营主体，鼓励多元发展。新型工业有新进展，新储备园区建设用地600亩，配套8栋生活用房，建筑总面积达5万平方米。做好华能风力发电项目的前期准备工作。发展农产品加工业，新增水果、茶叶加工厂4家。旅游业发展基础不断夯实。回龙湖生态休闲乐园、八仙洞水果观光园、卫东村美丽乡村旅游点等旅游景点配套服务设施不断完善。

基层党建不断夯实。始终把执行力建设作为干部能力建设核心工作抓好抓实。坚持抓好执纪立规，建立健全领导干部实绩卡考核、财务管理、作风追究、工程招投标等一整套制度；进一步抓好党员干部教育培训、农村党员春训、书记上党课常态化、制度化；坚定不移反“四风”，抓好领导干部基层调研、驻村帮扶等工作机制落实；坚持以督办抓执行，全年共开展作风督查30余次，立案4起，结案4起，涉及乡科级干部5人，给予开除党籍1人，党内严重警告2人，党内警告4人。提高村组干部待遇和村级运转经费，村级运转经费提高到7.332万元；建好党建发展基地，增强村级集体经济实力。

社会保障水平不断提高。全区脱贫329人，朱家观村顺利出列，贫困村、贫困群众生产、生活条件得到改善，收入水平大幅提升。保障性住房、饮水安全、医疗卫生、社会保障等民生工程有序推进。敬老院和人民医院整体搬迁项目完成3层主体建设，农村居民安全饮水率达85.6%。

存在的主要问题和困难：一是项目建设资金缺口大。管理区农、林、水等基础设施建设规模小，加之体制问题很难列入省里项目计划，省管县后，市里的调节能力有限，管理区在一定程度上得不到政策红利，连“五小水利”等基础设施建设都没有资金来源。二是财政收支压力大。管理区经济总量小，结构单一，缺乏稳定财源，而管理区建设规模、投入不断加大，财政收支压力空前。

■ 社会管理综合治理、安全生产、三项优先、农业农村工作获得全市先进单位称号 2015年，回龙圩管理区在年终市委、市政府的综合表彰中，社会管理综合治理、安全生产、三项优先、农业农村四项工作获得全市先进单位称号。回龙圩管理区加快社区网格化建设，完成人口信息采集、20个高清摄像头安装，加强治安巡防；严格落实“一岗双责”责任制，加强安全生产监管，未发生重特大安全事故、刑事案件等，回龙圩镇民调在全市排位较2014年前进73位。大力开展园林单位创建、造林与封山育林，全区森林覆盖率达78.27%。教育教学硬件设施大幅改善，教学质量大幅提升。全面完成合格中小学校硬件设施建设，“小升初”成绩在江永县17所小学中综合排名第三位。就业服务水平不断提升。以创建湖南省创业型城市为契机，力促大众创业、万众创新，实现零就业家庭动态清零，市场主体注册资本同比增长41.2%，城镇登记失业率控制在4%以内。农业农村工作有新成果。美丽乡村建设取得重大进展，涌现出八仙洞村、新风村等一批美丽乡村示范村。柑桔产业有效巩固提升，柑桔黄龙病统防统治取得阶段性成果。农村电商持续发力，带动全区农产品速销、热销。农业生态休闲旅游取得重大突破，回龙湖生态休闲观光园、八仙洞水果观光园吸引大批游客。

■ 八仙洞水果观光园被评为湖南省三星级乡村旅游区（点） 2015年，回龙圩管理区坚持以“旅游旺区”战略为指引，结合美丽乡村建设，统筹抓好八仙洞水果观光园建设，打造出集果园观光、水果采摘、民宿经济于一体的环境好、产业优、有文化的特色乡村旅游景点，并成功申报湖南省三星级乡村旅游区（点）。建好水果观光园，一年四季瓜果飘香；办好休闲农庄、打造知青文化园、建好农垦文化陈列馆、完善公厕、道路等基础设施，游客一站式体验水果采摘、果园观光、水库垂钓、休闲娱乐等。

（卢凤莲）

领导名录

中共永州市回龙圩管理区委员会

书　　记	赵文旺
副 书 记	李社光　成　萍
党委委员	周礼才　王湘文　李冬华　欧阳群松　义　洁　何　科

永州市回龙圩管理区管理委员会

管委会主任	李社光
管委会副主任	周礼才　义　洁
副调研员	刘香山　李宋成

中共永州市回龙圩管理区纪律检查委员会

书　　记	王湘文

永州经济技术开发区

■ 概述 永州经济技术开发区前身为永州市凤凰园经济开发区，始建于1988年，1990年经省政府批准为省级重点开发区。总规划面积121平方公里，建成区25平方公里，其中工业区16平方公里，商业区9平方公里。管辖1个街道，下设3个工业园，总人口9.5万人，有规模以上工业企业189家，初步形成先进装备制造、电子信息、食品医药、新能源新材料等产业集群。主要企业有长丰汽车、元创科技、恒远发电、弘电电子、美凯电子、熙可罐头、恒慧食品、康都制药、希尔制药、大自然药业、奔腾印务、鑫盈建材等。永州经开区享有县级经济社会和行政管理权限，下设21个科局，行使市直22个部门下放的90项行政审批权，拥有土地报批、规划审批、项目建设、管理服务四位一体的自主权，基本可以实现“园区事项、园区办结”。建立自主融资平台，融资规模达到60亿元。对入园项目，实行“全程代办制”“并联审批制”和“一事一议制”。对5000万元以上的投资项目一律全程免费代理或带办服务；对急、重大项目开辟“绿色通道”。康都制药、湘雅永州医院、北斗导航、华为数据、派系生活垃圾处理设备、德润光电、云修网等一批新兴产业项目纷纷落户。永州经开区先后获省级“承接产业转移特色园区”“知识产权工作示范园区”“两化融合示范园区”和“全国模范劳动关系和谐园区”等称号。

2015年，完成技工贸总收入360亿元，完成工业总产值280亿元，同比分别增长24%、22%；完成固定资产投资64亿元，同比增长25%；内联引资60亿元人民币，实际利用外资9000万美元，同比分别增长20%、21%；完成进出口总额1.3亿美元，加工贸易进出口总额5000万美元，同比分别增长18%、15%；实现税收14亿元，完成区级财政收入1.4亿元，同比分别增长14%、26%。在全市年终考核中，获得综合绩效评估先进单位、党建工作先进单位、党风廉政建设先进单位、工业园区经济发展模范园区、当年规模工业总产值过百亿园区、新型工业化先进园区、“1511”工程考核先进县区、六项惠民实事先进单位、重点民生实事先进单位、招商小分队优质服务先进单位、控违拆违先进单位、创国森先进单位、新上工业项目奖14项荣誉。

■ **园区建设**　长丰工业园于2002年兴建，规划面积51平方公里，建成面积10平方公里。主要发展先进装备制造产业，标志性企业有长丰猎豹汽车、恒远发电。2015年，完成工业产值170亿元，上缴税收8亿元。凤凰工业园是2003年兴建的综合性工业基地，规划面积43平方公里，建成面积6平方公里，累计投入建设资金5亿元，基础设施和配套设施比较完善。主要发展食品加工、生物制药、新型建材等产业，有湖南熙可、恒惠集团、奔腾彩印、希尔制药等规模工业企业46家。2015年，完成工业产值70亿元，上缴税收4亿元。冷水滩高科技工业园于2004年3月兴建，规划面积27平方公里，建成区面积4平方公里。整个园区累计投入12亿元，有达福鑫电子、湘龙铜业、潇湘源玻璃、炬辉光电等20家企业。2015年，完成工业产值40亿元，上缴税收2亿元。

■ **产业发展**　先进装备制造产业布局在长丰工业园内，有长丰猎豹汽车1家整车生产企业和6家汽车配套企业。长丰猎豹汽车主要生产SUV轻型越野车系列产品，主打产品有猎豹CS10、CS7、猎豹黑金刚、猎豹奇兵。6家汽车配套企业主要生产汽车沙发、空调、内装饰等汽车零部件产品。食品深加工产业布局在凤凰工业园内，现有国家和省级农业产业化龙头企业熙可、永罐、恒惠三家骨干企业，其中熙可、永罐主要以生产果蔬罐头为主，恒惠集团主要生产肉制品及生猪饲料。2015年，熙可、永罐年产值均超过5亿元，恒惠集团年产值超过2亿元。电子信息产业以生产电子元件及电子零配件为主，骨干企业有香港达福鑫电子、台湾弘电电子。香港达福鑫电子主要生产LCD、LED显示器及LCM模组等产品。台湾弘电电子主要生产低速变压器、线圈电缆等电子产品。2015年，香港达福鑫、弘电电子年产值均超过亿元。建立起永州电子商务产业园，入驻的主要电子商务企业有增信物流、爱网特、云修网、匀联共赢、车云网等。生物医药产业布局在凤凰工业园内，有生物医药企业7家。其中，希尔制药主要生产植物提取物、中药保健品，产品以出口为主，2015年出口创汇3000万美元，为全市出口创汇最多的医药生产企业。

■ **园区规划**　2015年，永州经济技术开发区按照中心城区“潇湘文化之源、品质活力永州”的总体定位和“一江两岸、东扩西跨、南北联城、中部崛起”的总体规划，全面启动园区水、电、讯、燃气等专业规划和仁湾镇等片区控制性详规编制，完成《永州市仁湾镇（城乡一体化）控制性详细规划》《永州经济技术开发区“135”工程项目规划》的编制工作。7月启动深化经开区体制改革专题调研，11月提交市委决策，确定“大稳定，小调整”的改革原则，进一步完善事权管理体制、行政管理体制、财政与投融资体制、人事薪酬制度、招商引资政策等制度。

■ 项目建设 2015年，永州经济技术开发区实施项目65个，年度投资36.5亿元。潇湘大道、珍珠南路、亲水河路先后竣工，城南大道、湘江西路、丰泰路相继拉通。康都药业一期、菲斯克新能源汽车、爱网特、象外科技、华兰钰气等项目建成投产，烟草产业园、康都药业二期、湘雅永州医院等一批重大项目落地建设。

■ 招商引资 2015年，永州经济技术开发区把招商引资作为第一菜单，在以商招商、产业招商、专业招商上精准发力、深度用力，引进一批大项目、好项目和战略性项目。全年新签约项目16个，总投资270亿元，北斗导航湖南数据中心、泽木祥、精成科技、电子商务产业园等项目落地。北斗导航湖南数据中心的落地，拉开全市大数据产业发展的大幕；现代服务业新城项目总投资达60亿元。

■ 园区要素保障 2015年，永州经济技术开发区把加强要素保障作为巩固和发展经济良好势头的重要途径，不断加大分析研判力度，切实加大攻坚克难力度，全面强化土地、资金、用工等要素保障。依托永州市开发建设投资有限公司这一平台，成功融资25亿元。报批土地1835亩，征用土地1859亩，新增土地储备面积943亩，帮扶企业招工2123人，同比增长26.3%。

（永州经济技术开发区管理委员会党政办）

领导名录

开发区委员会、管理委员会

党委书记	周立夫
党委副书记 管委会主任	盘德平
党委副书记 管委会 副主任	周建宏
党委委员 纪委书记	岑生荣
管委会 副主任	王中平　曾令富 廖为华
党委委员 副主任	张　明
副调研员	谢晓青　文建秋
建投董事长 总经理 主任助理 兼规划建设和 环保局局长	贾小平

人　物

新任市级领导

易佳良

易佳良，男，汉族，湖南长沙人，1960年出生，1983年5月参加工作，1988年6月入党。1983年5月至1984年3月任长沙市郊区马王堆乡团委书记；1984年3月至1987年7月任长沙市郊区马王堆乡副乡长；1987年7月至1990年2月任长沙市郊区岳麓山乡乡长助理，马王堆乡乡长助理；1990年2月至1991年4月任长沙市郊区马王堆乡党委副书记、乡长；1991年4月至1994年10月任共青团长沙市委副书记；1994年10月至1995年10月任长沙市郊区区长助理，湘湖渔场场长、党委书记；1995年10月至1996年7月任长沙市郊区区委常委、区人民政府副区长；1996年7月至2000年12月任长沙市雨花区区委常委、区人民政府副区长；2000年12月至2002年1月任长沙市雨花区区委副书记；2001年2月任长沙市雨花区区长；2002年1月至2006年4月任长沙市雨花区区委书记；2006年4月至2007年11月任浏阳市委书记；2007年11月至2011年9月任长沙市委常委、浏阳市市委书记；2011年9月至2013年5月任湖南省食品药品监督管理局党组副书记、副局长；2013年5月至2015年7月任永州市委常委、市人民政府常务副市长；2015年7月任永州市市委副书记，提名市长候选人；2015年8月任永州市人民政府市长。

张　严

张严，男，汉族，1963年9月出生，湖北大冶人。1982年7月参加工作，1987年6月入党，研究生学历，先后获武汉大学学士、中国社会科学院研究生院文学硕士、武汉大学法学博士。历任中学教师、乡党委秘书，人民日报国内政治部编辑、党的生活组副组长、组长、副局级干部，西藏日报社党委委员、副总编辑，中央保持共产党员先进性教育活动领导小组办公室宣传组副组长，国家信访局研究室负责人、研究室主任、国家投诉受理办公室副主任（主持日常工作，正司长级）等职务。2012年2月至2015年8月任湖南省人民政府副秘书长、省信访局局长。2015年7月任永州市委常委、副书记、市委党校校长。

唐湘林

唐湘林，男，汉族，1971年1月出生，祁阳县人，1991年6月加入中国共产党，1989年8月参加工作，1989年7月零陵农校植保专业中专毕业，1998年6月湖南省委党校涉外经济管理专业大专毕业，2001年6月中央党校函授法律专业毕业。1989年8月至1991年12月任祁阳县白水镇人民政府秘书；1992年1月至1993年11月任祁阳县白水镇人民政府副镇长；1993年12月至1994年5月在共青团祁阳县委工作；1994年6月至1996年11月任共青团祁阳县委副书记；1996年12月至1998年2月任共青团祁阳县委书记；1998年3月至1999年9月任祁阳县羊角塘镇党委副书记、镇长；1999年10月至2000年8月任祁阳县委常委、县委办公室主任；2001年8月至2001年12月任东安县委常委、政法委书记；2002年1月至2002年8月任东安县委副书记、政法委书记；2002年9月至2006年5月任东安县委副书记；2006年6月至2007年3月任道县县委副书记；2007年4月为道县人民政府县长候选人；2007年5月任道县人民政府党组书记；2007年11月至2009年12月任道县人民政府县长；2010年1月至2011年8月任道县县委书记；2011年9月任永州市委常委、政法委书记；2015年7月任永州市委常委、市人民政府常务副市长。

刘新良

刘新良，男，1970年6月出生，湖南衡东人，1992年5月加入中国共产党，1993年7月湘潭大学中文系中英文秘书专业毕业。1993年7月至1994年8月任湖南省公安厅办公室研究科见习民警。1994年8月至1996年6月任湖南省公安厅办公室研究科科员（其间：1994年8月至1995年8月在望城县公安局雷锋派出所锻炼）；1996年6月至1997年4月任湖南省公安厅办公室中心指导科科员（其间：1996年12月至2002年12在湘潭大学法律专业自考本科学习）；1997年4月至1999年11月任湖南省公安厅办公室中心指导科副科长；1999年11月至2001年9月任湖南省公安厅办公室史志科科长；2001年9月至2006年2月任湖南省公安厅办公室研究室主任；2006年2月至2007年3月任湖南省公安厅办公室副主任；2007年3月至2009年8月任湖南省公安厅警令部研究室主任；2009年8月至2010年7月任湖南省公安厅纪委副书记；2010年7月至2014年12月任湖南省公安厅纪委副书记、监察室主任；2014年12月至2015年1月任永州市人民政府副市长提名人选、市公安局局长；2015年1月任永州市人民政府副市长、市公安局党委书记、局长。

严兴德

严兴德，男，1965年8月出生，汉族，大学文化，1986年12月入党，1985年7月参加工作，冷水滩区人。1983年9月至1985年7月，在邵阳供销学校计统专业学习；1985年7月至1988年5月任冷水滩市城中办事处秘书；1988年5月至1990年8月任冷水滩市委组织部干事；1990年8月至1991年11月任冷水滩市委组织部副科级干事；1991年11月至1993年9月任零陵地委组织部人武干部管理科副科级干事；1993年9月至1995年12月，任零陵地委组织部人武干部管理科副科长（其间：1993年8月至1995年12月在中央党校函授学院党政管理专业学习毕业）；1995年12月至1997年4月任零陵地委组织部人武干部管理科副科长、正科级组织员；1997年4月至2000年9月任永州市委组织部党员电化教育中心主任；2000年9月至2002年1月任蓝山县委常委、组织部部长；2002年1月至2002年9月任蓝山县委副书记、县委党校第一校长、组织部部长（其间：2002年参加省委党校在职研究生班学习，2006年7月毕业）；2002年9月至2006年7月，任中共蓝山县委副书记；2006年7月至2007年1月任中共蓝山县委副书记、代县长；2007年1月至2010年1月任蓝山人民政府县长；2010年4月至2014年任宁远县委书记；2014年3月至2015年12月，任零陵区委书记；2015年12月任永州市人民政府副市长、零陵区委书记。

先进人物

陈运周

2015年12月4日，在“宪法的精神，法治的力量——CCTV2015年度法治人物颁奖礼”上，已故的新田县人民检察院原副检察长陈运周获2015年度感动中国的“三大致敬英雄”称号，是湖南省唯一入选的先进典型。“宪法的精神法治的力量——CCTV2015年度法治人物”评选活动由中央电视台、全国普法办、司法部主办，全国人大常委会、最高人民法院、最高人民检察院、公安部协办，中央电视台社会与法频道承办。

陈运周是永州市涌现出来的重大先进典型。他从事基层检察工作28年，始终严格执法，秉公执法，廉洁执法，他一生参与、指挥查办案件270件310人，无一错案。2013年8月至2014年8月，新田县人民检察院、中共新田县委、永州市人民检察院和中共永州市委、湖南省人民检察院分别作出“开展向陈运周学习的决定”。2014年8月1日，陈运周因鼻咽癌医治无效不幸去世。11月18日，最高人民检察院追授陈运周为“全国模范检察官”；12月12日，中共湖南省委追授陈运周为“湖南省优秀共产党员”。12月15日，最高人民检察院和中共湖南省委联合召开命名大会。12月底，陈运周被评为全国首届十佳“守望正义——群众最喜爱的检察官”。2015年5月，他获得由中宣部和最高人民检察院联合评选的“全国十大最美人物——群众最喜爱的检察官”。此次颁奖礼由全国普法办、司法部、中央电视台、最高人民法院、最高人民检察院、公安部主办，中央电视台社会与法频道具体承办。

蒋孔吉

蒋孔吉，是市粮食局驻冷水滩区花亭子村建设扶贫工作队队长。2015年1月，蒋孔吉被省委组织部、省委老干局授予“全省离退休干部先进个人”称号。他先后被评选为市、省道德模范，市、省“优秀共产党员”“全国优秀共产党员”候选人，湖南省第十次党代会代表，“湖南省杨善洲式好党员好干部”“全国扶贫先进个人”。

1998年，时任市粮食局粮油监测站站长的蒋孔吉，积极响应市委的号召，第一个报名要求到局里的联系点双牌县塘底乡黄泥山村搞建设扶贫工作。2002年机构改革，他从市粮食局办公室主任岗位上离岗退养。2004年，他得知市里启动第三轮建设扶贫工作，便主动向局领导请缨。在双牌县黄泥山村，蒋孔吉从家里搬来锅碗瓢盆，吃住在村里，访民情，听民声，帮助寻找致富路子。在道县大井村时，蒋孔吉就从自己的养老金里挤出2万元，组织30多位村民外出参观学习。回来后，他带领村民种脐橙、种烤烟、养生猪……两年时间，全村开发脐橙1500亩，种烤烟500亩，年出栏生猪2万头，80多户特困户脱贫。在第三个扶贫点道县彭家村，他顶着炎炎烈日，钻刺篷、爬山岭、找水源。在水利专家的帮助下，他从距村几公里外的地方找到水源，并想方设法争取到30万元扶贫资金。在第四个扶贫点东安县溪源村，他从班子建设入手，协助选出威信最高的女党员担任党支部书记。不到三年，溪源村的变化超过过去20年的变化，成为东安县的“明星小康村”。2012年，蒋孔吉转战冷水滩区花亭子村，他多方联系本地和北京的一些企业、老板到村里考察产业开发，整日捆着护腰，带上药品始终忙碌在扶贫工地。在历时13年、连续11年4个县5个村开展的建设扶贫工作中，蒋孔吉先后走访村民1万多人次，为农民办实事200余件，培育种养大户200多个，到省、市、县有关部门上千次，争取项目资金、扶贫资金2000多万元，帮助农民修公路50多公里，修渠道3万多米，修复水库、水塘200多处，新增旱涝保收水田5000多亩，新增水田面积200多亩，新开垦荒山种植水果6000多亩，使200多户特困户脱贫，使6000多农民每年增收1300元以上。创造永州市扶贫史上的4个“扶贫之最”：驻村扶贫时间最长、争取项目资金最多、资金的投入产出比最高、群众的受益面最广。

卜文舟

2015年12月10日，司法部表彰199个全国模范司法所、400个全国先进司法所、599名全国模范司法所长。宁远县司法局水市司法所所长卜文舟被司法部表彰为“全国模范司法所长”。

卜文舟2002年担任水市镇司法所长以来，牢记宗旨，扎根基层，积极进取，敢于担当，忠诚履行司法行政职责使命，始终冲锋在服务群众、化解矛盾、维护社会和谐稳定的最前线，在水市镇62个村的田间地头处处有他风里雨里辛劳奔波的足迹。多年来，他为群众化解各类矛盾纠纷685起，接收社区矫正对象108人，成功解矫56人，防止群体性上访9起，为群众挽回经济损失近200万元。

新闻人物

雷俊义

在由湖南省委政法委指导，省高院、省检察院、省公安厅和湖南日报报业集团共同主办，三湘都市报、华声在线具体承办的CCTV2014年度中国（湖南）法治人物颁奖典礼暨CCTV2015年度中国（湖南）法治人物评选活动启动仪式上，道县公路局退休职工雷俊义入围CCTV2015中国（湖南）法制人物候选人，这是永州市唯一入围的候选人。

雷俊义，道县公路局退休职工。1934年生于道县一个普通家庭，因病于1984年退休。退休后，他常到大街小巷闲逛，发现当时社会治安不够理想，打架斗殴、违法违纪事件时有发生，为了让更多乡里乡亲了解基本的法律法规，也为邻里的和谐稳定，他产生利用宣传栏普法的念头。平时生活节俭的他，买来普法书籍、文件、笔墨纸张，对宣传栏进行选址、版面设计，开始义务普法和义务调解的工作。在31年里，办法制宣传栏1500多期。其中，预防未成年人犯罪、青少年成才楷模等各种宣传栏400多期，搜集整理青少年正反案例近300

起。他的事迹得到社会各界的一致好评，先后获全省“关心下一代工作先进个人”、全省“老有所为”奉献奖、全省“五好文明家庭”、全市“文明公民标兵”、全市“优秀离退休党员”、道县“助人为乐道德模范”等称号。

逝世人物

王宝英

王宝英，河北省蓟县（现已划为天津市郊区）人，1923年11月出生。1947年参加革命，同年加入中国共产党。他1949年南下零陵地区工作，当年10月任零陵冷水滩区区长；1952年任零陵县税务局局长；1953年任零陵县人民政府县长；1955年任衡阳专署财政科科长；1956年任衡阳专署秘书科主任；1958年任东安县人民政府县长；1960年任冷水滩造船厂副厂长；1962年任衡阳专署卫生科科长、零陵地区卫生科科长；1969年任零陵地区卫生组副组长；1972年任零陵地区粮油战线领导小组副组长；1973年任零陵行署财贸办副主任；1983年任零陵行署顾问。1986年离休，享受副厅级待遇。2015年3月7日逝世，享年92岁。

胥义和

胥义和，汉族，初中文化。1927年农历9月15日出生。1944年在山东省东海地委青训班学习，后分配于山东省昆仑县七区工作；1945年5月加入中国共产党，同年11月任东北局机要训练队机要员；1947年1月任东北松江军区独立第四师机要组长；1948年4月任四十九军机要科副组长；1951年1月任湖南省政府机训队指导员；1951年10月任零陵专区机要科副科长；1954年8月任祁阳县委组织部部长；1955年8月任衡阳百货供应站支书、经理；1959年4月任衡阳地区粮食局副局长；1961年4月任宁远县委副书记；1969年12月任零陵地区水泥二厂党支书记；1972年8月任冷水滩耐火材料厂副书记、副主任；1975年7月任东安县委副书记；1981年5月任东安县人大常委会主任、副书记；1984年3月任东安县委顾问；1990年12月任零陵地区人大联工委正处级干部，1991年3月离休（享受副市级待遇）。2015年6月26日逝世，享年88岁。

附　录

一、政策规章选登

永州市人民政府关于进一步推进户籍制度改革的实施意见

为促进有能力在城镇稳定就业和生活的常住人口有序实现市民化，稳步推进城镇基本公共服务常住人口全覆盖，根据《国务院关于进一步推进户籍制度改革的意见》（国发〔2014〕25号）和《湖南省人民政府关于进一步推进户籍制度改革的实施意见》（湘政发〔2015〕16号）精神，现就进一步推进我市户籍制度改革提出以下实施意见：

一、总体要求

（一）指导思想。以邓小平理论、“三个代表”重要思想、科学发展观为指导，深入贯彻落实党的十八大和十八届三中、四中全会精神，适应推进新型城镇化需要，进一步推进户籍制度改革，统筹推进新型工业化、信息化、新型城镇化和农业现代化同步发展，推动中小城市和小城镇协调发展、产业和城镇融合发展。统筹推进户籍制度改革和相关经济社会领域改革，合理引导农业人口有序向城镇转移，有序推进农业转移人口市民化。

（二）基本原则。积极稳妥、规范有序。立足基本市情，积极稳妥推进，合理引导农业转移人口落户城镇的预期和选择。因地制宜、能放尽放。综合考虑当地经济社会发展水平、城市综合承载能力和提供基本公共服务的能力，实施差别化落户政策。以人为本、尊重群众意愿。尊重城乡居民自主定居意愿，依法保障农业转移人口及其他常住人口合法权益，不得采取强迫做法办理落户。统筹配套、提供基本保障。统筹推进户籍制度改革和基本公共服务均等化，不断扩大教育、就业、医疗、文化、养老、住房保障等城镇基本公共服务覆盖面。

（三）改革目标。统一城乡户口登记制度，进一步调整户口迁移政策，大力实施居住证制度，建立健全实际居住人口登记制度，健全完善人口基础信息库，推进义务教育、就业服务、基本养老、基本医疗、公共卫生、计划生育服务、公共文化、住房保障等城镇基本公共服务覆盖全部常住人口。到2020年，基本建立与全面建成小康社会相适应，依法保障公民权利，有效支撑社会管理和公共服务，以人为本、科学高效、规范有序的新型户籍制度。

二、建立城乡统一的户口登记制度

取消农业户口与非农业户口性质区分，统一登

记为居民户口，体现户籍制度的人口登记管理功能。公安机关户口登记不再标注户口性质，不再依据户口性质统计农业人口与非农业人口，改为根据户口登记地的城乡地域属性划分统计城镇户籍人口和农村户籍人口。抓紧建立与统一城乡户口登记制度相适应的教育、就业、卫计、社保、住房、土地、人口统计等相关制度，完善现阶段区分城乡政策待遇适用对象的具体办法，逐步消除城乡待遇差别，确保相关政策制度平稳衔接过渡。

三、进一步调整户口迁移政策

全面放开中心城区、县、管理区和乡镇落户限制。在中心城区（冷水滩、零陵、永州经济技术开发区）、县人民政府和管理区管委会所在地、其他乡镇有合法稳定住所（含租赁）的人员，本人及其共同居住生活的配偶、未婚子女、父母等，可以在当地申请登记常住户口。

四、加强人口管理和服务

（一）妥善解决落户工作中的相关问题。加强出生登记工作，摸清无户口人口底数和主要原因，分类解决无户口人员落户问题，切实保障公民登记户口的合法权益。新生儿户口登记不受附加条件限制，公安机关对于不能提供生育证或社会抚养费征收票据等计生证明的未落户人员，应当依法为其办理户口登记，同时按有关规定通报当地卫计部门。做好死亡人员户口注销工作，加强死亡医学证明等信息共享，全面排查应销未销户口人员信息，依法依规予以注销，确保人口信息数据准确。积极采取措施，重点解决进城时间长、就业能力强、可以适应城镇产业转型升级和市场竞争环境的人员落户问题。不断提高高校和职业院校毕业生、取得专业技术资格人员、技术工人、留学回国人员、获荣誉称号人员、优秀农民工等常住人口的城镇落户率。

（二）继续大力实施居住证制度。以居住证为载体，健全完善基本公共服务提供机制。积极创造条件，不断扩大向居住证持有人提供公共服务的范围，确定并公布具体服务内容。居住证持有人根据相关规定享有与当地户籍人口同等的劳动就业、基本公共教育、基本医疗、公共卫生、计划生育服务、公共文化服务、证照办理服务等权利；逐步享有与当地户籍人口同等的中等职业教育资助、就业扶持、住房保障、养老服务、社会福利、社会救助等权利；结合随迁子女在当地连续就学年限等情况，享有随迁子女在当地参加中考和高考的资格。按照权责对等的原则，居住证持有人应当履行服兵役和参加民兵组织等国家和地方规定的公民义务。

（三）健全完善人口信息管理制度。建立健全实际居住人口登记制度，全面开展实有人口、实有房屋基础信息采集，加强和完善人口统计调查，全面、准确掌握人口规模、人员结构、地区分布等情况。按照全省的统一安排部署，加快以公民身份证号码为唯一标识的人口基础信息库建设，各有关部门分类完善劳动就业、教育、收入、社保、房产、信用、卫计、税务、婚姻、民族等信息系统，加速推进跨部门、跨地区信息整合、共享及应用工作，为制定国民经济和社会发展规划、人口发展战略和政策提供信息支持，为人口服务和管理提供支撑。同时，继续加强信息安全管理，确保信息数据安全。

五、保障农业转移人口及其他常住人口合法权益

（一）改革完善农村产权制度。加快推进农村土地确权、登记、颁证，依法保障农民的土地承包经营权、宅基地使用权。推进农村集体经济组织产权制度改革，积极探索集体经济组织成员资格认定办法和集体经济有效实现形式，保护成员的集体财产权和收益分配权。建立完善农村产权流转交易市场，推动农村产权流转交易公开、公正、规范运行。坚持依法、自愿、有偿的原则，引导农业转移人口有序流转土地承包经营权。探索开展在进城落户农民自愿的前提下有偿退出“三权”（土地承包经营权、宅基地使用权、集体收益分配权）试点。现阶段，不得以退出土地“三权”作为农民进城落户的条件。

（二）扩大基本公共服务覆盖面。保障农业转移人口及其他常住人口随迁子女平等享有受教育权利；将随迁子女义务教育纳入各级政府教育发展规划和财政保障范畴；贯彻落实好随迁子女在流入地接受中等职业教育免学费和普惠性学前教育的政策以及接受义务教育后参加各层次升学考试的实施办法。完善就业失业登记管理制度，面向农业转移人口全面提供政府补贴职业技能培训服务，加大创业扶持

力度，完善扶持创业的优惠政策，促进农村转移劳动力就业。将农业转移人口及其他常住人口纳入社区卫生和计划生育服务体系，提供基本医疗、公共卫生、计划生育服务。把进城落户农民完全纳入城镇社会保障体系，在农村参加的养老保险和医疗保险规范接入城镇社会保障体系，完善并落实医疗保险关系转移接续办法和异地就医结算办法，整合城乡居民基本医疗保险制度，加快实施统一的城乡医疗救助制度。加快实施统一的城乡居民基本养老保险制度，落实城乡养老保险制度衔接政策，确保劳动者特别是农民工在城乡养老保险制度间的顺畅衔接。加快建立覆盖城乡的社会养老服务体系，促进基本养老服务均等化。完善以低保制度为核心的社会救助体系，推进城乡社会救助统筹发展。把进城落户农民中符合住房保障条件的完全纳入城镇住房保障体系，采取多种方式保障农业转移人口基本住房需求。

（三）加强基本公共服务财力保障。完善基本公共服务供给机制，合理划分各级政府基本公共服务供给事权和支出责任。完善转移支付制度，逐步建立财政转移支付同农业转移人口市民化挂钩机制。加大财力均衡力度，提高市、县政府提供基本公共服务的能力。

六、工作要求

（一）加强组织领导。户籍制度改革事关人民群众切身利益、经济持续健康发展和社会和谐稳定。各县区人民政府、市直机关各单位要从全局出发，充分认识做好这项工作的重要性和必要性，切实加强领导、周密部署，按照省委、省政府和市委、市政府关于新型城镇化建设的总体部署，切实抓好户籍制度改革各项政策措施的贯彻落实。成立市户籍制度改革工作领导小组，由市人民政府常务副市长任组长，市人民政府分管副市长任常务副组长、市人民政府分管副秘书长、市公安局分管副局长为副组长，发改、人社、财政、教育、民政、国土资源、住建、农业、林业、卫计、统计、法制等部门主要负责同志为成员。领导小组下设办公室，办公室设在市公安局，负责进一步推进户籍制度改革的日常工作。办公室主任由市公安局分管副局长兼任。

（二）落实政策措施。各县区要根据本实施意见要求，抓紧研究制定本地区农业转移人口落户城镇的总体安排、具体工作方案，并认真组织实施。市公安、市发改、市人社、市财政、市教育、市民政、市卫计、市统计等部门按照职能分工，抓紧制定出台本部门贯彻落实本实施意见的具体措施及配套方案，落实经费保障，确保户籍制度改革取得实效。市公安局、市发改委和市人社局要会同有关部门对各县区实施户改工作加强跟踪评估、督查指导。市公安局及各级公安机关要加强户籍管理和居民身份证管理，做好户籍制度改革的基础工作。

（三）做好宣传引导。各县区、各部门要通过多种渠道深入宣传进一步推进户籍制度改革的重大意义，准确解读户籍制度改革主要内容及相关配套政策。大力宣传在解决农业转移人口及其他常住人口落户城镇、保障合法权益、提供基本公共服务等方面的好经验、好做法，合理引导社会预期，回应群众关切，凝聚各方共识，形成改革合力，营造全社会支持改革、理解改革、参与户籍制度改革的良好氛围和社会环境。

本意见自印发之日起实施。

永州市中心城区历史文化街区、历史建筑保护修缮管理办法

第一章　总　则

第一条　为依法推进永州市中心城区历史文化街区房屋保护和修缮工作，依据《中华人民共和国城乡规划法》、《中华人民共和国文物保护法》、《历史文化名城名镇名村保护条例》、《历史文化名城保护规划规范》、《永州市城市总体规划修改》、《永州历史文化名城保护规划》、《永州市历史文化名城柳子街历史文化街区保护规划》、《永州市零陵区解放南路历史文化街区保护规划》、《永州市老埠头历史文化街区保护规划》等相关法律法规、规划，制定本办法。

第二条　本办法适用于市中心城区（冷水滩区、

零陵区、永州经济技术开发区）的历史文化街区和历史建筑的保护和修缮，以及所涉及的历史街巷整治、市政基础设施改造和居民疏散等相关工作。

历史文化街区是指经国家公布、省人民政府批准的《永州历史文化名城保护规划》中明确的历史文化街区。

历史建筑是指经市、区人民政府确定公布的具有一定保护价值，能够反映城（乡）历史风貌和地方特色，未公布为文物保护单位，也未登记为不可移动文物的建筑物、构筑物。

第三条 历史文化街区、历史建筑保护和修缮工作应坚持以下原则：

（一）坚持整体保护、有机更新的原则。严格执行保护规划，政府统一规划设计，通过小规模、渐进式有机更新的方式组织实施。保护历史真实性，保存历史遗存和原貌，严禁大拆大建。

（二）坚持政府主导、多方参与的原则。在政府的统筹组织下，落实房屋产权人、使用人（含承租人，下同）修缮、管理、维护的责任，调动居民的积极性；充分发挥市场机制作用，鼓励社会力量参与历史建筑保护和修缮工作。

（三）坚持保护风貌、改善民生和促进发展相结合的原则。按照“修缮、改善、疏散”的总体要求，保护历史文化风貌，改善居民居住条件和生活环境，完善市政基础设施，促进经济社会可持续发展。

（四）坚持物质与非物质文化遗产活态保护的原则。既要加强对历史建筑外观的整体保护，也要加强对其所承载的文化进行保护，尤其是对居住在历史建筑内的“人的生活”条件的改善，保存和延续历史街区的文化，保存其作为历史文化遗产活态性的特点。

第四条 市历史文化名城保护管理办公室负责牵头市中心城区历史文化街区、历史建筑保护和修缮工作，研究制定有关政策措施、工作计划和实施方案，负责对《永州历史文化名城保护规划》范围内的历史文化街区、历史建筑保护修缮的审批，协调相关部门开展历史建筑保护和修缮工作。市发改、财政、住建、文物、国土资源、交通运输、环保、园林、旅游、城管执法等相关行政主管部门，按照职责分工，负责房屋保护和修缮的相关工作。

第五条 市历史文化名城保护管理办公室负责市中心城区历史文化街区、历史建筑保护和修缮工作的组织实施，监督修缮过程中的质量和安全，组织相关部门拆除历史文化街区内的违法建筑，落实历史建筑保护和修缮资金，建设和筹集居民搬迁定向安置用房，协调解决有关问题，对现存历史文化街区的房屋建筑以及其他历史居住人口及市政基础设施等情况进行详细调查，建立管理数据库，对房屋建筑保护和修缮工作实施动态管理。

第六条 市历史文化名城保护管理办公室应在每年11月底前，编制完成下一年度历史文化街区、历史建筑保护和修缮工作计划（主要包括房屋修缮，街巷整治数量，人口疏散计划，工作进度安排，资金及房源安排等内容），报市政府批准后组织实施。

第二章 建筑的保护和修缮

第七条 历史文化街区、历史建筑保护和修缮主要通过翻修、改建、大修、中修、小修和综合维修等方式进行，应当符合以下要求：

（一）历史文化街区、历史建筑的修缮，必须由市历史文化名城保护管理办公室审批后，才能办理规划建设手续。

（二）与历史文化街区的空间格局、建筑体量、尺度、形式、色彩、材料、构造特征等传统特征相协调。

（三）保存街巷肌理、传统院落的原有格局。

（四）保存不可移动文物和其他历史建筑及建筑构件等历史遗存。

（五）历史文化街区、历史建筑修缮施工应当使用传统材料，采取传统做法，保持传统形式，修缮后应当达到结构安全、能源清洁、设施基本完善的要求，符合抗震和建筑节能标准。

第八条 历史文化街区、历史建筑保护和修缮应当按《永州历史文化名城保护规划》、《历史文化街区保护规划》要求，进行保护和修缮：

（一）文物类建筑应依据文物保护有关法律法规进行严格保护。

（二）历史建筑只可按原有建筑格局和建筑形式进行修缮，不得拆除、改建和扩建；确需对其内部进行现代化改造的，要保留历史原貌。

第九条 历史文化街区、历史建筑房屋产权人承担保护和修缮责任。

（一）房屋产权人应当按照《永州历史文化名城保护规划》、《历史文化街区保护规划》和相关技术标准对房屋进行保护和修缮；房屋使用人应当依法服从产权人对房屋的管理，配合产权人进行房屋保护和修缮。

（二）房屋的保护和修缮费用由产权人承担。直管公有房屋由政府出资进行修缮；单位自管公有房屋由房屋产权单位出资进行修缮；私有房屋由房屋产权人出资进行修缮。

私有房屋与公有房屋结构相连不可分割的，或因公有房屋修缮后影响私有房屋使用，需与私有房屋同步进行修缮的，私有房屋产权人应当积极配合修缮，政府或单位自管房产权单位给予一定补贴；对街巷两侧外立面整修需要私有房屋产权人配合进行修缮的，政府给予一定补贴。

对于私有危险建筑，产权人应当按照风貌保护要求进行修缮，对修缮确有困难的，经办事处、社区调查，根据实际情况分特困户和一般困难户，公布修缮补贴经费，公示时间不少于7天，无异议后报住房和城乡规划建设部门认定，政府分别给予一定补贴。

具体补贴标准由政府结合实际研究制定。

（三）房屋修缮完成后，由房屋产权人、使用人承担房屋的维护和管理责任，不得擅自改变房屋和院落的外貌、边界，不得进行违法建设。

第十条 历史文化街区、历史建筑经房屋安全鉴定机构鉴定为严重破损和危险房屋的，房屋产权人必须及时进行修缮、改造，排除居住危险和安全隐患。

公有房屋产权人进行房屋修缮改造时，房屋使用人应当积极配合，必要时需临时腾空房屋或搬迁。

私有房屋产权人承担房屋安全使用责任。住房和城乡规划建设行政主管部门发现私有房屋确属危险的，要及时下达危房解危通知书并监督房屋产权人限期进行修缮改造。对影响公共安全、房屋产权人拒不进行修缮的，住房和城乡规划建设行政主管部门有权指定实施单位代为修缮，修缮费用按照本办法第九条承担。

第十一条 在历史文化保护街区内，不得擅自设置户外广告、牌匾标识、标语及宣传品，不得擅自架设各种管线。

历史建筑保护和修缮过程中，房屋产权人应将不符合历史文化街区风貌的建筑，按照《历史文化街区保护规划》的要求进行修缮，影响城市景观及公共利益的临街违法建设必须无条件拆除；逾期不拆除的，由规划行政主管部门进行认定，由政府组织拆除。

第十二条 直管公有历史建筑保护和修缮工作按照以下程序进行：

（一）市历史文化名城保护管理办公室组织办事处、社区进行入户调查和宣传动员工作，对申请保护修缮的居民进行登记并结合居民修缮申请情况，签出审批意见，明确详细保护和修缮实施方案。

（二）房屋产权人与承租人应签订历史建筑保护和修缮协议。

历史建筑保护和修缮协议内容应包括：房屋修缮的实施主体、出资方式、修缮方式、质量要求、施工工期、违法建设拆除要求，房屋修缮后的维护和管理，双方权利与义务，以及违约责任等。

（三）市历史文化名城保护管理办公室会同文物管理部门，根据院落、房屋的风貌、形式、历史文化价值及现状，纳入年度修缮工作计划。

（四）历史建筑保护和修缮工程竣工后，由市历史文化名城保护管理办公室组织有关部门和专家对是否符合历史文化风貌进行评估和验收；由房屋产权人组织对工程质量进行验收。政府有关部门应做好资料存档工作。

单位自管公有房屋和私有房屋产权人修缮房屋的，参照上述程序办理。

第三章 市政设施改造和环境整治

第十三条 市历史文化名城保护管理办公室负责组织实施历史文化街区市政基础设施改造和环境整治工作。布置市政管线时，应保持街巷传统风貌和肌理，不得改变原有尺度和走向；确需改变的，应按照保护规划要求进行实施。

第十四条 街巷市政基础设施改造时应当在不改变宽度的前提下同步敷设市政管线，并符合《历史文化街区保护规划》的要求。

第十五条 市政基础设施改造费用标准：

（一）因市政基础设施改造确需实施搬迁的，政府负责居民和单位的搬迁工作，并承担相应的补偿费用。

（二）院落外的基础设施改造费用由政府承担。

（三）院落内的基础设施改造费用，包括材料、人工费用，由房屋产权人承担。

第十六条 市历史文化名城保护管理办公室应统筹协调历史文化街区清洁能源改造、环卫设施改造、架空线入地、街巷外立面整修等各类市政改造和环境整治工程，做到统一规划，统一设计，统一实施，避免重复施工，减少对居民生活和周边环境的影响。

第四章　居民疏散

第十七条　产权人或使用人居住的房屋属于下列情形之一的，由政府依法组织征收，居民应当按规定搬迁：

（一）需要腾退后对社会开放的不可移动文物、历史建筑和危及文物、历史建筑安全等不合理使用的建筑。

（二）修建市政道路或引入市政基础设施需拆除的房屋。

（三）经鉴定为严重破损或危险房屋，严重影响居住安全，无法实现原地重建的筒子楼、简易楼或中式楼。

（四）按照保护规划要求确需拆除的其他房屋。

第十八条　历史文化街区公有房屋承租人愿意腾退房屋的，按照以下程序进行：

（一）政府组织办事处、社区进行入户调查、宣传动员，对提出腾退申请的房屋承租人进行登记。

（二）房屋产权人与申请腾退的承租人协商签订补偿安置协议；房屋产权人可以用房屋直接安置承租人或实施登记轮候安置。

（三）房屋产权人与承租人解除房屋租赁合同，承租人腾空房屋并移交房屋产权人。

对公房院落腾退部分居民后剩余的承租人，产权人可将其调整到其他院落安置，变更租赁合同，并适当改善承租人居住条件。

第十九条　私有房屋产权人愿意搬迁的，可以向房屋所在地办事处、社区提出申请，由政府委托相关机构与产权人协商收购其房屋。

第二十条　鼓励单位和个人购买和承租历史文化街区的房屋或院落，参与房屋保护和修缮工作。

购买历史文化街区居民承租的直管公有房屋的，购买人应当与承租人进行协商，对承租人妥善安置，再与产权人签订公房补偿协议，房屋行政主管部门予以办理公房的权属转移登记手续。

各区办事处、社区可组织、协调直管公房院落承租人与购买人进行集体协商收购，保障各方当事人合法权益。

政府负责制定鼓励直管公有房屋流转具体办法，市直相关部门予以政策支持。

第二十一条　单位自管公有房屋产权人可参照本办法第二十条组织承租居民进行疏散。

第二十二条　按照本办法第十七条、第十八条、第十九条规定搬迁的居民，市、区政府应当统筹建设或筹集定向安置房予以安置；符合保障性住房申请资格的，应当优先安排购买或承租保障性住房；居民选择货币补偿的，由双方通过评估和协商方式确定补偿价款，政府不再提供定向安置房或保障性住房。

具体安置办法由政府按照居民原住房面积结合区位差异等因素制定。

第二十三条　政府对腾退后的房屋进行修缮后可以安排其他院落的居民居住，也可结合历史文化街区产业发展规划发展相关产业。腾退后拟拆除的建筑在拆除前应征求文物部门意见。

第五章　法律责任

第二十四条　市历史文化名城保护管理办公室应当按照职责分工，做好房屋保护和修缮的相关工作；对不履行职责或工作不力的，依法追究责任。

第二十五条　房屋产权人、使用人未按《永州历史文化名城保护规划》、《历史文化街区保护规划》要求履行管理、维护、修缮义务的，由规划建设行政主管部门按照《历史文化名城名镇名村保护条例》第四十四条规定进行处罚；侵犯他人合法权益的，依法承担相应法律责任。

第二十六条　历史建筑保护和修缮过程中，需要房屋产权人或使用人临时搬出或腾退房屋的，由对历史文化街区、历史建筑进行修缮决定的行政机关，按修缮的补偿方案依法给予补偿；房屋产权人无正当理由拒不搬出的，由决定修缮的行政机关报同级政府作出对房屋征收和补偿决定；房屋使用人拒不腾退的，由决定修缮的行政机关报同级政府作出修缮行政补偿决定，并解除房屋产权人与使用人的房屋租赁合同。房屋产权人或使用人不服的，依法提起行政复议或行政诉讼，在行政复议和行政诉讼期间，行政决定不停止执行。

第六章　附　则

第二十七条　历史文化街区、历史建筑保护和修缮涉及文物保护单位及不可移动文物，以及文物保护单位保护范围和建设控制地带内房屋的，应按照《中华人民共和国文物保护法》等相关法律法规、规章的规定执行。

第二十八条　市中心城区以外的历史文化街区、历史文化名村、名镇的建筑保护和修缮工作，在符合国务院《历史文化名城名镇名村保护条例》前提下，可参照本办法执行。

第二十九条　本办法自印发之日起实施。

永州市城镇职工基本医疗保险实施办法

第一章　总　则

第一条　为建立健全城镇医疗保险体系，保障职工的基本医疗需求，根据《中华人民共和国社会保险法》及国家、省有关规定，结合我市实际，制定本办法。

第二条　坚持城镇职工医疗保险水平与经济社会发展水平相适应，保基本、广覆盖、可持续的方针。

第三条　城镇职工医疗保险按照市级统筹、属地管理、分级经办的原则，实行统一政策体系、统一业务流程、统一信息系统。

第四条　市人力资源和社会保障行政主管部门负责全市城镇职工医疗保险工作，市医疗保险经办机构负责全市城镇职工医疗保险经办管理和业务指导以及市本级城镇职工医疗保险业务经办，各县区（管理区）人力资源和社会保障行政主管部门负责本行政区城镇职工医疗保险工作，各县区（管理区）医疗保险经办机构具体经办本行政区城镇职工医疗保险业务。

财政部门负责本行政区内城镇职工医疗保险费的预算安排管理和基金运行的监督管理。

卫计、食品药品监督管理部门负责医疗机构和零售药店的医疗服务管理。

发展改革、审计等部门按照各自的工作职责协助做好城镇职工医疗保险工作。

用人单位负责本单位参保人员医疗保险经办工作。

第二章　参保范围和对象

第五条　本市行政区域内的企业（包括各种所有制和组织形式的企业）、国家机关、事业单位、社会团体、民办非企业单位、有雇工的个体工商户、外地驻永单位（以下统称用人单位）及其职工，应按本办法规定参加城镇职工医疗保险。

第六条　符合参保条件的用人单位及个人按属地原则到所在地的医疗保险经办机构参加城镇职工医疗保险。

第三章　参保缴费管理

第七条　城镇职工医疗保险费由用人单位和职工按月共同缴纳，自缴费的下月起享受城镇职工基本医疗保险待遇；城镇灵活就业人员医疗保险费由参保人员按年缴纳，当年退休人员可按月缴纳。

第八条　城镇职工医疗保险的缴费比例：

（一）用人单位和职工的缴费比例分别为8%和2%；

（二）城镇灵活就业人员的缴费比例为10%；

第九条　城镇职工医疗保险缴费基数为上年度职工工资总额，职工个人工资总额低于上年度统筹地区在岗职工平均工资的，按上年度统筹地区在岗职工平均工资计算缴费基数；城镇灵活就业人员以上年度统筹地区在岗职工平均工资为缴费基数。工资总额的构成以国家有关规定为准。

第十条　所有参加城镇职工医疗保险的人员（包括在职和退休人员）均应参加大病医疗互助，大病医疗互助费的缴费标准为每人每年110元。

第十一条　城镇职工医疗保险建立缴费年限制度，最低累计缴费年限为男30年，女25年，且达到国家法定正常退休年龄的退休人员（男满60周岁，女干部满55周岁，女工人满50周岁，灵活就业人员参照执行）。2003年1月1日以前符合国家规定的连续工龄或工作年限，视同医疗保险缴费年限。2003年1月1日以后，医疗保险缴费年限从参保缴费之日起开始计算。

第十二条　参保人员达到法定退休年龄、满足最低缴费年限要求且实际连续缴费年限不低于10年的，不再缴纳医疗保险费。缴费年限不足的，以上年度统筹地区在岗职工平均工资为基数，一次性补足至最低缴费年限。按照国家相关规定办理提前退休手续的参保人员（不含退职和灵活就业人员），应以上年度统筹地区在岗职工平均工资为基数，一次性补足至法定退休年龄，缴费年限不足的，还需补足至最低缴费年限。

第十三条　医疗保险基金由统筹基金和个人帐户构成。

第十四条　划入个人账户的划转比例为2.7%。在职职工的个人账户划入基数为单位与个人缴费基数，未退休的灵活就业人员个人帐户划入基数为本人缴费基数，退休人员的个人账户划转基数为所在单位当年平均缴费基数，已退休的灵活就业人员的个人账户划转基数为其退休当年缴费基数。改制破产企业的参保人员个人账户执行原国有企业改革改制文件的规定。按湘劳社政字〔2007〕11号文件参保的困难企业职工和退休人员不建立个人账户。

第四章　医疗保险待遇

第十五条　城镇职工医疗保险的结算年度为每年的1月1日至12月31日。

第十六条　城镇职工医疗保险用药、诊疗项目、医疗服务设施范围和支付标准，执行国家、省、市相关规定。

第十七条　城镇职工医疗保险设置住院起付标准和统筹基金最高实际支付限额。

一个结算年度内本统筹地区内首次住院起付标准为三级医院800元，二级医院500元，一级医院300元，以后每次住院起付标准为三级医院400元，二级医院300元，一级医院200元；一个结算年度内首次转外住院的起付标准为1200元，以后每次转外住院起付标准为800元。

一个结算年度内统筹基金最高实际支付限额为25万元，其中基本医疗最高实际支付限额为8万元，超过基本医疗最高实际支付限额的通过大病医疗互助解决，大病医疗互助最高实际支付限额为17万元。

第十八条　参保人员在本统筹地区城镇职工医疗保险定点医疗机构发生的符合规定的住院医疗费用，起付标准以下部分由个人自负，起付标准以上、基本医疗最高实际支付限额以下的部分，统筹基金支付比例为90%，个人自负10%，基本医疗最高实际支付限额以上、大病医疗互助最高实际支付限额以下的部分统筹基金支付比例为95%，个人自负5%。最高实际支付限额以上部分由个人负担。

第十九条　参保人员生育发生的住院医疗费按本办法相关规定进行结算，个人不再承担住院费用起付线下的开支，生育门诊医疗费支付标准按相关规定执行。

第二十条　参保人员因病情需要需连续治疗或长期服药的，可按特殊病种进行管理，特殊病种的具体范围及管理办法按相关规定执行。

第二十一条　参保人员因确实不可预料原因导致的无第三方责任人的意外伤害，其发生的医疗费用按意外伤害医疗保险规定支付。

第二十二条　参保人员因病情确需转诊转院治疗的，按逐级转诊转院的原则办理手续。

（1）省内异地联网结算医院的在本统筹地区规定的自负比例的基础上提高15%。

（2）省外医院、省内异地非联网结算医院的在本统筹地区规定的自负比例的基础上提高30%。

（3）因病情紧急等特殊情况未能及时办理转诊转院审批手续的，其发生的符合报账规定的住院医疗费用在本统筹地区规定的自负比例的基础上提高40%。

第二十三条　参保人员因退休或工作需要长期在参保地以外居住或驻外工作一年以上的，可申请办理长期异地居住手续。异地安置人员市内住院治疗的，按本办法规定核报；在市外安置地选择的定点医疗机构发生的符合报账规定的住院医疗费用，三级医院的医疗费用在本统筹地区规定的自负比例的基础上提高10%，二级及以下医院按参保统筹地区规定核报。

第二十四条　参保人员因公出差或探亲期间在市外异地患病需急诊抢救住院的，应在三个工作日内向医保经办机构申报审批，经核实批准后，其发生的符合报账规定的住院医疗费用在本统筹地区规定的自负比例的基础上提高20%。

第二十五条　对城镇职工住院费用自负总额进行二次补助，补助标准为：一个结算年度内，参保人员住院医疗费（含特殊门诊）累计个人自负总额（全自费部分除外，全自费项目的确定以“三大目录”为准）在20000元以上部分补助50%，最高补助金额不超过15万元，所需资金从统筹基金中列支。

第二十六条　离休人员按国家、省、市有关规定享受医疗待遇。

第二十七条　一至六级革命伤残军人按国家、省、市有关规定享受基本医疗保险待遇。

第二十八条　国家公务员在参加医疗保险的基础上享受医疗补助政策；非公务员单位按有关规定享受补充医疗保险待遇。

第二十九条　省以上劳模、享受国家特殊津贴的参保人员，其政策内自负部分按公务员补助政策办理。

第三十条　有下列情形所发生的医疗费用不列入城镇职工医疗保险基金支付范围：

（一）自杀、自残、他伤、打架斗殴、酗酒、吸毒、服刑期间；

（二）交通事故、医疗事故及其他责任事故；

（三）工伤、职业病的医疗和康复；

（四）因美容、矫形、生理缺陷等进行治疗的费用；

（五）其他违法行为导致病、伤、残的；

（六）境外及港、澳、台地区就医的；

（七）在就医地非定点医疗机构就医的；

（八）无正当理由超过办理时限的；

（九）国家和省市有关政策规定的其他不支付费用的情形。

第五章　医疗服务管理

第三十一条　各级医疗保险经办机构根据有关规定与定点医疗机构和协议零售药店签订服务协议，规范医疗服务行为，对定点医疗机构实行目标管理考核。

第三十二条　城镇职工医疗保险定点医疗机构和协议零售药店应严格按照国家、省、市有关规定为参保人员提供合理、必要的医疗服务，做好参保人员就医、购药管理服务工作。

第六章　医保基金管理

第三十三条　城镇职工医疗保险基金由以下四部分组成：

（一）用人单位和参保人员缴纳的医疗保险费；

（二）各级财政补助的城镇职工医疗保险费；

（三）城镇职工医疗保险基金的利息收入；

（四）其他渠道筹集的城镇职工医疗保险费。

第三十四条　城镇职工大病互助基金由以下三部分组成：

（一）参保人员缴纳的大病互助费；

（二）城镇职工大病互助基金的利息收入；

（三）其他渠道筹集的城镇职工大病互助费。

第三十五条　城镇职工医疗保险基金和大病互助基金纳入财政专户管理，单独设账，单独核算，专款专用，任何单位和个人不得挤占和挪用。

第三十六条　医疗保险经办机构的人员经费和经办医疗保险发生的基本运行费用、管理费用，足额列入同级财政预算，不得从医疗保险基金中提取。

第七章　附　则

第三十七条　随着经济社会发展水平、基金收支结余情况、医疗费用增长幅度等变化的需要，城镇职工医疗保险的有关政策经市人民政府批准可做相应调整。

第三十八条　本办法从2016年1月1日起施行，《永州市人民政府关于印发〈永州市城镇职工医疗保险实施办法〉的通知》（永政发〔2011〕13号）同时废止。

永州市城镇居民基本医疗保险实施办法

第一章　总　则

第一条　为建立健全多层次的医疗保障体系，妥善解决城镇居民医疗保障问题，根据《中华人民共和国社会保险法》及国家、省有关规定，结合我市实际，制定本办法。

第二条　坚持城镇居民基本医疗保险保障水平与经济发展水平相适应、保基本、广覆盖、可持续的方针。

第三条　城镇居民基本医疗保险按照“市级统筹、属地管理、分级经办”的基本原则，实行“四统一分”的管理模式，即全市实行统一的医疗保险政策、业务经办管理、医保基金管理、网络管理平台，业务分级经办。

第四条　市人力资源和社会保障行政部门负责全市城镇居民基本医疗保险工作，市医保经办机构负责全市城镇居民基本医疗保险的经办管理和业务指导。各县区（管理区）人力资源和社会保障行政部门负责本行政区域的城镇居民基本医疗保险工作，县区（管理区）医保经办机构具体经办所辖区域的城镇居民基本医疗保险业务。

财政部门负责城镇居民基本医疗保险基金财政专户的管理，落实城镇居民基本医疗保险财政补助资金、困难居民补助资金和工作经费，做好基金运行的监管。

教育部门和各大中小学校负责做好学生参加城镇居民基本医疗保险的参保工作。

卫计部门负责医疗机构医疗服务的管理。

民政部门负责低保对象等参保对象的身份认定，协助做好低保对象、低收入家庭60周岁以上的老人等城镇困难居民的参保缴费工作。

残疾人联合会负责重度残疾人员身份认定，协助做好重度残疾人员等参保对象的参保缴费工作。

发展改革、公安、审计、食品药品监督管理等部门按照各自的工作职责，协助做好城镇居民医疗保险工作。

各街道办事处、乡镇、社区负责所辖区域城镇居民参保缴费经办工作。

第二章　参保范围和对象

第五条　本市行政区域内未纳入城镇职工基本医疗保险范围的下列人员应当参加城镇居民基本医疗保险：

（一）全市各类学校（包括各中小学校、职业高中、中专、技校、各高等院校和技师学院等）的学生，少年儿童；

（二）城镇非从业居民；

（三）参加城镇职工基本医疗保险确有困难的从业人员，可以自愿选择参加城镇居民基本医疗保险。

第三章　基金筹集和管理

第六条　城镇居民基本医疗保险实行个人缴费与政府补贴相结合。城镇居民基本医疗保险个人缴费标准自2016年度起暂定为：

（一）在校学生、少年儿童、非学生儿童的低保对象、丧失劳动能力的重度残疾人、低收入家庭60周岁以上的老年人每人每年90元；

（二）其他城镇居民每人每年190元；

（三）城镇无劳动能力、无生活来源、无法定赡（扶、抚）养义务人的“三无”人员免缴费。

第七条　城镇居民基本医疗保险参保人员享受财政补助的标准按照国家、省有关规定执行。

第八条　市、县区政府（管理区）应将城镇居民基本医疗保险财政补助纳入年度财政预算，并于当年6月底以前拨付到城镇居民基本医疗保险基金专户。

第九条　低保对象、丧失劳动能力的重度残疾人、低收入家庭60周岁以上的老年人、“三无”人员等城镇困难居民个人缴费的差额部分，在城市医疗救助资金中列支，由财政部门及时划拨至城镇居民基本医疗保险基金专户。

第十条　城镇居民基本医疗保险基金由以下四部分组成：

（一）城镇居民个人缴纳的基本医疗保险费；

（二）财政补助的城镇居民基本医疗保险费；

（三）城镇居民基本医疗保险基金的利息收入；

（四）其他渠道筹集的城镇居民基本医疗保险费。

第十一条　城镇居民基本医疗保险基金纳入财政专户管理，单独设账，单独核算，专款专用，任何单位和个人不得挤占和挪用。

第十二条　城镇居民基本医疗保险基金实行市级统筹、分级支付。建立城镇居民基本医疗保险风险储备金制度，风险储备金暂按基金年收入的3%逐年提取，但总量累计达到统筹基金年收入的15%后不再提取，专项用于弥补特殊情况下出现的基金支付风险，风险储备金及取得的利息，全部纳入城镇居民基本医疗保险基金财政专户统一管理。城镇居民基本医疗保险基金出现的收支缺口，应先动用风险储备金，风险储备金不足支付时，由市、县区财政负责解决。

第十三条　城镇居民基本医疗保险工作经费按不低于基金筹集总额的2%列入同级财政预算，不得从基本医疗保险基金中提取。

第十四条　每年的8月1日至10月31日为城镇居民基本医疗保险集中缴费期间，参保人员在每年8月1日至10月31日缴纳下一年度的基本医疗保险费，并享受下一年度的医疗保险待遇。在非集中缴费期间缴纳基本医疗保险费的，自缴费的第四个月起开始享受医疗保险待遇至当年12月31日。

第十五条　符合参保条件的新生儿在出生之日起三个月内缴纳当年基本医疗保险费的，自出生之日起享受医疗保险待遇，在出生之日起三个月后参保缴费的，自缴费的第四个月起开始享受城镇居民基本医疗保险待遇。

第十六条　符合城镇居民基本医疗保险参保条件的人员，以家庭为单位在乡镇、社区劳动保障站（所）缴费参保，在校学生也可以所在学校为单位组织缴费参保。

第四章　保障待遇

第十七条　城镇居民基本医疗保险每年1月1日至12月31日为一个结算年度。

第十八条　参保人员在城镇居民基本医疗保险定点医疗机构发生的符合规定的医疗费用由城镇居民基本医疗保险基金和参保人员共同负担，不建立个人帐户。

第十九条　城镇居民基本医疗保险基金设置住院起付标准和最高支付限额。

一个结算年度内每次住院的起付标准为：市内三级医院600元，市内二级医院400元，市内一级医院200元，转外医院为1000元。

一个结算年度内城镇居民基本医疗保险统筹基金最高支付限额为10万元（包括本办法第二十一条规定的的意外伤害一次性补偿金）。

第二十条　参保人员在城镇居民基本医疗保险

定点医疗机构发生的、符合规定的住院医疗费用，其金额在起付标准以下的部分由个人自负，起付标准以上的部分，由统筹基金和个人共同负担：

（一）市内一级医院（含社区卫生服务机构）基金支付85%；

（二）市内二级医院基金支付80%；

（三）市内三级医院基金支付75%；

（四）省内异地联网结算医院（含艾滋病、结核病、精神病等指定专科医院）基金支付55%，省外医院和省内异地非联网结算医院基金支付45%；

（五）因病情紧急等特殊情况未能及时办理转诊转院审批手续的，其发生的符合报账规定的住院医疗费用基金支付35%。

统筹基金最高支付限额以上的部分，由个人自负。

第二十一条 学生、儿童发生无第三方责任人的意外伤害事故，直接导致死亡的，统筹基金一次性补偿10000元。

第二十二条 城镇居民基本医疗保险实行门诊统筹制度。参保人员在实行即时结算联网管理的二级以下定点医疗机构发生的门诊医疗费统筹基金支付50%。一个结算年度内的门诊医疗费统筹基金最高支付限额为每人每年200元，超出最高支付限额的门诊医疗费用由参保人员个人负担。

第二十三条 城镇居民基本医疗保险用药、诊疗项目、医疗服务设施范围和支付标准，执行国家、省、市相关规定。

第二十四条 各级医疗保险经办机构根据有关规定与定点医疗机构和协议管理药店签订服务协议，规范医疗服务行为，对定点医疗机构实行目标管理考核。

第二十五条 城镇居民基本医疗保险定点医疗机构和协议管理药店应严格按照国家、省、市有关规定为参保人员提供合理、必要的医疗服务，做好参保人员就医、购药管理服务工作。

第二十六条 参保人员下列情形所发生的医疗费用不列入城镇居民基本医疗保险基金支付范围：

（一）自杀、自残、他伤、打架斗殴、酗酒、吸毒、服刑期间；

（二）交通事故、医疗事故及其他责任事故；

（三）工伤、职业病的医疗和康复；

（四）因美容、矫形、生理缺陷等进行治疗的费用；

（五）其他违法行为导致病、伤、残的；

（六）境外及港、澳、台地区就医的；

（七）在就医地非城镇居民基本医疗保险定点医疗机构就医的；

（八）无正当理由超过办理时限的；

（九）国家和省、市医疗保险政策规定的其他不支付费用情形。

第五章 附 则

第二十七条 随着经济发展和基本医疗保险费用变化的需要，城镇居民基本医疗保险的有关政策经市人民政府批准可作相应调整。

第二十八条 本办法从2016年1月1日起施行。《永州市人民政府关于印发〈永州市城镇居民基本医疗保险实施办法〉的通知》（永政发〔2011〕14号）同时废止。

二、2015年气候要素特点和气候影响评价

（永州市气象局）

■ **四季主要气候要素特点**　1. 气温偏暖。2015年，永州年平均气温为18.9℃，较常年偏高0.6℃，偏高程度为1.1σ，属偏高年份，其中新田县显著偏高，双牌县、蓝山县异常偏高。全市年平均气温较2014年低0.1℃，为1961年以来第七高值；从变化趋势来看，永州气候呈偏暖状态。

2015年永州各县区年平均气温（℃）及距平（℃）

表5

项目		冷水滩	零陵	东安	祁阳	双牌	道县	宁远	江永	新田	蓝山	江华	平均
2015年		18.2	18.6	18.7	19.2	18.7	19.4	18.9	18.8	19.1	19.0	18.9	18.9
气候值		18.3	18.0	18.1	18.5	17.9	18.8	18.6	18.4	18.2	18.0	18.8	18.3
距平	ΔT	-0.1	0.6	0.6	0.7	0.8	0.6	0.3	0.4	0.9	1.0	0.1	0.6
	σ	-0.2	1.2	1.2	1.2	2.0	1.2	0.6	0.8	1.8	2.0	0.3	1.1
评定等级		正常	偏高	偏高	偏高	异常偏高	偏高	正常	正常	显著偏高	异常偏高	正常	偏高

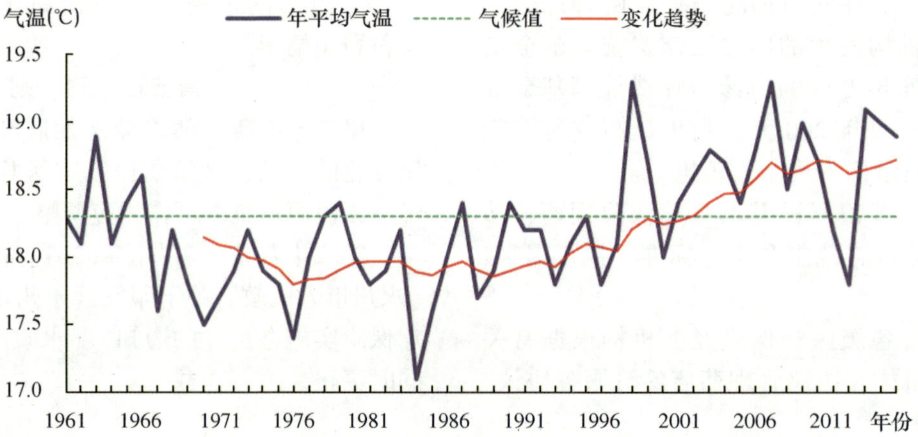

图2　永州逐年平均气温变化

各县区年平均气温在18.2（冷水滩）～19.4℃（道县）之间，除冷水滩区、宁远县、江永县和江华瑶族自治县基本接近常年，其余县区较常年偏高0.6～1.0℃。

若以稳定通过10℃初日为入春时间，以稳定通过大于22℃初日为入夏时间，则2015年入春在3月10日前后，提前10天开春；入夏在5月上旬末，提前近20天；入秋时间在10月4日前后，偏晚半个月；11月下旬出秋。整体上夏季最长，长达5个月，秋季最短，不足两个月。

夏季局地出现日最高气温≥35℃的轻度高温热浪天气，极端最高气温在36.0℃（冷水滩区）～37.6℃（新田县）之间；年内没有出现连续5天平均气温≤0℃的严寒期，极端最低气温为0.0（冷水滩区）～1.1℃（江华瑶族自治县）之间；上半年终霜日大部分县区在在2月7日，下半年初霜日北部县区在12月16日，无霜期超过313天，其中江永县、江华瑶族自治县年内没有出现霜。

季气温。各季气温与常年同期比，全市冬季平均气温偏高1.4℃，无严寒天气，是典型的暖冬，春季偏高1.0℃，夏季偏低0.6℃，高温天气少，较往年凉爽，秋季略有偏高。

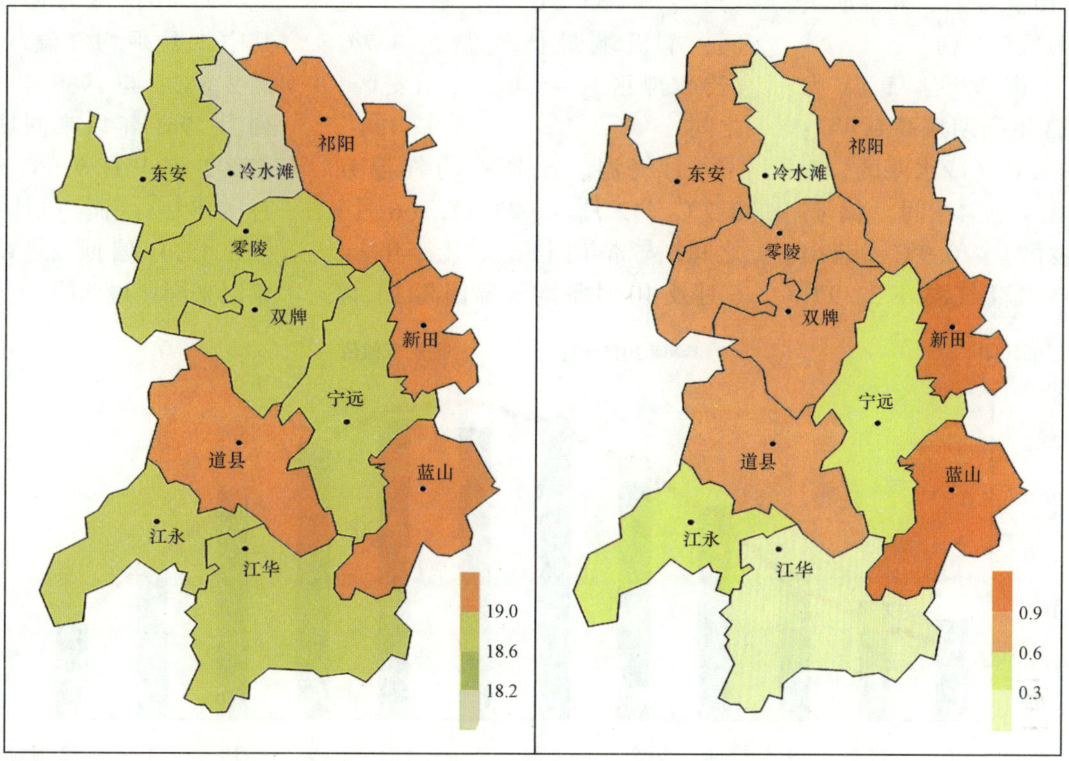

图 3 2015 年永州年平均气温（左:℃）及其距平（右:℃）空间分布

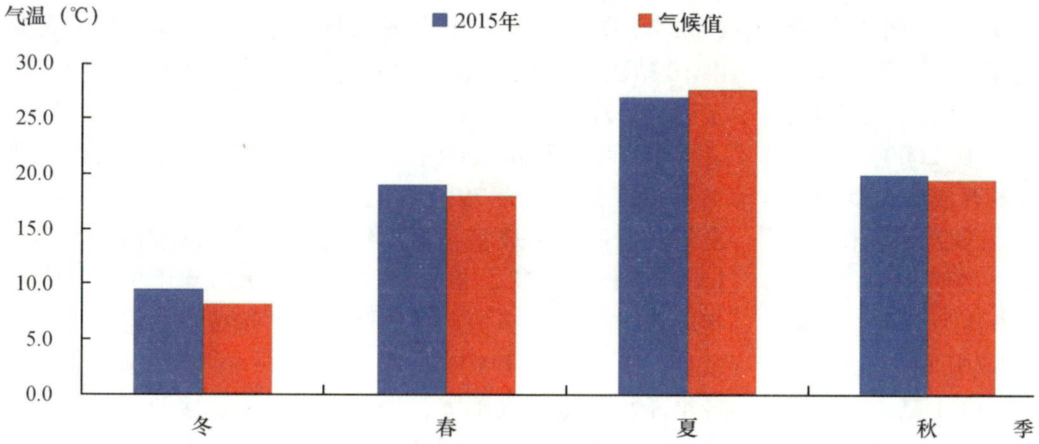

图 4 2015 年永州各季气温分布

冬季全市平均气温为 9.5℃，较常年同期偏高 1.4℃，为典型的暖冬；各县区在 9.0℃（冷水滩区）~10.1℃（道县）之间，偏高 0.9℃（江华瑶族自治县）~1.7℃（祁阳县、零陵区）；季内没有出现连续 5 天平均气温≤0℃的严寒期，季极端最低气温在 −2.4℃（江永县）~1.0℃（江华瑶族自治县）之间，出现在 2014 年 12 月。

春季全市平均气温为 19.0℃，较常年同期偏高 1.0℃；各县区在 18.2℃（冷水滩区）~19.6℃（道县）之间，偏高 0.3℃（冷水滩区）~1.4℃（道县、蓝山县）；季极端最低气温在 3.1℃（冷水滩区）~4.8℃（道县、江永县）之间，季极端最高气温在 33.9℃（江永县）~36.5℃（祁阳县）之间。

夏季全市平均气温为 27.0℃，较常年同期偏低 0.6℃；各县区在 26.3℃（江永县）~27.9℃（祁阳县）之间，偏低 0.2℃（蓝山县）~1.5℃（冷水滩区）；季极端最高气温在 36.0℃（冷水滩区）~37.6℃（新田县）之间；季内日最高气温≥35℃的高温天气偏少，除祁阳县、新田县在 20 天以上，其余县区在10天左右，高温期主要出现在6月底7月初。

秋季全市平均气温为19.9℃，较常年同期偏高0.4℃；各县区在19.2℃（冷水滩区）~20.6℃（道县）之间，偏高0.3℃（零陵区）~0.9℃（蓝山县）；季极端最高气温在32.9℃（道县）~35.2℃（祁阳县）之间，季极端最低气温在3.7℃（冷水滩区）~5.0℃（东安区）之间。

月气温。各月平均气温在8.7℃（12月）~27.4℃（6月）之间，与常年同期比，上半年1~6月及10月平均气温偏高1℃以上，而7月、8月偏低1℃以上；其中1月平均气温（9.3℃）偏高2.6℃，与1965年、1987年并列为1961年以来同期第五高值（2002年1月9.9℃、2014年1月9.8℃）；而7月平均气温（26.4℃）偏低2.3℃，为1961年以来同期最低值。

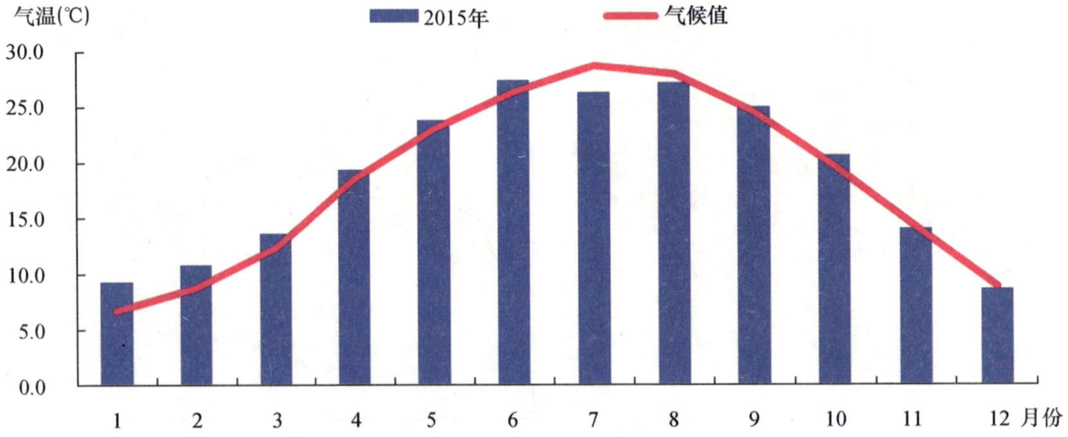

图5　2015年永州各月平均气温分布

2. 降水偏多。永州市平均降水量为1859毫米，较常年偏多三成，其中道县、江永县、蓝山县、江华瑶族自治县在2000毫米以上，江永县偏多五成。全市平均降水量较2014年多521毫米，为1961年以来第三多值，其中双牌县、道县、江华县为历史记录第二多值，江永县为历史记录最多。各县区年降水量1381毫米（祁阳县）~2283毫米（江永县），其中道县、江永县、蓝山县、江华县在2000毫米以上，除东安县、祁阳县接近常年，其余县区偏多二至五成。雨季开始于4月下旬至5月上旬，结束不明显。全年雨日全市平均为181天，较常年偏多20天，较2014年多20天，各县区在173（东安县、宁远县）~197天（蓝山县）之间，偏多12（蓝山县）~30天（祁阳县）；全年出现暴雨为84站次，仅次于2002年87站次。全年出现大暴雨10站次，其中日最大降水量在宁远县7月4日156毫米。

季降水。降水上半年少而下半年多，上半年为791毫米，较常年同期偏少1成多；下半年为1067毫米，偏多1倍，为1961年以来同期第二多值。冬季降水较少，于全年占比10%，春夏秋各季降水总量差别不大，占比均在30%左右。与常年同期比，冬季偏少二成多，春夏接近常年，秋季偏多1.8倍。

冬季全市平均降水为169毫米，较常年同期偏少2成多；各县区在119毫米（零陵区）~233毫米（江华瑶族自治县）之间，中北部县区偏少二至四成，南部县区基本接近常年。季雨日为24~36天，北部县区偏少5~8天，南部县区偏少10~16天。局部县区冬干。

春季全市平均降水为515毫米，接近常年同期；各县区在344毫米（冷水滩区）~699毫米（江永县）之间，北部县区偏少二至三成，南部县区偏多一成。季内降水前少后多，3~4月局地有气象干旱，5月中旬雨水集中，造成境内流域性的暴雨洪涝。

夏季全市平均降水为504毫米，接近常年同期；各县区在352毫米（冷水滩区）~676毫米（道县）之间，北部县区偏少一至二成，中南部县区偏多一至四成。

秋季全市平均降水为549毫米，较常年同期偏多1.8倍，为有气象记录以来同期最多；各县区在444毫米（蓝山县）~642毫米（冷水滩区）之间，偏多1~2倍以上。11月中旬雨水集中，造成境内流域性暴雨洪涝。

月降水。2015年，各月降水

量52毫米（1月）~311毫米（11月），各月降水分布有别于常年“五月峰”特点，呈双峰型分布，峰值在5月和11月，月降水在300毫米以上；其中11月降水为有气象记录以来同期最多值；单月降水最多在江永的5月479.1毫米；与常年同期比，1~4月及6月降水偏少三至四成，5月、9月偏多三至四成，7月显著偏多六成，10~12月异常偏多1~3倍以上。

3. 日照偏少。2015年永州全市平均日照时数为1119小时，较常年偏少二成以上；较2014年少240小时，为1961年以来最少；从变化趋势来看，目前永州年日照时数呈下行趋势。

2015年永州各县区年日照时数（h）及距平百分率（%）

表6

项目	冷水滩	零陵	东安	祁阳	双牌	道县	宁远	江永	新田	蓝山	江华	平均
2015年	1162	1028	1057	1166	1162	1104	1173	835	1265	979	1378	1119
气候值	1408	1463	1418	1451	1315	1512	1585	1449	1513	1352	1685	1466
距平百分率	-17	-30	-25	-20	-12	-27	-26	-42	-16	-28	-17	-24
评定等级	偏少	偏少	偏少	偏少	偏少	偏少	偏少	偏少	偏少	偏少	偏少	偏少

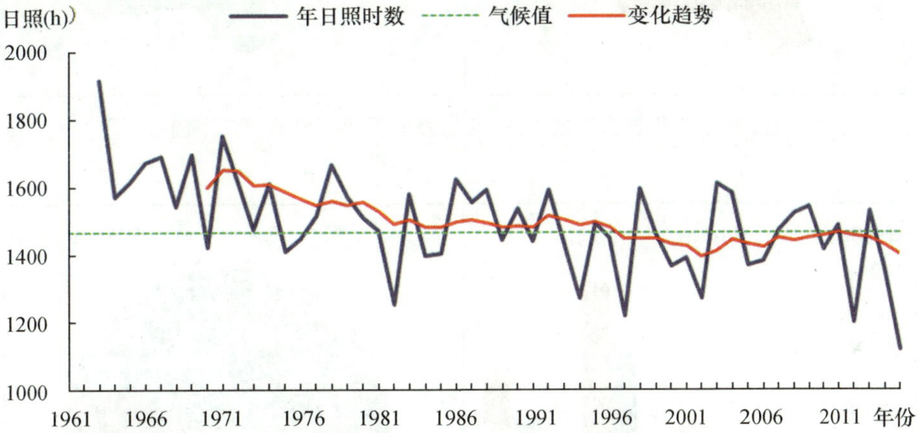

图6 永州逐年日照时数变化

2015年各县区年日照时数835（江永）~1378小时（江华），较常年偏少一至四成，其中蓝山、江永不足1000小时，江永偏少四成以上。

季日照。2015年各季日照与常年同期比，除冬季偏多一成，其余各季偏少二至三成，冬春两季于全年均占比20%左右，夏季占比37%，秋季占比24%。

冬季全市平均日照时数为239小时，较常年同期偏多一成；各县区在185小时（江永县）~301小时（江华瑶族自治县）之间，江永县、蓝山县偏少一至二成，宁远县、新田县接近常年同期，其余地区偏多一至三成。

春季全市平均日照时数为223小时，较常年同期偏少二成；各县区在159小时（江永县）~287小时（江华瑶族自治县）之间，偏少一至三成。季内出现连阴雨天气。

夏季全市平均日照时数为447小时，较常年同期偏少二成以上；各县区在320小时（江永县）~548小时（江华瑶族自治县）之间，偏少一至四成。

秋季全市平均日照时数为281小时，较常年同期偏少三成，各县区在204小时（江永）~334小时（新田）之间，偏少二至五成。

月日照。2015年各月日照时数在29小时（3月、11月）~149小时（6月、10月）之间，其中7月、11月日照为1961年以来同期最少值；与常年同期比，1、2、4、10月偏多一至三成，6月接近常年同期，其余各月偏少三至七成以上。

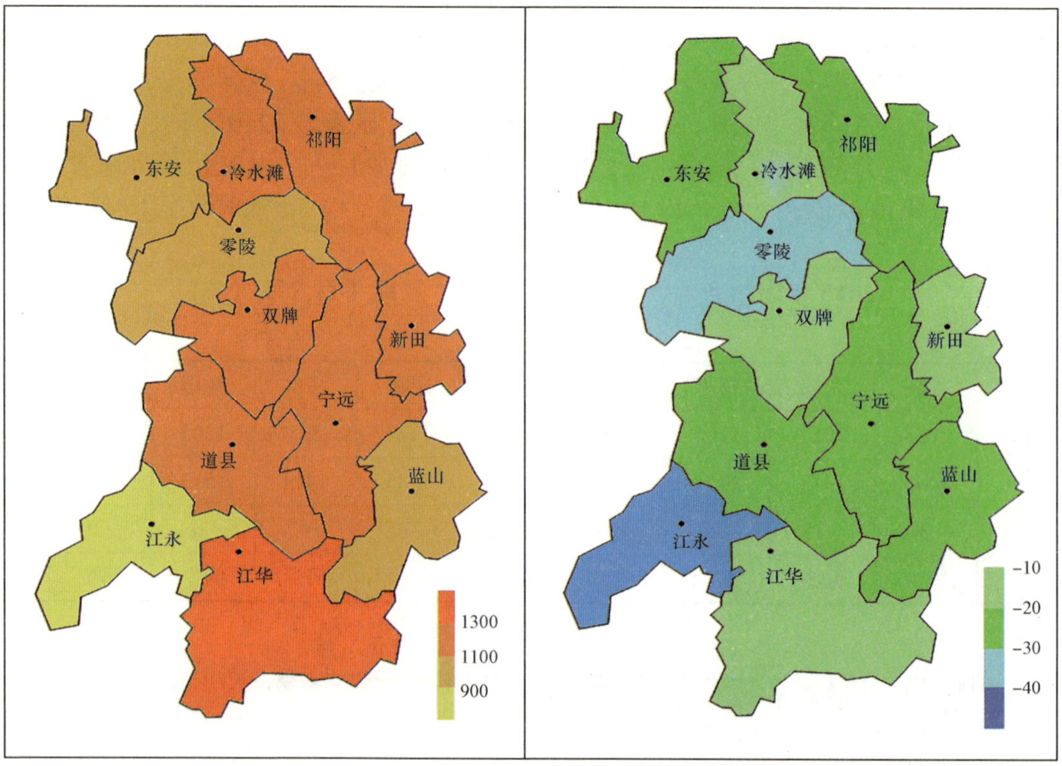

图7　2015年永州年日照时数（左：h）及其距平百分率（右：%）空间分布

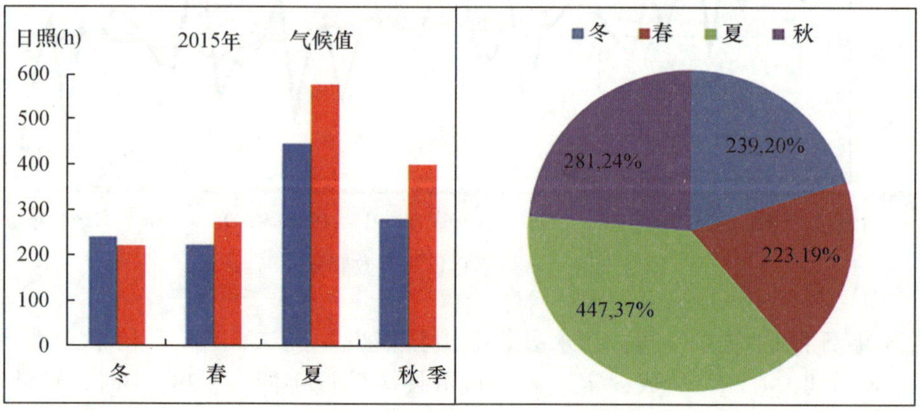

图8　2015年永州各季日照时数分布（左）及占比（右）

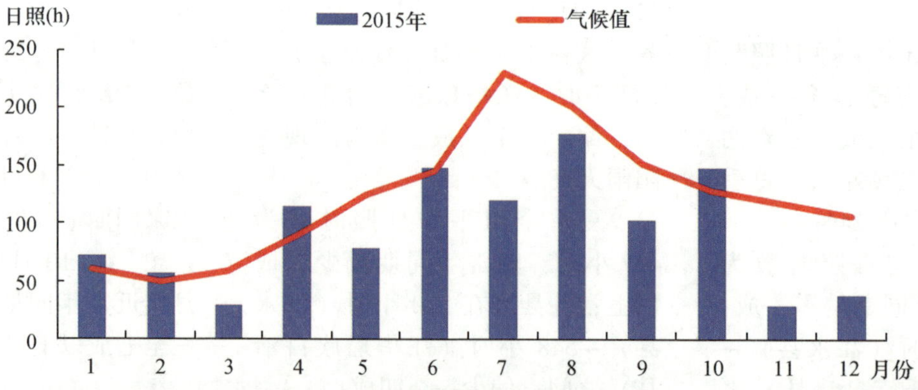

图9　2015年永州各月日照时数分布

■ 主要天气气候事件　2015年，永州先后出现暖冬、暴雨洪涝、连阴雨、寒潮、局部冬春干旱、雷雨风雹、高温热浪等天气气候事件。但灾害性天气气候事件种类较少、至灾频次较低，暴雨洪涝是年内主要灾害性天气气候事件。

暖冬。冬季全市平均气温为9.5℃，较常年同期偏高1.4℃，为1961年以来与2006/2007年冬季并列为第六高值，北部县区处1961年以来同期第三高值；1月平均气温（9.3℃）偏高2.6℃，为1961年以来与1965年、1987年并列为同期第五高值（2002年1月9.9℃、2014年1月9.8℃），北部县区为1961年以来同期第三高值，南部县区为第四至第六高值；季内未见冰雪，不现严寒，为典型的暖冬。

局部冬春有旱。1～4月全市平均降水仅为335毫米，较常年同期偏少3成以上，为1961年以来同期第三少值（2011年237毫米，1971年320毫米），其中北部县区不足300毫米，偏少四至五成，局部县区冬春有旱。

强冷空气降温。年内永州先后出现五次强冷空气降温过程，分别在1月6~7日，1月28日，3月1日，11月24~25日，12月29日，过程降水降温在8℃～10℃以上，最低气温在4℃～7℃；尤其11月24～25日降温幅度达12℃以上，部分县区降温幅度达14℃以上，最低气温低至4～5℃，达到寒潮标准，由于降温幅度大，5天滑动平均气温降到10℃以下，进入2015/2016冬季。

局地雷雨风雹。4月4日、19～20日境内先后两次遭受雷雨大风冰雹等强对流天气袭击，局地12小时雨量在100毫米以上，最大风速为每秒24.3米，冰雹直径为20毫米，最大有如鹅蛋，境内祁阳县、零陵区、宁远县、蓝山县、江华瑶族自治县、江永县先后受灾，其中零陵区因雷击死亡1人。由于大风冰雹袭击，全市烤烟损失严重，早稻也受到不利影响。受灾人口93313人，紧急转移安置灾民525人；因灾损坏房屋221间、倒塌农房51间、严重损坏146间；农作物受灾面积3438公顷，其中成灾面积1858公顷、绝收面积655公顷；因灾造成直接经济损失6627万元，其中农业直接经济损失4906万元。

5月暴雨洪涝。5月多暴雨天气，15～20日，境内多次出现暴雨及大暴雨天气过程，其间雨量在100～200毫米以上，国家气象站江永县为270.4毫米，最大累计雨量在区域气象站江永回龙圩（328.5毫米），最大6小时雨量在江永松柏乡（134.2毫米，20日02～08时），最大1小时雨量在道县柑子园（75.9毫米，18日16～17时）；中旬为年内第一个雨水集中期，旬雨量中南部县区在200毫米以上（江永为324.1毫米），达到中—重度气象洪涝标准，造成境内潇湘流域出现自2008年以来最大流域性洪涝。道县水文站洪峰水位172.54米，超警1.54米，高洪水位持续长达29小时；冷水滩水文站洪峰水位97.81米，超警2.81米，高洪水位持续长达40小时；祁阳水文站22日2时出现洪峰，水位85.93米，超警2.93米，高洪水位持续长达42小时。全市11个县区193个乡镇54.5万人受灾，受淹城镇23个，因灾（滑坡）死亡2人，伤病8人，紧急转移安置人口28387人；因灾倒塌房屋623间；农业受灾面积6.29万公顷，其中成灾面积3.13万公顷，绝收面积12.31千公顷；死亡大牲畜1618头，水产养殖损失面积300公顷，损失数量1273吨；公路中断150条次，供电中断68条次；直接经济损失12.48亿元，其中水利设施直接经济损失3.16亿元，农林牧渔业直接经济损失6.37亿元。

冬汛。11月上旬后期至中旬，雨水集中，先后出现4次暴雨天气过程，暴雨日达23站次，期间全市平均总雨量在270毫米以上，最多的冷水滩达350毫米以上，为同期有气象记录以来最多，造成全市流域性洪涝，由于是在立冬后出现汛情，通俗称之为“冬汛”。尤其在10～13日，境内出现全市性暴雨到大暴雨天气过程，过程雨量在100毫米以上，局部在200毫米以上。境内潇湘两水全线上涨，涔天河水库水位达258.60米；道县潇水河水位达173.73米，超警2.57米；老埠头洪峰水位达105.44米，超警3.44米，相应流量10100秒立方米；为有记录以来最强冬汛。全市11个县区120个乡镇（其中受淹城区6个、受淹乡镇51个、受淹村787个）24.32万人受灾，紧急转移安置人口10934人，需紧急生活救助人口7540人，过渡性救助人口184人；因灾倒塌农房61户154间，严重损坏农房117户221间，一般损坏农房311户644间；农作物受灾面积19184公顷，其中成灾面积11712公顷、绝收面积2310公顷；因灾造成直接经济损失38894万元，其中农业直接经济损失23723万元。

连阴雨。2月下旬至3月下旬中后期，境内一月有余持续阴雨寡照天气，少见阳光，全市平均雨日为24天，平均日照为22小时，较常年同期偏少43小时，为有气象记录以来同期第二少值（1985年21小时）。11月上旬后期至12月上半月，境内一月有余持续阴雨寡照天气，难见阳光，全市平均雨日为27天，较常年同期偏多14天，为有气象记录以来同期最多，全市平均日照为8小时（气候平均130小时），为有气象记录以来同期最少。5月中旬中期至下旬中期、8月下旬中后期至9月初，分别出现7~11天的连阴雨天气，期间日照不足5小时。

盛夏凉爽。夏季6~8月日最高气温≥35℃高温天气少，除祁阳县、新田县在20天以上，其余县区在10天左右，全市平均为12天，较常年同期偏少10天，较2014年少10天；高温期主要出现在6月下旬后期，其中东安县、祁阳县、双牌县、宁远县、新田县出现轻度高温热浪，极端最高气温出现在祁阳县6月30日37.3℃。最热两月7、8月气温较常年同期偏低明显，特别是7月份气温（平均气温26.4℃，偏低2.3℃）异常偏低，为气象记录同期最低；7、8月≥35℃高温天气少，普遍为4~8天，几乎没有受到高温热浪袭击。

■ **气候影响专题评价　气候与农业**　依据国家标准《农业气候影响评价：农作物气候年型划分方法》（GB/T21986—2008），对2015年永州主要粮食作物双季早稻、晚稻进行评定。

2015年永州主要粮食作物双季早稻、晚稻气候年型评定表

表7

	早稻				晚稻			
要素	平均气温	积温	日照	降水	平均气温	积温	日照	降水
差异度值	C	C	C	△R	C	C	C	△R
	1.2	1	-2.1	-1	-0.8	-0.8	-1.9	25
评定	较高	较多	少	正常	正常	正常	少	偏多
综合评定	正常				正常			

2015年，永州主要粮食作物双季早稻、晚稻温光水搭配评定为正常年份，除5月暴雨洪涝对早稻造成了较大灾害损失外，没有其他大的农业气象灾害，主要粮食作物气候条件整体评定为正常偏好年景。年内实现粮食总产318.16万吨、水果108.8万吨、蔬菜450万吨，收购烟叶55.6万担。

1. 双季早稻。2015年气温稳定通过10℃的初日在3月10日前后，提前10天开春。3月下旬后期至4月清明前后气温高，天气晴好，正适合双季早稻大面积播种和集中育秧，早稻播种、出苗顺利。4月为双季早稻播种、育秧、移栽、返青期；上旬后期出现了阶段性低温阴雨天气，对双季早稻育秧不利；但中下旬气温回升较快，温光水条件适宜，有利于双季早稻育秧、移栽、返青。5月为双季早稻为返青、分蘖、幼穗分化期；气温偏高，没有出现“五月低温”，降水充足，有利于早稻营养生长；但中旬后期至下旬前期阴雨天气较多，光照不足，出现暴雨洪涝灾害，对双季早稻生产生育有不利影响。6月为双季早稻孕穗、抽穗、灌浆、乳熟期；温光水条件总体上有利于早稻生长发育；但上旬后期至中旬前期，阴雨天气较多，湿度较大，容易造成病虫害发生及流行。7月为双季早稻灌浆、成熟、收割期；7月上旬多阴雨天气，对双季早稻后期生育、成熟不利；但中下旬有几段连晴天气，有利于双季早稻成熟、收获。

2. 双季晚稻。6月下半月温光水条件适宜，有利于双季晚稻播种、出苗。7月降水丰富，没有出现干旱等农业气象灾害，对双季晚稻育秧、移栽、返青、分蘖有利。8月为双季晚稻营养生长最为旺盛时期；总体上温光水条件适宜，没有出现低温天气，有利于晚稻有效分蘖的形成和营养生长，使得晚稻分蘖旺盛，分蘖速度快且壮，基本苗数量比2014年偏多，禾苗素质较好；但下旬后期至9月初出现连阴雨天气，光照偏少，对双季晚稻幼穗分化有不利影响，使得幼穗分化期偏长。9月气温适宜，没有出现“秋老虎”高温天气和“寒露风”低温天气，雨水适中，没有出现过程性强降水，也没有出现气象干旱，有利于晚稻孕穗、抽穗、灌浆、成熟。10月气温适宜，日照充足，中下旬连晴半月有余，秋高气爽，有利于成熟、收获、仓储。

3. 烤烟、蔬菜、水果。冬季气温偏高，降水适宜，光照充足，没有出现降雪、积雪、冰冻、霜冻等严寒天气，温光水条件有利于烤烟播种育苗越冬及蔬菜生长发育和果树越冬生长。但2月下旬至3月持续阴雨寡照，不利于烤烟育苗、移栽及蔬菜等光合作用和叶绿素的形成。春季回暖较早较快，气温偏高，物候提前，有利于烤烟移栽、成活及果树萌芽、展叶、开花、春发春长。截止3月15日，烤烟移栽工作基本完成，季节比往年提早半个月；据统计，全市实种烤烟26.8万亩。4月气温偏高，光照充足，降水适宜，有利于烤烟成活、大田生长发育和蔬菜、瓜果的生长发育及果树的展叶、抽稍、开花、挂果。5月气温偏高，降水丰富，有利于烤烟叶片生长、成熟和蔬菜的生长发育、瓜果的现蕾、开花、挂果、采收、及果树的果实生长发育；但中旬后期至下旬前期阴雨天气较多，光照不足，出现暴雨洪涝灾害，造成不利影响。6月温光水总体较为适宜，有利于烤烟成熟、采收及蔬菜的生长发育、瓜果挂果、成熟、采收和果树果实生长发育、成熟、采摘；但上旬后期至中旬前期，阴雨天气较多，造成不利影响。7月降水较多，无干旱灾害出现，有利于蔬菜、瓜果生长发育及果树果实生长发育的的水份需求，但气温偏低，光照偏少，不利于果实的成熟、干物质积累及品质提升。8月温光水总体较为适宜，有利于蔬菜的生长发育和瓜果成熟、采摘及果树果实生长发育、成熟、采摘。但下旬后期至9月初出现连阴雨天气，光照偏少，不利于瓜果及果树果实的成熟、干物质积累。9月气温适宜，没有出现“秋老虎”高温天气和“寒露风”低温天气，雨水适中，没有出现过程性强降水，也没有出现气象干旱，10月气温适宜，日照充足，中下旬连晴半月有余，有利于果树果实成熟、干物质积累、品质提升、采摘，有利于蔬菜的生长发育。11～12月气温偏低、阴雨寡照天气较多、还出现了暴雨洪涝灾害，不利于蔬菜等光合作用及叶绿素的形成，不利于水果成熟、收摘、销售、加工。

气候与林业　2015年，永州林业气候条件评定为偏好年景。气象条件的变化对森林育苗、营林、采伐、更新以及森林群体的生理生态等会产生不同的影响；降水是林木的主要水份来源，林木缺水就生长不好，严重缺水将导致林木干枯以致死亡，森林的毁坏主要来自乱砍滥伐、森林火灾和病虫危害，其中森林火险基本上决定于气象条件。

1. 林业生产。境内除2月下旬至3月出现持续阴雨寡照不利天气外，总体上气温偏高，气候暖和，多晴好天气，无雨雪冰冻严寒天气，有利于冬春造林工作及林木越冬，但森林害虫也较易越冬；春季回暖较早较快，气温偏高，光照偏多，有利于林木春发春长和萌芽、抽梢、展叶、开花、结果等物候期的出现；自5月以后雨水丰富，全年降水较多，高温干旱表现不明显，有利于各类林木和林产品生长发育和产量、品质提高。全市新增人工造林40.11万亩，实现林业产业总产值301.27亿元，同比增长19.8%，油茶、毛竹、家具三个百亿产业有所突破。

2. 森林火险：总体来说，2015年永州降水较多，森林火险等级相对较低，四级以上高火险等级在森林防火期内有24天，较2014年少22天，其中10月最多，高火险等级有13天。

气候与水利、水资源 冬季初春，永州降水偏少，多晴好天气，对冬修水利工作有利，自5月以后雨水丰富，全年降水丰沛，各级水库、山塘蓄水丰富，灌溉用水及生活用水充足。但5月暴雨洪涝及11月冬汛也对水利基础设施造成了毁坏，在5月暴雨洪涝中水利设施直接经济损失在3.16亿元。永州水资源评定为丰水年景；作为湘江上游的潇水流域降水资源的多少，不仅影响境内灌溉、发电、供水、航运等功能，而且也影响湘江的水资源供应。潇水流域降水资源属丰水年景，其中1～3月及9月为枯水时段，其他月份为丰水时段）。

气候与水电、能源　2015年，永州水电能源气候条件评定为偏好年景。永州水资源的多少直接关系到水电生产能力，由于1～4月降水持续偏少，双牌水电站1～4月发电量11926万千瓦时，比常年同期偏少34.3%，自5月以后雨水丰富，全年降水丰沛，属丰水年景，双牌水电站全年发电量78034.16万千瓦小时，打破2002年74266.1万千瓦小时最多记录。年内由于雨日较多，日照较少，不利于太阳能资源的开发和利用。另外，雷雨风雹及暴雨洪涝也造成部分供电系统中断。永州三级以上高峰用电日数为31天，主要出现在夏季制冷降温；冬季无严寒，没有出现因采暖而造成高峰用电，夏季较为凉爽，高峰用电日数较2014年少24天。

气候与城市、环境 诸多坏天气如暴雨、雷电、大风、雾霾等天气影响着城市生活环境，增加城市管理的压力；2015年暴雨偏多，城市积涝现象较多，不利于交通出行安全，也对地下管线产生威胁。城市空气质量与气象条件如风、降水、大气稳定度等关系密切，当雾霾尤其霾天气出现时，空气质量变差。全年永州城市空气质量优良率达81.6%；1月、2月、4月优良率不足80%，而这三个月的霾天气较多，分别为20、14、19天，其中1月、2月空气优良率不足50%；自5月以后雨水较多，空气污染物减少，霾天气少，城市空气质量变好，优良率达80%以上，其中6月、11月达100%。

气候与人体健康 2015年，永州影响人体健康的天气有：强冷空气降温、雾霾、阴雨、高温天气等。夏无酷暑，高温热害强度较轻，较易中暑天气较少。永州三级以上的较易中暑的天数为17天，较2014年少16天，由于夏季相对凉爽，高温对人体健康的危害较2014年相对要轻。全年永州较舒适的天数为222天，占全年60.8%，较2014年多16天；凉或冷不舒适为108天，占全年29.6%，较2014年多12天，但冬季无严寒，冷不舒适天气为20天，较2014年少8天；暖或热不舒适为35天，占全年9.6%，较2014年少28天，夏季相对凉爽。

气候与交通、旅游 冬季初春天气暖和，降水偏少，多晴好天气，无雨雪冰冻天气，有利于交通出行及旅游，春运期间，未出现恶劣天气，整个春运工作平稳有序，全市运送旅客705.27万人次，其中铁路完成客运量40.78万人次，公路完成客运量627.63万人次，水运完成客运量36.52万人次，民航发送旅客3433人次。5月以后，降水偏多，雨日较多，便于旅游出行的天气较常年偏少。另外，大雾天气及雷雨风雹天气也不利于交通运输安全，暴雨洪涝水毁公路也造成部分交通中断。“十一”黄金周，境内前三天为晴好天气，气候宜人，适合旅游出行，后四天由阴转雨，其中5~6日境内出现大到暴雨，不利于旅游出行。黄金周期间，境内接待游客181.50万人次，实现旅游收入6.64亿元，旅游住宿设施客房平均出租率达92%以上，未发生旅游安全事故。9月24日是乙未年湖南省公祭舜帝大典之日，宁远9月20~23日天天下雨，公祭日的24日白天转晴。

三、市委、市政府文件目录

市委文件目录

表 8

发文字号	文件标题
永发〔2015〕1 号	关于贯彻落实中发〔2015〕1 号和湘发〔2015〕1 号文件的实施意见
永发〔2015〕2 号	关于印发《永州市实施〈党政机关厉行节约反对浪费条例〉细则》的通知
永发〔2015〕3 号	关于鼓励支持永州异地商会发展的意见
永发〔2015〕4 号	关于永州市人民政府机构设置、职能职责变化及部分单位机构级别调整的通知
永发〔2015〕5 号	关于印发《永州市人民政府职能转变和机构改革方案的实施意见》的通知
永发〔2015〕6 号	关于转发《政协永州市委员会 2015 年工作要点》的通知
永发〔2015〕7 号	关于对“永州骄子”和“永州骄子”提名奖获得者进行表彰的决定
永发〔2015〕8 号	关于表彰 2014 年度市精神文明建设工作优秀县区、市文明村镇、文明单位、文明标兵单位、文明社区、文明路、文明集市、文明风景旅游区、文明窗口单位的决定
永发〔2015〕9 号	略
永发〔2015〕10 号	关于印发《永州市国有林场改革实施方案》的通知
永发〔2015〕11 号	关于印发《中共永州市委常委会关于深入开展“三严三实”专题教育的安排意见》的通知
永发〔2015〕12 号	转发《政协永州市委员会关于政治协商、民主监督、参政议政的规定（试行）》的通知
永发〔2015〕13 号	关于印发《永州市贯彻〈湖南省党委督促检查工作规则（试行）〉的实施办法》的通知
永发〔2015〕14 号	关于进一步从严正风肃纪坚决查处和纠正“四风”突出问题的通知
永发〔2015〕15 号	略
永发〔2015〕16 号	关于表彰优秀教师和先进教育工作者的决定
永发〔2015〕17 号	关于加快推进精准扶贫开发工作的决议
永发〔2015〕18 号	关于印发《永州市党风廉政建设主体责任和监督责任追究暂行办法》的通知
永发〔2015〕19 号	关于开展乡镇区划调整改革工作的实施意见
永发〔2015〕20 号	关于贯彻落实中央、省委精准扶贫战略部署的实施意见
永发〔2015〕21 号	关于表彰 2015 年优秀永州异地商会的决定
永委〔2015〕1 号	关于解决湘江纸业搬迁所需就业资金的请示
永委〔2015〕2 号	关于通报 2014 年度永州市优化经济环境和机关效能建设工作“满意不满意单位”测评结果并请予落实有关处理建议的函
永委〔2015〕3 号	略
永委〔2015〕4 号	关于举办第九届中国·阳明山“和”文化节暨海峡两岸文化旅游经贸交流活动的请示
永委〔2015〕5 号	关于邀请省领导出席第九届阳明山“和”文化节暨海峡两岸文化旅游经贸交流活动的请示
永委〔2015〕6 号	关于表彰永州市劳动模范的决定
永委〔2015〕7 号	关于审核零陵区委书记严兴德获全国绿化奖章称号的请示
永委〔2015〕8 号	关于魏文光同志提高享受副省（部）长级医疗待遇的请示

续表 8

发文字号	文件标题
永委〔2015〕9 号	关于屈永清等三名同志提高享受按副省（部）长级标准报销医疗费待遇的请示
永委〔2015〕10 号	关于树立张京华教授为全省重大先进典型并进行宣传报道的请示
永委〔2015〕11 号	关于批准陈叔红同志担任湖南省九嶷山舜帝陵基金会第三届理事会理事长的请示
永委〔2015〕12 号	邀请函

市政府文件目录

表 9

发文字号	文件标题
永政发〔2015〕1 号	关于印发《永州市主体功能区规划（2014~2020 年）》的通知
永政发〔2015〕2 号	关于进一步加快油茶产业发展努力建设油茶强市的意见
永政发〔2015〕3 号	关于鼓励和支持民间资本参与公共领域投资的实施意见
永政发〔2015〕4 号	关于支持农业产业化龙头企业发展的意见
永政发〔2015〕5 号	关于加强市本级财政预算管理的实施意见
永政发〔2015〕6 号	关于印发《永州市地名管理办法》的通知
永政发〔2015〕7 号	关于提升潇湘城市群大气环境质量的意见
永政发〔2015〕8 号	关于扶持社会力量兴办养老服务机构的意见
永政发〔2015〕9 号	关于加快电子商务发展的实施意见
永政发〔2015〕10 号	关于印发《永州市中心城区历史文化街区、历史建筑保护修缮管理办法》的通知
永政发〔2015〕11 号	关于加快推进气象现代化的实施意见
永政发〔2015〕12 号	关于印发《永州市湘江流域禁止开采区和限制开采区设置及矿业权退出方案》的通知
永政发〔2015〕13 号	关于发布《永州市政府核准的投资项目目录（2015 年本）》的通知
永政发〔2015〕14 号	关于深化商事制度改革的实施意见
永政发〔2015〕15 号	关于印发《永州市推进“一照一码”登记制度改革实施方案（试行）》的通知
永政发〔2015〕16 号	关于加快推进进出口食品农产品质量安全示范区建设的意见
永政发〔2015〕17 号	关于印发《永州市城镇职工基本医疗保险实施办法》和《永州市城镇居民基本医疗保险实施办法》的通知
永政发〔2015〕18 号	关于贯彻落实《湖南省环境保护工作责任规定（试行）》的意见
永政发〔2015〕19 号	关于公布市政府工作部门权力清单的通知
永政发〔2015〕20 号	关于普遍建立法律顾问制度的意见
永政发〔2015〕21 号	关于印发《永州市临时救助办法》的通知
永政发〔2015〕22 号	关于公布市级农业产业化龙头企业运行监测结果和认定新增市级农业产业化龙头企业的通知
永政发〔2015〕23 号	关于进一步推进户籍制度改革的实施意见
永政发〔2015〕24 号	关于印发《永州市 2015 年度行政执法指导案例》的通知
永政〔2015〕1 号	关于保持永州—长沙航线稳定运行的请示
永政〔2015〕2 号	关于 2014 年度“湘林杯”林业建设目标管理考核自查报告
永政〔2015〕3 号	关于审批《道县濂溪故里—楼田历史文化名村保护规划（2014~2030）》的请示

续表 9

发文字号	文件标题
永政〔2015〕4 号	关于解决永州国家农业科技园区建设缺口资金的请示
永政〔2015〕5 号	关于在广东省湖南商会年会上举办永州（广州）招商推介会的请示
永政〔2015〕6 号	关于纳入中央财政支持地下管廊试点城市的请示
永政〔2015〕7 号	关于涔天河水库扩建工程淹没影响 500KV 电力线路桂山甲、乙线杆线迁移工作的请示
永政〔2015〕8 号	关于永州市市属国有企业改革情况的报告
永政〔2015〕9 号	关于修改《仁湾镇土地利用总体规划（2006~2020 年）》的请示
永政〔2015〕10 号	关于下拨 2015 年涔天河水库扩建工程建设资金的请示
永政〔2015〕11 号	关于解决涔天河水库移民救助资金和物资的请示
永政〔2015〕12 号	关于对我市民政项目建设予以重点支持的请示
永政〔2015〕13 号	关于将湖南果秀食品有限公司食用菌新品种选繁育关键技术研究与示范项目列为 2015 年国家科技部主要农作物育种重点专项的请示
永政〔2015〕14 号	关于解决我市部分城市治安视频监控系统建设经费的请示
永政〔2015〕15 号	关于尽快确定涔天河水库扩建工程灌区项目法人的请示
永政〔2015〕16 号	关于开展人工影响天气作业的请示
永政〔2015〕17 号	关于将宁远县文庙街道分设为两个街道的请示
永政〔2015〕18 号	关于解决湘江纸业公司搬迁后给排水管网建设费用的请示
永政〔2015〕19 号	关于给予永州经济技术开发区资金支持的请示
永政〔2015〕20 号	关于解决湘江纸业公司搬迁后职工后续社会保障问题的请示
永政〔2015〕21 号	关于对我市重点工业项目给予资金支持的请示
永政〔2015〕22 号	关于永州市 2014 年度实行最严格水资源管理制度的自查报告
永政〔2015〕23 号	关于 2014 年度《林业有害生物防治工作目标管理责任书》执行情况的自查报告
永政〔2015〕24 号	关于将我市双牌等 5 县区认定为革命老根据地的请示
永政〔2015〕25 号	关于将我市祁阳等 6 县呈报中共中央党史研究室认定为苏区县的请示
永政〔2015〕26 号	关于将冷水滩区和零陵区纳入武警森林灭火救援队伍建设范围的请示
永政〔2015〕27 号	关于明确省发改委牵头负责涔天河水库移民安置对口支援工作的请示
永政〔2015〕28 号	关于湖地日报《内参》反映蓝山县湘江源核心区砂石开采等有关问题整改落实情况报告
永政〔2015〕29 号	关于将“百万机组湿式高位收水排烟冷却塔技术研究与工程示范”列入 2015 年度湖南省科技支撑项目的请示
永政〔2015〕30 号	关于审定《乙未年湖南省公祭舜帝大典总体方案（送审稿）》的请示
永政〔2015〕31 号	关于调整新田工业集中区规划的请示
永政〔2015〕32 号	关于解决湖南省公祭舜帝大典基础设施建设资金的请示
永政〔2015〕33 号	关于全面调整县区城镇土地使用税地段等级税额标准的请示
永政〔2015〕34 号	关于将永州机场大道项目列入省“十三五”规划项目的请示
永政〔2015〕35 号	关于宁远县荒塘瑶族乡更名为五龙山瑶族乡的请示
永政〔2015〕36 号	关于将江永县兰溪村保护设施项目纳入“十三五”规划的请示
永政〔2015〕37 号	关于增加永州市省级储备粮 1.5 亿公斤任务的请示

续表 9

发文字号	文件标题
永政〔2015〕38 号	关于审批《永州市金洞国有林场改革实施方案》《永州市孟公山国有林场改革实施方案》的请示
永政〔2015〕39 号	关于审批永州市祁阳等 12 个县区（管理区）国有林场改革实施方案的请示
永政〔2015〕40 号	关于批准《湖南涔天河水库扩建工程 2015 年度建设投资计划》的请示
永政〔2015〕41 号	关于我市组团参加“港洽周”活动有关事项的请示
永政〔2015〕42 号	关于将六味补血颗粒列入 2014 年药品集中采购重新议标范围的请示
永政〔2015〕43 号	关于将涔天河水库扩建工程项目纳入省级审计年度计划的请示
永政〔2015〕44 号	关于增加烟叶生产救灾资金的请示
永政〔2015〕45 号	关于增加烟叶生产收购计划的请示
永政〔2015〕46 号	关于将毛江、营乐源和大古源水库列入烟草援建水源性项目计划的请示
永政〔2015〕47 号	关于启动祁阳县撤县设市工作的请示
永政〔2015〕48 号	关于启动道县撤县设市工作的请示
永政〔2015〕49 号	关于尽快启动全省对口支援涔天河水库扩建工程移民搬迁安置工作的请示
永政〔2015〕50 号	关于出具解决涔天河水库扩建工程灌区项目配套资金承诺函的请示
永政〔2015〕51 号	关于将国家卫星导航位置服务系统项目落户永州的请示
永政〔2015〕52 号	关于报送涔天河水库扩建工程灌区项目地方配套资金方案的请示
永政〔2015〕53 号	关于将我市金洞管理区认定革命老根据地的请示
永政〔2015〕37 号	关于支持神华国华永州火电项目建设的请示
永政〔2015〕55 号	关于支持永州开放进出口肉类指定口岸的请示
永政〔2015〕56 号	关于颁发涔天河水库扩建工程土地使用证的请示
永政〔2015〕57 号	关于调整我市木材检查站布局的请示
永政〔2015〕58 号	关于增加涔天河水库扩建工程城乡供水功能的请示
永政〔2015〕59 号	关于铅封鲜活农产品运输车辆通行湖南和广东调整公路享受“绿色通道”政策的请示
永政〔2015〕60 号	关于将衡阳至永州和永州至邵阳新宁调整公路项目列入全省“十三五”调整公路建设规划的请示
永政〔2015〕61 号	关于将我市 40 个干线公路改造项目列入全省“十三五”干线公路建设规划的请示
永政〔2015〕62 号	关于调整江永县桃川镇饮用水源保护范围的请示
永政〔2015〕63 号	关于重点支持蓝山县毛俊水库建设项目立项的请示
永政〔2015〕64 号	关于发布《关于禁止在蓝山县毛俊水库工程占地和水库淹没区范围内新增建设项目和迁入人口的通告》的请示
永政〔2015〕65 号	关于修改《东安县芦洪市镇土地利用总体规划（2006~2020 年）》的请示
永政〔2015〕66 号	关于对永州市果蔬罐头企业出口集装箱通行使得给予支持的请示
永政〔2015〕67 号	关于将“零陵古城”文化旅游综合保护开发项目列入湖南省 2015 年第二批重点建设项目的请示
永政〔2015〕68 号	关于对永州市两个市属国有林场改革工作进行省级验收的请示
永政〔2015〕69 号	关于增加永州市业资金的请示
永政〔2015〕70 号	关于解决永州市残疾人康复中心建设资金的请示
永政〔2015〕71 号	关于加大永州市民族地区扶持力度的请示

续表 9

发文字号	文件标题
永政〔2015〕72 号	关于在乙未年湖南省公祭舜帝大典活动中变更植树地点和新增古舜帝陵庙遗址本体展示工程奠基仪式的请示
永政〔2015〕73 号	关于调整永州市湘南汽车大世界项目选址用地性质的请示
永政〔2015〕74 号	关于支持神华国华永州火电项目环评变更的请示
永政〔2015〕75 号	关于将湘雅永州医院项目纳入 2015 年第二批省重点项目的请示
永政〔2015〕76 号	关于尽快审定《湖南省涔天河水库扩建工程移民安置对口支援项目规划设计报告》的请示
永政〔2015〕77 号	关于尽快解决涔天河水库扩建灌区工程前期工作经费的请示
永政〔2015〕78 号	关于调整台湾高科技（永州）产业园项目指标任务的请示
永政〔2015〕79 号	关于认定永州经济技术开发区为省级高新技术产业开发区的请示
永政〔2015〕80 号	关于举行湖南涔天河水库扩建工程灌区工程开工仪式的请示
永政〔2015〕81 号	关于呈报海军零陵机场（军民合用）迁建工程选址相关文件的请示
永政〔2015〕82 号	关于协调 2015 年度涔天河水库扩建工程中央计划投资资金到位的请示
永政〔2015〕83 号	关于修改《五里牌镇土地利用总体规划（2006~2020 年）》的请示
永政〔2015〕84 号	关于东安县部分乡镇行政区划调整的请示
永政〔2015〕85 号	关于祁阳县部分乡镇行政区划调整的请示
永政〔2015〕86 号	关于江永县部分乡镇行政区划调整的请示
永政〔2015〕87 号	关于道县部分乡镇行政区划调整的请示
永政〔2015〕88 号	关于冷水滩区部分乡镇行政区划调整的请示
永政〔2015〕89 号	关于蓝山县部分乡镇行政区划调整的请示
永政〔2015〕90 号	关于零陵区部分乡镇行政区划调整的请示
永政〔2015〕91 号	关于双牌县部分乡镇行政区划调整的请示
永政〔2015〕92 号	关于“两供两治”设施建设部分项目申请调整建设内容和延期的请示
永政〔2015〕93 号	关于江华瑶族自治县部分乡镇行政区划调整的请示
永政〔2015〕94 号	关于新田县部分乡镇行政区划调整的请示
永政〔2015〕95 号	关于推荐湖南中科农业有限公司参与省农田重金属污染修复治理工作的请示
永政〔2015〕96 号	关于支持永州湘南进出口食品（农副产品）检测中心综合实验室申报国家富硒食品农产品检测重点实验室的请示
永政〔2015〕97 号	关于支持湖南永州创建出口食品农产品质量安全示范市和永州公路口岸开展进境水果查验的请示
永政〔2015〕98 号	关于支持供港澳蔬菜等农产品在永州湖南出口农副产品集中验放场直接验放的请示
永政〔2015〕99 号	关于对关闭破产的国有企业养老保险挂账的请示
永政〔2015〕100 号	关于协助解决蓝山县红色文化广场国防教育陈列品的请示
永政〔2015〕101 号	关于组建毛俊水库项目法人的请示
永政〔2015〕102 号	关于支持神华国华永州项目建设的请示
永政〔2015〕103 号	关于支持永州零陵机场迁建项目纳入国家“十三五”规划的请示

四、经济社会主要统计资料

（一）综合

（2015 年）

表 10

指标名称	单位	总量指标	
		永州	湖南
地区生产总值	亿元	1418.18	29047.21
其中：第一产业	亿元	308.57	3331.62
第二产业	亿元	518.02	12955.39
工业	亿元	437.34	11090.81
第三产业	亿元	591.59	12760.20
规模工业增加值	亿元	330.16	—
固定资产投资	亿元	1541.35	25954.27
社会消费品零售总额	亿元	527.83	12023.97
财政总收入	亿元	131.14	4008.10
地方财政收入	亿元	92.48	2513.09
财政支出	亿元	350.00	5684.51
实际利用外商直接投资	亿美元	8.32	115.64
进出口总额	亿美元	8.96	293.67
#出口	亿美元	7.69	191.73
#进口	亿美元	1.26	101.94
金融机构本外币存款余额	亿元	1573.10	36220.61
金融机构本外币贷款余额	亿元	793.62	24221.88
城镇居民人均可支配收入	元	21938	28838
农村居民人均可支配收入	元	10765	10993
居民消费价格指数	%	101.3	101.4
工业品出厂价格指数	%	96.3	96.3

指标名称	单位	增长速度	
		永州	湖南
地区生产总值	%	9.0	8.6
其中：第一产业	%	3.9	3.6
第二产业	%	8.9	7.4
工业	%	9.2	7.5
第三产业	%	11.4	11.2
规模工业增加值	%	10.1	7.8
固定资产投资	%	18.2	18.2
社会消费品零售总额	%	12.1	12.1
财政总收入	%	15.7	10.2
地方财政收入	%	14.7	11.1
财政支出	%	17.7	13.3
实际利用外商直接投资	%	10.8	12.7
进出口总额	%	-4.3	-4.8
#出口	%	2.6	-3.9
#进口	%	-32.3	-6.4
金融机构本外币存款余额	%	17.6	17.6
金融机构本外币贷款余额	%	23.7	16.5
城镇居民人均可支配收入	%	8.7	8.5
农村居民人均可支配收入	%	9	9.3

（二）核算

（2015 年）

表 11

指标名称	单位	绝对值（现价）	速度（可比价）（%）	指标名称	单位	绝对值（现价）	速度（可比价）（%）
地区生产总值	亿元	1418. 18	9. 0	第一产业	亿元	308. 57	3. 9
农林牧渔业	亿元	312. 87	3. 9	第二产业	亿元	518. 02	8. 9
工业	亿元	437. 34	9. 2	第三产业	亿元	591. 59	11. 4
建筑业	亿元	81. 25	7. 3	第一产业对 GDP 增长的贡献率	%	8. 2	
批发和零售业	亿元	59. 58	7. 0	第二产业对 GDP 增长的贡献率	%	39. 3	
交通运输、仓储和邮政业	亿元	67. 19	1. 9	#工业对 GDP 增长的贡献率	%	34. 7	
住宿和餐饮业	亿元	17. 68	8. 0	第三产业对 GDP 增长的贡献	%	52. 5	
金融业	亿元	26. 67	21. 8	投资对 GDP 增长的贡献率	%	56. 0	
房地产业	亿元	45. 56	2. 8	消费对 GDP 增长的贡献率	%	42. 6	
其他服务业	亿元	370. 02	15. 0	净出口 GDP 增长的贡献率	%	1. 4	

说明：本表总量指标按当年价格计算，增长速度按可比价格计算。自 2015 年起，地区生产总值中的三次产业执行新的《国民经济行业分类》和《三次产业划分规定》，即第一产业是指农、林、牧、渔业（不含农、林、牧、渔服务业）；第二产业是指工业（不含开采辅助活动，金属制品、机械和设备修理业）和建筑业；第三产业即服务业，是指除第一产业、第二产业以外的其他行业

（三）人口

（2015 年）

表 12

指标名称	单位	绝对值	速度（%）	指标名称	单位	绝对值	速度（%）
年末总人口	万人	635. 28	0. 69	各种比重			
全年常住人口	万人	542. 97	0. 79	按城乡分			
按城乡分				城镇人口	%	44. 25	1. 70
城镇人口	万人	240. 26	4. 82	乡村人口	%	55. 75	-1. 70
乡村人口	万人	302. 71	-2. 19	按性别分			
按性别分				男性人口	%	51. 81	-0. 23
男性人口	万人	281. 32	0. 50	女性人口	%	48. 19	0. 23
女性人口	万人	261. 65	1. 11	出生率	‰	13. 63	-1. 21
				死亡率	‰	7. 19	-0. 07
				人口自然增长率	‰	6. 44	-1. 17
				城镇化率	%	44. 25	1. 70

说明：出生率、死亡率、人口自然增长率数据由计生委提供

（四）从业人员和社会保障

（2015 年）

表 13

指标名称	单位	绝对值	速度（%）	指标名称	单位	绝对值	速度（%）
年末城镇登记失业率	%	3. 75	0. 65	参加医疗保险职工人数	万人	44. 23	0. 2
城镇新增就业人数	万人	5. 91	-8. 8	参加工伤保险职工人数	万人	37. 74	3. 1
城镇居民基本医疗保险参保人数	万人	152. 16	-9. 5	参加生育保险职工人数	万人	30. 05	-0. 5
参加基本养老保险职工人数	万人	52. 16	2. 3	新型农村合作医疗参保人数	万人	491. 77	1. 3
参加失业保险职工人数	万人	30. 12	24. 0				

（五）投资

（2015 年）

表 14

指标名称	单位	绝对值	速度（%）	指标名称	单位	绝对值	速度（%）
固定资产投资	亿元	1541.35	18.2	工业	亿元	670.46	23.6
按经济类型分				采矿业	亿元	25.4	44.9
国有投资	亿元	636.82	27.1	制造业	亿元	544.66	19.7
非国有投资	亿元	904.53	12.7	电力、燃气及水的生产和供应	亿元	100.4	43.4
民间投资	亿元	867.93	14.4	第三产业	亿元	750.5	12.0
按投资方向分				交通运输、仓储和邮政业	亿元	54.85	2.6
工业投资	亿元	670.46	23.6	信息传输、计算机服务和软件业	亿元	6.13	10.4
产业投资	亿元	445.49	23.4	批发和零售业	亿元	39.88	13.5
民生投资	亿元	137.62	93.6	住宿和餐饮业	亿元	17.33	4.5
生态环境	亿元	58.6	16.1	金融业	亿元	5.39	57.4
基础设施	亿元	281.22	25.4	房地产业	亿元	139.74	3.9
高新技术产业	亿元	112.2	23.0	教育	亿元	52.91	58.9
房地产开发	亿元	89.48	-3.8	卫生和社会工作	亿元	22.39	5.4
按产业分	亿元			文化、体育和娱乐业	亿元	18.13	34.7
第一产业	亿元	50.45	-12.0	公共管理、社会保障和社会组织	亿元	170.76	15.3
第二产业	亿元	740.4	28.6	投资亿元以上的项目	项	194	-4.4
				亿元以上项目实际完成投资	亿元	256.38	-6.3

（六）财政

（2015 年）

表 15

指标名称	单位	绝对值	速度（%）	指标名称	单位	绝对值	速度（%）
财政总收入	亿元	131.14	15.7	#农林水事务支出	亿元	58.73	20.3
一般预算收入合计	亿元	92.48	14.7	社会保障支出	亿元	55.44	16.4
#税收收入	亿元	54.99	16.8	住房保障支出	亿元	22.72	25.0
非税收入	亿元	37.49	11.8	教育支出	亿元	61.96	15.2
上划中央税收	亿元	29.82	18.8	科学技术支出	亿元	1.56	-3.6
上划省级税收	亿元	8.84	15.1	文化体育与传媒支出	亿元	7.61	64.5
一般预算支出合计	亿元	350.00	17.7	医疗卫生支出	亿元	39.47	18.4

（七）保险

（2015 年）

表 16

指标名称	单位	绝对值	速度（%）	指标名称	单位	绝对值	速度（%）
保险保费收入	亿元	40.51	25.8	赔款和给付	亿元	12.04	14.3
寿险	亿元	27.56	26.9	寿险	亿元	5.27	18.7
财产险	亿元	12.95	23.6	财产险	亿元	6.77	52.3

（八）金融信贷

（2015 年）

表 17

指标名称	计量单位	绝对值	速度（%）	指标名称	计量单位	绝对值	速度（%）
金融机构本外币各项存款余额	亿元	1573.10	234.90	金融机构本外币各项贷款余额	亿元	793.62	152.25
#单位存款	亿元	406.85	86.93	#短期贷款	亿元	169.52	26.80
城乡居民储蓄存款	亿元	1118.83	126.77	中长期贷款	亿元	622.68	125.43

（九）人民生活

（2015 年）

表 18

指标名称	计量单位	绝对值	指标名称	计量单位	绝对值
城镇居民人均可支配收入	元	21938	经营净收入	元	4513
#人均工资性收入	元	10269	转移净收入	元	2704
经营净收入	元	4447	财产净收入	元	179
转移净收入	元	4942	农村居民人均生活消费支出	元	9341
财产净收入	元	2280	#食品烟酒	元	3560
城镇居民消费性支出	元	14095	衣着	元	385
#食品烟酒	元	5058	居住	元	1980
衣着	元	919	生活用品及服务	元	562
居住	元	2739	医疗保健	元	571
生活用品及服务	元	753	交通通信	元	675
交通通信	元	1138	教育文化娱乐	元	1516
城镇居民家庭恩格尔系数	%	35.9	其他商品及服务	元	92
城镇居民人均住房面积	平方米	55.5	农村居民家庭恩格尔系数	%	38.1
农村居民人均可支配收入	元	10765	农村居民人均住房使用面积	平方米	61.4
#工资性收入	元	3370			

说明：2013 年实行城乡住房一体化改革，国家统计局对城乡居民收支统计口径进行调整

（十）能源

（2015 年）

表 19

指标名称	单位	绝对值	速度（%）	指标名称	单位	绝对值	速度（%）
规模以上工业综合能源消费量	万吨标准煤	180.94	-2	黑色金属冶炼及压延加工业	万吨标准煤	21.81	-4.5
按轻重工业分				有色金属冶炼及压延加工业	万吨标准煤	5.98	-18.8
轻工业	万吨标准煤	23.18	-14.4	造纸及纸制品业	万吨标准煤	7.39	-36.2
重工业	万吨标准煤	157.76	0.2	化学原料及化学制品制造业	万吨标准煤	6.47	72.1
按行业分				电力、热力生产和供应业	万吨标准煤	8.82	18.9
非金属矿物制品业	万吨标准煤	94.48	-0.5				

（十一）农业

（2015 年）

表 20

指标名称	单位	绝对值	速度（%）	指标名称	单位	绝对值	速度（%）
农林牧渔业总产值	亿元	555.34	3.9	林业	亿元	35.97	8.0
#农业	亿元	261.52	2.5	畜牧业	亿元	88.76	3.4
林业	亿元	61.53	8.0	渔业	亿元	20.20	11.0
畜牧业	亿元	188.23	3.4	粮食	万吨	321.90	1.6
渔业	亿元	31.34	11.0	农业机械总动力	万千瓦	580	2.0
农林牧渔业增加值	亿元	312.87	3.9	农村用电量	亿千瓦时	7.71	2.5
#农业	亿元	163.66	2.5				

（十二）工业

（2015 年）

表 21

指标名称	单位	绝对值	速度(%)	指标名称	单位	绝对值	速度(%)
规模以上工业增加值	亿元	330.16	10.1	#大中型企业	亿元	14.45	-26.4
#非公有制规模以上工业增加值	亿元	247.56	15.0	规模以上工业企业实现利税	亿元	114.46	7.1
				#国有及国有控股企业	亿元	-3.7	-187.2
按经济类型分				规模以上工业亏损企业亏损额	亿元	5.6	300.7
#国有及国有控股企业	亿元	61.03	5.2	#国有及国有控股亏损企业亏损额	亿元	3.07	417.4
集体企业	亿元	1.61	-2.7				
股份制企业	亿元	231.56	11.9	规模以上工业企业经济效益综合指数	%	284.28	1.7
外商及港澳台投资企业	亿元	27.27	10.5				
按轻重工业分				规模以上工业新产品产值	亿元	6.81	70.1
#轻工业	亿元	159.60	9.1	规模以上工业企业产品销售率	%	98.44	-0.50
重工业	亿元	170.56	11.0	规模工业出口交货值	亿元	2.74	-13.0
按行业分				卷烟	亿支	155.1	30.3
#黑色金属冶炼及压延加工业	亿元	17.22	9.8	生铁	万吨	36.3	-25.0
有色金属冶炼及压延加工业	亿元	12.54	-10.5	钢材	万吨	43.1	113.4
化学原料及化学制品制造业	亿元	11.12	17.3	十种有色金属	万吨	5.7	1.8
非金属矿物制品业	亿元	25.79	10.2	水泥	万吨	1057.4	4.0
交通运输设备制造业	亿元	6.14	9.0	硫酸（折 100%）	万吨	3.9	-45.8
市级及以上园区规模工业增加值	亿元	268.94	12.3	发电设备	万千瓦	15.4	2.7
规模以上工业企业主营业务收入	亿元	1008.88	16.3	变压器	万千伏安	17	-15.8
规模以上工业企业实现利润	亿元	34.87	-6.5	汽车	万辆	3.8	111.1
#国有及国有控股企业	亿元	7.83	-41.6	加工大米	万吨	88.5	1.7
集体企业	亿元	0.65	-15.3	精制食用植物油	万吨	9.3	13.4
股份制企业	亿元	22.31	-14.1	饲料	万吨	56.3	14.0
外商及港澳台投资企业	亿元	2.55	0.7				

（十三）交通

（2015 年）

表 22

指标名称	单位	绝对值	速度（%）	指标名称	单位	绝对值	速度（%）
全社会货物周转量	亿吨公里	172.55	4.6	客运量	万人	9316	4.9
公路	亿吨公里	168.66	4.7	公路	万人	9081	5
水运	亿吨公里	3.89	—	水运	万人	235	2.6
货运量	万吨	7006	1.3	公路线路年末里程	万公里	2.3	0.5
公路	万吨	6419	1.4	#高速公路	公里	489	—
水运	万吨	587	0.9	年末民用汽车保有辆	万辆	25.7	14.1
旅客周转量	亿人公里	49.11	8.4	#本年新注册汽车	万辆	4.81	31.1
公路	亿人公里	48.76	3.8	#轿车	万辆	10.99	22.9
水运	亿人公里	0.35	9.4	年末私人汽车保有量	万辆	23.25	21.5

（十四）邮电

（2015 年）

表 23

指标名称	单位	绝对值	速度（%）	指标名称	单位	绝对值	速度（%）
邮政业务总量	亿元	3.87	25.9	固定电话普及率	户/百人	6.1	-7.6
电信业务总量	亿元	35.2	19.5	移动电话普及率	户/百人	53.3	4.5
年末固定电话用户	万户	32.9	-7.7	年末互联网宽带用户数	万户	176.23	1.1
年末移动电话用户	万户	289.2	4.7				

（十五）国内贸易

（2015 年）

表 24

指标名称	单位	绝对值	速度（%）	指标名称	单位	绝对值	速度（%）
全社会消费品零售总额	亿元	527.83	12.1	住宿业	亿元	15.92	18.2
城镇	亿元	434.10	11.3	餐饮业	亿元	47.70	22.7
乡村	亿元	93.73	16.1	限额以上批发零售企业商品销售额	亿元	260.99	14.0
按行业分				#其中：零售额	亿元	160.82	12.2
批发业	亿元	53.03	17.9				
零售业	亿元	411.18	10.1				

（十六）教育

（2015 年）

表 25

指标名称	单位	绝对值	速度（%）	指标名称	单位	绝对值	速度（%）
全市普通高校数	所	3		毕业生	万人	5.79	11.7
招生数	万人	0.84	-0.4	初中适龄人口入学率	%	103.95	4.0
在校生	万人	2.59	4.0	普通小学	所	461	
毕业生	万人	0.66	-6.6	招生数	万人	8.93	8.3
中等职业教育	所	40		在校生	万人	49.66	4.2
招生数	万人	2.62	39.8	毕业生	万人	7.00	0.0
在校生	万人	5.37	10.2	小学适龄儿童入学率	%	100	0.0
毕业生	万人	1.55	2.6	毕业生升学率	%	88.73	-13.7
普通高中	所	31		特殊教育	所	7	
招生数	万人	2.87	2.7	在校生	万人	0.05	32.0
在校生	万人	8.14	2.7	幼儿园在园幼儿	万人	21.65	4.7
毕业生	万人	2.46	0.2	各类民办学校数	所	80	33.3
初中学校	所	292		民办学校在校学生	万人	5.78	10.4
招生数	万人	7.16	3.9	义务教育阶段合格学校建设	所	120	8.1
在校生	万人	20.31	5.4				

说明：各类民办学校数仅指普通中小学校，没有包括各类民办职业学校

（十七）文化、出版、广播

（2015 年）

表 26

指标名称	单位	绝对值	指标名称	单位	绝对值
艺术表演团体	个	11	中、短波广播发射台和转播台	座	1
群众艺术馆、文化馆	个	12	广播综合人口覆盖率	%	88.3
公共图书馆	个	12	电视综合人口覆盖率	%	96.43
博物馆、纪念馆	个	3	有线电视用户	万户	45.5
放映农村公益电影	万场	6.1	国家级非物质文化遗产保护目录	个	24
广播电台	座	9	省级非物质文化遗产保护目录	个	72

十八、体育

（2015 年）

表 27

指标名称	单位	绝对值	指标名称	单位	绝对值
全市体育场	个	6193	各种训练房	个	139
体育馆	座	15	全市全民健身运动参加人数	万人	170
运动场	个	502	全市开展全民健身项目	项次	330
游泳池	个	12	新建农民体育健身工程的行政村	个	644

（十九）卫生

（2015 年）

表 28

指标名称	单位	绝对值	速度（%）	指标名称	单位	绝对值	速度（%）
卫生机构	个	6003	0.8	卫生监督检验机构卫生技术人员	人	239	1.3
#医院、卫生院	个	315	5.7	医院、卫生院床位数	万张	3.09	20.2
妇幼保健院（所、站）	个	13	0.0	乡镇卫生院	个	193	0.0
卫生技术人员	万人	2.57	6.8	乡镇卫生院床位数	张	7701	27.5
#执业医师和执业助理医师	万人	1.05	3.7	乡镇卫生院卫生技术人员	人	5148	4.7
注册护士	万人	0.97	9.6	开展新型农村合作医疗试点工作的县（市）	个	13	0.0
全市疾病预防控制中心（防疫站）	个	12	0.0	覆盖农村人口数	万人	495.1	1.14
全市疾病预防控制中心（防疫站）卫生技术人员	人	587	0.7	实际参加农村合作医疗农民	万人	491.8	1.33
				新型农村合作医疗平均参合率	%	99.32	0.17
卫生监督检验机构	个	12	0.0	农村低保覆盖人数	万人	38.9	24.8

（二十）全面建成小康社会统计监测

（2015 年）

表 29

指标名称	单位	目标值（2020 年）	2015 年	
			数值	实现程度
一、经济发展	—	—		77.0
1. GDP（2010 年不变价）	万元	比 2010 年翻一番	12625244	82.3
2. 第三产业增加值占 GDP 比重	%	≥47	41.7	88.8
3. 居民消费支出占 GDP 比重	%	≥36	44.5	100.0
4. R&D 经费支出占 GDP 比重	%	≥2.3	0.45	19.6
5. 每万人口发明专利拥有量	件	≥3.2	0.73	22.8
6. 工业劳动生产率	万元/人	≥12	11.43	95.3
7. 互联网普及率	%	≥50	33.2	66.4
8. 城镇人口比重	%	≥60	44.2	73.7
9. 农业劳动生产率	万元/人	≥2	1.98	99.1
二、民主法制	—	—		86.6
10. 基层民主参选率	%	≥95	95.0	100.0
11. 廉政指数	人/万人	≤8	4.22	100.0
12. 社会安全指数	%	100	100.0	100.0
每万人口刑事犯罪人数	人		5.0625	100.0
每万人口交通事故死亡人数	人		0.1683	100.0
每万人口火灾事故死亡人数	人		0.0092	100.0
每万人口工伤事故死亡人数	人		0.0018	100.0
13. 每万人口拥有律师数	人	≥2.3	0.86	37.6
三、文化建设	—	—		82.7
14. 文化及相关产业增加值占 GDP 比重	%	≥5	2.90	58.0
15. 人均公共文化财政支出	元	≥200	141	70.4
16. 有线广播电视入户率	%	≥60	51.6	86.0
17. 每万人口拥有“三馆一站”公用房屋建筑面积	平方米	≥450	521	100.0
18. 城乡居民文化娱乐服务支出占家庭消费支出比重	%	≥6	7.9	100.0
四、人民生活	—	—		94.3
19. 城乡居民人均收入（2010 年不变价）	元	比 2010 年翻一番	13430	78.0
20. 地区人均基本公共服务支出差异系数	%	≤40	16.59	100.0
21. 失业率	%	≤6	3.75	100.0
22. 恩格尔系数	%	≤40	37.0	100.0
23. 基尼系数	—	0.3≃0.4	0.38	100.0
24. 城乡居民收入比	以农为 1	≤2.8	2.04	100.0
25. 城乡居民家庭住房面积达标率	%	≥60	73.9	100.0
26. 公共交通服务指数	%	100		88.9
每万人拥有公共交通车辆	标台	≥14	10.5	74.9
行政村客运班线通达率	%	≥95	99.6	100.0
27. 平均预期寿命	岁	≥76	74.9	98.6
28. 平均受教育年限	年	≥10.5	9.5	90.7
29. 每千人口拥有执业医师数	人	≥1.95	1.93	98.7
30. 基本社会保障覆盖率	%	≥95		100.0
基本养老保险覆盖率	%	≥95	91.5	96.3
基本医疗保险覆盖率	%	≥95	100.0	100.0
31. 农村自来水普及率	%	≥80	68.8	86.0
32 农村卫生厕所普及率	%	≥75	72.0	96.0
五、资源环境	—	—		80.0
33. 单位 GDP 能耗（2010 年不变价）	吨标准煤/万元	≤0.62	0.618	100.0
34. 单位 GDP 水耗（2010 年不变价）	立方米/万元	≤110	188.6	58.3
35. 单位 GDP 建设用地占用面积（2010 年不变价）	公顷/亿元	≤62	102.6	60.4
36. 空气质量达标率	%	100	80.8	80.8
37. 环境质量指数	%	100		95.2
PM2.5 达标天数比例	%	≥95	82.1	86.4
地表水达标率	%	≥90	100.0	100.0
森林覆盖率	%	≥23	64.5	100.0
城市建成区绿化覆盖率	%	≥40	41.0	100.0
38. 主要污染物排放强度指数	%	100		65.3
单位 GDP 化学需氧量排放强度	吨/亿元	≤27.7	84.99	32.6
单位 GDP 二氧化硫排放强度	吨/亿元	≤24.6	21.86	100.0
单位 GDP 氨氮排放强度	吨/亿元	≤2.78	9.73	28.6
单位 GDP 氮氧化物排放强度	吨/亿元	≤24	18.30	100.0
39. 城市生活垃圾无害化处理率	%	≥85	100.0	100.0
总实现程度	—	—		84.6

（二十一）永州市常住人口在全省所处位置

（2015 年）

表 30

市州	总人口（万人）	城镇人口	乡村人口	城市化率（%）	市州	总人口（万人）	城镇人口	乡村人口	城市化率（%）
全　省	6783. 03	3451. 88	3331. 15	50. 89	张家界市	152. 40	67. 99	84. 41	44. 61
长沙市	743. 18	552. 78	190. 40	74. 38	益阳市	441. 02	204. 58	236. 44	46. 39
株洲市	400. 05	248. 43	151. 62	62. 10	郴州市	473. 02	238. 12	234. 90	50. 34
湘潭市	282. 37	164. 56	117. 81	58. 28	**永州市**	**542. 97**	**240. 26**	**302. 71**	**44. 25**
衡阳市	733. 75	361. 01	372. 74	49. 20	怀化市	490. 16	209. 54	280. 62	42. 75
邵阳市	726. 17	304. 63	421. 54	41. 95	娄底市	387. 18	169. 47	217. 71	43. 77
岳阳市	562. 92	304. 02	258. 90	54. 01	湘西州	263. 45	108. 36	155. 09	41. 13
常德市	584. 39	278. 13	306. 26	47. 59					

（二十二）永州市地区生产总值在全省所处位置

（2015 年）

表 31

市县	生产总值（亿元）		第一产业		第二产业		第三产业		工业		人均 GDP（元）	
	绝对值	位次	绝对值	位次	绝对值	位次	绝对值	位次	绝对值	位次	绝对值	位次
全　省	29047. 21	—	3331. 62	—	12955. 39	—	12760. 20	—	11090. 81	—	42968	—
长沙市	8510. 13	1	341. 78	3	4478. 20	1	3690. 15	1	3745. 03	1	115444	1
株洲市	2335. 11	5	179. 54	11	1337. 10	3	818. 46	5	1182. 02	3	58661	3
湘潭市	1703. 10	7	140. 80	12	933. 79	7	628. 50	7	852. 17	7	60431	2
衡阳市	2601. 57	4	395. 84	1	1161. 02	5	1044. 71	4	1006. 33	6	35538	7
邵阳市	1387. 00	9	299. 39	6	508. 05	12	579. 56	9	427. 90	12	19156	13
岳阳市	2886. 28	2	317. 16	4	1446. 83	2	1122. 29	2	1307. 50	2	51429	4
常德市	2709. 02	3	355. 20	2	1237. 48	4	1116. 34	3	1117. 66	4	46408	5
张家界市	447. 70	14	51. 89	14	101. 89	14	293. 92	13	83. 57	14	29425	10
益阳市	1354. 41	10	251. 41	7	570. 31	9	532. 69	11	514. 28	9	30776	9
郴州市	2012. 07	6	197. 08	8	1099. 69	6	715. 29	6	1015. 95	5	42682	6
永州市	**1418. 18**	**8**	**308. 57**	**5**	**518. 02**	**11**	**591. 58**	**8**	**437. 34**	**11**	**26222**	**11**
怀化市	1273. 25	12	184. 36	10	532. 68	10	556. 20	10	472. 07	10	26060	12
娄底市	1291. 38	11	189. 19	9	663. 12	8	439. 06	12	593. 38	8	33437	8
湘西州	497. 19	13	75. 66	13	158. 65	13	262. 88	14	126. 85	13	18923	14

索　引

说明：

一、本索引把年鉴的专稿、条目、表格（大事记、附文、企事业单位选介除外）用主题分析的方法，按汉语拼音字母顺序排列。

二、地方文献的条目未作索引。

三、类目、专稿标题和地名用黑体字标明。

四、索引名称后的阿拉伯数字表示内容所在页码，拉丁字母（a、b、c）表示栏别（从左至右分1、2、3栏）。

K

T